D1695316

Dorfbuch Schlanders
Band I

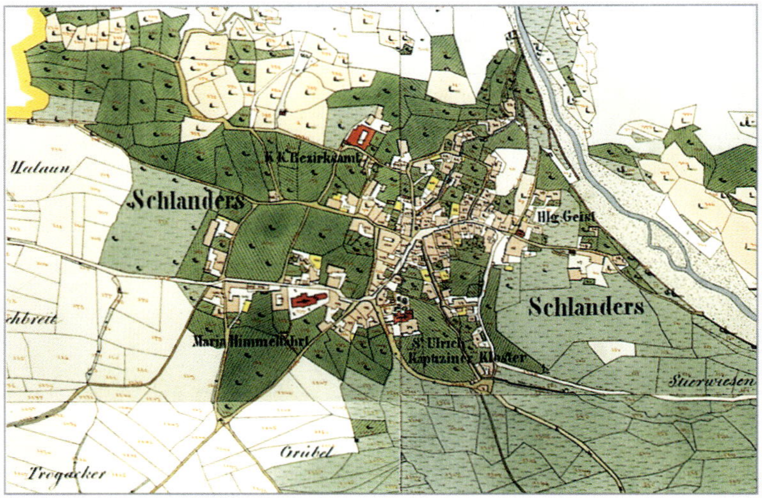
K.K. Bezirksamt
Malaun
Schlanders
Hlg. Geist
chbreit
Schlanders
Maria Himmelfahrt
St. Ulrich
Kapuziner Kloster
Stierwiesen
Grübel
Trogacker

Dorfbuch der Marktgemeinde Schlanders

Schlanders und seine Geschichte

Band I
Von den Anfängen bis 1815

Redigiert von Heinrich Kofler

Herausgegeben
von der Marktgemeinde Schlanders

Tappeiner Verlag

Abbildung auf der Umschlag-Vorderseite:
Die Pfarrkirche von Schlanders, Foto: Schenkungsurkunde
König Heinrich IV. von 1077, Hannes Müller

Abbildung gegenüber dem Innentitel: Montage der Flurkarte Schlanders aus den Blättern 1–4 aus dem Kartenwerk »Österreichische Katastralmappe von 1857«.

Bildnachweis:
Gianni Bodini: S. 28, 372, 374, 390, 391 o., 398, 402, 445 o., 446 o.
Deutschordenszentralarchiv, Wien: S. 270–275, 364
Franz-Heinz von Hye: S. 405, 411, 412, 413, 414, 415, 416, 417 o., 418, 419, 420, 423 o.
Margarete Hye-Weinhart: S. 406 l., 407, 410, 417 M., 417 u., 421, 422
Axel O. Kaeser: S. 314
Mathias Ladurner-Parthanes: S. 332
Archiv Rainer Loose: S. 21
Mennonite Church Archives: S. 326
Hans Nothdurfter: S. 81–91
Fotoarchiv Raiffeisenkasse Schlanders: S. 64, 296, 306, 335, 340, 351, 353, 376 r.
Repro nach Ausstellungskatalog (s. S. 403, Anm. 3)
Helmuth Rizzolli: S. 367
Diözesanmuseum Hofburg Brixen: S. 289
Gemeinde Schlanders: S. 408, 409 o.
Staatsarchiv Trient: S. 312
Südtiroler Landesarchiv, Bozen: S. 2, 62–63, 298, 299
Tappeiner AG, Lana: S. 27, 43, 46, 49, 53, 58, 79, 276–284, 290, 294, 295, 307, 373, 377–386, 388, 391–394, 396, 397, 400
Tiroler Landesarchiv, Innsbruck: S. 324
Tiroler Landesmuseum Ferdinandeum, Innsbruck: S. 355
Vorarlberger Landesmuseum: S. 406 r.
Hans Wielander: S. 51, 69, 70, 287, 331, 371, 376 l., 387, 395, 399, 401, 428–444, 445 u., 446 u., 447, 448
Archiv Wielander: S. 292
Hubert Walder: S. 50

Die Luftaufnahmen stammen von Jakob Tappeiner
und haben die Genehmigungsnummern SMA 413 und 507.

Hinweis: In manchen Fällen war es der Redaktion
nicht möglich, die Urhebersituation zuverlässig zu klären.
Der Herausgeber erklärt sich deshalb ausdrücklich bereit,
Ansprüche von nicht identifizierten Bildautoren
abzugelten.

Die Drucklegung dieses Werkes wurde unterstützt
durch die

Südtiroler Landesregierung,
Assessorat für Kultur

Südtiroler Landessparkasse

Raiffeisenkasse Schlanders

Südtiroler Volksbank

Bank für Trient und Bozen

© Herausgeber Marktgemeinde Schlanders
Gestaltung und Satztechnik: Helmut Krämer
Herstellung: Tappeiner Verlag, Lana (BZ) 1999
Alle Rechte vorbehalten
Printed in Italy
ISBN 88-7073-284-3

Geleitwort des Bürgermeisters

Das Jahr 1999 hat für den gesamten Vinschgau und vor allem für dessen Hauptort Schlanders eine außerordentliche historische Bedeutung: es jährt sich zum 500. mal das überaus tragische Ereignis der Calvenschlacht vom Mai 1499 durch den Einfall der Schweizer bzw. Bündner im Tauferer Münstertal im sogenannten »Schwabenkrieg«, wobei auch Schlanders samt seiner Pfarrkirche und der Deutschordens-Kommende ein Opfer der Kriegsereignisse wurde. Fast genau 300 Jahre später kam es im Zuge der Französischen Revolution im selben Tauferer Münstertal zum Einfall französischer Truppen. Diesmal hat die dort stationierte Schützenkompanie Schlanders unter Führung von Hauptmann Franz Frischmann aus Kortsch sich des Gnadenbildes »Unserer lieben Frau am Rain«, am Hochaltar unserer Pfarrkirche erinnert und das Gelöbnis der feierlichen Mariä-Namen-Prozession »für ewige Zeiten« abgelegt. Es wurde immer wieder diesem Gelöbnis zugeschrieben, daß diesmal Schlanders von der Kriegsfurie verschont blieb, und so wird die Mariä-Namen-Prozession seit 200 Jahren alljährlich in feierlichster Weise in Schlanders begangen. Diese historischen Ereignisse machen uns bewußt, daß Schlanders seine eigene reiche Geschichte hatte, die es wert ist, sie besser kennenzulernen und den kommenden Generationen weiterzugeben.

So hat die Gemeindeverwaltung den Vorschlag des Kulturassessors DDr. Heinrich Kofler und des Dekans Dr. Josef Mair begrüßt, das Mariä-Namen-Jubiläum zum Anlaß zu nehmen, die Geschichte von Schlanders erstmals von Fachleuten aufarbeiten zu lassen und als sog. »Dorfbuch« für die Bevölkerung und alle historisch Interessierten herauszugeben. Das Werk erscheint in zwei Bänden, um einerseits der Erforschung der Vergangenheit von Schlanders genügend Raum zu geben, andererseits aber auch die letzten von unseren Vorfahren gestalteten Jahrzehnte, die zum Schlanders von heute geführt haben, ausführlich darzustellen, mit dem der Aufschwung unserer Gemeinde zum Bezirkshauptort und dem intensiven wirtschaftlichen und kulturellen Leben unserer Gemeinde Ausdruck zu verleihen, worin sich auch die Bürger von heute und morgen selbst wiederfinden können.

Als Bürgermeister dieser Marktgemeinde danke ich allen, die am Zustandekommen dieses Werkes beigetragen haben, dem Koordinator DDr. Heinrich Kofler, den Autoren, dem Landesrat für Kultur Dr. Bruno Hosp sowie den örtlichen Bankinstituten für die Mitfinanzierung.

Möge dieses unser »Dorfbuch« bei den Schlandersern und allen interessierten Lesern freundliche Aufnahme finden und dazu beitragen, Schlanders mit seiner eigenen Geschichte bekannt zu machen, um aus einer vertieften Kenntnis unserer Vergangenheit mit beizutragen, die Geschichte unserer Marktgemeinde in der Zukunft gemeinsam verantwortungsbewußt und zum Wohle aller hier Lebenden mitzugestalten.

Schlanders, im Sommer 1999

Johann Wallnöfer
Bürgermeister

Johann Wallnöfer, Bürgermeister von Schlanders

Grußwort des Landesrates für Kultur

Mit Unterstützung des Landes, der Gemeinde und einiger Geldinstitute kann hiermit der erste Teil des Dorfbuches Schlanders dem interessierten Publikum übergeben werden. Er stellt die Geschichte des Ortes von den Anfängen bis ins 19. Jahrhundert dar. Das Buch ist gut lesbar und zugleich wissenschaftlich hochwertig. Es ist ein vorbildliches Beispiel für lokale Geschichts- und Identitätspflege. Ich danke dem Koordinator dieses Projektes, Kulturassessor DDr. Heinrich Kofler, und dem Gemeindeausschuß Schlanders für die Bereitschaft, diese Arbeit als wertvoll anzusehen, ihre langfristigen Vorteile zu erkennen und sie konsequent durchzuführen. Ich hoffe, daß mit Hilfe dieser Publikation noch mehr Menschen Zugang zu ihrer engeren Heimat gewinnen und dazu angeregt werden, unsere Geschichte besser kennenzulernen.

Bozen, im Sommer 1999

Dr. Bruno Hosp
Landesrat für Kultur

Dr. Bruno Hosp, Landesrat für Kultur

Geleitwort des Dekans

Die Gelöbnisfeier 200 Jahre Maria-Namen 1799–1999 ist ein ausreichender Anlaß für Schlanders, ein Dorfbuch herauszubringen. Eine Autorengruppe hat sich in den letzten Jahren bemüht, Archive, Urkunden und Bücher zu studieren, um für die heutigen Bewohner von Schlanders eine Geschichte zu schreiben, die Geschichte ihrer Vergangenheit. Die Autoren haben gleichsam den Boden, auf dem wir stehen, erforscht. Es ist wichtig für uns, die Wurzeln unserer Vergangenheit zu kennen, damit wir unsere Gegenwart besser verstehen können. Man klagt zwar oft, daß die Menschen aus der Geschichte selten etwas lernen und deshalb immer die gleichen Fehler wiederholen, dennoch dürfte der Spruch eine Wahrheit in sich bergen: »Ein gutes Blatt Geschichte ist mehr als tausend Gedichte.«

Die zivile Gemeindeverwaltung hat die Anregung der Pfarrei, eine Gesamtschau der Geschichte von Schlanders zum großen Jubiläum im Jahre 1999 herauszubringen, angenommen und den Herrn Assessor für Schule und Kultur DDr. Heinrich Kofler beauftragt, die Koordination zu übernehmen. Wir sind dankbar, daß in diesem zweibändigen Werk auch die Pfarrgeschichte erscheinen kann. Die Pfarre Schlanders darf auf ein erhebliches Alter zurückblicken. Der Deutsche Ritterorden übernahm die Pfarre im Jahre 1235 und behielt sie bis 1811. Das Dekanat wurde erst im 19. Jahrhundert errichtet. Die kirchliche Zugehörigkeit von Schlanders zu den Bistümern Chur, Trient und Bozen–Brixen hatte eine prägende Wirkung auf die Bevölkerung; dennoch war es aber immer die eine katholische Kirche, die den Boden bereiten konnte und Wurzeln schlug. Die Glaubenseinheit ist auch heute noch von großem Wert.

Der Dichter Johann Wolfgang von Goethe schrieb: »Das Beste, was wir von der Geschichte haben, ist der Enthusiasmus, den sie erregt.« Ich hoffe sehr, daß sich auch Kinder und Jugendliche ans Lesen dieses Buches heranwagen und sich von dem begeistern lassen, was ihre Vorfahren für den Ort, das Tal geleistet und darüber hinaus an Energie und Schaffensfreude aufgebracht haben. Die Treue zu den Müttern und Vätern lehrt uns, ein wertvolles Erbe zu erhalten und zu gestalten und stets Neues dazuzugeben, wobei die Grundwerte immer dieselben bleiben.

Ich wünsche dem ersten Band und dem zweiten, der bald folgen soll, eine gute Aufnahme bei der Bevölkerung.

Schlanders, im Sommer 1999

Dr. Josef Mair
Dekan

Dr. Josef Mair, Dekan

Vorwort des Koordinators und Herausgebers

Im Jahre 1977 hat die Marktgemeinde Schlanders die 900-Jahr-Feier ihres Bestehens, das heißt ihrer ersten schriftlichen Erwähnung begangen. In einer Schenkungsurkunde König Heinrichs IV. an Bischof Altwin von Brixen wird Schlanders erstmals dokumentarisch erwähnt. Es ist die älteste namentliche Erwähnung von Schlanders in der Geschichte. Daß die Siedlung selbst in Wirklichkeit um vieles älter ist, braucht wohl nicht eigens erwähnt zu werden. Zum Anlaß der 900-Jahr-Feier wurde eine Sondernummer der Zeitschrift »Der Schlern« herausgegeben (Nr. 8, August 1977, Jg. 51), mit einer Sammlung verschiedener Einzelbeiträge von anerkannten Fachleuten zur Geschichte von Schlanders, wobei jedoch die Publikation umfangmäßig insgesamt von zu bescheidenem Ausmaß war, so daß viel vorhandenes Archivmaterial nicht aufgearbeitet werden konnte, weder was die zivile Geschichte betrifft, noch viel weniger was die geschichtliche Entwicklung der Pfarrei und ihrer Filialkirchen angeht.

So mußte nach einer neuen Gelegenheit Ausschau gehalten werden, um erstmals das in verschiedenen Archiven aufliegende historische Material aufzuarbeiten und den Bürgern von Schlanders wie allen historisch Interessierten in einer fachkundigen Publikation die Geschichte des heutigen Vinschgauer Hauptortes zugänglich zu machen. Als willkommener Anlaß bot sich für das Jahr 1999 die 200. Wiederkehr des Mariä-Namen-Gelöbnisses der Schützenkompanie Schlanders unter Hauptmann Franz Frischmann beim Franzoseneinfall im Tauferer Münstertal im Jahre 1799. Diesem Gelöbnis wird es bekanntermaßen zugeschrieben, daß Schlanders anders als beim Schweizer

DDr. Heinrich Kofler, Kulturassessor von Schlanders

Einfall von 1499 (Calvenschlacht mit verheerenden Folgen) von Kriegsereignissen verschont blieb. Seither wurde das Mariä-Namen-Fest in Schlanders jeweils am zweiten Sonntag im September alljährlich feierlich begangen, mit großer, festlicher Prozession, unter Beteiligung tausender von Menschen aus nah und fern, wobei die historisch bedeutsame, dem Künstler Jörg Lederer zugeschriebene lebensgroße Muttergottesstatue unter Absingen des bekannten Mariä-Namen-Liedes feierlich vom Altare herabgelassen und umgetragen wird.

Dieses Jubiläum wurde also zum Anlaß genommen, um in Ergänzung und Weiterführung der historischen Broschüre von 1977 die Geschichte von Schlanders anhand des gegebenen Archivmaterials von Fachhistorikern aufarbeiten zu lassen und der Allgemeinheit zugänglich zu machen. Der Kulturassessor DDr. Heinrich Kofler wurde von der Gemeindeverwaltung beauftragt, als Koordinator und Mitarbeiter die Herausgabe dieses »Dorfbuches« zu betreuen. Zugleich hat sich die Gemeindeverwaltung auch bereit erklärt, einen wesentlichen finanziellen Beitrag aus dem eigenen Haushalt für die Kosten dieses Werkes bereitzustellen. Weitere Kostenbeiträge erwartet man sich vom Kulturassessorat der Südtiroler Landesregierung sowie von den örtlichen Bankinstituten. Ihnen allen sei an dieser Stelle namens der Gemeindeverwaltung aufrichtigst gedankt, dem Kulturassessorat des Landes unter Landesrat Dr. Bruno Hosp, der Sparkasse von Schlanders und der Stiftung Sparkasse, der Raiffeisenkasse Schlanders, der örtlichen Volksbank sowie der neuen Außenstelle der Bank von Trient und Bozen mit ihren jeweiligen verantwortlichen Präsidenten und Direktoren. Dank ihrer finanziellen Hilfe wurde es erst möglich, ein Werk von solchem Umfang herauszugeben und es der Bevölkerung sowie allen historisch Interessierten zu erschwinglichen Kosten anzubieten.

Nach Klärung der Finanzierungsfrage ging es darum, fachkundige Autoren zu finden, die jeweils wesentliche Aspekte der gesamten historischen Entwicklung von Schlanders wissenschaftlich zu erarbeiten bereit waren. Diese Suche war von Erfolg gekrönt. Bald nach Arbeitsbeginn stellte sich heraus, daß es unmöglich wäre, das gesamte historische Material in einem einzigen Band unterzubringen, sollte nicht auf eine gewisse Ausführlichkeit und Gründlichkeit der Aufbereitung verzichtet werden.

Aus diesem Grunde aber auch aus Zeitgründen wurde vom Autorenteam der Gemeindeverwaltung vorgeschlagen, die Geschichte von Schlanders in zwei Bänden herauszubringen, wobei der erste Band die Geschichte von den Anfängen bis zum beginnenden 19. Jahrhundert erfassen sollte (ca. 1815), während der zweite Band zur Gänze dem 19. und 20. Jahrhundert gewidmet werden soll. Das bringt noch die Vorteile, daß einerseits der erste Band rechtzeitig zum Jubiläumstermin erscheinen kann und andererseits der starken Entwicklung von Schlanders im 20. Jahrhundert ausgiebig Raum gegeben werden kann, d. h. die Zeitgeschichte von Schlanders mit ihrem wirtschaftlichen, kulturellen, sozialen und politischen Aufschwung ausführlich zur Darstellung kommen soll, womit dem Werk außer dem historischen Wert auch eine beachtliche zeitgeschichtliche Aktualität zukommt.

Im ersten Band sind folgende Schwerpunkte berücksichtigt worden: nach einer kurzen »Namensforschung« durch den Experten Dr. Egon Kühebacher folgt eine ausführliche Darstellung der Siedlungsgeschichte von Schlanders aus der Feder des bekannten Siedlungsgeographen und Historikers Prof. Dr. Rainer Loose von der Universität Tübingen, einem ausgezeichneten Kenner der Siedlungsgeschichte des Alpenraumes. Den Löwenanteil am gesamten ersten Band nimmt die »Geschichte der Deutschordenspfarre Schlanders« aus der Feder der jungen Historikerin und Expertin der Geschichte des Deutschen Ordens Dr. Erika Kustatscher ein: Sie behandelt die Geschichte der Pfarre Schlanders von den Anfängen bis zur Zeit der bayerischen Besatzung Tirols (1806–1813) mit der Vertreibung des deutschen Ordens aus Schlanders, der hier seit 1235 die Pfarrseelsorge innehatte, wobei bekanntermaßen Schlanders wie der gesamte Vinschgau samt Meran bis zur Passer zur Diözese Chur gehörte. Es wurde eine große Fülle von Archivmaterial aufgearbeitet, das somit erstmals allgemein zugänglich gemacht wird; es handelt sich um die erste detaillierte und umfassende »Kirchengeschichte« von Schlanders: Dabei wurden natürlich auch die Filialkirchen mit berücksichtigt.

A. o. Univ.-Prof. Dr. Heinz Noflatscher vom Institut für österreichische Geschichte der Universität Innsbruck hat es als Fachhistoriker für österreichische Geschichte der frühen Neuzeit übernommen, die zivile bzw. bürgerliche Geschichte von Schlanders mit ihren wirtschaftlichen, kulturellen, sozialen und politischen Implikationen vom Hochmittelalter bis ins beginnende 19. Jahrhundert darzustellen; auch hierbei wurde viel Archivmaterial erstmalig aufgearbeitet und werden Quellen erstmalig publiziert. Die frühe Neuzeit von Schlanders ist ein Zeitraum, der in der ersten Jubiläumsschrift von 1977 wohl zu kurz gekommen war, womit der Beitrag von Prof. Noflatscher eine bisherige Lücke in der Geschichte von Schlanders schließt.

Sowohl die weitere Kirchengeschichte mit der Errichtung des Dekanates Schlanders zu Beginn des 19. Jahrhunderts als auch die zivile Geschichte im 19. und 20. Jahrhundert mit ihrem breitgefächerten Spektrum an Entwicklungen im wirtschaftlichen, kulturellen, sozialen und politischen Bereich werden im zweiten Band, der Ende des Jahres 2000 erscheinen soll, von weiteren Fachleuten fortgesetzt.

Dr. Erich Egg, langjähriger Direktor des Museums Ferdinandeum in Innsbruck und bekannter Kunsthistoriker, hat das Kapitel über die Kunst in Schlanders aufgearbeitet, während der Südtiroler Archäologe Dr. Hans Nothdurfter von den unter seiner Leitung vorgenommenen archäologischen Ausgrabungen bzw. Funden in Kortsch (St. Georgen, Lorenzi- und Ägidiuskirche) berichtet.

Dr. Hans Wielander schließlich schreibt über Ansitze und Burgen in Schlanders.

Der Innsbrucker Heraldiker a. o. Univ.-Prof. Dr. Franz-Heinz von Hye hat das gesamte heraldische Material, d. h. sämtliche in Schlanders vorhandene Wappen aufgearbeitet und damit zugleich einen wertvollen Beitrag über Adelsgeschlechter bereitgestellt, die mit Schlanders im Lauf der Geschichte zu tun hatten. Dr. von Hye hat auch einen kurzen Bericht über die kriegerischen Ereignisse von 1799 geliefert, die zum heurigen Mariä-Namen-Jubiläum geführt haben.

Dr. Hans Wielander, Herausgeber der »Arunda« und erfahrener Fotograf, half auch dabei, das reiche Bildmaterial ausfindig zu machen und bereitzustellen, soweit nicht die Autoren selbst für die Illustration ihrer Beiträge sorgten. Auch die Raiffeisenkasse Schlanders hat ihr umfangreiches Fotoarchiv zur Verfügung gestellt.

Allen Autoren und Mitarbeitern sei an dieser Stelle namens der Gemeindeverwaltung aufrichtig gedankt für ihre fachkundigen und sowohl für den Historiker wie für den aufgeschlossenen Bürger interessanten Beiträge, die zeitgerecht abgeliefert wurden. Gemeinsam haben sie wesentlich dazu beigetragen, bisher nicht zugängliches historisches Material über Schlanders aufgearbeitet und damit für die Allgemeinheit erschlossen zu haben. Natürlich ist jeder Autor für den Inhalt seines Beitrages selbst verantwortlich.

Nun hat auch Schlanders sein »Dorfbuch«, das wohl in seiner ganzen Ausrichtung und Gestaltung etwas von den üblichen Dorfbüchern abweicht: der erste Band behandelt die lange geschichtliche Vergangenheit des Ortes und seiner Bewohner, während im zweiten Band auch die Aktualität d. h. unsere Gegenwart und jüngste Vergangenheit ausgiebig zu Wort kommen soll.

Allen Autoren wie auch allen übrigen Mitarbeitern, vor allem der Gemeindeverwaltung für die Auftragserteilung, die Ermutigung und den Finanzierungsbeitrag, den Angestellten für geleistete Schreibarbeit, dem Herrn Dekan Dr. Josef Mair von dem Betreuungskomitee mit Senator Dr. Armin Pinggera, Dr. Heinrich Müller und Gemeinderat Hans Graber sei für ihre Mitarbeit bestens gedankt. Ein besonderer Dank geht an den Tappeiner Verlag in Lana mit Dr. Othmar Taler und seinen Mitarbeitern. Ihrer Erfahrung und ihrem Entgegenkommen ist nicht zuletzt das zeitgerechte Erscheinen und die fachkundige technische Gestaltung unseres Dorfbuches zu verdanken.

Nun liegt es am Leser – den Schlandersern, wie allen historisch Interessierten – aus dieser Fundgrube unserer eigenen Geschichte reichlich zu schöpfen.

Schlanders, Mariä-Namen 1999

DDr. Heinrich Kofler
Kulturassessor von Schlanders

Inhalt

Geleitwort des Bürgermeisters 5
Grußwort des Landesrates für Kultur 5
Geleitwort des Dekans 6
Vorwort des Koordinators und Herausgebers 6

1

Egon Kühebacher

Ortsnamen als Denkmäler der Sprachgeschichte des Gemeindegebietes von Schlanders 15

2

Rainer Loose

Siedlung, Bevölkerung und Wirtschaft von Schlanders bis zum Ende des Alten Reiches (ca. 1806/15) 20

1 Naturraum und Siedlung 20
  1.1 Raumbeziehungen 20
  1.2 Klima und Witterung 23
  1.3 Leben am Rande der Katastrophen – Notizen zu Muren und Überschwemmungen 26
2 Grundzüge der Siedlungsentwicklung 30
  2.1 Der Ortsname »Schlanders« 30
  2.2 Die vor- und frühgeschichtlichen Anfänge 31
  2.3 Schlanders' mittelalterliche Anfänge 32
    2.3.1 Methodische Vorbemerkung 32
    2.3.2 Mittelalterliche Grundherrschaften und Siedlungselemente ... 33
  2.4 Grundzüge der Siedlungsentwicklung in der Neuzeit 45
  2.5 Die Besiedlung des Sonnen- und Nördersberges 51
    2.5.1 Der Sonnenberg 52
    2.5.2 Der Nördersberg 57

3 Bevölkerung und Wirtschaft 61
  3.1 Notizen zur spätmittelalterlichen Bevölkerungsstruktur 66
  3.2 Die Erwerbsgrundlagen 68
    3.2.1 Die Landwirtschaft schafft aller Leute Nahrung 68
    3.2.2 Rares Gewerbe 75

3

Hans Nothdurfter

Die Kirchengrabungen von St. Laurentius und St. Georg in Kortsch 80

St. Laurentius 81
St. Georg 85

4

Erika Kustatscher

Die Pfarre Schlanders

Von den Anfängen bis zum Abschied des Deutschen Ordens im Jahr 1811 93

Einleitung 93

1 Chronologische, rechtliche und administrative Voraussetzungen 94
  1.1 Die Anfänge der Pfarre Schlanders 94
  1.2 Die Pfarre Schlanders im Verband der Diözese Chur 100
  1.3 Der Umfang der Pfarre Schlanders 102
  1.4 Schlanders als Pfarre des Deutschen Ordens 106
  1.5 Der Unterhalt der Pfarrgeistlichkeit und das Widum 112
  1.6 Das Verhältnis der Ordenspfarre zum Bistum Chur 123

2 Die Kirche und ihre Filialen 131
  2.1 Die Bauten 131
  2.2 Das Kirchenvermögen 144

3 Die personelle Besetzung der Pfarre Schlanders 151
  3.1 Die Pfarrer bzw. Pfarrverwalter 151
  3.2 Die Hilfspriester 156
  3.3 Verschiedene Geistliche 170
  3.4 Priester des Deutschen Ordens 171
  3.5 Die geographische Herkunft der Geistlichen 172
  3.6 Exkurs: Aus der Pfarre Schlanders stammende Geistliche 173

4 Religiöses Leben in seinen äußeren Erscheinungsformen 174
    4.1 Die Gemeinde als Gestalterin des kirchlichen Lebens 174
    4.2 Gemeindliche Kirchenämter 175
    4.3 Bauernkrieg und Täuferbewegung
         in der Pfarre des Deutschen Ordens 178
    4.4 Der Deutsche Orden als Ansprechpartner
         der Gemeinde Schlanders 183
    4.5 Die Beziehung der peripheren Gemeinden zur Pfarrkirche 194
    4.6 Das Schlanderser Kapuzinerkloster 211
    4.7 Religiöses Brauchtum 216
    4.8 Stiftungen und Legate 221
    4.9 Almosenreichung 223
    4.10 Das Heiliggeistspital 225
    4.11 Die Pfarrschule 243
    4.12 Bruderschaften 245
5 Seelsorge zwischen Anspruch und Wirklichkeit 254
    5.1 Das Mittelalter 254
    5.2 Die Krise des konfessionellen Zeitalters 255
    5.3 Umsetzung tridentinischer Bestimmungen 257
    5.4 Die Grenzen tridentinischer Religiosität 261
    5.5 Die Aufklärung in der Pfarre Schlanders 264
    5.6 Die beiden letzten Jahrzehnte im Zeitalter
         der Herrschaftskirche 267

5

Heinz Noflatscher

Schlanders in der Vormoderne (1077–1815)

Recht – Gesellschaft – Kultur 285

1 Zwischen »Slanderes« und Schwabenkrieg (1077–1499) 286
    Praedium Slanderes 286
    Leibeigene und Grundherren 288
    Vicus – das Dorf 291
    Welfen, Staufer, Kreuzzüge 293
    Lokaler Adel. Die Schlandersberg 294
    Autonomie der Gemeinde? Die ersten Dorfmeister 296
    Der Landesherr und das Dorf 299
    Egno von Galsaun. Aufgaben eines Richters 300
    Notare in Schlanders 302
    Vom geistlichen zum weltlichen Recht 303

Soziale und berufliche Differenzierung 304
Dorfadel und Klerus 307
Einkommensverteilung 309
Differenz der Geschlechter? Frauen in Schlanders 310
Ein Ehevertrag 311
Das Dorf trifft sich 313
Soziale Fürsorge. Spital und Siechenhaus 314
Plurale örtliche Kultur. Rätoromanisch in Schlanders 315
Alphabetisierung. Bildungschancen auf dem Land 318
Landtag und Bedrohungen 320
Gotteshausleute versus Flächenstaat 321
Der Schwabenkrieg 321
Katastrophe und Wiederaufbau 322

2 Reformation, Bauernkrieg und Konfessionalisierung (1499–1648) 322
Die Reformation in Schlanders 325
Der Bauernkrieg 326
Sozialstruktur, Unterschichten und Arme 329
Die *Hausgesessen* 332
Heiratskreise und dörfliche Kontakte. Anna Harm 333
Adel und Neuadel 333
Die Frau in der agrarischen Gesellschaft 334
Man ißt sich satt. Feste und Feiern 337
Hexen und Knappheitsgesellschaft 337
Gemeindeversammlungen, Ämter, Weistümer 338
Verschriftung von Recht. Die Hendl 341
Schutz und Schirm. Die Landesdefension 343
Der neue Steuerstaat 344
Assimilation einer Minderheit 345
Weitere Insel im Dorf: der Deutsche Orden 345
Die Kapuziner 346
Der Dreißigjährige Krieg in Schlanders 347
Hospitalität in der Frühen Neuzeit 348
Schule und Universität 349
Bauen und Wohnen. Vormoderne Schriftkultur 350

3 Vom Westfälischen Frieden zum Wiener Kongreß (1648–1815) 352
Kommunale Lastenverteilung 352
Sozialbeziehungen 354
Dekommunalisierung oder Ausbau der Kompetenzen? 356
Pfarrgemeinde und dörfliche Identität 357
Justiz, Kreisverfassung und Steuern 358
Die Berggemeinden 359
Funktionsverlust des Spitals? 360

Demokratisierung von Religion. Laieninitiativen 360

Lokales Gedächtnis 362

Schulische Grundbildung 363

Aufklärung und Gleichheitsprinzip 366

Napoleonische Kriege und bayerische Ära 368

1809 und danach. Lokaler Widerstand 369

6

Erich Egg

Kunst in Schlanders, Göflan, Vezzan und Kortsch 371

7

Franz-Heinz von Hye

Schlandersberg – Schlanders

Die Geschichte des Gemeindewappens und ausgewählte heraldische Denkmäler in Schlanders 403

1 Vom Wappen der Herren von Schlandersberg zum Gemeindewappen von Schlanders. 403

2 Freskodarstellung der Wappen des nachmaligen Kaisers Maximilian I. am Turm der Pfarrkirche . 408

3 Gewölbeschlußsteine mit maximilianischen Wappen in der Walpurgiskirche in Göflan 409

4 Österreichischer Bindenschild und Andreaskreuz am Sakristeiportal von 1527 410

5 Heraldika des Deutschen Ordens in Schlanders 411

6 Kirchliche Wappen in Schlanders 415

7 Wappen-Grabsteine 417

8 Ansitz Schlandersburg – Sonnenuhr und Uhrzifferblatt 422

9 Kortsch – Kirchturm 422

8

Franz-Heinz von Hye

Das Gnadenbild zu Unserer Lieben Frau am Rain in der Schlanderser Pfarrkirche

und das Prozessionsgelöbnis der Schlanderser Schützen im Jahre 1799 424

9

Hans Wielander

Ansitze, Burgen, Schlösser 428

Die Kommende 429

Freienturm 433

Schlandersburg 435

Schlaneregg 440

Ansitze und Türme 442

Egon Kühebacher

Ortsnamen als Denkmäler der Sprachgeschichte des Gemeindegebietes von Schlanders

Daß der Raum von Schlanders uralter Siedlungsboden ist, lassen schon die Namen der wichtigsten Gemeindeteile erkennen, nämlich Schlanders, der Name des Hauptortes, und die Namen der Katastralgemeinden Kortsch, Göflan und Vezzan, die heute wie Nörders- und Sonnenberg Fraktionen der Großgemeinde Schlanders bilden. Sprachgeschichtlich aufschlußreich wäre natürlich eine Untersuchung des gesamten Namengitters dieses Raumes, von den Siedlungs- und Großflurbezeichnungen bis zu jenen der Kleinfluren und Gelände unter- und oberhalb der Vegetationsgrenze, doch würde eine Studie dieser Art den Rahmen eines Aufsatzes sprengen, so daß wir uns in der folgenden Kurzabhandlung nur auf die bereits erwähnten Namen beschränken müssen. Jedes Sprachvolk, das in unseren Tälern im Laufe der Jahrtausende seßhaft geworden war, hat im Namengut Spuren hinterlassen. Bisher ist es der wissenschaftlichen Sprachforschung nur gelungen, jene Ortsnamen zu deuten, die erst nach dem vierten vorchristlichen Jahrhundert entstanden sind, also die Namen der keltischen und der um die Zeitenwende einsetzenden romanischen Siedlungsperiode, und endlich die vielen Zeugen der deutschen Rodungs- und Siedlungstätigkeit, die im Vinschgau ungefähr bis ins 8. Jahrhundert n. Chr. zurückreichen. Bei der Deutung der Reste aus dem vorkeltischen Sprachleben, deren Anzahl in diesem Raume nicht unbeträchtlich ist, kann auch heute noch nur mit Mutmaßungen gearbeitet werden. Welche Sprache z. B. der Mann vom Hauslabjoch gesprochen hat, wird uns wohl für immer verborgen bleiben. Zweifellos hatte der Vinschgau wie das übrige breite Etschtal schon in vordeutscher Zeit ein dichteres Siedlungsnetz als andere Täler, besonders die verkehrsentlegenen Hochtäler. Deshalb ist hier auch die vordeutsche Namensschicht stärker. Ebenso wird sich hier das vordeutsche Sprachleben noch länger gehalten haben, doch muß der noch immer nicht völlig verdrängten Meinung, der Vinschgau und besonders der obere Vinschgau sei bis ins Spätmittelalter noch rein alpenromanisch gewesen, entschieden widersprochen werden. Gerade die Lautform, die Namen vordeutschen Ursprungs im deutschen Munde bekommen haben, zeigt klar das Alter der deutschen Sprache in diesem Raume. Damit soll nicht in Abrede gestellt werden, daß es neben den deutschen Siedlern noch bis ins Hochmittelalter und darüber hinaus auch alpenromanisch sprechende Bevölkerungsreste gegeben hat, die ortsweise erst im 16. oder gar erst im frühen 17. Jahrhundert in der deutschen Siedlergemeinschaft aufgingen, doch reicht das deutsche Sprachleben sicher überall schon in die Zeit vor der Jahrtausendwende zurück. Die Namen romanischer und vorrömischer Herkunft wurden nach mittelalterlichen deutschen Lautgesetzen – nicht etwa willkürlich von deutschen grundherrschaftlichen Kanzleien – umgeformt, deren genaue Wirkungszeit von der Sprachforschung eindeutig festgestellt werden konnte. Ein deutsches Lautgesetz, das nur im 8. und frühen 9. Jahrhundert wirksam war, ist der Wandel des a zu einem geschlossenen e vor einem i der Folgesilbe (Primärumlaut). Ein weiteres mittelalterliches Lautgesetz der deutschen Sprache, das erst nach ungefähr 1000 seine Wirkungskraft verlor, ist die althochdeutsche Erstsilbenbetonung, ohne die z. B. der Stabreim der althochdeutschen Dichtungen (Hildebrandslied, Wessobrunner Gebet u. a.) nicht denkbar wäre. Die Auswirkungen der beiden genannten Lautgesetze finden wir im Namen Göflan, von dem uns u. a. folgende urkundliche Schreibungen vorliegen (bis um 1300 in lateinisch, dann in deutsch verfaßten Schriftstücken): 1190 (de)Gêflan, 1212 (de)Gevelana, 1220 Gevelan, 1321 Geflan, 1389 Gevlan, 1441 Geflan, 1502 Geflan, noch 1817 Geflan, dann erst Göflan. – Das Gevelana der lateinisch geschriebenen Urkunde von 1212 hatte den Akzent sicher auf -lána, dem zu entnehmen ist, daß das mittelalterliche Kanzleilatein an einer älteren Lautform und Akzentuirierung festhielt, während im sprechsprachlichen Gebrauch des Volkes bereits die deutsche Erstsilbenbetonung galt, wie die Schreibung von 1190 – die ältere also – klar erkennen läßt; das Gevelan von 1220, eine vom Kanzleilatein beeinflußte Form, wurde sicher auf Ge- betont. Die deutsche Vorziehung des Akzents auf die erste Silbe, zu der es spätestens bis um die Jahrtausendwende gekommen sein muß, bewirkte phonetisch die Schrumpfung des Wortkörpers zu Geflan. Zugrunde liegt der Name eines romanischen Besitzers, der CAVILIUS hieß; sein Gutsbesitz war das PRAEDIUM CAVILIANUM oder die PRAEDIA CAVILIANA (-ÁNUM, -ÁNA betont). »Gut, Güter des Cavilius« oder »Caviliansche(s) Gut, Güter«. Das PRAEDIUM, PRAEDA fiel in der Folgezeit weg und es blieb nur mehr CAVILIANUM bzw. CAVILIANA, das durch die deutsche Erstsilbenbetonung zunächst ein CÁVILIAN ergab.

Bevor wir die Weiterentwicklung dieses CAVILIAN im deutschen Munde betrachten, muß kurz über die bis ins späte 4. Jahrhundert n. Chr. bei uns entstandenen römischen Praedien- oder Praedialnamen berichtet werden. Nachdem im Jahre 15 v. Chr. unser Land ein Teil des Römerreiches geworden war, mußten die Jungmänner der Provinz Raetia, zu der nahezu das gesamte spätere Tirol gehörte, viele Jahre im römischen Heer dienen; wie uns der römische Schriftsteller Josephus Flavius berichtet, waren die raetischen Legionen zur Zeit Christi in Jerusalem stationiert. Für ihren treuen Dienst bekamen die rätischen Militärveteranen in ihrer Heimat ein Stück Land als Praedium, was so viel wie »(Sieges)beute« bedeutet (im Wort Wildpret lebt das aus dem Lateinischen entlehnte praedium fort). Solche nach ihren Inhabern benannte Praedialorte finden wir im Etschtal vom Schlanderser Raum abwärts und in den siedlungsgünstigen Zonen des Eisacktales nicht wenige, z. B.: Riffian (Gut eines Rufus), Lana(n) (G. eines Leo), Vilpian (G. eines Vulpius), Terlan (G. eines Taurus), Eppan (G. eines Appius), Girlan (G. eines Gurilus), Barbian (G. eines Barbius) u. v. a. In allen diesen Namen, die schon früh, spätestens aber vor der Jahrtausendwende in den deutschen Mund gelangt waren, setzte sich die deutsche Erstsilbenbetonung wie in unserem CAVILIANUM durch; wo hingegen die deutsche Sprache erst nach 1000 n. Chr. die Oberhand bekam, blieb die vordeutsche Akzentuierung: so wurde z. B. im spät eingedeutschten Unterland aus (PRAEDIUM) MATIÁNUM, PENÁNUM nur Mazón, Penón (das -a- wurde in bairischer Weise verdumpft). Altmundartlich ging durch die Erstsilbenbetonung die Schrumpfung des Wortkörpers manchmal noch weiter; man sagt z. B. mundartlich Terl »Terlan«, Girl »Girlan«, – und aus einem (PRAEDIUM) SCANTIANUM (Gut eines Scantius) wurde in der Schlanderser Nachbarschaft ein Schanzen.

Aber nun zurück zu unserem CÁVILIAN aus CAVILIÁNUM. Der Name muß schon im 8. Jahrhundert von ansässigen deutschen Siedlern gebraucht worden sein, da der Wandel von -A- zum geschlossenen e-Laut (Primärumlaut), lautgesetzlich bewirkt durch das -I- der Folgesilbe, später nicht mehr möglich gewesen wäre. Die bodenständige Entsprechung des Primärumlautes, die immer ein geschlossener e-Laut ist, wurde allerdings in der amtlichen Schreibung erst seit dem 19. Jahrhundert durch das -ö- kenntlich gemacht. Erstsilbenbetonung und Primärumlaut bezeugen somit die Anwesenheit deutscher Siedler bereits im 8. bis 9. Jahrhundert. Auch die unbehauchte romanische Aussprache des anlautenden Gaumenlautes C- blieb als G- (wie in Gampen aus latein. CAMPUS) erhalten. Auf eine römische Praedialbezeichnung geht auch der Ortsname Vezzan zurück, von dem wir folgende urkundliche Nennungen auswählen: 1170 Vetzana, 1211 Vezana, 1249 Vetzan, noch um 1840 Vetzan, dann Vezzan. Auszugehen haben wir von einem (PRAEDIUM) VEZANUM »Gut eines Vezo«. Hier wurde die Erstsilbenbetonung, die altmundartlich noch vor einem halben Jahrhundert üblich war (ich konnte um 1960 noch Fézn und Fézenr für Vezzán und Vezzáner notieren), in neuerer Zeit – wohl wegen des Gleichklanges mit dem Zeitwort fezen »urinieren«! – verdrängt. Nicht durchgesetzt hat sich hingegen die deutsche Erstsilbenbetonung im Namen des Vezzaner Ortsteiles Marein, urkundlich erwähnt als Marin (1284), 1334 als Marein. Zugrunde liegt der Männername MARINUS, dessen betontes langes -I- im deutschen Munde seit ungefähr 1100 lautgesetzlich zu -ei- (spr. -ai-) verzwielautet wurde. Wir haben auch hier einen alten Besitzernamen, so hieß einst ein alpenromanischer Bauer. Dasselbe Etymon haben wir im Virgener Hofnamen Mariner, dessen -i- wegen der dort erst später erfolgten Eindeutschung nicht verzwielautet wurde; nach ungef. 1250 war nämlich diese Wandlung nicht mehr möglich. Zu Göflan und Vezzan ist noch etwas anzumerken. Beide Namen haben in ihrer vordeutschen Lautform ein v, das im Alpenromanischen – wie auch heute noch im Italienischen – wie unser w, also als stimmhafter Lippenreibelaut gesprochen wurde. Im deutschen Munde hat sich diese Aussprache nur in jenen Namen vordeutschen Ursprungs erhalten, die schon im frühen 8. Jahrhundert und noch früher übernommen worden waren, z. B. Wilten (aus Veldidene) und Wipptal (aus Vibidina). Sonst hat dieser Laut seine Stimmhaftigkeit verloren und den Lautwert unseres heutigen f bekommen (den Schriftzeichen f und v entspricht im Deutschen allgemein schon seit dem 13. Jahrhundert der stimmlose Lippenreibelaut f). So wird das anlautende und inlautende V- in Vezzan wie in Villanders, Vill, Vahrn, Vintl, Verdings u. a. als F- gesprochen; in Göflan wird das inlautende -v- dem tatsächlichen Lautwert entsprechend wirklich – wie in Gufidaun (1273 urkundl. Guvidaun), Leifers (1295 urkundl. Leivers) – als -f- geschrieben. Die seit dem 19. Jahrhundert überhandnehmende Manie, das V- in solchen Namen als W- auszusprechen, widerspricht der bodenständigen Lautentwicklung; besonders bundesdeutsche Gäste sagen mit Vorliebe »Wilpian«, »Wezzan«, »Wöran«, »Wahrn«, »Wintl« für Vilpian, Vezzan, Vöran, Vahrn, Vintl (!), und bedauerlicherweise folgen manche Einheimische beim hochsprachlichen Sprechen diesem Beispiel. Bereitet bei den bisher besprochenen Namen die Deutung keine Schwierigkeiten, so müssen wir uns nun bei der Enträtselung des Gemeindenamens Schlanders mit Mutmaßungen begnügen, da sein Alter sicher in jene Zeit zurückreicht, über deren Sprachleben die Forschung, wie eingangs angeführt wurde, noch immer recht wenig weiß. Die urkundliche Überlieferung setzt leider erst im 11. Jahrhundert ein: 1070 Slanderes, 1101 Schlanders, 1170 Slanders, 1252 Schlanders, 1352 Slanders, 1426 Slanders, 1518 Schlanders, dann ausschließlich Schlanders. Die heutige Lautform Schlanders gab es sicher schon im späten 11. Jahrhundert, da das -e- der Endung -res nach Ausweis der Schreibungen damals bereits ausgefallen war (die mundartliche Lautung Schlåndrscht ist das Ergebnis einer jüngeren lokalen Sonderentwicklung). Aber ebenso mußte aus dem Sl- um 1100 bereits ein Schl- geworden sein, da sich die Lautverbindungen sm, sn, sl und sr außer im Niederdeutschen im 11. Jahrhundert überall nach deutschen Lautgesetzen zu schm, schn, schl, sehr wandelten. Wir finden zwar noch im 14. und 15. Jahrhundert Schreibungen mit Sl-, aber gesprochen wurde sicher schon seit dem 11. Jahrhundert Schl-; die Schreiber berücksichtigen die Lautwandlungen der gesprochenen Sprache immer erst etwas später, da sie aus ihrer Sicht ja zunächst als fehlerhafte Sprechvarianten empfunden wurden. Aber was bedeutet dieser Name?

Das anlautende Sl- des frühesten Schriftbelegs war sicher durch den Ausfall eines Zwischenvokals entstanden, da man die Lautverbindung sl in romanischen und vorrömischen Namen nie antrifft. Ich habe bisher an den indogermanischen Wortstamm SAL-»schmutzig, grau, von Grauweiden bewachsen« gedacht, ziehe aber nun den Stamm SIL-»Wasserlauf, -rinne, Bach, Fluß« vor. Von diesem SIL- wurde mit dem ebenfalls vorrömischen Bildungssuffix -ANDR- (wie in Villanders) und der gleichfalls vorrömischen Endung -ES ein SILANDRES (aus dem -DR- konnte zur Erleichterung der Aussprache ein -DER- werden) abgeleitet werden. Das indogermanische SIL- treffen wir häufig in Gewässernamen an, z. B. in Sill. Dieses erschlossene SILÁND(E)RES, dessen Bedeutung »Gebiet, Siedlung am Wasserlauf (oder: an Wasserläufen)« sein kann, hat im deutschen Munde den vordeutschen Akzent bewahrt, dem zu entnehmen ist, daß die deutsche Sprache in Schlanders selbst bis um 1000 noch nicht die Oberhand bekommen hatte, so daß sich die alpenromanische Betonung behaupten konnte. Die Beibehaltung dieser Akzentuierung bewirkte aber die Schrumpfung der unbetonten Vorsilbe SIL- zu SL-, und damit sind wir bei den urkundlich überlieferten Formen Slanderes, Slanders angelangt. Daß das deutsche Sprachleben aber schon im 11. Jahrhundert auch in Schlanders stark war, zeigt nicht nur der Wandel Sl- zu Schl-, sondern auch die mundartliche Lautung -rsch; die altbairische Wandlung von rs zu rsch (Fearsch »Ferse«, Pfearschr, aus latein. malus persicus »Pfirsich«, Airsch »Eyrs« usw.) vollzog sich spätestens um 1100. Der vordeutsche Akzent bewahrt blieb auch im Namen Schlandraun, einer Ableitung von Schlanders. Das schöne Almtal wird urkundlich wiederholt genannt: 1250 Slandrun, 1280 und 1291–1300 Slandrun, 1334 fluvius Slandruni, 1359 aqua Slandraun, 1390 Slandrun, Slandraun, 1420 Slandrawn, 1446 tal Slandraun, 1529 aus der Slandrau, um 1770 Schlandernaun, um 1845 Schlandernaunthal, um 1900 Schlandrauner Thal, seither Schlandraun. – Es handelt sich um eine mit dem romanischen Bildungssuffix -ONE entstandene Ableitung, die etwa SILANDRÓNE gelautet hat. Das -O- wurde schon im romanischen Munde zu -U-, so daß die deutschen Siedler ein SILANDRÚN(E) übernehmen konnten, aus dem durch den bereits genannten Ausfall des -I- das urkundlich überlieferte Slandrun (-un betont) entstand. Als Grundbedeutung kann »großes, wasserreiches Tal« gelten. Die Verzwielautung der langen i, u und ü – es wurde darauf bereits bei der Besprechung des Namens Marein hingewiesen – zu ei (spr. ai), au und eu, äu vollzog sich im Altbairischen im 12. Jahrhundert und bis ungefähr 1250; nach 1300 ins Deutsche übernommene Namen vordeutscher Herkunft machten diesen Wandel nicht mehr mit. Das betonte lange -u- des urkundlichen Slandrun mußte also spätestens in der ersten Hälfte des 13. Jahrhunderts in den deutschen Mund gelangt sein, da bei einer späteren Übernahme die Verzwielautung unterblieben wäre; so blieben z. B. im Gemeindegebiet von Kastelruth, in dem die deutsche Sprache erst im 14. und 15. Jahrhundert vorherrschend wurde, diese langen Selbstlaute unverändert. Keine eindeutige Erklärung gibt es bisher für den Namen Kortsch, der urkundlich schon seit der ersten Hälfte des 10. Jahrhunderts auftaucht: 931–937 Chorces, 1153–1173 Chorz, 1209 Cortz, 1361 Corts, 1441 Korts, dann Kortsch. Am naheliegendsten scheint mir doch eine Entwicklung aus latein. COHORTES »Hofanlagen«, das schon früh zu CHORTES kontrahiert wurde und dessen Endsilbe ebenfalls noch vor der Jahrtausendwende – parallel zur Entwicklung Slanderes zu S(ch)landers – das -E- verlor, so daß die seit dem 12. Jahrhundert schriftlich überlieferte Form, nämlich C(h)or(t)z, Corts, Korts, spätestens um das Jahr 1000 ausgebildet war. Der weitere Wandel von -ts (auch -tz, -z geschrieben) zu -tsch kann als lokalmundartliches Entwicklungsergebnis gelten. Nach dieser Interpretation wäre die ursprüngliche Wortbedeutung von Kortsch »Gehöfte«. Sonnenberg und Nördersberg, die Namen der Streusiedlungen am nördlichen und südlichen Talhang, die im Zuge des hochmittelalterlichen Siedlungsausbaues entstanden, sind natürlich Prägungen deutscher Siedler und gehören deshalb zur Namensschicht, die erst seit dem 11. Jahrhundert entstand. Da die Höfe am sonnseitigen Nordhang älter sind, scheint der Sonnenberg (mundartl. Suna-) vor dem Nördersberg urkundlich auf: 1320 Sunnenberg, 1427 Suneperg; erst seit dem 18. Jahrhundert Sonnenberg. Die Bedeutung ist also: »von der Sonne beschienener Berg«; Hangsiedlungen, die wie diese nach dem Sonneneinfall benannt sind, gibt es in unserem Gebirgsland mehrere, etwa Sonnenberg in Partschins, Martell und Weitental/Gemeinde Vintl. Als Gegenstück dazu gibt es die Örtlichkeiten Schattenberg (Mühlen/Gemeinde Sand in Taufers) und Schattenseite (Pfunders/Gemeinde Vintl, Schalders/Gemeinde Vahrn). Die Bewohner solcher Schattenzonen nennt man gebietsweise seit alters die Nörder (Ableitung von Norden), ebenso ihren Siedlungsraum. Schreibbelege für den Schlanderser Nördersberg: 1427 Nerderperg, 1817 Nördersberg, seither so. Einen Nörderberg finden wir auch in St. Pankraz in Ulten, und die Nörder (in der Nörder) heißt auch ein Ortsteil von Forst/Gem. Marling (1487 in der Nörder, ebenso 1545 und 1653). Nörder- muß sich somit nicht auf die nördliche Himmelsrichtung beziehen, sondern nimmt auf die von der Sonne weniger oder überhaupt nicht beschienenen Geländezonen Bezug. In diesem Zusammenhang dürfte der Hinweis angebracht sein, daß man mit Berg, -berg in unserem Gebirgsland nie einen Berggipfel, sondern die Siedlungen und wirtschaftlich genutzten Areale zwischen der Talniederung und der Vegetationsgrenze bezeichnet; was darüber liegt, hatte bis in die neuere Zeit nur von Hochgebirgsjägern und Almhirten geprägte Bezeichnungen, die jedoch nicht Allgemeingut waren und erst im Zuge der alpinistischen und kartographischen Erschließung Allgemeingut wurden; außerdem gaben vielen

Gipfeln und Geländeteilen über der Vegetationsgrenze erst die Landesvermesser und Bergsteiger einen Namen. Zur Bezeichnung der Gipfel, die, wenn überhaupt, so nach darunter liegenden Siedlungen und Geländen benannt wurden, verwendete und verwendet der Einheimische Grundwörter wie Kofel, Spitz, Zacken, Turn, Zahn, Finger, Kopf, Köpfl, Horn, Hörnle u. a., niemals aber Berg. So ist z. B. der Kortscher Schafberg nicht ein Gipfel, sondern ein weites Almgelände im Tal Schlandraun; und Sonnenberg und Nördersberg sind nicht Berggipfel, sondern besiedelte und wirtschaftlich genutzte Gelände über der Talniederung von Schlanders.

Fassen wir abschließend zusammen, was uns die wenigen, in diesem Kurzaufsatz behandelten Namen über die Sprach- und Siedlungsgeschichte des Raumes von Schlanders erschließen. Neben dem bis ins ausgehende Hochmittelalter, nämlich bis gegen 1300 hin noch vorhandene alpenromanischen finden wir bereits seit der Zeit vor der Jahrtausendwende auch ein deutsches Sprachleben, das bis um 1200 eindeutig die Vorherrschaft erlangte und um 1300 alleinherrschend wurde. Schon seit dem 8. Jahrhundert lebten deutsche und romanische Siedler friedlich nebeneinander, doch begann das Absterben des romanischen Elementes schon früh, ein Prozeß, der gegen Ende des 13. Jahrhunderts – anders als ortsweise im oberen Vinschgau – endgültig abgeschlossen war. Dies zeigen die Lautformen, die Namen vordeutschen Ursprungs im deutschen Munde nach spracheigenen Lautgesetzen bekommen haben. Die deutschen Siedler, die sich seit dem 8. Jahrhundert in diesem Raume niedergelassen und eine intensive Rodungs- und Siedlungstätigkeit entfaltet hatten, verdrängten nicht das vorhandene Namengut der Alpenromanen, sondern übernahmen es und formten es unbewußt nach den ihrer Sprache innewohnenden Entwicklungstendenzen weiter. Nur für ihre Neurodungen und neuen Siedlungsanlagen schufen sie deutsche Namen, aber lange nicht immer; entstand z. B. ein Hof auf einer Flur, der bereits eine romanische Bezeichnung hatte, so wurde der Hof nach dieser Flur benannt. Umso mehr behielten bereits bestehende Siedlungen ihre romanischen und vorrömischen Namen, wie die Ausführungen des vorliegenden Beitrages gezeigt haben. Aber warum ersetzten die deutschen Siedler, die den romanischen an Zahl bald überlegen waren, die fremden Namen nicht durch eigene? Warum wurde das fremde Namengut einfach übernommen? Der eigentliche Grund liegt im Wesen des Namens, der sich von dem des Wortes streng unterscheidet. Das Wort *bedeutet,* und seine Bedeutung kann mit einem gleichbedeutenden Wort einer anderen Sprache wiedergegeben werden; der Name hingegen *bezeichnet,* identifiziert, bildet mit dem Bezeichneten eine unlösbare Einheit und ist nicht übersetzbar. Die ursprüngliche Wortbedeutung des Namens – zur Zeit seiner Prägung war er zwar ein Wort, das aber dann als Name eine andere Funktion bekam – interessiert nur den Sprachforscher. Und wenn wir dem Namen eine Bedeutung lassen, so deckt sich diese nicht mehr mit der ursprünglichen Wortbedeutung; so »bedeutet« z. B. Göflan für den Benützer nicht mehr »Gut des Cavilius«, sondern die so bezeichnete Ortschaft. Deshalb fragten die deutschen Siedler im Mittelalter nicht nach der Bedeutung der Namen vordeutschen Ursprungs, sondern übernahmen einfach die fremden Lautgebilde und bauten sie in ihren Sprachschatz ein, so daß sie sich nun fortan nach den Lautgesetzen der deutschen Sprache weiterentwickelten. Die Namen folgen zwar denselben spracheigenen Entwicklungstendenzen wie die Wörter, sind aber keine Wörter. Lautgesetzliche Wandlungen vollziehen sich aber ausschließlich in der lebendigen Sprechsprache, in der Mundart, niemals in der Schreibsprache, die ihrem Wesen nach immer konservativ ist und die lautlichen Änderungen der Sprechsprache, wie wir den urkundlichen Namenschreibungen entnehmen konnten, erst allmählich in ihrer Verschriftlichung berücksichtigt. Dies widerspricht der Annahme Carlo Battistis und anderer Sprachforscher, die deutsche Sprache sei bei uns im Mittelalter nur von den Kanzleien der grundherrschaftlichen und kirchlichen Verwaltungen verwendet worden, während das Volk bis in die Neuzeit – besonders im Vinschgau – romanisch gesprochen habe. Um das Nebeneinander der romanischen und deutschen Sprechsprache im Vinschgau und das allmähliche Erstarken des deutschen Sprachlebens bis zu dessen Alleinherrschaft zeitlich genauer fixieren zu können, müßte, wie eingangs erwähnt, das gesamte geographische Namengut dieses Raumes untersucht werden.

Verwendete Literatur

Carlo BATTISTI: Dizionario toponomastico atesino, Firenze 1936 ff.

Carlo BATTISTI: Popoli e lingua nell'Alto Adige. Studi sulla latinità altoatesina (Pubblicazioni della R. Università degli studi di Firenze, N. S. 14), Firenze 1931.

Karl FINSTERWALDER: Die Sprachform der Ortsnamen Tirols – ein Zeugnis der deutschen Siedlungsgeschichte, in: Tiroler Heimat 39 (1975), S. 195 ff.

Karl FINSTERWALDER: Die Sprachform der römischen Praediennamen auf -ANUM in Tirol und ihre Beweiskraft für die Siedlungsgeschichte, in: Tiroler Heimat 27/28 (1973/64), S. 7 ff.

Karl FINSTERWALDER: Sprache und Ortsnamen als Geschichtsquelle, in: Südtirol, eine Frage an das europäische Gewissen, hrsg. von Franz HUTER, München 1965, S. 20 ff.

Karl FINSTERWALDER: Die Herkunft des Namens Gamper aus vordeutschen Hofnamen Gamp, Camp und unbehauchtem k-Anlaut in den tirolischen Mundarten, in: Festschrift für Hans Gamper, hrsg. von Nikolaus GRASS, Innsbruck 1952, S. 1 ff.

Romanisches etymologisches Wörterbuch (Sammlung romanischer Elemente und Handbücher, hrsg. von W. MEYER-LÜBKE III, Reihe 3), Heidelberg 1935.

Vergleichendes Wörterbuch der indogermanischen Sprachen, bearbeitet von J. POKORNY, 3 Bände, Berlin–Leipzig 1927–32.

Egon KÜHEBACHER: Die Ortsnamen Südtirols und ihre Geschichte, Bd. 1 (Veröffentlichungen des Südtiroler Landesarchivs 1), Bozen ²1995.

Rainer Loose

Siedlung, Bevölkerung und Wirtschaft von Schlanders bis zum Ende des Alten Reiches (ca. 1806/15)

1 Naturraum und Siedlung

1.1 Raumbeziehungen

Für die Entwicklung einer Siedlung haben die räumlichen Faktoren maßgebliches Gewicht. Nicht nur heute nehmen die inneren und äußeren Kräfte und Lagebeziehungen Einfluß auf die Gestaltung der wirtschaftlichen Möglichkeiten eines Ortes und seiner dort wohnenden Menschen. Man muß nicht an die Markt- und Verkehrsbeziehungen erinnern, um dies einsichtig zu machen. Aber nicht jeder weiß, daß die Entwicklung vom Wirkungsgrad und von der Beschaffenheit der Kräfte und Impulse abhängig ist, Größen, die veränderlich sind und zu allen Zeiten stark schwankenden Einflüssen überregionaler Herrschafts- oder Wirtschaftsinteressen ausgesetzt waren bzw. noch heute sind.

Schlanders liegt im mittleren südlichen Alpenraum im oberen Etschtal, einem der großen inneralpinen Längstäler, das zu den bequem zu ersteigenden Alpenpässen von Umbrail, S-carl und Reschen hinführt, und nördliche und südliche Alpenvorländer bzw. benachbarte inneralpine Siedlungs- und Wirtschaftsräume (Veltlin, Ober- und Unterengadin, Passeier, Burggrafenamt) miteinander verbindet. Schlanders liegt gleichsam auf halbem Weg zu den voralpinen Wirtschaftsräumen im Norden und Süden auf etwa 738 m über dem Meeresspiegel. Zum Reschenpaß (1508 m NN) sind es etwa 40 km, zur Talstufe der Töll (510 m NN) bei Meran ungefähr 35 km. Schlanders nimmt ebenso wie der Vintschgau im geopolitischen Feld also eine Mittlerrolle, fast eine Brückenfunktion, ein. Das politische Geschehen in den Vorländern hat darum in der Vergangenheit hier mehr oder weniger deutliche Rückwirkungen gehabt und etliche Spuren hinterlassen. Angedeutet sei hier lediglich, daß die römische Eroberung Obergermaniens den Bau der Via Claudia Augusta zur Folge hatte, die durch das Etschtal führte und über den Reschen- und Fernpaß die rätischen Provinzen mit dem römischen Kernland Italien verband. Ohne daß von ihr heute noch Teilstücke im Gelände sichtbar wären, so verdeutlicht doch der Name der Römerstraße das Interesse der Caesaren, die unterschiedlichen Reichsteile miteinander zu verbinden. Die nun einsetzende Romanisierung der einheimischen Venosten band den mittleren Alpenraum stärker an die höher entwickelten Wirtschaftsräume des südlichen Alpenvorlandes zwischen Mailand und Aquileia an der adriatischen Küste. Für einige Jahrhunderte kamen dann die Impulse für die Siedlungs- und Wirtschaftsentwicklung aus dem Süden, von Verona herauf über Trient und Bozen bzw. Meran. Auf der Römerstraße hielt auch das Christentum Einzug im Tal, wie sich gut anhand der alten Patrozinien St. Zeno, St. Vigilius, St. Prokulus oder St. Sisinius zeigen läßt, die die älteste Schicht der Christianisierung verkörpern.

Im Frühmittelalter scheinen die räumlichen Akzente sich verschoben zu haben. Für den Vintschgau und auch für Schlanders ist jetzt Chur zum bestimmenden Vorort geworden. Der berühmte Grabstein des Bischofs und Praeses von Churrätien, Victor II. (um 720), 1972 aufgefunden im Churer Scalettafriedhof, aus Vinschger Marmor gefertigt, ist ein greifbares Beispiel für Kontinuität und Wandel der Herrschafts- und Wirtschaftsbeziehungen bis zum 8. Jahrhundert. Die Zugehörigkeit des obersten Etschtales zum Bistum Chur knüpfte an die antiken Verwaltungsvorstellungen und -strukturen an. Aber auch jetzt rückte der Vintschgau nicht aus seiner peripheren Lage heraus, so daß es aufstrebenden Herrschaften ab dem 12. Jahrhundert nicht allzu schwer fiel, die bischöf-

»Einfahrt in Schlanders im Vintschgau« aus dem Buch »Gebirgs-Album oder neueste Sammlung, nach der Natur neu aufgenommen, malerischer Ansichten aus Tyrol und Vorarlberg« von A. Podesta, München 1840.

lichen Rechte zu schmälern oder sich gar in ihren Besitz zu setzen. Folgen der veränderten räumlichen Fernbeziehungen waren im Hoch- und Spätmittelalter die Streitigkeiten um die Herrschaftsrechte über die Gotteshausleute zwischen dem Bischof von Chur und den Grafen von Tirol, an deren Ende die vollständige Integration des Tales in die gefürstete Grafschaft Tirol stand.

Im Nahbereich gewann die Stadt Meran im Prozeß der tirolischen Landeswerdung während des 13. und 14. Jahrhunderts zunehmend stärkere Bedeutung für Schlanders, v. a. als zentraler Ort, der mit seinen Markt- und Versorgungsbeziehungen das wirtschaftliche Geschehen seines Umlandes in seinen Bann zog. So überrascht es nicht, daß die Zinstermine an das Marktgeschehen in Meran gebunden wurden und die gängigen Getreidemaße mit jenen von Meran übereinstimmten.

Für das örtliche Siedlungsgeschehen selbst hat das naturräumliche Potential besondere Bedeutung. Die Geofaktoren Gestein, Relief, Klima und Vegetation bestimmen die Grenzen der Raumnutzung durch den Menschen. Je nach Stand der kulturellen und wirtschaftlichen Entwicklung kommt bald dem einen, bald dem anderen Geofaktor eine limitierende Rolle zu, die trotz der heutigen technischen Möglichkeiten nicht übergangen bzw. ausgegrenzt werden kann, es sei denn, man läßt die damit verbundenen Naturgefahren völlig außer acht und riskiert am Ende ein geoökologisches Ungleichgewicht mit vorhersehbaren Katastrophen. In der Geschichte von Schlanders gibt es zahlreiche solche Ereignisse, die zeigen, daß die Menschen als Teil des Geoökosystems nicht immer um eine Balance der Geofaktoren bemüht waren. Ein erster Hinweis hierzu mag der vergleichsweise kahle Vintschgauer Sonnenberg mit seinen tiefen Tobeln, Rinnen und Runsten sein, die mittelbar im Zusammenhang mit Eingriffen des Menschen in den Naturhaushalt stehen, vor allem als Folge der Vegetationszerstörung zu deuten sind.

Vom Relief her ist das Gemeindegebiet, das die Katastralgemeinden Kortsch, Göflan Vezzan, Sonnenberg, Nördersberg und Schlanders umfaßt, ein Ausschnitt eines Längstales im Zentralalpenraum mit großer Höhenerstreckung und einer relativ schmalen Talsohle. In erster Linie bedeutet dies, daß das Gemeindegebiet sich überwiegend auf die mehr und weniger steilen Hänge des Etschtales erstreckt. Auf der Nordseite erreicht es im Kortscher

Schafberg mit 3366 m NN, auf der Südseite in der Weißwand mit 3305 m NN seine größten Höhen. Bezogen auf die mittlere Höhe der Talsohle (+ 750 m) bedeuten diese Höhenwerte eine absolute Höhenerstreckung von etwa 2600 m. Aus dieser Reliefsituation ergeben sich mannigfache Einschränkungen der Bodennutzung durch den Menschen. Vergleichsweise ebene oder wenig geneigte, für den landwirtschaftlichen Maschineneinsatz optimale Flächen sind auf die Talsohle beschränkt. Nicht alles, was eben ist, ist deshalb nutzbar, sondern erst, wenn die klimatischen Faktoren die Vegetationsvielfalt fördern. Temperatur und Niederschlag steuern nicht nur die Vegetationsentwicklung, sondern auch die Bodennutzung und den bäuerlichen Arbeitskalender. Sie zu kennen, ist darum nicht unwichtig für die Darstellung der Siedlungsgenese.

Auch der Talboden, auf dem Schlanders liegt, ist nicht einheitlich eben oder homogen. Vielmehr sind es die Kleinformen des Reliefs und der Bodenuntergrund, die auf die Siedlungsanlage und die Bodennutzung unmittelbaren Einfluß nahmen. Ihre einstige Wertigkeit halten einzelne urkundlich überlieferte Flurnamen fest, wie z. B. die Marein im Hofnamen Obermareinhof[1], d. h. kiesiges, sandiges und mäßig geneigtes Gelände (hier handelt es sich um die Sedimente des Schwemmfächers des Schlandraunbaches am östlichen Ortsausgang gegen Vezzan). In der Gegenwart machen sich solche Reliefabschnitte noch oft nachteilig bemerkbar, wenn es eine Straße zu bauen oder Kanalisationsrohre zu verlegen gilt. Schlanders liegt eingezwängt zwischen dem aus dem Hochtal Schlandraun kommenden wilden Schlandraunbach und dem großen Gadria-Murschuttkegel. Die Etsch fließt, abgedrängt von den Aufschüttungen der kleinen Gerinne Gadria und Schlandraun, gleichsam auf der anderen, südlichen Talseite. Ein Vorzug dieser topographischen Lage ist der relative Schutz vor Hochwässern und Überschwemmungen, und solange die schützende Vegetationsdecke noch einigermaßen geschlossen war, auch vor Muren. Ferner darf man nicht übersehen, daß ein weiterer Vorzug dieser Siedlungslage die vergleichsweise bequeme Zuführung von Bach- und Flußwasser zu Antriebs- und Bewässerungszwecken war und ist. So ließ sich der Mühlbach ohne großen Aufwand, d. h. ohne große Kunstbauten, aus dem Schlandraunbach ableiten und im Dorf als Triebwerks- und Abwasserkanal anlegen. Ebenso erleichterte die Geländesituation den Bau von Bewässerungskanälen (der *Waale*), deren Wasser etwas oberhalb der Siedlung auf den heute benachbarten Gemarkungen von Kortsch und Göflan aus der Etsch »abgekehrt« wurden und dem natürlichen Gefälle folgend auf die Felder und Wiesen von Schlanders verteilt werden konnten. Schließlich hat die topographische Lage am Fuß des Sonnenberges oder – wie man im Volksmund sagt – »der Leiten« auch in klimatischer Hinsicht einen, vor allem im Winter unschätzbaren Vorzug, nämlich den der längeren Sonnenscheindauer. Während andere Orte (wie Tschengls) bei tiefstehender Sonne für etliche Wochen im Schlagschatten des Nördersberges liegen und keinen Sonnenschein mehr erhalten, scheint in Schlanders auch in der Zeit der Wintersonnenwende für ein paar Stunden die Sonne. Die scheinbar geringe Wärmemenge der Wintersonne hat aber früher zu einer erheblichen Einsparung von Brennholz verholfen. Die Wärmebegünstigung des Sonnenberges gegenüber dem Nörderberg äußert sich besonders im Frühjahr, wenn hier die Frühlingsblumen um einige Wochen früher zu blühen beginnen. Diese natürlichen Eigenschaften und Vorzüge haben sich unsere Vorfahren durch die Anlage von Weinbergterrassen schon im frühen Mittelalter zunutze gemacht. In der Gegenwart kann der Privatmann durch entsprechende Investitionen das lokalklimatische Potential in einer Solaranlage umweltfreundlich für Heizungszwecke nutzen.

Schließlich und endlich ist nicht zu übersehen, daß das kleinräumige Relief von Schlanders auch eine geopolitische Dimension besaß. Schlanders liegt gleichsam am Fuß des Anstiegs auf die Höhe des Murkegels der Gadria, ein Geländehindernis, das sich aus eigener Kraft zumeist nicht, sondern nur mit fremder Hilfe überwinden ließ. Für den mittelalterlichen Verkehr war Schlanders so etwas wie ein Paßfußort, wo die Fuhrleute zusätzliche Zugtiere als Vorspann für die schweren Venediger- oder Augsburger Wägen benötigten. Wenn auch die Verpflichtung zum Vorspann in der frühen Neuzeit auf bestimmten Höfen lastete und in der

---

[1] Archiv-Berichte aus Tirol 3. Teil, n. 321 von 1304 April 19 – Schlanders.

»Rod« reihum ging, so ist neben diesen auch in den etwas zahlreicheren Gasthäusern ein versteckter Hinweis vorhanden, wer alles im Dorf aus den Erfordernissen des Warentransportes profitierte. Andrerseits – talabwärts – nimmt Schlanders wenige Kilometer vor der Etschbrücke bei Schanzen eine Brückenfunktion ein, die immer dann zur Geltung kam, wenn unter den ansässigen Adelsgeschlechtern Fehden ausbrachen oder ein Etschhochwasser das Passieren der Brücke unmöglich machte bzw. verzögerte und man sich auf der einen Etschseite auf einen kürzeren oder längeren Aufenthalt einrichten mußte. Vielleicht verdankt die Hofgruppe Holzbrugg südwestlich von Schlanders, wo eine Brücke über die Etsch führte und wo sich der Weg zu den sogenannten Äußeren Nördersberger Höfen und nach Morter teilte, einer solchen Notsituation seine Entstehung.

1.2 Klima und Witterung

Die Lage von Schlanders im mittleren Alpenraum bedeutet in klimatischer Hinsicht zunächst eine Einordnung des Klimageschehens in die nordatlantische Westwindzone oder in die Zone der Gemäßigten Breiten. Verbunden mit dieser Einordnung ist die Vorstellung, daß die Sommer bei uns temperaturmäßig nicht zu heiß und die Winter nicht zu kalt werden. Bezüglich der Niederschläge heißt dies, daß insbesondere in der Vegetationszeit noch ausreichend Regen fällt und es in keiner Jahreszeit zu ausgeprägten Trockenperioden kommt, letztlich also stets genügend Feuchtigkeit für das Pflanzenleben und -wachstum zur Verfügung steht. Die Ursachen hierfür sind die auf südwestlichen bis nördlichen Zugstraßen vom Atlantik gegen Mitteleuropa und den Alpenraum heranziehenden, niederschlagsbringenden Tiefdruckgebiete. Denn zu zwei Dritteln wird das Klima- und Witterungsgeschehen des mittleren südlichen Alpenraums während des Sommerhalbjahres von nordatlantischen Großwetterlagen bestimmt, wie Franz Fliri in seinen Studien zur Klimatographie Tirols feststellt[2].

2 FLIRI, Franz: Niederschlag und Lufttemperatur im Alpenraum (= Wissenschaftliche Alpenvereinshefte H. 24). Innsbruck 1974 und DERS.: Das Klima der Alpen im Raume von Tirol (= Monographien zur Landeskunde Tirols, Folge I). Innsbruck 1975, S. 86 ff.

Im Detail und auf die regionale Ebene reduziert bedeutet dies, daß trotz der Abschirmung des Vintschgaus gegen westliche Luftströmungen ein Großteil der winterlichen und sommerlichen Niederschläge gewöhnlich mit westlichen Luftströmungen verbunden ist. Nördliche Luftströmungen bringen Schlanders und dem Vintschgau wegen der hohen Abschirmung im Westen (Ortlergruppe, Sesvenna, Watles) und Norden (Ötztaler Alpen) hingegen selten oder nur in den höchsten Berglagen geringe bis mäßige Niederschläge. Damit ist bereits eine Eigenart des Klimageschehens im Vintschgau und darüberhinaus im südlichen mittleren Alpenraum angesprochen. Wie jeder Vintschger weiß, bringt der »Unterwind« Regen und Nebel, d. h., wenn ein Tief aus dem Golf von Lyon über Oberitalien auf einer südwest-nordöstlichen Zugstraße gegen Ostmitteleuropa zieht und dabei feuchte Luftmassen über das Etschtal zum Alpenhauptkamm gelangen. Solche, aus südwestlicher Richtung heranziehenden Tiefdruckgebiete, sind an der mittleren Niederschlagssumme von Schlanders, die im Schnitt der Klimaperiode 1931–1960 bei 486 mm liegt, immerhin zu gut zwei Fünfteln beteiligt. Die anderen drei Fünftel gehen auf das Konto sommerlicher Starkregenfälle, die sich aus Höhen- und Hitzetiefs heraus entwickeln und innerhalb weniger Stunden mehrere Dutzend Liter Regen auf den Quadratmeter bringen, wobei oft auch Hagelschlag auftreten kann. Nach solchen Stark- und Gewitterregen kommt es ziemlich regelmäßig zu lokalen Überschwemmungen und Murabgängen mit verheerenden Folgen für die Siedlungen und das bäuerliche Kulturland bzw. die Obst- und Weinbaukulturen. Sie erinnern die Talbewohner auch heute noch daran, daß ihr Siedlungs- und Lebensraum ganz wesentlich von natürlichen Faktoren geprägt wird und die Katastrophen jederzeit wiederkehren können. Auf solche Naturkatastrophen wird später noch einzugehen sein. Zur Eigenart der Niederschlagsverteilung gehört auch die hohe Variabilität, d. h. die Unbeständigkeit der zu erwartenden Niederschläge, die nicht immer zur erforderlichen Zeit in ausreichender Menge fallen. Gerade im Frühjahr, wenn alles wachsen soll, kann das Niederschlagsdefizit bei der Entwicklung der Pflanzen sich negativ in Kümmerwuchs und vorzeitiger Reife äußern. Abhilfe schufen die Menschen durch den Bau von Bewässerungskanälen, der Waale (von lat. *aquale,* rätorom. *aual, oval* = Wasserlauf), die das Wasser auf die Felder und Wiesen leiten und die fehlende Bodenfeuchtigkeit ausgleichen. Sie sind im Vintschgau seit dem Hochmittelalter nachweisbar.

Der Jahresgang der Niederschläge zeigt neben dem sommerlichen Maximum im Juli und August ein Minimum im Januar und Februar. Die winterlichen Niederschläge führen aber nicht immer zu einer geschlossenen Schneedecke. Die Wahrscheinlichkeit, daß es am 20. Januar eine geschlossene Schneedecke von mindestens 1 cm gibt, liegt in Schlanders im Mittel der Jahre 1930/31 bis 1959/60 bei nur 57 Prozent, d. h., nur etwa in jedem dritten Winter bildete sich eine Schneedecke von mehr als 1 cm. Für die Wintersportliebhaber bedeutet dies, daß in Schlanders die Voraussetzungen für das Skifahren denkbar ungünstig sind. Hierzu muß man schon über die Talstufe des Gadriamurkegels hinauffahren und Lagen in den Hoch- und Nebentälern aufsuchen, wie z. B. Sulden oder Schlinig oder – näher – nach Martell. Wenn es über längere Zeit keine allzu scharfen Fröste und Eistage (Tagestemperatur nicht über Null Grad) gibt, dann nehmen gewöhnlich die landwirtschaftlichen Kulturen trotz fehlender Schneedecke keinen Schaden. Für die Dauerkulturen Wein und Obst sind andere Faktoren gefährlicher, v. a. die Strahlungsfröste nach der winterlichen Vegetationsruhe im April und Mai. Aber diesen Gefahren wird heute durch die Technik dadurch vorgebeugt, indem ein beauftragter Wetterwart bei aufziehender Gefahr die installierten Beregnungsanlagen zum nächtlichen Frostschutz anstellt. Voraussetzung ist freilich, daß genügend Wasser in den Staubecken vorhanden ist, aber dies ist heute eher ein Verteilungsproblem, weniger ein meteorologisches Defizit. Winterlicher Wassermangel konnte in der Vergangenheit sich freilich bei Bränden nachteilig bemerkbar machen.

Die Temperaturverhältnisse gestalten sich in Schlanders insgesamt nicht ungünstig. Der Jahresmittelwert der Temperatur lag im Zeitraum 1931–1960 bei 9,6 °C. Damit liegt Schlanders nur knapp 2 °C unter dem Temperaturmittel von Meran, das aber rund 200 m tiefer auf etwa 320 m NN liegt. Dieser vergleichsweise geringe Unterschied bei den Jahresmittelwerten wird aber dann doch wesentlich, wenn man sich den Jahresgang und die Extremwerte (Minima und Maxima, Schwankungsbreite) der Temperatur näher anschaut und ihre Folgen für den Anbau und das Pflanzenwachstum würdigt. Die mittleren Temperaturtiefstwerte treten natürlich im Januar auf. Im Zeitraum der Klimaperiode 1931–60 lag das Januarmittel bei –0,9° Celsius. Dies bedeutet, daß die Temperatur im Januar in der Nacht des öfteren unter –10 °C fiel und am Tage kaum über Null Grad stieg. Nach Ina Schenks Untersuchungen[3] hält der Frost gewöhnlich am 7. Dezember Einzug und währt zumeist bis zum 22. Februar an. Die Maximaltemperaturen des Januar lagen im Zeitraum 1925–40 an 9,1 Tagen unter Null, mit anderen Worten: Ein Drittel des Januars war so kalt, daß die Temperatur nicht mehr über die Nullgrad-Marke stieg, es herrschte Dauerfrost. Das absolute Temperaturminimum wurde am 27./28. 12. 1938 mit –16 °C gemessen. Mit höher steigender Sonne und bei abnehmender Beschattung durch den Nördersberg sowie länger werdenden Tagen steigt im Februar die Mitteltemperatur auf +1,6 °C, die Zahl der Eistage (Höchstwert nicht über Null Grad) nimmt auf durchschnittlich 3,2 ab. Gegen Februarende kann es bereits so mild sein, daß an besonders geschützten Stellen die ersten Huflattiche, Schneeglöckchen und Krokusse blühen. Ende März werden Fröste immer seltener, wenngleich sie noch bis Ende April auftreten können. Die mittlere Erwärmung der Luft steigt im April auf 10,3 °C an. Das Pflanzenwachstum setzt nach dem 10. April voll ein. Der Sommer beginnt phänologisch mit der Kirschenernte, d. h. gewöhnlich um den 15. Juni. Die Mitteltemperatur sinkt bis Mitte September nicht mehr unter 17 °C. Die wärmsten Tage werden im Juli registriert, in dem durchschnitttlich 19,2 °C erreicht werden. Die höchste im Zeitraum 1925–40 gemessene Temperatur gab es am 28. Juni 1935 mit 35,0 °C. Im August fällt der Mittelwert dann um fast ein Grad auf 18,3 °C. Eigentliche Sommertage (mittlere Temperatur über 25°) sind aber in Schlanders nicht sehr häufig, da die von den Berghöhen herabwehenden Nachtwinde zu einer Abkühlung auf meist unter 18 °C führen. Gleichwohl sorgen die mikroklimatischen Effekte für eine länger anhaltende, gleichmäßige Wärmeverteilung

---

3 SCHENK, Ina: Die Klima-Insel Vintschgau. Trento 1951, S. 36f.

Klimadiagramm von Schlanders.

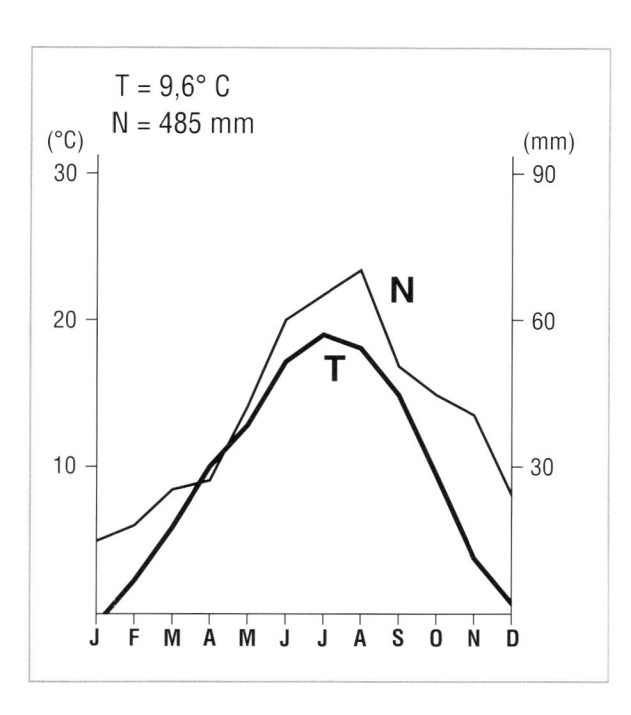

bis in den Oktober hinein, der immerhin mit knapp 10 °C (9,6°) noch angenehm mild ist (vgl. Abb. 1).

Von Bedeutung für das Klima sind neben Temperatur und Niederschlag auch die Elemente »Bewölkung«, »Strahlung«, »Nebel« und »Wind«. Leider existieren für diese Klimaelemente noch keine hinreichend verläßliche Datenreihen. Daher bleibt die Betrachtung dieser Werte an der Oberfläche und ziemlich unpräzis. Der Vintschgau zeichnet sich durch seine Lage im inneren Alpenraum gegenüber den Alpenvorländern vor allem auch dadurch aus, daß infolge der Massenerhebung der Alpen zwischen dem nördlichen und südlichen Alpenvorraum stets ein leichtes Druckgefälle ausgebildet ist, das mehr oder weniger heftige Höhenwinde zur Folge hat. Die Windbewegungen über dem mittleren Alpenraum sorgen für eine rasche Auflösung der Bewölkung. In Südtirol erreicht die Bewölkung im Jahresmittel nur etwa 50 Prozent. Die niedrigsten Bewölkungswerte werden sogar im Vintschgau angetroffen[4]. August, September und Oktober sind im langjährigen Mittel die bewölkungsärmsten Monate. Für die Erntearbeiten und für Bergtouren bieten diese Monate die besten Voraussetzungen. Nebel, wie in der Padania oder wie in den intramontanen Becken Kärntens oder – näher – wie in Brixen, der den Bewohnern den winterlichen Aufenthalt so beschwerlich macht, kennen die Vintschger kaum. Und wenn es Nebel gibt, dann oft nur in Verbindung mit aufsteigenden feuchten Luftmassen, welche die Berghänge und -spitzen verhüllen. Eine oft vernachlässigte Komponente des Klima- und Wettergeschehens ist die Strahlung, v. a. die Ultraviolett-Strahlung, die in den Höhenlagen besonders intensiv ist und vor der wir uns heute mehr denn je in acht nehmen müssen, allein wegen der Gefahr eines raschen Sonnenbrandes und der damit verbundenen Schädigung des Hautgewebes. Über sie fehlen vorerst die Beobachtungswerte.

Eine zusammenfassende Charakterisierung des Klimas von Schlanders kann leider nur an die vorhandenen langjährigen Beobachtungsreihen der Elemente »Niederschlag« und »Temperatur« anknüpfen. Zunächst ist unverkennbar, daß der Vintschgau ein Klimaraum mit außerordentlich geringen Niederschlagssummen ist. Schlanders gehört zusammen mit Glurns (442 mm) sogar zu den Orten, die im Mittel nicht einmal 500 mm Niederschlag im Jahr erhalten. Allerdings kann die Schwankungsbreite bis zu 250 % betragen. Die Niederschlagsarmut der Talsohle hat in Verbindung mit der hohen Sonnenscheindauer und geringen Bewölkung dem Vintschgau die Bezeichnung »Klima-Insel« (I. SCHENK) eingebracht, die bei genauerem Hinsehen wohl eher eine »Trockeninsel« ist. Denn bei Niederschlagswerten unter 500 mm/Jahr erhalten manche Kulturpflanzen schon nicht mehr genügend Bodenfeuchtigkeit zugeführt, um sich normal zu entwickeln. In der natürlichen Umwelt hat sich darum eine, den Wärme- und Niederschlagsverhältnissen angepaßte, Pflanzengesellschaft eingestellt, die wir als »xerophil« (trockenheitsliebend) bezeichnen. Vertreter dieser xerophilen Pflanzengesellschaft sind Sanddorn, Robinien, Artemisia-Arten und Steinnelken, um nur einige wenige zu nennen[5]. Besonders der Sonnenberg mit seinen vielen trockenen Standorten ist reich an solchen ökologisch wertvollen Pflanzen. In der Landwirtschaft mit ihren hochgezüchteten Kulturpflanzen haben die Menschen diese natürliche Benachteiligung durch die Anlage von

4   SCHENK (wie Anm. 3), S. 41.

5   Vgl. dazu die Ausführungen von Alfred STRIMMER: Lehrpfad Laaser Leiten, ein naturkundlicher Führer, hg. von der Gemeinde und Tourismusverein Laas. Lana 1994.

Bewässerungssystemen auszugleichen versucht. Ohne die Bewässerung hätte der Vintschgau in der Vergangenheit nicht zur Kornkammer Tirols werden können und in der Gegenwart wäre der ertragreiche Erwerbsobstbau ebenfalls nicht möglich geworden.

1.3 Leben am Rande der Katastrophen – Notizen zu Muren und Überschwemmungen

Die nachfolgenden Notizen dienen dem Zweck, die naturräumlichen Gefahren zu veranschaulichen, denen die Schlanderser Bevölkerung im Lauf der Geschichte ausgesetzt war, vor allem sollen sie der Bewußtseinsbildung dienen, daß im Hochgebirge das ökologische Gleichgewicht durch das Zusammentreffen extremer Faktoren jederzeit aus der Balance geraten kann. Die Notizen streben keine Vollständigkeit an, sondern fielen eher zufällig bei der Materialsammlung zu dem vorliegenden siedlungs- und wirtschaftsgeschichtlichen Beitrag über Schlanders an[6].

Jeder historisch Interessierte weiß, daß die Geschichte der Menschheit eine ganze Reihe großer Naturkatastrophen kennt. Zumeist verbinden wir damit die Vorstellung von plötzlich eintretenden Elementarereignissen, wie Erdbeben, Vulkanausbrüchen, Meteoriteneinschlag oder Bergstürzen. Nicht diese Ereignisse sind es, die im Vintschgau oder in Schlanders viele Menschenleben forderten, sondern jene auf klimatische Elemente zurückgehenden Katastrophen, wie Schneelawinen, Überschwemmungen und Murabgänge. Sie trafen die Menschen zumeist unvorhergesehen und manchmal ganz unvermittelt. Sozusagen von einem Augenblick zum anderen machten sie vermögende Einwohner zu bettelarmen Leuten, die dann auf die Mildtätigkeit ihrer Mitbewohner angewiesen waren, um zu überleben. Oft verschärften die Naturkatastrophen, die schon vorhandenen wirtschaftlichen Schwierigkeiten, so 1752, als etliche Gemeindemitglieder wegen der »währenden mangelhaften Zeiten und schlechtem Getreidejahr« sich außerstande sahen, ihren Verpflichtungen bei der Verbauung des Schlandraunrunstes nachzukommen, weshalb sich die Gemeindevorsteher gezwungen sahen, ein Darlehen von 200 fl bei dem Spitalbenefiziaten Thomas Lösch aufzunehmen, um wenigstens die dringend benötigten Hölzer bezahlen zu können[7].

Sieht man einmal von den großen Hungersnöten von 1770/71 und 1816/17 ab, dann muß hauptsächlich die Katastrophe vom 28./29. Mai 1731 den Schlandersern in Erinnerung bleiben[8]. Wie so häufig im Vintschgau, brach nach länger anhaltenden Regenfällen eine Wasserflut aus dem Schlandrauntal los, riß Teile der Wassermauer weg und ergoß sich mit riesigen Schlamm- und Geröllmassen in und über das Unterdorf. Dreißig Häuser, die Spitalkirche und das Spital wurden verschüttet oder schwer beschädigt, darunter auch das Schloß Stachlburg, das am Ende nicht wieder aufgebaut wurde und als Steinbruch für die Wassermauer diente. Dem Schlandraunbach wurde nach dieser Katastrophe ein beträchtliches Stück ostwärts ein neues Bett gegraben. Zuvor floß der Wildbach dicht am Spital vorbei. Wieviele Menschen damals ums Leben kamen, ist unbekannt. Die materiellen Schäden waren jedoch immens, so daß die Dorfgemeinschaft noch lange zu leiden hatte, wie man den Eintragungen im Theresianischen Kataster von 1779 entnehmen kann.

Die Chronologie der Schlanderser Naturkatastrophen wird mit einer Notiz in einer Rechnungslegung des landesfürstlichen Richters Otto in Latsch vom Jahr 1291 eröffnet. Lapidar verrechnete der Richter für die Reparatur der Mühlen von Schlanders und Göflan Getreidespenden von 5 kleinen Mutt Roggen und Gerste[9], ohne direkt den Grund mitzuteilen. Da 1290 die Etsch in Bozen eine große Überschwemmung verursachte[10],

---

6   Wer sich umfassender informieren möchte, der greife zur Publikation von Franz FLIRI: Naturchronik von Tirol. Innsbruck 1998; dort auch die weiterführende Literatur.

7   Spitalarchiv Schlanders, Abt. III/18 – Nr. 46 von 1752 Mai 19 – Schlanders (Regest Hermann Theiner).

8   STAFFLER, Richard: Die Hofnamen im Landgericht Schlanders (= Schlern-Schriften Bd. 13). Innsbruck 1927 (ND Innsbruck 1996), S. 145; WIELANDER, Hans: Bild und Chronik von Alt-Schlanders mit Kortsch, Göflan, Vetzan, Sonnenberg und Nördersberg. Mit der Chronik von Peter Gamper. Schlanders 1984, S. 20; FLIRI (wie Anm. 6), S. 36.

9   HAIDACHER, Christoph (Bearb.): Die älteren Tiroler Rechnungsbücher. Analyse und Edition (= Tiroler Geschichtsquellen Bd. 33). Innsbruck 1993, S. 348.

10 FLIRI (wie Anm. 6), S. 3; 1292 verrechnet der landesfürstliche Richter Jakob Hosser wegen Hochwassers eine

Luftaufnahme von Schlanders gegen den Gadria-Murkegel.

so ist es sehr wahrscheinlich, daß auch die Mühlenreparatur ihre Ursache in einem Hochwasser hatte. Es machte offenbar die Mühleneinrichtungen unbrauchbar, so daß der jeweilige Müller seiner Zinspflicht nicht mehr nachkommen konnte. Es spricht für die landesfürstliche Verwaltung, daß sie den Müllern bei Wiederherstellung der Mühlen half, was natürlich nicht ganz uneigennützig geschah, da Mühlen wegen der Abgaben zu den einträglichsten Zinsobjekten der landesfürstlichen Grundherrschaft zählten.

Konkret ist dann von einer Überschwemmung im Urbar Goswins von Marienberg von 1390 die Rede[11]. Wegen Überschwemmung ließ das Kloster Marienberg dem *Hainricus dictus Balbus* ein Viertel seiner zu leistenden Abgaben nach. Statt 13 Mutt Getreide mußte er vorerst nur 9 Mutt zinsen, und zwar *propter inundacionem aquarum*, d. h. wegen Überschwemmung. Leider teilt diese Notiz nicht mit, wann genau die Hochwasserflut die Felder und Wiesen ruinierte. Möglicherweise nimmt auf diese Hochwasserkatastrophe eine weitere Notiz im Urbar von 1390 bezug[12]. Sie berichtet von einem Gütertausch Marienbergs mit den Nonnen von St. Johann zu Müstair in Schlanders, der einen Sandplatz unterhalb des Hauses des alten Richters Egno betraf, »wo wir jetzt das Schlandraunwasser von unseren Gütern abzuwehren pflegen, damit es jene Güter nicht zerstöre«[13]. Sicherlich hatte die Hochwassergefahr auch durch die Rodungen der Wälder im Schlandrauntal zugenommen, wie überhaupt ein enger Zusammenhang zwischen der Zerstörung der Vegetationsdecke durch Abholzung und Überweidung und der sich mehrenden Hochwässer und Überschwemmungen seit Beginn der hochmittelalterlichen Ausbauphase ab dem 12. Jahrhundert zu konstatieren ist.

Im 15. Jahrhundert berichten die Quellen allgemein von einer wachsenden Klimaverschlechterung und von einer Zunahme der Unwetter. In der historischen Klimaforschung hat man die Zu-

Weinfuhr aus Enn weniger (s. HAIDACHER, wie Anm. 9, S. 398).
11 SCHWITZER, P. Basilius (Bearb.): Urbare der Stifte Marienberg und Münster usw. (= Tirolische Geschichtsquellen Bd. 3). Innsbruck 1891, S. 36.
12 SCHWITZER, Urbare (wie Anm. 11), S. 43/44.
13 »... *ubi nunc solemus prohibere aquam Slandraun de bonis nostris, ne illa bona subvertat ...*«

Die Wassermauer am Schlandraunbach. In den Schreckenstagen des Monats Mai 1731 vermurte der Schlandraunbach 30 Häuser. Daraufhin wurde beschlossen, dem Bach, durch starke Mauern gesichert, eine neue Richtung zu geben. Tatsächlich wurde der Ort seither vom Wildwasser verschont. Aber das Wasser – durch die gewaltigen Mauern zum Berghang hin gedrängt – begann nun mit dem Zerstörungswerk der Stachelburg, die sich einst hier befunden hatte (vgl. das Bild in der Spitalkirche, S. 46 in diesem Band); bereits um die Mitte des vorigen Jahrhunderts waren nur noch spärliche Mauerreste von diesem Adelssitz zu sehen.

nahme extremer Wetterlagen als Anzeichen für den Beginn der sogenannten »Kleinen Eiszeit« betrachtet[14]. Für Schlanders jedoch fehlen die Einzelnachweise, insbesondere wann es zu weiteren Überschwemmungen der Etsch oder des Schlandraunbaches kam. Lediglich indirekt erfahren wir von der bestehenden »Lahn- und Wassergefahr« durch den Schlandraunbach, als im Jahr 1405 die Gemeinde Schlanders mit Wissen des Richters Joachim von Montani dem Conrat Slandersberger zu Slanders die der Pfarre wachszinspflichtige Sweingaum mit allen Bäumen gegen die Verpflichtung übergab, den Schlandraunbach vor Wasserrunst und Lahn zu versorgen[15], d. h. für den Hochwasserschutz zu sorgen. Eigenartig ist aber, daß trotz der Übermurungsgefahr der Bereich des Schlandraunmurstrichs bebaut worden war, wie man aus der Herkunftsbezeichnung »Hanns Strobel auf der Lahn unter Schlanders« von 1470 schließen kann[16]. Nebenbei bemerkt umschreiben noch andere Flurnamen die Gefahrenbereiche, in denen mit Überschwemmungen bzw. mit deren Ablagerungen zu rechnen war, so die »Sandwiesen« und »Sandäcker« sowie der »Acker auf Laim« (= Lehm)[17].

Mit der einsetzenden Klimaverschlechterung zu Beginn des 15. Jahrhunderts könnte vielleicht auch der Verkauf der Höfe in Schlandraun an die Gemeinden Kortsch und Schlanders zu tun haben, da es sehr wahrscheinlich ist, daß die Höfe in Schlandraun infolge der kälteren Frühjahre und Sommer nicht mehr ihrer Zinspflicht nachkamen, so daß es den Herren von Annenberg und den Erben der Schlandersberger ratsam erschien, die Höfe zu verkaufen und die dortigen Liegenschaften in Almen umzuwandeln[18].

14 LAMB, H. H.: Klima und Kulturgeschichte. Der Einfluß des Wetters auf den Gang der Geschichte. Reinbek bei Hamburg 1989 (deutsche Übersetzung von »Climate, History and the Modern World. London 1982).
15 Archiv-Berichte aus Tirol 3. Teil, n. 343, S. 64 (Wien–Leipzig 1900).
16 MOESER, Karl und Franz HUTER (Bearb.): Das älteste Tiroler Verfachbuch (Landgericht Meran 1468–1471) (Acta Tirolensia Bd. 5 = Schlern-Schriften 283). Innsbruck 1990, n. 96, S. 157.
17 Erwähnt im Urbar der Deutschordens-Commende Schlanders von 1451 (Fürst Thurn u. Taxis Zentralarchiv Regensburg, Akten n. 8, S. 8)
18 Archiv-Berichte aus Tirol 3. Teil, n. 332–348.

Während des 16. Jahrhunderts häuften sich die Unwetterkatastrophen. 1517 brach der Schlandraunbach aus, 1578[19] und 1591 trat die Etsch über die Ufer. Jedoch erst 1697, als wieder einmal der Schlandraunbach das Unterdorf zerstört hatte, waren »Adl und Gmain von Schlanders« bereit, eine Schutzmauer zu errichten. Die Baukosten wurden nach dem Steuerfuß auf die einzelnen Höfe umgelegt. Der Spitalpfleger Josef Murr verrechnete für den Bau der Wassermauer 537 fl (= Gulden) 28 x (= Kreuzer)[20]. 1705 versank die Spitalkirche erneut im Schlamm. Mit vereinten Kräften wurde sie wieder freigeräumt und für den Gottesdienst der Spitalinsassen hergerichtet. Aber schon 1719 übermurte der Schlandraunbach ein weiteres Mal die tiefgelegenen Häuser rund um das Spital, wobei auch die Spitalkirche und das Spitalhaus im Murschutt versanken. Ein Jahr später erbaute man eine neue Wassermauer, die bis 1731 den Schutz des Unterdorfes einigermaßen gewährleistete[21]. Verheerend wütete das Hochwasser der Etsch 1772. Von der Göflaner Brücke bis zur Vezzaner Grenze teilte sich der Fluß auf den Schlanderser Sandwiesen in zwei Arme. Lange waren Gericht und Gemeinde ratlos, wie man die Schäden beheben könne. 1795 endlich kam man auf »obrigkeitlichen Befehl« zusammen und beschloß, die Etsch zu verbauen und wieder in ihr altes Bett zurückzudrängen[22]. Möglich geworden war diese Verständigung unter den beteiligten Parteien, weil es bereits Pläne zur Etschregulierung gab und die Kosten nicht mehr von den Gemeinden allein übernommen werden mußten. Sie kamen allerdings – unterbrochen von den Freiheitskriegen und der allgemeinen wirtschaftlichen Not nach 1815 im Vintschgau – erst nach 1840 in Gang.

Im 19. Jahrhundert ist insbesonders an die landesweite Unwetterkatastrophe vom 11.–16. September 1882 zu erinnern, als entlang der Etsch von Glurns bis hinunter nach Salurn fast sämtliche Brücken weggerissen wurden. Bei diesem Unwetter scheint Schlanders noch glimpflich davon gekommen zu sein, während in Latsch der Plimabach aus Martell das Dorf und große Teile der Felder und Wiesen überschwemmte[23]. Wie aus den wenigen erhaltenen Akten des historischen Gemeindearchivs hervorgeht, fürchtete man in Schlanders stets die Schlandraun-Lahn mehr als die Überschwemmungen der Etsch. Ab ca. 1892 gab es laufend Verbesserungsarbeiten an der Wassermauer. Ein Verzeichnis der sogenannten Gröbenbaukosten listet bis 1902 die Aufwendungen der »Gröbenbaugenossenschaft« eindrucksvoll auf[24], aber offenbar waren die Arbeiten ziemlich unnütz gewesen. Jedenfalls konnten sie ihren Zweck nicht erfüllen. Denn die Muren häuften sich zu Beginn unseres Jahrhunderts, so daß man in Innsbruck bei der k. k. Forsttechnischen Abteilung für Wildbachverbauung nach einer wirkungsvolleren Abwehr der Murtätigkeit nachsann. Das 1910 erarbeitete Projekt sah eine Verbauung des Schlandraun- und des Gampertales vor. Die Baukosten in Höhe von 220 000 Kronen sollten sich der Staat (50 %), das Land Tirol (30 %) und eine noch zu gründende Schlandraun-Wasserbaugenossenschaft teilen. Zu diesem Zweck schlossen sich die Inhaber der Grundparzellen im Verbauungsbereich am 11. August 1911 zu einer Genossenschaft zusammen. Sie gaben sich nach dem Vorbild anderer Gemeinden eine Satzung, in der in 19 Paragraphen nach den Vorgaben des Tiroler Wassergesetzes vom 18. August 1870 Rechte und Pflichten der Mitglieder genauestens festgehalten wurden[25]. Um ungehindert bauen zu können, erwarb die Schlandraunbachgenossenschaft 1912 den überschuldeten Gamphof des Johann Niedermaier für 7800 Kronen[26]. Auf diesem Verbauungsprojekt von 1910 beruht gegenwärtig die Sicherheit des Ortes Schlanders gegen

---

19   1578 gewährt die Deutschordens-Commende Schlanders dem Rueprecht Kobler einen Zinsnachlaß von einem Anger zu Holzbruck, weil die Etsch das Grundstück ruiniert hat (Fürst Thurn und Taxis Zentralarchiv Regensburg, Bestand Kellereiamt-Rentamt Meran, Akten n. 22 (Urbar der Deutschordens-Commende Schlanders 1578/79), f. 10 v.

20   KOFLER, P. Ephraem: Das Spital zu Schlanders, seine Stiftung und seine Rechte von 1461 bis 1843. 1844, S. 100 (Handschrift im Museum Ferdinandeum Innsbruck F. B. 2702)

21   Vgl. KOFLER (wie Anm. 20), S. 100.

22   Südtiroler Landesarchiv Bozen, Dep. Gemeindearchiv Schlanders, Akten Fasz. 2, datiert 29. Juni 1795 in der Franz Blasischen Behausung zu Schlanders.

23   FLIRI (wie Anm. 6), S. 95/96.

24   Gemeindearchiv Schlanders, Historischer Bestand A 23–61.

25   Gemeindearchiv Schlanders, Historischer Bestand A 5–X–30; A 6–X–44.

26   Gemeindearchiv Schlanders, Historischer Bestand A 6–V–42, Kaufvertrag datiert Schlanders, 12./13. September 1912.

Muren und Überschwemmungen aus dem Schlandrauntal. Daß diese Sicherheit trügerisch sein kann, bewies die Pfingstkatastrophe von 1983, die hauptsächlich im Obervintschgau und in der benachbarten Gemeinde Latsch immense Schäden verursachte[27]. Schlanders blieb indes davon weitgehend verschont.

2 Grundzüge der Siedlungsentwicklung

2.1 Der Ortsname »Schlanders«

Bevor die Siedlungsgeschichte von Schlanders detaillierter dargestellt wird, ist es sinnvoll, sich vorweg Klarheit über den Siedlungsnamen des heutigen Hauptortes des Vintschgaus zu verschaffen. Der Ortsname Schlanders wird bekanntlich 1077 in einer Urkunde König Heinrichs IV. für Bischof Altwin von Brixen erwähnt[28]. Damals schenkte der König dem treuen Gefährten und Helfer Altwin ein Gut namens *Slanderes* zusammen mit 30 weiteren Hufen (*mansi*) im Vintschgau »in der Grafschaft Gerungs«. Der Ortsname wird ziemlich bald fest und lautet 1170 *Slanders*, 1252 wird er schon in der heutigen Schreibweise *Schlanders* überliefert. Die Deutung der Örtlichkeitsbezeichnung ist in der Sprachwissenschaft umstritten, allein schon weil man nicht weiß, welcher Sprachschicht sie entstammt. Die meisten Forscher stimmen aber darin überein, daß der Ortsname vordeutscher Herkunft ist. Jedoch welcher vordeutschen Sprachschicht er genau zuzuordnen ist, kann nicht geklärt werden. Vielleicht genügt es zu wissen, daß der Ortsname in ähnlicher Form noch in anderen, nicht allzu entfernten Siedlungen vorkommt, nämlich in Fuldera, Santa Maria im Münstertal und Ftan im Unterengadin[29]. Hierher könnte er indes aus dem Schlanders des Vintschgaus übertragen worden sein. Was die Etymologie angeht, so plädiert Egon Kühebacher[30], dem wir die jüngste Ortsnamenstudie verdanken, für die Ableitung von einem romanischen Grundwort *sal-* mit Suffix -*andr*-: schmutzig, grau, mit Grauweiden bewachsen, worin letztlich ein Hinweis auf den ursprünglichen Vegetationszustand auf dem Schwemmfächer des Schlandraunbaches enthalten sein könnte. Tatsächlich dürfte E. Kühebacher mit seinem Hinweis auf ein wesentliches naturräumliches Merkmal richtig liegen, insbesondere die Nähe und Verbindung zum Bach- und Talnamen *Schlandraun*, um 1291/1300[31] erstmals urkundlich erwähnt, bietet einen hinreichenden Grund. Ob aber das Suffix *sal-* oder ein anderes Grundwort, das mehr auf das hydrologische Verhalten oder Geschehen am Wildbach zielt, z. B. die Unstetigkeit der Wasserführung und die wohl seit frühen Zeiten auftretenden Überschwemmungen und Murabgänge, zur Namensgebung geführt hat, ist eine andere Überlegung und wert, sie anzudeuten. Immerhin kann nämlich auch eine Ableitung von *slandronar* = vagabundieren, schlecht leben, zugrundeliegen[32]. Dieses im Nonsberger Dialekt existente Verb könnte mittelbar aus der rätischen in die romanische Sprache übernommen worden sein. Letztlich hätten wir in der Örtlichkeitsbezeichnung »Schlanders« einen Fingerzeig auf eine vorromanische Siedlergemeinschaft, genauer auf rätisch-venostische Siedler, wie wir sie auch aus anderen sprachwissenschaftlichen und archäologischen Quellen bereits gut kennen.

Für die Darstellung der Siedlungsgeschichte ist aber das Alter des Ortsnamens belanglos, da jede Sprache im Laufe ihrer Entwicklung Elemente aus anderen Kultur- und Sprachgemeinschaften aufnimmt, ohne daß die Träger in direkter Kontinuität zu ihnen in einem engeren Bezug stünden. Sprach- und Siedlungskontinuität lassen sich vielfach nur mit Mühe in Einklang bringen, allein schon weil wir das Ausmaß früherer Bevölkerungs-

---

27 Fliri, Franz: Die Pfingstkatastrophe 1983 im Obervinschgau im Lichte von 126 Jahren Niederschlagsbeobachtung in Marienberg, in: Der Schlern 58 (1984), S. 123–128; Brugger, Leo und Sebastian Marseiler: Dunkle Tage. Die Unwetter-Katastrophe im Vinschgau zu Pfingsten 1983. Lana 1987.
28 Tiroler UB I/1, n. 96, S. 48.
29 Schorta, Andrea (Bearb.): Rätisches Namenbuch Bd. II (= Romanica Helvetica 63). Bern 1964, S. 483 (dort unter Ableitungen von deutschen Namen, S. 594 in Ftan (nachgewiesen allerdings erst für das 18. Jh.).
30 Die Ortsnamen Südtirols und ihre Geschichte. Bd. 1. Bozen 1991, S. 413 f.
31 Steinegger, Fritz (Bearb.): Ein mittelalterlicher Zinsrodel von Gütern in den ehemaligen Landgerichten Schlanders und Kastelbell, in: Festschrift für Franz Huter zum 70. Geburtstag (= Tiroler Wirtschaftsstudien 26/II). Innsbruck 1969, S. 409.
32 Quaresima, Enrico: Vocabolario Anaunico e Solandro, raffrontato col Trentino. Venezia 1964, S. 423.

wanderungen, v. a. in der grauen Vorzeit nicht kennen. Wenn wir Genaueres über die Besiedlung unseres Raumes erfahren wollen, so sind zunächst die archäologischen Quellen und Befunde zu befragen.

2.2 Die vor- und frühgeschichtlichen Anfänge

Nicht erst seit dem spektakulären Fund der Gletschermumie »Ötzi« am Hauslabjoch im September 1991 wissen wir, daß sich Menschen im mittleren Alpenraum und damit auch im Vintschgau seit ca. 5300 B.P. (d. i. 3300 v. Chr.), d. h. der ausgehenden Jungsteinzeit, vorübergehend in den Hochregionen aufgehalten haben. Von ersten festen Siedlungsplätzen aus dürften sie die waldfreien Almweideregionen des Gebirges auf der Jagd oder auf der Suche nach nutzbaren Bodenschätzen durchstreift und den einen oder anderen Gegenstand an Ort und Stelle angefertigt oder verloren haben. Allein die Funddichte ist so niedrig, daß es schwer fällt, sich über die Dichte und Art der jungsteinzeitlichen Besiedlung des oberen Etschtales ein genaueres Bild zu machen.

Anders als im benachbarten Kortsch oder Goldrain haben die Archäologen auf der Gemarkung Schlanders bisher nur wenige Funde machen können. Systematische Grabungen haben nicht stattgefunden. Die gelegentlichen Einzelfunde deuten aber an, daß der Raum Schlanders ebenfalls in der Jungsteinzeit bereits besiedelt war. Ein Steinbeil oder besser eine Lochaxt, die im Museum in Meran aufbewahrt wird, ist der bisher älteste Fund auf dem Gebiet von Schlanders. Er datiert in die ausgehende jüngere Steinzeit, d. h. in die Zeit von 2500 bis 1800 v. Chr[33]. Aus diesem Einzelfund kann man natürlich noch nichts Wesentliches für die Siedlungsgenese von Schlanders ableiten. Immerhin könnte es ja sein, daß ein neolithischer Jäger oder Sammler das Beil während eines Jagdzuges verloren hat. Ebenso verhält es sich mit der Lanzenspitze vom Schlanderser Nördersberg. Für die Frage nach der Siedlungskontinuität gewichtiger ist der 1971 gemachte Bronze-Depotfund in der Neuwies auf Talatsch am Schlanderser Sonnenberg[34]. Der Fund besteht aus 16 Stücken, darunter Beile und Sicheln, die sämtlich auf eine bäuerliche Verwendung hinweisen. Datiert wird dieser Fund in die ältere Eisenzeit. Er ist somit ein verläßliches Zeugnis für die Besiedlung unseres Raumes seit dem 8./7. Jahrhundert vor Christi Geburt bis zur römischen Eroberung des mittleren Alpenraumes durch die Legionen des Drusus im Jahr 15 v. Chr.

Aus römischer Zeit blieben die Funde bis heute eher spärlich, was zunächst enttäuschend ist, aber möglicherweise damit zusammenhängt, daß unter dem meterhohen Schutt des Schlandraunbaches und des Gadria-Murkegels noch vieles aus der römischen Kaiserzeit verborgen ist, aber infolge ausstehender tiefschürfender Grabarbeiten noch nicht entdeckt werden konnte. Es sind die üblichen Kleinfunde, wie Münzen, Leistenziegel mit Fabrikstempel und ein Schlüsselgriff[35], die bisher zum Vorschein kamen, aber keine *villa rustica* oder gar ein längeres Trassenstück der Via Claudia Augusta, die durch Schlanders geführt haben muß, wenn sie -wie später- der Obere Weg den Gadriakegel in direktem Anstieg überwinden sollte. Vorerst bleibt es ein Geheimnis, wo die Via Claudia Augusta im Ortsbereich verlaufen ist, obwohl vor nicht allzu langer Zeit bei Kanalisierungsarbeiten ein Steinfragment mit einer Karrenspur gefunden wurde[36]. Leider hat man damals wenig Umsicht walten lassen und den Fund nicht wissenschaftlich dokumentiert, so daß die vermutete Karrenspur nicht eindeutig bewertet und in einen römischen Zusammenhang eingeordnet werden kann.

Auch aus der Spätantike fehlen Funde, um die Frage der Siedlungskontinuität während der unruhigen Jahrhunderte der Völkerwanderung für Schlanders klären zu können. Wie alt Schlanders wirklich ist, diese Frage kann also auch die Archäologie bis heute nicht überzeugend beantworten. Der Weg zu den Anfängen von Schlanders muß demnach von einer anderen, strukturgeschichtlichen Frage ausgehen, nämlich der, welche früh- und hochmittelalterlichen Siedlungselemen-

---

33 LUNZ, Reimo: Archäologie Südtirols (= Archäologisch-historische Forschungen in Tirol Bd. 7). Calliano (TN) 1981, S. 81/82.
34 LUNZ, Reimo: Ur- und Frühgeschichte Südtirols. Bozen 1973, S. 40; DERS.: Schlanders in urgeschichtlicher Zeit, in: Der Schlern 51 (1977), S. 405–408.
35 LUNZ, Urgeschichte (wie Anm. 34), S. 40.
36 LUNZ, Schlanders in urgeschichtlicher Zeit (wie Anm. 34), S. 408, Anm. 33.

te mit den Mitteln der historischen Siedlungsforschung im heutigen Siedlungsbild des Marktortes Schlanders festzustellen sind, wo liegen sie und wer sind die Siedler und Siedlungsträger.

2.3 Schlanders' mittelalterliche Anfänge

2.3.1 Methodische Vorbemerkung

Siedlungsgeschichte ist immer zugleich die Geschichte der Herrschaft über den Grund und Boden. Wer Herr über den Boden ist, d. h. wer die alleinige Verfügungsgewalt besitzt, bestimmt, wo, was und wie gebaut wird. Diese lapidare Feststellung bezieht sich nicht nur auf die Gebäude, sondern auch auf die zu einer agrarischen Siedlung gehörigen Wirtschaftsflächen, wie Äcker, Wiesen, Weide und Wald. In der Vergangenheit war der Bauer oder der Baumann der Tiroler Weistümer nur Nutznießer der ihm, gegen Zins und sonstige Abgaben und Dienste, überlassenen Grundstücke. Er besaß in der Regel kein Volleigentumsrecht an seinem Hof oder Lehen, sondern nur Teilrechte. Der Obereigentümer oder Grundherr, wie die Geschichtswissenschaft den alleinigen Besitzer sämtlicher Rechte am Grund und Boden nennt, bestimmte auch die Rechtsformen der Liegenschaftsnutzung, u. a. wer und wie lange jemand die Grundstücke nutzen durfte. Er hatte auch stets ein elementares Interesse daran, daß der Wert des Bodens stieg. Schon in den frühen bäuerlichen Lehensbriefen findet sich die Formel, daß der Bauer nicht nur den Zins genau und pünktlich abzuliefern hatte, sondern auch daß er das Lehen nicht verschlechtern durfte, es also gut bewirtschaften mußte[37], was oft nichts anderes hieß, als daß er von den ihm verliehenen Gütern und der Fahrnis nichts ohne Vorwissen des Grundherrn veräußern durfte. Nur der Grundherr konnte die Lehen und Güter nach Gutdünken teilen, verkaufen und vererben. Ansonsten blieben in Tirol die Lehen, auch wenn sie de facto geteilt waren, als geschlossene bäuerliche Fiskalgüter bis zur Grundlastenablösung (1848–53) weitgehend erhalten.

Für die Siedlungsforschung bietet dieser Umstand einen geradezu idealen Ansatz, die Siedlungsverhältnisse in vergangenen Epochen zu rekonstruieren und aufzuhellen. Bedient sie sich doch der geschlossenen bäuerlichen Güter, wie sie der Maria-Theresianische Steuerkataster von ca. 1775 ff. festhält, um sie auf retrogressivem Weg bis zu ihrer ersten urkundlichen Nennung zurückzuverfolgen. Diese Erstnennungen entstanden meist im Zusammenhang von Besitzwechseln, z. B. wenn ein adliger Grundherr einen Hof oder ein Lehen an eine Kirche, Kloster oder an ein Bistum schenkte und dieser Schenkung öffentlich mit einer Urkunde Rechtskraft verlieh. Da die Mönche um die Bedeutung dieser Schenkungsurkunden besser Bescheid wußten als die schreibunkundigen adligen Herren oder Bürger, verwahrten sie sie sehr sorgfältig in Archivtruhen, um sie jederzeit bei Rechtsgeschäften zur Hand zu haben. Aus diesem Grund ist die Überlieferung einseitig und nicht immer geeignet ein umfassendes Bild der frühen Siedlungsverhältnisse zu zeichnen. Diese Tatsache sollte man sich stets vergegenwärtigen, wenn man mit etwas Glück und Geschick auf dem Weg der Besitzrückschreibung Siedlungszustände des hohen Mittelalters (12./13. Jahrhundert) zu ermitteln versucht. Von Vorteil ist zweifellos, daß die Methode zur raschen Aus- und Unterscheidung alter und neuer Höfe bzw. Flurteile oder Grundstücke führt, so daß man am Ende die wesentlichen Siedlungskerne des hohen – gelegentlich auch des frühen – Mittelalters bestimmen und festlegen kann[38].

Die siedlungsgenetischen Erkenntnisse über Schlanders beruhen – wie schon bei den Studien über Kortsch[39], Göflan und Vezzan[40] – ebenfalls

---

37 STOLZ, Otto: Rechtsgeschichte des Bauernstandes und der Landwirtschaft in Tirol und Vorarlberg. Bozen 1949 (ND Hildesheim–Zürich–New York 1985), S. 435 ff.; dazu auch die Bestimmungen des Lehenbriefes für den Niederhof in Schlanders von 1325, abgedruckt bei SCHWITZER, Urbare (wie Anm. 11), S. 138/139.

38 Zur Methode vgl. R. LOOSE: Siedlungsgenese des oberen Vintschgaus. Schichten und Elemente des theresianischen Siedlungsgefüges einer Südtiroler Paßregion (= Forschungen zur deutschen Landeskunde Bd. 208). Trier 1976.

39 Zur älteren Siedlungs- und Wirtschaftsgeschichte von Kortsch, in: Kortsch. Die Zeit des Umbruchs – Die Geschichte seiner Landwirtschaft. Festschrift anläßlich des 25jährigen Bestehens des Meliorierungskonsortiums Kortsch. Bozen 1986. S. 10–26.

40 Siedlungsgenetische Studien im Vinschgau. Die Beispiele Goldrain, Vezzan, Göflan und Reschen, in: Der Vinschgau und seine Nachbarräume, hg. von R. Loose. Bozen 1993, S. 217–244.

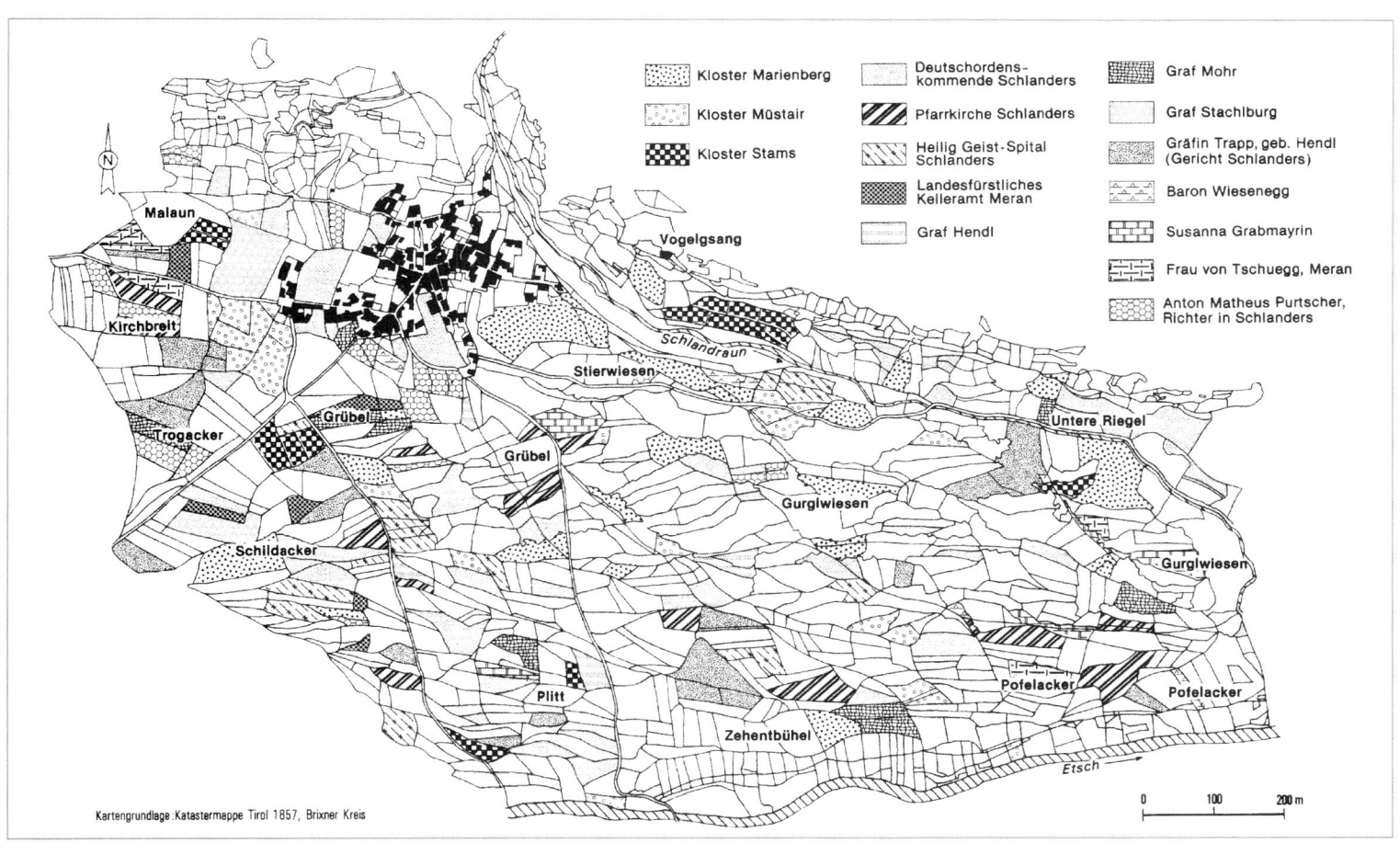

Schlanders – Verteilung
des zinsbaren Grund
und Bodens 1779.

auf dieser Methode. Anhand der Karte der grundherrschaftlichen Besitzverteilung von 1779 und des Ortsplans zur historischen Topographie sollen im folgenden die einzelnen historischen Schichten und Siedlungselemente erfaßt und dargestellt werden (vgl. die Abb. 2 und 4).

2.3.2 Mittelalterliche Grundherrschaften und Siedlungselemente

Die Urkunde von 1077, die erstmals schriftlich Kunde von einer Siedlung Schlanders gibt, hält zunächst eine Schenkung König Heinrichs IV. an die bischöfliche Kirche Brixen unter ihrem Vorsteher Altwin fest[41]. Mehrfach wurde darauf aufmerksam gemacht, daß diese Schenkung in einem Zusammenhang mit den Auseinandersetzungen Heinrichs IV. mit Papst Gregor VII. steht. Im sogenannten Investiturstreit ging es ja bekanntlich um nichts anderes als um den Anspruch, ob der König ein Bestätigungsrecht bei der Wahl der Bischöfe habe, wie Heinrich IV. meinte – oder aber der Papst sogar die Wahl eines Königs durch die Fürsten ablehnen könne, sich also die weltliche Gewalt unter die päpstliche unterordnen müsse, wie Gregor VII. glaubte[42]. Heute kann man sich kaum noch vorstellen, wie diese Frage damals das christliche Abend-

---

[41] Monumenta Germaniae Historica, Diplomata Heinrici IV. Teil 2, n. 297, S. 390/391 und Tiroler UB I/1, n. 96, S. 48, vgl. dazu die Beiträge von Josef RIEDMANN: Schlanders in Mittelalter und Neuzeit und von R. LOOSE: ... *praedium quoddam nomine Slanderes*... in der Festschrift »Schlanders 1077–1977« (Heft 8 der Zeitschrift »Der Schlern« Bd. 51, 1977); über Altwin von Brixen (1049–1097) vgl. die Ausführungen von Josef GELMI: Die Brixner Bischöfe in der Geschichte Tirols. Bozen 1984, S. 48–52.

[42] Aus der umfangreichen Literatur sei nur hingewiesen auf Karl JORDAN: Investiturstreit und frühe Stauferzeit, in: GEBHARDT, Handbuch der deutschen Geschichte I, Teil IV, 9., neubearbeitete Aufl. von Herbert Grundmann. Stuttgart 1970.

Schlanders - Historische Topographie 1779

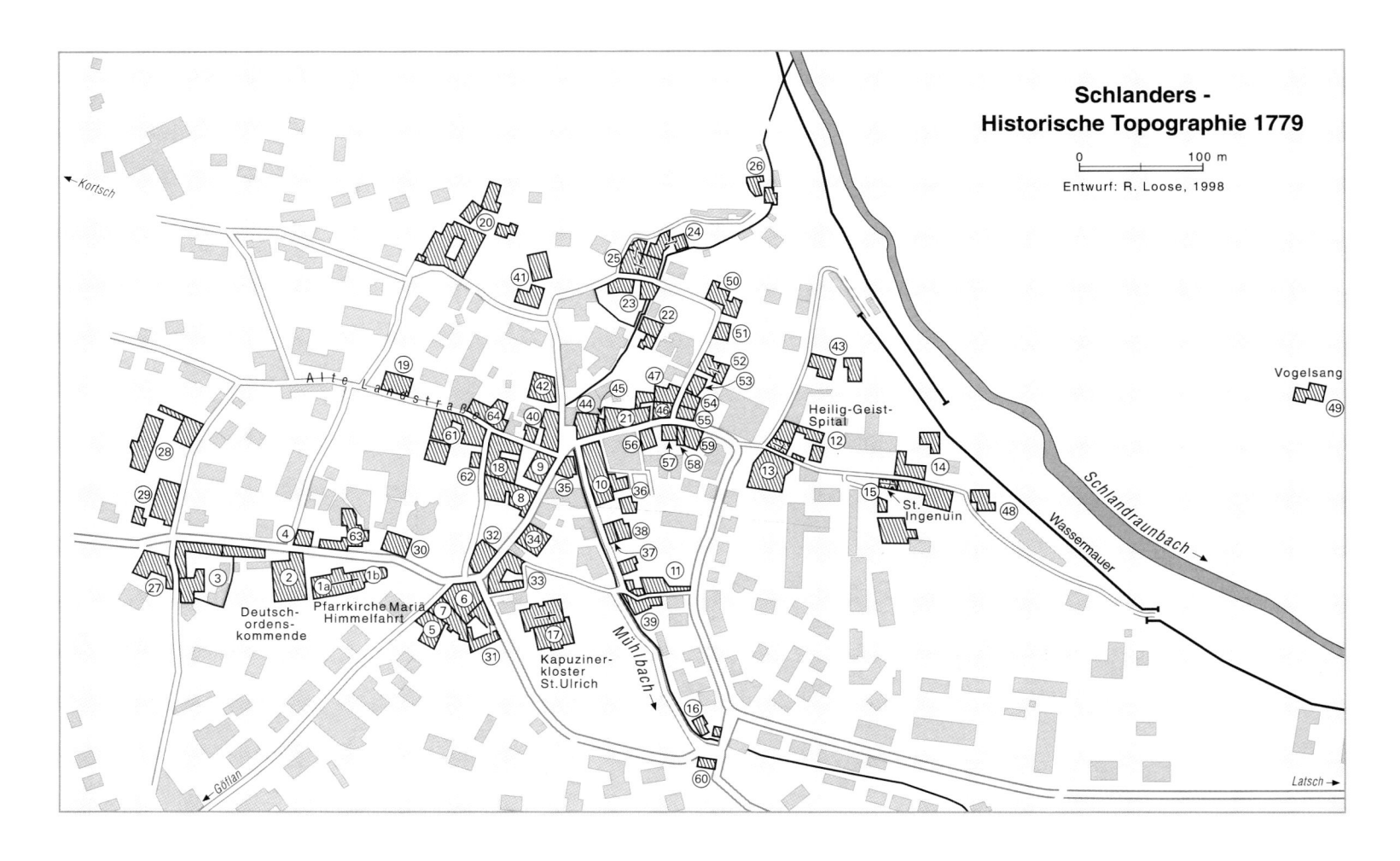

Entwurf: R. Loose, 1998

1. a) Pfarrkirche St. Maria am Rain (1170/1235)
   b) St. Michael am Friedhof, erbaut 1303/04
2. Deutschordenskommende Schlanders
3. Maierhof der Deutschordenskommende
4. Pfarrwidum der Deutschordenskommende
5. Stuefenstainerische Behausung (ehemals der Herren von Schwangau Behausung)
6. Gseinhof
7. Gasthaus »Weißes Kreuz«
8. Böheims Turm
9. Gasthaus »Schwarzer Widder«
10. Hof am Platz und Gasthaus »Goldene Rose«, erwähnt 1406/12
11. Sandhof
12. Heilig-Geist-Spital und Spitalkirche, gegründet 1461
13. Gasthaus »Schwarzer Adler« und sog. Trögerhaus
14. Niederhof (1325 curia de Nyderhof)
15. St. Ingenuin und Ladurnhof (1077 bzw. 1149)
16. Urtlmühle
17. Kapuzinerkloster und Klosterkirche St. Ulrich, geweiht 1648
18. Maierlehen mit Gasthaus »Goldener Löwe«
19. Ansitz Schlanderegg, erbaut um 1695
20. Schloß Schlandersburg, erbaut um 1600
21. Wirtshaus zur Glocke
22. Oberes Badhaus und Weißgerberwerkstatt
23. Steghof
24. Greilische Mühle
25. Musmühle des Josef Saxalber
26. Obere Mühle
27. Hueterhof (1161)
28. Schnazhof
29. Pangrazenhof
30. Ansitz Freidenthurn (Plawennhaus, heutiges Rathaus)
31. Herrschaftsamt des Gerichtes Schlanders
32. Schmidbehausung am Schlosserplatz
33. Zehendbehausung
34. Heyglische Behausung
35. Gemeindehaus und Gemeine Metzbank
36. Heinische Behausung
37. Schgörische Behausung
38. Noletische Behausung
39. Färberei und Mang des Martin Tuile
40. Behausung am Platz mit drei Gewölben (spätere Apotheke)
41. Schmalzgrubhof
42. Mitterhofische Behausung
43. Maierhof auf Jufahl
44. Wirthaus zum Stern (spätere Post)
45. Clauserische Behausung
46. Haus an der Lubenplatten (Kesslerwerkstatt des Andre Flriy)
47. Felixsches Haus an der Lubenplatten
48. Schwienerhof, Teil des verschütteten Carleitenhofs
49. Vogelsang
50. Eirser Turmbehausung
51. Praxmarische Behausung
52. Hueberische Behausung
53. Wieserische Behausung
54. bis 59: Häuser an der Lubenplatten
60. Schießstand
61. Thannerische Behausung (1101/1120)
62. Stockerhof
63. Haslhof der Herren von Reichenberg (1383)
64. Ansitz Heydorf, erbaut 1692

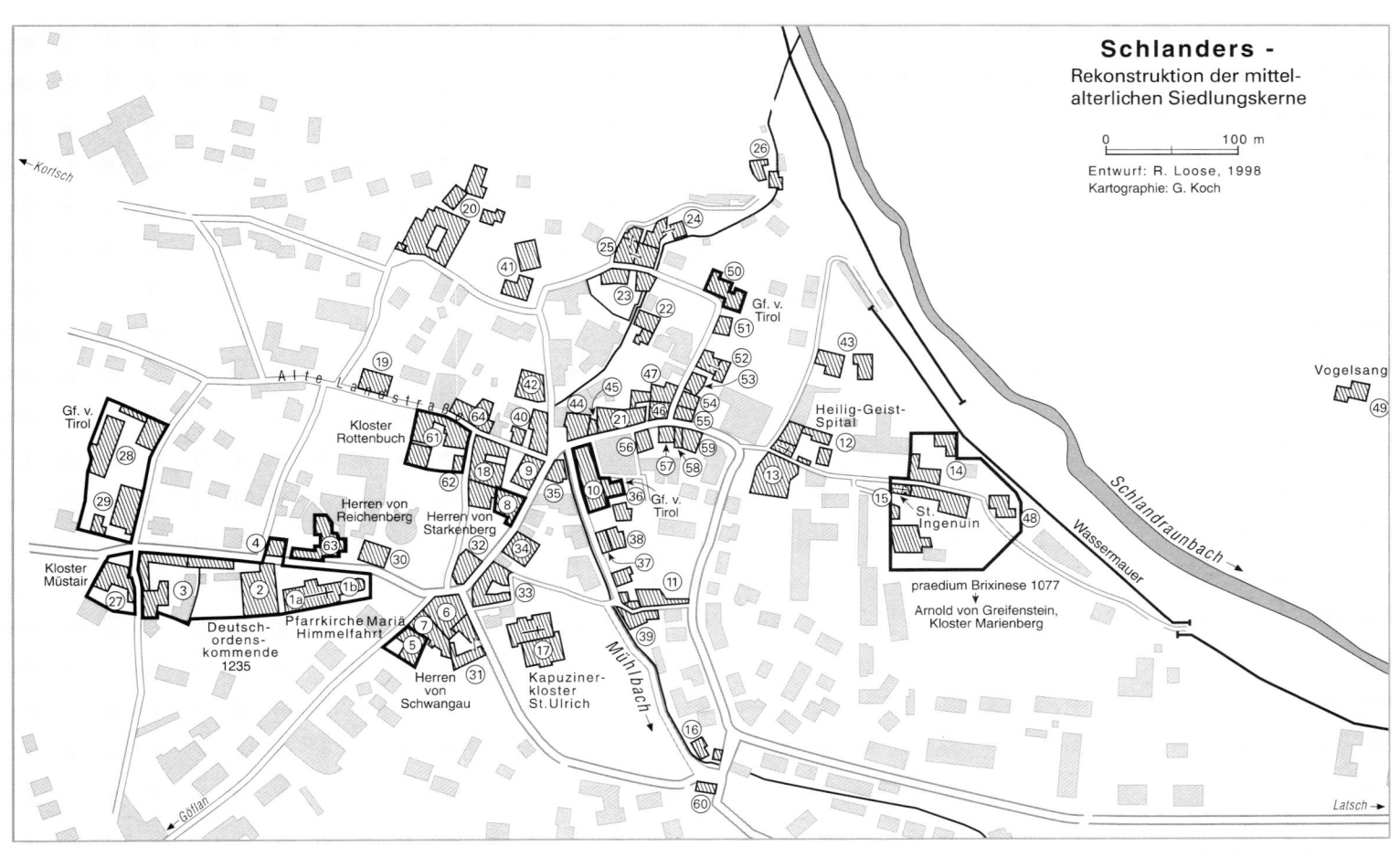

Schlanders – Rekonstruktion der mittelalterlichen Siedlungskerne.

land in Aufruhr brachte und spaltete, und wie hart die Auseinandersetzung nicht nur mit Worten, sondern auch mit Waffen geführt wurde. Daß es auch unter den Reichsfürsten eine Partei gab, die die Sache des Papstes verfocht, ist nur zu natürlich. Im süddeutschen Raum zählte zu den Gegnern des Königs die Familie der Welfen, die auch im mittleren Alpenraum über umfangreichen Grundbesitz und andere Rechte, aber auch über treue Gefolgsleute verfügte. Um 1076 war die Opposition mit der Verhängung des päpstlichen Banns schon so stark geworden, daß sie mit der Wahl eines Gegenkönigs den Sturz Heinrichs wagen wollte. Doch es kam anders. Im Januar 1077 harrte der König vor der Burg Canossa drei Tage lang aus und erreichte die Lösung von der päpstlichen Exkommunikation. Damit wendete sich das Blatt, auch wenn Heinrich IV. im März 1077 sich plötzlich einem Gegenkönig, Rudolf von Schwaben, gegenübersah. Heinrich IV. erkannte wohl sehr rasch die heraufziehende Gefahr und sicherte sich u. a. mit Schenkungen und Stiftungen an die wenigen Getreuen deren Hilfe und Unterstützung.

Mit eben diesen Mitteln, der Schenkung des *praedium Slanderes,* bewahrte sich Heinrich IV. auch den weiteren Beistand des treuen Freundes Altwin von Brixen, dem er ein halbes Jahr später noch das Gut, das Herzog Welf vor seiner Absetzung vom Reich im Tal Passeier innegehabt hatte[43], übergab und zwar »wegen der treu geleisteten Dienste«, wie es heißt. Nicht nur Herzog Welf galt als Gegner des Königs, sondern auch noch zwei weitere, in der Adelshierarchie wohl tiefer stehende Personen, nämlich Gundacher und Rupert. Von deren Lehen in der Grafschaft Vintschgau fügte Heinrich IV. dreißig weitere Hufen (*mansi*) dem *praedium Slanderes* für Bischof Altwin von Brixen 1077 hinzu. Auch diese beiden,

43 Monumenta Germaniae Historica, Diplomata Heinrici IV., Teil 2, n. 304, S. 400 und Tiroler UB I/1, n. 98, S. 49 datiert (1078 Januar–Februar – Passau).

mit Lehensentzug gestraften Adeligen, besaßen wohl Reichslehen, deren genaue Lage leider nicht mitgeteilt wird. Vermutlich lagen sie zerstreut in den verschiedenen Teilen der Grafschaft Vintschgau (Unterengadin, oberstes Etschtal, Meraner Becken, westliche Talseite des Passeiertales). Für Schlanders ergibt sich daraus, daß der Ort bei seiner ersten urkundlichen Erwähnung 1077 mit Königs- oder Reichsgut ausgestattet war, eine nicht unwichtige Feststellung, gibt sie doch mittelbar einen Hinweis auf die Bedeutung des Ortes und des Etschtales in der Paß- und Italienpolitik der salischen Könige.

Wie groß dieses *praedium Slanderes* war, wissen wir nicht. Unbekannt ist auch, aus welchen Elementen es sich zusammensetzte. Wir können über die spätere Geschichte nur die Weitergabe dieses Gutes verfolgen und dabei feststellen, daß Altwin den Brixner Hochstiftbesitz wohl recht rasch mit einer Kapelle, die dem heiligen Ingenuin geweiht war, gekennzeichnet hat. Er steht damit nicht allein, sondern er übernahm eine allgemein übliche Praxis, bedeutenden Streubesitz mit einer Eigenkirche, die einem der Hauptpatrone der Bischofskirche geweiht war, auszustatten und als geistlichen Mittelpunkt für die dort ansässigen Grundholden herauszustellen. Als Beispiel sei die Grundherrschaft des Hochstiftes Trient in Morter genannt, wo die St.-Vigilius-Kirche eine vergleichbare Rolle spielte. Nach dieser Kirche nannten sich die Hintersassen des Bischofs von Trient im Vintschgau »die St. Vigilienleute«. Der Brixner Bistumspatron Ingenuin fungierte hier also im Vintschgau gleichsam als Besitzanzeiger, wie übrigens ähnlich in Algund, wo den beiden Brixner Bistumspatronen – Ingenuin und Cassian[44] – Kirchen geweiht waren. Außerdem dürfen wir annehmen, daß die Grafen von Morit-Greifenstein in ihrer Eigenschaft als Brixner Hochstiftsvögte[45] das Gut in Schlanders zu einer unbekannten Zeit in ihre Hände brachten. Denn von Graf Arnold II. von Morit gelangte das Gut um 1148/49 an Ulrich III. von Tarasp, einen Halbbruder des Grafen Arnold[46], und zwar im Tauschweg gegen einen Hof in St. Martin in Passeier. In dieser Tauschurkunde findet sich erstmals eine Lagebezeichnung und eine grobe Angabe über das Zubehör des Hofes. Es heißt, daß der Hof zu Schlanders im Unterdorf liege, eine Kapelle und eine Mühle dazugehören, und im Westen und Osten an den Besitz Ulrichs III. von Tarasp stoße[47]. 1164 vermachten dann Ulrich III. und seine Frau Uta sowie ihr Sohn Ulrich IV. den Hof bei der St.-Ingenuins-Kapelle dem Kloster Marienberg[48]. Seit dieser Zeit bildeten der Hof und die Kapelle St. Ingenuin (später nach einem Besitzer »Ladurnhof« genannt) zusammen mit dem Niederhof und dem verschütteten Carleitenhof (Schwienerhof) einen Marienberger Besitzschwerpunkt in Schlanders[49]. Auf einen zweiten Besitzkomplex wird noch zurückzukommen sein.

Als Bestandteile dieses, im Kern wohl salischen Königsgutes, sind neben der Kapelle und der Mühle darüberhinaus Weingärten, Äcker und Wiesen auszumachen, die jedoch nicht in einem Einfang arrondiert beieinanderliegen, sondern zerstreut über die Flur verteilt sind. Anhand der Verpflichtung des Niederhofes, einen Ensbaum (= langer, dicker Balken) zur Reparatur der Brücke über die Etsch beim Schanzenhof zu liefern[50], darf man zudem mit guten Gründen vermuten, daß dieser Marienberger Besitz einen der alten und großen Siedlungskerne von Schlanders darstellt, dessen Alter noch in die Zeit vor 1000 zurückreicht.

Noch ein zweites Mal wird Königsgut in Schlanders bezeugt. 1235 schenkte Kaiser Friedrich II. dem Deutschen Ritterorden unter seinem Meister Hermann von Salza die Kirche zu Schlanders[51].

---

44 HYE, Franz-Heinz: Geschichte von Algund bei Meran. Algund 1986, S. 154 ff.; Bündner UB I, n. 364, S. 263.

45 Vgl. BITSCHNAU, Martin: Burg und Adel in Tirol zwischen 1050 und 1300. Grundlagen zu ihrer Erforschung (= Österreichische Akademie der Wissenschaften, Phil.-Hist.Klasse, Sitzungsberichte Bd. 403). Wien 1983, S. 365; SANDBERGER, Gertrud: Bistum Chur in Südtirol. Untersuchungen zur Ostausdehnung ursprünglicher Hochstiftsrechte im Vintschgau, in: Zeitschrift f. bayerische Landesgeschichte 40 (1977), S. 796 ff.

46 Tiroler UB I/1, n. 233, S. 102/103.

47 »… *unam curtem de Slandre in loco dicitur in ymo vico cum ecclesia concinnante ab oriente in ipso Odalrico, ab occidente similiter et cum uno molendino …*«

48 Tiroler UB I/1, n. 293, S. 138.

49 Vgl. auch dazu die Ausführungen von Richard STAFFLER, Hofnamen (wie Anm. 8), S. 143, 146.

50 SCHWITZER, Urbare (wie Anm. 11), S. 139.

51 Tiroler UB I/3, n. 1036, S. 81–83 (datiert Augsburg, 1235 November); zu den Rechten der Herren von Montalban an der Kirche zu Schlanders vgl. HUTER, Franz: Die Herren von Montalban, in: Zeitschrift f. bayerische Landesgeschichte 11 (1938), S. 341–361 wiederabgedruckt in

Diese Schenkung stellt gleichsam die Gründung des Deutschen Hauses, d. h. der Deutschordenskommende, in Schlanders dar, auch wenn die Herren von Montalban an der Pfarrkirche noch Rechte hatten, die nach einem länger währenden Rechtsstreit erst 1261 an den Ritterorden abgetreten wurden[52]. An dem Rechtsstreit wird deutlich, daß die Pfarrkirche zu Schlanders wohl nicht zum Reichsgut gehörte, über das der Kaiser verfügen konnte wie er wollte, sondern doch eher aus seinem (welfischen?) Erbe stammte, von dem die Herren von Montalban Teile erhielten. Für die Siedlungsentwicklung von Schlanders bedeutet dies, daß der Ritterorden und seine Kommende an der Bozner Eisackbrücke hier ältere Grundrechte des staufisch-welfischen Adels übertragen bekam, die im Oberdorf sich zu einem zweiten großen Siedlungskern des hohen Mittelalters zusammenfügten. Die neue Hofraite hat der Deutsche Orden mit einer Hauskapelle St. Gervasius und Protasius, die 1333 mit einer Frühmesse ausgestattet wurde[53], von den ehemals welfisch-staufischen Gütern abgegrenzt.

Neben dem König zählten auch die Welfen, wie soeben angedeutet, zur ältesten Schicht der Grundherren in Schlanders. Sie verfügten hier auch über Eigengut. Zu erfahren ist dies aus einer Urkunde des Jahres 1101/20 zugunsten des Klosters Rottenbuch im oberbayerischen Pfaffenwinkel, mit der Herzog Welf V. den Augustinerchorherren eine Hufe (*mansio*) schenkte[54]. Dies geschah nicht ganz uneigennützig, weil Welf V. damit die Auflage verband, die Mönche sollten für sein und das Seelenheil seiner verstorbenen Eltern beten. Die Schenkung hatte also den Charakter einer Seelgerätstiftung, mit dem Zweck, in Rottenbuch die *memoria* der Welfen zu pflegen. Die Augustinerchorherren von Rottenbuch erhielten um die selbe Zeit noch von Lindburg von Tscherms im Tausch gegen einen Weinberg in Schlanders einen solchen in Lana[55]. In welchem Personalverhältnis Lindburg und ihr Mann Gewic (= Gerwig) zu den Welfen oder anderen Großen des süddeutschen Raumes standen, läßt sich leider nicht feststellen. Lokalisieren läßt sich indes mit Hilfe der Besitzrückschreibung die Lage des Hofes in Schlanders. Im Theresianischen Kataster von 1779 ist er unter der Katastralnummer 284 als sogenannte Thannerische Behausung verzeichnet, die 42 x und 2 Yhrn Wein zinste. Demnach lag der Kern oder zumindest der Rest dieser hochmittelalterlichen Rottenbucher Hube aus Welfenbesitz mitten im Dorf an der alten Landstraße oberhalb des Böheimturms (s. Abb. 2). Der Hof war 1779 geteilt. Die eine Hälfte besaß 1779 Johann Kloz, die andere die Erbengemeinschaft der Nicolaus Spillerischen Kinder[56].

Zur Schicht der ältesten Grundherrschaften zählten auch die edelfreien Herren von Tarasp, die ihre Stammburg bei Schuls/Scuol im Unterengadin hatten. Zu erschließen ist ihre Zugehörigkeit über zwei Schenkungen, nämlich an das Kloster Marienberg von 1161[57] und an das Frauenkloster St. Johann zu Müstair von 1163[58]. Im Gegensatz zu dem Marienberger Besitzschwerpunkt im Unterdorf dürften beide Schenkungen auf älteres taraspisches Eigengut und auf eine Erbteilung Ulrichs II. von ca. 1142 zurückzuführen sein[59]. Sie sind Teil des Erbes Friedrichs II. († 1146/49). Seine Kinder Gebhard, Irmgard, Adelheid und Heilwig stifteten den Mönchen in Marienberg im Schlanderser Oberdorf einen kleinen Hof (*curticula*) zusammen mit einem Weingarten. Wo dieser Hof lag, läßt sich leider nicht mehr feststellen, da er schon in der Besitzbestätigungsurkunde des Papstes Innocenz IV. von 1249[60] und in Marienberger Urbaren von 1367 und 1390[61] nicht mehr erwähnt wird.

DERS.: Ausgewählte Aufsätze zur Geschichte Tirols, hg. von M. Cescutti und J. Riedmann (= Schlern-Schriften Bd. 300. Innsbruck 1997, S. 66–81).
52 NÖSSING, Josef: Die Kommende Schlanders, in: Der Deutsche Orden in Tirol. Die Ballei an der Etsch und im Gebirge, hg. von Heinz Noflatscher (= Quellen und Studien zur Geschichte des Deutschen Ordens Bd. 43). Bozen/Marburg 1991, S. 389–410 mit Anführung der älteren Literatur; HYE, Franz-Heinz von: Auf den Spuren des Deutschen Ordens in Tirol. Eine Bild- und Textdokumentation. Aus Anlaß des Ordensjubiläums 1190–1990. Bozen 1990, S. 287 ff.
53 Archiv-Berichte 2, S. 60, S. 322; ATZ, Karl und Adalgott SCHATZ: Der deutsche Anteil des Bistums Trient Bd. 5. Bozen 1910, S. 51 ff.
54 Tiroler UB I/1, n. 125, S. 59.
55 Tiroler UB I/1, n. 126, S. 60, datiert (nach 1101 Nov. 11 – 1120 September 24).
56 Südtiroler Landesarchiv Bozen, Sammlung Kataster – Gericht Schlanders n. 11.
57 Tiroler UB I/1, n. 276.
58 Tiroler UB I/1, n. 279.
59 Vgl. dazu MÜLLER, Iso: Die Herren von Tarasp. Disentis 1986, S. 21 ff.
60 Tiroler UB I/3, n. 1243.
61 SCHWITZER, Urbare (wie Anm. 11), S. 35 und S. 133.

Stattdessen wird eine Mühle genannt, die am Mühlbach lag und mit der im Theresianischen Kataster registrierten Jeppischen Behausung mit Musmühle des Blasy Ilmer identifiziert werden kann[62]. Die andere Schenkung machten die Schwestern Irmgard und Heilwig mit Zustimmung ihres Bruders Gebhard den Nonnen zu Müstair, wie es heißt, »zur Buße und zur Erlösung ihrer und ihres Vaters Sünden«. Sie ist demnach eine Seelgerätstiftung. Dieser Hof des Klosters Müstair trug die Lokalisierungsangabe »im Oberdorf« (*in summo vico*) und hatte später verschiedene Namen, ab ca. 1560 den Namen Hueterhof[63]. Unter dieser Bezeichnung registrierte ihn auch der Theresianische Kataster, der zugleich mitteilt, daß der Hof unter drei Besitzer geteilt ist. Die Hofraite stieß mit der Ostseite an einen Weg, der sie vom Maierhof der Deutschordenskommende trennte. Das Kloster Müstair besaß zudem einen zweiten Hof, von dem es 1394 hieß, er bestünde aus einem Haus mit Hofraite, das unterkellert sei, darüber sei ein Steinbau mit einem aus Holz errichteten Obergeschoß gebaut, gelegen am gemeinen Weg; ein Stadl getrennt davon gehörte ebenfalls dazu. An seiner Ostseite stieß er an den Hof der Erben des Maiers Otto von Schlanders[64]. Dieser Hof scheint schon vor 1432 in andere Hände gelangt zu sein. Jedenfalls verzeichnet ihn das entsprechende Urbar des Klosters Müstair von 1432 nicht mehr.

Schließlich und endlich gehörten zur Gruppe der älteren Grundherren auch der Bischof und das Domkapitel von Chur. Jedoch sind die auf Schlanders bezogenen Zeugnisse nicht sehr zahlreich, so daß der Nachweis nur über die churischen Ministerialen, vor allem über die Herren von Reichenberg als Sach- und Güterverwalter des Bischofs von Chur zu führen ist. Aber auch hier erweist sich die Quellenlage als nicht sehr günstig, so daß vieles im Dunklen bleibt. Beginnen wir mit der Nennung eines ersten bischöflich-churischen Minsterialen, Heinrich von Schlanders, der als Zeuge in einer Urkunde von ca. 1164/67 aufgeführt wird[65]. Damals bezeugte er zusammen mit anderen Churer Ministerialen die gütliche Einigung im Streit zwischen dem erwählten Bischof Egno von Chur und Ulrich III. von Tarasp einerseits und Gebhard von Tarasp andrerseits wegen der Schenkungen Ulrichs III. an die Bischofskirche Chur und an das Kloster Marienberg. Man kann spekulieren, ob Heinrich von Schlanders wegen der Namensgleichheit ein Angehöriger der Familie der Herren von Rotund-Reichenberg gewesen ist. Wäre dem so, dann ist auch leicht erklärlich, warum später die Herren von Reichenberg in Schlanders nicht unbedeutenden Grundbesitz gehabt haben. Doch ist dies nur eine interessante Spekulation.

Auf sichereren Füßen stehen wir erst wieder mit den Angaben des sogenannten *Antiquum registrum ecclesie Curiensis* von 1290/98[66]. In diesem ersten Gesamturbar des Bistums Chur ist neben dem *servitium kathedraticum,* einer Abgabe, die der Bischof als Anerkenntnis seiner Oberhoheit über sämtliche geistlichen Institutionen und Stiftungen jedes Schaltjahr fordern durfte, auch von drei Höfen der Herren von Schwangau die Rede, die 100 Mutt Getreide zinsten. Da die Höfe in der Rubrik »Kathedraticum« aufgeführt wurden, kann es sich bei den Abgaben nicht um Grundzinsen handeln, sondern wohl eher um einen Zehnt[67], dessen genaue rechtliche Qualität sich nicht mehr bestimmen läßt. Mit ziemlicher Sicherheit waren die schwangauischen Höfe nicht Lehen der Bischöfe von Chur, sondern Güter der Welfen oder sogar der Grafen von Tirol, in deren Nähe sich die Brüder Heinrich, Hiltipold und Konrad von Schwangau des öfteren aufhielten[68]. Der Minnesänger Hiltipold, der für Graf Albert III. von Tirol wiederholt Zeugendienste leistete, begleitete ihn so-

---

62   Katastralnummer (= KN) 457.
63   Nach dem Lehenträger Christoph Hueter, der von 1530 bis 1557 Richter in Schlanders war [STAFFLER (wie Anm. 8), S. 124], vgl. auch SCHWITZER, Urbare (wie Anm. 11), S. 205 von 1394, damals war Inhaber des Hofs im Oberdorf Chunczo Ströber.
64   SCHWITZER, Urbare (wie Anm. 11), S. 205.
65   Tiroler UB I/1, n. 294, S. 142; dazu auch BITSCHNAU (wie Anm. 45), S. 442.
66   MOHR, Theodor von (Hg.): Codex diplomaticus. Sammlung der Urkunden zur Geschichte Currätiens und der Republik Graubünden. 4 Bde. Chur 1848–1865, hier Bd. II, n. 76, S. 104.
67   Tatsächlich führt das Urbar D des Bistums Chur von 1374/78, f.101 v (aufbewahrt im Bischöflichen Archiv Chur) die drei Höfe der Herren von Schwangau unter der Rubrik »Kirchen und andere Güter, die Zufahrt und Dienst (dem Bischof von Chur) in Schaltjahren geben«.
68   Hier insbesondere die Urkunden Tiroler UB I/2, n. 782 von 1221, n. 904 von 1228, n. 1102 von 1239, n. 1111 von 1240/1256, 1115 von 1240 und Bündner UB II, n. 933 von 1258 und III (neu), n. 1255 von 1278.

gar 1217/19 auf dem Kreuzzug ins Heilige Land[69]. Von einem Haus der Herren von Schwangau weiß dann noch das *Zinsbuch des Deutschen Hauses zu Schlanders von 1334* zu berichten. Es lag unterhalb des Gseinhofs am Weg nach Göflan[70].

Die Herren von Reichenberg waren nach dem Aussterben der Herren von Rotund seit ca. 1225 die *vicedomini* (Viztume), also die Verwalter der Grundgüter und Rechte, des Bischofs im Vintschgau[71]. Unter ihren zahlreichen Lehengütern lassen sich zwei, vielleicht drei Höfe in Schlanders lokalisieren. Was ihre Identifizierung außerordentlich erschwert, ist der Umstand, daß sie mit den Herren von Montalban leicht verwechselt werden können, deren Personennamen gleich lauten und Franz HUTER sogar daran denken ließen, daß sie mit den Montalbanern stammverwandt sein könnten[72]. Einer der Höfe in Schlanders wird 1320 im Zinsregister des Laurentius von Reichenberg[73] erwähnt. Wo er im Dorf zu suchen ist, bleibt ein Rätsel. Der andere, ein halber Hof war 1334 vermutlich im Unterdorf[74] gestanden, der dritte ganze Hof rührte von Hans von Reichenberg her und war das Witwengut der Agnes, Tochter des Gebhards von Weer. Er lag 1383 bei der Kirche[75]. Er läßt sich als der spätere Mayr- oder Haslhof identifizieren[76]. 1779 war er geteilt und mit Grundzins dem Schlanderser Richter Matthäus Purtscher unterworfen. Der dritte Hof, der vielleicht mit dem zuvorgenannten identisch sein kann, war 1397 in Händen des Hanns an der Gassen und des Heinz Umbraser und gehörte zu den Gütern der Burg Rotund[77]. Daneben besaßen die Herren von Reichenberg Eigenleute im Dorf und Gericht Schlanders, die Meinhard II. von Tirol bei seinen Bemühungen um die Festigung und den Ausbau der Landesherrschaft gekauft hatte[78]. Anhand dieser Namen (rd. 45) wird erkennbar, daß die Reichenberger in den Gerichten Schlanders und Kastelbell nicht nur die aufgeführten Höfe ihr Eigen nannten, sondern darüberhinaus weit mehr Grundbesitz und andere materielle Rechte besaßen, deren überwiegender Teil 1383 mit dem Tod Heinrichs wohl als Erbgut an die Herren von Schlandersberg fiel. Die Schlandersberger nehmen als jüngerer Zweig der Herren von Montalban[79] auf die Siedlungsentwicklung von Schlanders kaum noch Einfluß und dann freilich erst ab dem Ende des 14. Jahrhunderts.

Um die Gruppe der älteren Grundherrschaft abzurunden, sei schließlich noch auf die Herren von Montalban hingewiesen. Die, im mittleren Vintschgau ziemlich mächtige und begüterte Familie hatte in Schlanders Güter, von denen sie 1238 einige an Konrad Schenk verkaufte[80]. Da die Urkunde verschollen ist, läßt sich nicht feststellen, wo dieser Montalbaner Besitz lag und aus welchen Elementen er gebildet wurde. Erlaubt sei die Annahme, daß die Montalbaner in Schlanders wohl nur Eigenbesitz hatten und über keine Lehengüter verfügten. Die meisten Erbgüter dürfte um 1390 die jüngere Linie der Montalbaner, die Familie der Schlandersberger, übernommen haben[81].

69 PÖRNBACHER, Hans: Hiltbold von Schwangau, in: Lebensbilder aus dem Bayerischen Schwaben Bd. 7, S. 12–22. München 1959; WORSTBROCK, Franz Josef: Hiltbolt von Schwangau, in: Die deutsche Literatur des Mittelalters. Verfasserlexikon Bd. 4, Sp. 12–17, Berlin–New York ²1983.

70 Archiv des Germanischen Nationalmuseums Nürnberg, Urbar des Deutschen Hauses von 1334, f. 1v; um 1330 scheinen die Schwangauer ihren Besitz und ihre Lehenrechte an eine Nebenlinie verkauft zu haben, vgl. LADURNER, Justinian: Regesten aus tirolischen Urkunden, in: Archiv für Geschichte und Alterthumskunde Tirols Bd. 2 (1865), n. 508 von 1330, 536 von 1334, 537 von 1334.

71 MUOTH, J. C.: Zwei sogenannte Ämterbücher des Bistums Chur aus dem Anfang des XV. Jahrhunderts, in: 27. Jahresbericht der Historisch-Antiquarischen Gesellschaft von Graubünden. Chur 1898, S. 149.

72 HUTER (wie Anm. 51), S. 69.

73 Archiv Churburg, Zinsregister des Laurentius von Reichenberg unter der Kalven 1320, Rubrik: »Redditus grani«.

74 Archiv Germanisches National-Museum Nürnberg, Zinsbuch des Deutschen Hauses (wie Anm. 70), f. 1r. *(Item Maerchleins ze entz dorfs geit von halben hof des Reichenpergaers ze seinem leben XL mutte roggen, und auch gersten et VI mutte waitz und zwainzichschoet chaes, ain swein oder vier phunt und IIII huener und L ayer und halben wein).*

75 LADURNER, P. Justinian: Die Vögte von Matsch, in: Zeitschrift des Ferdinandeums 3. Folge H. 16, S. 246 ff.

76 STAFFLER (wie Anm. 8), S. 126, n. 49.

77 Südtiroler Landesarchiv Bozen, Archiv Schloß Kasten – Churerisches Zinsregister von Rotund 1397, f. 7r (Rubrik: »Slandris«)

78 HAIDACHER, Die älteren Tiroler Rechnungsbücher (wie Anm. 9), S. 85; Steuerbuch des Vintschgaus von 1314, in: Quellen zur Steuer-, Bevölkerungs- und Sippegeschichte des Landes Tirol im 13., 14. und 15. Jahrhundert (= Schlern-Schriften Bd. 44). Innsbruck 1939, S. 115.

79 Vgl. HUTER (wie Anm. 51) S. 73f., 78.

80 Tiroler UB I/3, n. 1077*, S. 122; dazu HUTER (wie Anm. 51), S. 69.

81 Außer HUTER (wie Anm. 51) vgl. auch OTTENTHAL, Emil von: Die ältesten Rechnungsbücher der Herren von Schlandersberg, in: Mitteilungen des Instituts f. Österrei-

Wenn wir ein erstes Zwischenergebnis über die Siedlungstätigkeit der älteren Grundherren zu formulieren versuchen, so sind darin zwei wesentliche Sachverhalte anzusprechen. Zum einen ist eine zweikernige Anlage von Schlanders rekonstruierbar. Der erste Kern läßt sich zeitlich in das 12. Jahrhundert datieren und gruppiert sich um die heutige Pfarrkirche St. Maria mit je einem bischöflich-churischen, taraspisch-müstair-marienbergischen und wohl welfischen Maierhof, die nach dem Theresianischen Steuerkataster ihr Ackerland überwiegend im Flurort *Kirchprait* oder dicht dabei haben. Die gemeinsame Teilhabe an einem Altackerareal mit dem bezeichnenden Grundwort *Breite*[82] läßt weiter vermuten, daß sie aus einem Urhof oder einer *curtis* hervorgegangen sind. Auch der Flurname *Brühl*, der in den Urbaren von 1394 und 1416 überliefert ist, deutet in diese Richtung[83]. In welchem Hof sich die Reste der ältesten Siedlungsschicht verbergen, bleibt im Dunkeln. Immerhin hält der ältere Name des reichenbergischen Haslhofes – *(Hasl-) Mayrhof* – mittelbar die Erinnerung an einen solchen früh- bis hochmittelalterlichen Herrenhof fest, von dem im Zuge der Auflösung der Fronhofsverfassung ab dem frühen 12. Jahrhundert Teile in andere Hände gekommen sind, so vor allem in die Hände verwandtschaftlich naher Personen, wie z. B. der Herren von Montalban oder Schlandersberg, wofür im sogenannten Schlandersbergischen Mayrlehen[84] mit einem Ackerlandanteil im Gewann Kirchprait sogar ein Indiz vorhanden wäre. Zum anderen zeigt die bisherige Erörterung, daß auch im Unterdorf ein zweiter Siedlungskern um die St.-Ingenuins-Kirche (welfisch-)brixnerisch-taraspischer Herkunft vorhanden ist. Sein Ackerland kann nach dem Theresianischen Kataster hauptsächlich im Flurort *Gstayr* lokalisiert werden. Unklar ist die Stellung eines Flurareals mit der Bezeichnung *Quadrell* (= kleine Quader), das im Urbar der Deutschordenskommende Schlanders von 1451 genannt wird[85]. Es hat offenbar keinen Bezug zu der im Urbar Hannsens von Liebenberg von 1417 überlieferten *Quader*, die von K. FINSTERWALDER[86] auf die Gemarkung Schlanders bezogen wurden. Die Existenz der Flurnamen *Quadra, Quader, Quadrell* oder *Gedrell* beweist indes, daß es in Schlanders Relikte einer älteren Flurverfassung aus der Zeit gibt, als die Umgangssprache noch überwiegend rätoromanisch war, d. h. altersmäßig, daß sie aus der Zeit vor 1100 stammen müssen.

Um die These von früh- bis hochmittelalterlichen Siedlungskernen bekräftigen zu können, so fehlen bis jetzt die Nachweise von Türmen und Zugütern in den Hoch- und Nebentälern. Daß es zumindest die Herrentürme in Schlanders gab, zeigen heute noch einprägsam der Böheimturm und der Eyrser Turm, die im mittleren Dorf »am Platz« und »am oberen Mühlbach« auf zwei weitere Siedlungskerne verweisen. Wer sie erbaut hat oder welchem Adelsgeschlecht sie gehörten, kann mangels Quellen nur unzureichend geklärt werden. Wahrscheinlich ist, daß der Böheimturm von den Herren von Starkenberg erbaut worden ist. Denn noch 1694 ist mit dem Turm der sogenannte *Behaimbische oder Starkenberger Zechent* verbunden und die Behaimbische Behausung, die der Richter Veit Rainer damals innehatte, zinste den Grundzins in Starkenberger Maß, wie im Dominikalsteuer-Kataster des Gerichtes Schlanders ausdrücklich festgehalten wird[87].

Bereits zu den jüngeren, d. h. spätmittelalterlichen, Grundherren gehörten die Grafen von Tirol, die keine originären Rechte an älteren Höfen

---

chische Geschichte Bd. 2 (1881), S. 551–614; GRANICH-STAEDTEN-CZERVA, Rudolf von: Meran. Burggrafen und Burgherren. Wien 1949, S. 185 f.

82 Das ist im alemannischen und bajuwarischen Siedlungsraum ein sicherer Hinweis auf einen früh- bis hochmittelalterlichen Herrenhof, vergleichbar den romanischen Quadra-Blöcken, z. B. in Mals, Taufers oder Burgeis.

83 SCHWITZER, Urbare (wie Anm. 11), S. 207, 273.

84 KN 477A+B.

85 Fürst Thurn und Taxis Zentralarchiv Regensburg, Bestand Kellereiamt – Rentamt Meran, Akten n. 8, S. 9: »*Item Jacob Saltzpurger zinst von der Scherärin stuck II mut roggen und von dez Hannsen Smidz hawß III mut roggen, das ain stuk haist dez Pawmaisters stuck, daz ander leitt inn quadrell*«.

86 Quadra-Fluren und ihnen entgegengesetzte Flur- und Ortsnamen in Tirol, in: Innsbrucker Beiträge zur Kulturwissenschaft Bd. 11 (1965), S. 73, wiederabgedruckt in: DERS.: Tiroler Ortsnamenkunde Bd. 1 (Schlern-Schriften 285. Innsbruck 1990, S. 105–118, hier S. 115), unter Anziehung der Quelle bei SCHWITZER, Urbare (wie Anm. 11), S. 320. Die Quelle läßt sich allerdings nicht der Markung oder dem Gemeindegebiet Schlanders eindeutig zuordnen; da in der Grenzanraineriangabe von einem Gut der Walhin von Allitz und von einem Gut des Tschauken die Rede ist, so ist eher an die Flur von Goldrain zu denken, wo auch der Flurname gesichert ist.

87 Südtiroler Landesarchiv Bozen, Microfilm S-50 (Verfachbücher Südtirol n. 3, f. 49r).

und am Altackerareal geltend machen konnten. Sie sind in der Regel über Kauf, Tausch, Verlehnung und im Fall Meinhards II. auch durch Erpressung in den Besitz von Grundrechten gelangt. Ihr Einfluß auf die Siedlungsentwicklung wird erst mit dem Wirken Graf Alberts III. zu Beginn des 13. Jahrhunderts greifbar. Soweit die Urkunden uns Einblick in die tirolische Besitzverteilung in Schlanders geben, so ist zuerst festzustellen, daß das landesfürstliche Gut nicht in einem geschlossenen Komplex beieinander lag, sondern sich auf verschiedene Punkte im Ort verteilte. Das waren in der Ortsmitte, am sogenannten Platz, mit dem Hof am Platz[88], zu dem die Wirtsgerechtigkeit »zur Rose« gehörte, auf der Westseite des Platzes die große Helfische Behausung, in der noch 1581 die obere Wirtsbehausung »zum Widder« untergebracht war und zu Ende des 18. Jahrhunderts die Apotheke von dem Schwazer Franz Hubert Würstl eingerichtet wurde, weiters die Hofstatt um den Böheimturm mit dem Gasthaus zum »Schwarzen Widder«, dann im Oberdorf der Pangrazenhof, der seinen Namen nach dem Patrozinium der Kapelle auf Schloß Tirol trägt, schließlich am oberen Mühlbach die Eyrser Turm-Behausung und der Maierhof auf Juval. Dazu gezählt werden müssen die Höfe der tirolischen Ministerialenfamilien von Montani, Liechtenberg[89], Starkenberg, Annenberg und eventuell auch Schlandersberg sowie das von Meinhard II. gestiftete und geförderte Zisterzienserkloster Stams[90], und nicht zu vergessen das umfangreiche Urbar der Gerichtsherrschaft Schlanders mit dem Propsteiamt Eyrs[91], das 1779 aus zahlreichen Hauszinsen und Gülten von einzelnen Äckern und Wiesen gebildet wurde.

Der älteste landesfürstliche Hof war vermutlich der um 1290 im ersten Tirolischen Gesamturbar erwähnte Meraer Hof, der 12 Mutt Weizen, 69 Mutt Roggen und 34 Mutt Gerste, 1 Schwein im Wert von 5 Pfund Meraner Pfennigen und 12 Schinken oder Speckseiten (*fleisch*) zinste. Offenbar gehörte der Meraer Hof in Schlanders zu einer älteren *curtis* mit Zugütern in Tarsch, Latsch und Laas, die ebenfalls in der Rubrik »Der Gelt von Laetsch« registriert wurden[92]. In welchem der späteren tirolischen Höfe er aufgegangen ist, läßt sich bedauerlicherweise nicht feststellen. Eine Vermutung bleibt auch, daß auf diesem tirolischen Hof der, wiederholt erwähnte, Maier Otto saß, der 1304 Dorfmeister[93] war und dem 1306 sogar ein Weinzollnachlaß auf 4 Fuhrwerke gewährt wurde[94].

Die Geldnot der Söhne Meinhards II. zeitigte eine rasche Auflösung der tirolischen Grundherrschaft. Um zu Geld zu gelangen, bediente sich die landesfürstliche Verwaltung der Mittel der Verlehnung und Verpfändung von Liegenschaften und Rechten. Insbesondere die Geltzinse aus dem Gerichtsurbar Schlanders waren wiederholt Gegenstand von Verpfändungen, deren Rücklösungen zögerlich und vielfach nur fallweise und bruchstückhaft vorgenommen wurden, so daß sich von daher auch die Zersplitterung der tirolischen Güter erklärt.

Strukturmäßig haftet den tirolischen Gütern das Kennzeichen des spätmittelalterlichen Prozesses der Aufsiedlung der freien Hofraiten an. Sie geben sich oft als Versuch sozialer unterbäuerlicher Gruppen zu erkennen, aus walzenden (d. h. frei verkäuflich und nicht dem Willen eines Grundherrn unter-

---

88 Erscheint unter diesem Namen im Tirolischen Gesamturbar von 1406/12, mit der Bemerkung, daß der Hof von dem Rubeyn auf Tirol stamme (Tiroler Landesarchiv Innsbruck, Urbar 1/2, f. 48r).

89 Bezeugt 1390 in einer Grenzanrainerangabe eines Akkers in Lumeneida zu Schlanders [SCHWITZER, Urbare (wie Anm. 11)], S. 39.

90 KÖFLER, Werner (Bearb.): Die ältesten Urbare des Zisterzienserstiftes Stams (= Österreichische Urbare, III: Abt., 3.Teil). Innsbruck 1978, S. 42, n. 688 von 1306, vgl. n. 1686 von 1318 und n. 2789 von 1336.

91 Nach dem Urbar der Gerichtsherrschaft Schlanders von 1563 gehörte zur Propstei Eyrs auch das Hachgut in Schlanders (Archiv Churburg, Abt. Urbare); da der Theresianische Kataster von 1779 nur noch drei Güter der Propstei Eyrs in Schlanders kennt, die zum Zirchhof in Kortsch gehören, dürfte es sich bei dem Hachgut um Streubesitz der ehemals freisingischen Propstei handeln; der Name Böheimturm rührt wohl von jenem Adam Peheimb von und zum Peheimbturn her, der um die Mitte des 17. Jahrhunderts in Schlanders lebte (Spitalarchiv Schlanders, Abt. III/17 – Nr. 2, datiert 1653 August 25 – Schlanders).

92 Tiroler Landesarchiv Innsbruck, Urbar 1/1 (Landesfürstliches Urbar von ca. 1290, Rubrik: Der Gelt von Laetsch).

93 Archiv-Berichte 3, n. 320, S. 59.

94 HAIDACHER (wie Anm. 9), S. 77 und Quellen zur Steuergeschichte (wie Anm. 81), S. 98 und SCHWITZER, Urbare (wie Anm. 11), S. 35, 40 und 115 (von 1390) und Tiroler Landesarchiv Innsbruck, Urkundenregesten Schatzarchiv II, 714 – Notariatsinstrument von 1324 August 8: »Egen von Culsaun Richter zu Laas übergibt auf Befehl des Königs Heinrich dem Jaeklin von Coracs (Kortsch oder Gratsch) die Güter des Maier Ortlein von Schlanders«.

worfen) Stücken neue Höfe zu bilden, welche aber im Zuge der Refeudalisierung wieder lehenrechtlichen Bindungen unterworfen wurden. Ein weiteres Merkmal der landesfürstlichen Grundherrschaft ist, die wasserabhängigen Gewerbebetriebe, wie Mahlmühlen, Färbereien und Gerbereien, die am Mühlbach aufgereiht sind, nicht aus der Hand zu geben, sondern sie mithilfe der Instrumente des Wasserfallzinses und der Gewerbelizenz sich dienstbar zu machen. Auch wenn die Deutschordenskommende und das Kloster Marienberg eigene Mühlen besaßen, so gaben sie doch Wasserfallgelt an das landesfürstliche Kellenamt in Meran und konnten somit nicht ihre Triebwerke nach Gutdünken verändern, sondern nur mit Zustimmung der Herrschaft. Auf die Entwicklung der Siedlungsstruktur wirkte sich dies konservierend aus.

Die Grafen von Tirol waren in Schlanders nicht nur Grundherren, sondern sie übten über ihre Amtmänner und Richter auch die Gerichts- und Ortsherrschaft aus. Daraus resultierte eine Siedlungspolitik, die sich an den Grundsätzen des tirolischen Landrechtes orientierte. Konkret führte dies dazu, daß niemand einen eigenen Hausstand führen konnte, wenn er kein entsprechendes Vermögen nachwies. Im bäuerlichen Bereich verhinderte sie zudem die ungezügelte Güterzerstückelung und den Bau von Häusern außerhalb des Ortsriedes. Wenn doch gebaut wurde, dann geschah es mit Zustimmung des Grundherrn, der Gemeinde und der Ortsherrschaft. Für den »gemeinen Mann« ergaben sich daraus sehr beschränkte Möglichkeiten des Bauens. Daher konzentrierte sich die bauliche Entwicklung ab dem 16. Jahrhundert mehr und mehr auf Zu- und Anbauten an bereits bestehenden Gebäuden auf den vorhandenen Hofraiten. In Schlanders konnte man die Folgen, der von allerlei Zwängen geleiteten baulichen Entwicklung, recht gut an den Häusern und Höfen an der Lubenplatten in der Ortsmitte beobachten. Wie an keiner anderen Stelle waren hier 1779 die alten Hofraiten in Drittel- und Viertel-Anteile geteilt, wobei etliche »luteigen«, also freies bäuerliches Eigen (ohne irgendwelche lehenrechtliche Abgaben) waren. Dem sozialen Status nach wohnten an dem 1422 noch *Lugplatte*[95] genannten Bereich vorwiegend die Kleinbauern mit handwerklichem Nebenerwerb.

Gesondert einzugehen ist auf die Rolle der Herren von Schlandersberg. Schon oben war angedeutet worden, daß die Herren von Schlandersberg eine jüngere Linie der Herren von Montalban und Erben der Reichenberger sind. Offenbar beschränkte sich ihr Einfluß auf die Turmgesäße oder Wohnsitze im Dorf und am Sonnenberg, hoch über dem Eingang ins Schlandrauntal. Wo sie zuerst gesessen sind, kann nur vermutet werden. Einiges spricht jedoch dafür, daß ihr ursprünglicher Sitz nicht der Eirser Turm, sondern der Turm auf Juval (geschrieben wird auch Jufahl) gewesen ist, der sich später im Besitz der Herren von Stachlburg[96] befand und nach ihnen den Namen *Stachlburg* trug[97], aber 1731 durch den Schlandraunbach weggerissen wurde. Die anderen Türme in Schlanders kommen wohl auch deshalb nicht in Frage, weil sie bei ihrer ersten urkundlichen Nennung bereits im Besitz des Landesfürsten bzw. tirolischer Ministerialen waren[98]. Der Turm auf Juval muß ein ziemlich unansehnlicher und unwohnlicher Bau gewesen sein, da er von den Schlandersbergern gegen Ende des 13. Jahrhunderts durch die neue Höhenburg Schlandersberg am Sonnenberg ersetzt wurde[99], die aber wohl kaum mehr Komfort besaß. Denn von Peter von Schlandersberg ist überliefert, daß er zwischen 1366 und 1370 seinen Aufenthalt auf dem Hof seines Verwalters Heinz Umbroser beim Caseinhof nahm[100]. Vermutlich hängt das ge-

---

95 Archiv-Berichte 3, n. 330, S. 61.

96 Zu den Eheverbindungen der Familien Schlandersberg-Stachlburg vgl. GRANICHSTAEDTEN-CZERVA (wie Anm. 81), S. 258; nebenbei bemerkt war 1569 Leopold von Stachlburg Richter in Schlanders (Südtiroler Landesarchiv Bozen, Depot GdeA Schlanders, Urkunden n. 29 von 1569 Oktober 5); einen Hinweis liefert auch das Repertorium des Archivs Kasten, erstellt von Erika Kustatscher, Bozen 1990 (Depositum im Südtiroler Landesarchiv).

97 Theresianischer Steuerkataster von 1779, KN 429 in einer Grenzangabe »an ebenfalls verlahnten Graf Stachlburgischen Schloß«.

98 STAFFLER (wie Anm. 8), S. 131, 139; BITSCHNAU (wie Anm. 45), S. 442, der darauf hinweist, daß ohne eingehende Quellenforschung keine sichere Zuordnung der Schlanderser Türme zu einem der fraglichen Geschlechter möglich ist. Man darf hinzusetzen, daß auch die Namensgleichheit (Juval ob Staben und Eirsburg in Eyrs, später Moosburg und Plawenngut genannt) die Identifizierung der Objekte erschwert.

99 TRAPP, Oswald: Tiroler Burgenbuch, Bd. 1 Vinschgau. Bozen 1972, S. 145.

100 OTTENTHAL (wie Anm. 81), S. 558 ff.

Luftaufnahme der Spitalkirche und des Spitals.

ringe Interesse an einem stattlichen Burggesäß auch damit zusammen, daß die Hauptlinie der Schlandersberger in Galsaun residierte, so berichtet jedenfalls der Tiroler Genealoge Stephan von Mayrhofen in seiner kurzen urkundlichen Geschichte der Herren von Schlandersberg. In Schlanders besaßen sie ihm zufolge seit 1268 ein Steinhaus[101].

Von obiger Höhenburg zu unterscheiden ist die von den Herren Hendl um 1600 errichtete *Schlandersburg,* am nordöstlichen Dorfrand, ein ansprechender Renaissance-Bau mit einem zweigeschoßigen Arkadenhof[102]. Sie ist auf einer bereits vorhandenen Hofstelle errichtet worden. Ein Turm von dem älteren Anwesen ist noch vorhanden. Unweit der Schlandersburg und an sie im Süden anstoßend, haben sich gegen Ende des 17. Jahrhunderts die Herren Hendl einen weiteren adeligen Ansitz erbaut, der anläßlich der Erhebung der Familie in den Grafenstand 1697 den Namen *Schlanderegg* erhielt[103]. Auch er steht anstelle eines älteren bäuerlichen Anwesens.

Unter den spätmittelalterlichen Grundherrschaften in Schlanders befand sich auch das Heilig-Geist-Spital zu Bozen. Erstmals hören wir von ihm anläßlich einer Erbauseinandersetzung unter Angehörigen der, im landesfürstlichen Dienst groß gewordenen Familie, der Annenberger. 1362 teilten die Brüder des Auto (Uto) von Annenberg das Erbe ihres Vaters Heinrich, wobei dem Auto ein Zins aus der einst dem *Ortolfus de Bulsano* gehörenden Hofstatt des Spitals Bozen in Schlanders zufiel[104]. Wem das Bozner Spital diesen Besitz zu verdanken hatte, ist nicht überliefert. Wir dürfen aber annehmen, daß er auf die Stiftung des *Chun-*

---

101 MAYRHOFEN, Stephan von: Genealogien des Tiroler Adels. (Kopie der Handschrift im Südtiroler Landesarchiv, Bozen).
102 WEINGARTNER, Josef: Die Kunstdenkmäler Südtirols. 7. Aufl., bearb. von Magdalena Hörmann-Weingartner. Bd. 2, Bozen 1991, S. 823; EGG, Erich: Kunst im Vinschgau. Bozen 1992, S. 93.
103 STAFFLER (wie Anm. 8), S. 128.
104 OBERMAIR, Hannes: Die Bozner Archive des Mittelalters bis zum Jahr 1500. Grundlegung zu ihrer mediävistischen Aufarbeitung. Regesten der Urkunden Teil I. Masch. Diss. Univ. Innsbruck 1986, hier: Archiv des Hl.-Geist-Spitals n. 489* von 1362 August 27 (verschollen).

radus dictus Grille, eines im Weinhandel reich gewordenen Bozner Bürgers, zurückgeht[105]. Er stammte aus Schlanders, wo die Familie 1334 nachweisbar ist[106]. Der Baumgarten der Grill stieß 1417 an das Kemathaus[107]. Sein Bildnis ist der Nachwelt auf einem Votivbild in der Marienpfarrkirche (Dom) zu Bozen überliefert[108]. Bemerkenswert ist, daß das Bozner Heilig-Geist-Spital noch 1779 in Schlanders ein Lehengut mit der Steueranschlagssumme von 1272 fl besaß, das der Josef Stadler baute[109]. Es dürfte sich sehr wahrscheinlich dabei um den Rest der Grillschen Stiftung handeln, wobei die Hofraite inzwischen abgegangen war, offenbar eine Folge der Übermurung durch den Schlandraunrunst.

Bei der Darstellung der älteren Siedlungsentwicklung verdient schließlich die Stiftung des Heilig-Geist-Spitals 1461 Erwähnung[110]. Der Stifter war Hans, genannt Weber, Thomas'n Sohn von Pafurgk aus Kortsch, der sein eigenes Haus mit Hofstatt und Garten zu Schlanders zum Bau einer Herberge und Behausung für Pilger, mit Zustimmung Herzog Sigmunds als Lehenherrn, zu seinem Seelenheil schenkte. Aus den Grenzangaben ergibt sich zweifelsfrei die heutige Lage, die für die Errichtung eines Spitals manche Vorzüge hatte, so vor allem die Nähe zum Wasser des Schlandraunbaches, der damals an der Hofstatt des Hans Weber vorbeifloß und Segen und Fluch zugleich bedeutete. Zudem hatte der Platz an der Landstraße den Vorteil, die vorbeikommenden Pilger von der Dorfgemeinschaft erst einmal zu separieren, insbesondere die unliebsamen, d. h. die mit ansteckenden Krankheiten behafteten Personen auf Distanz zu halten. Und noch in einer anderen Hinsicht erwies sich die Schenkung des Hans Weber als Glücksfall. War doch mit dem Haus und Hof das Recht der Holznutzung im Göflaner Tafratzwald verbunden, das, wie spätere Streitschlichtungsurkunden bezeugen, von Conrad Payr, dem Diener König Heinrichs in Schlanders, herrührte[111], der es von Graf Meinhard II. erhalten hatte. Aus diesem Wald konnte das Spital Holz zum Bauen und Brennen »nach seiner Notdurft« gleich jedem vollberechtigten Hof in Göflan, entnehmen.

Wie der Stiftungsbrief ausweist, war das Spital zunächst als Pilgerherberge konzipiert. Eine Notwendigkeit, arme, elende und alte Leute aufzunehmen, bestand anfangs wohl nicht, da es unweit beim Niederhof noch ein Siechenhaus gab, das in Quellen des 16. Jahrhunderts gut bezeugt ist[112]. Noch 1711 erinnert der Flurname *Siechengarten* unter der Graf Stachelburgischen Behausung am Schlandraunbach an das inzwischen abgegangene Siechenspital.[113] Das Spital selbst wuchs nach und nach zu dem Gebäudekomplex mit Kirche, wie er heute besteht, heran. Seine Form und Gestalt erhielt er wesentlich erst nach 1499. Die Einkünfte des Heilig-Geist-Spitals bestanden anfangs aus sogenannten Gschafftzinsen, das sind gestiftete Ewigzinsen überwiegend aus Äckern, Wiesen und Häusern, an denen das Spital keine Grundrechte geltend machen konnte; sie betrugen 1512 78 Star Roggen, 27 Star Gerste und Hafer; in Geld umgerechnet ergaben die Zinsen die Summe von 33 Mark 9 Pfund 3 Kreuzer 3 Pfennige. Diesen Einnahmen standen Ausgaben für Gottesdienst, Bau

---

105 OBERMAIR (wie Anm. 104), hier: Archiv des Hl.-Geist-Spitals n. 475 von 1359 November 2 – Schlanders.

106 Archiv des Germanischen National-Museums Nürnberg, Zinsbuch des Deutschen Hauses zu Schlanders von 1334, f.1r: »*Item div Grilline geit von einem stukke ains ackers II mutte roggen vnd von ainem weingarten II vrn mosts*«; weiterer Besitz der Familie ist in den Urbaren der Klöster Marienberg und Müstair von 1390 und 13934 in Kortsch und Prad nachweisbar [SCHWITZER, Urbare (wie Anm. 11, S. 41 und 202].

107 SCHWITZER, Urbare (wie Anm. 11), S. 318 (= Urbar des Hanns von Annenberg 1417); STAFFLER (wie Anm. 8), S. 129.

108 Vgl. WEINGARTNER (wie Anm. 102), S. 25 und den Aufsatz von Sven MIETH, Bemerkungen zum Begräbniswesen und zur Entstehung des Kreuzgangs der Minoriten im Tagungsband »Bozen von den Grafen von Tirol bis zu den Habsburgern«. Bozen 1998 (im Druck).

109 KN 590 A-L.

110 Vgl. dazu die Handschrift von P. Ephraem KOFLER: Das Spital zu Schlanders (wie Anm. 20).

111 ZAUNER, Alfons (Bearb.): Das älteste Tiroler Kanzleiregister 1308–1315 (= Fontes rerum Austriacarum, 2. Abt., Bd. 78). Wien 1967, S. 95, n. 62 von 1311 August 12 – Schlanders.

112 KOFLER (wie Anm. 20), S. 7 zum Jahr 1545; Archiv Churburg, Urbar der Pflege und des Amtes Schlanders und der Propstei Eyrs von 1563, f. 54v, wo unter den Gütern des Maierhofes bei St. Lorenzen in Kortsch eine Frühwiese von 3 Mannmahd in Schlanderser Wiesen, *zu Niederhof unter dem Siechenhaus gelegen*, erwähnt wird; der Spitalpfleger Gregory Hanny verrechnete 1570/71 unter den Ausgaben des Hl.-Geist-Spitals jeweils ein halbes Star Roggen für das Siechenhaus (Südtiroler Landesarchiv Bozen, Dep. Gemeinde A Schlanders, Akten Fasz. III – Urbar des Hl.-Geist-Spitals zu Schlanders 1570/71).

113 Spitalarchiv Schlanders, Spitalakten Abt. III/17 – Nr. 53 (Regest Hermann Theiner).

der Kirche und für den Unterhalt der armen Leute und Pilger in Höhe von 38 Mark 4 Pfund 2 Kreuzer gegenüber[114]. Im Gegensatz zu anderen Spitälern hat das Schlanderser Hl.-Geist-Spital nie eine umfassende Grundherrschaft aufbauen können. Nach den Angaben des Theresianischen Katasters von 1779 besaß das Spital 6 Äcker im Umfang von 5 Jauch, 2 Frühwiesen von 2 Tagmahd, 2 Krautgärten, einen Frühanger mit wenigen Obstbäumen und einen Weingarten hinter dem Stadel, dazu die Spitalsbehausung mit Stadl und Stallung, die dem Spitalkaplan und dem Spitalbaumann als Wohnung diente. Zum Spital gehörte bald eine eigene Kapelle, die an die Spitalsbehausung angebaut worden war. 1497 wollte die Gemeinde die Spitalkapelle neu und größer errichten, ein Vorhaben, das 1499 von den Kriegszügen und Verwüstungen der Engadiner während des Schwaben- oder Schweizerkriegs auf etliche Jahre unterbrochen wurde. Auch ein Friedhof sollte angelegt werden, der aber aus unerfindlichen Gründen nicht zustande kam. Die neue gotische Kirche zum Heiligen Geist mit drei Altären konnte erst 1519 vom Churer Weihbischof Frater Stephanus Tschuggli geweiht werden[115].

Am Ausgang des Mittelalters um die Mitte des 15. Jahrhunderts war im wesentlichen die heutige Siedlungsstruktur von Schlanders schon voll ausgeprägt. Die Lupplattgasse[116] oder Hungergasse[117], die Landstraße, der »Platz«, das Kortscher Gassl, die Juvalgasse, der Mühlbach und einige der Dorfbrunnen[118] waren vorhanden. Es existierten Badstuben, von denen die Obere Badstube 1522 genannt wird[119], die Untere Badstube bei der Urtl-Mühle ist 1611 infolge einer Übermurung abgegangen[120]. Vermutlich gab es auch einen zentralen Versammlungsort, wo die »Kassuntigs«-Gemein abgehalten wurde. Ob dies der Friedhof war, wie es 1490 in der Landsprach des Gerichtes Schlanders heißt, ist doch eher fraglich, weil hier nur der *Fronpot* des Gerichtes die Hausbesitzer zur Landsprache an der Schanzen-Brücke aufbieten sollte[121]. Der Sitz des Gerichtes wurde 1496 vom Turm zu Schlanders (welcher?) durch den Ankauf des Sebastian Sennauerschen Anwesens in die heutige Kapuzinergasse verlegt[122]. Vielleicht besaß der »Platz« in der Dorfmitte, wo später das Haus der Gemeinde und die Gemeine Metzbank standen, schon eine solche Funktion als Sammelort der bäuerlichen Gemeinde. Was die Größe und das Aussehen der Siedlung angeht, so erfährt man darüber nichts Genaues. 1427 bestanden aber hier 85 tirolische Feuerstätten[123], zu denen noch die anderer Grundherren gerechnet werden müssen. Im Schicksalsjahr 1499 dürften es aber doch um die 100 Feuerstätten gewesen sein, die von den Bündnern geplündert und angezündet worden sind.

2.4 Grundzüge der Siedlungsentwicklung in der Neuzeit

Die Schlacht an der Calven (Galfa- oder Böscha-Wald zwischen Taufers und Laatsch) während des Schwaben- oder Schweizerkriegs (1499) stellt in der Siedlungsgeschichte des Vintschgaus eine vor-

---

114 KOFLER (wie Anm. 20), S. 60.
115 KOFLER (wie Anm. 20), S. 61.
116 SCHWITZER, Urbare (wie Anm. 11), S. 273 (= Urbar Peters von Liebenberg von 1416).
117 Erwähnt erstmals unter diesem Namen 1570/71 im Urbar des Hl.-Geist-Spitals zu Schlanders (im Südtiroler Landesarchiv Bozen, Dep. Gemeinde A Schlanders, Akten Fasz. III).
118 So der Brunnen beim Maier bei der Kirch' erwähnt 1469 und der Brunnen am Platz, von dem die Gemeinde der Kommende Schlanders 1578/79 zwei Pfund zinste (Fürst Thurn und Taxis Zentralarchiv Regensburg, Bestand Kellereiamt – Rentamt Meran, Akten n. 9 (Urbar der Deutschordenskommende Schlanders von 1469) und n. 22 (Gültbuch der Deutschordens-Kommende Schlanders von 1578/79, f. 19v).
119 Losbrief des Wolfgang Harm zu Eyrs um 3 fl Grundzins aus dem oberen Badhaus zu Schlanders zugunsten des Lorentz Haym, Bader zu Schlanders, datiert 1522 April 26 – Schlanders (Urkunde im Privatbesitz Weiler im Allgäu).
120 STAFFLER (wie Anm. 8), S. 115/116.
121 Die Tirolischen Weistümer, hg. von Ignaz von ZINGERLE und K. Th. von INAMA-STERNEGG, Teil III. Wien 1880, S. 167 (abgekürzt künftig mit »TW«).
122 MUTSCHLECHNER, Georg: Der Kaufbrief für das »alte Gerichtshaus« in Schlanders 1496, in: Der Schlern 51 (1977), S. 447 ff; der Richter Sebastian Sennauer hat sich in der Geschichte des mittleren Vintschgaus mit der komplizierten Regelung der Wasserrechte der Gemeinden Kortsch und Laas ein bleibendes Denkmal gesetzt; durch seine Verhandlungsführung kehrte nach jahrelangem Streit wieder Frieden ein; die damalige Regelung der Wasserrechte hatte bis zur Einführung der Beregnung im Zuge der Bonifizierung in Kortsch 1961 Bestand, vgl. 500 Jahre Sennauer Vertrag. Ein wichtiges Dokument zur Kortscher und Laaser Wassergeschichte, hg. von der Allitzbachinteressentschaft Allitz, Kortsch und Laas anläßlich der 500. Wiederkehr der Vertragsschließung am 3. Juni 1494. Schlanders 1994.
123 Quellen zur Steuergeschichte (wie Anm. 78), S. 153.

Ansicht von Schlanders auf dem Deckenfresko in der Spitalkirche von Schlanders.

übergehende Zäsur dar[124], vorübergehend insofern, weil innerhalb von 25 bis 30 Jahren der Wiederaufbau der zerstörten Dörfer beendet war. Noch einmal kam es auf dem Gebiet der kirchlichen Kunst zu einer Blüte spätgotischer Bauwerke und Malerei sowie der Skulptur, an der auch die Gemeinde Schlanders großen Anteil hatte, wie die Pfarrkirche St. Maria, St. Michael auf dem Friedhof (erbaut 1303/04[125], erneuert nach 1499), die St.-Ingenuins-Kirche (Neubau nach 1499) und die Spitalkirche zum Hl. Geist nachdrücklich beweisen. Auf dem nicht-kirchlichen, weltlichen Sektor haben sich ebenfalls aus dieser Zeit einige (Akker-) Bürgerhäuser mit gotischen Gewölben, getäfelten Stuben und Hausfluren erhalten[126]. Selbstverständlich handelt es sich bei diesen Gebäuden aus der zweiten Hälfte des 16. Jahrhunderts um Häuser der vermögenderen Familien, d. h. der dörflichen Ehrbarkeit und des Adels, die aufgrund ihrer weit verzweigten familiären Bindungen in den Bozener Raum und in das Trentino auch am frühesten die neuen Bauformen der Renaissance übernommen haben. Unter ihnen sind die Herren Hendl und ihre Bauten hervorzuheben, nicht nur weil sie hier im landesfürstlichen Dienst zu Ansehen und Vermögen gelangten, sondern vor allem weil bei ihnen das Streben unverkennbar ist, es

---

124 JÄGER, Albert: Der Engadiner Krieg im Jahr 1499, mit Urkunden, in: Neue Zeitschrift des Ferdinandeums für Tirol und Vorarlberg 4 (1838); dazu neuerdings BLAAS, Mercedes: Die Schlacht an der Calven 1499, ihre Vorgeschichte und Folgen, in: Laatsch, bearb. von M. Blaas. Festschrift, herausgegeben anläßlich des 100-Jahr-Jubiläums der Freiwilligen Feuerwehr Laatsch 1998. Lana (BZ) 1998, S. 47–54.

125 Archiv-Berichte 3, n. 320 und 321; damals verkaufte Auto (Uto) von Schlandersberg den Ober-Mareinhof an den Dorfmeister Otto von Schlanders und Johann von Vallasch als Vertretern der Gemeinden Schlanders und Kortsch, die ihn zum Bau und Unterhalt der St.-Michaels-Kapelle stifteten.

126 Vgl. Baudenkmäler in Südtirol, hg. vom Landesdenkmalamt Bozen. Bozen 1991, S. 340/341.

den alteingesessenen Adelsfamilien gleichzutun und ihrer Rangerhöhung sichtbaren Ausdruck zu geben, sich also ein – ihrem Selbstverständnis und Rang würdiges – Schloß zu bauen, ähnlich wie im benachbarten Goldrain, wo sie wohl zuerst die südliche Renaissance-Architektur realisierten und in Vintschger Dimensionen und Materialien umsetzten. In Aufwand und stilistischer Vielfalt stehen sie den anderen Schloßbauten (Dornsberg, Churburg, Fürstenburg) nur wenig nach und dokumentieren so den Mittelpunkt ihres wirtschaftlichen und gesellschaftlichen Einflusses. Ihre repräsentativen Bauten und Wirtschaftshöfe blieben zumeist über Generationen hinweg im Besitz dieser Familie und daher ungeteilt.

Von herausragenden Personen und Familien gingen zudem in dieser Zeit deren Namen auf die Höfe über. Hofnamengebend wurde z.B. Caspar Mitterhofer, der 1566 das Adelsprädikat Freidenthurn und eine Wappenbesserung erhielt[127]. 1599 wird er in einem Zinsregister des Hans Ulrich von Schlandersberg als Inhaber einer großen Behausung, Hofstatt, Stadel, und Stallung mit Wein- und Baumgarten in einem Umfang im Dorf Schlanders erwähnt[128]. Es handelt sich dabei um den Ansitz Freidenthurn bzw. um das an seiner Stelle errichtete Plawennhaus, das heutige Rathaus[129]. In diesem Haus ist 1648 Johann Oswald Mitterhofer geboren, der 1674 Domherr in Brixen wurde und 1682 das Amt eines Hofratspräsidenten bekleidete[130].

Anders die Häuser und Höfe der Handwerker und Kleinbauern, die sich durch bescheidene Bauhöhen und einfache Baumaterialien auszeichneten und innerhalb weniger Jahrzehnte durch die Güterteilungspraxis ihrer wirtschaftlichen Basis beraubt wurden. Im sozialräumlichen Gefüge der Siedlung gruppierten sich diese kleineren Anwesen auffälligerweise entlang des Mühlbachs und an der Lubenplatte sowie beiderseits der Hungergasse, während die größeren Höfe randliche Positionen einnahmen, wobei auch die Hofraiten zumeist mit einer Mauer eingefaßt und so gegenüber anderen Anwesen abgegrenzt wurden.

Das 16., 17. und 18. Jahrhundert ist auch die Zeit, in der städtisches Kapital stärkeren Einfluß im Grundstücksverkehr gewann. Niederadels- und Bürgerfamilien aus Meran und Bozen und die weit herumkommenden Beamten und Gerichtsschreiber erwarben auf verschiedenen Wegen Höfe, ertragreiche Äcker und Wiesen sowie Weingärten. Als Beipiele seien die Namen der Familien Mamming, Indermaur, Heydorff, Purtscher sowie als kirchlich-geistliche Einrichtung die Deutschordenskommende Weggenstein in Bozen genannt. Ihr Beitrag zur Siedlungsentwicklung beschränkte sich zumeist auf die Erneuerung der, an der Schauseite der Straße errichteten, Wohngebäude des landwirtschaftlichen Anwesens. Sie waren auf den erworbenen Höfen nicht seßhaft, sondern ließen sie von Bauleuten bewirtschaften. Ihr vorrangiges Interesse und wirtschaftliches Ziel war auf die sichere Anlage von Kapitalien und auf eine gute Bodenrendite gerichtet. Investitionen zur Verbesserung der Wirtschaftsbedingungen, etwa zur Arrondierung der Güter, sind nicht erkennbar. Vielleicht haben einige von ihnen die Schlanderser Höfe auch schon zur Sommerfrische genutzt, wie dies ja bei etlichen Meraner und Bozner Bürger- und Kaufmannsfamilien während des 16. und 17. Jahrhunderts für den Raum Tschöggelberg und Ritten sowie Überetsch nachgewiesen werden kann.

Das Ergebnis der Bevölkerungs- und Siedlungsentwicklung, im Zeitraum bis zur Niederschrift des Theresianischen Katasters 1779, ist eine wesentliche Zunahme der unterbäuerlichen und nicht-bäuerlichen Nachsiedlergruppen, wie der Seldner[131] und der Ingehäusen, also der Leute, die über kein eigenes Ochsengespann verfügten bzw. nur Teile davon besaßen, oder wie die Ingehäusen, die keine eigene Behausung hatten und vorwiegend vom Taglohn lebten. Bei allen gemeinen Lasten und Arbeiten zinsten die Inhaber der Bauhäuser doppelt soviel als ein Söllhaus, z.B. 1732 bei

---

127 WOLFSGRUBER, Karl: Das Brixner Domkapitel in seiner persönlichen Zusammensetzung in der Neuzeit (1500–1803) (= Schlern-Schriften Bd. 80). Innsbruck 1951, S. 180/181.

128 Südtiroler Landesarchiv Bozen, Dep. Archiv Kasten – Urbar des Hans Ulrich von Schlandersberg 1599, f. 42r.

129 STAFFLER, Hofnamen (wie Anm. 8), S. 127.

130 Gestorben am 13.8.1720 in Brixen und begraben im Dom zu Brixen, vgl. WOLFSGRUBER (wie Anm. 127), S. 181.

131 Z. B. besaß Martin Scheicher aus einer Söllbehausung nebst kleiner Stallung in der Umgasse des Dorfs Schlanders signiert mit Nr. 71 einen vierten Anteil (= KN 435), der dem Spital Schlanders grundzinspflichtig war.

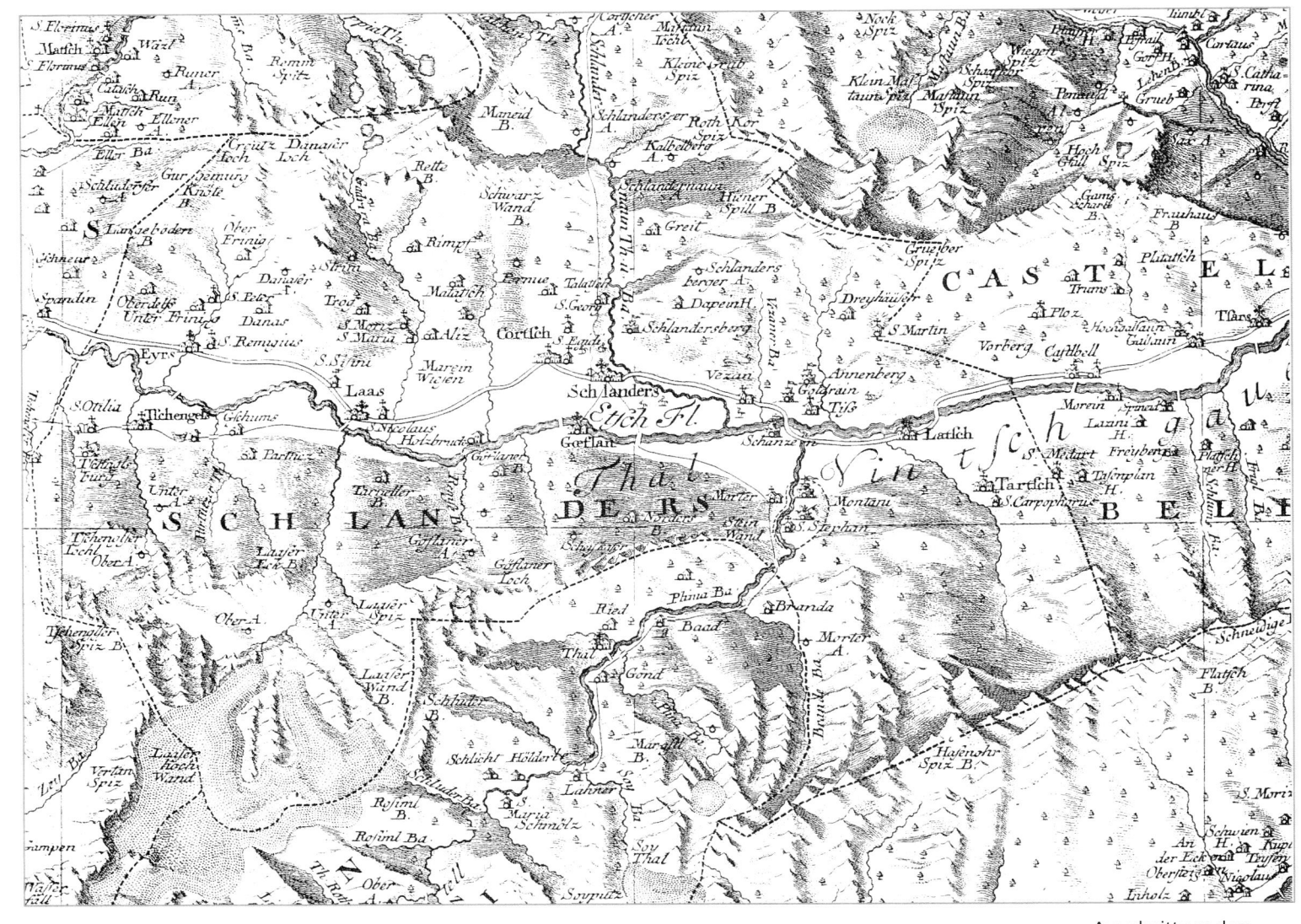

Ausschnitt aus dem Atlas Tirolensis von Peter Anich und Blasius Hueber, Blatt Vintschgau, Kupferstich, Wien 1774.

der Umlage der Baukosten für die Erneuerung der Wassermauer[132]. Wieviele Einwohner diesen Sozialgruppen zuzuordnen sind, läßt sich nicht exakt angeben. Wenn man aber annimmt, daß dazu jedes Viertel- und Achtel-Anwesen zählte (d. h. praktisch alle Besitzstände bis zu 200 fl Steuerkapital), dann gehörten 1779 immerhin 57 Haushalte zur nicht-vollbäuerlichen Schicht oder etwa gut die Hälfte der steuerpflichtigen Hausbesitzer. Um leben zu können, übten daher viele dieser Personen neben ihrer kleinen Landwirtschaft zusätzlich ein Handwerk aus. Wie bescheiden sich die Wohn- und Wirtschaftsverhältnisse eines Kleinbauern oder Söllhäuslers 1779 gestalteten, mag ein Auszug aus der Steuerbeschreibung des Joseph Marckart beleuchten. Es heißt da: Joseph Marckart besitzt »*ein Achtl aus der sogenannten Behelfischen Behausung, signiert Nr. 88, so bey hat: eine Stube, eine Stubenkammer und noch eine Kammer; item zwei Kammer auf der Dill, eine Kuchl, zwei Keller und den gebührenden Teil aus dem Stadl und rev. Stallung, grundzinsbar der Pfarrkirche Schlanders*«[133]. An Berufen werden genannt u. a. Müller, Rot- und Weißgerber, Hufschmied, Kupferschmied, Bäcker, Krämer, Sattler, Färber, Schuster, Schneider und Weber. Andrerseits existierten beachtliche und große Höfe, deren Steuereinschätzung die 1000-fl-Marke überschritt und sich in Händen voll-

132 STAFFLER (wie Anm. 8), S. 114.   133 KN 831 (Nachträge Nr. 4).

bäuerlicher und adeliger Familien befanden, wie der Schnazhof, der Pangrazenhof, der Gseinhof, der Hof am Platz, um nur einige zu nennen. Unter den Höfen adliger Familien kann nicht immer eindeutig festgestellt werden, ob sie eigenbewirtschaftet (mit und von einem eigenen Baumann selbstverständlich) wurden oder ob sie als Lehen gegen Leistung des Grundzinses an einen Lehenträger auf Zeit ausgegeben waren. Mit ziemlicher Sicherheit bewirtschafteten die, in Meran und Bozen zu lokalisierenden, Personen und Familien ihre Schlanderser Güter nicht selbst, wie die Gräfin Maria Elisabetha von Stachlburg (Pangrazenhof), Frau (sic!) Catherina Margareta Blaas, verwitwete Gamperin aus Laas (Lun- oder Stockerische Behausung) und Joseph Rieger im Namen seiner Ehefrau Anna, geb. Spechtenhauser zu Bozen (Wirtshaus zum »Stern« am Platz). Für sie bewirtschafteten Einwohner aus Schlanders die Höfe, Wiesen und Äcker. Größere landwirtschaftliche Betriebe gehörten auch zu den Wirtshäusern, von denen es entlang der Hauptstraße etliche gab, so die Wirtstavernen »Zum Schwarzen Widder«, »Weißes Kreuz«, »Schwarzer Adler«, »Schupferwirt/Goldener Löwe«, »Rose«, »Glocke« und »Stern«. In der sozialen Hierarchie des Dorfes standen dann noch ganz oben die Inhaber der sogenannten Mayrlehen, die sich das Amt des Dorfmeisters teilten, und zwar so, daß das Amt jedes vierte Jahr »in der Rod« von den Maiern übernommen werden mußte. Namentlich waren dies der Mayrhof auf Juval, der Haslhof, das Schupferwirtshaus (Goldener Löwe) und der Steghof (Schlandersbergisches Mayrlehen). Sie waren zugleich zur Haltung der Gemeindestiere und Zuchteber verpflichtet.

Wie bereits oben angedeutet, veränderte sich der Siedlungsgrundriß und die Siedlungsstruktur während des 16. bis zum Ende des 18. Jahrhunderts nicht wesentlich. Die wenigen Veränderungen betrafen die Peripherie des Dorfes, wo das Kapuzinerkloster 1644 erbaut wurde[134] (die Klosterkirche St. Johannes d. T. und das Klostergebäude wurden am 24. August 1648 vom damaligen Churer Fürstbischof Johannes VII. Flugi geweiht). Neu gebaut wurden auch die Deutschordenskommende 1705, der alte Pfarrwidum (erneuert 1705), der Ansitz Frei(d)enthurn (Plawennhaus, das heutige Rathaus) 1720 (?), die Schlandersburg (um 1600), die Ansitze Schlanderegg (um 1695) und Heydorf (1652). Nicht nur dieses, das adlige Repräsentationsbedürfnis befriedigende und der Selbstdarstellung dienende Bauen veränderte das Aussehen des Dorfes, sondern auch die Verwendung der unterschiedlichen Baumaterialien nach Bränden, deren sich die weniger bemittelten Bevölkerungsgruppen bedienten. Die Steinbauweise, zuerst bei den sogenannten Feuerhäusern (Wohnhäuser mit Rauchküche und heizbaren Stuben) angewendet, ersetzte mehr und mehr die Holzbauweise. die noch längere Zeit den Wirtschaftsgebäuden vorbehalten blieb. Begünstigt hat sicherlich den Übergang zur Steinbauweise der knapper werdende Holzvorrat im Martelltal, wo die Gemeinde Schlanders einen Großteil ihres Bau- und Brennholzbedarfs deckte[135]. Die zunehmenden Streitereien um Holz und Weide mit den Nachbargemeinden zeigen, daß das Phänomen der Holzverknappung allgemein war und dem Problem nur

Luftaufnahme des Kapuzinerklosters.

---

134 HOHENEGGER, P. Agapit: Geschichte der Tirolischen Kapuziner-Ordensprovinz 1593–1893. Bd. I, Innsbruck 1913, S. 155, 307 ff.

135 Vgl. die Angaben in den Archiv-Bericht(en) 3, S. 59 ff.

Ansicht von Schlanders um 1740 mit der Deutschordenskommende und der Pfarrkirche.

durch eine strikte Beachtung der forstpolizeilichen Vorschriften beizukommen war. Gerade für die Ärmsten unter den Gemeindebürgern hätte dies aber eine weitere Verschlechterung ihrer wirtschaftlichen Basis bedeutet, so daß von den Betroffenen keine Einsicht in die Notwendigkeit eines wirksamen Waldschutzes zu erwarten war. An sie richteten sich vorzüglich die landesfürstlichen Mandate, künftig mit dem Holz sparsamer umzugehen.

Abgesehen von den äußeren Zeichen des baulichen Wandels darf als regionales Moment der Ausbau des Dorfes Schlanders zu einem zentralen Ort im Vintschgau herausgehoben werden. Schlanders war im 13. bis 15. Jahrhundert eine von drei Dingstätten des Gerichtes Laas-Schlanders-Latsch. Mit der Integration der churischen Gotteshausleute in den tirolischen Herrschaftsverband und dem Verlust des churischen Gerichtsstabes Unter-Skala zu Schanzen am Ende des 16. Jahrhunderts festigte sich auch die Position der landesfürstlichen Verwaltung in Schlanders. Der Anfang ist durch den Ankauf eines Gebäudes zu Gerichtszwecken 1496 vorgezeichnet. Doch erst die Verpfändung des Gerichtes an die tirolische Niederadelsfamilie Hendl (später an die Familie Trapp), die sich in Schlanders einen adeligen Ansitz erbaute, hatte zur Folge, daß Schlanders der ständige Sitz des weitläufigen Gerichtes wurde, wo der Gerichtsinhaber, der Richter und sein Schreiber residierten[136].

Mit der wachsenden Bedeutung Schlanders' als zentraler Ort im 16. Jahrhundert hängt sicherlich auch die Existenz einer Schule zusammen. Für sie und für den Schulmeister verrechnete das Hl.-Geist-Spital 1570/71 Ausgaben[137]. Der erste Lehrer, der ausfindig gemacht werden kann, hieß Jörg Winkler, der zweite Tyburzius Meissner[138]. Wahrscheinlich handelte es sich um eine sogenannte

136 STOLZ, Otto: Politisch-historische Landesbeschreibung von Südtirol (= Schlern-Schriften 40). Innsbruck 1937 (Unveränderter Nachdruck Bozen 1971), S. 99 ff.
137 Südtiroler Landesarchiv Bozen, Dep. Gemeinde A Schlanders, Akten Fasz. III (Urbar des Hl.-Geist-Spitals 1570/71).
138 Tiroler Landesarchiv Innsbruck, Urbar 13/12 (Urbar von Schlanders von 1571), f. 8v; O. STOLZ, Ausbreitung des Deutschtums, S. 56, Anm. 6.

Deutsche Schule, in der die Schüler nur Lesen und Schreiben, vielleicht auch etwas Rechnen, lernten. Für höhere schulische Bedürfnisse reichten wohl die pädagogischen Fähigkeiten der Schulmeister nicht aus. Denn diese rekrutierten sich allzu oft nur aus der Gruppe der entlassenen Soldaten und Invaliden. Wer seinen Kindern eine bessere Schulbildung vermitteln wollte, war wohl darauf angewiesen, sie in die Klosterschulen zu schicken, so nach der Erneuerung des Klosters durch Abt Matthias Lang (1615–40) in jene von Marienberg, die unter Abt Jakob Grafinger (1640–53) einen solch guten Ruf genoß, daß sie sogar aus dem Veltlin Zulauf erhielt. Später unterhielten die zur Pfarre Schlanders gehörigen Filialgemeinden in Schlanders eine gemeinsame Schule[139].

Auch auf dem gewerblichen Sektor mehren sich die Anzeichen für einen Bedeutungsüberschuß des Ortes. Neben den Gasthäusern sind in diesem Zusammenhang die schon erwähnten Handwerke und Berufe wichtig, deren Erzeugnisse und Dienstleistungen offensichtlich auch von Einwohnern benachbarter Siedlungen nachgefragt wurden, so beispielsweise die Apotheke, die 1694 im Dominikalsteuer-Kataster des Gerichtes Schlanders erwähnt wird[140]. Was fehlt, ist die Existenz eines frühen Marktrechtes. Noch 1834 schreibt J. J. Staffler in seiner topographisch-historischen Landeskunde von Tirol und Vorarlberg, daß Schlanders einen schlecht besuchten Markt (am 16. September) habe[141]. Die Gemeinde mußte darauf bis zum Beginn unseres Jahrhunderts (4. Juni 1906) warten, nachdem 1901 Kaiser Franz Josef I. die Erhebung der Gemeinde zum Sitz der Bezirkshauptmannschaft verfügt hatte[142].

Detail vom Ansitz Heydorf.

2.5 Die Besiedlung des Sonnen- und Nördersberges

Die Siedlungsgeschichte von Schlanders kann nicht ohne eine kurze Darstellung der Besiedlung der beiden Berghänge und Talflanken, des Sonnenberges und des Nördersberges (in den Quellen wird auch Nörderberg geschrieben), bleiben. Zwischen der Hauptsiedlung im Tal und den Berghöfen bestanden in der Vergangenheit mannigfaltige Beziehungen und auch gewisse Abhängigkeiten, z. B. bei der Brenn- und Bauholzversorgung sowie bei der Alpweide. Von der Art des Wirtschaftens hing auch in nicht geringem Maß das Schicksal der Haupttalsiedlung Schlanders ab. Erinnert sei nur an den Raubbau in den Wäldern, der die Gefahr der Murenabgänge von Generation zu Generation erhöhte und verstärkte.

Seit wann es Dauersiedlungen am Sonnenberg und am Nördersberg gibt, läßt sich mit Urkunden nicht genau bestimmen. Es dürfte aber der Besiedlungsgang nicht wesentlich verschieden von dem anderer Berggebiete des Vintschgaus gewesen sein. Allgemein wird der Beginn der Streusiedlung über dem Haupttalboden und in den Hoch- und Nebentälern in das frühe 12. Jahrhundert gesetzt, wobei zunächst die weniger steilen Hanglagen und

---

139 Theresianischer Kataster von 1779, KN 19.
140 Südtiroler Landesarchiv Bozen, Microfilm S–50 (Verfachbücher Südtirol n. 3).
141 Bd. II/2, S. 561 ff.
142 STOLZ, Politisch-historische Landesbeschreibung von Südtirol (wie Anm. 136), S. 130; WIELANDER, Hans: Bild und Chronik von Alt-Schlanders (wie Anm. 8), S. 146.

die vom Eis geformten Hangterrassen mit Einzelhöfen besetzt wurden, so der Montatschwald ob Kortsch, der dem Kloster Marienberg mit einem bereits dort bestehenden Hof von seinen Stiftern, den Herren von Tarasp, um 1164 geschenkt worden war.

Bevor es aber zur Gründung von Höfen auf den Berghängen und in den Hochtälern kam, gab es überall schon eine periodische Siedlung in Form von Maiensässen und Alpweidegütern mit Sennhütten, die zu den älteren Villikationen in den Siedlungen des Talbodens gehörten. In unserem Untersuchungsraum bildete der Melanzhof auf dem Nördersberg mit ziemlicher Sicherheit ein Zugut des zwischen Glurns und Mals gelegenen gleichnamigen Haupthofes, der in Kortsch einen Tochterhof hatte. Er war bei seiner ersten urkundlichen Erwähnung 1156 dem Frauenkloster Cazis im bündnerischen Domleschg grundzinspflichtig[143]. Außerdem ist, wie das Beispiel St. Georg ob Kortsch zeigt, damit zu rechnen, daß an alten Übergängen und an exponierten Plätzen Niederlassungen von monastisch lebenden Personen existierten, denen zu ihrem Unterhalt Nutzungsrechte und Güter überlassen worden waren.

Wie andernorts ging die Initiative zur Rodung der Bergwälder und zur Anlage von Höfen von adeligen und geistlichen Grundherren aus. Diese Herren über Grund und Boden für das Hochmittelalter festzustellen, gestaltet sich in beiden Fällen – Sonnenberg und Nördersberg – als ziemlich schwierig, da es nicht allzu viele frühe Quellen gibt, die weiterführen. Beleuchten wir zuerst die grundherrlichen Verhältnisse am Sonnenberg!

2.5.1 Der Sonnenberg

Der Schlanderser Sonnenberg ist ein Ausschnitt aus jenem 500 bis 800 m breiten sonnenexponierten Berggehänge zwischen Mals und Meran, den man gewöhnlich als die Vintschger Leiten bezeichnet. Er ist identisch mit der gleichnamigen Katastralgemeinde, die im Westen am Gadriabach beginnt und dort an die Katastralgemeinden Allitz und Tanas grenzt, im Osten aber am Annenberger Bach endet und dort an die Katastralgemeinde St. Martin am Kofl stößt. Von einer bäuerlichen Gemeinschaft der Suneperger Höfe ist erstmals im tirolischen *Feuerstättenverzeichnis* von 1427 die Rede[144]. Damals zählten zur »Gemein Sonnenberg« 38 Feuerstätten. Innerhalb dieser weitläufigen Katastralgemeinde wurden früher Höfegemeinschaften unterschieden, die sich den Wald und die Weide teilten, auch eigene Alpen hatten, so die einstigen Marienberger Höfe Matatsch, Feilegg und Rimpf den Wald in der Röt. Eine andere Gemeinschaft bildeten die Höfe Gmar, Forra, Pernui, Waldental, Gsal, Inneregg, Außeregg, Stadl, Tobl, Mair, Schmid und Hausengut. Sie hieß die Zwölf-Höfe-Gemeinschaft und besaß den Wald zwischen dem Gmarertal und dem Schlandraunbach. Die dritte Höfegemeinschaft bestand aus den Höfen Zuckbichl, Laggar, Patsch und Mittereben. Auch sie teilten sich einen eigenen Wald. Schließlich hatten die Höfe Tappein, Gamp und Greut das Recht der Holznutzung im sogenannten Schlandersberger Wald[145]. Hinzugefügt werden müßte die Gemeinschaft der Höfe im Schlandrauntal, die aber seit der Mitte des 15. Jahrhunderts sich in Auflösung befand und deren Wirtschaftsflächen den Gemeinden Kortsch und Schlanders (mit Ausnahme des Schupfhofes) seitdem als Almen dienen.

Was die Genese der Siedlungslandschaft des Schlanderser Sonnenberges angeht, so läßt sich nur mit Mühe eine Übereinstimmung mit der Verbreitung der ältesten Grundherrschaften herstellen. Die frühesten urkundlichen Zeugnisse belegen, daß die Herren von Tarasp und das Kloster Ottobeuren ursprünglich Eigentümer zumindest eines Teils des Sonnenberges gewesen sind. 1164 schenkten Ulrich III. von Tarasp, seine Frau Uta

---

143 LOOSE, Siedlungsgenese des oberen Vintschgaus (wie Anm. 38), S. 135 ff.

144 Quellen zur Steuergeschichte (wie Anm. 78), S. 153.

145 STAFFLER (wie Anm. 8), S. 79ff; die Angaben des Theresianischen Katasters (im Südtiroler Landesarchiv Bozen, Sammlung Kataster, Gericht Schlanders Nr. 51 (= Steuerkataster der Gemeinde Sonnenberg 1779) stimmen damit vollkommen überein; so wird den Höfen Feilegg, Rimpf und Matatsch das gemeinschaftliche Nutzungsrecht an einem »öden Berg« von ca. 140 Morgen mit Weide- und Holzgerechtigkeit zugestanden; die übrigen Höfe besitzen den Wald und die Waldrechte von Gmartal bis Schlandrauntal und Schlanderser Gemärk bis Zainjoch und weiter bis unter den Breiwaal, die Höfe Tappein, Zerminig, Gamp und Greit dürfen im Schlandersberger Wald und Zürnwald Holz für ihre Notdurft schlagen.

Luftaufnahme aus südlicher Richtung. Schlanders liegt am Fuß des Sonnenberges und am Ostrand des Gadria-Murkegels. Im Hintergrund die schneebedeckten Gipfel der Ötztaler Alpen.

und ihr Sohn Ulrich IV. dem Kloster Marienberg den Hof auf Montatsch und alles, was in und auf Montatsch dazugehörte[146]. In der Folge entzündete sich an Übergriffen der Kortscher auf die Marienberger Rechte auf Montatsch, hauptsächlich wegen unerlaubter Holzschlägerungen und wegen der Anlage von Neurauten ein langer Rechtsstreit, der 1209 den Grafen Albert III. von Tirol zu einem Urteil gegen die Kortscher zwang, was aber diese nicht sonderlich beeindruckte[147]. Auch die Bürgen, sämtlich hochgestellte Personen, die die Einhaltung des Spruchs garantieren sollten, konnten die Kortscher nicht dazu bewegen, die Eigentumsrechte Marienbergs zu achten. 1225 sah sich deshalb das Kloster gezwungen, sich an eine nächst höhere Instanz zu wenden und zwar nach Rom. Von dort aus erging das Mandat des päpstlichen Schutzherrn, des Papstes Honorius III., an die Vorsteher der Klöster in der Au bei Bozen und St. Michael an der Etsch, den Fall erneut zu untersuchen. Die Rechtslage war eindeutig und so bestätigte Rom die Besitzrechte des Klosters und drohte kirchliche Strafen für den Fall an, daß die Kortscher weiterhin die Rechte Marienbergs auf Montatsch schmälerten[148]. Es scheint, daß auch die päpstliche Drohung in Kortsch ungehört verhallte. Denn das Kloster griff jetzt zur Selbsthilfe und siedelte bis 1249 den Montatschwald auf. Im Besitzbestätigungsprivileg Innocenz IV. von 1249 ist ausdrücklich die Rede von Höfen und Holzrechten auf

146 Tiroler UB I/1, n. 293, S. 138. »... *curtim in Montazzo cum omnibus in Montazzo pertinentibus* ...«.
147 Tiroler UB I/2, n. 591, S. 66.
148 Tiroler UB I/2, n. 853, S. 266.

Montatsch[149], und 1367 verzeichnet das sogenannte Konzepturbar Goswins von Marienberg hier neun Höfe[150]. Die Namen dieser Höfe kehren im Urbar von 1390 wieder[151]. Sie lauten Fontanätz, Pirchen, Moritz, Ober- und Nieder-Rinif (= Rimpf), Ober- und Unter-Feilegg sowie Unter- und Ober-Montatsch. Von diesem Besitz haben die Mönche von Marienberg bis 1779 nicht alle Höfe halten können. Ein Teil muß bereits bis zur ersten Hälfte des 16. Jahrhunderts wieder abgegangen sein, denn 1578/79 bezog die Deutschordenskommende Schlanders, die am gesamten Sonnenberg Zehntrechte besaß, nur noch von den Höfen Rimpf, Feilegg und Matatsch den Zehnt[152].

Neben dem von den Taraspern herrührenden Montatschwald erwarb Marienberg dann 1376 vom Kloster Ottobeuren die Güter in der Pfarre Schlanders und zu Kortsch, darunter auch die Güter, die zur Kirche St.Georg gehörten[153]. Im Urbar der Benediktinerabtei Marienberg von 1390 wird unter den Eigenleuten des Klosters aus Ottobeurer Besitz »der Gmarer und seine Kinder« erwähnt[154]. Man geht gewiß nicht fehl, wenn man annimmt, daß der Gmarhof ursprünglich ein Ottobeurer Hof war, der dem schwäbischen Kloster 1121 von Rupert von Ursin (= Irsee)-Ronsberg zusammen mit der St.-Georgs-Kapelle geschenkt worden war[155].

Einen dritten Grundherrn können wir mittelbar über die kirchliche Zugehörigkeit einiger Sonnenberger Höfe fassen. Die Höfe Compatsch (= Patsch) und Mittereben gehörten kirchlich bis zum Ende des 16. Jahrhunderts zur St.-Martins-Kirche in Göflan, die, wie wir schon wissen, bis 1215 eine Eigenkirche der edelfreien Herren von Wanga war und dann in den Besitz der Deutschordenskommende Schlanders überging[156]. Um 1290 hatte Matheus von Wanga Meinhard II. von Tirol die genannten Höfe verkauft[157]. An diese ehemalige kirchliche Zuordnung zur Martinskirche in Göflan erinnert die Notiz im Theresianischen Kataster von 1779, daß die Höfe Patsch und Mittereben *Gschaftzins* von je einem Viertel Star Roggen gaben. Zu dieser Abgabe waren dann noch die Höfe Laggar und Zuckbichl verpflichtet.

Der übrigen Sonnenberger Höfe wird vergleichsweise spät gedacht, urkundlich zumeist erst in der Zeit Meinhards II. und seiner Söhne Heinrich, Otto und Ludwig, d. h. zwischen 1277 und 1333[158]. Die Grafen von Tirol scheinen aber keine Hofgründer gewesen zu sein, sondern sie haben Höfe im Zuge ihrer Bemühungen um eine geschlossene Landesherrschaft von anderen adeligen Familien zumeist kaufsweise erworben. Auf die Herren von Wanga wurde bereits bei den Höfen Mittereben und Kompatsch hingewiesen. Andere Vorbesitzer sind die Herren von Montalban und deren Erben, die Herren von Schlandersberg, gewesen. Allerdings geht aus dem Zinsrodel von Gütern in den ehemaligen Landgerichten Schlanders und Kastelbell aus der Zeit von ca.1291/1300 nicht eindeutig hervor, ob der darin genannte Hof Tyletsch mit unserem Hof am Schlanderser Sonnenberg identisch ist, oder ob die Erwähnung vielleicht besser auf jenen gleichnamigen Hof am Trumsberg zu beziehen ist[159]. Wie dem auch sei, vermutlich waren auch die Herren von Montalban nicht die ersten Grundherren am Sonnenberg gewesen, sondern die Churer Viztume im Vintschgau, die Herren von Reichenberg. Für diese Annahme gibt es in einem Urkundenregest von ca. 1290 einen Anhalt[160]. Darin heißt es, daß der ver-

149 Tiroler UB I/3, n. 1243, S. 282.
150 SCHWITZER, Urbare (wie Anm. 11), S. 133.
151 SCHWITZER, Urbare (wie Anm. 11), S. 38.
152 Fürst Thurn und Taxis Zentralarchiv Regensburg, Bestand Kellereiamt – Rentamt Meran.
153 SCHWARZMAIER, Hansmartin: Ottobeuren und Marienberg, in: 900 Jahre Benediktinerabtei Marienberg 1096–1996, hg. vom Südtiroler Kulturinstitut. Lana (BZ) 1996, S. 58.
154 SCHWITZER, Urbare (wie Anm. 11), S. 42.
155 Chronicon Ottoburanum (= MGH, Scriptores 23, S. 617); Tiroler UB I/1, S. 241, S. 108.
156 STAFFLER (wie Anm. 8), S. 167–169; dazu auch R. LOOSE: Siedlungsgenetische Studien im Vintschgau (wie Anm. 40), S. 237 f.

157 Tiroler Landesarchiv Innsbruck, Urbar I/1 (Landesfürstliches Urbar von ca. 1290 – Der Gelt von Laetsch).
158 STOLZ, Otto: Die Ausbreitung des Deutschtums in Südtirol im Lichte der Urkunden. München/Berlin 1934. Bd. IV, S. 29; vgl. weiter STAFFLER (wie Anm. 8), S. 79/80.
159 Ediert von Fritz STEINEGGER in der Festschrift zum 70. Geburtstag von Franz Huter (Neue Beiträge zur geschichtlichen Landeskunde Tirols, 2.Teil = Tiroler Wirtschaftsstudien Bd. 26/II. Innsbruck 1969, S. 399–411, hier bes. S. 402/403; Vorsicht ist insofern angebracht, weil die Identifizierung von Tyletsch mit Talatsch nicht eindeutig gesichert ist, v. a. weil eine Verwechslung mit Tyletsch/Talatsch am Trumsberg, Gericht Kastelbell möglich ist; vgl. STAFFLER, Richard: Die Hofnamen im Landgericht Kastelbell (Vinschgau) (= Schlern-Schriften Bd. 8). Innsbruck 1924, S. 43.
160 WIESFLECKER, Hermann (Hg.): Die Regesten der Grafen von Tirol und Görz. Die Regesten Meinhards II. 1271–1295, II. Band/1. Lief., Innsbruck 1952, n. 655.

storbene Hiltpold von Montalban Güter des Tiroler Grafen zu Lehen trage, die dieser von den Herren von Reichenberg und jenen von Ramosch (Remüs) erworben habe. Daß die Reichenberger am benachbarten Freiberg im Gericht Kastelbell reichen Besitz hatten, geht auch aus dem Steuerbuch des Vintschgaus von 1314 hervor[161]. Freilich fehlen darin konkrete Hinweise auf Höfe am Schlanderser Sonnenberg. Von einiger Wichtigkeit für die spätere Besitz- und Siedlungsentwicklung wird als Grund- und Zehntherr die Deutschordenskommende Schlanders. Bereits 1334 verzeichnete das Urbar der Kommende Schlanders eine Reihe von Sonnenberger Höfen mit Zinsabgaben, aus denen freilich nicht eindeutig hervorgeht, ob sie den Deutschherren mit Grundrecht unterworfen waren. Lediglich der Hof Vornach (= Forna) und der Hof *ze Ekke* sind mithilfe der Notiz *pro pactu* als grundzinspflichtige Höfe der Kommende verläßlich auszumachen[162]. Die übrigen Berghöfe gaben den Zehnt und wohl Gschaftzins, der 1451 als Kitzzins bezeichnet wurde[163].

Ein paar Sätze noch zu den Höfen im Hochtal Schlandraun! Wann und wieviele Höfe angelegt worden sind, ist unbekannt. Bekannt ist hingegen, daß die Herren von Montalban um die Mitte des 13. Jahrhunderts zwei Höfe in *Slandrun* besaßen, die jeweils für 20 Pfund Berner verpfändet waren[164]. Um welche Höfe es sich handelte, verschweigt leider das Urbar. Wahrscheinlich waren es jene, die später in die Hände der Herren von Annenberg fielen und die von ihnen dann an die Gemeinden Schlanders und Kortsch verkauft wurden. Andere Höfe müssen frühzeitig an die Grafen von Tirol gelangt sein. Denn bereits 1307 verrechnet der Richter Laurenz von Hall Zinsabgaben des Ulrich von Slandraun in Höhe von 7 ½ und 10 Pfund Berner[165], die wohl von zwei tirolischen Höfen im Schlandrauntal herrührten. Von Bedeutung ist, daß die Schlandraunhöfe Schwaighöfe gewesen sind. Denn um 1290/1300 zinste das Gut *in Slandrun* den Herren von Montalban 600 Käse, 8 Pfund Berner und 10 Frischlinge, zwei Schöt Schmalz und von den Alpen 24 Käse, zwei Lämmer und zwei Kitze[166].

Die aufgeführten Zinsabgaben sind charakteristisch für die besondere Wirtschaftsform der Schwaig- oder Viehhöfe (*swaiga* = Vieh, Viehherde). Sie sind zugleich Kennzeichen für die spätmittelalterliche Kolonisationsperiode der Hochtäler des inneren Alpenraumes[167], genauer der Regionen, die aus klimatischen Gründen für den Getreidebau zumeist nicht mehr geeignet waren. Die Frage ist freilich, ob die Schlandrauner Höfe von Anfang an Schwaighöfe waren oder nicht erst durch einen späteren grundherrlichen Eingriff dazu geworden sind. Immerhin läßt sich urkundlich nachweisen, daß etliche Berghöfe erst in der zweiten Hälfte des 13. Jahrhunderts in Schwaighöfe umgewandelt wurden, weil es den Grundherren ratsam schien, Loden, Käse und Schmalz in größeren Mengen zu produzieren.

Nebenbei bemerkt ist diese Form der Einzelhofkolonisation auf dem Hintergrund der starken Nachfrage nach Produkten der Viehwirtschaft aus dem oberitalienischen Raum zu sehen, die die Grundherren veranlaßte, in die Wirtschaftsweise ihrer schon bestehenden Höfe einzugreifen, indem sie das überzählige Vieh zur Ausstattung der hochgelegenen Schwaighöfe verwendeten und zudem eigenes Vieh während der sommerlichen Alpzeit beistellten. Auch Salz und Getreide stellten sie zur Verfügung, damit soviel Käse und Butterschmalz als möglich erzeugt werden konnten. Auf den herbstlichen Märkten von Meran, Glurns und Müstair wurden die Produkte der alpinen Viehwirtschaft an Händler aus Städten der Lombardei und Venetiens verkauft. Graf Meinhard II. von Tirol hat diese neue Nutzungsform benutzt, um die letzten unbesiedelten Hochtäler und Berghänge mit Höfen zu überziehen, nicht zuletzt, um sie seiner

---

161 Quellen zur Steuergeschichte (wie Anm. 78), S. 115.
162 Archiv des Germanischen Nationalmuseums Nürnberg, Zinsbuch des Deutschen Hauses von 1334, f. 29 sqq.
163 Fürst Thurn und Taxis Zentralarchiv Regensburg, Bestand Kellereiamt – Rentamt Meran, Akten n. 8 (Urbar der Deutschordenskommende Schlanders 1451):
164 STEINEGGER (wie Anm. 159), S. 402/403.
165 HAIDACHER (wie Anm. 9), A 10, S. 79.
166 STEINEGGER (wie Anm. 159), S. 409.
167 Vgl. STOLZ, Otto: Die Schwaighöfe in Tirol. Ein Beitrag zur Siedlungs- und Wirtschaftsgeschichte der Hochalpentäler (= Wissenschaftliche Veröffentlichungen des Deutschen und Österreichischen Alpenvereins Bd. 5) Innsbruck 1930; WOPFNER, Hermann: Beiträge zur Geschichte der alpinen Schwaighöfe, in: Vierteljahrschrift f. Wirtschafts- und Sozialgeschichte Bd. 24 (1931), S. 36–70; PACHER, Susanne: Die Schwaighofkolonisation im Alpenraum. Neue Forschungen aus historisch-geographischer Sicht (= Forschungen zur deutschen Landeskunde Bd. 236). Trier 1993.

Herrschaft zu unterwerfen. Anhand der Zinsabgaben läßt sich weiter auf die Art der »Schwaige« schließen. Bei den Viehhöfen in Schlandraun handelte es sich, da das graue Lodentuch (*pannum griseum*) fehlt, aber 600 Käse geliefert werden mußten, um eine Rinderschwaige. Eine Rinderschwaige bestand in der Regel aus 6–8 Milchkühen, im vorliegenden Fall waren also 12 bis 16 Kühe als unveräußerlicher Viehstapel in wohl zwei Ställen aufgestallt. Hinzu kamen ein paar Schafe, Ziegen und Schweine, deren Zahl sich nicht bestimmen läßt.

Für die spätere Siedlungsentwicklung im Schlandrauntal ist das Zusammenwirken klimatischer und wirtschaftlicher Faktoren bedeutsam geworden. Die über 1800 m NN gelegenen Höfe gerieten infolge der spätmittelalterlichen Klimaverschlechterung seit dem beginnenden 15. Jahrhundert in wirtschaftliche Bedrängnis, v. a. weil sie mit der Zinsleistung in Rückstand gerieten. 1429 verkauften die Brüder Johann und Sigismund von Annenberg den Vertretern der Gemeinde Schlanders den (Nas-)Leuthof[168], 1442 wechselten drei weitere Höfe in Schlandraun ihren Besitzer[169]. Aus der im gleichen Jahr errichteten Alpordnung für Schlandraun ist dann noch zu erfahren, daß die Gemeinde Schlanders auf den beiden untersten Höfen eine gemischte Alpe eingerichtet hat[170]. Auf den oberen Höfen erhielt die Gemeinde Kortsch eine entsprechende Alm. Es scheint jedoch, daß es schon bald zwischen den Nachbarschaften Kortsch und Schlanders zu Weidestreitigkeiten kam. Denn in der gemeinsamen Alpordnung von 1461 wird festgehalten, daß man eine Vermarkung der beiden Alpweidegebiete vorgenommen habe[171]. Eigenartig ist, daß die Gemeinde Schlanders den Schupfhof zu unbekannter Zeit wohl wieder – zumindest für geraume Zeit – in einen dauernd bewohnten Berghof zurückverwandelt hat. Denn nach den Angaben des Theresianischen Katasters von 1779 bestand der Schupfhof aus einer Behausung mit einer Stube, einer Kuchl, drei Kammern, Stadl und Stallung, dazu Wiesen im Umfang von 8500 Klafter (oder 17 Tagmahd) ob dem Haus, wobei angemerkt wurde, daß die Wiesen *wegen verfallener Alpweiden* vom Alpvieh benutzt und abgeweidet werden[172]. In dieser Begründung ist ein versteckter Fingerzeig auf die durch übermäßigen Viehauftrieb verursachte Vergandung der Alpweide enthalten, die am Ende nur mehr durch rigorose Schutzbestimmungen und Begrenzung der Grasrechte aufgehalten werden konnte. Aber dies gelang erst durch den Erlaß des Tirolischen Forstgesetzes und die Einrichtung des Forstaufsichtsdienstes im Jahr 1886.

Die Sonnenberger Höfe sind, gemessen an den Steueranschlägen des Theresianischen Katasters von 1779, keine sehr ertragreichen bäuerlichen Wirtschaftseinheiten gewesen. Eine Reihe von natürlichen Faktoren beeinträchtigte erheblich die Wirtschaftsweise und steigerte den Arbeitsaufwand. So lagen und liegen etliche Höfe »unter Lahnsgefahr«, d. h. sie waren ständig der Gefahr von Muren und Lawinen ausgesetzt, weil die schützende Wald- und Vegetationsdecke im Laufe der Jahrhunderte durch Überweidung und Abholzung arg schütter geworden war. Unter den 55 Katastralnummern befanden sich zudem halbe und Drittl-Höfe mit teilweise äußerst niedrigen Steuerkapitalwerten von unter 500 fl, beispielsweise die Höfe auf Laggar (1/3-Anteil = 188 fl, 2/3-Anteil = 398 fl), Zuckbichl (421 fl)[173], Toblhof auf Talatsch (308 fl) und Saggütl (383 fl). Sieht man von gelegentlichen Brandunglücken, wie z. B. jenem, das um 1508 den Mayrhof auf Talatsch[174] heimsuchte, ab, dann wurde das Wirtschaften auch durch die Steilheit des Reliefs erschwert, welche sich nicht nur bei Regenfällen in einer anhaltenden Bodenabspülung und in einer beschleunigten Bodenzerstörung bemerkbar machte, sondern v. a. bei den mühsamen Feld- und Erntearbeiten den Bauern und seine Familienangehörigen körperlich sehr

---

168 Archiv-Berichte 3, n. 332, S. 61, datiert 1429 Juli 29 – Schlanders.
169 Archiv-Berichte 3, n. 345, S. 64, datiert 1442 Mai 7.
170 GRASS, Nikolaus: Beiträge zur Rechtsgeschichte der Alpwirtschaft (= Schlern-Schriften Bd. 56). Innsbruck 1948, Anhang Nr. 3, S. 232.
171 Gemeindearchiv Schlanders, Historische Abteilung, Abschrift eines Spruch- und Vertragsbriefs wegen Holz, Wun und Waid, auch Alpgerechtigkeit in Schlandraun wie auch am Sonnenberg, Anno 1461, unbeglaubigt letztes Viertel 19. Jahrhundert.

172 Theresianischer Kataster der Gemeinde Schlanders, KN 827.
173 Randbemerkung: »Die Güter befinden sich in sehr schlechter Lage, auch der Lahnsgefahr exponiert«.
174 Spitalarchiv Schlanders, Pergamenturkunden – Urkunde n. 18 (Regest Hermann Theiner)

stark beansprucht. Schmale, ausgewaschene und beschwerliche Wege machten die Kommunikation zu den Nachbarn und ins Tal nahezu unmöglich, so daß man sich darauf beschränkte, den Hof nur am Sonntag zum Kirchgang zu verlassen. Neben der räumlichen Isolierung traten der Wassermangel und die hohe Verdunstungsrate, die den Sonnenberg zu einem der trockensten Naturräume der inneren Alpen machen. Auf die Bodenfeuchtigkeitsdefizite reagierte die Natur mit einer einzigartigen Flora und Fauna, die den heutigen Wanderer zu begeistern vermag. Die früheren Bewohner hatten dafür vielleicht natürlich kein Auge. Ihr Trachten richtete sich darauf, Wasser zum Leben und zum Bewässern der Kulturen herbeizuschaffen. Denn nur dort, wo sich Wasser (wie aus dem Schlandraunbach) zu Bewässerungszwecken ableiten ließ, waren die Aussichten auf einen Ertrag einigermaßen zufriedenstellend, so bei den Gütern von Schloß Schlandersberg und beim Tappeinhof. Die Trockenheit des Sonnenbergs hatte außerdem zur Folge, daß sich manche Höfe die Quellen und Brunnen teilen mußten. Die Wasserrechte sind darum minutiös im Theresianischen Kataster festgehalten, wie etwa beim Toblhof, wo es heißt, daß er einen eigenen Hausbrunnen in dem Tobler Angerle habe und das Recht besitze, die Viehtränke bei der »Trenk oder Gorfer Brunnen« zu benutzen, oder beim Gsalhof, der Wasserrechte aus dem Brunnen im Georgental besaß, zudem alle 8 Tage eineinhalb Tage lang Wasser aus dem Neuwaal bezog. Ansonsten waren die Sonnenberger Bauern vom Witterungsverlauf wohl abhängiger als anderswo im Vintschgau. An Besonderheiten fallen die Wassermühlen am Schlandraunbach auf. Es gab dort mindestens drei Getreidemühlen (Stadler, Patscher und Untere M.), deren Anteile der Kataster von 1779 genau festhielt. Als Kuriosum sei vermerkt, daß der Tappeinhof eine Hausmühle, Schmiede, Stampf, Säge und Walke am Waal sein Eigen nannte. Es ist dies der einzige Hof mit gewerblichen Aktivitäten, die aber ganz auf die Bedürfnisse der umliegenden Höfe abgestimmt waren.

Im 19. Jahrhundert haben sich die Wirtschaftsbedingungen einiger Höfe am Sonnenberg offenbar drastisch verschlechtert. Die Erträge reichten sichtlich nicht aus, um die im Zusammenhang mit der Grundlastenablösung von 1848/49 aufgenommenen Kredite zurückzubezahlen. Wie in solchen Fällen üblich, nahmen die Besitzer Kredite von privaten Darlehensgebern zu erhöhten Zinssätzen auf, bis am Ende auf Haus und Hof hypothekarische Schulden lasteten, die einen Verkauf unumgänglich machten. Die Überschuldung etwa des Zerminighofes bot der Marktgemeinde so Gelegenheit, ihn im Jahr 1909 für 8600 Kronen zu erwerben[175]. Die Absicht, die die Gemeinde damit verfolgte, war wesentlich von dem Wunsch geprägt, die Holzversorgung der Einwohnerschaft für die Zukunft zu sichern. Den Gamphof des Josef Niedermaier kaufte die Schlandraunbachgenossenschaft 1912 für 7800 Kronen[176], um dort die oben erwähnte Aufforstung zum Zwecke des Hochwasserschutzes vornehmen zu können. Patsch und Mittereben wurden aus dem gleichen Grund 1912 vom Besitzer Georg Tappeiner an die Gemeinde Vezzan veräußert[177]. Es folgte schließlich noch der Greithof, den die Gemeinde Schlanders 1920 erwarb[178].

2.5.2 Der Nördersberg

Der Nördersberg ist das Gegenstück des Sonnenberges, nämlich die Schattenseite des Vintschgaus, wo während des Winters viele Höfe kein direktes Sonnenlicht empfangen. Er zeichnet sich durch seine noch ziemlich geschlossene Waldbedeckung aus. Die Höfe mit ihren Äckern und Wiesen erscheinen dem Betrachter als Rodungsinseln. Die (Katastral-)Gemeinde Nördersberg reicht vom Martelltal im Osten bis zum Spiesshofer Graben südwestlich von Göflan. Unterschieden wird zwischen den Höfegruppen *Innerberg* und *Ausserberg*, die durch den tief eingeschnittenen Tafratzbach voneinander geschieden werden. Jede Höfegemeinschaft ist gleichsam mittels einer eigenen Brücke über die Etsch mit den tiefer liegenden Talsiedlungen verbunden, so die Gemeinschaft Aus-

---

175 Gemeindearchiv Schlanders, Historisches Archiv A–5–33 (Kaufvertragsabschrift von 1909).
176 Gemeindearchiv Schlanders, Historisches Archiv A 6–V–52 (Kaufvertrag vom 12./13. September 1912).
177 Gemeindearchiv Schlanders, Historisches Archiv A 5–33.
178 Ebenda, A 5–33b; dazu auch GAMPER, Peter: Verödete Berghöfe am Schlanderser Sonnen- und Nörderberg, in: Der Schlern 18 (1937), S. 176–178.

Luftaufnahme gegen Südwesten. Der Nördersberg, geographisch ein Zug der Ortlergruppe, deren Hauptgipfel sich links der Bildmitte zeigen, grenzt den Vinschgau nach Süden ab.

serberg über die »Bruck« beim Wohnplatz Holzbrugg südwestlich von Schlanders und die Gemeinschaft Innerberg über die Göflaner Etschbrücke. Dieser Unterscheidung liegt wohl eine gemeinsame grundherrschaftliche Herkunft zugrunde, da die Höfe auch jeweils besondere Alpinteressentschaften bildeten. So besaßen die Innerberger Höfe Wies, Stein, Patsch und Niederegg die Kleinalpe unter der Göflaner Alpe, die Ausserberger Höfe Pardell, Aigen, Platt, Eisenbrand, Tafratz, Wiben, Vollmarth und Mallanz die Eyßkaaser- oder Weißkaser-Alpe[179]. Eine administrativ-politische Gemeinde mit eigenen Repräsentanten und Vertretern bei Gericht hat es vermutlich erst ab dem 15. Jahrhundert gegeben. Mittelbar geht dies aus dem Feuerstättenverzeichnis von 1427 hervor, das unter der Rubrik »Norderberg und Prugk« die Zahl 25 registrierte[180]. Es ist dies aber nicht die erste urkundliche Erwähnung der Nördersberger Höfe, sondern einzelne erschienen unter der Bezeichnung »Höfe auf Camps ob Göflan« schon 1416 im Urbar Peters von Liebenberg[181]. Es sind dies ein namentlich nicht genannter Hof auf Camps (der spätere Herzogshof), der Haslhof und der Morin(k)- oder Mairinghof, die aus einer annenbergischen Güterteilung stammten.

Die Frage nach den Anfängen der Besiedlung des Nördersberges kann hier, ebensowenig wie zuvor beim Sonnenberg, mit einer Jahreszahl beantwortet werden. Ob der dunkle, waldbedeckte

---

179 Vgl. Theresianischer Steuerkataster Nördersberg, KN 98 + 99.
180 Quellen zur Steuergeschichte (wie Anm. 78), S. 153.
181 SCHWITZER, Urbare (wie Anm. 11), S. 274 ff.

Nördersberg in vor- und frühgeschichtlicher Zeit Dauersiedlungen in Form von Kleinsiedlungen (Einzelhöfe, Höfegruppen) trug, ist unbekannt, aber auch nicht ganz auszuschließen, da es immerhin ein – zwar – schlecht dokumentiertes Urnengrabfeld oberhalb von Göflan gibt[182]. Wahrscheinlich ging der Anlage der heutigen Dauersiedlungen zunächst eine periodische, nur zur Sommerzeit aufgesuchte Siedlung (Maiensässe, Alphütten) voraus. Sie dienten – wie andernorts auch – als Zugut der, in den älteren Talsiedlungen zu lokalisierenden, früh- bis hochmittelalterlichen Fron- und Maierhöfe. Am Nördersberger Melanzhof läßt sich dieser Vorgang noch verdeutlichen. Gehörte er doch einst zum Melanzhof bei St. Lorenz im Unterdorf von Kortsch, welcher der Grundherrschaft des Klosters Cazis, dann der des Bischofs von Chur unterworfen war. Wenn nicht alles täuscht, dann sind hier am Nördersberg die gleichen Grundherren siedlungsaktiv geworden wie am Sonnenberg, nämlich die Herren von Montalban und deren Nebenlinie, die Herren von Schlanders. Die Belege, die dies bezeugen, entstammen dem um 1291/1300 angelegten Urbar der Herren von Montalban und dem etwa gleichaltrigen landesfürstlichen tirolischen Gesamturbar von ca. 1290. In diesen Quellen ist die Rede von einem *hovelin vf Teler*, also ein Höflein auf Talayr[183], und von einem Hof auf Platt oberhalb von Göflan, den der Landesfürst von einer adeligen Frau/Herrin (*domina*) aus Schlanders um 7 Mark gekauft hatte[184]. Bei dem 1299 erstmals erwähnten Hof Plasnek darf vermutet werden, daß er, bevor er an die Grafen von Tirol gelangte, den Herren von Wanga gehörte, da der in der Urkunde genannte Tridentinus von Göflan ein Eigenmann der edelfreien Familie von Wanga war[185]. Die Grafen von Tirol erwarben weitere Berghöfe, so den Pernstalhof und den Mitterhof, die 1307 unter den, dem Landesfürsten steuernden, bambergischen Eigenleuten und Gütern aufgezählt wurden[186]. Zur Zeit König Heinrichs scheint der gesamte Nördersberg bereits in landesfürstlicher Hand bzw. in Händen tirolischer Minsterialen gewesen zu sein. Es verwundert daher nicht, wenn König Heinrich im Wald Tafratz seinem Diener Conrad Payr in Schlanders das Recht des Holzbezugs für sich und seine Nachkommen einräumen konnte[187]. Dieses Holzbezugsrecht ging 1461 mit der Stiftung des Hauses durch Hans Weber aus Kortsch auf das Heilig-Geist-Spital in Schlanders über.

Gesondert soll noch mit ein paar Sätzen auf den abgegangenen Turm oberhalb des Mairinghofs eingegangen werden. Bedauerlicherweise ist über ihn fast nichts zu erfahren, da die Quellen dazu schweigen. Lediglich indirekt macht wenigstens der Steuerkataster von 1779 mittels der Flurnamen *Thurnackher* und *Thurnwiese* auf ihn aufmerksam, allerdings zu wenig, um den Schleier des Geheimnisses zu lüften. Auch in der Untersuchung von Martin BITSCHNAU[188] über »Burg und Adel in Tirol« fehlt er. Vielleicht stellte er den Sitz des Höfegründers namens Morin dar. Immerhin existierte dieser Personenname in dieser Gegend, wie man im Urbar des Klosters St. Johann zu Müstair von 1322 nachlesen kann, und zwar bei Gütern von Kortsch/Göflan[189]. Trifft diese Vermutung zu, dann hätten wir eine Parallele zu den Höfen auf Partnetz, die ursprünglich den Namen Martinetsch trugen und auf die in landesfürstlichen Diensten aufgestiegene Familie der Martinuzii zurückzuführen sind. Ob Adelssitz oder Kreidenturm (Signalturm) oder welche andere Bewandtnis sich hinter den Mauerresten beim Mairinghof verbirgt, bleibt – dies muß betont werden – vorerst reine Spekulation[190].

Auch am Schlanderser Nördersberg wurde die Siedlungsentwicklung von ähnlichen Faktoren be-

---

182 LUNZ, Ur- und Frühgeschichte Südtirols (wie Anm. 34), S. 40.
183 STEINEGGER (wie Anm. 159), S. 411.
184 Tiroler Landesarchiv Innsbruck, Urbar I/1 (Daz ist der gelt von Laetsch), n. 102: *Item curia in Platte ultra Gevelan empta de quadam domina de Slanderes pro marcis 7, reddit siliquas et ordei modiolos 20.*
185 Tiroler Landesarchiv Innsbruck, Hs. 18 (Lehenbuch Königs Heinrich), f. 74v; zu Tridentinus von Göflan vgl. LOOSE, Siedlungsgenetische Studien (wie Anm. 40), S. 233.
186 HAIDACHER (wie Anm. 9), A 17, S. 85; der Eintrag ist bei STAFFLER, Hofnamen (wie Anm. 8), S. 100/101 irrigerweise auf das Jahr 1288 datiert.
187 KOFLER, Das Spital von Schlanders (wie Anm. 20); Anhang S. 137 – Abschrift des Verleihbriefes für Conrad Payr von 1321.
188 Burg und Adel in Tirol (wie Anm. 45).
189 SCHWITZER, Urbare (wie Anm. 11), S. 156 und S. 275 für Vezzan, hier 1416 Marin geschrieben.
190 TSCHOLL, Josef: Die Turmruine nahe dem Hof Mairing am Nördersberg bei Schlanders, in: Der Schlern 25 (1951), S. 163–166.

einflußt bzw. gesteuert wie am Sonnenberg. Bevölkerungswachstum und Güterteilung gingen hier ebenfalls Hand in Hand. Die Quellen belegen, daß gegen Ende des 16. Jahrhunderts ein Großteil der Höfe bereits geteilt war. Das Ende dieser Entwicklung hielt der Theresianische Kataster ca. 100 Jahre später fest. Bis 1779 waren so aus den 25 Feuerstätten des Jahres 1417 63 Besitzeinheiten geworden, darunter 6 ganze, 30 halbe, 19 Viertel-, 3 Drei-Achtel- und 5 Ein-Achtel-Höfe. Sozialrechtlich betrachtet befanden sich darunter nicht nur bäuerliche Anwesen, also Höfe, die bevorrechtigt die gemeinen Rechte in Wald und Weide genossen, sondern auch solche, die keine oder nur begrenzte gemeine Rechte besaßen, wie beispielsweise das Sonnwartgütl oder das unbehauste Morttaschgütl. Dem Steueranschlagswert nach, überwogen Besitzeinheiten (Liegenschaften und Gebäude) in der Größenordnung unter 500 fl. Der größte Hof war der ungeteilte Pardellhof (2246 fl), der aus einer zweistöckigen Behausung, einem großen Stadel mit Stall, einer eigenen Mühle mit Stampfe, rund 17 Jauch Acker und 32 Mannsmahd Wiese mit einzelnen Nuß- und Obstbäumen bestand. Ferner gehörten dazu knapp 10 Tagmahd »Lappnus«, d.i. Wald, dessen Laubbäume zum Zweck der Laubheugewinnung geschneitelt wurden und 14½ Morgen Wald. Wasserrechte rundeten den umfangreichen Besitz des Josef Telser ab, der jedoch von einer Hälfte des Hofes dem Kloster Stams Grundzins reichen mußte. Demgegenüber nannte der Inhaber des kleinsten Anwesens, Christian Rofeiner auf dem Sonnwartgütl (1 Anteil), eine kleine Behausung mit einem Acker von ¾ Jauch und 1 Tagmahd sein Eigen; alles zusammen hatte einen Steuerschätzwert von 84 fl.

Im Gegensatz zum Sonnenberg hatten die Nördersberger Höfe stets ausreichend Wasser. Der Theresianische Steuerkataster notierte bei jedem Hof genau die Wasserrechte, jedoch findet sich bei keinem der Hinweis, daß er mit einem anderen Hof das Wasser teilte. Den Katasterangaben zufolge scheint es außer dem Remsbachwaal keine weiteren durchlaufenden Bewässerungswaale gegeben zu haben, sondern nur kurze Kanäle, die das aus den Bächen abgeleitete Wasser auf die Wiesen und Felder leiteten. Nicht die Wasserknappheit oder die mangelnde Bodenfeuchtigkeit war und ist das Problem der Nördersberger Höfe, sondern die vergleichsweise lange Zeit des Bodenfrostes, die sich in der verkürzten Vegetationsperiode und knapperen Wachstumszeit nachteilig beim Anbau und der Bodennutzung bemerkbar machte. Aus diesem Grund erreichten die Nördersberger Höfe im Gegensatz zu den Sonnenberger Höfen nicht die große Höhe, sondern sie blieben unter der 1500 m-Höhenlinie. Aus den mikroklimatischen Gegebenheiten erklärt sich weiter, warum der Getreideanbau auf den Nördersberger Höfen eine untergeordnete Rolle gespielt hat und faktisch nur der Selbstversorgung diente. Die Einkünfte der Höfe mußten darum aus der Viehwirtschaft fließen, in die die Nördersberger sogar den Wald einbezogen, indem sie in hofnahen Laubwäldern Laubheu gewannen. Solche Lappnusse oder Laubnisse sind schon 1416 beim Morin(k)hof bezeugt[191].

Am Rande sei notiert, daß im frühen 19. Jahrhundert der Nördersberger Wibenhof für kurze Zeit die Aufmerksamkeit der kirchlichen und weltlichen Behörden auf sich zog. Damals, kurz nach den Tiroler Befreiungskriegen, lebte auf dem Wibenhof eine Familie, die sich die Freiheit nahm, nicht am sonntäglichen Gottesdienst und am kirchlichen Leben teilzunehmen, weil sie eine andere Auffassung von christlicher Lehre und christlichem Leben hatte. Sie geriet sehr rasch in Konflikt mit der kirchlichen und weltlichen Obrigkeit. Da sie trotz wiederholter Ermahnung sich nicht von ihren religiösen Überzeugungen abbringen ließ, mußte sie sich das Etikett des Sektierertums anheften lassen. Ausgegrenzt aus der Gemeinschaft hatte sie auch entsprechende Folgen zu tragen, was in diesem Fall bedeutete, daß man den Verstorbenen ein christliches Begräbnis auf dem Schlanderser Friedhof verweigerte. Auf Anweisung der weltlichen Obrigkeiten in Bozen und Innsbruck gestattete man den Hinterbliebenen nur ein Begräbnis bei Nacht und ohne geistlichen Beistand, eine Affäre, die damals im »Land der Glaubenseinheit«, wie Tirol gerne von den höchsten kirchlichen Vertretern gesehen werden wollte, ohne Beispiel war und daher aus heutiger Sicht als Musterfall für religiöse Intoleranz zu gelten hat, was damals einigen Politikern durchaus bewußt

---

191 SCHWITZER, Urbare (wie Anm. 11), S. 275 *»item und gehort zudem hoff drew messen laubnus auz der gemain«.*

war[192] und sie deshalb am liebsten über diesen Fall geschwiegen hätten.

Was die wirtschaftliche Entwicklung der Nördersberger Höfe im 19. und 20. Jahrhundert angeht, so ist auch hier festzustellen, daß die bis in die 1970er Jahre nachwirkende Autarkie wesentlich von der Erschließung – oder besser gesagt – Nicht-Erschließung der Höfe abhing. Erst mit dem Bau von Zufahrtswegen öffneten sich den Berghöfen neue Erwerbsquellen, vor allem im Tourismusbereich und im Anbau von neuen Marktfrüchten, wie Beerenobst, Gemüse und Erdbeeren. Auch bei der Modernisierung der Gebäude und der Installation der Beregnungsanlagen halfen nun die finanziellen Beihilfen der europäischen Gemeinschaft den Bergbauern den Anschluß an die marktorientierte Landwirtschaft zu finden.

3 Bevölkerung und Wirtschaft

In einem letzten Kapitel gilt es die Darstellung der Siedlungsgeschichte mit einigen Angaben zur historischen Bevölkerungsstruktur und zu den Lebensgrundlagen der Bevölkerung abzurunden. Daß dies ein nicht ganz einfaches Unterfangen ist und vor allem nicht weit in die Vergangenheit zurückführt, ist quellenbedingt. Wie überall in Tirol beginnt die amtliche Statistik mit den Erhebungen Maria Theresias um 1770. Die Statistik war damals ein wichtiger Teil der Staatswissenschaft und der Landesbeschreibung, die mit Hilfe von zähl- und meßbaren Werten die einzelnen Landesteile demographisch und ökonomisch zu charakterisieren versuchte. Ziel dieser Erhebungen war die Vergleichbarkeit von Regionen des Staates untereinander bzw. des Staates mit seinen Nachbarstaaten zu Zwecken der Wirtschafts- und Steuerpolitik. Der aufgeklärte Herrscher bzw. Staat hatte daran ein großes Interessse. Deshalb hat er solche Erhebungen in mehr oder weniger regelmäßigen Zeitabständen durchführen lassen und entsprechende literarische Darstellungen gefördert[193]. Einer der Autoren, aus deren Werken heute noch gelegentlich zitiert wird, ist Johann Jakob Staffler, der uns mittels seiner mehrteiligen topographischen Beschreibung von Tirol und Vorarlberg bequem in die Lage versetzt, die Bevölkerungsverhältnisse im Landgerichtsbezirk Schlanders zu vergleichen.

Nach J.J. Staffler lebten 1834 in Schlanders 989 Einwohner, in den Katastralgemeinden Sonnenberg 362 und Nördersberg 351 Personen[194]. In zwei der drei genannten Gemeinden überwog der weibliche Bevölkerungsteil, nämlich in Schlanders (527 w.) und Nördersberg (183 w.), in Sonnenberg bestand hingegen mit 162 Personen ein Frauendefizit. Die Gründe für diesen Unterschied in der Bevölkerungsstruktur liegen nicht zutage. Vermutlich gehen sie auf ein unterschiedliches Wanderungsverhalten und gegensätzliche Altersstrukturen zurück. Es verdient festgehalten zu werden, daß die Gemeinde Schlanders nicht die einwohnerstärkste Gemeinde im Gerichtsbezirk bildete; diese Rolle kam mit 1169 Einwohnern dem Nachbarort Laas zu.

Eine etwas detailliertere Bevölkerungsaufnahme forderte 1821 der Landrichter Angerer von dem Gemeindevorsteher. Dieser sollte dabei von Haus zu Haus gehen und »gewissenhaft« die Angaben erheben. Auf dem zugesandten Fragebogen notierte der Vorsteher folgende Zahlen:

Zahl der Häuser: 84
Zahl der Geistlichen: 10
Zahl der Adeligen: –
Zahl der Beamten und Honoratioren: 20
Bürger, Gewerbsleute und Künstler: 30
Bauern: 21
Häusler, Gartler und vermischte Beschäftigung: 19
alle übrigen Klassen der Mannsbilder: 290
Anzahl des weiblichen Geschlechtes: 504
Anzahl der Fremden aus den k.k. Erbländern männlichen und weiblichen Geschlechts: –
zusammen also 894 Personen[195]. Auffallend ist

---

192 Vgl. die ausführliche Schilderung der Vorgänge bei STAFFLER, Richard: Die Wibmer Sekte am Schlanderser Nördersberg, in: Der Schlern 5 (1924), S. 203–214, 248–256, 277–284, 303–308, 343–349, 377–382; die Rolle des späteren Trienter Erzbischofs Johann Nepomuk von Tschiderer beleuchtet neuerdings MAYR, Johann: Bischof Johann Nepomuk von Tschiderer 1777–1860. Bozen 1998, S. 99 ff.

193 Vgl. hierzu neuerdings die Ausführungen von Adolf LEIDLMAIR: Landesgeschichte und Landesbeschreibung, in: Veröffentlichungen des Tiroler Landesmuseum Ferdinandeum 78 (1998), S. 5–14, bes. S. 7 ff.

194 STAFFLER, Johann Jakob: Tirol und Vorarlberg topographisch 2. Teil, Bd. 2, S. 555 ff., Innsbruck 1846.

195 Gemeindearchiv Schlanders, Hist. Bestand A 7-48 (Ausschußprotokolle 1821–1851).

Obere Riegel

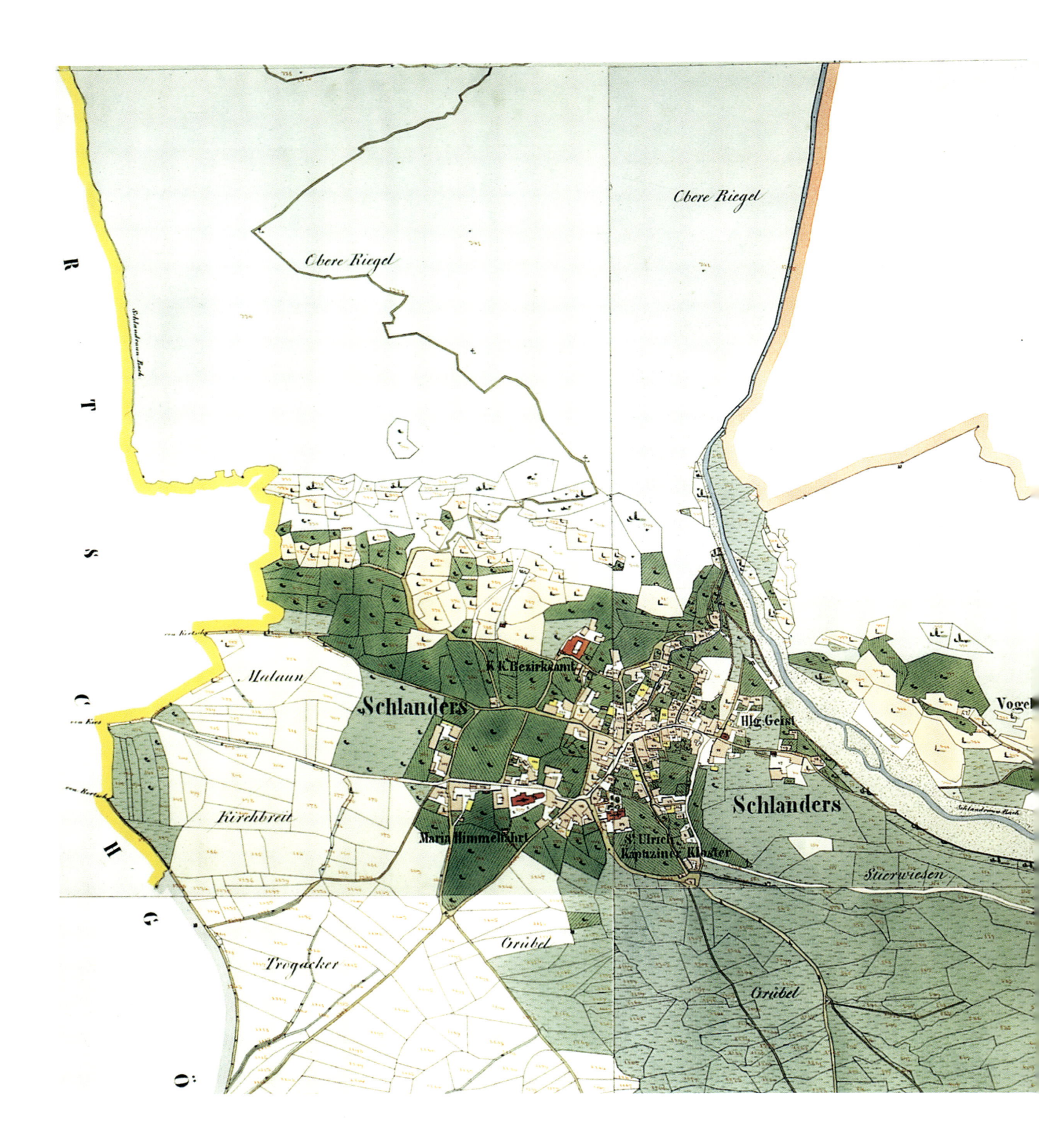

Obere Riegel

Malaun

K.K.Bezirksamt

Schlanders

Hlg. Geist

Schlanders

Vogel

Kirchbreit

Maria Himmelfahrt

S! Ulrich Kaputziner Kloster

Stierwiesen

Trogacker

Grübel

Grübel

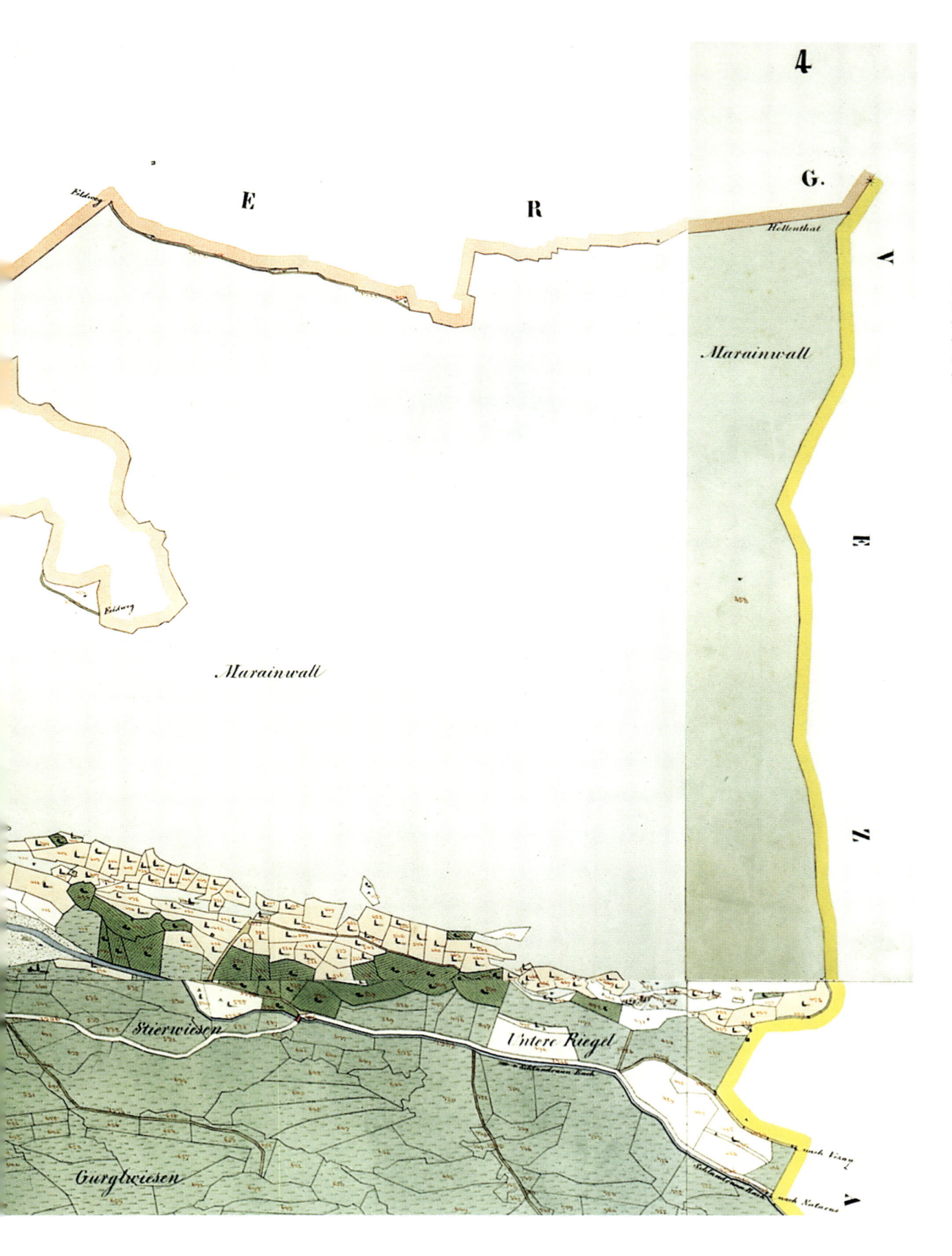

Montage der Flurkarte Schlanders aus den Blättern 1-4 aus dem Kartenwerk »Österreichische Katastralmappe von 1857« (Ausschnitt).

Der Kristandlhof in Kortsch, der im Jahr 1961 abgebrannt ist.

auch hier der große Überschuß von 286 Frauen, d. s. 73 Prozent.

Gehen wir in der Bevölkerungsgeschichte einen weiteren Schritt zurück, dann liegen erst aus bayerischer Zeit wieder Bevölkerungsangaben vor. 1811 registrierten die Behörden für Schlanders 932, für Sonnenberg 344 und für Nördersberg 340 Einwohner[196]. Auch zu dieser Zeit hatte Laas mit 1026 Personen mehr Einwohner als Schlanders, das als Sitz des Gerichtes (die bayerische Regierung hatte das Gericht Schlanders 1806 aufgehoben, dann aber 1810 wiedererrichtet, schließlich 1826 wieder unter Österreich zum Landgerichtssitz Erster Klasse erhoben) und anderer zentraler Verwaltungseinrichtungen offenbar keine besondere Anziehung auf die Bewohner der umliegenden Siedlungen auszuüben vermochte. Vor 1800 bleiben dann die Angaben zur Bevölkerungsentwicklung und -struktur dürftig. Aus der Zeit Maria Theresias stammen noch die Einwohnerzahlen des tirolischen Gesamtsteuerkatasters von 1782, die im Zusammenhang mit den Steuerkatastern der 1770er Jahre erhoben worden sind[197]. Leider hat diese Statistik als kleinste Erhebungseinheit die Gerichtsgemeinde. Ihre Angaben sind daher nur schwer mit den jüngeren Gemeindeergebnissen vergleichbar. Gleichwohl sind sie in unserem Zusammenhang nicht uninteressant, da sie das Gewicht der Gemeinde Schlanders innerhalb des Gerichtes erahnen lassen. Für das Gericht Schlanders wurde darin eine Bevölkerungszahl von insgesamt 5981 Einwohner notiert. Darunter waren 2939 Frauen, d. h. es bestand ein leichter Männerüberschuß von 103 Personen. Auf Schlanders dürfte schätzungsweise eine Einwohnerzahl von rund 900 Personen entfallen. Die Gemeinde rechnete damit zu den bevölkerungsstärksten Siedlungen des Vintschgaus.

Vor den Erhebungen der maria-theresianischen Zeit stoßen wir naturgemäß bei der Ermittlung der historischen Bevölkerungsverhältnisse auf Schwierigkeiten, da uns zu diesem Zweck lediglich die Tauf-, Heirats- und Sterbematriken der Pfarrei Schlanders zur Verfügung stehen. Gleichwohl bieten auch sie nur ungefähren Ersatz, da beispielsweise die Zahl der Zu- und Auswanderer infolge fehlender Untersuchungen unbekannt ist. So sind wir bei der Darstellung der früheren Bevölkerungsverhältnisse auf eine mehr oder minder große Anzahl von Einzelnachrichten angewiesen, die der Zufall der Überlieferung uns in die Hände gespielt hat.

Eine solche Nachricht bezieht sich auf die Pest im Dreißigjährigen Krieg. Nach den Ausführungen von P. Ephraem Kofler in der Chronik des Hl.-Geist-Spitals zu Schlanders forderte die Pest von 1635/36 rund 1600 Opfer, und zwar in der gesamten Pfarrei Schlanders[198]. Wieviele Pesttote es in Schlanders selbst gab, ist nicht überliefert. Bekannt ist aber, daß die vielen Toten nicht mehr alle auf dem Schlanderser Friedhof begraben werden konnten, so daß die Kortscher bei dieser Gelegenheit ihre Toten auf dem Friedhof um die St.-Johannes-Filialkirche bestatten durften. Sie erlangten somit ein Stück kirchlicher Unabhängigkeit und Selbständigkeit.

Nicht nur die, von den kaiserlichen Soldaten aus dem Veltlin eingeschleppte, Pest stellte für das Bevölkerungsgeschehen von Schlanders eine Zäsur dar, sondern vermutlich hatte auch jene von 1348/49, von der der Marienberger Chronist Goswin sagt[199], daß sie in den Siedlungen des Vintschgaus fünf Sechstel der Bevölkerung hinweggerafft habe, für die Bevölkerung von Schlanders eine tiefgreifende Wirkung. Vielleicht haben die Nachträge im Urbar des Deutschen Hauses zu Schlanders von 1334 und des laufenden Rechnungsbuches von 1349/53, die Zinsausfälle von wüsten Äckern und leerstehenden Häusern festhielten, einen Bezug zur Pest und deuteten damit mittelbar auf die großen Bevölkerungsverluste von 1348/49 hin[200]. Wenn nicht alles täuscht, dann waren aber die Be-

---

196 FISCHER, Klaus: Die Bevölkerung im Vinschgau und in seinen Nebentälern seit dem Ende des 18. Jahrhunderts, in: Der Schlern 48 (1974), S. 555–567.
197 Nach der Handschrift Dipauliana 1356 (Total-Ausweis über die neue Steuer-Repartition im Lande Tirol 1782) im Museum Ferdinandeum, Innsbruck.
198 Wie Anm. 20, S. 97; STAFFLER, Tirol und Vorarlberg (wie Anm. 194), S. 571 f.
199 ROILO, Christine und Raimund SENONER (Bearb.): Das Registrum Goswins von Marienberg (= Veröffentlichungen des Südtiroler Landesarchivs Bd. 5). Innsbruck 1996, S. 226.
200 Z. B. heißt es bei »Des Hailers haus« in der Randnotiz: »ista domus vacat« (das Haus ist leer). Zinsnachlaß für den großen Hof der Tiroler Landesfürsten 1353 »propter mortalitatem hominum« (STAFFLER, Hofnamen, wie Anm. 8, S. 60.

völkerungsverluste infolge der Pest gegen Ende des 14. Jahrhunderts bereits wieder ausgeglichen, vermutlich durch Zuzug aus den Streusiedlungsgebieten und Hochtälern, in denen es offenbar weniger Pestopfer gegeben hatte.

3.1 Notizen zur spätmittelalterlichen Bevölkerungsstruktur

Entsprechend den Eigenschaften der hoch- und spätmittelalterlichen Quellen (es sind überwiegend Schenkungsurkunden adliger Personen an geistliche Institutionen) handelte es sich bei den in den Urkunden genannten Personen zumeist um nicht-bäuerliche Männer und Frauen, also um Adlige, Geistliche und Amtsträger aus der Schicht der Dienstmannen weltlicher und geistlicher Grundherren. Um in der mittelalterlichen Vorstellung zu bleiben, ist der 1171 urkundlich erwähnte *Richardus de Venosta de loco, qui dicitur Sclandre*, der als Beauftragter eines Verwandten aus der Veroneser Gegend auf einem Hoftag Kaiser Friedrich Barbarossas in Donauwörth weilte[201], ein Angehöriger der höheren Stände. Richard aus Schlanders ist nicht der erste bekannte Einwohner von Schlanders. Diese Ehre fällt dem *Hainricus de Scla(n)deres* zu, der 1164/67 als bischöflich-churischer Ministeriale den Vergleich zwischen Bischof Egno von Chur und Ulrich III. von Tarasp einerseits und Gebhard von Tarasp andrerseits wegen der strittigen Vogtei über das Bistum Chur und das Kloster Marienberg bezeugte[202]. Am Beispiel der beiden genannten Personen wird deutlich, daß die Angehörigen des Adels und der Kirche zwar einen namengebenden Wohnsitz hatten, aber sich dort wohl nur geringe Zeit aufhielten, weil sie in Diensten höher gestellter Herren ständig unterwegs waren. Sie lebten von den Einkünften ihrer Lehen und Güter, die die Abkömmlichkeit und das Reisen erst ermöglichten. Aus den Rechnungsbüchern der Herren von Schlandersberg aus der zweiten Hälfte des 14. Jahrhunderts läßt sich diese Lebensweise sehr gut nachzeichnen[203]. Allein wenn wir die Ausgaben für Nächtigungen und Essen raumzeitlich ordnen, dann drängt sich der Eindruck auf, daß Hans von Schlandersberg nur wenige Wochen im Jahr in Schlanders oder auf Schloß Kasten in Galsaun verbrachte. Neben Mitgliedern des ortsansässigen Adels und den Pfarrern, seit ca. 1235 Angehörige des Deutschen Ordens, ist die Bevölkerung von Schlanders im Hoch- und Spätmittelalter hauptsächlich auch dadurch charakterisiert, daß sie Hintersassen verschiedener Herrschaften waren. Ihnen sind sie mit Leib- und Grundrecht unterworfen, was die Betroffenen in erster Linie in Freizügigkeits- und Heiratsbeschränkungen und natürlich in der Pflicht, Leibhühner (gleichsam zur Erinnerung an ihre Unfreiheit) zu entrichten, zu spüren bekamen. In Schlanders wohnten in der ersten Hälfte des 14. Jahrhunderts neben tirolischen Herrschaftsleuten[204], Moosburger Leute der ehemaligen freisingischen Propstei Eyrs auf dem Caseinhof[205], St. Vigilienleute des Hochstiftes Trient[206], Wanger und Montalbaner Leute[207], churische Gotteshausleute und Reichenberger Leute[208], schließlich als Folge der taraspischen Schenkungen Marienberger und Müstairer Gotteshaus- oder Klosterleute[209]. Die Anteile der verschiedenen Hintersassengruppen zu ermitteln ist nicht möglich. Gewöhnlich wäre aus dem Steuerbuch des Vintschgaus von 1314

---

201 Vgl. RIEDMANN, Schlanders in Mittelalter und Neuzeit (wie Anm. 41), S. 426.
202 Tiroler UB I/1, n. 294, S. 142.
203 OTTENTHAL, Rechnungsbücher (wie Anm. 81), S. 551–614.
204 Das bei STOLZ, Ausbreitung des Deutschtums (wie Anm. 158), Bd. IV, S. 15 Anm. 4 erwähnte Verzeichnis der landesfürstlichen Eigenleute im Gericht Schlanders von ca. 1320 (im damaligen Innsbrucker Statthalterei-Archiv unter Signatur Cod. 3519 registriert) war mir leider nicht zugänglich.
205 BLAAS, Richard (Hg.): Tirolische Amtsbücher und Kanzleiregister. Ein Tiroler Teilbuch von 1340. Innsbruck 1952, S. 68.
206 Quellen zur Steuergeschichte (wie Anm. 78), S. 113; nach dem Steuerbuch des Vintschgaus von 1314 waren dies *Johannes Otto villicus de Slanders* und seine Angehörigen, die der Tiroler Landesfürst gekauft hatte; dazu auch die Urkunde aus dem Tiroler Schatzarchiv I 9570 und 9570a (im Tiroler Landesarchiv Innsbruck) von 1345 Januar 20, mit der der Burggraf zu Tirol, Konrad von Schenna, die Leistungen der St.-Vigilien-Leute in den Gerichten Schlanders und Kastelbell festhalten ließ.
207 Vgl. Anm. 51.
208 Quellen zur Steuergeschichte (wie Anm. 78), S. 115, hier hauptsächlich im Gericht Kastelbell; ein churischer Gotteshausmann erwähnt im Necrologium Curiense unter dem 8. August (*Peregrinus de Schlanders obiit*), s. JUVALT, Wolfgang von (Hg.): Necrologium Curiense. Chur 1867, S. 78.
209 Vgl. die Notizen in den Urbaren der beiden Stifte bei SCHWITZER, Urbare (wie Anm. 11).

hierzu etwas zu erfahren, aber in diesem Fall verweigert uns der Schreiber die Auskunft zu Schlanders, was vermutlich mit den, um diese Zeit noch recht vermischten, Herrschaftsrechten zusammenhängen dürfte. So läßt sich vorerst auch keine Vorstellung über die Größe der Gruppe der tirolischen Herrschaftsleute gewinnen. Erst nach Abschluß des Integrationsprozesses nicht-tirolischer Personenverbände in den tirolischen Herrschaftsverband zeigt sich, daß Schlanders 1427 85 tirolische Feuerstätten zählte[210], d. h. – multipliziert mit der Zahl 5 je Feuerstätte oder Haushalt – etwa 425 Personen. Um die Einwohnerzahl annähernd richtig festzustellen, müßten neben den Eigenleuten anderer Grund- und Leibherren sowie adligen Personen noch die churischen Gotteshausleute hinzugerechnet werden. Ihre Zahl ist aber im Fall Schlanders unbekannt. Für ca. 1460 hält ein Bericht über die wehrfähigen Männer in den Gerichten Schlanders und Kastelbell fest, daß dem Bischof von Chur 70 Hausgesessene und 15 ledige Gesellen im Gericht Schlanders untertan waren[211].

Zum Merkmal einer mittelalterlichen Gesellschaft gehörten auch die Freien, die in landesfürstlichen Rechnungen von 1327 und 1337 für das Gericht Schlanders genannt werden. Worin ihre »Freiheit« bestand, ist nicht in Erfahrung zu bringen. Ob sie Nachfahren der karolingischen Königsfreien waren, ist eine ansprechende Vermutung, aber nicht zu beweisen. Sie entrichteten die Freisteuer an den Landesfürsten. 1489 waren darunter die Erben des Maiers Otto von der Schmalzgrub, die jährlich 32 Pfund Berner entrichteten[212]. Die Gesamtzahl der Freien und ihre jeweiligen Wohnorte im Gericht Schlanders sind aber ebenso unbekannt wie jene der, auf andere rechtliche Wurzeln zurückgehenden, Vogelfreien[213]. Hingewiesen werden soll zudem auch auf die unterschiedlichen Ethnien, der rätoromanisch oder welsch sprechenden Gotteshausleute und der deutschsprachigen Tiroler Herrschaftsleute. Zwar fehlen auch hier konkrete Angaben über die Größe der einzelnen Sprachgruppen, so daß wir uns mit wenigen, noch dazu vordergründigen Hinweisen begnügen müssen. Zum einen sind es die gewöhnlich als romanisch geltenden Personennamen, wie Janut, Gensut, Pero, Menego[214], die vage Anhalte bieten, zum anderen dezidiertere Hinweise, wie z. B. jener Eintrag im Marienberger Urbar von 1390, der von einer Wiese in Schlanders handelt, die einer Frau, genannt die Walhin (die Welsche), gehörte[215]. Mit Einschränkung können schließlich noch die Herkunftsbezeichnungen einzelner Personen herangezogen werden, die auf Zuzug aus romanischen Sprachgebieten aufmerksam machen, wie z. B. dem Montafon[216], Nonsberg und Engadin. Allerdings ist bei diesen Personen nicht sicher, ob sie Angehörige der romanischen Sprachgruppe gewesen sind. Sicher ist in diesen Fällen nur, daß sie von dort abgewandert sind.

Ebenso wie Zuwanderungen[217] (z. B. der Notar Heinrich von Dinkelsbühl um 1360[218]) sind auch Abwanderungen bezeugt, v. a. in die Städte und größeren Siedlungen etschabwärts. Mais, Meran und Bozen treten dabei als bevorzugte Wanderungsziele hervor[219]. Der Kreis der Ziele ließe sich

210 Quellen zur Steuergeschichte (wie Anm. 78), S. 153.
211 STOLZ, Politisch-historische Landesbeschreibung (wie Anm. 136), S. 107.
212 Tiroler Landesarchiv Innsbruck, Urbar 13/1 (Urbar des Gerichtes Schlanders von 1489), f. 9r.
213 STOLZ, Ausbreitung des Deutschtums (wie Anm. 158), S. 79.
214 STOLZ, Ausbreitung des Deutschtums (wie Anm. 158), S. 39 f; dazu auch die Personennamen aus dem Zinsbuch des Deutschen Hauses zu Schlanders 1334 (Archiv Germ. Nationalmuseum Nürnberg), u. a. Totsch der Mulnaer, Nyclaw von Kanoel, der alt Perrusch und Jænlinna.
215 SCHWITZER, Urbare (wie Anm. 11), S. 36.
216 So der Wegmacher Hans von Ire, der 1489 zur Wiederherstellung des Etschwaals berufen wird (Archiv-Berichte 3, n. 266 von 1489 August 19.
217 Ob der Maler Hieronimus Peteffi aus Wien über Meran nach Schlanders kam, wie RINGLER, Josef: Hieronymus Peteffi, ein Südtiroler Maler des 18. Jahrhunderts, in: Der Schlern 34 (1960), S. 500 annimmt, ist sehr zweifelhaft. Denn im Dominikal-Steuerkataster des Gerichtes Schlanders von 1694 ist unter den Lehensleuten der Deutschordenskommende Schlanders ein Herr (sic!) Pangraz Pataffi genannt, der der Großvater oder Vater des genannten Hieronimus Peteffi sein könnte (Südtiroler Landesarchiv Bozen, Microfilm S–50). Hieronimus Peteffi besaß in Schlanders die kleine auf dem Platz stehende sogenannte Pfannenstilische Behausung mit Kupferschmiede, grundzinsbar der Deutschordens-Commende Weggenstein, Bozen (TK Schlanders 1779, KN 407); Peteffi übte auch das Amt des Pfarrmesners aus.
218 OBERMAIR, Bozner Archive (wie Anm. 104), Archiv des Hl.-Geist-Spitals n. 475 von 1359 und RIEF, Josef C. (Bearb.): Beiträge zur Geschichte des ehemaligen Kartäuserklosters Allerengelsberg in Schnals, in: Programm d. öffentlichen Obergymnasiums der Franziskaner zu Bozen, Jgg. 1903–1912 (abgekürzt: Regesten Allerengelsberg), n. 68 von 1362.
219 Z. B. unter den Tiroler Eigenleuten 1427 in der Pfarre

noch erweitern, wenn man die in den Standesregistern aufscheinenden Übernamen einer näheren Betrachtung unterziehen würde. Denn so wie in Schlanders die Personennamen *der Brixner,* Jakob *Salzburger*[220] und Ulrich Tschuss, genannt der *Schweyzer*[221], auf Zuwanderer aufmerksam machen, so halten andrerseits Namen wie »Tappeiner« oder »Gsaler« (abzuleiten von Hofnamen am Schlanderser Sonnenberg) eine Herkunftsbeziehung zu Schlanders und seiner Umgebung fest[222]. Schließlich sind eine wichtige Quelle des Nachweises für Zeitwanderungen oder gar gänzliche Abwanderung die Universitätsmatriken von Innsbruck und Wien, die eine große Zahl von Studenten aus dem Raum Schlanders oder aus Schlanders selbst enthalten[223]. Wieviele von ihnen nicht mehr in die Heimat zurückgekehrt sind, bleibt für immer ein Geheimnis.

Was die soziale Gliederung der Bevölkerung angeht, so unterscheiden die Quellen neben adligen Personen und Familien Bauern, Handwerker, Tagwerker oder Tagelöhner und Ingehäußen oder Inwohner. Inwohner waren gewöhnlich Personen ohne Grund- oder Hausbesitz, die zur Miete wohnten und von den sich bietenden Erwerbsgelegenheiten ihren Lebensunterhalt bestritten. Sie hatten zumeist auch keinen Anteil an den gemeinen bäuerlichen Rechten. Abgesehen von den unterprivilegierten Personen der dörflichen Gesellschaft wird aber insbesondere in den Akten des Spitalsarchivs von Armen und gebrechlichen Spitalsinsassen, also von einer Randgruppe der bäuerlichen Gesellschaft, gesprochen, die der zeitweisen oder dauernden Unterstützung des Hl.-Geist-Spitals bedurften. Wer sich rechtzeitig einen der wenigen Plätze im Spital durch Einpfründung sichern konnte, hatte einigermaßen ausgesorgt, zumindest waren ihm ein Bett, Verpflegung und eine warme Stube im Winter sicher. Aber meistens lief die Einpfründung so ab wie im Fall der Maria Walterin, Witwe des Mathias Mazohl, die wegen ihres hohen Alters 1761 gegen Überschreibung ihres geringen Grundvermögens in das Spital aufgenommen wurde. Weil aber auf dem Acker in Spitzbreit ob dem Rafayrwaal im Kortscher Revier Grundschulden hafteten, verkaufte der Spitalpfleger den Acker, um mit dem verbleibenden Geld die Pflegekosten abzudecken[224]. Ob das Geld dazu ausreichte, ist nicht überliefert. Jedenfalls belegt dieser Fall, daß Immobilienbesitz in der Vergangenheit bei älteren Personen ohne nähere Angehörige die einzige Form der Existenzsicherung für das Alter war.

3.2 Die Erwerbsgrundlagen

3.2.1 Die Landwirtschaft schafft aller Leute Nahrung

Bis in unsere Zeit bildete die Landwirtschaft die Haupterwerbsgrundlage der Bevölkerung. In Schlanders hatte die Landwirtschaft gegen Ende des 18. Jahrhunderts einen kleinbäuerlichen Charakter erreicht. Die Besitzzersplitterung war 1779 hier wie andernorts bereits soweit fortgeschritten, daß die Obrigkeit ihr mit verschiedenen Geboten Einhalt zu gebieten versucht hat, allein um die bäuerlichen Familienbetriebe vor weiterer Zerschlagung zu schützen und die Ackernahrung der Familien zu sichern[225]. Wertet man den Theresianischen Steuerkataster besitzrechtlich aus, so kann man nicht umhin feststellen, daß auch in Schlan-

---

Mais »*Maistrer von slanders*«; Nachweise zu Meran vgl. MOESER/HUTER: Das älteste Tiroler Verfachbuch. Landgericht Meran 1468/1471 (wie Anm. 16); zu Bozen ist neben dem schon in der ersten Hälfte des 14. Jahrhunderts nachgewiesenen Konrad Grill auf die bei HUTER, Franz (Hg.): Beiträge zur Bevölkerungsgeschichte Bozens im 16.–18. Jahrhundert, in: Bozner Jahrbuch Jg. 1948, Kartenbeilage, vermerkten Personen hinzuweisen.

220 Fürst Thurn und Taxis Zentralarchiv Regensburg, Bestand Kellereiamt – Rentamt Meran, Akten n. 8 Urbar der Deutschordens-Commende Schlanders von 1451, S. 5, 9; dieser Jakob Salzburger ist um 1470 verstorben vgl. MOESER/HUTER: Das älteste Tiroler Verfachbuch (wie Anm. 16), n. 83, S. 146/147.

221 RIEF, Regesten Allerengelsberg (wie Anm. 218), n. 552 von 1478 Juni 10 – Kloster Schnals.

222 FINSTERWALDER, Karl: Tiroler Namenkunde (Innsbrucker Beiträge zur Kulturwissenschaft, Germ. Reihe Bd. 4). Innsbruck 1978, S. 64 ff.

223 RIEDMANN, Schlanders in Mittelalter und Neuzeit (wie Anm. 41), S. 432 ff.

224 Spitalarchiv Schlanders, Akten III/17 – Nr. 80 (Regest Hermann Theiner).

225 Im Verfachbuch des Gerichtes Schlanders Bd. 371 von 1770 (im Südtiroler Landesarchiv Bozen) ist auf f. 402 festgehalten, daß die landesfürstliche Grundherrschaft gegen die Aufteilung des »völligen Plauser Lehens« in Kortsch unter die Söhne Andree und Conrad Oberdörfer einschritt; der Sohn Conrad erklärt sich bereit, dem Bruder Andree seinen Anteil gegen Übernahme der Schulden zu überlassen.

ders die Masse der bäuerlichen Besitzer Häuser und Feldgüter im Wert von nur wenigen Hundert Gulden besessen und bewirtschaftet hat. Teilt man die Steueranschlagssumme der Gemeinde in Besitz- und Steuerklassen auf, dann entfallen auf die 21 größten und mit mehr als 1000 fl geschätzten Besitzeinheiten[226] gut ein Drittel aller Steuerwerte. Dies bedeutet, daß etwa ein Sechstel der Grundbesitzer (insges. 118) ein Drittel des Grund und Bodens von Schlanders besaßen und versteuerten. Die restlichen fünf Sechstel teilten sich in die Steueranschlagssumme von rund 81 000 fl, d. h. rein rechnerisch hatte dann noch jeder Grundbesitzer 800 fl steuerbaren Besitz, eine etwas zu optimistische Rechnung, da unter den verbleibenden 97 Besitzern sich 22 Personen befanden, die nur eine kleine Behausung oder einen Hausanteil von weniger als 100 fl ihr Eigen nannten. Weitere 44 Besitzer bewirtschafteten Drittel- (5), Viertel- (30) oder Achtelhöfe (9) mit Steuerwerten zwischen 72 und 892 Gulden. Der größte Hof war mit einem Steueranschlag von 5733 fl der Maierhof der Deutschordenskommende Schlanders. Zu ihm gehörten neben den Gebäuden ein Krautgarten, 16 Jauch 282 Klafter Äcker und 44 Tagmahd 364 Klafter mehrschnittige Wiesen, in heutigen Maßen rund 14 ha Betriebsfläche sowie natürlich Nutzungsrechte im Wald und auf der Tal- und Bergweide.

Abweichend dazu gestalteten sich die agrarsozialen Verhältnisse in den Katastralgemeinden Sonnenberg und Nördersberg. Am Schlanderser Sonnenberg errechnet sich ein mittlerer Durchschnitt von 1108, am Nördersberg ein solcher von 468 fl. Die größten Höfe waren am Sonnenberg der Schloßhof zu Schlandersberg (3600 fl) und am Nördersberg der Pardellhof (2246 fl).

Die Bodennutzung in und um Schlanders kannte in der Vergangenheit eine große Vielfalt an Früchten. Neben den traditionellen Ackerfrüchten, wie Roggen, Gerste, Weizen und Hafer, nach 1770 auch die Kartoffel, die sämtlich in einem vierjährigen Dung- und Fruchtfolgezyklus wechselten, verdienen die Sonderkulturen unsere besondere Aufmerksamkeit. Schlanders liegt im wärmebegünstigten Teil des Vintschgaus, in dem heute der Apfelanbau vorherrscht. An den Hangterrassen gleich zu Füßen des Sonnenberges erkennt man

226 Ohne Ausmärkerbesitz.

Weinberghaus im Ried Vogelsang.

aber, daß früher noch eine andere Bodenkultur Schlanders und seine Nachbarorte im mittleren und oberen Vintschgau bekannt gemacht hat, nämlich die Weinrebe. Insbesondere die weißen Weintrauben ergaben einen nicht allzu schweren, fruchtigen Wein, der zwar nicht mit dem Bozner, Meraner oder Überetscher Wein mithalten konnte, aber im Tal doch seine Abnehmer fand. Auch über den Reschenpaß scheint er in die Klosterkeller von Stams, Weingarten und Rottenbuch gelangt zu sein. Jedenfalls dürften die geistlichen Grundherren den mittelalterlichen Gepflogenheiten gemäß ihren Weinmost von ihren Schlander-

Gemaltes Fenster am Stainerhaus.

ser, Kortscher und Vezzaner Besitzungen ins Inntal und nach Oberschwaben transportiert haben. Auch in die Gegenrichtung talabwärts wurde von den landesfürstlichen Weingütern Wein und Weinmost nach Meran geliefert. 1540 zinsten Hanns Schnatzer und Hainrich Weiglmair 14 Yhrn (kleines Schlanderser Gerichts-Maß) oder 10 ½ Meraner Yhrn (ca. 830 l) dem Amtmann auf Tirol[227].

Konkret sind Schlanderser Weingärten schon vergleichsweise früh bezeugt. Bereits für 1101/1120 unterrichtet uns ein Gütertausch zwischen einer gewissen Lindburg von Tscherms und dem von den Welfen gegründeten Augustinerchorherrenstift Rottenbuch im oberbayerischen Pfaffenwinkel über einen Weingarten in Schlanders[228]. Auch die Herren von Tarasp besaßen hier Weingärten, die sie den Klöstern Müstair und Marienberg schenkten. In den Urbaren dieser Klöster vom Ende des 14. Jahrhunderts sind sie mit ihren Lagebezeichnungen festgehalten. So hatte Marienberg einen Weingarten in Piscaira und Müstair einen solchen in Andils am Kortscher Weg[229]. Marienberg besaß einen weiteren Weingarten, den Weingarten des Martinus, den einst der Maier des Niederhofs baute und der den halben Weinertrag abzuliefern hatte[230]. Die Herren von Schlandersberg besaßen den sogenannten Pflanzerweingarten, den sie 1449 dem Wilhem Pröl von Kortsch zu Zinslehenrecht verliehen[231]. Dem Theresianischen Kataster von 1779 zufolge summierte sich die Weinbaufläche in Schlanders auf umgerechnet rund 7 ha, die sich auf 29 Parzellen aufteilte. Hinzugerechnet werden müssen noch etliche Äcker und Wiesen »mit Weinreben«, die allerdings mit keinem Weinzins belastet waren. Diese Äcker

227 Fürst Thurn und Taxis Zentralarchiv Regensburg, Bestand Kellereiamt – Rentamt Meran, Akten n. 5 (Weinbuech des Kellenambtes zu Tyrol 1540, verfaßt von *Hanns Singkmoser, diser Zeit Kellner und Ambtmann zu Tyrol*).
228 Tiroler UB I/1, n. 126, S. 60.
229 SCHWITZER, Urbare (wie Anm. 11) S. 36, 115 und S. 158 (Urbar von 1322) und S. 206.
230 Ebenda S. 115: *Item de vinea Martini, quam olim colebat villicus de Niderhof, datur dimidium vinum.*
231 Archiv-Berichte 3, n. 203, S. 31.

und Wiesen erinnern in ihrer Mischnutzung schon an die mediterrane *cultura mista*. Zur Weinbereitung besaß wohl der eine oder andere Hof eine Torkel, wie beispielsweise 1779 der Schnatzhof.

Im weinbaugünstigen Klima gediehen ferner noch gut Nuß- und Eßkastanienbäume, die in gesonderten Angern *(pomerium)*[232] bei den Wohn- und Wirtschaftsgebäuden oder siedlungsnah am Fuß des Sonnenberges standen, wie die Notizen im Theresianischen Kataster von 1779 aufzeigen. Nüsse sind im Marienberger Urbar von 1390 als Zinsabgabe des St.-Jeneweins-Hofs erwähnt, und zwar 2 Mutt »von der Hofraite, wo einst der Stadel stand«[233]. Auf die Eßkastanienkultur macht indirekt der Name des *Köstenwaals* aufmerksam, der seit dem 16. Jahrhundert überliefert ist. Die Eßkastanien waren nicht nur wegen ihres witterungsbeständigen Holzes bei den Weingärtnern beliebt, sondern ihre Früchte dienten der Ergänzung des bäuerlichen Speisezettels, wo sie v. a. im Winter zu Mus bereitet oder geröstet wurden.

Die Landwirtschaft in und um Schlanders lieferte, verglichen mit anderen Talschaften Südtirols, wohl überdurchschnittliche Erträge, was bei der Niederschlagsarmut des obersten Etschtals während des Frühjahrs einigermaßen erstaunlich ist. Den Ruf des mittleren Vintschgaus die Kornkammer Tirols gewesen zu sein, verdanken die Bauern wesentlich dem weitverzweigten *Bewässerungssystem*. In einer Preisschrift der k. k. Ackerbaugesellschaft in Tirol von 1769 lobt der Autor Johann Anton von Mersi die Vorbildfunktion der Vintschger Waale, die es ermöglichten, daß die Talbewohner bis zu einem Drittel höhere Erträge auf Feldern und Wiesen ernteten. Neben dem Wasser sei es vor allem der Schlamm (heute würden wir sagen die gelösten Mineralien), der zur Fruchtbarkeit des Bodens beitrage[234]. Wenn man überall in Tirol gute Ernten wolle, müsse man nur die Felder und Wiesen mittels besonderer Kanäle, der sogenannten Waale[235], bewässern. Die Technik der Bewässerung, die Überrieselung der Fläche durch Aufstauen des Wassers im Kanal, ist einfach und als technisches Prinzip uralt. Im Vintschgau dürfte sie mit der Intensivierung des Anbaus und den Flurerweiterungen seit dem Hochmittelalter mehr und mehr verbreitet worden sein. Allerdings kann aufgrund der dürftigen Überlieferung ihre Existenz im Raum Schlanders nicht vor 1284 nachgewiesen werden. Damals verkauften die Brüder Matheus und Conradinus dem Otto, dessen Frau und Kindern ein Feld am Etschwaal mit dazugehörigem Wasserrecht[236]. Für 1325 sind Wasserrechte des Niederhofs am Gunggwaal und Arischunwaal (vermutlich der spätere Harraswaal oder Harnischwaal) bezeugt[237]. Der Bolitwaal und der »krumme Waal« *(chrumpe wal, aquale tortum)* werden in den Marienberger und Müstairer Urbaren von 1390 und 1394 erwähnt[238]. 1451 wird der Heuwaal[239] genannt und 1518 schließlich der Köstenwaal[240] anläßlich eines Wasserrechtsstreits. Der jüngste Waal dürfte der Rappenwaal oder gemeine Neue Mareinwaal sein, der 1811 zur Bewässerung der Neuraute »links hinab von Roßbrünnltal« von den Grundstücksbesitzern erbaut wurde und wofür sie der Gemeinde Schlanders einen jährlichen Wasserzins von 12–14 fl zahlen mußten[241]. Nicht unerwähnt soll bleiben, daß die Gemeinde in der Vergangenheit wiederholt um ihre Wasserrechte streiten mußte, so mit den Herren von Schlandersberg um 1457 wegen der Viehtränke im Wasserwaal bei Schloß Schlandersberg[242], mit der Nachbarschaft Vezzan 1492[243] wegen des Wassers aus

---

232 Ebenda S. 38 »*Item unum pomerium in Slanders prope bona Michahelis qui dicitur Strumsak*«.
233 Ebenda S. 36.
234 Versuch über die von der k. k. Gesellschaft des Ackerbaus in Tyrol für das 1768ste Jahr ausgesetzte akademische Aufgabe von den schleunig- und zuverläßigsten Hülfsmitteln den Ackerbau in Tyrol zu verbessern etc. Innsbruck 1769 (ein Exemplar dieser Schrift ist in der Bibliothek des Museums Ferdinandeum in Innsbruck vorhanden).
235 Abzuleiten von lat. *aquale*, rätoromanisch *aual* = Wasserlauf, Kanal.
236 MOESER, Karl: Beiträge zur Geschichte der rätoromanischen Urkunde in Tirol, in: Veröff. d. Museums Ferdinandeum Bd. 12 (1932), S. 267–301, Urkunden – Beilage 2 »*unum campum ultra aquale amnis Addesis …*«
237 SCHWITZER, Urbare (wie Anm. 11), S. 138.
238 SCHWITZER, Urbare (wie Anm. 11), S. 36, 37, 207.
239 Fürst Thurn und Taxis Zentralarchiv Regensburg, Bestand Kellereiamt – Rentamt Meran, Akten n. 8 (Urbar der Deutschordenskommende Schlanders von 1451, S. 10: *Item Hilprand Kirsner zinst von ainem ackher genannt in pradnew in dem heubaal II star roggen*).
240 LADURNER, P. Justinian: Urkundliche Beiträge zur Geschichte des Deutschen Ordens in Tirol, in: Zeitschrift des Museums Ferdinandeum 3. Folge, H. 10 (1861), S. 130
241 Gemeindearchiv Schlanders, Historischer Bestand, Urkunde A-5-34.
242 Archiv-Berichte 3, n. 347.
243 Südtiroler Landesarchiv Bozen, Dep. Gemeindearchiv

dem Schlandraunbach, mit Göflan 1593 wegen des Gunggwaals[244] sowie mit Kortsch wegen des Zalwaals 1618[245]. Die in harten gerichtlichen Auseinandersetzungen errungenen und gesicherten Wasserrechte gaben 1779 den Anlaß, daß die Gemeindevorsteher bei der Niederschrift des Theresianischen Katasters die Wasserrechte aufzeichnen ließen. Unter den Gemeinderechten wird so festgehalten, daß die Schlanderser mit der Gemeinde Kortsch das Wasser des Schlandraunbaches teilten. Außerdem haben sie das Wasser aus der Etsch a) für den Rafayrwaal[246] (bei den Brugghöfen aus der Etsch »abgekehrt«), b) für den Gunggwaal (aus dem oberen Göflaner Mühlbach) und c) den Harnischwaal (aus dem unteren Mühlbach zu Göflan – die beiden Göflaner Mühlbäche erhalten ebenfalls das Wasser aus der Etsch).

Der Getreidebau bildete die eine Stütze der örtlichen Landwirtschaft. Die andere Stütze der bäuerlichen Höfe basierte auf der *Viehhaltung*. Die Wiesen waren nach den Angaben des Theresianischen Katasters überwiegend zweischnittig. Heu und Grummet, manchmal auch noch etwas Pofel, bildeten den Winterfuttervorrat für einen von Fall zu Fall wechselnden Viehstapel. Von der Menge des eingebrachten Rauhfutters hing es ab, wieviele Rinder auf die dorfnahe Weide und auf die Alpweide im Schlandrauntal getrieben werden durften. Denn niemand war befugt, mehr Vieh auf die Weide zu treiben als er mit dem eigenen Futter überwintern konnte.

Wieviele Rinder, Pferde, Ziegen, Schafe und Schweine gehalten wurden, läßt sich für die Gemeinde vergleichsweise spät in Erfahrung bringen. 1821 meldete der Gemeindevorsteher an das Landgericht Schlanders folgende Viehzahlen: Pferde 14, Ochsen 24, Kühe 130, Schafe 109, Ziegen 20, Schweine 98 und Kleinvieh (Kälber, Stiere unter 3 Jahre) 165[247]. Alles in allem handelte es sich bei der Viehhaltung in Schlanders um einen vergleichsweise intensiven Betriebszweig, da der Viehbesatz – berücksichtigt man die Weiderechte auf der »Gemain« mit – bei 1,2 GVE (Großvieheinheit) je Hektar Landwirtschaftlicher Nutzfläche (Äcker + Wiesen + Hutweide) lag. Wie sich dieser Viehbesatz im einzelnen gestaltete, kann leider nicht ermittelt werden. Denn auch die frühen Statistiken aus maria-theresianischer und bayerischer Zeit differenzieren nicht weiter. Vielleicht umschreibt die Angabe der Grasrechte auf den beiden Kuh-Alpen in Schlandraun und auf dem Stier-, Kälber- und Schafberg in Schlandraun und am Sonnenberg nicht nur die ungefähre Größe, sondern auch die Struktur der Viehhaltung in Schlanders. 1779 heißt es im Theresianischen Kataster dazu, daß dort für 200 Kühe, 100 Stiere, 50 Kälber und 300 Schafe Weide vorhanden sei. An der niedrigen Zahl der Kälber erkennt man das Wirtschaftsziel der Schlanderser Rinderhalter, nämlich die Nachzucht möglichst rasch zu verkaufen, um mit dem Futtervorrat die Zuchttiere gut über den Winter zu bringen.

Anhand der summarischen Viehzahlen und Grasrechte findet sich für eine vertiefende Betrachtung der agrarsozialen Verhältnisse, v. a. für die Frage, wie sich die Viehzahlen auf die einzelnen viehhaltenden Höfe aufteilten, kein Anhalt. Lediglich in Einzelfällen und hier nur für große Höfe können aus anderen archivalischen Quellen Angaben gemacht werden.

Eine Anschauung, wie sich die Viehhaltung eines größeren Hofes zusammensetzte, bietet die Verlassenschaftsraitung (Aufnahme des Inventars nach dem Tod des Besitzers) des 1770 verstorbenen Michael Telfser (Inhaber des halben Carleitenhofs?). Dieser hinterließ seinen Erben:
– ein Paar rote Ochsen im Wert von 68 fl,
– einen »ganzen« Stier im Wert von 25 fl,
– ein Paar braune zweijährige Stiere von 26 fl,
– ein rotes und ein braunes einjähriges Stierl im Wert von insges. 17 fl,
– ein rotes einjähriges Kalb von 7 fl,
– eine schwarze mit dem siebten Kalb trächtige Kuh von 16 fl,
– eine braunrote um Lichtmeß kalbende Kuh von 17 fl,
– eine mit dem vierten Kalb trächtige Kuh von 14 fl 30 x,

Schlanders, Urkundenregesten (vermutlich von Fr. Huter), n. 14.
244 Südtiroler Landesarchiv Bozen, Dep. Gemeindearchiv Schlanders, Urkundenregest n. 36, datiert 1593 Mai 8 – Schlanders.
245 Wie vor, Abt. Bücher, hier: Khuntschafftslibell der Gmain Schlanders gegen denen von Cortsch wegen des Zalwales, datiert 1618 Mai 7/11 – Schlanders).
246 Der Name ist vermutlich von lateinisch *rivus* = Bach, Wasserlauf abzuleiten.
247 Gemeindearchiv Schlanders, Historischer Bestand A 7–48 (Ausschußprotokolle 1821–51).

- eine alte Kuh von 13 fl,
- ein vierteljähriges Stierkalb von 5 fl,
- zwei Mutterschafe mit zwei Lämmern, eine Geiß, zwei schwarze Widder zusammen 6 fl,
- einen zweijährigen Ziegenbock von 1 fl 48 x,
- ein eineinhalbjähriges Schwein von 2 fl 30 x,

zusammen 13 Stück Rindvieh im Wert von 208 fl 30 x und Kleinvieh im Wert von knapp 10 fl. In der Zusammensetzung des Telfserschen Viehstapels ist das Bemühen erkennbar, die Nachzucht auf einem hohen Niveau zu halten und die überzähligen Kälber zu verkaufen. Von einer strengen Einhaltung von Zuchtkriterien kann wohl noch nicht die Rede sein, wie die Farben der Rinder lehren. Ochsen und Stiere wurden wohl als Spann- und Zugvieh gehalten. Sich ein Pferd zu halten, überstieg wohl schon die Möglichkeiten des Michael Telfser. Dieser »Luxus« blieb in Schlanders den Herren adeliger und bürgerlicher Herkunft vorbehalten.

Handelte es sich bei dem Hof des Michael Telfser um einen Erblehenhof, dessen Inhaber sich ganz der Versorgung der eigenen Familienangehörigen widmete, so vermitteln die Angaben des Bestandsbriefs des Jacob Plattner, des Inhabers des Maierhofes der Deutschordenskommende Schlanders, ein etwas anderes, aber sicher nicht repräsentatives Bild der Schlanderser Landwirtschaft zum Jahr 1686[248]. Zunächst war der Maierhof kein Erblehen, sondern ein Pachtgut. Die Verleihung war auf 4 Jahre (*quinqennium*) begrenzt, die aber der Komtur Johann Jacob Graf von Thun um weitere 4 Jahre verlängern konnte. Tatsächlich hatte Jacob Plattner den Maierhof bis 1715 inne. Sein Nachfolger wurde Hans Blaß, der bis 1719 auf dem Maierhof saß. Danach bewirtschafteten ihn Martin Telser und seine Erben bis 1741.

Die erste Vertragsbestimmung verfügte, daß der Maier und seine Dienstleute auf dem Hof zu wohnen hatten. Zur Wohnung des Maiers gehörten eine Stube, eine Kuchl, Kammer, Gaden und Keller. Räumlich getrennt stand das Futterhaus mit Stall, in dem der Maier nicht nur sein eigenes Vieh, sondern auch die Reitpferde des Komturs unterbringen und versorgen mußte. An Liegenschaften gehörten zum Maierhof 37½ Tagmahd Wiese, u. a. in der Unteren Riegl im großen Weingarten eine Wiese von 9 Tagmahd, von 3 Gras, am Aschenanger eine Wiese mit Kösten- und Nußbäumen von 8 Tagmahd, zwei Gras tragend, verbunden mit einem Wasserrecht aus dem Vezzaner Waal alle vierzehn Tag, und zwar jeden Freitag und Samstag zu »wassern«; ferner der Große Anger beim Deutschhaus samt den darinstehenden Obstbäumen von 4 Tagmahd, ebenfalls mit einem Wasserrecht aus dem Köstenwaal, schließlich auf dem Äußeren und Inneren Pofl eine Wiese von 7½ Tagmahd, mit Felber (Pappeln) besetzt und nur ein Gras tragend, davon sind dem Komtur 3½ Tagmahd vorbehalten. An Ackerland hatte er 12½ Jauch. Weil der Bestandsvertrag mit 29. November datiert ist und zu Lichtmeß 1687 rechtwirksam werden sollte, so war zu diesem Zeitpunkt ein Teil der Äcker bereits für den nächsten Anbauzyklus vorbereitet. Deshalb wurde genau festgehalten, welche Frucht sich im Boden befindet. So sind darunter ein Acker im »anderen Bau« (= d. h. im vierjährigen Dungzyklus das zweite Dungjahr), halb mit Weizen, halb mit Roggen eingesät sowie ein Jauch »der untere Steigacker« am Harnischwaal im »dritten Bau« mit Roggen bestellt, schließlich ein Acker, genannt der Obere Steigacker, im vierten Bau mit Roggen eingesät. Neben der Verpflichtung die überlassenen Grundgüter und Gebäude nicht zu »verschlechtern«, übernahm der Maier die Aufgaben:

- alle Kreuz- und Kirchgänge zu versehen;
- das Getreide für den Bedarf der Kommende auf der ihr gehörenden Urtl-Mühle mahlen zu lassen;
- die Aufsicht über den Brunnen der Deutschordenskommende auszuüben, aus dem die Anwohner zu ihrer Notdurft Wasser schöpfen durften;
- den Weinzehnt in Goldrain und Vezzan einzufahren;
- den Getreidezehnt im Kortscher, Göflaner und Schlanderser Revier einzusammeln und in den Stadl einzulegen sowie dort dreschen zu lassen, wofür er das Stroh behalten und zudem 50 Star Roggen und 12 fl für das Einsammeln der Garben behalten darf;
- überzähliges Mastvieh und Stechkälber um den gebührenden Preis zuerst dem Komtur anzubie-

---

248 Die Bestandsbriefe befinden sich im Fürst Thurn und Taxis'schen Zentralarchiv, Regensburg, Bestand Kellereiamt – Rentamt Meran, Akten n. 27.

ten; wenn er es nicht haben will, kann er es verkaufen, wem er will;
- aus dem Gemeinen Wald hat er 16 Fuder Brennholz zu holen und für die Kommende richten zu lassen;
- wenn Holz in Martell geschlagen wird, 2000 Prügel zur Kommende nach Schlanders zu führen, wofür ihm 500 als Lohn verbleiben sollen;
- alle Lärchen- und Zirbenstämme »auf die Sag zu führen« und dort schneiden zu lassen;
- jährlich fünf Schöt lärchene Schinteln zu machen;
- für die Unterhaltung der Gebäude zwei Tagwerk (2 Maurer, 2 Zimmerleute) pro Jahr auf eigene Kosten zu leisten;
- alle Jahre 22 Star Rüben zu putzen und zu Kraut einzuhacken und
- schließlich jeden Tag 1 Maß Milch (ca. 2 Liter) und wöchentlich ein Scheet (ca. 4,4 kg) Butterschmalz gegen Entgelt dem Komtur zu reichen.

Neben diesen Verpflichtungen entrichtete der Maier natürlich Grundzinsen in Naturalien, die aber im Bestandsbrief nicht näher festgehalten wurden. Im Urbar der Deutschordenskommende Schlanders von 1578/79 wurden indes solche Zinsleistungen verzeichnet. Demnach hatte der damalige Bestandsmaier Manng Cristann dem Komtur von den Baugütern 100 Star Weizen, 150 Star Roggen, 150 Star Fuetter (= Hafer), an Zehnt 50 Star Weizen, 100 Star Roggen, 50 Star Hafer und ein Fuder Heu[249] als Grundzins abzuliefern. Außerdem hatte er eine Kaution zu hinterlegen, die 1686 200 fl betrug, allerdings aber mit 10 fl jährlich verzinst wurde (Zinssatz 5 %). Das aufgestallte Vieh, das Stück für Stück beschrieben wurde, gehörte der Kommende und hatte einen Wert von 477 fl 30 x, darunter als wertvollstes Stück eine vierjährige Stute mit einem Fohlen im Wert von 34 fl. Auffallend ist, daß der Maier keine Schafe und Ziegen hielt. Beim Abzug verblieben die Tiere auf dem Maierhof, wobei dann eine Kommission den Wert des Viehs neu einzuschätzen hatte. Gegebenfalls wurde dann von der Deutschordenskommende dem abziehenden Bestäder ein Wertausgleich in Form von Geld zugesprochen oder es mußte umgekehrt der Maier ein Aufgeld zahlen, wenn Anzahl und Qualität des Viehbestandes sich vermindert hatten.

Auffallend wenige Nachrichten beziehen sich auf das Kleinvieh, also auf die Schafe, Ziegen, Schweine und Hühner. Lediglich aus den Zinsregistern erfahren wir, daß es sie doch in größerer Zahl gegeben haben muß. Der Maier von St. Jenewein zinste jährlich dem Kloster Marienberg ein Schwein im Wert von 4 Pfund Berner[250]. Dieses Schwein mußte ein gut gemästetes, fettes Tier gewesen sein und stellte etwa den Gegenwert von 4 bis 5 Mutt Roggen dar. Wenn nicht alles täuscht, dann hatte die Schweinehaltung stets einen geringen Umfang. Vermutlich wurde auf den Höfen nicht mehr als ein Schwein mit den Speiseresten des bäuerlichen Haushalts und den verwertbaren Abfällen der Milchwirtschaft aufgezogen und dann in der kalten Jahreszeit, zumeist vor Weihnachten geschlachtet. Etwas umfangreicher scheint die Hühnerhaltung gewesen zu sein. Wiederum bieten uns die grundherrlichen Urbare und Zinsregister erste Hinweise. Demnach mußten Kapaune (kastrierte Hähne), Schnitthühner und Fasnachtshühner sowie jede Menge Eier zu den Zinsterminen im Frühjahr und Herbst abgeliefert werden. Anhand der Fasnachtshühner läßt sich zudem indirekt auf die Existenz der Fasnacht in Schlanders im ausgehenden Mittelalter schließen, da man während der Fastenzeit selbst kein Fleisch und keine Eier essen durfte und es daher »vernünftiger« war, die in das erwachende Frühjahr hinein reger legenden Hühner zu schlachten und somit die Eierproduktion vorübergehend zu reduzieren. Obwohl schon in den Urbaren von Marienberg und Müstair gegen Ende des 14. Jahrhunderts (1390 und 1394) die Fasnacht als Zinstermin genannt wurde, so fehlen doch darin die Fasnachtshühner. Für Schlanders sind sie erst im landesfürstlichen Urbar von 1489 ausdrücklich erwähnt[251].

Die individuelle Bodenbewirtschaftung und Viehhaltung wurde in den meisten Fällen vom Genuß der »gemainen Rechte« ergänzt. Darunter verstand man in der Vergangenheit die Teilhabe an der Alp-, Berg- und Talweide, das Recht auf Bau- und Brennholz, der Waldstreuentnahme sowie das

---

249 Fürst Thurn und Taxis Zentralarchiv Regensburg, Bestand Kellereiamt – Rentamt Meran, Akten n. 22 (Urbar D.O.C. Schlanders 1578/79), f. 84v.

250 SCHWITZER, Urbare (wie Anm. 11) S. 36.
251 Tiroler Landesarchiv Innsbruck, Urbar 13/I, f. 10r.

Recht auf Wasser aus den »gemainen Wasserwaalen« zum Zweck der Bewässerung der Wiesen und Felder. Diese Rechte waren ursprünglich gleich bemessen, waren aber im Lauf der Jahrhunderte durch die Güterteilung zu unterschiedlich fixierten Anteilen geworden. Auch die »gemainen Rechte« konnten mitunter als Realrechte veräußert werden, freilich unter der Voraussetzung, daß sie nicht an auswärtige Personen verkauft wurden. In der Zeit des starken Bevölkerungswachstums gegen Ende des 18. Jahrhunderts sicherte der Besitz eines Anteils an den »gemainen Rechten« oft das Überleben der kleinbäuerlichen Familie.

3.2.2 Rares Gewerbe

Schlanders, heute Mittelpunkt des Vintschgaus, hatte in der Vergangenheit ein vergleichsweise bescheidenes Gewerbe, das ganz von den Bedürfnissen seiner bäuerlichen Umwelt geprägt und abhängig war. In den engen Grenzen einer auf Subsistenz, d.h. auf Erhaltung des Lebens, nicht auf Marktwirtschaft ausgerichteten ländlichen Wirtschaft, hat sich das Spektrum gewerblicher Aktivitäten nach und nach ausgebildet und entwickelt, mit schwankenden Einkommen zwar, die eine agrarische Absicherung erforderlich machten. Noch 1779 kann man aus einer Notiz im Theresianischen Kataster zur Steuereinschätzung des Färbers Martin Tuile erfahren, daß Schlanders kein Gewerbsort sei. Der Färber ernähre sich meistenteils mit Tagwerk, heißt es weiter.

Am Anfang der historischen Überlieferung stehen die wasserabhängigen Gewerbe, wie die Mühlen, Gerbereien, Sägemühlen und Tuchwalken. Der Mühlbach oder der *gemeine Bach,* wie er 1389[252] genannt wurde, ist der wichtigste Standortfaktor für die Gewerbeentwicklung. An diesem Triebwerkskanal, der das Wasser aus dem Schlandraunbach erhielt, reihten sich alle vom Wasser abhängigen Gewerbe gleichsam wie auf einer Perlenschnur auf. Oben wurde bereits kurz darauf eingegangen. In diesem Zusammenhang seien noch einige chronikalische Nachrichten mitgeteilt. Die Erwähnung des Mühlbachs 1389 geschah in Verbindung mit der Verleihung eines Rechtes zum Bau eines Wasserrades und einer Stampfe für Heinz dem Slämpolt. Zunächst hat es den Anschein, als ob es sich bei dieser Verleihung um einen alltäglichen Vorgang handelte. Dem ist aber nicht so! Bemerkenswert ist nämlich zum einen, daß das Recht zum Bau der Stampfe von allen sechs Dorfmeistern der Gemeinde Schlanders gemeinsam verliehen wurde. Zum andern verdient die Tatsache hervorgehoben zu werden, daß die Anrainer ihre Zustimmung zur Errichtung des neuen Triebwerks gaben. Dieser Rechtsakt beweist, daß zu dieser Zeit nicht jeder Wasserlauf der landesfürstlichen Verfügungsgewalt unterworfen war. Insofern ist der Mühlbach kein öffentliches Gewässer, sondern ein Wasserlauf im Teileigentum der Anrainer und der Schlanderser Dorfgemeinschaft.

Außer der Stampfe des Heinz des Slämpolts existierten weitere Wassertriebwerke, wie die Urtlmühle am Mühlbach zu unterst des Dorfs, die zuerst im Urbar des Deutschen Hauses von 1334 genannt wird[253]. Dicht dabei hatte die Deutschordenskommende Schlanders eine Sägemühle, deren Existenz 1451 bezeugt ist[254]. Wie alle Getreidemühlen war die Urtlmühle in der Neuzeit keine Bannmühle der Grundherrschaft des Deutschen Ordens, sondern eine freie Mühle, auf der jeder sein Getreide schälen (Gerste) und mahlen lassen konnte. Ferner gab es eine landesfürstliche Mühle, für die der Amtmann Otto von Latsch 1291 die Lieferung eines Mühlsteins im Wert von 2 Pfund Berner verrechnete[255]. Älter als alle bisher genannten Mühlen ist jene des Marienberger Ladurn- oder St.-Jeneweins-Hofs, die anläßlich des Gütertauschs zwischen Graf Arnold (III.) von Morit und Ulrich von Tarasp 1148/49 ausdrücklich in das Rechtsgeschäft einbezogen wurde[256]. Sie erhielt wohl direkt aus dem Schlandraunbach das An-

---

252 Spitalarchiv Schlanders, Abt. Urkunden, Urk. Nr. 1 von 1389 Dezember 27 (Regest Hermann Theiner).
253 Archiv des Germanischen National-Museums Nürnberg: »*Div muel ze Urtail von akkern vnd wisen geit VIII modios vnd V schoet chaes.*«
254 Fürst Thurn und Taxis Zentralarchiv Regensburg, Bestand Kellereiamt – Rentamt Meran, Akten n. 8 (Urbar D.O.C. Schlanders von 1451), S. 57: »*Item der müllner von urtail zinst II lb von der Hofstatt pei der müll, da die sag auf gestanden ist*«.
255 HAIDACHER, Tiroler Rechnungsbücher (wie Anm. 9), S. 347.
256 Tiroler UB I/1, n. 233, S. 102: »*... et cum uno molendino ...*«

triebswasser. Die Mühle des St.-Jeneweins-Hofs ist zugleich ein Indiz für das Bestreben des Grundherrn, von fremden Dienstleistungen unabhängig zu sein. Sie darf als ein äußeres Zeichen für eine autark wirtschaftende *villicacio* gelten, d. i. ein hochmittelalterlicher Maierhof, der zugleich als Zinssammelstelle für die umliegenden Güter und Höfe desselben Grundherrn diente.

Die Nähe des Wassers suchten früher auch die Rot- und Weißgerber, die zum Gerben der Häute und Felle viel Wasser benötigten und anschließend das verschmutzte Wasser bequem über den Mühlbach oder den Schlandraunbach beseitigen konnten. Nach den Angaben des Theresianischen Katasters von 1779 übten zwei Weißgerber, die sich auf das Gerben feiner Leder und Felle mit Mineralsalzen spezialisiert hatten, in ihren Werkstätten am Mühlbach ihr Handwerk aus. Die Rotgerberwerkstatt des Dominikus Ortler stand 1779 an der Spitalbrücke am Schlandraunbach. Er gerbte Ochsen- und Kuhhäute mit Lohe (z. B. Eichenlohe) zu Sohlleder und Leder für Sattler und Riemer. Von Dominikus Ortler ist noch überliefert, daß er 1752 dem Rotgerber Johannes Singer aus Meran 50 fl für Leder schuldete[257]. Eng mit der Gerberei verbunden war einst auch das Kürschnerhandwerk. Ein Kürschner läßt sich bereits 1334 im Urbar der Deutschordenskommende Schlanders ausfindig machen. Jaeklin der Kursnær besaß ein Haus nach Burgrecht, d. h., er genoß ein anderes Besitzrecht, das ihm im Gegensatz zu seinen bäuerlichen Mitbewohnern Freiheiten beim Verkauf und Vererben einräumte. Damit wird seine Person und sein Handwerk besonders gewürdigt und reiht ihn in die dörfliche Ehrbarkeit ein. Das hohe Ansehen eines Kürschners wird 1501 ein weiteres Mal aktenkundig. Damals erreichte der Kürschner Hans Hilprant anläßlich einer Rompilgerfahrt einen Ablaßbrief von Kardinälen, mit dem diese alle Gläubigen zum Besuch der 1499 zerstörten Hl.-Geist-Kirche von Schlanders einluden, durch Spenden die Wiederherstellung des, von den Bündnern in Brand gesetzten, Gotteshauses am Schlandraunbach zu fördern[258].

Vom fließenden Wasser waren endlich auch die Bader und die Metzger abhängig. Die Bader, weil sie das Wasser nicht nur zum Bereiten von warmen und kalten Bädern benötigten, sondern auch weil sie oft den Aderlaß bei kranken und gesunden Männern und Frauen vornahmen. Wasser war also stets zum Reinigen der Badstube in größerer Menge erforderlich, wie übrigens auch beim Metzger, der seine Schlachtabfälle in den Mühlbach schüttete und mit frischem Wasser die »gemeine Metzbank« reinigen konnte. Der gemeine Metzger zu Schlanders setzte nach einer Notiz in der Metzgerordnung von Latsch von 1607 die Fleischpreise im Gericht Schlanders fest[259] und 1520 wird der Metzger Hainrich Pöndler erwähnt[260]. Das Baderhandwerk wandelte sich nach dem Dreißigjährigen Krieg merklich. Der letzte Bader erscheint in den Schlanderser Quellen 1672.[261] Bereits 1676 wird der Barbierer Martin Tanzer genannt, dessen Stelle dann 1715 der Barbierer und Wundarzt Georg Jöchl einnahm[262].

Die Berufe und Handwerke früherer Zeiten lebten wesentlich von den Rohstoffen ihrer Umgebung, d. h., wie im Fall der Gerber von den Fellen und Häuten, die von den Bauern und Metzgern des Ortes und der näheren Umgebung erworben wurden, oder der Lohe, die man in den heimischen Wäldern aus der Rinde der Fichte, Lärche oder der Eiche gewann. Analog dazu kamen die Rohstoffe der Textilhandwerker, wie Wolle, Lein und Hanf, entweder aus der eigenen Tier- und Haushaltung oder sie wurden auf den lokalen Märkten eingekauft. Für die Bekleidung der bäuerlichen Bevölkerung hatte stets die Schafwolle von den hochgelegenen Schwaighöfen größere Bedeutung. Zunächst vor allem für die Lodenherstellung, dann aber, mit dem steigendem Wunsch nach feineren Geweben, war sie auch für das Aufkommen eines eigenständigen Weberhandwerks und – darauf basierend – für den Tuchscherer maßgebend. Weber und Tuchscherer waren bereits spezialisierte Berufe, die sich auf die Verfertigung feinerer Wolltuche verstanden. Urkundlich sind sie freilich erst relativ

---

257 Spitalarchiv Schlanders, Akten III/18 – Nr. 45 (Regest Hermann Theiner).
258 Spitalarchiv Schlanders, Abt. Urkunden, Urk. U 8, datiert 1501 Dezember 26 – Rom.
259 TW IV, n. 24, S. 233.
260 RIEF, Regesten Allerengelsberg (wie Anm. 218), n. 1191 von 1520 März 6.
261 Spitalarchiv Schlanders, Abt. III/18 – Nr. 9.
262 Spitalarchiv Schlanders, Abt. III/17 – Nr. 14 von 1676 Juli 16 und Nr. 59 von 1715 Februar 12 – Schlanders.

spät greifbar. 1524 übte Oswalt Pitsch den Beruf des Tuchscherers aus[263], ein Webermeister ist erstmals 1469 bezeugt[264]. An die Verwertung der Rohstoffe der Umgebung erinnern schließlich ein Steinmetz 1517 (*Caspar Reutter*), ein Drechsler 1394 (*Jaeclinus tornator*), ein Weinbrenner 1515[265]. Nicht fehlen durfte natürlich ein (Huf-)Schmied, der mit Martin dem Schmied bereits 1334 nachweisbar ist[266]. Woher er das Eisen bezog, ist nicht bekannt. Vermuten darf man, daß es entweder von der Schmelzhütte im Suldental oder von der Eisenschmelze auf dem Ofenpaß bezogen wurde.

Schlanders war nicht das Glück beschieden, bis zum Ende des Alten Reiches (1806/15) mit einem Marktrecht ausgestattet worden zu sein. Im späten Mittelalter waren die nächstgelegenen Marktorte Glurns und Meran. Auf den dortigen Herbst-Märkten verkauften die Viehbesitzer überzähliges Vieh und Produkte ihrer Viehhaltung, wie Käse, Butter und Butterschmalz, Loden, Speck und luftgetrocknetes Rindfleisch, um sich das für allerlei Zwecke benötigte Bargeld zu beschaffen. Dort erwarben sie aber auch die im bäuerlichen Haushalt nicht vorhandenen Artikel, vor allem Salz, Messer, Nägel, Leder, Wein und Pfeffer[267]. Für die Versorgung der Bevölkerung hatten die periodisch wiederkehrenden Märkte allerdings den Nachteil, daß jene außerhalb dieser Marktzeiten nicht am Warenaustausch weiter entfernter Regionen teilnehmen konnte, obwohl durch ihr Tal einer der bedeutendsten Handelswege quer durch die Alpen führte. Auf die Raststationen und Gastwirtschaften, die in diesem Zusammenhang entstanden, wurde schon oben hingewiesen. Gleichsam in die Lücke der zeitweisen Unterversorgung stießen die schon früh in den Dörfern auftauchenden Krämer (*stationarii, cramerii*) sowie die Wanderhändler und Wanderhandwerker. Für Schlanders wird ein solcher Händler oder Krämer 1357 mit Heinz Umbraser faßbar. Dieser hatte sogar etwas Latein gelernt und versuchte sich auch als Dichter. Mit diesen Kenntnissen wurde er 1366 Schreiber des Peter von Schlandersberg[268] und kam als solcher im inneren Alpenraum weit herum. Immer wieder finden sich Namen von vermutlich abgewanderten Händlern, die die Beziehungen zu Schlanders aufrecht hielten, wie z. B. der Bozner Kaufmann Conrad Grill, der in der ersten Hälfte des 14. Jahrhunderts lebte und in der Dompfarrkirche zu Bozen zwei Votivbilder stiftete. Näher als Bozen liegt Meran, wo etliche Schlanderser Bürger die Dienste von Notaren in Anspruch nahmen, so 1328 der Richter Berthold von Rubein, der sich von dem Notar David von Meran den Kauf des Brugghofes notariell bestätigen ließ[269]. Zu Beginn des 15. Jahrhunderts unter Herzog Friedrich mit der leeren Tasche wird dann Meran zum privilegierten Handelsplatz für das Vintschger Korn[270], so daß sich aufgrund dieser Absatzbeziehung wechselseitige Impulse und Kontakte zur Entwicklung des lokalen Handels ergaben. So wird auch verständlich, warum hier nicht nur Meraner Getreidemaße galten, sondern auch in Meraner Verfachbüchern Rechtsgeschäfte von und mit Schlanderser Einwohnern aufgenommen und »verfacht« wurden, d. h. schriftlich festgehalten wurden und damit Rechtskraft erlangten[271]. Vielleicht ist gerade die Nähe zu Meran der Grund dafür, daß sich im Spätmittelalter und in der frühen Neuzeit in Schlanders kein Markt entwickeln konnte und das geringe Nachfragepotential nur Platz für einige wenige Kleinhändler bot. Daraus wird man allerdings nicht schließen können, daß die Schlanderser Händler in der damaligen Welt nicht herumkamen, oder gar sagen dürfen, daß sie nicht genügend zum Leben gehabt hätten. Vielmehr dürfte das Gegen-

263 Spitalarchiv Schlanders, Abt. Urkunden, Urk. U 45.
264 Fürst Thurn und Taxis Zentralarchiv Regensburg, Bestand Kellereiamt – Rentamt Meran, Akten n. 9 (Urbar D.O.C. Schlanders 1469) »Fuchs der Weber«.
265 Spitalarchiv Schlanders, Abt. Urkunden, Urk. U 25 von 1515 Andre Schwarz, Weinbrenner; U 33 Caspar Reutter, Steinmetz von 1517; SCHWITZER, Urbare (wie Anm. 11) S. 206.
266 Archiv Germanisches National-Museum, Urbar des Deutschen Hauses zu Schlanders 1334, f. 1.
267 So zinste 1390 ein gewisser Vitus Pfeffer im Wert von einem Pfund Berner, die Inhaber einer kleinen Wiese neben dem Haus des Nikolaus Wanarius zinsten ebenfalls Pfeffer, vgl. SCHWITZER, Urbare (wie Anm. 11) S. 118.
268 OTTENTHAL, Rechnungsbücher (wie Anm. 81), S. 599 A. 1 und S. 560.
269 KARNER, Helga (Bearb.): Die Tätigkeit des Notars David von Meran. Teiledition seiner Imbreviatur aus dem Jahr 1328. Masch. Diss. Univ. Innsbruck 1985, n. 27.
270 HYE, Franz-Heinz: Meran – Vorort des Vinschgaus, in: Der Vinschgau und seine Nachbarräume, hg. von R. Loose. Bozen 1993, S. 29.
271 Vgl. MOESER/HUTER, Ältestes Tiroler Verfachbuch (wie Anm. 16), s.v. Schlanders im Register.

teil richtig sein, wie jener Fall lehrt, der uns in den Akten des Spitalarchivs Schlanders überliefert ist und bei dem 1530 ein Kaufmann mittelbar und notgedrungen zum Wohltäter des Spitals geworden ist. Damals stiftete Wolfgang Premb 20 Mark dem Hl.-Geist-Spital, welche ihm der Krämer Heinz Rüer schuldete[272]. Der Händler Heinz Rüer wird wohl nicht die ganze Summe auf einmal bezahlt haben, denn dafür war sie doch zu hoch! Immerhin bedeutete die Summe den damaligen Gegenwert eines Paars guter Zugochsen (ca. 40 fl).

Vom Verkehr auf dem *Oberen Weg* über den Reschenpaß profitierten im wesentlichen die Wirte. Viele der im Theresianischen Kataster von 1779 verzeichneten Gastwirtschaften (s. oben) zählten zugleich zu den größeren landwirtschaftlichen Betrieben. Viele Gasthäuser gehen noch in das beginnende 16. Jahrhundert zurück. Vor dem Datum 1499 bleiben allerdings die Nachrichten über die Gastwirtschaften und Übernachtungsmöglichkeiten spärlich. Überliefert ist aber, daß in dem *Haus an Casein* 1397 der Gastgeb Conrad hauste[273]. Wo Kaiser Ludwig der Bayer, als er 1330 durch den Vintschgau zog in Schlanders nächtigte[274], ist leider nicht überliefert. Ob er in einer gewöhnlichen Herberge oder nicht doch in der Deutschordenskommende abstieg, dies hat leider kein Chronist für die Nachwelt festgehalten.

Die Gastwirtschaften sind nicht unbedingt ein Zeichen für zentralörtliche Funktionen von Schlanders, eher für den hohen Rang der alpenquerenden Handelsstraße über den Fern- und Reschenpaß von Oberdeutschland nach Oberitalien. Außer dem Gericht und der Pfarrkirche existierten keine weiteren Einrichtungen von herausgehobener Bedeutung, aus der ersichtlich würde, daß die Siedlung am Fuß des Gadria-Kegels regionale Versorgungs- und Verwaltungsaufgaben wahrgenommen hätte. Aber auch diese Aufgaben sind letztlich verordnete administrative Funktionen, allein vom Willen des Landesherrn und des Bischofs abhängig, in dem Sinn wie 1332, als König Heinrich von Böhmen in seiner Eigenschaft als Tiroler Landesfürst verfügte, daß Konrad Planta die Zinse von dem ihm verliehenen Eisenbergwerk im Wald von Valdera (d. i. am Ofenpaß im Münstertal) an den Richter von Schlanders abzuliefern habe, zum Zeichen, daß das Bergwerk zur Grafschaft Tirol gehörte[275]. Handel und Dienstleistungen stagnierten wohl in der frühen Neuzeit. Gleichwohl tauchen neue Berufe und Gewerbe auf, wie der Schulmeister, der Arzt und der Apotheker. Eine Apotheke bestand schon gegen Ende des 17. Jahrhunderts. Die heutige Apotheke hingegen wird namentlich mit dem Apotheker Franz Ruprecht Würstl aus Schwaz erstmals in Schlanders gegen Ende des 18. Jahrhunderts greifbar[276]. Ein an einer Universität ausgebildeter und geprüfter Arzt tritt uns mit Jacob Ratschiller 1755 entgegen. Um ihn in Schlanders zu halten, bewilligte die Gemeinde ihm ein Wartgeld, eine Art Verdienstausgleich bzw. ein Gehaltsminimum[277]. Mit Alois Vögele aus Nassereith (geboren 1762) begegnet uns dann ein weiterer Arzt und Wohltäter. Sein Grabstein ist am Eingang der Pfarrkriche noch erhalten. Apotheker und Wundarzt stehen nicht isoliert, sondern sind Ausdruck des Bemühens des neuzeitlichen Staates, die Seuchenabwehr und die Gesundheitsfürsorge der Verantwortung der Kommunen zu entziehen und eigenen Kontrollorganen zu unterstellen.

Bereits zuvor hatte sich im Bereich des Gerichtswesens und der Rechtssprechung ein ähnlicher Vorgang vollzogen, wo mit an Universitäten ausgebildeten und beamteten Juristen und Fachleuten eine Keimzelle der staatlichen Verwaltungstätigkeit entstanden war. Die Richter, Gerichtsschreiber, Gerichtsanwälte und Notare als Vertreter dieser »öffentlichen Verwaltung« zählten in Schlanders gleichsam zur dörflichen Elite. Für ihre Tätigkeit erhielten sie schon früh ein festes Jahresgehalt, mit dem sie als einzige Sozialgruppe in der frühneuzeitlichen Gesellschaft auch in wirtschaftlichen Krisenzeiten noch gut über die Runden kamen. Ihr Rang und Ansehen ermöglichte es ihnen,

---

272 Spitalarchiv Schlanders, Abt. Urkunden, Urk. U 46 (Regest Hermann Theiner).

273 RIEF, Regesten Allerengelsberg (wie Anm. 218), n. 133, datiert 1397 Januar 24 – *in domo Conradi hospitis an Chasein*.

274 RIEDMANN, Schlanders in Mittelalter und Neuzeit (wie Anm. 41), S. 428.

275 SCHNYDER, Werner (Bearb.): Handel und Verkehr über die Bündner Pässe im Mittelalter zwischen Deutschland, der Schweiz und Oberitalien. Zürich 1973, Bd. 1, n. 104, S. 146.

276 In einer Randnotiz des Theresianischen Katasters ist bei KN 311 als Besitzer »Herr Franz Ruprecht Würstl, Apotheker« nachgetragen.

277 Spitalarchiv Schlanders, Akten III/13 – 13/18.

in ortsansässige begüterte Familien einzuheiraten. Verwiesen sei auf den Fall des Sebastian Stainer, der 1719 von Absam nach Schlanders kam, dort heiratete und 1733 Gerichtsschreiber wurde[278]. Sein Sohn Dr. Sebastian Anton Stainer, ebenfalls Gerichtsschreiber, besaß dem Theresianischen Kataster zufolge den Ansitz Schlanderegg.

Daß auch die Kunst noch ihren Mann in Schlanders zu ernähren vermochte, sei abschließend erwähnt. Immerhin lassen sich aus den Quellen drei Namen beibringen: 1675 erscheint ein Thoman Mayr, *der Freyen Khunst Maler*, in einem Schuldbrief des Spitals[279], dann der oben genannte Hieronimus Peteffi und schließlich Franz Lanser, der in Schlanders 1779 einen kleinen Acker von einem halben Jauch sein Eigen nannte[280].

Die Pfarrkirche von Schlanders mit ihrem ungewöhnlich hohen (90 m) und schlanken Turm.

278 STAFFLER, Hofnamen Schlanders (wie Anm. 8), S. 128.
279 Spitalarchiv Schlanders, Abt. III/18 – Nr. 14.
280 KN 651.

Hans Nothdurfter

Die Kirchengrabungen von St. Laurentius und St. Georg in Kortsch

Im neu zu bearbeitenden Landschaftsplan von Schlanders sind nur zwei Flächen als archäologisch bedeutsam einzutragen: die Eisenbahnschleife im Bereich der Kaserne, wo beim Bahnbau 1905 in vier bis fünf Metern Tiefe ein laugenzeitliches Brandgräberfeld angeschnitten wurde, und der Bereich beim Lorenzihof mit der zu besprechenden Kirche, wo frühes Mittelalter, jüngere Eisenzeit und Spätbronzezeit ebenfalls in etwa fünf bis sieben Metern Tiefe liegen. Es trifft für alle Schuttkegel zu, daß archäologische Funde in großer Tiefe zu erwarten sind.

Schlanders liegt näher dem Talboden, schon etwas abseits vom großen Gadria-Schwemmfächer, Kortsch zieht sich an dessen östlichem Rand entlang, etwas geschützt, am westlichen Ausläufer aber liegt Laas, das früher viel mehr unter den Muren zu leiden hatte.

Die Fraktion Kortsch hat ein sehr ausgeprägtes Eigenleben, sie führt in Eigenregie Wälder, Weiden und Hochalpen, ebenso die Wasserrechte. Als die Fraktion einige hundert Hektar des Gadria-Murkegels planierte, ging es auch um das Löschen von bis zu zwanzig Durchfahrtsrechten durch manche Parzellen und um die Finanzierung von Auffangbecken für die sommerlichen Starkregen. Die Verantwortlichen waren sich bewußt, daß mit solchen Regelungen jahrhundertealte Rechtszustände verlorengingen. Wie um Abbitte zu leisten, gaben sie ein Buch heraus, das die Wasserrechte und die Gerichtsurteile sowie die ältere Siedlungs- und Wirtschaftsgeschichte festhält.[1] So wissen die jungen Kortscher Bauern heute mehr über ihre Fraktion als die akademisch gebildeten Unterrichtenden der Oberschulen von Schlanders. Und wenn man beim Scheibenschlagen tagelang die Plätze der Dorfgruppen vor Schädigung durch andere Dorfgruppen schützt, dann ist da noch etwas von Ortskernen zu spüren, aus denen einst das Dorf zusammengewachsen ist.

Mehrere Ortskerne entwickelten sich im Frühmittelalter um große grundherrschaftliche Höfe. Zu diesen gehörten Kirchen. Der Ortskern um St. Johann im Mitterdorf gehört nach dem Restitutionsedikt des 10. Jahrhunderts (931) zum *praedium Sti. Corbiniani* und ist freisingisches Gut. Als Kirche des mächtigsten Grundherrn hat sich St. Johann zur Pfarrkirche entwickelt. Die Kirche St. Laurentius beim gleichnamigen Maierhof im Unterdorf weist auf einen zweiten Siedlungskern. In gerader Linie über St. Laurentius liegen zwei weitere Kirchen. Am Schatzknott, der bereits prähistorisch besiedelt war und eine kleine Burg trug, von der heute noch ein kleines Stück Mauer zu sehen ist – der Rest des Platzes (einst Weideland für drei Kühe für einen Tag) wurde in den dreißiger Jahren für den Kasernenbau abgebaut –, steht die romanische Kirche St. Ägidius mit dem ältesten Christophorusbild in Tirol. Nach Weingartner ist es die einstige Kirche St. Valentin.[2] Dann wäre es die Kirche des Milanzhofes, eines zweiten frühmittelalterlichen Siedlungskerns im Unterdorf. Nichts wissen wir über die Zugehörigkeit der St.-Georgs-Kirche,[3] noch einmal 150 m höher in den Felsen.

---

1   Die Zeit des Umbruchs. Kortsch. Die Geschichte seiner Landwirtschaft. Meliorierungskonsortium Kortsch (Hrsg.), Bozen 1986; darin für diesen Beitrag wichtig: Rainer Loose, Zur älteren Siedlungs- und Wirtschaftsgeschichte von Kortsch, S. 10–26.

2   St. Valentin wäre ein Besitzanzeiger zum Milanzhof, in Kortsch mit Winkelhof identisch. Dieses frühmittelalterliche Gut von Kloster (zuvor Viktoriden) ist in der Gegend von Glurns zu lokalisieren und weist eine Valentinskirche auf. Aus diesem Grund ist St. Ägidius, nach Weingartner einst St. Valentin, mit Streubesitz und dem Kortscher Milanzhof im Unterdorf zusammenzubringen. Erstnennung um 1156, bzw. 8. Jahrhundert: Rainer Loose, Tabelle S. 16.

3   Der vor 1121/1152 vorhandene Besitz des Vogtes von

Fraktion und Pfarre haben die aufgelassenen Kirchen nie ganz aus den Augen verloren. In den achtziger Jahren liefen Bestrebungen, die Kirchen St. Georg und St. Valentin zu sanieren oder wiederherzustellen und sie in einen Besinnungsweg einzubeziehen.

Das Denkmalamt ließ zunächst einen Plan von St. Georg erstellen. Bei St. Laurentius wurde der schmale Streifen zwischen der Kirchennordmauer und der bergseitigen Stützmauer ergraben[4]. Im November und Dezember 1992 und dann wieder im Januar 1994 wurde St. Laurentius archäologisch untersucht und anschließend restauriert. Im Sommer 1995 und 1996 wurden Sondagen in St. Georg und der angrenzenden Hangverebnung durchgeführt.[5] Die Befunde sind völlig unterschiedlich.

St. Laurentius

Die Kirche St. Laurentius liegt eingeklemmt zwischen dem Wohnbau des Lorenzihofes im Westen und einem mittelalterlichen Zuhof im Osten.

Die Westmauer der Kirche dient als Ostmauer des Wohngebäudes, dieses ist nach Süden verlängert. Im Osten kann man gerade um die Apsis herumgehen. Nordseitig ist die Kirche, einst eingemurt bis zum Dach, durch eine gewaltige Hangstützmauer vor weiteren Erdrutschen geschützt. Das eingebrochene Schindeldach war vom letzten staatlichen Konservator Nicolò Rasmo neu gedeckt worden. Auch sonst war immer wieder der Wille vorhanden, die Kirche instandzuhalten, obwohl sie seit Josef II. aufgehoben war. Das Innere trug noch die Farben des 19. Jahrhunderts: das Putzgratgewölbe war weiß getüncht, das Schiff rot

Kortsch, St. Laurentius. Südansicht der Kirche: das romanische Portal mit dem eingebauten gotischen Spitzbogen, das kleine Fenster, das innen über den Gewölben des 16. Jahrhunderts liegt, die beiden gotischen Fenster mit den Veränderungen des 17. Jahrhunderts und das Predigerpodest für die Bittgänge der nachtridentinischen Zeit. Die Aufnahme zeigt den Zustand nach der Restaurierung von 1994.

Ottobeuren, Rupert von Ursin-Ronsberg mit der Georgskirche läßt sich aus den Quellen nach Rainer Loose nicht mehr zu lokalisieren, bzw. mit einem Hof direkt verbinden.

4   Lorenzo DAL RI, Ausgrabungen des Denkmalamtes Bozen in Sankt Stephan ob Burgeis (Gemeinde Mals) und Sankt Laurentius in Kortsch (Gemeinde Schlanders). In: Der Vinschgau und seine Nachbarräume, Bozen 1993, S. 51–64, hier S. 57 ff., mit Abb. 30–36. Notgrabung 1987 durch Gianni Rizzi von der »Società di Ricerche Archeogiche«.

5   Mitteilung durch Karl Gruber und Dekan Josef Mair; Zu den Flechtwerksteinen von Kortsch: Nicolò RASMO, Karolingische Kunst in Südtirol, Bozen 1981, S. 77 f. mit Abb. 107.

und die Apsis blau, soweit Schiff und Apsis nicht grün von Algen besiedelt waren. Südseitig außen ist an der Kirche ein Podium aufgemauert, von dem aus die Predigten gehalten wurden, wenn im Frühjahr ein jährlicher Bittgang zur Kirche zog. Das kostbare gotische Reliquiar mit einem kirchlichen ovalen Siegel ist erst 1977 von Diözesankonservator Dr. Karl Gruber und dem damaligen Pfarrer und jetzigen Dekan Dr. Josef Mair aus dem gotischen Altar entnommen worden. Es ist heute in der Pfarrkirche hinter dem Hochaltar unter Panzerglas verwahrt, gerahmt von den bei Erweiterung von St. Johann 1972 gefundenen karolingischen Flechtwerkfragmenten aus weißem Marmor.[6]

Die Kirche ist ein Rechteckbau mit schwach eingezogener Apsis, die Westmauer schräg gestellt. Die Länge des Schiffes beträgt innen 6,60 m, die Breite 4,25 m, die Apsis ist 3 m breit und 1,80 m tief. Mauerstärke Schiff 0,75 m, Apsis 0,85 m.

Außen sind Apsis und Nordmauer aus unbehauenen, liegend verwendeten Steinen in Lagen gemauert, die Nordostecke des Schiffes zeigt Eckquaderung in Höhe der Steinlagen. Die Süd- und Westmauer sowie die Triumphbogenwand zeigen dagegen, soweit fehlender Putz die Sicht zuläßt, fein ausgeführtes Quadermauerwerk. An der Südwestecke und im Türbereich, wo durch Wasserschäden alle Flächenputze abgefallen sind und nur der Fugenputz erhalten blieb, ist dieses Mauerwerk in Sicht belassen. Eine Kostbarkeit stellt das Portal dar: 0,83 m breit und 2,14 m hoch, rundbogig, der Bogen aus keilförmig zugehauenen Marmorquadern. In der Gotik wurde der obligatorische Spitzbogen durch Untermauerung gewonnen.

Am Triumphbogen, nur 0,45 m eingezogen, 3 m breit, aber 4,30 m hoch, wenn man vom ersten zugehörigen Estrich ausgeht, sind Mauerwerk und originale Farbspuren sichtbar. Der etwas gedrückt halbkreisförmige Bogen ist aus 30 bis 40 cm hohen schmalen Keilsteinen errichtet, Marmor und schwarzer Stein im Wechsel. Die Fugen sind schmal verstrichen und tragen einen ganz dünnen, mit dem Eisen gezogenen Fugenstrich, der Mörtel ist stark vergilbt, die Oberfläche wie versintert. In den Ecken der Triumphbogenwand sind kleine, 8 bis 14 cm hohe Quader exakt in liegendem Verbund mit horizontalem Fugenstrich gemauert, der alle 30 cm etwa einen roten Farbstrich bekam. Auch die Konche selbst zeigte Spuren einer roten Quaderung, doch war nicht zu entscheiden, ob sie auf dem originalen Fugenputz oder auf einem sehr dünnen ersten Flächenputz aufgetragen war. Solcher zeigte sich in Spuren am rechten Choreinzug. Soweit erkennbar, wiederholt der rote Farbstrich den älteren roten Farbstrich. An der Triumphbogenkante trug dieser dünne Flächenputz, zumindest im Bogenbereich, einen breiten roten und gelben Farbstreifen. Entlang des linken Bogenansatzes ist ein vertikaler roter Streifen sichtbar.

In der Apsis liegt ein kleines Schlitzfenster, wie es sich in vielen Kirchen des Landes findet. Es besteht aus zwei dünnen aufgestellten Steinplatten und einem horizontalen Überleger mit rundlicher Ausnehmung. Das Fenster ist 1,10 m hoch und verengt sich von ca. 0,50 m auf 15 cm und auf 0,70 m Höhe. In der Südmauer des Schiffes liegt im östlichen Teil ganz oben knapp unter dem Dachansatz, innen daher über dem Putzgratgewölbe, ein ebensolches Fenster, ein zweites müßte weiter westlich unter späteren Putzen verborgen sein.

St. Laurentius entpuppte sich im Zuge der Restaurierungsarbeiten als Juwel frühromanischen Kirchenbaus, datierbar etwa in das 12. Jahrhundert. Die Grabung galt natürlich der Suche nach einem eventuellen Vorgänger. Ein solcher fand sich nicht, stattdessen eine eigenartige Fundamentsituation, die zur Eleganz des Aufgehenden nicht zu passen scheint, es fanden sich vier Böden und mehrfache Änderungen im Altarbereich.

Während die Apsis keine vorspringenden Fundamente aufweist und die Spannmauer am Triumphbogen in der schönen Technik des Aufgehenden errichtet ist, ragen die Fundamente im Schiff bis zu 1 m vor: im Süden etwa 0,40 m, im Westen 1 m, im Norden verbreitert sich das Fundament von nur 0,30 m gegenüber dem Portal auf gut 1 m vor der Apsis. Die drei Steinlagen der Spannmauer sitzen auf diesem Vorfundament. Alle diese Fundamente bestehen mehr oder weniger deutlich aus einer ersten Lage von teils hochkant gestellten Steinen in Lehm, gefolgt von einem dicken horizontal gegossenen Mörtelband, dann einer Steinla-

---

6 Denkmalpflege in Südtirol 1991–1995 (1997), S. 64 f., und 1997 (1998), S. 31–34.

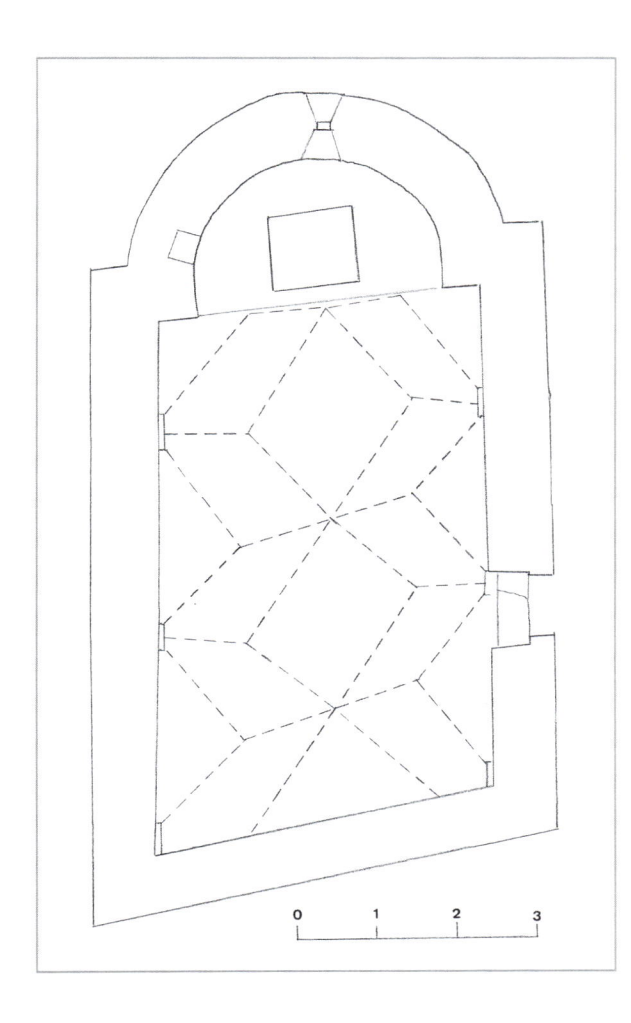

ge in Trockenmauertechnik und darüber wieder einem Mörtelband. Zwischen den Fundamenten liegt schwarze Erde mit großen Steinen und bronzezeitlicher und jüngereisenzeitlicher Keramik, wie sie vor einigen Jahren nordseitig außen angetroffen wurde. Es scheint Planierung zu sein.

Auf dieser Planierung wurde eine 20 cm starke Lehmschicht als Vorbereitung für den Boden, wenn nicht bereits als eigener Boden (D) eingebracht. Die Schicht ist in der Tiefe von einer dichten Steinpackung, an der Oberfläche nur von wenigen Steinen durchsetzt und endet in einer 0,5 cm starken Schmutzschicht, in die einige Freskenbruchstücke und ein braunes bauchiges Glasfragment eingetreten sind. Der Lehm ist grün, bisweilen gelblich und feinkörnig. Er bedeckt fast zur Gänze die vorkragenden Fundamente und bindet vorne an die Nordmauer sowie im Osten an die Apsis-Spannmauer.

In der Apsis liegt das Bodenniveau 18 cm höher als die Lehmschicht im Schiff, angezeigt durch die Stufen seitlich, heute unter dem Altar weiterlaufend. Zwei große Steinplatten vorn im Schiff bilden Stufen zur Apsis. Die untere Platte ist 0,80 × 0,60 m groß und 10 cm dick und zeigt an der Oberfläche viele parallele Rillen, wie ein Rückenmuster eines Figurenmenhirs. Sie liegt direkt dem grünen Lehm auf und geht unter die obere Platte hinein. Diese ist 1,20 m breit und 8 cm dick und liegt mit der Oberkante auf dem Niveau der Apsis. In der Apsis fehlt der Lehm. Dort ist in geringer Tiefe eine Lage Steine in Mörtel gelegt, derselbe Mörtel wie von Estrich C, aus dem sich der Negativabdruck eines Altares abzeichnete. Dieser wäre 0,80 m breit, 0,60 m tief und 0,30 m von der Apsisrückwand entfernt.

Die der Apsis vorgelagerten Stufen weisen vielleicht darauf hin, daß die Lehmschicht im Schiff zu einer ersten Nutzungsphase der Kirche gehört und nicht nur einen Lauf- oder Arbeitshorizont darstellte. Auf dieser Lehmunterlage, die ein ausgezeichneter Isolierfaktor ist, müßte ein Holzfußboden gelegen haben. Im Idealfall findet man dann die Abdrücke der Querhölzer und aus den Ritzen der Bodenbretter Kleingeld, wie die 83 Münzen aus St. Cosmas und Damian und die 201 Münzen aus Truden. Daß es hier gar keine Funde gab, heißt, daß die alte Lehmoberfläche mit den Resten des Holzbodens völlig abgeräumt worden ist.

Der erste sichere Kirchenboden (C) ist ein Estrich mit 20 cm dicker Steinpackung aus Bruch-

Oben: Kortsch, St. Laurentius. Alle Böden sind entnommen, sichtbar die vorkragenden Fundamente der Nord- und Südmauer, die soviel Kopfzerbrechen verursacht haben, weil sie die Frage nach einer Vorgängerkirche aufwarfen, doch nicht beantworten konnten. Vor dem Fundament der Apsisspannmauer die Altarstufen in Estrich D.

Links: Kortsch, St. Laurentius. Plan der Kirche. Mauerstärken 0,75 bis 0,80 m. Das Schiff ist 6,55 m lang und 4,10 m breit, die Apsis, um halbe Mauerstärke eingezogen, 3 m breit und 1,80 m tief. Das Fenster in der Apsis ist original, ebenso das Portal, nur ist der romanische Rundbogen durch einen gotischen Spitzbogen untermauert. Der Altar mit gotischer Marmorplatte kann noch dem 15. Jahrhundert entstammen, das Gewölbe mit schwarz bemalten Putzgraten stammt aus der Zeit um 1600. Restauriert 1994.

stein, in der Tiefe große Steine, an der Oberfläche kleine flache Plättchen, und mit 5 cm starker Mörtelauflage aus grobem Sand und kleinen Kiesanteilen von 1–3 cm. Dieser Estrich stieg von –20 (Quote 0 an Türschwelle) im Westen auf –10 im Osten und bedeckte damit die einstige Apsisstufe. 0,40 m hinter dem Apsiseinzug errichtete man eine neue Stufe von 10 cm und setzte einen neuen Altar, der nach Profil und Abdrücken 0,90 cm tief gewesen sein dürfte und dessen Putz unter Estrich C reichte.

Die Kirche war mit Estrich C lange in Verwendung. Der Estrich sank schließlich zur Mitte hin und im ganzen westlichen Bereich des Schiffes ein, bekam Sprünge und Löcher. Nur auf dem guten Fundament im vorderen Teil links war er spiegelglatt abgetreten und fast glänzend poliert, ebenfalls Hinweis auf lange Benutzung. In dieser Zeit erhielten Triumphbogen und Konche einen dünnen Wandputz, auf dem rote Farbstriche die vorausgehenden Fugenstriche wiederholten. Dann ist ein schwerer Brand zu verzeichnen. Er hat den Estrich rot gefärbt, nur wo dieser dicker ist als 5 cm, ist er weißlich grau. An der Südmauer innen und außen, am Portal und an der Westmauer innen ist der Fugenputz rot gebrannt, Steine sind brandgeschädigt, Teile abgeplatzt. An der Triumphbogenwand und in der Apsis ist kein Brand feststellbar, weil der betroffene Wandputz später abgefallen ist. Der stark beschädigte Estrich C wurde nach dem Brand mit einem grauen Mörtelestrich (B) sehr sorgfältig ausgebessert. Löcher wurden freigemacht und mit dem neuen Mörtel verschlossen. Vor dem Apsiseinzug und hinter dem Altar wurden nur kleine Flickungen vorgenommen. Das Niveau blieb im Osten unverändert, im Westen etwas erhöht. Die Stufe in der Apsis blieb 10 cm hoch. Der Altar blieb bestehen, das zeigte die Mörtelkante von Estrich B am Negativabdruck des Altares.

Wohl im 15. Jahrhundert erfolgte dann eine Reihe von größeren Eingriffen im Schiff und im Altarraum. Das Schiff erhielt einen dünnen flächendeckenden Wandputz. Der Vorgängeraltar wurde abgebrochen, der neue Altar fast an den Apsiseinzug vorgezogen. Die Marmorplatte mit Schräge mißt 1,20 × 1,00 m. In die Nische an der Stirnseite kam das Reliquiar: ein Noppenglas mit Siegel. Dann wurde in Schiff und Chor auf Quote der Tür-

Kortsch, St. Laurentius. In der Nordhälfte sichtbar der Lehmestrich D mit den zugehörigen zwei Stufen zu einem Vorgängeraltar. Der Estrich D deckt nur mühsam die vorkragenden Fundamente der Nordmauer. In der Südhälfte sind bereits alle Böden entnommen, das Fundament der Südmauer liegt frei.

schwelle Estrich A gegossen. Die Kirche dürfte noch immer eine flache Holzdecke und die kleinen Fensterchen gehabt haben.

Erst Ende des 16. Jahrhunderts wurde das Putzgratgewölbe eingezogen, in der Südmauer des Schiffes wurden zwei gotische Fenster ausgebrochen (im 17. Jahrhundert gräßlich verstümmelt), das romanische Portal erhielt durch Untermauerung den gotischen Spitzbogen, das ganze Schiff einen neuen Wandputz, der auf Estrich A verstrichen ist. Aufgemalte Weihekreuze zeigen grüne Girlandenmuster und rote Kreuze (?).

Im 18. Jahrhundert wurde auf den Westgiebel ein Türmchen gesetzt, die Konsolen könnten auch älter sein. Nocheinmal wurde die Kirche getüncht, und es dürfte eine neue Weihe erfolgt sein, denn es gibt Spuren von weiteren Weihekreuzen. Unter Josef II. wurde die Kirche geschlossen, aber erst in allerletzter Zeit ist sie zum bäuerlichen Lagerplatz verkommen.

Archäologie ist nicht schön, sondern harte Arbeit, oft frustrierend. Sie kann letztendlich nur dann Aussagen machen, wenn sie gute Befunde und Funde zutagefördert. St. Laurentius war kalt, hart, fundlos. Aber die Kirche bot Einblick in frühromanische Mauertechnik sowohl im Fundament als im Aufgehenden, Einblick auch in spätere Eingriffe und Änderungen, so daß die Geschichte dieses Kirchenbaus geradezu durchsichtig geworden ist. Auch das ist ein reiches Resultat.

St. Georg

St. Georg ist das Kostbarste, was ich je gegraben habe – ein bescheidener Bau, Ruine, in exponierter Lage in den Felsen, die Grabung eher eine Sondage, meist zwischendurch an einzelnen Tagen, aber bestens unterstützt von Freiwilligen der Fraktion Kortsch und der Forstbehörde und – mit datierenden Funden! 1400 Jahre steht die Kirche da oben, schon fast ein Wunder. Einen kleinen Teil ganz am Anfang ihrer langen Geschichte konnte die Grabung ans Licht bringen.

Die *Lage* auf 1034 m Höhe in den Felsen über Kortsch ist das Besondere an der Kirche. Zwischen zwei Schluchten, dem Wildgraben »Untere Valmutz« und dem »Jörgental«, steigen die Felsen etwa 200 m steil an, dann springt eine Felskante vor. Auf dieser liegt die Kirche. Im Westen führt gerade noch der Weg zu den Sonnenberger Höfen vorbei, östlich der Apsis rutscht Terrain ab, so daß man nicht um sie herumgehen kann. Südseitig ist eine Stützmauer vorgesetzt.

Über der Kirche dehnt sich mäßig geneigtes Areal nach Osten aus und steigt dann, sich verschmälernd, in Terrassen und Stufen steil an, bevor es in einer vorspringenden Felskuppe endet. Auf halber Höhe der Kuppe ist bergseitig der Rest einer Abschnittsmauer zu sehen, am Rand der Kuppe führt der Weg vorbei. Von allen Verebnungen liegen bronzezeitliche Funde vor, aber auch Keramikbruchstücke und Lavezscherben, die in Spätantike oder Frühmittelalter datiert werden können.

Was späte Bronzezeit und frühes Mittelalter hier suchten, ist schwer zu sagen. Bergbau ist für die Bronzezeit möglich. Mit der in günstiger Lage aufragenden Pyramide von Roßladum und mit Valmutz[7] bildet St. Georg eine Dreiergruppe kleiner

---

7   Die prähistorischen Fundplätze häufen sich am Kortscher Sonnenberg: Schatzknott, Roßladum, Valmutz,

Kortsch, St. Laurentius. In der Südhälfte sind alle Estriche abgenommen. Von Estrich C ist noch die Steinpackung zu sehen und vor dem Altar die Steinplatten auf dem Lehm des Estrich D. Am linken Bildrand sieht man noch Estrich A, den Boden des 16. Jahrhunderts.

Kortsch, St. Georg. Die Kirche in gerader Linie über der weißen St.-Ägidius-Kirche am Schatzknott ist gut auszumachen. Von hier führt der Weg zu den Sonnenberger Höfen und über das Tascheljöchel in das Schnalstal und weiter über das Tisenjoch in das Ötztal.

Kortsch, St. Georg. Das Bild soll die Lage verdeutlichen, von der aus frühmittelalterliche Machtstrukturen funktionierten. Ein adeliger Amtsträger, sei es des Bischofs von Chur, des baierischen Herzogs oder des fränkischen Königs, baute hier eine Machtposition auf. Seine Aufgabe war es wohl, den Weg in das Ötztal zu sichern.
Zur Kirche, in der der Herr und seine Familie bestattet waren, gehörten mehrere mörtelgemauerte Bauten und eine Reihe von Holzgebäuden.

Dörfer mit ganzjährig fließender Quelle, uneinnehmbar für jeden Feind. Sie beherrschen Bergbau und sommerliche Hochweiden, zudem einen Übergang in das Ötztal, der über Talatsch führt, von wo es einen Weihefund des 7. Jahrhunderts v. Chr. gibt. Aus dem Ötztal aber gelangt man in das Inntal weiter. Für das frühe Mittelalter ist Bergbau möglicherweise auszuschließen, Wegesicherung vielleicht entscheidend.

Der Platz ist absolut uneinnehmbar, und das wird schließlich für beide Perioden den Ausschlag gegeben haben. Aber was soll eine Kirche an diesem Platz?

Aus den *schriftlichen Quellen* wissen wir, daß die Kirche St. Georg um 1100 in der Hand der Edelfreien Ursin-Ronsberg war. Denn 1126 schenkte der edle Vogt Rupert von Ursin-Ronsberg die Kapelle St. Georg mit dem Finghof und einem Weinberg in Kortsch dem Benediktiner Stift Ottobeuren[8]. Die Ursin-Ronsberg und Ottobeuren waren begütert im Inntal, im Ötztal und im Raum Meran, da konnte St. Georg als Zwischenglied am Verbindungsweg zwischen Inntal und Vinschgau durchaus von Vorteil sein. Als im 14. Jahrhundert sekundäre Verbindungswege ihre Bedeutung verloren, verkaufte Ottobeuren St. Georg samt Gütern, Eigenleuten und Rechten um 240 Gulden an Kloster Marienberg. Für das 17. Jahrhundert erfahren wir aus Urkunden, daß der Kaplan der Ingenuinkirche am Ladurnerhof in Schlanders, später der Kaplan der Spitalkirche in Schlanders mit den Gottesdiensten in St. Georg beauftragt war und daß der Mesnerdienst vom Fontanatschhof versehen wurde. 1786 wurde die Kirche unter Josef II. geschlossen,

---

Talatsch. Einen kurzen Überblick, aus dem man die weitgehende Fundleere des Talbodens ersieht. Reimo Lunz, Schlanders in urgeschichtlicher Zeit, in: Der Schlern 51, S. 405–408. – Zuletzt: Paul GLEIRSCHER, zum frühen Siedlungsbild im oberen und mittleren Vinschgau mit Einschluß des Münstertales. In: Der Vinschgau und seine Nachbarräume, Bozen 1993, S. 35–50. Auf den Terrassen von St. Georg ist spätbronzezeitliche Besiedlung erwiesen (Grabung der Kirche), ein Brandopferplatz nicht.

8 Tiroler Urkundenbuch, I. Abteilung, Bde. 1–3, bearbeitet von Franz HUTER, Innsbruck 1937–1957; TUB I/1 Nr. 241; Rainer LOOSE, Die Zeit des Umbruchs. Kortsch. Die Geschichte seiner Landwirtschaft. Hrsg. Meliorierungskonsortium Kortsch (1986), S. 10–26, hier S. 18.

1798 versteigert. Die Ruine ist heute im Besitz der Fraktion Kortsch.

Der *Baubestand* spiegelt die Geschichte der Kirche, wie sie aus den Quellen hervorgeht.

Der Rechteckbau mit eingezogener Apsis stammt etwa aus der Zeit der Erstnennung. Das Mauerwerk zeigt keine Eckquaderung. Die plattigen liegend verwendeten Steine und die Mauerstärke von ca. 0,63 m weisen in die erste Hälfte des 12. Jahrhunderts. Die Apsis ist etwas stärker gemauert, aber kaum meßbar, sie könnte in das 10. oder 11. Jahrhundert datierbar sein. Der Estrich mit dickem Steinpflaster war möglicherweise eine erste Maßnahme von Marienberg. Denn unter dem Estrich fanden sich Spuren des ursprünglichen Holzfußbodens, in dem sechs Münzen der Zeit von 1180 bis 1300 verlorengegangen waren. Diese erlauben die Datierung des Estrichs ab 1300 oder später. In der Apsis, an der Triumphbogenwand und an der Nordwand des Schiffes haben sich Reste gotischer Malereien von etwa 1400 erhalten. Steinerne Sitzbänke entlang der Längsmauern und zwei Seitenaltäre kamen als Ausstattung hinzu. In der Apsis ist anstelle des fehlenden Altares ein Bildstock aufgemauert. Es stammt wohl aus der Zeit nach Schließung der Kirche. Als die Fraktion Kortsch 1994 daranging, die Kirche vor gänzlichem Verfall zu retten, war die Apsiskalotte eingestürzt, die Südmauer hing 60 cm nach draußen, die Westmauer fehlte fast ganz.

Während Freiwillige der Fraktion die Apsis aufmauerten, mit den alten Steinplatten wieder eindeckten und die Südmauer mit Verschalung und Flaschenzug ins Lot brachten, beschränkten sich die *archäologischen Arbeiten* 1995 auf das Ausräumen des Bauschutts und auf das Ausnehmen der Fehlstellen im mittelalterlichen Estrich. Dabei stießen wir in der Mitte der Kirche auf eine gemauerte Gruft mit verwühlten Bestattungen sowie, östlich anschließend, auf den planierten Felsen mit den Resten einer spätbronzezeitlichen Hütte. Im Jahr darauf war der Estrich, nun nicht mehr durch Bauschutt abgedeckt, durch Ziegen demoliert, so daß er 1996 zu zwei Dritteln entnommen werden mußte. Dabei fanden wir von dem aufgemauerten Bildstock der Apsis eine ausgemörtelte Reliquiendeponie im Felsen. Im Süden und Westen der Kirche, teilweise unter der Westmauer, kam eine Reihe von Gräbern zutage, die in ausge-

Kortsch, St. Georg. Innenansicht. Die Apsis bereits rekonstruiert, zur Hälfte freigelegt. Im Schiff das zentral angelegte Felsengrab, fundleer, mit verwühlten Skelettresten.

Kortsch, St. Georg. Neben der mittelalterlichen Kirche, hier bereits mit rekonstruierter und eingedeckter Apsis, lag eine zweite, kleinere Kirche.

schlagene Felswannen gelegt waren. Beim Freispachteln der Skelette an der Südmauer stießen wir erstmals auf die Vorgängerkirche: Unter der heutigen Südmauer verlief, durch eine Erdschicht getrennt, die Südmauer des Vorgängerbaus. Vor der Stufe des rechten Seitenaltares war gerade noch der Absatz eines Einzuges oder Bogens erkennbar. Im Westen ließ sich die Mauer bis hinter die heutige Westmauer verfolgen. Beim Freilegen von Grab 3, einer Felsvertiefung ohne besondere Zurichtung unter dem heutigen Eingang, fand sich kein Skelett, aber eine silberne Preßblechfibel mit bronzener Bodenplatte. Und als wir am allerletzten Tag das Skelett aus Grab 2 entnahmen, kam im Brustbereich ein Knochenkamm zutage, aus den im Beckenbereich übereinandergelegten Händen ein goldener Ring und darunter eine bronze Gürtelschnalle.

Für St. Georg war damit eine *Vorgängerkirche mit Gräbern* erfaßt.

Aufgrund der Befunde ist die Vorgängerkirche mit etwas nach Westen verschobenem Schiff und längerem Altarraum zu rekonstruieren. Der in der Südmauer beobachtete Einzug wird als Abgrenzung von Schiff und Chor interpretiert. Wenn man von diesem Mauereinzug im Osten ausgeht und die Gräber im Westen einbezieht, ist die Länge des Schiffes auf 6,10 m zu berechnen, die Breite von 4,20/4,40 m stimmt mit der Breite des heutigen Schiffes überein. Die Tiefe des Altarraumes ist aufgrund der Lage der Reliquiendeponie mit 3,20 m ab Einzug der Südmauer anzunehmen. Über das Aussehen des Altarraumes und den Ostabschluß ist nichts bekannt. Die Reliquiendeponie ist in den Felsen eingetieft und ausgemörtelt: 0,30 × 0,24 m groß, Tiefe 0,27 m. Solche Reliquiendeponien sind in sehr wenigen Beispielen bekannt, einmal aus Säben, und zeitlich vorerst um 600–700 einordenbar.

Knapp westlich der Chorabgrenzung ist eine Gruft von 1,95 × 1,05 m aus dem Felsen gemeißelt. Boden und Wände sind mit Mörtel ausgekleidet, in dem Ziegelsplit enthalten zu sein scheint. Die Grabsohle liegt nur 0,55 m unter dem mittelalterlichen Estrich, bei dessen Einbringung die Gruft offenbar gestört wurde. In der Gruft fanden sich verwühlte Skelettreste von einem oder zwei Individuen, keine Beigaben, nur ein Lavezscherben lag

nördlich[10] der Alpen vorkommen. Anstelle der Schmuckscheibe erscheint häufig eine Münze oder ein Siegel, die seitliche Dreikugelzier ist charakteristisch. In unserem Falle stammt die Schmuckscheibe von einem Körbchenohrring. Die Filigranverzierung um den Stein ist nahezu identisch an einem goldenen Ohrringpaar aus einem reichen Frauengrab im Palazzo Miniscalchi in Verona und aus den Gräbern 124 und 173 der großen Nekropole von Castel Trosino belegt.[11] Körbchenohrringe dieser Art, sowohl in Gold als auch in Silber, datieren in das frühe 7. Jahrhundert. Damit ist der Ring von St. Georg zeitlich in das erste Drittel des 7. Jahrhunderts eingrenzbar. Das Futteral des Kammes paßt aufgrund eines Vergleiches aus Niederstotzingen Grab 3a in die gleiche Zeit[12], ebenso die Gürtelschnalle. Die Preßblechscheibenfibel aus Grab 3 läßt sich über Vergleiche aus Kirchheim Schicht 4 in das späte 7. Jahrhundert datieren.[13] Aufgrund dieser Funddatierung ist Grab 2 in das erste Drittel des 7. Jahrhunderts, Grab 3 gegen Ende des Jahrhunderts anzusetzen. Demnach wurde in St. Georg vom frühen bis in das späte 7. Jahrhundert bestattet, da das Hauptgrab, das ohne Beigaben und gestört angetroffen wurde, vorausgehen müßte.

Außer zur Datierung der Gräber lassen sich die Beigaben auch zur *Interpretation der Kirche* heranziehen. Dazu einige Überlegungen:

1. Im Fall von St. Georg kann keineswegs von außerordentlich reichen oder überdurchschnitt-

Kortsch, St. Georg. Plan der Kirche des 12. Jahrhunderts. Eingetragen sind die Südmauer der Vorgängerkirche aus dem 7. Jahrhundert, das zugehörige Reliquienbehältnis, die Gräber und die Lage weiterer Funde. Denn genau an der Stelle der Kirche lagen auch die niedergebrannten Reste eines spätbronzezeitlichen Holzhauses.

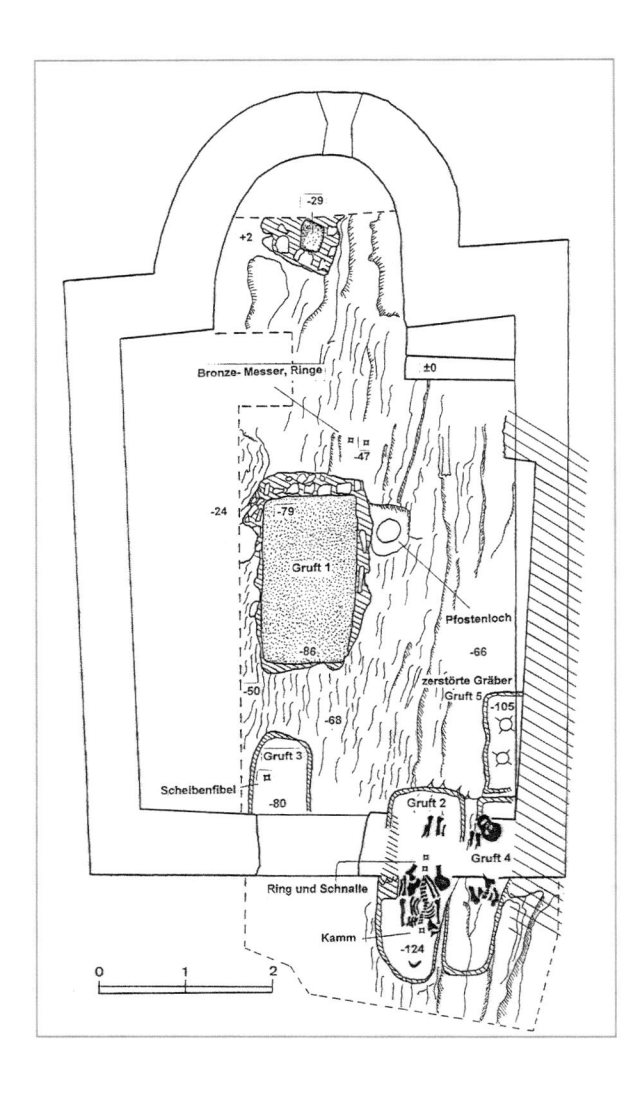

in der Verfüllung. Die Gräber im Westen benutzen größtenteils natürliche Felsvertiefungen, nur Grab 2 zeigt künstliche Zurichtung und nordseitig ein angestelltes Trockenmäuerchen. Dieses Grab blieb als einziges beim Abbruch bzw. Neubau der Kirche ungestört, nur der Schädel war verlagert. Die Beigaben fanden sich in originaler Lage.

Die Grabbeigaben, vor allem der qualitätvolle Ring und die Scheibenfibel, lassen sich zur *Datierung der Gräber* heranziehen.

Der Ring aus Grab 2 gehört zu einer Art von goldenen Ringen, die im ganzen 7. Jahrhundert in reichen Gräbern sowohl südlich[9] als auch

9   E. ROFFIA (Hrsg.), La necropoli longobarda di Trezzo sull'Adda. Ricerche di Archeologia Altomedievale e Medievale 12/13. All'Insegna del Giglio (Firenze 1986), S. 17; 38 f.; Joachim WERNER in: Germania 65 (1987), S. 284–293; Wilhelm KURZE, Siegelringe aus Italien als Quellen zur langobardengeschichte, in: Frühmittelalter-

liche Studien 20 (1986), S. 414–451; Gian Carlo MENIS (Hrsg.), I Longobardi (Milano 1990), S. 161, Abb. VI, 6–7 (die beiden Siegelringe), S. 159 und 161 (die zugehörigen Bildunterschriften).

10   Die Alamannen, hrsg. vom Archäologischen Landesmuseum Baden-Württemberg, Stuttgart 1997, S. 297 Abb. 316; Hermann DANNHEINER, Heinz DOPSCH (Hrsg.), Die Bajuwaren. Von Serverin bis Tassilo 488–788. Ausstellungskatalog Rosenheim/Mattsee, München–Salzburg 1988, S. 391, Abb. M V 19.

11   Otto von HESSEN, I ritrovamenti barbarici nelle collezioni civiche del Museo di Castelvecchio, Verona 1968, S. 7 f. und Taf. 1,2–3, Elisa POSSENTI, Gli orecchini a cestello altomedievali in Italia. Ricerche di Archeologia Altomedioevale e Medievale 21. All'Insegna del Giglio (1994) taf. XVII, 4 (Verona, Palazzo Miniscalchi); Taf. XVIII, 1–2 (Castel Trosino, Grab 173).

12   Rainer CHRISTLEIN, die Alamannen. Archäologie eines lebendigen Volkes, Stuttgart 1991, Taf. 67.

13   Christiane NEUFFER-MÜLLER, der Alamannische Adelsbestattungsplatz und die Reihengräberfriedhöfe von Kirchenheim am Ries (Ostalbkreis), Stuttgart 1983, Taf. S. 60 f.

qualitätvollen Grabbeigaben die Rede sein. Aber alle Vergleichsfunde zum Ring stammen aus reichen Grabzusammenhängen, die man üblicherweise als Adelsgräber bezeichnet. Und Beigaben aus Edelmetall, vor allem Gold, weisen die Bestatteten auf jeden Fall als Angehörige einer sozial hervorgehobenen Schicht aus.

2. Bestattung einer sozial hervorgehobenen Personengruppe abseits des Dorffriedhofes wird als Absonderung einer Führungsschicht von der Dorfgemeinschaft interpretiert.[14]

3. Bestattung innerhalb einer Kirche drückt die Separierung in besonders starkem Maße aus[15] und war von Anfang an Privileg des Adels. König Chlodwig baute nach 500 die erste Grabkirche in Paris. Den fränkischen Königen folgten bald die Großen des Landes, und ab 600 verbreitete sich die Sitte auch beim alamannischen und baierischen Adel östlich des Rheins.

4. Unabhängig davon, ob die Kirche St. Georg bereits bestand oder ob sie eigens für die Bestattung erbaut wurde – im 7. Jahrhundert diente sie als Grabkirche einer hochrangigen, wohl adeligen Familie.

5. Das 7. Jahrhundert ist die Zeit, in der sich auch dem Untergang der Ostgoten und zahllosen Kriegen die neue Herrschaft etablierte. Im Frieden von 590/591 war die alte Grenze auf der Linie Meran–Klausen bestätigt worden. Den Langobarden blieb das Gebiet südlich, die Franken waren Herren des nördlichen Gebietes seit 536/537. In ihrem Auftrag oder mit ihrer Duldung siedelten nach 590/591 die Baiern dieses Gebiet auf. Die Aufsiedlung erfolgte nicht durch das Eindringen landhungriger Bauern oder durch Kriege, sondern durch die Besetzung von Herrschaftsstützpunkten.

---

14 Horst-Wolfgang BÖHME, Adelsgräber in Frankreich. Archäologische Zeugnisse zur Herausbildung einer Herrenschicht unter den merowingischen Königen, in: Jahrb. RGZM 40 (1993) S. 397–534. – Das Thema zusammengefaßt und präzisiert: DERS., Adel und Kirche bei den Alamannen der Merowingerzeit, in: Germania 74,2. – SCHOKLMANN, Kultbau und Glaube. Die frühen Kirchen, In: Die Alamannen (wie Anm. 8), S. 455–464. – Ebenso: Barbara THEUME-GROSSKOPF, der lange Weg zum Kirchhof. Wandel der germanischen Bestattungstradition, in: Die Alamannen (wie Anm. 8) S. 471–480.

15 Anke BURZLER, Die frühmittelalterlichen Gräber aus der Kirche Burg, in: Frühgeschichte der Region Stein am Rhein. Schaffhauser Arch. 1, Basel 1993, S. 191–230; DIES., Zur Herausbildung eines frühmittelalterlichen Adelssitzes, ebd. S. 272–275.

Kortsch, St. Georg. Unter der Westmauer der heutigen Kirche liegen mehrere in den Felsen eingetiefte Gräber. Aus einem von ihnen stammt der goldene Ring des frühen 7. Jahrhunderts, aus einem anderen die silberne Scheibenfibel des späteren 7. Jahrhunderts.

Unbeantwortet sind bislang die Fragen nach der Erbauungszeit der Kirche selbst und nach der Funktion von zwei weiteren steingemauerten Bauten im Felsgelände von St. Georg.

Für die Kirche könnte die Reliquiendeponie im Felsen in die Zeit nach 600 weisen, zumindest in spätantike Tradition, vielleicht auch der Ziegelsplit und Fluchtplatz in Zeiten der Gefahr? In der Hand einer noch vorhandenen Verwaltungsstruktur? Oder in der Hand der kirchlichen Führung, die in vielen Fällen als einziger Kontinuitätsträger in die Aufgaben der staatlichen Gewalt eintrat? Oder in der Hand eines frühen Klosters?

Knapp oberhalb der Kirche und etwas nach Osten versetzt liegt unter der kargen Grasnarbe eine zweite Kirche, ein Rechteckraum von innen 4 × 2 m. Ein Triumphbogen, durch den Versturz in situ gesichert, trennte den größeren mörtelgemauerten östlichen Teil vom kleineren, in Trockenmauertechnik aufgeführten westlichen Teil. Der Altar, 1 × 1,10 m, aus ausgesuchten Steinen und randlich in Mörtel gesetzt, ist an die Ostmauer gestellt. Schwarze Erde und Steinplatten bilden den Boden. Trotz Siebens gibt es keine Funde. Das Skelett eines Neugeborenen lag an der Stelle der abgestürzten Südwestecke.

Etwa 40 m von den Kirchen entfernt liegt im Osten auf einer weiteren Hangverebnung Mauerwerk mit 60 cm Mauerstärke und der Meldung eines Grabes in den siebziger Jahren.

Die archäologische Untersuchung von St. Georg ist noch nicht abgeschlossen. Vielleicht findet sich die Antwort auf die noch offenen Fragen.

Plan der Kirche 2. Innenmaße 4 × 2 m, der östliche Teil und der Altar in Mörtel gemauert, der westliche Teil in Trockenmauertechnik, die Südmauer abgestürzt.

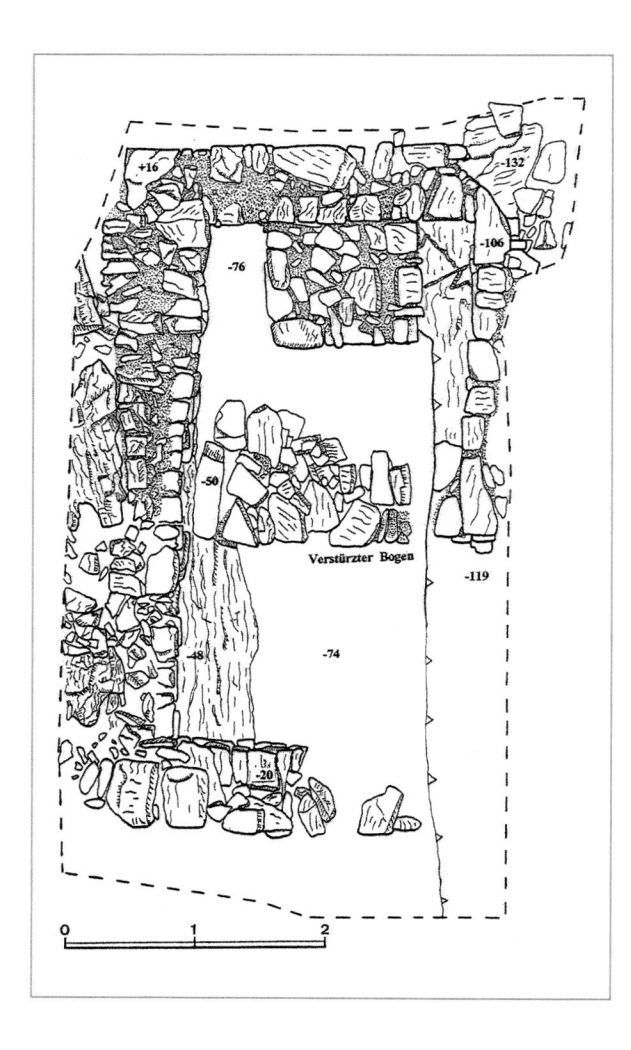

Der Bischofssitz Säben wurde wichtigster baierischer Stützpunkt. die neue Führungsschicht ist kurz nach 600 in den Gräbern faßbar und im Falle von zwei Frauengräbern eindeutig als baierisch ausgewiesen.

6. St. Georg in Kortsch kann durchaus als Herrschaftsstützpunkt mit engerem Aufgabenbereich angesehen werden. Der Platz kommt einer Festung gleich. Von dieser strategisch günstigen Position aus konnte nicht nur der Verbindungsweg aus dem Inntal in den Vinschgau, sondern auch der mittlere Vinschgau kontrolliert werden. Von hier konnte Herrschaft ausgeübt werden. Der Amtsträger mit seinen Leuten ist – nicht anders als in Säben – nur in den Gräbern faßbar. Nichts unter den Grabbeigaben weist hier auf Baiern. Im freisingischen Besitz um St. Johann jedoch ist baierisches Herzogs- oder Fiskalgut indirekt erschließbar. St. Georg wäre demnach als baierischer Herrschaftsstützpunkt zu verstehen.

Erika Kustatscher

Die Pfarre Schlanders

Von den Anfängen bis zum Abschied des Deutschen Ordens
im Jahr 1811

Einleitung[1]

Die Beschäftigung mit der Geschichte der Südtiroler Pfarren des Deutschen Ordens hat sich in den letzten Jahren in der wissenschaftlichen Auseinandersetzung mit dieser Korporation zu einem zentralen Aufgabenbereich entwickelt. Über die Pfarren St. Leonhard in Passeier[2] und Sarnthein[3], beide bis 1964 in der Diözese Trient, liegen ausführliche Monographien vor, die die Sinnhaftigkeit der Beschäftigung mit der seelsorglichen Komponente der in der Öffentlichkeit eher als Adelsinstitut bekannten ritterlichen Vereinigung erwiesen haben.

Am Ende des 18. Jahrhunderts, zur Zeit der Kriege gegen Frankreich, stand Tirol vor einer militärischen Bewährungsprobe, die dem Land seine letzten Reserven abverlangte. Damals ging es darum, ein System zu bekämpfen, das einem kühlen, der christlichen Tradition Tirols widersprechenden Rationalismus huldigte, den die Bevölkerung schon im unmittelbar vorausgehenden Jahrzehnt Josephs II. schmerzlich kennengelernt hatte. In gewisser Hinsicht war jene Situation gegeben, aus der heraus am Ende des 12. Jahrhunderts der Deutsche Orden gegründet worden war: Auch jetzt galt es, zu einer Synthese von unerbittlichem Kampfeinsatz und einer übergeordneten Welt der Ideale zu finden, die sich auf andere Weise nicht mehr erhalten ließen. Stellt man das Gelöbnis der Schützen von Schlanders von 1799, das den Anstoß zur Erarbeitung des vorliegenden Gemeindebuches gegeben hat, in diesen Kontext, so erweist sich diese Pfarre als ein Ort, an welchem eine sehr glaubwürdige Form der »militia Christi« und somit eines der zentralen Elemente der Spiritualität des Deutschen Ordens zum Tragen kommen konnte.[4]

Als Pfarre des Deutschen Ordens soll Schlanders im vorliegenden Beitrag gewürdigt werden, der folglich die Zeit von den Anfängen der seelsorglichen Struktur bis 1811 umfaßt; die Geschichte dieser Pfarre im 19. und 20. Jahrhundert wird aus konzeptuellen Gründen einer späteren gesonderten Darstellung vorbehalten.

Das Gliederungskriterium ist primär thematisch definiert: Einer rechts-, verwaltungs- und wirtschaftsgeschichtlichen Einleitung folgen Abschnitte über die infrastrukturellen Voraussetzungen, über die personelle Besetzung der Pfarre und über die Initiativen der Laien. In einer abschließenden Gesamtschau wird ein chronologischer Überblick über die Entwicklung der Seelsorge versucht, der eine erzählende Darstellung charakteristischer Ereignisse und Gegebenheiten mit den Erkenntnissen zu verbinden versucht, die aus dem in den früheren Kapiteln angewandten strukturellen Zugriff gewonnen werden konnten.

---

1   In den Anmerkungen (und vereinzelt im Text) verwendete Abkürzungen: BAC: Bischöfliches Archiv in Chur; ddo.: de dato; DOKA: Deutschordenskonventsarchiv in Lana; DOZA: Deutschordenszentralarchiv in Wien; Et: Abteilung »Etsch« im DOZA; fl: Gulden (florenus); GA: Gemeindearchiv; KA: Kirchenarchiv; kr: Kreuzer; KR: Kirchenrechnung, Kirchpropstraittung; LThK: Lexikon für Theologie und Kirche; OT: Ordo Teutonicus (Mitglied des Deutschen Ordens); Patr.: Patrimonialakten im BAC; PfA: Pfarrarchiv; Pw.: Priesterweihe; SLA: Südtiroler Landesarchiv in Bozen; SpA: Spitalarchiv Schlanders; TB: Taufbuch (nach Filmen im SLA); TLA: Tiroler Landesarchiv in Innsbruck; TLMF: Tiroler Landesmuseum Ferdinandeum in Innsbruck; Urk.: Urkunde; V: Abt. »Varia« im DOZA; VP: Visitationsprotokoll; WP: Weiheprotokoll.

2   MADER, Monika: Die Pfarre des Deutschen Ordens in St. Leonhard in Passeier von 1219 bis zur Gegenwart. Masch. Diss. Univ. Innsbruck 1986.

3   KUSTATSCHER, Erika: Die Deutschordenspfarre Sarnthein (= Quellen und Studien zur Geschichte des Deutschen Ordens Bd. 54). Lana/Marburg 1997.

4   Vgl. dazu KUSTATSCHER, Sarnthein (wie Anm. 3), S. 239–246, 264–268.

Der Beitrag kann sich auf keinerlei spezifische Vorarbeiten rezenteren Datums stützen[5], sondern muß wesentliche Ergebnisse aus dem Studium bisher unbekannter archivalischer Quellen erarbeiten.[6] Daß die Pfarre im Beobachtungszeitraum zur Diözese Chur gehörte, macht die Auseinandersetzung mit ihrer Geschichte nicht leichter, denn die vorwiegend reformierte Prägung dieses Umfeldes hat das wissenschaftliche Interesse an den Detailfragen der Geschichte der katholischen Diözese nicht in der Weise aufkommen lassen, wie es etwa in Brixen oder Trient schon seit längerem der Fall ist. In Schlanders ist auch die archivalische Situation ungleich schlechter als bei anderen Pfarren, weil Katastrophen (Brand der Kommende 1425/26[7]) bzw. kriegerische Ereignisse (Engadinerkrieg 1499) zumal für die Zeit vor 1500 zu erheblichen Verlusten geführt haben.[8]

1 Chronologische, rechtliche und administrative Voraussetzungen

1.1 Die Anfänge der Pfarre Schlanders

Die Erstnennung von Schlanders als Mittelpunkt eines Pfarrsprengels fällt ins Jahr 1170, als dessen damaliger Vorsteher, der Priester Thebald, dem Stift Marienberg für einen Jahrtag ein Weingut in Vezzan schenkte. Als sein Vogt wird Bero genannt.[9] Als Todestag dieses Geistlichen wurde später im Marienberger Kalendarium der 12. März verzeichnet[10]; das Todesjahr läßt sich nicht ermitteln.

Aus der urkundlichen Erstnennung einer Pfarre kann man grundsätzlich keine Schlüsse auf deren tatsächliches Alter ziehen, und aus archäologischer Sicht lassen sich derzeit noch keine Indizien für die reale Entstehungszeit der Pfarrkirche beibringen. Schlanders gehört aber auf jeden Fall zu den älteren Pfarren Südtirols, denn es befindet sich noch in jener Gruppe von nur 19 von insgesamt 63 Sprengeln, deren Erstnennung vor 1200 liegt.[11]

Iso Müller glaubt die Entstehung der Pfarre Schlanders ins 7./8. Jahrhundert verlegen zu können.[12] Dies war die Zeit, in der im Bistum Chur – nach der Gründung der ersten Taufkirchen im 5./6. Jahrhundert und der frühesten Pfarren im 6./7. Jahrhundert – auch allgemein die großen Landpfarren ausgebaut wurden, so daß alle wesentlichen Siedlungsräume von der Pfarrorganisation erfaßt werden konnten. In der karolingischen Epoche verfestigte sich diese durch die verbindliche Einführung des Zehntgebotes, das die Umwandlung der Personalverbände der älteren Pfarren zu

---

5   Die Darstellung bei Atz, Karl und Adelgott Schatz: Der deutsche Anteil des Bistums Trient. Topographisch-historisch-statistisch und archäologisch beschrieben und herausgegeben, 5 Bde. Bozen 1903–1910, hier Bd. 5, S. 50–66, leistet allerdings gute Dienste als Dokumentation grundlegender Daten. Der bisher umfangreichste wissenschaftliche Beitrag zur Geschichte von Schlanders: Riedmann, Josef: Schlanders in Mittelalter und Neuzeit, in: Der Schlern 51 (1977), S. 420–443.

6   Für freundliches Entgegenkommen bei der Benützung der Archive in Schlanders, Kortsch, Göflan und Vezzan sei den hochw. Herren Dr. Josef Mair, Dekan von Schlanders, und dem im Widum von Kortsch lebenden Priester Ignaz Theiner, weiters den Herren Dr. Werner Kuntner, Dr. Marjan Cescutti, Karl Alber, Erich Lösch und Christoph Tumler herzlich gedankt. Hermann Theiners vorzügliches Inventar des Spitalarchivs hat die Benützung der darin verwahrten Urkunden und Akten sehr erleichtert und beschleunigt. Für hervorragende Betreuung im DOZA gebührt P. Dr. Bernhard Demel OT herzlicher Dank. Die aus dem BAC verwendeten Archivalien legte der bischöfliche Archivar Dr. Bruno Hübscher bereit.

7   Atz/Schatz (wie Anm. 5), S. 53; Praxmarer, Karl-Horst: Der Deutsche Orden in Tirol bis 1430. Masch. Diss. Univ. Wien 1972, S. 238.

8   Vgl. zu den Details der Archivlage die Einleitung zum Inventar der Bestände des Pfarrarchivs von Werner Kuntner.

9   Tiroler Urkundenbuch, 1. Abt.: Die Urkunden zur Geschichte des deutschen Etschlandes und des Vintschgaus, bearb. von Franz Huter. Innsbruck 1937–1957, Nr. 323; Bündner Urkundenbuch, hg. durch die Historisch-Antiquarische Gesellschaft von Graubünden, Bd. I–II, bearb. von Elisabeth Meyer-Marthaler und Franz Perret. Chur 1955–1973; Bd. III (neu), bearb. von Otto P. Clavadetscher und Lothar Deplazes. Chur 1997, hier I, Nr. 372; Roilo, Christine und Raimund Senoner (Bearb.): Das Registrum Goswins von Marienberg (= Veröffentlichungen des Südtiroler Landesarchivs Bd. 5). Innsbruck 1996, S. 128; Müller, Iso: Zur Entstehung der Pfarreien des Vintschgaues, in: Der Schlern 35 (1961), S. 331–338, hier S. 333; Atz/Schatz (wie Anm. 5), S. 50; Riedmann (wie Anm. 5), S. 421.

10 Roilo/Senoner (wie Anm. 9), S. 18.

11 Maurer, Anton: Zur Entstehung unserer Pfarren, in: Der Schlern 22 (1948), S. 245–247, 305–308, hier S. 306.

12 Müller, Entstehung (wie Anm. 9), S. 334.

Territorialverbänden förderte und eine scharfe Abgrenzung bedingte.[13] Die folglich vor dem Jahr 1000 anzunehmende Pfarrorganisation erlaubt es, Schlanders nach der in der Tiroler Historiographie gebräuchlichen Terminologie als »Urpfarre« zu bezeichnen.[14]

Pfarrgrenzen folgen meist der natürlichen Bodenbeschaffenheit. Anders als im Eisacktal liegen die Pfarrkirchen im Pustertal und im Vinschgau im Tal, ihre Territorien reichen aber, was gerade in Schlanders deutlich ausgeprägt ist, bis zu den Höhenkämmen.[15] Dieser Hinweis ist wichtig, um verständlich zu machen, daß die Pfarrkirche von Schlanders nicht notwendigerweise das älteste Gotteshaus in dem um sie konstituierten Sprengel sein muß.

Sollten sich aus den Patrozinien Anhaltspunkte für das Alter der Kirchen gewinnen lassen, so fällt auf, daß im Raum Schlanders eine Häufung von Kirchenpatronen auftritt, die zu den ältesten überhaupt gehören. Dazu zählt das Muttergottespatrozinium der Pfarrkirche, das diese gleich mehreren anderen der ältesten Pfarrkirchen des Churer Sprengels mit der Kathedralkirche gemeinsam hat.[16] Allerdings ist auch von den übrigen vor 1200 erstgenannten Pfarren Südtirols ein Drittel der Jungfrau Maria geweiht.[17] Das Michaelspatrozinium der Schlanderser Friedhofskapelle weist ebenfalls auf ein sehr hohes Alter, es kann jedoch auch aus der Funktion dieses Sakralbaus erklärt werden, denn es kommt bei Friedhofskapellen generell häufig vor.[18]

Geradezu als »Urpatrozinien« gelten jedoch jene, die bei drei Kirchen in Kortsch belegt sind, nämlich St. Lorenz, St. Johann Baptist und St. Georg.[19] Im Fall von St. Lorenz bestätigt sich das gerade in Tirol und Graubünden häufige Vorkommen der diesem Heiligen geweihten Kirchen an Römerstraßen bzw. Römersiedlungen[20], überhaupt in Gebieten mit starkem Romanismus[21], und das parallele Auftreten mit dem etwas jüngeren Muttergottespatrozinium entspricht einem auch anderweitig vorkommenden Muster.[22] All diese Patrozinien sprechen für ein sehr hohes Alter, das in eine erste, noch vor der merowingisch-karolingischen Epoche vom Süden her kommende Phase der Christianisierung zurückreichen könnte. Dies gilt übrigens auch für die nahegelegene Kirche St. Karpophorus in Tarsch.[23] St. Lorenz, überdies neben einem Meierhof gelegen, könnte die älteste Kirche im Raum Schlanders sein.[24] Daß in dieser Pfarre nach einem Kirchenkalender des 17. Jahrhunderts der heilige Ambrosius, der Patron von Mailand, besondere Verehrung genoß[25], ist ein weiteres Argument für eine sehr frühe Missionierung, könnte allerdings auch mit der ursprünglichen Zugehörigkeit Churs zum Metropolitanverband von Mailand zusammenhängen.[26] Daher ist es vielleicht kein Zufall, daß Kortsch von allen später zur Pfarre Schlanders gehörenden und mit eigenen Kirchen ausgestatteten Ortschaften auch in Urkunden am frühesten genannt wird.

Eine 1987 durchgeführte Notgrabung im Bereich des Meierhofes zu St. Lorenz hat eine Siedlungskontinuität von nahezu drei Jahrtausenden wahrscheinlich gemacht. Dabei kamen Objekte zutage, die bis in die mittlere Jungsteinzeit zurückführen; andere Indizien deuten auf eine rätische Siedlung aus dem 6./5. Jahrhundert v. Chr. Mehrere Fundstücke gehören verschiedenen Zeitstufen der römischen Herrschaft an. Einige Marmorspolien in romanischem Mauerwerk belegen die

---

13   HAGENEDER, Othmar: Die kirchliche Organisation im Zentralalpenraum vom 6. bis 10. Jahrhundert, in: Frühmittelalterliche Ethnogenese im Alpenraum, hg. von Helmut Beumann und Werner Schröder (= Nationes. Historische und philologische Untersuchungen zur Entstehung der europäischen Nationen im Mittelalter Bd. 5). Sigmaringen 1985, S. 201–235, S. 231; KAISER, Reinhold: Churrätien im frühen Mittelalter. Ende 5. bis Mitte 10. Jahrhundert. Basel 1998, S. 168.
14   SPARBER, Anselm: Die Brixner Fürstbischöfe im Mittelalter. Ihr Leben und Werk. Bozen 1968, S. 174.
15   MAURER (wie Anm. 11), S. 246 f.
16   MÜLLER, Entstehung (wie Anm. 9), S. 333; KAISER (wie Anm. 13), S. 166.
17   MAURER (wie Anm. 11), S. 307.
18   FINK, Hans: Die Kirchenpatrozinien Tirols. Ein Beitrag zur tirolisch-deutschen Kulturgeschichte. Passau 1928, S. 142 f.
19   FINK (wie Anm. 18), S. 14.
20   FINK (wie Anm. 18), S. 17–19.
21   FINK (wie Anm. 18), S. 24.
22   FINK (wie Anm. 18), S. 20 f.
23   KAISER (wie Anm. 13), S. 166 f.
24   GRUBER, Karl: Kunst in Schlanders, in: Der Schlern 51 (1977), S. 444–446, hier S. 444.
25   PfA Schlanders 3/1.
26   CLAVADETSCHER, Otto und Werner KUNDERT: Das Bistum Chur, in: Helvetia Sacra I/1: Schweizerische Kardinäle. Das apostolische Gesandtschaftswesen. Erzbistümer und Bistümer, hg. von Albert Bruckner. Bern 1972, S. 449–619, hier S. 450.

Existenz eines karolingischen Sakralbaus. Eine Abfolge von Fußböden läßt auf ein mehrmals wiederaufgerichtetes Gebäude aus dem frühen Mittelalter schließen, das in der Zeit vor dem eigentlichen Kirchenbau durch Brand zerstört wurde. Noch älter als der Kultbau sind Wohnhäuser aus dem frühen Mittelalter (6./7. Jahrhundert).[27]

Auch die Kirche St. Georg – bzw. ein erst 1995 von Hans Nothdurfter ergrabener Vorgängerbau der heute bestehenden Anlage – entstand bereits im Frühmittelalter; der Fundbestand weist in die erste Hälfte des 7. Jahrhunderts.[28] Der Felsen, auf dem sie auf 1034 m Meereshöhe steht, beherbergte bereits in der Bronzezeit eine Siedlung (dafür spricht ein in den achtziger Jahren geborgenes Laugener Gefäß[29]); in der Nähe erhob sich eine im 12. Jahrhundert um ein zentrales Felsengrab errichtete Burg der Markgrafen von Ronsberg. Spätestens seit 1121, als Rupert von Ronsberg seine Güter in Kortsch mit Einschluß der Georgskapelle dem Stift Ottobeuren schenkte[30], gehörte die Kapelle zu dessen Grundherrschaft[31]; 1390 scheint sie im Besitz des Stiftes Marienberg auf, das sie 1376 von diesem seinem Mutterkloster gekauft hatte.[32] Die Bindung an Marienberg war auch im Bewußtsein des 18. Jahrhunderts noch tief verankert.[33]

Vor 930[34] muß das aus bayerischem Herzogsbesitz stammende und seit dem frühen 10. Jahrhundert auf gesicherter urkundlicher Basis nachweisbare[35] freisingische Gut in Kortsch angesetzt werden, mit dem die Kirche St. Johann in Verbindung zu bringen ist.[36] Es schon in die Zeit um 720, also in die Lebenszeit des heiligen Korbinian, zu datieren, wie es unter Hinweis auf dessen vom Bayernherzog Grimoald getätigten Kauf eines Gutes aus dem Erbe der verstorbenen Witwe Fausta geschehen ist[37], dürfte kaum zulässig sein.[38] Größer ist die Wahrscheinlichkeit, daß es der Karolingerzeit angehört, jener Epoche, aus der auch 1972 bei Grabungen in der Kirche St. Johann gefundene Ornamentsbruchstücke stammen. Die drei Marmorreliefs aus dem 8./9. Jahrhundert sind jetzt am modernen Tabernakel eingesetzt.[39]

Die Namenkunde ergab Hinweise auf urkundlich nicht mehr belegte Grundherren rings um den freisingischen Siedlungskern, darunter auf den König und somit auf Reichsgut. Ein churischer Siedlungskern dürfte auf Victoridengut des 8. Jahrhunderts zurückzuführen sein. Später erwarben dieses die Bischöfe von Brixen, die Welfen und andere Adelige.[40] Im 11. und 12. Jahrhundert sind in Kortsch außerdem die Edlen von Tarasp[41], die zu

27 DAL RI, Lorenzo: Ausgrabungen des Denkmalamtes Bozen in Sankt Stephan ob Burgeis (Gemeinde Mals) und Sankt Laurentius in Kortsch (Gemeinde Schlanders), in: Der Vinschgau und seine Nachbarräume. Vorträge des landeskundlichen Symposiums veranstaltet vom Südtiroler Kulturinstitut in Verbindung mit dem Bildungshaus Schloß Goldrain, Schloß Goldrain, 27. bis 30. Juni 1991, hg. von Rainer Loose. Bozen 1993, S. 51–64, hier S. 58 f.; DENKMALPFLEGE IN SÜDTIROL 1987/88, hg. vom Landesdenkmalamt Bozen. Bozen 1989, S. 49 f.; Dolomiten, Nr. 186 vom 12. August 1994, S. 19.

28 DENKMALPFLEGE IN SÜDTIROL 1991–95, hg. vom Landesdenkmalamt Bozen. Bozen 1997, S. 65; 1996, S. 30; 1997, S. 31–34; Katholisches Sonntagsblatt, Nr. 36 vom 7. September 1997, S. 7; vgl. auch den Beitrag von Hans NOTHDURFTER im vorliegenden Band, S. 89 f.

29 DENKMALPFLEGE 1987/88 (wie Anm. 27), S. 48

30 TIROLER URKUNDENBUCH (wie Anm. 9), Nr. 241; BAUERREISS, Romuald: Ottobeuren und die klösterliche Reform, in: Ottobeuren. Festschrift zur 1200-Jahrfeier der Abtei, hg. von Ägidius Kolb und Hermann Tüchle. Augsburg 1964, S. 73–110, S. 89.

31 DENKMALPFLEGE 1991–95 (wie Anm. 28), S. 65; 1996, S. 30; 1997, S. 31–34.

32 WEINGARTNER, Josef: Die Kunstdenkmäler Südtirols, Bd. 2: Bozen und Umgebung. Unterland. Burggrafenamt-Vinschgau, bearb. von Magdalena Hörmann-Weingartner u. a. Bozen/Innsbruck/Wien ⁷1991, S. 839.

33 DOZA, Et 35/2, fol. 78v–106r: VP 1708; BAC, VP 1767, pag. 84.

34 LOOSE, Rainer: Eyrs und die freisingische Propstei, in: Der Schlern 71 (1997), S. 85–101, hier S. 89 f.

35 TIROLER URKUNDENBUCH (wie Anm. 9), Nrr. 27 f. ddo. 931; BÜNDNER URKUNDENBUCH (wie Anm. 9), Bd. I, Nr. 101.

36 LOOSE, Rainer: Mittelalterliche Siedlungselemente und -strukturen in Südtirol und in Trentino, in: Atti del congresso Accademia Roveretana degli Agiati »La regione Trentino-Alto Adige nel Medioevo« 1 (1986), S. 179–201, hier S. 183; LOOSE, Rainer: Zur älteren Siedlungs- und Wirtschaftsgeschichte von Kortsch, in: Die Zeit des Umbruchs. Kortsch. Die Geschichte seiner Landwirtschaft. Festschrift anläßlich des 25jährigen Bestehens des Meliorierungskonsortiums Kortsch. Bozen 1986, S. 10–26, hier S. 17.

37 EGG, Erich: Kunst im Vinschgau. Bozen 1992, S. 14.

38 LOOSE, Eyrs (wie Anm. 34), S. 89.

39 EGG, Kunst im Vinschgau (wie Anm. 37), S. 14; LOOSE, Kortsch (wie Anm. 36), S. 17; Skizze der Fundstücke bei JOHANNSON-MEERY, Barbara: Karolingerzeitliche Flechtwerksteine aus dem Herzogtum Baiern und aus Bayerisch-Schwaben (= Kataloge der prähistorischen Staatssammlung Bd. 27). Kallmünz/Opf. 1993, S. 110; Abbildung bei RASMO, Nicolò: Karolingische Kunst in Südtirol. Bozen 1981, S. 38, 77 f., Abb. 107.

40 LOOSE, Mittelalterliche Siedlungselemente (wie Anm. 36), S. 183 f.

41 TIROLER URKUNDENBUCH (wie Anm. 9), Nrr. 275, 280, 293; BÜNDNER URKUNDENBUCH (wie Anm. 9), Bd. I, Nrr. 345, 350, 354.

diesen und den Welfen in einem Nahverhältnis stehenden Markgrafen von Ronsberg[42] sowie die Stifte Weingarten[43], Benediktbeuren[44] und Marienberg[45] als Eigentümer von Grundstücken belegt. Mit dem Welfenkloster Rottenbuch in Oberbayern ist die mittlerweile abgekommene Kirche St. Julian in der Nähe des Widenhofes in Verbindung zu bringen, die vor 1432 von diesem an den Deutschen Orden gelangt sein dürfte.[46]

Dasselbe gilt im Prinzip für Schlanders, wo im selben Zeitraum neben dem König selbst[47] ebenfalls die Welfen[48], außerdem die Grafen von Morit[49], die Edlen von Tarasp[50] und das Stift Rottenbuch[51] begütert waren.

Diese Adelsfamilien bzw. die vor ihnen wirkenden Herrschaftsträger kommen auch als Stifter von Kirchen in Betracht. Die zu Beginn des 9. Jahrhunderts im Bistum Chur greifbare Verdichtung des Netzes der Kirchen (insgesamt über 200) ging vielfach auf private Gründungen zurück, die, wie die eben genannten Beispiele aus dem Raum Schlanders, keineswegs alle Pfarrstatus besaßen.[52] Für die Pfarrkirche von Schlanders selbst könnte man an eine mögliche Pertinenz zum Welfenbesitz im Vinschgau denken: Darauf läßt der noch im 13. Jahrhundert erhobene Anspruch der Herren von Montalban, an die Teile des welfischen Erbes gefallen waren, auf das Patronatsrecht schließen.[53]

Bei den eben genannten Kirchengründungen konnte es sich entweder um Kirchenstiftungen auf römischrechtlicher Grundlage oder um Eigenkirchen handeln. Für die Kirche St. Georg sind beide Varianten denkbar. Eine erst kürzlich entdeckte darin befindliche Gruft und eine Reliquiendeponie lassen aufgrund der Typologie der Fundstücke darauf schließen, daß ihre Stifter Adelige waren, die das Gotteshaus auch als Grablege konzipiert hatten. Die strategische Bedeutung des Bauplatzes am Weg ins Ötztal und die Zugehörigkeit der Kapelle zur Grundherrschaft des Stiftes Ottobeuren im 12. Jahrhundert[54] legen den Gedanken an die Grafen von Ronsberg bzw. deren Rechtsvorgänger nahe. Ein unter der Kirche entdecktes Wohnhaus könnte ein Stützpunkt bairischer Herrschaftsträger gewesen sein.[55]

Kirchen, in denen Stiftergräber nachweisbar sind, können zwar Eigenkirchen sein[56], sind aber nicht zwingend als solche anzusprechen, weil es sich auch um Stiftungen auf römischrechtlicher Grundlage handeln kann, die gerade im rätischen Raum häufig waren.[57] Der Status als Eigenkirche wäre nur dann gesichert, wenn sich eine herrschaftliche Einbindung bzw. die Zugehörigkeit zu anderem Besitz eines Grundherrn und die uneingeschränkte Verfügungsgewalt des Gründers im vermögensrechtlichen Sinn bei gleichzeitiger voller geistlicher Leitungsgewalt über die Untergebenen nachweisen ließe.[58] Dies ist für St. Georg zwar für die Zeit der urkundlichen Nennungen der Ronsberger gegeben, nicht aber für die viel frühere Zeit der Erbauung der Kirche. Der gemeinsame Stiftungszweck (Sicherung des Seelenheils, Gebetsgedenken, Memorialsorge) ist angesichts der unterschiedlichen Rechtsstellung kein hinreichendes Kriterium.[59]

Ähnliches gilt für St. Ägidius, das zum welfischen Güterkomplex in Kortsch gehört haben

---

42 TIROLER URKUNDENBUCH (wie Anm. 9), Nr. 279; BÜNDNER URKUNDENBUCH (wie Anm. 9), Bd. I, Nr. 349.
43 TIROLER URKUNDENBUCH (wie Anm. 9), Nrr. 213, 245.
44 TIROLER URKUNDENBUCH (wie Anm. 9), Nr. 241.
45 TIROLER URKUNDENBUCH (wie Anm. 9), Nrr. 378, 403; BÜNDNER URKUNDENBUCH (wie Anm. 9), Bd. I, Nrr. 399, 414.
46 LOOSE, Kortsch (wie Anm. 36), S. 17.
47 TIROLER URKUNDENBUCH (wie Anm. 9), Nr. 96.
48 TIROLER URKUNDENBUCH (wie Anm. 9), Nr. 125.
49 TIROLER URKUNDENBUCH (wie Anm. 9), Nr. 233; BÜNDNER URKUNDENBUCH (wie Anm. 9), Bd. I, Nr. 314.
50 TIROLER URKUNDENBUCH (wie Anm. 9), Nr. 293; BÜNDNER URKUNDENBUCH (wie Anm. 9), Bd. I, Nr. 354.
51 TIROLER URKUNDENBUCH (wie Anm. 9), Nr. 126.
52 KAISER (wie Anm. 13), S. 169.
53 Vgl. eine dahingehende Argumentation von Rainer LOOSE in diesem Band, S. 37.
54 DENKMALPFLEGE 1991–95 (wie Anm. 28), S. 65; 1996, S. 30; 1997, S. 31–34; LOOSE, Kortsch (wie Anm. 36), S. 18; vgl. auch den Beitrag von Hans Nothdurfter im vorliegenden Band, S. 87.
55 Dolomiten, Nr. 164 vom 18./19. Juli 1998, S. 26 (nach Auskunft von Hans Nothdurfter), im vorliegenden Band S. 92.
56 So Hans Nothdurfter mit Bezug auf St. Georg in Kortsch; Dolomiten, Nr. 34 vom 11. Februar 1998, S. 25.
57 BORGOLTE, Michael: Der churrätische Bischofsstaat und die Lehre von der Eigenkirche. Ein Beitrag zum archäologisch-historischen Gespräch, in: Brunold, Ursus und Lothar Deplazes (Hg.): Geschichte und Kultur Churrätiens. Festschrift für Pater Iso Müller OSB zu seinem 85. Geburtstag. Disentis 1986, S. 83–103, passim.
58 MAURER (wie Anm. 11), S. 245; BORGOLTE, Bischofsstaat (wie Anm. 57), S. 85 f.
59 KAISER (wie Anm. 13), S. 170 f.

dürfte. Dieses Patrozinium macht einen Zusammenhang mit dem welfischen Hauskloster Weingarten möglich, aus welchem die Notiz von der Weihe eines Ägidiusaltars vorliegt, die sich auf Kortsch beziehen könnte.[60]

Auf Brixner Besitz weist hingegen die Kirche St. Ingenuin und Albuin im Unterdorf zu Schlanders hin, für die Rainer Loose ebenfalls den möglichen Status einer Eigenkirche (in diesem Fall des Hochstiftes Brixen) in Betracht zieht.[61]

Eindeutige Argumente für den Eigenkirchenstatus liegen im Fall der später der Pfarrkirche von Schlanders als Filiale unterstellten Kirche St. Martin in Göflan vor. Deren Patron, der heilige Martin von Tours, ist ein im gallofränkischen Raum überaus beliebter Heiliger, aus dessen Wahl für Göflan trotz der späten urkundlichen Erstnennung, die erst 1212 anläßlich der Übertragung des Patronatsrechtes an den Deutschen Orden erfolgte[62], und des weitgehenden Fehlens archäologischer Befunde auf ein vielleicht schon in die Zeit der fränkischen Missionierung zurückreichendes Entstehungsdatum geschlossen werden kann.[63] Hierfür spricht nicht nur die allgemeine Beobachtung, daß Martinspatrozinien auf fränkischen Ursprung und hohes Alter hinweisen[64] und daß sie im Vinschgau besonders häufig sind, sondern auch, daß sie, was an mehreren Graubündner Beispielen erweisbar ist, mehrfach bei ehemals königlichen Eigenkirchen vorkommen.[65]

Zu 1310 und 1311 sind die heiligen Gervasius und Protasius als Nebenpatrone der Kirche St. Walburg in Göflan belegt[66], deren Kult im Frühmittelalter rasche Verbreitung gefunden hatte.

Der Nachweis der Verehrung dieser Märtyrer in Göflan ist insofern von besonderem Interesse, als auch Bischof Martin von Tours als engagierter Förderer ihres Kultes bekannt ist[67], und so könnte ihre Präsenz in Göflan eine Sekundärerscheinung der Martinverehrung sein und ebenfalls auf ein sehr hohes Alter der seelsorglichen Struktur schließen lassen. Stellt man außerdem in Rechnung, daß St. Gervasius und Protasius nächst Ambrosius die am meisten gefeierten Schutzheiligen Mailands sind[68], so ergibt sich – wie für Kortsch bereits erwähnt[69] – auch für Göflan ein möglicher Hinweis auf eine in die vorkarolingische Zeit zurückreichende Missionierungsphase.

Als gesichert kann das Bestehen einer Kirche in Göflan allerdings nicht vor dem 9. Jahrhundert gelten: In diese Zeit weist ein vor mehreren Jahren entdecktes Fragment der Chorschranke einer karolingischen Kirche[70], das demselben Typ zuzuordnen ist wie die in Kortsch gefundenen.

Die hier unterstellte Gründungszeit der Göflaner Kirche fällt mit jener Epoche zusammen, in der im Bistum Chur das Eigenkirchenrecht immer stärker vordrang. Die Ursache liegt in der bekannten *divisio inter episcopatum et comitatum* von 806, die eine Aushöhlung des Prinzips der einheitlichen bischöflichen Vermögensverwaltung zur Folge hatte.[71] Für St. Martin ist dieser Status seit dem Jahr 1230 nachweisbar, als die Brüder Friedrich und Beral von Wanga dem Deutschen Orden das Patronatsrecht der Kirche schenkten[72], nachdem die bloße Seelsorge dieser Korporation schon 1212 von den Brüdern Adalbert und Berthold von Wanga übertragen worden war.[73] 1267 ließ Bruder Konrad, Komtur zu Bozen, ein Transsumpt der Schenkungsurkunde herstellen.[74]

---

60 Dolomiten, Nr. 200 vom 1. September 1987, S. 17, nach Auskunft von Hans Nothdurfter.
61 Vgl. seinen Beitrag im vorliegenden Band, S. 36
62 Das bei ATZ/SCHATZ (wie Anm. 5), S. 67, angegebene frühere Datum ist urkundlich nicht nachvollziehbar; kritisch dazu LOOSE, Rainer: Siedlungsgenetische Studien im Vinschgau. Die Beispiele Goldrain, Vezzan, Göflan und Reschen, in: Der Vinschgau und seine Nachbarräume. Vorträge des landeskundlichen Symposiums veranstaltet vom Südtiroler Kulturinstitut in Verbindung mit dem Bildungshaus Schloß Goldrain, Schloß Goldrain, 27. bis 30. Juni 1991, hg. von Rainer Loose. Bozen 1993, S. 217–244, Anm. 55.
63 KAISER (wie Anm. 13), S. 167.
64 GRUBER (wie Anm. 24), S. 444.
65 FINK (wie Anm. 18), S. 100–103.
66 KUSTATSCHER, Erika: Die Urkunden des Kirchenarchivs Göflan, in: Der Schlern 73 (1999), s. 465–510, Nrr. 5 f.; FINK (wie Anm. 18), S. 229,
67 SEELIGER, Hans Reinhard: Art. Gervasius und Protasius, in: LThK 4, Freiburg/Basel/Rom/Wien ³1995, Sp. 541.
68 FINK (wie Anm. 18), S. 228.
69 Vgl. oben S. 96.
70 Abbildungen bei WIELANDER, Hans: Sakrale Kunst in Schlanders, Kortsch, Göflan, Sonnen- und Nördersberg. Bozen 1994, S. 8, und GELMI, Josef: Geschichte der Diözesen Bozen-Brixen und Innsbruck. Von den Anfängen bis zum Jahre 1000. Kehl 1994, S. 46.
71 HAGENEDER (wie Anm. 13), S. 231; KAISER (wie Anm. 13), S. 116, 170.
72 TIROLER URKUNDENBUCH (wie Anm. 9), Nr. 940; Loose, Siedlungsgenetische Studien (wie Anm. 62), S. 232.
73 TIROLER URKUNDENBUCH (wie Anm. 9), Nr. 632.
74 MILITZER, Klaus: Die Entstehung der Deutschordens-

In der Urkunde von 1212 und in einer Ablaßerteilung von 1281[75] wird St. Martin als Pfarrkirche (*plebis de Gevelana* bzw. *ecclesia parochialis*) bezeichnet. Diese Terminologie kann mit Blick auf die spätere Entwicklung der Seelsorge für eine realistische Wiedergabe des kirchenrechtlichen Status dieses Gotteshauses allerdings nicht übernommen werden[76], denn sein weiteres Werden vollzog sich in völliger Einbindung in den Verband der Pfarre Schlanders – für die, wie bereits erwähnt, ein Pfarrer übrigens schon 1170 genannt worden war.[77] Auch ist die Terminologie nicht einheitlich: In anderen Urkunden aus demselben zeitlichen Umfeld wird Göflan als *ecclesia*[78], *basilica*[79] und *capella*[80] bezeichnet. Demnach liegen keine eindeutigen Hinweise auf eine Pfarrkirche vor; auch in anderen Fällen wurden einfache Kapellen oder Filialkirchen *ecclesia* oder *basilica* genannt.[81] 1479 wurde St. Martin ausdrücklich als Filiale der Pfarre Schlanders bezeichnet[82], 1502 als dieser zugehörig.[83]

Daß die Bezeichnung »Pfarre« in einem Fall in einer Wangener Urkunde vorkommt, ist kein Zufall: Die Erklärung liegt im Status der Eigenkirche dieses bedeutenden Geschlechtes. Rainer Loose konnte mit überzeugenden Argumenten nachweisen, daß Göflan damals in dessen Grundherrschaft Mittelpunktcharakter hatte.[84] Diese erstreckte sich vom Südtiroler Unterland über Bozen und den Ritten in den Raum Meran und den Vinschgau sowie ins Oberinntal und ins Pustertal.[85] Mehrere in einer Urkunde von 1583 genannte Höfe in Kurzras im Schnalstal (Kurz, Gamp, Marchegg und Gerstgras im Gericht Kastelbell, Wies und Kofl im Klostergericht Allerengelsberg), die bis um diese Zeit zu Göflan gehörten, stellten ein kommunikatives Verbindungsglied zwischen dem Wangener Besitz im Vinschgau und den Gütern dieses Geschlechtes im Oberinntal im Raum Imst/Stams dar. Erst im 16. Jahrhundert kam es zu tiefgreifenden Veränderungen hinsichtlich der kirchlichen Zugehörigkeit der Kurzraser Höfe: 1572 kauften sich deren Bewohner von Göflan los, weil sie zumal im Winter wegen ihrer entlegenen Position kaum dorthin zu kommen in der Lage wären und in Krankheitsfällen nicht versehen werden könnten. Dieser Akt bereitete den 1583 durchgeführten Einkauf in die Pfarre Unser Frau vor.[86]

Erwähnung verdient auch die zum Jahr 1502 vorliegende Notiz vom Bestehen eines eigenen Friedhofes[87], ein Faktum, in dem sich ein hoher Grad an seelsorglicher Eigenständigkeit spiegelt. Das wichtigste Element des Pfarrzwanges, das Taufrecht nämlich, fehlte der Kirche von Göflan allerdings, wie 1638 ausdrücklich betont wurde.[88]

Für Göflan als Gemeinde spricht schließlich der Gebrauch einer eigenen Maßeinheit für Getreide, die in den Quellen als »St. Martins Maß« vorkommt, für eine weit zurückreichende und eine gewisse Zentralität andeutende Eigenständigkeit. 1 Mutt Getreide in dieser Einheit entsprach ungefähr 1,439 Star des ansonsten in Schlanders üblichen Roggenmaßes (genauer: 1,5 Star weniger 1 Maßl).[89]

So liegen also gewisse Anhaltspunkte vor, die es verständlich machen, daß Göflan in der Volkssage als ein Dorf gilt, welches das benachbarte Schlanders an Alter und Bedeutung übertroffen habe. Objektiv wäre eine hervorragende Bedeutung Göflans jedoch allenfalls durch die 1321 von seiten des Landesfürsten König Heinrich ergangene Belehnung der Gemeinde mit dem Wald Tafratz nachvollziehbar, ein Rechtsakt, der 1441, 1450 bzw. 1500 von Herzog Friedrich, Herzog Sigmund bzw. König Maximilian bestätigt wurde.[90] Auch die Entwicklung einer Art Marmorindustrie im

---

balleien im Deutschen Reich (= Quellen und Studien zur Geschichte des Deutschen Ordens Bd. 16). Bonn/Godesberg 1970, S. 105.

75 KUSTATSCHER, Göflan (wie Anm. 66), Nr. 2.
76 KOFLER, Ephraem: Historisch-topographische Notizen über Göflan, o. O. 1846 (TLMF, FB 2703, Teil 6), S. 14; KA Göflan: Geschichte der Kuratie Göflan, pag. 178.
77 CESCUTTI, Marjan: Streiflichter zur Geschichte von Göflan, in: Festschrift anläßlich der Weihe und Namengebung der Volksschule und des Kindergartens Göflan 4. Juni 1988. O. O. o. J., S. 58–70, hier S. 60.
78 KUSTATSCHER, Göflan (wie Anm. 66), Nrr. 3 f.
79 KUSTATSCHER, Göflan (wie Anm. 66), Nr. 1.
80 KUSTATSCHER, Göflan (wie Anm. 66), Nrr. 11, 19.
81 KAISER (wie Anm. 13), S. 168.
82 KUSTATSCHER, Göflan (wie Anm. 66), Nr. 20.
83 KUSTATSCHER, Göflan (wie Anm. 66), Nr. 21.
84 LOOSE, Siedlungsgenetische Studien (wie Anm. 62), S. 231–237.
85 NÖSSING, Josef: Die Herren von Wangen, in: Tiroler Burgenbuch, V. Band – Sarntal, hg. von Oswald Trapp. Bozen/Innsbruck/Wien 1981, S. 71–78, hier S. 76.
86 KUSTATSCHER, Göflan (wie Anm. 66), Nr. 33.
87 KUSTATSCHER, Göflan (wie Anm. 66), Nr. 21.
88 BAC, VP 1638 Oktober 9, pag. 43.
89 KA Göflan, KR 1614/15.
90 KOFLER, Göflan (wie Anm. 76), S. 30 f.

16. Jahrhundert⁹¹ könnte die Selbstgefälligkeit der Göflaner erklären. Ebensowenig haltbar wie der strukturelle Vorsprung vor Schlanders ist die volkstümliche Meinung, Göflan besäße die älteste aller Kirchen des mittleren Vinschgaus, von der die Christianisierung ihren Ausgang genommen habe.⁹² Obwohl eine derartige Behauptung in dieser Form natürlich zurückzuweisen ist, kann die Martinskirche aufgrund des eben beschriebenen Status als Paradigma für den Ablauf der Organisation seelsorglicher Strukturen gelten. Als erste Stufe wäre eine Missionsstation, die zunächst keine Gebietseinheit kennt, denkbar; das zweite Stadium, ebenfalls ohne territoriale Geschlossenheit, könnte die Wangener Eigenkirche markieren; der Abschluß der Entwicklung könnte durch den Pfarrstatus erreicht worden sein, der jedoch zu einem Zeitpunkt eintrat, als der Deutsche Orden die topographischen Vorteile des nahen und als Pfarre schon länger konstituierten Schlanders zu schätzen gelernt hatte und sich folglich um die Übertragung dieser Kirche bemühte. Daß diese nur etwas über 20 Jahre nach der ersten Pfarrnennung von Göflan erfolgte, läßt erkennen, daß das Streben nach der Pfarre Schlanders einen gezielten hindernden Eingriff in den weiteren kirchenrechtlichen Ausbau der Göflaner Seelsorge bedeutete. Ein derartiges Konzept konnte in einer Zeit, in der das Eigenkirchenrecht seinen früheren Stellenwert längst eingebüßt hatte, ohne Schwierigkeit umgesetzt werden. Daß Filialkirchen auf ältere Eigenkirchen zurückgehen bzw. daß letztere in den späteren Pfarren aufgingen, ist ein keineswegs nur für Göflan-Schlanders kennzeichnendes Phänomen.⁹³

Die Überzeugung, Göflan habe einst Pfarrstatus gehabt, blieb im Bewußtsein des Volkes allerdings auch im Spätmittelalter und in der Neuzeit tief verankert.⁹⁴ Noch 1782, im Zuge der damals anlaufenden Diskussion über die Pfarregulierung, brachten die Göflaner dieses Argument vor und betonten, daß es auch von seiten des Ordinariats in Chur Anerkennung gefunden habe. Die Vorstellung, daß es in Göflan in den ältesten Zeiten einen eigenen Pfarrer gegeben habe, nährte sich nicht nur vom Wissen um die frühere Zugehörigkeit der Kurzraser Höfe, sondern auch von der Tatsache, daß mehrere Höfe am Sonnenberg ihre Opfergaben jährlich zweimal nach Göflan bringen mußten⁹⁵ und daß viele Höfe am Nördersberg, die unmittelbar zur Pfarre Schlanders gehören, in Göflan ihren Begräbnisplatz haben.⁹⁶

1.2 Die Pfarre Schlanders im Verband der Diözese Chur

Wie der gesamte Vinschgau begegnet die Pfarre Schlanders von Anfang an im Verband der Diözese Chur. Deren Grenze in Tirol verlief vom Ortler über den Bergkamm nördlich des Ultentales nach Osten, erreichte bei Forst die Etsch und verlief östlich derselben entlang der Passer weiter bis zum Hauptkamm der Zentralalpen.⁹⁷ Es ist hier nicht der Ort, die schon seit längerem geführte Diskussion über das Alter der Zugehörigkeit des Vinschgaus zum Bistum Chur in allen ihren Etappen zu referieren, geschweige denn in sie einzugreifen, weil sie auf jeden Fall vor der Entstehung der Pfarre Schlanders liegt und somit im gegebenen Kontext von untergeordneter Bedeutung ist. Es genügt die Feststellung, daß nach letztem Forschungsstand vieles dafür spricht, die Zugehörigkeit des Vinschgaus zu Chur mit den fränkischen Eroberungen des 6. Jahrhunderts in Verbindung zu bringen, wobei gewisse Zweifel nur noch hinsichtlich der Lokalisierung dieses Ereignisses um 536/37 oder am Ende des 6. Jahrhunderts im Zug der Kämpfe gegen die Langobarden bestehen.⁹⁸ Der erst von der

---

91 Einen instruktiven Überblick über die Bedeutung des Marmorabbaus für Göflan bietet CESCUTTI, Göflan (wie Anm. 77), S. 64–66.
92 KOFLER, Göflan (wie Anm. 76), S. 14; ATZ/SCHATZ (wie Anm. 5), S. 67.
93 MAURER (wie Anm. 11), S. 245.
94 LOOSE, Siedlungsgenetische Studien (wie Anm. 62), S. 232–238; zu 1524 vgl. KUSTATSCHER, Göflan (wie Anm. 66), Nr. 27.
95 Vgl. unten S. 198.
96 DÖRRER, Fridolin: Zur sog. Pfarregulierung Josephs II. in Deutschtirol (ursprünglich »Pfarr-, Dekanats- und Diözesanregulierung Josephs II. in Tirol«). Masch. Diss. Univ. Innsbruck 1950, S. 584, Anm. 969.
97 BLAAS, Mercedes: Die »Priesterverfolgung« der bayerischen Behörden in Tirol 1806–1809. Der Churer Bischof Karl Rudolf von Buol-Schauenstein und sein Klerus im Vinschgau, Passeier und Burggrafenamt im Kampf mit den staatlichen Organen. Ein Beitrag zur Geschichte des Jahres 1809 (= Schlern-Schriften Bd. 277). Innsbruck 1986, S. 27.
98 HAGENEDER (wie Anm. 13), S. 215; KAISER (wie

rezenteren Forschung bewußt akzentuierte Hinweis auf die große Bedeutung der Engadinerverbindung bereits in spätrömischer Zeit[99] entkräftet das vormals gerne ins Feld geführte Argument, für die Zugehörigkeit des Vinschgaus zu Chur lägen keine äußerlichen Gründe vor.[100]

Dem steht freilich das von Josef Riedmann hervorgehobene Faktum entgegen, daß die Geschichte des Vinschgaus im Mittelalter als allmähliche Loslösung von Churrätien zu begreifen sei: Schon im Engadinerkrieg galt dieses Gebiet für Graubünden als »feindliches Ausland«.[101] Im konfessionellen Zeitalter wurde die Kluft noch tiefer, als in Graubünden die neue Lehre die Oberhand gewann und, als indirekte Folge, die politisch-sozialen Strukturen in der Diözese Chur eine Entwicklung nahmen, die auch die kirchliche Verfassung einen eigenen Weg einschlagen ließ. Diese Aussage gilt allerdings nur für das Bistum in seiner territorialen Umschreibung bzw. für Churrätien als politisches Gebilde: Die Bischöfe selbst, die sich gerade in Chur primär als geistliche Oberhirten verstanden, bezogen nämlich den katholisch gebliebenen Vinschgau verstärkt in ihre Politik ein, indem sie sich zeitweilig dorthin zurückzogen, wenn sie in Chur selbst aus religionspolitischen Gründen kein Bleiben mehr hatten.[102]

In geistlichen Belangen waren die verbindenden Elemente zwischen Chur und dem Vinschgau stets stärker als die trennenden: Diesbezüglich ist nicht nur auf die Sage zu verweisen, derzufolge der heilige Florin, neben Lucius Bistumspatron von Chur, der (vielleicht) im 8. Jahrhundert in Remüss im Unterengadin missionierte, aus Matsch stammte, sondern auch auf die Erhaltung der geistlichen Jurisdiktion auch nach der Verleihung der Grafschaft an den Bischof von Trient im Jahr 1027. Die Churer Oberhirten besaßen im Vinschgau weiterhin nennenswerten Streubesitz und Herrschaftsrechte, die auch gegen die massiv vordrängenden Tiroler Grafen behauptet werden konnten.[103] Daß diese in ihren weltlichen Kompetenzbereich fielen, wird von den Untertanen im Einzelfall sicherlich weniger wahrgenommen worden sein als das Faktum an sich. Dasselbe dürfte für das Auftreten eines Heinrich *de Scladeres* unter den Churer Hochstiftsministerialen 1164/67 gelten, das juridisch ebenfalls über den kirchlichen Jurisdiktionsbereich hinausging[104], in Wirklichkeit aber vor allem eine Beziehung zwischen Schlanders und dem Churer Bischof dokumentiert.

Im Hochmittelalter entwickelten sich, ohne daß die Anfänge genauer bekannt wären, aus dem Klerus der alten Taufkirchen und ihrer Tochterkirchen die sogenannten Landkapitel oder Dekanate. Im 15. Jahrhundert war das Bistum Chur in sieben derartige Sprengel aufgeteilt, wovon einen der Vinschgau bildete.[105] Seit dem Ende des 16. Jahrhunderts wurde die Zahl dieser Unterabteilungen, jetzt meist Vikariate genannt, auf vier reduziert. Die Leitung oblag einem Vikar, auch Erzpriester genannt, dessen Aufgabenbereich die Vermittlung zum Bischof, die Aufsicht über den Klerus, die Einberufung von Pastoralkonferenzen und die Ausübung bestimmter Formen der geistlichen Gerichtsbarkeit umfaßte.[106] Als Sitze des Vinschgauer Erzpriesters begegnen abwechselnd Tschengls, Latsch und Tschars[107], zuweilen auch andere Ortschaften, wie beispielsweise Kortsch, dessen Benefiziat zu Beginn des 16. Jahrhunderts als Erzpriester und geistlicher Richter im Vinschgau aufscheint.[108] Die in Schlanders selbst tätigen Priester wurden trotz der zentralen Lage dieser Seelsorge bis ins 19. Jahrhundert nie zu Erzpriestern bestellt[109], was umso mehr überrascht, als diese Ortschaft ansonsten in vielerlei Hinsicht eine Mittel-

---

Anm. 13), S. 34. Eine instruktive Zusammenfassung des davon abweichenden bisher geltenden Forschungsstandes, die auch die ältere Literatur kritisch aufarbeitet, bietet Blaas, »Priesterverfolgung« (wie Anm. 97), S. 27 f.

99 Blaas, »Priesterverfolgung« (wie Anm. 97), S. 27.
100 Stebler, Toni: Das Bistum von Chur und der Vintschgau in fränkischer Zeit, ungedr. Seminararbeit des Historischen Seminars der Univ. Zürich 1973, S. 1.
101 Riedmann (wie Anm. 5), S. 429.
102 Blaas, »Priesterverfolgung« (wie Anm. 97), S. 34–36; Boldini, Rinaldo: Valle Venosta e diocesi di Coira: un matrimonio di oltre mille anni, in: CIVIS supplemento 2 (1986), S. 43–58, S. 47–49.
103 Blaas, »Priesterverfolgung« (wie Anm. 97), S. 29–31; Boldini (wie Anm. 102), S. 43.
104 Riedmann (wie Anm. 5), S. 421.
105 Schwegler, Theodor: Geschichte des Bistums Chur, in: 1500 Jahre Bistum Chur, hg. von Hermann Odermatt. Zürich 1950, S. 29–69, S. 43 f.
106 Clavadetscher/Kundert (wie Anm. 26), S. 215.
107 Atz/Schatz (wie Anm. 5), S. 49.
108 Kofler, Ephraem: Das Dorf Cortsch in Untervinschgau, aus Urkunden dargestellt, o. O. o. J (1845) (TLMF, FB 2701, pag. 65.
109 Riedmann (wie Anm. 5), S. 425.

punktfunktion besitzt. Die Ursache ist darin zu suchen, daß die Pfarre seit 1235 dem Deutschen Orden inkorporiert war, zu dem die Churer Oberhirten häufig kein störungsfreies Verhältnis hatten.

Am 7. September 1808 wurde der Vinschgauer Teil der Diözese Chur durch päpstliche Entschließung dem Bistum Brixen einverleibt.[110] 1812 wurde die Pfarre Schlanders zum Dekanat erhoben und bildete nunmehr, was seit ihrer Entstehung nie der Fall gewesen war, in kirchlicher Hinsicht einen Mittelpunkt.[111] Am 12. Oktober 1818 gelangte sie wie der gesamte mittlere und untere Vinschgau zum Bistum Trient[112], seit 1964 ist sie Teil der Diözese Bozen-Brixen.

1.3 Der Umfang der Pfarre Schlanders

Die Pfarre Schlanders erstreckte sich im Beobachtungszeitraum der vorliegenden Studie zunächst auf das gesamte Gebiet der heutigen Pfarren Schlanders, Kortsch, Laas und Martell[113], hatte folglich eine Ausdehnung von 369 km². 1370 verringerte sich ihr Umfang um das Territorium der Pfarre Laas (110 km²), während das Gebiet von Martell (144 km²) bis 1617 als dazugehörig zu betrachten ist.[114] Somit betrug ihr Umfang von 1617 bis 1811 115 km².[115] Sie grenzte, wenn man Martell nach der schon seit dem 17. Jahrhundert üblichen Praxis ausklammert, an die Pfarren Latsch (im Westen), Tschars bzw. Unser Frau in Schnals (im Nordosten bzw. Norden), Matsch (im Nordwesten), Laas (im Westen), Tschengls (im Südwesten) und Martell (im Süden). Die Grenze zur Pfarre Laas ist identisch mit der Grenze des Churischen Gerichtes Schanzen oder Unterskala, die im Haupttal zwischen Laas und Kortsch entlang des Gadriagrabens verläuft.[116] 1803 gehörten zur Pfarre Schlanders folgende Ortschaften: Schlanders, Kortsch, Göflan, Vezzan, Nördersberg, Sonnenberg, Allitz, Trög, Höfe, Martelltal. Ihre Ausdehnung umfaßte 21 Gehstunden.[117]

In den Quellen zur Kirchengeschichte wird die Größe von Pfarren meist nicht nach Flächen, sondern nach der Anzahl der seelsorglich betreuten Menschen angegeben. Hierzu liegen für Schlanders mehrere Angaben vor, aus denen eine sukzessive Zunahme der Bevölkerung im Laufe der Zeit hervorgeht; ein besonders markanter Zuwachs ist für die Mitte des 17. Jahrhunderts, die Zeit nach dem Dreißigjährigen Krieg, zu konstatieren; ein weiterer Schub setzte im letzten Viertel des 18. Jahrhunderts ein. Die im folgenden mitgeteilten Werte beziehen sich auf die Zahl der Kommunikanten, sind daher, wenn man die gesamte Größe der seelsorglich betreuten Bevölkerung ermitteln möchte, um rund 20 Prozent zu erhöhen, wie sich aus der zusätzlichen Angabe der Seelenzahl zu den Jahren 1738 und 1767 (ca. 3000 bzw. 3500) errechnen läßt. Die Pfarre Schlanders umfaßte 1595: 1000[118], 1652: 1500[119], 1669: 2030[120], 1701: 2200[121], 1702: 2200[122], 1729: 2200[123], 1738: 2400[124], 1767: 2500[125] und 1776: 2500 Kommunikanten.[126] Der auffällig niedrige Wert für 1595 dürfte einen Zweifel an seiner Zuverlässigkeit rechtfertigen, erklärbar wohl aus organisatorischen Schwie-

---

110 STAFFLER, Richard: Die Wibmer Sekte am Schlanderser Nördersberg, in: Der Schlern 5 (1924), S. 203–214, hier S. 205.
111 RIEDMANN (wie Anm. 5), S. 438.
112 DÖRRER, Fridolin: Der Wandel der Diözesaneinteilung Tirols und Vorarlbergs, in: Beiträge zur Geschichte Tirols. Festgabe des Landes Tirol zum Elften Österreichischen Historikertag in Innsbruck vom 5. bis 8. Oktober 1971, Innsbruck o. J. (1972), S. 141–170, hier S. 152 (Anm. 200 auf S. 166).
113 Zur kartographischen Veranschaulichung vgl. HUTER, Franz: Seelsorgen-Filiations-Karte der historischen Länder Tirol und Vorarlberg (1300–1975), Blatt 28° 47° (Glurns) und 29° 47° (Innsbruck).
114 Vgl. dazu unten S. 105 f.
115 Wegen der weitgehenden Entsprechung von Pfarr- und Gemeindegrenzen können die für die politischen Gemeinden aktuellen Flächenangaben verwendet werden; Statistisches Jahrbuch für Südtirol 1997, hg. von der Autonomen Provinz Bozen – Landesinstitut für Statistik, Bozen 1998, Tab. 1.5.
116 Im Detail beschreibt den Grenzverlauf OBEREGELSBACHER, Willi: Die alte Hochstift-Churische Gerichtsgrenze zwischen Laas und Kortsch, in: Der Schlern 22 (1948), S. 66.
117 BLAAS, »Priesterverfolgung« (wie Anm. 97), S. 91.
118 BAC, VP 1595, pag. 202.
119 DOZA, Et 31/3, fol. 208v–211v.
120 GASSER, Paula: Zur Geschichte der Deutschordensballei an der Etsch und im Gebirge im 16. und 17. Jahrhundert. Eine Untersuchung anhand der Balleikapitelprotokolle und Visitationsakten. Masch. Diss. Univ. Wien 1966, S. 239.
121 DOZA, Et 33/3: VP 1701 Dezember 21.
122 GASSER (wie Anm. 120), S. 239.
123 BAC, VP 1729.
124 BAC, VP 1738, fol. 32r.
125 BAC, VP 1767, pag. 85
126 DOZA, Et 157/3: 1776.

rigkeiten der Durchführung der in diesem Jahr erfolgten bischöflichen Visitation, wie aufgrund der Diktion des darüber verfaßten Protokolls zu vermuten ist.[127] Aus dem 19. Jahrhundert liegen folgende Angaben zur Seleen- bzw. Bevölkerungszahl vor: 1803 betrug diese (mit Martell) 4125[128], 1811 (ohne Martell): 2913[129], 1837: 3111[130], 1846: 3293[131], wobei die Kriterien bzw. die Zuverlässigkeit der Erhebung je nach Quelle nicht völlig einheitlich gewesen zu sein scheinen.

Der Wert von 1669 ermöglicht den Vergleich des Umfangs der Schlanderser Seelsorge mit dem anderer Pfarren des Deutschen Ordens. Für diese wurden folgende Kommunikantenzahlen festgehalten: Sterzing: 3150, Sarnthein: 2700, Mareit: 2400, Lana: 2050, Schlanders: 2030, St. Leonhard in Passeier: 1500, Lengmoos: 1250, Gossensass: 1150, Unterinn: 1050, Laas: 900, Moos in Passeier: 800, Martell: 600, Völlan: 500, Wangen: 400, Gargazon: 200.[132] Schlanders stand somit hinsichtlich der zu betreuenden Bevölkerung an fünfter Stelle in der Ballei an der Etsch.

Wie erwähnt, war der Umfang der Pfarre Schlanders zur Zeit ihrer Entstehung ungleich größer als im Spätmittelalter und in der Neuzeit, da sie auch die Seelsorgen von Laas und Martell umfaßte. Das Urbar der Kommende Schlanders von 1334 verzeichnet aus deren Territorium mehrere Abgaben.[133] Da sie sich erst 1370 bzw. 1617 verselbständigten, ist die ursprüngliche Pfarre Schlanders als Großpfarre zu bezeichnen.[134]

Die Zugehörigkeit von Laas zu Schlanders im Rechtsstatus einer Filialkirche ist indirekt zu 1304 belegt, als der dortige Amtmann Nikolaus in der Reihe mehrerer Prokuratoren der Pfarrangehörigen von Schlanders genannt wird, die am Bau der Michaelskapelle am Friedhof Anteil hatten und eine Wochenmesse stifteten.[135] 1323 entstand ein Streit der Gemeinde Laas mit der Deutschordenskommende Schlanders über die Kirchen bzw. Kapellen St. Johann, St. Markus, St. Martin und St. Sisinnius, der der Gemeinde schwere kirchliche Strafen eintrug. Landesfürst König Heinrich, der die Lösung der Angelegenheit übernommen hatte, sprach der Gemeinde vier Jahresnutzungen zu und legte es in die Hand des Deutschen Ordens, auf eigene Kosten bei den Bischöfen von Trient und Chur die Lösung der von diesen gebannten Laaser zu erwirken und sich beim Papst für die Lösung der wegen Angriffs auf die Kommende Schlanders Exkommunizierten vom Kirchenbann einzusetzen.[136] Am 18. Oktober 1370 trennte der Churer Bischof Friedrich von Erdingen (1368–1376) die Kirche St. Johann Baptist in Laas von Schlanders ab, erhob sie zur Pfarrkirche und übergab sie dem Deutschen Orden.[137]

Ungeachtet dieses Formalaktes blieb die Rechtslage auch in der Folgezeit unklar: Während in einem Testament von 1397 ausdrücklich von einem eigenen Pfarrer von Laas die Rede ist, dem die betreffende Erblasserin einen Becher vermachte[138], und 1416 ein solcher unter dem Titel *rector* auch namentlich erwähnt wird (Johann Marian)[139], wird die Kirche St. Johann im selben Jahr, nur wenige Wochen später, anläßlich einer Neuweihe durch den Generalvikar des Bischofs von Trient als Filiale der Pfarrkirche von Schlanders bezeichnet.[140] Vermutlich waren ältere Strukturen

---

127 BAC, VP 1595, pag. 203.
128 BLAAS, »Priesterverfolgung« (wie Anm. 97), S. 91.
129 FISCHER, Klaus: Die Bevölkerung im Vinschgau und in seinen Nebentälern seit Ende des 18. Jahrhunderts, in: Der Schlern 48 (1974), S. 555–567, Tabelle 3.
130 Descriptio diocesis et cleri Tridentini, Trient 1837, S. 216–218.
131 STAFFLER, Johann Jakob: Tirol und Vorarlberg topographisch, II. Theil, II. Bd., Innsbruck 1846, S. 555 f.
132 DOZA, Et 32/2, fol. 148r.
133 LADURNER, P. Justinian: Urkundliche Beiträge zur Geschichte des deutschen Ordens in Tirol, in: Zeitschrift des Ferdinandeums für Tirol und Vorarlberg 3. Folge H. 10 (1861), S. 1–272, hier S. 60 f.; PRAXMARER (wie Anm. 7), S. 139; NÖSSING, Josef: Die Kommende Schlanders, in: Der Deutsche Orden in Tirol. Die Ballei an der Etsch und im Gebirge, hg. von Heinz Noflatscher (= Quellen und Studien zur Geschichte des Deutschen Ordens Bd. 43). Bozen/Marburg 1991, S. 389–410, hier S. 391.
134 MÜLLER, Entstehung (wie Anm. 9), S. 333 f.
135 ARCHIV-BERICHTE aus Tirol, hg. von Emil von Ottenthal und Oswald Redlich, Bd. II (Mittheilungen der dritten (Archiv-)Section der k. k. Central-Commission zur Erforschung und Erhaltung der Kunst- und historischen Denkmale, Bd. III), Wien-Leipzig 1896, Nr. 321 ddo. 1304 April 19.
136 ATZ/SCHATZ (wie Anm. 5), S. 73; PRAXMARER (wie Anm. 7), S. 168.
137 MAYER, Johann Georg: Geschichte des Bistums Chur, 2 Bde. Stans 1907–1914, hier Bd. 1, S. 385.
138 ATZ/SCHATZ (wie Anm. 5), S. 74; ARCHIV-BERICHTE (wie Anm. 135), Nr. 269 ddo. 1397 Mai 27.
139 ARCHIV-BERICHTE (wie Anm. 135), Nr. 267 ddo. 1416 Oktober 5; LADURNER (wie Anm. 133), S. 81; ATZ/SCHATZ (wie Anm. 5), S. 74.
140 ARCHIV-BERICHTE (wie Anm. 135), Nr. 302; KOFLER, Göflan (wie Anm. 76), S. 40.

im allgemeinen Bewußtsein – insbesondere bei dem aus einer fremden Diözese stammenden Aussteller der Urkunde bzw. seinem Schreiber – noch tief verankert.

Zum Laaser Sprengel gehörte im Mittelalter auch die Kirche St. Moritz in Allitz, die seit der zweiten Hälfte des 14. Jahrhunderts mit einem eigenen Kaplan versehen war. Vor 1370 war dies Gottschalk Lauri, am 6. Oktober dieses Jahres präsentierte der durch die Herzoge Albert III. und Leopold III. bevollmächtigte Bischof von Brixen seinem Churer Amtsbruder den Priester Wilhelm von Zwingenstein, dem das Benefizium am 12. Oktober auch tatsächlich verliehen wurde.[141] Als Stellvertreter des Landesfürsten als Patronatsherrn schenkte dieser Geistliche die Kirche 1397 dem Deutschen Orden, der sie seither als von der Kommende Schlanders aus zu betreuende Tochterkirche betrachtete.[142]

Ungeachtet dieses Rechtsaktes wurde das Patronatsrecht auch im 15. und 16. Jahrhundert von den Tiroler Landesfürsten ausgeübt. 1433 entwickelte sich die 1370 dem Bischof von Brixen ausnahmsweise gewährte Verleihungsvollmacht zu einem Streitpunkt, als sich Herzog Friedrich für die Investitur eines vom ihm selbst präsentierten Geistlichen einsetzte[143]: Er stellte klar, daß es sich seinerzeit um einen Präzedenzfall gehandelt habe.[144] Später nahm auch Kaiser Maximilian das landesfürstliche Präsentationsrecht wahr.[145]

Die 1397 hergestellte Verbindung zum Deutschen Orden spiegelt sich erst wieder in den Quellen des 17. und 18. Jahrhunderts. 1638 begegnet Allitz als Expositur der Pfarre Schlanders, deren Inhaber dem Pfarrer gegenüber jedoch keine Verpflichtungen hatte. Dagegen mußte der Pfarrverwalter von Schlanders hier zwölf Messen halten.[146] In den seit 1708 erhaltenen Quellen finden sich nur mehr Angaben zur Situation von Bau und Ausstattung, die darauf hindeuten, daß diese Kirche innerhalb des Pfarrverbandes eher zweitrangige Bedeutung hatte: Das Dach sei reparaturbedürftig, das Gebäude feucht und mit Kirchengeräten und Paramenten schlecht ausgestattet.[147]

Auch in Martell wurde die Seelsorge anfänglich von Schlanders aus besorgt; diese Abhängigkeit blieb trotz der größeren Entfernung sogar länger bestehen als im Fall von Laas.[148] 1303 schloß die Gemeinde mit der Kommende Schlanders einen Vertrag über die Sonntagsmesse: Ein Priester aus Schlanders sollte gegen eine Jahresentschädigung von 450 Mark Berner und zehn Mutt Getreide jeden Sonntag singend oder sprechend eine Messe in der Kirche St. Walburg halten.[149] Einige Wochen später erhielt dieser Vertrag durch die Schenkung von Gülten an den Landkomtur eine zusätzliche materielle Grundlage.[150] Aus dem Jahr 1367 liegt eine den Vertrag von 1303 ergänzende Verfügung vor, die, wie ausdrücklich betont wurde, dem Ausbau der Seelsorge dienen sollte: Der Landkomtur des Deutschen Ordens als Vertreter der Kommende Schlanders empfing von der Gemeinde Martell 35 Mark Berner gegen das Versprechen, in der Kirche St. Walburg durch einen Priester aus der Kommende Schlanders außer den bereits vereinbarten Sonntagsmessen 14 weitere Messen halten zu lassen, nämlich an den Festen Weihnachten, Johann Evangelist, Mariä Lichtmeß, Mariä Verkündigung, Ostern, Christi Himmelfahrt, Fronleichnam, Johann Baptist, Bartholomäus, Mariä Geburt, Michael, Allerheiligen, Allerseelen und Katharina. Der Priester mußte sich selbst verköstigen; nur den Opferwein stellte die Gemeinde zur Verfügung. Ausnahmen waren gestattet, wenn schlechte Witterung, größerer Beichtkonkurs oder ein Begräbnis den Geistlichen an dem Gang nach Martell hinderten; in diesem Fall mußte die entfallene Messe nachgeholt werden. Für die korrekte

---

141 SCHNELLER, Friedrich: Beiträge zur Geschichte des Bistums Trient aus dem späteren Mittelalter, in: Zeitschrift des Ferdinandeums für Tirol und Vorarlberg 3. Folge H. 38 (1894), S. 155–353, Nr. 581a/b.
142 ATZ/SCHATZ (wie Anm. 5), S. 66; LADURNER (wie Anm. 133), S. 78.
143 SCHNELLER (wie Anm. 141), Nr. 582.
144 TLA, Urk. I 5566 ddo. 1433 Juni 6; SCHNELLER (wie Anm. 141), Nr. 583.
145 SCHNELLER (wie Anm. 141), Nr. 584 ddo. 1518 Juni 5.
146 ATZ/SCHATZ (wie Anm. 5), S. 66.
147 DOZA, Et 35/2: VP 1708 August 3; BAC, VP 1738, fol. 31v; DOZA, Et 35/2: VP 174; BAC, Bischöfliche Resolution ddo. 1756 Oktober 4; BAC, VP 1767, pag. 83 f.; VP 1779, pag. 173.
148 NÖSSING, Die Kommende (wie Anm. 133), S. 396.
149 1303 März 1; FRÜHMESSERBUCH. Marteller Chronik des Josef Eberhöfer, bearb. von Antonia Perkmann-Stricker. Lana 1991, S. 149–151; LADURNER (wie Anm. 133), S. 66 f.; ATZ/SCHATZ (wie Anm. 5), S. 52, 93.
150 FRÜHMESSERBUCH (wie Anm. 149), S. 145 f.: 1303 März 22.

Einhaltung der Verbindlichkeit verpfändete die Kommende Schlanders den ihr gehörigen halben Zehnt in Martell, auf daß die Gemeinde diesen in Beschlag nehmen könne, wenn die Messen nicht gehalten würden. Der Deutsche Orden bedingte sich aber die Rückzahlung der 35 Mark aus, falls ihm die Haltung der Messe einmal beschwerlich sein sollte.[151]

1315 erfuhr die Kirche St. Walburg eine liturgische Aufwertung, als der Churer Generalvikar einen neuerrichteten Altarstein weihte, der den älteren gemauerten Altar ersetzte.[152]

Eine Verfügung des Landesfürsten König Heinrich von 1332 hängt zwar nicht direkt mit der Marteller Kirchengeschichte zusammen, soll hier aber deshalb erwähnt werden, weil sie für die wirtschaftliche Bindung dieser Talschaft an die Pfarrgemeinde von Schlanders relevant ist. Dieser verlieh der Landesfürst das ausschließliche Einforderungsrecht in den Marteller Wäldern und die Befugnis, ihr Holz auf der Plima talauswärts zu triften[153], und bevorzugte sie damit gegenüber den Gemeinden der Pfarre Latsch, die denselben Anspruch geltend gemacht hatten.[154] Die Durchsetzung dieses Rechtes wurde den Schlandersern in der Folgezeit von den Bewohnern von Martell selbst des öfteren in der Weise erschwert, daß sie gerichtliche Hilfe in Anspruch nehmen bzw. an landesfürstliche Stellen appellieren mußten.[155]

Dieser Umstand ist – gleich einem 1435 ausgetragenen Streit mit dem Pfarrverwalter in der Frage des von den Martellern an die Pfründe von Schlanders zu entrichtenden Getreides[156] – als Beleg für die objektiven Schwierigkeiten der Seelsorge in einer so entlegenen Talschaft erwähnenswert. Die Bevölkerung selbst empfand ja zur Marteller Kirche eine gewisse Anhänglichkeit, die in Stiftungen zum Ausdruck kommt, z. B. 1408 von seiten der Agnes von Obkirchen, die dem Gotteshause eine halbe Yhre Wein für die am Gründonnerstag zu St. Walburg Kommunizierenden widmete[157], oder 1410 von seiten der Gertrud, Wwe. des Schmiedes in Martell, die Gülte aus einer Wiese an der Plima vermachte.[158]

Ihrem kirchenrechtlichen Status nach war die Kirche St. Walburg zunächst eine Filiale der Pfarre Schlanders, die diese bei Bedarf auch finanziell unterstützte, wovon die Gewährung eines Darlehens zur Finanzierung eines neuen Marienbildes in der Pfarrkirche von Schlanders durch den Kirchpropst von St. Walburg im Jahr 1454 Zeugnis gibt.[159] Allerdings ist in Martell schon früh das Begräbnisrecht nachweisbar: 1440[160] bzw. 1493[161] ist von einem Friedhof die Rede, der zusammen mit der Kirche rekonziliert wurde. Aber noch 1595 wurde die Kirche ausdrücklich als Filiale bezeichnet.[162]

1617 kam es in Martell zur Stiftung eines eigenen, doch weiterhin dem Pfarrverwalter von Schlanders unterstellten Priesters und zur Erhebung des seelsorglichen Sprengels in den Rang einer Kuratie; diese Bezeichnung ist zu 1718 belegt[163], der Seelsorger scheint 1741[164] als »Kurat« auf. Die Bezeichnung von St. Walburg als »Pfarrkirche« in einer Urkunde von 1629[165] und des sie

---

151 LADURNER (wie Anm. 133), S. 52, 66 f.; ATZ/SCHATZ (wie Anm. 5), S. 52, 93: 1367 April 9.
152 ARCHIV-BERICHTE (wie Anm. 135), Nr. 301 ddo. 1315 Oktober 14.
153 SLA, GA Schlanders, Urk. 1 ddo. 1332 Juni 16; ARCHIV-BERICHTE (wie Anm. 135), 340. Obwohl in dieser Urkunde keine Gegenreichung festgesetzt ist, wurde hierfür in der Folge ein Holzzoll entrichtet. Diese landesfürstliche Gerechtsame wurde in der Folge der Kommende Schlanders überlassen, ob lehen- oder schenkungsweise ist nicht bekannt. Nach Aufhebung des Deutschen Ordens 1803 fiel dieses Gefälle wieder dem Ärar zu. Das letzte Mal soll der Holzzoll 1813 vom Rentamt Fürstenburg bezogen worden sein; vgl. noch weitere Urk. in diesem Betreff: 18, 24; NEEB, Philipp: Chronologisches Verzeichnis der vorzüglichsten Begebenheiten in Bezug auf Wald- und Bergwesen in Vinschgau von den ältesten Zeiten bis zum Jahre 1827 mit Urkunden und archivalischen Quellen, o. O. 1846 (TLMF, FB 1657), Nr. 11.
154 1332 Juni 16 (Neeb [wie Anm. 153], Nr. 12); 1492 (SLA, GA Schlanders, Urk. 13).
155 1495 Juni 2 (SLA, GA Schlanders, Urk. 15; Neeb [wie Anm. 153], Nr. 32); 1496 Jänner 23 (SLA, GA Schlanders, Urk. 16; Neeb [wie Anm. 153], Nr. 33); 1520 Oktober 27 (SLA, GA Schlanders, Urk. 18); 1550 September 11 (SLA, GA Schlanders, Urk. 24); 1569 Oktober 5 (SLA, GA Schlanders, Urk. 29; Neeb [wie Anm. 153], Nr. 41); 1753 Jänner 23 (Neeb [wie Anm. 153], Nr. 71); 1756 Mai 18 (Neeb [wie Anm. 153], Nr. 73); 1759 August 14 (Neeb [wie Anm. 153], Nr. 74); 1760 Juni 16 (Neeb [wie Anm. 153], Nr. 76).
156 ARCHIV-BERICHTE (wie Anm. 135), Nr. 306; ATZ/SCHATZ (wie Anm. 5), S. 94: 1435 November 4.
157 ARCHIV-BERICHTE (wie Anm. 135), Nr. 303.
158 ARCHIV-BERICHTE (wie Anm. 135), Nr. 304.
159 TLMF, Urk. 2305.
160 ARCHIV-BERICHTE (wie Anm. 135), Nr. 307.
161 ARCHIV-BERICHTE (wie Anm. 135), Nr. 309.
162 BAC, VP 1595, pag. 203.
163 DOZA, Et 11/2, pag. 49 f.
164 DOZA, Et 35/2: VP 1741.
165 PfA Schlanders, Urk. 54.

versehenden Geistlichen als »Pfarrverwalter« zu 1692[166] signalisiert daher nur einen Anspruch (der allerdings dem de-facto-Zustand entsprach[167]), während die noch zu 1685 vorkommende Klassifizierung als »Filiale«[168] mittlerweile für anachronistisch zu befinden ist. Die Führung eines Taufbuches seit 1634 und eines Trauungs- und Sterbebuches seit 1651[169] deutet auf eine zunehmende Verselbständigung des seelsorglichen Sprengels. In diesem waren damals, wie aus einer Kirchenrechnung von 1685 zu ersehen ist, bedeutende neu hinzugekommene Stiftungsverbindlichkeiten zu erfüllen[170], und bis 1718 ist ein weiterer Zuwachs der Gesamteinnahmen auf fast das Doppelte festzustellen.[171] Die faktische Bedeutung dieser Seelsorge war also weiterhin im Steigen begriffen; folgerichtig wurde denn auch 1776 anläßlich einer Visitation des Deutschen Ordens festgestellt, die Kirche übe, wiewohl formell eine Kuratie, *iurisdictionem parochialem* aus.[172] Zur formellen Erhebung zur Pfarre kam es erst 1867.[173]

Die eben erwähnten terminologischen Schwierigkeiten hängen mit einer für den Vinschgau charakteristischen Struktur der seelsorglichen Organisation zusammen: Hier war einerseits das hohe Alter der seelsorglichen Durchdringung dafür maßgeblich, daß es vorwiegend selbständige Pfarren gab, andererseits wirkte sich die Gepflogenheit des Bistums Chur aus, größere Ausbaustationen verhältnismäßig leicht zu Pfarren zu erheben. Einfache, mit nur geringer Seelsorge betreute Benefizien wurden häufig in etwas höherwertige Exposituren verwandelt.[174]

Beide Sprengel, sowohl Laas als auch Martell, waren durch das Verhältnis der Inkorporation in den Deutschen Orden[175] auch nach der seelsorglichen Verselbständigung von der Pfarre Schlanders mit der dortigen Kommende weiterhin in enger Verbindung, sei es in Gestalt der Reichung der entsprechenden Abgaben, sei es, wie aus dem 17. Jahrhundert nachweisbar ist, durch den Empfang von Geld und Naturalien zur Aufstockung des Einkommens der dort wirkenden Priester.[176] Auch hinsichtlich der personellen Besetzung beider Sprengel ergaben sich viele Interferenzen mit den in der Seelsorge von Schlanders eingesetzten Geistlichen, wie aus deren Biographien hervorgeht.[177]

1.4 Schlanders als Pfarre des Deutschen Ordens

Im September 1235 schenkte Kaiser Friedrich II. dem Deutschen Orden die Pfarre Schlanders, wobei er bei Strafe von 20 Pfund verbot, die deutschen Brüder in deren Besitz zu beirren.[178] In einer am 9. November 1257 vorgenommenen Bestätigung dieser Urkunde durch Papst Alexander IV. wurde ihr Gegenstand präziser formuliert: das Patronatsrecht. Leo Santifaller hat darauf aufmerksam gemacht, daß derselbe Sachverhalt auch im Fall der Ordenskirchen St. Margarethen in Lana und St. Leonhard in Passeier gegeben war, deren Schenkungen im selben zeitlichen Umfeld wie die von Schlanders bestätigt wurden, und daraus sowie aufgrund allgemeiner kirchenrechtlicher Überlegungen den Schluß gezogen, daß bereits 1235 das Patronatsrecht implizit enthalten gewesen sein müsse.[179]

Das Rechtsgebilde des Patronats entstand mit dem im Hochmittelalter unter dem Einfluß der Kanonistik einsetzenden Bedeutungsrückgang des Eigenkirchenrechtes. Gegenüber diesem bedeutete es materiell eine gewisse Einschränkung, sicherte seinem Inhaber aber das Recht der Präsentation des Geistlichen.[180] Mit der Ablösung der

---

166 DOZA, Et 158/3.
167 Gasser (wie Anm. 120), S. 226–248.
168 DOZA, Et 32/3: Extrakt der Filialkirche St. Walburg in Martell 1685 April 29; Et 7/1, fol. 85v.
169 Atz/Schatz (wie Anm. 5), S. 94.
170 DOZA, Et 7/1, fol. 85v. Die Summe der Einnahmen betrug 115 fl 54 kr: Davon entfielen 43 fl 18 kr auf bereits bestehende und 29 fl 12 kr auf neu hinzugekommene Stiftungen 29/12.
171 DOZA, Et 11/2, pag. 49 f.: Die Summe der Einnahmen betrug jetzt 231 fl 35 kr.
172 DOZA, Et 35/3: VP 1776 Oktober 5.
173 Nössing, Die Kommende (wie Anm. 133), S. 397.
174 F. Dörrer, Pfarregulierung (wie Anm. 96), S. 344.
175 Gasser (wie Anm. 120), S. 39.
176 DOZA, Et 32/2, fol. 141v.
177 S. unten S. 152–154; 158–167.
178 Tiroler Urkundenbuch (wie Anm. 9), Nr. 1036; Ladurner (wie Anm. 133), S. 18.
179 Santifaller, Leo: Fünf Urkunden Papst Alexanders IV. vom Jahre 1257 für den Deutschen Orden in Südtirol, in: Der Schlern 40 (1966), S. 85, Anm. zu Nrr. 3–5.
180 Sägmüller, Johann Baptist: Lehrbuch des katholischen Kirchenrechtes. Freiburg ²1909, S. 319; Plöchl, Willibald M.: Geschichte des Kirchenrechts, 5 Bde. Wien–

Eigenkirche begannen sich im pfarrlichen Bereich verschiedene Vermögensmassen herauszubilden, eine Konstellation, die bis zum Erlaß des derzeit geltenden Kirchenrechtes im Jahr 1983 erhalten blieb. Deren wichtigste waren das Fabrikgut als das den unmittelbar gottesdienstlichen Zwecken gewidmete Vermögen und die für den standesgemäßen Unterhalt der Geistlichkeit vorgesehene Pfarrpfründe (*praebenda*).[181] Diese Trennung beruhte auf der Argumentation, das kirchliche Amt (*officium*) könne nur unter der Voraussetzung des Vorhandenseins einer materiellen Grundlage (*beneficium*) ausgeübt werden, aus welcher der Inhaber sein Amtseinkommen und seine Lebensgrundlage beziehe.[182] Durch die Herausbildung des Patronatsrechtes verlor der Begriff *beneficium* seinen personenrechtlichen Charakter und näherte sich dem eher sachenrechtlich konnotierenden der *praebenda*.[183]

Die 1235 erfolgte Schenkung der Pfarre Schlanders, die – gleich mehreren früheren Zuwendungen desselben Herrschers – vermutlich aus dem Welfenerbe stammte[184] und als deren Anlaß die Verdienste des Hochmeisters Hermann von Salza zu betrachten sind[185], umfaßte den weiter oben umfangmäßig beschriebenen seelsorglichen Sprengel. Somit bildete sie den wichtigsten Grundstein für die als eigenständiger Verwaltungsbezirk spätestens im Jahr 1309 konstituierte Kommende Schlanders.[186]

Schlanders war zwar der bedeutendste, nicht aber der älteste Besitz des Deutschen Ordens im Vinschgau. Als solcher ist, von Göflan (1212 bzw. 1230) abgesehen[187], die Kirche St. Karpophorus in Tarsch anzusprechen, die 1214 durch Schenkung Kaiser Friedrichs II. an den Orden fiel. Dieses Gotteshaus, dessen Erhaltung der Korporation noch am Ende des Untersuchungszeitraumes oblag[188], gehörte zwar in territorialer Hinsicht zur Pfarre Latsch, wurde aber, wiewohl anderthalb Stunden entfernt, von Schlanders aus betreut, weil hier das lokale Zentrum des Deutschen Ordens war, zu dem es, wie bei einer bischöflichen Visitation im Jahr 1638 verlautete[189], gehörte. Von hier aus wurden, wie zu 1701 bekannt ist, jährlich zwei Messen gelesen.[190]

Im weiteren Verlauf des 18. Jahrhunderts dürfte St. Karpophorus von Schlanders aus eher vernachlässigt worden sein, so sehr, daß den Verantwortlichen des Deutschen Ordens 1792, als sie sich mit der Gemeinde Tarsch über die Finanzierung der Messen einigten, die Formulierung angebracht erschien, man habe von dieser Kirche »wieder Besitz genommen«.[191] Vorangegangen war eine 1788 von Landkomtur Frhr. von Ulm veranlaßte gerichtliche Erhebung der Ordensrechte. Damals hatten vier Zeugen, der älteste 81 Jahre alt, erklärt, der Pfarrverwalter von Schlanders oder ein Kooperator hätten jeweils am Vorabend des Patroziniums und des Kirchweihfestes (letzteres am Sonntag nach Peter und Paul, 29. Juni) eine Vesper und am Fest selbst Predigt und Amt sowie am Fest der heiligen Afra (7. August) Messe auf eigene Kosten gehalten. An diesen Tagen sei der Inhaber eines vom Orden herrührenden Zehnten zu Tarsch zur Reichung einer Mahlzeit an fünf Personen (Geistlicher, Schulmeister, Deutschhausbaumann zu Schlanders, zwei Gemeindeglieder von Tarsch) sowie zur Verpflegung eines Hundes und eines Pferdes verpflichtet gewesen; dafür habe der Orden spürbare Zinsnachlässe gewährt.[192] Für die Bezahlung der Gottesdienste kam die Gemeinde Tarsch auf.[193]

Im Jahr 1215 – im selben Jahr, in dem Kaiser Friedrich II. dem Deutschen Orden auch die Mar-

München ²1960–1969, hier Bd. 2, S. 417; FEINE, Hans Erich: Kirchliche Rechtsgeschichte I: Die katholische Kirche. Köln/Graz ⁴1964, S. 397; KALB, Herbert: Art. Patronat, in: LThK 7, hg. von Walter Kasper, Freiburg/Basel/Rom/Wien ³1998, Sp. 1482 f.

181 MICHAELER, Josef: Änderungen von Rechtsstrukturen in der Diözese Bozen-Brixen, in: Konferenzblatt für Theologie und Seelsorge 100 (1989), S. 23–73, hier S. 29.
182 LIERMANN, Hans: Handbuch des Stiftungsrechts, Bd. 1. Tübingen 1963, S. 76; Sägmüller (wie Anm. 180), S. 882; SCHIEFFER, Rudolf: Art. Benefizium, in: LThK 2, hg. von Walter Kasper, Freiburg/Basel/Rom/Wien ³1994, Sp. 224 f.; MOTZENBACHER, Rudolf: Art. Praebende, in: LThK 8, hg. von Josef Höfer und Karl Rahner, Freiburg ²1963, Sp. 658.
183 LIERMANN (wie Anm. 182), S. 104.
184 PRAXMARER (wie Anm. 7), S. 54; NÖSSING, Die Kommende (wie Anm. 133), S. 390.
185 RIEDMANN (wie Anm. 5), S. 422.
186 MILITZER (wie Anm. 74), S. 101; GASSER (wie Anm. 120), S. 239; NÖSSING, Die Kommende (wie Anm. 133), S. 389.

187 Vgl. oben S. 98.
188 DOZA, Et 35/2: VP 1708 August 3.
189 BAC, VP 1638 Oktober 9, pag. 45.
190 DOZA, Et 33/3 = Et 34/1: VP 1701 Dezember 21.
191 DOZA, Et 30/4: Personalexamen 1792 Juli 10.
192 1214 Februar 12; LADURNER (wie Anm. 133), S. 211 f.; ATZ/SCHATZ (wie Anm. 5), S. 115 f.
193 DOZA, Et 30/4: 1792 Juli 12.

garethenkapelle in Lana schenkte – hatte dessen Besitz im Vinschgau auch durch die Schenkung der Kirche von Tschars durch denselben Herrscher eine nachhaltige Erweiterung erfahren.[194] Diese Kirche wurde jedoch schon 1217 dem Kloster Steingaden übergeben, das wahrscheinlich ältere Ansprüche besaß.[195] Die spätere Schenkung von Schlanders ist als Ersatz für diesen Verlust bzw. als eine Art Tausch gedeutet worden.[196]

Als letzte bedeutendere Abrundung des Vinschgauer Besitzes des Deutschen Ordens vor der Übertragung von Schlanders ist die Schenkung zweier Schwaighöfe im Jahr 1219 durch Graf Albert III. von Tirol zu erwähnen.[197]

Spätestens seit der Mitte des 13. Jahrhunderts ist die Zuständigkeit des Komturs zu Bozen für den Güterkomplex um Schlanders nachweisbar.[198] 1309 wird mit Konrad erstmals ein eigener Komtur von Schlanders urkundlich greifbar, was als endgültiger Beleg für die Existenz einer eigenen Kommende anzusehen[199] und in Anbetracht dessen, daß sich der Deutsche Orden mittlerweile zum bedeutendsten geistlichen Grundherrn in der weiteren Umgebung[200] entwickelt hatte[201], auch unschwer nachvollziehbar ist. Teilweise wird man ihn sogar als Initiator einer hochmittelalterlichen Rodungsbewegung betrachten dürfen, wie sie z. B. im Fall des urkundlich nur bis 1334 zurückzuverfolgenden Ratitschhofes in Vezzan anzunehmen ist, um den sich der Ordensbesitz in dieser Gemeinde gruppierte.[202]

Die Schenkung von 1235 war für den Deutschen Orden freilich nicht gleichbedeutend mit dem sofortigen Besitz der Pfarre Schlanders, sondern er mußte seine Ansprüche erst gegen vermeintlich ältere Rechte der Herren von Montalban, eines im mittleren Vinschgau führenden Ministerialengeschlechtes, durchsetzen, das auch den Bischof von Chur auf seiner Seite wußte.[203] In diesem Kontext ist der mit der Bestätigung von 1257 verbundene Hinweis von Interesse, der Schenkungsakt von 1235 sei gültig, weil er vor der Absetzung des Kaisers erfolgt sei.[204]

Bis 1253 war die Pfarre Schlanders mit Uto von Montalban, Dompropst zu Freising und Propst zu Innichen, besetzt gewesen. Nach dessen Resignation verlieh sie der Churer Bischof Heinrich von Montfort[205] 1258 eigenmächtig seinem Neffen Friedrich, ebenfalls Domherrn, später Bischof zu Freising, womit er den Anspruch der Montalbaner auf das Patronatsrecht bekräftigte.[206] Als der Komtur von Schlanders daraufhin nach Rom appellierte, beauftragte Papst Alexander IV. den Abt von St. Lorenz in Trient mit der Untersuchung des Falles. Dieser erklärte den Montalbaner für unrechtmäßig, worauf der Deutsche Orden mit Bruder Hartwig einen eigenen Geistlichen präsentierte. Der Bischof von Chur nahm diesen jedoch nicht an. In der Folge kam es zu neuerlichen Appellationen nach Rom, und zwar sowohl von seiten des Montalbaners als auch des Komturs. Mit Schreiben vom 9. September 1261 trug der neue Papst Urban IV. dem Bischof von Augsburg auf, den Montalbaner kraft päpstlicher Vollmacht zu ermahnen, die Pfarre dem Deutschen Orden innerhalb Monatsfrist mit allen Rechten zurückzustellen bzw. – im Weigerungsfall – sich innerhalb zwei Monaten vor dem Papst zu verantworten. Ob es dazu kam, ist nicht bekannt, doch deuten die Zeichen auf Nachgeben des Bischofs und des Montalbaners.[207] Am 27. Februar 1262 übertrug der Churer Erwählte Heinrich die Seelsorge von Schlanders den Brüdern des Deutschen Ordens zu

194 1215 Februar 5. PETTENEGG, Ed. Gaston Graf von (Hg.): Die Urkunden des Deutsch-Ordens-Centralarchives zu Wien, Bd. 1 (1170–1809). Prag/Leipzig 1887, Nr. 14; ATZ/SCHATZ (wie Anm. 5), S. 129 f.
195 MILITZER (wie Anm. 74), S. 101.
196 ATZ/SCHATZ (wie Anm. 5), S. 130; PRAXMARER (wie Anm. 7), S. 22.
197 MILITZER (wie Anm. 74), S. 101; RIEDMANN (wie Anm. 5), S. 422.
198 MILITZER (wie Anm. 74), S. 105.
199 MILITZER (wie Anm. 74), S. 101.
200 Eine weitere wichtige Grundherrschaft war das Kloster Weingarten (in Kortsch); DOZA, Urk. 1345 November 19.
201 RIEDMANN (wie Anm. 5), S. 421.
202 LOOSE, Siedlungsgenetische Studien (wie Anm. 62), S. 228–230.

203 NÖSSING, Die Kommende (wie Anm. 133), S. 390 f.
204 PETTENEGG (wie Anm. 194), Nr. 317, 596; PRAXMARER (wie Anm. 7), S. 54.
205 LADURNER (wie Anm. 133), S. 30.
206 HUTER, Franz: Die Herren von Montalban, in: ders., Ausgewählte Aufsätze zur Geschichte Tirols (= Schlern-Schriften Bd. 300). Innsbruck 1997, S. 66–81, hier S. 71; LOOSE, Eyrs (wie Anm. 34), S. 94.
207 LADURNER (wie Anm. 133), S. 31; ATZ/SCHATZ (wie Anm. 5), S. 51; HUTER, Montalban (wie Anm. 206), S. 72; PRAXMARER (wie Anm. 7), S. 40, 55; RIEDMANN (wie Anm. 5), S. 422; NÖSSING, Die Kommende (wie Anm. 133), S. 391.

Bozen mit dem ausdrücklichen Hinweis auf das von Kaiser Friedrich eingeräumte Patronatsrecht.[208] Am 9. September 1262 wurde dieses dem Deutschen Orden auch von Papst Urban IV. bestätigt, wobei das ausdrückliche Verbot erging, den Orden in diesem Besitz zu stören.[209] Am 8. September 1281 bestätigte der Churer Bischof Konrad von Belmont (1272–1282) alle Ablässe, die der Bischof von Freising der Kirche zu Schlanders gewährt hatte, und vermehrte sie durch neue.[210]

Göflan-Schlanders ist nur eine von acht Pfarren, die im Laufe des Mittelalters an den Deutschen Orden gefallen waren. 1211 war dieser Korporation von Bischof Friedrich von Trient die damals den gesamten Ritten umfassende Pfarre Unterinn (seit 1225 ging die Mittelpunktfunktion auf die neuerrichtete Pfarre Lengmoos über[211]), 1219 von Kaiser Friedrich II. die Pfarre St. Leonhard in Passeier, 1254 von Hugo und Adelheid von Taufers in Zusammenhang mit dem dortigen Hospital die Pfarre Sterzing, 1299 von Albero von Wanga die Pfarre Wangen übertragen worden. 1396 kamen schließlich Lana und Sarnthein, 1468 Mareit dazu.[212]

Von diesen Seelsorgen waren drei, außer Schlanders auch Sterzing und Lengmoos, mit einer Kommende verbunden; in Schlanders entstand die letztere aus der Pfarre[213], in Sterzing und Lengmoos traf dies für die Grundausstattung der dort bestehenden, ihrerseits mit der Pfarre eng verbundenen Hospitäler zu, aus denen sich die Kommenden entwickelten.[214] So gesehen, war an allen drei Orten die Pfarre die primäre, die Kommende die sekundäre Einrichtung.

Dies galt aber nur hinsichtlich der Genese der jeweiligen Strukturen, was die reale Bedeutung und insbesondere die wirtschaftlichen Angelegenheiten anbelangte, dominierte gemäß der ritterlich-adeligen Prägung des Deutschen Ordens die Kommende. In allen drei Fällen wurde die Geistlichkeit von dieser erhalten.[215] Dafür stand keine Vermögensmasse mit eigener Zweckbestimmung zur Verfügung, sondern die entsprechenden Zahlungen gehörten zu den ordentlichen Ausgabeposten der Kommende, die von Jahr zu Jahr starken Schwankungen unterlagen. Daher scheint es kaum zulässig zu sein, vom Pfründsystem im herkömmlichen Sinn zu sprechen.

Als die Pfarren Unterinn/Lengmoos, Schlanders und Sterzing an den Deutschen Orden kamen, erfreute sich der Rechtstitel des Patronats allgemein großer Beliebtheit[216], aber schon damals waren gewisse Vorbehalte dagegen artikuliert worden, die sich im Laufe des Spätmittelalters weiter verstärkten, weil dieses Rechtsinstitut den Patronatsherren hinsichtlich der Temporalien vermeintlich allzu

208 JÄGER, Albert: Regesten und urkundliche Daten über das Verhältnis Tirols zu den Bischöfen von Chur und dem Bündnerlande von den frühesten Zeiten des Mittelalters bis zum Jahre 1665, in: Archiv für Kunde österreichischer Geschichtsquellen 15 (1856), S. 337–387, S. 345.
209 PETTENEGG (wie Anm. 194), Nr. 397.
210 PETTENEGG (wie Anm. 194), Nr. 783; PRAXMARER (wie Anm. 7), S. 55; zum gesamten Ablauf der Ereignisse von 1261/62 vgl. auch MITTERHOFER, Michael: Inkorporierte Pfarreien in der Diözese Bozen-Brixen. Ein Beitrag zur Ausformung des Benefizialsystems. Masch. Diss. Univ. Gregoriana. Rom–Bozen 1992, S. 84.
211 ARNOLD, Udo: Lengmoos, in: Der Deutsche Orden in Tirol. Die Ballei an der Etsch und im Gebirge, hg. von Heinz Noflatscher (= Quellen und Studien zur Geschichte des Deutschen Ordens Bd. 43). Bozen–Marburg 1991, S. 411–424, hier S. 412.
212 GUFLER, Christoph: Die Pfarreien, in: Der Deutsche Orden in Tirol. Die Ballei an der Etsch und im Gebirge, hg. von Heinz Noflatscher (= Quellen und Studien zur Geschichte des Deutschen Ordens Bd. 43). Bozen–Marburg 1991, S. 438–464, hier S. 439–441; HYE, Franz-Heinz: Die Ballei an der Etsch und die Landkommende Bozen, in: Der Deutsche Orden in Tirol. Die Ballei an der Etsch und im Gebirge, hg. von Heinz Noflatscher (= Quellen und Studien zur Geschichte des Deutschen Ordens Bd. 43). Bozen–Marburg 1991, S. 329–358, hier S. 330 f.; ARNOLD, Udo: Mittelalter, in: Der Deutsche Orden in Tirol. Die Ballei an der Etsch und im Gebirge, hg. von Heinz Noflatscher (= Quellen und Studien zur Geschichte des Deutschen Ordens Bd. 43). Bozen/Marburg 1991, S. 125–170, S. 133.

213 NÖSSING, Die Kommende (wie Anm. 133), S. 392. Deutlich spiegelt sich dies in einem Zehnturbar der Kommende von 1539 Jänner 2, verfaßt von Hans Valer zu Vezzan als Lehensmann des Deutschen Ordens und beglaubigt von Notar Johannes Stampfer, Pfarrer in Agums. Diesem zufolge bezog die Kommende den ganzen Zehnt aus 39 Äckern im Raum Schlanders, Weinzehnt aus 33 Stellen in Vezzan, Zehnte (teilweise auch Kälberzehnte) aus 28 Stellen in Goldrain (PfA Schlanders 2/2).
214 ARNOLD, Mittelalter (wie Anm. 212), S. 166; ARNOLD, Lengmoos (wie Anm. 211), S. 412.
215 KUSTATSCHER, Erika: Sterzing. Hospital und Adelssitz, in: Der Deutsche Orden in Tirol. Die Ballei an der Etsch und im Gebirge, hg. von Heinz Noflatscher (Quellen und Studien zur Geschichte des Deutschen Ordens Bd. 43). Bozen–Marburg 1991, S. 359–388, hier S. 377 f.; NÖSSING, Die Kommende (wie Anm. 133), S. 396 f., 405; ARNOLD, Lengmoos (wie Anm. 211), S. 413 f.
216 LINDNER, Dominikus: Art. Patronat, in: LThK 8, hg. von Josef Höfer und Karl Rahner, Freiburg ²1963, Sp. 193.

große Vorteile sichere.[217] Als die ersten ablehnenden Stimmen laut geworden waren – dies war zur Zeit des Papstes Innozenz III. (1198–1216)[218] –, hatte das Kirchenrecht in Gestalt der Inkorporation eine alternative Form der Weiterentwicklung des Eigenkirchenrechtes geschaffen[219], die die Verfügungsgewalt über die Pfründe zwar aufrechterhielt[220], in materieller Hinsicht jedoch einen engeren Begriffsinhalt umschrieb.[221] Der Hauptunterschied liegt in einer stärkeren Betonung des korporativen Gedankens gegenüber den Prinzipien privaten Stiftungsrechtes.[222] Inkorporation bedeutete die dauernde Einverleibung einer Pfründe in das Vermögen einer juristischen Person[223], auf die außer dem Vermögen insbesondere die Pfarrfunktion überging. Dadurch wurde der Inkorporationsträger zum Pfarrer, in der Sprache des Kirchenrechtes zum *parochus habitualis*, der die konkrete Ausübung der geistlichen Funktionen einem Vikar oder Pfarrverwalter als *parochus actualis* überließ.[224] Der letztere war vom Inkorporationsträger absetzbar (*nutu amovibilis*), weil er als Person dessen Jurisdiktion unterstand.[225] Hinsichtlich der seelsorglichen Belange und der Weihefunktionen, die bischöflichen Charakter besaßen, waren die Jurisdiktionsrechte auch bei inkorporierten Pfarren dem diözesanen Ordinarius verblieben.[226]

Eine bewußte Akzentuierung der Unterscheidung zwischen habitueller und aktueller Seelsorge durch das Kirchenrecht ist seit dem 14. Jahrhundert erkennbar.[227] Nachdem sich der Deutsche Orden die Pfarre Schlanders 1262 endgültig gesichert hatte, galt es auch für ihn, sich über seine Rechtstitel Klarheit zu verschaffen. Bis zur Mitte des 15. Jahrhunderts dürften hierbei keine größeren Probleme bestanden haben, weil Komtur und Pfarrer in der Regel (doch nicht immer[228]) dieselbe Person waren. In der Folgezeit wurde diese Personalunion jedoch aufgehoben. Daraus resultierte eine grundsätzliche Spannung zwischen dem Komtur, der fortan ein Ritter war, und dem die Seelsorge ausübenden Priester, den der Landkomtur präsentiert hatte. Das Verhältnis zwischen Komtur und Pfarrer gestaltete sich je nach Inhaber des jeweiligen Amtes in verschiedener Weise. Insgesamt dürfte sich diese Konstellation sehr stark auf das Selbstverständnis der in Schlanders tätigen Geistlichkeit und auf deren von der Öffentlichkeit bestimmten sozialen Status ausgewirkt haben: War der Pfarrverwalter eine als eigenständige Autorität anerkannte Persönlichkeit oder stellte er nur den vom Orden als Adelsinstitut gebrauchten »geistlichen Hilfsbruder«[229] dar, den der Komtur neben sich eher duldete als respektierte?

Zu dieser Frage liegen aus Schlanders aus der Zeit des Pfarrverwalters Nikolaus Schliernzauner (1666–1702), eines Weltpriesters, klare Hinweise vor, die davon zeugen, daß das Thema zum Stein des Anstoßes geworden war. Entgegen den Vorstellungen der Ordensspitze titulierte sich dieser Geistliche nicht als *Pfarrverwalter*, sondern als *Pfarrer*.[230] Dem Landkomtur gegenüber rechtfertigte er sich damit, daß er diese Bezeichnung nur im Verkehr mit dem betreuten Pfarrvolk, nicht aber bei offiziellen Auftritten und schriftlichen Äußerungen verwende; in diesen Situationen sei er bereit, sich zu *moderieren*.[231] Dem Landkomtur

---

217 WAHRMUND, Ludwig: Das Kirchenpatronatsrecht und seine Entwicklung in Österreich, 2 Bde. Wien 1894–1896, hier Bd. 2, S. 22–24.
218 LANDAU, Peter: Art. Inkorporation, in: Theologische Realenzyklopädie Bd. 16. Berlin–New York 1987, S. 163–166, hier S. 164; FEHRINGER, Alfons: Die Klosterpfarrei. Der Pfarrdienst der Ordensgeistlichen nach geltendem Recht mit einem geschichtlichen Überblick. Paderborn 1958, S. 50–52.
219 SCHMITZ, Heribert: Art. Inkorporation, in: LThK 5, Freiburg–Basel–Rom–Wien ³1996, Sp. 503 f.
220 FEINE (wie Anm. 180), S. 399.
221 WAHRMUND (wie Anm. 217), Bd. 2, S. 45.
222 LIERMANN (wie Anm. 182), S. 126.
223 SCHMITZ, Heribert: Art. Inkorporation, in: LThK 5, Freiburg–Basel–Rom–Wien ³1996, Sp. 503 f.
224 LANDAU (wie Anm. 218), S. 165; STRIGL, Richard: Art. Pfarrvikar, in: LThK 8, hg. von Josef Höfer und Karl Rahner, Freiburg ²1963, Sp. 414.
225 MITTERHOFER (wie Anm. 210), S. 10; Plöchl (wie Anm. 180), Bd. 2, S. 422.
226 FEHRINGER (wie Anm. 218), S. 54.
227 FEHRINGER (wie Anm. 218), S. 53.
228 Zum Jahr 1375 begegnen die Ämter in personeller Trennung; ATZ/SCHATZ (wie Anm. 5), S. 53.
229 Dieser Begriff ist eine Prägung des 18. Jahrhunderts: Hochmeister Erzherzog Maximilian Franz verwendete ihn zum Zweck der Abgrenzung der Kompetenzen von Rittern und Priestern im Orden; KUSTATSCHER, Erika: Das 18. Jahrhundert, in: Der Deutsche Orden in Tirol. Die Ballei an der Etsch und im Gebirge, hg. von Heinz Noflatscher (= Quellen und Studien zur Geschichte des Deutschen Ordens Bd. 43). Bozen–Marburg 1991, S. 197–228, hier S. 224.
230 DOZA, Et 31/2, fol. 376r–381r.
231 DOZA, Et 31/2, fol. 384r–387v.

war diese Beteuerung zu wenig, und er erließ an Schliernzauner ein dezidiertes generelles Verbot, sich *Pfarrherr* zu nennen.[232] Ob sich dieser in der Folgezeit daran hielt, erscheint fraglich: Zwar gaben Schliernzauner selbst, der Kooperator und der Mesner im Rahmen der Ordensvisitation von 1685 eine entsprechende Erklärung ab, der Schulmeister hingegen, also ein mit dem Seelsorger in häufigem Kontakt stehender und wohl auch mit der nötigen Sensibilität für die Fragestellung ausgestatteter Gewährsmann, gab vor, er wisse nicht, ob sich der Pfarrverwalter noch *Pfarrer* nenne.[233]

Die hier referierte Diskussion ist für Schlanders deshalb von besonderem Belang, weil erst an ihr die für die inkorporierte Pfarre charakteristischen Merkmale in direkter Form greifbar werden. In den Urkunden, mit denen Göflan und Schlanders dem Deutschen Orden übertragen wurden, kommen die zur Begründung von Inkorporationsverhältnissen charakteristischen Termini *unimus, annectimus et incorporamus*, wie sie z. B. in der Urkunde über die Inkorporation der Pfarren Lana und Sarnthein von 1396 enthalten sind[234], nicht vor; hier heißt es nur *datum et investituram fecerunt […] de ecclesia […]* (1212)[235], *contulimus et donavimus […] secundum quos ad nos pertinet iure patronatus […]* (1230)[236] bzw. *contulimus […] ecclesiam sitam in Slanders […]* (1235).[237] Daß in jedem der drei Fälle das Patronatsrecht gemeint war, hat Leo Santifaller begründet[238], die Weiterentwicklung zur Inkorporation hat sich durch die zuletzt mitgeteilten Fakten aus der jüngeren Geschichte erwiesen.

Weitere Belege dafür, die auch über den Status der Schlanderser Pfarrverwalter Aufschluß geben, sind die Reverse, die sie dem jeweiligen Landkomtur bei Antritt ihres Amtes ausstellten. In jenen von Josef Anton Chrysostomus Markt OT (1757)[239], Johann Baptist Lipp OT (1800)[240] und Josef Mayr OT (1809)[241] spiegeln sich die wesentlichen Rechtselemente, die bei inkorporierten Pfarren in Geltung standen: In Fragen der Seelsorge und der Verwaltung der Sakramente bestand Gehorsamspflicht gegenüber dem Bischof von Chur; der Gemeinde schuldete der Pfarrverwalter die Applikation, die Predigt an Sonn- und Feiertagen, die Christenlehre und die genaue Beachtung der Stolordnung. Persönlich war er dem Landkomtur und dem Hochmeister weisungsgebunden; gegenüber dem Komtur von Schlanders bestand ein allgemeines Ehrfurchtsgebot. Auch durfte kein Pfarrverwalter Schlanders nach Belieben verlassen oder auf die Pfarre resignieren.

Manchen Geistlichen gelang die Anstellung indes auch ohne daß sie derlei rigorose Bindungen eingingen: Der Weltpriester Nikolaus Schliernzauner erklärte 1701, in seinem Fall hätte der Deutsche Orden seinerzeit (1666) auf den Revers verzichtet und sich mit einem mündlichen Versprechen zufriedengegeben.[242]

Die eben beschriebene Rechtslage blieb bis ins beginnende 19. Jahrhundert aufrecht. Damals erwuchs dem Deutschen Orden in Napoleon ein natürlicher Feind, der ihn in seiner Substanz traf. Nachdem der französische Usurpator das Adelsinstitut 1805 in eine habsburgische Sekundogenitur umgewandelt hatte, folgte mit Dekret vom 24. April 1809 dessen gänzliche Aufhebung in den Staaten des Rheinbundes, somit auch im Königreich Bayern, zu dem seit dem Frieden von Preßburg (1805) auch Tirol gehörte[243]; nach dem unglücklichen Ausgang des Freiheitskampfes von 1809 wurde dieses Land 1810 neu aufgeteilt. Der nördliche Teil mit Schlanders blieb bayerisch, der südliche, dessen Grenze bei Lana (Gargazon) das Etschtal schnitt, wurde zum Königreich Italien geschlagen.[244] Damit war auch das Patronatsrecht der Pfarre Schlanders an die bayerische Regierung übergegangen. 1811 besetzte diese die Kommende und veräußerte deren Güter bis auf das Gebäude selbst und die Kirche; mit den Liegenschaften wur-

---

232 GASSER (wie Anm. 120), S. 242.
233 DOZA, Et 33/1: VP 1685 August 25, Schlanders.
234 KUSTATSCHER, Sarnthein (wie Anm. 3), S. 75.
235 TIROLER URKUNDENBUCH (wie Anm. 9), Nr. 632.
236 TIROLER URKUNDENBUCH (wie Anm. 9), Nr. 940.
237 TIROLER URKUNDENBUCH (wie Anm. 9), Nr. 1036.
238 SANTIFALLER (wie Anm. 179), Anm. zu Nrr. 3–5.
239 DOZA, V 1868.
240 DOZA, V 1865.
241 DOZA, V 1866.
242 DOZA, Et 33/3 = Et 34/1: VP 1701 Dezember 21.
243 TÄUBL, Friedrich: Der Deutsche Orden im Zeitalter Napoleons (= Quellen und Studien zur Geschichte des Deutschen Ordens 4). Bonn 1966, S. 114 f.
244 F. DÖRRER, Wandel (wie Anm. 112), S. 148; MÜHLBERGER, Georg: Absolutismus und Freiheitskämpfe (1665–1814), in: Geschichte des Landes Tirol, hg. von Josef Fontana u. a., Bd. 2. Bozen–Innsbruck–Wien 1986, S. 290–579, hier S. 537.

de Fürst Alexander von Thurn und Taxis für das seiner Familie entzogene Postregal entschädigt.²⁴⁵ Gleich wie in Sterzing war die Wiedereinsetzung des Deutschen Ordens nach der Rückkehr Tirols zu Österreich im Jahr 1814 nicht mehr möglich, und Schlanders mußte Säkularpfarre bleiben.

1.5 Der Unterhalt der Pfarrgeistlichkeit und das Widum

Das Kirchenrecht kannte im Fall inkorporierter Pfarren zwei Möglichkeiten der Sicherstellung eines standesgemäßen Unterhalts der Seelsorgsgeistlichkeit, nämlich dem Vikar ein bestimmtes Einkommen zuzuweisen oder ihm sämtliche Einkünfte außer einer bestimmten *portio* zu überlassen.²⁴⁶ Das Konzil von Trient regelte diese Frage sehr großzügig im Sinn der realen Inhaber der Seelsorge und eher zuungunsten der Inkorporationsträger.²⁴⁷ Für die Südtiroler Deutschordenspfarren, die unabhängig von einer Kommende bestanden, dürfte die für Sarnthein geltende Regelung die übliche gewesen sein, nämlich daß dem Pfarrverwalter gegen Leistung eines jährlichen Fixbetrages an die Landkommende das gesamte Einkommen der Pfründe überlassen wurde.²⁴⁸ In Schlanders präsentierte sich die Situation jedoch grundlegend anders.

Eine Notiz von 1595, daß die Einnahmen der Pfarre dem Komtur zustünden, der dann den Pfarrverwalter besolde²⁴⁹, bestätigt den Vorrang des ersteren auch in wirtschaftlichen Belangen. Der Pfarrverwalter konnte in der Neuzeit über das Einkommen der Pfründe nicht frei verfügen²⁵⁰, bezog keinen Zehnt und besaß auch keine zu Bestand vergebenen Güter.²⁵¹ Außer der Besoldung wurde ihm und einem Kooperator die Wohnung im Widum, das zur Kommende gehörte, und die Verpflegung in dieser gewährt – so viel wie möglich, wie sich der Verwalter der Kommende 1708 ausdrückte. Es war aber nicht viel, wie der in diesem Jahr amtierende Pfarrverwalter Johann Jakob Glier OT beteuerte; er liege mit dem Landkomtur schon seit mehr als einem Jahr in Streit um die Kost, und der Verwalter der Kommende halte ihn »gleich einem Arrestanten«.²⁵²

Einblicke in die konkreten Möglichkeiten der Versorgung der in der Pfarre Schlanders wirkenden Geistlichkeit ergeben sich auf dem Umweg einer Analyse der wirtschaftlichen Struktur der Kommende. Eine erste Gesamtübersicht von deren Einnahmen liegt in Gestalt eines zu Weihnachten 1334 unter Komtur Konrad von Aichach angelegten Urbars vor.²⁵³ Die pflichtigen Stellen lagen in Schlanders, Kortsch, Laas, Allitz, Göflan, Morter, Vezzan, Tiss, Sonnenberg, Nördersberg und Martell.²⁵⁴ Ein Urbar von 1512 läßt insgesamt nur unerhebliche Zuwächse, hinsichtlich des relativen Anteils der einzelnen Abgabenarten jedoch eine gewisse Verlagerung der Schwerpunkte erkennen: Beim Getreide sind leichte, bei Wein, Käse und Geld starke Zuwächse, bei Weisaten (Hühner, Eier, Kitzer etc.) hingegen Rückgänge zu verzeichnen.²⁵⁵ Spätere urbarielle Aufzeichnungen (1585,

---

245 ATZ/SCHATZ (wie Anm. 5), S. 58; SANTIFALLER (wie Anm. 179), Anm. zu Nr. 3; NÖSSING, Die Kommende (wie Anm. 133), S. 394; MITTERHOFER (wie Anm. 210), S. 85.
246 MITTERHOFER (wie Anm. 210), S. 13.
247 BOMBIERO-KREMENAC, Julius: Geschichte und Recht der »portio congrua« mit besonderer Berücksichtigung Österreichs, in: Zeitschrift der Savigny-Stiftung für Rechtsgeschichte, kanonistische Abteilung 42 (1921), S. 31–124, S. 98–102.
248 KUSTATSCHER, Sarnthein (wie Anm. 3), S. 106.
249 BAC, VP 1595, pag. 202.
250 DOZA, Et 35/2: Entwurf über das Pfarreinkommen Schlanders 1716 Mai 20.
251 DOZA, Et 35/3: VP 1776 Oktober 5; Et 30/4: VP 1792.
252 DOZA, Et 35/2, fol. 78v–106r: VP 1708.
253 Or. im Archiv des Germanischen Nationalmuseums in Nürnberg; LADURNER (wie Anm. 133), S. 60 f.; ATZ/SCHATZ (wie Anm. 5), S. 52; RIEDMANN (wie Anm. 5), S. 422.
254 NÖSSING, Die Kommende (wie Anm. 133), S. 392. Eine detailliertere Auflistung des Ordensbesitzes bietet WIELANDER, Hans: Bild & Chronik von Alt-Schlanders mit Kortsch – Göflan – Vetzan – Sonnen- & Nördersberg. Mit der Chronik von Peter GAMPER, hg. von der Raiffeisenkasse Schlanders. Schlanders 1984; aus diesen Stellen bezog die Kommende 1334 folgende Einnahmen: 1045 Mutt Roggen und Gerste, 46 Mutt Weizen, 88 Hühner, 137 Schott Käse, 12 Schott Schmalz, 26 Schweinsschultern, 24 Kitzer, 5 Kastraune, 1 Lamm, 1 Schwein, 460 Eier, 4 Gelten Öl, 6 Yhren Wein, 5 Pfund Wachs, 2 Brote zu Weihnachten, 2 Wasserhauen, 1 gewöhnliche Haue und in Bargeld 189 Pfund. Aus Martell wurden im Schaltjahr 14 Geißen und jährlich 40 Schillinge gezinst, aus Laas zu Ostern 4 Kitzer, 3 Star Senf und in Geld 15 Pfund, im Schaltjahr weitere 3 Pfund. Der Mesner zu Allitz zinste 15 Mutt Roggen; PRAXMARER (wie Anm. 7), S. 137 f.
255 Urbar des Deutschen Ordenshauses zu Schlanders, angelegt von Hauskomtur Bartholomäus von Knöringen 1512–1514 (TLMF, W 2124). Nach diesem Urbar bezog die Kommende: 1049 Mutt 76,5 Star Roggen und Gerste, 15,5 Mutt 3,5 Star Weizen, 30 Star Hafer, 56 Hühner,

1799²⁵⁶) spiegeln keine wesentlich veränderte Gesamtsituation wider, d. h. der wirtschaftliche Aufbau der Kommende war bereits um die Mitte des 14. Jahrhunderts weitgehend abgeschlossen; hinzugekommene²⁵⁷ oder abgestoßene Güter veränderten ihre Substanz nicht wesentlich.²⁵⁸ Zusätzliche Einnahmeposten ergaben sich zeitweise aus der engen Verbindung mit der Pfarre in Gestalt der Stolgebühren, über welche die Geistlichkeit nicht immer direkt verfügen konnte²⁵⁹, in einzelnen Fällen auch aus Bezügen für Jahrtage²⁶⁰ und aus Giebigkeiten, die für die Reichung von Almosen zweckgebunden waren.²⁶¹

Die Ausgaben, die die Kommende aus ihrem Einkommen zu bestreiten hatte, lassen sich auf der Grundlage der in den Rechnungen des 16. und 17. Jahrhunderts genannten Hauptposten folgendermaßen zusammenfassen: Sie waren vorgesehen für die Besoldung der Priester und für die Kirche, zur Erfüllung von Ordensverpflichtungen, für die Verpflegung, für die Besoldung von Dienstboten, Taglöhnern und Verwaltungspersonal, für den Hausstand, für Weingartenarbeit und Weinproduktion, für den Ankauf von Holz und Vieh, für die Entrichtung von Boten- und Fuhrlöhnen und für Baureparaturen; einen wenig definierten Posten bildeten »gemeine und außerordentliche Ausgaben«.²⁶² Aus diesen Hauptposten seien einige für die Pfarre im engeren Sinn bzw. für das religiöse Leben relevante Details herausgegriffen. Außer der Besoldung der Priester oblag der Kommende nämlich auch die Reichung von Almosen an die Hausarmen und an durchreisende Pilger, auf ihr lasteten bestimmte Seelenmessen und Jahrtage, für die Hälfte des Jahres (von Georgi bis Martini) war sie für die Erhaltung des Ewigen Lichtes in der Pfarrkirche sowie für die Bereitstellung von Oblaten und Weihrauch zuständig. Der Pfarrkirche schuldete sie auch den Opferwein, das gesamte aus dem Urbar ihr zufließende Wachs und bestimmte Getreidemengen. Die Geistlichen in Kortsch und im Spital durften Entschädigungen für nicht genossene Mahlzeiten beanspruchen, auf die sie zu bestimmten Terminen ein Recht gehabt hätten.²⁶³ Zuweilen wurden auch Beiträge zur Anschaffung von Kirchengeräten und zur Unterstützung der Bruderschaften verrechnet.²⁶⁴ Fixe Posten waren schließlich Beiträge zur Besoldung des Schulmeisters²⁶⁵ und des Mesners.²⁶⁶

---

210 Eier, 172 Schott Käse, 8 Schott Schmalz, 17 Schultern, 9 Kitzer, 4 Kapaune, 1 Kastraun, 1 Osterlamm, 2 Pfund Wachs, 23 Yhren Wein und an Geld 404,5 Pfund 42 Groschen 15 Kreuzer. Aus vier Stellen wurde darüberhinaus der Zehnt, aus zwei Stellen der halbe Wein bezogen, wobei sich die Menge nicht quantifizieren läßt. Aus Martell erhielt die Kommende 30 Ziegen und einen Schweinezehnt im Gesamtwert von 3 Groschen 3 Vierer. Von einem Urbar von 1451, das im Fürst Thurn und Taxis Zentralarchiv in Regensburg, Bestand Kellereiamt – Rentamt Meran, Akten Nr. 8, gelagert ist, erhielt die Verfasserin erst nach Abschluß des Beitrages Kenntnis.

256 In einem 1685 angelegten Urbar der Kommende Schlanders (DOZA, Et 7/1, fol. 62r–65v) und in einem Rechnungsextrakt vom selben Jahr (DOZA, Et 32/3) sind die Giebigkeiten nach völlig anderen Kriterien erfaßt, so daß die Vergleichbarkeit nicht gegeben ist: 83 fl 50 kr Bargeld, 18,75 Star Weizen, 1645 Star Roggen und Gerste, 9 Star Futter, 1192 Käse. Feldzehnt: 40 Star Weizen, 400 Star Gerste und Roggen, 50 Star Futter. Bestandzinse: 115 fl, 168 Star Roggen, 43 Yhren Wein. Zins vom Pfarrwidum Lana: 8 Yhren Opferwein. Von der Mühle 18 Star Roggen. Vgl. auch Urbarialakten von 1669 (DOZA, Et 155/1, fol. 359r–381r).

257 Urkunden zum Besitzerwerb und Verleih der Kommende, die Einblick in ihre Urbargüter vermitteln, haben sich in diversen Beständen eher zufällig erhalten: TLMF, Urk. 20 ddo. 1284 Februar 28; PETTENEGG (wie Anm. 194), Nr. 1090 ddo. 1334 März 8; LADURNER (wie Anm. 133), S. 68; ATZ/SCHATZ (wie Anm. 5), S. 53; PETTENEGG (wie Anm. 194), Nr. 1447 ddo. 1375 März 25; TLA, Urk. II 7667; LADURNER (wie Anm. 133), S. 79; PRAXMARER (wie Anm. 7), S. 113 ddo. 1402 August 20; TLA, Urk. II 1321 ddo. 1403 Februar 16; Archiv Sternbach in Uttenheim, Urk. 27 ddo. 1418 Mai 29; Nürnberg, Germanisches Nationalmuseum, Or. Perg., Urkk. ddo. 1426 August 15 und 1438 Juli 22; SLA, GA Schlanders, Urk. 4; ARCHIV-BERICHTE (wie Anm. 135), Nr. 345 ddo. 1442 Mai 7; Nürnberg, Germanisches Nationalmuseum, Or. Perg., Urkk. ddo. 1483 o. T.; 1515 Mai 4; 1539 Mai 20; DOZA, Urkk. ddo. 1544 Mai 6, 1567 Juli 9, 1577 November 22, 1595 Mai 29, 1612 Dezember 12, 1684 August 16, 1721 Juli 16, 1730 Februar 11.
258 NÖSSING, Die Kommende (wie Anm. 133), S. 391 f.
259 DOKA II 40/2: VP 1776 Mai 29, Weggenstein.
260 PfA Schlanders 2/1, Nr. 14.
261 PfA Schlanders, Urk. 39.

262 Vgl. die in Anm. 278–288 zitierten Archivalien.
263 DOZA, Et 32/3: Rechnungsextrakt 1685; DOKA II 17/2, Nr. 1: *Der Commenda Schlanders Ambtsbstallung* 1685 Jänner 22; DOZA, Et 7/1, fol. 62r–65v: Ausgabenverzeichnis 1685.
264 DOZA, Et 155/1: Rechnung 1503.
265 1562 erhielt der Schulmeister jährlich 2 fl, 1576: 8 Star Roggen (DOZA, Et 155/2), 1651: 10 fl und Getreide (DOZA, Et 32/1, fol. 285v–287r), 1685: 10 fl und 45 Star Roggen (DOZA, Et 7/1, fol. 62r–65v; Et 32/3).
266 1568 betrug der jährliche Beitrag an den Mesner 4 fl (DOZA, Et 155/2: Rechnung der Kommende Schlanders 1567–1568), 1651: 56 fl 18 kr (DOZA, Et 32/1, fol. 285v–287r), 1685: 6 fl und 70 Star Roggen (DOZA, Et 7/1, fol. 62r–65v; Et 32/3).

Aus Gründen der Überlieferung lassen sich derartige Angaben nur für bestimmte zeitliche Querschnitte machen. Soweit die wirtschaftliche Entwicklung der Kommende rekonstruiert werden kann, zeigt sich, daß den genannten Obliegenheiten im Laufe der Zeit nicht immer in der wünschenswerten Weise entsprochen werden konnte. Um dies besser nachvollziehbar zu machen, soll die Entfaltung der Kommende im folgenden in einem etwas umfassenderen Kontext dargestellt werden. Hierbei gilt es die allgemeine Wirtschaftsgeschichte gleichermaßen zu berücksichtigen wie bestimmte an Schlanders gebundene Ereignisse und nicht zuletzt auch die Politik des Deutschen Ordens.

Im 15. und 16. Jahrhundert befanden sich die Niederlassungen des Deutschen Ordens in Tirol allgemein in einer tiefen Krise. Ein Schreiben der Komture von Sterzing, Lengmoos und Schlanders an Hochmeister Michael Küchmeister vom 10. April 1420 gibt von der Notlage der einzelnen Häuser eindrucksvoll Zeugnis. Die Entrichtung des Kammerzinses an den Prokurator in Rom in Höhe von 300 fl fiel ihnen schwer: Vor allem der Weinpreis sei gefallen, und der Zustand der Güter hätte sich derart verschlechtert, daß manche Bauleute nicht mehr bleiben wollten. Während sich hinter diesen Bemerkungen die bekannte spätmittelalterliche Agrardepression verbirgt[267], die in der Ballei an der Etsch durch teilweise wenig fähige, geradezu Mißwirtschaft betreibende Landkomture[268] noch verschärft wurde, wirkten sich auf Schlanders auch die damals stattfindenden Kämpfe des Landesfürsten Herzog Friedrich mit dem aufständischen Adel sehr ungünstig aus, in dessen Reihen die Herren von Schlandersberg eine führende Rolle spielten. Die Kommende wurde so stark in Mitleidenschaft gezogen, daß sie um 1420 eine Schuld von 150 fl hatte; der Kirche fehlte mehr als ein Viertel ihrer früheren Einnahmen.[269]

Ähnliche Klagen wiederholten sich bei weiteren Zusammenkünften der Balleispitze in Lengmoos und Bozen in den Jahren 1422 und 1423.[270] Für Schlanders ergaben sich überdies schwere Nachteile durch Brände des Kommendegebäudes in den Jahren 1425/26[271] und 1499. Von den am 29. Juni dieses Jahres erlittenen Schäden in Zusammenhang mit dem Engadinerkrieg erholte sich das Haus lange nicht.[272] 1525 wurde es, eben erst wieder aufgebaut, durch aufständische Bauern geplündert.[273] Noch am Ende des 16. Jahrhunderts wurde – freilich auch als Ausdruck weiterhin schlechten Wirtschaftens durch die Komture – vermerkt, daß die Schäden des Engadiner Krieges und des Bauernkrieges nicht behoben seien.[274] 1578 schrieb der in Schlanders neu eingestandene Komtur Kaspar von Schöneich an Erzherzog Ferdinand, er habe die Kommende schon seit mehreren Monaten inne, allein man habe ihm ein leeres Haus übergeben, und die Jahreseinkünfte seien schon vor seiner Ankunft eingezogen worden.[275] Während des Dreißigjährigen Krieges (1639) erlitt das Haus – als einziges in Tirol – Schaden durch durchziehende Truppen.[276] Schon 1685 wurde der Zustand der Kommende und ihrer Güter aber wieder als gut bezeichnet; nur die Weingärten ließen ein wenig zu wünschen übrig.[277]

Aus der Zeit zwischen 1562 und 1586 ist eine Serie von insgesamt elf ähnlich angelegten, wenn auch nicht homogen auf diesen Zeitraum verteilten Rechnungen der Kommende erhalten, die durch die Möglichkeit des Vergleiches auch aus der Innenperspektive zuverlässige Aussagen über die wirtschaftliche Situation des Hauses ermöglicht. Das Ergebnis ist ernüchternd: Die Einnah-

---

267 NÖSSING, Die Kommende (wie Anm. 133), S. 393.
268 MILITZER (wie Anm. 74), S. 157.
269 ATZ/SCHATZ (wie Anm. 5), S. 53; DIE BERICHTE DER GENERALPROKURATOREN DES DEUTSCHEN ORDENS AN DER KURIE, Bd. 3/1–2, bearb. von Hans Koeppen (= Veröffentlichungen der Niedersächsischen Archivverwaltung, Heft 21 und 29). Göttingen 1966–1971, Nr. 22; LADURNER (wie Anm. 133), S. 82 f.; VOIGT, Johannes: Urkundliche Mitteilungen aus dem deutschen Ordens-Archive zu Königsberg, in: Notizenblatt. Beilage zum Archiv für Kunde österreichischer Geschichtsquellen 5 (1855), S. 102–112, hier S. 107 f.; NÖSSING, Die Kommende (wie Anm. 133), S. 392.
270 BERICHTE DER GENERALPROKURATOREN (wie Anm. 269), Nr. 100; 4, Nr. 356
271 ATZ/SCHATZ (wie Anm. 5), S. 53; NÖSSING, Die Kommende (wie Anm. 133), S. 393.
272 ATZ/SCHATZ (wie Anm. 5), S. 56.
273 ATZ/SCHATZ (wie Anm. 5), S. 56; GASSER (wie Anm. 120), S. 235.
274 NÖSSING, Die Kommende (wie Anm. 133), S. 393.
275 LADURNER (wie Anm. 133), S. 154; ATZ/SCHATZ (wie Anm. 5), S. 56.
276 ATZ/SCHATZ (wie Anm. 5), S. 56; GASSER (wie Anm. 120), S. 235; NÖSSING, Die Kommende (wie Anm. 133), S. 394.
277 DOZA, Et 33/1: VP 1685 August 25, Schlanders.

men reichten meist nur knapp zur Deckung aller erforderlichen Ausgaben; in manchen Jahren wurden auch negative Bilanzen erwirtschaftet. Vor allem aber präsentiert sich die Situation als überaus instabil: Dafür sprechen nicht nur die extremen Schwankungen der Beträge, sondern auch eine höchst unterschiedliche anteilsmäßige Verteilung der Ausgabeposten; deren auf die Gesamtausgaben bezogene relative Höhe konnte von einem Jahr zum anderen erheblich variieren. Dies sei im folgenden exemplarisch an jenem Posten verdeutlicht, der für die Pfarrgeschichte von unmittelbarer Relevanz ist, nämlich an den Ausgaben für »Priester und Kirche«.

Jahr	Summe der Ausgaben	Ausgaben für Priester und Kirche	Prozent
1562[278]	635 fl 8 kr	142 fl 5 kr	22,36
1564[279]	1650 fl 3 kr	109 fl 12 kr	6,61
1565[280]	755 fl 4 kr	76 fl 38 kr	10,13
1566[281]	307 fl 0 kr	51 fl 1 kr	16,61
1567[282]	1175 fl 45 kr	99 fl 30 kr	8,45
1579[283]	1285 fl 20 kr	213 fl 48 kr	17,34
1580[284]	1350 fl 15 kr	262 fl 30 kr	19,44
1581[285]	1334 fl 2 kr	260 fl 55 kr	19,56
1583[286]	1335 fl 23 kr	231 fl 16 kr	17,30
1585[287]	1223 fl 41 kr	275 fl 36 kr	22,53
1586[288]	1555 fl 18 kr	262 fl 35 kr	16,88

Vergleicht man die für den Unterhalt der Geistlichkeit vorgesehenen Posten mit anderen, so scheint dieser Sektor in Schlanders eher nachgeordnete Bedeutung gehabt zu haben. Diese Ausgaben den Verpflichtungen gegen den Orden gegenüberzustellen, wie es etwa zu 1586 möglich ist, und den für dieses Jahr festgestellten Anteil von 26 Prozent[289] verallgemeinern zu wollen, wäre allerdings nicht gerechtfertigt, weil der Posten in manchen Jahren um nur weniges höher, zuweilen aber auch niedriger war als der für die Geistlichkeit vorgesehene Betrag, in manchen Jahren auch überhaupt nicht aufscheint.

Als sich die Gemeinde bei einer 1583 vom Deutschen Orden abgehaltenen Visitation darüber beschwerte, daß die Stiftsgottesdienste nicht korrekt erfüllt würden, mußte die Balleispitze eingestehen, daß die Mittel zum Unterhalt der Priester zu gering seien; dies sei jedoch mit der Zeit aus dem Bewußtsein der Menschen geschwunden, weil die besagten Zinse »seit 80 Jahren oder mehr« häufig dem Haus Weggenstein gereicht worden seien; daher habe man sich auch weniger daran gestoßen, daß die Stiftbriefe keine genauen Angaben enthielten.[290] Die Ordenszentrale in Mergentheim nahm diesen Befund nicht gerne zur Kenntnis: Von hier aus erging als Reaktion die lapidare Verfügung, zum Zweck der ordnungsgemäßen Erfüllung der alten Stiftungen in Schlanders müßten die Geistlichen entsprechend gehalten werden.[291] Was die Situation der Kommende insgesamt anbelangt, bestätigt diese Korrespondenz die das 16. und 17. Jahrhundert kennzeichnenden Schwierigkeiten der Besetzung einer Kommende wie Schlanders: Diese war nicht nur öfters über längere Zeitabschnitte wegen Vereinigung mit der Landkommende vakant[292], sondern auch im Fall der Besetzung mit einem eigenen Ritter war eine geregelte Verwaltung nicht möglich.

Die eben genannten Rechnungen des 16. Jahrhunderts und spätere Quellen ermöglichen es, die Höhe der Besoldung der Geistlichkeit genauer zu rekonstruieren. Die Interpretation der Zahlen ist allerdings schwierig, weil sie teilweise die »Kost« und das »Salär«, teilweise nur das letztere erfassen. Eindeutig feststellbar ist vor allem, daß zumal bei den Pfarrverwaltern von einem Jahr zum anderen zuweilen beträchtliche Schwankungen möglich waren, was die bereits nachgewiesene wirtschaftliche Instabilität nun auch in ihren konkreten Auswirkungen auf die einzelnen Seelsorger beschreibt. Die zu 1562 und 1568 vorliegenden Angaben über die Pfarrverwalter beziehen sich auf die reine Be-

---

278 DOZA, Et 155/2.
279 DOZA, Et 155/2.
280 DOZA, Et 155/2.
281 DOZA, Et 155/2.
282 DOZA, Et 155/2.
283 DOZA, Et 155/2.
284 DOZA, Et 155/2.
285 DOZA, Et 155/1, fol. 73r–132r.
286 DOZA, Et 155/1, fol. 140r–195r.
287 DOZA, Et 155/1, fol. 205r–271v.
288 DOZA, Et 155/1, fol. 275r–350v; NÖSSING, Die Kommende (wie Anm. 133), S. 404 f.
289 NÖSSING, Die Kommende (wie Anm. 133), S. 405.
290 DOZA, Et 31/2, fol. 192v–194r.
291 DOZA, Et 31/1: *Visitationsemendation* 1584 Jänner 28.
292 GASSER (wie Anm. 120), S. 236; NÖSSING, Die Kommende (wie Anm. 133), S. 394.

soldung: Deren wöchentliche Bezüge betrugen 1562: 45 kr[293] und 1568: 42 kr.[294] Auf das Jahr berechnet, ergeben sich 39 fl bzw. 36 fl 24 kr. Der zu 1564 überlieferte Wert, nämlich 1 fl 48 kr pro Woche[295] bzw. 93 fl 36 kr pro Jahr dürfte auch die Verpflegung mit einschließen. Gegen Ende des 16. Jahrhunderts verbesserte sich die Situation der Pfarrverwalter von Schlanders erheblich und unterlag dann für rund 100 Jahre keinen größeren Veränderungen mehr. Dies kommt nicht nur an bedeutend höheren absoluten Beträgen zum Ausdruck, sondern auch daran, daß sich die Angaben nicht mehr auf Wochen, sondern auf Jahre bezogen: Offensichtlich rechnete man jetzt mit gestiegener personeller Kontinuität. 1581 bezog der Pfarrverwalter 229 fl[296], 1583: 197 fl[297], 1585: 112 fl[298], 1586: 112 fl[299], 1595: 225 fl[300], 1651: 200 fl[301], 1660: 104 fl[302], 1669: 104 fl[303], 1685: 204 fl und 18 Yhren Wein[304], 1704: 104 fl[305], 1714: 104 fl.[306] Ende des 18. Jahrhunderts bezog der Pfarrverwalter vom Orden für seine eigene Besoldung und die des Kooperators jährlich 416 fl nebst 8 Yhren Wein und den Stolgebühren.[307] Dazu kamen die Erträge einer Kornsammlung.[308] Zu den 225 fl, die 1595 ausgezahlt wurden, erläuterten bischöfliche Visitatoren, dieser Betrag enthalte auch die Kooperatorenbesoldung.[309] Zum 1685 empfangenen Betrag gab der in diesem Jahr wirkende Pfarrverwalter Nikolaus Schliernzauner eine Erläuterung: Von den 204 fl erhalte er 68 fl, den als »Salär« bezeichneten Anteil, in bar, den Rest, die sogenannte Kost, in Form von Naturalien.[310] Davon ausgehend, kann man die übrigen soeben mitgeteilten Werte, soweit sie sich in der Größenordnung um 100 fl bewegen, als reine Besoldung, soweit sie jedoch bei 200 fl oder darüber betragen, als Gesamtausgaben der Kommende für Besoldung und Verköstigung des Pfarrverwalters betrachten.

Nicht erwähnt sind in all diesen Aufstellungen allerdings diverse Sonderbezüge, die von bestimmten Privilegien herrührten oder für ordensspezifische Aufgaben gedacht waren; zumal im 18. Jahrhundert erreichten sie insgesamt ein nicht unerhebliches Ausmaß. Es handelte sich um Entschädigungen für die Haltung der Exequien für die Wohltäter des Deutschen Ordens an den Quatembern, von Jahrtagen für die verstorbenen Mitglieder des Hauses Österreich und von Litaneien sowie für die Teilnahme an Kreuzgängen, um Sonderbezüge von seiten des Kirchpropstes für die Haltung bestimmter Jahrtage, um Ersatzzahlungen für nicht genossene Mahlzeiten bei Kreuzgängen oder religiösen Veranstaltungen der Filialkirchen und der Bruderschaften und um Zuwendungen von seiten des Spitals.[311] Dies alles zusammengenommen, betrug das pfarrliche Einkommen Ende des 18. Jahrhunderts rund 800 fl, von denen 354 fl der von der Kommende zu entrichtende Fixbetrag waren.[312]

Das Einkommen der Kooperatoren unterlag ebenfalls gewissen Schwankungen, kann aber insgesamt als stabiler bezeichnet werden als das der Pfarrverwalter. In der zweiten Hälfte des 16. Jahrhunderts gab es zwei verschiedene, die reine Besoldung und nicht die Verpflegung umfassende Wochentarife, die, zumal wenn mehr als ein Kooperator im Dienst stand, wohl mit der unterschiedlichen Qualifikation der einzelnen Hilfspriester zusammenhingen, nämlich 36 kr und 30 kr, wie zu 1562, 1564, 1567[313] und 1568[314] überliefert ist. Auf das Jahr berechnet, ergäben sich daraus 31 fl 12 kr bzw. 26 fl.

---

293 DOZA, Et 155/2.
294 DOZA, Et 155/2: Rechnung der Kommende Schlanders 1567–1568.
295 DOZA, Et 155/2.
296 DOZA, Et 155/1, fol. 73r–132r.
297 DOZA, Et 155/1, fol. 140r–195r.
298 DOZA, Et 155/1, fol. 205r–271v.
299 DOZA, Et 155/1, fol. 275r–350v; NÖSSING, Die Kommende (wie Anm. 133), S. 404 f.
300 BAC, VP 1595, pag. 202.
301 DOZA, Et 32/1, fol. 285v–287r.
302 DOZA, Et 32/1, fol. 460rv.
303 DOZA, Et 32/2, fol. 141v–142r
304 DOZA, Et 7/1, fol. 62r–65v; Et 32/3.
305 DOZA, Et 33/3 = Et 34/1: VP 1701 Dezember 21.
306 DOZA, Et 35/2: Entwurf über das Pfarreinkommen Schlanders 1716 Mai 20.
307 DOZA, Et 30/4: VP 1792.
308 KOFLER, Ephraem: Das Spital zu Schlanders. Seine Stiftung und seine Rechte. Von 1461–1843. Nach Urkunden dargestellt (TLMF, FB 2702), pag. 81.
309 BAC, VP 1595, pag. 202.
310 DOZA, Et 32/3.
311 DOZA, Et 35/2: Entwurf über das Pfarreinkommen Schlanders 1716 Mai 20.
312 DOZA, V 2059; V 2065; Et 30/4: Personalexamen 1792 Juli 10.
313 DOZA, Et 155/2.
314 DOZA, Et 155/2: Rechnung der Kommende Schlanders 1567–1568.

Ende des 16. und im 17. Jahrhundert läßt die Entwicklung der Kooperatorenbezüge eine ähnlich steigende Tendenz erkennen wie die der Pfarrverwalter: Zu 1595[315], 1651[316], 1660[317] und 1685[318] sind aus Schlanders wöchentliche Bezüge von 1 fl 30 kr (jährlich 78 fl) als Besoldung und weitere ca. 100 fl pro Jahr für die Verpflegung nebst zusätzlichen Weinreichungen überliefert; für den 1729 im Dienst stehenden Kooperator wurden jedoch außer dem Verpflegungsbeitrag als Salär nur 60 fl verrechnet, von denen er überdies noch Kinderlehrmaterial erwerben mußte.[319] 1669 verdiente der Kooperator 88 fl[320], 1701 wiederum 78 fl[321] und 1738 sowie 1776 nur mehr 62 fl 24 kr.[322] Der letztgenannte Betrag, der einem Wochenlohn von 1 fl 12 kr entsprach, wurde 1743 in einer von seiten des Deutschen Ordens erlassenen Instruktion für Kooperatoren nebst der freien Kost an der Tafel des Pfarrverwalters in verbindlicher Form festgesetzt.[323] Dazu kamen die Einnahmen aus der kleinen Stola und eine Kornsammlung, deren Ertrag zu 1701 mit rund 30 Star Roggen[324], zu 1720 mit 60 Star[325] und zu 1738 mit 40–50 Star angegeben wurde.[326]

Im 17. Jahrhundert begannen sich die Bezüge der Schlanderser Seelsorgsgeistlichkeit gewissen allgemein als verbindlich anerkannten Standards zu nähern: Eine Brixner Synode von 1603 hatte z. B. 150 fl als Existenzminimum für einen Pfarrer bezeichnet[327], doch auch in dieser Diözese lag das Einkommen eines solchen in der Regel nur bei 100 fl.[328] Im 18. Jahrhundert galten 300 fl als Standard. Im Vergleich zu anderen Seelsorgern verdiente der Pfarrverwalter von Schlanders wenig.[329] Das Einkommen der Kooperatoren dürfte eher in einem allgemein verbindlichen Rahmen anzusiedeln sein: Der von der Brixner Synode von 1603 angegebene Mindestbetrag von 100 fl schloß nämlich auch die Verpflegung und die Stola ein, weswegen die rund 30 fl reine Besoldung in Schlanders schon im 16. Jahrhundert der Norm annähernd entsprochen haben dürften. Im 17. Jahrhundert schnitten die hier wirkenden Kooperatoren mit ihren 1 fl 30 kr sogar sehr gut ab, wie der Vergleich mit der Deutschordenspfarre Sarnthein zeigt, wo ein Hilfspriester damals den für Schlanders erst später vorgesehenen Wochenlohn von 1 fl 12 kr erhielt.[330] Die in Schlanders üblichen Bezüge entsprachen dem zu Beginn des 18. Jahrhunderts in der Diözese Brixen erreichten Standard.[331]

Die festgestellte allmähliche Wendung zum Besseren im 17. Jahrhundert hängt mit der Amtsführung des um diese Zeit der Ballei an der Etsch vorstehenden Landkomturs Georg Mörl von Pfalzen zu Mühlen (1598–1612) zusammen, der durch diverse Reformbemühungen der bisher praktizierten Mißwirtschaft Einhalt zu gebieten versuchte.[332] Diese Entwicklung setzte sich in den folgenden Jahrzehnten fort und kam, wie der Visitationsbericht von 1685 zeigt, durch eine straffe Verwaltung auch auf lokaler Ebene zum Tragen: In Schlanders gaben sowohl der Verwalter der Kommende als auch der Bestandsmann zu Protokoll, daß über die Urbareinnahmen regelmäßig Buch geführt werde, daß sich die Güter in gutem Kulturzustand befänden und daß die Aufnahme neuer Bauleute nur mit Zustimmung des Landkomturs erfolge.[333]

Die Geistlichen selbst empfanden ihre Lebensgrundlage aber dennoch meist als unzureichend. Zumal 1685 artikulierten sich der Komtur, der Pfarrverwalter und der Kooperator von Schlanders im Rahmen der bereits genannten Ordensvisitation diesbezüglich sehr deutlich. Der Komtur gab in einem Schreiben an den Bischof von Chur zu be-

---

315 BAC, VP 1595, pag. 202.
316 DOZA, Et 32/1, fol. 285v–287r.
317 DOZA, Et 32/1, fol. 460rv.
318 DOZA, Et 7/1, fol. 62r–65v; Et 32/3.
319 BAC, VP 1729.
320 DOZA, Et 32/2, fol. 141v–142r.
321 DOZA, Et 33/3 = Et 34/1: VP 1701 Dezember 21.
322 BAC, VP 1738, fol. 31r; DOZA, V 2059.
323 DOKA II 17/2, Nr. 3: Instruktion für den Schlanderser Kooperator 1743.
324 DOZA, Et 33/3 = Et 34/1: VP 1701 Dezember 21.
325 BAC, VP 1729.
326 BAC, VP 1738, fol. 31r.
327 KUSTATSCHER, Sarnthein (wie Anm. 3), S. 107, Anm. 378.
328 FORER, Albert: Die nachtridentinischen kirchlichen Verhältnisse in der Diözese Brixen von 1570–1613 im Spiegel der Visitationsprotokolle. Masch. Diss. Univ. Innsbruck 1970, S. 72.
329 Vgl. KUSTATSCHER, Sarnthein (wie Anm. 3), S. 107, Anm. 380.
330 KUSTATSCHER, Sarnthein (wie Anm. 3), S. 110.
331 SPARBER, Alois: Beiträge zur Geschichte der religiösen Lage in der Diözese Brixen unter Kaiser Karl VI. Masch. Diss. Univ. Innsbruck 1966, S. 200.
332 GASSER (wie Anm. 120), S. 233.
333 DOZA, Et 33/1: VP 1685 August 25, Schlanders.

denken, daß das Einkommen zum Großteil in Getreide und Viktualien bestehe, die schwer in Geld umzuwandeln seien; dies habe in vielen Bereichen Engpässe zur Folge, und man hoffe auf Schonung von seiten Churs.[334] Ähnlich äußerte sich Pfarrverwalter Nikolaus Schliernzauner mit Bezug auf ein päpstliches Breve vom 15. April 1683, das er als erhebliche Belastung für die Geistlichkeit empfand. Die allgemeine wirtschaftlich-soziale Situation der Zeit näher umschreibend, hob er den damals herrschenden Preisverfall des Getreides hervor und erwähnte auch das mittlerweile akut gewordene Problem der Bettler. Dieses Argument gewinnt an Glaubhaftigkeit durch die bei einer Visitation festgestellte Tatsache, daß für Almosen mehr Getreide gebraucht werde als im Haushalt.[335] Alles in allem sei die Situation so, daß nicht nur außerordentliche Ausgaben, sondern auch der tägliche Unterhalt kaum noch bestritten werden könne. Die Menschen seien durch diverse Steuern so stark belastet, daß auch ihre Zahlungsdisziplin bei Stolgebühren nachgelassen habe. Die Formulierung, manche vergäßen sogar zu bezahlen, »teils aus Mangel, teils aus Schalkheit«, macht den Zusammenhang zwischen ökonomischer Situation und moralischem Niveau einer Bevölkerung sichtbar, zumal wenn Schliernzauner ausdrücklich hervorhebt, früher, als der Steuerdruck geringer gewesen sei, hätten die Menschen lieber und leichter bezahlt. Öfters müsse er auf eigene Kosten einen Hilfspriester halten, was sein effektives Einkommen auf 80 fl hinabdrücke. Die Besoldung und Verköstigung des erforderlichen Hauspersonals und verschiedene Ausgaben hätten es schon zu wiederholten Malen notwendig gemacht, daß er Teile seines persönlichen Familienerbes beisteuerte. Auch die Kooperatorenbezüge (einschließlich der Verpflegung rund 3 fl pro Woche) seien nicht ausreichend: Einen Priester habe er deshalb bereits entlassen müssen.[336] Schliernzauners Einschätzung dieser Frage fand durch die Angaben des Kooperators Johann Pamhackl Bestätigung, der seine notwendigen Ausgaben im Detail vorrechnete.[337]

Sein Fall kann – wie überhaupt die für das Jahr 1685 beschriebene Situation – als repräsentativ für weite Teile des 16. und 17. Jahrhunderts gelten. Die Anstellung der Geistlichen war ein ernsthaftes Problem; der häufige Wechsel, den die Liste der Pfarrverwalter und Kooperatoren zumal im 16. Jahrhundert belegt[338], steht dafür, daß in vielen Fällen einfach das Geld ausging, um einem Geistlichen weiter seinen Lohn zu entrichten. In der Rechnung des Jahres 1565 sind mehrere Posten für die Besoldung von Geistlichen aus der Nachbarschaft, die – oft nur für wenige Tage – Aushilfe in der Seelsorge leisteten, verzeichnet.[339] Im Licht dieser Tatsachen erweisen sich die weiter oben genannten Zahlen, die auf eine Besserung der Situation deuteten, eher als Sollwerte, die einer höheren Wertschätzung des geistlichen Standes entsprangen, als daß sich in ihnen reale Möglichkeiten von mehr als punktueller Gültigkeit spiegeln würden.

Dem entspricht der Befund, daß die Kommende Schlanders mit ihrem Einkommen an letzter Stelle unter den Südtiroler Deutschordensniederlassungen lag. Im 16. und 17. Jahrhundert betrugen die notwendigen Ausgaben im Schnitt rund ein Drittel der Gesamteinnahmen, in Sterzing etwas mehr als die Hälfte und in Lengmoos nur zwei Drittel.[340] Obwohl in administrativer Hinsicht schon zu 1685 bzw. 1708 die Rückkehr zu geordneten Verhältnissen bezeugt ist, änderte sich daran auch im 18. Jahrhundert nichts.[341] Eine die gesamte Ballei an der Etsch betreffende Aufstellung der Beiträge der einzelnen Häuser (sowohl Kommenden als auch Pfarren) zu den vom Orden zu zahlenden landesfürstlichen Steuern und zur Balleikasse aus den Jahren 1702–1704 bestätigt die relative Bedeutung des erhobenen Befundes. Bei den ordentlichen und außerordentlichen Steuern lag Schlanders unter den Kommenden mit einem Anteil von jeweils knapp über 10 Prozent an vorletzter Stelle vor Trient; die Pfarre wurde – anders als die reicheren Seelsorgen Lana und Sarnthein – überhaupt nicht veranschlagt. Zu Beiträgen in die Balleikasse wurden Kommende und Pfarre hingegen als getrennte Einheiten herangezogen: Die erstere bestritt, un-

---

334 DOZA, Et 32/3: Komtur zu Schlanders an Bischof von Chur 1685 Mai 5.
335 GASSER (wie Anm. 120), S. 237.
336 DOZA, Et 32/3: Beschreibung des Nikolaus Schliernzauner, Pfarrverwalter zu Schlanders 1685 April 27.
337 DOZA, Et 7/1, fol. 75v–76v.
338 Vgl. unten S. 152, 158.
339 DOZA, Et 155/2.
340 NÖSSING, Die Kommende (wie Anm. 133), S. 398.
341 DOZA, Et 33/1: VP 1685 August 25, Schlanders; Et 35/2, fol. 78v–106r: VP 1708.

ter den ritterlichen Häusern weiterhin an letzter Stelle vor Trient – 8 Prozent des Gesamtbetrages, die letztere – unter den Pfarren zusammen mit Lengmoos an vierter Stelle nach Lana, Sarnthein und St. Leonhard in Passeier – 5 Prozent.[342]

Ein im Mai 1704 in Weggenstein tagendes Balleikapitel, an dem auch der Schlanderser Pfarrverwalter Johann Jakob Glier OT teilnahm, brachte die finanziellen Engpässe der Kommende ausdrücklich zur Sprache; auch wurde die Notwendigkeit von Sanierungsarbeiten am Gebäude hervorgehoben.[343] Der Neubau dreier Gebäudeflügel unter Landkomtur Kageneck (1710–1743) stehe stellvertretend für die Wiederherstellung geordneter Verhältnisse im Laufe des 18. Jahrhunderts. Und was für die Kommende Schlanders gilt, hatte auf die Pfarre direkte Auswirkungen: 1776 galt diese im Orden als eines der besten Benefizien; seelsorglich relevant ist, daß der Orden jetzt auch eine Kooperatur in seinen Personalplan eingebaut hatte.[344] Außerdem wurde in dieser Zeit der im Deutschen Orden allgemein feststellbaren Aufwertung des priesterlichen Zweiges[345] klarer als je zuvor zwischen Pfarre und Kommende unterschieden. Dies läßt sich gerade aufgrund von Quellen zu Fragen der Wirtschaftsgeschichte mit einiger Sicherheit feststellen, liegen doch nunmehr auch gesonderte Aufzeichnungen der Einnahmen und Ausgaben des Pfarrverwalters vor, so, als würde dieser als eine selbständige Größe betrachtet, die für gewisse Teilbereiche der Wirtschaftsführung allein verantwortlich war.[346]

Die positive ordensinterne Selbsteinschätzung von 1776 fand auf einem Balleikapitel vom September 1802, auf dem die wichtigsten Ereignisse und Entwicklungen seit 1780 rekapituliert wurden, allerdings keine Bestätigung. Die dabei wiederum ausgesprochene Klage über den geringen Ertrag der Pfründen und das niedrige Einkommen der Hilfspriester betraf auch Schlanders, und deutlicher als je zuvor wurde auf die Notwendigkeit einer genauen Trennung der Ausgaben für die Geistlichkeit und für die Kirche hingewiesen.[347]

Zu den am meisten umstrittenen Komponenten des Einkommens der Seelsorgsgeistlichkeit zählen die Stolgebühren, jene als Beiträge zur Dotierung der Geistlichen gedachten Zeichen der Erkenntlichkeit für die Vornahme kirchlicher Funktionen, die in den Augen kritischer Beobachter als Formen der Bezahlung seelsorglicher Dienste beargwöhnt wurden. Die älteste aus Schlanders bekannte Stolordnung stammt aus dem Jahr 1595.[348] Ihre Erstellung erfolgte auf Veranlassung päpstlicher Visitatoren, die, vom Luzerner Nuntius Hieronymus Graf Portia über vermeintliche *simonistische Mißbräuche* informiert, die bei Versehgängen, Totenmessen[349] und Hochzeiten[350] zulässigen Tarife bestimmten. Hinsichtlich des normalen Gottesdienstes in der Pfarrkirche wurde auf die Applikationspflicht hingewiesen; Prozessionen fanden am Rande Erwähnung; andere sakramentale Verrichtungen blieben ausgeklammert. Die besonderen Umstände der Entstehung dieser Ordnung machen verständlich, daß die Beträge grundsätzlich niedrig gehalten waren. Für eine wohlüberlegte Analyse der Situation spricht die sorgfältige Differenzierung bei der Bemessung der Gebühren für Versehgänge je nach Lage des Hofes, zu dem ein solcher führte[351], und die Festlegung des Anteils der Träger bestimmter Kirchenämter bei Prozessionen.[352]

---

342 DOKA II 40/1: Rechnung über die Empfänge der Balleikasse 1702–1704.
343 DOKA II 40/1: BK Weggenstein 1704 Mai 14–16.
344 DOZA, Et 157/3: 1776.
345 KUSTATSCHER, Das 18. Jahrhundert (wie Anm. 229), S. 223–227.
346 1718 bezog die »Pfarre Schlanders«: von der Kommende 275 fl, von Stiftungen, Bruderschaften, Filialkirchen 185 fl 35 kr, insgesamt 460 fl 35 kr. Davon waren an Ausgaben zu bestreiten: für den Unterhalt des Pfarrers und der Ehehalten sowie für Viktualien 281 fl 24 kr, für Kleidung 40 fl, für Lidlohn 20 fl, Bestandszins 26 fl, Kathedratikum nach Chur 4 fl, Verwaltungsspesen 6 fl, Arzt- und Apothekerausgaben etc. 17 fl 48 kr, Brennholz 30 fl, Almosen 86 fl, Hand- und Tagwerker 2 fl 18 kr, insgesamt 513 fl 48 kr; DOZA, Et 11/2, pag. 45 f.
347 DOKA II 40/2: Nota über die resolutiones magistrales 1803 Juni 29.
348 Kopie der Urk. ddo. 1595 Juli 3 im KA Kortsch, Schachtel XII – 2.
349 Zum Dreißigsten für eine Vigil 12 kr, für ein Seelamt 12 kr, für gesprochene Messe 6 kr, dem Schulmeister für jedes Amt 6 kr, für Grabbesuch mit Placebo 3 kr, dem Mesner für jedes Läuten 1 kr.
350 Für eine gemeine Verkündung 1 kr, für dreimaliges Eheaufgebot 3 kr, Brautmesse 12 kr oder Einladung zum Mahl.
351 Bei Versehung eines Kranken in Schlanders, Kortsch und Göflan 4 kr, in Sonnenberg und Nördersberg 12 kr.
352 Dem Pfarrer 1 fl, wovon je 6 kr der Kooperator und der Schulmeister bekommen.

Neuerlich aufgegriffen wurde die Frage der Stolgebühren unter den Pfarrverwaltern Sebastian Felderer OT (1655–1666), Nikolaus Schliernzauner (1666–1702), Johann Jakob Glier OT (1702–1727) und Josef Franz Xaver Schlüssel OT (1735–1757). Nachdem 1677 von mehreren im Rahmen einer Ordensvisitation befragten Personen erklärt worden war, die Stola sei *moderat* bzw. *glimpflich*[353], und nachdem 1685 die der Pfründe daraus zufließenden Einnahmen für eher niedrig befunden worden waren[354] – Kooperator Pamhackl gab an, daß er mancherorts gar nichts erhalte[355] –, wurden die seit 1655 praktizierten Gepflogenheiten debattiert und 1686 unter Mitwirkung des Landkomturs Graf Thun in manchen Punkten einer Neuregelung unterworfen, die – unter dem Eindruck des bei einer Visitation von 1708 von allen Befragten einhellig betonten Faktums, daß *niemand übernommen* werde[356] – durch eine Stolordnung vom 7. August 1711 Bestätigung fand.[357] Da auf diese Ordnung zwei weitere von 1733 bzw. 1750 Bezug nahmen, gelte ihr im folgenden nähere Aufmerksamkeit. Ähnlich der Ordnung von 1595 regelte sie nicht alle seelsorglichen Dienste, sondern beschränkte sich im wesentlichen[358] auf jene, die in der Praxis offensichtlich am häufigsten der Stein des Anstoßes waren, nämlich Versehgänge, Begräbnisse, Totenmessen, Taufen und Hochzeiten; was nicht ausdrücklich geregelt werde, so lautet ein Passus, werde nach altem Herkommen gehandhabt. Damit war aber wohl kaum die Regelung von 1595 gemeint, denn ansonsten hätte Pfarrverwalter Johann Jakob Glier OT nicht ausdrücklich anmerken müssen, eine Verfügung über die Versorgung der Kranken in den umliegenden Dörfern und auf den Bergen sei bisher nicht getroffen worden.[359] Nunmehr aber wurde für geistliche Veranstaltungen in den Filialkirchen auch die Reichung einer Mahlzeit an den zelebrierenden Priester vorgesehen, für Messen in Vezzan zusätzlich ein höherer Tarif. Auch in anderen Punkten ist gegenüber 1595 eine ungleich stärkere Differenzierung erkennbar: Jetzt wurde zwischen Personen adeliger Herkunft[360], gemeinen Standes[361] und Bedürftigen[362], bei Begräbnissen auch zwischen Kindern und Erwachsenen[363] unterschieden sowie der liturgische Aufwand[364] und der Zeitpunkt der Verrichtung eines Dienstes[365] berücksichtigt. Für die Adeligen waren – wohl wegen ihrer geringen Anzahl – um ein Vielfaches höhere Beträge vorgesehen als für den Rest der Bevölkerung, während für arme Personen grundsätzlich an die *Diskretion* der Geistlichen appelliert wurde, die offensichtlich nicht für alle so selbstverständlich war wie für Pfarrverwalter Glier, der für seine eigene Person beteuerte, er habe für die Versehung der Kranken nie etwas gefordert, ja habe Bedürftigen noch etwas geschenkt. Erheblich voneinander abweichende Tarife für die Taufe ehelich und unehelich geborener Kinder[366] können nicht als Schlanderser Besonderheit hervorgehoben werden, weil sie dem allgemeinen Denken der Zeit entsprachen. An einzelnen Stellen, so bei den Begräbnissen, wurde ausdrücklich darauf hingewiesen, daß die Gebühren in anderen Pfarren höher seien.

353 DOZA, Et 31/2, fol. 376r–381r, 384r–387v.
354 DOZA, Et 32/3. Beschreibung des Nikolaus Schliernzauner, Pfarrverwalter zu Schlanders 1685 April 27.
355 DOZA, Et 33/1: VP 1685 August 25, Schlanders.
356 DOZA, Et 35/2, fol. 78v–106r: VP 1708.
357 DOZA, Et 156/1: Stolordnung 1711 August 7.
358 Erwähnt werden nur: ein Amt 1 fl, eine heilige Messe 30 kr. Für die Segnung einer Wöchnerin: 3 kr.
359 Man beachte aber den Zusatz »in Schlanders« bei der Versehung eines Kranken, für die wie für die Spendung der Krankensalbung 9 kr gefordert wurden.
360 Begräbnisse der Grafen, Freiherren und Ritter: 24 fl, der Angehörigen des niederen Adels: 18 fl. Dem Priester für den Konduit: 1 fl 30 kr.
361 Begräbnisse: 18 kr. Für den Konduit: 24 kr, wenn ihn Pfarrer und Kooperator führen: 45 kr. Für eine Vigil: dem Pfarrer 24 kr, einem zweiten Priester weitere 20 kr. Für ein Todfallamt: 1 fl. Für eine Todfallmesse: 30 kr. Für einen Grabbesuch: 12 kr. Für einen Sermon vor dem Grab: 1 fl. Für Leichenpredigt der vermögenden Personen: 1 fl 36 kr. Für eine Bitte für eine kranke oder verstorbene Person: 3 kr. Für eine Votivmesse: dem Mesner 2 kr. Für die Ablesung eines Bittzettels: 8 kr. Hochzeiten: Für den Handstreich: 9 kr. Für die dreimalige Verkündung: 9 kr. Für die Kopulation und Einsegnung: 1 fl.
362 Begräbnis: 9 kr.
363 Für die Beerdigung eines Kindes aus dem gemeinen Stand: 9 kr, mit Konduit: 18 kr.
364 Wollte jemand die Ämter *figurierter* haben, mußte er für den Geistlichen eine Mahlzeit um wenigstens 24 kr bereitstellen.
365 Bei nächtlichen Versehgängen konnte gemäß einer bei der bischöflichen Visitation ergangenen Weisung das Doppelte in Rechnung gestellt werden, doch sollten die Bedürftigen geschont werden.
366 Für eine Kindstaufe und Eintragung ins Taufbuch: 6 kr und für den Mesner 3 kr. Für die Neutaufe eines ehelichen Kindes und für die Taufe eines unehelichen Kindes: 1 fl 30 kr, dem Kooperator 15 kr, dem Mesner 30 kr.

Der eben vorgestellten Ordnung verpflichtet ist eine Neuauflage vom 29. August 1733, die sich von ihr nur durch die vom allmählich vordringenden Geist der Aufklärung diktierte präzisere Festlegung einzelner Punkte unterscheidet. Sie trägt die Handschrift des Landkomturs Kageneck und des Pfarrverwalters Josef Verdross OT.[367] Nunmehr sollte die Unterscheidung der Stände auch bei Hochzeiten praktiziert werden, wobei der von adeligen Paaren zu entrichtende Tarif ihrer *Diskretion* zu überlassen sei. Der Aufwand der Geistlichen für Versehgänge wurde jetzt je nach Entfernung des zu besuchenden Hofes genau geregelt[368], während die Kosten für ein Begräbnis von 18 kr auf 12 kr und für einen Kondukt von 1 fl 30 kr auf 24 kr gesenkt wurden, offenbar weil die bestehende Regelung in der Praxis dahingehend modifiziert worden war, daß man statt der vorgesehenen 18 kr nur 8–12 kr, aber zusätzlich eine Mahlzeit gereicht hatte. Neu hinzugekommene Punkte bezogen sich auf die Festlegung von Gebühren für die Ausstellung von Attesten aus dem Tauf- und aus dem Sterbebuch[369], auf die Jahrtage, bei denen man sich auf die Stiftungsverbindlichkeiten berief, auf die Besoldung zusätzlicher Geistlicher, die dem Ermessen derer überlassen wurde, die diese Form feierlicherer Gestaltung der liturgischen Handlungen wünschten, auf die Mahlzeiten, die den Geistlichen von vermögenden Personen und bei Verrichtungen in den Filialkirchen in Anbetracht des weiten Weges zustünden, und auf das Läuten der Totenglocke. Bei letzterer Verfügung kam das ständische Denken der Zeit geradezu mit Härte zum Ausdruck: Da die große Glocke der Pfarrkirche etwas beschädigt sei und das Gießen einer neuen mit hohen Kosten verbunden sein würde, sollte sie nur beim Tod angesehenerer und vermögenderer Personen geläutet werden, die zur Zahlung von 30 kr in der Lage seien; bei anderen Personen genügten die kleineren Glocken.

Eine weitere Neuauflage der geltenden Stolordnung am 5. November 1750[370] war nötig geworden, nachdem sich Differenzen zwischen Pfarrverwalter Franz Xaver Schlüssel OT und der Gemeinde ergeben hatten, weil er übertriebene Forderungen stelle. Die Neuregelung erfolgte unter ausdrücklicher Berufung auf die Ordnung von 1733 und auf die in den benachbarten Pfarren Latsch, Laas und Tschengls herrschenden Gepflogenheiten. Eine detaillierte vergleichende Analyse ergibt indes weder bei den allgemeinen Grundsätzen noch bei der Höhe der Gebühren gegenüber früher nennenswerte Veränderungen (vereinzelt kommen sogar Erhöhungen vor); neu war jedoch ein noch tieferes Vordringen ins Detail in Bereichen, die bisher dem Ermessen der Beteiligten überlassen waren. Hervorgehoben sei etwa die Quantifizierung der Standesbegriffe »Arm« und »Reich« durch die Festlegung der dafür ausschlaggebenden Vermögensgrundlage mit 700 fl; davon war es abhängig, ob das Begräbnis mit einem feierlichen Amt oder mit einer gewöhnlichen Messe zelebriert wurde. Anders als früher wurden nun auch bei Taufen und bei Kinderbegräbnissen sowie bei der Segnung der Wöchnerinnen die Standesverhältnisse genauestens berücksichtigt. Der vormals gerade im Fall der Bedürftigen verwendete Diskretionsbegriff war nunmehr allein dem Adel vorbehalten, während bei vermögenslosen Personen – im Sinn der Institutionalisierung karitativen Denkens – ein kostenloses Begräbnis die Norm sein sollte.

Die Stolordnung von 1750 stieß zu sehr ins Detail vor, als daß sie sich bewähren hätte können. Zumal die Unterscheidung der Stände auf der Basis des genau quantifizierten Vermögens erwies sich als unzulänglich und bedurfte daher nebst anderen damit in Zusammenhang stehenden Details einer Revision. Nach ernsthaften Differenzen zwischen dem Pfarrverwalter und den Parochianen kam es am 25. August 1774 zu einer Aufklärung, in deren Rahmen für viele Details weitmaschigere, der Entscheidungsfreiheit des einzelnen wieder breiteren Spielraum gewährende Regelungen ge-

---

367 DOZA, Et 156/1. VP 1775 September 2, Schlanders; Kopie ddo. 1740 Dezember 4 im KA Kortsch, Schachtel XII – 13.
368 In Schlanders: 9 kr (für die letzte Ölung: 9 kr), am Sonnenberg, in Allitz und Trög: 30 kr, wenn man dem Geistlichen ein Pferd zur Verfügung stellt, ansonsten: 36 kr und dem Mesner 10 kr, am Nördersberg: 34 kr, dem Mesner 12 kr, auf den mittleren Höfen: 24 kr, auf den untersten Höfen: 20 kr, dem Mesner 8 kr, in Kortsch: 15 kr, dem Mesner 6 kr, in Vezzan: 20 kr, dem Mesner 8 kr, in Göflan: 9 kr, dem Mesner 3 kr.
369 Dafür wurden je 36 kr verlangt.
370 SLA, GA Schlanders, Fasz. III; idem PfA Schlanders 2/24 und KA Kortsch, Schachtel XII – 15, und im KA Göflan; erwähnt bei Atz/Schatz (wie Anm. 5), S. 56.

funden wurden.³⁷¹ Die hier angedeuteten Diskussionen erfolgten vor dem Hintergrund einer 1772 erlassenen kaiserlichen Verordnung, daß für das Versehen der Kranken und das Sakrament der Beichte von der Geistlichkeit nichts mehr gefordert oder angenommen werden dürfe; diese Bestimmungen fanden aber vielerorts – auch im Vinschgau – wenig Beachtung.³⁷²

Die sogenannte kleine Stola, d. h. die Gebühren für Kindstaufen, Kinderbegräbnisse, Segnung der Wöchnerinnen etc., die den Kooperatoren zustanden, wurde 1743 in verbindlicher Weise geregelt, wobei für die zahlreichen sehr Armen, die diese Gebühren nicht aufbringen konnten, ein völliger Nachlaß vorgesehen war.³⁷³

Welche Höhe die Einnahmen aus der Stola erreichten, läßt sich nicht im diachronen Schnitt, sondern nur punktuell feststellen: 1669 wurde ihr Ertrag für den Pfarrverwalter mit ca. 200 fl angegeben.³⁷⁴ Für das Jahr 1685 ist von rund 80 fl in Geld und nicht quantifizierten Naturalien die Rede; diese Form empfand die Geistlichkeit als unzureichend.³⁷⁵ 1701 gab der Pfarrverwalter an, die Stola betrage 150 fl.³⁷⁶ Die kleine Stola der Kooperatoren betrug nach einer Angabe von 1685 etwa 30 fl³⁷⁷, zu 1701 wurde ihr Ertrag mit 15 fl angegeben.³⁷⁸

Als Widum für die in Schlanders eingesetzten Seelsorgspriester diente bis zur Übersiedlung in die ehemalige Kommende zu Beginn des 19. Jahrhunderts ein neben dieser gelegenes Gebäude, das alte Saxalberhaus, das nach einer Inschrift seit 1235 im Besitz des Deutschen Ordens gestanden hatte.³⁷⁹

Über dieses Haus finden sich in den Quellen lange Zeit nur spärliche Angaben; Beachtung verdienen jedoch Notizen aus den Jahren 1585³⁸⁰ und 1586³⁸¹ über Bauarbeiten, die, gemessen an der Höhe der dafür aufgewendeten Beträge, bedeutenden Ausmaßes gewesen sein müssen und 1595 abgeschlossen wurden, wie aus einer weiter unten zitierten Inschrift hervorgeht. Bis zum Ende des 17. Jahrhunderts war das Haus aber wieder völlig in Verfall geraten: Pfarrverwalter Schliernzauner gab selbst zu, daß er kaum Reparaturen vorgenommen habe³⁸², und daher sah der Bau um 1700 nach Aussage von Visitatoren des Deutschen Ordens einer *speluncen* ähnlicher als einem Pfarrhaus; dank der Bemühungen des 1702–1727 der Pfarre Schlanders vorstehenden Ordenspriesters Johann Jakob Glier, der auch eigene Mittel einsetzte, konnten 1705 Reparatur- und Erweiterungsarbeiten vorgenommen werden, weswegen das Haus nach dem Urteil der Ordensvertreter, die Schlanders 1708 visitierten, *dem schensten gepey im ganz Vintschgau* glich.³⁸³

Die 1595 und 1705 durchgeführten Arbeiten wurden in einer Inschrift auf einer über dem Eingang befindlichen Marmortafel mit dem Ordenswappen sowohl in lateinischer als auch in deutscher Sprache in Form eines Chronogramms festgehalten:³⁸⁴

ANNO 1595. SEQUENTES VERSVS SVPER HAS POSTES PONEBANTVR. HANC EQUITES GENEROSI OLIM PROGRESSIVE PER ANNOS TEVTONICI IN SCHLANDERS INCOLVERE DOMVM: EST MODO PRESBITERIS SEV SACRA GERENTIBVS ALTA: CONCESSA EST EADEM RELIGIOSA DOMVS.

---

371 DOZA, Et 156/1: VP 1775 September 2, Schlanders.
372 REITBÖCK, Frida: Die kulturellen und sozialen Reformen unter der Regierung der Kaiserin Maria Theresia in Tirol. Masch. Diss. Univ. Innsbruck 1943, S. 34.
373 Die Einhebung folgender Gebühren galt als berechtigt: für Taufe und Einschreibung 6 kr, für ein Kinderbegräbnis ohne Kondukt 9 kr, mit Kondukt 15–18 kr, Wöchnerinnensegnung 3 kr, Versehgänge in Schlanders, Göflan und Kortsch 9 kr, in Vezzan und auf den Bergen je nach Aufwand mehr, doch nicht über 30 oder 34 kr, außer wenn die Leute freiwillig mehr geben, für dreimaliges Hochzeitsaufgebot 9 kr; DOKA II 17/2, Nr. 3: Instruktion für den Schlanderser Kooperator 1743.
374 DOZA, Et 32/2, fol. 141v–142r.
375 DOZA, Et 32/3. Beschreibung des Nikolaus Schliernzauner, Pfarrverwalter zu Schlanders 1685 April 27.
376 DOZA, Et 33/3 = Et 34/1: VP 1701 Dezember 21.
377 DOZA, Et 32/3.
378 DOZA, Et 33/3 = Et 34/1: VP 1701 Dezember 21.
379 GASSER (wie Anm. 120), S. 239; RIEDMANN (wie Anm. 5), S. 425.
380 DOZA, Et 155/1, fol. 264v–269r.
381 DOZA, Et 155/1, fol. 275r–350v; NÖSSING, Die Kommende (wie Anm. 133), S. 404 f.
382 DOZA, Et 35/2, fol. 78v–106r: VP 1708.
383 DOZA, Et 35/2: VP 1708 August 3.
384 LANZNASTER, J.: Chronogramme, in: Der Schlern 6 (1925), S. 163; vgl. auch STAFFLER, Richard: Die Hofnamen im Landgericht Schlanders (Vinschgau). Nachdruck der Ausgabe von 1927. Mit einer Biographie Richard Stafflers von Rainer Loose (= Schlern-Schriften Bd. 13). Innsbruck 1996, S. 126

POSTEA.

A Ioanne IACOBO GLIER INCLITI ORDINIs TEVTONICI PRESBITERO, SENIORI CAPITVLARI, PROTHONOTARIO APOSTOLICO, RECTORE PAROCHIAE PRAESENTIS, RENOVATA, AVCTA & TALITER EXSTRVCTA 1705.

Anno taVsent fVnf hVnDert fVnfVnDneIntzIg: stVnte DIese VIer Vers aLhIer.
Bey drey hundert vnd sechzig Jahr
Das Alte teütsche Haus hie war.
Jetz ist s dis Ritterlichen Orden,
Vor dessen Priester Wohnung worden.
HIeraVff.
Von Iohann IaCob GLI er, gesagten, hoChen TeVtschChen OrDens PrIesteren. SenIorn, CaPItVLarn, PrOtHONOtarIO APOSTOLICO, zVrzeIt Pfarrer aLhIer, RENOVIert, aVgIert, aVCh In eIn soLChe GestaLLt gebraCht. 1705.

Bei einer 1741 vorgenommenen Visitation des Deutschen Ordens wurde das Dach des Widums in reparaturbedürftigem Zustand gefunden.[385] Insgesamt wurden Gliers bauliche Eingriffe jetzt eher kritisch beurteilt: Sie seien so weit gegangen, daß die Erhaltung des Gebäudes für die Nachfolger eine Belastung darstelle; gegenwärtig müsse man froh sein, wenn man die nötigen Ausbesserungsarbeiten am Dach durchzuführen und das weitere Eindringen von Regenwasser zu verhindern in der Lage sei.[386] Eine 1775 angefertigte Beschreibung der Realitäten der Kommende vermittelt erstmals einen etwas näheren Einblick in die Substanz dieses Gebäudes: Es biete Platz für den Pfarrverwalter und einen bis zwei weitere Priester sowie für das erforderliche Dienstpersonal; dazu gehörten ein Garten mit darin befindlicher Waschküche und einer kleinen Stube mit einem Winterofen, ein kleiner Stall, auf den ein Stadel aufgebaut sei, und ein Brunnen, alles in einer Umzäunung.[387] Dennoch zeigten sich die Ordensverantwortlichen nur ein Jahr später mit der Wohnsituation der Schlanderser Geistlichkeit nicht voll zufrieden:

Der Bau sei zwar wohlerhalten, aber ansonsten sei der Pfarrhof *wenig considerabl*.[388] Diese Kritik bezog sich auf den nur mittelmäßigen Zustand der dazugehörigen Güter und auf das Fehlen eines Inventars, betraf also nicht primär den Bau (nur das Dach sei etwas reparaturbedürftig[389]), sondern die Verwaltung.[390] 1792 befanden die Visitatoren das Haus in gutem Stand.[391]

Nach 1819 wurde es verkauft, weil sich inzwischen ein besserer Ersatz in Gestalt des früheren Kommendegebäudes gefunden hatte. Dieses war dem inzwischen wiederhergestellten Deutschen Orden von der Landesregierung zurückgegeben worden; da der Orden selbst aber, der früheren Liegenschaften und des Patronatsrechtes unwiederbringlich entäußert, keine Verwendung mehr dafür hatte, verkaufte er es an die sieben Gemeinden der Pfarre Schlanders, die ihren Seelsorgern damit eine würdigere Stätte boten, als es die frühere gewesen war.[392]

1.6 Das Verhältnis der Ordenspfarre zum Bistum Chur

Die Beziehungen der Pfarre Schlanders zum Bistum Chur in den rund 150 Jahren nach der Anerkennung des Patronatsrechtes des Deutschen Ordens (1262[393]) sind derart spärlich dokumentiert, daß man eine im wesentlichen harmonische Koexistenz annehmen darf. Mehrere auf das Bemühen des Landkomturs und der ihm unterstehenden Komture (auch desjenigen von Schlanders) angefertigte Transsumpte der Schutzprivilegien des Deutschen Ordens und seiner Rechte und Privilegien betreffs Almosen, Exkommunikation, Begräbnis, Empfang von Schenkungen, Anlage von Kirchen, Friedhöfen, Kapellen etc. um 1335[394] bzw. 1351[395] dürften als routinemäßige Rechtsakte anzusehen sein. Aus einem um 1380 angelegten Kollektenverzeichnis des Bistums Chur geht für

---

385 DOZA, Et 35/2: VP 1741 Juli 20.
386 DOZA, Et 157/12: Hochmeister an Franz Xaver Schlüssel OT, Pfarrverwalter zu Schlanders, 1742 Juni 28, Mannheim.
387 DOZA, Et 156/1: Fassion 1775 Februar 23.
388 DOZA, Et 157/3.
389 DOKA II 40/2: VP 1776 Mai 29, Weggenstein; DOZA, V 2059.
390 DOZA, Et 35/3: VP 1776 Oktober 5.
391 DOZA, Et 30/4: VP 1792.
392 GAMPER (wie Anm. 254), S. 128.
393 Vgl. oben S. 108 f.
394 PETTENEGG (wie Anm. 194), Nr. 1110 f.
395 PETTENEGG (wie Anm. 194), Nr. 1247 f.

Schlanders ein Betrag von 25 fl hervor, womit die Pfarre nicht nur weit im oberen Feld unter den Vinschgauer Seelsorgen[396] lag, sondern innerhalb des Diözesanverbandes auch eine hinreichende Zahlungsdisziplin an den Tag legte.

Zum Jahr 1423 liegt in Gestalt eines Schreibens von Landkomtur Gottfried Niederhauser an den Hochmeister zum ersten Mal eine Notiz von Übergriffen des Bischofs von Chur gegen den vom Landkomtur eingesetzten Pfarrer und Komtur von Schlanders vor, von dem er die erste halbe Frucht verlangt und ihn dann gefangengenommen habe. Der Landkomtur appellierte gegen diese Form der Verletzung der Ordensfreiheiten an den Papst und erhob auch bei Herzog Friedrich von Österreich Beschwerde; eine Klage beim römischen König hatte er damals bereits ins Auge gefaßt.[397]

Der hier angedeutete Konflikt scheint indes bis auf weiteres bereinigt worden zu sein, denn 1427 begegnen Bischof Johann Naso von Chur (1418–1440) und der Komtur zu Schlanders Johann Stetpeck gemeinsam als Schiedsrichter in einem langwierigen Streit zwischen Prior Johannes von Allerengelberg und einem Baumann in Meran, von dessen Tragweite der Umstand Zeugnis gibt, daß Appellationen bis an den apostolischen Stuhl gerichtet worden waren.[398] 1428 kollaborierte der Komtur mit dem Ordinarius, indem er sich diesem als Übermittler einer gegen den Pfarrer von Lana Johann Empach gerichteten päpstlichen Bulle zur Verfügung stellte.[399]

Wenige Jahre später setzte jedoch ein umfangreicher Schriftverkehr über Streitigkeiten ein, die sich aus Auffassungsunterschieden bezüglich der Zahlung des sogenannten Kathedratikums ergeben hatten. Hierbei handelte es sich um eine Art ordentliche Steuer, über deren Charakter allerdings keine völlige Klarheit herrscht.[400] Die Pfarre Schlanders hielt sich aufgrund der Ordensprivilegien zur Entrichtung dieser Abgabe nicht für verpflichtet. Zu Beginn der dreißiger Jahre des 15. Jahrhunderts machte der Bischof von Chur dieses Recht daher mit Entschiedenheit geltend, und in weiterer Folge ergaben sich daraus schwere Differenzen über die Besetzung der Pfarre, die durch Auffassungsunterschiede über das Präsentationsrecht an Intensität zunahmen.[401]

Am Beginn langwieriger Auseinandersetzungen stand der Fall des Geistlichen Johann Smollis, den Landkomtur Gottfried Niederhauser 1432 als Pfarrverwalter von Schlanders präsentiert hatte, weil er ein würdiger Anwärter sei. Der Bischof nahm ihn zunächst auch an, wie es der Rechtslage entsprach. Als Smollis daraufhin die Entrichtung des Kathedratikums verweigerte, untersagte ihm dieser die Ausübung der geistlichen Wirksamkeit und sprach die Parochianen von jedwedem Gehorsam gegen ihn los. Auf den Hinweis des Pfarrverwalters, sein Standpunkt entspreche den Ordensprivilegien, reagierte der Bischof mit dessen Gefangennahme und nahm ihn zusammen mit gemeinen Verbrechern in Haft. Der Deutsche Orden reagierte mit einer Appellation an den apostolischen Stuhl und bat um Untersuchung des Falles durch einen päpstlichen Auditor.[402] Dem trug Papst Eugen IV. Rechnung, indem er mit Dekret vom 9. April 1432 die Abwicklung dieser Streitsache in die Hände des päpstlichen Kaplans und Auditors der Rota Romana Lorenz von Arezzo legte.[403]

Die für deren weitere Entwicklung zuständige Instanz war indes nicht mehr der Papst allein, son-

---

396 VASELLA, Oskar: Beiträge zur kirchlichen Statistik des Bistums Chur vor der Reformation, in: ders., Geistliche und Bauern. Ausgewählte Aufsätze zu Spätmittelalter und Reformation in Graubünden und seinen Nachbargebieten, hg. von Ursus Brunold und Werner Vogler. Chur 1996, S. 562–592, S. 582.

397 DIE BERICHTE DER GENERALPROKURATOREN DES DEUTSCHEN ORDENS AN DER KURIE, Bd. IV: 1429–1436, bearb. v. Kurt Forstreuter und Hans Koeppen (= Veröffentlichungen der Niedersächsischen Archivverwaltung, Heft 32, 37). Göttingen 1973–1976, Nr. 356.

398 RIEF, Josef Calasanz: Beiträge zur Geschichte des ehemaligen Kartäuserklosters Allerengelberg in Schnals (Sonderabdruck aus dem Programm des Obergymnasiums der Franziskaner in Bozen 1902–03). Bozen 1903, Nr. 232 ddo. 1427 Juni 13.

399 PETTENEGG (wie Anm. 194), Nr. 1846. Vgl. auch Nr. 1847.

400 VASELLA, Beiträge (wie Anm. 396), S. 570.
401 ATZ/SCHATZ (wie Anm. 5), S. 55.
402 PETTENEGG (wie Anm. 194), Nr. 1917; BERICHTE DER GENERALPROKURATOREN (wie Anm. 397), Nr. 340; LADURNER (wie Anm. 133), S. 93–98. Vgl. dazu auch ARCHIV-BERICHTE (wie Anm. 135), Nr. 305: 1434 Dezember 3, Bozen, übernahm Notar Johann Institor von Nürnberg die Appellation des Landkomturs an den päpstlichen Stuhl; Bischof Johann von Chur schickte dem Pfarrverwalter von Schlanders und dessen Unterkirchen Befehle zu.

403 DOZA, Urk. 1435 April 22.

dern zeitweise auch das Konzil von Basel, das sich in den folgenden Jahren aus kircheninternen Gründen zum übermächtigen Gegenspieler Eugens IV. entwickeln sollte.[404] Daher ernannte Landkomtur Gottfried Niederhauser – auch im Namen des unterdessen zum Pfarrverwalter von Schlanders bestellten Geistlichen Heinrich Sengknecht – 1433 vier Anwälte (Johann Wachtendung, Hermann Widlers, Andreas Talheim, Heinrich Attendorn), die die Ballei in ihrem Streit mit dem Bistum Chur bezüglich der Pfarre Schlanders auf dem Konzil zu vertreten hatten.[405] Was diese auszurichten vermochten, läßt sich nicht im Detail rekonstruieren, weil das Jahr 1434 in der Überlieferung eine Lücke darstellt. Die Akten des Jahres 1435 lauten aber in jeder Hinsicht zugunsten des Deutschen Ordens, wobei insbesondere die Unzweideutigkeit der Diktion Beachtung verdient: Am 10. Jänner erging aus Florenz von seiten des Geminian von Prato, Auditors der päpstlichen Kammer, an den Bischof von Chur die Aufforderung, sich zu verantworten, daß er die Ausübung des Gottesdienstes auf den Besitzungen des Ordens, speziell in der Pfarre Schlanders, störe.[406] Der apostolische Stuhl reagierte mit dessen Verurteilung zur Leistung eines Schadenersatzes in Höhe von 30 fl. Dies teilte Papst Eugen IV. am 31. Jänner den Bischöfen von Adria und von Basel und dem Dekan von Brixen als Exekutoren des Urteils persönlich mit, wobei er den gesamten Sachverhalt seit der Verweigerung der Approbation des Johann Smollis unter Verwendung von für den Bischof eher kompromittierenden Begriffen rekapitulierte.[407] Im Verlauf der Monate April und Mai 1435 wurde die päpstliche Entscheidung in Tirol publiziert und – unter anderem in Meran – von der Kanzel aus verlesen.[408]

Sei es, daß der Deutsche Orden mit dem Ausmaß des Schadenersatzes nicht zufrieden war, sei es, daß man sich in Chur nicht an das Urteil hielt bzw. von den Spannungen zwischen Papst und Konzil zu profitieren versuchte: Nach einem auffallend häufigen personellen Wechsel an der Spitze der Pfarre Schlanders im Jahr 1435[409] ging der Streit 1436 weiter. Am 22. April ernannten Landkomtur Gottfried Niederhauser und der Schlanderser Pfarrverwalter Heinrich Sengknecht wiederum vier Bevollmächtigte für das Basler Konzil (die Ordensbrüder Andreas Pfaffendorfer, Johann Karstheim, Thomas Rode und Lubert Rothard)[410], und am 30. August wiederholte Papst Eugen IV. das seinerzeitige Urteil und bestätigte dessen Exekutoren. Er verfügte, daß es an den Kirchtüren von Schluderns, Schlanders, Naturns und Meran angeschlagen werde.[411] Nur zwei Tage später, am 1. September, nahm Bischof Jakob von Adria als einer der vom Papst bestellten Exekutoren auf diese Bulle sowie auf die ihr vorangegangene vom 31. Jänner 1435 Bezug und bat um die Intervention des Königs Sigismund, der Herzöge von Österreich (Friedrich d. Ä., Albrecht und Friedrich d. J.[412]) sowie namhafter Tiroler Adeliger, von denen in Auswahl nur die Vögte von Matsch sowie die Herren von Wolkenstein, Schlandersberg, Liechtenstein, Weineck und Niedertor genannt seien. Er wiederholte die auf die Publikation des Urteils Bezug nehmende Klausel, bestätigte die Höhe des Strafgeldes und verfügte, daß der Bischof von Chur außer dem Schadenersatz von 30 fl auch noch die Prozeßkosten von 16 fl übernehmen sollte. Im Weigerungsfall drohe ihm wie allen anderen, die sich der Ausführung des Befehls widersetzten, die Exkommunikation.[413]

Der Deutsche Orden scheint mit der Höhe des als Schadenersatz gedachten Betrages nicht einverstanden gewesen zu sein. In einer undatierten Anklageschrift gegen den Bischof von Chur, in der er seinen Rechtsstandpunkt und die bekannten Fak-

---

404 GELMI, Josef: Die Päpste in Lebensbildern. Graz/Wien/Köln ²1989, S. 158.
405 PETTENEGG (wie Anm. 194), Nr. 1884; LADURNER (wie Anm. 133), S. 94; ATZ/SCHATZ (wie Anm. 5), S. 54.
406 PETTENEGG (wie Anm. 194), Nr. 1895.
407 PETTENEGG (wie Anm. 194), Nr. 1896; LADURNER (wie Anm. 133), S. 94 f; ATZ/SCHATZ (wie Anm. 5), S. 54 f.
408 DOZA, Urk. 1435 April 22; PETTENEGG (wie Anm. 194), Nr. 1898; LADURNER (wie Anm. 133), S. 9; ATZ/SCHATZ (wie Anm. 5), S. 55: 1435 Mai 27; LADURNER (wie Anm. 133), S. 96: 1435 Mai 31.
409 Vgl. unten S. 152.
410 DOZA, Urk. 1436 April 22; PETTENEGG (wie Anm. 194), Nr. 1905.
411 PETTENEGG (wie Anm. 194), Nr. 1908; LADURNER (wie Anm. 133), S. 96; ATZ/SCHATZ (wie Anm. 5), S. 55.
412 Herzog Friedrich von Österreich war 1431 von Landkomtur Gottfried Niederhauser in einem Feldzug gegen die Fürstenburg unterstützt worden; BERICHTE DER GENERALPROKURATOREN (wie Anm. 397), S. 29.
413 PETTENEGG (wie Anm. 194), Nr. 1909; LADURNER (wie Anm. 133), S. 97 f.; ATZ/SCHATZ (wie Anm. 5), S. 55.

ten um Johann Smollis wiederholte, berechnete er, was gegenüber den früheren Anklageschriften neu ist, die Entschädigung für die angetane Beleidigung mit 2000 fl.[414] Lorenz von Arezzo erhöhte daraufhin die von Chur zu zahlende Schadenssumme auf 100 fl und behielt sich die Berechnung der Prozeßkosten für einen späteren Zeitpunkt vor.[415]

Die hier erwähnten, zeitlich nicht genau einzuordnenden Vorgänge müssen sich zwischen dem 1. und dem 17. September 1436 abgespielt haben: An letzterem Tag nämlich erging das endgültige Urteil des Lorenz von Arezzo: Es bestätigte das Präsentationsrecht des Deutschen Ordens für die Pfarre Schlanders und bezifferte die vom Churer Bischof zu zahlende Geldbuße mit 100 fl.[416] Am selben Tag resümierte der öffentliche Notar Heinrich Nune von Lauterbach, Kleriker der Diözese Mainz, den gesamten eben dargestellten Kasus in einem ausführlichen Dokument.[417] In Tirol selbst wurde das in Bologna ergangene Urteil am 20. Oktober publiziert. An diesem Tag stellte der in Mals, dem damaligen Sitz des Churischen Vikariats, wirkende öffentliche Notar Johann Institor, Kleriker der Diözese Naumburg, dem Pfarrverwalter von Schlanders Heinrich Sengknecht ein Zeugnis folgenden Inhaltes aus: Er habe die endgültige Entscheidung des päpstlichen Gerichtshofes gegen den Bischof von Chur im Namen des Landkomturs und des Komturs von Schlanders nach üblicher Weise bekanntgegeben und dem Churer Erzpriester im Vinschgau, Albert, eine kollationierte Abschrift übergeben; das Patronatsrecht in Schlanders sei dem Deutschen Orden zugesprochen worden; die Kirche von Schlanders und alle anderen Ordenskirchen in der Ballei an der Etsch hätten als von den Auflagen des Bischofs eximiert zu gelten, und dieser sei zur Zahlung der Prozeßkosten verurteilt.[418]

Wiewohl de iure hiermit endgültig ausgetragen, wurde der Streit de facto erst durch einen Vertrag des Churer Bischofs mit dem Landkomtur vom 13. Februar 1437 beigelegt. Der Ordinarius verzichtete auf alle strittigen Rechte auf die Kirche von Schlanders und deren Kapellen und versprach, das Präsentationsrecht des Landkomturs unangefochten zu lassen, hielt aber an der Forderung nach einem Kathedratikum fest: Es sollte jährlich 20 Pfund Berner (= 4 fl) und in Schaltjahren 30 Pfund betragen.[419] Damit identisch ist wohl eine 1508 den Inhabern von Benefizien und den Zehntherren wiederum auferlegte jährliche Steuer[420], denn auch zu diesem Jahr ist überliefert, daß der Pfarrverwalter von Schlanders dem Ordinarius 4 fl zahlte.[421] Diese Abgabe wurde in derselben Höhe noch im 18. Jahrhundert entrichtet.[422]

Die Bewährungsprobe für den Vertrag von 1437 trat bereits nach etwa einem Jahr ein. Anfang 1438 starb der Schlanderser Pfarrverwalter Heinrich Sengknecht, worauf der Landkomtur den Ordenspriester Konrad Junge präsentierte.[423] Die Bestellung von Kommissären zur Vollziehung des im Schlanderser Präsentationsstreit ergangenen Urteils durch Papst Eugen IV. im Februar (es waren dies die Pröpste Jakob von Gries und Johann von Welschmichel[424] bzw. Bischof Georg I. von Brixen[425]) deutet auf einen neuerlich sich anbahnenden Konflikt mit Chur. Als dieser durch die Weigerung des Bischofs, Konrad Junge als Pfarrverwalter von Schlanders zu approbieren, eskalierte, betraute der Papst am 4. November den Brixner Bischof mit der Aufgabe, ein Urteil zu fällen, gegen das keine Appellationsmöglichkeit vorgesehen war.[426] Der Streit wurde erst 1440 durch den Tod des Churer Oberhirten beendet: Seither verwaltete der Deutsche Orden die Pfarre Schlanders für längere Zeit unbeirrt.[427]

---

414 Pettenegg (wie Anm. 194), Nr. 1914.
415 Pettenegg (wie Anm. 194), Nr. 1915.
416 Pettenegg (wie Anm. 194), Nr. 1916; Berichte der Generalprokuratoren (wie Anm. 397), Nr. 780.
417 Pettenegg (wie Anm. 194), Nr. 1910.
418 Pettenegg (wie Anm. 194), Nr. 1913.
419 Regesta I, Nrr. 7314; Pettenegg (wie Anm. 194), Nr. 1916, 1918; Ladurner (wie Anm. 133), S. 98; Atz/Schatz (wie Anm. 5), S. 55 f. Zusammenfassend vgl. Berichte der Generalprokuratoren (wie Anm. 397), S. 28, und Nössing, Die Kommende (wie Anm. 133), S. 395.
420 Vasella, Beiträge (wie Anm. 396), S. 569.
421 Vasella, Beiträge (wie Anm. 396), S. 586.
422 DOZA, Et 33/3 = Et 34/1: VP 1701 Dezember 21; Et 35/2, fol. 78v–106r: VP 1708.
423 Ladurner (wie Anm. 133), S. 99; zu den Ereignissen zwischen 1433 und 1438 vgl. auch Mitterhofer (wie Anm. 210), S. 84 f.
424 Ladurner (wie Anm. 133), S. 98: 1438 Februar 14.
425 Pettenegg (wie Anm. 194), Nr. 1934; Ladurner (wie Anm. 133), S. 98 f.: 1438 Februar 21.
426 Pettenegg (wie Anm. 194), Nr. 1940; Ladurner (wie Anm. 133), S. 99.
427 Nössing, Die Kommende (wie Anm. 133), S. 397.

Dazu könnte das gerade unter Herzog Sigmund sehr gute Verhältnis dieser Korporation zum Landesfürstentum beigetragen haben, das etwa an der 1471 erfolgten Bestellung des Schlanderser Komturs zum Schiedsrichter in einem Streit zwischen Vogt Ulrich von Matsch, den Herren von Schlandersberg und den Johannitern einerseits und der Äbtissin zu Müstair andererseits wegen einer Kapelle im Münstertal greifbar wird.[428]

Aus der Zeit der Wende vom 15. zum 16. Jahrhundert liegen einige Notizen vor, die für eine spannungsfreie Unterordnung der Pfarre Schlanders unter das Bistum Chur in geistlichen Belangen stehen. Als Bischof Heinrich am 27. Februar 1492 unter dem Titel *subsidium charitativum* eine Sondersteuer für den Vinschgau ausschrieb[429], entrichtete die Pfarre Schlanders 30 fl; der Kaplan zu Kortsch zahlte 6 fl, die beiden Gesellpriester und der Kaplan je 2 fl 24 kr.[430] Einer um 1500 angelegten Liste der ersten Früchte aller Kirchen und Kapellen des Vinschgaus ist zu entnehmen, daß der Frühmesser im Spital zu Schlanders und jener zu Kortsch je 15 fl bezahlten.[431]

Die Ausschmückung des Nordportals der 1505 neu geweihten Pfarrkirche von Schlanders mit einem in Stein gemeißelten Andreaskreuz und dieses Zeichen darstellende Fresken am oberen Schnatzhof in Schlanders und am Haslwanterhof in Kortsch sollte man nach neuestem Forschungsstand allerdings nicht, wie noch Coelestin Stampfer meinte, als Zeichen der Verbundenheit mit Chur werten, sondern ein landesfürstlich-österreichisches Symbol darin sehen.[432]

1568 gaben zwei vielleicht objektiv bedauerliche Vorfälle um Geistliche aus Seelsorgen des Deutschen Ordens neuerlich Anlaß zu einer grundsätzlichen Diskussion der Kompetenzen von Patronatsherrn und Ordinarius. Am 10. Juli mußte der Churer Bischof dem Komtur zu Schlanders Alfons von Cles von ungebührlichem Verhalten des Pfarrverwalters zu Laas und des Kaplans zu Schlanders berichten; die beiden seien wegen *Unzucht* in die Fürstenburg zitiert worden, aber ungehorsamerweise ausgeblieben. Daher bitte er darum, künftig nur taugliche Priester zu präsentieren.[433]

In derartigen Tönen wandte sich der Churer bischöfliche Hof im 16. Jahrhundert indes nicht nur an den Deutschen Orden, sondern sie sind Ausdruck einer generell ziemlich straffen Kontrolle, die gegenüber den zur Seelsorge zugelassenen Geistlichen angebracht erschien. Die Exekution wohlgemeinter Maßnahmen und, damit in engem Zusammenhang stehend, der Stil der Kommunikation scheiterte gelegentlich an informellen Problemen, die zumal bei geographisch entlegeneren Regionen wie dem Vinschgau oder bei häufigem Wechsel der Seelsorger besonders häufig auftraten.[434] Neupriestern wurden häufig auch bestimmte Einschränkungen in der Seelsorge auferlegt.[435] Daher darf der erwähnte Vorfall um den Kaplan von Schlanders und den Pfarrverwalter von Laas nicht überschätzt werden.

Offensichtlich aber dennoch auf diesen anspielend, bedauerte der Komtur von Schlanders in seiner im Anschluß an den Bericht über die Balleivisitation von 1568 ergangenen Korrespondenz mit der Ordensspitze, daß der Bischof auch die in den Ordensseelsorgen tätigen Priester *unter seiner Strafe haben* wolle. Demgegenüber hätte aber der Pfarrverwalter von Schlanders im vorigen Jahr seiner Einladung zu einem Landkapitel im Vinschgau Folge geleistet, was umso mehr Gewicht habe, als sich dies ansonsten nur wenige Geistliche zugute halten könnten.[436]

Eine eindeutige Spitze gegen den Deutschen Orden ist auch im Einsatz des Churer Bischofs für eine Änderung der bestehenden Praxis der Einhebung von Stolgebühren in der Pfarre Schlanders im Jahr 1595 zu erkennen. Auf dem Umweg über den Luzerner Nuntius erreichte er es, daß päpstliche Visitatoren die Pfarre Schlanders aufsuchten und den hier zumal bei der Versehung von Kran-

---

428 Jäger (wie Anm. 208), S. 363.
429 Vasella, Beiträge (wie Anm. 396), S. 566 f.; Jäger (wie Anm. 208), S. 367.
430 Vasella, Beiträge (wie Anm. 396), S. 584.
431 Vasella, Beiträge (wie Anm. 396), S. 586.
432 Hye, Franz-Heinz: Das Andreas-Kreuz im Vinschgau. Sein Auftreten und seine Bedeutung, in: Der Schlern 51 (1977), S. 459–464.
433 DOZA, Et 1/1, fol. 3rv.
434 Vasella, Oskar: Über das Problem der Klerusbildung im 16. Jahrhundert. Nebst Protokollen von Weiheprüfungen des Bistums Chur (1567–1572), in: ders., Geistliche und Bauern. Ausgewählte Aufsätze zu Spätmittelalter und Reformation in Graubünden und seinen Nachbargebieten, hg. von Ursus Brunold und Werner Vogler. Chur 1996, S. 611–626, hier S. 614.
435 Vasella, Klerusbildung (wie Anm. 434), S. 616.
436 DOZA, Et 31/2, fol. 100r, 104v.

ken und bei Beerdigungen herrschenden *simonistischen Mißbrauch* abzustellen.[437]

Im 17. Jahrhundert trat im Verhältnis des Deutschen Ordens zum Bistum Chur eine weitere Verschärfung ein. Die Bischöfe Josef Mohr (1627–35) und Johann VI. Flugi von Aspermont (1636–61) beanspruchten die völlige Jurisdiktionsgewalt über die auf den Ordenspfarren dienenden Priester, während der Orden diese dem Bischof unter Berufung auf das Inkorporationsrecht nur hinsichtlich der Seelsorge und der Verwaltung der Sakramente zugestehen wollte.[438]

Wie schon im 15. Jahrhundert hatte der Orden den apostolischen Stuhl grundsätzlich weiterhin auf seiner Seite. Am 8. Juni 1628 erging ein die Pfarre Schlanders betreffender Entscheid der Kurie im Streit zwischen dem Deutschen Orden und dem Bistum Chur[439], den Pfarrverwalter Sebastian Steiner OT als Beauftragter des Landkomturs am 3. August von einem in Schlanders ansässigen Notar vidimieren ließ.[440] Darauf legte der Orden deshalb Wert, weil die besagte Papsturkunde ältere Privilegien des Ordens in Erinnerung rief und dessen Immunität vom Zugriff der Ordinarien in allen Fragen, die nicht die Seelsorge oder die Verwaltung der Sakramente betrafen, hervorhob. Daß es der Bischof von Chur wage (*conari*), ja sich erdreiste (*se iactare*), auch in den Bereich der Temporalien einzugreifen und den Orden auf diese Weise zu beschweren (*molestare*) und in seiner Entfaltung zu behindern (*impedire*), stehe in Gegensatz zu den besagten Urkunden; es gereiche dem Orden sehr zum Schaden und bedeute für ihn ein Präjudiz; der Bischof von Chur möge dem Rechnung tragen.[441]

Die aus dem Jahr 1631 überlieferte Korrespondenz trägt zu einer klareren Absteckung der Standpunkte bei. Aus einem Schreiben des Landkomturs Hans Gaudenz Frhr. von Wolkenstein-Rodeneck an Hochmeister Johann Kaspar von Stadion vom 23. Juli geht hervor, daß das Jurisdiktionsproblem nun auch auf die auf Ordenspfarren dienenden Säkularpriester ausgedehnt worden war, doch auch diesbezüglich könne man sich auf ein zugunsten des Patrons lautendes Privileg Papst Gregors XV. von 1623 berufen.[442] Nur fünf Tage später replizierte der Ordinarius von der Fürstenburg aus, das Jurisdiktionsprivileg des Deutschen Ordens in Fragen des Lebenswandels der Geistlichkeit beziehe sich nur auf die ihm inkorporierten Priester und nicht auf die der Diözese unterstehenden; wenn er aber bei der Bestrafung der eigenen Geistlichen saumselig sei, so müsse die diözesane Gewalt einschreiten.[443] Diesen Standpunkt bezeichnete der Landkomtur in einem an den Hochmeister gerichteten Schreiben vom 1. August als Anmaßung und bat um Verhaltensanweisungen für den Fall, daß der Bischof Maßnahmen setze, die dem Deutschen Orden zu Präjudiz gereichen könnten.[444] Am 20. August 1631 erging von seiten des Hochmeisters die Verfügung, die weitere Austragung des Jurisdiktionsstreites mit Chur den Agenten des Ordens in Rom zu überlassen.[445]

In dieser Streitfrage war die Position des Deutschen Ordens in Rom anfänglich nicht mehr so unangefochten wie 200 Jahre zuvor: Der Standpunkt des Ordinarius fand jetzt ungleich mehr Gehör. Unter Bezugnahme auf eine Mitteilung des Bischofs von Chur, derzufolge der Landkomtur und der Komtur zu Schlanders in seine Jurisdiktion eingriffen, indem sie sich disziplinäre Verfügungen über die in den Ordenspfarren wirkenden Weltpriester erlaubten, obwohl dieses Recht dem Ordinarius vorbehalten sei, verfügte der päpstliche Nuntius in Luzern am 24. April 1634, der Komtur zu Schlanders möge künftig bischöfliche Abgesandte nicht daran hindern, in diesen Angelegenheiten im Schlanderser Widum ihres Amtes zu walten.[446] Obwohl sich die Ansprüche des Bischofs nur auf die Weltpriester bezogen, bedeuteten sie in den Augen des Landkomturs nichts weniger als Usurpation. In einem Schreiben an den Hochmeister vom 5. Jänner 1635 berief er sich auf die weiter oben erwähnte Papsturkunde vom 3. August 1628 und beklagte sich über das Verhalten des päpstlichen Nuntius in Luzern, der sich in dieser Frage

---

437 Kopie im KA Kortsch, Schachtel XII – 2.
438 GASSER (wie Anm. 120), S. 41–44.
439 DOZA, Urk. 1628 Juni 8; Et I/1, fol. 34–37, 59–61.
440 DOZA, Urk. 1628 August 3.
441 DOZA, Et I/1, fol. 34r–36v = fol. 59r–61r.
442 DOZA, Et I/1, fol. 53r–54v.
443 DOZA, Et I/1, fol. 57r–58r.
444 DOZA, Et I/1, fol. 49r–50r.
445 DOZA, Et 158/3: 1631 August 20, Frankfurt. Adm. Johann Kaspar an Landkomtur Wolkenstein.
446 DOZA, Et I/1, fol. 72r–73r.

gegen den Orden ausgesprochen habe. Auf einen daraufhin ausgesprochenen Protest des Balleistatthalters Georg Nikolaus Vintler von Platsch sei aus Chur keine Reaktion gekommen. Die wenig später erfolgte Suspendierung des Pfarrverwalters von Laas mit nachfolgender Internierung im Widum habe man in Chur damit begründet, daß der Landkomtur als Inhaber des Präsentationsrechtes seinen Sitz auf dem Gebiet des Trienter Bischofs habe, weswegen die mit Chur getroffenen Vereinbarungen keine Gültigkeit hätten.[447]

Dieses Faktum findet hier, wiewohl Schlanders nicht direkt betreffend, Erwähnung, weil die Begründung Ausdruck einer juristischen Spitzfindigkeit ist, die sich sachlich wohl kaum rechtfertigen läßt. Durch derartige für das gemeine Rechtsempfinden schwer nachvollziehbare Argumentationsmuster brachte der Ordinarius in seinem Handeln gegenüber dem Deutschen Orden eine zuvor nie beobachtete Haltung der Unsicherheit zum Ausdruck, aus der heraus er es sich aber dennoch erlaubte, sich über päpstliche Privilegien hinwegzusetzen. Hiermit verlor er allmählich seinen Rückhalt in Rom, denn auch hier begann man die Fadenscheinigkeit der Argumente immer deutlicher zu erkennen – und wohl auch den Umstand, daß es dem Bischof auch noch um andere Dinge ging als die Aufsicht über den Lebenswandel der Priester. Am 12. Juli 1639 appellierte der Orden an die päpstliche Kurie, weil der Bischof seine – neuerlich zitierten – Privilegien in der Aufsichtsfrage leugne und überdies ein Mitspracherecht bei den Verlassenschaftsabhandlungen der Geistlichen beanspruche. Bei der jüngsten Visitation sei es in der Pfarre Schlanders diesbezüglich zu schweren Meinungsverschiedenheiten gekommen. Auch seien wieder zwei für Schlanders präsentierte Priester ohne ersichtlichen Grund zurückgewiesen worden.[448] Über die Weigerung Churs, die vom Deutschen Orden präsentierten Pfarrverwalter von Schlanders zu investieren, beschwerte sich der Landkomtur auch bei der Regierung in Innsbruck, wo er auf Verständnis stieß.[449]

In letzterer Frage, in die nun auch ein dritter Themenkomplex, nämlich die Überprüfung der Tauglichkeit zur Seelsorge, hineinspielt, hatte der Orden die päpstliche Kurie hinter sich: Am 15. Oktober 1639 erging aus Rom ein Schreiben an den Hochmeister, in dem es als für den Churer Bischof belastendes Moment angesehen wurde, daß er die vom Landkomtur präsentierten Pfarrvikare nicht bestätigen wolle[450], auch wenn sie die Bereitschaft zur Ablegung des Pfarrexamens in der Diözese zeigten, nur weil sie *ad nutum amovibiles* seien. Man signalisierte Verständnis dafür, wenn es zu noch heftigeren Streitigkeiten kommen würde.[451] Das bischöfliche Visitationsrecht in Fragen der Seelsorge und der Sakramentenverwaltung sowie das Examinations- und Approbationsrecht wurden zwar bestätigt, das Recht zur Absetzung der Priester sollte dem Orden aber erhalten bleiben.[452] Im Oktober desselben Jahres eskalierte der Konflikt, als der Bischof den in Schlanders eingesetzten Pfarrverwalter Jakob Troyan suspendieren und die Seelsorge dem Rektor des dortigen Kapuzinerhospizes übertragen wollte.[453] In einem besorgten Schreiben an Landkomtur Vintler fragte der Komtur von Schlanders Christoph Trapp an, wie er sich in dieser schwierigen Situation zu verhalten habe.[454] Am 12. November 1640 brachte der Bischof von Chur gegenüber dem Landkomtur neuerlich seinen Anspruch auf die Vermögensabhandlung der auf Ordenspfründen eingesetzten Weltpriester zum Ausdruck.[455]

Erwähnt sei schließlich auch die ablehnende Haltung des Bischofs von Chur gegenüber der in den dreißiger und vierziger Jahren geplanten und vom Deutschen Orden befürworteten Errichtung eines Kapuzinerklosters in Schlanders auf der Grundlage des bereits bestehenden Hospizes, von der er erst nach langwierigen Verhandlungen abwich.[456]

Im darauffolgenden Jahrzehnt vermochte der Deutsche Orden in der Jurisdiktionsfrage wieder

---

447 DOZA, Et 1/1, fol. 78r–80v.
448 DOZA, Et 1/1, 118r–122v.
449 DOZA, Et 156/1: Oberösterreichischer Kanzler, Regiment und Räte an B. von Chur 1639 August 5.
450 Vgl. dazu auch DOZA, Et 156/1: Oberösterreichischer Kanzler, Regiment und Räte an Bischof von Chur 1639 August 5, Innsbruck.
451 DOZA, Et 1/1, fol. 129r–130r.
452 DOZA, Et 1/1, fol. 141r–142v.
453 DOZA, Et 158/3: 1639 Oktober.
454 DOZA, Et 158/3: 1640 Oktober 12, Schlanders. Komtur zu Schlanders Christoph Trapp an Landkomtur Vintler
455 DOZA, Et 158/3: 1640 November 12, Chur. Bischof von Chur an Landkomtur Vintler.
456 Vgl. unten S. 211 ff.

etwas an Boden zu gewinnen. Unter Hinweis auf die vom Engadin her drohende Gefahr gelang es ihm, in Rom ein weiteres Breve zu erwirken, das die Wahrung seiner Rechte erleichterte. Im Bericht über die Visitation von 1652 wurde ausdrücklich vermerkt, daß man den über die Seelsorge hinausgehenden Ansprüchen des Bistums Chur Einhalt zu bieten imstande gewesen sei; als Erfolg habe man vor allem zu verbuchen, daß der Bischof die Geistlichen zum Examen und zur Approbation nicht mehr nach Chur fordere, sondern diese Formalakte durch seinen Vikar im Vinschgau vornehmen lasse; überhaupt maße er sich keine ihm nicht zustehenden Jurisdiktionsrechte mehr an.[457]

Unter Bischof Ulrich VI. de Mont (1661–1692), der übrigens auch mit Erzherzog Sigmund Franz in Fragen der Jurisdiktion auf landesfürstlichen Patronatsfragen diffizile, auf vorangegangene Streitigkeiten deutende Regelungen zu treffen hatte[458], erfuhr diese Entwicklung eine weitere Fortsetzung[459], ja das Verhältnis scheint sich in sein Gegenteil verkehrt zu haben: Bei einer churischen Visitation der Pfarre Schlanders am 13. Juli 1662 gewährte der dem Orden angehörende Pfarrverwalter den bischöflichen Abgesandten keinen Zugang zur Sakristei. Dies war für sie Anlaß zu einem Protest, weil die Geste künftig für die Rechte des Bistums ein Präjudiz darstellen könne.[460] In den Reihen des Deutschen Ordens galt diese Praxis damals aber als selbstverständlich, wie entsprechende Fragen bei den Visitationen von 1677 und 1685 zeigen: Damals glaubte man offensichtlich nur auf diese Weise »auf den Ordensfreiheiten beharren«[461] zu können.

Zu 1692 werden Spannungen zu Chur an der Zurückweisung des vom Landkomtur präsentierten in Schlanders wirkenden Kooperators Kaspar Dinzl als Seelsorger in Martell greifbar.[462]

Aus den folgenden Jahrzehnten liegen nur noch vereinzelt Nachrichten über das Verhältnis des Deutschen Ordens zum Bistum Chur vor, die über die routinemäßigen Visitationen im Abstand von sieben Jahren und die Einberufung der Geistlichen zu den sogenannten Ruralkapiteln hinausreichen würden.[463] Dennoch reicht die Aktenlage zu der Feststellung, daß die bestehenden Probleme bis zum Ende des 18. Jahrhunderts zwar entschärft, aber keiner als endgültig zu bezeichnenden Klärung zugeführt werden konnten. So fällt z. B. die im Interrogatorium, das bei Ordensvisitationen zur Anwendung kam, seither fest verankerte Frage danach auf, ob die Vikare die Ordensfreiheiten wohl geltend machten; sie wurde durchwegs bejaht.[464] Die Anstellung der Seelsorger erfolgte seither nach dem im Fall des Pfarrverwalters Nikolaus Schlierzauner und der Kooperatoren Johann Georg Blinthamer und Johann Baptist Pamhackl 1701 beschriebenen Usus: Sie wurden vom Landkomtur präsentiert, legten in der Diözese Chur das Seelsorgeexamen ab und wurden vom bischöflichen Vikar in Meran bzw. Mals gegen Zahlung von einem Dukaten approbiert.[465] 1767 gab Kooperator Mathias Ohrwalder an, er habe sich beim Eintritt ins Bistum Chur beim Vinschgauer Vikar gemeldet und die Approbation zur Seelsorge unter der Bedingung erhalten, daß er bei erster Berufung zum Examen erscheine.[466]

1704 erregten auf einem Balleikapitel Verfügungen der Bischöfe von Trient und Chur Anstoß, denen zufolge zur Aufbringung der damals erlassenen landschaftlichen Steuer, die nicht auf die Ballei als ganze, sondern auf die einzelnen Pfründen zu veranschlagen war, auch die Priester ihren Beitrag leisten sollten; es wurde beschlossen, an die Ordinarien ein förmliches Protestschreiben zu richten.[467] Vielleicht war es dieses Thema, auf das sich der Mergentheimer Seminardirektor Philipp Ulsamer noch im April 1709 bezog, als er die Teilnehmer eines in Weggenstein tagenden Balleikapitels zu genauer Rechenschaft über die Spannungen mit den Bischöfen von Trient und Chur über die Ordens- und Weltpriester aufforderte. Die Tiroler Kapitularen verharmlosten diesen Punkt jedoch.[468] 1727 ging die Approbation des nach dem Tod von Johann Jakob Glier OT von Landkomtur Kage-

---

457 DOZA, Et 31/2, fol. 363v.
458 JÄGER (wie Anm. 208), S. 378.
459 GASSER (wie Anm. 120), S. 44.
460 BAC, VP 1662, pag. 55.
461 DOZA, Et 31/2, fol. 384r–387v; Et 33/1: VP 1685 August 25, Schlanders.
462 DOZA, Et 158/3.
463 DOZA, Et 33/3 = Et 34/1: VP 1701 Dezember 21.
464 DOZA, Et 33/1: VP 1685 August 25, Schlanders.
465 DOZA, Et 33/3 = Et 34/1: VP 1701 Dezember 21.
466 BAC, VP 1767, pag. 92.
467 DOKA II 40/1: BK Weggenstein 1704 Mai 14–16.
468 DOKA II 40/1: BK Weggenstein 1709 April 16–24.

neck präsentierten Priesters Michael Weitgruber OT als Pfarrverwalter von Schlanders ohne erkennbare Spannungen vor sich[469], während in der zweiten Hälfte des 18. Jahrhunderts wiederum schwerere Konflikte aufgetreten sein müssen, die mit gestiegenen Ansprüchen von seiten des Bistums Chur zusammenhängen. 1767 ging man dort so weit, das Patronatsrecht des Deutschen Ordens über Schlanders überhaupt in Frage zu stellen, wie die im Bericht über die eben stattgefundene Visitation verwendete Formulierung, daß er dieses *praetendiret oder besizet*[470], sichtbar macht.

2 Die Kirche und ihre Filialen

Im folgenden werden Nachrichten zu den Kirchenbauten und zur Finanzgebarung der einzelnen in der Pfarre Schlanders gelegenen Gotteshäuser zusammengetragen. Damit verbindet sich nicht in erster Linie ein kunsthistorisches Interesse, vielmehr sollen die diesbezüglichen Aktivitäten und Entwicklungen als erste, wegen ihrer relativ leichten Quantifizierbarkeit präzise darstellbare Indikatoren des Stellenwertes religiöser bzw. kirchlicher Anliegen in der Pfarre verstanden werden.

2.1 Die Bauten

Eine erste urkundliche Nachricht, die den Bau der 1170 zum ersten Mal erwähnten Pfarrkirche von Schlanders betrifft, liegt zu 1449 vor, als Heinrich, Bischof von Konstanz und Administrator von Chur, dem Bischof Georg von Trient die Vollmacht erteilte, die neuerbaute Kirche samt Friedhof und Turm und den neuen Altären feierlich einzuweihen.[471] Fünf Jahre später bildete die Finanzierung eines neuen Tafelbildes für diese Kirche den Gegenstand einer in der Kommende Schlanders ausgestellten Urkunde.[472] 1469 waren umfangreiche Bauarbeiten im Gange, zu deren Finanzierung man auch Mittel heranzog, die eigentlich als Almosen an die Armen vorgesehen waren und diesen nach Abschluß der Arbeiten auch wieder zugute kommen sollten.[473] Dem Jahr 1494 sind die von einem nicht mehr erhaltenen Flügelaltar stammenden Schreinfiguren der heiligen Stefanus und Laurentius zuzuordnen.[474]

Als Schlanders 1499 im Zuge des Engadinerkrieges eingeäschert wurde, erlitt die Kirche schwere Schäden. Die Gemeinde schritt jedoch unverzüglich zu deren Behebung, so daß die unter der Leitung des Latscher Meisters Oswald Furter[475] wiederhergestellte Pfarrkirche und die Kapelle St. Michael am Friedhof bereits 1505 vom Generalvikar des Bischofs von Chur rekonziliert werden konnten.[476] Aus dieser Zeit stammt der wegen seiner außerordentlichen Höhe bemerkenswerte Turm, der von späteren Bauarbeiten ausgespart blieb und daher noch heute in seiner ursprünglichen Gestalt – als einer der höchsten in Tirol – rund 90 Meter emporragt. Ältere Baubestandteile, so ein mit der Jahreszahl 1481 versehenes Spitzbogenportal im Norden der Kirche, wurden in den Neubau integriert.[477]

An bedeutenden, wegen ihres Ausnahmecharakters auch für das gesellschaftliche Leben relevanten Einzelmaßnahmen ist aus dieser Phase vor allem die Anschaffung einer neuen Glocke nachvollziehbar, deren Modalitäten in einem im Jahr 1500 zwischen den Prokuratoren der Pfarre Schlanders und dem in Latsch wirkenden Glokkengießer Stefan geschlossenen Vertrag im Detail festgelegt wurden. Dem Meister, der den Guß in seiner Werkstätte vornehmen sollte, wurde ein Lohn von je 5 Pfund Berner am Beginn und am Ende der Arbeiten und von 10 fl am darauffolgenden Sonntag Letare in Aussicht gestellt; noch ausstehender Lohn sollte an diesem Tag in den folgenden Jahren bezahlt werden.[478] Bis 1510 waren alle diesbezüglichen Abrechnungen ordnungsgemäß

---

469 DOZA, V 3781.
470 BAC, VP 1767, pag. 85.
471 LADURNER (wie Anm. 133), S. 102.
472 TLMF, Urk. 2305 ddo. 1454 November 3.
473 PfA Schlanders, Urk. 22; ARCHIV-BERICHTE (wie Anm. 135), Nr. 337; ATZ/SCHATZ (wie Anm. 5), S. 60.
474 EGG, Kunst im Vinschgau (wie Anm. 37), S. 78.
475 THEINER, Hermann: Vinschger Tauf- und Weihwassersteine. Zeugen alter Steinmetzkunst (= Schriften des landwirtschaftlichen Museums Brunnenburg N.S. 4). Dorf Tirol 1991, S. 66.
476 PfA Schlanders, Urk. 32 ddo. 1505 September 8; ARCHIV-BERICHTE (wie Anm. 135), Nr. 339; ATZ/SCHATZ (wie Anm. 5), S. 63; GAMPER (wie Anm. 254), S. 25; NÖSSING, Die Kommende (wie Anm. 133), S. 393.
477 WEINGARTNER, Kunstdenkmäler (wie Anm. 32), S. 809; EGG, Kunst im Vinschgau (wie Anm. 37), S. 60.
478 PfA Schlanders, Urk. 27 ddo. 1500 April 26; ARCHIV-BERICHTE (wie Anm. 135), Nr. 338; Mitteilungen der

erfolgt.⁴⁷⁹ An der Beauftragung eines einheimischen Meisters bestätigt sich, daß der Glockenguß in Tirol zu Beginn des 16. Jahrhunderts ein besonders hohes Niveau erreicht hatte.⁴⁸⁰ Latsch war um 1500 ein Zentrum dieser Kunst.⁴⁸¹

Der Hochaltar der Pfarrkirche ist ein Werk des bekannten schwäbischen Meisters Jörg Lederer aus Kaufbeuren, der 1513 in Schlanders tätig war.⁴⁸² Die einfacheren Fassungsarbeiten hatte dieser dem Faßmaler Peter Zech übertragen.⁴⁸³

Im weiteren Verlauf des 16. Jahrhunderts wurden noch einige weitere bauliche Eingriffe und Maßnahmen zur künstlerischen Gestaltung verwirklicht. Eine steingerahmte Viereckstür am Chor trägt die Jahreszahl 1527. Um 1533 leitete der in Latsch lebende Steinmetzmeister Wolfgang Taschner den Umbau des Langhauses zu einer dreischiffigen Pfeilerhalle, die samt dem Chor auch eingewölbt wurde: Aus dieser Zeit stammt, wie die Anbringung der Jahreszahl verrät, das südliche Portal, ein Meisterwerk der späten Marmorkunst der Gotik in Südtirol.⁴⁸⁴ Dem 16. Jahrhundert gehören auch ein Wandgemälde am Turm an, das die Wappen der österreichischen Erblande und Symbole des Goldenen Vlieses darstellt⁴⁸⁵, weiters ein Taufstein von 1519⁴⁸⁶, der Grabstein des Schlanderser Pflegers Sigmund Hendl und ein Weihwasserstein, der die Jahreszahl 1547 trägt.⁴⁸⁷ Nachdem 1575 die große Glocke unter finanzieller Beteiligung aller Ortschaften der Pfarre Schlanders neu gegossen⁴⁸⁸ und der Turm 1582 mit einer neuen Uhr versehen worden war⁴⁸⁹, erhielt die Kirche bei einer 1595 vom Churer Bischof veranlaßten Visitation die schmeichelhafte Charakterisierung eines *templum parochiale elegantissimum structura*, das auch ausstattungsmäßig keine größeren Wünsche offenließ; die angemahnten Punkte betrafen so unerhebliche Dinge wie die Anschaffung eines neuen Ölgefäßes oder die sorgfältigere Reinigung einzelner Stücke.⁴⁹⁰

Dennoch begann die Kirchenverwaltung bereits zwei Jahre später mit neuen großangelegten Projekten. 1597 erging an den bekannten aus Füssen stammenden Orgelmacher Hans Schwarzenbach, der in Südtirol archivalisch zum ersten Mal 1595 in Marienberg nachweisbar ist und seither wiederholt genannt wird⁴⁹¹, von der Gemeinde Schlanders der Auftrag zum Bau einer Orgel für die Pfarrkirche. Dafür erhielt er, auf die ursprünglich vereinbarten 300 fl verzichtend, 150 fl als Lohn und als Erkenntlichkeit für seine besondere Mühe einen großen vergoldeten *khordennz*-Becher. Er bürgte für die Qualität der Arbeit für ein Jahr, soweit er dafür verantwortlich gemacht werden könne; dies gelte aber nicht für den Fall, daß dem Organisten ein Fehler unterlaufe.⁴⁹² Nur wenige Monate später einigte sich die Gemeinde anstelle der Pfarrkirche mit dem Schwazer Meister Michael Purtaller über die Aufrichtung des Choraltars.⁴⁹³ Zum Jahr 1601 liegt die Notiz über den erfolgten Beginn der Arbeit an der Tafel des Magdalenenaltars vor.⁴⁹⁴ Ebenfalls zu Beginn des 17. Jahrhunderts leistete Maria Anna Fieger, die Gemahlin des Leopold Grafen Stachelburg, durch die Schenkung von Kleinoden im Wert von rund 300 fl einen wesentlichen Beitrag zur Aufbesserung der Kirchenausstattung.⁴⁹⁵

Bei einer bischöflichen Visitation von 1638 wiederholte sich die positive Charakterisierung von 1595, sogar in deutlicherer und ausführlicherer Form. Besonderer Erwähnung als Ausdruck rezentester Maßnahmen bedarf der Hinweis auf die besonders wohlgestalteten Kirchenbänke, auf die prächtige Orgel (*organum magnificum*), auf das

---

k. k. Central-Commission zur Erforschung und Erhaltung der Kunst- und Historischen Denkmale XXI, 1895, S. 130.
479 PfA Schlanders 2/1, Nr. 34.
480 KIERDORF-TRAUT, Georg: Südtiroler Glocken- und Hafengießer, in: Der Schlern 41 (1967), S. 572–579, hier S. 575.
481 EGG, Kunst im Vinschgau (wie Anm. 37), S. 85.
482 WEINGARTNER, Kunstdenkmäler (wie Anm. 32), S. 810; EGG, Erich: Gotik in Tirol. Die Flügelaltäre. Innsbruck 1985, S. 380; EGG, Kunst im Vinschgau (wie Anm. 37), S. 75.
483 EGG, Gotik (wie Anm. 482), S. 25.
484 EGG, Kunst im Vinschgau (wie Anm. 37), S. 61.
485 WEINGARTNER, Kunstdenkmäler (wie Anm. 32), S. 809; EGG, Kunst im Vinschgau (wie Anm. 37), S. 64.
486 Abbildung bei THEINER (wie Anm. 475), S. 40.
487 WEINGARTNER, Kunstdenkmäler (wie Anm. 32), S. 810; EGG, Kunst im Vinschgau (wie Anm. 37), S. 65; Abbildung bei THEINER (wie Anm. 475), S. 39.
488 PfA Schlanders 2/1, Nr. 35.
489 PfA Schlanders 5/2.
490 BAC, VP 1595, pag. 201.
491 REICHLING, Alfred. Orgellandschaft Südtirol. Bozen 1982, S. 10.
492 SLA, GA Schlanders, Fasz. III, Urk. ddo. 1597 August 2.
493 PfA Schlanders 2/1, Nr. 36 ddo. 1597 Dezember 30.
494 KOFLER, Spital (wie Anm. 308), pag. 16 (1601 Jänner 28).
495 PfA Schlanders, Urk. 52 ddo. 1616 September 3.

Vorhandensein von fünf Glocken, auf schöne Malereien und auf mehrere goldene und silberne Gefäße und Monstranzen. Genannt werden weiters drei Altäre: der Hochaltar der Muttergottes und die dem Heiligen Kreuz bzw. dem Erlöser geweihten Seitenaltäre. Breiten Raum nimmt die Auflistung aller vorhandenen Reliquien ein; von folgenden Märtyrern und Heiligen glaubte man Körper- und Gewandteile zu besitzen: Barbara, Vinzenz, Oswald, Romanus, Achatius, Laurentius, Agatha, Dionysius, Ulrich, Anton, Peter, Ursula, Johannes der Täufer, Zyprian und Briccius. Die Ausstattung mit Kirchengeräten und Paramenten war gut, die Sakristei wurde hingegen als eng und schmutzig bezeichnet.[496]

Nach einzelnen weiteren Arbeiten in den folgenden Jahrzehnten, so der 1659 dem Maler Thomas Mair anvertrauten Neufassung des Hochaltars[497] und dem Umgießen der kleinen Glocke in den frühen achtziger Jahren[498], erhielt die Kirche bei einer 1701 durchgeführten Visitation auch von seiten des Deutschen Ordens eine sehr positiv lautende Beschreibung, in der sich ihre kunstvolle Gestaltung und eine gediegene Ausstattung spiegeln.[499]

Die Paramente waren schon 1660 als in gutem Zustand befindlich beschrieben worden.[500] Aus einem 1667 angelegten Inventar war eine reiche Ausstattung hervorgegangen. 1702 wurde dieses, nachdem mehrere Stücke hinzugekommen waren, anläßlich der Bestellung eines neuen Mesners mit Nachträgen versehen und in eine übersichtliche schriftliche Form gebracht. Es verzeichnet insgesamt über 55 silberne, teilweise vergoldete Kelche, Patenen, Schalen, Monstranzen, Ziborien, Rauchfässer, Kommunionbecher, Skapuliere, Opferkännchen, Glöckchen, Leuchter, Rauchfässer, Lampen, Weihwasserkessel und Kruzifixe, rund 20 Rosenkränze aus Perlmutter, Koralle oder schwarzem Stein, teilweise mit versilberten Kreuzen, über 60 mitunter kunstvoll gearbeitete Meßgewänder, Chorröcke und Rauchmäntel, jeweils in verschiedenen Farben, und zahlreiche weitere Paramente. Die häufig vorgenommene Unterscheidung verschiedener Qualitätsstufen deutet auf rezentere Ergänzungen eines älteren Bestandes.[501]

Künstlerische Gestaltung und Ausstattung ihrer Pfarrkirche waren den Schlandersern auch im weiteren Verkauf des 18. Jahrhunderts ein dringendes Anliegen. 1708 rühmte sich Pfarrverwalter Glier des Neuerwerbs von Altargeräten und Meßgewändern auch unter schwierigen wirtschaftlichen Bedingungen.[502] 1721 wurde die Orgel repariert und versetzt.[503] 1723 ließ die Kirchenverwaltung eine neue Glocke gießen, die am 2. Dezember vom Grieser Propst Franz Josef Schaitter zu Ehren des heiligen Martin geweiht wurde.[504] 1738 wurde der Pfarrturm neu eingedeckt[505], 1744 das Zifferblatt der Turmuhr ausgewechselt.[506] Vorrangig dürfte aber weiterhin die reichliche Anbringung von Gegenständen des Kunsthandwerks nach barockem Geschmack gewesen sein. Hierbei war man so weit gegangen, daß bei einer Balleivisitation von 1741 der Eindruck übertriebener Überladenheit entstand: An die Verantwortlichen erging die Weisung, *unnötiges Geräffel,* wie es in großen Mengen vorhanden sei, *propter indecentiam* wegzuschaffen.[507] Dieses Urteil traf aber sicherlich nicht auf die um 1750 vom Naturnser Bildhauer Gregor Forcher geschaffenen Statuen der heiligen Dominikus und Franziskus am rechten Seitenaltar zu.[508]

Schon bei der Visitation von 1701 war festgestellt worden, die Schlanderser Pfarrkirche sei kaum groß genug.[509] Um diesem Problem Abhilfe zu schaffen, plante man in den späten fünfziger Jahren eine Erweiterung, die schließlich so tiefgreifende Eingriffe brachte, daß sie faktisch einem Neubau gleichkam. Nach der Erstellung eines Finanzierungsplans im April 1757[510] erfolgte gut ein

---

496 BAC, VP 1638 Oktober 9, pag. 42.
497 PfA Schlanders 2/1, Nr. 37.
498 DOZA, Et 32/3: Anzeigung des zeitlichen Vermögens und Einkommens der Kirchen und des Spitals in der Pfarre Schlanders 1685 Mai 2.
499 DOZA, Et 155/1, fol. 444v.
500 DOZA, Et 32/1, fol. 452rv.
501 DOZA, Et 156/1: Inventar der Mobilien und Kirchenornate der Pfarrkirche Schlanders 1702 Jänner 2.
502 DOZA, Et 35/2, fol. 78v–106r: VP 1708.
503 KA Vezzan, KR 1721/22.
504 Trafojer, Ambrosius: Franz Joseph Schaitter, Augustinerpropst in Gries weiht 213 Glocken von 1699 bis 1731, in: Der Schlern 14 (1933), S. 114, 118.
505 PfA Schlanders 2/1, Nr. 82.
506 Weingartner, Kunstdenkmäler (wie Anm. 32), S. 809.
507 DOZA, Et 35/2: VP 1741 Juli 20; Et 157/12: Hochmeister an Franz Xaver Schlüssel, Pfarrverwalter zu Schlanders, 1742 Juni 28, Mannheim.
508 Egg, Kunst in Vinschgau (wie Anm. 37), S. 139.
509 DOZA, Et 155/1, fol. 444v.
510 KA Kortsch XII – 34 ddo. 1757 April 19.

Jahr später, im Mai 1758, die Grundsteinlegung.[511] Das künstlerische Konzept lag in den Händen des in Tirol auch sonst viel beschäftigten kaiserlich königlichen Kammermalers Josef Adam Mölk aus Wien. Er gestaltete die dreischiffige gotische Pfarrkirche grundlegend um, indem er die Pfeiler des Langhauses entfernte und einen lichten hohen Einheitsraum machte. Im Langhaus schuf er zwei halbrunde Nischen für die Altäre und bezog auch den alten Chor ein. Er schmückte den ganzen Raum mit kräftigen Wandpfeilern und einem umfangreichen Freskenprogramm.[512] Unter Verzicht auf Stukkaturen überzog er den Raum mit einem gewaltigen Freskenprogramm des Lebens Mariens und ihrer biblischen Vorbilder. Das große Hauptbild im Langhaus zeigt Esther, vor dem Perserkönig Ahasver kniend, in einer riesigen gemalten Scheinarchitektur. Das große Bild im Chor stellt die Verehrung Mariens durch die Erdteile dar, wobei Europa die Züge der Kaiserin Maria Theresia erhielt. Die Fresken sind Schaubild des Glaubens und der eigenen Zeit und ihrer frommen Kaiserin.[513]

Zur Gestaltung des Innenraumes wurde einheimischer Marmor verwendet; noch vorhandene Bauteile aus der gotischen Kirche und aus dem Friedhof wurden nach Möglichkeit integriert.[514] Den Auftrag zur Fassung des Hochaltars[515] erhielt ein einheimischer Maler, der in Wien ausgebildete und in Schlanders ansässige und dort auch als Mesner wirksame Troger-Schüler Hieronymus Peteffi.[516] Um 1760 wurde eine elegante Rokokokanzel eingebaut.[517] Den Abschluß der Arbeiten markiert die Weihe am 13. September 1767 durch den Churer Bischof Johann Anton von Federspiel.[518] Bei einer Visitation des Deutschen Ordens im Jahr 1776 erhielt die Kirche hinsichtlich ihrer Größe und Ausstattung ein überaus positives Urteil; obwohl auch das Geläute als sehr schön bezeichnet wurde[519], hielt man zwei Jahrzehnte später, 1797[520] und 1800[521], die Anschaffung von zwei neuen Glocken für angebracht. Die letztere ist ein Werk des Johann Michael Zach.[522] Auch der Pflege der Paramente bzw. der Ergänzung der Bestände durch Neuanschaffungen galt in den neunziger Jahren reges Interesse.[523]

In der zweiten Hälfte des 17. Jahrhunderts scheinen in den Quellen 13 Kirchen auf, die als Filialen der Pfarre Schlanders bezeichnet werden: die Spitalkirche zur Heiligen Dreifaltigkeit, St. Michael am Friedhof, Mariä Heimsuchung im Schloß Schlandersberg, St. Ingenuin und Albuin, St. Martin und St. Walburg in Göflan, St. Johann Baptist, St. Lorenz, St. Ägidius und St. Georg in Kortsch, St. Moritz in Allitz, St. Nikolaus in Vezzan und St. Karpophorus in Tarsch.[524]

Die den Heiligen Gervasius und Protasius geweihte, zu 1333 erstmalig erwähnte Hauskapelle des Deutschen Ordens in der Kommende[525] wird nicht als Filialkirche der Pfarre geführt. Im kirchenrechtlichen Sinn[526] können aber auch von den vorgenannten Kirchen nur St. Martin in Göflan, St. Johann Baptist in Kortsch und St. Nikolaus in Vezzan Filialstatus beanspruchen; bei allen übrigen handelte es sich entweder um bloße Kapellen (St. Michael am Friedhof war Leichenkapelle), um Kirchen, die, wie St. Moritz in Allitz und St. Karpophorus in Tarsch, gar nicht (immer) dem Verband der Pfarre Schlanders angehörten, sondern nur dem Deutschen Orden durch gewisse Rechtstitel verbunden waren, oder um Kirchen, die, wie die Spitalkirche oder die Schloßkapelle (auch die Kapuzinerkirche wäre in diesem Zusammenhang zu erwähnen), teilweise zwar eine große seelsorg-

---

511 PfA Schlanders 2/7: 1758 Mai 7.
512 WEINGARTNER, Kunstdenkmäler (wie Anm. 32), S. 810; EGG, Kunst im Vinschgau (wie Anm. 37), S. 125.
513 EGG, Kunst im Vinschgau (wie Anm. 37), S. 142 f..
514 GAMPER (wie Anm. 254), S. 27.
515 SpA III/1.8, Nr. 48 ddo. 1763 Februar 16.
516 RINGLER, Josef: Hieronymus Peteffi, ein Südtiroler Maler des 18. Jahrhunderts, in: Der Schlern 34 (1960), S. 500; RASMO, Nicolò: Dizionario biografico degli artisti atesini, Volume secondo: B, a cura di Luciano Borrelli e Silvia Spada Pintarelli. Bozen 1998, S. 209.
517 EGG, Kunst im Vinschgau (wie Anm. 37), S. 139.
518 MAYER (wie Anm. 137), Bd. 2, S. 466.
519 DOZA, Et 157/3: Status praesens der Kommende Schlanders 1776.
520 ATZ/SCHATZ (wie Anm. 5), S. 64.
521 WIELANDER, Sakrale Kunst (wie Anm. 70), S. 9.
522 KIERDORF-TRAUT (wie Anm. 480), S. 578.
523 DOZA, Et 30/4: 1792 September 16.
524 DOZA, Et 32/2, fol. 141v–142r; Et 33/3 = Et 34/1: VP 1701 Dezember 21; GASSER (wie Anm. 120), S. 243.
525 ATZ/SCHATZ (wie Anm. 5), S. 65; RIEDMANN (wie Anm. 5), S. 425.
526 HOLKENBRINK, Georg: Art. Filialkirche, in: LThK 3, hg. von Walter Kasper, Freiburg–Basel–Rom–Wien ³1995, Sp. 125.

liche Bedeutung hatten, aber dennoch spezifische Funktionen im Dienst ihrer jeweiligen – von der Pfarre verschiedenen – Träger erfüllten.

Die Friedhofskapelle St. Michael wurde 1303 erstmalig in einer Urkunde genannt, als der Ritter Aut von Schlandersberg den Dorfleuten zu Schlanders den Mairhof in Schlanders verkaufte.[527] Im Jahr darauf stifteten die Begünstigten diesen Hof gemäß der Intention des edlen Spenders in die Hand des Deutschen Ordens, um in den Genuß von drei Wochenmessen zu gelangen.[528]

Eine 1488 erfolgte Neuweihe dieser Kirche durch Johann, Weihbischof von Chur, deutet auf grundlegendere bauliche Eingriffe am Ende des 15. Jahrhunderts. In der darüber ausgestellten Urkunde werden drei Altäre genannt: der Hauptaltar zu Ehren der Märtyrer Gervasius und Protasius, des Erzengels Michael und der Apostel Petrus und Paulus, der linke Seitenaltar zu Ehren der Märtyrer Sebastian und Stefan und des Bekenners Leonhard, der rechte Seitenaltar zu Ehren der heiligen Jungfrauen Katharina, Barbara, Dorothea und Margarethe. Die Erhaltung der beiden letzteren oblag der Sebastiansbruderschaft.[529] Ein weiterer, allen Heiligen (1638: dem heiligen Kreuz) geweihter Altar stand in der Krypta. Das Weihefest der Kapelle sollte jedes Jahr am Sonntag nach Magdalena (22. Juli) gefeiert werden. Mit dem Weiheakt von 1488 verbunden war die Erteilung eines Ablasses am Fest der Weihe und an den Festen der Altarheiligen.[530] Die in dieser Urkunde erwähnte Krypta diente auch der Meßfeier.[531] 1685 ist die Rede von an den Gewölben befestigten Zieraten, die sich zu lösen begännen.[532]

In einer nicht näher bezeichneten früheren Zeit sei einer der Altäre dem heiligen Sebastian geweiht gewesen. Dies erklärte 1708 der frühere Pfarrverwalter Nikolaus Schliernzauner unter Bezugnahme auf eine Eintragung in einem Kirchenkalender, wo zum 20. Februar ein Amt in der »Kapelle St. Sebastian« verzeichnet war.[533]

Ein den heiligen Rochus und einen Engel darstellendes Wandgemälde in einer Mauernische trägt die Jahreszahl 1511. Um 1515/20 entstand ein lebensgroßes Kruzifix.[534] 1582 verrechnete der Kirchpropst größere Beträge für Zimmermannsarbeiten.[535] Aus der ersten Hälfte des 17. Jahrhunderts stammen ein großes, die Kreuztragung darstellendes Gemälde und eine Beweinungsgruppe.[536]

Im churischen Visitationsbericht von 1638 wurde die Existenz dreier (nicht näher bezeichneter) Altäre bestätigt, und zwar mit der Bemerkung, daß zwei davon geschnitzt seien, während der dritte nur Malereien trage.[537] Vom Ende des 17. Jahrhunderts liegt eine Nachricht über eine damals erfolgte Restaurierung der Michaelskapelle vor[538], während 1759 manche Kreise den Plan hegten, sie zur Sakristei zu machen.[539] Dazu kam es jedoch nicht, denn im Visitationsbericht von 1767 wurde ihrer in der eben beschriebenen Gestalt Erwähnung getan.[540]

Im Osten des Dorfes Schlanders befindet sich die Kirche St. Ingenuin und Albuin. Das Patrozinium deutet auf die Herkunft aus Brixner Mensalbesitz. Die erstmalige urkundliche Erwähnung dieses Gotteshauses liegt im Jahr 1148.[541] 1164, als der Edle Ulrich von Tarasp dem von ihm gestifteten Kloster Marienberg einen im Unterdorf zu Schlanders gelegenen Hof schenkte, erscheint die Kirche ebenso als dessen Pertinenz[542] wie in mehreren päpstlichen Privilegien für das Stift Marienberg aus dem 12. und 13. Jahrhundert.[543]

1499 fiel sie den Zerstörungen des Engadiner Krieges anheim, 1507 wurde sie unter der Leitung

---

527 ARCHIV-BERICHTE (wie Anm. 135), Nr. 320 (Schlanders); STAFFLER, Hofnamen Schlanders (wie Anm. 384), S. 123.
528 ARCHIV-BERICHTE (wie Anm. 135), Nr. 321 (Schlanders); LADURNER (wie Anm. 133), S. 51; ATZ/SCHATZ (wie Anm. 5), S. 51 f.; RIEDMANN (wie Anm. 5), S. 425.
529 PfA Schlanders 4/1.
530 PfA Schlanders, Urk. 26 ddo. 1488 Oktober 18; Druck und Kommentar bei MÜLLER, Iso: Altarweihen in der Friedhofskapelle von Schlanders 1488, in: Der Schlern 51 (1977), S. 497 f.
531 ATZ/SCHATZ (wie Anm. 5), S. 65.
532 DOZA, Et 33/1: VP 1685 August 25, Schlanders.
533 DOZA, Et 35/2, fol. 78v–106r: VP 1708.
534 EGG, Kunst im Vinschgau (wie Anm. 37), S. 81.
535 PfA Schlanders 5/2.
536 WEINGARTNER, Kunstdenkmäler (wie Anm. 32), S. 814.
537 BAC, VP 1638 Oktober 9, pag. 42.
538 DOZA, Et 33/2: VP 1697 Juli 7, Weggenstein.
539 BAC, VP 1767, pag. 82.
540 BAC, VP 1767, pag. 84.
541 WEINGARTNER, Kunstdenkmäler (wie Anm. 32), S. 815.
542 ROILO/SENONER (wie Anm. 9), S. 72; ATZ/SCHATZ (wie Anm. 5), S. 65; RIEDMANN (wie Anm. 5), S. 425.
543 ROILO/SENONER (wie Anm. 9), S. 84, 272, 276.

des Oswald Furter aus Latsch[544] neu erbaut[545] und 1509 rekonsekriert.[546] Für die Zeit um 1600 lassen sich in Gestalt der Anbringung der Wappen des Marienberger Abtes Leonhard Andri und der Familie Jenewein-Ladurner behutsame bauliche Eingriffe nachweisen.[547]

Bei der bischöflichen Visitation von 1638 wurde die Kirche, in der ein ihren Patronen geweihter geschnitzter und vergoldeter Altar stand, zwar als schmutzig, ansonsten aber als schön bezeichnet. Im Turm befanden sich zwei Glocken. An künstlerisch bedeutsameren Objekten fand ein die Himmelfahrt Mariens darstellendes Glasfenster Erwähnung. Die Ausstattung mit Kirchengeräten und Paramenten war hinreichend.[548] 1767 vermerkten die Visitatoren hingegen nichts anderes, als daß in der Kirche Feuchtigkeitsschäden aufgetreten seien, die das Fällen dreier Bäume, die dafür verantwortlich wären, geraten erscheinen ließen.[549]

Umso leichter wird verständlich, daß das Gubernium für Tirol und Vorarlberg am 7. Jänner 1786 dem Kreisamt Bozen die Sperrung von St. Ingenuin anordnete. Der Zeitpunkt der Durchführung dieser Maßnahme ist unbekannt; jedenfalls liegt er vor 1788, denn ein Verzeichnis der gesperrten Kirchen des Kreises Bozen aus diesem Jahr erfaßt auch diese Kirche. Aus demselben Jahr stammt eine Meldung, daß hier zwei Messen gestiftet seien. Am 3. Dezember 1789 sollte der Bau zu einem Ausrufpreis von 34 fl versteigert werden, doch es meldete sich kein Käufer.[550]

Die erste gesicherte urkundliche Nennung der Kirche St. Martin in Göflan liegt aus dem Jahr 1212 anläßlich ihrer Schenkung an den Deutschen Orden durch Adalbert und Berthold von Wanga vor.[551] Ältere Notizen, wie eine von Atz/Schatz erwähnte und von Weingartner übernommene Ablaßverleihung von 1185[552] sowie die in Abschriften von P. Ephraem Kofler dokumentierten Ablässe und Weihehandlungen für diese Kirche aus den Jahren 1200, 1205 und 1210[553] sind derzeit nicht nachvollziehbar. Die ältesten noch heute erkennbaren Bauteile sind romanisch[554], doch ist ein karolingischer Vorgängerbau wahrscheinlich.[555]

Die Kirche St. Walburg ist seit 1233 urkundlich belegt: Am 10. Jänner dieses Jahres wurde die *basilica de Gevelano* von Bischof Berthold von Chur zu Ehren der heiligen Dreifaltigkeit, des heiligen Kreuzes und besonders der heiligen Walburga geweiht.[556] Das überwiegende Vorkommen dieses Patroziniums in Nebentälern – was sich im Raum Schlanders auch in der Pfarre Martell bestätigt – kennzeichnet dieses Patrozinium als etwas jünger als das des heiligen Martin.[557] Als Schwester Willibalds, des ersten Bischofs von Eichstätt, stellt die heilige Walburga möglicherweise auch einen Bezug Göflans zu dieser Diözese her, wofür außerdem der Umstand spricht, daß der dortige Bischof im Jahr 1311 den Besuchern der ihr geweihten Kirche einen Ablaß erteilte.[558]

P. Ephraem Kofler nimmt an, daß die Errichtung dieses Gotteshauses einer Initiative des Deutschen Ordens entsprang, weil sich die Martinskirche als zu klein erwiesen habe.[559] Sollte dieser fleißige Lokalhistoriker seine Annahme aus dem ikonographischen Befund abgeleitet haben, der in der Tat auf ein Engagement des Pfarrpatrons deutet (Deutschordenskreuz und Wappen des Landkomturs Bartholomäus von Knöringen auf Gewölbeschlußsteinen[560]), das in der Martinskirche nicht nachweisbar ist, so unterlag er freilich einem Anachronismus, denn die genannten Darstellungen sind Zeugen des 16. Jahrhunderts.

Die urkundliche Überlieferung der auf die Erstnennung folgenden Jahrzehnte vermittelt nicht den Eindruck, daß St. Walburg als Konkurrenz zu

---

544 THEINER (wie Anm. 475), S. 66.
545 WEINGARTNER, Kunstdenkmäler (wie Anm. 32), S. 815.
546 NÖSSING, Die Kommende (wie Anm. 133), S. 393.
547 WEINGARTNER, Kunstdenkmäler (wie Anm. 32), S. 816.
548 BAC, VP 1638 Oktober 9, pag. 42.
549 BAC, VP 1767, pag. 84, 215 f.
550 HINTERLECHNER, Agnes: Kirchensperrungen in Deutschtirol unter Joseph II. Masch. Diss. Univ. Innsbruck 1963, S. 291.
551 TIROLER URKUNDENBUCH (wie Anm. 9), Nr. 632.
552 ATZ/SCHATZ (wie Anm. 5), S. 67; WEINGARTNER, Kunstdenkmäler (wie Anm. 32), S. 826; kritisch dazu LOOSE, Siedlungsgenetische Studien (wie Anm. 62), Anm. 55.
553 KOFLER, Göflan (wie Anm. 76), S. 14; KA Göflan: Geschichte der Kuratie Göflan, pag. 178.
554 GRUBER (wie Anm. 24), S. 444.
555 Vgl. oben S. 98.
556 KUSTATSCHER, Göflan (wie Anm. 66), Nr. 1; KA Göflan: Geschichte der Kuratie Göflan, pag. 179; ATZ/SCHATZ (wie Anm. 5), S. 69.
557 FINK (wie Anm. 18), S. 228.
558 KUSTATSCHER, Göflan (wie Anm. 66), Nr. 6.
559 KOFLER, Göflan (wie Anm. 76), S. 14.
560 WEINGARTNER, Kunstdenkmäler (wie Anm. 32), S. 831.

St. Martin betrachtet worden wäre, denn was Weihen und Ablässe anbelangt, so fällt die Bilanz für beide Gotteshäuser gleich aus: Am 27. Februar 1295 weihte der Generalvikar des Bischofs von Chur die Martinskirche mit einem Altar und erteilte für diesen Tag und die darauffolgende Oktav einen Ablaß. Als Weihefest bestimmte er den Sonntag nach dem Fest des hl. Gallus (16. Oktober).[561] Am darauffolgenden Tag dehnte er das Ablaßprivileg auf weitere Tage aus.[562] St. Walburg erhielt am 24. Mai 1310[563] und am 21. Oktober 1311 Ablaßprivilegien.[564]

Das Bemühen um Ablässe entspringt häufig der Notwendigkeit, bauliche Eingriffe in die betreffenden Kirchen zu finanzieren. Für St. Martin könnte diese Initiative der Errichtung des ursprünglich frei stehenden Turmes gedient haben, der dem Ende des 13. Jahrhunderts zugeschrieben wird. In einer segnenden Hand am Sturzbalken über dem Turmeingang[565] liegt ein qualitätsvolles Beispiel der damaligen Steinmetzkunst vor.[566] Die Ausdehnung eines 1389 den Besuchern der Göflaner Kirchen erteilten Ablasses auf ungewöhnlich viele Tage und die vielleicht nicht nur formelhafte Begünstigung jener Besucher, die zur baulichen Ausstattung beitragen[567], könnte auf Erweiterungsarbeiten bzw. Baupläne hinweisen. Dieser Phase ist eine rötliche Steingußmadonna zuzuordnen, eine primitiv vereinfachte Arbeit des Meisters der Madonna von Großgmain bei Salzburg, die, um 1400, ein Jahrzehnt nach dem ersten Auftreten der sogenannten schönen Madonnen, entstanden, als charakteristisches Produkt einer konservativen Steingußwerkstätte gilt.[568]

Für die Mitte des 15. Jahrhunderts nimmt die Volkssage eine grundlegende Zerstörung von Göflan durch einen Ausbruch des Gadriabaches an. Es wird berichtet, das Dorf habe sich in ältesten Zeiten in länglicher Gestalt am Fuße des nördlichen Gebirges bis Bruck erstreckt; die Chronik kennt daher auch die ältere Bezeichnung »Langdorf«.[569] Nach dem Ausbruch des Gadriasees am südlichen Gebirge und nachfolgendem Bergsturz vom Berg Tafratz sei die Etsch zu wiederholten Malen an das nordöstliche Gebirge gedrängt worden und habe das Dorf schließlich durchbrochen und weggespült. Nur jene Häuser, die an einer Anhöhe hinaufziehen, und einige Wohnungen in Bruck seien verschont geblieben.[570]

Damals seien auch die beiden Kirchen verschüttet worden. St. Martin, als dessen ursprünglicher Standort eine Stelle westlich der Brücke auf der rechten Seite der Etsch angegeben wird, sei später an anderer Stelle, der heutigen, neu errichtet worden.[571] Ein 1855 bei einem Ausbruch des Haider Sees freigelegter Viereckturm wurde als Turm der alten Kirche gedeutet.[572] Diese Version ist jedoch weder archäologisch noch urkundlich nachvollziehbar. Überzeugende Argumente sprechen dafür, den besagten Turm als mittelalterlichen Herrensitz zu deuten und hier einen Stützpunkt der Verwalter des Wangener Besitzes im mittleren und unteren Vinschgau zu vermuten.[573] Daraus ergibt sich, daß auch bei der Martinskirche nicht an einen Neubau zu denken ist, sondern daß ein bestehender romanischer Bau gotisiert wurde.

Gesicherte Baunachrichten über St. Martin liegen seit 1465 vor: Am 30. November dieses Jahres wurde die Kirche – nach der Hinzufügung des Chors[574] – samt dem Hochaltar und dem Sebastiansaltar durch den Generalvikar des Bischofs von Chur rekonsekriert und erhielt einen Ablaß.[575] Die Jahreszahl 1472 über dem mittleren Chorfenster[576] steht für weitere Arbeiten. Den Abschluß markiert die mit einem Ablaß verbundene Weihe eines dem heiligen Wolfgang geweihten Seitenaltars (im 17. Jahrhundert ist dieser Altar Johannes

---

561 KUSTATSCHER, Göflan (wie Anm. 66), Nr. 3.
562 KUSTATSCHER, Göflan (wie Anm. 66), Nr. 4.
563 KUSTATSCHER, Göflan (wie Anm. 66), Nr. 5.
564 KUSTATSCHER, Göflan (wie Anm. 66), Nr. 6.
565 Abbildung bei WIELANDER, Sakrale Kunst (wie Anm. 70), S. 7.
566 WEINGARTNER, Kunstdenkmäler (wie Anm. 32), S. 826.
567 KUSTATSCHER, Göflan (wie Anm. 66), Nr. 11.
568 SPRINGER, Louis Adalbert: Die bayrisch-österreichische Steingußplastik der Wende vom 14. zum 15. Jahrhundert. Würzburg 1936, S. 111–117, 193.
569 KA Göflan: Geschichte der Kuratie Göflan, pag. 178.
570 KOFLER, Göflan (wie Anm. 76), S. 1.
571 KOFLER, Göflan (wie Anm. 76), S. 14; KA Göflan: Geschichte der Kuratie Göflan, pag. 184; S. 181; GAMPER (wie Anm. 254), S. 22.
572 ATZ/SCHATZ (wie Anm. 5), S. 67.
573 LOOSE, Siedlungsgenetische Studien (wie Anm. 62), S. 235.
574 EGG, Kunst im Vinschgau (wie Anm. 37), S. 58.
575 KUSTATSCHER, Göflan (wie Anm. 66), Nr. 19; ATZ/SCHATZ (wie Anm. 5), S. 68.
576 WEINGARTNER, Kunstdenkmäler (wie Anm. 32), S. 826.

dem Täufer geweiht[577]) am 28. Oktober 1479[578]; das Kirchweihfest wurde fortan am dritten Sonntag nach Ostern begangen.[579] Der letztgenannte Altar gehört zusammen mit dem Hochaltar derselben Kirche[580] zu den ältesten Flügelaltären im Vinschgau überhaupt. Das Jahr der Weihe macht die Vermutung wahrscheinlich, es könnte sich um ein Werk des 1473–1483 in Meran tätigen Meisters Hans Weiss handeln.[581]

1595 waren in St. Martin bei einer bischöflichen Visitation noch geringfügige Mängel an den liturgischen Geräten festgestellt worden.[582] Zum Jahr 1611 ist eine Neuerrichtung des Turmes überliefert; als Schöpfer des Turmknopfes nennt eine in diesem verborgene Urkunde den Meister Marx Gelsser zu Schlanders, während die Vergoldungsarbeiten das Werk des Heinrich Clauser waren.[583] 1615 gab die Kirchenverwaltung für Ausbesserungsarbeiten am Glockengestühl 12 fl aus.[584] 1621 kaufte sie Stoff für eine neue Fahne um den hohen Betrag von fast 66 fl.[585] 1632 wurde das Langhaus nach Westen auf seine heutige Ausdehnung verlängert; zugleich wurde über drei Säulen und zwei Rundbögen die Empore erbaut.[586]

Bis 1638 war es den Göflanern gelungen, in ihr Gotteshaus so viel zu investieren, daß es von den aus Chur beorderten Visitatoren als *templum magnificum* bezeichnet wurde. Damals hatte die Kirche drei kostbar ausgestattete Altäre: den Hochaltar des heiligen Martin und die Seitenaltäre der heiligen Johann Baptist und Sebastian. Hinsichtlich der Ausstattung, der liturgischen Geräte und der Paramente ergaben sich kaum Beanstandungen[587]; soweit solche gemacht wurden, waren sie Anlaß zu Reparaturen in den folgenden Jahren: 1642 erhielt die Kirche einen neuen Weihwasserstein[588], 1656 wurden Ausbesserungsarbeiten am Tabernakel, 1660 an der Turmuhr, 1678 am Beinhaus[589] und 1689 am Kirchendach[590] vorgenommen. Aus dem dritten Viertel des 17. Jahrhunderts stammt der Altaraufbau.[591] In den achtziger Jahren wurden neue Glocken gegossen.[592] 1703 finanzierte die Kirchenverwaltung neue Malereien an einer der Altartafeln. Damals wurden auch verstärkt Investitionen getätigt, die auf eine intensive Kultivierung religiösen Brauchtums schließen lassen, so für Heiltümer und Kirchenfahnen.[593] 1711 stiftete der in Göflan beheimatete Müllermeister Andreas Pacher Kapital von 60 fl für ein Ewiges Licht, das an Samstagen und an den Vortagen der hohen Festtage und der Marienfeste in einer von ihm angeschafften Ampel vor einer in der Mitte des Kirchenraumes sich erhebenden und mit einem eisernen Gitter umgebenen Muttergottesstatue brennen sollte.[594] 1706 verrechnete der Kirchpropst Ausgaben für Ausbesserungsarbeiten an der Orgel[595], 1751 an den Kirchenstühlen[596], 1758 an den Fenstern und wiederum an der Orgel.[597] Aus dieser Zeit stammt auch das Tabernakel.[598] 1795 wurde für eine notwendige Reparatur der Kirche sogar deren Kapital angegriffen.[599] Folgerichtig lauteten die bei Visitationen im 18. Jahrhundert abgegebenen Beurteilungen fast ausnahmslos sehr positiv[600]; nur die Sakristei, in der 1706 geringfügige Tischlerarbeiten durchgeführt worden waren[601], wurde 1767 als baufällig bezeichnet, und die Beichtstühle seien mit Gittern zu versehen.[602]

Die zur Kirche St. Walburg, von Marjan Cescutti mit »einer zierlichen, gotischen Monstranz in der

---

577 Abbildung bei Egg, Gotik (wie Anm. 482), S. 279.
578 Kustatscher, Göflan (wie Anm. 66), Nr. 20.
579 Atz/Schatz (wie Anm. 5), S. 68.
580 Abbildung bei Egg, Gotik (wie Anm. 482), S. 280 f.
581 Weingartner, Kunstdenkmäler (wie Anm. 32), S. 828; Egg, Kunst im Vinschgau (wie Anm. 37), S. 71; Egg, Gotik (wie Anm. 482), S. 290.
582 BAC, VP 1595, pag. 201.
583 »Aus dem Turmknopf der Kirche St. Walburg 1611 August 28« (Dokument in Privatbesitz).
584 KA Göflan, KR 1614/15.
585 KA Göflan: Geschichte der Kuratie Göflan, pag. 187.
586 Weingartner, Kunstdenkmäler (wie Anm. 32), S. 826.
587 BAC, VP 1638 Oktober 9, pag. 43; Atz/Schatz (wie Anm. 5), S. 68.
588 Weingartner, Kunstdenkmäler (wie Anm. 32), S. 826.
589 KA Göflan: Geschichte der Kuratie Göflan, pag. 189.
590 KA Göflan, KR 1688/89.
591 Weingartner, Kunstdenkmäler (wie Anm. 32), S. 828.
592 DOZA, Et 32/3: 1685 Mai 2.
593 KA Göflan, KR 1702/03, 1706/07; Geschichte der Kuratie Göflan, pag. 190.
594 Kustatscher, Göflan, Nr. 42.
595 KA Göflan, KR 1706/07.
596 KA Göflan, KR 1750/51.
597 KA Göflan, KR 1758/59.
598 Weingartner, Kunstdenkmäler (wie Anm. 32), S. 828.
599 KA Göflan, KR 1794/95.
600 DOZA, Et 35/2: VP 1708 August 3; Et 35/2: VP 1741; BAC, VP 1767, pag. 83.
601 KA Göflan, KR 1706/07.
602 BAC, VP 1767, pag. 215.

Landschaft« verglichen⁶⁰³, vorliegenden Weiheurkunden und der stilistische Befund deuten auf eine etwas spätere Bauzeit als die für die Gotisierung von St. Martin festgestellte. 1499 war auch diese Kirche im Zuge des Engadiner Krieges zerstört, gleich anschließend jedoch in prachtvoller Weise neuerrichtet worden: In der damals erhaltenen Gestalt ist sie zum einzigen rein gotischen Sakralbau des Vinschgaus geworden. Die Bauarbeiten kamen 1502 zu einem vorläufigen Abschluß: Am 10. Juli dieses Jahres konsekrierte der Generalvikar des Bischofs von Chur die Kirche und erteilte den Besuchern einen Ablaß.⁶⁰⁴ Die Notiz von einer Neuweihe am 15. Juli 1517, die der Chronik von 1840 zu entnehmen ist, läßt sich hingegen archivalisch nicht mehr nachvollziehen.⁶⁰⁵ Die Anbringung der Zahl 1516 am Marmorportal neben mehreren Steinmetzzeichen⁶⁰⁶ und die Nachricht von einer 1516 vorgenommenen Ausweißelung der Kirche sprechen allerdings für bauliche Eingriffe, die so grundlegend waren,⁶⁰⁷ daß sie eine Rekonsekration (mit Festlegung der Kirchweihe auf den Sonntag nach dem Ulrichstag, 4. Juli) erforderlich gemacht haben könnten.⁶⁰⁸ Die Errichtung eines Altars durch Jörg Lederer aus Kaufbeuren⁶⁰⁹ (heute in der Martinskirche), die in diese Zeit fällt⁶¹⁰, ergänzt dieses Bild. 1517/18 erhielt die Kirche eine dekorative Ausmalung, die als Musterbeispiel für die Ergänzung von Architektur und Malerei gilt.⁶¹¹

1595⁶¹², 1638⁶¹³ und 1767⁶¹⁴ befand sich in der Kirche nur ein einziger Altar. Bis in die achtziger Jahre des 17. Jahrhunderts erhielt sie bei Visitationen ähnlich positive Beurteilungen wie St. Martin⁶¹⁵; aus dieser Zeit stammt ein neuer Altar.⁶¹⁶ In der Folgezeit geriet die Kirche jedoch allmählich in Verfall: Eine 1741 durchgeführte Visitation des Deutschen Ordens ergab, daß die Fenster ruinös, die Stühle schlecht und der Estrich verbesserungsbedürftig seien.⁶¹⁷ Diesen Mißständen wurde bis 1779 nicht Abhilfe geschaffen: Damals kam aus dem Munde churischer Visitatoren die Aufforderung dazu, den Turm neu einzudecken, damit kein Regenwasser eindringe.⁶¹⁸

Am 7. Jänner 1786 ordnete das Gubernium für Tirol und Vorarlberg dem Kreisamt Bozen die Sperrung und Inventarisierung von St. Walburg an. Das Kreisamt schickte noch 1786 das Inventar an die Landesstelle nach Innsbruck. 1788 meldete es, daß hier keine Stiftungen bestünden. Am 9. September 1789 wurde die Kirche auf 69 fl geschätzt. Am 3. Dezember sollte das Gebäude versteigert werden, doch es meldete sich kein Käufer. In der Folge schritt der Verfall der Kirche weiter fort.⁶¹⁹

Die Kirche St. Nikolaus in Vezzan ist aufgrund baustilistischer Überlegungen ins 12. Jahrhundert zu datieren: In diese Zeit reicht der romanische Glockenturm, vielleicht auch Teile der Umfassungsmauer der Kirche.⁶²⁰ Auch das Patrozinium – es ist nach dem Marienpatrozinium in Tirol das häufigste – weist nicht in die früheste Zeit der Kirchengründungen, denn es kommt meist bei Filial- und viel seltener bei Pfarrkirchen vor. Die Blüte des Nikolauskultes setzte allgemein erst im 11./12. Jahrhundert ein.⁶²¹

Die urkundliche Erstnennung der Vezzaner Kirche liegt, wiewohl nur in kopialer Form, aus dem Jahr 1224 in Gestalt eines Ablaßbriefes vor.⁶²² Weitere Ablässe wurden 1295, 1314, 1316 und 1513, jeweils vom Generalvikar des Bischofs von Chur, erteilt.⁶²³ Vermutlich hängt der zuletzt genannte

---

603 CESCUTTI, Göflan (wie Anm. 77), S. 61; WIELANDER, Sakrale Kunst (wie Anm. 70), S. 20.
604 KUSTATSCHER, Göflan (wie Anm. 66), Nr. 21; ATZ/SCHATZ (wie Anm. 5), S. 69.
605 KA Göflan: Geschichte der Kuratie Göflan, pag. 185.
606 ATZ/SCHATZ (wie Anm. 5), S. 69.
607 EGG, Kunst im Vinschgau (wie Anm. 37), S. 62.
608 KUSTATSCHER, Göflan (wie Anm. 66), Nr. 21.
609 Vgl. dazu GRUBER (wie Anm. 24), S. 445.
610 EGG, Gotik (wie Anm. 482), S. 380; EGG, Kunst im Vinschgau (wie Anm. 37), S. 75.
611 EGG, Kunst im Vinschgau (wie Anm. 37), S. 83.
612 BAC, VP 1595, pag. 201.
613 BAC, VP 1638 Oktober 9, pag. 43.
614 BAC, VP 1767, pag. 83.
615 DOZA, Et 33/1: VP 1685 August 25, Schlanders.
616 WEINGARTNER, Kunstdenkmäler (wie Anm. 32), S. 832.
617 DOZA, Et 35/2: VP 1741; Et 157/12: Hochmeister an Franz Xaver Schlüssel, Pfarrverwalter zu Schlanders 1742 Juni 28, Mannheim.
618 BAC, VP 1779, pag. 172.
619 HINTERLECHNER (wie Anm. 550), S. 292 f.
620 ATZ/SCHATZ (wie Anm. 5), S. 66; EGG, Kunst im Vinschgau (wie Anm. 37), S. 21.
621 FINK (wie Anm. 18), S. 148, 152.
622 Kopie im KA Kortsch, Schachtel XII – 1: Urk. ddo. 1224 Mai 5.
623 Kopie im KA Kortsch, Schachtel XII – 1: Urkk. ddo. 1295 Februar 16, 1314 Mai 4, 1316 September 8, 1513 Juni 8. 1638 wurde das Weihefest am Sonntag nach

Ablaß mit grundlegenderen Eingriffen in Bau und Ausstattung zusammen, wie sie um dieselbe Zeit auch in anderen Kirchen um Schlanders durchgeführt wurden. Dafür sprechen eine Halbfigur des heiligen Georg am Aufsatz des rechten Altars und Holzskulpturen der heiligen Nikolaus und Blasius, die dem Ende des 15. Jahrhunderts zugeschrieben werden.[624] Vermutlich zu Beginn des 16. Jahrhunderts erhielt die Kirche einen Weihwasserstein mit dem Wappen der Familie Froschauer von Schmalzenhofen.[625]

Seit dem Ende des 16. Jahrhunderts gewähren schriftliche Quellen Einblicke in den baulichen Zustand der Nikolauskirche. 1595 hatte sie zwei Altäre, deren Ausstattung von einer bischöflichen Visitationskommission als hinreichend befunden wurde; nur einzelne Paramente erhielten mangelhafte Beurteilungen.[626] Im churischen Visitationsbericht von 1638 ist von drei Altären die Rede, nämlich vom Hochaltar des heiligen Nikolaus (dieser erhielt im 17. Jahrhundert eine Statue des heiligen Michael[627]) und von zwei Seitenaltären, die den heiligen Johann Baptist bzw. Sebastian geweiht waren. Die Feststellung des guten Zustandes der Paramente sowie das Vorhandensein einer Totengruft[628] und eines gepflegten Friedhofes führten zu einer Gesamtbeurteilung als *sacellum pulchrum*.[629]

Aus dem 18. Jahrhundert liegen mehrere Notizen über bauliche Eingriffe und Ergänzungen der Ausstattung vor. In einer ersten Phase, von 1707 bis 1710, verrechnete die Kirchenverwaltung mittlere Beträge für die Herstellung einer neuen Friedhofstür und einer Stiege im Turm, für Arbeiten an der Kirchturmuhr, für die Anschaffung neuer Glockenstricke, die Herstellung von zwei Weihbrunngefäßen und das Malen eines Heiligen Geistes auf Holz.[630] Im Rechnungszeitraum 1725/26 wurden umfassende Ausbesserungsarbeiten am Turm, darunter eine Erneuerung der Bedachung, durchgeführt; weitere Beträge gingen in Maler-, Schlosser und Zimmermannsarbeit auf.[631] Zehn Jahre später erhielten Kirche, Totengruft und Mesnerhaus ein neues Dach.[632] Auch der Weihwasserstein aus weißem Marmor ist ein Werk des 18. Jahrhunderts.[633] 1756 wurde von bischöflichen Visitatoren die Sanierung der Sakristei moniert.[634]

Im 17. und 18. Jahrhundert erfuhr auch die Kirchenausstattung nennenswerte Zuwächse: 1673/74 durch die Anschaffung zweier gemalter Altarstangen[635], 1721/22 durch Bildhauerarbeiten[636], 1725/26 durch den Neuerwerb von Paramenten (die Anschaffung eines sauberen weißen Meßkleides war schon 1708 bei einer Visitation des Deutschen Ordens moniert worden[637]) und einer Ampel[638], 1763–1766 durch weitere Paramente und neue Leuchter.[639]

Die Kirche St. Johann in Kortsch reicht mindestens bis in die Karolingerzeit zurück, auch wenn die urkundliche Erstnennung nicht vor dem Jahr 1432 liegt.[640] Eine in Holz geschnitzte Pietà auf einem Vesperbild stammt aus der Zeit um 1400.[641] Das jetzt bei der nördlichen Eingangshalle befindliche Spitzbogenportal trägt die Jahreszahl 1483.[642] Um 1500, in der Phase des gotischen Neubaus zahlreicher Kirchen des mittleren Vinschgaus, wurde der Kirchturm erhöht.[643] In diese Zeit ist auch ein in Holz geschnitzter heiliger Blasius zu datieren, während eine Statue Johannes des Täufers aus der Mitte des 16. Jahrhunderts stammt. 1567 stiftete Florian Mair von Weingart einen Weihwasserstein. Die heute älteste Glocke trägt die Jahreszahl 1574; sie wurde von Franz Sermondo aus Bormio gegossen.[644] 1588 wurde im Norden eine

---

Kreuzerhöhung (14. September) angegeben (BAC, VP 1638 Oktober 9, pag. 43).
624 WEINGARTNER, Kunstdenkmäler (wie Anm. 32), S. 797; EGG, Kunst im Vinschgau (wie Anm. 37), S. 75.
625 Abbildung bei THEINER (wie Anm. 475), S. 53.
626 BAC, VP 1595, pag. 201.
627 WEINGARTNER, Kunstdenkmäler (wie Anm. 32), S. 797.
628 Diese ist auch zu 1767 belegt; BAC, VP 1767, pag. 84.
629 BAC, VP 1638 Oktober 9, pag. 43.
630 KA Vezzan, KR 1707/08, 1709/10.
631 KA Vezzan, KR 1725/26.
632 KA Vezzan, KR 1735/36.
633 WEINGARTNER, Kunstdenkmäler (wie Anm. 32), S. 797.
634 BAC, Bischöfliche Resolution ddo. 1756 Oktober 4.
635 KA Vezzan, KR 1673/74.
636 KA Vezzan, KR 1721/22.
637 DOZA, Et 35/2: VP 1708 August 3.
638 KA Vezzan, KR 1725/26.
639 KA Vezzan, KR 1763/64, 1765/66.
640 Vgl. oben S. 96.
641 WEINGARTNER, Kunstdenkmäler (wie Anm. 32), S. 836; EGG, Kunst im Vinschgau (wie Anm. 37), S. 43.
642 WEINGARTNER, Kunstdenkmäler (wie Anm. 32), S. 834; EGG, Kunst im Vinschgau (wie Anm. 37), S. 61.
643 WIELANDER, Sakrale Kunst (wie Anm. 70), S. 7.
644 WEINGARTNER, Kunstdenkmäler (wie Anm. 32), S. 836 f.; WIELANDER, Sakrale Kunst (wie Anm. 70), S. 9; EGG, Kunst im Vinschgau (wie Anm. 37), S. 116.

Seitenkapelle angebaut.⁶⁴⁵ Bei der bischöflichen Visitation von 1595 waren drei Glocken vorhanden. Die aus diesem Anlaß gegebene Beschreibung der Kirche klingt etwas nüchterner als bei anderen Gotteshäusern um Schlanders: Sie sei ein *templum non inelegans*, doch mit nur einem Altar, es fehlten einige Kirchengeräte und die vorhandenen seien gleich den Paramenten sehr schmutzig.⁶⁴⁶ 1597 wurde der Turm ein weiteres Mal wesentlich erhöht.⁶⁴⁷ 1638 befanden sich in der Johanneskirche zwei Altäre: der Hochaltar mit Skulpturen der Gottesmutter, Johannes des Täufers und des heiligen Julian sowie – an den Seiten – der heiligen Laurentius und Florian, und der Seitenaltar mit dem Bild einer Kreuzabnahme (dieser wurde später durch den aus der Ägidiuskirche stammenden gotischen Altar ersetzt). Im übrigen wurde die Ausstattung der Kirche mit hochwertigen Malereien hervorgehoben; sie sei aber schmutzig. An Geräten und Paramenten war das Nötige vorhanden.⁶⁴⁸ Bei der 1638 erwähnten Kreuzabnahme könnte es sich um jene Tafel handeln, die die Baumeister der Gemeinde Kortsch 1635 beim Meraner Tischlermeister Elias Hendl in Auftrag gegeben hatten und für die sie ihm 1644 als Lohn 108 fl bezahlten, worüber er eine Quittung ausstellte.⁶⁴⁹

1693 weihte Bischof Ulrich von Chur den bereits erwähnten Heiligkreuzaltar, bestimmte als dessen Weihefest den Kreuzerhöhungstag und erteilte einen Ablaß.⁶⁵⁰ 1699 erhielt auch die von Hans Strimmer zu Kortsch und seiner Gemahlin Maria Waibl⁶⁵¹ gebaute südliche Seitenkapelle einen Altar⁶⁵², ein Werk des Georg Schwenzengast aus Martell.⁶⁵³ Um 1700 wurde die Kanzel errichtet; aus derselben Zeit stammt ein in Holz geschnitzter Schutzengel.⁶⁵⁴ Bei einer 1701 erfolgten Visitation des Deutschen Ordens bekam die Kirche in dieser Gestalt ein gutes Zeugnis ausgestellt, zumal da sie auch mit Paramenten hinreichend versehen war.⁶⁵⁵

Mitte des 18. Jahrhunderts waren grundlegende Umbaupläne ausgearbeitet worden. Am Beginn stand die vom bischöflichen Vikar im Vinschgau Konradin von Castelberg erteilte Erlaubnis zur Abhaltung einer Sammlung und zur Gründung eines Fonds für die Einsetzung des Höchsten Gutes, für das Ewige Licht und zur Restaurierung der Kirche.⁶⁵⁶ In deren Zug wurde 1756 ein Tonnengewölbe eingezogen.⁶⁵⁷ Josef Schöntaler und seine Gemahlin und andere Gemeindeangehörige stifteten ein Gemälde, das die Gottesmutter mit dem heiligen Antonius und mit Josef darstellt. Die Jahreszahl 1756 trägt auch ein Taufstein.⁶⁵⁸ Um dieselbe Zeit schuf Jakob Witwer, der Inhaber einer großen Werkstatt in Imst, den Hochaltar mit den Statuen der heiligen Georg und Florian.⁶⁵⁹ Im April 1757 bezog der Bischof von Chur ein von Papst Benedikt XIV. erteiltes Altarprivileg auf den Hochaltar und erteilte einen Ablaß für das Fest der Kreuzauffindung.⁶⁶⁰ Aus dem Jahr 1759 ist eine Authentifikationsurkunde für eine Kreuzpartikel-Reliquie erhalten⁶⁶¹, die wohl für diesen Altar gedacht war.

Einige Jahre später fand die prosperierende Frömmigkeit dieser Zeit in der Anschaffung neuer Statuen für die rechte Seitenkapelle⁶⁶² ein weiteres Mal Ausdruck; um dieselbe Zeit wurden um größere Beträge neue Meßgewänder erworben⁶⁶³, und am Ende des 18. Jahrhunderts erhielt die Kirche Kreuzwegstationen.⁶⁶⁴

1566 wurde Kortsch durch eine heftig wütende Pestepidemie nahezu völlig entvölkert. Die Toten mußten, in Leintücher gehüllt, nach Schlanders getragen werden. Um der Ansteckungsgefahr vorzubeugen⁶⁶⁵, kaufte die Gemeinde Schlanders von der Witwe des Hans Oberhauser um 30 fl⁶⁶⁶ ein an

---

645 WEINGARTNER, Kunstdenkmäler (wie Anm. 32), S. 834; EGG, Kunst im Vinschgau (wie Anm. 37), S. 98.
646 BAC, VP 1595, pag. 201.
647 WEINGARTNER, Kunstdenkmäler (wie Anm. 32), S. 834; EGG, Kunst im Vinschgau (wie Anm. 37), S. 98.
648 BAC, VP 1638 Oktober 9, pag. 43.
649 KA Kortsch IV: Belege zur KR: Urk. ddo. 1644 Februar 23.
650 KA Kortsch XII – 7 ddo. 1693 August 26; KOFLER, Cortsch (wie Anm. 108), pag. 77.
651 WEINGARTNER, Kunstdenkmäler (wie Anm. 32), S. 836.
652 WEINGARTNER, Kunstdenkmäler (wie Anm. 32), S. 834.
653 EGG, Kunst im Vinschgau (wie Anm. 37), S. 131.
654 WEINGARTNER, Kunstdenkmäler (wie Anm. 32), S. 836.
655 DOZA, Et 33/3 = Et 34/1: VP 1701 Dezember 21.
656 KA Kortsch XII – 18 ddo. 1756 Jänner 19; Fasc. VII (alt), in IV: KRsbeleg ddo. 1756 Jänner 24.
657 WEINGARTNER, Kunstdenkmäler (wie Anm. 32), S. 834.
658 WEINGARTNER, Kunstdenkmäler (wie Anm. 32), S. 837; Abbildung bei THEINER (wie Anm. 475), S. 20.
659 EGG, Kunst im Vinschgau (wie Anm. 37), S. 135.
660 KA Kortsch XII – 24 ddo. 1757 April 22.
661 KA Kortsch XII – 25 ddo. 1759 Juli 1.
662 WEINGARTNER, Kunstdenkmäler (wie Anm. 32), S. 836.
663 KA Kortsch I: KR 1772/73.
664 WEINGARTNER, Kunstdenkmäler (wie Anm. 32), S. 837.
665 KOFLER, Cortsch (wie Anm. 108), pag. 13 f.
666 Abschrift der Urkunde bei KOFLER, Spital (wie Anm. 308), pag. 153–156; GAMPER (wie Anm. 254), S. 49.

der Kirche St. Johann gelegenes Stück Feld, das sie den Kortschern zur Herstellung eines provisorischen Friedhofes übergab, jedoch vorbehaltlich pfarrherrlicher Rechte.[667] Nach einer neuerlichen schweren Pestwelle in den Jahren 1635/36 beantragte die Gemeinde Kortsch eine Erweiterung ihres Friedhofes, weil er in der bestehenden Form zu klein sei.[668] 1637 erteilte der Bischof von Chur die entsprechende Genehmigung; die Kosten bestritt jetzt die Gemeinde Kortsch allein.[669]

Vermutlich schon bei der Anlage des Friedhofes hatten die Kortscher zum Schutz der Kirche vor Vermurungen eine Totengruft erbaut. Um 1690 befand sich diese in sehr schlechtem Zustand, war teilweise eingefallen. Gegen den Willen des größeren Teils der Gemeinde, die die hohen Kosten scheute, trieb der damals amtierende Benefiziat Kaspar Tröger den Bau einer neuen voran.[670] Obwohl einzelne Personen, wie z.B. Dominikus Wachter, der zu diesem Zweck 21 fl zur Verfügung stellte[671], ihre Mitarbeit bekundeten, gedieh der Bau nicht weit, denn 1705 kam anläßlich einer bischöflichen Visitation das Projekt eines Neubaus in kleineren Dimensionen und an einer bequemeren Stelle am Friedhof zur Sprache.[672] Um diesen handelte es sich wohl bei der zu 1767 erwähnten Totengruft bei der Johanneskirche, in der sich ein Tragaltar befand.[673]

Aus dem 16. Jahrhundert stammt ein Renaissance-Bildstock auf dem Sparkassenplatz von Schlanders[674] und ein ebensolcher in Kortsch am Weg nach Allitz. Letzterer stellt in einer Rundbogennische auf verdicktem Aufsatz und unter einem Pyramidendach[675] die Dreifaltigkeit dar.[676]

Im churischen Visitationsbericht von 1595 heißt es, zur Kirche von Kortsch gehörten drei weitere Kirchen, in denen an Sonn- und Feiertagen teilweise auch Gottesdienste gefeiert würden.[677] Bei diesen handelte es sich um St. Lorenz, St. Ägidius und St. Georg.[678]

St. Lorenz, gelegen beim Meierhof in Kortsch, wurde 1302 erstmalig erwähnt, ist aber – wofür auch das Patrozinium spricht – wesentlich älter. Seit einer 1987 durchgeführten Notgrabung ist die Existenz eines karolingischen Sakralbaus bekannt.[679] Im 15. Jahrhundert erfolgten größere Eingriffe im Schiff (flächendeckender Wandputz) und im Altarraum (Abbruch des bestehenden Altars und Einbau eines neuen). Ende des 16. Jahrhunderts wurden ein Putzgratgewölbe eingezogen und zwei gotische Fenster an der Südmauer des Schiffes ausgebrochen, das romanische Portal erhielt einen gotischen Spitzbogen, und der Wandputz des Schiffes wurde erneuert.[680] Nach Laut des bischöflichen Visitationsberichtes von 1638 handelte es sich um eine kleine Kirche, in der sich ein geschnitzter, schlecht vergoldeter Altar befand. Hinsichtlich der Kirchengeräte und Paramente ergaben sich ähnlich gravierende Beanstandungen wie über die allgemeine Verwahrlosung des Gotteshauses, die an dessen mangelhafter Reinlichkeit zum Ausdruck kam.[681] In den folgenden Jahrzehnten schweigen die Quellen über diese Kirche völlig; erst 1705 war von einer Reparatur und Erweiterung die Rede. Hierbei handelte es sich um die Errichtung eines Türmchens auf dem Westgiebel; außerdem wurde die Kirche getüncht.[682]

In idyllischer Lage auf einem Felsenabsatz ob Kortsch liegt die Kirche St. Ägidius, die ursprünglich dem hl. Vigilius geweiht war. Im Zuge einer 1985–87 vorgenommenen Restaurierung kam im Kircheninneren im ersten Feld der Südwand unter späteren Malschichten eine kniende Stifterfigur und eine unter einer Rundbogenarkade stehende Königsgestalt in Freskotechnik zum Vorschein, die dem letzten Viertel des 13. Jahrhunderts zuzu-

---

667 KOFLER, Spital (wie Anm. 308), pag. 70.
668 Abschrift der Urkunde bei KOFLER, Spital (wie Anm. 308), pag. 144 f.
669 KOFLER, Cortsch (wie Anm. 108), pag. 71.
670 KA Kortsch XII – 38 ddo. 1690 ca.
671 1693 März 3; KOFLER, Cortsch (wie Anm. 108), pag. 68.
672 BAC, VP 1705, pag. 181.
673 BAC, VP 1767, pag. 83.
674 EGG, Kunst im Vinschgau (wie Anm. 37), S. 101.
675 WEINGARTNER, Josef: Tiroler Bildstöcke (= Österreichische Volkskultur. Forschungen zur Volkskunde Bd. 4). Wien 1948, S. 91.
676 EGG, Kunst im Vinschgau (wie Anm. 37), S. 101.
677 BAC, VP 1595, pag. 202.
678 ATZ/SCHATZ (wie Anm. 5), S. 72.
679 WEINGARTNER, Kunstdenkmäler (wie Anm. 32), S. 837. Vgl. oben S. 95.
680 Vgl. den Beitrag von Hans NOTHDURFTER im vorliegenden Band, S. 84 f.
681 BAC, VP 1638 Oktober 9, pag. 43.
682 BAC, VP 1705, pag. 181; zu den konkreten Maßnahmen Hans NOTHDURFTER im vorliegenden Band, S. 85.

ordnen ist. Eine gekrönte stehende Figur unter einem Dreipaßbogen dürfte um 1300 entstanden sein.[683] An der Außenseite wurde nach der Abnahme eines Christophorusfreskos aus dem frühen 16. Jahrhundert an der Südfassade eine ebensolche Darstellung aus der Zeit um 1330[684] entdeckt. Im Inneren der Kirche brachten die Arbeiten außerdem eine gotische Freskoschicht im ersten Feld der Südwand zu Tage, darstellend das Martyrium des heiligen Sebastian, gerahmt von elegantem Fischblasenmaßwerk. Schon Weingartner nahm ein ursprünglich romanisches Langhaus mit Malereien der ersten Hälfte des 14. und des 15. Jahrhunderts an der Außenwand an. Zu Beginn des 16. Jahrhunderts – damals wurde hier und nicht in St. Johann die wöchentlich dem Schlanderser Pfarrer obliegende Messe gelesen[685] – erhielt die Kirche einen Flügelaltar aus der Werkstatt des 1506 in Lana im Umkreis Hans Schnatterpecks (dieser selbst hielt sich 1509 in Schlanders auf[686]) arbeitenden Bildschnitzers Bernhard Härpfer und des Malers Thomas Sumer[687], der später nach St. Johann transferiert werden sollte. Dieser Zeit gehört auch das einem bescheideneren Maler zugeschriebene[688] Wandbild mit dem Sebastiansmartyrium an. Um 1600 wurde der Bau um einen neuen Chor erweitert und im Inneren mit reichen Dekorationsmalereien (Blätter, Blüten, Früchte) am Gewölbe ausgestattet, die an die Ausmalungen der Spitalkirche in Latsch und in der Pfarrkirche von Morter erinnern; weitere Darstellungen aus dieser Zeit, zu deren genauerer Bestimmung die Aufdeckung des Stiftungsdatums 1596 beiträgt, sind eine Verkündigung an der Westwand und eine Schöpfungsgeschichte mit Stifterfiguren und Wappen im zweiten Wandfeld der Südwand und eine Kreuzabnahme.[689] 1691 wurde die Kirche neu eingedeckt.[690]

Der churische Visitationsbericht von 1767 enthält über St. Ägidius keine weitere Notiz, als daß sich darin ein konsekrierter Altar befände.[691] 1788 berichtete das Kreisamt Bozen dem Gubernium für Tirol und Vorarlberg, daß hier keine Messen gestiftet seien, ein Grund mehr, der verständlich macht, daß dieses in Umsetzung der kirchenpolitischen Maßnahmen des josefinischen Staates am 7. Jänner 1786 dem Kreisamt Bozen die Sperrung von St. Ägidius verordnet hatte. Noch im selben Jahr konnte das Inventar an die Landesstelle in Innsbruck geschickt werden. Am 9. September 1788 wurde die Kirche auf 33 fl geschätzt. Um diesen Ausrufpreis erwarb sie bei einer am 3. Dezember 1789 erfolgten Versteigerung der Kortscher Wirt Franz Telser. Im Frühjar 1790 bat die Obrigkeit von Schlanders im Namen der Gemeinde Kortsch das Kreisamt um Wiedereröffnung. Dieses unterstützte das Gesuch beim Gubernium, das sich seinerseits mit dem Bischof von Chur beriet und am 7. Juli 1790 eine Antwort erhielt, die den Wünschen der Bevölkerung Rechnung trug: Kortsch sei ein beträchtliches Dorf mit 64 Familien und 729 Seelen; auch die obrigkeitliche Angabe, daß die Benefizialkirche der Wassergefahr ausgesetzt sei, treffe zu, während St. Ägidius an einem sicheren Platz stehe; im Notfall könne die Kirche auch vergrößert werden: Daher sei es nur billig, diese Kirche der Gemeinde als Aushilfskirche zu überlassen. So erteilte das Gubernium am 19. August 1790 seine Bewilligung.[692]

Etwa 100 Meter über St. Ägidius erhebt sich die heute nur mehr in Ruinen erhaltene Kapelle St. Georg. Ihre Entstehung versucht zunächst eine Sage zu begründen: Eine Pferdepest habe die Menschen dazu veranlaßt, einen Bau zu errichten, zu dem das dazu erforderliche Material auf dem Rücken getragen werden mußte, ohne es zu führen oder zu säumen. Die schwer zugängliche Stelle sei gewählt worden, um das Werk in den Augen des Heiligen noch teurer zu machen. Auf seine Fürsprache hin sei die Epidemie dann auch bald erloschen.[693]

683 KOFLER-ENGL, Waltraud: Frühgotische Wandmalerei in Tirol. Stilgeschichtliche Untersuchung zur »Linearität« in der Wandmalerei von 1260–1360. Bozen/Innsbruck 1995, S. 23.
684 KOFLER-ENGL (wie Anm. 683), S. 73, 135, 203.
685 KUSTATSCHER, Göflan (wie Anm. 66), Nr. 27.
686 EGG, Gotik (wie Anm. 482), S. 290.
687 EGG, Gotik (wie Anm. 482), S. 296 f. (mit Abbildung); EGG, Kunst im Vinschgau (wie Anm. 37), S. 71.
688 EGG, Kunst im Vinschgau (wie Anm. 37), S. 83.
689 WEINGARTNER, Kunstdenkmäler (wie Anm. 32), S. 836–838; EGG, Kunst im Vinschgau (wie Anm. 37), S. 106; Denkmalpflege in Südtirol 1985, hg. vom Landesdenkmalamt Bozen. Bozen 1986, S. 169; 1987/88, S. 223.
690 KA Kortsch IV: Beleg zur KR ddo. 1691 Mai 26.

691 BAC, VP 1767, pag. 83.
692 HINTERLECHNER (wie Anm. 550), S. 295 f..
693 OBERRAUCH, Luis: Die Altsiedlung »Valmuz« am Zwißbichl am Kortscher Sonnenberg, in: Der Schlern 37

In Wirklichkeit waren die Stifter Adelige, die diese Kapelle auch als Grablege konzipiert hatten. Eine erst in den achtziger Jahren entdeckte darin befindliche Gruft für die Stifter und eine Reliquiendeponie sind Anlaß, als Zeit der Entstehung eines ersten, noch vor der heutigen Kirche errichteten Sakralbaus die erste Hälfte des 7. Jahrhunderts anzunehmen.[694] Im 10./11. Jahrhundert dürfte eine Apsis errichtet worden sein; weitere Baumaßnahmen fallen in die erste Hälfte des 12. Jahrhunderts, besonders aber in die Zeit nach dem Übergang an Marienberg (1376). An der Triumphbogenwand und an der Nordwand des Schiffes haben sich Reste gotischer Malereien aus der Zeit um 1400 erhalten.[695] 1756 befand sich die Kirche in schlechtem Stand, die Paramente waren ruinös, der Altar krumm und ohne Antependium: Würden nicht umgehend Maßnahmen ergriffen, drohe dem Altar ein Meßverbot.[696] Die damals von bischöflicher Seite geforderten Maßnahmen wurden in Gestalt der Anschaffung eines Tragaltars umgesetzt, der sich 1767 neben dem schadhaften alten in der Kirche befand. Damals war auch der Oberboden schadhaft, doch beiden Mißständen wurde nunmehr Abhilfe geschaffen.[697]

Im Zuge der josefinischen Kirchenpolitik wurde St. Georg gesperrt. Am 24. August 1786 übermittelte das Kreisamt Bozen dem Gubernium ein von der Schlanderser Obrigkeit verfaßtes Inventar. Am 9. September 1789 erfolgte eine neuerliche, bessere Inventarisierung, wobei der Wert auf 5 fl geschätzt wurde. Zu diesem Ausrufspreis erwarb bei einer am 3. Dezember 1789 stattfindenden Versteigerung Franz Frischmann die Kirche.[698]

Von der Kapelle Mariä Heimsuchung in der Burg Schlandersberg, die aufgrund baugeschichtlicher Überlegungen vermutlich in den Beginn des 14. Jahrhunderts zurückreicht, liegt eine erste Notiz aus dem Jahr 1472 vor, als Bischof Ortlieb von Chur dem Ritter Anton von Schlandersberg und seiner Familie die Bewilligung erteilte, in dieser Kapelle den Sonntagsgottesdienst zu hören.[699] Zum Jahr 1767 wird sie in einem bischöflichen Visitationsbericht genannt, und zwar mit dem Hinweis, daß sich in ihr ein konsekrierter Altar zu Ehren Mariä Heimsuchung befinde.[700]

Dieselbe Quelle nennt in der Reihe der Schlanderser Sakralbauten auch eine dem heiligen Thomas geweihte Kapelle im Haus des Barons von Reding mit einem Tragaltar.[701] Hierbei handelt es sich um die Kapelle des Ansitzes Freienturm, des heutigen Rathauses, der um 1720/30 seine heutige Gestalt bekommen hatte. Der Altar ist ein Werk der ersten Hälfte des 18. Jahrhunderts.[702]

2.2 Das Kirchenvermögen

Wie bei allen Seelsorgskirchen bestanden auch bei der Pfarrkirche von Schlanders neben dem für den Unterhalt der Geistlichkeit dienenden Vermögen eigene Mittel für die Bestreitung der gottesdienstlichen Funktionen im engsten Sinn, die sogenannte Kirchenfabrik.[703] Das 1776 anläßlich einer Ordensvisitation ausgesprochene Urteil, diese wären gering[704], wird durch die Analyse der vorhandenen Aufzeichnungen bestätigt.

Nach Ausweis zweier Urbare aus dem 16. Jahrhundert konzentrierte sich der Besitz auf Schlanders und seine nähere Umgebung. Die geringe topographische Streuung hatte eine erhöhte Krisenanfälligkeit zur Folge, z.B. wenn der Pfarrkirche zinspflichtige Stellen übermurt wurden; 1405 traf die Gemeinde für einen solchen Fall vorbeugende Maßnahmen.[705] Die Genese des Urbars der Pfarrkirche läßt sich nicht mehr rekonstruieren; erwähnt sei nur ein Kaufvertrag vom 1. Oktober 1596, durch den Kaiser Rudolf II. zugunsten der Pfarrkirche um 28 fl Zinse aus den Gefällen der Herrschaft Schlanders erwarb.[706] Urkunden, in de-

---

(1963), S. 391–394; HINTERLECHNER (wie Anm. 550), S. 298.
694 Vgl. oben S. 96.
695 WEINGARTNER, Kunstdenkmäler (wie Anm. 32), S. 839; vgl. den Beitrag von Hans NOTHDURFTER im vorliegenden Band, S. 88.
696 BAC, Bischöfliche Resolution ddo. 1756 Oktober 4.
697 BAC, VP 1767, pag. 91, 216.
698 HINTERLECHNER (wie Anm. 550), S. 297 f.
699 ATZ/SCHATZ (wie Anm. 5), S. 65.
700 BAC, VP 1767, pag. 84.
701 BAC, VP 1767, pag. 84.
702 WEINGARTNER, Kunstdenkmäler (wie Anm. 32), S. 820–822.
703 Vgl. oben S. 107.
704 DOZA, Et 157/3: *Status praesens* der Kommende Schlanders 1776.
705 ARCHIV-BERICHTE (wie Anm. 135), Nr. 343.
706 PfA Schlanders 2/1 ddo. 1596 Oktober 1.

nen von Neuerwerbungen oder Vergabungen der Liegenschaften die Rede ist, sind nur zufällig erhalten; ein abgerundetes Bild läßt sich daraus nicht gewinnen.[707]

Als sicher zeichnet sich aus dem Vergleich der genannten Urbare mit den seit 1667 vorliegenden Rechnungen ein nachhaltiger, mit einer gewissen Umstrukturierung verbundener Besitzzuwachs im Laufe des 17. Jahrhunderts ab; bei Geld- und Getreidezinsen hielt dieser bis ins 18. Jahrhundert an: Im letztgenannten Zeitraum ist eine annähernde Verdoppelung feststellbar, während bei Wein, Käse und Schmalz gewisse, doch im Verhältnis geringfügige Rückgänge zu verzeichnen sind.[708]

Außer aus dem Urbarbesitz und den damit verbundenen Auf- und Abzugsgebühren bezog die Kirche ihre Einnahmen vor allem aus Stiftungen und Legaten, aus der Verpachtung der Kirchenstühle, aus den Opfergaben der Gläubigen und aus der Vergabe von Kapital als zinsträchtiges Darlehen an kreditbedürftige Personen. Die beiden letzteren Posten seien wegen ihres hohen Aussagewertes für Fragen der Frömmigkeitsgeschichte bzw. der sozialen Bedeutung kirchlicher Einrichtungen näher beleuchtet.

Die Opfergaben bewegten sich bis um 1790 mit einem Schnitt von 26 fl pro Jahr in etwa auf der Ebene, die sie schon 1685 erreicht hatten (24 fl).[709] Im letzten Jahrzehnt des 18. und in den ersten Jahren des 19. Jahrhunderts ist ein sprunghafter Anstieg auf 62 fl feststellbar, der wohl als Reaktion auf die Aufhebung der Bruderschaften in josefinischer Zeit zu verstehen ist, während sich ihre Höhe seit 1806 mit 25 fl wieder beim früher üblichen Mittel einpendelte.

Die Kapitalvergabungen gegen Zins gewannen seit dem Ende des 17. Jahrhunderts als Wirtschaftsfaktor zunehmend an Bedeutung. 1685 wurde aus einem Kapital von 8118 fl ein Ertrag von 406 fl erwirtschaftet.[710] Zwischen 1772 und 1797 wurden im Jahresschnitt an 70–80 Empfänger Darlehen in einer Gesamthöhe von 11986 fl vergeben, die 463 fl einbrachten, von 1798 bis 1809 konnte mit insgesamt 23022 fl ein durchschnittlicher Jahresertrag von 959 fl erwirtschaftet werden.

Die Vergabe von Krediten an Personen mit Liquiditätsproblemen setzte in einer Phase ein, in der sich die Pfarrkirche von Schlanders in einer prekären ökonomischen Lage befand, die auch an diversen Mißständen im administrativen Bereich zum Ausdruck kam. 1655 war die Situation so verfahren, daß sich die Regierung in Innsbruck veranlaßt sah, in der Person des Sigmund Hendl einen mit erhöhten Vollmachten ausgestatteten Kommissär einzusetzen, der die Schlanderser Kirchenfabrik insbesondere durch rigorose Zinseintreibung sanieren sollte.[711] Hendl ging mit großer Akribie ans Werk und überführte binnen kurzem mehrere Parteien, denen er ihre Schuldposten eindeutig nachzuweisen vermochte.[712] Viele werden sich freilich in begründeten Schwierigkeiten befunden haben, wovon etwa der Fall des Thomas Mayr, Inha-

---

[707] PfA Schlanders, Urk. 5 (ARCHIV-BERICHTE [wie Anm. 135], Nr. 323) ddo. 1357 Juni 4; Urk. 7 (ARCHIV-BERICHTE, Nr. 325) ddo. 1360 November 21; Urk. 8 (ARCHIV-BERICHTE, Nr. 326) ddo. 1362 Jänner 9; Urk. 9 (ARCHIV-BERICHTE, Nr. 327) ddo. 1368 Februar 27; Urk. 11 (ARCHIV-BERICHTE, Nr. 329) ddo. 1422 Juli 15; Urk. 12 (ARCHIV-BERICHTE, Nr. 330) ddo. 1422 August 25; Urk. 21 ddo. 1455 Juni 23; Urk. 23 ddo. 1474 Dezember 4; Urk. 38 ddo. 1535 Dezember 7; Urk. 40 ddo. 1590 April 17; Akten 2/1, Nr. 22 ddo. 1596 Oktober 1; 2/1, Nr. 39 ddo. 1600.

[708] Urbar 1528. Geldzins: 8 fl 40 kr, Getreidezins: 1 Mutt Weizen, 4 Star Roggen, 23 Mutt Roggen, 10 Mutt Gerste, 4 Schott Käse, alles Glurnser Maß, 4 Hühner, Schmalzzins: 44 Mark, 1 Schott 18 Mark. Wachszins: 6 Pfund Wachs. Weinzins: 52 Pazeiden. Käsezins: 23 Schott (PfA Schlanders 5/1); Urbar 1576 und Übersicht 1595: Getreidezins: 83,5 Star, Geldzins: 14 fl 38 kr, Schmalzzins: 32 Mark, Käse-, Wachs- und Hühnerzinse: 4 Schott, 2 Pfund, Weinzins: 3 Yhren 5 Pazeiden (SLA, GA Schlanders, Urk. 34; BAC, VP 1595, pag. 203). Übersicht 1685: Geldzins 17 fl 26 kr, Getreidezins: 140 Star, Weinzins: 5 Yhren 2 Pazeiden, Käsezins: 14 Schott, Wachszins: 2 Pfund, Schmalzzins: 24 Mark, Hühner 4 (DOZA, Et 7/1, fol. 65v–67v). Aus den zwischen 1667 und 1809 vorliegenden KR ergibt sich in etwa folgendes Urbareinkommen: Geldzins: 17–40 fl, Getreidezins: 126–175 Star, Weinzins: 4–5 Yhren, Käsezins: 14–16 Schott, Wachszins: 2–3 Pfund, Schmalzzins: 24 Mark, weiters 4 Hühner; SpA IV, Nr. 11 (KR 1667), PfA Schlanders 5/3 (KR 1772/73), BAC, VP 1779, pag. 15–17 (Einkommensübersicht 1779), PfA Schlanders 5/4 (KR 1780/81), 5/5 (KR 1782/83), 5/6 (KR 1786/87), 5/7 (KR 1788/89), 5/8 (KR 1790/91), 5/9 (KR 1794/95), SpA IV, Nr. 22 (KR 1796/97), PfA Schlanders 5/10 (KR 1798/99), 5/11 (KR 1800/01), 5/12 (KR 1802/03), 5/13 (KR 1804/05), 5/14 (KR 1806), 5/15 (KR 1807), 5/16 (KR 1808/09).

[709] DOZA, Et 32/3: Anzeigung des zeitlichen Vermögens und Einkommens der Kirchen und des Spitals in der Pfarre Schlanders 1685 Mai 2.

[710] DOZA, Et 32/3: Anzeigung des zeitlichen Vermögens und Einkommens der Kirchen und des Spitals in der Pfarre Schlanders 1685 Mai 2.

[711] SpA IV, Nr. 9 ddo. 1655 Jänner 16.

[712] SpA IV, Nr. 10 ddo. 1655 Februar 18.

bers des Melanzhofes am Nördersberg, Zeugnis gibt, der noch 1678 die Innsbrucker Kammer ersuchte, bei den lokalen Behörden für ihn einzutreten, auf daß ihm ein Zinsnachlaß gewährt werde, weil er an seinem Hof wegen Mißwuchses großen Schaden erlitten habe, was 1672 und 1676 übrigens auch von der Obrigkeit bestätigt worden sei.[713]

Aus dem ersten Viertel des 18. Jahrhunderts sind mehrere Beispiele für die Bereinigung vermögensrechtlicher Angelegenheiten zwischen der Pfarrkirchenverwaltung und ihren Hintersassen und sonstigen Schuldnern sowie mit Stiftern überliefert.[714] Dennoch fanden bischöfliche Visitatoren, die Kirche von Schlanders 1748 in schweren wirtschaftlichen Engpässen, weil sie sich in den Jahren zuvor durch bauliche Maßnahmen übernommen hatte. Zum Zweck der allmählichen Schaffung eines kleinen Reservefonds dachte man sich, nunmehr von höchster Stelle moniert, Maßnahmen aus, die tief in die seelsorgliche Praxis einschnitten: So wurde es *für billig befunden*, daß für das Läuten der großen Glocke bei Begräbnissen 30 kr zu bezahlen seien; für die Beleuchtung bei Gottesdiensten sollte ein Beitrag *nach Proportion des Standes* geleistet werden; und das Wetterläuten wollte man künftig nicht aus Kirchenmitteln bestreiten, sondern es der Gemeinde und jenen überlassen, *die es weiter angeht*.[715]

In weitere schwerwiegende finanzielle Engpässe führte der Neubau der Pfarrkirche in den sechziger Jahren. 1763 mußte sogar das Kapital der Kirche angegriffen werden. 1767 war deren Verwaltung völlig zahlungsunfähig: Zur Entrichtung eines ihr obliegenden Beitrages von rund 47 fl war sie auf die Mildtätigkeit des Heiliggeistspitals angewiesen.[716] Im selben Jahr wurde selbst ein Teil des gestifteten Almosens zur Bestreitung dringender Bauausgaben zweckentfremdet.[717] 1769 beantragte der Pfarrverwalter eine Unterstützung durch die Sebastiansbruderschaft.[718] 1779 stellte eine bischöfliche Visitationskommission erhebliche Vermögensverluste fest, die die Pfarrkirche *in Rückgang und Verfall* brächten.[719]

Ende des 18. Jahrhunderts setzte ein wirtschaftlicher Aufschwung ein, der im folgenden vor allem auf dem Weg des Vergleiches mit der relativen Entwicklung der Nebenkirchen aufgezeigt werden soll.

Anders als in der Deutschordenspfarre Sarnthein, wo aus dem Vermögen der Pfarrkirche auch die Filialkirchen erhalten wurden, besaßen diese in Schlanders eigene Vermögensmassen. Da die Überlieferungslage sehr gut, teilweise sogar ungleich besser ist als für die Pfarre selbst, sei im folgenden das Einkommen der Kirchen von Göflan, Kortsch und Vezzan im Detail untersucht und mit dem der Mutterpfarre verglichen.

Die Kirchen St. Martin und St. Walburg in Göflan wurden in administrativen Belangen als Einheit betrachtet. Diese wird urkundlich erstmals anläßlich einer Ablaßverleihung am 27. Dezember 1389 greifbar, als beide Gotteshäuser als gemeinsamer Destinatär der darüber ausgestellten Urkunde aufscheinen.[720] Die institutionelle Vereinigung beider Kirchen läßt sich auch durch neuzeitliche Quellen vielfach belegen.

Die frühesten Nachrichten über die Urbareinkünfte der Göflaner Filiale bietet eine Serie von zwölf nach einheitlichem Kriterium angelegten Kirchenrechnungen, die sich in homogener Streuung über die Jahre 1426 bis 1466 verteilen; eine weitere Serie von 16 Kirchenrechnungen liegt aus den Jahren 1614 bis 1795 vor. Das älteste Urbar ist vom Ende des 15. Jahrhunderts erhalten, weitere folgten im 16. Jahrhundert sowie in den Jahren 1609, 1650 und 1760[721]; diesen zufolge wurden die Zinse ausnahmslos aus Hofstellen in der Umgebung von Schlanders (Göflan, Kortsch, Goldrain) bezogen.

Die Zinse rührten zum größeren Teil von Stiftungen her, die zumal im 14. Jahrhundert eifrig er-

---

713 MUTSCHLECHNER, Georg: Vom Melanzhof am Nördersberg, in: Der Schlern 63 (1989), S. 103.
714 SpA III/1.8, Nr. 43 ddo. 1717 August 18; KA Kortsch XVI (Fasz. VIII a aus dem GA), Nr. 8 DD ddo. 1712 Februar 16; SpA III/1.9, Nr. 5 ddo. 1714 Juli 19; SpA III/1.9, Nr. 6 ddo. 1714 Juli 8.
715 KA Göflan, Visitationsextrakt 1748.
716 SpA III/1.3, Heft 14/23 ddo. 1767 April.
717 BAC, VP 1767, pag. 217 f.
718 WOERZ, Johann Georg: Materialien-Sammlung, 2. Theil: Extractus protocolli von Herrn Baron Voglmayrischer Kreis Visitation 1769 (TLMF, FB 2740), pag. 505.
719 BAC, VP 1779, pag. 13.
720 KUSTATSCHER, Göflan (wie Anm. 66), Nr. 11.
721 Alle genannten Quellen im KA Göflan: KR 1426, 1433, 1434, 1436, 1439, 1440, 1442, 1445, 1448, 1456, 1457, 1466, Urbar 15. Jahrhundert, Urbar 16. Jahrhundert, Urbar 1609, KR 1614/15, Urbar 1650, KR, 1688/89, 1702/03, 1706/07, 1709/10, 1714/15, 1726/28, 1750/51, 1756/57, 1758/59, Urbar 1760, KR 1760/61, 1764/65,

richtet wurden; später ließ die Stiftungsintensität allmählich nach.[722] Etwas geringere Bedeutung hatte unter den Formen des Besitzerwerbs der Kauf; auffällig ist allerdings, daß er in der Neuzeit gegenüber den Stiftungen an relativer Bedeutung gewann.[723] Ganz selten kamen Tauschgeschäfte vor.[724] Die Bearbeitung der Güter erfolgte in der üblichen Form der Vergabe zu Baurecht.[725] Im Fall von Streitigkeiten über Liegenschaften und Gülten wurden gerichtliche Kundschaften aufgenommen und Verträge geschlossen.[726] Eine besonders akribische Praxis der Verwaltung spiegelt sich in einer 1606 vorgenommenen Untersuchung des Göflaner Kirchpropstes über einzelne Rechtstitel der Martinskirche.[727]

Beim Urbar von 1650 handelt es sich um ein sogenanntes Stockurbar, also eine besonders gründliche und nach Rechtstiteln differenzierte Neuaufnahme sämtlicher Bezugsrechte, die sich auch in einer prächtigen äußeren Form niederschlug. Anlaß zu seiner Erstellung war, so wird im Vorspann begründet, die Beobachtung, daß sich gegenüber der Rechnung von 1624 erhebliche Abweichungen gezeigt hätten. Auch diverse kriegerische Ereignisse und die Pestwelle der Jahre 1635/36 wurden als Ursachen für erhebliche Veränderungen der wirtschaftlichen Lage der Zinsleute angeführt.

Die Auflistung der Zinse erfolgte jetzt in den getrennten Rubriken: *Grund- und Herrenzins*, *Ewiger Zins (= geschaffener Zins)* und *Kirchenkühe*.[728] An diese Gliederung hielten sich auch das letzte aus Göflan erhaltene Urbar aus den Jahren 1760/61 sowie sämtliche Kirchenrechnungen des 17. und 18. Jahrhunderts.

Aus dem Vergleich all der genannten Quellen ergibt sich ein Bild[729], das P. Ephraem Koflers Urteil, daß die Einkünfte schon in älterer Zeit beträchtlich gewesen seien, bestätigt.[730] Hinsichtlich der Genese und eines geringfügigen allmählichen Strukturwandels wiederholt sich in mehreren Details das auch in der Pfarre festgestellte Grundmuster: Besitz- und Einkommensaufstockung im 16./17. Jahrhundert, erkennbar vor allem bei Geld- und Getreidezinsen, und leichter Rückgang bei Käsezinsen. Keinen Rückgang erfuhren in Göflan die Wein und Schmalzzinse; letztere wurden in großer Zahl unter dem Rechtstitel bzw. in der Maßeinheit der sogenannten Kirchenkühe geleistet.

Außer aus dem Urbar bezog die Martinskirche Einnahmen aus einem Haus und aus insgesamt 14 Äckern und Wiesen in Göflan und Kortsch. Diese Bezüge wurden jedoch nicht quantifiziert, weil die Liegenschaften dem Mesner (und seit 1764 dem Kaplan) als Wohnung bzw. zur Nutzung zur Verfügung standen, wie sich seit dem 16. Jahrhundert belegen läßt.[731]

1768/69, 1770/71, 1788/89, 1794/95. Im PfA Schlanders die KR 1805–1810 (Fasz. 8/17, 8/18).

722 KUSTATSCHER, Göflan (wie Anm. 66), Nrr. 7, 22, 25, 31, 40; KOFLER, Göflan (wie Anm. 76), S. 45; ein Archivinventar des 17. Jh. im KA Göflan verzeichnet Stiftungen von 1300, 1445 Oktober 8, 1383, 1392, 1412, 1441. Aus einem Stockurbar zu St. Martin und St. Walburg 1650 Mai 3–7 gehen Stiftungen von 1507 April 7, 1518 Mai 4 und von 1633 Februar 8 hervor. Die Geschichte der Kuratie Göflan, pag. 179, nennt eine Stiftung von 1365 (KA Göflan); KA Göflan, Akt ddo. 1620 April 16.

723 KUSTATSCHER, Göflan (wie Anm. 66), Nrr. 9, 16, 18, 26, 29, 30, 32; SLA, GA Göflan, Urk. 5 ddo. 1365 Mai 4 = ARCHIV-BERICHTE (wie Anm. 135), Nr. 251; KOFLER, Göflan (wie Anm. 76), S. 26; Käufe ddo. 1506 März 9, 1507 April 9 und 1530 Februar 3 sind in einem Archivinventar des 17. Jh. im KA Göflan verzeichnet; PfA Schlanders, Urk. 34 ddo. 1507 April 6.

724 KUSTATSCHER, Göflan (wie Anm. 66), Nr. 17.

725 SLA, GA Göflan, Urk. 4 ddo. 1383 Jänner 25; ARCHIV-BERICHTE (wie Anm. 135), 253; KUSTATSCHER, Göflan (wie Anm. 66), Nrr. 12, 14, 24, 28, 35, 36; Revers von 1547 (verz. in Archivinventar des 17. Jh. im KA Göflan).

726 Kundschaftsbeschluß ddo. 1424 August 24 (KOFLER, Göflan [wie Anm. 76], S. 31); Vertrag ddo. 1592 Juli 17 (verz. im Archivinventar des 17. Jh. im KA Göflan); KUSTATSCHER, Göflan (wie Anm. 66), Nrr. 39, 41.

727 KUSTATSCHER, Göflan (wie Anm. 66), Nr. 38.

728 KA Göflan, Stockurbar St. Martin und St. Walburg 1650 Mai 3–7.

729 KR 1426–1466 und Urbar des 15. Jahrhunderts: Geldzins: ca. 2 fl, Getreidezins: 60–70 Star, Käsezins: 14–15 Schott, Wachszins: 3 Pfund, Weinzins: 1–2 Yhren, rund 50 Kühe, seit 1448 zusätzlich ca. 24 Mark Schmalz. – In den KR von 1426, 1448 und 1456 wurden außerdem 38–40 Schafe und 2 Ziegen als Einnahmeposten verzeichnet. Außerdem empfing die Kirchenverwaltung in diesen Jahren und 1466 zusätzliche Roggenlieferungen in Höhe von 8,5 Star zum Backen von Zelten, der als Almosen gereicht wurde, und 24 Mark Schmalz. – Urbare des 16. Jahrhunderts, von 1609, 1650 und 1760 sowie Rechnungen der Jahre 1614–1795: Geldzins: 4 fl 40 kr, Getreidezins: 87–93 Star, Käsezins: 11–12 Schott, Weihrauchzins: 1 Pfund, Weinzins: 2 Yhren, Schmalzzins: 93–118 Mark. Was die Geld- und Roggenzinse anbelangt, so fanden die hier mitgeteilten Werte auch in einem churischen Visitationsbericht von 1595 Bestätigung (BAC, VP 1595, pag. 203).

730 KOFLER, Göflan (wie Anm. 76), S. 16.

731 KA Göflan, Urbar 16. Jh. (Urk. 13), pag. 36–38; Stockurbar St. Martin und St. Walburg 1650 Mai 3–7; Urbar 1760/61; KR 1794/95; DOZA, Et 32/3: 1685 Mai 2. In der

Die Opfergaben wurden zum größten Teil in Geld entrichtet, bis zum Beginn des 18. Jahrhunderts jedoch teilweise auch in Naturalien wie Schmalz, Roggen, Kälbern, Eiern oder einer Gans. Am reichlichsten flossen diese Gaben zu Ostern und zu Martini. Naturgemäß weist dieser Einnahmeposten hinsichtlich seiner Höhe von Jahr zu Jahr erhebliche Schwankungen auf, die ungleich ausgeprägter waren als bei anderen Einkommensarten. Dennoch zeichnet sich als eindeutige Tendenz ab, daß die Bereitschaft der Menschen, Opfergaben zu spenden, im 17. Jahrhundert um vieles größer war als im darauffolgenden Säkulum. Das aus den Werten der Jahre 1615, 1685 und 1689 errechnete Mittel lag bei rund 42 fl pro Jahr, während es im ersten Viertel des 18. Jahrhunderts auf etwa 29 fl und von 1750 bis 1795 auf 20 fl sank.

Im 17. und 18. Jahrhundert stellten auch für die Martinskirche zu Darlehen vergebene Kapitalien einen wichtigen Einnahmeposten dar.[732] Der früheste Nachweis ist aus dem Urbar des Jahres 1609 zu erbringen, das sieben sogenannte Afterzinse verzeichnet, die jährlich 18 fl einbrachten. Nach Laut der Kirchenrechnung von 1614 hatte das Kapital eine Gesamthöhe von 344 fl, was jetzt aber einem Jahresertrag von nur mehr rund 14 fl entsprach. Bis zur Mitte des 18. Jahrhunderts, so zeigt die Serie der Kirchenrechnungen, ist ein sukzessives Ansteigen der Zahl der Posten von 13 im Jahr 1650 auf 45 im Jahr 1757 zu verzeichnen: An eine so große Anzahl von Personen waren Kapitalien im Gesamtwert von 1731–2186 fl vergeben, die jährlich Interessen von 57–105 fl abwarfen. Bis in die späten siebziger Jahre des 18. Jahrhunderts begann diese Einnahmequelle für die Kirchenverwaltung langsam an Bedeutung zu verlieren, seit den achtziger Jahren gingen die daraus fließenden Einnahmen rapide zurück: Während sie 1779 noch bei 80 fl gelegen hatten[733], betrugen sie 1795 gerade noch 56 fl. Die Ursache war nicht eine Senkung des Zinssatzes, der bei ca. 5 Prozent lag, sondern die Abnahme der Zahl der Kreditnehmer.

Aus Kortsch konnten fünf Kirchenrechnungen von 1766 bis 1805 ausgewertet werden[734], aus denen sich das Einkommen der Kirche St. Johann rekonstruieren läßt.[735] Es stammte zum größeren Teil aus dem Urbar und aus dem Kirchenkapital. Nach Ausweis der erhaltenen Urkunden erfuhr der Besitz – nach einzelnen Zuwendungen aus dem 14.–16. Jahrhundert[736] – besonders im 17. und 18. Jahrhundert durch Schenkungen, Legate und Stiftungen eine nachhaltige Aufstockung.[737]

Der aus den Liegenschaften dieser Kirche, nämlich einem Haus im Unterdorf mit dazugehörigen Äckern und Wiesen, sich ergebende Empfang wurde nicht verrechnet, weil diese dem Benefiziaten als Wohnung bzw. zur Nutzung dienten. In der Rechnung von 1802/03 sind außerordentliche

---

KR von 1788/89 findet sich eine genaue Beschreibung der einzelnen Objekte und die Angabe ihres Kapitalwertes: Haus mit Stadel und Stall (Kat. Nr. 86: 9 fl 12 kr), Obstanger (Kat. Nr. 87: 16/48), Obstanger (Kat. Nr. 88: 15/54), Krautgarten (Kat. Nr. 89: 3 fl), Acker (Kat. Nr. 90: 94/23), Acker (Kat. Nr. 91: 16/52), Acker (Kat. Nr. 92: 48/49), Acker (Kat. Nr. 93: 60/45), Acker (Kat. Nr. 94: 74/20), Wiese (Kat. Nr. 95: 55/18), Wiese (Kat. Nr. 96: 12/36), Wiese (Kat. Nr. 97: 16/30), Wiese (Kat. Nr. 98: 15/40), Wiese (Kat. Nr. 99: 15/12), Wiese (Kat. Nr. 100: 13/20). Gesamtwert: 440 fl 7 kr.

732 Im KA Göflan haben sich einige Schuldbriefe der Martinskirche erhalten: Urkk. ddo. 1623 Februar 27, 1629 März 30, 1629 März 30, 1682 Februar 12, 1695 Februar 6, 1699 Februar 15, 1700 Jänner 2, 1700 Jänner 27, 1700 Februar 4, 1702 Oktober 21, 1736 März 18, 1751 Februar 10, 1759 Jänner 14, 1771 Februar 4, 1802 Juli 2, 1804 November 2.

733 BAC, VP 1779, pag. 23: Ertrag geschätzt in Anlehnung an den für 1771 aus der KR bei annähernd gleich hohem Kapital hervorgehenden.

734 KA Kortsch, KR 1766/67, 1772/73, 1800/01, 1802/03, 1804/05. Die KR von 1806–1810 erwiesen sich als nicht auswertbar, da viele Posten nicht quantifiziert sind und keine Gesamtsummen enthalten sind. Ergänzende Quellen: BAC, VP 1595, pag. 203; DOZA, Et 7/1, fol. 70v–71r.

735 Geldzins: im 18. Jahrhundert rund 2 fl, im 19. Jahrhundert über 9 fl, Getreidezins: rund 34 bzw. 43 Star, Wachszins: 2 Pfund, Schmalzzins: 24 Mark, Käsezins: 4 Schott.

736 1361 August 7, 1418; STOLZ, Otto: Die Ausbreitung des Deutschtums in Südtirol im Lichte der Urkunden, Bd. 4: Die Ausbreitung des Deutschtums im Vintschgau und im Eisacktal und Pustertal. München/Berlin 1934, S. 91.

737 KA Kortsch, Urkk. ddo. 1565 Oktober 2; 1595 Februar 13; 1595 Juni 28; 1599 September 5; PfA Schlanders, Urk. 50 ddo. 1609 November 10; KA Kortsch, Urkk. ddo. 1615 August 31; 1616 Juni 29; Schenkung ddo. 1619 Oktober 14; KA Kortsch, Urk. ddo. 1676 Februar 28; Schenkungen ddo. 1692 November 10 und 1693 März 24; KA Kortsch, Urk. ddo. 1695 Juli 31; KA Kortsch V: Stiftbriefe ddo. 1727 Dezember 8; 1737 April 9; 1737 September 28; 1753 November 25; 1776 Mai 10; 1776 Mai 24; Stiftung ddo. 1797; KA Kortsch V: Stiftbriefe ddo. 1797 Juni 30; 1798 August 24; 1798 November 12; 1800 November 12; Legat ddo. 1802 Oktober 8 (KA Kortsch XVI: Fasz. VIII a aus dem GA, Nr. 10 f.); KA Kortsch V: Stiftbrief ddo. 1803 Jänner 25; KOFLER, Cortsch (wie Anm. 108), pag. 65–69.

Empfänge in Höhe von 702 fl verzeichnet, die von zwei Legaten herrührten. Die Einnahmen aus dem Opfer lagen im 18. Jahrhundert im Schnitt bei 5 fl, nach 1800 waren sie, eine ähnliche Entwicklung wie in der Pfarrkirche nehmend, auf rund 13 fl gestiegen. Das verliehene Kapital erreichte seit dem Ende des 17. Jahrhunderts mit über 1600 fl und einem Ertrag von über 80 fl annähernd dieselbe Höhe wie in Göflan; im 18. Jahrhundert ist eine Steigerung auf mehr als das Doppelte zu verzeichnen (rund 3700 fl[738] mit über 150 fl Ertrag), und nach 1800 gewann dieser Posten weiter an Bedeutung (Erträge von bis zu 200 fl).

Die Kirche St. Nikolaus zu Vezzan bezog nach Laut der Quellen des 17. und 18. Jahrhunderts[739] Geldzinse aus sieben bis acht Stellen in Vezzan, Morter und Sonnenberg, Getreidezinse aus drei bis fünf Stellen in Vezzan, Goldrain und Tiss, Weinzinse aus sieben Stellen, Käse- und Schmalzzinse aus je zwei Stellen und einen Wachszins aus dem Gerichtshaus zu Schlanders.[740] Wie bei den anderen Kirchen dürften auch hier bei der allmählichen Aufstockung des Besitzes Stiftungen von großer Wichtigkeit gewesen sein.[741] Auch in administrativen Belangen wiederholen sich die gewohnten Muster.[742]

Die in dieser Filiale gereichten Opfergaben waren im pfarrinternen Vergleich sehr spärlich: Im letzten Viertel des 17. und im ersten des 18. Jahrhunderts lagen sie im Schnitt bei knapp über 1 fl pro Jahr, um dann auf weniger als die Hälfte zurückzugehen. Seit den siebziger Jahren des 18. Jahrhunderts ist wieder eine leichte Steigerung zu verzeichnen.

Auch in Vezzan waren im 17. und 18. Jahrhundert zu Darlehen vergebene Kapitalien und Zinsen von sonstigen Ausständen eine wichtige Einnahmequelle, deren Bedeutung bis um 1770 stetig zunahm.[743] Der früheste Beleg ist dem Urbar von 1671/72 zu entnehmen: Damals waren fünf Posten im Gesamtwert von 297 fl vergeben, die 15 fl Interesse einbrachten. Zwei Jahre später erwirtschaftete die Kirchenverwaltung aus mittlerweile 13 Posten bereits mehr als das Doppelte, während sich 1685 bei weiter gestiegenem Kapital die Zinsen nicht nach Wunsch eintreiben ließen, so daß der Ertrag des Kapitals von 844 fl nur 21 fl ausmachte.[744] Ihren Höhepunkt erreichten die Zinseinnahmen in Vezzan 1749: Damals war Kapital in der Gesamthöhe von 2127 fl an 32 verschiedene Personen vergeben und brachte der Kirchenverwaltung ein Jahresergebnis von 105 fl. Im Schnitt der Jahre 1707 bis 1770 verteilten sich 1918 fl auf 26 Posten, die 92 fl abwarfen. Zwischen 1771 und 1803 erwirtschaftete die Kirche aus durchschnittlich 1957 fl nur mehr 82 fl.

Ein Vergleich der drei Filialkirchen hinsichtlich der eben dargelegten Einkommensbasis kann mit einiger Zuverlässigkeit nur für das 18. Jahrhundert vorgenommen werden. Demnach bezog Göflan die höchsten Einnahmen, gefolgt von Vezzan und Kortsch. Mißt man die Abgabenmengen an jenen, die der Pfarre zustanden, so ergibt sich für Göflan beim Geld rund ein Achtel, in Vezzan ein Fünftel, in Kortsch nur ein Sechzehntel. Beim Getreide kam Göflan auf gut die Hälfte der von der Pfarrkirche bezogenen Mengen, Kortsch auf ein knappes Viertel, Vezzan auf ein Siebtel bis ein Sechstel. Bei Käse- und Wachszinsen lag Göflan geringfügig über der Pfarre, während Vezzan und Kortsch nur auf etwa ein Viertel kamen. Beim Wein kam lagebedingt Vezzan der Pfarrkirche am nächsten, gefolgt von Göflan; in Kortsch wurde dieses Produkt

---

738 1748 betrug das Vermögen der Kirche Johann Baptist 2754 fl (BAC, VP 1748 September 19, pag. 193), 1779: 3705 fl (BAC, VP 1779, pag. 23 f.); BAC, VP 1595, pag. 203.

739 KA Vezzan, Urbar 1671/72; KR 1673/74; DOZA, Et 7/1, fol. 71v–72r; Et 32/3: Anzeigung des zeitlichen Vermögens und Einkommens der Kirchen und des Spitals in der Pfarre Schlanders 1685 Mai 2; KA Vezzan, KR 1707/08, 1709/10, 1721/22; Urbar 1723/25; KR 1725/26, 1735/36, 1737/38, 1739/40, 1741/42, 1745/46; Urbar 1749; KR 1749/52, Urbar 1755/56, KR 1763/64, 1765/66, 1767/68, 1769/70, 1771/72, 1777/78, 1781/82, 1785/86, 1787/90, 1793/94, 1801/02, 1803/04.

740 Übersicht von 1595: Geldzins 3 fl, Getreidezins: 20 Star. – 17. Jahrhundert: Geldzins: knapp 6 fl, Getreidezins 26–28 Star, Schmalzzins 34 Mark, Wachszins: 2 Pfund, Käsezins: 4 Schott, Wein: über 3 Yhren. – 18. Jahrhundert: Geldzins: knapp 7 fl, Getreidezins: 23–26 Star, Schmalzzins: 44 Mark, Wachszins: 2 Pfund, Käsezins: 4 Schott, Weinzins: 3 Yhren.

741 KA Vezzan, Urkk. ddo. 1673 April 26, 1685 Mai 4.

742 SpA, Urk. 44 ddo. 1524 August 24.

743 Beispiele für Schuldbriefe im KA Vezzan, Urkk. ddo. 1666 Juni 12, 1680 Februar 25, 1708 Juli 1, 1737 Februar 17, 1752 Februar 25, 1752 April 9, 1755 Jänner 26, 1785 Jänner 14, 1786 Februar 17, 1798 Februar 10, 1799 November 11, 1801 November 30.

744 DOZA, Et 7/1, fol. 71v–72r; Et 32/3: Anzeigung des zeitlichen Vermögens und Einkommens der Kirchen und des Spitals in der Pfarre Schlanders 1685 Mai 2.

überhaupt nicht gezinst. Bei den Schmalzzinsen stand St. Martin mit Abstand an der Spitze aller Schlanderser Kirchen, gefolgt von St. Nikolaus, der Pfarrkirche und St. Johann in Kortsch. Auch an Opfergeld wurde in keiner anderen Kirche, auch nicht in der Pfarrkirche, so viel gespendet wie in Göflan; das Schlußlicht bildete diesbezüglich Vezzan. Die Gewinne aus verliehenem Kapital waren naturgemäß in der Pfarrkirche am höchsten, an zweiter Stelle stand St. Johann in Kortsch mit rund einem Drittel davon, gefolgt von Vezzan mit einem guten Fünftel und Göflan mit knapp einem Fünftel.

Die außer beim Kapital im Vergleich geringen Einnahmen der Kirche St. Johann in Kortsch finden eine Erklärung darin, daß hier seit dem 15. Jahrhundert ein Frühmeßbenefizium bestand, das ein eigenes Vermögen hatte, wodurch beträchtliche Mittel gebunden wurden.

Die von den einzelnen Kirchenverwaltungen ausgegebenen Beträge dienten der Durchführung und Aufrechterhaltung der gottesdienstlichen Funktionen im weitesten Sinn und der Wahrnehmung sozialer Aufgaben. Dem rationalistischen Geist des ausgehenden 18. Jahrhunderts entsprach die Unterscheidung der insgesamt jeweils mehrere Hundert Posten umfassenden Eintragungen in verschiedene Ausgabengruppen, die an allen untersuchten Orten in annähernd der folgenden Form vorkommen: Besoldung der für den Kirchendienst verantwortlichen Personen (Mesner, Kirchpropst, Fahnenträger, Orgeltreter etc.), Zahlungen für gestiftete Jahrtage und Messen, Almosen, Wallfahrten/Prozessionen, Kirchenerfordernisse (Beleuchtung, Weihrauch), bauliche Reparaturen, Steuern und Kontributionen, diverse Ausgaben. Der Sache nach sind diese Sparten auch auf die früheren Rechnungen übertragbar. Zuweilen wurde zwischen ordentlichen und außerordentlichen Ausgaben unterschieden. Als wichtigster Posten erschließt sich in allen Fällen der Erwerb von Wachs und Öl für die Kirchenbeleuchtung; die Schmalzeinnahmen aus dem Urbar wurden meist zur Gänze zu diesem Zweck verwendet[745], manchmal mußten noch Zukäufe getätigt werden.

Eine Analyse der jährlichen Gesamtbilanz der Einnahmen und Ausgaben der Pfarrkirche und ihrer drei bedeutendsten Filialen im diachronen Schnitt, die den Anspruch auf präzise Aussagen erheben könnte, wird hier nicht versucht, weil die Rechnungen nicht während des gesamten Zeitraumes nach demselben Kriterium angelegt wurden, weil sich die Kaufkraft des Geldes veränderte und weil die Endsummen außer in Geld teilweise auch in Naturalien angegeben wurden, ohne daß man in jedem Fall ein Geldäquivalent ermitteln könnte.

Relativ einfach ist jedoch die Analyse der erhaltenen Göflaner Rechnungen des 15. Jahrhunderts, an deren Ende jeweils eine vorwiegend in Geld ausgedrückte Bilanz der Einnahmen und Ausgaben erstellt wurde. Aus der häufig an den Schluß gesetzten Formulierung »der Kirchpropst schuldet …« ist zu schließen, daß das Ergebnis in vielen Fällen negativ ausfiel. Als besonders schwierige Jahre erschließen sich demnach 1436, 1439, 1445, 1448, 1456 und 1457. In der Rechnung von 1445 ist auch die Rede von Schulden der Bauleute bei der Kirchenverwaltung. Nur im Jahr 1442 reichten die Einnahmen zur Deckung aller Ausgaben.

Beschränkt man sich auch für die anderen Kirchen auf die in Geld zu quantifizierenden Beträge, was gleich der Analyse der Einnahmen nur für das ausgehende 18. Jahrhundert möglich ist, so erweist sich naturgemäß der Ertrag des gegen Zins verliehenen Kapitals als die wichtigste der untersuchten Komponenten. Daher erwirtschaftete Kortsch um 1775 aus dieser Sparte ein knappes Drittel des von der Pfarrkirche in derselben Weise gewonnenen Ertrages, Göflan und Vezzan jeweils rund ein Sechstel. Diese Relation blieb bis um 1805 in etwa erhalten, wiewohl der Vorsprung der Pfarrkirche gegenüber den Filialen etwas zugenommen hatte. Dies hängt mit stark gestiegenen Einnahmen seit 1798 zusammen, die sich aus der Ausscheidung des Bruderschaftsvermögens ergeben hatten.

Im Fall der Pfarrkirche war damals auch das Verhältnis zwischen Einnahmen und Ausgaben ungleich günstiger als in den Filialen. Auch Kortsch erzielte noch hinreichende Überschüsse, während in Vezzan und zumal in Göflan die Bargeldbilanz in der Regel knapp ausfiel. Dieses Ergebnis wäre aber durch die höhere Bedeutung der Naturalien bei letzteren Kirchen zu deren Gunsten zu modifizieren.

---

745 DOZA, Et 7/1, fol. 70v–71r; Et 32/3: Anzeigung des zeitlichen Vermögens und Einkommens der Kirchen und des Spitals in der Pfarre Schlanders 1685 Mai 2.

Bei den übrigen Schlanderser Kirchen bestand eine autonome Finanzgebarung nur in der Theorie, kam aber, wie aus der spärlichen Überlieferung einschlägiger Aufzeichnungen geschlossen werden darf, wegen der untergeordneten seelsorglichen Bedeutung dieser Gotteshäuser nicht wirklich zum Tragen. Auf ein eigenes Vermögen der Kirche St. Lorenz zu Kortsch deutet ein einziger Hinweis aus der Mitte des 18. Jahrhunderts; diesem zufolge oblag ihre Erhaltung den Inhabern des Meierhofes.[746] Das Vermögen der Michaelskapelle am Friedhof wurde 1748 von jenem der Pfarrkirche getrennt verrechnet.[747] Über St. Ingenuin entstand im Zusammenhang mit der von den josefinischen Behörden verfügten Sperrung ein Streit: Am 9. Dezember 1791 berichtete das Kreisamt Bozen dem Gubernium für Tirol und Vorarlberg, daß es von diesem Gotteshaus keine Rechnung einschikken könne, weil sowohl die Obrigkeit in Schlanders als auch das Stift Marienberg, von dem es bis zur Sperre erhalten worden sei, in Abrede stellten, daß ein Urbar im Wert von 1407 fl vorhanden sei; obwohl die Existenz eines solchen durch die Buchhaltung erwiesen sei, werde das Vermögen der Kirche geleugnet. Marienberg habe sogar auf die Paramente Anspruch erhoben, weil es die Kirche immer unentgeltlich betreut habe.[748]

3 Die personelle Besetzung der Pfarre Schlanders

Die bisher dargestellten rechtlichen und wirtschaftlichen Gegebenheiten der Pfarre Schlanders bildeten die äußeren Voraussetzungen der pastoralen Arbeit. Im folgenden soll diese in Gestalt einer Analyse der Personalstruktur unter neuen Gesichtspunkten charakterisiert werden, wobei das Hauptaugenmerk der Kontinuität gilt, die sich im quantifizierenden Verfahren präzise beschreiben läßt.

Hierzu ist einleitend allerdings anzumerken, daß hinreichend abgesicherte Aussagen erst für die Zeit nach 1600 gemacht werden können, als mit dem Einsetzen der Pfarrmatriken, zumal des Taufbuches (1603[749]), eine zuverlässige Quelle vorliegt, aus der sich die Namen aller in der Seelsorge eingesetzten Geistlichen erheben lassen. Für die früheren Epochen kann, zumal für die Hilfspriester, kein lückenloses Bild der personellen Besetzung der Pfarre Schlanders gewonnen werden[750]; daher wäre auch eine quantifizerende Auswertung der Daten methodisch kaum sinnvoll.

3.1 Die Pfarrer bzw. Pfarrverwalter

Als Grundlage der Untersuchung seien zunächst die Namen und, wenn möglich, auch kurze biographische Notizen aller quellenmäßig faßbaren Pfarrer bzw. Pfarrverwalter mitgeteilt.

Thebald 1170[751]

Uto von Montalban bis 1253[752]

Friedrich von Montalban 1258[753]

Hartwig OT 1258[754]

Konrad von Aichach OT 1304–1311[755]

Mathias von Kärnten 1333[756]

Wolfhart 1375 März 25[757]

Johann Ehringer 1367 April 9[758]

---

746 1748 betrug das Vermögen der Lorenzkirche 300 fl (BAC, VP 1748 September 19, pag. 193), 1779 war es auf 590 fl gestiegen (BAC, VP 1779, pag. 24).

747 Es betrug rund 690 fl; BAC, VP 1748 September 19, pag. 194.

748 HINTERLECHNER (wie Anm. 550), S. 291 f.

749 ATZ/SCHATZ (wie Anm. 5), S. 56.

750 Ein am bischöflichen Hof in Chur angelegtes Verzeichnis von 1520, auf dessen Grundlage die Berechnung der notwendigen Auflage für den Verkauf von Brevieren erfolgen sollte, nennt in Schlanders nur den Pfarrer und den Frühmeßbenefiziaten zu Kortsch; VASELLA, Beiträge (wie Anm. 396), S. 575, 592.

751 ROILO/SENONER (wie Anm. 9), S. 128; MÜLLER, Entstehung (wie Anm. 9), S. 333; ATZ/SCHATZ (wie Anm. 5), S. 50; RIEDMANN (wie Anm. 5), S. 421.

752 LADURNER (wie Anm. 133), S. 30.

753 HUTER, Montalban (wie Anm. 206), S. 71; LOOSE, Eyrs (wie Anm. 34), S. 94.

754 HUTER, Montalban (wie Anm. 206), S. 71; LOOSE, Eyrs (wie Anm. 34), S. 94.

755 PfA Schlanders, Urk. 2 ddo. 1304 April 19; ARCHIV-BERICHTE (wie Anm. 135), Nr. 321; RIEDMANN (wie Anm. 5), S. 422; DOZA, Urk. 1309 Juli 25; PRAXMARER (wie Anm. 7), S. 104, 238; zu 1310 JOACHIM, Erich und Walter HUBATSCH (Bearb.): Regesta historico-diplomatica Ordinis S. Mariae Theutonicorum 1198–1525, 3 Bde. Göttingen 1948–1973, hier Bd. 2, Nr. 436.

756 PfA Schlanders, Urk. 3 ddo. 1333 Jänner 22; ATZ/SCHATZ (wie Anm. 5), S. 52.

757 LADURNER (wie Anm. 133), S. 68; ATZ/SCHATZ (wie Anm. 5), S. 53; PETTENEGG (wie Anm. 194), Nr. 1447.

758 LADURNER (wie Anm. 133), S. 52, 66 f.; ATZ/SCHATZ (wie Anm. 5), S. 52, 93.

Ouglen OT 1387[759]

Konrad Weinberger OT 1402[760]

Johann Stetpeck OT 1416–1432[761]

Heinrich Sengknecht OT 1433–1435[762]

Heinrich Kumpler OT 1435[763]

Johann Smollis OT 1435–1436[764]

Heinrich Sengknecht OT 1436–1438
† vor 1438 Februar 21[765]

Konrad Junge OT 1438–1444
Komtur zu Trient 1450[766]

Hans Weiglmair OT 1481[767]

Ulrich Dietmannsberger OT 1483–1490
Pfarrverwalter in Sarnthein 1473–1483, in Schlanders 1483–1490, in Sarnthein 1490–1501.
† vor 1501 Dezember 12.[768]

Thomas Specklperger OT 1490
Pfarrverwalter in Sarnthein 1468, in Lengmoos vor 1490, in Schlanders 1490.[769]

Ulrich Griessmayr 1512–1515[770]

Wolfgang Riederer 1517–1519[771]

Kaspar Veyfer OT 1520[772]

Jakob Zollinger 1538[773]

Hans Peck 1539[774]

Christoph Stambler 1540[775]

Leonhard Tax 1553- vor 1562[776]

Anton Scheichl 1564[777]

Jakob Anton Rosati 1565[778]

Crispin. 1567–1568
Kooperator in Schlanders 1565–1567, Pfarrverwalter in Schlanders 1567–1568.[779]

Anton Vierling 1579–1580[780]

Martin Opperünder 1580–1582[781]

Nikolaus Schlosser 1583–1585[782]

Thomas Speidler 1585–1586[783]

Peter Dommiell 1587–1595
* Nauders 1551. Pw. 1585, Pfarrverwalter in Schlanders 1587–1595[784]

Georg Faber 1601–1606
* Tall. Pfarrverwalter in Schlanders 1601–1606.[785]

Michael Schelle 1609[786]

Johann Baumgartner 1610[787]

Mathias Ehinger 1610
Pfarrverwalter in Schlanders 1610, in Lengmoos 1614.[788]

Jakob Eberlin 1611[789]

---

759 STOLZ (wie Anm. 736), S. 92.
760 LADURNER (wie Anm. 133), S. 79; ATZ/SCHATZ (wie Anm. 5), S. 53.
761 Uttenheim, Archiv Sternbach, Urk. 27; KA Göflan, KR 1426; RIEF (wie Anm. 398), Nr. 232; ATZ/SCHATZ (wie Anm. 5), S. 53; DOZA, Urk. ddo. 1428 September 16; PRAXMARER (wie Anm. 7), S. 102, 187, 238. BERICHTE DER GENERALPROKURATOREN (wie Anm. 269), Nr. 321; LADURNER (wie Anm. 133), S. 90.
762 PETTENEGG (wie Anm. 194), Nrr. 1884, 1898; LADURNER (wie Anm. 133), S. 9, 94, 96; ATZ/SCHATZ (wie Anm. 5), S. 54 f.
763 KA Göflan, KR 1433. ATZ/SCHATZ (wie Anm. 5), S. 55; ARCHIV-BERICHTE (wie Anm. 135), Nr. 306.
764 PETTENEGG (wie Anm. 194), Nr. 1908 f.; LADURNER (wie Anm. 133), S. 94–98; ATZ/SCHATZ (wie Anm. 5), S. 55.
765 PETTENEGG (wie Anm. 194), Nr. 1905; TLA, Urk. I 3603.
766 LADURNER (wie Anm. 133), S. 99–102.
767 LADURNER (wie Anm. 133), S. 114; ATZ/SCHATZ (wie Anm. 5), S. 56.
768 KUSTATSCHER, Sarnthein (wie Anm. 3), S. 557 f.; Nürnberg, Germanisches Nationalmuseum, Urkunde ddo. 1483.
769 KOFLER, Spital (wie Anm. 308), pag. 50 f.; KUSTATSCHER, Sarnthein (wie Anm. 3), S. 558.
770 KOFLER, Spital (wie Anm. 308), pag. 51; SpA II/1, Nr. 1: Spitalrechnung 1515.
771 SpA II/1, Nr. 3: Spitalrechnung 1517; Nr. 4: Spitalrechnung 1518; Nr. 6: Spitalrechnung 1520.
772 SpA II/1, Nr. 5: Spitalrechnung 1519.
773 SpA II/1, Nr. 14: Spitalrechnung 1531.
774 SpA II/1, Nr. 17: Spitalrechnung 1538.
775 SpA II/1, Nr. 18: Spitalrechnung 1540.
776 SpA II/1, Nr. 20: Spitalrechnung 1552; MECENSEFFY, Grete (Bearb.): Quellen zur Geschichte der Täufer, Bd. 14 (unter Mitarbeit von Mathias SCHMELZER): Österreich, III. Teil (= Quellen und Forschungen zur Reformationsgeschichte Bd. 50). Gütersloh 1983, Nr. 1060 B.
777 DOZA, Et 155/2.
778 DOZA, Et 155/2.
779 DOZA, Et 155/2:, Rechnung der Kommende Schlanders 1579/80.
780 DOZA., Et 155/2: Rechnung der Kommende Schlanders 1579.
781 DOZA, Et 155/2: Rechnung der Kommende Schlanders 1580; PfA Schlanders 5/2.
782 DOZA, Et 155/1, fol. 140r–195r, 205r–271v.
783 DOZA, Et 155/1, fol. 231v, 275r–350v.
784 PfA Schlanders, Urk. 42 ddo. 1594 April 2; BAC, VP 1595, pag. 202.
785 TB Schlanders; KUSTATSCHER, Göflan (wie Anm. 66), Nr. 38; ATZ/SCHATZ (wie Anm. 5), S. 56.
786 TB Schlanders; ATZ/SCHATZ (wie Anm. 5), S. 62.
787 TB Schlanders; ATZ/SCHATZ (wie Anm. 5), S. 62.
788 TB Schlanders; TB Lengmoos; ATZ/SCHATZ (wie Anm. 5), S. 62.
789 TB Schlanders; ATZ/SCHATZ (wie Anm. 5), S. 62.

Andreas Rhymelius 1616[790]

Gallus Noder 1622 April – 1625 März
* Meran 1594. Univ. Innsbruck. Tischtitel 1618 März 1. Pw. Chur 1618 Juni 9. Pfarrverwalter in Schlanders 1622–1625.[791]

Johann Frank von Frankenberg 1625 November – 1626 November
* Tisens 1585. Univ. Ingolstadt 1615. Kooperator in Sarnthein 1624–1625. Pfarrverwalter in Schlanders 1625–1626, in Sarnthein 1626–1648.[792]

Jakob Putsch 1627
* Sonnenberg. Pw. Chur 1619 März 16. Taufpriester in Schlanders 1623–1626. Pfarrverwalter in Schlanders 1627. Kaplan zu St. Leonhard in Meran 1640[793]

Sebastian Steiner OT 1628 – 1634 Juni
* Tall. Einkleidung in den Deutschen Orden 1627 Oktober 11. Pfarrverwalter in Schlanders 1628–1634.[794]

Kaspar Moritz 1634 Juli – 1635 September
* Diöz. Chur. Univ. Ingolstadt. Pw. Chur 1622 Februar 19. Kooperator in Schlanders 1627–1634. Pfarrverwalter in Schlanders 1634–1635.[795]

Johann Vogt 1636 Februar – 1637 April
Pfarrverwalter in Schlanders 1636–1637. Pfarrer in Glurns 1638.[796]

Karl Fontanner 1637 Mai – 1637 Juni
* Diözese Trient. Seelsorgelizenz Chur 1637 August 27. Pfarrverwalter in Schlanders 1637–1637.[797]

Johann Widmann OT um 1637–1639
Kooperator in Sarnthein 1618. Pfarrverwalter in Lengmoos 1619. Kooperator in Sarnthein 1621. Pfarrverwalter in St. Leonhard/Passeier 1621–1633, in Mareit 1635–1643. Aufnahme in den Deutschen Orden 1637 Dezember 29. Pfarrverwalter in Schlanders 1637–1639. Verschiedene Streitigkeiten und ungebührliches Verhalten führen 1650 zur Exkommunikation. 1651 rehabilitiert, erhält er das Frühmeßbenefizium in Sterzing und anschließend in Weißenstein. Wegen weiterhin ärgerlichen Lebenswandels wird er 1659 aus dem Deutschen Orden ausgeschlossen.[798]

Jakob Troyan 1639 November – 1641
Pfarrer in Stilfs bis 1639. Pfarrverwalter in Schlanders 1639–1641.[799]

Johann Siebentaler 1642 November – 1650 November
* Bludenz. Tischtitel 1632 Februar 4. Pw. Chur 1635 April 6. Pfarrverwalter in Schlanders 1642–1650.[800]

Markus Preschg OT 1650 Dezember – 1655 Mai
* Schluderns. Pw. in der Schloßkapelle zu Fürstenburg 1638 Februar 27. Taufpriester in Schlanders 1639. Pfarrverwalter in Schlanders 1650–1655, in Unterinn 1655–1661.[801]

Sebastian Felderer OT 1655 Juni – 1666 Oktober
Aufnahme in den Deutschen Orden 1638–1652. Kooperator in Sarnthein 1651–1653. Pfarrverwalter in Schlanders 1655–1666.[802]

Nikolaus Schliernzauner 1666 November – 1702 März
* Bozen 1626. Univ. Innsbruck. Tischtitel 1659 Jänner 5. Pw. Chur. Kooperator in Schlanders 1660–1666. Pfarrverwalter in Schlanders 1666–1702 (Resignation).[803]

Mag. Johann Jakob Glier OT 1702 April – 1727 Mai
* Bozen 1654. Univ. Innsbruck. Noviziat in Sarnthein bei Mathias Jepp 1680. Aufnahme in den Deutschen Orden 1681 März 2. Pw. Chur 1681 März 23. Taufpriester in Lana 1681. Pfarrverwalter in Wangen 1681–1683, in Lengmoos

---

790 TB Schlanders
791 BAC, Patr.; BAC, WP 1, pag. 34; TB Schlanders.
792 Kustatscher, Sarnthein (wie Anm. 3), S. 561.
793 BAC, WP 1, pag. 37; TB Schlanders; KA Kortsch XII – 4; Atz/Schatz (wie Anm. 5), S. 62.
794 TB Schlanders; Gasser (wie Anm. 120), S. 329.
795 BAC, WP 1, pag. 54; TB Schlanders; Atz/Schatz (wie Anm. 5), S. 62.
796 TB Schlanders; BAC, WP 1, pag. 118.
797 BAC, WP 1, pag. 113; TB Schlanders.
798 Kustatscher, Sarnthein (wie Anm. 3), S. 569 f.
799 TB Schlanders; DOZA, Et 158/3: 1639 November 17, Weggenstein; Et 158/3: 1640 Oktober 12, Schlanders. Komtur zu Schlanders Christoph Trapp an Landkomtur Vintler.
800 BAC, Patr.; BAC, WP 1, pag. 110; TB Schlanders.
801 BAC, WP 1, pag. 116; TB Schlanders; TB Unterinn; Atz/Schatz (wie Anm. 5), S. 62; Gasser (wie Anm. 120), S. 235, 240.
802 TB Schlanders; Kustatscher, Sarnthein (wie Anm. 3), S. 571.
803 BAC, Patr.; TB Schlanders; Atz/Schatz (wie Anm. 5), S. 62; Gasser (wie Anm. 120), S. 241; DOZA, Et 33/3 = Et 34/1: VP 1701 Dezember 21.

1683–1688, in St. Leonhard/Passeier 1688–1694, in Lengmoos 1694–1702, in Schlanders 1702–1726. † 1727.[804]

Michael Weitgruber OT 1727 Juni – 1730 April
Supernumerar in Lengmoos 1702. Kooperator in Schlanders 1704–1706, in St. Leonhard/Passeier 1707–1709, in Lana 1709–1711. Aufnahme in den Deutschen Orden 1716. Pfarrverwalter in Wangen 1712–1727, in Schlanders 1727–1730, in Laas 1730–1733.[805]

Mag. Sylvester Moser OT 1730 Mai – 1733 Februar
* Schlanders. Tischtitel 1720 September 14. Pw. Chur 1721 Oktober 5. Aufnahme in den Deutschen Orden 1724. Taufpriester in Schlanders und Martell 1721–1723. Kooperator in St. Leonhard/Passeier 1723–1724, in Lengmoos 1724–1725. Kurat in Martell 1725–1730. Pfarrverwalter in Schlanders 1730–1733.[806]

Josef Verdross OT 1733 März – 1734 August
Kooperator in Laas 1719, in St. Leonhard/Passeier 1720–1724. Aufnahme in den Deutschen Orden 1724. Kooperator in Unterinn 1724–1727. Frühmeßbenefiziat in Lengmoos 1727. Pfarrverwalter in Wangen 1728–1730, in Unterinn 1730–1732, in Schlanders 1733–1734. † 1734 Juli 8.[807]

Andreas Nischler OT 1734 September – 1734 Oktober
* Staben. Tischtitel 1730 Mai 5. Pw. Chur 1733 September 29. Pfarrverwalter in Schlanders 1734, in Laas 1734–1735.[808]

Johann Paul Stocker OT 1734 November – 1735 Juli
Kooperator in Lengmoos 1731–1733. Pfarrverwalter in Laas 1733–1734, in Schlanders 1734–1735.[809]

Josef Franz Xaver Schlüssel OT 1735 August – 1757 August
Pfarrverwalter in Wangen 1730–1733, in Unterinn 1733–1734, in Schlanders 1734–1757.[810]

Josef Anton Chrysostomus Markt OT 1757 September – 1770 November
* Tschars 1723. Tischtitel 1746 Februar 23. Pw. Chur 1746 April 9. Kooperator in Schlanders 1750–1757. Pfarrverwalter in Schlanders 1757–1770.[811]

Christoph Josef Ambros OT 1770 Dezember – 1800 März
* Burgeis 1728 September 25. Univ. Innsbruck 1748/49–1749/50. Tischtitel 1752 September 4. Pw. Chur 1752 Oktober 8. Supernumerar in St. Leonhard/Passeier 1757. Kooperator in Sarnthein 1761–1763. Kurat in Gargazon 1763–1768. Aufnahme in den Deutschen Orden 1765 März 20. Pfarrverwalter in Wangen 1768–1770, in Schlanders 1770–1800.[812]

Johann Baptist Lipp OT 1800 April – 1809 September
* Graun. Tischtitel 1766 September 7. Pw. Chur 1766 Oktober 5. Kurat in Völlan 1770–1779. Pfarrverwalter in Lana 1779–1795, in Schlanders 1800–1809 (Resignation).[813]

Josef Mayr OT 1809 Oktober – 1811 März
* Lichtenberg 1744 Dezember 12. Univ. Innsbruck 1767/68–1769/70. Bakkalaureat 1767 August 19. Tischtitel 1770 August 25. Pw. Chur 1770 Oktober 7. Supernumerar in Sarnthein 1774–1777, in Schlanders 1777–1779, in Sarnthein 1780–1783. Kurat in Flaas 1787–1793, in Gargazon 1803–1805. Pfarrverwalter in Wangen 1800–1809, in Schlanders 1809–1811.[814]

Hinsichtlich der personellen Kontinuität sind für die Zeit zwischen 1170 und 1415 keine sicheren Aussagen möglich, weil nur vereinzelte Nennungen von Pfarrverwaltern vorliegen, die keine

---

804 BAC, WP 3, pag. 6; Atz/Schatz (wie Anm. 5), S. 62; Gasser (wie Anm. 120), S. 328; Mader (wie Anm. 2), S. 244.
805 TB Schlanders; TB Lengmoos; TB St. Leonhard/Passeier; TB Lana; TB Wangen; DOKA II 40/1: BK Weggenstein 1704 Mai 14–16; Atz/Schatz (wie Anm. 5), S. 62, 75: bis 1734.
806 BAC, Patr.; WP, pag. 122; TB Schlanders; TB St. Leonhard/Passeier; TB Lengmoos; TB Martell; Atz/Schatz (wie Anm. 5), S. 62; DOKA II 40/1: Balleikapitel 1723 November 9–10.
807 TB Laas; TB St. Leonhard/Passeier; TB Unterinn; TB Lengmoos; TB Wangen; TB Schlanders; DOKA II 40/1: BK 1723 November 9–10; DOZA, GKP 1734 Juli 10, Nr. 2.
808 BAC, Patr.; BAC, WP; TB Schlanders; TB Laas.
809 TB Lengmoos; TB Laas; TB Schlanders.
810 TB Wangen; TB Unterinn; TB Schlanders; Atz/Schatz (wie Anm. 5), S. 62.
811 BAC, Patr.; BAC, WP; TB Schlanders; BAC, VP 1767, pag. 86.
812 BAC, Patr.; Kustatscher, Sarnthein (wie Anm. 3), S. 585.
813 BAC, Patr.; BAC, WP; TB Lana; TB Schlanders; Atz/Schatz (wie Anm. 5), S. 62.
814 Kustatscher, Sarnthein (wie Anm. 3), S. 587.

Rückschlüsse auf die Dauer des Wirkens dieser Geistlichen in der Pfarre Schlanders zulassen.

Im Zeitraum von 1416 bis 1552 ist die Dokumentation bereits etwas dichter, so daß sich zumindest für einige Abschnitte eine dauerhaftere Besetzung der Pfarre nachweisen läßt. Johann Stetpeck amtierte rund 16 Jahre als Komtur und Pfarrer zu Schlanders, Konrad Junge mindestens sechs Jahre, Ulrich Dietmannsberger rund sieben Jahre. Geht man davon aus, daß obige Liste, was die Zahl der Namen anbelangt, der Vollständigkeit nahekommt, was – in weitgehender Analogie zur Deutschordenspfarre Sarnthein[815] – einem Schnitt von 8,5 Jahren entsprechen würde, und bedenkt man, daß für bestimmte Zeiten (1432–1438, 1538–1540) ein fast jährlicher Wechsel nachweisbar ist, so dürfte die Länge der eben genannten Amtsperioden charakteristisch sein.

Mit dem Jahr 1553 setzte eine Periode ein, in der die Lücken der Überlieferung, bezogen auf die personell abgedeckten Jahre, nur mehr rund ein Drittel betragen: Von insgesamt 25 Geistlichen, die bis 1650 der Pfarre Schlanders vorstanden, sind über zwei Drittel[816] über längere geschlossene Zeiträume hin in Schlanders belegt. Zwei von ihnen, Leonhard Tax und Peter Dommiell, erreichten Amtsperioden von je neun Jahren, der Schnitt lag bei etwas weniger als drei Jahren. Der Vergleich mit Sarnthein wird in diesem Fall durch die Unsicherheiten der Überlieferung erschwert; doch auch wenn man davon abzusehen versucht, scheint die personelle Kontinuität in der Pfarre Schlanders ungleich weniger ausgeprägt gewesen zu sein als im entlegenen, aber im Verhältnis zum Ritter-Orden sicherlich selbständigeren Sarnthein, wo die durchschnittliche Wirkungsdauer der einzelnen Pfarrverwalter in diesem zeitlichen Umfeld über sieben Jahre betrug.[817] Dessen war sich auch die Gemeinde bewußt: 1621 reichte der Kirchenausschuß eine diesbezügliche Beschwerde bei Landkomtur Ulrich Frhr. von Wolkenstein-Rodeneck ein: Es gehe nicht an, daß gleichsam alle zwei oder drei Jahre ein neuer Pfarrverwalter bestellt werde.[818] Im August 1639 führte die Regierung in Innsbruck die damals bestehende Vakanz der Pfarre Schlanders auf die zögernde Haltung des Bischofs von Chur bei der Approbation der vom Landkomtur präsentierten Priester zurück.[819]

Für die Zeit vom Dezember 1650 bis 1811, als die Pfarre – mit nur einer Ausnahme – von Priestern des Deutschen Ordens geleitet wurde, ergibt sich bei nunmehr lückenloser Überlieferungsdichte eine durchschnittliche Wirkungsdauer von 11,5 Jahren (in Sarnthein: 14 Jahre[820]). Im Laufe der Zeit ist eine sukzessive Steigerung erkennbar: Bis zur Mitte des 17. Jahrhunderts betrug der Schnitt 2,5 Jahre, im darauffolgenden Jahrhundert lag er bei zehn Jahren, zwischen 1735 und 1811 bei 15 Jahren. Die längste Amsperiode erreichte Nikolaus Schliernzauner mit 35 Jahren, gefolgt von Christoph Josef Ambros OT mit 29 Jahren, Johann Jakob Glier OT mit 25 Jahren und Josef Franz Xaver Schlüssel OT mit 22 Jahren.

Die Wirkungsdauer der einzelnen 1553–1811 in der Schlanderser Seelsorge eingesetzten insgesamt 39 Pfarrverwalter läßt sich wie folgt quantifizieren:

    1 Pfarrverwalter: über 30 Jahre
    3 Pfarrverwalter: 21–30 Jahre
    2 Pfarrverwalter: 11–20 Jahre
    6 Pfarrverwalter: 6–10 Jahre
   15 Pfarrverwalter: 1–5 Jahre
   12 Pfarrverwalter: 1 Jahr oder weniger.

Einige der später zu Pfarrverwaltern ernannten Geistlichen hatten bereits Hilfspriesterdienste in Schlanders geleistet (Kaspar Moritz, Markus Preschg OT, Nikolaus Schliernzauner, Michael Weitgruber OT, Sylvester Moser OT, Josef Anton Chrysostomus Markt OT, Josef Mayr OT), woraus sich eine noch ausgeprägtere personelle Kontinuität ergibt. Zumal im 18. Jahrhundert lassen sich ähnlich wie in Sarnthein Erscheinungsformen einer gezielten Personalpolitik des Deutschen Ordens wahrnehmen.[821]

---

815 KUSTATSCHER, Sarnthein (wie Anm. 3), S. 177.
816 Für insgesamt acht Geistliche, die nur punktuell genannt sind, werden für die Statistik zwölf Monate berechnet.
817 KUSTATSCHER, Sarnthein (wie Anm. 3), S. 177.
818 KOFLER, Spital (wie Anm. 308), pag. 79.
819 DOZA, Et 156/1: Oberösterreichischer Kanzler, Regiment und Räte an B. von Chur 1639 August 5, Innsbruck.
820 KUSTATSCHER, Sarnthein (wie Anm. 3), S. 177.
821 KUSTATSCHER, Sarnthein (wie Anm. 3), S. 177 f.

3.2 Die Hilfspriester

Was die Besetzung der Pfarre Schlanders mit Hilfsgeistlichen anbelangt, so ergeben sich aus der gerade für das Spätmittelalter schwierigen Überlieferungssituation große Unsicherheiten. Ob es sich bei dem zu 1333 genannten Priester Crifo[822] um einen in die ordentliche Seelsorge eingebundenen Geistlichen handelte, läßt sich nicht entscheiden. Immerhin wäre das Datum, wie der Vergleich mit anderen Tiroler Pfarren zeigt[823], als Jahr der Erstnennung eines Kooperators denkbar. Unklar bleibt auch der Status der drei zum Jahr 1380 als Zeugen genannten Priesterbrüder des Deutschen Ordens (Herr Günther, Herr Mathias, Herr Paul).[824] 1402 scheint der Priester Mathias von Esveld auf[825], 1432 der Kooperator Jakob[826] und der Priester Thomas[827], 1435 der Kooperator Johann Riess.[828] Daß es in Schlanders im ersten Drittel des 15. Jahrhunderts zwei Priesterbrüder gegeben habe[829], ist eine Aussage, die sicherlich nicht für längere geschlossene Zeiträume zutrifft, sondern wohl nur punktuelle Gültigkeit besitzt. Daran änderte sich bis in die zweite Hälfte des 16. Jahrhunderts nichts Wesentliches: Bis 1562 sind lediglich zwei weitere Hilfspriester genannt: zu 1507 der Kooperator Hans Müller[830] und zu 1514 der Priester Bartholomäus Ewrser[831].

Die Anstellung der Hilfspriester oblag nach den allgemeinen Gepflogenheiten dem Pfarrer.[832] In Schlanders war sie somit Sache des Deutschen Ordens, der mit den jeweiligen Kandidaten einen privatrechtlichen Dienstvertrag abschloß.[833] Anders als in Sarnthein, wo die Auswahl der Kooperatoren dem Pfarrverwalter anheimgestellt war, der dafür nur den Rat des Landkomturs einzuholen hatte[834], hielt man im stärker ritterlich geprägten Schlanders meist rigoros am Buchstaben des Kirchenrechtes fest. 1702 erhob der damals amtierende Pfarrverwalter, derselbe übrigens, der sich selbst lieber *Pfarrer* genannt hätte[835], den Anspruch, Gesellpriester eigenmächtg (*propria auctoritate*) präsentieren und amovieren zu können. Dies wurde ihm aber nicht gewährt; es sei schon eine Gnade, daß ihm der Orden die Bestellung eines Substituten überlasse.[836] Der vom Landkomtur präsentierte Kooperator mußte dem Pfarrverwalter eine entsprechende schriftliche Erklärung vorweisen, sofern ihn der Landkomtur oder sein Substitut nicht persönlich vorgestellt hatten.[837] Diese Vorgabe war beispielsweise 1701 im Bestellungsverfahren des Kooperators Johann Georg Blinthamer zur Anwendung gekommen, der dem Pfarrverwalter einen Brief des Landkomturs vorgelegt hatte; er stellte fest, vom Landkomtur einer Pfarre zugewiesen zu werden sei das Los aller in der Ballei wirkenden Ordenspriester. Im selben Jahr erklärte Kooperator Johann Baptist Pamhackl, er habe den Orden nie anders als einen *gutthater und brodvatter* erlebt; wahrscheinlich hielt er es aus diesem Grund auch für selbstverständlich, daß der Landkomtur über das Erbe verstorbener Ordenspriester verfüge. Angesichts derartiger Konstellationen ist das im selben Kontext wiederum in Erinnerung gerufene Faktum, die Erhaltung der Kooperatoren obliege dem Pfarrverwalter, schwer nachvollziehbar und macht dessen Anspruch, diese, wenn es ihm sinnvoll erscheine, zumindest entlassen zu dürfen[838], verständlich.

In der Folgezeit trat indes eine derartigen Forderungen geradezu entgegengesetzte Entwicklung ein, denn zu 1776 verlautet, daß der Deutsche Orden eine zweite Kooperatur in seinen Schlanderser

---

822 PfA Schlanders, Urk. 3 ddo. 1333 Jänner 22.
823 Beispiele bei KUSTATSCHER, Sarnthein (wie Anm. 3), S. 180, Anm. 27.
824 PfA Schlanders, Urk. 10 ddo. 1380 Februar 29; ARCHIV-BERICHTE (wie Anm. 135), Nr. 328; PRAXMARER (wie Anm. 7), S. 170 f.; Druck: GRASS, Franz: Studien zur Sakralkultur und kirchlichen Rechtshistorie Österreichs (= Forschungen zur Rechts- und Kulturgeschichte Bd. 2). Innsbruck/München 1967, S. 248–251; vgl. auch S. 40; ATZ/SCHATZ (wie Anm. 5), S. 53.
825 LADURNER (wie Anm. 133), S. 79; ATZ/SCHATZ (wie Anm. 5), S. 53; PRAXMARER (wie Anm. 7), S. 238.
826 LADURNER (wie Anm. 133), S. 90.
827 LADURNER (wie Anm. 133), S. 90.
828 LADURNER (wie Anm. 133), S. 96; ATZ/SCHATZ (wie Anm. 5), S. 55.
829 PRAXMARER (wie Anm. 7), S. 259.
830 SpA, Urk. 12 ddo. 1507.
831 SpA, Urk. 24 ddo. 1514 September 14.
832 PLÖCHL (wie Anm. 180), Bd. 2, S. 169.
833 GRASS, Franz: Pfarrei und Gemeinde im Spiegel der Weistümer Tirols. Innsbruck 1950, S. 58.
834 KUSTATSCHER, Sarnthein (wie Anm. 3), S. 183.
835 Vgl. oben S. 110.
836 DOZA, Et 33/6, pag. 56–61.
837 DOKA II 17/2, Nr. 3: Instruktion für den Schlanderser Kooperator 1743.
838 DOZA, Et 33/3 = Et 34/1: VP 1701 Dezember 21.

Personalplan eingebaut hatte.[839] Diese Terminologie stellt in der Geschichte der Pfarre ein Novum dar; sie bedeutete eine Institutionalisierung und Formalisierung des Rechtes der Auswahl der Hilfspriester, eine Praxis, die sich bis gegen Ende des 18. Jahrhunderts hin halten konnte.[840]

Dennoch scheinen sich die Pfarrverwalter allmählich aber zumindest ein Mitspracherecht gesichert zu haben, denn in der Zeit des 1800 neu eingestandenen Pfarrverwalters Johann Baptist Lipp OT ist eine andere Vorgangsweise belegt: Er erhielt bei der Auswahl der Kooperatoren völlig freie Hand, mußte aber den von ihm gewählten Kandidaten dem Landkomtur anzeigen.[841]

Einen genauen Einblick in die Rechte und Pflichten der Kooperatoren vermittelt eine 1743 gegebene Instruktion. Die zahlreichen darin enthaltenen Bestimmungen betreffen einerseits die Praxis des seelsorglichen Dienstes, andererseits, was vor allem für die Ordenspriester galt, die persönliche Lebensführung, hinsichtlich deren sie nicht dem Ordinarius, sondern dem Patron verantwortlich waren.

Für jeden Kooperator galt das Gebot, Tag und Nacht für seelsorgliche Dienste verfügbar zu sein, und zwar nicht nur in der Pfarrkirche, sondern auch in der St.-Michaels- und in der Schloßkapelle sowie in den Kirchen von Kortsch, Göflan, Vezzan und Allitz; Abwesenheiten mußten dem Pfarrverwalter bzw. dem Mesner gemeldet werden.

Der Kooperator war gehalten, die ganze Woche über die Messen oder Ämter nach der ihm vom Pfarrverwalter an jedem Samstag und Vorfeiertag gegebenen Anweisung zu applizieren; ihm angebotene Messen durfte er nicht annehmen, sondern mußte sie dem Pfarrer überlassen. Diese Pflichten bezogen sich auch auf Litaneien, Grabbesuche, Hochzeiten, Umgänge, Prozessionen, Andachten, Kreuzgänge, Predigten, Rorateämter, Vigilien und das Rosenkranzgebet.

Bei Versehgängen, die aufgrund der dafür einzufordernden Stolgebühren lohnend waren (bei denen es *ein ordentlich und distinguierendes zaichen gibt*), genoß der Pfarrverwalter den Vorrang, der Kooperator mußte aber auch hierfür auf Wunsch zur Verfügung stehen. An Sonntagen und bei Bedarf auch an anderen Tagen oblag ihm der Beichtstuhl. Bei Abwesenheit des Pfarrverwalters mußte der diesen ersetzen und zu seiner eigenen Vertretung einen eigens instruierten Supernumerar einstellen.

Für die dem Deutschen Orden angehörenden Kooperatoren galten darüberhinaus noch weitere Bestimmungen, an denen sich das im 18. Jahrhundert erreichte hohe spirituelle Niveau der Korporation zeigt. Um weiterhin *promoviert* werden zu können, mußte ein Hilfspriester einen *eingezogenen, niechteren und aufbaulichen Wandel* führen. Dies bedeutete Studium und kultivierten Umgang in der Freizeit, Verzicht auf den Besuch von Wirtshäusern und genaue Einhaltung eines vorgegebenen Tagesplans, insbesondere der Zeiten des abendlichen Wiedereintritts nach Hause (im Winter um 20.00 Uhr, im Sommer um 21.00 Uhr). Bei einer begründeten längeren Abwesenheit eines Kooperators vom Widum oblag es dem Landkomtur bzw. Pfarrverwalter, einen Ersatz zu bestellen. Auch zu Erholungszwecken sollte gelegentlich ein Aufenthalt außerhalb des Widums möglich sein, doch unter Kontrolle bzw. nach dem Ermessen des Pfarrverwalters und unter der Bedingung, daß dies nicht zur Gewohnheit werde. Wie alle dem Deutschen Orden untergebenen Priester mußten auch die Kooperatoren nach Ämtern und stillen Messen die Lauretanische Litanei beten, und zwar nicht nur in den Ordenskirchen, sondern auch wo immer sonst sie sich befanden.

Die übrigen Punkte der Instruktion betreffen juristische und wirtschaftliche Aspekte. Unter ersteren ist hervorzuheben, daß sich jeder Kooperator auf eigene Kosten um die bischöfliche Zulassung zur Seelsorge zu bemühen hatte und zum Besuch der Kapitel seines Vikariatsdistrikts verpflichtet war. Letztere finden an dieser Stelle nur insoweit Beachtung, als sie für den persönlichen und sozialen Status eines Hilfspriesters von Interesse sind. Diesbezüglich verdient die Möglichkeit der Nutznießung von Privateigentum (Wäsche, Möbel) Erwähnung.

Was das Verhältnis zum Pfarrverwalter betraf, so bestand aber eine klare Unterordnung: Diesem mußte der Kooperator auf Wunsch sogar die kleine Stola überlassen; was für den Hilfspriester davon abfiel, oblag ganz der *Diskretion* und den

---

839 DOZA, Et 157/3: 1776.
840 DOZA, Et 30/4: 1792 Juli 13.
841 DOZA, V 1865.

Billigkeitsrücksichten seines geistlichen Vorgesetzten.[842]

Die Bestellung von Kooperatoren bedeutete für den dazu Befugten nicht nur ein Recht, sondern auch eine Last. Als es zu Mißständen und Unregelmäßigkeiten kam, versuchten die Gemeinden verstärkt auf das System Einfluß zu nehmen.[843] Auf diese Weise ging der privatrechtliche Charakter der Anstellungsverträge allmählich verloren, und es bildeten sich auf dem Weg der Gewohnheit bestimmte Kooperatorenstellen, über deren Besetzung sich die Gemeinde zu wachen befugt fühlte.[844] Die in Schlanders zwischen 1562 und 1811 geübte Praxis der Kooperatorenbestellung geht aus der folgenden durch alle erreichbaren biographischen Notizen ergänzten Übersicht hervor, die sämtliche aus den Quellen nachweisbaren Hilfspriester, die in dieser Pfarre tätig waren, erfaßt.

Heinrich Marx, Kooperator 1562 Mai – 1562 Juli[845]

Peter, Kooperator 1562 August – 1562 Oktober[846]

Melchior Lemele, Kooperator 1564 Juli – 1564 August[847]

Kaspar Feuerstein, Kooperator 1564 September – 1565 Jänner[848]

Crispin, Kooperator 1565 Februar – 1567[849]

Vinzenz, Kooperator 1565 April – 1565 November[850]

Georg Frischmann, Kooperator 1565 April – 1565 Mai[851]

Hans Franzos, Kooperator 1565 August – 1566 Februar[852]

Hans Calabres, Kooperator 1565 September – 1566 März[853]

Gregor, Kooperator 1565 Dezember – 1566.[854]

Lorenz Gufer, Kooperator 1567 März – 1568 April[855]

Hieronymus Hörmann, Kooperator 1585 März – 1585 März[856]

Panthaleon, Kooperator 1585 März – 1585 April[857]

Georg Obermüller, Kooperator 1591–1595
* Reuttingen (Diöz. Freising) 1565, Kooperator in Schlanders 1591–1595.[858]

Jakob, Kooperator 1612[859]

Leonhard Devi, Kooperator 1619 Mai – 1620 Mai[860]

Melchior, Kooperator 1620[861]

Johann Jakob Ogger, Kooperator 1620 Mai – 1623 Mai
* Feldkirch. Tischtitel 1620 Jänner 17. Kooperator in Schlanders 1620–1623.[862]

Jakob Putsch, Taufpriester 1623 September – 1626 Dezember[863]

Oswald Josegger, Taufpriester 1625
* Algund. Pw. Chur 1618 März 31. Taufpriester in Schlanders 1625.[864]

Simon Moritz, Kooperator 1625 April – 1626 November
* Prad 1599. Univ. Ingolstadt. Pw. Chur 1624 Dezember 22. Kooperator in Schlanders 1625–1626.[865]

Kaspar Moritz, Kooperator 1627 Februar – 1634 Juni[866]

Markus Paziner, Taufpriester 1628 August – 1629 Februar
* Lichtenberg 1603. Pw. Chur 1628 April 22. Taufpriester in Schlanders 1628–1629.[867]

---

842   DOKA II 17/2, Nr. 3: Instruktion für den Schlanderser Kooperator 1743.
843   AGREITER, Anton: Die Anstellung der Kooperatoren im Bistum Brixen. Eine rechtsgeschichtliche Untersuchung von den Anfängen bis in die Mitte des 18. Jahrhunderts. Brixen 1964, S. 23.
844   AGREITER (wie Anm. 843), S. 31, 63.
845   DOZA, Et 155/2.
846   DOZA, Et 155/2.
847   DOZA, Et 155/2.
848   DOZA, Et 155/2.
849   Vgl. oben bei Anm. 779.
850   DOZA, Et 155/2.
851   DOZA, Et 155/2.
852   DOZA, Et 155/2.
853   DOZA, Et 155/2.
854   DOZA, Et 155/2.
855   DOZA, Et 155/2: Rechnung der Kommende Schlanders 1567/68.
856   DOZA, Et 155/1, fol. 230v.
857   DOZA, Et 155/1, fol. 231r.
858   BAC, VP 1595, pag. 201.
859   KOFLER, Spital (wie Anm. 308), pag. 69.
860   TB Schlanders; KA Göflan, Fasz. Überflüssiger Aufwand, zu 1618 etc.
861   KA Göflan, Fasz. Überflüssiger Aufwand, zu 1618 etc.
862   BAC, Patr.; TB Schlanders; KA Göflan, Fasz. Überflüssiger Aufwand, zu 1618 etc.
863   Vgl. oben bei Anm. 793.
864   BAC, WP 1, pag. 34; TB Schlanders.
865   BAC, WP 1, pag. 74; TB Schlanders.
866   Vgl. oben bei Anm. 795.
867   BAC, WP 1, pag. 85; TB Schlanders.

Michael Widner, Kooperator 1633 Juni
* Latsch. Pw. Chur 1631 April 6. Kooperator in Schlanders 1633.[868]

Simon Schotmitter, Kooperator 1634[869]

Gabriel Moar, Kooperator 1637 Mai[870]

Ka(spar) Ritter, Taufpriester 1639 Jänner – 1639 September[871]

Markus Preschg OT, Taufpriester 1639 September – 1639 Oktober[872]

Johann Kaspar, Kooperator 1642 Jänner – 1642 Februar
* Tartsch. Pw. Chur 1638 Dezember 11. Kooperator in Schlanders 1642.[873]

Sebastian von Sala, Kooperator 1647 Oktober – 1652 Februar
* Latsch. Pw. Chur 1643 April 3. Kooperator in Schlanders 1647–1652.[874]

Jakob Lackner OT, Kooperator 1652 März – 1652 Dezember
Aufnahme in den Deutschen Orden 1638–1652. Kooperator in Schlanders 1652, in Sarnthein 1653. Pfarrverwalter in Lengmoos 1653–1658.[875]

Christian Rauch, Kooperator 1653 Juli – 1656 Dezember
* Mals. Tischtitel 1652 Juli 21. Pw. Chur 1652 Juli 28. Kooperator in Schlanders 1653–1656.[876]

Peter von Callenberg, Kooperator 1657 Februar 27 – 1658 Mai 1
Pw. Chur 1653 Juni 2. Kooperator in Schlanders 1657–1658.[877]

Franz Wiang, Kooperator 1658 Juni – 1660 September
* Feldkirch. Pw. Chur 1655 November 1. Kooperator Schlanders 1658–1660.[878]

Nikolaus Schliernzauner, Kooperator 1660 Oktober 4 – 1666 Oktober[879]

Mag. Stefan Pichler OT, Kooperator 1666 August – 1669 Jänner
* 1639. Aufnahme in den Deutschen Orden 1662 Jänner 12. Kapitular 1671. Kooperator in Lana 1665, in Schlanders 1666–1669. Pfarrverwalter in Sarnthein 1669–1676, in Lana 1677–1703.
† Lana 1703 Oktober 19.[880]

Gregor Gurschler, Kooperator 1669 Februar – 1670 September
* Tschars. Kooperator in Schlanders 1669–1670.[881]

Thomas Pfeifer, Kooperator 1669 März – 1670 Jänner
* Ischgl. Seelsorgelizenz Chur 1667 April 22. Kooperator in Schlanders 1669–1670.[882]

Johann Hueber, Kooperator 1670 Oktober – 1673 März
* Schlanders. Seelsorgelizenz Chur 1669 Dezember 28. Kooperator in Schlanders 1670–1673. Kurat in Martell 1674–1675.[883]

Stefan Nagele, Taufpriester 1673 Jänner – 1674 Juni
Kooperator in Lengmoos 1671–1672, Taufpriester in Schlanders 1673–1674.[884]

Kaspar Hartl, Taufpriester 1674 März 22 – 1676 Jänner
* Schlanders. Tischtitel 1672 Dezember 3. Subd. Chur 1672 Dezember 17. Taufpriester in Schlanders 1674–1676, Kooperator in Lengmoos 1676, Pfarrverwalter Unterinn 1677–1679. Aufnahme in den Deutschen Orden 1683 September 14.[885]

Kaspar Schwarz OT, Kooperator 1676 Februar – 1680 Mai
* Latsch. Tischtitel 1672 Dezember 3. Pw. Chur 1673 April 1. Kooperator in Lengmoos 1673–1676, in Schlanders 1676–1680. Taufpriester in Martell 1680, in Lana 1681–1684.[886]

Dr. Kaspar Tröger, Kooperator 1680 Juni – 1680 Juli

---

868 BAC, WP 1, pag. 97; TB Schlanders.
869 DOZA, Et 158/3: 1634 November 14. Valentin Weinhart notariatus iuratus an B. von Chur (Konzept).
870 TB Schlanders.
871 TB Schlanders.
872 Vgl. oben bei Anm. 801.
873 BAC, WP 1, pag. 119; TB Schlanders.
874 BAC, WP 1, pag. 139; TB Schlanders.
875 Kustatscher, Sarnthein (wie Anm. 3), S. 571.
876 BAC, Patr.; BAC, WP 2, pag. 36; TB Schlanders.
877 BAC, WP 2, pag. 39; TB Schlanders.
878 BAC, WP 2, pag. 46; TB Schlanders.
879 Vgl. oben bei Anm. 803.
880 Kustatscher, Sarnthein (wie Anm. 3), S. 561 f.
881 TB Schlanders.
882 BAC, WP 2, pag. 120; TB Schlanders.
883 BAC, WP 2, pag. 124, 156; TB Schlanders.
884 TB Lengmoos; TB Schlanders.
885 BAC, Patr.; BAC, WP 2, pag. 192; TB Schlanders; TB Lengmoos; TB Unterinn; Gasser (wie Anm. 120), S. 328.
886 BAC, Patr.; BAC, WP 2, pag. 196; TB Lengmoos; TB Schlanders; TB Martell; TB Lana.

* Kortsch. Univ. Innsbruck. Pw. Chur. Kooperator in Schlanders 1680. Benefiziat in Kortsch 1680–1704.[887]

Bernhard Josef Moritsch, Kooperator 1680 August – 1680 Oktober
* Mals. Tischtitel 1675 August 20. Kooperator in Schlanders 1680. Administrator in Martell 1680–1683.[888]

Hieronymus Helff, Kooperator 1680 November – 1682 Dezember
* Mals. Tischtitel 1680 März 6. Kooperator in Schlanders 1680–1682.[889]

Mag. Johann Plant, Taufpriester 1681 Oktober – 1682 September
* Laas. Tischtitel 1674 Oktober 15. Taufpriester in Schlanders 1681–1682.[890]

Dr. Johann Baptist Pamhackl, Kooperator 1682 März – 1687 Jänner
* Martell 1645. Univ. Graz. Seit 1670 in der Seelsorge. Kooperator in Schlanders 1682–1687. Kurat in Martell 1687–1700. Kooperator in Schlanders 1700–1706.[891]

Peter Kofler, Taufpriester 1684 November – 1693 Juli[892]

Sigmund Beli de Belfort, Taufpriester 1685 Oktober – 1685 November
* Tschengls 1652. Univ. Salzburg. Tischtitel 1684 Februar 4. Pw. Salzburg. Taufpriester in Schlanders 1685, Kooperator in Schlanders 1689–1695. Priester in Schlanders 1703.[893]

Jakob Wieser OT, Taufpriester 1686 Jänner
* Laas 1652. Univ. Innsbruck 1675/76–1677/78. Aufnahme in den Deutschen Orden 1685 Dezember 9. Taufpriester in Sarnthein 1685, in Schlanders 1686. Kooperator in Lana 1686. Pfarrverwalter in Laas 1686–1689, in Wangen 1689–1693. Taufpriester bzw. Kooperator in Lana 1693–1713. † 1713 September 13.[894]

Dr. Gregor Thalman, Kooperator 1687 Februar – 1688 Oktober
Kooperator in Lengmoos 1680–1685, in Lana 1685–1687, in Schlanders 1687–1688. Taufpriester in Lengmoos 1688. Pfarrverwalter in Unterinn 1688–1702.[895]

Johann Fischer, Kooperator 1688 Februar – 1689 Jänner
* Glurns. Tischtitel 1685 September 26. Pw. Chur 1686 März 30. Kooperator in Schlanders 1688–1689.[896]

Sigmund Beli de Belfort, Kooperator 1689 Jänner – 1695 Mai[897]

Josef Kaspar von Atzwang, Taufpriester 1689 November – 1692 Mai
Kooperator in Lengmoos 1684–1687, in Lana 1687–1689. Taufpriester in Schlanders 1689–1692. Kooperator in Sarnthein 1692–1695. Kurat in Völlan 1695–1698.[898]

Wolfgang Pinggera OT, Taufpriester 1694 Juli – 1697 September
Aufnahme in den Deutschen Orden 1691 September 16. Taufpriester in Unterinn 1691–1692. Kooperator in Lengmoos 1692–1694. Taufpriester in Schlanders 1694–1697. Kooperator in Sarnthein 1697–1699. Pfarrverwalter in Wangen 1700–1703, in Laas 1703–1719. † 1719 November 6.[899]

Johann Georg Blinthamer, Kooperator 1695 Juni – 1699 November
* Landsberg (Oberbayern) 1666. Univ. Innsbruck 1683/84–1687/88. Bakkalaureat 1685. Pw. Augsburg. Kooperator in Lengmoos 1688–1695, in Schlanders 1695–1699, in Sarnthein 1699–1701, in Schlanders 1701–1704. Aufnahme in den Deutschen Orden 1701 Dezember 1. † 1704 Mai 10.[900]

---

887 TB Schlanders; DOZA, Et 33/3 = Et 34/1: VP 1701 Dezember 21.
888 BAC, Patr.; TB Schlanders.
889 BAC, Patr.; TB Schlanders.
890 BAC, Patr.; TB Schlanders.
891 Atz/Schatz (wie Anm. 5), S. 96; Frühmesserbuch (wie Anm. 149), S. 48; TB Schlanders; DOZA, Et 32/3.
892 TB Schlanders; DOZA, Et 33/3 = Et 34/1: VP 1701 Dezember 21.
893 BAC, Patr.; TB Schlanders, PfA Schlanders, Urk. 60 ddo. 1703 August 16; DOZA, Et 33/3 = Et 34/1: VP 1701 Dezember 21.
894 Kustatscher, Sarnthein (wie Anm. 3), S. 575; SpA, Schachtel III/18, Nr. 41.
895 TB Lengmoos; TB Lana; TB Schlanders; TB Unterinn.
896 BAC, Patr.; BAC, WP; TB Schlanders.
897 Vgl. oben bei Anm. 893.
898 TB Schlanders; Kustatscher, Sarnthein (wie Anm. 3), S. 575.
899 TB Schlanders; Kustatscher, Sarnthein (wie Anm. 3), S. 576.
900 TB Schlanders; Kustatscher, Sarnthein (wie Anm. 3), S. 577.

Georg Sebastian Eder OT, Taufpriester 1697 November – 1699 November
* Innsbruck. Univ. Innsbruck 1687/88–1692/93. Aufnahme in den Deutschen Orden 1696 Dezember 30. Taufpriester in Schlanders 1697–1699. Kooperator in Lana 1699–1701, in Unterinn 1701–1702, in Sarnthein 1702–1703. Pfarrverwalter in Wangen 1703–1705, in Unterinn 1705–1709. Kurat in Martell 1709–1710. Frühmeßbenefiziat in Lengmoos 1710–1721. † 1723.[901]

Johann Baptist Wellenzon OT, Kooperator 1699 Dezember – 1701 Februar
* Schluderns 1671 Juni 24. Univ. Innsbruck 1691/92–1692/93. Univ. Salzburg 1693. Aufnahme in den Deutschen Orden 1696 Oktober 30. Kooperator in Lengmoos 1697, in Lana 1697–1699, in Schlanders 1699–1701, in Sarnthein 1701–1702, in Lengmoos 1702–1703. Pfarrverwalter in Unterinn 1704, in Sarnthein 1705–1709. Vor 1724 wird er Pfarrer in Pest/Ungarn. † 1742 März 14.[902]

Dr. Johann Baptist Pamhackl, Kooperator 1700 Mai – 1706 September[903]

Josef Haider OT, Taufpriester 1700 Jänner – 1700 Juli
Aufnahme in den Deutschen Orden 1691 September 10. Kaplan in St. Leonhard/Passeier 1691–1692. Kooperator in Lengmoos 1692–1693. Pfarrverwalter in Wangen 1694–1699. Taufpriester in Schlanders 1700. Frühmeßbenefiziat in Lengmoos 1701–1710. Pfarrverwalter in Unterinn 1710–1729.[904]

Johann Georg Blinthamer OT, Kooperator 1701 März – 1704 April[905]

Michael Weitgruber, Kooperator 1703 Dezember – 1706 Juli[906]

Bartholomäus Egger, Taufpriester 1704 November – 1705 Mai
* Algund. Tischtitel 1704 August 10. Taufpriester in Schlanders 1704–1705. Kooperator in St. Leonhard/Passeier 1705–1707.[907]

Mag. Simon Tröger, Kooperator 1706 Juli – 1710 Februar
* Schlanders 1680 Oktober 17. Univ. Innsbruck 1704/05. Tischtitel 1705 September 14. Kooperator in Schlanders 1706–1710, in Sarnthein 1710–1716. Einkleidung in den Deutschen Orden 1716 April 24. Kurat in Völlan 1716–1719. Pfarrverwalter in Laas 1720–1725, in Sarnthein 1725–1747. † 1747 April 19.[908]

Johann Simeoner, Taufpriester 1707 November – 1708 September
Tischtitel 1706 Februar 17. Taufpriester in Schlanders 1707–1708, Kooperator in Schlanders 1721–1724.[909]

Dr. Abraham Albrecht, Kooperator 1709 April – 1710 Jänner
Tischtitel 1706 Februar 16. Kooperator in Schlanders 1709–1710. Kaplan in Laas 1714.[910]

Johann Kaspar Gerstgrasser, Kooperator 1710 März – 1711 März[911]

Franz Moser, Kooperator 1710 November – 1714 November
* Schlanders 1690. Univ. Innsbruck 1706/07–1708/09. Tischtitel 1710 Februar 17. Pw. Chur 1710 April 19. Kooperator in Schlanders 1710–1714, in Sarnthein 1714–1715. Kurat in Martell 1715–1725. Nach dem Noviziat bei Johann Jakob Glier Aufnahme in den Deutschen Orden 1719. Pfarrverwalter in Laas 1725–1730. † 1730 März 13.[912]

Anton Ignaz Zermaiol, Kooperator 1711 April – 1712 März
* Meran 1682 Jänner 7. Univ. Innsbruck 1702/03–1703/04. Tischtitel 1705 September 7. Kooperator in St. Walburg/Ulten 1706. Kooperator in Lana 1706–1709, in Sarnthein 1709–1710. Kaplan in Weggenstein 1711. Kooperator in Schlanders 1711–1712, in Lengmoos 1712–1713.[913]

---

901 TB Schlanders; DOKA II 40/1: BK 1723 November 9–10; KUSTATSCHER, Sarnthein (wie Anm. 3), S. 577.
902 TB Schlanders; KUSTATSCHER, Sarnthein (wie Anm. 3), S. 562.
903 Vgl. oben bei Anm. 891.
904 TB St. Leonhard/Passeier; TB Lengmoos; TB Wangen; TB Schlanders; TB Unterinn; GASSER (wie Anm. 120), S. 328.
905 Vgl. oben bei Anm. 900.
906 Vgl. oben bei Anm. 805
907 BAC, Patr.; TB Schlanders; TB St. Leonhard/Passeier.
908 KUSTATSCHER, Sarnthein (wie Anm. 3), S. 562.
909 BAC, Patr.; TB Schlanders; TB Martell.
910 TB Schlanders; TB Laas.
911 TB Schlanders.
912 KUSTATSCHER, Sarnthein (wie Anm. 3), S. 580.
913 KUSTATSCHER, Sarnthein (wie Anm. 3), S. 579.

Josef Wohlgemuth, Taufpriester 1713 Dezember – 1714 September[914]

Franz Augustin Hafner, Kooperator 1714 Dezember
* Wyl (Diöz. Konstanz). Tischtitel 1714 März 10. Pw. Chur 1714 September 22. Kooperator in Schlanders 1714–1715.[915]

Adam Hofer, Kooperator 1715 Jänner – 1715 September

Kaplan in St. Leonhard/Passeier 1713. Kooperator in Lengmoos 1713–1714, in Schlanders 1715.[916]

Josef Tröger, Kooperator 1715 März – 1716 März
Kooperator in Schlanders 1715–1716, in Laas 1716–1720. Frühmeßbenefiziat in Laas 1721–1725.[917]

Johann Pankraz Petöfi OT, Kooperator 1715 Oktober – 1717 Jänner
* Schlanders. Tischtitel 1715 Juli 26. Pw. Chur 1715 August 16. Kooperator in Schlanders 1715–1717, in St. Leonhard/Passeier 1717–1719. Kurat in Völlan 1720–1728. Pfarrverwalter in Lana 1729–1734. † 1737.[918]

Johann Baptist Miller, Supernumerar 1716 November – 1736 Dezember
Tischtitel 1708 Februar 17. Frühmeßbenefiziat in Laas 1709. Kooperator in Wangen 1710–1711. Kaplan der Kommende Schlanders ca. 1712–1715. Supernumerar in Schlanders 1716–1736.[919]

Franz Hofer, Kooperator 1717 Februar – 1719 Mai
Kooperator in St. Leonhard/Passeier 1709–1717, in Schlanders 1717–1719. Benefiziat in Kortsch 1719–1738.[920]

Anton Ratschiller, Supernumerar 1718 Februar – 1719 April, Kooperator 1719 Mai – 1724 September
Supernumerar bzw. Kooperator 1718–1724. Taufpriester in Martell 1725–1729, in Schlanders 1731–1732.[921]

Franz Digga, Supernumerar 1720 Februar – 1722 März
Supernumerar in Schlanders 1720–1722. Kooperator in St. Leonhard/Passeier 1724–1725.[922]

Johann Simeoner, Kooperator 1721 Oktober – 1724 März[923]

Sylvester Moser, Taufpriester 1721 Dezember – 1723 Oktober[924]

Josef Johann Steinhauser, Supernumerar 1722 April – 1722 September
Tischtitel 1721 September 11. Supernumerar in Schlanders 1722. Kooperator in Schlanders 1725–1733. Taufpriester in Martell 1733, in Schlanders 1736.[925]

Mathias Nischler, Supernumerar 1722 November – 1724 September
Tischtitel 1721 März 2. Supernumerar in Schlanders 1722–1724. Taufpriester in St. Leonhard/Passeier 1724. Kooperator in Schlanders 1724–1725.[926]

Josef Verdross OT, Taufpriester 1724 September – 1724 November
* Schleis. Tischtitel 1718 September 17. Pw. Chur 1718 Oktober 2. Taufpriester in Schlanders 1724.[927]

Mathias Nischler, Kooperator 1724 Oktober – 1725 Dezember[928]

Johann Evangelist Wallnöfer, Supernumerar 1725 März – 1725 Oktober
* Eyrs. Tischtitel 1724 Februar 11. Pw. Chur 1725 Jänner 6. Supernumerar in Schlanders 1725. Kooperator in Wangen 1733.[929]

Mathias Martin, Supernumerar 1725 Dezember
Tischtitel 1725 April 9. Pw. Chur 1725 Oktober 7. Supernumerar in Schlanders 1725. Kooperator in Tschars 1727. Taufpriester in Schlanders 1732–1733. Kurat in Tarsch 1736.[930]

Josef Johann Steinhauser, Kooperator 1726 Jänner – 1733 Februar[931]

---

914 TB Schlanders.
915 BAC, Patr.; BAC, WP; TB Schlanders.
916 TB St. Leonhard/Passeier; TB Lengmoos; TB Schlanders.
917 TB Schlanders; TB Laas.
918 BAC, Patr.; BAC, WP; TB Schlanders; TB St. Leonhard/Passeier; TB Lana; DOKA II 40/1: BK 1737 November 19.
919 BAC, Patr.; TB Laas; TB Wangen; TB Schlanders.
920 TB St. Leonhard/Passeier; TB Schlanders; KA Kortsch, Schachtel XII – 9.
921 TB Martell; TB Schlanders.
922 TB Schlanders; TB St. Leonhard/Passeier.
923 Vgl. oben bei Anm. 909.
924 Vgl. oben bei Anm. 806.
925 BAC, Patr.; TB Schlanders; TB Martell.
926 BAC, Patr.; TB Schlanders; TB St. Leonhard/Passeier.
927 BAC, Patr.; BAC, WP; TB Schlanders.
928 Vgl. oben Anm. 926.
929 BAC, Patr.; BAC, WP; TB Schlanders; TB Wangen.
930 BAC, Patr.; BAC, WP; TB Schlanders.
931 Vgl. oben bei Anm. 925.

Thomas Lösch, Supernumerar 1726 März – 1727 September
* Schlanders. Tischtitel 1725 Mai 15. Pw. Chur 1725 Juni 10. Supernumerar in Schlanders 1726–1727. Kooperator in Lengmoos 1727–1728. Spitalbenefiziat in Schlanders 1734–1750.[932]

Josef Pfitscher, Supernumerar 1728 Juli – 1728 Dezember
* Schlanders. Tischtitel 1727 November 22. Supernumerar in Schlanders 1728. Taufpriester in Unterinn 1729–1730. Kooperator in Lengmoos 1729–1730. Frühmeßbenefiziat in Lengmoos 1731–1733. Kurat in Martell 1733–1734, in Völlan 1734.[933]

Mathias Stanger, Supernumerar 1729 November
* Tschars. Pw. Chur 1727 Juni 29. Kooperator in St. Leonhard/Passeier 1729. Supernumerar in Schlanders 1729. Kooperator in Völlan 1731. Kaplan in Pawigl 1733.[934]

Josef Tappeiner, Supernumerar 1729 September – 1730 Jänner
Tischtitel 1721 September 10. Pw. Chur 1721 Oktober 5. Supernumerar in Schlanders 1729–1730, hier lebend noch 1738. Supernumerar in St. Leonhard/Passeier 1744. Kooperator in Moos/Passeier 1744–1747.[935]

Anton Ratschiller, Taufpriester 1731 Juli – 1732 November[936]

Mathias Martin, Taufpriester 1732 Oktober – 1733 Jänner[937]

Karl Sigbert Verklairer, Kooperator 1732 Dezember – 1735 Juli
* Schleis 1708 Juli 11. Tischtitel 1732 September 9. Pw. Chur 1732 Oktober 5. Pr. 1737 November 19. Kooperator in Schlanders 1732–1735, in Unterinn 1735–1736. Supernumerar in Sarnthein 1736–1737. Einkleidung in den Deutschen Orden 1737 November 19. Kooperator in St. Leonhard/Passeier 1738–1741. Taufpriester in Unterinn 1741–1742. Kooperator in Unterinn 1742–1743. Frühmeßbenefiziat in Lengmoos 1744–1746, in Wangen 1746–1747. Pfarrverwalter in Wangen 1747–1761. † Wangen 1761 März 30.[938]

Josef Anton Runs, Taufpriester 1733 März – 1733 Juni
Kooperator in St. Leonhard/Passeier 1731. Supernumerar in Unterinn 1732. Taufpriester in Schlanders 1733. Kooperator in Wangen 1733–1734, in Unterinn 1734–1735, in St. Leonhard/Passeier 1735–1738. Frühmeßbenefiziat in St. Leonhard/Passeier 1744.[939]

Josef Lösch, Taufpriester 1733 August[940]

Andreas Nischler OT, Kooperator 1733 September – 1734 August
Einkleidung in den Deutschen Orden 1733. Kooperator in Schlanders 1733–1734. Pfarrverwalter in Laas 1734–1735, in Unterinn 1735–1741.[941]

Friedrich Anreiter, Kooperator 1734 November – 1734 Dezember
Kooperator in St. Leonhard/Passeier 1733–1734, in Schlanders 1734.[942]

Franz Leopold Schlüssel, Kooperator 1735 August – 1743 August
* Rheinfelden. Kooperator in Unterinn 1735, in Schlanders 1735–1743, in Laas 1743–1744.[943]

Josef Johann Steinhauser, Taufpriester 1736 Juni[944]

Peter Paul Klotz OT, Supernumerar 1736 November – 1739 April
* Agums 1707. Tischtitel 1732 Februar 20. Pw. Chur 1732 April 12. Supernumerar in Schlanders 1736–1739. Kooperator in Lana 1740–1743, in St. Leonhard/Passeier 1743–1744. Kurat in Martell 1744–1755. Pfarrverwalter in Laas 1756–1781. † nach 1786.[945]

Nikolaus Wallnöfer, Supernumerar 1739 Mai – 1741 Februar
* Tschengls. Tischtitel 1737 September 8. Pw.

---

932 BAC, Patr.; BAC, WP; TB Schlanders; TB Lengmoos.
933 BAC, Patr.; TB Unterinn; TB Lengmoos; TB Martell; TB Lana; TB Schlanders.
934 BAC, WP; VP 1729; TB St. Leonhard/Passeier; TB Schlanders; TB Lana.
935 BAC, Patr.; BAC, WP; TB St. Leonhard/Passeier; TB Moos/Passeier; BAC, VP 1738, fol. 32r.
936 Vgl. oben bei Anm. 921.
937 Vgl. oben bei Anm. 930.
938 Kustatscher, Sarnthein (wie Anm. 3), S. 582.
939 TB St. Leonhard/Passeier; TB Unterinn; TB Schlanders; TB Wangen.
940 TB Schlanders.
941 TB Schlanders; TB Laas; TB Unterinn.
942 TB Unterinn; TB Schlanders; TB Laas.
943 TB Schlanders; BAC, VP 1738, fol. 31r.
944 Vgl. oben bei Anm. 925.
945 BAC, Patr.; BAC, WP; TB Schlanders; TB Lana; TB St. Leonhard/Passeier; TB Martell; TB Laas; Atz/Schatz (wie Anm. 5), S. 75.

Chur 1737 Oktober 6. Supernumerar in Schlanders 1739–1741.[946]

Johann Georg Handschuher, Supernumerar 1740 November – 1742 Februar
* Bozen. Tischtitel 1740 August 21. Pw. Chur 1740 Oktober 9. Supernumerar in Schlanders 1740–1742, in Lengmoos 1743. Taufpriester in Schlanders 1747–1748. Kooperator in Unterinn 1748.[947]

Nikolaus Wöriz, Supernumerar 1742 März – 1743 Juni, Kooperator 1743 Juli – 1749 Oktober
* Schlanders 1718. Tischtitel 1741 Februar 19. Pw. Chur 1741 April 1. Supernumerar in Schlanders 1742–1743. Kooperator in Schlanders 1743–1749. Taufpriester in Schlanders 1766–1783.[948]

Johann Rogner, Supernumerar 1743 September – 1746 Februar[949]

Paul Wallnöfer, Taufpriester 1746 Juni – 1749 September[950]

Nikolaus Nebl, Supernumerar 1746 August
* Tarsch. Tischtitel 1738 Juli 25. Pw. Chur 1738 Oktober 5. Supernumerar in Schlanders 1746.[951]

Franz Morbo, Supernumerar 1746 September – 1748 März[952]

Johann Georg Handschuher, Taufpriester 1747 Oktober – 1748 Februar[953]

Konrad Stecher, Supernumerar 1748 Mai – 1748 Juli Kooperator in Laas 1745–1747. Supernumerar in Schlanders 1748. Kooperator in Laas 1749–1750, 1754–1755, 1758–1762.[954]

Georg Plattner, Supernumerar 1748 August – 1749 August
Supernumerar in Schlanders 1748–1749. Kooperator in Lengmoos 1796–1809.[955]

Josef Daney, Kooperator 1749 November – 1751 April
* Matsch. Tischtitel 1748 September 5. Pw. Chur 1748 September 21. Kooperator in Schlanders 1749–1751.[956]

Josef Anton Chrysostomus Markt OT, Kooperator 1750 – 1757 August[957]

Jakob Prugger, Supernumerar Schlanders 1750 Jänner – 1750 Februar
* Tschars. Tischtitel 1744 Februar 15. Pw. Chur 1744 April 4. Taufpriester in Völlan 1746. Supernumerar in Schlanders 1750. Kooperator in Laas 1750.[958]

Josef Stocker, Supernumerar 1750 April – 1751 April. Kooperator 1751 Mai – 1754 März
* Montani. Tischtitel 1741 August 23. Pw. Chur 1741 Oktober 16. Kooperator in Martell 1749–1750. Supernumerar in Schlanders 1750–1751. Kooperator in Schlanders 1751–1754.[959]

Balthasar Schguanin, Supernumerar 1751 Mai – 1753 November
* Taufers. Tischtitel 1746 August 23. Pw. Chur 1746 Oktober 2. Supernumerar Schlanders 1751–1753.[960]

Johann Baptist Anton Blaas, Supernumerar 1753 Dezember – 1754 Jänner, Kooperator 1754 Februar – 1755 November
Tischtitel 1750 Mai 10. Pw. Chur 1750 Mai 31. Supernumerar in Schlanders 1753. Kooperator in Schlanders 1754–1755.[961]

Jakob Schwellensattl, Supernumerar 1754 August – 1755 November
Tischtitel 1747 Oktober 8. Pw. Chur 1748 September 21. Supernumerar in Schlanders 1754–1755.[962]

Jakob Thuille, Supernumerar 1755 Dezember – 1756 Februar
* Schleis. Tischtitel 1750 Februar 5. Pw. Chur 1750 März 28. Supernumerar in Schlanders 1755–1756. Kooperator in Schlanders 1759–1762.[963]

---

946 BAC, Patr.; BAC, WP; TB Schlanders.
947 BAC, Patr.; BAC, WP; TB Schlanders; TB Lengmoos; TB Unterinn.
948 BAC, Patr.; BAC, WP; TB Schlanders; BAC, VP 1767, pag. 91.
949 TB Schlanders.
950 TB Schlanders.
951 BAC, Patr.; BAC, WP; TB Schlanders.
952 TB Schlanders.
953 Vgl. oben bei Anm. 947.
954 TB Laas; TB Schlanders.
955 TB Schlanders; TB Lengmoos.
956 BAC, Patr.; BAC, WP; TB Schlanders.
957 Vgl. oben bei Anm. 811.
958 BAC, Patr.; BAC, WP; TB Lana; TB Schlanders; TB Laas.
959 BAC, Patr.; BAC, WP; TB Martell; TB Schlanders.
960 BAC, Patr.; BAC, WP; TB Schlanders.
961 BAC, Patr.; BAC, WP; TB Schlanders.
962 BAC, Patr.; BAC, WP; TB Schlanders.
963 BAC, Patr.; BAC, WP; TB Schlanders.

Josef Rainer, Supernumerar Schlanders 1756 Juli – 1757 August
* Schlanders. Tischtitel 1749 September 6. Pw. Chur 1749 Oktober 5. Taufpriester in Unterinn 1740–1741. Supernumerar in Schlanders 1756–1757. Benefiziat in Göflan 1764–1767.[964]

Josef Zischg, Supernumerar 1757 März – 1757 Juli
* Sulden. Tischtitel 1752 November 15. Pw. Chur 1754 Oktober 6. Supernumerar in Schlanders 1757.[965]

Josef Eller, Supernumerar 1757 Dezember – 1758 März
* Langtaufers. Tischtitel 1751 November 5. Pw. Chur 1752 April 1. Supernumerar Schlanders 1757–1758.[966]

Kaspar Riescher, Supernumerar 1757 August – 1759 Jänner
* Morter. Tischtitel 1756 November 23. Pw. Chur 1756 Dezember 26. Supernumerar in Schlanders 1757–1759. Kooperator in Martell 1768, in Laas 1768.[967]

Simon Thaddäus Schwarz, Kooperator 1757 September – 1760 April
* Burgeis. Tischtitel 1749 September 8. Pw. Chur 1749 Oktober 5. Kooperator in St. Leonhard/Passeier 1754–1756, in Schlanders 1757–1760. Taufpriester in Laas 1760–1762. Kooperator in Wangen 1762–1764. Supernumerar bzw. Kooperator in Lengmoos 1764–1769.[968]

Johann Eller, Supernumerar 1757 Dezember – 1762 April.[969]

Martin Zangerle, Supernumerar 1758 Mai – 1760 März
* Graun. Tischtitel 1758 November 11. Supernumerar in Schlanders 1758–1760.[970]

Jakob Thuille, Supernumerar 1759 September – 1762 Mai[971]

Josef Matthäus Mayr, Kooperator 1760 Mai – 1763 Oktober
* Tschars. Tischtitel 1750 September 8. Pw. Chur 1750 September 27. Kooperator in Schlanders 1760–1763.[972]

Georg Mathias Pilser, Supernumerar 1760 September – 1766 Oktober
* Schlanders. Tischtitel 1759 Februar 5. Pw. Chur 1759 Oktober 7. Supernumerar in Schlanders 1760–1766. Spitalkaplan in Schlanders 1781–1797.[973]

Josef Joachim Platzer, Kooperator 1763 November – 1767 Jänner
* Meran. Tischtitel 1761 April 11. Pw. Chur 1761 Mai 31. Kooperator in Schlanders 1763–1767. Frühmeßbenefiziat in Tirol 1806.[974]

Josef Tumler. Taufpriester in Schlanders 1765 August – 1771 April
Tischtitel 1730 November 29. Pw. Chur 1732 Oktober 5. Taufpriester in Unterinn 1738–1739, in Schlanders 1756–1771.[975]

Johann Nepomuk Steiner, Taufpriester 1765 September – 1769 Mai
Kooperator in Laas 1765. Taufpriester in Schlanders 1765–1769. Kooperator in Martell 1770.[976]

Nikolaus Wöriz, Taufpriester 1766 August – 1783 Juni[977]

Georg Johann Rechenmacher, Supernumerar 1767 Jänner – 1773 Dezember
* Latsch. Tischtitel 1765 September 6. Pw. Chur 1765 Oktober 6. Supernumerar in Schlanders 1767–1773. Kooperator Laas 1810.[978]

Mathias Ohrwalder, Kooperator 1767 Jänner – 1768 März
* Völlan 1731. Univ. Salzburg 1755. Diakonat Trient 1757 November 18. Univ. Innsbruck 1757/58–1759/60. Supernumerar in Sarnthein 1760–

---

964 BAC, Patr.; BAC, WP; TB Unterinn; TB Schlanders; BAC, VP 1767, pag. 93.
965 BAC, Patr.; BAC, WP; TB Schlanders.
966 BAC, Patr.; BAC, WP; TB Schlanders.
967 BAC, Patr.; BAC, WP; TB Schlanders; TB Martell; TB Laas.
968 BAC, Patr.; TB St. Leonhard/Passeier; TB Schlanders; TB Laas; TB Wangen; TB Lengmoos.
969 TB Schlanders.
970 BAC, Patr.; TB Schlanders.
971 TB Schlanders; TB Martell.
972 BAC, Patr.; BAC, WP; TB Schlanders.
973 BAC, Patr.; BAC, WP; TB Schlanders; TB Martell; SpA III/1.3, Heft 17/4; 17/8; III/2.1.1 – Nr. 9 ddo. 1781 Mai 13.
974 BAC, Patr.; BAC, WP; TB Schlanders.
975 BAC, Patr.; BAC, WP, pag. 15; TB Unterinn; TB Schlanders; PfA Schlanders 4/21.
976 TB Laas; TB Schlanders; TB Martell.
977 Vgl. oben bei Anm. 948.
978 BAC, Patr.; BAC, WP; SpA III/1.3, Heft 15/32; TB Schlanders; TB Laas.

1761. Kooperator in St. Nikolaus/Ulten 1761–1763, in St. Walburg/Ulten 1763, in Völlan 1763–1764, in St. Leonhard/Passeier 1764–1766, in Schlanders 1767–1768. Aufnahme in den Deutschen Orden 1769. Kurat in Martell 1768–1778. Pfarrverwalter in St. Leonhard/Passeier 1778–1802. † 1802 September 16.[979]

Anton Ulrich Platter, Kooperator 1768 April – 1776 März
* Mals. Tischtitel 1765 Oktober 20. Pw. Chur 1766 Jänner 5. Kooperator in Unterinn 1766–1768, in Schlanders 1768–1776. Pfarrer in Latsch 1808.[980]

Michael Veith, Supernumerar 1772 Juli – 1773 Oktober, Kooperator 1773 November – 1775 Februar
* Mals 1748 Jänner 9. Tischtitel 1770 Dezember 3. Pw. Chur 1771 Jänner 6. Supernumerar bzw. Kooperator in Schlanders 1772–1775. Supernumerar in Lengmoos 1775–1778.[981]

Bartholomäus Thoman, Supernumerar 1773 März – 1777 November
* Kortsch 1748 August 21. Tischtitel 1773 o. T. Pw. Chur 1773 Oktober 3. Supernumerar in Schlanders 1773–1777, 1782–1797. Schloßkaplan in Schlanders 1800.[982]

Johann Nepomuk Hellrigl, Kooperator 1776 April – 1778 März
Kooperator in Unterinn 1767–1772, in St. Leonhard/Passeier 1773–1776, in Schlanders 1776–1778.[983]

Josef Mayr, Supernumerar 1777 Dezember – 1779 Dezember[984]

Benedikt Simon Moser, Kooperator Schlanders 1778 April – 1784 November
* Burgeis 1746 März 9. Tischtitel 1770 September 13. Pw. Chur 1770 Oktober 7. Supernumerar in Lengmoos 1778. Kooperator in Schlanders 1778–1784.[985]

Franz Lung, Supernumerar 1780 Jänner – 1796 Jänner
Supernumerar in Schlanders 1780–1796. Spitalkaplan in Schlanders 1797–1801.[986]

Peter Alber, Supernumerar 1781 November – 1791 November
Supernumerar in Schlanders 1781–1791, Schulbenefiziat in Schlanders 1792–1800.[987]

Bartholomäus Thoman, Supernumerar 1783 Jänner – 1797 Mai[988]

Jakob Fliri, Kooperator 1784 Dezember – 1795 November
* Taufers im Münstertal. Tischtitel 1781 Oktober 21. Pw. Chur 1782 September 29. Kooperator in Schlanders 1784–1795. Pfarrverwalter in Laas 1795–1813. Frühmeßbenefiziat in Völlan 1816–1823.[989]

Martin Maurer, Supernumerar 1789 Oktober – 1790 Mai[990]

Simon Kuen, Supernumerar 1790 Juli – 1794 September
Kooperator in Laas 1789–1790. Supernumerar in Schlanders 1790–1794.[991]

Josef Untersteiner, Supernumerar 1794 Oktober – 1795 Februar[992]

Christian Kapeller, Taufpriester 1795 April – 1795 November[993]

Josef Zerzer, Kooperator 1795 Dezember – 1798 Oktober[994]

Johann Steiner, Supernumerar 1797 August – 1797 September
Supernumerar in Schlanders 1797. Kooperator in Wangen 1819.[995]

Ignaz Graf von Riedmatter, Taufpriester 1798 November – 1799 Jänner[996]

---

979 TB Schlanders; MADER (wie Anm. 2), S. 247 f.; KUSTATSCHER, Sarnthein (wie Anm. 3), S. 585.
980 BAC, Patr.; BAC, WP; TB Unterinn; TB Schlanders.
981 BAC, Patr.; BAC, WP; TB Schlanders; TB Lengmoos.
982 BAC, Patr.; BAC, WP; TB Schlanders; PfA Schlanders 4/21 (zu 1800).
983 TB Unterinn; TB St. Leonhard/Passeier; TB Schlanders.
984 Vgl. oben bei Anm. 814.
985 BAC, Patr.; BAC, WP; TB Lengmoos; TB Schlanders.
986 SpA III/2.1.1 – Nr. 16 ddo. 1797 Mai 27; III/1.3, Heft 19/10; 19/21; TB Schlanders.
987 TB Schlanders.
988 Vgl. oben bei Anm. 982.
989 BAC, Patr.; BAC, WP; TB Laas; TB Schlanders; TB Völlan.
990 TB Schlanders.
991 TB Laas; TB Schlanders.
992 TB Schlanders.
993 TB Schlanders.
994 TB Schlanders.
995 TB Schlanders; TB Wangen.
996 TB Schlanders.

Georg Götsch, Kooperator 1798 November – 1799 Juli[997]

Josef Bonifaz Bartel, Kooperator 1799 Jänner – 1800 September[998]

Stefan Franz Parlet, Supernumerar 1799 Oktober – 1800 März[999]

Josef Felix Chevrelot, Taufpriester 1799 Dezember – 1800 Jänner[1000]

Josef Rochus Hilleprand, Kooperator 1800 Oktober – 1806 Februar
* Latsch. Tischtitel 1798 Juni 26. Pw. Meran 1798 Oktober 28. Kooperator in Schlanders 1800–1806.[1001]

Jonas Dilich, Supernumerar 1802 Jänner[1002]

Vinzenz Holzner, Taufpriester 1802 August
Kooperator in Lana 1793–1796. Taufpriester in Schlanders 1802.[1003]

Jakob Wachter, Supernumerar 1803 Juli – 1808 März[1004]

Franz Anton Kleinhans, Kooperator 1806 März – 1817 Dezember[1005]

Johann Baptist Klotzner, Kooperator 1806 Dezember – 1807 Juni
Benefiziat in Lana 1784. Kooperator in Schlanders 1806–1807.[1006]

Josef Daney, Kooperator 1807 Juli – 1808 Oktober
* Schlanders 1782 Mai 9. Gymn. in Meran, Studium in Innsbruck und Rom, Pw. Rom 1805 Weihnachten. Religionslehrer in Rom 1806. Kooperator in Schlanders 1807–1808. Hofmeister der Grafen Sarnthein in Innsbruck 1809. † St. Pauls 1826 Mai 19.[1007]

Martin Denoth, Kooperator 1809 Jänner – 1810 Februar
* Samnaun. Tischtitel 1801 August 17. Pw. Meran 1801 Dezember 19. Kooperator in Schlanders 1809–1810.[1008]

Die Anzahl der vor 1603, dem Jahr des Einsetzens des Schlanderser Taufbuches, in den einzelnen Jahren in dieser Pfarre wirkenden Hilfsgeistlichen läßt sich mangels geeigneter Quellen nicht genau bestimmen; viele der älteren Nennungen tragen eher den Charakter des Zufälligen. Immerhin erscheint die Überlieferung zwischen 1562 und 1600 aber dicht genug, um diese Epoche in die nun folgende Analyse einbeziehen zu können, die das Wirken der einzelnen Kooperatoren in Schlanders seit 1562 nach Monaten zu quantifizieren versucht und auf diese Weise anzugeben vermag, wieviele Hilfspriester pro Jahr an der Seite des Pfarrverwalters wirkten. Ungeachtet des juridisch dem Landkomtur zustehenden Bestellungsverfahrens orientiert sich die zeitliche Gliederung an der Amtsdauer der Pfarrverwalter, wobei aber nur jene, die der Pfarre über längere Zeiträume hinweg vorstanden, gesondert berücksichtigt werden können.

Amtsperioden der Pfarrverwalter	Hilfspriester / Jahr
1562–1600 (8 Pfarrverwalter)	0,28
1601–1650 (16 Pfarrverwalter, davon 2 Ordenspriester)	0,48
1650–1666 (Pfarrverwalter Markus Preschg OT und Sebastian Felderer OT)	0,96
1666–1702 (Pfarrverwalter Nikolaus Schliernzauner)	1,64
1702–1727 (Pfarrverwalter Johann Jakob Glier OT)	2,24
1727–1735 (6 Pfarrverwalter, alle Ordenspriester)	2,69
1735–1757 (Pfarrverwalter Josef Franz Xaver Schlüssel OT)	2,38
1757–1770 (Pfarrverwalter Josef Anton Chrysostomus Markt OT)	3,50
1770–1800 (Pfarrverwalter Christoph Josef Ambros OT)	3,75
1800–1809 (Pfarrverwalter Johann Baptist Lipp OT)	1,80
1809–1811 (Pfarrverwalter Josef Mayr OT)	1,19

---

997 TB Schlanders.
998 TB Schlanders.
999 TB Schlanders.
1000 TB Schlanders.
1001 BAC, Patr.; BAC, WP; TB Schlanders.
1002 BAC, Patr.; BAC, WP; TB Schlanders.
1003 TB Lana; TB Schlanders.
1004 TB Schlanders.
1005 TB Schlanders.
1006 TB Lana; TB Schlanders.
1007 TB Schlanders; Blaas, »Priesterverfolgung« (wie Anm. 97), S. 160, 301–303; Riedmann (wie Anm. 5), S. 437.

1008 BAC, Patr.; BAC, WP; TB Schlanders.

Eine Angabe von Landkomtur Andreas Josef Graf Spaur aus dem Jahr 1583, derzufolge in Schlanders noch in den späten siebziger Jahren des 16. Jahrhunderts meist zwei bis drei Priester gehalten worden seien und daß erst jetzt von dieser Praxis Abstand genommen werde[1009], lädt dazu ein, die Statistik für die Zeit vor 1600 etwas nach oben zu korrigieren, darf aber sicherlich nicht wörtlich genommen werden, ging es diesem Ritter, der vor der Übernahme der Landkommende die Schlanderser Niederlassung geleitet hatte, doch auch darum, die eigenen Leistungen gegenüber jenen seines Nachfolgers hervorzuheben.

Andere Ergebnisse der Berechnung finden durch erzählende Quellen Bestätigung, z.B. daß es unter Pfarrverwalter Schliernzauner zeitweise einen zweiten Kooperator gab, den er aus eigenen Mitteln besoldete.[1010] Zu 1701 ist überliefert, daß er sich dies, altersschwach geworden, vom Landkomtur ausbedungen habe; konkret bedeutete es, daß dieser Geistliche zur Tafel erscheinen durfte; auf die Wohnung bezog sich die ihm gewährte Ausnahmeregelung jedoch nicht, denn Johann Baptist Pamhackl, so der Name des Betroffenen, lebte nicht im Widum, sondern – auf eigene Kosten – in einem Haus nahe der Kirche St. Michael.[1011]

1741 konnten sich die Visitatoren des Deutschen Ordens von der Präsenz eines Kooperators und eines Supernumerars vergewissern.[1012] Was jedoch auch festzuhalten ist, obwohl es die Statistik nicht im Detail zum Ausdruck bringt: Es gab keine Stabilität der geistlichen Besetzung: 1702 hatte der Pfarrverwalter nur einen einzigen Kooperator an der Seite.[1013] Dies war kurzfristig auch 1710 der Fall: Das vom Landkomtur zur Rechtfertigung vorgebrachte Argument, die Abtrennung der Pfarren Laas und Martell rechtfertige den Personalabbau[1014], muß angesichts der schon Jahrzehnte zurückliegenden Neuumschreibung der Sprengel[1015] als völlig anachronistisch zurückgewiesen werden. Ein entgegengesetzter Argumentationsweg wurde indes 1776 eingeschlagen, als eine zweite Kooperatorenstelle gleichsam institutionalisiert wurde, weil durch einen Vertrag mit der Gemeinde Vezzan zusätzliche Verpflichtungen angefallen waren.[1016] 1776 wurden zwei[1017], 1780 drei[1018], 1792 zwei[1019] Priester zum Hauspersonal gezählt.

In diesem Sinne bleibt der statistische Befund gültig: Aus der Übersicht ergibt sich für fast alle untersuchten Perioden eine eher schwache personelle Besetzung. Im 16. und 17. Jahrhundert hatte Schlanders im Verhältnis zu den meisten Pfarren der Bistümer Trient und Brixen kaum den üblichen Standard erreicht.[1020] Es kann daher von einem erheblichen Priestermangel gesprochen werden. Dies gilt jedoch nicht für die zweite Hälfte des 18. Jahrhunderts, wo Schlanders einen höheren Personalstand hatte als die unwegsame und größere Deutschordenspfarre Sarnthein.[1021]

Im zeitlichen Umfeld der Franzosenkriege herrschte nach Aussage des Kreisamtes in allen Pfarren des Gerichtes Schlanders großer Mangel an Hilfspriestern[1022]; erschwerend wirkte sich aus, daß durch die josefinische Klosterpolitik auch viele Mendikanten ausgefallen waren. An ihre Stelle traten in diesen Jahren vielerorts aus Frankreich emigrierte Geistliche, die sich geweigert hatten, den Eid auf die kirchenfeindliche Staatsverfassung ihres Heimatlandes abzulegen[1023] und daher teilweise nach Tirol ausgewandert waren. Zum Jahr 1798 sind im Tiroler Anteil des Bistums Chur 24 Franzosenpriester nachweisbar; die wirkliche Anzahl dürfte höher gewesen sein, weil sich manche nicht als Franzosen zu deklarieren wagten. Nach 1798 mußten sie das Land wieder verlassen, da ihnen das Gubernium in Innsbruck keine Aufenthaltsgenehmigung erteilte.[1024] Dem Geistlichen Josef Felix Chevrelot aus dem Bistum Besancon

---

1009 DOZA, Et 31/2, fol. 192v–194r.
1010 Gasser (wie Anm. 120), S. 242; DOZA, Et 33/2: VP 1697 Juli 7, Weggenstein.
1011 DOZA, Et 33/3 = Et 34/1: VP 1701 Dezember 21.
1012 DOZA, Et 35/2: VP 1741.
1013 DOZA, Et 33/5: VP 1702 Juni 8, Weggenstein.
1014 KA Göflan: Resolution von Landkomtur Kageneck ddo. 1710 August 25.
1015 Vgl. oben S. 102 ff.
1016 KA Vezzan, Urk. ddo. 1776 Jänner 26.
1017 DOZA, V 2059.
1018 DOZA, V 2065.
1019 DOZA, Et 30/4: Personalexamen 1792 Juli 10.
1020 Vgl. Tasin, Elena: Aspetti di vita religiosa nella diocesi di Trento dalla visita pastorale di Carlo G. Madruzzo (1603–1606). Masch. Diss. Univ. Padua 1978/79, S. 73; Forer (wie Anm. 328), S. 57.
1021 Kustatscher, Sarnthein (wie Anm. 3), S. 184 f.
1022 Blaas, »Priesterverfolgung« (wie Anm. 97), S. 57.
1023 Neugebauer, Hugo: Französische Flüchtlinge im Trienter Gebiet und im Hochetschlande (1794–1804), in: Der Schlern 15 (1934), S. 326–332, hier S. 326.
1024 Blaas, »Priesterverfolgung« (wie Anm. 97), S. 54 f.

gelang es indes zu bleiben: Sein 1789 beim Gubernium eingereichtes diesbezügliches Gesuch[1025] war positiv erledigt worden. Noch um den Jahreswechsel 1799/1800 ist er als Taufpriester in Schlanders belegt.[1026] Französischer Herkunft war übrigens auch der hier in den neunziger Jahren als Komtur wirkende Franz Heinrich Karl Graf von Reinach zu Foussemagne[1027], der aus dem Elsaß stammte[1028] und 1777 in den Deutschen Orden aufgenommen worden war.[1029] 1799 nahm sein Bruder Johann Felix Franz Philipp, der Frankreich ebenfalls verlassen hatte, mit seiner Familie bei ihm in Schlanders Zuflucht.[1030] Sowohl bei den Priestern als auch bei den Adeligen, die aus Frankreich emigriert waren, handelte es sich um Gegner des aufgeklärten Regimes[1031], die in Tirol folglich nicht als Vertreter einer »Besatzungsmacht« empfunden werden konnten, von denen man wohl vielmehr annehmen darf, daß sie den Bedürfnissen des Landes gerecht zu werden vermochten.

Der in den neunziger Jahren des 18. Jahrhunderts eingeleitete Priesterrückgang setzte sich im beginnenden 19. Jahrhundert weiter fort. Die Gemeinde Schlanders reagierte darauf 1815 mit der Forderung nach einem dritten Hilfspriester (»Supernumerar«).[1032]

Nicht ohne Auswirkungen auf die seelsorgliche Praxis dürfte es geblieben sein, daß bis ins 18. Jahrhundert auch die rechtliche Stellung der Hilfspriester sehr uneinheitlich und unsicher war. Dies zeigt sich schon an den verschiedenen Titulierungen, unter denen sie begegnen: Neben »Kooperator« ist auch »Kaplan« nicht selten; im 18. Jahrhundert, als die Zahl der Kooperatorenstellen einem Institutionalisierungsprozeß unterlegen war, begegnet verstärkt die Bezeichnung »Supernumerar« (= überzähliger Priester).

Man ginge sicherlich zu weit, wollte man unter einem Kaplan nur den an einer bestimmten Außenstelle oder Kapelle dienenden Priester verstehen; angesichts der im 16. und 17. Jahrhundert generell unscharfen Begrifflichkeit[1033] ist es realistischer, von einer rechtlichen Ähnlichkeit von Kooperator und Kaplan auszugehen. In der vorliegenden Untersuchung werden die als »Kaplan« titulierten Hilfsgeistlichen, die in die ordentliche Seelsorge eingebunden waren, zum Zweck der Unterscheidung von den Spital- und Schloßkaplänen gleich den über längere Zeiträume hinweg ohne Titel genannten Priestern als »Taufpriester« bezeichnet, weil sie in den Pfarrmatriken fast ausschließlich in dieser Funktion belegt sind.

Taufpriester begegnen in Schlanders, seit Hilfsgeistliche genannt werden. Vor 1600 waren sie zahlenmäßig gegenüber den Kooperatoren eher unbedeutend, später wurden sie von den Supernumeraren überflügelt. Die erste Nennung eines solchen datiert vom Jahr 1716; im weiteren Verlauf des 18. Jahrhunderts erfuhr diese Gruppe einen starken Zuwachs, um nach 1800 wieder an Bedeutung zu verlieren. Der Anteil der verschiedenen Kategorien von Hilfspriestern präsentiert sich im diachronen Schnitt wie folgt (in Prozenten):

Zeitraum	Kooperatoren	Supernumerare	Taufpriester
1562–1715	78	–	22
1716–1756	50	43	7
1757–1795	28	55	17
1796–1808	67	31	2
1809–1811	100	–	–

Diese Übersicht ist im Bewußtsein zu lesen, daß vom 16. bis zur Mitte des 18. Jahrhunderts wenig begriffliche Sensibilität geherrscht haben dürfte, weswegen die Zahlen nicht überzubewerten sind. Dennoch zeichnen sich daraus erhebliche Statusunterschiede innerhalb des geistlichen Standes ab, die auch an Unterschieden in der Besoldung zum Tragen kamen.[1034] Inwieweit sich dies auf die pa-

---

1025 NEUGEBAUER (wie Anm. 1023), S. 330.
1026 TB Schlanders.
1027 HYE, Die Ballei (wie Anm. 212), S. 340.
1028 NEDOPIL, Leopold: Deutsche Adelsproben aus dem Deutschen Ordens-Central-Archive, 2 Bde. Wien 1868, hier Bd. 2, Nr. 4997 f.; HARTMANN, Helmut: Deutschordensritter in den Kriegen des 17. und 18. Jahrhunderts, in: Von Akkon bis Wien. Studien zur Deutschordensgeschichte vom 13. bis zum 20. Jahrhundert. Festschrift zum 90. Geburtstag von Althochmeister P. Dr. Marian Tumler OT am 21. Oktober 1977, hg. von Udo Arnold (= Quellen und Studien zur Geschichte des Deutschen Ordens Bd. 20). Marburg 1978, S. 228–249, hier S. 235.
1029 KUSTATSCHER, Das 18. Jahrhundert (wie Anm. 229), S. 204.
1030 NEUGEBAUER (wie Anm. 1023), S. 331.
1031 NEUGEBAUER (wie Anm. 1023), S. 326.
1032 PfA Schlanders 3/3.
1033 PLÖCHL (wie Anm. 180), Bd. 2, S. 169.
1034 NOFLATSCHER, Heinz: Gesellpriester und Kapläne in der Reformation. Das Deutsche Haus in Sterzing, in: St. Eli-

storale Arbeit auswirkte, ist schwer abzuschätzen; jedenfalls ist nicht damit zu rechnen, daß das Volk ausschließlich von Geistlichen betreut wurde, deren persönliche Verhältnisse in jeder Hinsicht bereinigt gewesen wären.

Was die durchschnittliche, auf getrennter Zählung wiederholter Amtsperioden errechnete Wirkungsdauer der 166 aktenkundig gewordenen Hilfspriester betrifft, so ergeben sich im diachronen Schnitt klare Auffälligkeiten; sie betrug:

1553–ca. 1650	1 Jahr 2 Monate
ca. 1650–1770	2 Jahre 4 Monate
ca. 1770–1794	7 Jahre 2 Monate
1795–1811	1 Jahr 7 Monate.

Demnach war die personelle Kontinuität bei den Hilfsgeistlichen in Schlanders um eine Spur ausgeprägter als in Sarnthein.[1035]

Die einzelnen Hilfspriester wirkten im Schnitt rund 2 Jahre und 6 Monate in Schlanders. Die längste Dauer erreichte Supernumerar Johann Baptist Miller (1716–1736) mit über 20 Jahren, gefolgt von drei weiteren Supernumeraren bzw. Taufpriestern. Der am längsten im Status eines Kooperators im Dienst stehende Hilfsgeistliche war Jakob Fliri (1784–1795) mit elf Jahren. Die Verankerung der übrigen in der Pfarre Schlanders ist wie folgt quantifizierbar:

  5 Hilfspriester: 10–20 Jahre
16 Hilfspriester: 6–10 Jahre
30 Hilfspriester: 3–6 Jahre
51 Hilfspriester: 1–3 Jahre
62 Hilfspriester: unter 1 Jahr.

3.3 Verschiedene Geistliche

Nicht zu unterschätzen ist der positive Einfluß jener Geistlichen, die nicht in die ordentliche Seelsorge eingebunden waren. Hier soll nicht von den Spitalbenefiziaten oder den Kapuzinerpatres die Rede sein, sondern von jenen Priestern, die sonst noch in Schlanders wohnten: Im Zeichen der aufkeimenden Aufklärung galt auch ihnen bei Visitationen besonderes Interesse, war man sich doch des außerhalb der festen Institutionen bestehenden pastoralen Potentials bewußt, das durch sie zur Verfügung stand. Zu den Jahren 1729 und 1738 werden Anton Ratschiller als Hauskaplan der Familie von Mitterhofer[1036] und Johann Georg Locher genannt, zwei Geistliche, die in obigen aufgrund der Pfarrmatriken erstellten Listen nicht bzw. nicht zu diesen Jahren aufscheinen. Der Fall des Johann Georg Locher dürfte beispielhafte Bedeutung haben: 1738 ohne Seelsorgsverpflichtung in Schlanders im Haus seines Bruders lebend, gab er sich dem Studium hin, stand aber auf Wunsch für gottesdienstliche Verrichtungen jederzeit zur Verfügung.[1037] Aus diesem Grund wurde er vom Pfarrklerus zuweilen als unwillkommene Konkurrenz betrachtet und zum Objekt unliebsamer Verfolgungen gemacht.[1038] Im selben Jahr zählten zum Schlanderser Klerus auch Johann Simioner, der Hauskaplan der Grafen Stachelburg[1039], sowie Johann Tappeiner und Johann Baptist Miller, die bis 1730 bzw. 1736 als Kommendebenefiziaten bzw. Supernumerare gedient hatten, nunmehr aber aus Eigenem lebten.[1040]

Von 1742 bis zu seinem Tod im Jahr 1745 ist Franz Xaver Ignaz Lieb von Liebenburg als Kaplan der Kommende belegt, ein Ordenspriester, der auf einen langen seelsorglichen Einsatz in diversen Säkular- und Ordenspfarren zurückblicken konnte.[1041]

Geistliche, deren Bedeutung über den Rahmen der Pfarre hinausgegangen wäre, sind in Schlanders spärlich vertreten. Unbedingt zu erwähnen ist aber der von hier gebürtige Kooperator Josef Daney, der als Berater des Andreas Hofer und Be-

---

      sabeth im Deutschhaus zu Sterzing, hg. von der Messerschmitt Stiftung (= Berichte zur Denkmalpflege Bd. 5). Innsbruck–Wien–Bozen 1989, S. 81–121, hier S. 104.
1035 Vgl. KUSTATSCHER, Sarnthein (wie Anm. 3), S. 186.

1036 BAC, VP 1720.
1037 BAC, VP 1738, fol. 32v.
1038 BAC, VP 1729.
1039 BAC, VP 1738, fol. 32r.
1040 BAC, VP 1738, fol. 32v.
1041 * Innsbruck 1678 Jänner 29. Univ. Innsbruck 1707/08–1710/11. Lizentiat der Theologie 1711. Pfarrer in Neumarkt 1706–1709. Hofkaplan in Innsbruck 1709–1713. Kooperator in Sarnthein 1713–1714. Aufnahme in den Deutschen Orden 1716 April 24. Kooperator in Lengmoos 1716–1722. Pfarrverwalter in Lengmoos 1722–1728. Kurat in Gargazon 1724–1728. Frühmeßbenefiziat in Unterinn 1731–1733, in Lengmoos 1734–1740. Kapitular und Benefiziat der Kommende Schlanders 1742–1745. † Schlanders 1745 April 3; KUSTATSCHER, Sarnthein (wie Anm. 3), S. 580.

kannter des Landsturmhauptmannes Mathias Purtscher[1042] die Geschehnisse des Jahres 1809 entscheidend mittrug; als Gegenspieler P. Joachim Haspingers sollte er sich zum einflußreichsten Geistlichen aus dem Vinschgau entwickeln. Am 14. Oktober 1809 von Andreas Hofer zum Kommandanten des Unterinntales ernannt, nahm er an der letzten Bergiselschlacht als einer der Befehlshaber im Zentrum teil. Nach der Niederlage plädierte er für die Beendigung des nunmehr sinnlosen Widerstandes. Daher wurde er in der Augen vieler zum Verräter an der gerechten Sache.[1043] In Wirklichkeit hatte er sein diplomatisches Geschick dazu eingesetzt, dem Vinschgau durch Verhandlungen mit den Franzosen viel Elend zu ersparen.[1044]

3.4 Priester des Deutschen Ordens

Das Kirchenrecht verlangte nicht notwendigerweise die Besetzung inkorporierter Pfarren mit Geistlichen des jeweiligen Trägers. In diesem Sinne wechselten auch in Schlanders Ordenspriester und Weltgeistliche in der Seelsorge einander ab. Erstere sind im 14. und 15. Jahrhundert mehrfach belegt, in Zeiten der Personalknappheit war der Deutsche Orden aber auf die letzteren dringend angewiesen.

Eine solche Zeit war das 16. Jahrhundert, in welchem auch in anderen Tiroler Ordensniederlassungen ein schwerer Mangel an eigenen Priestern herrschte; im 17. Jahrhundert setzte eine allmähliche Besserung ein[1045], die in Schlanders an der dreimaligen Bestellung eines Ordenspriesters zum Pfarrverwalter sichtbar wird, nämlich von Johann Widmann (1637–1639), Markus Preschg (1650–1655) und Sebastian Felderer (1655–1666). Insgesamt war die Pfarre jedoch in den rund 180 Jahren seit Kaspar Veyfer nur für etwa 20 Jahre mit Ordenspriestern besetzt. Die große Zeit des Deutschen Ordens in seinem geistlichen Zweig setzte in Schlanders vor dem Hintergrund einer analogen Entwicklung in der gesamten Ballei[1046] mit dem Jahr 1702 ein: Der damals eingestandene Pfarrverwalter Johann Jakob Glier und seine zehn Nachfolger gehörten zu dessen bedeutendsten geistlichen Repräsentanten.

Der erste in Schlanders faßbare Hilfspriester aus den Reihen des Deutschen Ordens ist Markus Preschg, der 1639 aufscheint. Bis 1757 sind insgesamt 15 Ordensgeistliche in diesem Rang belegt, davon neun im 17. Jahrhundert und sechs im 18. Jahrhundert. Wegen der insgesamt eingetretenen Veränderungen im geistlichen Personalstand empfiehlt sich die getrennte Analyse dieser Perioden. In beiden war die Pfarre Schlanders im Schnitt zu je einem Viertel der Zeit mit Ordensgeistlichen im Hilfspriesterrang besetzt; dennoch nahm deren relative Bedeutung im Laufe der Zeit ab, weil die Zahl der Weltgeistlichen stieg. Zwischen 1639 und 1702 betrug der Anteil der Ordenspriester an der Gesamtzahl der Hilfspriester 20 Prozent, zwischen 1702 und 1757 nur mehr 11 Prozent; später wurden diese Posten ausschließlich von Weltgeistlichen besetzt.

Mehrere der in Schlanders nachgewiesenen Pfarrverwalter und Kooperatoren, die dem Deutschen Orden angehörten, hatten vor ihrem Einsatz in dieser Pfarre bereits in anderen Ordenspfarren gedient, wodurch etwas vom spezifischen Selbstverständnis und von der Spiritualität dieser Korporation nach Schlanders gedrungen sein dürfte. Daß es eine solche gab, zeigt der besondere Stellenwert, den der 2. Mai als Tag der Translation der heiligen Elisabeth und der 19. November als deren eigentliches Fest gemäß einem Schlanderser Kirchenkalender aus dem 17. Jahrhundert gehabt haben müssen. Als Ordensfest beging man nach derselben Quelle außerdem den 26. Juli, den Tag der heiligen Anna.[1047]

Zumal seit der zweiten Hälfte des 17. und im 18. Jahrhundert wurde diesem Aspekt von der Ordensspitze große Beachtung geschenkt, wie die bei Visitationen verwendeten Interrogatorien belegen, in denen Fragen zu liturgischen und seelsorglichen Aspekten im engeren Sinn ungleich stärker vertreten waren als jene, die man sich

---

1042 GAMPER (wie Anm. 254), S. 118–121.
1043 RIEDMANN (wie Anm. 5), S. 437.
1044 BLAAS, »Priesterverfolgung« (wie Anm. 97), S. 160, 301–303.
1045 GASSER (wie Anm. 120), S. 240; KUSTATSCHER, Sarnthein (wie Anm. 3), S. 238.

1046 KUSTATSCHER, Das 18. Jahrhundert (wie Anm. 229), S. 223 f.
1047 PfA Schlanders 3/1.

aufgrund der Rechtslage von Schlanders als inkorporierte Pfarre erwarten würde.[1048] Zur geistiggeistlichen Formung der Seelsorgspriester des Deutschen Ordens liegt aus Schlanders in Gestalt des Verlassenschaftsinventars des 1704 verstorbenen Kooperators Johann Georg Blinthamer OT ein direkter Hinweis vor: Es nennt u. a. mehrere theologische Werke, darunter die der seelsorglichen Praxis dienenden moraltheologischen Arbeiten der Jesuiten Hermann Busenbaum und Tommaso Tamburini[1049] sowie das berühmte Erbauungsbuch des Thomas von Kempis.[1050]

Die meisten der bei Visitationen des Deutschen Ordens gestellten Fragen wurden von den Geistlichen in einer Weise beantwortet, die auf grundsätzliche Identifikation mit dessen Idealen schließen läßt. Zu fragen wäre allerdings nach der konkreten seelsorglichen Relevanz des ausgeprägten Interesses an dem, was in den Quellen unter dem Titel *Regulardisziplin* bzw. *exemplarisches Verhalten*[1051] aufscheint. Darunter verstanden die Ordensoberen die Abhaltung der ordensspezifischen Gottesdienste[1052], der statutenmäßigen Messen für verstorbene Ordenspersonen, das Gedenken an Papst, Kaiser und Hochmeister in der Messe, die Erfüllung der Ordenspflichten durch Pflege spezifischer Gebete, insbesondere der Lauretanischen Litanei, die Feier der Ordensfeste und die Einhaltung von dessen spezifischen Fasttagen, die zumindest auszugsweise Kenntnis der Ordensstatuten und den Lebenswandel der Geistlichen (Fragen nach mehr als dreitägigen Abwesenheiten aus Schlanders, Verschuldung, Besuch von Wirtshäusern, Alkoholkonsum, Kontakt mit Frauen und verdächtigen Personen oder mit *Feinden* des Ordens).[1053]

Äußerlich machte der Deutsche Orden seine Präsenz dem Volk keineswegs in sehr sinnfälliger Weise bewußt. Beispielsweise präsentierten sich die Geistlichen nur an Festtagen im weißen Ordensmantel[1054], während sie ansonsten die gewöhnliche priesterliche Kleidung vorzogen. Kooperator Kaspar Schwarz OT gestand 1677, daß er den Ordenshabit bisher nicht getragen habe, versprach dies jedoch für die Zukunft.[1055] Johann Georg Blinthamer OT erklärte 1701, daß er zwar einen schwarzen Habit mit dem Ordenskreuz besitze, sich in diesem aber sehr selten in der Öffentlichkeit zeige.[1056] Das Ordenskreuz allein wurde indes ziemlich regelmäßig von allen der Korporation angehörenden Priestern in der statutenmäßigen Form getragen.[1057]

Nicht minder wichtig als derlei Symbole war den Ordensoberen der Einfluß der eigenen Priester auf die Bevölkerung, der durch Predigt und Christenlehre erreicht werden konnte. Sehr häufig wurde auch nach deren Verhältnis zur Bevölkerung gefragt, wobei Antworten wie: es herrsche *keine Uneinigkeit*[1058], sicher nicht notwendigerweise im – in diesem Fall positiv – verstärkenden Sinn der Litotes, sondern eher als Ausdruck gewisser Vorbehalte des Pfarrvolkes gegenüber den vom adeligen Patronatsherrn präsentierten Geistlichen zu verstehen sind. Allerdings dürfte das Ansehen der Priester insgesamt besser (manchen wurde auch eine *gute correspondenz* mit der Nachbarschaft bescheinigt) gewesen sein als das der weltlichen Amtsträger der Kommende, die teilweise *verhaßt* waren.[1059]

3.5 Die geographische Herkunft der Geistlichen

In der Deutschordenspfarre Sarnthein äußerten die Parochianen zumal im 18. Jahrhundert an die Adresse des Patrons in unmißverständlicher Form ihr Bedauern darüber, daß allzu selten aus ihrer Gemeinde stammende Priester zu Pfarrverwaltern

---

1048 Vgl. unten, S. 259 f.
1049 Zur Würdigung dieser Autoren, ihres theologiegeschichtlichen Kontextes und ihrer Rezeption in den Reihen der Seelsorgsgeistlichkeit vgl. KUSTATSCHER, Sarnthein (wie Anm. 3), S. 212 f.
1050 DOKA II 40/1: 1704 Mai 29.
1051 DOZA, Et 33/1: VP 1685 August 25, Schlanders.
1052 DOKA II 17/2, Nr. 8: 1764 November 7.
1053 DOZA, Et 33/1: VP 1685 August 25, Schlanders; Et 32/1, fol. 452rv; Et 31/2, fol. 376r–381r; Et 35/2, fol. 78v–106r: VP 1708; V 2059, 2065; Et 30/4: Personalexamen 1792 Juli 10.

1054 DOZA, Et 31/3, fol. 208v–211v.
1055 DOZA, Et 31/2, fol. 376r–381r.
1056 DOZA, Et 33/3 = Et 34/1: VP 1701 Dezember 21.
1057 DOZA, Et 33/3 = Et 34/1: VP 1701 Dezember 2; V 2059; V 2065; Et 35/3: VP 1776 Oktober 5; Et 30/4: Personalexamen 1792 Juli 10.
1058 DOZA, Et 32/1, fol. 452rv.
1059 DOZA, Et 33/1: VP 1685 August 25, Schlanders; Et 31/2, fol. 376r–381r.

oder Kooperatoren ernannt würden.[1060] Aus Schlanders ist eine entsprechende Forderung indirekt zum Jahr 1769 bekannt, als die Gemeinde dem Deutschen Orden das Versprechen abnötigte, bei der nächsten Vakanz der Stellen des Pfarrverwalters und des Mesners einem gebürtigen Pfarrkind den Vorrang zu geben.[1061]

Allerdings bestand in Schlanders, objektiv betrachtet, wenig Grund für derlei Vorstöße, denn bereits seit dem Ende des 16. Jahrhunderts läßt sich, soweit die zur Verfügung stehenden biographischen Angaben ausreichen, mehrfach nachweisen, daß die hier eingesetzten Priester wenn nicht aus Schlanders selbst, so doch aus der Diözese Chur bzw. sogar aus deren Vinschgauer Anteil stammten. Für einzelne ist allerdings auch die Herkunft aus der Diözese Trient erwiesen. Von den Pfarrverwaltern stammte aus Schlanders selbst Mag. Sylvester Moser OT (1730–1733), der hier 1721–1723 als Taufpriester gewirkt hatte; Andreas Nischler war in Staben, Josef Anton Chrysostomus Markt OT in Tschars, Christoph Josef Ambros OT in Burgeis, Johann Baptist Lipp OT in Graun und Josef Mayr OT in Lichtenberg geboren worden.[1062]

Ähnlich ist der Befund für die Kooperatoren und andere Hilfspriester. Die Herkunft einzelner Geistlicher aus Bayern im 16. Jahrhundert[1063] entspricht einem in dieser Zeit allgemein weit verbreiteten Muster[1064], seit dem 17. Jahrhundert waren in Schlanders aber verstärkt Priester aus dem Vinschgau bzw. anderen Teilen Tirols und Vorarlbergs eingesetzt. Aus der Pfarre selbst stammten nachweislich Johann Hueber (1670–1673), Kaspar Hartl (1674–1676), Dr. Kaspar Tröger (1680), Mag. Simon Tröger (1706–1710), Franz Moser (1710–1714), Johann Pankraz Petöfi (1715–1717), Thomas Lösch (1726–1727), Nikolaus Wöriz (1742–1743), Josef Rainer (1756–1757), Georg Mathias Pilser (1760–1766) und Bartholomäus Thoman (1773–1777).[1065] Es besteht eine gewisse Wahrscheinlichkeit, daß diese Reihe noch fortsetzbar wäre, wenn die ihr zugrundeliegenden biographischen Angaben vervollständigt werden könnten.

3.6 Exkurs: Aus der Pfarre Schlanders stammende Geistliche

Aus den Patrimonialakten und Weiheprotokollen des bischöflichen Archivs in Chur konnten – ohne Anspruch auf Vollständigkeit – folgende aus der Pfarre Schlanders stammenden Priester erhoben werden:

Peter Hainisch * Schlanders 1567. Pw. Chur 1588.

Kaspar Härtl. * Schlanders 1607. Tischtitel 1629 Oktober 9. Subdiakonat in Chur 1631 März 15.

Johann Hueber. * Schlanders. Seelsorgelizenz in Chur 1669 Dezember 28.

Johann Untersteiner. * Schlanders. Tischtitel 1670 Februar 10.

Sebastian Wolf. * Schlanders. Tischtitel 1670 März 22. Lizenz zur Pw. 1670 April 5.

Kaspar Hartl. * Schlanders. Tischtitel 1672 Dezember 3. Subdiakonat in Chur 1672 Dezember 17.

Johann Baptist Nigg. * Schlanders. Tischtitel 1684 Februar 17. Pw. Chur 1684 April 1.

Andreas Schuster. * Gericht Schlanders. Tischtitel 1686 September 1. Pw. Chur 1686 September 29.

Benedikt Nischler. * Schlanders. Tischtitel 1703 November 27.

Mag. Simon Tröger. * Schlanders 1680 Oktober 17. Tischtitel 1705 September 14.

Mathias Treiner. * Schlanders. Tischtitel 1708 Jänner 10.

Franz Moser. * Schlanders 1690. Tischtitel 1710 Februar 17. Pw. Chur 1710 April 19.

Johann Pankraz Petöfi OT. * Schlanders. Tischtitel 1715 Juli 26. Pw. Chur 1715 August 16.

Nikolaus Wöriz. * Schlanders 1718. Tischtitel 1741 Februar 19. Pw. Chur 1741 April 1.

1060 KUSTATSCHER, Sarnthein (wie Anm. 3), S. 330 f.
1061 LADURNER (wie Anm. 133), S. 205–210; ATZ/SCHATZ (wie Anm. 5), S. 56 f.
1062 Vgl. oben S. 154.
1063 Vgl. oben S. 158.
1064 BAUERREISS, Romuald: Kirchengeschichte Bayerns, Bd. 6. Augsburg 1965, S. 61–64; F. GRASS, Pfarrei (wie Anm. 833), S. 87; BÜCKING, Jürgen: Frühabsolutismus und Kirchenreform in Tirol (1565–1665). Ein Beitrag zum Ringen zwischen »Staat« und »Kirche« in der frühen Neuzeit (= Veröffentlichungen des Instituts für Europäische Geschichte Mainz Bd. 66). Wiesbaden 1972, S. 78–80.
1065 Vgl. oben S. 159, 161–165.

Balthasar Locher. * Schlanders. Tischtitel 1720 Dezember 14. Pw. Chur 1720 Dezember 31.

Georg Tappeiner. * Schlanders. Tischtitel 1720 September 13. Pw. Chur 1720 Oktober 6.

Mag. Sylvester Moser OT. * Schlanders. Tischtitel 1720 September 14. Pw. Chur 1721 Oktober 5.

Mathias Oberdorfer. * Kortsch. Tischtitel 1724 September 16. Diakonat in Chur 1724 September 29.

Thomas Lösch. * Schlanders. Tischtitel 1725 Mai 15. Pw. Chur 1725 Juni 10.

Josef Pfitscher. * Schlanders. Tischtitel 1727 November 22.

Josef Eberle. * Schlanders. Tischtitel 1728 September 3. Pw. Chur 1728 September 26.

Josef Rainer. * Schlanders. Tischtitel 1749 September 6. Pw. Chur 1749 Oktober 5.

Andreas Schaller. * Göflan. Tischtitel 1751 August 24. Pw. Chur 1751 Oktober 3.

Kaspar Anton Oberdorfer. * Schlanders. Tischtitel 1758 Juli 29.

Georg Mathias Pilser. * Schlanders. Tischtitel 1759 Februar 5. Pw. Chur 1759 Oktober 7.

Johann Eberle. * Schlanders. Tischtitel 1761 August 30. Pw. Chur 1761 Oktober 4.

Johann Georg Amort. * Schlanders. Tischtitel 1763 Dezember 1. Pw. Chur 1764 Jänner 1.

Lucius Lutz. * Schlanders. Tischtitel 1771 September 11. Pw. Chur 1771 Oktober 6.

Dominikus Maurer. * Schlanders. Tischtitel 1773 September 5. Pw. Chur 1773 Oktober 3.

Franz Xaver Lung. * Göflan. Tischtitel 1773 August 18. Pw. 1773 Oktober 3.

Philipp Jakob Oberdorfer. * Kortsch 1773 April 29. Tischtitel 1801 September 5. Pw. Chur 1801 Dezember 19.

Josef Daney. * Schlanders 1782 Mai 9. Pw. Rom 1805 Weihnachten.[1066]

4 Religiöses Leben in seinen äußeren Erscheinungsformen

Nach der Darstellung der von der kirchlichen Obrigkeit maßgeblich geprägten Strukturelemente und der gleichsam infrastrukturellen Voraussetzungen wendet sich das Interesse nunmehr jenen Initiativen zu, die von der weltlichen Seite gesetzt bzw. vorwiegend von dieser geprägt wurden: Erst aus dem Zusammenspiel beider Faktoren lassen sich die konkreten Möglichkeiten der Seelsorge bestimmen.

4.1 Die Gemeinde als Gestalterin des kirchlichen Lebens

Als sich im Laufe des Mittelalters die pfarrlichen Strukturen allmählich festigten, wurden die Sprengel einerseits territorial präzise umschrieben (Pfarrzwang), andererseits die Rechte und Pflichten des Pfarrers und des von ihm betreuten Volkes definiert. Ersterem oblagen die regelmäßige Zelebration, die Predigt an Sonn- und Feiertagen, die Anhörung der Gläubigen, die Abhaltung der sonntäglichen Christenlehre für Kinder und Jugendliche und die Spendung der Sakramente. Er trug die Verantwortung für Sittenzucht, Armenpflege und Schule, war aber auch zum Bezug materieller Entschädigungen, insbesondere der Stolgebühren, berechtigt. Die Parochianen leiteten daraus den Anspruch auf geordnete Seelsorge ab.[1067] Zumal im Spätmittelalter begannen die Laien in zunehmendem Maße in der Rolle aktiver Gestalter auf das pfarrliche Leben Einfluß zu nehmen, sei es als Kontrollinstanz, sei es durch die Entstehung eines spezifischen Gruppenbewußtseins, an dem auch die vergesellschaftende Funktion der Kirche zum Ausdruck kommt. Die vom bekannten Nationalökonomen Max Weber geäußerte Ansicht, die Gläubigen wären den Kirchen als gleichsam passive Objekte unterworfen gewesen, erweist sich bei

---

1066 TB Schlanders; BLAAS, »Priesterverfolgung« (wie Anm. 97), S. 160, 301–303; RIEDMANN (wie Anm. 5), S. 437.

1067 SCHAEFER, Heinrich: Pfarrkirche und Stift im Deutschen Mittelalter. Eine kirchengeschichtliche Untersuchung (= Kirchenrechtliche Abhandlungen Bd. 3). Stuttgart 1903, S. 6 f.; PLÖCHL (wie Anm. 180), Bd. 2, S. 166; WERMINGHOFF, Albert: Verfassungsgeschichte der deutschen Kirche im Mittelalter (= Grundriß der Geschichtswissenschaft Bd. II/6). Leipzig ²1913, S. 164 f.; SÄGMÜLLER (wie Anm. 180), S. 432–434.

einem näheren Blick auf den Alltag einer Pfarre als unhaltbar.[1068]

Zumal in den Alpenländern war dieser Entwicklung ein auch generell zu konstatierendes stark genossenschaftliches Denken sehr förderlich.[1069] In diesem Sinn ergriff die Gemeinde ihre kirchlichen Initiativen nicht nur als Pfarrgemeinde, sondern auch als politische Gemeinde und forderte von der Kirche Anpassung an die eigenen Strukturen. Sie riß die Verwaltung des Kirchenvermögens an sich und versuchte bei der Bestellung von Geistlichen ein Mitspracherecht geltend zu machen.[1070]

Die zur Schlanderser Kirchengeschichte seit dem Spätmittelalter vorliegenden Quellen legen eine differenzierte semantische Bestimmung des Begriffes »Gemeinde« nahe.[1071] Teilweise handelte es sich dabei um jene Gruppe, die im Rahmen der Gerichtsverfassung auf lokaler Ebene die politischen Entscheidungen im weitesten Sinn mittrug, zu denen auch kirchliche Angelegenheiten gehörten, teilweise bezeichnet der Begriff die Pfarrgemeinde im engeren Sinn, als deren mit bestimmten Kompetenzen ausgestattetes Sprachrohr sich der Kirchenausschuß verstand. Bei der detaillierten Analyse der bekannten Einzelsituationen ist von Fall zu Fall zu entscheiden, ob es sich um die Gemeinde als Kirchenausschuß oder um die um kirchliche Belange sich kümmernde politische Gemeinde handelte. Dieser Dualismus spiegelt sich etwa in der Göflaner Kirchenrechung von 1788/89, wo mit Bezug auf bisher gezinste zur Almosenreichung bestimmte 2 Yhren Wein vermerkt wird, daß diese nicht mehr in Rechnung gestellt werden könnten, weil sie von der Gemeinde gekauft worden seien.[1072]

Neben dieser gleichsam sektoralen Differenzierung des Gemeindebegriffes sind außerdem Verschiedenheiten der territorialen Umschreibung in Rechnung zu stellen: Je nach dem Umfang des Geltungsbereiches einer bestimmten Aktion konnten sich als Gemeinde sowohl Interessensgruppen artikulieren, die Angelegenheiten der gesamten Pfarre vertraten, als auch solche, die nur für eine Filialkirche sprachen. Häufig ist die Rede von den zur Pfarre Schlanders gehörigen »sieben Gemeinden« (Kortsch, Göflan, Vezzan, Sonnenberg, Nördersberg, Allitz und Trög).[1073]

4.2 Gemeindliche Kirchenämter

In weitgehend institutionalisierten Formen äußerte sich der Einfluß der Gemeinde in den von der Kirchenverwaltung vergebenen Ämtern. Das einflußreichste und verantwortungsvollste war das des Kirchpropstes. Mit dem Begriff »Propst« wird seit dem Mittelalter nicht nur ein kirchliches Amt, nämlich das der Vorgesetzten (*praepositus*), sondern auch die Funktion eines weltlichen Verwalters bezeichnet. Die Entstehung des Amtes wird aus Vogtei- und Eigenkirchenrechten hergeleitet; seit dem Spätmittelalter spielten außerdem in zunehmendem Maße die autonomen Rechte der Parochianen eine wichtige Rolle; genossenschaftliche Strukturen innerhalb der Gemeinde können als fördernde Momente gelten.[1074]

In Tirol sind die frühesten Beispiele für dieses Amt aus der Mitte des 14. Jahrhunderts be-

---

1068 SCHROTT, Alois: Seelsorge im Wandel der Zeiten. Formen und Organisation seit der Begründung des Pfarrinstituts bis zur Gegenwart. Ein Beitrag zur Pastoralgeschichte. Graz–Wien 1949, S. 29 f.; MITTERAUER, Michael: Pfarre und ländliche Gemeinde in den österreichischen Ländern. Historische Grundlagen eines aktuellen Raumordnungsproblems, in: ders.: Grundtypen alteuropäischer Sozialformen. Haus und Gemeinde in vorindustriellen Gesellschaften (= Kultur und Gesellschaft. Neue historische Forschungen Bd. 5). Stuttgart 1979, S. 123–144, hier S. 125 f.

1069 BADER, Karl Siegfried: Dorfgenossenschaft und Dorfgemeinde (= Studien zur Rechtsgeschichte des mittelalterlichen Dorfes, Bd. 2). Köln–Graz 1962, S. 183; BORGOLTE, Michael: Die mittelalterliche Kirche (= Enzyklopädie deutscher Geschichte Bd. 17). München 1992, S. 36; MITTERAUER (wie Anm. 1068), Pfarre, S. 128 f.; F. GRASS, Pfarrei (wie Anm. 833), S. 23–27.

1070 PLÖCHL (wie Anm. 180), Bd. 2, S. 178 f.; BORGOLTE, Die mittelalterliche Kirche (wie Anm. 1069), S. 55; F. GRASS, Pfarrei (wie Anm. 833), S. 155; K. S. BADER, Dorfgenossenschaft (wie Anm. 1069), S. 203; SCHRÖCKER, Sebastian: Die Kirchenpflegschaft. Die Verwaltung der Niederkirchenvermögen durch Laien seit dem ausgehenden Mittelalter (= Görres-Gesellschaft zur Pflege der Wissenschaft im katholischen Deutschland, Veröffentlichungen der Sektion für Rechts- und Staatswissenschaft Bd. 67). Paderborn 1934, S. 123.

1071 Einen ersten zusammenfassenden Versuch hierzu, der allerdings vorwiegend die politische Gemeinde betrifft, bietet der folgende Beitrag: GRASS, Nikolaus: Aus der Frühzeit der ländlichen Gemeinde in Deutschtirol, in: Die ländliche Gemeinde. Historikertagung in Bad Ragaz 16.–18. X. 1985. Bozen 1988, S. 121–138.

1072 KA Göflan, KR 1788/89.
1073 GAMPER (wie Anm. 254), S. 108.
1074 SCHRÖCKER (wie Anm. 1070), S. 28–34.

kannt.¹⁰⁷⁵ Die Rechtsakte, bei denen Kirchpröpste in Erscheinung traten, waren meist Stiftungen zum Fabrikgut, Verträge über Kirchengut und dieses betreffende administrative Angelegenheiten. Zu ihren wichtigsten Aufgaben gehörten außerdem die Beschaffung der für den Gottesdienst erforderlichen Dinge, die Sorge für die Erhaltung der Kirchenbauten und ihres Interieurs, die Verwaltung und Verpachtung der zur Kirche gehörigen Liegenschaften, die Eintreibung der Zinse, die Organisation der Prozessionen und Kreuzgänge und die Wahrnehmung gewisser kirchenpolizeilicher Befugnisse, teilweise auch die Armenpflege.¹⁰⁷⁶

Am Ende einer Amtsperiode legte der Kirchpropst Rechnung; für fehlende Beträge haftete er mit eigenem Grund und Boden. Kontrollinstanz war die Gerichtsobrigkeit.¹⁰⁷⁷ Die Bestellung erfolgte meist auf zwei Jahre, wobei es verschiedene Modalitäten gab: Sie konnte aufgrund der regelmäßigen Weitergabe des Amtes an die Inhaber der einzelnen Höfe oder durch Wahl erfolgen. In Tirol war die erstere Variante die bei weitem häufigere, denn meist wurde das Amt eher als Last denn als Ehrenamt empfunden.¹⁰⁷⁸ Diese Einschätzung war auch in der Pfarre Schlanders und in ihren Filialen sowie bei den Verwaltern des dortigen Heiliggeistspitals (hier entsprach dem Amt des Kirchpropstes bei Kirchen das des Spitalmeisters) tief verankert; manche suchten sich sogar einen Ersatzmann, wenn die Reihe an ihr Haus kam.¹⁰⁷⁹ Die finanziellen Entschädigungen, die zur Entgeltung der Mühen und der großen Verantwortung vorgesehen waren¹⁰⁸⁰, neben einer fixen Besoldung auch Anteile an Stiftsmessen, boten für viele keinen hinreichenden Anreiz, das Amt gerne zu übernehmen. Zumal in der Krisenzeit des 17. Jahrhunderts konnte kaum mit Freiwilligen gerechnet werden: 1652 gab es in Schlanders überhaupt keinen Kirchpropst¹⁰⁸¹, 1660 mußte der Ausschuß von Adel und Gemeinde zu Schlanders Georg Friedrich von Stachelburg formell dazu auffordern, das Kirchpropstamt für die Pfarrkirche zu übernehmen.¹⁰⁸² Erlaubte sich ein Kirchpropst aber ungebührliches Verhalten, hatte er mit dem mahnenden Einschreiten der Gemeinde zu rechnen: Dies erlebte 1761 der Göflaner Kirchpropst Hans Martin, der wegen schlechten Betragens gegen die Nachbarschaft und Rausches vorläufig suspendiert und nur gegen das Versprechen der Besserung wieder eingesetzt wurde.¹⁰⁸³

Das zweite wichtige Kirchenamt, für das sich die Gemeinde zuständig fühlte, war das des Mesners.¹⁰⁸⁴ Im Raum Schlanders – nicht in der Pfarre selbst, wo der Deutsche Orden weitgehende Rechte besaß – wurde dieses Amt im Rahmen von Zusammenkünften »der ganzen Gemeinde« vergeben. Nach einer Dorfordnung von Kortsch aus dem Jahr 1614, die 1766 erneuert wurde, hatte ein Anwärter die Gemeinde darum zu bitten und mußte sich, wenn er erhört wurde, vor dem Dorfmeister verantworten. Am Martinstag war ihm Urlaub gegönnt.¹⁰⁸⁵ In Göflan trat die Gemeinde in der Regel am Martinstag zur Verleihung des Mesnerdienstes zusammen; diese hatte einen ähnlichen Stellenwert wie die Bestellung des Gemeindeschmiedes am ersten Fastensonntag oder des Saltners. In den meisten Jahren wäre für dieses Ereignis allerdings die Bezeichnung »Bestätigung« treffender, sind doch bei den Mesnern, anders als bei den Kirchpröpsten, in der Regel lange Amtsperioden nachweisbar.¹⁰⁸⁶ Der Akt scheint aber doch

---

1075 F. Grass, Pfarrei (wie Anm. 833), S. 119.
1076 Schröcker (wie Anm. 1070), S. 126 f.
1077 F. Grass, Pfarrei (wie Anm. 833), S. 148 f.
1078 Kustatscher, Sarnthein (wie Anm. 3), S. 290.
1079 KA Göflan, Vezzan und Kortsch, jeweils alle KR (vgl. Anm. 721, 734, 739); SpA, alle Spitalrechnungen (die Namen der Spitalpfleger gehen aus dem Inventar von Hermann Theiner hervor).
1080 In Göflan betrug die Besoldung des Kirchpropstes 1688 bis 1751 jährlich 7 fl 30 kr (KA Göflan, KR 1688/89, 1702/03, 1726/28, 1750/51); 1756–1795: 12 fl (KA Göflan, KR 1756/57, 1758/59, 1760/61, 1764/65, 1768/69, 1770/71, 1788/89, 1794/95); in Vezzan erhielt der Kirchpropst im 17. Jahrhundert jährlich 1 fl 12 kr (KA Vezzan, KR 1674/75), im ersten Drittel des 18. Jahrhunderts 1 fl 30 kr (KA Vezzan, KR 1707/07, 1725/26, 1735/36, 1737/38, 1739/40), in den vierziger Jahren 2 fl 30 kr (KA Vezzan, KR 1741/42, 1745/46, 1749/52) und seit den sechziger Jahren schließlich 3 fl (KA Vezzan, KR 1763/64, 1765/66, 1767/68).
1081 DOZA, Et 31/3, fol. 208v–211v.
1082 PfA Schlanders 2/31 ddo. 1660 November 25.
1083 SLA, GA Göflan, Serie II, Fasz. Kirchensachen, Akt ddo. 1761 Februar 12; KA Göflan: Geschichte der Kuratie Göflan, pag. 192.
1084 F. Grass, Pfarrei (wie Anm. 833), S. 90-03.
1085 Kofler, Cortsch (wie Anm. 108), pag. 104; Die tirolischen Weisthümer, hg. von Ignaz Vinzenz Zingerle und Karl Theodor von Inama-Sternegg, III. Theil: Vinstgau (= Österreichische Weisthümer, Bd. 4). Wien 1880, S. 193 f.; F. Grass, Pfarrei (wie Anm. 833), S. 95.
1086 Mathias Hörmann 1667–1702, Oswald Pinggera 1702–1708 (DOZA, Et 156/1: Inventar der Mobilien und Kir-

jährlich in symbolischer Form wiederholt worden zu sein: Die Gemeinde brachte ihre kontrollierende Oberhoheit und ihre Besoldungskompetenz im geselligen Beisammensein bei Wein, Käse und Brot zum Ausdruck. Als beispielhaft werden auch die Auflagen gelten können, denen der Göflaner Mesner gerecht werden mußte[1087]: Zu diesen gehörten nicht nur die Kirchendienste im engeren Sinn, sondern auch die Instandhaltung des Kirchweges. Außerdem durfte er sich nicht zu weit vom Haus wegbewegen, damit er bei Bedarf stets zugegen sei.[1088] Der Lohn des Mesners bestand in der unentgeltlichen Nutzung eines Hauses und einiger zu diesem gehöriger Liegenschaften und Rechte[1089], im Genuß von Privilegien wie der Teilnahme an den von der Kirchenverwaltung organisierten Mahlzeiten an bestimmten Terminen[1090], in geringen fixen Bargeldbeträgen und Naturalbezügen[1091] und in proportionalen Anteilen am Ertrag gestifteter Kapitalien. Zur Erhaltung des Schlanderser Mesners trug neben der Gemeinde auch der Deutsche Orden bei, vor dem 18. Jahrhundert vor allem insofern, als er ihm das Wohnrecht in der Kommende gewährte.[1092]

Das Amt des Mesners hing mit der gottesdienstlichen Praxis so eng zusammen wie kein anderes. Je nach dem Charakter dessen, der es innehatte, konnte von diesem daher unter Umständen ein entscheidender Einfluß auf das pfarrliche Leben ausgehen: 1685 wurde dem in Schlanders amtierenden Mesner bei einer Visitation des Deutschen Ordens ungebührliches Verhalten zur Last gelegt, weil er den Leuten davon abrate, für verstorbene Anverwandte Ämter halten zu lassen und den Kondukt nur selten zu verlangen.[1093]

Im 18. Jahrhundert zeigt sich auch bei der Bestellung des Mesners der für das Zeitalter der Aufklärung typische Zug zur Verrechtlichung und präzisen Normierung. In diesem Sinne mußte der 1764 angestellte Pfarrmesner Pankraz Peteffi[1094], von Beruf übrigens Kunstmaler, eine Kaution hinterlegen und sich auf zehn Jahre zur Zahlung einer Alimente von 30 fl pro Jahr für die Kinder seines verstorbenen Vorgängers Josef Peer verpflichten.[1095] 1774 trat der Kirchenausschuß von Schlanders zusammen, um eine detaillierte Instruktion für die Leistungen und die Bezahlung des Mesners zusammenzustellen, die alle möglichen Formen des Dienstes vorsah (Einsatz bei Kindstaufen, Versehgängen, Segnung der Wöchnerinnen, Läuten des Ziegenglöckleins, verschiedenen Formen von Beerdigungen, Totenmessen und -ämtern, Grabbesuchen, Jahrtagen, Bitt- und Dankgottesdiensten) und bei außerhalb der Kirche zu verrichtenden Funktionen den je nach Lage des Einsatzortes verschieden großen Aufwand in Rechnung stellte. Für das Läuten der Glocken zu bestimmten Anlässen wurden jetzt, nach Jahreszeiten sowie nach Sonn- und Werktagen differenziert, genaue Uhrzeiten vorgeschrieben.[1096]

Dem rationalistischen Geist des ausgehenden 17. und des 18. Jahrhunderts entspricht auch die Tendenz zu einer zunehmenden Differenzierung gemeindlicher Kirchenämter. 1775 wurden in Schlanders sogar für den Totengräber (*Grabmacher*) präzise Normen erstellt: Zwischen Dezember und März erhielt er wegen des durch den Frost erhöhten Arbeitsaufwandes für das Ausheben eines Grabes mehr als in den übrigen Monaten. Zu seinen Obliegenheiten gehörten außerdem das Tragen des Kreuzes bei Beerdigungen und bei Grabbesuchen der Geistlichen sowie die Unterstützung des Organisten durch das sogenannte Orgelziehen, das Anfachen des Blasebalgs, der dieses Instrument erst spielbar machte.[1097] Erwähnt sind

---

chenornate der Pfarrkirche Schlanders 1702 Jänner 2), Veit Schwaiger 1708 (DOZA, Et 35/2, fol. 78v–106r: VP 1708), Josef Peer 1737–1764 (KA Vezzan, KR 1737/38, 1739/40, 1741/42, 1745/46; SpA III/1.3, Heft 12/10–11, Heft 13/25; DOKA II 17/2, Nr. 5), Hieronymus Peteffi 1764–1800 (SpA III/1.3, Heft 19/9; DOKA II 17/2, Nr. 5).

1087 Teilweise war der Mesnerdienst jedoch auch von lokalen Besonderheiten abhängig; vgl. MAHLKNECHT, Bruno: Pflichten und Aufgaben eines Mesners 1794, in: Der Schlern 54 (1980), S. 57.
1088 KA Göflan: Instruktion für den Mesner (undatiert, 17. Jh.).
1089 KA Göflan: Einkünfte und Pflichten des Mesners (undatiert, 17. Jh.).
1090 DOZA, Et 35/2, fol. 78v–106r: VP 1708.
1091 1667 erhielt Pfarrmesner Mathias Hermann rund 10 fl und 4 Star Roggen (SpA IV, Nr. 11).
1092 DOZA, Et 33/3 = Et 34/1: VP 1701 Dezember 21.
1093 DOZA, Et 33/1: VP 1685 August 25, Schlanders.
1094 Zu ihm vgl. den Beitrag von Rainer LOOSE im vorliegenden Band, Anm. 217, S. 67.
1095 DOKA II 17/2, Nr. 5.
1096 DOZA, Et 156/1 und PfA Schlanders 2/35 VP ddo. 1775 September 2.
1097 DOZA, Et 156/1. VP 1775 September 2, Schlanders.

diese Ämter allerdings schon früher, nur nicht immer in Personalunion mit dem Mesnerdienst und mit weniger genau umrissenen Kompetenzen. Vom Orgeltreter z.B. ließ sich ermitteln, daß er schon 1667 für seinen Dienst mit 6 fl pro Jahr entschädigt worden war[1098], aber dafür hatte er die Orgel auch reinigen müssen, und der Totengräber hatte auch die Pflicht zur Durchführung der Kornsammlung am Sonnen- und Nördersberg und zu anderen Handreichungen im Dienst des Kirchpropstes gehabt.[1099]

4.3 Bauernkrieg und Täuferbewegung in der Pfarre des Deutschen Ordens

In der frühen Neuzeit war allgemein die Ansicht verbreitet, kirchliche Institutionen wären für die Bewältigung existentieller Fragen und somit – nach der Interpretation dieser Zeit – auch materieller Alltagsprobleme zuständig. Aus diesem Grund waren am Beginn des 16. Jahrhunderts fiskalische Gegebenheiten ein häufiger Anlaß für Proteste.[1100] War eine Pfarre einem geistlichen Institut inkorporiert, schien den Gemeinden besondere Wachsamkeit geboten. Daher muß man gerade in einer Pfarre wie Schlanders mit grundsätzlichen Vorbehalten rechnen, die eine Entfremdung zwischen der Kirche als Institution und der Gemeinde als Trägerin wirkenden Engagements zur Folge haben konnten.[1101]

Zu 1524 ist zunächst der Aufenthalt Peter Passlers in Schlanders zu vermerken, jenes bekannten Bauern aus Antholz im Pustertal, der durch seine »Absage« an den Brixner Bischof für den Bauernaufstand auslösende Wirkung hatte. Am 11. September 1524 wurde er hier festgenommen, als er sich auf dem Weg nach Mailand befand, wo französische Söldnerheere gegen die Habsburger kämpften.[1102] Seine Anwesenheit steht mit der Plünderung der Kommende im Mai 1525 in keinem ursächlichen Zusammenhang, denn Passlers Aufenthalt in Schlanders beruhte lediglich auf einem Zufall.[1103] Es hat den Anschein, als hätten seine Versuche, die Vinschgauer Bauern für seine Sache zu gewinnen, wenig Erfolg gehabt. Die Innsbrucker Regierung, an die sich der Schlanderser Pfleger um Rat gewandt hatte, empfahl Passlers Gefangennahme. Dieser wurde anschließend in Brixen festgehalten, bis ihn am 9. Mai 1525 die aufständischen Bauern befreiten.[1104]

Die Schlanderser Quellen ergeben zu den Ursachen des Bauernaufstandes einen sehr unscharfen Befund: In den Beschwerdeartikeln der Bauern von 1525 ist nur von der Belastung durch Steuern und sonstige Obliegenheiten gegenüber dem Landesfürsten, nicht aber von der geistlichen Herrschaft die Rede.[1105] Somit bestätigt sich, was in etwa 90 Prozent aller zwischen 1519 und 1525 in Tirol vorgekommenen Beschwerdefälle zutraf, nämlich daß wirtschaftliche und vor allem rechtliche Probleme als Ursache für die Bauernaufstände ungleich wichtiger waren als kirchliche Mißstände.[1106] Vielleicht wirkte sich in der Pfarre Schlanders auch die seit der Mitte des 15. Jahrhunderts gegebene personelle Trennung zwischen Komtur und Pfarrverwalter insofern positiv aus, als die Bevölkerung geistliche Herrschaft als weniger drückend empfand, weil ein Gefühl der Solidarität mit dem sie betreuenden Priester entstanden sein könnte, der sich seinerseits gegenüber dem ritterlichen Orden zu behaupten hatte.

Die Plünderung der Kommende durch aufständische Bauern im Mai 1525 nahm daher einen eher maßvollen Verlauf. Anfang Juni sah sich der Pfleger allerdings genötigt, einen Vertreter des

---

1098 SpA IV, Nr. 11.
1099 KA Göflan: Instruktion für den Mesner (undatiert, 17. Jh.).
1100 VAN DÜLMEN, Richard: Volksfrömmigkeit und konfessionelles Christentum im 16. und 17. Jahrhundert, in: Volksreligiosität in der modernen Sozialgeschichte, hg. von Wolfgang Schieder. Göttingen 1986, S. 14–30, hier S. 21.
1101 BLICKLE, Peter: Gemeindereformation. Der Mensch des 16. Jahrhunderts auf dem Weg zum Heil. München 1985, S. 54–65.
1102 MACEK, Josef: Der Tiroler Bauernkrieg und Michael Gaismair. Deutsche Ausgabe besorgt von R. F. Schmiedt. Berlin 1965, S. 133; MACEK, Josef: Peter Pässler im Tiroler und Salzburger Bauernkrieg, in: Der Schlern 59 (1985), S. 144–169, hier S. 150.
1103 MACEK, Bauernkrieg (wie Anm. 1102), S. 158; RIEDMANN (wie Anm. 5), S. 431.
1104 MACEK, Pässler (wie Anm. 1102), S. 153–157.
1105 WOPFNER, Hermann (Hg.): Quellen zur Geschichte des Bauernkrieges in Deutschtirol 1525. I. Teil (= Acta Tirolensia Bd. 3/1). Innsbruck 1908, S. 134 f.
1106 RAINER, Johann: Die bäuerlichen Erhebungen 1525–1627 im österreichischen Raum, in: Revolutionäre Bewegungen in Österreich, hg. von Erich Zöllner. Wien 1981, S. 67–76, hier S. 73 f.

Bauernausschusses als Mitkommandanten zu akzeptieren. Außerdem bestanden unter den Aufständischen der Gemeinde Schlanders enge Verbindung zu den Rebellen in Vorarlberg.[1107] Im Sommer 1525 beteiligten sich einige Männer an einer Plünderung der Kartause Schnals.[1108]

Zu 1527 liegt ein Hinweis auf Verweigerung der dem Bischof von Chur schuldigen Abgaben vor, der auch das Gericht und somit den Sprengel der Pfarre Schlanders betraf. König Ferdinand I. (1519–1564) reagierte darauf mit einer Weisung an den Landeshauptmann an der Etsch und die Pfleger in Glurns, Nauders und Schlanders, die Untertanen zur Zahlung anzuhalten.[1109]

Im selben Jahr wurde allenthalben in Tirol das Aufkeimen der Bewegung der Wiedertaufe spürbar[1110]; in Schlanders trat diese seit 1529 in Erscheinung. Die staatliche Gewalt legte hierüber genaue Aufzeichnungen an, weil sie in den Täufern eine Gruppe zu bekämpfen hatte, die die traditionellen Bindungen zwischen Weltlichem und Religiösem aufzulösen versuchte.[1111]

1529 machte Georg Blaurock, einer der bekanntesten Wiedertäufer der Schweiz, in Schlanders Station. Im Dezember 1531 bat der Pfleger die Innsbrucker Regierung um Verhaltensmaßregeln gegenüber einem nicht näher bezeichneten Mann aus dem Ort, der vor Jahren nach Böhmen ausgewandert und dort getauft, nunmehr aber bei seiner Rückkehr in die Heimat gefangengenommen worden sei.[1112] König Ferdinand gab folgenden Bescheid: Wenn der Mann weder ein Vorsteher noch ein Winkelprediger gewesen sei und nicht schon einmal Gnade erfahren habe, jetzt aber widerrufen und abstehen wolle, so möge er in der üblichen Weise begnadigt werden, andernfalls solle nach den ausgegangenen Mandaten gegen ihn vorgegangen werden.[1113]

Schlanders bildete kein Zentrum der neuen Lehre[1114]: Aus den dreißiger und vierziger Jahren liegen keine spezifisch auf diese Ortschaft bezogenen Täuferquellen vor, nur zwei sehr allgemein gehaltene Mandate, die keine Rückschlüsse auf die Situation vor Ort zulassen.[1115] Erst in den fünfziger Jahren scheint das Täufertum hier tiefer Fuß gefaßt zu haben. Aus dem Jahr 1553 sind mehrere Namen von Täufern bekannt: Barbara, Gemahlin des Jörg Redermacher[1116], Josef Redermacher, der Groß Veyt und Jakob Zimmermann. Letzterer war als »Vorsteher« ein besonders gefährlicher Gegner der Obrigkeit.[1117]

Im Mai 1553 traf den Schlanderser Pfleger Kaspar von Montani eine Rüge der Innsbrucker Regierung, weil er über die Festnahme eines Vorstehers der Wiedertäufer nicht sogleich nach Innsbruck berichtet habe; der Mann möge eingesperrt bleiben, seine Anhänger seien auszuforschen.[1118] Im Juni erhielt der Pfleger und Richter von Steinach, dem Barbara Redermacher überstellt worden war, die Weisung, sie am kommenden Sonntag zum öffentlichen Widerruf von der Kanzel aus zu bewegen; außerdem solle sie Buße tun, Besserung geloben und das heilige Sakrament empfangen. Es sei ihr ein Schreiben an den Pfleger von Schlanders mitzugeben, auf daß sie nach dem Widerruf wieder in ihrem Gericht aufgenommen werden könne.[1119] Eine ähnliche Verfügung erging in betreff des Josef Redermacher, während im Fall des besonders hartnäckigen Vorstehers Jakob Zimmermann Unbeugsamkeit angebracht schien: Ihn möge man nach Innsbruck bringen.[1120]

Im August 1553 holte die Regierung bei Kaspar von Montani nähere Auskünfte über einen von ihm gefangenen Wiedertäufer ein, dessen Name

---

1107 MACEK, Bauernkrieg (wie Anm. 1102), S. 224.
1108 MAYER (wie Anm. 137), Bd. 2, S. 72.
1109 MAYER (wie Anm. 137), Bd. 2, S. 57.
1110 VAN DÜLMEN, Volksfrömmigkeit (wie Anm. 1100), S. 20.
1111 HÖRGER, Hermann: Kirche, Dorfreligion und bäuerliche Gesellschaft. Strukturanalysen zur gesellschaftsgebundenen Religiosität ländlicher Unterschichten des 17. bis 19. Jahrhunderts, aufgezeigt an bayerischen Beispielen (= Studien zur altbayerischen Kirchengeschichte Bd. 5). München 1978, S. 112; GROSS, Leonard: Die ketzerischen Lehrmeinungen der Täufer: Das Wesen des Täufertums mit besonderer Berücksichtigung der hutterischen Eigenart, in: Der Schlern 63 (1989), S. 640–647, hier S. 641.
1112 RIEDMANN (wie Anm. 5), S. 430.
1113 MECENSEFFY, Grete (Bearb.): Quellen zur Geschichte der Täufer, Bd. 13 (unter Mitarbeit von Mathias SCHMELZER): Österreich, II. Teil (= Quellen und Forschungen zur Reformationsgeschichte Bd. 41). Gütersloh 1972, Nr. 745.
1114 RIEDMANN (wie Anm. 5), S. 431.
1115 MECENSEFFY (wie Anm. 776), Nrr. 435, 852.
1116 MECENSEFFY (wie Anm. 776), Nrr. 907, 909.
1117 MECENSEFFY (wie Anm. 776), Nrr. 911, 921 B.
1118 MECENSEFFY (wie Anm. 776), Nr. 908 B.
1119 MECENSEFFY (wie Anm. 776), Nr. 909.
1120 MECENSEFFY (wie Anm. 776), Nr. 911.

jedoch nicht genannt wurde.[1121] Wenig später erging an ihn die Weisung, unbekannte, verdächtige Personen, die im Land umherzögen, streng zu beobachten und Vorsteher von Wiedertäufergruppen zu verhaften.[1122]

Bis Ende Oktober war es gelungen, Jakob Zimmermann zum öffentlichen Widerruf und zu einer Buße zu bewegen. Die Schilderung seines Falles läßt deutlich erkennen, welche existentiellen Dimensionen die Entscheidung für das Täufertum im konkreten Einzelfall annahm: Zimmermann hatte sein Hab und Gut seinerzeit seinem Grundherrn Peter Verdross in Kortsch verkauft; nunmehr wollte er es zurückkaufen, um für die Heimkehr gerüstet zu sein. Dabei ging es um die Bereinigung noch offener Schulden und die Begleichung der inzwischen angefallenen Gerichtsspesen.[1123] Verdross erließ ihm 50 fl, also die Hälfte der Schuld, auf daß die Regierung die geforderte Entschädigung für Zimmermanns Unterhalt bekomme.[1124] Sympathisierte der Grundherr mit dem aufständischen Bauern oder setzte er nur ein Zeichen einer von Humanität gekennzeichneten sozialen Gesinnung?

Damals hatte sich die Wiedertaufe in Schlanders nun doch stärker durchgesetzt. Von einer Ende 1554 bei Kortsch unter der Leitung des Ägidius Federspiel abgehaltenen Wiedertäuferversammlung[1125] gingen so starke Impulse aus, daß sich die Obrigkeiten der benachbarten Gerichte Kastelbell und Glurns/Mals zu gemeinsamen Planungen veranlaßt sahen.[1126]

1555 beanspruchten die Brüder Remigius und Christoph Heug zu Eyrs die Aufmerksamkeit des Schlanderser Pflegers. Auch ihr Fall ist von hohem allgemeinen Interesse, weil er sichtbar macht, daß die Taufgesinnung auch in vermögenden Kreisen Verbreitung gefunden hatte[1127] und daß die Bereitschaft, dafür erhebliche Opfer auf sich zu nehmen, groß war: Einen Teil ihrer Güter hatten die Brüder verkauft, einen anderen, der immerhin 12.000 fl wert war, waren sie bei ihrer Flucht in die Wiedertaufe einfach zurückzulassen bereit. Die Regierung wies den Pfleger an, sie gefangenzunehmen und nach Innsbruck zu schicken, ihr Hab und Gut zu inventarisieren und zur Bearbeitung gegen Zinsleistung freizugeben; das noch geschuldete Kaufgeld für die außerhalb Schlanders verkauften Güter möge von der betreffenden Obrigkeit beschlagnahmt und bis auf weiteren Bescheid der Regierung einbehalten werden.[1128] Die Nachricht, daß die Gemahlinnen beider Männer gerade im Kindbett lagen, zeigt, daß die Entscheidung zur Flucht in die Wiedertaufe mit all ihren Gefahren und Strapazen auf einer im Bewußtsein der Betroffenen tief verankerten Überzeugung beruhte.[1129] Sie erlaubt es nicht, die Taufgesinnung durch ausschließlich wirtschaftlich-soziale Ursachen zu begründen, wie ja auch bei Verhören nie explizit Armut als Ursache angegeben wurde.[1130]

Im Fall der Heug schien sich die Staatsgewalt zunächst durchzusetzen: Die Regierung in Innsbruck nötigte den beiden eine Urfehde ab und begnadigte sie unter der zusätzlichen Bedingung der Entrichtung eines hohen Bußgeldes. Für sich und ihre – inzwischen niedergekommenen – Frauen mußten sie schwören, der Sekte künftig fern zu bleiben und sich der Unterweisung in der christlichen Lehre durch gelehrte Personen wie den Pfarrer von Meran, den Vikar von Mals, den Pfarrer von Latsch oder andere Geistliche zu stellen.[1131] Trotz derlei drastischer Maßnahmen ließen es sich Remigius und Christoph Heug aber nicht nehmen, noch im selben Jahr andere Wiedertäufer zu beherbergen; dafür mußten sie ein Strafgeld von 1000 fl erlegen.[1132] Als sich drei aus dem Gericht Schlanders für sie bürgende Personen (Vils Lutz, Hans Kaufmann, Stefan Tschin) ebenfalls aktiv in der Sekte betätigten, wurden ihre Güter konfisziert und von der Regierung inventarisiert; die Brüder Heug selbst waren nach Mähren gezogen.[1133] Ihrer

---

1121 MECENSEFFY (wie Anm. 776), Nr. 913.
1122 MECENSEFFY (wie Anm. 776), Nr. 914.
1123 MECENSEFFY (wie Anm. 776), Nr. 921 A.
1124 MECENSEFFY (wie Anm. 776), Nr. 921 B.
1125 LOSERTH, Johann: Anabaptismus in Tirol vom Jahre 1536 bis zu seinem Erlöschen. Aus hinterlassenen Papieren des Hofrathes Dr. Josef R. von Beck, in: Archiv für Kunde österreichischer Geschichtsquellen 79 (1893), S. 127–276, hier S. 191
1126 MECENSEFFY (wie Anm. 776), Nr. 930.
1127 LOSERTH (wie Anm. 1125), S. 192.
1128 MECENSEFFY (wie Anm. 776), Nr. 934.
1129 MECENSEFFY (wie Anm. 776), Nr. 935.
1130 SCHMELZER, Matthias: Jakob Huters Wirken im Lichte von Bekenntnissen gefangener Täufer, in: Der Schlern 63 (1989), S. 596–618, hier S. 607.
1131 MECENSEFFY (wie Anm. 776), Nr. 941.
1132 MECENSEFFY (wie Anm. 776), Nr. 943.
1133 MECENSEFFY (wie Anm. 776), Nr. 948.

Bitte um Herabsetzung der über sie verhängten Geldstrafe und um Erlaubnis für Christoph, ein Stück Land zu verkaufen, damit er die Strafe bezahlen könne, gab die Regierung nicht statt; stattdessen wies sie den Pfleger an, zumindest die Frauen von ihrem Irrtum abzubringen.[1134] Zunächst unschlüssig darüber, was mit der umfangreichen Verlassenschaft der Brüder zu geschehen habe[1135], beschloß die Kammer 1556 auf persönliche Intervention König Ferdinands hin, das Geld für den Bau des Neuen Stifts in Innsbruck zu verwenden.[1136] Beim Pfleger zu Schlanders erkundigte sich die Regierung über Zahl und Aufenthalt der zu versorgenden Kinder der Heug und ordnete die Bestellung von Vormündern an.[1137] Als sich die Verwandten der Mündel dazu verpflichteten, diese »in der wahren christlichen Religion« zu erziehen, ordnete der König die Herabsetzung des Strafgeldes von 6000 auf 2000 fl an, auf daß der Rest für die Kinder zur Verfügung stehe.[1138] Einer der älteren Söhne des Remigius war zunächst mit dem Vater außer Landes gezogen; Ende 1557 kehrte er nach Tirol zurück und versprach, künftig »der wahren christlichen Religion gemäß« zu leben und nicht mehr davon abzuweichen. Auf Rat seiner Verwandten habe er die Tochter des verstorbenen Georg Tschin geheiratet und gebeten, ihm die Behausung seines Onkels Christoph in Eyrs zu übergeben. Trotz eines Zweifels an der Zuverlässigkeit des jungen Heug bewilligte dies die Regierung bis auf Widerruf.[1139]

Im Spätsommer und Herbst 1556 beschäftigte neben den Brüdern Heug auch Hans Pürchner als Vorsteher einer Wiedertäufergruppe die Obrigkeit in Schlanders und die Regierung in Innsbruck.[1140] Nach seiner Gefangennahme wies die Regierung den Vikar zu Mals Anastasius Petsch und den Vikar zu Latsch an, sie sollten sich nach Schlanders begeben, um den Gefangenen durch geschickte Unterweisung von seinem Irrglauben abzubringen.[1141] Dieser ließ sich aber selbst unter der Folter nicht beugen; nach längerer Gefangenschaft wurde er schließlich in Schlanders zum Tode verurteilt und mit dem Schwert gerichtet.[1142] Vielleicht war er jener Vorsteher und Aufwiegler gewesen, nach dem die Behörden schon im Frühjahr bei einem Verhör des Wiedertäufers Veit Spieß gesucht hatten.[1143]

Ende 1557 legten die Innsbrucker Behörden beim Schlanderser Pfleger Kaspar von Montani Fürsprache für die Witwe Ursula Mätzerin und ihre Töchter Anna Fendin und Margarethe Zeilerin ein, die nach zweijähriger Abwesenheit aus Tirol durch in Imst verrichtete öffentliche Buße vom »Irrglauben der Wiedertaufe« abgestanden seien und um Begnadigung gebeten hatten. Ihnen wurde schließlich gestattet, sich wieder im Gericht Schlanders niederzulassen.[1144]

Im Sommer 1558 gelang der Obrigkeit in Hall eine besonders wichtige Festnahme: Jakob Wieland aus Laas und seine Gemahlin Christina befanden sich gerade auf dem Weg nach Mähren, als sie gestellt wurden und beim anschließenden Verhör mehrere Namen von Wiedertäufern aus dem Gericht Schlanders nannten; die entsprechende Liste ist jedoch nicht erhalten.[1145]

Wie in anderen Tiroler Tälern[1146] begegnen auch unter den Vinschgauer Wiedertäufern vereinzelt sogar Geistliche, die vormals mit seelsorglichen Aufgaben betraut gewesen waren. Im Mai 1558 korrespondierte die Regierung mit Kaspar von Montani über Leonhard Tax von München, ehemaligen Pfarrer von Tschengls, dann von Schlanders, der sich der Wiedertaufe angeschlossen und eine Schrift über die Religion verfaßt habe.[1147] Dieser Geistliche hielt sich bis 1562 im Raum Schlanders auf, wo er zu nächtlicher Stunde im Haus des Ruprecht Hörlacher einen nicht näher umschriebenen Hörerkreis in der Schrift unterwies und

---

1134 MECENSEFFY (wie Anm. 776), Nr. 944.
1135 MECENSEFFY (wie Anm. 776), Nr. 953.
1136 MECENSEFFY (wie Anm. 776), Nrr. 954, 957 A.
1137 MECENSEFFY (wie Anm. 776), Nrr. 946, 955.
1138 MECENSEFFY (wie Anm. 776), Nrr. 957 B, 966, 980.
1139 MECENSEFFY (wie Anm. 776), Nr. 991 A.
1140 MECENSEFFY (wie Anm. 776), Nrr. 944, 946.
1141 MECENSEFFY (wie Anm. 776), Nr. 949.
1142 BECK, Josef (Bearb.): Die Geschichts-Bücher der Wiedertäufer in Österreich-Ungarn, betreffend deren Schicksale in der Schweiz, Salzburg, Ober- und Nieder-Oesterreich, Mähren, Tirol, Böhmen, Süd-Deutschland, Ungarn, Siebenbürgen und Süd-Russland in der Zeit von 1526 bis 1785 (= Fontes rerum Austriacarum, Diplomataria et Acta XLIII). Wien 1883, S. 204 f.; GAMPER (wie Anm. 254), S. 48; RIEDMANN (wie Anm. 5), S. 431.
1143 MECENSEFFY (wie Anm. 776), Nr. 935.
1144 MECENSEFFY (wie Anm. 776), Nrr. 990, 991 B.
1145 MECENSEFFY (wie Anm. 776), Nrr. 995, 999.
1146 Vgl. KUSTATSCHER, Sarnthein (wie Anm. 3), S. 299.
1147 MECENSEFFY (wie Anm. 776), Nr. 993.

auch durch Predigten auf die geplante Übersiedlung nach Mähren vorbereitete.[1148]

Ähnlich wie die bereits erwähnten Überlegungen der Regierung über die Kinder der Brüder Heug illustriert auch der Ende 1555 und Anfang 1556 behandelte Fall des nach Mähren gezogenen Anton Häckl die existentiellen Auswirkungen der Entscheidung eines einzelnen auf seine Angehörigen. Auch hier bewiesen die Behörden eine sehr humane Einstellung, indem sie dem Gesuch der Verwandten des Ausgewanderten, der Brüder Valentin und Anton Häckl und ihrer beiden Schwestern, alle aus Kortsch, um Verpachtung von dessen Gütern an sie gegen Bürgschaft stattgaben.[1149] Eine ähnlich lautende Supplik der Anna Mayrhofer aus dem Gericht Schlanders, die auf die verlassenen Güter des Wiedertäufers Gotthart Padereuer Anspruch erhob, empfahl die Regierung der lokalen Obrigkeit im Juni 1557 zur genauen Überprüfung.[1150] 1559 ergingen entsprechende Weisungen zugunsten jener Personen, die sich um die pachtweise Überlassung der Güter der außer Landes gezogenen Wiedertäufer Jos Eberfrit[1151] sowie der Magdalena Murrin[1152] und ihres Gemahls bemühten, sofern sie nicht im Verdacht stünden, die Flucht unterstützt zu haben.[1153] 1561 erhielt Kaspar von Montani aus Innsbruck in betreff des Besitzes der in die Wiedertaufe gezogenen Töchter des verstorbenen Valentin Aigner eine analoge Verhaltensrichtlinie.[1154] 1564 übermittelte die Regierung dem neuen Schlanderser Pfleger Franz Hendl ein Gesuch des Stefan Spandiniger aus Eyrs, dessen Schwester mit ihrem Gemahl nach Mähren gezogen war.[1155]

In Einzelfällen konnte die hier aufgezeigte an sich humane Praxis der Behörden jedoch auch Streitigkeiten und Äußerungen des Mißtrauens unter mehreren Interessenten zur Folge haben[1156], in denen sich neben wirklich religiösen Bedenken wohl dennoch auch die sozialen Engpässe der Zeit spiegeln.

Es gibt tatsächlich Indizien dafür, daß in manchen Einzelfällen wirtschaftliche Motive ausschlaggebend gewesen sein könnten, wobei gerade jene besonders aufschlußreich sind, die sich aus der Interpretation anderer Quellen als der direkt aus der Täuferbekämpfung entstandenen ergeben. Als beispielhaft hierfür kann eine Beschwerde gelten, die 1545 beim Kellner zu Tirol einlangte: Mehrere zum Bezug des dritten Teils des großen und kleinen Zehnten im Kortscher und Schlanderser Feld Berechtigte beklagten sich über die Säumigkeit der ihnen Zinspflichtigen. Aus den daraufhin von König Ferdinand den unteren Behörden erteilten Weisungen bzw. aus den Reaktionen der Empfänger geht hervor, daß mehrere Weingärten zu Wiesen gemacht worden waren, teilweise ohne Bewilligung der Grundherren.[1157] Spiegeln sich in dieser Notiz erst leise Anfänge von Spannungen zwischen einzelnen in einem Verhältnis wirtschaftlicher Abhängigkeit zueinander stehenden Gruppen, so steht der Fall des Balthasar Dosser aus Lüsen, der im Frühjahr 1561 zur Vorbereitung einer sozialrevolutionären Erhebung durch den Vinschgau reiste, wo er mit mehreren einheimischen Personen zusammenarbeitete[1158], für ungleich heftigere Erscheinungsformen gestörten sozialen Friedens. Für die Gesamtwürdigung seiner Aktion ist es kaum von Belang, daß sie ohne Erfolg blieb und mit Dossers Hinrichtung endete.[1159]

Auch die Wiedertaufe scheint in Schlanders in den frühen sechziger Jahren in akuteren Formen aufgetreten zu sein als je zuvor. 1560 warnte die Regierung Landeshauptmannschaftsverwalter Simon Botsch und den Schlanderser Pfleger Kaspar von Montani, im Gericht Schlanders hätten sich vor kurzem an die hundert[1160] Wiedertäufer versammelt, unter denen sich viele angesessene und vermögende Personen befänden; die Regierung

---

1148 MECENSEFFY (wie Anm. 776), Nr. 1060 B.
1149 MECENSEFFY (wie Anm. 776), Nrr. 950, 953.
1150 MECENSEFFY (wie Anm. 776), Nr. 986.
1151 MECENSEFFY (wie Anm. 776), Nr. 1012 A.
1152 MECENSEFFY (wie Anm. 776), Nr. 1012 B.
1153 MECENSEFFY (wie Anm. 776), Nr. 1012 C.
1154 MECENSEFFY (wie Anm. 776), Nr. 1059.
1155 MECENSEFFY (wie Anm. 776), Nr. 1080.
1156 MECENSEFFY (wie Anm. 776), Nr. 1070.
1157 MUTSCHLECHNER, Georg: Zins- und Zehentleute in Kortsch und Schlanders (1545), in: Der Schlern 57 (1983), S. 615 f.
1158 GRITSCH, Helmut: Sozialrevolutionäre Unruhen im Vinschgau im 16. Jahrhundert, in: Der Vinschgau und seine Nachbarräume. Vorträge des landeskundlichen Symposiums veranstaltet vom Südtiroler Kulturinstitut in Verbindung mit dem Bildungshaus Schloß Goldrain, Schloß Goldrain, 27. bis 30. Juni 1991, hg. von Rainer Loose. Bozen 1993, S. 181–194, hier S. 183.
1159 Gritsch (wie Anm. 1158), S. 186–188.
1160 Nicht tausend, was sicherlich unrealistisch wäre; LOSERTH (wie Anm. 1125), S. 194.

sei befremdet, daß die Obrigkeiten derartige Aktivitäten nicht zu verhindern wüßten; es ergehe daher der Befehl, den Wiedertäufern und jenen, bei denen sie Unterschlupf fänden, nachzuspüren.[1161] 1563 verlautete Ähnliches an die Adresse des neuen Pflegers von Schlanders Franz Hendl[1162], der gemeldet hatte, daß sich in diesem Jahr 20 Personen aus seinem Gericht in die Wiedertaufe begeben hatten.[1163] Im Fall des Wiedertäufers Georg Klotz wurde 1563 empfohlen, er möge durch einen Prediger in der christlichen Lehre unterwiesen werden.[1164] Im weiteren Verlauf der sechziger Jahre scheint das Täufertum im Raum Schlanders abgeklungen zu sein: Die letzte einschlägige Notiz liegt aus dem Jahr 1568 vor, als in Schlanders der Täufer Paul Gänsler gefangen genommen wurde.[1165]

Die eben angeführten Schlanderser Beispiele, die einen verstärkten Zuspruch zum Täufertum in den späten fünfziger und in den frühen sechziger Jahren erkennen ließen, legen eine differenzierte Beantwortung der Frage nach den Ursachen nahe. Aus den untersuchten Quellen haben sich religiöse und wirtschaftlich-soziale Motive erschließen lassen; am Hof König Ferdinands brachte man das Täufertum jedoch in erster Linie mit dem Phänomen Empörung und Aufruhr im allgemeinen in Zusammenhang.[1166] Daher scheint es angebracht zu sein, auch die in Schlanders beobachteten Erscheinungen teilweise als Formen traditionellen Protests zu deuten, deren Vorläufer noch im Spätmittelalter liegen.[1167]

Ob das um 1920 entfernte Bildprogramm auf dem Getäfel in einer Schlafstube im ersten Stock des Frischmannhofes in Kortsch, an dem ein katholischer Geistlicher Anstoß nahm, weil – neben der Vertreibung von Adam und Eva aus dem Paradies, dem himmlischen Jerusalem und Jonas, der vom Walfisch verschluckt wird – ein Würste verzehrendes Paar als Martin Luther und seine Frau Katharina gedeutet wurde, auf diese Zeit zurückgeht bzw. als Ausdruck protestantischer Sympathien in der Pfarre Schlanders zu deuten ist, läßt sich nicht mehr ermitteln.[1168] Doch selbst wenn dieser Nachweis erbracht werden könnte, wäre ein Zusammenhang mit dem Täufertum eher unwahrscheinlich, denn diese Lehre, die der Idee der Wiederherstellung des Urchristentums diente, beruhte viel zu wenig auf Dogma oder systematischer Theologie, als daß sie sich den Thesen eines Reformators wie Martin Luther angeschlossen hätte. Im Gegenteil: In der Reformation erkannten die Täufer Züge, die die in ihren Augen wahre Kirche gefährdeten.[1169] Vielleicht war Enttäuschung über den Protestantismus im Zusammenhang mit dem gescheiterten Bauernaufstand sogar eine Ursache für die Hinwendung zum Täufertum.[1170]

4.4 Der Deutsche Orden als Ansprechpartner der Gemeinde Schlanders

Der wichtigste Ansprechpartner der Gemeinde in kirchlichen Fragen war in Schlanders der Deutsche Orden, also eine juristische Person, in der adelige und geistliche Herrschaft vereint auftraten; daher mußte der Abgrenzung der eigenen Kompetenzen naheliegenderweise besondere Aufmerksamkeit gelten.

Erste Beispiele für das Hervortreten der Pfarrgemeinde als selbständig handelnde Größe liegen zu den Jahren 1304 und 1333 vor, als »die Leute der Pfarre Schlanders« bzw. »die Bevollmächtigten der Pfarrgemeinde Schlanders und Kortsch« mehrere Wochenmessen stifteten.[1171] Im Jahr 1332 ging es ihr darum, Holzrechte auf dem Berg Tyllayr gegen die Pfarrgemeinde Latsch durchzusetzen: Landesfürst König Heinrich bestätigte ein schon früher in dieser Angelegenheit vom Richter zu Nauders gefälltes Urteil.[1172]

War in der Urkunde von 1332 noch ausdrücklich von der »Pfarrgemeinde« die Rede gewesen, so begegnet 1380 als Vertragspartner des durch Land-

---

1161 MECENSEFFY (wie Anm. 776), Nr. 1020.
1162 MECENSEFFY (wie Anm. 776), Nr. 1072.
1163 MECENSEFFY (wie Anm. 776), Nr. 1073.
1164 MECENSEFFY (wie Anm. 776), Nr. 1075.
1165 LOSERTH (wie Anm. 1125), S. 229.
1166 NOFLATSCHER, Heinz: Häresie und Empörung. Die frühen Täufer in Tirol und Zürich, in: Der Schlern 63 (1989), S. 619–639, hier S. 630.
1167 NOFLATSCHER, Häresie (wie Anm. 1166), S. 624 f.
1168 CESCUTTI, Marjan: Die »Lutherstube« im Frischmannhof (»ban Stifter«) in Kortsch, in: Der Schlern 62 (1988), S. 169 f.
1169 Gross (wie Anm. 1111), S. 640–642.
1170 RIEDMANN, Josef: Geschichte Tirols, Wien 1982, S. 106.
1171 ATZ/SCHATZ (wie Anm. 5), S. 52.
1172 Abschrift der Urkunde bei KOFLER, Spital (wie Anm. 308), pag. 138. Regest bei STOLZ (wie Anm. 736), S. 89.

komtur Ludwig Waffler vertretenen Deutschen Ordens die Gemeinde als politische Struktur.[1173] In diesem Faktum spiegelt sich die seit dem Spätmittelalter wachsende Bedeutung der politischen Gemeinde als jener Instanz, die sich zur Übernahme kirchlicher Aufgaben nicht nur berechtigt, sondern sogar verpflichtet sah.[1174] Der Vergleich von 1380, der im folgenden einer detaillierten Analyse unterzogen wird, kann als Beleg dafür gelesen werden, daß die Gemeinde Schlanders ihre Rechte erfolgreich durchzusetzen verstand.

In diesem Sinne gelang es ihr, die Erhaltung des Mesners, ansonsten ein zentraler Aspekt gemeindlicher Zuständigkeit, dem Patronatsherrn aufzuerlegen, freilich ohne selbst auf das Mitspracherecht bei dessen Ernennung zu verzichten. Der Deutsche Orden mußte für dieses Amt einen frommen Schüler oder einen »ehrenhaften Knecht« gewinnen; ausdrücklich wurde betont, daß er diesen zu keinerlei anderen Diensten als den einem Mesner zukommenden heranziehen dürfe, auf daß er jederzeit einsatzbereit sei, wenn es ihn brauche. Dies war vor allem deshalb von Wichtigkeit, weil die Gemeinde ausdrücklich Wert darauf legte, daß der Mesner auch an Versehgängen teilnehme, soweit sie im Dorf gelegene Häuser betrafen.

Für Versehgänge außerhalb des Dorfes wurde der Pfarrgeistlichkeit ein eigens zu diesem – und zu keinem anderen – Zweck vorgesehenes Pferd bewilligt, das vom Ertrag einer der Gemeinde gehörenden Wiese erhalten wurde. Darin spiegelt sich die hohe Bedeutung, die man den Versehgängen beimaß. Für den Fall, daß bezüglich der Entschädigung der Geistlichen für die Erfüllung dieser ihrer ausdrücklichen Pflicht Streitigkeiten mit den Angehörigen der zu Versehenden entstünden, waren vom Pfarrverwalter vereidigte Schiedsrichter vorgesehen, zwei »ehrbare Männer«, die als Vertreter der Kirche bzw. des zu Versehenden den Streit entscheiden sollten. Als Norm galt die Zahlung von 3 bis 6 Zwanzigern bei Kindern unter sechs Jahren, während die Gebühr für die Versehung eines Erwachsenen je nach dessen Verhältnissen geregelt wurde; von Armen sollte nichts genommen werden.

Einen weiteren Verhandlungsgegenstand bildete die Haltung des Ewigen Lichtes: Dem Pfarrverwalter oblag diese fortan in der Pfarrkirche Tag und Nacht, in der Kapelle St. Gervasius und Protasius nur nachts; die Zuständigkeit für das Ewige Licht in der Michaelskapelle wurde für die Nacht der Gemeinde übertragen. Es ist anzunehmen, daß für die hier nicht geregelten Stunden die jeweils andere Struktur zuständig war.

Eine nunmehr ausdrücklich als Obliegenheit des Pfarrverwalters bezeichnete Aufgabe war auch die tägliche Haltung der Frühmesse.

Wie sich die Gemeinde in kirchlichen Belangen darum bemühte, mit dem Deutschen Orden zusammenzuwirken, so war dieser auch seinerseits auf Kooperation bedacht. Stellvertretend hierfür sei der zu 1442 belegte von Pfarrverwalter Konrad Junge OT gemeinsam mit der Gemeinde getätigte Kauf dreier Höfe im Schlandrauntal von den Schwestern Barbara, Dorothea und Anna von Schlandersberg sowie von Johann von Pellendorff[1175] genannt. Daß der Seelsorger im Dorf eine sehr wichtige und anerkannte Stelle hatte, wird daraus ersichtlich, daß er auch an der im selben Jahr erfolgten Abfassung einer Ordnung für die Alm Schlandraun maßgeblich beteiligt war.[1176]

Nicht immer ermöglichten es die Umstände, daß gemeinsame Aktionen so reibungslos verlaufen konnten wie im eben erwähnten Fall: Ein zu 1518 belegter Streit des Ordens mit der Gemeinde Schlanders um Wasserbezugsrechte[1177] stehe stellvertretend für jene Interessenskonflikte, die sich, wiewohl mit dem pfarrlichen Leben nicht in direktem Zusammenhang stehend, aus den Erfordernissen des Alltags ergeben konnten.

In spezifischer Wahrnehmung ihres Aufsichtsrechtes in kirchlichen Angelegenheiten agierte die Gemeinde Schlanders einige Jahrzehnte später, als sie dem Komtur Thomas von Montani (1550–1557) in einem Beschwerdeschreiben konkrete Verstöße gegen bestehende Vereinbarungen nach-

---

1173 PfA Schlanders, Urk. 10 ddo. 1380 Februar 29; ARCHIVBERICHTE (wie Anm. 135), Nr. 328; PRAXMARER (wie Anm. 7), S. 170 f.; Abschrift der Urk. bei KOFLER, Spital (wie Anm. 308), gesammelte tirolische Urkunden (1846), in: FB 2703, pag. 16–19; Druck: F. GRASS, Studien (wie Anm. 824), S. 248–251, vgl. auch S. 40; ATZ/SCHATZ (wie Anm. 5), S. 53.
1174 BLICKLE, Gemeindereformation (wie Anm. 1101), S. 113.
1175 GAMPER (wie Anm. 254), S. 18.
1176 F. GRASS, Pfarrei (wie Anm. 833), S. 54.
1177 GAMPER (wie Anm. 254), S. 128.

zuweisen vermochte: Er habe ohne Vorwissen der Gemeinde einen Mesner eingesetzt, wobei kein Inventar der Ornate aufgenommen worden sei; bei der Haltung der Frühmesse gäbe es viele Mängel, ebenso beim Ewigen Licht vor dem Allerheiligsten und im Beinhaus; die dem Orden obliegende Bereitstellung des Weihrauches für die drei Rauchnächte sei ebenfalls seit etlichen Jahren unterblieben.[1178] Auch mit Komtur Claudius von Roccabruna bestand kein gutes Einvernehmen; er mußte 1583 sogar von seiten des Landkomturs den Vorwurf, sich unbeliebt zu machen, in Kauf nehmen.[1179]

1597 setzte die Gemeinde eine bemerkenswerte spirituelle Initiative durch das Gelöbnis der feierlichen Begehung des Festes der heiligen Johannes und Paulus am 26. Juni.[1180]

1613 bestanden zwischen den Parochianen und der Priesterschaft so schwere Differenzen, daß Richter Oswald Pinggera in Chur Klage erhob. Bischof Johann berief daraufhin den gesamten Klerus des Gerichtes in die Fürstenburg, um die näheren Hintergründe zu erfahren und Abhilfe zu schaffen.[1181]

1621 trat die Gemeinde als »Kirchenausschuß« in Aktion, als sie Landkomtur Ulrich Frhr. von Wolkenstein-Rodeneck eine Beschwerdeschrift vorlegte, die die Modalitäten der Bestellung des Pfarrverwalters und Fragen der Besoldung der Geistlichkeit zum Inhalt hatte. Bis vor wenigen Jahren sei es so gewesen, daß ein vom Landkomtur präsentierter Pfarrverwalter der Pfarrgemeinde bzw. deren Ausschuß vorgestellt worden sei und dem Ausschuß die Antretung der Pfarrverwaltung zu melden gehabt habe. Sinn dieser Praxis sei es gewesen, daß der neu eingestandene Seelsorger auf die Vorstellungen der von ihm zu betreuenden Bevölkerung über die »pfarrlichen Rechte« eingehen möge, um mehr Vertrautheit mit ihr zu bekommen, aber auch daß die Bestellung ungeeigneter Priester verhindert werde. Gerade letzters zeige sich daran, daß neuerdings, seit die Pfarrgemeinde wider altes Herkommen bei der Aufnahme eines neuen Pfarrverwalters geradezu »beiseite gestellt« werde, wiederholt untaugliche Priester bestellt worden seien, was einen häufigen Wechsel zur Folge gehabt habe. Dies hänge auch mit der allzu geringen Besoldung durch den Deutschen Orden zusammen; was die Aufteilung der Erträge von Seelgeräten zwischen der Priesterschaft und den Vertretern der Kirchenverwaltung anbelange, wolle man sich an die bischöflichen Anweisungen halten. Ließe sich das Vertrauen zwischen Pfarrverwalter und Gemeinde wieder herstellen, so würde die letztere auch zur Gewährung einer Kornsammlung, wie sie sie vormals »aus gutem Willen«, wenngleich »ohne Schuldigkeit« eingeräumt habe, wiederum bereit sein.[1182] Auf diese Eingabe erwiderte der Landkomtur, es sei selbstverständlich, daß sich ein eben präsentierter Geistlicher nach den »pfarrlichen Rechten« erkundige, von eigentlichen Rechten der Pfarrgemeinde, gerade in Besoldungsfragen, wisse er aber nichts und müsse jegliche in diese Richtung gehende Initiative zurückweisen. Die vielen personellen Veränderungen der letzten Zeit bedaure er ebenso wie die bemängelten wirtschaftlichen Verhältnisse; für letztere läge die Erklärung jedoch ausschließlich in der »jetzigen teuren Zeit«. Im übrigen verweise er auf die durch das Inkorporationsverhältnis gegebenen genau abgegrenzten Zuständigkeiten von Patron und Ordinarius, die nicht im Ermessensbereich der Gemeinde lägen, und wenn Beschwerden über seelsorgliche Mängel objektiv angebracht sein sollten, müßten sie an den Ordinarius gerichtet werden.[1183]

Dessenungeachtet richtete die Gemeinde im Anschluß an diese Korrespondenz an den Landkomtur die Bitte, er möge gestatten, daß die Inventur und Besehung der Kirchenornate zu Schlanders, Göflan und Vezzan durch geistliche und weltliche Obrigkeiten, insbesondere den Kirchpropst, durchgeführt werde; es handle sich bei diesen ja um vereidigte Personen, die sich überdies durch die oft schwierige Erhaltung der Kirchenornate hinreichend bewährt hätten. Diese Vorstellungen der Gemeinde scheinen jedoch wenig beachtet worden zu sein, denn bereits wenige Jahre später mußte der Landesfürst in den Vinschgauer Pfarren des Deutschen Ordens mit

---

1178 PfA Schlanders 2/3.
1179 DOZA, Et 31/2, fol. 192v–194r.
1180 PfA Schlanders 3/1.
1181 JÄGER (wie Anm. 208), S. 378.
1182 KOFLER, Spital (wie Anm. 308), pag. 78–81.
1183 PfA Schlanders 2/4: Landkomtur Wolkenstein an Pfarrgemeinde Schlanders 1621 Dezember 26.

Nachdruck zugunsten der Gemeinden einschreiten.[1184]

Die Maßnahmen der Landesregierung kulminierten 1644 in der Bestellung des Johann Zyprian Hendl Frhr. zu Goldrain zum Kommissär in Spital- und Kirchensachen, dem frühere Kirchenrechnungen zur Justifikation vorgelegt werden mußten, und zwar nicht im Beisein des Komturs zu Schlanders, sondern nur eines ihn vertretenden Bevollmächtigten. Dies sollte freilich, wie der Landeshauptmann an der Etsch, den Protest des Deutschen Ordens voraussehend, dem Balleistatthalter schon am 2. März 1641 geschrieben hatte, ein Präzedenzfall bleiben, dessen ausschließlicher Sinn darin liege, die bestehenden Mißstände in der Kirchenverwaltung kurzfristig zu beseitigen. Als Normalfall war weiterhin vorgesehen, daß die Rechnungslegung in Gegenwart des Komturs, doch außerhalb der Kommende stattfinden solle.[1185]

Die Bedenken des Landeshauptmannes waren berechtigt, denn der Deutsche Orden war, auf eine Deklaration Erzherzog Maximilians von 1605 sich stützend, fest entschlossen, seine Rechte zu behaupten. Zwar fanden die Schwierigkeiten bei der Rechnungslegung 1652 auch aus seinen Reihen Bestätigung, doch wurde als Ursache hierfür der Anspruch der weltlichen Obrigkeit auf Vorrang vor dem Deutschen Orden namhaft gemacht.[1186] Dem stünde, so der Tenor der Gespräche auf einem Balleikapitel von 1653, deren Säumigkeit bei der Erfüllung der ihr obliegenden Pflichten entgegen. Konkret war die Rede von der Haltung des Ewigen Lichtes vor dem Allerheiligsten, die der Gemeinde jeweils für die Hälfte des Jahres oblag, der Verzicht auf die Erstellung der Kirchenrechnung und die Weigerung, eine höchst notwendige Reparatur des Kirchendaches vorzunehmen. Da mündliche Mahnungen keinen Erfolg gezeigt hätten, wolle man die oberösterreichische Regierung einschalten.[1187] Mit diesem Gedanken hatte man sich innerhalb des Deutschen Ordens übrigens schon länger getragen, nur war man noch 1652 der Meinung gewesen, die Einsetzung einer landesfürstlichen Kommission wäre aus Kostengründen nicht möglich.[1188] 1655 trug die Regierung in Innsbruck dem Anliegen des Landkomturs Rechnung: Als in diesem Jahr eine Restaurierung der Pfarrkirchen von Schlanders und Laas anstand, ernannte sie in der Person des Sigmund Hendl wiederum einen Außenstehenden zum Kommissär.[1189]

Die eben mitgeteilten Fakten könnten den Eindruck erwecken, es wäre in der Diskussion zwischen weltlicher Kirchenverwaltung und Deutschem Orden nur um die Durchsetzung von Machtansprüchen zweier Interessenten gegangen. Der in der Urkunde von 1655 enthaltene Hinweis, daß es besonderer Vollmachten zur Eintreibung der Zinse bedürfe, kann allerdings als sicherer Ausdruck dessen gelesen werden, daß es auch die für die Zeit typischen wirtschaftlichen Probleme waren, die die Koexistenz von Patronatsherrn und Gemeinde erschwerten.

Die aus der zweiten Hälfte des 17. Jahrhunderts erhaltenen Notizen deuten auf eine Stärkung der Position des Deutschen Ordens gegenüber der weltlichen Instanz. Als Beispiel sei die Investitur des Pfarrverwalters Nikolaus Schliernzauner im Jahr 1666 genannt: Dieser symbolträchtige Rechtsakt wurde vom Landkomtur durchgeführt, und zwar ohne Beiziehung von Vertretern der Gemeinde; sein Schauplatz war nicht die Kirche, sondern die Kommende.[1190]

In derartigen Fakten spiegelt sich der damals einsetzende allgemeine Aufschwung des Deutschen Ordens, der im 18. Jahrhundert seinen Höhepunkt erreichte. Aufgrund gestiegener Qualitätsansprüche hatte die Korporation nunmehr tatsächlich Grund, gerade in seelsorglichen Belangen mit größerem Gewicht aufzutreten, und dies fand zunächst offensichtlich allgemeine Anerkennung. Die Berichte über Visitationen der Pfarre von seiten des Deutschen Ordens um die Wende vom 17. zum 18. Jahrhundert vermitteln ein Bild weitgehender Harmonie, die sich unter anderem in einem viel weniger befangenen Verhalten gegenüber der Gemeinde äußerte: Bei jener von 1685 kam zum Ausdruck, daß der Deutsche Orden sogar die Aufbewahrung des Tabernakelschlüssels in der Sakristei (und nicht in der Kommende) für

---

1184 KOFLER, Spital (wie Anm. 308), pag. 81 f.
1185 KOFLER, Spital (wie Anm. 308), pag. 102 f.
1186 DOZA, Et 31/2, fol. 371r.
1187 DOZA, Et 26/3. Balleikapitel 1653 November 12.
1188 DOZA, Et 31/2, fol. 371r.
1189 SpA IV, Nr. 9 ddo. 1655 Jänner 16.
1190 DOZA, Et 35/2, fol. 78v–106r: VP 1708.

gut befunden hatte[1191]; 1708 mußte der Pfarrverwalter allerdings ausdrücklich hinzufügen, daß er selbst und der Kooperator freien Zugang dazu hätten[1192] – vielleicht ein leises Zeichen des Unbehagens über gefährdete Rechte. 1701 bezogen sich die Aussagen auf die Modalitäten der Kirchenrechnung: Diese obliege dem Kirchpropst, doch erfolge sie in Gegenwart des Pfarrverwalters; einige Male sei auch der Landkomtur anwesend gewesen.[1193]

Beim letzteren handelte es sich um Johann Jakob Graf Thun, einen vor allem aufgrund seiner außerordentlichen Frömmigkeit in Erinnerung gebliebenen Ordensritter, der die Kommende Schlanders sehr häufig für seine jährlichen Exerzitien wählte.[1194] Seine hohe Wertschätzung für dieses Ordenshaus kommt auch daran zum Ausdruck, daß er sich dorthin zurückzog, als er seinen Tod nahen fühlte: Tatsächlich starb er hier am 2. September 1701.[1195] Johann Jakob Glier OT, der Verfasser der Leichenrede für Graf Thun, der bei dessen Tod noch der Ordenspfarre Lengmoos vorgestanden hatte, im folgenden Jahr jedoch nach Schlanders übergewechselt war[1196], betonte 1708 ausdrücklich sein gutes Einvernehmen sowohl mit den Bediensteten von Kirche und Orden als auch mit der Gemeinde.[1197]

So wie sich der Deutsche Orden im 18. Jahrhundert als Adelsinstitut neu profilierte, d. h. in verstärktem Maß ein ausgeprägt ständisches Denken kultivierte, so trugen auch manche im Einvernehmen mit der Gemeinde getroffene Regelungen nicht den Stempel aufklärerischer Verbrüderung aller Menschen, sondern sanktionierten bestehende soziale Rangunterschiede durch Institutionalisierung. In diesem Sinn ist ein 1733 zwischen dem Orden und der Gemeinde geschlossener Vertrag zu verstehen, der vorsah, die große Pfarrturmglokke, die beschädigt und demnach erneuerungsbedürftig war, künftig nur mehr beim Begräbnis hochstehender Personen zu verwenden, während andere dafür Gebühren zu entrichten hätten, die die bevorstehende Finanzierung einer neuen Glokke erleichtern sollten.[1198]

Als Sinnbild harmonischer Koexistenz zwischen weltlicher und geistlicher Gewalt in einer Pfarre kann indes der Brauch gelten, zu bestimmten Anlässen die führenden Exponenten beider Seiten auf Kosten der Kirchenverwaltung zu einer gemeinsamen Mahlzeit in das Pfarrhaus (oder – im Fall der Filialkirchen – in ein Wirtshaus) zu laden. Gelegenheiten, Geistliche, Mesner, Kirchpropst, Fahnenträger, Schulmeister, Ausschußverwandte und Gerichtsobrigkeit bei derlei »Zehrungen«, wie es in den Quellen heißt, zu laben, fanden sich viele, und sie waren zumal im 17. Jahrhundert sehr willkommen. Bei Speisen und Wein zu feiern pflegte man die Rechnungslegung, die Ausgabe von Almosen, Vereinbarungen über größere Neuanschaffungen oder bauliche Eingriffe, die Spendung des Johannissegens, die Öffnung des Opferstockes, den Kauf der Wachskerzen zu Lichtmeß, die periodische Reinigung der Meßkleider und der Altäre, die Aufrichtung der Krippe. Besonders üppig beging man die Patrozinien und Kirchweihtage, an denen zuweilen nahezu zwanzig Personen bewirtet wurden. Für Göflan wurden die Aufwendungen, die dafür nötig waren, von einem Kuraten des 19. Jahrhunderts mit dem Zusatz »horribile dictu« für mehrere Rechnungsjahre aus den Kirchpropstrechnungen extrahiert.[1199] 1751 machte allein die »Zehrung am Kirchweihabend« 12 fl 33 kr aus.[1200] In den späteren Kirchenrechnungen wurde dann nur noch ein mit 2 fl 24 kr relativ niedriger einschlägiger Posten für einen Trunk am Skapulierfest verzeichnet.[1201] Auch in den Reihen der für die

---

1191 DOZA, Et 33/1: VP 1685 August 25, Schlanders.
1192 DOZA, Et 35/2, fol. 78v–106r: VP 1708.
1193 DOZA, Et 33/3 = Et 34/1: VP 1701 Dezember 21.
1194 BADER, Max: Landkomtur Johann Jakob Graf Thun (1640–1701), ein frommer Verehrer des heiligen Antonius von Padua. Ein kleiner Beitrag zum 700jährigen Jubiläum der Geburt des großen Heiligen. Padua 1895, S. 30.
1195 M. BADER (wie Anm. 1194), S. 124.
1196 KUSTATSCHER, Das 18. Jahrhundert (wie Anm. 229), S. 225.
1197 DOZA, Et 35/2, fol. 78v–106r: VP 1708.
1198 GAMPER (wie Anm. 254), S. 108.
1199 1619/20: 52 fl 45 kr, 1628: 69 fl, 1649/50: 55 fl 34 kr, 1652/53: ca. 88 fl, 1665/66: 37 fl 24 kr, 1679/80: 69 fl 37 kr, 1689/90: 110 fl 20 kr (KA Göflan: Auszüge aus KR, betreffend die Zehrungen [ad memorabilem necnon scandalosam memoriam gulae et voracitis in damnum sancti Martini], in: Geschichte der Kuratie Göflan, pag. 187–189), 1688/69 betrugen die Wirtsspesen des Göflaner Kirchpropstes 100 fl; KA Göflan, KR 1688/89), 1702/03: 123 fl (KA Göflan, KR 1702/03), 1726/28: 44 fl (KA Göflan, KR 1726/28).
1200 KA Göflan, KR 1750/51.
1201 KA Göflan, KR 1758/59, 1760/61, 1764/65, 1768/69, 1770/71, 1788/89, 1794/95.

Verwaltung der Kirchen von Kortsch verantwortlichen Personen[1202] sowie bei der Verwaltung des Heiliggeistspitals[1203] waren die Aufwendungen für das gesellige Beisammensein beträchtlich. In Kortsch machten den Hauptanteil die nach der Vesper am Kreuzabend und am Johannesabend genossenen Speisen aus.[1204] Für Vezzan lassen sich höhere Ausgaben für »Zehrungen« jeweils nur anläßlich der Rechnungslegung nachweisen, während die Aufwendungen für sogenannte Vespertrünke der Geistlichen, des Schulmeisters und der Sänger am Nikolausabend und am Kirchweihabend sowie bei den Kreuzgängen bescheiden waren.[1205]

Die kritische Einschätzung derartiger Bräuche durch den besagten Geistlichen aus Göflan entspringt nicht nur dem verinnerlichten Verständnis von Religiosität und dem verfeinerten zivilisatorischen Niveau des 19. Jahrhunderts, sondern setzte sich schon seit dem Ende des 17. Jahrhunderts allmählich durch, indem man die Mahlzeiten zunehmend einschränkte bzw. ganz aufhob. Aus Göflan liegt zu 1688/89 der Hinweis auf die teilweise Aufhebung der Mahlzeiten für den Pfarrverwalter an den Kirchweihfesten und in einzelnen Fällen für die Kooperatoren vor.[1206] In Vezzan wurden Kirchpropst und Mesner im 18. Jahrhundert für aufgehobene Mahlzeiten mit je 2 fl entschädigt.[1207] Die Verwaltung des Heiliggeistspitals modifizierte 1697 die bestehende Ordnung des Verwesers durch Einfügung zahlreicher Bestimmungen über die Auflassung bisher üblicher Mahlzeiten.[1208] Zu Beginn des 18. Jahrhunderts schränkte sie die öffentlich finanzierte Geselligkeit in Gestalt von Ersatzleistungen an die Geistlichkeit und andere vormals Berechtigte weiter ein.[1209] Bis 1769 waren die Zehrungen der Spitalverwaltung zur Gänze eingestellt worden.[1210]

Dennoch schien auch im 18. Jahrhundert ein völliger Bruch mit der Tradition nicht denkbar: 1748 verfügten bischöfliche Visitatoren, die anläßlich der Fronleichnamsprozession gereichten Mahlzeiten sollten zwar nicht völlig abgeschafft, aber erheblich eingeschränkt werden.[1211] In Göflan hörten die von der Geistlichkeit genossenen Mahlzeiten an den Weihefesten und Patrozinien spätestens 1757 auf; stattdessen hielt sich die Pfarrkirchenverwaltung jedoch zu einer höheren Forderung bei der Bemessung des Göflaner Anteils an der Bestreitung der damals anfallenden Kosten für den Kirchenbau in Schlanders berechtigt.[1212] In beinahe allen Kirchenrechnungen des 18. Jahrhunderts finden sich unter den Ausgabeposten in Geldbeträgen bemessene Ersatzleistungen für jene Personen, die nach älterem Verständnis ein Anrecht auf besagte Mahlzeiten gehabt hätten. Für Göflan läßt sich zwischen 1702 und 1795 die gänzliche Abschaffung der Mahlzeiten für den Pfarrverwalter an den Festen Martin und Walburg nachweisen, wofür er mit 4 Star Roggen pro Jahr entschädigt wurde.[1213] In Vezzan sind Zahlungen an den Pfarrverwalter für unterlassene Mahlzeiten seit 1763 überliefert.[1214] Der Kirchpropst von Göflan wurde, wie seit 1760 nachweisbar ist, für nicht genossene Mahlzeiten mit 1 fl 30 kr pro Jahr entschädigt. Der hier an manchen Tagen wirkende Schlanderser Schulmeister und Organist erhielt seit 1760 stattdessen 3 fl pro Jahr[1215], und im Fall des Mesners machte die Entschädigung, wie sich seit 1788 belegen läßt, 1 fl 30 kr und 5 Star Roggen

---

1202 1695/96: 20 fl 4 kr, 1703/04: 36 fl 56 kr, 1736/37: 44 fl 52 kr (KA Kortsch IV: KRsbelege), 1766/67: 66 fl, 1772/73: 15 fl 44 kr, 1800/01: 16 fl 38 kr, 1802/03: 22 fl 50 kr, 1804/05: 40 fl 25 kr (KA Kortsch I: KR 1766/67 1772/73, 1800/01, 1802/03, 1804/05.

1203 1600: am Spitalskirchweihfest 36 fl; 1612 Bewirtung von 28 Personen am Spitalskirchweihfest um insgesamt 14 fl, 1638/39: 74 fl (SpA II/2, Nr. 21: Spitalrechnung 1638/39; 1765 immerhin noch 16 fl; SpA III/1.3, Heft 14/35 ddo. 1765.

1204 Zur Bedeutung des Johannestages vgl. WALLNÖFER, Paul: Vom St. Johannestag im Vinschgau, in: Der Schlern 10 (1929) S. 284.

1205 1673/74: 12 fl 41 kr, 1707/08: 9 fl 38 kr, 1709/10: 13 fl, 1721/22: 10 fl 36 kr, 1725/36: 10 fl 30 kr, 1735/36: 14 fl 2 kr, 1738/38: 6 fl 15 kr, (Zehrung bei bischöflicher Visitation 13 fl 45 kr), 1763/64: 13 fl, 1765/66: 17 fl, 1767/68: 15 fl 47 kr (KA Vezzan, KR).

1206 KA Göflan, KR 1688/89.

1207 KA Vezzan, KR 1707/08, 1721/22, 1725/26, 1735/36, 1737/38, 1739/40, 1741/42, 1745/46, 1765/66, 1767/68.

1208 SpA III/2.2, Nr. 1 ddo. 1697 Dezember 2; KOFLER, Spital (wie Anm. 308), pag. 106–110.

1209 SpA II/2, Nr. 30 (Spitalrechnung 1699/1700), . Nr. 38 (Spitalrechnung 1719/20), Nr. 55 (Spitalrechnung 1759/60), Nr. 61 (Spitalrechnung 1771/72).

1210 WOERZ (wie Anm. 718), pag. 509–512.

1211 KA Göflan, Visitationsextrakt 1748.

1212 KA Göflan, Vnmasgöbliches proiect ddo. 1757 Juli 10; Geschichte der Kuratie Göflan, pag. 192.

1213 KA Göflan, KR 1702/03, 1709/10, 1726/28, 1756/57, 1758/59, 1760/61, 1764/65, 1768/69, 1770/71, 1788/89, 1794/95.

1214 KA Vezzan, KR 1763/64, 1765/66, 1767/68.

1215 KA Göflan, KR 1760/61, 1764/65, 1768/69, 1770/71, 1788/89, 1794/95.

aus.¹²¹⁶ Der Betrag, der 1795 ebenfalls in Göflan für einen Umtrunk der Geistlichen am Ostermontag ausgegeben wurde, war mit 1 fl 28 kr vergleichsweise niedrig.¹²¹⁷

Diese Entwicklung vollzog sich nicht immer zur Freude der Betroffenen, denen manche Maßnahme wohl übertrieben erschien. 1708 äußerte der Mesner von Schlanders den Wunsch, gleich seinen Vorgängern an hohen Festtagen wieder die Mahlzeit genießen zu können, vor allem beim Österreichischen Jahrtag, weil er bei diesem Fest wegen vielfältiger Verrichtungen erst sehr spät aus der Kirche komme.¹²¹⁸ Ein Jahr später brachte Pfarrverwalter Johann Jakob Glier OT an die Adresse der Bauleute bei St. Karpophorus in Tarsch denselben Wunsch vor, von denen er die Verpflegung des sie betreuenden Geistlichen der Kommende Schlanders an den beiden Kirchtagen erwartete.¹²¹⁹ 1719 wurde die Pflicht der Bewirtung des Schulmeisters und der Ausschußverwandten am Kirchweihfest ausdrücklich in die für einen neu aufgenommenen Benefiziaten von Kortsch erstellte Amtsinstruktion aufgenommen.¹²²⁰

In der eben umrissenen Entwicklung spiegelt sich einerseits der Geist der Aufklärung, andererseits ist sie jedoch auch Ausdruck eines allmählichen Auseinanderdriftens zwischen Pfarre und Gemeinde, das möglicherweise als die für Schlanders charakteristische Reaktion auf die Blüte des Deutschen Ordens im 18. Jahrhundert zu betrachten ist. Ein Indikator dafür könnte die damals wieder aufgegriffene Diskussion über die Stolgebühren sein, die in zwei Ordnungen von 1733 und 1750 einen präzisen Niederschlag fand. Gerade die Regelung von 1750 ist – noch deutlicher als jene von 1733¹²²¹ – einem betont rationalistischen Denken verpflichtet, das an einer neuen Sichtweise des Verhältnisses zwischen Pfarrverwalter und Gemeinde zum Ausdruck kommt. Der Tendenz, die geistlichen Funktionen gleichsam als Serviceleistungen zu betrachten, entsprach eine verstärkte Thematisierung der Applikationspflicht des Pfarrverwalters gleichermaßen wie die Forderung an diesen, auf Wunsch der Gemeinde persönlich an Bittgottesdiensten und Kreuzgängen teilzunehmen. Als selbstverständlich galt es auch, vom Seelsorger in allen seinen Handlungen absolute Transparenz zu verlangen: Die bisherige Praxis des Pfarrverwalters, die Stola von den Begräbnissen nur summarisch anzuzeigen, habe großen Unmut hervorgerufen; künftig solle sie detailliert berechnet werden. In diesem Zusammenhang verdient ein von Vertretern des Bischofs von Chur angefertigter Extrakt über das Ergebnis einer 1748 durchgeführten Visitation der Pfarre Schlanders besonderes Interesse. Ohne an dieser Stelle auf die konkreten Anmerkungen eingehen zu müssen, sei nur erwähnt, daß das Kirchenvermögen dezidiert von den sonstigen Mitteln der Gemeinde unterschieden wurde, die ihrerseits für gewisse kirchliche Sonderleistungen eingesetzt werden sollten.¹²²² Dies könnte damit zusammenhängen, daß der Einfluß des Deutschen Ordens auf die Kirchenverwaltung derart gewachsen war, daß die Verfügungsgewalt der Gemeinde über das Fabrikgut nicht mehr unumschränkt war und daß diese Situation auch in Chur Anerkennung gefunden hatte.

In der zweiten Hälfte des 18. Jahrhunderts hatte der Deutsche Orden den Höhepunkt seiner Macht in der Pfarre Schlanders jedoch bereits überschritten. So wie im Jurisdiktionskonflikt mit dem Bistum Chur eine Trendwende zu seinen Ungunsten feststellbar ist¹²²³, verschärfte sich auch sein Verhältnis zur Gemeinde in akuter Weise. 1756 bestanden zwischen Patron und Gemeinde so schwere Spannungen, daß die Kunde davon bis nach Chur drang. Die Gemeinde war nach wie vor mit der geltenden Stolordnung unzufrieden und brachte auch sonst vielfältige Klagen gegen den Pfarrverwalter vor, die sich zumindest teilweise ebenfalls auf wirtschaftliche Aspekte (Zehntfragen) bezogen. Das bischöfliche Ordinariat legte eine genauere Untersuchung des Falles in die Hände des in Mals residierenden Vikars, richtete an den Schlanderser Pfarrverwalter aber einstweilen die verbindliche Mahnung, künftig mit der Gemeinde in Frieden zu leben; andernfalls wurde ihm mit dem Rechtsweg gedroht.¹²²⁴

1216 KA Göflan, KR 1788/89, 1794/95.
1217 SLA, GA Göflan, Serie II, Fasz. I: Dorfmeisterrechnung 1795.
1218 DOZA, Et 35/2, fol. 78v–106r: VP 1708.
1219 PfA Schlanders 2/5 ddo. 1709 September 12.
1220 KA Kortsch XII – 11.
1221 Zu beiden vgl. oben S. 121.
1222 KA Göflan, Visitationsextrakt 1748.
1223 Vgl. oben S. 130 f.
1224 BAC, Bischöfliche Resolution ddo. 1756 Oktober 4.

1762 forderte die Gemeinde, die vom Deutschen Orden präsentierten Geistlichen sollten ihr vorgestellt werden und sich an die mit Mühe zustandegebrachte Stolordnung von 1750 halten. In letzterer Verfügung spiegelt sich mehr als nur ein Anspruch: Sie bedeutet einen Vorwurf. Mit Anschuldigungen an den Patron sparte man jetzt auch in anderen Bereichen nicht mehr: Dem früheren Komtur Frhr. von Ulm, jetzt zu Sterzing, wurde angekreidet, daß er die 1753 erfolgte Beschreibung der Kirchenzier nicht gutgeheißen und die Kaution von 1000 fl für den Mesner nicht akzeptiert habe, weil dies einen Eingriff in seine Jurisdiktion darstelle; eine solche könne der Deutsche Orden über die Gerichtsuntertanen jedoch nicht beanspruchen. Außerdem wurde dem Deutschen Orden zur Last gelegt, er stelle zu geringe Mittel zur Erhaltung des Mesners zur Verfügung, zumal da es in letzter Zeit wegen der gestiegenen Seelenzahl und des vermehrten Paramentenschatzes noch eines Mesnerknechtes bedürfe, für den größtenteils die Gemeinde und die Bruderschaften aufkämen. Schließlich beschwere sich die Gemeinde auch darüber, daß der Bestandsmann des Deutschen Ordens, obwohl die Kommende reich sei, bisher bei Einquartierungen, an denen sie selbst so gelitten habe, niemals herangezogen worden sei. Sie schloß mit dem Hinweis, ihre Beschwerde sei aus in langen Jahren unerörtert gebliebenen Problemen erwachsen.[1225]

Dem Deutschen Orden bereitete es keine Schwierigkeit, auf diese Eingabe zu reagieren: Was die Bestätigung der vom Landkomtur präsentierten Geistlichen anbelange, so sei der Bischof von Chur die entscheidende Instanz; in betreff der Stolordnung sei zu beachten, daß sie einseitig von der Gemeinde, ohne die Mitwirkung des mittlerweile verstorbenen Pfarrverwalters erstellt worden sei; die Inspektion der Kirchengüter sei ein selbstverständliches Recht des Deutschen Ordens; diesem obliege auch seit alters her das Recht der Bestellung des Mesners, und der Hinweis auf die vermehrte Pfarrbevölkerung sei ein eitler Vorwand; wenn die Aufgabenbereiche des Mesners, auch durch vermehrte Stiftungen und Bruderschaften, zugenommen hätten, so bedeute das nicht, daß die Gemeinde den Mesner zu bestellen habe, wohl aber daß sie für Mehraufwendungen aufzukommen habe; hinsichtlich der Einquartierungen könne man sich auf kaiserliche Exemptionsprivilegien berufen; außerdem sei die Kommende wegen der Gelübde aller Ordensmitglieder eine *domus religiosa*, weswegen auch kirchenrechtliche Argumente gegen die Einquartierungen vorlägen.[1226]

1769 erreichten die Spannungen zwischen Patron und Gemeinde ein Ausmaß, welches ein Eingreifen des Guberniums mit einem Schiedsspruch notwendig machte. Die dabei gefundenen Lösungen, die von Hochmeister Erzherzog Karl von Lothringen vollinhaltlich akzeptiert wurden, deuten darauf hin, daß es Adel, Gemeinde und Pfarrausschuß in den vorangegangenen Jahrzehnten gelungen war, dem wachsenden Einfluß des Deutschen Ordens Einhalt zu gebieten; auf diesem Weg wurden sie jetzt aber ihrerseits in die Schranken gewiesen. Dementsprechend reagierte das Schiedsgericht auf die Forderung der Gemeinde, bei der nächsten Vakanz aus den Reihen der einheimischen Weltpriester selbst einen Pfarrverwalter zu ernennen, mit einer formellen Bestätigung des Patronats- und somit des Präsentationsrechtes des Deutschen Ordens unter Berufung auf die Inkorporationsurkunde von 1235. Bestätigt wurde weiters dessen ebenfalls angefochtenes Recht, den Mesner zu bestellen und in die Verwaltung des Kirchenvermögens genaue Einsicht zu nehmen. Die im Vertrag von 1380 festgelegte Pflicht der Haltung eines Versehpferdes wurde nicht bestätigt, weil die Praxis schon seit langem aus der Übung gekommen sei, aber der Komtur erhielt die Weisung, bei Bedarf ein Reitpferd zur Verfügung zu stellen. Am Herkommen hielt man auch hinsichtlich des Ewigen Lichtes fest, weil der Hochmeister die Abmachung von 1380 nie approbiert habe. Dementsprechend solle es dabei bleiben, daß die Hälfte des Jahres die Kommende, die andere Hälfte die Kirche das Ewige Licht bestreite. Der alleinigen Zuständigkeit des Patrons unterlag dagegen die Pflicht der Besoldung des Pfarrverwalters und des Mesners. Im übrigen zeigte sich der Deutsche Orden kooperativ und zum Ausgleich bereit: Mit Rücksicht auf die Leistungen der Gemeinde beim eben vollendeten Kirchenneubau erklärte er sich bereit, für die nächsten zehn Jahre

---

1225 KA Kortsch XVI: 1762 Mai 8.

1226 KA Kortsch XVI: 1763 (Anfang).

das Ewige Licht und die Erhaltung des Ordensritteraltars allein zu bestreiten.

Die Gemeinde war indes nicht nur auf den guten Willen des Ordens angewiesen, denn in manchen Punkten war ihr Standpunkt auch bei den Schiedsrichtern des Guberniums auf Verständnis gestoßen. In diesem Sinne hatten sie den Landkomtur zu dem Versprechen veranlaßt, »zur Bezeugung der Achtung vor der Gemeinde« im Fall der Erledigung des Postens des Pfarrverwalters einem gebürtigen Pfarrkind, wenn ein solches im Deutschen Orden wäre und die erforderlichen Eigenschaften besäße, den Vorzug zu geben. Dasselbe habe, ceteris paribus, bei der Bestellung des Mesners zu gelten, während Orgelaufzieher und Totengräber zusammen mit der weltlichen Kirchenvorstehung ernannt werden müßten.[1227]

Der Schiedsspruch von 1769 ist im Kontext außerordentlicher Umstände zu sehen. Um die Mitte des 18. Jahrhunderts hatte sich ein Streit der Pfarrgemeinde Schlanders mit dem Deutschen Orden ergeben, zu dem der damals in Angriff genommene Neubau der Pfarrkirche den Anlaß geboten hatte. Der Deutsche Orden erklärte nämlich nicht einem Neubau, sondern nur einer Vergrößerung des bestehenden Baus zugestimmt zu haben.[1228] Am 10. Juli 1757 hatte man sich über die Aufteilung der hierzu erforderlichen Kosten geeinigt und im Detail festgelegt, welche Beträge der Patron und alle anderen an der Maßnahme interessierten Vermögensträger zu entrichten hätten. Damals hatte sich der Deutsche Orden als Pfarrer und Zehntherr der Pfarrkirche zur Leistung eines Beitrages von insgesamt 1500 fl in drei Jahresraten bereit erklärt, während die Pfarrkirche aufgrund ihres geringen Vermögens zu denselben Bedingungen auf 500 fl festgelegt wurde. Weitere Beiträge kamen von den Filialkirchen, den Bruderschaften und dem Spital als Institutionen, in denen die Pfarrgemeinde konkrete Verwirklichung fand. Insgesamt wurden 5600 fl aufgebracht.[1229]

Bald nach dem Abschluß dieser Vereinbarung setzten sich in der Pfarre Schlanders jene Kräfte durch, die für den gänzlichen Abbruch der alten Kirche eintraten. Dazu kam es noch im Laufe des Sommers und Herbstes 1757.[1230] Naheliegenderweise mußte in dieser Situation die vormals zu einem positiven Ende geführte Diskussion über die Aufteilung der Kosten neu aufgenommen werden, wobei es an Vorwürfen des Deutschen Ordens an die Adresse der Gemeinde nicht fehlte, weil in seinen Reihen die Überzeugung vorherrschte, eine Sanierung des Altbaus hätte den Neubau ersetzen können. 1759 rekapitulierte der Landkomtur in einer gegen die Gemeinde gerichteten Beschwerde den Ablauf der Ereignisse. Er bestätigte zunächst den schlechten Bauzustand der Pfarrkirche, der zumal seit dem Einsturz eines Stückes des Chorgewölbes ein drastisches Ausmaß angenommen habe; doch auch sonst sei die Kirche ruinös gewesen. Nachdem es zwischen dem Orden und der Pfarrgemeinde zu einer Vereinbarung über die Aufteilung der Baulast gekommen sei, hätte die Gerichtsobrigkeit eigenmächtig, ohne Rücksprache mit dem Patron, die alte Kirche gänzlich abgebrochen.

Bei der am 7. Mai 1758 in Anwesenheit des churischen Vikars in Vinschgau Konradin von Castelberg erfolgten Grundsteinlegung sei ein für den Deutschen Orden kompromittierender protokollarischer Fehler unterlaufen: Am 6. Mai sei er selbst (der Landkomtur) nach Schlanders gefahren, sei aber von der am nächsten Tag stattfindenden Zeremonie demonstrativ ausgeschlossen worden. Da habe er mit dem Schlüssel symbolisch ein Kreuz in den Stein gezeichnet, was zuvor der Generalvikar mit einem Hammer getan habe. Darauf habe sich ein mit Schmähungen des Deutschen Ordens verbundner Tumult der Gemeinde erhoben. Richter Johann Anton Steinberger habe in deren Namen und unter heftigem Beifall seinen Protest gegen die Aktion des Landkomturs zum Ausdruck gebracht: Man könne nicht zwei Grundsteine legen. Anschließend sei von der Gerichtsobrigkeit und vom Gemeindeausschuß ein Paket mit einer Inschrift in ein aus dem Stein gehauenes Loch gelegt worden. Josef Graf Hendl, der Vertreter des Adels, habe es wieder herausgenommen, um stattdessen die vom Landkomtur mitgebrachte Inschrift hineinzulegen. Doch diese sei vom Richter und von

---

1227 LADURNER (wie Anm. 133), S. 205–210; ATZ/SCHATZ (wie Anm. 5), S. 56 f.
1228 LADURNER (wie Anm. 133), S. 205; NÖSSING, Die Kommende (wie Anm. 133), S. 397.
1229 KA Göflan, Urk. ddo. 1757 Juli 10; Geschichte der Kuratie Göflan, pag. 192.
1230 KA Kortsch XVI, Nr. 24.

den übrigen weltlichen Vertretern verschmäht worden, und als sich herausgestellt habe, daß ihre Annahme auf allgemeine Verweigerung stoße, habe sie der Sekretär des Landkomturs an sich genommen, woraufhin die Geistlichkeit den Platz verlassen habe. Der Stein sei drei Tage lang offen geblieben und anschließend in aller Stille vermauert worden. Nach einer anderen Version habe jemand dem Landkomtur bei der Setzung des Grundsteines den Hammer aus der Hand gerissen.[1231]

Am 8. Mai 1762 begründete die Gemeinde ihr eben beschriebenes Verhalten bei der Grundsteinlegung, das sie als Protest gegen das Patronatsrecht des Deutschen Ordens verstanden wissen wollte, damit, daß dieser von den ursprünglich versprochenen 1500 fl erst 700 fl erlegt habe. Die Pfarrkirche sei schließlich von der Gemeinde gebaut worden, und der dafür erforderliche Aufwand von mindestens 20.000 fl habe dank der Spendenfreudigkeit vieler Wohltäter bestritten werden können. In dieser Situation habe man als Schirmherrn jedoch niemand anderen als den Landesfürsten anerkennen wollen. Daher sollte auf dem Frontbogen auch kein anderes Wappen als das tirolische und das österreichische angebracht werden. Sollte der Deutsche Orden auf dem Patronatsrecht beharren, möge er nicht nur die vom ursprünglichen Versprechen noch ausständigen 800 fl zahlen, sondern einen den 20.000 fl proportionalen Betrag.[1232]

Im folgenden Jahr bemühte sich die Gemeinde auf Veranlassung der oberösterreichischen Regierung um Beilegung der Differenzen mit dem Deutschen Orden. Zu diesem Zweck suchte Richter Steinberger den Landkomtur in Bozen auf. Dieser sagte ihm die Entrichtung der 800 fl unter der Bedingung zu, daß am Frontbogen der Pfarrkirche neben den bereits hier befindlichen Wappen auch jene des Anton Ingenuin Graf Recordin von Nein und des Johann Baptist Frhr. von Ulm angebracht würden.[1233] Im übrigen wiederholte er die bekannten Argumente: Er verwies auf sein historisch begründetes Patronatsrecht und betonte den Bruch der ursprünglichen Vereinbarung durch die eigenmächtige Entscheidung der Gemeinde für den Neubau.[1234] In seiner Forderung nach Anbringung der Wappen der beiden genannten Schlanderser Komture besaß der Deutsche Orden die Unterstützung der Landeshauptmannschaft an der Etsch: 1766 erreichte ihn deren Empfehlung, unter dieser Voraussetzung und gegen Revers der Gemeinde die 800 fl zu bezahlen.[1235]

In unmittelbarer Folge ist eine weitere Verschärfung des Konfliktes erkennbar, die daran zum Ausdruck kommt, daß der Orden, offenbar erbittert über die neu erhobene Forderung der Gemeinde nach zusätzlichen 2600 fl, in Erwägung zog, auf die Anbringung des Wappens zu verzichten, weil es angesichts der schon bestehenden ohnehin nicht mehr an würdiger Stelle zu stehen kommen würde. In einem Schreiben an den Hochmeister gab der Landkomtur zu verstehen, daß er sich nach Zahlung der 800 fl mit einem Revers der Gemeinde zu begnügen bereit sei, in dem diese bestätige, daß die Zahlung ohne Präjudiz des Ordens erfolgt sei.[1236]

Bei einer 1767 durchgeführten Visitation wurden die eben referierten Fakten auch den Vertretern des Bischofs von Chur mitgeteilt, wobei die weltliche Obrigkeit ausführlichere Gelegenheit zur Darstellung ihres Standpunktes erhielt als der Deutsche Orden.[1237] Dementsprechend beklagten sich die Visitatoren im Anschluß an ihre Erkundigungen bei der Regierung in Innsbruck darüber, daß der Deutsche Orden eine über die 1500 fl hinausgehende Zahlung verweigere. Von seiten der Landesfürstin Königin Maria Theresia erging an den zuständigen Kreishauptmann die Weisung, beide Parteien vorzuladen und sie in dieser und in der strittigen Frage der Bestellung des Mesners sowie zum Vorwurf der ungenauen Erfüllung der Stiftungen einzuvernehmen.[1238]

In der hiermit erreichten Phase der Diskussion zeigte der Deutsche Orden indes steigende Bereitschaft zum Einlenken. Ende 1767 zog der Landkomtur in Erwägung, weitere 1500 fl beizusteuern,

---

1231 KA Kortsch XVI, Nr. 1: 1783 August 25.
1232 KA Kortsch XVI: 1762 Mai 8.
1233 Atz/Schatz (wie Anm. 5), S. 57 f.
1234 KA Kortsch XVI: 1763 (Anfang).
1235 KA Kortsch XVI: Landeshauptmannschaft an der Etsch an Landkomtur Ulm 1766 Juli 7.
1236 KA Kortsch XVI: Landkomtur Ulm an Hochmeister 1766 Juli 19.
1237 BAC, VP 1767, pag. 86–89.
1238 KA Kortsch XVI: Maria Theresia an Vizekreishauptmann im Burggrafenamt und Vinschgau 1767 November 24, Innsbruck.

die zu gleichen Teilen auf die Ballei, die Kommende und den Pfarrverwalter aufgeteilt werden könnten.[1239] Vom Hochmeister erhielt er auf seine Frage, ob er sich auf einen Vergleich mit der Gemeinde über weitere proportionale Beiträge einlassen solle[1240], im Jänner 1768 über die Regierung in Mergentheim einen positiven Bescheid.[1241] Diese Haltung dürfte das Innsbrucker Gubernium darin bestärkt haben, sich im bereits erwähnten Schiedsspruch von 1769 im wesentlichen zugunsten des Ordens auszusprechen. Hier seien noch dessen auf die Kirchenbaufrage bezüglichen Aspekte nachgetragen: Das Recht des Deutschen Ordens, am Frontbogen der neuen Pfarrkirche, wo sich das kaiserlich österreichische und das tirolische Wappen bereits befänden, zur Betonung des Patronatsrechtes auch das eigene Wappen anzubringen, wurde bekräftigt; die gänzliche Niederreißung der Kirche und deren völlige Neuerrichtung durch die weltliche Gemeinde- und Kirchenvorstehung wurde als in höchstem Maße ahndenswert bezeichnet, doch erfordere es die Billigkeit, daß der Deutsche Orden nebst schon gewährten 1500 fl weitere 1600 fl zu den Baukosten beitrage, weil ihm die neuerbaute Kirche ja ungeschmälert erhalten bleiben müsse. Bei künftigen Bauarbeiten sollten die Kosten von Kirche, Orden und Pfarrgemeinde gemeinsam getragen werden.[1242]

Aus den folgenden Jahren liegen nur noch wenige Nachrichten vor, die für die Bestimmung des Verhältnisses der Gemeinde Schlanders zum Deutschen Orden relevant wären. Bei einer bischöflichen Visitation von 1779 bekundeten Vertreter der Gemeinde ausdrücklich ihre Zufriedenheit mit dem Pfarrverwalter und mit dem Großteil der übrigen Geistlichkeit. Andererseits zog der in Schlanders bestehende Junggesellenbund als Zelebranten für sein am Schutzengelfest abzuhaltendes Amt einen jeweils zu benennenden, mit dem Pfarrverwalter nicht identischen Geistlichen vor.[1243]

Zur Anschaffung zweier Glocken in den Jahren 1796 bzw. um 1800 leistete der Deutsche Orden ansehnliche Beiträge.[1244] 1809 diente die Kommende der Gerichtsobrigkeit als Getreidespeicher. Beim ersten Auszug der Schützen des Landsturms in diesem Jahr ließ der im Tiroler Freiheitskampf sehr engagierte Martin Teimer das hier gespeicherte Getreide in Beschlag nehmen und den Verwalter Helff in Arrest stecken.[1245]

Zumal im 17. Jahrhundert begegnet in den Quellen neben der Gemeinde sehr häufig auch der Adel als Verhandlungspartner der geistlichen Gewalt. In Schlanders und seiner Umgebung lebten ja bekanntlich mehrere diesem Stand angehörende Familien, und selbstverständlich waren auch sie Objekte der um die Deutschordenspfarrkirche zentrierten seelsorglichen Tätigkeit. Mehrere Deszendenten gingen als Stifter in die Pfarrgeschichte ein, andere hielten die Erinnerung an ihre Person für die Zeitgenossen und für die Nachwelt wach, indem sie sich um einen Platz in der Pfarrkirche als Grablege bemühten. Im 16. Jahrhundert gelang dies dem Schlanderser Pfleger Sigmund Hendl[1246], dem Reinprecht von Hendl-Wanga für sich und seine Gemahlinnen Felicitas Botsch und Lucia von Schlandersberg sowie verschiedenen Deszendenten der Familien Welsberg, Wolkenstein und Firmian; aus dem 17. Jahrhundert stammen die Grabstätten der Maria Barbara Freiin von Hendl und ihres Gemahls Hans Kaspar Graf Hendl (1681/1707) und der Barbara Trapp, geb. Künigl (1681), im 18. Jahrhundert wurden Georg Friedrich Graf Stachelburg (1704), Johann von Vinzenz zu Friedberg (1742), Johann Josef Graf Hendl (1718) sowie Sebastian Steiner (1771) und sein gleichnamiger Sohn (1807) in der Pfarrkirche beigesetzt.[1247]

1239 KA Kortsch XVI: Landkomtur Ulm an Oberösterreichische Regierung 1767 Dezember 15, Weggenstein.
1240 KA Kortsch XVI: Landkomtur Ulm an Hochmeister 1767 Dezember 15.
1241 KA Kortsch XVI: Hochmeister an Regierung im Mergentheim 1768 Jänner 21, Brüssel.
1242 LADURNER (wie Anm. 133), S. 205–210; ATZ/SCHATZ (wie Anm. 5), S. 56 f.; NÖSSING, Die Kommende (wie Anm. 133), S. 397.
1243 BAC, VP 1779, pag. 13–15.
1244 KA Kortsch XVI (Fasz. VIII a aus dem GA), Nr. 3: 1796 Februar 3; ATZ/SCHATZ (wie Anm. 5), S. 64.
1245 GAMPER (wie Anm. 254), S. 128 f.
1246 WEINGARTNER, Kunstdenkmäler (wie Anm. 32), S. 810.
1247 WEINGARTNER, Kunstdenkmäler (wie Anm. 32), S. 812.

4.5 Die Beziehung der peripheren Gemeinden zur Pfarrkirche

Die Pfarre ist eine kirchliche Organisationsstruktur, deren zentrale Merkmale sich vom frühen Mittelalter, als sich mit dem Pfarrzwang ein territoriales Umschreibungskriterium durchsetzte, bis in die Gegenwart im wesentlichen erhalten haben.[1248] In diesem Sinne erfaßt sie den Menschen als »beheimatetes« Wesen und betrachtet ihn als Teil einer zusammengehörigen Herde.[1249] Das Konzil von Trient unterstrich die Sichtweise der Pfarre als einer territorial abgegrenzten, wenn auch nicht ebenso definierten Institution menschlichen Rechtes.[1250] In neuerer Zeit, zumal im Umfeld des zweiten Vatikanums, verlor dieses Prinzip seine bisher stillschweigend vorausgesetzte Eindeutigkeit. In bewußter Akzentuierung des Ereignischarakters der Kirche und dem damit einhergehenden Bestreben, sie nicht nur juridisch-administrativ, sondern auch seelsorglich bzw. als soziales Gebilde zu definieren, wurden alternative Modelle zur Diskussion gestellt[1251], zumal die Anerkennung sozialer Gebilde, die nicht notwendigerweise mit kirchenamtlichen Kategorien zusammenfallen und eine verstärkte Mitarbeit der Laien ermöglichen.[1252]

Diese Diskussion ist nicht so neu, wie es scheinen könnte. Die Pfarrgeschichte von Schlanders bietet schon früh Anhaltspunkte, die dafür sprechen, daß die seelsorglich betreute Bevölkerung mit einem rigorosen, an die Mutterkirche gebundenen Konzept von Pfarrzwang große Schwierigkeiten hatte.

In den bisherigen Ausführungen wurde der Begriff »Gemeinde« im Fall der Pfarre Schlanders in territorialer Hinsicht undifferenziert verwendet. Dies erweist sich aber, je nach dem, welche Aspekte der Seelsorgsgeschichte im Blickfeld stehen, als unhaltbar, wie schon der Umstand zeigt, daß in Schlanders die einzelnen Teilgemeinden im Frühjahr und Herbst gesonderte Seelenandachten in der Totengruft abhielten.[1253] In den Filialkirchen selbst lassen sich schon früh organisatorische Strukturen erkennen, die den in der Pfarre als ganzer bestehenden nachgebildet zu sein scheinen. Auch hier nämlich gab es eine Gemeinde, die sich, wiewohl mit geringerer territorialer Zuständigkeit, als Lenkerin des kirchlichen Lebens verstand und folglich mit klar definierten Forderungen an die Pfarrgeistlichkeit bzw. an den Patron herantrat. Zumal im Fall der drei bedeutendsten Filialkirchen von Schlanders, nämlich St. Martin in Göflan, St. Johann in Kortsch und St. Nikolaus in Vezzan, spielten wegen ihrer größeren Entfernung von der Pfarrkirche und aus historischen Überlegungen heraus seelsorgliche Aspekte eine wichtige Rolle.

Zwischen den Filialkirchen und der Mutterpfarre bestanden zahlreiche Bindungen, die im administrativen Bereich einen deutlichen Niederschlag fanden. Die Kirchenrechnungen von Göflan, Kortsch und Vezzan aus dem ausgehenden 17. und aus dem 18. Jahrhundert weisen unter den Ausgaben als fixe Posten jährliche Geldbeträge an die Kommende Schlanders bzw. an den Pfarrverwalter aus, die als Entschädigung für seelsorgliche Sonderleistungen, aber auch als Ausdruck der Zugehörigkeit der Filialen zur Mutterpfarre zu verstehen sind. Aus Göflan wurde der Kommende ein jährlicher Zins von 40 Pfund Schmalz entrichtet, dessen in Geld bemessener Gegenwert 4 fl betrug.[1254] 1614/15 wurde hierfür ausnahmsweise ein Äquivalent von 5 Star Roggen gereicht.[1255] Dem Pfarrverwalter selbst standen für die in Göflan zu haltenden Gottesdienste Entschädigungen zu, die in den Rechnungen des 18. Jahrhunderts als *ordi-*

1248 SCHAEFER (wie Anm. 1067), S. 3.
1249 NOSER, Hans Beat: Pfarrei und Kirchgemeinde. Studie zu ihrem rechtlichen Begriff und grundsätzlichen Verhältnis (= Freiburger Veröffentlichungen aus dem Gebiete von Kirche und Staat Bd. 13). Fribourg 1957, S. 20 f., 32–35.
1250 BLÖCHLINGER, Alex: Die heutige Pfarrei als Gemeinschaft. Einsiedeln/Zürich/Köln 1962, S. 47.
1251 KLOSTERMANN, Ferdinand: Prinzip Gemeinde. Gemeinde als Prinzip des kirchlichen Lebens und der Pastoraltheologie als Theologie dieses Lebens (= Wiener Beiträge zur Theologie Bd. XI). Wien 1965, S. 21; GOLOMB, Egon: Ergebnisse und Ansätze pfarrsoziologischer Bemühungen im katholischen Raum, in: Probleme der Religionssoziologie, hg. von Dietrich Goldschmidt und Joachim Matthes (= Kölner Zeitschrift für Soziologie und Sozialpsychologie Sonderheft 6). Opladen 1971, S. 202–213, S. 204.
1252 SCHASCHING, Johann: Soziologie der Pfarre, in: Die Pfarre, hg. von Hugo Rahner. Freiburg 1956, S. 97–124, S. 120; GREINACHER, Norbert: Soziologie der Pfarrei. Wege zur Untersuchung. Colmar/Freiburg 1955, S. 58–61.
1253 ATZ/SCHATZ (wie Anm. 5), S. 61.
1254 KA Göflan, KR 1688/89, 1688/89, 1702/03, 1706/07, 1709/10, 1714/15, 1726/28, 1750/51, 1756/57, 1758/59, 1760/61, 1764/65, 1768/69, 1770/71, 1788/89, 1794/95.
1255 KA Göflan, KR 1614/15.

nari Besoldung geführt wurden. Diese lag, mit leicht steigender Entwicklung im Lauf der Zeit, zwischen 4 und 5 fl pro Jahr. Dazu kamen weitere 10 bis 15 fl bzw. Getreidereichungen für zusätzliche Leistungen und Rechte.[1256] Aus Kortsch bezog der Pfarrverwalter Ende des 18. Jahrhunderts pro Jahr etwas über 6 fl[1257], im beginnenden 19. Jahrhundert über 9 fl.[1258] Außerdem trugen die Filialgemeinden zur Finanzierung des Schulmeisters und Organisten und des Mesners sowie der Kinderlehre in der Pfarre bei.

Bis um die Mitte des 18. Jahrhunderts bezogen außerdem alle Kirchen im Raum Schlanders gegen bestimmte Weizen- oder Geldabgaben ihre Hostien vom Pfarrmesner; seither übernahm deren Herstellung das Kapuzinerkloster.[1259]

Trotz dieser scheinbar engen Bindungen verliefen die Wege der Gemeinde Schlanders und die der peripheren Gemeinden nicht immer parallel: Zeitweilig sind Spannungen erkennbar, die dem Bestreben nach optimaler seelsorglicher Betreuung im engsten Kreis der Nachbarschaft zuzuschreiben sind, aber auch die Gefahr der Lockerung des Pfarrzwanges in sich bargen. In Schlanders sind Ausdrucksformen des Gefühls der Zugehörigkeit aller, auch der auf den entferntesten Höfen Beheimateten, zur Mutterkirche, wie sie sich in der Deutschordenspfarre Sarnthein feststellen lassen[1260], selten: Eine 1748 vorgebrachte Bitte der Gemeinschaften Sonnenberg, Nördersberg, Allitz und Trög um Haltung der Christenlehre am Vormittag, weil sich die Kinder wegen allzu weiter Entlegenheit nachmittags unmöglich am Pfarrsitz einfinden könnten[1261], hat eher als Ausnahme zu gelten. Ansonsten ist in Schlanders ein mehr oder minder ausgeprägter Partikularismus der einzelnen Gemeinden erkennbar, der schon daran zum Ausdruck kommt, daß die Filialkirchen, anders als in Sarnthein, selbständig Rechnung legten und eigene Kirchpröpste hatten.[1262] Bei der Rechnungslegung war allerdings die Anwesenheit des Pfarrverwalters vorgesehen. Für Göflan läßt sie sich zwischen 1426 und 1457 auch regelmäßig belegen[1263]; die Anlage eines Stockurbars im Jahr 1650 erfolgte unter der Aufsicht des Kooperators Sebastian von Sala.[1264] In Vezzan wohnte der Pfarrverwalter allen Abrechnungen der Kirchenverwaltung seit 1707 bei[1265], während der dortige Kirchpropst 1748 bischöflichen Visitatoren Anlaß zur Klage gab, weil er ihnen die Rechnungen nicht vorlegte.[1266]

Zeitweise trat der Partikularismus der Filialen in krassen Formen auf; er kam aber dem Deutschen Orden als Patron der Mutterpfarre nicht ungelegen, weil er dazu beitrug, die Verhandlungsposition der Gemeinde Schlanders zu schwächen. Schwer zu entscheiden ist in manchen Fällen allerdings die Frage, ob bei den von den Vertretern der Filialkirchen in die Wege geleiteten Diskussionen das Verhältnis zur Mutterpfarre als solcher oder zum Deutschen Orden den eigentlichen Gegenstand bildete.

Am 29. Jänner 1432[1267] einigten sich fünf namentlich genannte Vertreter der Gemeinde Göflan mit dem Deutschen Orden in der Person des Landkomturs und des Komturs zu Schlanders über eine spezielle seelsorgliche Betreuung, die die Kommende zu übernehmen hatte. Zwar blieb die grundsätzliche Verpflichtung zum Besuch der Messe in Schlanders aufrecht[1268], aber was die Göflaner nunmehr für sich auszubedingen vermochten, war dennoch nicht wenig: Neben feierlichen Ämtern an bestimmten Festen[1269], teilweise mit Predigt[1270], und Vespern an den Vorabenden be-

---

1256 KA Göflan, KR 1702/03, 1706/07, 1756/57, 1758/59, 1760/61, 1764/65, 1768/69, 1770/71, 1788/89, 1794/95.
1257 KA Kortsch I: KR 1766/67, 1772/73.
1258 KA Kortsch I: KR 1800/01, 1802/03, 1804/05.
1259 SpA II/3, Nr. 38: Spitalrechnung 1719/20; KA Vezzan, KR 1737/38, 1739/40, 1741/42, 1745/46.
1260 KUSTATSCHER, Sarnthein (wie Anm. 3), S. 329.
1261 BAC, VP 1748 September 19, pag. 195.
1262 KOFLER, Göflan (wie Anm. 76), S. 16.
1263 KA Göflan, KR 1426, 1433, 1434, 1436, 1439, 1440, 1442, 1448, 1455, 1456, 1457.
1264 KA Göflan, Stockurbar St. Martin und St. Walburg 1650 Mai 3–7.
1265 KA Vezzan, KR 1707/08.
1266 BAC, VP 1748 September 19, pag. 196.
1267 PfA Schlanders, Urk. 15 ddo. 1432 Jänner 29; LADURNER (wie Anm. 133), S. 90–92; ATZ/SCHATZ (wie Anm. 5), S. 53 f.; Auszug ddo. 1803 Jänner 22 im KA Göflan. KA Göflan: Geschichte Kuratie Göflan, pag. 180–183; KOFLER, Göflan (wie Anm. 76), S. 23.
1268 ATZ/SCHATZ (wie Anm. 5), S. 68.
1269 Diese sind: die vier Marienfeste, Neujahr, Dreikönig, der Palmsonntag, Gründonnerstag, Ostern, St. Walburg, St. Martin, alle Kirchweihfeste, Christi Himmelfahrt, Pfingsten, Fronleichnam, Allerheiligen, Allerseelen.
1270 Am ersten Adventssonntag, zu Dreikönig, an den vier Unserfrauentagen, an allen Fastensonntagen, am Walburgistag, zu Allerheiligen, Allerseelen und zu allen Kirchweihen.

deutender Feste[1271] war insbesondere die regelmäßige Feier der Frühmesse an den Sonn- und Feiertagen ·sowie montags, mittwochs und samstags zumal für jene, die den weiten Weg bis in die Pfarrkirche nicht auf sich zu nehmen vermochten, von zentraler Wichtigkeit. Verbrieft wurde den Göflanern nun auch das Recht auf einen Geistlichen aus Schlanders zur Versehung der Sterbenden und zur Abnahme der Osterbeichte: Der zu letzterem Zweck ausersehene Priester sollte sich in der Woche vor dem Palmsonntag drei bis vier Tage beständig hier aufhalten; für den Gründonnerstag und den Ostertag wurde die Möglichkeit zu kommunizieren verbindlich ausgehandelt.

Wollte eine Filialkirche derartige Rechte durchsetzen, lief sie Gefahr, die Interessen der Mutterkirche oder einer anderen Filiale zu beschneiden. Diesem Fall wurde im besagten Vertrag jedoch durch eine Reihe präziser Klauseln vorgebeugt. Bei der Weihnachtsliturgie und bei den Sonntagsmessen mußte die Martinskirche Zugeständnisse an die Nikolauskirche machen: Während die Göflaner die mit Gesang feierlich gestaltete Mitternachtsmette zugesichert bekamen, gewährte man den Vezzanern das Recht auf eine gesprochene Messe am Tag, und was die Erleichterung der Sonntagspflicht anbelangte, so mußten jene zugunsten dieser an jedem dritten Monatssonntag ohne eigene seelsorgliche Betreuung auskommen. Die Bewohner von Kortsch sollten an jedem Freitag durch eine Messe zu ihrem Recht kommen, die jedoch zu verschieben sei, wenn ein Fest auf diesen Tag falle. Die Mutterpfarre selbst bedingte sich aus, an den besagten Tagen über den ansonsten in der Filiale tätigen Geistlichen zu verfügen, wenn dringender Bedarf bestehe, z. B. bei Begräbnissen oder Jahrtagen; dies bedeutete jedoch nicht die Aufhebung der Meßverpflichtung in Göflan, sondern nur deren Verschiebung auf einen späteren Termin.[1272]

Für Kortsch folgte wenige Wochen später eine eigene Regelung, als der Bischof von Chur die bereits am 26. Februar 1427 errichtete Stiftung eines Frühmeßbenefiziums genehmigte, die mit fünf Gottesdiensten pro Woche eine intensive seelsorgliche Betreuung bereits vorgesehen hatte. Das Patronatsrecht und somit die Präsentation des Geistlichen lagen in der Hand der Gemeinde als Stifterin[1273], die es bis 1809 ungestört ausübte. Als die Pfründe in diesem Jahr zur Neuvergabe frei war, verlangte die bayerische Regierung eine öffentliche Ausschreibung und die Vorlage eines Dreiervorschlags. Dagegen protestierte die Gemeinde Kortsch in einem Schreiben an das Gericht Schlanders unter Hinweis auf die bisherige Praxis und bat um Belassung ihres Kollationsrechtes. Sie argumentierte außerdem, in dieser Kirche gäbe es kein Taufrecht und keine letzte Ölung, es seien keine Stolgebühren zu beziehen, eigentliche Seelsorge werde nur bei Kranken in höchster Not geübt, und der Priester sei immer zur Disposition des Pfarrverwalters von Schlanders; schließlich werde der nunmehr vorgeschlagene Priester ebenfalls aus einem Kreis mehrerer Bewerber gewählt.[1274]

Die Namen der Benefiziaten von Kortsch ließen sich für die Zeit vor 1600 nur sehr lückenhaft, für die späteren Jahrhunderte jedoch mit weitgehender Vollständigkeit erheben:

Albert, vor 1433[1275]

Johannes Achleiter, Priester der Diözese Freising, 1433[1276]

Martin, 1494 Bewerber um die vakante Pfarrvikarie Naturns[1277]

Martin Benedikt, Erzpriester und geistlicher Richter im Vinschgau, 1505–1519[1278]

Mathias Ladurner 1519–1536[1279]

Anton Scheibl 1568 April – Juni[1280]

1271 Allerseelen, Martini, Kirchweihen.
1272 PfA Schlanders, Urk. 15 ddo. 1432 Jänner 29; LADURNER (wie Anm. 133), S. 90–92; ATZ/SCHATZ (wie Anm. 5), S. 53 f.; Auszug ddo. 1803 Jänner 22 im KA Göflan. KA Göflan: Geschichte Kuratie Göflan, pag. 180–183; KOFLER, Göflan (wie Anm. 76), S. 23.
1273 Ein Beispiel für das Präsentationsrecht der Gemeinde: KA Kortsch XII – 3 ddo. 1600 Juli 20: Der Landeshauptmann an der Etsch ersucht die Gemeinde Kortsch, das Frühmeßbenefizium bei seiner nächsten Vakanz dem Nikolaus Aschera, Benefiziaten zu Eyrs, zu verleihen.
1274 KA Kortsch XII – 32: 1809 Juli 22; KOFLER, Cortsch (wie Anm. 108), pag. 73.
1275 SCHNELLER (wie Anm. 141), Nr. 318.
1276 SCHNELLER (wie Anm. 141), Nr. 318.
1277 RIEF (wie Anm. 398), Nr. 882.
1278 KOFLER, Cortsch (wie Anm. 108), pag. 65.
1279 PfA Schlanders, Urk. 36 ddo. 1519 April 2; KA Kortsch, Urk. ddo. 1531 Februar 14; KOFLER, Cortsch (wie Anm. 108), pag. 65; ATZ/SCHATZ (wie Anm. 5), S. 72.
1280 DOZA, Et 155/2: Rechnung der Kommende Schlanders 1567/68.

Peter Hainisch (* Schlanders 1567. Pw. Chur 1588) 1589–1599[1281]

Melchior Rudolf 1600-vor 1626[1282]

Simon Frenner 1626–1642[1283]

Michael Thomas 1648[1284]

Sebastian Platter 1668 April 4 – 1676[1285]

Dr. Kaspar Tröger 1680 Dezember 6 – 1719[1286]

Franz Hofer 1719–1738[1287]

Johann Baptist Blaas 1757–1765[1288]

Johann Nepomuk Gutgsell (* Matsch 1720) 1765–1773[1289]

Michael Schuster (* Tartsch 1744) 1777–1809[1290]

Georg Plattner 1809–1848[1291]

Jakob Kuntner 1809–1848[1292]

Zum Unterhalt des Benefiziaten sah die Gemeinde eine Dotierung vor, die bis ins 18. Jahrhundert stetig erweitert wurde.[1293] Dies erweisen in besonderer Deutlichkeit jene Quellen, die das zu einem großen Teil in Naturalien bestehende Einkommen mit Geldäquivalenten angeben: Ihnen zufolge bezog der Benefiziat 1729 und 1738 jeweils 200 fl[1294], 1767 bereits 262 fl pro Jahr.[1295] Insgesamt war die Dotierung zur Deckung der notwendigen Ausgaben völlig hinreichend, wie eine Auflistung von 1685 zeigt.[1296] Zumal gegen Ende des 18. bzw. zu Beginn des 19. Jahrhunderts kamen viele Sonderzahlungen aus dem Kirchenvermögen dazu, die eine jährliche Aufstockung um knapp 43 fl[1297] bzw. um über 55 fl[1298] mit sich brachten. Die Bebauung der Liegenschaften erfolgte nach dem landesüblichen Zinsrecht[1299], wobei der Benefiziat bei Einzelentscheidungen von größerer Tragweite, an den Rat der Gemeinde gebunden war.[1300] Der in den dreißiger Jahren des 17. Jahrhunderts in Kortsch amtierende Frühmesser war wegen schwerer administrativer Mißstände nicht in der Lage, sein Einkommen zu verrechnen.[1301] Auch der um 1690 amtierende Benefiziat sah sich dem Vorwurf der Gemeinde ausgesetzt, er habe den Überblick über die Zinseinnahmen und die Art der Zinse verloren.[1302] 1705 wurde er anläßlich einer bischöflichen Visitation ermahnt, über die Lieferungen der Zinsleute genau Buch zu führen.[1303]

Aus der Urkunde vom 18. März 1432 sind für Kortsch mehrere Klauseln von Interesse, die den Vorrang des Pfarrgottesdienstes unterstrichen bzw. die Erweisung der *gebührlichen Reverenz* an den Pfarrverwalter sicherstellen sollten. In diesem Sinne sollten die Messen in Kortsch zu sehr früher Stunde gehalten werden, auf daß den Gläubigen auch der Besuch des Pfarrgottesdienstes ermöglicht werde, und die dabei eingenommenen Opfer-

---

1281 BAC, VP 1595, pag. 202; KA Kortsch, Urkk. ddo. 1595 Februar 13 und 1599 September 5; Kofler, Cortsch (wie Anm. 108), pag. 66.
1282 Atz/Schatz (wie Anm. 5), S. 72; KA Kortsch, Urk. ddo. 1616 Juni 29; KA Kortsch XII – 12 ddo. 1626 April 22.
1283 Atz/Schatz (wie Anm. 5), S. 72; KA Kortsch, Schachtel XII – 12; TB Schlanders.
1284 BAC, VP 1748 September 19, pag. 193.
1285 TB Schlanders; KA Kortsch XII – 5 (Kopie im KA Göflan).
1286 TB Schlanders; Atz/Schatz (wie Anm. 5), S. 72; KA Kortsch XII – 11.
1287 Atz/Schatz (wie Anm. 5), S. 73; KA Kortsch XII – 9; BAC, VP 1738, fol. 31r.
1288 Atz/Schatz (wie Anm. 5), S. 73; KA Kortsch XII – 23, 27.
1289 BAC, VP 1767, pag. 92; KA Kortsch I: KR 1772–1773.
1290 Atz/Schatz (wie Anm. 5), S. 73; PfA Schlanders 4/21 (zu 1777); BAC, VP 1779, pag. 14; Kofler, Cortsch (wie Anm. 108), pag. 73; KA Kortsch XII – 32: 1809 Juli 22.
1291 Atz/Schatz (wie Anm. 5), S. 73; KA Kortsch XII – 32: 1809 Juli 22.
1292 Atz/Schatz (wie Anm. 5), S. 73.
1293 1432 März 18: 4 Mutt Gerste, 54 Mutt und 22 Star Roggen, 1 Yhre Wein oder 24 kr, 45 Schott Käse (PfA Schlanders, Urk. 16 ddo. 1432 März 18; Archiv-Berichte (wie Anm. 135), Nr. 261; KA Kortsch V: Stiftbriefe, Kopie ddo. 1602 Dezember 12; Kofler, Cortsch (wie Anm. 108), pag. S. 55–61); 1595: 3 Robottage, 100 Star Roggen, 22 Star Gerste, 6 fl, 35,5 Schott Käse, 2 Schott Schmalz, 1 Mutt Weizen, 1 Mutt Hafer, ein Haus mit Garten, Äcker (BAC, VP 1595, pag. 202); 1685: 214 Star Roggen, 1,5 Star Weizen, 1,5 Star Futter, 48,5 Schott Käse, 2 Schott Schmalz, 5 fl 36 kr (DOZA, Et 7/1, fol. 81r–83v; Et 32/3); 1719: 6 fl, 147,25 Star Roggen, 1,5 Star Weizen, 1,5 Star Futter, 2 Schott Schmalz, 48,5 Schott Käse (KA Kortsch XII – 11 ddo. 1719 April 15); 1757 November 2: 5 fl 38 kr, 147,25 Star Roggen, 1,5 Star Weizen, 1,5 Star Futter, 2 Schott Schmalz, 48,5 Schott Käse (KA Kortsch XII – 23 ddo. 1757 November 2).
1294 DOZA, Et 32/2, fol. 141v–142r; BAC, VP 1738, fol. 31r.
1295 BAC, VP 1767, pag. 92.
1296 DOZA, Et 7/1, fol. 81r–83v; Et 32/3.
1297 KA Kortsch I: KR 1766/67, 1772/73.
1298 KA Kortsch I: KR 1800/01, 1802/03, 1804/05.
1299 PfA Schlanders, Urk. 36 ddo. 1519 April 2; Kofler, Cortsch (wie Anm. 108), pag. 65; KA Kortsch, Urk. ddo. 1531 Februar 14.
1300 KA Kortsch, Urk. ddo. 1505 Juli 26; Urk. ddo. 1550 Dezember 3 (Kopie ddo. 1698 September 7 im KA Kortsch XII – 8).
1301 BAC, VP 1638 Oktober 9, pag. 44.
1302 KA Kortsch XII – 38 ddo. 1690 ca.
1303 BAC, VP 1705, pag. 181.

gaben sollten in die Kassen der Pfarrkirche fließen. Der Benefiziat hatte an genannten Festtagen Assistenzpflicht in der Pfarrkirche und war zur Teilnahme an Prozessionen und zur Aushilfe im Beichtstuhl auf Begehren des Pfarrverwalters verpflichtet. In Kortsch gestiftete Totenämter, das Patrozinium, der Kirchtag und das Fest des heiligen Laurentius mußten durch einen Geistlichen der Mutterpfarre gehalten werden.[1304]

Die Vereinbarungen zwischen dem Deutschen Orden und den Filialen Göflan und Kortsch von 1432 können als Ausdruck jener spätmittelalterlichen Form der Frömmigkeit betrachtet werden, zu deren konstitutiven Merkmalen auch religiöser Individualismus gehörte. Im Umfeld der Reformation schwand bei der kirchlichen Obrigkeit das Verständnis für derlei Neigungen jedoch weitgehend. Vielleicht ist dies der Kontext, in den man eine 1524 vom Schlanderser Richter auf Begehren der Bewohner von Göflan als Vertreter der Kirche St. Martin aufgenommene Kundschaft zu stellen hat. Die Nachbarschaft beklagte sich über schwere Nachlässigkeiten bei der Erfüllung der ihr zugesicherten gottesdienstlichen Verrichtungen. Als gemeinsamer Tenor der Aussagen von insgesamt acht befragten Personen, deren Erinnerung 20 bis 50 Jahre zurückreichte, erschließt sich, daß die 1432 ausgehandelten Bedingungen bis um 1500 mehr oder minder sorgfältig eingehalten wurden, während in den folgenden Jahren vermehrt Versäumnisse bei der Erfüllung der Meßverpflichtungen aufgetreten sein müssen. Ausdrücklicher Erwähnung bedarf die Tatsache, daß die Klage führenden Göflaner ihre seelsorglichen Ansprüche als *pfarrliche Rechte* bezeichneten, von denen nunmehr etwas *abbrochen* werde.[1305]

Eine 1595 vorgenommene Visitation durch Abgesandte des Bischofs von Chur brachte ans Licht, daß der Pfarrverwalter von Schlanders in Göflan statt dreimal nur zweimal wöchentlich zelebrierte.[1306] Daher hatten die zahlreichen Beschwerden der Parochianen über mangelhafte seelsorgliche Sonderbetreuung, die auch im 17. Jahrhundert nicht aufhörten, sicherlich eine objektive Grundlage. Stellvertretend sei eine 1618 dem Landkomtur vorgelegte Klage der Gemeindevorstehung zu Göflan über den Pfarrverwalter genannt, der die schuldigen Gottesdienste nicht mehr nach altem Brauch halte. Die Göflaner handelten sich hiermit allerdings einen harschen Verweis ein: Ulrich Frhr. von Wolkenstein-Rodeneck warnte sie davor, auch künftig Rechte anzusprechen, »die sie nicht hätten«.[1307] Mit dem Umstand, daß in Göflan kein Ministrant zur Verfügung stehe, den der Schlanderser Kooperator Johann Baptist Pamhackl 1685 hervorhob[1308], wird das Verhalten der Pfarrgeistlichkeit sicherlich nicht in Zusammenhang gestanden haben.

Die Höfe des Nördersberges gehörten zur Pfarre Schlanders, von der sie rund eine Wegstunde entfernt waren.[1309] Durch ihre Lage waren sie aber mit Göflan enger verbunden als mit dem Zentrum; aus diesem Grund wurden sie allmählich auch kirchlich als Teil dieser Gemeinde betrachtet[1310]; politisch bildeten sie im Gesamtverband des Gerichtes Schlanders einen eigenen Sprengel, der in den Quellen seinerseits als »Gemeinde« bzw. »Nachbarschaft« faßbar wird.

Weitere Höfe, die mit ihren *pfarrlichen Rechten* nach Göflan gehörten, waren beide Höfe Valmart[1311] sowie Martschell und Hasl auf Gambs[1312] am Nördersberg und die Höfe Inderéggen[1313], Außereggen[1314], Tálátsch[1315], beide Stadlhöfe[1316], Waldental[1317], Pátsch[1318], Mittereben[1319], Laggár[1320] und Zuckbüchl[1321] am Sonnenberg. Nach einem Urbar des 16. Jahrhunderts waren diese Höfe zur Reichung von je zehn Broten an den Kirchweihfesten

---

1304 PfA Schlanders, Urk. 16 ddo. 1432 März 18; ARCHIV-BERICHTE (wie Anm. 135), Nr. 261; KA Kortsch V: Stiftbriefe, Kopie ddo. 1602 Dezember 12; KOFLER, Cortsch (wie Anm. 108), pag. S. 55–61; ATZ/SCHATZ (wie Anm. 5), S. 70.
1305 KUSTATSCHER, Göflan (wie Anm. 66), Nr. 27; KOFLER, Göflan (wie Anm. 76), S. 18–24.
1306 BAC, VP 1595, pag. 201.
1307 KA Göflan: Geschichte der Kuratie Göflan, pag. 188.
1308 DOZA, Et 33/1: VP 1685 August 25, Schlanders.
1309 STAFFLER, Wibmer Sekte (wie Anm. 110), S. 203.
1310 KOFLER, Göflan (wie Anm. 76), S. 28.
1311 STAFFLER, Hofnamen Schlanders (wie Anm. 384), S. 99.
1312 STAFFLER, Hofnamen Schlanders (wie Anm. 384), S. 101.
1313 STAFFLER, Hofnamen Schlanders (wie Anm. 384), S. 84.
1314 STAFFLER, Hofnamen Schlanders (wie Anm. 384), S. 85.
1315 STAFFLER, Hofnamen Schlanders (wie Anm. 384), S. 86.
1316 STAFFLER, Hofnamen Schlanders (wie Anm. 384), S. 85.
1317 STAFFLER, Hofnamen Schlanders (wie Anm. 384), S. 83.
1318 STAFFLER, Hofnamen Schlanders (wie Anm. 384), S. 91 f.
1319 STAFFLER, Hofnamen Schlanders (wie Anm. 384), S. 90.
1320 STAFFLER, Hofnamen Schlanders (wie Anm. 384), S. 90.
1321 STAFFLER, Hofnamen Schlanders (wie Anm. 384), S. 91.

verpflichtet.¹³²² 1539 lag die Gemeinde Nördersberg mit Göflan im Streit um Weiderechte, der mit einem Ausgleich endete.¹³²³

Gegenüber der Pfarrkirche hatten die Nachbarn die Pflicht zur jährlichen Reichung von zwei Wachskerzen. Seit den späten achtziger Jahren des 16. Jahrhunderts kamen sie dieser Obliegenheit nicht mehr nach, konnten jedoch 1605 von einem aus Pfleger, Pfarrverwalter und Kirchenausschuß bestehenden Rat dazu gebracht werden, die Kerzen nach altem Herkommen jeweils zu Lichtmeß wiederum zu reichen und die Kirche mit 8 fl für die in den vergangenen Jahren erlittenen Ausfälle zu entschädigen.¹³²⁴ Bei dieser Regelung blieb es formell etwas über 100 Jahre; weil sie sich aber weiterhin als nicht durchführbar erwiesen hatte, wurde sie 1714 durch eine neue ersetzt, die den realen Umständen Rechnung zu tragen suchte. Seither verzichtete die Pfarrkirche gegen das bescheidene Entgelt von 30 kr und gegen einmalige Entschädigung mit zehn Fuhren guten Lärchenholzes für bisher erlittene Verluste auf diese Reichung, obligierte die Gemeinschaft Nördersberg jedoch zur Lieferung von jährlich sechs Wachskerzen an die Kirche St. Martin in Göflan.¹³²⁵

Mit der Gemeinde Sonnenberg hatte schon früher eine Vereinbarung über die jährliche Lieferung einer Stollkerze bestanden; 1585 wurden hierbei Unregelmäßigkeiten festgestellt, die den Abschluß eines neuen Vertrages auf erweiterter Basis¹³²⁶ und eine zusätzliche Vereinbarung im Jahr 1591 zur Folge hatten.¹³²⁷

Zumal die Nördersberger Regelung steht für eine Form der allmählichen Lockerung des Pfarrzwanges, wobei der Impuls vom Zentrum ausgegangen zu sein scheint. 1637 setzten die Göflaner durch das Gelöbnis einer Prozession am Fest der Kreuzerhöhung (14. September) eine eigenständige religiöse Initiative.¹³²⁸ Immerhin wurden aber noch 1685 die Schlüssel zum Göflaner Tabernakel im Widum zu Schlanders verwahrt.¹³²⁹

Beachtung verdient eine von Landkomtur Johann Heinrich Frhr. von Kageneck, einem auch sonst im Dienste der Balleireform um Abklärung der Ordensrechte bemühten Ritter¹³³⁰, erlassene Resolution, mit der er 1710 auf eine im Jahr zuvor vorgelegte Eingabe der Göflaner¹³³¹ reagierte: Er bestätigte zwar die zentralen Punkte des Vertrages von 1432, den Akzent setzte er aber auf den Vorrang der täglichen Gottesdienste in der Pfarrkirche. Wenn ein solcher mit einer Dedikation in Göflan zusammenfalle, müsse diese zurücktreten; auch im Advent hätten die Rorateämter in der Pfarrkirche Priorität.¹³³² Seine im selben Kontext getroffene Aussage, der Pfarrverwalter pflege in Göflan alle Sonn- und Feiertagsmessen für die Gemeinde zu applizieren¹³³³, dürfte dem Landkomtur die Argumentation erleichtert haben.

Dieselbe Beteuerung gab auch der 1729 amtierende Pfarrverwalter Michael Weitgruber OT gegenüber einer churischen Visitationskommission ab; sie betraf seine eigene Person, denn für weitere Geistliche, die er dafür abordnen könnte, stünden keine Mittel zur Verfügung. Damals war zwischen der Pfarre und der Filialkirche Göflan eine grundsätzliche Diskussion über die Leistungen im Gange, die die letztere als Entgelt für ihre seelsorgliche Sonderbetreuung bzw. als Zeichen der Zugehörigkeit zur Pfarre Schlanders zu erbringen hatte, wobei mit gegenseitigen Anschuldigungen nicht gespart wurde.¹³³⁴

Die in diesen Reichungen zum Ausdruck kommenden Ansprüche der Mutterkirche waren im Umfeld der Visitation von 1729 in den Augen der Göflaner zu hoch. Der Deutsche Orden hingegen bezichtigte die Gemeinde der Säumigkeit bei der Entrichtung der Giebigkeiten, die sie der Pfarre schulde; überhaupt erfülle sie die Pflichten einer Filiale in so geringem Maße, daß der Vertrag von 1432 seine Verbindlichkeit verloren habe. Die Visitatoren kleideten dies in die sehr allgemeinen Worte, in Göflan wage der Pfarrverwalter Neuerungen (*in Göflan temptare parochum innovationes*), für

---

1322 KA Göflan, Urbar 16. Jh. (Urk. 13), pag. 39 f.; KOFLER, Göflan (wie Anm. 76), S. 28 f.
1323 SLA, GA Göflan, Urk. 44 ddo. 1539 August 27.
1324 PfA Schlanders, Urk. 45 ddo. 1605 Februar 26.
1325 PfA Schlanders, Urk. 61 ddo. 1714 Juli 29.
1326 KOFLER, Göflan (wie Anm. 76), S. 16.
1327 SLA, GA Göflan, Serie II, Fasz. Kirchensachen.
1328 PfA Schlanders 3/1.
1329 DOZA, Et 33/1: VP 1685 August 25, Schlanders.

1330 KUSTATSCHER, Das 18. Jahrhundert (wie Anm. 229), S. 218 f.
1331 KA Göflan: Gemeinde Göflan an Landkomtur Kageneck 1709 August 27.
1332 KA Göflan: Resolution von Landkomtur Kageneck ddo. 1710 August 25.
1333 DOZA, Et 35/2, fol. 78v–106r: VP 1708.
1334 BAC, VP 1729.

die Gemeinde aber war es ein Zeichen dafür, daß der Deutsche Orden die Rechte der Göflaner völlig untergraben wolle (*ordinem Teutonicum intendere destructionem iurium in Göflan*).[1335] Eine objektive Beurteilung dieser entgegengesetzten Standpunkte ist schwierig, doch scheint es tatsächlich so zu sein, daß der Patron für die Anliegen der Filiale wenig Verständnis aufbrachte.

Aus diesem Grund kam in deren Reihen schon damals der Gedanke auf, einen eigenen Geistlichen zu halten. Als solcher ist zum selben Jahr Josef Tappeiner belegt, der Benefiziat zu Eyrs, der zur Resignation auf diese Pfründe zugunsten Göflans entschlossen war.[1336]

Seither setzte sich in der Pfarre Schlanders allmählich immer stärker die Ansicht durch, für die Haltung der drei Wochenmessen in dieser Filiale »gäbe es keine Ursache«, eine unmißverständliche Formulierung, die bischöfliche Visitatoren 1738 wählten.[1337] Je nach Auslegung des Vertrages von 1432 hätte sich für die Pfarrgeistlichkeit nämlich in der Tat die Notwendigkeit ergeben können, insgesamt rund 300 Messen und Ämter zu applizieren. Als sich der Schlanderser Pfarrverwalter hierüber bei der Gemeinde Göflan beklagte, bediente er sich allerdings nicht der Fachsprache des Kirchenrechtes, sondern warf ihr vor, sie verlange Ungebührliches; in sichtlicher Ereiferung forderte er, man möge ihm den Stiftsbrief vorweisen, wo die 300 »vermeintlich gratis zu haltenden« Messen stünden.[1338] Über eventuelle mit den Sonderleistungen in Göflan verbundene Ansprüche des Pfarrverwalters war 1432 keine ausdrückliche Vereinbarung getroffen worden: War die Applikation der besagten Gottesdienste gemeint, oder war eine Entschädigung der Geistlichkeit vorgesehen? Um die Mitte des 18. Jahrhunderts empfand man die bestehende Regelung jedenfalls als unzureichend. In der Praxis dürfte es so gewesen sein, wie der Göflaner Chronist um 1840 meinte, nämlich daß der Pfarrverwalter öfters einen Kooperator nach Göflan schickte, der für seinen Aufwand mit kostenlosem Holzbezug für den Winter entschädigt wurde, doch nur »aus gutem Willen« und nicht aufgrund einer erneuerten vertraglichen Bindung.[1339]

Für die bischöflichen Visitatoren war die bestehende Rechtslage 1748 Anlaß, den Pfarrverwalter zum Zweck der Präzisierung seiner Verpflichtungen in Göflan zur Errichtung eines ordentlichen Vertrages zu mahnen.[1340] Ihre außerdem erteilte Weisung, für Verstorbene abgehaltene Gottesdienste sollten, wo immer möglich, am Ort der Beerdigung zelebriert werden[1341], macht deutlich, daß man in Chur grundsätzlich auf der Seite der Gemeinden stand, die sich von der Mutterpfarre Schlanders zu verselbständigen versuchten.

Daß es zu dem geforderten Vertrag gekommen wäre, ist nicht bekannt, indes ergriff aber die Gemeinde Göflan im Jahr 1765 selbst die Initiative, das schon 1729 erprobte Experiment der Haltung eines eigenen Geistlichen zu institutionalisieren: Am 10. November erklärten sich sechs Nachbarn, die bisher von ihren Wiesen nur zwei Mahden genießen durften, gegen das Recht, auch die dritte zu bekommen, bereit, zur Schaffung der erforderlichen »Unterkunft und Konvenienz« dieses Geistlichen folgende Beträge zu entrichten: Marx Alber 3 fl 2 kr, Josef Tappeiner 1 fl 5 kr, Georg Stiglmair 1 fl 18 kr, Thomas Fliri 52 kr, Oswald Paur 52 kr, Andreas Märth 52 kr.[1342]

Als Wohnung des Geistlichen war das neuerrichtete obere Stockwerk im Mesnerhaus vorgesehen. Diese bauliche Maßnahme hatte in den Augen der Göflaner und der Nördersberger derartige Dringlichkeit, daß sie sie ohne die erforderliche behördliche Genehmigung durchgeführt hatten. Am 3. Jänner 1766 wurde dem Richter zu Schlanders diesbezüglich aus Innsbruck mitgeteilt, daß von einer Demolierung zwar abgestanden werde, daß die beiden Gemeinden aber eine Strafe von 10 fl an das Forstamt zu erlegen hätten.[1343] Am 30. Oktober desselben Jahres erteilte Alexander Josef Graf Künigl als oberster Jägermeister der oberösterreichischen Lande der Gemeinde Göflan die Erlaubnis, die Bauarbeiten fortzusetzen und somit eine Wohnung mit Stube, Küche und Kammer für

---

1335 BAC, VP 1729.
1336 BAC, VP 1729.
1337 BAC, VP 1738, fol. 31v.
1338 KA Göflan: Geschichte der Kuratie Göflan, pag. 190: 1748 September 15.
1339 KA Göflan: Geschichte der Kuratie Göflan, pag. 186.
1340 KA Göflan, Visitationsextrakt 1748.
1341 KA Göflan: Geschichte der Kuratie Göflan, pag. 191.
1342 KUSTATSCHER, Göflan (wie Anm. 66), Nr. 44.
1343 KA Göflan: Geschichte der Kuratie Göflan, pag. 192.

einen beständig zu haltenden Priester herzustellen, doch gegen Zahlung von 6 kr Feuerstättenzins an das Kelleramt Meran.[1344]

Am Martinstag des Jahres 1766 schloß die Gemeinde einen Vertrag mit dem Geistlichen Josef Rainer[1345] aus Schlanders, der schon seit 1764 in Göflan seelsorgliche Funktionen erfüllte[1346], für die er zunächst mit 10 fl pro Jahr aus dem Kirchenvermögen entschädigt wurde.[1347] Der Vertrag von 1766 sah eine Besoldung von 42 fl pro Jahr vor; dafür sollte er wöchentlich zwei Messen lesen (am Montag und am Samstag), bei Bedarf auch Wasser weihen, den Kranken beistehen, Wettersegen sprechen etc. Da die genannte Besoldung aus den Erträgen des bei der Kirche anliegenden Kapitals genannter Göflaner stammte[1348], war ihre Höhe nicht stabil: 1767 gab Josef Rainer an, seine Pfründe ertrage nebst der Haus- und Holzfreiheit nur 18–19 fl.[1349] Daher wurde die Ergänzung seiner Bezüge aus dem Kirchenvermögen in Höhe von 10 fl auch nach 1766 fortgesetzt.[1350] Wohl aus diesem Grund überlegte sich die Gemeinde eine andere Form der Finanzierung: 1774 einigten sich die Nachbarn darauf, daß jeder von ihnen durch einen Beitrag die Haltung des Geistlichen mitfinanziere. Damals kam Johann Georg Rechenmacher in den Genuß dieser Großzügigkeit.[1351]

Doch auch bei diesem handelte es sich nicht um einen gestifteten Geistlichen im strengen Sinn, ein Faktum, das dem vom Geist der Aufklärung getragenen Rechtsdenken des Josefinismus nicht entgehen konnte. Da in Göflan, einer mittlerweile 350 Seelen starken Gemeinde[1352], aber dennoch im Laufe der Zeit gewisse Seelsorgerechte allgemeine Anerkennung gefunden hatten, wurde die Kaplanei um die Mitte des Jahres 1786[1353], in eine Expositur verwandelt. Patron war wie vorher die Gemeinde, St. Martin wurde als Seelsorgskirche belassen, während für St. Walburg als überflüssiges Gotteshaus die Sperrung verfügt wurde.[1354]

Dem Rechtsakt von 1786 waren vierjährige Verhandlungen vorausgegangen, die, abgesehen von ihrem Inhalt an sich, als hervorragender Beleg für die weiterhin gegebenen Einflußmöglichkeiten der politischen Gemeinde auf kirchliche Angelegenheiten gesehen werden können. Als Ende 1782 von der »gemeinschaftlichen Kommission« des Kreises Meran der Vorschlag eingebracht wurde, am Nördersberg eine Lokalkaplanei zu gründen, meldeten sich die Göflaner zusammen mit den Nördersbergern zu Wort und baten, daß diese nicht am Berg, sondern in Göflan selbst errichtet werde. Diese Variante sei, so argumentierten sie in Anlehnung an die allgemeinen Direktivregeln[1355], – trotz der geringen Entfernung von Schlanders, der relativ guten Verkehrslage und der weit unter 700 liegenden Bevölkerungszahl – deshalb jeder anderen vorzuziehen, weil bereits eine Kirche bestehe und weil die Gemeinde nachweislich schon früher einen eigenen Seelsorger gehabt habe. Daß die Nördersberger sich dem Begehren der Göflaner anschlossen, ist aus der verstreuten Lage ihrer Höfe und aus der Sorge, daß sie durch den ansonsten nötigen Kirchen- und Widumsbau wirtschaftlich allzu schwer belastet würden, erklärbar.

Ungeachtet dieser Argumente entschieden sich die Wiener Zentralbehörden und der Kaiser für Nördersberg, wollten aber aus Ersparnisgründen die Gemeinden Nördersberg und Sonnenberg zu einem Seelsorgesprengel zusammenfassen und die Kirche in die Mitte bauen. Als sich dies wegen der Lage der beiden Gemeinden auf verschiedenen Talseiten nicht realisieren ließ, wurden anstelle einer Lokalkaplanei drei Exposituren (Göflan, Nördersberg, Sonnenberg) konzipiert; eine konkrete Umsetzung war jedoch nur in Göflan möglich, weil die entsprechenden Voraussetzungen bereits bestanden. Mit einer Expositur Nödersberg rechnete man allerdings bis zuletzt. Davon zeugt die Tatsache, daß die östliche Hälfte dieser Nachbarschaft (Außer- oder Vordernördersberg) noch im 20. Jahrhundert unmittelbar zu Schlanders und nicht zu

---

1344 KUSTATSCHER, Göflan (wie Anm. 66), Nr. 45.
1345 KA Göflan: Vertrag der Gemeinde Göflan mit Josef Rainer 1766 November 11.
1346 BAC, VP 1767, pag. 93.
1347 KA Göflan, KR 1764/65.
1348 KA Göflan: Vertrag der Gemeinde Göflan mit Josef Rainer 1766 November 11.
1349 BAC, VP 1767, pag. 93.
1350 KA Göflan, KR 1768/69, 1770/71, 1788/89, 1794/95.
1351 KA Göflan: Akt ddo. 1774 Dezember 22.
1352 ATZ/SCHATZ (wie Anm. 5), S. 68; GAMPER (wie Anm. 254), S. 22.
1353 F. DÖRRER, Pfarregulierung (wie Anm. 96), S. 583, Anm. 968. Der Trienter Diözesanschematismus von 1833 nennt 1776 als Gründungsdatum, das auch ATZ/SCHATZ (wie Anm. 5), S. 68 und GAMPER (wie Anm. 254), S. 22, übernehmen.
1354 F. DÖRRER, Pfarregulierung (wie Anm. 96), S. 347.
1355 F. DÖRRER, Pfarregulierung (wie Anm. 96), S. 44 f.

Göflan gehörte; nur die westliche Hälfte (Inner- oder Hinternördersberg) fühlte sich, wiewohl weiter entfernt, als Teil von Göflan. Hier wurden die Innernördersberger auch begraben, während die Außernördersberger in Schlanders ihre letzte Ruhe fanden.[1356]

1798 setzte die Gemeinde Göflan ein weiteres hervorragendes Zeichen ihres engagierten Einsatzes für die Seelsorge: Am 12. November nahm sie die Einstellung eines neuen Kaplans (Michael Pörlinger aus Eyrs) zum Anlaß, mit diesem einen Vertrag zu schließen, der die Erhöhung seiner Bezüge zum Inhalt hatte.[1357] Als Grund hierfür wurden die mittlerweile gestiegenen Preise und der zunehmende Priestermangel angegeben. Genannte Personen errichteten mit Kapitalien, von deren Ertrag der Geistliche leben sollte, zahlreiche Meßstiftungen. Für ihre Erhaltung und für die regelmäßige Auszahlung der Interessen zu Martini verbürgte sich die Gemeinde. Außerdem standen dem Kaplan der Fruchtgenuß von Wiesen und Äckern aus den Mesnergütern, eine 1779 von der Gemeinde um 710 fl gekaufte Wiese in den Göflaner Ängern und 5 fl aus dem Kirchenvermögen zu. Den Ertrag der Stiftungen, den sie für die Erhaltung des Kaplans für hinreichend befand, bezifferte die Gemeinde mit 200 fl. Bis die Interessen auf diese Höhe angewachsen sein würden, sicherte sie dem Geistlichen jährlich 30 fl aus dem Gemeindesäckl zu.

Aus einer vom Göflaner Chronisten um 1840 verdienstvollerweise vorgenommenen Zusammenstellung aller Meßstiftungen für die neuerrichtete Kaplanei seit 1798[1358] geht hervor, daß das Kapital 1805 jene Höhe erreicht hatte, die bei angenommener Verzinsung zu 5 Prozent einen Jahresertrag von 200 fl abwerfen konnte. Bis zu diesem Zeitpunkt errichteten insgesamt 43 vorwiegend aus Göflan, aber teilweise auch aus den umliegenden Gemeinden stammende Personen rund 165 Meßstiftungen; bis 1810 kamen weitere 47 Meßstiftungen dazu, errichtet von 15 Personen. Auffallend ist die hohe Stiftungsintensität gleich zu Beginn, die von relativ wenigen, aber sehr kapitalkräftigen Personen getragen wurde. Im einzelnen verteilten sich die Stiftungen auf die Jahre wie folgt:

	Kapital	Messen	Stifter
1798–1799	2730 fl	109	23
1800–1801	275 fl	11	5
1802–1803	130 fl	5	2
1804–1805	1000 fl	40	13
1806–1807	925 fl	37	12
1810	260 fl	10	3

Weitere Punkte des Vertrages von 1798 betrafen die Wohnung des Kaplans (im oberen, von der Gemeinde adaptierten Stock des Mesnerhauses mit unentgeltlichem Bezug des Brennholzes) und seine geistlichen Verpflichtungen (Meßfeier an Sonn- und Feiertagen und sonst, doch zu einer Zeit, daß die Leute auch die Möglichkeit zum Besuch des Pfarrgottesdienstes haben, Applikation für die Gemeinde am Martinsabend, zu Kirchweih und am Fest der Kreuzerhöhung, Applikation von 28 Messen an bestimmten Tagen für die Stifter, weitere gestiftete und noch zu stiftende Messen, Beten des abendlichen Rosenkranzes in der Martinskirche in der Fastenzeit und in der Allerseelenoktav und anschließender Segen mit dem Ziborium, Besuch der Kranken).[1359]

Dieser Vertrag hatte indes nicht alle Verpflichtungen des Pfarrverwalters von Schlanders ersetzt. 1803 beklagte sich die Gemeinde beim Landkomtur über schwerwiegende Versäumnisse der Pfarrgeistlichkeit: zumal die Ämter am Gründonnerstag und zu Allerseelen, die Predigten an den Advent- und Fastensonntagen und die Palmweihe sowie die Osterbeichte würden in Göflan gar nicht mehr gehalten; die Messe an Sonntagen werde selten, an Werktagen fast nie gehalten. Befremden habe auch der Unmut hervorgerufen, den ein Kooperator gezeigt habe, als er ein lebensschwaches Kind, das nicht transportfähig war, in Göflan taufen mußte.[1360]

1356 F. Dörrer, Pfarregulierung (wie Anm. 96), S. 584, Anm. 969.
1357 KA Göflan: Geschichte der Kuratie Göflan, pag. 1–5, 193.
1358 KA Göflan: Geschichte der Kuratie Göflan, pag. 6–27. Einzelne Stiftsbriefe ebenfalls im KA Göflan, Urkk. ddo. 1800 November 10, 1802 Juli 3, 1805 April 27, 1805 April 27, 1814 März 13. Schuldbriefe für das Frühmeßbenefizium im KA Göflan, Urkk. ddo. 1799 Februar 21, 1799 Februar 21, 1802 Juli 2, 1802 Juli 2, 1804 April 3, 1804 April 3, 1805 April 16, 1806 Februar 24, 1810 Februar 17.
1359 KA Göflan: Geschichte der Kuratie Göflan, pag. 1–5, 193.
1360 KA Göflan: Bartholomäus Wielander an Landkomtur

Die 1432 für Kortsch gefundene Regelung erwies sich zunächst als weniger problematisch – naheliegenderweise, weil zumindest das personelle Problem nicht bestand, das für die Gemeinde zu einem Stein des Anstoßes werden hätte können. Noch 1595, als sich in Göflan die Probleme schon längst klar abgezeichnet hatten, waren bischöfliche Visitatoren zu keiner anderen Feststellung gekommen, als daß hier ein eigener Geistlicher residiere, der dem Pfarrverwalter an hohen Festtagen Assistenz leiste.[1361]

Allerdings hatte auch Kortsch im Laufe des 16. Jahrhunderts eine Entwicklung genommen, die von zunehmendem Partikularismus gekennzeichnet ist. Der zu 1505 bezeugte Rang des hier wirkenden Frühmessers als Erzpriester im Vinschgau[1362] dürfte diese Tendenz gefördert haben. Die Errichtung eines Friedhofes in den sechziger Jahren als Folge der damals wütenden Pestwelle[1363] stellte auf diesem Weg eine besonders wichtige Etappe dar. Die Initiative war von Schlanders ausgegangen, und die Dringlichkeit, die dabei gegeben war, hatte dazu geführt, die Maßnahme vor allem im Kontext hygienischer Überlegungen zu sehen, während die kirchenrechtlichen Aspekte als zweitrangig behandelt und folglich unzureichend geregelt worden waren. Für die Gemeinde Kortsch bedeutete die Tatsache, nunmehr mit einem Recht ausgestattet zu sein, das eine wesentliche Komponente des Pfarrzwanges darstellt, faktisch aber dennoch eine Aufwertung gegenüber Schlanders. In der Pfarre selbst wurde diese Entwicklung im Laufe der Zeit auch immer deutlicher wahrgenommen, und in der Furcht, sie könnte partikularistischen Bestrebungen Vorschub leisten, war man entschlossen, ihr Einhalt zu gebieten. Dies kommt noch nicht so sehr in der 1611 einem neu eingestandenen Benefiziaten gegebenen Instruktion zum Ausdruck, die in neutralem Ton auf die Bestimmungen des Stiftsbriefes verwies[1364], als vielmehr anläßlich eines Streitfalles, der sich 1627 ergeben hatte, als ein Bewohner von Kortsch die Bestattung seiner Gemahlin bei St. Johann wünschte, beim Pfarrverwalter von Schlanders aber kein Gehör fand. Dieser mußte sich daraufhin einer entsprechenden Weisung des churischen Vikars im Vinschgau Johann Flugi von Aspermont beugen, der die Partei des Kortscher Antragsstellers zu vertreten entschlossen war, und zwar ausdrücklich betonend, daß seine Entscheidung über den besagten Einzelfall hinaus auch für die Zukunft gelte. Für die Gemeinde bedeutete die Anregung, sie möge ihre Bestattungsfreiheiten und andere Exemptionen zwecks Vermeidung weiterer Streitigkeiten mit Schlanders ausfindig machen[1365], sicherlich eine nachhaltige Aufwertung ihrer Position innerhalb des Pfarrverbandes. Das Begräbnisrecht der Bauern in Kortsch wurde auch 1729 bei einer bischöflichen Visitation bestätigt.[1366]

Im weiteren Verlauf des 17. Jahrhunderts konnte die Selbständigkeit dieser Kirche noch ausgebaut werden. 1685 bemerkte Pfarrverwalter Nikolaus Schliernzauner vor einer Visitationskommission des Deutschen Ordens, er sei in allen Filialkirchen bei der Rechnungslegung anwesend außer in Kortsch. Im gleichen Zusammenhang gestand er auch offen ein, daß zwischen der Pfarrkirche und ihren Filialen Streitigkeiten bestünden, verzichtete jedoch auf eine nähere Präzisierung.[1367] Aus der parallelen Churer Überlieferung erschließt sich als deren Gegenstand die Forderung des Deutschen Ordens nach unbeschränktem Visitationsrecht, ein Anspruch, den die Gemeinde Kortsch mit Entschiedenheit zurückwies. Dementsprechend verweigerte sie 1685 dem Landkomtur die Aushändigung des Sakristeischlüssels, weil dies eine Kompetenz des Ordinarius sei.[1368]

Bischof Ulrich hielt sich indes streng an die Bestimmungen des Kirchenrechtes: In einer Ende des Jahres dem Kirchpropst zu Kortsch übermittelten Klarstellung präzisierte er, der Landkomtur dürfe nur die Ornamente in der Sakristei visitieren, doch vorbehaltlich der bischöflichen Rechte; was den Geistlichen oder dessen Einkommen betreffe, habe er kein Recht, weil Kortsch ein von der Gemeinde gestiftetes und nicht ein dem Deutschen Orden inkorporiertes Benefizium sei.[1369]

1803 Jänner 25; KA Göflan: Geschichte der Kuratie Göflan, pag. 194.
1361 BAC, VP 1595, pag. 201.
1362 KOFLER, Cortsch (wie Anm. 108), pag. 65.
1363 Vgl. oben S. 141.
1364 KOFLER, Cortsch (wie Anm. 108), pag. 73.
1365 KA Kortsch XII – 4: 1627 Jänner 15.
1366 BAC, VP 1729.
1367 DOZA, Et 33/1: VP 1685 August 25, Schlanders.
1368 KOFLER, Cortsch (wie Anm. 108), pag. 76 f.
1369 KA Kortsch XII – 6: 1685 Dezember 28.

Für den Deutschen Orden war der Ordinarius dennoch nicht die geeignete Anlaufstelle zur Durchsetzung seiner Rechte; er fand aber die Unterstützung des Gerichtsherrn Vigil Graf Thun, bei dem er im Mai 1686 eine Klage gegen die Gemeinde Kortsch einreichte und mit dessen Unterstützung es möglich wurde, eine Kommission zusammenzustellen, der die Kortscher nun doch Einlaß gewährten.[1370] Sie bestand aus dem Deutschordenspriester Johann Jakob Glier, Pfarrverwalter zu Lengmoos, dem Schlanderser Kooperator Johann Pamhackl, Johann Franz von Rutter und dem Mesner von Kortsch.[1371]

Die bereits anderweitig verifizierte starke Stellung des Deutschen Ordens in der Pfarre Schlanders um die Wende zum 18. Jahrhundert stellte für die separatistischen Ansprüche der Gemeinde Kortsch in der Tat ein Hindernis dar. 1701 rekapitulierte der seit 1680 amtierende Benefiziat Kaspar Tröger die Abfolge der Modalitäten seiner Einstellung: Er sei der Gemeinde vom Landkomtur präsentiert, in Chur approbiert, von einem bischöflichen Kommissär investiert und der Gemeinde vorgestellt worden. 1708 merkte der vormalige Pfarrverwalter Nikolaus Schliernzauner als Ergänzung hierzu an, bei der Investitur sei er zusammen mit dem Landkomtur in Kortsch gegenwärtig gewesen; gemeinsam hätten sie im Anschluß daran einer Mahlzeit beigewohnt.[1372] Sodann beschrieb der Benefiziat seine Pflichten: An Sonn- und Feiertagen müsse er die Messe für die Gemeinde applizieren, an den anderen Tagen stehe er dem Deutschen Orden zur Verfügung; er habe in der Kirche nichts anderes zu tun als die Messen zu lesen und die Sakramente zu verwalten, während alles andere dem Pfarrverwalter obliege. Weil er sich aber immer für verschiedenste Dienste heranziehen habe lassen, beanspruche er als »Ordensbenefiziat« Vorrang vor dem Spitalkaplan. Bezeichnend ist, daß Kaspar Tröger damals nicht fünf, sondern nur drei Messen pro Woche las, weil, wie er sagte, für alles andere der Deutsche Orden zuständig sei.[1373]

In den folgenden rund zwei Jahrzehnten war der Ordensstandpunkt mächtig genug, die hier zum Ausdruck kommende enge Einbindung dieser wichtigen Filiale in den Pfarrverband zu gewährleisten. Als die Situation der Pfarre Schlanders im Jahr 1702 im Rahmen einer Visitation neuerlich erkundet wurde, fand der Ordensritter Johann Heinrich Graf Kageneck an der Seite des Pfarrverwalters Johann Jakob Glier OT und des Mergentheimer Ordensarchivars Hofrat Johann Stefan Kheill klaglos Eingang ins Kortscher Pfarrhaus und konnte die Sakristei in Gegenwart mehrerer Gemeindeangehöriger visitieren.[1374]

Bei der nächsten Visitation, 1708, bedurfte es in Kortsch jedoch wieder der Intervention der Gerichtsobrigkeit, um den Ordensvertretern Eingang in die Kirche zu verschaffen. Erst nach Verlesung eines Extraktes des Protokolls von 1686 erlaubte die Nachbarschaft dem Priester Josef Haider OT, Frühmesser zu Lengmoos, dem Schlanderser Kooperator Simon Tröger und dem Balleisekretär Christoph Strauß die Visitation im Beisein von Vertretern der Gemeinde.[1375]

Diese Visitation erfolgte auch sonst in einem Klima, das von der Notwendigkeit der präzisen Abklärung der Standpunkte gekennzeichnet war. Gemäß einer Vereinbarung zwischen dem Bistum Chur und dem Deutschen Orden verlangte der Pfarrverwalter die Präsenz des Benefiziaten bei den pfarrlichen Funktionen in Schlanders, gewährte ihm hierfür jedoch eine Rekognitionszahlung. Zur Frage der Präsenz des Pfarrverwalters bei der Rechnungslegung in Kortsch liegen zwei einander widersprechende Sachverhaltsdarstellungen vor: Nikolaus Schliernzauner begründete 1708 die in seiner Amtszeit übliche Abwesenheit damit, daß die Gemeinde es nicht anders zugelassen habe[1376], während sich diese 1716 in Erwiderung einer kritischen Anmerkung des Landkomturs verteidigte, sie würde die Anwesenheit des Pfarrverwalters dulden, wenn dieser einen entsprechenden Wunsch äußere.[1377]

Für eine gewisse Loslösung von Schlanders im Laufe des 17. Jahrhunderts spricht auch der Hin-

---

1370 KOFLER, Cortsch (wie Anm. 108), pag. 76 f.
1371 KA Kortsch XII – 10.
1372 DOZA, Et 35/2, fol. 78v–106r: VP 1708.
1373 DOZA, Et 33/3 = Et 34/1: VP 1701 Dezember 21.
1374 KA Kortsch XII – 10: Extrakt aus dem VP Kagenecks ddo. 1702 Dezember 18; KOFLER, Cortsch (wie Anm. 108), pag. 77.
1375 DOZA, Et 35/2, fol. 78v–106r: VP 1708 August 7; KA Kortsch XII – 10.
1376 DOZA, Et 35/2, fol. 78v–106r: VP 1708.
1377 KA Kortsch XII – 10: 1716 Mai 24.

weis des 1702 bis 1727 in Schlanders amtierenden Pfarrverwalters Johann Jakob Glier OT, vor seiner Amtszeit sei das mit einem Almosen verbundene Kirchweihfest in Kortsch am ersten Sonntag nach Martin nie von der Pfarre aus gehalten worden, weil der Benefiziat als der dafür zuständige Geistliche empfunden worden sei, er selbst habe aber wiederum damit begonnen. Andererseits hob er hervor, daß ihm die Schlüssel zum Opferstock in Kortsch niemals gegeben worden seien und daß er sie auch nicht begehrt habe.[1378]

Die eben beschriebene Stellung des Benefiziaten, nämlich Assistenz in der Pfarre und Mitwirkung an wichtigen Veranstaltungen, doch gegen Rekognition als Ausdruck dessen, daß die Pflicht an Selbstverständlichkeit eingebüßt hatte, spiegelt sich in allen wesentlichen Details auch in einer 1719 von der Gemeinde erstellten Amtsinstruktion für einen neu eintretenden Benefiziaten. In dieser Anweisung galt auch wieder die ursprüngliche Verpflichtung von fünf Wochenmessen als selbstverständlich. Die Predigtpflicht am Patrozinium und am Kirchweihfest (mit analoger Anwendung auf die Kirche St. Lorenz) steht ebenso für seelsorgliche Autonomie wie der 1729 bestätigte[1379] Brauch, anläßlich dieses Festes den Schulmeister und die Ausschußverwandten zu einem Trunk zu laden. Für die Teilnahme an manchen Kreuzgängen der Pfarre waren jetzt Entschädigungen vorgesehen.[1380] 1738 verlieh Pfarrverwalter Franz Xaver Schlüssel OT anläßlich einer bischöflichen Visitation seinem Wunsch Ausdruck, bei der Rechnungslegung in Kortsch anwesend zu sein, nicht als Priester des Deutschen Ordens, sondern als Seelsorger von Schlanders.[1381]

In den vierziger Jahren ist im Gesprächston zwischen dem Deutschen Orden und der Gemeinde Kortsch eine deutliche Verschärfung erkennbar, die an der Visitationsfrage greifbar wird. Angesichts der damals einsetzenden Spannungen des Ordens mit dem Bistum Chur im Jurisdiktionskonflikt war es für die Gemeinde ein leichtes, im bischöflichen Ordinariat einen Fürsprecher zu finden.[1382] In der Diktion des Deutschen Ordens lautete dies so: Ungeachtet der 1708 gefundenen Lösung habe sich die Gemeinde nunmehr *erfrechet*, mit Unterstützung des churischen Provikars neuerdings zu opponieren und folglich vom Mesner die Kirchenschlüssel zu fordern.[1383] Folgerichtig mußte sich der Ordensritter Anton Ingenuin Graf Recordin von Nein, um die für 1742 geplante Visitation auch in Kortsch durchführen zu können, erst um die Unterstützung des Gerichtsherrn Sebastian Graf Hendl[1384] und des oberösterreichischen Hofkammerrates Sebastian Graf Trapp[1385] bemühen, die dem Beispiel früherer Gerichtsherren folgen sollten.

Die churischen Quellen setzen bei der Bestimmung des Verhältnisses zwischen Kortsch und der Mutterpfarre Schlanders die Akzente anders. In einem Visitationsbericht von 1748 wird zunächst der Anspruch der Gemeinde Kortsch auf selbständige Verfügung über die hier eingehenden Opfergelder erwähnt. Sodann wird der Benefiziat mit seiner Aussage zitiert, er erhalte den ihm für die Assistenz in der Pfarre zustehenden Rekognitionszins nicht und erwarte sich daher entweder dessen Reichung oder die Entbindung von den entsprechenden Pflichten. Unklarheit herrschte weiters über die Rechtsnatur des Einsatzes des Benefiziaten: Handle es sich um bloße Assistenz oder um selbständige Zelebration als Ausdruck ordentlicher Zugehörigkeit zum Pfarrklerus? In letzterem Fall würden sich mehrfach Kollisionen mit den 1432 festgelegten Verbindlichkeiten ergeben; mithin sei es nicht tunlich, daß er auch in der Pfarre zelebriere. Woran man jedoch auch in Chur – selbst gegen die Interessen der Kortscher – festhielt, war die auf die Totenämter bezügliche Bestimmung des Stiftsbriefes: In diesem Punkt wurde eine Beschwerde der Gemeinde zum Anlaß genommen, die Zusammenarbeit mit dem Pfarrverwalter anzustreben. Dagegen glaubte man auch in Chur, dessen Präsenz bei der Rechnungslegung wäre nicht erforderlich, weil auch das oberösterreichische Regiment den Standpunkt der Gemeinde teile.[1386]

1378 DOZA, Et 35/2, fol. 78v–106r: VP 1708; KA Kortsch XII – 11 ddo. 1719 April 15.
1379 BAC, VP 1729.
1380 KA Kortsch XII – 11: 1719 April 15.
1381 BAC, VP 1738, fol. 30v.

1382 KA Kortsch XII – 14: 1741 Juli 26.
1383 DOZA, Et 35/2: VP 1741.
1384 KOFLER, Cortsch (wie Anm. 108), pag. 77.
1385 KA Kortsch XII – 16: Landkomtur Recordin an Sebastian Graf Trapp Hofkammerrat 1742 April 14.
1386 BAC, VP 1748 September 19, pag. 194 f.

Eine weitere Verschärfung der zwischen dem Deutschen Orden und der Gemeinde Kortsch geführten Diskussion ergab sich 1756 in Zusammenhang mit grundlegenden baulichen Veränderungen der Kirche St. Johann. Im Rahmen einer eigens einberufenen Versammlung beschloß die Gemeinde die Einsetzung eines Tabernakels, wobei einzelne Personen auf der Stelle verbindliche Zusagen hinsichtlich ihrer finanziellen Beteiligung machten. Daß selbst Personen, die, wie Knechte und Mägde, nur ganz geringe Beiträge zur Verfügung stellen konnten, außerordentliches Engagement zeigten[1387], steht für die Ernsthaftigkeit des Anliegens. Landkomtur Graf Recordin erfüllte es mit Sorge, denn unter dem Eindruck des damals auch in anderen Deutschordenspfarren aufgekommenen Bestrebens mancher Filialkirchen, sich von ihren Mutterkirchen zu trennen[1388], wertete er das Verhalten der Kortscher als einen Wink in diese Richtung, wie er in einem Schreiben an den bischöflichen Vikar im Vinschgau Konradin von Castelberg erklärte. Darin beklagte er sich auch darüber, daß die Gemeinde den Bau unternommen hätte, ohne beim Deutschen Orden darum angesucht zu haben. Der Vikar möge die Gemeinde Kortsch dazu anhalten, beim Orden um die erforderliche Bewilligung einzukommen.[1389] Diese Klage und die genannten Bedenken wiederholte er in einem weiteren Schreiben, das an den Bischof selbst gerichtet war. Der Oberhirte antwortete, es sei keine Absicht vorhanden, in der Kirche von Kortsch pfarrliche Funktionen vorzunehmen; bei der Errichtung des Tabernakels handle es sich nur um einen Aspekt eucharistischer Frömmigkeit und es sei darin kein Nachteil für den Deutschen Orden zu erblicken.[1390] Der Vikar erlaubte der Gemeinde für die Errichtung des Sanctissimums sogar eine Sammlung. Wegen deren weiter Entfernung von der Pfarrkirche und der mittlerweile auf 800 angewachsenen Seelenzahl gab auch Rom seine Zustimmung, nachdem die Gemeinde eine Supplik an den Papst gerichtet hatte.[1391] Angesichts der außerordentlichen Spendenfreudigkeit des gläubigen Volkes, das für den Bau der Kirche rund 1600 fl gesammelt und einen eigenen Fonds für das Ewige Licht gegründet hatte[1392], konnte der Deutsche Orden nur mehr tatenlos zusehen: Am 5. September berichtete der Novize Anton Josef Markt, Kooperator zu Schlanders, dem Landkomtur: Die Kirche zu Kortsch sei vollendet; zu Bartholomäi habe sie der Vikar zu Mals geweiht; dabei sei auch das Tabernakel eingesetzt worden. Der Gemeinde sei bei diesem Anlaß das Protestschreiben des Landkomturs überreicht worden, auf welches sie geantwortet habe: Sie beabsichtige die pfarrlichen Rechte keineswegs zu schmälern, weil sie die Kirche von Kortsch als Filiale von Schlanders betrachte; nur hinsichtlich der Visitation sei sie ihm nicht einverleibt; vor allem Sterbende könnten jetzt besser versehen werden.[1393] Am 14. September richtete der Landkomtur eine neue Klage an den Bischof von Chur mit der Bitte, er möge die Verordnung erlassen, daß von der Filiale Kortsch aus zu Präjudiz der Pfarre Schlanders weder pfarrliche Funktionen noch Versehgänge vorgenommen würden und daß der Pfarrverwalter einen Tabernakelschlüssel erhalte. In seiner Antwort vom 20. September wiederholte der Bischof seine bekannten Argumente; er verstehe nicht, warum der Pfarrverwalter einen Tabernakelschlüssel fordere, da in der Sakristei ja einer vorhanden sei.[1394]

So ging also aus dieser Auseinandersetzung die Gemeinde Kortsch als eindeutiger Sieger hervor. Als ein hierfür symbolträchtiger Akt kann die am 22. April 1757 erfolgte Privilegierung des Altars des hl. Johann Baptist für den Allerseelentag und seine Oktav und für einen vom Churer Bischof zu bestimmenden Wochentag (Samstag) und die Erteilung eines vollkommenen Ablasses für das Fest der Kreuzauffindung durch Papst Benedikt XIV. gelten: In dieser Urkunde wurde St. Johann als »Pfarrkirche« bezeichnet.[1395]

In den folgenden Jahrzehnten flaute die Diskussion weitgehend ab, vielleicht weil man in Chur dem Deutschen Orden zumindest in der Frage des

---

1387 KA Kortsch, Fasc. VII (alt), in IV: KRsbelege.
1388 Kustatscher, Das 18. Jahrhundert (wie Anm. 229), S. 221.
1389 KA Kortsch XII – 22: 1756 Juli 15; Ladurner (wie Anm. 133), S. 197; Atz/Schatz (wie Anm. 5), S. 71 f.
1390 Am 28. Juli; Atz/Schatz (wie Anm. 5), S. 56.
1391 KA Kortsch XII – 19 ddo. 1756; Zustimmung aus Rom 1757 April 30.
1392 KA Kortsch XII – 20 ddo. 1756 August 24.
1393 Atz/Schatz (wie Anm. 5), S. 71 f.; Ladurner (wie Anm. 133), S. 198 f.
1394 Ladurner (wie Anm. 133), S. 199.
1395 KA Kortsch XII – 24 ddo. 1757 April 22; Kofler, Cortsch (wie Anm. 108), pag. 78.

Tabernakelschlüssels entgegenzukommen bereit war: 1767 sprachen bischöfliche Visitatoren auf eine entsprechende Klage des Pfarrverwalters die Empfehlung aus, man möge einen zweiten Schlüssel anschaffen und ihn dem Pfarrverwalter aushändigen.[1396] 1778 erhob dieser Klage gegen den Benefiziaten, weil er ohne Erlaubnis feierliche Ämter abhalte, wodurch die Pfarrechte beeinträchtigt würden. 1779 antwortete der Beklagte den bischöflichen Visitatoren, sein Tun entspreche einem Wunsch der Gemeinde.[1397]

1787 setzte die Gemeinde Kortsch einen weiteren Schritt auf dem Weg ihrer Eigenständigkeit durch die Bestellung eines eigenen Lehrers. Josef Wachter aus Schleis wurde gegen ein Jahresgehalt von 36 fl unter Vertrag genommen, auf daß er die Kinder von Martini bis Georgi in der Normal- und Christenlehre unterrichte und sie in der Weise vorbereite, daß sie eine gute Prüfung ablegten.[1398]

Der Deutsche Orden hatte sich in diese Situation fügen müssen, aber er beobachtete sie mit großer Wachsamkeit. Bei den Visitationen der Jahre 1780 und 1792 galt entsprechenden Erkundungen große Aufmerksamkeit, und bei der routinemäßigen Befragung verschiedener Personen begegnet jeweils die Formulierung, ob durch den Benefiziaten zu Kortsch »die pfarrlichen Rechte beeinträchtigt« würden.[1399] Auch von »Anmaßungen« des letzteren ist die Rede.[1400]

Galt es, die Position der Seelsorge Kortsch gegen den Deutschen Orden zu behaupten, traten Benefiziat und Gemeinde in der Regel geschlossen auf. Was jedoch das Zusammenleben vor Ort anbelangte, so deutet seit dem Ende des 17. Jahrhunderts manches darauf hin, daß auch auf engstem Raum jene auf der höheren Ebene der Pfarren bis zur allmählichen Ablösung der feudalisierten Kirche im 19. Jahrhundert allenthalben selbstverständlichen Spannungen bestanden, die sich aus der Absteckung der jeweiligen Einflußsphären ergaben.

Ein leicht nachvollziehbarer Streitpunkt war in Kortsch der schlechte bauliche Zustand des Benefiziatenwidums. Der 1680–1719 amtierende Geistliche Kaspar Tröger fand es so schlecht, daß er ein von seinen Eltern ererbtes Haus vorzog und das Widum einer Gruppe von Ingehäusen überließ und dadurch zu dessen weiterer Verwahrlosung beitrug. Dem widersetzte sich die Gemeinde auf das heftigste, zumal als der Benefiziat auch noch den Plan entwickelte, das Haus zu verkaufen bzw. es gegen ein anderes einzutauschen[1401], und diesen noch 1705 vor einer churischen Visitationskommission vertrat.[1402] Trögers Nachfolger versprach der Gemeinde beim 1719 erfolgten Antritt des Benefiziums die Bereitstellung eines neuen Hauses innerhalb Jahresfrist[1403], zumal da Tröger das alte teilweise abgebrochen hatte. Dafür wurde noch 1727 von seinen Erben Schadenersatz gefordert.[1404] Seit den zwanziger Jahren des 18. Jahrhunderts mußte sich jeder Benefiziat in seinem Revers dazu verpflichten, jährlich eine bestimmte Summe in den Bau zu investieren.[1405] Zu einer grundlegenderen Renovierung kam es aber erst 1764.[1406]

Um 1700 war die Gemeinde Kortsch mit ihrem Benefiziaten aber auch in anderen Angelegenheiten in Streit gelegen: Er versichere die Kirchenkapitalien ungenügend, er habe kein Recht, einen Schlüssel zum Archivkasten in der Sakristei zu begehren, er habe gegen den Willen der Gemeinde eine Totengruft gebaut und führe über die Zinse zu ungenau Buch.[1407]

1705 war es hingegen die Gemeinde, die sich einer Klage bischöflicher Visitatoren ausgesetzt sah: Sie sei bei Kirchenreparaturen allzu eigenmächtig vorgegangen: Künftig dürfe sie solche nur mit Vorwissen und Zustimmung des Pfarrverwalters oder wenigstens des Benefiziaten vornehmen.[1408]

Im weitern Verlauf des 18. Jahrhunderts ergaben sich zuweilen Differenzen über die Zahlungen an den Benefiziaten für besondere seelsorgliche Leistungen wie gesungene Litaneien oder die sonntäglichen Umgänge mit Verlesung der Evangelien.[1409] 1765 wurde die Besoldungsfrage in einer

---

1396 BAC, VP 1767, pag. 83.
1397 BAC, VP 1779, pag. 14.
1398 KA Kortsch XII – 53 ddo. 1787 November 26.
1399 DOZA, V 2065.
1400 DOZA, Et 30/4: Personalexamen 1792 Juli 10.
1401 KA Kortsch XII – 38 ddo. 1690 ca.
1402 BAC, VP 1705, pag. 181.
1403 KA Kortsch XII – 11 ddo. 1719 April 15.
1404 KA Kortsch XII – 41 ddo. 1727 Juni 4.
1405 BAC, VP 1729.
1406 KA Kortsch XII – 46 ddo. 1764 November 8.
1407 KA Kortsch XII – 38 ddo. 1690 ca.
1408 BAC, VP 1705, pag. 181.
1409 BAC, VP 1705, pag. 181; KA Kortsch XII – 47 ddo. 1765 Februar 14; 48 ddo. 1765 Februar 14.

grundsätzlicheren Form diskutiert, denn für den Benefiziaten Johann Baptist Blaas war die durch die Einsetzung des Tabernakels erreichte seelsorgliche Aufwertung Anlaß gewesen, um eine Aufstockung seiner Jahresbesoldung einzukommen; um dies durchzusetzen drohte er damit, das Höchste Gut wieder zu entfernen. Unter Hinweis darauf, daß er sich vorher verbunden habe, die anfallenden Mehrarbeiten gratis zu verrichten, erreichte die Gemeinde schließlich einen Verzicht von ihm, mußte seinem Nachfolger aber unter dem Druck des churischen Vikars eine Erhöhung seiner Bezüge gewähren.[1410]

Benefiziat Blaas konnte von der Gemeinde vielleicht auch deshalb kein Entgegenkommen erwarten, weil er es sich 1763 in seinem Bestreben, eine neue Orgel zu bekommen, erlaubt hatte, die Pfeifen der bestehenden zu entwenden und ihre Rückgabe trotz wiederholter Aufforderung der Gemeinde beharrlich zu verweigern. Dieser Streit schlug so hohe Wellen, daß auch der bischöfliche Vikar in Mals und schließlich der Churer Generalvikar selbst damit behelligt wurde.[1411]

In Vezzan schließlich, jener dritten bedeutenden Filiale der Pfarrkirche von Schlanders, setzten eigenständige Initiativen der Gemeinde im Vergleich zu Göflan und Kortsch erst spät ein. 1432 war der Nikolauskirche die Tagesmesse am Christtag und eine Messe an jedem dritten Monatssonntag zugesprochen worden.[1412] Für Ämter am Kirchweihfest und zu Martini erhielt der Pfarrverwalter 1673 eine Entschädigung von 2 fl. Im 18. Jahrhundert bezog er von dieser Filiale außerdem für die von ihm gehaltenen Frühmessen an Sonn- und Feiertagen jährlich 5 fl 20 kr.[1413] Wie in Kortsch und Göflan bestand auch hier – vermutlich ebenfalls seit der Pestzeit – ein Friedhof, der aber erst zu 1595 ausdrücklich erwähnt ist.

Ansonsten gravitierte dieses Gotteshaus teilweise nach Latsch, wie zu 1595 bekannt wird, als in einem churischen Visitationsbericht die Pertinenz eines der beiden Altäre zu dieser Kirche hervorgehoben wurde.[1414] Zu 1638 ist verzeichnet, daß der Latscher Pfarrer an den Quatembern, am Patroziniumstag und am Fest der Kirchweihe in Vezzan zu zelebrieren hatte. Bei letzterem Fest oblag allerdings dem Pfarrverwalter von Schlanders die Predigt.[1415] In den Kirchenrechnungen des 17. und 18. Jahrhunderts sind als Entschädigung des Pfarrers von Latsch für die Frühmesse am Kirchweih- und am Nikolaustag jährlich 1 fl 35 kr verzeichnet.[1416] Für eine gewisse Autonomie gegenüber Schlanders spricht der Umstand, daß der dortige Pfarrverwalter 1708 – wie auch schon für Kortsch festgestellt – eigens betonte, ihm sei der Schlüssel zum Opferstock niemals gegeben worden und er habe ihn auch nicht begehrt.[1417] 1708/09 und wiederum 1740/41 gewährte die Gemeinde Vezzan dem Pfarrverwalter allerdings beachtliche Beiträge für den Kauf von Kirchenornaten[1418], 1721 leistete sie einen Beitrag zur Versetzung und Reparatur der Orgel in der Pfarrkirche.[1419] 1729 erklärte ein Abgeordneter der Nikolauskirche anläßlich einer bischöflichen Visitation in Schlanders ausdrücklich, er habe keinerlei Beschwerden vorzubringen.[1420]

In den dreißiger Jahren des 18. Jahrhunderts begann sich dann aber auch diese Gemeinde gegenüber der Mutterpfarre durch Anmeldung gesteigerter seelsorglicher Ansprüche deutlicher zu artikulieren. Sie beteiligte sich zwar an der Bestreitung der Kosten einer damals anstehenden Neudeckung des Pfarrturms[1421], bedingte sich aber in einem Vertrag mit dem Pfarrverwalter die Einstellung eines zweiten Kooperators aus, der in Vezzan an jedem Sonn- und Feiertag eine Frühmesse halten sollte. Zur Verpflegung dieses Geistlichen sagte die Gemeinde dem Pfarrverwalter 20 fl zu; weitere 25 fl könnten aus dem Vermögen der Ni-

---

1410 KA Kortsch XII – 27: Gemeinde Kortsch an Vikariat im Obervinschgau 1765.
1411 KA Kortsch XII – 26 ddo. 1763 Februar 5; 45 ddo. 1763 Mai 8.
1412 Noch erwähnt zu 1738; BAC, VP 1738, fol. 31v.
1413 KA Vezzan, KR 1673/74, 1707/08, 1709/10, 1721/22, 1725/26, 1735/36, 1737/38, 1739/40, 1741/42, 1745/46, 1763/64, 1765/66, 1767/68, 1769/70, 1777/78, 1781/82, 1785/86, 1787/90, 1793/94, 1801/02, 1803/04.
1414 BAC, VP 1595, pag. 201.
1415 BAC, VP 1638 Oktober 9, pag. 43; Atz/Schatz (wie Anm. 5), S. 66.
1416 1673/74, 1709/10, 1721/22, 1725/26, 1735/36, 1737/38, 1739/40, 1741/42, 1745/46, 1763/64, 1765/66, 1767/68, 1769/70.
1417 DOZA, Et 35/2, fol. 78v–106r: VP 1708.
1418 KA Vezzan, KR 1707/08, 1740/41.
1419 KA Vezzan, KR 1721/22.
1420 BAC, VP 1729.
1421 KA Vezzan, KR 1737/38.

kolauskirche erübrigt werden.[1422] Die zu 1729 belegte Abordnung des pfründelosen ehemaligen Kommendebenefiziaten Johann Baptist Miller nach Vezzan dürfte als Einzelfall zu betrachten sein, der eher aus der persönlichen Situation dieses Geistlichen als aus den seelsorglichen Erfordernissen der Filiale zu erklären ist.[1423]

Obwohl sich die Pfarrverwalter Johann Paul Stocker OT (1734–1735), Josef Franz Xaver Schlüssel OT (1735–1757) und Josef Anton Chrysostomus Markt OT (1757–1770) klaglos an diesen Vertrag gehalten hatten, kam 1767 der Wunsch nach einem eigenen Frühmeßbenefizium auf. Das Ordinariat in Chur lehnte ihn jedoch mit der Bemerkung ab, er diene nur der Bequemlichkeit.[1424]

Für die Gemeinde war dieser negative Bescheid jedoch kein Grund zu einem Rückzieher, vielmehr trat sie in den folgenden Jahren mit weiteren Ansprüchen hervor, die 1776 in einem mit Pfarrverwalter Christoph Josef Ambros OT (1770–1780) geschlossenen und auf sechs Jahre befristeten Vertrag geregelt wurden. Die sonn- und feiertägliche Applikation der heiligen Messe wurde ihr zwar nicht gewährt, weil dies *wider alle vernünftige Möglichkeit* sei, sie erreichte aber die Zusicherung einer durch einen eigens dafür freigehaltenen Pfarrgeistlichen zu lesenden Messe an Sonn- und Feiertagen, die vor allem den Hirten und anderen, die zum Pfarrgottesdienst nicht kommen könnten, die Erfüllung der Christenpflicht erleichtern sollte. Die Applikationspflicht wurde auf eine Monatsmesse und auf die Quatembermessen beschränkt. Hinsichtlich der Besoldung des Geistlichen wurde die bereits genannte Regelung aus den dreißiger Jahren bestätigt.[1425]

Bei der Darstellung des Verhältnisses der Pfarre Schlanders als ganzer zum Deutschen Orden hatten sich in Zusammenhang mit der Aufteilung der Kosten für den Kirchenneubau von 1757 schwere Spannungen zwischen der Gemeinde und dem Patron gezeigt. Da diese Frage auch hinsichtlich des Verhältnisses der anderen in Schlanders bestehenden seelsorglich relevanten Gruppierungen sowohl zueinander als auch zur Pfarrkirche ein wichtiges Thema bildete, sei sie im folgenden mit Blick auf die drei bedeutendsten Filialen, deren individuelle seelsorgliche Struktur soeben im allgemeinen dargestellt wurde, neuerlich aufgegriffen. Die Möglichkeit des zahlenmäßigen Vergleiches der an sie gestellten Anforderungen und der real erbrachten Leistungen dürfte für die Bestimmung der Position jeder einzelnen im Pfarrverband von Bedeutung sein.

In einem vom Kirchenausschuß erstellten Kostenvoranschlag vom 19. April wurden die Anteile wie folgt quantifiziert: Die Pfarrkirche sollte 606 fl 40 kr bezahlen, die Kirche St. Martin in Göflan 200 fl, St. Nikolaus in Vezzan 130 fl, St. Johann in Kortsch 70 fl.[1426] Am 10. Juli revidierte der Kirchenausschuß dieses Projekt im Sinn einer Entlastung der Pfarrkirche auf Kosten der Filialen: Jetzt waren für die Pfarrkirche 500 fl, für St. Martin in Göflan 250 fl, für St. Nikolaus in Vezzan 150 fl und für St. Johann in Kortsch 100 fl vorgesehen.[1427]

Inwieweit die genannten Vorgaben erfüllt wurden, läßt sich nicht für alle Filialen exakt bestimmen; fest steht aber, daß sie die Zahlung zu verweigern bzw. den Betrag zu senken versuchten. Für Göflan ist zu 1756/57 eine Zahlung von 29 fl[1428] und zu 1758/59 von 92 fl[1429] überliefert. 1767 zahlte diese Gemeinde weitere 15 fl[1430], 1785 stellte sie einen Beitrag von 125 fl in Aussicht[1431], der 1787 entrichtet wurde.[1432] Der letzteren Zahlung waren diverse, auffällig scharf formulierte Mahnungen von seiten des Kreisamtes vorausgegangen, die, teilweise mit Ultimaten verbunden, auch an die Gemeinden Kortsch, Vezzan, Sonnenberg und Nördersberg ergangen waren.[1433] Alle Filialkirchen hielten am Argument fest, sie wären nur für eine Restaurierung der alten Kirche und nicht für einen Neubau eingetreten.[1434] Im Jahr 1783, als zu den ursprünglichen Beträgen Zinsrückstände dazuge-

---

1422 KA Vetzan, Urk. ddo. 1776 Jänner 26.
1423 BAC, VP 1729.
1424 BAC, VP 1767, pag. 218.
1425 KA Vetzan, Urk. ddo. 1776 Jänner 26.
1426 KA Kortsch XII – 34 ddo. 1757 April 19.
1427 KA Göflan, Urk. ddo. 1757 Juli 10; Geschichte der Kuratie Göflan, pag. 192.
1428 KA Göflan, KR 1756/57.
1429 KA Göflan, KR 1758/59.
1430 KA Göflan: Geschichte der Kuratie Göflan, pag. 193.
1431 KA Göflan: Gubernium an Obrigkeit zu Schlanders 1785 April 11.
1432 KA Göflan: Quittung ddo. 1787 Februar 21.
1433 KA Kortsch XVI (Fasz. VIII a aus dem GA), Nr. 16: 1776 Oktober 20; 21: 1781 September 28.
1434 KA Kortsch XVI (Fasz. VIII a aus dem GA), Nr. 27: 1783 September 7.

kommen waren, wurden die von den einzelnen Gemeinden erwarteten Leistungen wie folgt quantifiziert: Kortsch 1002 fl, Sonnenberg 208 fl 45 kr, Nördersberg und Göflan je 159 fl 50 kr.[1435]

Am besten dürfte die Zahlungsdisziplin in Vezzan gewesen sein; jedenfalls liegen aus dieser Filiale am wenigsten Nachrichten über die Verweigerung von Beiträgen vor; zu 1765 ist auch die Zahlung von 29 fl zur Bestreitung der Kosten der bischöflichen Visitation und Weihe der Pfarrkirche überliefert.[1436]

Am ausgeprägtesten war die ablehnende Haltung in der Gemeinde Kortsch. Schon 1757, als im Rahmen des Kirchenausschusses von Schlanders über die Repartierung der Kalkfuhren verhandelt worden war, hatten die Kortscher mit dem bereits genannten Argument jeglichen Anteil verweigert.[1437] An dieser Haltung hielten sie auch in den folgenden drei Jahrzehnten beharrlich fest: Bis 1776 sollte sich aus Rückständen für nicht geleistete Fuhren und nicht gezahlte Beiträge einschließlich der davon anfallenden Verzinsung eine Schuld von insgesamt 1028 fl 53 kr anhäufen. Durch Intervention des Kreisamtes und mit Zustimmung des bischöflichen Ordinariats in Chur wurden diese bis auf 400 fl erlassen, die in drei Jahresraten bezahlt werden sollten.[1438] Die Wiederaufnahme genau derselben Verhandlungen im Jahr 1783 und die Drohung der Gerichtsobrigkeit mit Pfändung einer Alm ist als Beleg dafür zu verstehen, daß die Kortscher auch auf diese für sie vorteilhafte Lösung nicht eingegangen waren; der damals gefundene Ausgleich, der auf Zahlung von 600 fl lautete[1439], war Anlaß zu einer späten Rückbesinnung auf die günstige Lösung von 1776[1440], allein das Kreisamt wollte jetzt an den 600 fl festhalten.[1441] 1783 verschärfte sich die Diskussion bis zu dem Punkt, daß die Kortscher ihrer Hoffnung Ausdruck verliehen, von der Pfarre Schlanders überhaupt abgetrennt zu werden.[1442] Mit dem im folgenden Jahr neuerlich wiederholten Hinweis auf die seinerzeitige Ablehnung des Neubaues[1443] und durch den Nachweis der effektiven Leistung von über 100 Tagfuhren von seiten 66 namentlich genannter Gemeindeangehöriger[1444] erreichten die Kortscher 1785 schließlich dennoch die Reduktion auf die ursprünglichen 400 fl.[1445]

In zunächst harmonischem Zusammenwirken traten die Pfarrkirche Schlanders und »die sieben Pfarrgemeinden« 1796 auf, als die Anschaffung einer neuen Glocke zur Diskussion stand. Angesichts des *Segens besserer Jahre* rechnete man mit großzügigen Spenden der Parochianen, die in freiwilligen, von Haus zu Haus führenden Sammlungen eingehoben und in einem von Kirchpropst verwalteten Buch festgehalten werden sollten.[1446] 1799, als auch noch die Finanzierung einer zweiten Glocke geplant war, zeigte sich aber, daß die Sammlung nur in Schlanders, Kortsch und Vezzan überhaupt durchgeführt werden konnte, und daher schien zur Aufrechterhaltung der *Ehre der Pfarrgemeinde* nun doch eine verbindliche proportionale Aufteilung der Kosten geboten zu sein. Zwei in diesem Jahr erarbeitete Vorschläge[1447], die einen Beitrag des Deutschen Ordens nicht vorsahen, wurden von den Gemeinden abgelehnt. Die Auflistung der effektiven Leistungen durch die Gerichtsobrigkeit im Jahr 1800, die eine Höhe von insgesamt 606 fl 47 kr erreichten, ergibt mit 300 fl einen bedeutenden Anteil des Patrons; die Gemeinden hingegen legten bei ihren Zahlungen weiterhin ein zögerndes Verhalten an den Tag.[1448]

1435 KA Kortsch XVI (Fasz. VIII a aus dem GA), Nr. 1: 1783 August 25.
1436 KA Vezzan, KR 1765/66.
1437 KA Kortsch XVI (Fasz. VIII a aus dem GA), Nr. 24: 1757 November 7.
1438 KA Kortsch XVI (Fasz. VIII a aus dem GA), Nr. 15: 1776 August 19.
1439 KA Kortsch XVI (Fasz. VIII a aus dem GA), Nr. 20: 1783 August 17.
1440 KA Kortsch XVI (Fasz. VIII a aus dem GA), Nr. 18: 1784 April 2.
1441 KA Kortsch XVI (Fasz. VIII a aus dem GA), Nr. 19: 1784 Juni 15; Nr. 26: 1784 August 27.
1442 KA Kortsch XVI (Fasz. VIII a aus dem GA), Nr. 14: 1783 o. T.
1443 KA Kortsch XVI (Fasz. VIII a aus dem GA), Nr. 7: 1784 Oktober 23.
1444 KA Kortsch XVI (Fasz. VIII a aus dem GA), Nr. 17: 1784 o. T.; Nr. 5: 1788 o. T.
1445 KA Kortsch XVI (Fasz. VIII a aus dem GA), Nr. 4: 1785 Februar 16.
1446 KA Kortsch XVI (Fasz. VIII a aus dem GA), Nr. 3: 1796 Februar 3.
1447 KA Göflan, Entwurf ddo. 1799 Oktober 6: 1. Vorschlag: Landgericht 416 fl, Gemeinde Schlanders 91 fl, Gemeinde Kortsch 90 fl 18 kr, Gemeinde Vezzan 26 fl, Summe 623/18. 2. Vorschlag: Gemeinde Schlanders 218 fl, Gemeinde Kortsch 120 fl, Gemeinde Vezzan 45 fl, Gemeinde Sonnenberg 80 fl, Nördersberg 65 fl, Allitz und Trög 50 fl, Göflan 55 fl, Summe 633 fl.
1448 Zu den 606 fl 47 kr trägt der Deutsche Orden 300 fl bei, die Gemeinde Sonnenberg 30 fl, die Gemeinde Nör-

4.6 Das Schlanderser Kapuzinerkloster

Seit dem Beginn des 17. Jahrhunderts nahm auf die religiöse Entwicklung im Vinschgau neben den für ihre Volksmissionen bekannten Jesuiten in verstärktem Maß der Kapuzinerorden Einfluß. Die prekäre seelsorgliche Lage dieser Zeit, die in Schlanders, wie bereits aufgezeigt, auch schwere Differenzen zwischen Patron und Gemeinde zur Folge hatte, war sowohl für den Bischof von Chur als auch, mit speziellem Bezug auf Schlanders, für den Deutschen Orden Anlaß, sich um das missionarische Wirken der Bettelmönche zu bemühen. Hierbei gingen vom 1616 gegründeten Meraner Kloster entscheidende Impulse aus.[1449] Erzherzog Maximilian hatte dessen Errichtung mit dem Zusatz bewilligt, daß an eine weitere Niederlassung an einem geeigneten Ort im Vinschgau gedacht werden könne.[1450]

1626 sandte der Kapuzinerprovinzial auf eine Initiative des Landkomturs des Deutschen Ordens Hans Gaudenz von Wolkenstein den als Prediger in gutem Ruf stehenden P. Roman Faber von Ingolstadt nach Schlanders, wo dieser mit solchem Erfolg wirkte, daß seither auch in der Fastenzeit und an höheren Festen Kapuzinerpatres nach Schlanders geschickt werden mußten.[1451] Während der Pestepidemie von 1635/36 leisteten sie hier auch in der ordentlichen Seelsorge wichtige Hilfsdienste.[1452]

In Anerkennung dieser Leistung verfaßten Adel und Gemeinde von Schlanders am 10. Juni 1638 eine Bittschrift an das Großkapitel, in der sie ihrem Wunsch nach Errichtung eines Hospizes für drei oder vier Patres Ausdruck verliehen und die

dersberg 15 fl, die Gemeinde Göflan 28 fl 14 kr, zusammen 373 fl 14 kr. Der verbleibende Rest von 233 fl 33 kr wird folgendermaßen verteilt: Schlanders 75 fl, Kortsch 48 fl, Vezzan 19 fl, Sonnenberg 30 fl, Nördersberg 24 fl, Allitz 17 fl, Göflan 20 fl 33 kr; KA Kortsch XVI (Fasz. VIII a aus dem GA), 1800 August 31.

1449 MAYER (wie Anm. 137), Bd. 2, S. 398.
1450 SINNACHER, Franz Anton: Die Einführung der Kapuziner in Nord-Tyrol: bey Gelegenheit der zweyten Sekular-Feyer der Einweihung der Kapuziner-Kirche zu Brixen. Brixen 1831, S. 57.
1451 HOHENEGGER, Agapit und Peter Baptist ZIERLER: Geschichte der Tirolischen Kapuziner-Ordensprovinz, 2 Bde. Innsbruck 1913–1915, hier Bd. I, S. 152; ATZ/SCHATZ (wie Anm. 5), S. 63; RIEDMANN (wie Anm. 5), S. 433.
1452 HOHENEGGER-ZIERLER (wie Anm. 1451), Bd. I, S. 245; ATZ/SCHATZ (wie Anm. 5), S. 63.

der Meraner Guardian P. Ignaz von Dundsdorf bei einer am 25. Juni 1638 in München stattfindenden Tagung vorlegte; sie würden ein Haus zur Verfügung stellen und die darauf lastenden Steuern zahlen; auch das Provinzkapitel habe seine Zustimmung bereits erteilt. Daher wurde die Annahme dieser Residenz auf Probe beschlossen. Die ersten Bewohner des neuen Hospizes waren P. Jakob Calovi vom Nonsberg, P. Epiphan Waitz aus Brixen und P. Georg Schgrafer aus Bozen. Sie bewohnten ein im Besitz von Ferdinand von Mitterhofer stehendes Haus, den Gottesdienst feierten sie in der Kapelle St. Ingenuin und Albuin.

Der definitiven Gründung dieses Hospizes stand zunächst eine ablehnende Haltung des Churer Bischofs Johann Flugi von Aspermont entgegen, der der Gemeinde durch seinen Vikar mitteilen ließ, er werde niemals seine Zustimmung erteilen. Die Förderung des Oberhirten galt nämlich den Franziskanern, denen er auf einen Antrag von 1632 hin am 27. Juni 1638 den Konsens zur Errichtung eines Klosters in Schlanders erteilt hatte, obwohl die Bevölkerung zum größeren Teil ablehnend eingestellt war. Ob der Bischof für seinen Standpunkt auch andere Gründe hatte, wurde vorläufig nicht bekannt.

Eine am 24. Juli 1638 von Adel und Gemeinde dem Ordinarius vorgelegte Bitte um Einführung der Kapuziner blieb unberücksichtigt. Erst als er auch von anderer Seite gemahnt wurde, versprach er seine Zustimmung, doch nur unter der für die Kapuziner unannehmbaren Bedingung, daß man ihm das Visitationsrecht zugestehe. Daher bemühten sich Adel und Gemeindeausschuß in einem am 27. Mai 1639 an Erzherzogin Claudia gerichteten Memorial, in dem sie auf die in Schlanders bestehenden personellen Engpässe in der Seelsorge hinwiesen, um die Vermittlung der Landesfürstin; andere Ordensleute, die nicht so genügsam seien, vermöchte man nicht aufzunehmen. Doch auch auf diese Eingabe reagierte der Bischof, obwohl sie ihm mit einem positiven Gutachten der oberösterreichischen Kammer vom 16. Juni 1639 übermittelt worden war, ablehnend. Als er am Ende desselben Monats in Schlanders Visitation hielt und das Kapuzinerhospiz visitieren wollte, wurde ihm vom dortigen Superior P. Jakob vom Nonsberg der Einlaß verweigert. Der Bischof erklärte, daß er den Kapuzinern, wenn sie sich ihm bis zum 29.

September nicht unterwerfen würden, das Predigen und das Beichthören verbieten würde.

Um dem Streit ein Ende zu bereiten, sandte die Provinzvorstehung am 1. September 1639 den Guardian von Meran P. Eusebius Saher von Mittenwald zu direkten Verhandlungen nach Chur. Die Gemeinde Schlanders richtete am 21. September ein Schreiben an den Bischof, worin sie auf eine mittlerweile gemachte entsprechende Anfrage wiederholte, daß sie keinen anderen Orden wünsche als die Kapuziner. Doch erst der Intervention des päpstlichen Nuntius in Luzern Hieronymus Farnese war es zu verdanken, daß Bischof Johann Flugi von Aspermont am 27. September 1639 seinen Konsens erteilte.[1453]

Die Bevölkerung von Schlanders brachte den Kapuzinern derartige Wertschätzung entgegen, daß sich Adel und Gemeinde schon zwei Jahre später um den Ausbau dieses Hospizes zu einem eigentlichen Kloster bemühten. Vom 1641 tagenden Großkapitel erwirkten sie eine entsprechende Zusage, und am 4. August 1642 kamen sie, da von ihrer Seite alle Vorbereitungen getroffen seien und nun mit der Herbeischaffung des Baumaterials begonnen werden solle, bei den Definitoren des Ordens um konkrete Anweisungen für den Baubeginn ein, die sie sich vom bevorstehenden Großkapitel erwarteten, wobei sie nicht nur im Namen der Bewohner von Schlanders im engeren Sinn, sondern auch jener der umliegenden Gemeinden zu sprechen erklärten.

Dieses Schreiben wurde am 24. August 1642 von den Ordensdefinitoren zwar nicht grundsätzlich ablehnend, aber doch hinhaltend beantwortet, indem sie den Zeitpunkt der Anfrage für verspätet erklärten und die Behandlung des Falles auf das Großkapitel des Jahres 1643 vertagten. Vielleicht war diese überaus höfliche, den Einsatz der Gemeinde lobende Antwort mit Rücksicht auf die Bedenken des Churer Bischofs erfolgt. Dieser erteilte nämlich am 4. September 1642 seinem Vikar im Vinschgau Kaspar von Hohenbalken die ausdrückliche Weisung, alles zu unternehmen, um den Klosterbau in Schlanders, der im Frühjahr beginnen solle, zu verhindern.

Die ablehnende Haltung des Bischofs tat der Entschlossenheit der Gemeinde Schlanders keinen Abbruch, ja scheint diese noch gefestigt zu haben, wie die sehr klare Antwort des Gerichtsausschusses auf eine am 20. Jänner 1643 von Gerichtsherr Max Graf Trapp vorgelegte entsprechende Frage erkennen läßt. In diesem Sinne hatten sich Adel und Gemeinde auch in der Folgezeit um die Unterstützung der Landesfürstin Erzherzogin Claudia bemüht, die am 19. Jänner 1643 auch dem gegenüber 1639 nunmehr erweiterten Projekt ihren Konsens erteilt hatte. Um dieselbe Zeit behelligten sie auch die Provinzvorstehung mit ihrem Anliegen, der sie am 23. Jänner 1643 die Bitte unterbreiteten, sie möchte beim kommenden Generalkapitel mit Nachdruck für die baldige Inangriffnahme des Klosterbaus einstehen. Die Mißstimmung, die gegen den Bischof wegen seiner ungerechtfertigten Opposition im ganzen Gericht herrsche, kam in einem an den Ordensgeneral gerichteten Bittgesuch sehr klar zur Sprache.

Nachdem dieser am 8. November 1643 seine Zustimmung erteilt hatte, beschloß das am 30. September 1643 in Innsbruck tagende Provinzkapitel, mit dem Klosterbau trotz der Bedenken des Bischofs unverzüglich zu beginnen, weil dessen 1639 erklärte Zustimmung als ausreichend gelten könne. Am 11. Oktober 1643 machte der Provinzial P. Angelus dem Bischof eine kurze Anzeige, daß er nächstens zur Aufrichtung des Ordenskreuzes schreiten werde, weil alle gesetzlichen Bedingungen erfüllt seien. Die damit verbundene Feier fand am 22. Oktober 1643 unter zahlreicher Beteiligung der Bevölkerung des gesamten mittleren Vinschgaus statt, und zwar in Anwesenheit des bischöflichen Vikars Kaspar von Hohenbalken, des Provinzials der Kapuziner und seiner Definitoren sowie der Baukommission. Am 24. August 1644 erfolgte die Grundsteinlegung. Dieser symbolträchtige Akt wurde, wiederum unter großem Andrang des Volkes, im Beisein vieler Adeliger sowie sämtlicher Pfarrer des mittleren und oberen Vinschgaus vom Schlanderser Gerichtsherrn Zyprian Hendl als Vertreter der Erzherzogin Claudia vollzogen. 1645 konnte der Klosterbetrieb aufgenommen werden; P. Jakob Calovi vom Nonsberg, der als erster Superior nach Schlanders gekommen war, wurde erster Guardian.[1454]

1453 HOHENEGGER-ZIERLER (wie Anm. 1451), Bd. I, S. 155–157; RIEDMANN (wie Anm. 5), S. 433.

1454 HOHENEGGER-ZIERLER (wie Anm. 1451), Bd. I, S. 307–

In der Bauphase war der religiöse Eifer des Volkes in sinnfälliger Weise daran zum Ausdruck gekommen, daß viele der erforderlichen Arbeiten – auch Materiallieferungen – umsonst verrichtet wurden; daher kostete der gesamte Bau nur 5334 fl. Das Schlanderser Heiliggeistspital hatte dazu einen Beitrag von 500 fl gewährt.[1455] 1648 war auch die Kirche St. Johann Baptist vollendet; am 27. November 1648 wurde sie in Anwesenheit von Oswald Graf Hendl als Vertreter der Landesfürstin Erzherzogin Claudia[1456] von Bischof Johann Flugi von Aspermont konsekriert; das Weihefest sollte künftig am Sonntag nach Johannes Enthauptung (29. August) begangen werden.[1457]

Mit dem nach Versöhnung aussehenden Akt der Weihe hatten die Animositäten des Churer Bischofs gegen das Schlanderser Kloster indes nicht aufgehört. 1650 forderte er vom Provinzial die Versetzung zweier in Schlanders stationierter Patres, weil sie sich ungebührlich über ihn geäußert hätten. Der Provinzial untersuchte den Fall, fand die beiden aber schuldlos und beließ sie einstweilen in Schlanders, um bei einer späteren Visitation eine genauere Untersuchung anzustellen. Dadurch sah sich der Bischof in der Weise herausgefordert, daß er das Kloster suspendierte. Am 11. Jänner 1651 eröffnete sein Vinschgauer Vikar Sebastian von Capaulo, Pfarrer zu Mals, dem Konvent in Schlanders, daß ihm das Recht zu predigen, die Beichte zu hören und Almosen zu sammeln, entzogen werde. In einem Schreiben an den Pfarrprediger zu Schlanders P. Irenäus Weigl von Landshut fügte er hinzu, daß sich die Suspension auf den ganzen Distrikt des Vikariats erstrecke.

Der Guardian von Schlanders P. Hartmann Recordin von Neumarkt empfing am 15. Jänner von Provinzial P. Franz Maria von Kirchberg die Weisung, dem Vikar mitzuteilen, daß sich das Kloster dieser Strafe nicht fügen könne; man wisse sich keines Vergehens schuldig, würde beim Volk Ärgernis erregen, und der gute Ruf des gesamten Ordens würde leiden. Diese Antwort übermittelte der Guardian dem Vikar am 20. Jänner.

1455 SpA III/1.3, Heft 1 ddo. 1649 April 23.
1456 GAMPER (wie Anm. 254), S. 50.
1457 MAYER (wie Anm. 137), Bd. 2, S. 337; ATZ/SCHATZ (wie Anm. 5), S. 63; RIEDMANN (wie Anm. 5), S. 433.

309 f.; ATZ/SCHATZ (wie Anm. 5), S. 63; Dolomiten Nr. 120 vom 26. Mai 1981, S. 6. Bericht über die Neueinweihung des Kapuzinerklosters am 24. Mai 1981.

Etwa zur selben Zeit berieten in Meran drei führende Theologen der Südtirolischen Klöster, P. Thaddäus von Tegernsee, P. Hugolin von Friedberg und P. Philipp von Neumarkt, über die Gültigkeit der Suspension. In einer Dissertation, die den Patres von Schlanders als Richtschnur für ihr weiteres Verhalten dienen sollte, wiesen sie nach, daß der Predigtentzug nichtig sei, weil er den vom Kirchenrecht geforderten Formen und Bedingungen nicht entspreche; der Entzug der Beichtjurisdiktion sei haltlos, weil diese am 16. Oktober 1648 mit einer Klausel verliehen worden sei, die hier nicht zutreffe, und die Sammlung zu verbieten liege nicht in der Gewalt eines Bischofs.

Auf diese Argumente, die aufgrund einer Intervention des Landesfürsten Erzherzog Ferdinand Karl mit größerem Nachdruck vertreten werden konnten, reagierte der Bischof zunächst mit einer Rücknahme des Sammelverbotes. Am 27. Jänner 1651 ließ er den Kapuzinern über seinen Vikar mitteilen, er sei zur Versöhnung bereit, wenn ihm Satisfaktion geleistet werde. Von landesfürstlicher Seite wurde den Patres die Sammelerlaubnis am 30. Jänner bestätigt. Die weiteren Verhandlungen mit dem Bischof führte der Guardian von Innsbruck P. Simon Feurstein, der zu Johann Flugi von Aspermont schon früher gute Beziehungen gepflegt hatte. Am 31. Jänner 1651 erklärte er ihm in einem Schreiben, warum der Provinzial die Versetzung der beiden Patres nicht vorgenommen habe; dieser werde die Sache bei der Visitation in Schlanders aber genau untersuchen und die Schuldigen angemessen bestrafen. Damit bewirkte er beim Oberhirten ein weitgehendes Einlenken, das dieser in einem Schreiben vom 11. Februar 1651 in der Formulierung, er hoffe den Kapuzinern in Schlanders keinen Anlaß zu einer Klage gegeben zu haben, zum Ausdruck brachte. Er rechtfertigte sich aber damit, daß er zu einer Klage über sie insofern eine Ursache hätte, als sie dem von den geistlichen Handlungen suspendierten Pfarrverwalter von Schlanders zu große Begünstigung angedeihen hätten lassen; P. Irenäus habe diesen Priester sogar *mehrfach disputando defendiert.* Völlig inakzeptabel sei auch ein Ausspruch, den P. Fieger (Michael von Innsbruck) zu Latsch getan habe, nämlich daß der Bischof den Pfarrverwalter von Schlanders besser in Ruhe ließe, weil dieser ansonsten in Rom gegen den Bischof auftreten, die Gültigkeit seiner Wahl anfechten und auch über diverse andere Dinge Klage führen könne. Deshalb habe er um die Versetzung der genannten Patres angehalten und dann die Prohibition erlassen. Er wolle diese unter der Bedingung aufheben, daß die beiden Patres sofort von Schlanders abberufen werden. In seinem Dankschreiben vom 21. Februar 1651 antwortete P. Simon, die Oberen hätten nicht gewußt, daß dies die Ursache sei, warum der Bischof gegen ein ganzes Kloster solche Strenge an den Tag gelegt habe. Ein Schreiben des Superiors der Kapuziner an den Provinzial in Innsbruck vom 12. März 1651 markiert die endgültige Bereinigung des Streites: Der Provinzial möge dem Generalprokurator des Ordens in Rom unverzüglich mitteilen, daß der Friede zwischen den Kapuzinern und dem Bischof von Chur wiederhergestellt sei.[1458]

Damit waren alle Voraussetzungen für eine reiche pastorale Tätigkeit gegeben. Dies war umso leichter, als zwischen der einfachen Bevölkerung, dem Adel und den Mönchen ein sehr gutes Einvernehmen herrschte.[1459] 1669 erhielt Johann Kaspar Graf Hendl, ein um die Gründung der Schlanderser Niederlassung sehr verdienter, im Orden beinahe als Stifter betrachteter Adeliger, das Recht, in der Klosterkirche im Ordenshabit begraben zu werden.[1460] Auf das Volk wird auch der um diese Zeit im Schlanderser Kloster lebende Laienbruder Quirin von Burgeis (Christian Theni) großen Eindruck gemacht haben, der im Orden den Ruf der Heiligkeit genießt.[1461] Zu den bedeutenden Wohltätern der Schlanderser Kapuziner gehörte der mit diesem Ort sehr verbundene Landkomtur Johann Jakob Graf Thun (1662–1701), der ihnen wöchentliche Fleisch- und monatliche Weinlieferungen angedeihen ließ.[1462]

Schon seit 1630, also noch vor der Errichtung der Schlanderser Niederlassung, hatten von den Kapuzinern veranstaltete Karfreitagsprozessionen, die zugleich Passionsspiele und Büßerumzüge[1463] sein sollten, im ganzen Vinschgau einen tiefen Eindruck hinterlassen. Durch sie war auch das Glockenzeichen zum Gebet für die Verstorbenen und zur Erinnerung an die Todesangst Christi an den Abenden der Donnerstage nach dem Angelus-Läuten zum Brauch geworden.[1464]

Als weiteres Betätigungsfeld kam der Unterricht von Konvertiten hinzu; in Schlanders legten 1706 drei zum Katholizismus übergetretene Personen in die Hand von Kapuzinern das Glaubensbekenntnis ab.[1465] Ein weiterer Einsatzbereich war die seelsorgliche Betreuung der Kranken.[1466]

Schon zur Zeit der Gründung überließ der Deutsche Orden den Patres die Kinderlehre. Als ihnen diese Aufgabe von der Provinzvorstehung kurzfristig abgenommen wurde, ersuchten Gemeinde und Priesterschaft dringend um Wiederaufnahme der bisherigen Praxis und fanden 1680 auch Gehör.[1467]

Beachtlich ist die von den Schlanderser Kapuzinern erreichte Beichtstuhlfrequenz, die von den siebziger Jahren des 17. Jahrhunderts, wo sie bei 4600 pro Jahr gelegen hatte, über durchschnittlich rund 11 000 zwischen 1690 und 1720 einen Zuwachs auf etwa 20 000 zwischen 1730 und 1750 und auf über 30 000 um 1760 erfuhr.[1468]

Außerdem äußerte sich die reiche pastorale Tätigkeit der Mendikanten in einer sehr hohen Anzahl an Kommunionen, wobei auch hier eine im Lauf der Zeit wachsende Bedeutung feststellbar ist: Um 1780 lag das Jahresmittel knapp unter 30 000[1469], 1785 bereits bei 41 000.[1470]

Auf einem klassischen Feld ihrer Spiritualität bewegten sie sich im Bereich der Predigt. Diesbe-

---

1458 HOHENEGGER-ZIERLER (wie Anm. 1451), Bd. I, S. 343–346.
1459 Dolomiten Nr. 120 vom 26. Mai 1981, S. 6. Bericht über die Neueinweihung des Kapuzinerklosters am 24. Mai 1981.
1460 HOHENEGGER-ZIERLER (wie Anm. 1451), Bd. I, S. 573.
1461 HOHENEGGER-ZIERLER (wie Anm. 1451), Bd. I, S. 628 f.
1462 M. BADER (wie Anm. 1194), S. 103 f.
1463 Vgl. dazu DÖRRER, Anton (Hg.): Tiroler Umgangsspiele. Ordnungen und Sprechtexte der Bozner Fronleichnamsspiele und verwandter Figuralprozessionen vom Ausgang des Mittelalters bis zum Abstieg des Aufgeklärten Absolutismus (= Schlern-Schriften Bd. 160). Innsbruck 1957, S. 446–460, 464.
1464 HOHENEGGER-ZIERLER (wie Anm. 1451), Bd. I, S. 145 f., 153.
1465 HOHENEGGER-ZIERLER (wie Anm. 1451), Bd. I, S. 648.
1466 Dolomiten Nr. 120 vom 26. Mai 1981, S. 6. Bericht über die Neueinweihung des Kapuzinerklosters am 24. Mai 1981.
1467 HOHENEGGER-ZIERLER (wie Anm. 1451), Bd. I, S. 647.
1468 HOHENEGGER-ZIERLER (wie Anm. 1451), Bd. I, S. 651 (die hier für Abschnitte von drei bis vier Jahren mitgeteilten Werte wurden auf ein Jahr umgerechnet).
1469 HOHENEGGER-ZIERLER (wie Anm. 1451), Bd. II, S. 9 (die vier Jahre umfassenden Angabe wurde auf ein Jahr umgerechnet).
1470 HOHENEGGER-ZIERLER (wie Anm. 1451), Bd. II, S. 90.

züglich konnte Provinzial P. Primus 1785 der Landesstelle für seine Schlanderser Mitbrüder eine glänzende Bilanz vorlegen: In diesem Kloster gab es je einen Pfarrsonntags-, einen Feiertags-, einen Fasten- und einen Konventsprediger.[1471]

1751 führten die Kapuziner in Schlanders an den Abenden der Donnerstage in der Fastenzeit die Ölbergandacht ein, mit der sie eine kleine Passionsdarstellung und eine Trauerpredigt verbanden. Auch hiermit fanden sie beim Volk großen Zuspruch.[1472]

Am Pfingst- und am Dreifaltigkeitssonntag hielten sie in der Spitalkirche eine Litanei; hierfür bekam der jeweilige Pater anfänglich das Mittagessen, im 18. Jahrhundert wurde das Kloster mit Geld entschädigt[1473] Die Spitalkirche war auch der Schauplatz von sieben in der Zeit vor Pfingsten zu lesenden Messen, die auf eine unter anderem zu Gunsten der Kapuziner errichtete Stiftung des Josef Ferdinand Frhr. von Reding zu Schlanders zurückgingen.[1474]

Seit der zweiten Hälfte des 18. Jahrhunderts wurden im Kapuzinerkloster die in allen Kirchen der Pfarre Schlanders gebrauchten Hostien gebakken; dafür wurde das Kloster mit Weizen beliefert oder mit Geld entschädigt.[1475]

Neben der Wertschätzung der Bevölkerung besaß das Kloster auch weiterhin die des habsburgischen Kaiserhauses, mit dessen Hilfe 1701 der westliche Trakt mit den Gastzellen neu errichtet wurde. Diesen Bau leitete P. Nikolaus Enzinger aus Mittersill.[1476]

Auch den josefinischen Reformen hielt das Schlanderser Kloster stand, denn es wurde zu einem der sogenannten geduldeten Klöster erklärt, die bei Bedarf der Rekrutierung von Geistlichen dienen sollten.[1477] Einzig durch das in Tirol seit 1789 wirksame Sammelverbot wurde die aufgeklärte Kirchenpolitik auch für die in Schlanders wirkenden Mendikanten spürbar.[1478]

In der zweiten Hälfte des 18. Jahrhunderts war das Kloster mit 15–20 Patres und Laienbrüdern besetzt[1479]: 1774 mit 12 Patres, zwei Klerikern und vier Laien[1480], 1781 mit insgesamt 19 Personen, die allesamt aus Tirol stammten[1481], 1789 mit 14 Patres und fünf Laien.[1482] Unmittelbar darauf verringerte sich die Gesamtzahl auf 16, um 1794 auf zehn reduziert zu werden. Von diesen waren nach einer Erhebung von 1795 viele über 60 Jahre alt, womit also auch im Fall von Schlanders die damals für die Tiroler Mendikantenklöster typische Überalterung Bestätigung findet.[1483] 1797 starben bei einer Faulfieberepidemie innerhalb von fünf Monaten zehn Klosterinsassen.[1484]

In dieser Situation traf das Kloster die Aufhebung durch die bayerischen Behörden, die in der Nacht vom 15. zum 16. August 1808 durchgeführt wurde.[1485] Diesem Akt war am 8. August eine Mitteilung des bayerischen Finanzdirektors und Vertreters der Generalkommissärs Gabriel von Widder an die Regierung in München vorangegangen, in der es hieß, er habe die Auflösung der *wegen ihrer schädlichen Wirkung* bekannten Ordensniederlassungen der Kapuziner in Meran, Mals und Schlanders *mit Vorsicht* angeordnet.[1486] Das in dieser Formulierung zum Ausdruck kommende Mißtrauen der Behörden hing damit zusammen, daß sich die Schlanderser Kapuziner gleich anderen bischofstreuen Geistlichen den Forderungen des königlich-bayerischen Spezialkommissärs Johann Theodor von Hofstetten nicht fügen wollten, der die Anerkennung des von ihm bestellten Pfarrers Schuster in Schlanders als provisorischen Provikars für den unteren Vinschgau verlangte. Außerdem erfreuten sich die Mendikanten gerade in dieser Situation eines besonders regen Zustroms des Volkes aus der gesamten Meraner Gegend.[1487] Bei

---

1471 HOHENEGGER-ZIERLER (wie Anm. 1451), Bd. II, S. 89.
1472 HOHENEGGER-ZIERLER (wie Anm. 1451), Bd. I, S. 666.
1473 SpA II/5, Nr. 61 (Spitalrechnung 1771/72); III/2.1.3, Nr. 4 ddo. 1780.
1474 SpA III/1.1, Nr. 18 ddo. 1774 September 27.
1475 KA Göflan, KR 1788/89, 1794/95; KA Vezzan, KR 1763/64, 1765/66, 1767/68, 1769/70; KA Kortsch I: KR 1766/67, 1800/01, 1803/03, 1804/05; SpA, II/4, Nr. 55 (Spitalrechnung 1759/60), II/5, Nr. 61 (Spitalrechnung 1771/72), II/5, Nr. 64 (Spitalrechnung 1777/78).
1476 HOHENEGGER-ZIERLER (wie Anm. 1451), Bd. I, S. 529.
1477 HOHENEGGER-ZIERLER (wie Anm. 1451), Bd. II, S. 91.
1478 HOHENEGGER-ZIERLER (wie Anm. 1451), Bd. II, S. 116.
1479 RIEDMANN (wie Anm. 5), S. 433.
1480 HOHENEGGER-ZIERLER (wie Anm. 1451), Bd. II, S. 4.
1481 HOHENEGGER-ZIERLER (wie Anm. 1451), Bd. II, S. 32.
1482 HOHENEGGER-ZIERLER (wie Anm. 1451), Bd. II, S. 118.
1483 BLAAS, »Priesterverfolgung« (wie Anm. 97), S. 55.
1484 HOHENEGGER-ZIERLER (wie Anm. 1451), Bd. II, S. 183; Dolomiten Nr. 120 vom 26. Mai 1981, S. 6. Bericht über die Neueinweihung des Kapuzinerklosters am 24. Mai 1981.
1485 GAMPER (wie Anm. 254), S. 128.
1486 BLAAS, »Priesterverfolgung« (wie Anm. 97), S. 245.
1487 HOHENEGGER-ZIERLER (wie Anm. 1451), Bd. II, S. 235 f.

den bayerischen Behörden standen sie im Verdacht, das Volk aufzuhetzen.[1488]

Als die Deportation schließlich dennoch durchgeführt war, wurden die Schlanderser Patres, unter denen sich auch der im Tiroler Freiheitskampf bekannt gewordene P. Joachim Haspinger befand, nach Klausen gebracht.[1489]

Am 20. März 1809 richtete die Pfarrgemeinde Schlanders an die königlich-bayerische Stiftungsadministration des Bezirkes Marienberg die Bitte, man möchte ihrer Pfarrkirche drei Kelche, ein Ziborium und andere Paramente des aufgehobenen Kapuzinerklosters überlassen.[1490]

Nachdem ein Ende Jänner 1809 von der Gemeinde Schlanders eingereichtes Bittgesuch um Rückkehr ihrer Kapuziner vom bayerischen Generalkreiskommissär Lodron zurückgewiesen worden war[1491], wurde das Kloster jedoch schon nach der ersten Landesbefreiung wiederhergestellt.[1492] Nach der Niederschlagung der Erhebung von 1809 verhielten sich die hier wirkenden Patres – anders als an anderen Orten, wo sie mit den aufgebrachten Volksmengen große Mühe hatten – auffällig ruhig, so daß keinerlei besondere Ereignisse in die Quellen Eingang finden konnten.[1493]

4.7 Religiöses Brauchtum

Religiöses Brauchtum ist eine Art der konkreten Verwirklichung von Kirche, die Person, Leben und Leiden Christi in einer Form vergegenwärtigt, die sich mehr als aus der Bibel selbst aus mündlicher Tradition[1494] und aus der Praxis des Alltags speist. Zuweilen dominieren auch rein gesellschaftliche Momente.[1495] Es wäre sicherlich verfehlt, das Phänomen mit ausschließlich theologischen Argumenten zu beurteilen, denn erwiesenermaßen besitzt der Glaube zumal bei einfachen Menschen für das sittliche Empfinden kaum dieselbe Relevanz[1496] wie die Herleitung religiöser Praktiken aus konkreten Umwelterfahrungen.[1497] Um die Thematik aber auch theologisch zu rechtfertigen, sei darauf hingewiesen, daß die Gnade nicht vom näheren Wissen um sie abhängig gemacht werden kann.[1498]

Seit dem 17. Jahrhundert häufen sich in den Quellen zur Schlanderser Pfarrgeschichte die Hinweise auf sogenannte Kreuzgänge, also jene Veranstaltungen religiösen Brauchtums, die juridisch exakter mit den Begriffen »Wallfahrt« oder »Prozession« zu umschreiben wären.[1499] Auch die Bezeichnung »Bittgang« träfe den Sachverhalt gut, denn diese Gänge dienten stets einem besonderen Anliegen.[1500] Wallfahrten beruhen auf der Überzeugung, an bestimmten Orten sei die Gottheit leichter ansprechbar als an anderen; zudem sollte dadurch in Erinnerung gerufen werden, daß sich der Christ immer auf Pilgerschaft befindet.[1501] Die langsame Bewegung hin zum Ziel hatte einen hohen Erlebniswert[1502]; die Feierlichkeit vermittelte dem einfachen Menschen eine Ahnung von dem, was er aus seinem Alltag nicht kannte.[1503] Die Bevölkerung von Schlanders konnte diese Erfahrung bei Wallfahrten in die Ortschaften der näheren Umgebung machen, nämlich nach

Kortsch (am Montag der Karwoche), belegt 1690–1805[1504],

1488 RIEDMANN (wie Anm. 5), S. 435.
1489 HOHENEGGER-ZIERLER (wie Anm. 1451), Bd. II, S. 238; BLAAS, »Priesterverfolgung« (wie Anm. 97), S. 246; Dolomiten Nr. 120 vom 26. Mai 1981, S. 6. Bericht über die Neueinweihung des Kapuzinerklosters am 24. Mai 1981 GAMPER (wie Anm. 254), S. 128..
1490 HOHENEGGER-ZIERLER (wie Anm. 1451), Bd. II, S. 240.
1491 BLAAS, »Priesterverfolgung« (wie Anm. 97), S. 280.
1492 HOHENEGGER-ZIERLER (wie Anm. 1451), Bd. II, S. 256.
1493 BLAAS, »Priesterverfolgung« (wie Anm. 97), S. 305.
1494 VAN DÜLMEN, Volksfrömmigkeit (wie Anm. 1100), S. 19.
1495 IMHOF, Arthur E.: Die verlorenen Welten. Alltagsbewältigung durch unsere Vorfahren – und weshalb wir uns heute so schwer damit tun. München ²1985, S. 124.
1496 GÜNTHER, Hans: Bauernglaube. Zeugnisse über Glauben und Frömmigkeit der deutschen Bauern. Hannover ²1965, S. 114.
1497 PHAYER, Fintan Michael: Religion und das gewöhnliche Volk in Bayern in der Zeit von 1750–1850 (= Miscellanea Bavariva Monacensia. Dissertationen zur bayrischen Landes- und Münchner Stadtgeschichte Bd. 21). München 1970, S. 50.
1498 JUNGMANN, Josef Andreas: Liturgisches Erbe und pastorale Gegenwart. Innsbruck–Wien–München 1960, S. 426.
1499 GRUBER, Karl und Hans GRIESSMAIR, Südtiroler Wallfahrten. Bozen 1989. S. 7.
1500 HARTINGER, Walter: Religion und Brauch. Darmstadt 1992, S. 491.
1501 ADAM, Adolf und Rupert BERGER: Pastoralliturgisches Handlexikon. Freiburg i. Br.–Basel–Wien ⁴1986, S. 546.
1502 VAN DÜLMEN, Richard: Kultur und Alltag in der Frühen Neuzeit, Bd. 3: Religion, Magie, Aufklärung 16.–18. Jahrhundert. München 1990–1994, S. 75.
1503 GÜNTHER (wie Anm. 1496), S. 11, 28, 26, 68.
1504 ATZ/SCHATZ (wie Anm. 5), S. 61; KA Göflan: Auszüge aus KR, betreffend die Zehrungen, KR 1788/89, 1794/95;

Allitz (am Dienstag der Karwoche), belegt 1760–1805[1505],

Göflan (am Mittwoch der Karwoche)[1506],

Vezzan (in der Karwoche), belegt 1690–1780[1507],

Laas (am Markustag, 25. April), belegt 1582–1805[1508],

Latsch bzw. Tschengls (alternativ) (am Pfingstmontag), belegt 1631–1805[1509],

Vezzan (am Pfingstdienstag)[1510],

Martell (Anfang Mai), belegt 1582–1771[1511],

Morter (Ende Juni), belegt 1651–1781[1512] (in den achtziger Jahren durch eine Gebetsandacht ersetzt, wieder gehalten 1788/89[1513]),

Tiss (am Rochustag, 16. August), belegt 1614–1781[1514] (in den achtziger Jahren durch eine Gebetsandacht ersetzt, wieder gehalten 1788/89[1515]),

(in den neunziger Jahren des 18. Jahrhunderts wurden die Kreuzgänge nach Tiss und nach Morter zusammengelegt und sind dann bis 1805 belegt[1516]),

St. Lorenz in Tschars (Kreuzerhöhung, 14. September), belegt 1583–1781.[1517]

Andere Nahwallfahrten sind nur punktuell belegt; sie führten nach

Thall, belegt 1760–1771[1518]

St. Georg ob Kortsch (23. April), belegt 1780[1519]

St. Stefan in Montani, belegt 1614/15[1520]

Trafoi, belegt 1704[1521]

St. Martin am Kofl (Vorabend von Martini, 10. November)[1522]

Von den hier genannten Zielorten der Schlanderser Kreuzgänge genossen zwei auch als Wallfahrtsorte eine mehr als nur lokale Bedeutung. Die Pfarrkirche Mariä Geburt in Tschengls besaß diese Würde der Legende nach seit dem Jahr 1580, als Hirten das Gnadenbild aufgefunden hätten. Bei diesem handelte es sich um eine in St. Maria im Münstertal von den Reformatoren in den Rambach geworfene Statue, die über die Etsch bis in die Nähe von Tschengls getrieben worden sei. Die Leute von Tschengls hätten sie zunächst in einer Wegkapelle aufgestellt; später sei sie in die Seitenkapelle der Pfarrkirche übertragen worden; seit 1772 steht sie auf dem Hochaltar. Außer den Schlandersern unternahmen auch andere Nachbarorte Bittgänge nach Tschengls; an den Samstagen der Fastenzeit war die Kirche das Ziel allgemeiner Wallfahrten.[1523]

KA Kortsch I: KR 1772/73, 1800/01, 1802/03, 1804/05; PfA Schlanders 8/17; SpA III/2.1.3, Nr. 4.

1505 Atz/Schatz (wie Anm. 5), S. 61; KA Göflan, KR 1760/61, 1764/65, 1768/69, 1770/71, 1788/89, 1794/95; SpA III/2.1.3, Nr. 4; BAC, VP 1767, pag. 86; PfA Schlanders 8/17.
1506 Atz/Schatz (wie Anm. 5), S. 61.
1507 KA Göflan, Auszüge aus KR, betreffend die Zehrungen; SpA III/2.1.3, Nr. 4.
1508 Atz/Schatz (wie Anm. 5), S. 61; PfA Schlanders 5/2, 8/17; KA Göflan, Auszüge aus KR, betreffend die Zehrungen, KR 1614/15, 1726/28, 1758/59, 1760/61, 1764/65, 1768/69, 1770/71, 1788/89, 1794/95; SLA, GA Göflan, Serie II, Fasz. Kirchensachen: 1676 Auszug aus der KP-Rechnung; SpA III/2.1.3, Nr. 4; IV, Nr. 11.
1509 PfA Schlanders 8/17; SpA III/2.1.3, Nr. 4; IV, Nr. 11; SLA, GA Göflan, Serie II, Fasz. Kirchensachen: KP-Rechnung Göflan 1631; KA Göflan, Auszüge aus KR, betreffend die Zehrungen, KR 1614/15, 1688/89, 1702/03, 1706/07, 1709/10, 1714/15, 1726/28, 1750/51, 1756/57, 1758/59, 1760/61, 1764/65, 1768/69, 1770/71, 1788/89, 1794/95; KA Kortsch I: KR 1800/01, 1802/03, 1804/05; KA Vezzan, KR 1707/08.
1510 Atz/Schatz (wie Anm. 5), S. 61.
1511 PfA Schlanders, Urk. 54 ddo. 1629 Februar 8; PfA Schlanders 5/2; SpA IV, Nr. 11; SLA, GA Göflan, Serie II, Fasz. Kirchensachen: 1676 Auszug aus der KP-Rechnung; KA Göflan: Auszüge aus KR, betreffend die Zehrungen, KR 1688/89, 1702/03, 1706/07, 1709/10, 1714/15, 1726/28, 1750/51, 1756/57, 1758/59, 1760/61, 1768/69, 1770/71.
1512 SLA, GA Göflan, Serie II, Fasz. Kirchensachen: 1651 Auszug aus KP-Rechnung; Serie II, Fasz. I: Dorfmeisterrechnungen 1684, 1700, 1704, 1708, 1719, 1737, 1745, 1755, 1763, 1770, 1781; KA Göflan: Auszüge aus KR, betreffend die Zehrungen, KR 1726/28, 1758/59, 1764/65, 1768/69, 1770/71; SpA III/2.1.3, Nr. 4; IV, Nr. 11
1513 KA Göflan, KR 1788/89.
1514 KA Göflan, Auszüge aus KR, betreffend die Zehrungen; KR 1614/15, 1726/28, 1758/59, 1760/61, 1764/65, 1768/69, 1770/71; SLA, GA Göflan, Serie II, Fasz. I: Dorfmeisterrechnung 1693; Fasz. Kirchensachen: 1676 Auszug aus der KP-Rechnung; KA Vezzan, KR 1777/78, 1781/82, 1785/86, 1787/90; PfA Schlanders, Fasz. 4 (ohne Signatur); SpA III/2.1.3, Nr. 4.
1515 KA Göflan, KR 1788/89.
1516 PfA Schlanders 8/17; KA Göflan, KR 1794/95.
1517 Kustatscher, Göflan (wie Anm. 66), Nr. 33, 41; SLA, GA Göflan, Serie II, Fasz. I: Dorfmeisterrechnungen 1684, 1693, 1719, 1737, 1745, 1755, 1763, 1770, 1781; KA Göflan, KR 1688/89, 1726/28, 1750/51, 1756/57, 1758/59, 1760/61, 1764/65, 1768/69, 1770/71.
1518 KA Göflan, KR 1760/61, 1764/65, 1768/69, 1770/71.
1519 SpA III/2.1.3, Nr. 4.
1520 KA Göflan, KR 1614/15.
1521 SLA, GA Göflan, Serie II, Fasz. I: Dorfmeisterrechnung 1704.
1522 Atz/Schatz (wie Anm. 5), S. 61.
1523 Dollinger, Inge: Tiroler Wallfahrtsbuch. Die Wallfahrtsorte Nord-, Ost- und Südtirols. Innsbruck/Wien/München 1982, S. 152.

St. Martin am Kofl in der Pfarre Latsch, ein auf 1736 m Höhe gelegener Wallfahrtsort, war nicht nur das Ziel eines jährlichen Bittganges der Pfarrangehörigen von Schlanders, sondern von insgesamt sieben Pfarrgemeinden. Nach alter Überlieferung hatte der Bauer Georg Platzer in einer Felsenhöhle im Kofl ein Bild des heiligen Martin aufgestellt; als sich die Zahl der Wallfahrer mehrte, wurde vor der Höhle zunächst eine Kapelle und dann eine Kirche erbaut.[1524]

Kreuzgänge waren nicht nur religiöse Veranstaltungen im engeren Sinn, sondern sind auch als Äußerungen der Pflege der Dorfgemeinschaft zu verstehen. Folgerichtig war außer der Verwaltung der Pfarrkirche und der Filialkirchen auch die politische Gemeinde bereit, sich an der Bestreitung der dabei anfallenden Kosten zu beteiligen, wie außer den Kirchenrechnungen auch mehrere Schlanderser Dorfmeisterrechnungen des 17. und 18. Jahrhunderts belegen. Da die Teilnahme der Kooperatoren, des Schulmeisters, des Kirchpropstes, des Mesners und des Dorfmeisters, zuweilen auch des Saltners, als selbstverständlich betrachtet wurde, waren für diese Personen bestimmte Entschädigungen in Geld oder in Naturalien oder in Gestalt einer reichlichen Wegzehrung (Wein, Brot, Käse), die in einem Wirtshaus eingenommen werden konnte, vorgesehen. Dies gilt insbesondere auch für die Fahnenträger als eine bei Kreuzgängen besonders wichtige Gruppe. Zuweilen waren sogar Aufwendungen für die Angehörigen des Gemeindeverbandes der jeweiligen Zielkirche vorgesehen, wenn sie den Schlanderser Kreuzleuten entgegengingen bzw. deren Kommen mit Glockengeläut begleiteten.[1525] In manchen Fällen erhielten alle Teilnehmer eine Stärkung auf Kosten der Kirchen- bzw. Gemeindekassen.[1526] Die Abrechnungen der diversen Kirchen aus dem Raum Schlanders enthalten zahlreiche Hinweise auf Almosenverteilungen anläßlich der Kreuzgänge.[1527]

Trotz der erlebnishaften Wirkung des »Wallens« ist der Hauptzweck einer Wallfahrt das Erreichen des Ziels. Bei Prozessionen hingegen steht der Gedanke des feierlichen gottesdienstlichen Geleits im Vordergrund.[1528] Da sich Prozessionen aber nur im Umkreis der Pfarrkirche bewegten und folglich auch keinen nennenswerten materiellen Aufwand erforderten, der einen schriftlichen Niederschlag gefunden hätte, sind präzise Nachweise solcher Bräuche für die Zeit vor dem 19. Jahrhundert nur schwer zu erbringen. Bekannt ist aber, daß man den Palmsonntag in Schlanders, wie auch sonst in Tirol, mit einer Prozession beging. Dabei wurde eine Christusfigur mitgeführt, ein Brauch, der sich bis um 1850 erhielt.[1529] Zu Christi Himmelfahrt wurde die Christusfigur vor der Auffahrt in einer Prozession auf einem Tragaltar durch das Dorf getragen, eine Praxis, die an die einst am Himmelfahrtstag gehaltenen liturgischen Prozessionen erinnert, die in frühester Zeit in Jerusalem zum Ölberg, dem Ort der Auferstehung, stattgefunden haben.[1530] Zu 1805 liegt eine Notiz über die Veranstaltung der Fronleichnamsprozession vor.[1531] Am ersten Maisonntag fand ein großer Felderumgang statt.[1532]

Auch die zentralen Ereignisse des kommunalen Lebens waren an Termine des Kirchenjahres gebunden. Vom Mittelalter bis zum Beginn des 19. Jahrhunderts trat in Schlanders jährlich am ersten Fastensonntag die sogenannte *Kassonntaggemain* zusammen, eine Versammlung der Hausbesitzer, in deren Rahmen die Dienste der Saltner, Nachtwächter, Bettelrichter, Waaler etc. vergeben wurden.[1533]

Der Palmsonntag spielte in der Schlanderser regionalen Beichttradition eine wichtige Rolle: An diesem Tag legten die Bauern ihr Schuldbekenntnis ab. Die Dienstboten begaben sich bereits am Samstag davor, dem sogenannten schwarzen Sams-

---

1524 DOLLINGER (wie Anm. 1523), S. 150 f.
1525 PfA Schlanders 5/2 (Ausgabenverzeichnis 1582); SLA, GA Göflan, Serie II, Fasz. I: Dorfmeisterrechnungen 1693, 1700, 1719, 1737, 1745.
1526 GRASS, Nikolaus, Marie GRASS-CORNET und Rudolf MELLITZER, Die österliche Zeit – Vom Aschermittwoch bis Christi Himmelfahrt, in: Ostern in Tirol, hg. von Nikolaus Grass (= Schlern-Schriften Bd. 169). Innsbruck 1957, S. 1–122, hier S. 113.
1527 Vgl. auch PfA Schlanders, Urk. 54 ddo. 1629 Februar 8.
1528 ADAM/BERGER (wie Anm. 1501), S. 433.
1529 HAIDER, Friedrich: Tiroler Brauch im Jahreslauf. Innsbruck/Wien/Bozen ³1990, S. 175.
1530 GRASS-CORNET, Marie: Von Palmeseln und tanzenden Engeln, in: Ostern in Tirol, hg. von Nikolaus Grass (= Schlern-Schriften Bd. 169). Innsbruck 1957, S. 155–180, S. 166 f.
1531 PfA Schlanders 8/17.
1532 ATZ/SCHATZ (wie Anm. 5), S. 61.
1533 WALLNÖFER, Luis: Das Scheibenschlagen im Vinschgau, in: Der Schlern 29 (1955), S. 443–446; GAMPER (wie Anm. 254), S. 110 f.

tag, unter der Führung des jeweiligen Großknechtes zum »Beichtumgang« und erhielten sodann im Gasthaus eine gute »Vormaß«. Anschließend zogen sie durch alle Kirchen von Schlanders und Kortsch. Zu Hause wartete ein besseres Essen als gewöhnlich.[1534]

Wie überall in katholischen Gegenden wurde auch in Schlanders die Versehung Sterbender als vorrangige Aufgabe betrachtet. Dieses Ereignis ging unter betont aktiver Mitwirkung auch Unbeteiligter vor sich. Das Läuten der Versehglocke war für die Einwohner jener Höfe, an denen der Versehgang vorbeiführte, das Signal, sich darauf vorzubereiten, vor dem Haus niederzuknien, wenn der Geistliche das Höchste Gut vorbeibringen würde, um dessen Segen zu empfangen. Vor dem Haus des Kranken wurde der Priester von den versammelten Angehörigen kniend und betend empfangen, wobei der Hausvater oder dessen Stellvertreter ein Licht trug. Mußte der Kranke erst beichten, beteten alle Anwesenden im Vorraum den Rosenkranz. Nach dem Versehen empfingen auch sie den priesterlichen Segen.[1535]

Von den Schlanderser Filialgemeinden verdient Kortsch in Hinblick auf das religiöse Brauchtum gesonderte Erwähnung.

Der Jahreswechsel wurde mit dem sogenannten Neujahrsschnellen begangen. Am Vormittag des Sylvestertages besorgte sich jeder Bub einen Sack mit möglichst großem Fassungsvolumen. Vom Mesner durch das Ziehen der großen Glocke zusammengerufen, oblag die Jugend dann zunächst andächtigem Gebet, um anschließend schnellend von Bauer zu Bauer zu gehen, wo die Beschenkung mit Äpfeln und Nüssen zu erwarten war.[1536]

Am ersten Fastensonntag erfreute sich in Kortsch der auch sonst im Vinschgau verbreitete Brauch des Scheibenschlagens einer intensiven Pflege. An diesem Tag, dem sogenannten Holepfannsonntag, fand das Fasnachtstreiben eine Fortsetzung mit betont religiösem Bezug.[1537] In Anknüpfung an Bräuche aus vorchristlicher Zeit verbrannte man im Symbol der Scheiben den Winter; diese galten als Sinnbild des neuen, erwärmten Tages und des Wachstums.[1538] *Holepfann* hat nichts mit Pfanne zu tun, sondern kommt vom mittelhochdeutschen Wort *vanke* (= Funke) und wird als »verborgenes Feuer« gedeutet. In Kortsch war das Holepfann ein mit Stroh umwickeltes Rad, das zu Beginn des Scheibenschlagens brennend den Berghang hinabgerollt wurde; ging es schön ab und wurde dabei gewaltig geschrien, so erwartete man sich ein fruchtbares Jahr.[1539]

Unter dem Eindruck des Evangeliums von Jesus, der vom Teufel versucht wird, wurden zunächst Kerzen entzündet; es folgte das Abschlagen der Scheiben, und abschließend fand eine allgemeine Feier statt, bei der verschiedene zuvor formierte Gruppen ihre Scheiben im Feuer entzündeten. Wenn sie glühten, wurden sie schwingend so lange gehalten, bis ein laut hinausgerufener Reim zu Ende war.[1540] Die Sprüche, die beim Hinausschlagen der Scheiben als Widmungen gesprochen wurden, bezogen sich auf den Kampf ums Dasein.[1541] Die Scheiben stellten oft das Bild einer Sonne dar. Das Lärmen der Holepfann weist auf den bacchanalischen Charakter des einstigen Sonnenkultes hin und identifiziert den Brauch als Überbleibsel eines germanischen Sonnenkultes.[1542]

Das Fest des heiligen Gregor, der 12. März, an dem die Tag- und Nachtgleiche erreicht ist, galt vielerorts in Tirol als für den Beginn der Ackerarbeit besonders geeigneter Termin. Bis zur Kalenderreform von 1582 markierte es auch den Frühlingsanfang[1543], und häufig war damit der Schulschluß für die Kinder verbunden.[1544] An diesem Tag wurde an mehreren Orten des Vinschgaus das »Wilde-Mann-Spiel« aufgeführt, in dem sich Vorfrühlingsbräuche, biblische und lehrhafte Szenen, Standessatire u. a. Elemente vermischten. Ziel der Aufführungen war es, eine besonders eindrucksvolle sinnbildliche Darstellung des Wiedererwachens der Natur aus der Erstarrung des Winterschlafes und

---

1534 HAIDER (wie Anm. 1529), S. 170.
1535 HAIDER (wie Anm. 1529), S. 393.
1536 HAUSER, S.: »Neujahranschelln«, in: Der Schlern 11 (1930), S. 34 f.
1537 HAIDER (wie Anm. 1529), S. 151.
1538 GRASS/GRASS-CORNET/MELLITZER, (wie Anm. 1526), S. 4.
1539 PARDELLER, Josef: Kasfangga und Holepfann, in: Der Schlern 31 (1957), S. 233 f.; SCHGÖR, Josef: »Holepfann«, in: Der Schlern 30 (1956), S. 277–279.
1540 WALLNÖFER (wie Anm. 1533), S. 443.
1541 SCHGÖR (wie Anm. 1539), S. 277.
1542 WALLNÖFER (wie Anm. 1533), S. 444.
1543 N. GRASS/GRASS-CORNET/MELLITZER (wie Anm. 1526), S. 6.
1544 A. DÖRRER (wie Anm. 1463), S. 65.

des siegreichen Kampfes des anbrechenden Frühlings mit dem scheidenden Winter zu bieten.[1545]

In Kortsch hatte dieses Spiel, das zum letzten Mal im Jahr 1867 aufgeführt wurde[1546], eine besondere Ausprägung.[1547] Der Frühling wurde durch eine Schar weiß-rosa gekleideter Mädchen mit Schäferhüten und Schäferstäbchen versinnbildlicht, der Winter durch einen mit Moos und Baumbart umhüllten wilden Mann in rauhem Fell und mit einem kräftigen Baumast in der Hand. Sein Gefolge bestand aus einer Menge volkstümlicher Gestalten, auch solcher aus der heimatlichen Sagenwelt. Beim Umzug durch das Dorf wurde der Wettstreit zwischen Frühling und Winter dramatisch dargestellt. Am Ende fesselten die Mädchen den besiegten Winter mit rotseidenen Bändern und führten ihn singend durchs Dorf; eine Asche tragende Hexe erinnerte an die Verbrennung des Winters beim Scheibenschlagen. Den Zug beendete der auf einem Faß sitzende Bacchus, der das Ende der Veranstaltung beim Gregoritrunk im Gasthaus vorwegnahm.[1548] Mit dieser Handlung verbanden sich folgende biblischen und allegorischen Szenen: die David-Goliath-Handlung, die Geschichte von Judith und Holofernes und von Genoveva und in der Szene vom Jüngling mit dem Tod auch das Jedermann-Motiv.[1549]

Am Johannestag bestand in Kortsch der Brauch, vor einem im 17. Jahrhundert errichteten Dreikreuz an der Dorfeinfahrt das Evangelium zu verlesen.[1550]

1637 gelobten die Bewohner von Kortsch, samstags um 15.00 Uhr die Arbeit ruhen zu lassen, die Allerheiligenlitanei zu beten und mit der großen Glocke ein Zeichen zu geben.[1551] Nach seinem Zweck, nämlich die gerade in Kortsch große Verlahnungsgefahr zu bannen, hieß der hiermit begründete Brauch fortan »Bannfeierabend«. Er galt vor allem dem Herrn, der Muttergottes und den Heiligen Sebastian, Rochus und Pirmin.

Während dieses Gelübde im engeren zeitlichen Umfeld seiner Begründung – auch unter dem Eindruck der eben überwundenen Pest – vom größeren Teil der Gemeinde eingehalten wurde, fühlten sich die Kortscher im weiteren Verlauf des 17. Jahrhunderts allmählich immer weniger daran gebunden. Durch weitere Prüfungen, insbesondere aber durch eine von Mesner Jakob Lösch im Sommer beim Wetterläuten im Turm vom unteren Glockenboden aus vernommene mahnende Stimme beunruhigt, versammelten sich daher am 2. August 1676 der Benefiziat, zwei Dorfbürgen und zwölf Ausschußverwandte zu einer Erneuerung des Gelübdes, die eine Ausweitung des Bannfeierabends von den Samstagen auch auf die Vortage folgender Feste mit sich brachte: Weihnachten, Neujahr, Dreikönig, Lichtmeß, Mathias, Mariä Verkündigung, Philipp und Jakob, Christi Himmelfahrt, Pfingsten, Johann Baptist, Peter und Paul, alle Apostel, Jakob, Lorenz, Mariä Himmelfahrt, Bartholomäus, Maria Geburt, Matthäus, Michael, Simon und Judas, Allerheiligen, Andreas, Maria Empfängnis, Thomas, Martin.

Der um 15.00 Uhr beginnende Feierabend sollte eine Viertelstunde vorher mit den Glocken eingeläutet und sodann mit Abbetung der Unserfrauenlitanei begonnen werden. Die Exekution dieser Bestimmungen wurde in die Hände zweier Männer, der sogenannten Feierabendsaltner, gelegt, die bei der jährlich am ersten Fastensonntag stattfindenden Erneuerung des Gelöbnisses gewählt werden sollten. Sie hatten die Aufgabe, die Felder zur Kontrolle abzugehen und auch in die Häuser zu schauen, um die Arbeitsniederlegung der Bauern und der Ehehalten der Gemeinde zu bestätigen. Ausgenommen waren nur Taglöhner, Personen, die mit leeren Wägen nach Hause fuhren, und solche, die unentbehrliche Hausarbeiten zu verrichten hatten. Bei Nichteinhaltung des Gelübdes drohten Strafen von 18 bzw. 30 kr für arbeitende Menschen bzw. für den Einsatz von Ochsen; diese Gelder sollten je zur Hälfte an die Kirche St. Johann und an die Feierabendsaltner fallen, die darüber Buch zu führen hatten. Am Fest Sebastian und Rochus sollte auf dem neuen, diesen Heiligen geweihten Altar in der Kirche ein Amt oder eine stille Messe gehalten werden.[1552]

1545 A. Dörrer (wie Anm. 1463), S. 65 f.
1546 Wolfram, Richard: Das Gregorispiel in Kortsch, in: Der Schlern 23 (1949), S. 149–157, S. 152.
1547 Wolfram (wie Anm. 1546), S. 150, 157.
1548 Gamper (wie Anm. 254), S. 112; Dolomiten, Nr. 30 vom 11. März 1935, S. 1.
1549 Wolfram (wie Anm. 1546), S. 155 f..
1550 Dolomiten, Nr. 172 vom 28. Juli 1989, S. 9.
1551 Kofler, Cortsch (wie Anm. 108), pag. 71.

1552 KA Kortsch XII – 5 ddo. 1676 August 2; Kopie im KA Göflan; Kofler, Cortsch (wie Anm. 108), pag. 72; Atz/Schatz (wie Anm. 5), S. 70; Gamper (wie Anm. 254), S. 51; Dolomiten, Nr. 26 vom 1. Februar 1947, S. 4.

In der Folgezeit prägte sich der Bannfeierabend tief in den Alltag der Kortscher ein. 1781 wiederholte die Gemeinde die diesbezüglichen Obliegenheiten, wobei zahlreiche Personen sich mit ihrer Unterschrift dafür verbürgten.[1553]

In Göflan war es Brauch, am Nachmittag des Ostermontags das Emaus-Spiel aufzuführen.[1554]

4.8 Stiftungen und Legate

Stiftungen entspringen dem Willen, wirtschaftliche Güter auf Dauer einem bestimmten Zweck zu widmen. Die im kirchlichen Bereich bestehenden bewahren durch die Anerkennung von seiten der bischöflichen Autorität ihre dauerhafte Gültigkeit, gehen also mit dem Tod ihres Errichters nicht unter.[1555] Dieses Phänomen auch in einer ihr Augenmerk auf die Seelsorge richtenden lokalhistorischen Studie zu untersuchen ist deshalb von Interesse, weil Stiftungen als sinnfällige Formen äußerer Umsetzung der inneren Akzeptanz der Lehre Christi zumal bei nicht-intellektuellen Schichten einen wichtigen Indikator des Standards der Christianisierung darstellen.[1556]

Seit dem Spätmittelalter gewannen Stiftungen von Messen und Ämtern rasch an Bedeutung.[1557] Die Kirche wandte ihnen ihr besonderes Interesse zu, da sie im Rahmen der finanziellen Möglichkeiten auch breiter Schichten lagen.[1558] In diesem Sinn soll im folgenden die Attraktivität der Meßstiftung in der Pfarre Schlanders untersucht werden.

Die Analyse stützt sich auf ein nach dem Datum der Errichtung angelegtes Verzeichnis der Stiftungen. Bei seiner Erstellung wurde, obwohl das Ziel nicht die Ermittlung einer absolut verbindlichen Zahl sein konnte, weitgehende Vollständigkeit angestrebt. Das Ergebnis bleibt aufgrund der sehr unübersichtlichen Quellenlage allerdings mit erheblichen Unsicherheiten behaftet. Die Quellen sind Notizen aus Atz/Schatz und den Arbeiten von P. Ephraem Kofler, Urkunden[1559], ein Kirchenkalender der Pfarrkirche mit Auflistung der Urkunden über die 1770 noch gültigen Stiftungen[1560], ein Verzeichnis von 1844, dem alle bis 1810 errichteten Stiftungen entnommen wurden[1561] und die Akten des Heiliggeistspitals.[1562] Aus diesen Unterlagen wurden die in der Pfarre Schlanders zwischen 1301 und 1810 errichteten Stiftungen zusammengestellt, und zwar sowohl in ihrer Gesamtheit als auch getrennt nach Pfarrkirche und Filialkirchen und gegliedert nach zehn getrennt untersuchten Epochen – siehe hierzu die Tabelle auf der folgenden Seite.

Der Vergleich der Werte in dieser Tabelle mit den für die Deutschordenspfarre Sarnthein erhobenen[1563] macht die Annahme wahrscheinlich, daß viele Urkunden bei der Brandschatzung der Kommende Schlanders von 1499 zerstört wurden; immerhin zeichnet sich jedoch auch hier eine gewisse

---

1553 KA Kortsch XII – 28 ddo. 1781 November 10.
1554 OBEREGLSBACHER, Willi: Ueber drei Ludimagister (Spielmeister) in Schlanders, in: Der Schlern 22 (1948), S. 191 f.
1555 LIERMANN (wie Anm. 182), S. 1.
1556 FUHRMANN, Rosi: Dorfgemeinde und Pfründstiftung vor der Reformation. Kommunale Selbstbestimmungschancen zwischen Religion und Recht, in: Kommunalisierung und Christianisierung. Voraussetzungen und Folgen der Reformation 1400–1600, hg. v. Peter Blickle und Johannes Kunisch (= Zeitschrift für historische Forschung, Beiheft 9). Berlin 1989, S. 77–112, hier S. 78.
1557 LIERMANN (wie Anm. 182), S. 106 f.
1558 MÖRSDORF, Klaus: Erwägungen zum Begriff und zur Rechtfertigung des Meßstipendiums, in: Theologie in Geschichte und Gegenwart. Festschrift Michael Schmaus zum sechzigsten Geburtstag, hg. von Johann Auer und Hermann Volk. München 1957, S. 103–122, hier S. 113.
1559 PfA Schlanders, Urk. 2 ddo. 1304 April 19 (ARCHIV-BERICHTE (wie Anm. 135), Nr. 321; LADURNER (wie Anm. 133), S. 51; Urk. 3 ddo. 1333 Jänner 22 (ARCHIV-BERICHTE (wie Anm. 135), Nr. 322), Urk. 19 ddo. 1438 September 14, Urk. 22 ddo. 1469 Juli 26 (ARCHIV-BERICHTE (wie Anm. 135), Nr. 337), Urk. 28 ddo. 1504 Jänner 20, Urk. 29 ddo. 1504 Juni 30, Urk. 31 ddo. 1504 Februar 4, Urk. 30 ddo. 1504 August 10, Urk. 33 ddo. 1506 April 14, Urk. 35 ddo. 1519 Februar 11, Urk. 37 ddo. 1522 August 12, Urk. 41 ddo. 1593 März 30, Urk. 42 ddo. 1594 April 2; KOFLER, Spital (wie Anm. 308), pag. 16; PfA Schlanders, Urk. 44 ddo. 1605 Februar 19, Urk. 46 ddo. 1608 Februar 9, 47 ddo. 1608 Februar 14, Urk. 48 ddo. 1609 März 7, Urk. 49 ddo. 1609 Mai 11 (Bestätigung 1646 März 25; PfA Schlanders 2/10), Urk. 51 ddo. 1612 August 15, 53 ddo. 1618 Dezember 5, Urk. 54 ddo. 1629 Februar 8, Urk. 55 ddo. 1629 Juli 7, Urk. 56 ddo. 1643 April 22, Urk. 57 ddo. 1647 März 1, Urk. 59 ddo. 1684 März 21, PfA Schlanders 2/1, Nr. 17; PfA Schlanders, Urk. 60 ddo. 1703 August 16, Urk. 62 ddo. 1724 September 25, Urk. 64 ddo. 1743 Mai 9, Urk. 65 ddo. 1744 September 14, Urk. 66 ddo. 1747 November 9, Urk. 67 ddo. 1751 September 9; PfA Schlanders 2/1, Nr. 28; ATZ/SCHATZ (wie Anm. 5), S. 60; KUSTATSCHER, Göflan (wie Anm. 66), Nr. 23.
1560 PfA Schlanders 3/2.
1561 PfA Schlanders 2/16.
1562 Zum Nachweis vgl. unten S. 230 f.
1563 KUSTATSCHER, Sarnthein (wie Anm. 3), S. 351, Anm. 594.

	Gesamt	Pfarrkirche	Göflan	Kortsch	Vezzan	Bruder-schaften	Heiliggeist-spital
1301–1350	5	2	3	–	–	–	–
1351–1400	4	–	3	1	–	–	–
1401–1450	5	–	3	1	–	1	–
1451–1500	7	1	–	–	–	–	6
1501–1550	33	4	5	–	–	6	18
1551–1600	12	6	–	4	–	1	1
1601–1650	31	19	4	5	–	–	3
1651–1700	25	11	2	4	2	2	4
1701–1750	52	22	1	4	–	20	5 + …
1751–1810	80	44	1	10	–	22	3 + …
1301–1810	254	109	22	29	2	52	40 + …

auch im überregionalen Vergleich charakteristische[1564] Häufung im Vorfeld der Reformation ab. Wie in Sarnthein fällt unmittelbar nach der Reformation und später unter dem Einfluß des Täufertums ein starker Rückgang der Stiftungen auf[1565], eine Entwicklung, die erst ab 1565 wiederum eine umgekehrte Richtung nahm. 1727 wurde ein Rorateamt, 1778 das Vierzigstündige Gebet gestiftet; letzteres, das an drei Tagen vor dem Aschermittwoch stattfand, war schon 1772 gehalten worden.[1566]

Als eher untypisch hat die intensive Stiftungsaktivität in der zweiten Hälfte des 18. Jahrhunderts zu gelten, denn die vom aufgeklärten Staat diesbezüglich geschaffenen Rahmenbedingungen waren dieser Art von Frömmigkeit keineswegs förderlich.[1567] Die Auffassung, die Bindung Lebender durch den Willen längst verstorbener Menschen sei vernunftwidrig[1568], hatte sich in Schlanders offenkundig nicht durchsetzen können. Allerdings bestand damals das Problem, daß nicht alle alten Stiftungen ordnungsgemäß erfüllt wurden.[1569]

Erwähnenswert ist der Vergleich der Stiftungsintensität in der Pfarrkirche und in den Filialen. Während das Phänomen in Kortsch und Vezzan kaum ins Gewicht fällt, ist für Göflan zumal für das 14. und 15. Jahrhundert ein sehr markanter Befund hervorzuheben, der die auch aufgrund anderer Merkmale erkannte hervorragende Bedeutung dieser Kirche im Pfarrverband von Schlanders unterstreicht. Auffallend ist außerdem die wichtige Rolle der Bruderschaften als Institutionen, denen die Menschen im Verlauf des 18. Jahrhunderts in immer höherem Grad die Sorge für ihre Meßstiftungen anvertrauten. Die größte Bedeutung kam der Skapulierbruderschaft zu.

Die hier erkannten Tendenzen wiederholen sich im Fall des Heiliggeistspitals, wo ebenfalls bereits seit dem 16. Jahrhundert eine hohe Stiftungsintensität zu verzeichnen ist.[1570]

Bei den zu Beginn des 14. Jahrhunderts (1304, 1333) errichteten Stiftungen handelte es sich um solche, die die Gemeinde veranlaßt hatte, bei den späteren ergriffen Einzelpersonen die Initiative. In deren Reihen waren neben einfachen Bauern auch Vertreter der lokalen Führungsschicht sowie des im Raum Schlanders ansässigen Adels häufig vertreten, z. B. Gerichtsherr Wilhelm Auer zu Herrenkirchen als Prokurator seiner Gemahlin Dorothea von Rottenstein und ihrer Schwestern (1504), Konrad Franz von Schlandersberg (1582), Katharina Gräfin von Schlandersberg, geb. von Montani (1593), Friedrich Graf von Stachelburg (1609), Heinrich von Stachelburg (1646), Josef Anton Sigmund Graf Trapp (1684), Anna Gräfin von Annenberg (1688), der Schlanderser Komtur Franz Graf

---

1564 BLICKLE, Peter: Die Reformation vor dem Hintergrund von Kommunalisierung und Christianisierung. Eine Skizze, in: Kommunalisierung und Christianisierung. Voraussetzungen und Folgen der Reformation 1400–1600, hg. v. dems. und Johannes Kunisch (= Zeitschrift für historische Forschung, Beiheft 9). Berlin 1989, S. 9–28, S. 26.
1565 PLÖCHL (wie Anm. 180), Bd. 5, S. 96.
1566 ATZ/SCHATZ (wie Anm. 5), S. 60.
1567 LIERMANN (wie Anm. 182), S. 122, 169.
1568 LIERMANN (wie Anm. 182), S. 173 f.
1569 BAC, VP 1767, pag. 87.

1570 Vgl. unten S. 230 f.

Hendl OT (1684), Franziska Gräfin Thun (1696), Maria Josefa Karolina Gräfin Hendl, geb. von Welsberg (1724, 1744), Maria Susanna Gräfin Hendl, geb. von Wolkenstein-Trostburg (1724), Maria Brigitta Felicitas Frfr. von Vinzenz geb. von Mitterhofen (1743), Maria Magdalena Froschauer von und zu Moosburg (1751). Von außerhalb der Pfarre ansässigen adeligen Stiftern sind die Gemahlin des Hieronymus Penzinger aus Bozen (1601), Johann Josef Frhr. von Coredo, Statthalter zu Trient (1781), sowie Angehörige der Familien Römer von Maretsch und Kleinhans zu Labers und Mühlrain zu erwähnen.[1571]

4.9 Almosenreichung

Die Unterstützung Bedürftiger galt seit dem Frühmittelalter als vorrangige Aufgabe der Kirche[1572], die zu diesem Zweck vielfältige soziale Einrichtungen schuf.[1573] Im Stiftungsrecht des Spätmittelalters entstand eine sichere juristische Verankerung karitativer Maßnahmen.[1574] Mildtätige Werke galten für die Menschen als sicherer Weg zum Heil, und außerdem ermöglichten sie es, außer dem Reichtum auch eine christliche Einstellung zur Schau zu stellen.[1575] Die pfarrliche Organisation entwickelte sich zur Koordinationsstelle zentraler Dienste.[1576]

Schlanders kann als ein besonders geeignetes Beispiel hierfür bezeichnet werden, denn es ist ein auffälliges Charakteristikum sämtlicher Quellen zur Wirtschaftsgeschichte der Pfarrkirche und ihrer Filialkirchen, daß regelmäßig Almosenreichungen an die Armen von seiten der Kirchenverwaltungen genannt wurden. Hier war diese Form der Caritas nicht, wie etwa in der Deutschordenspfarre Sarnthein, wo es seit 1679 einen eigenen Almosenfonds gab[1577], der Verantwortlichkeit der politischen Gemeinde anheimgestellt, sondern wurde von der Kirche getragen.

Seit 1455 wird eine Almosenstiftung erwähnt: In einer in diesem Jahr ausgestellten Urkunde über die Verpachtung eines Hauses in Schlanders findet sich die Klausel, daß ein bestimmter Teil des Ertrages den Armen vorbehalten sei.[1578] Zu 1469 verlautet, daß die Almosenstiftung zur leichteren Finanzierung des damals vorgenommenen Baus der Pfarrkirche vorläufig suspendiert sei; nach Abschluß der Arbeiten sollten die Beträge aber wieder ihrem eigentlichen, karitativen Zweck gewidmet werden.[1579] Auch bei Jahrtagsstiftungen war es üblich, bestimmte Teile des Ertrags der Unterstützung Bedürftiger vorzubehalten.[1580] In Urkunden über Besitzwechsel finden sich öfters entsprechende Klauseln.[1581] Die Pfarrkirchenverwaltung gewährleistete die Aufrechterhaltung der Almosenstiftung, indem sie, wie seit dem 16. Jahrhundert aus den Urbaren hervorgeht, die von bestimmten Höfen entrichteten Abgaben zur Gänze diesem Zweck vorbehielt.[1582]

In Erfüllung der Bestimmungen eines landesfürstlichen Mandats vom 14. Juli 1679 fertigte die Obrigkeit von Schlanders im September desselben Jahres ein Extrakt der in den Rechnungen der Pfarrkirche und des Heiliggeistspitals aufscheinenden Almosenreichungen an. Das Verzeichnis der abgabepflichtigen Personen umfaßt bei der Pfarrkirche 19, beim Spital 4 Posten, aus denen gestiftetes Almosen gegeben wurde. Die Kirchenverwaltung reichte insgesamt 164,5 Star Roggen, 24 fl, 10 Schott Käse, 2 Yhren und 8 Pazeiden Wein, das Spital 2 Star Weizen, 20 Star Roggen, 4 Zentner Fleisch und 3 fl. Dazu kamen Almosen, die verschiedene Einzelpersonen *ohne Schuldigkeit* gewährten, darunter der Landkomtur mit jährlich 40 Star Roggen und 10 fl, der Pfarrverwalter mit 3 Star Roggen und 3 fl, Kooperator Kaspar Schwarz 3 fl, der Spitalkaplan mit einer nicht quantifizierten Leistung, Gerichtsherr Graf Trapp mit 30 Star Roggen und 10 fl, Hans Kaspar Frhr. von Hendl mit 24 Star Roggen und 6 fl, Johann Franz von Heydorf und Georg Friedrich von Stachelburg mit je 16 Star Roggen und 4 fl, Richter Veit Steiner

---

1571 ATZ/SCHATZ (wie Anm. 5), S. 60.
1572 GEREMEK, Bronislaw: Geschichte der Armut. Elend und Barmherzigkeit in Europa. München/Zürich 1988, S. 25.
1573 PLÖCHL (wie Anm. 180), Bd. 2, S. 455–457; Bd. 5, S. 258.
1574 LIERMANN (wie Anm. 182), S. 88 f.
1575 GEREMEK (wie Anm. 1572), S. 26.
1576 MITTERAUER (wie Anm. 1068), S. 125.
1577 KUSTATSCHER, Sarnthein (wie Anm. 3), S. 359.

1578 PfA Schlanders, Urk. 21 ddo. 1455 Juni 23.
1579 PfA Schlanders, Urk. 22; ARCHIV-BERICHTE (wie Anm. 135), Nr. 337; ATZ/SCHATZ (wie Anm. 5), S. 60.
1580 PfA Schlanders, Urk. 41 ddo. 1593 März 30.
1581 PfA Schlanders, Urk. 34 ddo. 1507 April 6.
1582 SLA, GA Schlanders, Urk. 34 (Urbar 1576); DOZA, Et 32/3: Anzeigung des zeitlichen Vermögens und Einkommens der Kirchen und des Spitals in der Pfarre Schlanders 1685 Mai 2.

mit 12 fl, Gerichtsschreiber Gall Gruber mit 6 Star Roggen und 3 fl und etwa 35 weitere Personen mit kleineren Mengen.[1583] 1767 betrug das gestiftete Almosen 179 Star Roggen.[1584] Seit den späten siebziger Jahren des 18. Jahrhunderts pendelte sich das von der Pfarrkirchenverwaltung jährlich gereichte Almosen bei 8 fl, 160 Star Roggen, 3 Yhren und 5 Pazeiden Wein und 8 Schott Käse ein; diese Beträge kehren mit nur unerheblichen Schwankungen in allen Kirchpropstrechnungen bis 1800 wieder[1585]; in den letzten Jahren des Beobachtungszeitraumes der vorliegenden Studie unterblieben die Getreidealmosen, während die Geldbeträge auf mehr als die doppelte Höhe anstiegen.[1586]

Zu einer analogen Untersuchung bieten sich auch die wirtschaftsgeschichtlichen Aufzeichnungen der Filialkirchen an. Aus den Urbaren und Rechnungen der Kirche St. Martin in Göflan[1587] ergibt sich, daß die aus bestimmten Höfen fließenden Erträge gänzlich dem Almosen vorbehalten waren, weil sie von entsprechenden Stiftungen herrührten. Ausschließlich den Armen flossen auch die Käse- und Weinzinse zu[1588]; beim Getreide machte der entsprechende Anteil etwas mehr als ein Drittel aus.[1589] Zu einzelnen Jahren ist der gezielte Kauf von Schmalz als Almosengabe durch den Kirchpropst belegt.[1590]

Die Vergabe der Almosen beruhte anfänglich wohl auf rein karitativem Denken, doch im Laufe der Zeit entwickelte sie sich zu einer institutionalisierten Praxis, die an feste Termine gebunden war und sich auch quantitativ innerhalb präziser Normen bewegte. In diesem Sinne wurde das Almosen in Göflan außer an bestimmten Jahrtagen insbesondere an folgenden Tagen gereicht: am Martinsabend, am Kirchweihabend, am Dreikönigsabend, an den Quatembern sowie anläßlich der Kreuzgänge nach Martell, Tschengls/Latsch und Tschars. Nach Laut der Kirchenrechnung von 1614/15 wurde das zu Martini, am Kirchweihfest, zu Weihnachten, im Mai und an den Quatembern verteilte Getreidealmosen nicht zur Gänze in Roggen, sondern teilweise in Form von Zelten verteilt, die auf Kosten der Kirchenverwaltung gebacken worden waren.[1591] Am Ende des 18. Jahrhunderts führte man zum Zweck der Klärung der auf die Almosenreichung bezüglichen Rechte und Pflichten akribische Untersuchungen auf der Basis älterer Quellen durch.[1592]

Das in Kortsch gereichte Almosen beruhte zum überwiegenden Teil auf Stiftungen. Von den Roggeneinnahmen sind nur 6–7 Star als eigentlicher Urbarzins zu betrachten, 4–8 Star waren für Almosenreichungen anläßlich der Kreuzgänge und 22,5 Star für die sonstigen Almosen vorgesehen. Dazu kamen weitere Roggenlieferungen an die Kirchenverwaltung, die in den Rechnungen nicht quantifiziert wurden; die Gesamthöhe dieses Postens belief sich auf mindestens 52 Star, denn ebensoviel wurde insgesamt jährlich an die Armen verteilt. In geringen Mengen waren außer Roggen auch Käse und Geld als Almosen vorgesehen. Die Verteilung erfolgte am Heiligen Abend, am Dreikönigsabend, bei der Begehung bestimmter Jahrtage und bei der Austeilung des Ochsenbrotes.

Auch in den Vezzaner Kirchenrechnungen bildete das Almosen auf der Ausgabenseite einen festen Bestandteil. Die Urbarempfänge an Käse und Wein waren zur Gänze diesem Zweck vorbehalten, während an Getreide insgesamt 12 Star, also rund die Hälfte der Einnahmen, verteilt wurde, und zwar zu gleichen Teilen am 30. April und am Vorabend des Festes Christi Himmelfahrt.

Außer den Kirchenverwaltungen setzte auch der Deutsche Orden als Patron Zeichen karitativer Tätigkeit: 1685 wurde in einem summarischen Verzeichnis ein Geldbetrag von rund 280 fl nebst 40 Star Roggen, Käse und Wein erwähnt.[1593] Hausmeister Pankraz Peteffi fügte hinzu, derartige Reichungen erfolgten regelmäßig; es gingen darin oft größere Getreidemengen auf als für den Haushalt.[1594] 1701 erklärte Kooperator Johann Baptist

---

1583 SpA III/1.1, Nr. 15 ddo. 1679 September 9.
1584 BAC, VP 1767, pag. 217.
1585 BAC, VP 1779, pag. 16–17; PfA Schlanders 5/4 (KR 1780/81), 5/5 (KR 1782/83), 5/6 (KR 1786/87), 5/7 (KR 1788/89), 5/8 (KR 1790/91), 5/9 (KR 1794/95), 5/10 (KR 1798/99), 5/11 (KR 1800/01).
1586 PfA Schlanders 5/12 (KR 1802/03), 5/13 (KR 1804/05), 5/14 (KR 1806), 5/15 (KR 1807), 5/16 (KR 1808/09).
1587 KA Göflan, KR 1688/89, 1702/03, 1706/07, 1709/10, 1714/15, 1726/28, 1750/51, 1756/57, 1758/59, 1760/61, 1764/65, 1768/69, 1770/71, 1788/89, 1794/95.
1588 KA Göflan, Urbar 16. Jh., pag. 27; Urbar 16. Jh. (Urk. 13), pag. 30.
1589 BAC, VP 1595, pag. 203.
1590 KA Göflan, KR 1614/15.
1591 KA Göflan, KR 1614/15.
1592 KA Göflan, KR 1788/89, 1794/95.
1593 DOZA, Et 7/1, fol. 65v–67v.
1594 DOZA, Et 33/1: VP 1685 August 25, Schlanders.

Blinthamer, keinem Armen würde das Almosen verweigert.¹⁵⁹⁵ 1708 spendete die Kommende dafür wöchentlich 1 Star Roggen und zuweilen etwas Wein.¹⁵⁹⁶

4.10 Das Heiliggeistspital

Nach Auffassung des um die Erforschung der Schlanderser Lokalgeschichte überaus verdienten Kapuzinerpaters Ephraem Kofler diente eine Spitalstiftung einem der edelsten Zwecke überhaupt, nämlich *des geschaffenen Menschen zweiter Schöpfer und Pfleger zu sein.* Ausdrücklich verwahrte sich der Ordensmann gegen die Deutung einer derartigen Initiative im Sinn bloßer Philanthropie, sondern betonte den Gedanken ursprünglicher Caritas, indem er sie nicht als Dienst an der Menschheit, sondern, *um es besser auszudrücken,* an *den Menschen* deutete. Und im Rahmen des Menschlichen definierte er auch die möglichen Erwartungen, die man in sie setzen könne: Nicht zum absoluten, nur zum relativen Wohl könne dadurch ein Beitrag geleistet werden.¹⁵⁹⁷

In der älteren Literatur wurde die Gründung eines Spitals in Schlanders schon mit der Übertragung der Pfarre an den Deutschen Orden im Jahr 1235 in Zusammenhang gebracht¹⁵⁹⁸, allein in der darüber ausgestellten Urkunde Friedrichs II. findet sich kein zwingender Hinweis darauf; auch für einen anderen Zeitpunkt im 13. Jahrhundert¹⁵⁹⁹ liegen keine Anhaltspunkte vor. In diesem Sinn geht aus neuzeitlichen Quellen ausdrücklich hervor, daß sich bei der Kommende kein Spital befände.¹⁶⁰⁰

Daher ist anzunehmen, daß der mittlere Vinschgau bis zum 15. Jahrhundert mit den schon bestehenden Spitälern das Auslangen finden mußte, die allesamt im engeren Umfeld von Schlanders lagen. Bei diesen handelte es sich um das Johanniterhospital in St. Johann im Münstertal, um das seit dem Beginn des 13. Jahrhunderts bestehende Hospiz bei der Kirche St. Medardus in Tarsch in der Pfarre Latsch, das 1228 von Graf Albert von Tirol dem Johanniterorden übertragen wurde¹⁶⁰¹, und um das Spital in Latsch, das Heinrich von Annenberg 1334 gegründet hatte, nachdem ein ebenfalls aus der ersten Hälfte des 13. Jahrhunderts stammendes und 1228 von Graf Albert von Tirol dem Malteserorden geschenktes Hospiz einem Brand zum Opfer gefallen war.¹⁶⁰²

In Schlanders selbst wurde zu einem unbekannten späteren Zeitpunkt, doch noch vor der Gründung eines primär als Pilger- und Armenhaus gedachten Spitals im Jahr 1461, außerhalb des Dorfes am Schlandraunbach ein Siechenhaus errichtet, das nach 1461 der gemeinsamen Verwaltung von Gemeinde und Heiliggeistspital unterstand. 1543 wurde es bestandsweise an Marx Kolb von Sterzing und seine Gemahlin Helena übergeben, die außer an die Bestandsbedingungen auch an die zugleich erlassene Siechenordnung gebunden waren.¹⁶⁰³ Die gemeinsame Verwaltung dieses Hauses mit dem Spital währte bis zu seinem Verkauf im Jahr 1692.¹⁶⁰⁴

Die Schlanderser Gründung von 1461 entsprang einer Initiative der Gemeinde.¹⁶⁰⁵ Am 25. Juli dieses Jahres übergab Hans Weber, der Sohn des Thomas von Pafurgkh zu Kortsch, dem Bruder Johann, Komtur und Pfarrer zu Schlanders, sowie dem Baumeister und dem Kirchpropst der Pfarrkirche ein Haus mit Hofstatt und Garten zu Schlanders, das bisher in seinem und seines Vaters Eigentum gestanden hatte und verpachtet gewesen war. Dieses Haus sollte zu einer Herberge für arme Menschen und Pilger umgebaut werden – zu Hilfe der Nachbarschaft und der Pfarre Schlanders, aber auch anderer frommer Menschen, wie es in der darüber ausgestellten vom Schlanderser Richter Sigmund Hendl besiegelten Urkunde heißt.¹⁶⁰⁶ Diepold von Schlandersberg setzte durch die Überlassung eines Angers als Freilehen gegen Zins von 12 Pfund Berner ein Zeichen der adeligen Unter-

---

1595 DOZA, Et 33/3 = Et 34/1: VP 1701 Dezember 21.
1596 DOZA, Et 35/2, fol. 78v–106r: VP 1708.
1597 KOFLER, Spital (wie Anm. 308), pag. 28.
1598 ATZ/SCHATZ (wie Anm. 5), S. 62.
1599 WEINGARTNER, Kunstdenkmäler (wie Anm. 32), S. 814.
1600 DOZA, Et 32/1, fol. 452rv.
1601 ATZ/SCHATZ (wie Anm. 5), S. 116 f.
1602 ATZ/SCHATZ (wie Anm. 5), S. 105; KOFLER, Spital (wie Anm. 308), pag. 62.
1603 SLA, GA Schlanders, Urk. 22 ddo. 1543 Juli 29; vgl. zum Nachweis dieses Hauses auch den Beitrag von Rainer LOOSE im vorliegenden Band, S. 44, Anm. 112.
1604 KOFLER, Spital (wie Anm. 308), pag. 7.
1605 RIEDMANN (wie Anm. 5), S. 425; NÖSSING, Die Kommende (wie Anm. 133), S. 390.
1606 SpA, Urk. 2; KOFLER, Spital (wie Anm. 308), pag. 7 f., 25–28.

stützung der von der Gemeinde betriebenen Neugründung.¹⁶⁰⁷ Auch andere dem Adel und der lokalen Honoratiorenschicht angehörende Familien erwiesen sich als deren besondere Wohltäter. Bis zum Jahr 1672 begegnen unter den Stiftern aus diesem Kreis folgende Namen: Trapp, Hendl, Perwanger, Harm, Tschin, Valten, Yrschner, Mastauner und Waldner.¹⁶⁰⁸

Der maßgeblichen Beteiligung des Pfarrverwalters am Gründungsakt entsprach auch später das Verhältnis des Spitals zur Pfarre Schlanders. Seit den Anfängen war der Seelsorger bei der durch dessen Verwalter vorgenommenen Rechnungslegung regelmäßig anwesend, wie sich bis 1540 direkt¹⁶⁰⁹ und später indirekt, teilweise anhand von Notizen über Streitigkeiten, wie 1677¹⁶¹⁰, nachweisen läßt; außerdem konkretisierte sich die Zusammenarbeit in Gestalt bestimmter Meßverpflichtungen in der Spitalkirche, für die er auch entlohnt wurde¹⁶¹¹, und der Beteiligung des Spitals an der Bestreitung der Kosten, die bei der Ausübung der das Pfarrleben bestimmenden Aktivitäten anfielen, z. B. bei der Durchführung der Fronleichnamsprozession¹⁶¹² oder der Begleichung der Spesen für bischöfliche Visitationen¹⁶¹³; Ende des 18. Jahrhunderts waren jährliche Beiträge an die Pfarrkirche ohne detaillierte Angabe einer Zweckbestimmung eine fest etablierte Praxis.¹⁶¹⁴

Als 1644 in Schlanders ein Kapuzinerkloster gegründet wurde, pflegte das Spital auch zu diesem beste Beziehungen: Zunächst beteiligte es sich großzügig am Klosterbau¹⁶¹⁵, später betraute es die Patres mit der Abhaltung von Litaneien.¹⁶¹⁶

Mit dem 1461 von Hans Weber zur Verfügung gestellten Haus war seit 1311 kraft einer Verleihung des damaligen Tiroler Landesfürsten König Heinrich an Konrad Payr und seine Gemahlin Agnes das Recht verbunden, in dem ansonsten der Gemeinde Göflan unterstehenden Wald Tafratz das zur Erhaltung des Gebäudes erforderliche Bau- und Brennholz zu schlagen¹⁶¹⁷, ein Privileg, das auch von den späteren Landesfürsten regelmäßig bestätigt wurde.¹⁶¹⁸ Nach der Umwidmung des Hauses in ein Spital entstand in dieser Angelegenheit ein langwieriger Rechtsstreit der Spitalverwaltung bzw. der Gemeinde Schlanders mit der Gemeinde Göflan, denn die letztere argumentierte, gemäß dem Lehenrecht sei das Holzschlagprivileg von 1321 nur auf Leibeserben übertragbar, nicht aber auf andere Rechtsnachfolger. Um diesem Rechtsstandpunkt gewachsen zu sein, bemühte sich die Gemeinde Schlanders, der an der Einrichtung viel gelegen war, in den Jahren nach 1461 engagiert um weitere landesfürstliche Bestätigungen des besagten Privilegs. In einer Urkunde Herzog Sigmunds vom 23. Oktober 1478 wird auf dessen Anfechtung durch die Göflaner Bezug genommen, doch der Landesfürst begünstigte die milde Stiftung, indem er dieser das strittige Holzbezugsrecht bis auf Widerruf einräumte, und zwar unter der Bedingung, den Richter von Schlanders vor dessen Inanspruchnahme zu verständigen.¹⁶¹⁹ Auch diese Urkunde wurde von den nachfolgenden Landesfürsten bei jeder Fälligkeit bestätigt¹⁶²⁰, und der Holzbezug aus dem Wald Tafratz galt auch in der Praxis als so selbstverständlich, daß er in die Bestallungsurkunden der Spitalpfleger Eingang fand, z. B. in eine 1529 für Christian Tröger ausgestellte.¹⁶²¹

Ende des 16. Jahrhunderts wurde das Holzbezugsrecht aus dem Tafratzwald zum Gegenstand eines Streites, als das Spital vermeintlich übersteigerte Ansprüche geltend zu machen begann. Aus

---

1607 Dieser sog. Spitalanger wurde 1611 gegen einen anderen vertauscht; KOFLER, Spital (wie Anm. 308), pag. 64 f.
1608 KOFLER, Spital (wie Anm. 308), pag. 113.
1609 KOFLER, Spital (wie Anm. 308), pag. 51.
1610 DOZA, Et 31/2, fol. 384r–387v.
1611 SpA II/2, Nr. 30 (Spitalrechnung 1699/1700).
1612 SpA III/1.3, Heft 13/13 ddo. 1754 Juni 15.
1613 SpA III/1.3, Heft 13/17 ddo. 1755 Oktober 28; Heft 14/8 ddo. 1767 November 6.
1614 SpA III/1.3, Heft 17/17 ddo. 1783 f.
1615 SpA III/1.3, Heft 1 ddo. 1649 April 23.
1616 SpA II/5, Nr. 61: Spitalrechnung 1771/72; III/2.1.3, Nr. 4.

1617 ZAUNER, Alfons (Bearb.): Das älteste Tiroler Kanzleiregister 1308–1315 (= Fontes rerum Austriacarum, 2. Abt., Bd. 78). Wien 1967, S. 95, Nr. 62 ddo. 1311 August 12; KOFLER, Spital (wie Anm. 308), pag. 56, 137.
1618 1380 Juni 21, Meran, von Herzog Leopold zugunsten des Heinrich Nod zu Meran; 1396 Juni 1, Meran, von Herzog Leopold zugunsten des Heinrich Ladurner; 1411 März 29, Meran, von Herzog Friedrich zugunsten des Christoph Ladurner; 1451 Dezember 31, Meran, von Herzog Sigmund zugunsten des Hans Weber zu Kortsch KOFLER, Spital (wie Anm. 308), pag. 140–143.
1619 SLA, GA Göflan, Urk. 16; KOFLER, Spital (wie Anm. 308), pag. 56 f.; 141 f.
1620 1509 August 5 von Kaiser Maximilian; 1529 Oktober 14 bze. 1553 April 15 von Ferdinand I.; 1567 Juni 12 von Ferdinand II.; KOFLER, Spital (wie Anm. 308), pag. 143.
1621 KOFLER, Spital (wie Anm. 308), pag. 31–37, 85.

dem Jahr 1589 liegt eine entsprechende Klage der Gemeinde Göflan vor, und 1594 wandte sie sich an den Landeshauptmann an der Etsch Jakob Khuen von Belasi zu Lichtenberg und Gandegg um Hilfe.[1622]

Inwieweit tatsächlich ein Mißbrauch gegeben war oder ob das Spital nur durch die Ansprüche eines Privaten, Ingenuin Ladurner, der ähnliche Rechte beanspruchte und gegen das Spital ausspielte, obwohl er sich nicht auf entsprechende Urkunden stützen konnte, in seinen Rechten beeinträchtigt wurde, muß dahingestellt bleiben. Ein von der oberösterreichischen Regierung eingesetztes Schiedsgericht unter dem Vorsitz des Landeshauptmannes an der Etsch tendierte zu einer wohlwollenden Beurteilung des Standpunktes der Spitalverwaltung, weswegen am 17. Mai 1598 an die Adresse der Göflaner ein Befehl erging, das Spital so lange im Besitz des strittigen Rechtes zu lassen[1623], bis die Sache endgültig geklärt sein würde. Kaiser Rudolf als Landesfürst bestätigte am 8. März 1599 die Privilegien seiner Vorgänger[1624]; am 12. August 1600 präzisierte er jedoch, das Spital dürfe jährlich nicht mehr als acht bis zehn Fuder Holz schlagen.[1625] Dies war notwendig geworden, weil die Gemeinde Göflan offensichtlich schon damals feststellen zu können glaubte, daß das Spital jährlich 20 bis 30 Fuder schlägere, was sie 1602 aus Angst vor einer Verödung des Waldes in einer an die Regierung gerichteten Klageschrift neuerlich zum Ausdruck brachte. In kritischer Beleuchtung des Privilegs von 1478 wurde nun auch wieder jener alte Rechtsstreit aufgegriffen, der schon früher um den Gegensatz zwischen *ius personale* und *ius reale* geführt worden war und nunmehr für die neuerliche Forderung nach einer Obergrenze von 7 bis 8 Fuder Holz eine sichere Grundlage bildete.[1626] Nach langwierigen Verhandlungen und sorgfältiger Überprüfung der Rechtsgrundlagen durch eine 1603 eingesetzte Kommission unter dem Vorsitz des Balthasar Rottenbucher, Pflegverwalters zu Glurns und Mals[1627], kam es am 1. Juni 1605 zu einer Entscheidung durch Erzherzog Maximilian. Der Landesfürst bestätigte die Rechte des Spitals gegen Ingenuin Ladurner, definierte sie jedoch innerhalb des ursprünglichen Rahmens.[1628] Für diesen Spruch waren vermutlich die Aussagen der ältesten Nachbarn entscheidend gewesen, die Ladurners Anspruch als gegenstandslos erklärten und das Holzbezugsrecht des Spitals bis in die Zeit der Stiftung zurückführten. Auch der Abt von Marienberg, dem Ladurner unterstand, erklärte von dessen Recht nichts zu wissen, wie der Gerichtsausschuß noch am 15. November 1605 dem Innsbrucker Hofkanzler mitteilte. Mit diesem Akt war der fast anderthalb Jahrhunderte währende Streit beendet: 1715 bzw. 1743 wurde die 1605 fixierte Rechtslage von Kaiser Karl VI. und 1743 von Maria Theresia bestätigt.[1629]

Bald nach der Stiftung im Jahr 1461 begann die Spitalverwaltung dem Funktionswandel des Hauses mit Arbeiten zur baulichen Adaptierung Rechnung zu tragen. Diese erfuhren jedoch durch den Einfall der Engadiner im Jahr 1499 eine nachhaltige Störung. Unmittelbar nach dem Krieg fehlten die Mittel für eine Weiterführung des Baues. Die Spitalverwaltung bemühte sich daher auf dem Weg der Intervention beim Bischof von Chur, der seinen Erzpriestern im Vinschgau entsprechende Weisungen erteilte, um Sammlungen in allen Pfarren dieser Talschaft. In zwei von Ephraem Kofler gefundenen Rundschreiben aus den Jahren 1510 (des Erzpriesters von Laas) und 1515 (des Erzpriesters von Glurns) wird auf die Zerstörungen des Krieges hingewiesen; diese seien so grundlegend gewesen, daß der Spitalbetrieb zum Erliegen gekommen sei, so daß auch weiterhin keine Bedürftigen aufgenommen werden könnten; es bleibe kein anderer Ausweg als der Appell an die *Liebe der Gläubigen*. Diese Sammlungen wurden längere Zeit fortgesetzt, doch später nur mehr in der Pfarre Schlanders.[1630]

Bald nach der Stiftung war dem Spital eine Kapelle angebaut worden (ein Plan der Gemeinde, auch einen Friedhof anzulegen, war dagegen nie zur Ausführung gekommen). Einer ihrer besonderen Verehrer, der Laie Johann Hiltprand, erwirkte

---

1622 KOFLER, Spital (wie Anm. 308), pag. 86.
1623 KOFLER, Spital (wie Anm. 308), pag. 90 f.
1624 KOFLER, Spital (wie Anm. 308), pag. 143.
1625 KOFLER, Spital (wie Anm. 308), S. 150–152.
1626 KOFLER, Spital (wie Anm. 308), pag. 87–90.
1627 KOFLER, Spital (wie Anm. 308), pag. 143.

1628 SLA, GA Göflan, Urk. 58 ddo. 1605 Juni 1.
1629 KOFLER, Spital (wie Anm. 308), pag. 92–94, 152.
1630 KOFLER, Spital (wie Anm. 308), pag. 58.

die Erteilung eines Ablasses von 100 Tagen für das Weihefest sowie die Feste Pfingsten, Johann Baptist, Mariä Lichtmeß und Mariä Himmelfahrt durch mehrere Kardinäle am 26. Dezember 1501, den der Churer Bischof Heinrich von Hewen am 8. Oktober 1502 bestätigte.[1631] Damals bestanden drei Altäre: im Chor der der heiligen Dreifaltigkeit, der auch die Kirche geweiht war, rechts der der heiligen Anna und der Apostel Peter und Paul, links der der 14 Nothelfer. Als Kirchweihfest wurde der Sonntag nach Peter und Paul festgesetzt[1632]; an diesem Tag erhielten Besucher Bußablaß von 40 Tagen bei schweren und von einem Jahr bei läßlichen Sünden.[1633] Ein durch den somit angeregten Zustrom spendenfreudiger Gläubiger ermöglichter Neubau unter der Leitung von Meister Oswald Furter aus Latsch[1634] brachte eine Erweiterung des Gotteshauses im Stil der Gotik; 1508 waren die Arbeiten voll im Gange: Die Stiftsgottesdienste mußten damals wegen Unbenützbarkeit der Spitalkirche in der Pfarrkirche abgehalten werden.[1635] Einige Jahre später war der Bau aber bereits weit gediehen, wie die Anbringung der Jahreszahlen 1514 bzw. 1516 über zwei Fenstern anzeigt[1636]; im Spätsommer 1516 schuf ein Meister namens Andreas die Malereien im Innenraum der Kirche.[1637]

Im weiteren Verlauf des 16. Jahrhunderts dürfte an Bau und Ausstattung des Spitals und seiner Kirche wenig verändert worden sein; bei einer Visitation von 1595 entstand der Eindruck einer gewissen Vernachlässigung, denn die bischöflichen Gesandten monierten mehrfach unreine Kirchengeräte und Paramente.[1638] Damals besaß die Spitalkirche nur eine einzige Glocke: Es war die 1574 von Francesco Sermondo in Bormio[1639] gegossene. 1616 kam eine zweite hinzu, die der Werkstatt eines Latscher Meisters entstammte.[1640] Bei einer neuerlichen Visitation im Jahr 1638 befanden sich bereits drei Glocken im Turm. Auch sonst hinterließ die Kirche jetzt einen ungleich besseren Eindruck als gut vier Jahrzehnte zuvor; dies galt zumal für die Ausstattung, denn der Bau selbst wurde als klein empfunden.

Bei gleicher Gelegenheit wurden auch über das Spital Bemerkungen festgehalten, die einen ersten konkreteren Einblick in dessen Raumsituation und seinen Bestand an Nebengebäuden und Wirtschaftsanlagen (Garten, Obstgarten, Stadel, Stall) vermitteln. Das Haus, dessen wohl am besten ausgestatteter Teil die Wohnung des Kaplans war, umfaßte insgesamt sieben Schlafräume, je eine Küche in zwei Geschossen, zwei Keller und eine Halle.[1641]

Ein Visitationsbericht des Bischofs von Chur von 1638 enthält den Hinweis, daß im Spitalkomplex auch die Rüstkammer des Gerichtes untergebracht war. Dieser Umstand war für das Spital insofern von Vorteil, als es die Kosten für die Erhaltung des Daches nicht allein tragen mußte. Bei einer größeren Reparatur, die im Jahr 1666 notwendig geworden war, mußte das Spital nur ein Drittel von insgesamt 160 fl übernehmen, während der Rest zu Lasten von Adel und Gemeinde ging.[1642] Ähnliches ist zu 1691 bekannt.[1643]

1697 und 1705 richteten Ausbrüche des Schlandraunbaches, bei denen Morast in die Kirche eindrang, schwere Schäden an. In der Folge erhielt das Spital unter Verwendung beträchtlicher Geldsummen eine Schutzmauer. Diese hielt jedoch einem neuerlichen Ausbruch dieses Baches im Jahr 1719 nicht stand, der so schwer war, daß die drei Altäre abgetragen werden mußten. 1720 wurde die Schutzmauer erneuert.[1644] Trotzdem befand sich die Kirche auch noch 1729 wegen der Feuchtigkeitsschäden in sehr schlechtem Zustand.[1645] Ein weiterer katastrophaler Ausbruch des Schlandraunbaches hat zum 28./29. Mai 1731 in die Chronik Eingang gefunden: Damals drang das Wasser mannshoch bis in die Ortschaft ein und füllte die

---

1631 SpA, Urk. 9.
1632 Zu 1780 verlautet, daß dieses Fest später am Sonntag nach Mariä Heimsuchung gefeiert wurde; SpA III/2.1.3, Nr. 4.
1633 SpA, Urk. 8; KOFLER, Spital (wie Anm. 308), pag. 147.
1634 THEINER (wie Anm. 475), S. 66.
1635 SpA, Urk. 17; KOFLER, Spital (wie Anm. 308), pag. 16.
1636 WEINGARTNER, Kunstdenkmäler (wie Anm. 32), S. 814.
1637 PESCOLLER, Markus: Die Maltechnik des »Maister Andre Maler« in der Spitalkirche von Schlanders, in: Der Schlern 70 (1996), S. 67–82, hier S. 68 f.
1638 BAC, VP 1595, pag. 201.
1639 WEINGARTNER, Kunstdenkmäler (wie Anm. 32), S. 815.
1640 KOFLER, Spital (wie Anm. 308), pag. 61.
1641 BAC, VP 1638 Oktober 9, pag. 42.
1642 SpA III/1.3, Heft 2: 1666 Jänner 15; vgl. auch eine detailliertere Aufstellung aus demselben zeitlichen Umfeld; ebd. III/1.3, Heft 4.
1643 KOFLER, Spital (wie Anm. 308), pag. 114.
1644 KOFLER, Spital (wie Anm. 308), pag. 100.
1645 BAC, VP 1729.

Spitalkirche mit Schlamm an; in der Folge wurde der Bach umgeleitet.[1646]

In den frühen fünfziger Jahren des 18. Jahrhunderts setzte eine Phase intensiver Bauarbeiten und Maßnahmen zur Verbesserung der Ausstattung ein, die noch mehr als das Spital selbst vor allem die Kirche und ihre Altäre betrafen und an zahlreichen Handwerkerquittungen greifbar werden.[1647] 1757 war die Herstellung der beiden Seitenaltäre, Werke des Bildhauers Vollen und der beiden Maler Tafrazer und Lanser, abgeschlossen. 1758 wurde die Kirche von Josef Adam Mölk gegen eine Entlohnung von 150 fl mit Malereien im Zeichen des Barock neu gestaltet.[1648] Im Schiff stellte er die Aufnahme des heiligen Johann Nepomuk in den Himmel und darunter eine Ansicht von Schlanders vor der Vermurung dar; durch die Wahl des Brückenheiligen sollte die Ortschaft vor den Ausbrüchen des Schlandraunbaches bewahrt bleiben. Im Chor findet sich eine Darstellung des Pfingstfestes, eine Anspielung auf das Heiliggeistpatrozinium.[1649]

Damals erhielt das Gotteshaus auch neue Bänke.[1650] Aus den sechziger Jahren liegen einige Notizen über die Neuanschaffung von Paramenten und Kirchengeräten vor[1651]; in einem am 17. August dieses Jahres angelegten Inventar spiegelt sich eine hinreichende Ausstattungssituation, wobei mehrere Posten mit dem Attribut »neu« versehen sind.[1652] Trotzdem hatten bischöfliche Visitatoren im selben Jahr diesbezüglich gewisse Mängel zu beanstanden.[1653]

In den siebziger Jahren sprang eine der drei Glocken, woraufhin die Gemeindeverwaltung die Anschaffung einer neuen beschloß. Im Oktober 1776 wurden die technischen und finanziellen Details in einem Vertrag mit dem Glockengießermeister Bartholomäus Grasmair aus Habichen im Ötztal[1654] bzw. in der nachfolgenden Korrespondenz mit diesem geregelt. Unter anderem war die künstlerische Gestaltung mit mehreren Bildnissen vorgesehen: der heiligen Dreifaltigkeit, der unbefleckten Empfängnis Mariens sowie der Heiligen Johann von Nepomuk, Martin, Sebastian und Anton von Padua.[1655] Am 8. Jänner 1777 wurde diese Glocke vom Stamser Abt Vigilius in seinem Kloster geweiht[1656] und anschließend gemäß dem Vertrag vom Vorjahr von den Schlandersern an ihren Bestimmungsort transportiert.

Am Spital selbst wurden in der zweiten Hälfte des 18. Jahrhunderts eher sporadisch bauliche Verbesserungen durchgeführt. 1766 wurden rund 11 fl für Maurerarbeiten[1657] und ein Jahr später knapp 15 fl für Tischlerarbeiten, die der Erneuerung der Stube des Spitales dienten, ausgegeben.[1658] 1799 wurden die Fenster der Kirche und der Krankenzimmer erneuert.[1659]

Bei seiner Stiftung im Jahr 1461 hatte das Spital nur das Gebäude bekommen; der Erwerb von Liegenschaften, aus denen Gülten bezogen wurden,

1646 GAMPER (wie Anm. 254), S. 108; STAFFLER, Hofnamen Schlanders (wie Anm. 384), S. 145.
1647 SpA III/1.3, Heft 13/53 (1753 Dezember 10: Glaserarbeiten), Heft 13/35 (Maurerarbeiten), Heft 13/33 (1754: Entlohnung des Johann Wallnöfer für die Herstellung von Paramenten), Heft 13/22 (1754 März 17: Erwerb von 8 zinnenen Altarleuchtern am Bozner Markt), Heft 13/37 (1754: Zimmermannsarbeiten an der Spitalkirche), Heft 13/39 (1754: Steinmetzarbeiten an der Spitalkirche), Heft 13/44 (1754: Näharbeiten für die Spitalkirche), Heft 13/46 (1754: Lieferung von Stoffen und Borten für die Spitalkirche), Heft 13/49 (1754: Tischlerarbeiten in der Spitalkirche), Heft 13/50 (1754: Glaserarbeiten in der Spitalkirche), Heft 13/52 (1754: Schlosserarbeiten in der Spitalkirche), Heft 13/54 (1755: Glaserarbeiten in der Spitalkirche), Heft 13/51 (1755: Schlosserarbeiten an den Seitenaltären der Spitalkirche), Heft 13/47 (1755 Jänner 10: Verschiedene Ausgaben für die Spitalkirche), Heft 13/43 (1755: Maurerarbeiten an der Spitalkirche), Heft 13/40 (1755 Jänner 19: Buschenmacherarbeiten für die Spitalkirche), Heft 13/38 (1755: Zimmermannsarbeiten am Turm), Heft 13/30 (Maler Martin Tafratzer wird für die Fassung des zweiten Seitenaltars bezahlt); III/1.3, Heft 13/32 (Maler Martin Tafratzer erhält Lohn für Faßarbeiten), 13/48 (1755 November 23: Tischlerarbeiten in der Spitalkirche).
1648 KOFLER, Spital (wie Anm. 308), pag. 114 f.
1649 EGG, Kunst im Vinschgau (wie Anm. 37), S. 143.
1650 WEINGARTNER, Kunstdenkmäler (wie Anm. 32), S. 815.
1651 SpA III/1.3, Heft 14/12 (1765 Dezember 12. Anschaffung von Brokat, Damast, leonischen Spitzen, Kerzen etc.), Heft 14/11 (um 1766: Anschaffung einer neuen vergoldeten und versilberten Monstranz aus Messing).
1652 SpA III/1.5, Nr. 7.
1653 BAC, VP 1767, pag. 84, 215.
1654 Die bekannte Glockengießerfamilie Grasmair in Brixen stammt aus Habichen im Ötztal, von wo einzelne Deszendenten der Überlieferung nach schon vor 1550 in die Bischofsstadt gingen; KIERDORF-TRAUT (wie Anm. 480), S. 572 f.
1655 SpA III/1.3, Heft 16/5 (1776 Oktober 27, Silz), Heft 16/4 (1776 Oktober 29, Habichen), Heft 16/3 (1776 November 3, Silz).
1656 SpA III/1.3, Heft 16/6: 1777 Jänner 8, Stams; KOFLER, Spital (wie Anm. 308), pag. 115.
1657 SpA III/1.3, Heft 14/15.
1658 SpA III/1.3, Heft 14/14.
1659 SpA III/1.2, Nr. 7.

setzte erst in der Folgezeit allmählich ein. Obwohl die Besitzaufstockung nicht mit letzter Genauigkeit rekonstruiert werden kann, weil mit gewissen Verlusten der urkundlichen Überlieferung zu rechnen ist, lassen die vorhandenen Aufzeichnungen dennoch einige wichtige Grundzüge erkennen.

Dazu gehört vor allem die Einsicht, daß der größte Teil der Güter und Rechte nicht durch Kauf[1660] erworben wurde, sondern der Freigebigkeit frommer Stifter zu verdanken ist. In anderen Fällen handelte es sich um Schuldübergaben und Schenkungen, die an keine besonderen Bedingungen geknüpft waren.[1661]

Hinsichtlich der Chronologie ergibt sich eine Häufung in den ersten 70 Jahren nach der Gründung; später ist ein Rückgang zu verzeichnen. Die ältesten Stiftungen fallen noch ins 15. Jahrhundert; Notizen darüber hat P. Ephraem Kofler aus diversen Quellen zusammengetragen; weil die einschlägigen Urkunden sind nicht mehr vorhanden.[1662] Zwischen 1505 und 1532 wurden insgesamt 17 Stiftungen von Jahrtagen, Seelgeräten und Almosen errichtet, also im Rhythmus von 1,6 Jahren, die das Einkommen des Spitals in bedeutsamem Ausmaß vermehrten.[1663] Besondere Erwähnung verdient eine Stiftung der Brüder Augustin, Christoph und Gregor Perwanger zu Güntzelhofen als Erben der Anna, Tochter des Achatius Harms, von 1518, die der Finanzierung des vordersten, mit einem Christophorusbild künstlerisch gestalteten Fensters der Kirche diente; ein Perwangersches Wappen sollte an die adeligen Wohltäter erinnern.[1664] Später entstand um diese Stiftung ein Streit mit den im Vinschgau lebenden Erben Annas, den Schiedsleute teilweise im Sinn des Spitals entschieden.[1665] Zwischen 1544 und 1692 nahm die Stiftungsintensität deutlich ab: Auf der Grundlage der insgesamt neun noch erhaltenen Notizen[1666] lassen sich durchschnittliche Intervalle von 16,4 Jahren errechnen. Das für die genannten Zeiträume aus den erhaltenen Urkunden gewonnene Bild dürfte der Realität ziemlich nahekommen, wurde doch in einem um 1700 angelegten Promemoria für den Kaplan die Zahl der Gottesdienste und gestifteten Jahrtage, die in der Spitalkirche gehalten werden mußten, auf der Grundlage der »alten Schriften« mit 27 angegeben, deren letzte die von 1692 war.[1667]

1660 Das einzige Beispiel eines Kaufes liegt zu 1582 Dezember 8 vor; getätigt von Peter Herzog zu Schlanders um 725 fl † 5 fl Leitkauf; SpA, Urk. 61.

1661 SpA, Urk. 21 (1512 Jänner 17: Christian Walchentaler zu Latsch), KOFLER, Spital (wie Anm. 308), pag. 16 (1529 o. T.: Matthäus Pamgarter zu Marling), KOFLER, Spital (wie Anm. 308), pag. 9 (1514 Jänner 9: Hans Paflurer zu Martell), SpA, Urk. 47; KOFLER, Spital (wie Anm. 308), pag. 13 (1532 April 15: Stefan Blaas, genannt Neyr zu Schlanders), III/1.9, Nr. 1 (1672 Mai 25: Erben des Gabriel Helf), III/1.9, Nr. 8 ddo. 1760 Juli 19 (Maria Klara Staffler, 100 fl); III/1.6, Nr. 4 (1766 März 5: Jakob Oberdörfer zu Kortsch).

1662 Notizen über die ältesten Stiftungen, von denen keine Urkunden mehr vorhanden sind; sie waren von folgenden Personen errichtet worden: Urban von Weingarten zu Kortsch, Heinrich Purger zu Allitz, Jakob Salzburger, Elisabeth, Gem. des Hans Schnatzer zu Vezzan, Sigmund Hendl, Jakob Peruner vom Sonnenberg.

1663 1505 November 3, 1507 August 6, 1507 August 13: Christian Irschner zu Kortsch (SpA, Urkk. 11, 12, 16; KOFLER, Spital [wie Anm. 308], pag. 16 f.), 1508 März 5, 1514 September 14: Hans Mastauner zu Schlanders (SpA, Urkk. 17, 24, KOFLER, Spital, pag. 16), 1512 Juli 6: Anna, Tochter des Achatius Harms zu Schanzen (SpA, Urk. 22; KOFLER, Spital, pag. 9 f.), 1514 Jänner 9: Anton Matthy (KOFLER, Spital, pag. 8), 1515 März 24: Jakob Pernewer (SpA, Urkk. 25 f., KOFLER, Spital, pag. 19), 1515 September 21: Sigmund LADURNER zu Schlanders (SpA, Urk. 28; KOFLER, Spital, pag. 19), 1516 April 6: Stefan Pinter zu Schlanders (SpA, Urk. 30; KOFLER, Spital, pag. 19 f., 29–31), 1516 Mai 21: Hans Matetscher zu Matetsch am Sonnenberg (SpA, Urk. 29; KOFLER, Spital, pag. 15), 1519 März 3: Mathias Zuvold zu Göflan und seine Schwester Petronilla (KOFLER, Spital, pag. 12), 1520 Februar 10, 1533 April 30: Jakob Walder, Pöder zu Allitz (SpA, Urkk. 40, 49; KOFLER, Spital, pag. 18, 71), 1520 Dezember 31: Blasius im Zehenstadel zu Schlanders (SpA, Urk. 39; KOFLER, Spital, pag. 14), 1522 März 25: Heinrich Ruedi zu Allitz (SpA, Urk. 42; KOFLER, Spital, pag. 14), 1522 Dezember 21: Bartholomäus von Brugg zu Kortsch (SpA, Urk. 43), 1524 Oktober 30: Hans Müller zu Schlanders und seine Gemahlin Anna (SpA, Urk. 45; KOFLER, Spital, pag. 15), 1530 August 12: Hans Premb zu Schlanders (SpA, Urk. 46; KOFLER, Spital, pag. 15), 1532 Dezember 4: Christian Irschner zu Kortsch (SpA, Urk. 48).

1664 SpA, Urkk. 35 f. ddo. 1518 Dezember 20/21; KOFLER, Spital (wie Anm. 308), pag. 148 f.

1665 SpA, Urk. 41 ddo. 1520 Februar 16.

1666 1544 Oktober 29: Christoph Valten, Kaplan zu Tanas (SpA, Urk. 55; KOFLER, Spital [wie Anm. 308], pag. 17 f.), 1562 Oktober 2: Peter Verdross zu Kortsch (SpA, Urk. 58; KOFLER, Spital, pag. 13), 1618: Juliana Ratschillerin, Gem. des Christoph Gufler (KOFLER, Spital, pag. 11 f.), 1627 Februar 11: Anna Saligin, Gem. des Georg Wyder (KOFLER, Spital, pag. 10 f.), 1641 Juni 12: Georg Tschin (SpA III/1.6, Nr. 1), 1664 Dezember 12: Hans Strimmer (SpA III/1.6, Nr. 2), 1676 April 8: Barbara Trapp, geb. Künigl von Ehrenburg (SpA III/1.9, Nr. 2; PfA Schlanders, Urk. 58), 1683 Juli 18: Hans Lannser, Handelsmann zu Schlanders (SpA, Urk. 65.), 1692 Jänner 16: Maria Rannterin, Witwe nach Hans Lannser (SpA, Urk. 66; KOFLER, Spital, pag. 14).

1667 SpA III/2.1.3, Nr. 1.

Im 18. Jahrhundert ist wiederum ein Zuwachs an Stiftungen zu erkennen. Zunächst blieb es allerdings für lange Zeit bei einer einzigen, nämlich jener, die die Erben des verstorbenen Pfarrverwalters Nikolaus Schliernzauner 1713 mit Übergabe von 200 Mark in eine rechtskräftige Form brachten.[1668] Andere acht Stiftungen, die zwischen 1703 und 1769 von verschiedenen Personen verfügt wurden, konnten erst im Jahr 1773 formell errichtet werden.[1669]

Die für die früheren Epochen vorgenommene Berechnung der Stiftungsintervalle auf der Basis der erhaltenen Urkunden und sonstiger gesicherter Notizen wäre für das 18. Jahrhundert methodisch nicht vertretbar, denn diese reichen nicht annähernd dazu aus, die Stiftung der in einem Kirchenkalender von 1736 verzeichneten insgesamt 75 Messen und Ämter, die in der Spitalkirche gehalten werden mußten, nachzuvollziehen; einen wichtigen Stellenwert nahmen mit einer Gesamtanzahl von 37 die Quatemberstiftungen ein.[1670] Allein diese vermehrten sich bis 1780 auf 42[1671] und bis 1802 auf 48[1672], was auf das Anhalten der Stiftungsaktivität auch in der zweiten Hälfte des 18. Jahrhunderts deutet.

Die wirtschaftliche Gebarung des Schlanderser Spitals läßt sich auf der Grundlage von Rechnungen nachzeichnen, die aus dem Zeitraum zwischen 1515 und 1796 in beachtlicher Dichte überliefert sind; ergänzt werden sie durch einige Urbare[1673] und diverse Quellen zur Verwaltungsgeschichte. Diese Aufzeichnungen, insbesondere die Rechnungen aus der ersten Hälfte des 16. Jahrhunderts, weisen hinsichtlich der Kriterien ihrer Anlage allerdings so große Unterschiede auf, daß der diachrone Vergleich kaum möglich erscheint. Mit Sicherheit festzustellen ist jedoch, daß in der zweiten Hälfte des 16. Jahrhunderts, nach der an der Genese des Besitzerwerbs aufgezeigten vorläufigen Saturierung, eine grundlegende ökonomische Umstrukturierung vor sich ging.

Nach Ausweis der aus dem Zeitraum zwischen 1515 und 1552 vorliegenden Rechnungen (von insgesamt 20 eigneten sich 16 zur näheren Untersuchung) bezog das Spital seine Einnahmen fast ausschließlich aus dem unter dem Titel des Baurechtes an bäuerliche Hintersassen vergebenen Urbarbesitz (12–13 Stellen)[1674] sowie aus Opfergaben und Sammlungen. Im Gegensatz zu anderen Spitälern konnte nie eine umfassende Grundherrschaft aufgebaut werden; der Theresianische Kataster von 1779 bestätigt das für das 16. Jahrhundert gültige Bild.[1675] Für die Opfergaben standen außer dem gewöhnlichen Opferstock in der Kirche noch mehrere *pixen* im Spital und in dessen unmittelbarem Nahbereich zur Verfügung. Die Sammlungen wurden in Schlanders und in den umliegenden Ortschaften von eigens dafür bestimmten und entsprechend entlohnten Personen durchgeführt. Sowohl die Urbarabgaben als auch die Sammelgüter wur-

---

1668 SpA III/1.6, Nr. 3: 1713 Februar 8.
1669 1773 März 3: Spitalkaplan Johann Froschauer, 1703 (SpA III/1.6, Nr. 7), 1773 April 1: Katharina Rainer, geb. Wunder, 1708 (SpA III/1.6, Nr. 8), 1773 Mai 3: Magdalena Gräfin Hendl, geb. von Vintler, 1714 (SpA III/1.6, Nr. 11; II/3, Nr. 38, Spitalrechnung 1719/20), 1773 Mai 3: Thomas Prunner, 1739 (SpA III/1.6, Nr. 9), 1773 März 1: Johann Baptist Singer zu Meran, 1752 (SpA III/1.6, Nr. 5), 1773 Mai 3: Spitalkaplan Thomas Lösch, 1753 (SpA III/1.6, Nr. 10), 1773 März 3: Jakob Kirchlechner zu Meran, 1769 (SpA III/1.6, Nr. 6).
1670 SpA III/2.1.3, Nr. 2: Kirchenkalender 1736.
1671 SpA III/2.1.3, Nr. 4: Kirchenkalender 1780.
1672 SpA III/2.1.3, Nr. 5: Kirchenkalender 1802.
1673 SpA II/1, Nr. 1 (Spitalrechnung 1515), Nr. 2 (Spitalrechnung 1516), Nr. 3 (Spitalrechnung 1517), Nr. 4 (Spitalrechnung 1518), Nr. 5 (Spitalrechnung 1519), Nr. 6 (Spitalrechnung 1520), Nr. 7 (Spitalrechnung 1521), Nr. 11 (Spitalrechnung 1526), Nr. 12 (Spitalrechnung 1528), Nr. 14 (Spitalrechnung 1531), Nr. 15 (Spitalrechnung 1533), Nr. 16 (Spitalrechnung 1534), Nr. 17 (Spitalrechnung 1538), Nr. 18 (Spitalrechnung 1540), II/2, Nr. 19 (Spitalrechnung 1551), Nr. 20 (Spitalrechnung 1552), III/1.4, Nr. 1 (Urbar 1588), Nr. 2 (Urbar 1597), KOFLER, Spital (wie Anm. 308), pag. 183 f. (Spitalrechnung 1606/07), SpA III/1.4, Nr. 4 (Urbar 1608), II/2, Nr. 21 (Spitalrechnung 1638/39), Nr. 22 (Spitalrechnung 1671/72), Nr. 23 (Spitalrechnung 1677/78), DOZA, Et 7/1, fol. 67v–69r; Et 32/3 (Anzeigung des zeitlichen Vermögens und Einkommens der Kirchen und des Spitals in der Pfarre Schlanders 1685 Mai 2), SpA II/2, Nr. 30 (Spitalrechnung 1699/1700), II/3, Nr. 38 (Spitalrechnung 1719/20), II/4, Nr. 47 (Spitalrechnung 1739/40), III/1.4, Nr. 9 (Urbar 1749/50), II/4, Nr. 55 (Spitalrechnung 1759/60), II/5, Nr. 61 (Spitalrechnung 1771/72), Nr. 64 (Spitalrechnung 1777/78), III/1.5, Nr. 10 (1790), II/5, Nr. 72 (Spitalrechnung 1795/96).
1674 Noch erhaltene Verleihungsurkunden und Reverse: 1491 Oktober 4 (SpA, Urk. 7 A), 1519 Dezember 13 (SpA, Urk. 38), 1535 Dezember 7 (PfA Schlanders, Urk. 38), 1540 Juli 5 (SpA, Urk. 50), 1540 November 2 (SpA, Urk. 51), 1542 Jänner 3 (SpA, Urk. 53), 1542 November 27 (SpA, Urk. 54), 1576 März 14 (SpA, Urk. 59), 1579 März 11 (SpA, Urk. 60), 1608 Februar 8 (SpA, Urk. 63), 1614 Februar 24 (SpA, Urk. 64).
1675 Vgl. die Analyse von Rainer LOOSE im vorliegenden Band, S. 45.

den sowohl in Geld[1676] als auch in Getreide (vorwiegend Roggen, geringe Mengen an Gerste und Hafer, in seltenen Fällen auch Weizen) und in anderen Naturalien entrichtet, wobei das Verhältnis zwischen Geld- und Naturalabgaben von Jahr zu Jahr erhebliche Schwankungen aufweist; aus diesem Grund und auch deshalb, weil auf die Unterscheidung zwischen Urbarzins und Sammelgeld bzw. -getreide meist verzichtet wurde, lassen sich die einzelnen Posten nur schwer quantifizieren. Als dem Soll vermutlich nahe kommende Werte erschließen sich bei den Urbarzinsen ein bei etwas unter 20 fl liegender Geldbetrag und bei Getreide eine Menge von knapp 100 Star. Durch die Opfergaben und Sammlungen wurden die Einnahmen um 50–100 Prozent gesteigert.

Die in der eben charakterisierten Phase des wirtschaftlichen Aufbaus festgestellte Sicherung der materiellen Grundlagen vollzog sich im Rahmen einer mehr oder minder straffen Verwaltungsstruktur, die an einzelnen Initiativen bzw. Rechtsakten sichtbar wird. In diesem Sinne verschaffte sich die Verwaltung des Spitals 1515 in einem *Inventar aller brieflichen Gerechtigkeiten* einen genauen Überblick über die ihm zustehenden Zinse, Renten, Gülten und gestifteten Jahrtage.[1677] Doch auch einzelne Objekte waren Gegenstand akribischer Regelungen, was sich am Beispiel einer 1524 getroffenen Vereinbarung mit der Kirche St. Nikolaus zu Vezzan über eine Gülte aufzeigen läßt.[1678]

Zwischen 1552 und 1588 klafft in der Serie der erhaltenen Rechnungen eine breite Lücke, so daß die wirtschaftliche Entwicklung in der zweiten Hälfte des 16. Jahrhunderts nicht im Detail nachvollziehbar ist. Mit Sicherheit erkennen läßt sich jedoch eine leichte Aufstockung des Urbarbesitzes und eine grundlegende Umstrukturierung: Die organisierten Sammlungen waren völlig eingestellt worden, stattdessen hatten sich in der Vergabe von Liegenschaften zu Bestand und in der Gewährung von verzinslichen Darlehen an kreditbedürftige Personen bzw. durch die Verzinsung diverser verspätet entrichteter Beträge neue Einkommensquellen erschlossen. Die über Kreditvergabungen bzw. Zinsnahmen noch erhaltenen Urkunden, die teilweise auch Einblick in die drängenden Nöte der in Liquiditätsschwierigkeiten befindlichen Menschen vermitteln, verteilen sich in weitgehend homogener Streuung über die Jahre 1541 bis 1807.[1679]

Die Urbarabgaben, die aus Stellen in Schlanders, Allitz, Laas, Kortsch, Sonnenberg und Göflan bezogen wurden, hatten sich im 17. und 18. Jahrhundert, ohne daß noch größere Schwankungen erkennbar wären, bei rund 27 fl und gut 140 Star Getreide eingependelt. Dazu kamen in geringen Mengen Hühner, Wein, Käse, Schmalz und Rindfleisch.[1680] Die Bestandszinse stiegen zwischen

---

1676 Bis um die Mitte des 16. Jahrhunderts werden Geldangaben in den Quellen auch in Mark und Pfund gemacht. Zum Zweck der besseren Vergleichbarkeit mit den in späteren Quellen angegebenen werden sie in fl und kr umgerechnet. 1 fl = 5 lb, 1 lb = 12 kr, 1 Mark = 10 lb = 2 fl; MOSER, Heinz, Helmut RIZZOLLI und Heinz TURSKY: Tiroler Münzbuch. Die Geschichte des Geldes aus den Prägestätten des alttirolischen Raumes. Innsbruck 1984, S. 71.
1677 SpA III/1.5, Nr. 1.
1678 SpA, Urk. 44 ddo. 1524 August 24.
1679 1541 Jänner 30 (SpA, Urk. 52), 1606 Jänner 17 (SpA III/1.1, Nr. 5), 1607 November 5 (SpA III/1.8, Nr. 3), 1672 August 24 (SpA III/1.8, Nr. 5), 1675 Juni 8 (SpA III/1.8, Nr. 13), 1676 Jänner 4 (SpA III/1.8, Nr. 15), 1676 Februar 7 (SpA III/1.8, Nr. 51), 1677 März 20 (SpA III/1.8, Nr. 17), 1679 Jänner 19 (SpA III/1.8, Nr. 18), 1690 Februar 14 (SpA III/1.8, Nr. 22), 1695 Jänner 30 (SpA III/1.8, Nr. 24), 1695 Februar 6 (SpA III/1.8, Nr. 25), 1696 Jänner 27 (SpA III/1.8, Nr. 26), 1696 März 28 (SpA III/1.8, Nr. 27), 1696 Dezember 30 (SpA III/1.8, Nr. 28), 1697 Februar 3 (SpA III/1.8, Nr. 29), 1697 März 8 (SpA III/1.8, Nr. 30), 1697 Juni 22 (SpA III/1.8, Nr. 31), 1699 Juni 5 (SpA III/1.8, Nr. 32), 1699 Juni 5 (SpA III/1.8, Nr. 33), 1699 Juli 22 (SpA III/1.8, Nr. 34), 1700 Februar 10 (SpA III/1.8, Nr. 35), 1712 April 9 (SpA III/1.8, Nr. 38), 1713 Februar 21 (SpA III/1.8, Nr. 39), 1714 Jänner 26 (SpA III/1.8, Nr. 40), 1716 Februar 5 (SpA III/1.8, Nr. 42), 1719 Februar 4 (SpA III/1.9, Nr. 7), 1752 Mai 9 (SpA III/1.8, Nr. 45), 1763 Februar 16 (SpA III/1.8, Nr. 48), 1765 Dezember 3 (SpA III/1.8, Nr. 49), 1767 Februar 7 (SpA III/1.8, Nr. 50), 1767 Februar 17 (SpA III/1.9, Nr. 9), 1767 März 27 (SpA III/1.9, Nr. 10), 1769 April 16 (SpA III/1.9, Nr. 11), 1770 Februar 11 (SpA III/1.8, Nr. 52), 1773 Dezember 15 (SpA III/1.8, Nr. 53), 1774 Jänner 8 (SpA III/1.8, Nr. 54), 1774 Jänner 29 (SpA III/1.8, Nr. 55), 1774 Februar 7 (SpA III/1.8, Nr. 56), 1774 Februar 9 (SpA III/1.9, Nr. 13), 1774 Februar 15 (SpA III/1.8, Nr. 57), 1774 Februar 16 (SpA III/1.8, Nr. 58), 1774 Februar 16 (SpA III/1.8, Nr. 59), 1775 Dezember 1 (SpA III/1.8, Nr. 67), 1779 Februar 12 (SpA III/1.8, Nr. 60), 1782 Februar 5 (SpA III/1.8, Nr. 61), 1784 Februar 16 (SpA III/1.9, Nr. 14), 1789 Februar 15 (SpA III/1.9, Nr. 15), 1797 Februar 24/25 (SpA III/1.9, Nr. 16), 1797 Dezember 28 (SpA III/1.8, Nr. 62), 1798 Jänner 29 (SpA III/1.9, Nr. 17), 1798 Februar 19 (SpA III/1.9, Nr. 18), 1799 Februar 15 (SpA III/1.8, Nr. 63), 1800 Oktober 30 (SpA III/1.8, Nr. 64), 1804 Dezember 6 (SpA III/1.8, Nr. 65), 1807 März 17 (SpA III/1.9, Nr. 19).
1680 Vgl. außer den in Anm. 1673 und 1681 genannten Rechnungen auch BAC, VP 1638 Oktober 9, pag. 42.

1588 und 1760 von 24 fl auf über 200 fl, um seither wieder zu sinken, besonders rapide seit 1780. Die Vergabe von Darlehen ist ebenfalls seit 1588 nachweisbar: Ein aus diesem Jahr vorliegendes Urbar verzeichnet insgesamt 37 Afterzinse, die in Form von Geld und Getreide gereicht wurden. Seither durchlief diese Einkommenssparte eine stetig steigende Entwicklung: 1597 schuldeten bereits 48 verschiedene Personen dem Spital Kreditzinsen, bis 1750 stieg deren Anzahl auf nahezu 90; von diesen bezog das Spital die Interessen eines auf insgesamt rund 10.000 fl sich belaufenden Kapitals, also bei 5-prozentiger Verzinsung rund 500 fl pro Jahr. In dieser Größenordnung bewegten sich die Kreditvergaben dann bis in die frühen siebziger Jahre, während im letzten Viertel des 18. Jahrhunderts eine geringfügige Bedeutungseinbuße dieses Postens erkennbar ist. Andere Einkommensgrundlagen, wie das weiterhin gereichte Opfergeld, Auf- und Abzugsgebühren und diverse außerordentliche Bezüge, fallen insgesamt kaum ins Gewicht. Bei den Bestandsgütern handelte es sich um die seit dem 17. Jahrhundert regelmäßig angeführten Liegenschaften, nämlich um das sogenannte Gemeindehaus am Platz sowie 12 Äcker und Wiesen.[1681]

Die allgemeinen Rahmenbedingungen waren freilich nicht immer so, daß das Spital alle seine potentiellen Ressourcen auch voll ausschöpfen konnte. Sehr negative Auswirkungen hatte die Pestepidemie von 1566, von der viele Grundholden in der Weise getroffen wurden, daß sich Nachlässigkeiten bei der Zinslieferung einstellten. Für die Verwaltung begann damit eine mehrere Jahrzehnte währende Phase, die von häufigen Negativbilanzen gekennzeichnet war.[1682] Dessenungeachtet war 1596 noch genügend Liquidität vorhanden, daß die Spitalmeister Kaiser Rudolf II. und seinen Brüdern ein zu 6 Prozent verzinsliches Darlehen von 400 fl gewähren konnten, worüber ihnen der tirolische Kammermeister eine Quittung ausstellte.[1683]

In dieser Zeit war die Spitalverwaltung rigoros auf die Wahrung bestehender Rechte bedacht, selbst wenn sich für die pflichtigen Personen, die ja ebenfalls Opfer der Wirtschaftskrise geworden waren, spürbare Nachteile ergaben. Als Beispiel sei ein 1596 aufgetretener Fall referiert: Konrad Pöli zu Laas, der Inhaber des Pöderhofes zu Allitz, hatte seit einigen Jahren statt eines Rindes, wie es der 1533 errichteten Almosenstiftung des damaligen Hofinhabers Jakob Walder entsprochen hätte[1684], nur ein einjähriges Kalb gezinst; da dieses, wiewohl 3 fl wert, nur 50–60 Pfund Fleisch und kein Unschlitt gäbe, so die Spitalverwaltung, sei die Stiftung geschmälert. Ein in dieser Angelegenheit eingesetztes Schiedsgericht entschied für die Ablieferung eines Rindes.[1685]

In der Folgezeit wurden jedoch auch stärker ins Grundsätzliche gehende administrative Maßnahmen zur Rettung der wirtschaftlichen Basis unternommen. Hierbei gingen wichtige Initiativen von der Regierung in Innsbruck aus, die den lokalen Verantwortlichen unhaltbare Säumigkeiten zum Vorwurf machte. Ein erstes Resultat liegt in der Anfertigung von Übersichten und Inventaren der Urkunden über die aus dem Urbarbesitz resultierenden Rechte um 1600 vor.[1686]

1610 erhielt Maximilian Frhr. von Hendl von der Regierung den Auftrag, einen detaillierten Bericht über die Hauswirtschaft und Verwaltung des Spitals zu erstellen.[1687] In dieser Zeit bedurfte es wiederholt auch anderer obrigkeitlicher Interventionen, um die Zinspflichtigen, aber auch die sonst für den Betrieb des Spitals Verantwortlichen zu einer gewissen Disziplin und Verantwortung anzuhalten. Bezeichnend ist der Zusatz, den Richter Oswald Pinggera seinem 1613 an Adel und Gemeinde gerichteten Schreiben beifügte, mit dem er deren Vertreter zur anstehenden Rechnungslegung lud: Wer nicht erscheine, habe mit einer Pön von 1 fl zu rechnen. Bisweilen besaßen weder Spitalmeister noch Richter genügend Durchsetzungsvermögen, die gestifteten Zinse einzutreiben, teilweise traten auch Differenzen zwischen Spital-

---

1681 SpA II/2, Nr. 22 (Spitalrechnung 1671/72), II/5, Nr. 23 (Spitalrechnung 1677/78), Nr. 30 (Spitalrechnung 1699/1700), II/3, Nr. 38 (Spitalrechnung 1719/20), II/4, Nr. 47 (Spitalrechnung 1739/40), II/4, Nr. 55 (Spitalrechnung 1759/60), II/4, Nr. 64 (Spitalrechnung 1777/78), III/1.5, Nr. 10 (1790), II/5, Nr. 72 (Spitalrechnung 1795/96).
1682 KOFLER, Spital (wie Anm. 308), pag. 70.
1683 SpA III/1.8, Nrr. 1 f. ddo. 1596 Oktober 1.
1684 KOFLER, Spital (wie Anm. 308), pag. 72.
1685 SpA, Urk. 62 ddo. 1596 November 15; KOFLER, Spital (wie Anm. 308), pag. 19.
1686 SpA III/1.1, Nrr. 3 f.
1687 SpA III/1.1, Nr. 6: 1610 Juli 27; KOFLER, Spital (wie Anm. 308), pag. 70.

verwaltung und Gemeinde auf. Immerhin kam es 1615 zu einer Auflistung der noch ausstehenden Kapitalzinse und zur Überprüfung der bestehenden Schuldbriefe durch den Afterspitalmeister.[1688]

1630 wandte sich der Spitalmeister an den Landeshauptmann an der Etsch, weil er den Edlen Adam Pehaim nicht dazu bewegen hatte können, dem Spital das ihm gemäß einer Stiftung zustehende Almosengetreide zu liefern.[1689] Auch sonst wurden enorme Ausstände festgestellt, die teilweise mehrere Jahrzehnte zurückreichten.[1690]

Eine weitere Verschärfung der Situation brachte die Pestepidemie von 1635/36. Damals war es nicht einmal zur Rechnungslegung gekommen. In den unmittelbar folgenden Jahren verschärften sich die Schwierigkeiten der Zinseintreibung, der Erlös aus dem verkauften Getreide erfuhr nachhaltige Schmälerungen und die dem Spital zustehenden Interessen konnten von den Schuldnern nicht bezahlt werden. Spitalverwalter Hans Untersteiner versah die von ihm gelegte Rechnung über die Jahre 1638/39 mit der Bemerkung, er habe nur das Wenige, das er bekommen habe, in Rechnung stellen können. Die Raittungen der auf ihn folgenden Spitalpfleger weisen ebenfalls zahlreiche Mängel auf, deren sich die für sie Verantwortlichen in der Regel auch bewußt waren.[1691] 1640 fühlte sich der Spitalpfleger außerstande, ein von Frhr. von Hendl verlangtes Urbar der Spitaleinkünfte vorzulegen, weil er, obwohl viele Hauptschuldbriefe vorhanden seien, nicht wisse, wer die Zinse zahle oder zahlen wolle; Hendl möge daher eine strenge Ordnung erlassen.[1692]

Wie wirkungslos aber auch derartige Verordnungen waren, ist daraus zu ersehen, daß sich der Landesfürst 1644 gezwungen sah, im Gericht Schlanders eine *Liquidationskommission in Kirchen- und Spitalsachen* einzusetzen, die viele noch aus dem vorigen Jahrhundert hinterstellige Zinse zu eintreiben beauftragt war.[1693] 1660 forderte Sigmund Hendl die Gemeinde auf, alle Spitalraittungen von 1640–1660 samt den notwendigen Belegen in das Schloß Schlandersberg zur Liquidierung zu bringen: Man sei dem vorigen diesbezüglichen Befehl noch nie nachgekommen, während dem Spital und den armen Leuten immer größere Nachteile erwüchsen.[1694] Diesem Befehl nachzukommen war allerdings umso schwerer, als die Rechnungslegung damals große Unregelmäßigkeiten aufwies: Zumal in den Jahren 1653–1656 und 1658–64 hatte es zuweilen überhaupt keine Spitalpfleger gegeben oder diese hatten keine Rechnung gelegt.[1695]

Die 1660 geforderte Liquidation konnte erst 1664 beginnen. Ihr Resultat entsprach den Bemühungen nicht: Die Aufnahme eines Protokolls der Schuldbriefe des Spitals, die 13 offene Posten ergab[1696], hatte keine praktischen Auswirkungen, ebensowenig der umfangreiche Endbericht vom 8. Mai 1665[1697] und, damit in Zusammenhang stehend, ein weiterer Extrakt der Restanten des Spitals.[1698] Die verlorenen Zinse wurden nicht bezahlt, und – ein bezeichnendes Detail – die Lage einer zinspflichtigen Wiese in Kortsch konnte gar nicht mehr ermittelt werden.[1699]

1674 wurde eine weitere Kommission zur Einbringung der Spitalrestanten eingesetzt, über die Georg Friedrich von Stachelburg am 11. Juni Bericht erstattete. Erst ihm gelang es, alle Interessen und anderen Zinse aus der Zeit, da keine Spitalpfleger eingesetzt gewesen waren, zu justifizieren. Eine umfangreiche Auflistung der Posten deutet auf eine grundlegende Sanierung der Verwaltung.[1700] Dazu gehörten auch Umgestaltungen in der Besoldungspraxis, die den Kaplan, den Spitalpfleger und den Schulmeister betrafen.[1701] Ein 1685 von Hans Kaspar Frhr. von Hendl vorgelegtes Protokoll über die Richtigstellung einzelner Einnahmeposten des Spitals[1702] markiert eine Art Abschluß der Dringlichkeitsmaßnahmen des 17. Jahrhunderts.

1685 konnte auch das gestörte Verhältnis der Spitalverwaltung zur Gemeinde bereinigt werden. Als die letztere 1691 in einem Rechtsstreit mit Karl Sigmund von Schlandersberg und Georg Tap-

---

1688 SpA III/1.2, Nr. 2.
1689 KOFLER, Spital (wie Anm. 308), pag. 71.
1690 KOFLER, Spital (wie Anm. 308), pag. 66 f.
1691 KOFLER, Spital (wie Anm. 308), pag. 98 f.
1692 KOFLER, Spital (wie Anm. 308), pag. 104.
1693 KOFLER, Spital (wie Anm. 308), pag. 71.
1694 KOFLER, Spital (wie Anm. 308), pag. 104.
1695 KOFLER, Spital (wie Anm. 308), pag. 99.
1696 SpA III/1.1, Nr. 9: 1664 Dezember 10.
1697 SpA III/1.1, Nr. 10.
1698 SpA III/1.1, Nr. 11.
1699 KOFLER, Spital (wie Anm. 308), pag. 104.
1700 SpA III/1.1, Nr. 13 f.
1701 KOFLER, Spital (wie Anm. 308), pag. 104 f.
1702 SpA III/1.1, Nr. 16 ddo. 1685 Juli 26.

peiner am Sonnenberg zur Gutmachung von Unkosten verurteilt wurde, entging sie der Exekution nur durch ein vom Spital gewährtes Darlehen von 100 fl.[1703]

Die nunmehr einsetzende erfreulichere wirtschaftliche Entwicklung des Spitals beendete allerdings nicht dessen seit jeher bestehende Schwierigkeiten, seine zahlreichen Aufgaben zu finanzieren. Diese hielten auch im 18. Jahrhundert an; zumal um 1720 traten sie wiederum verstärkt auf, nachdem mehrere Güter wegen damals eingetretener Vermurungen keinen Ertrag abgeworfen hatten.[1704] Von der 1717 erlassenen Vermögens- und Einkommensteuer, einer außerordentlichen Maßnahme zur Sanierung der landschaftlichen Finanzen, die für Kirchen, Spitäler und Bruderschaften 20 kr je 100 fl unversteuerbaren Kapitalvermögens vorsah[1705], versuchte sich der Vorstand des Spitals durch eine Eingabe an den Viertelskommissar Hans Kaspar Frhr. von Hendl zu befreien, weil der nach Abzug an Grund- und anderen Zinsen, Steuern und Zehnt noch übrig bleibende Realertrag der Güter meistens nur bei 3 Prozent liege, und dieser werde für die Erfüllung der elementarsten Spitalaufgaben zur Gänze ausgeschöpft.[1706]

Um die Mitte des 18. Jahrhunderts, so hatte bereits die Beobachtung der Praxis der Kapitalverleihungen gezeigt, erreichte das Spital einen wirtschaftlichen Höhepunkt. Seit dieser Zeit liegen keine ausdrücklichen Klagen über Zahlungsschwierigkeiten mehr vor; vielmehr konnte es sich die Vorstehung jetzt leisten, den karitativen Gedanken auch in der administrativen Praxis zu seinem Recht kommen zu lassen, was zumal dann umso leichter fiel, wenn sich auch für die Institution selbst Vorteile damit verbinden ließen. In diesem Sinne wurde 1750 dem Anton Brunner, Chirurgen zu Schlanders, für ein Jahr der Zins des von ihm bewohnten Hauses erlassen, um ihm die Durchführung notwendiger Reparaturen zu erleichtern, aber auch um das Spital dadurch von der ihm ansonsten obliegenden Konkurrenz zu entbinden.[1707] Aus dem Jahr 1760 liegt in Gestalt eines Protokolls der neu ermittelten Grundrechte und der davon abfallenden Zinse ein weiteres Zeugnis straffer Wirtschaftsführung im Zeichen der aufklärerischer Rationalität vor[1708], und deren Früchte zeigten sich 1767, als die Spitalverwaltung eine bei der Sebastiansbruderschaft anhängige Schuld der damals zahlungsunfähigen Pfarrkirche in Höhe von rund 47 fl übernahm.[1709] In den folgenden vier Jahrzehnten bis zur Übernahme durch die bayerische Verwaltung[1710] lief die Administration so reibungslos ab, daß sich außer den routinemäßig angelegten Rechnungen keine weiteren Aufzeichnungen erhalten haben.

Die Spitalrechnungen vermitteln ein klares Bild von der Verwendung des Einkommens. Im 16. Jahrhundert wurde dieses zu einem Fünftel bis einem Drittel für die Wahrnehmung der eigentlichen karitativen Tätigkeiten und zu zwei Dritteln bis vier Fünfteln für die Verwaltung und den Betrieb des Spitals sowie für die Abhaltung von Gottesdiensten verwendet. Nach Ausweis der Rechnung von 1552, die als repräsentativ für viele andere aus demselben zeitlichen Umfeld gelten kann und daher im Detail untersucht wurde, verteilten sich die Ausgaben wie folgt: Von insgesamt 167 fl entfielen 118 fl auf die Besoldung der Geistlichen und anderer Personen und auf Verwaltungs- und Betriebsspesen; allein 21 fl kosteten die sogenannten *Zehrungen*. Für den Erwerb von Lebensmitteln, Schuhen, Bettwäsche und Medikamenten für die Bedürftigen sowie zur Begleichung von Arztspesen wurden insgesamt 49 fl und rund 20 Star Getreide, 23 Maß Wein und 1 Pfund Fleisch verwendet.[1711]

Die im Laufe der Zeit zunehmende Intensivierung der Verwaltung und die Einrichtung eines ständigen Benefiziums am Spital hatten zur Folge, daß der Anteil der Ausgaben für die Spitalfunktionen im engeren Sinn beständig zurückging. Im 17. und 18. Jahrhundert ergeben sich allerdings aufgrund der häufigen Verrechnung von Naturalien ohne Geldäquivalente große Unsicherheiten der

---

1703 SpA III/1.8, Nr. 23 ddo. 1691 März 1.
1704 KOFLER, Spital (wie Anm. 308), pag. 100.
1705 KÖFLER, Werner: Land. Landschaft. Landtag. Geschichte der Tiroler Landtage von den Anfängen bis zur Aufhebung der landständischen Verfassung 1808 (= Veröffentlichungen des Tiroler Landesarchivs Bd. 3). Innsbruck 1985, S. 227.
1706 KOFLER, Spital (wie Anm. 308), pag. 101.
1707 SpA III/2.4 – Nr. 2: 1750 Dezember 7.
1708 SpA III/1.1, Nr. 17: 1760 Oktober 15 und 30.
1709 SpA III/1.3, Heft 14/23.
1710 SpA III/1.1, Nr. 19: 1807 Jänner 16; KOFLER, Spital (wie Anm. 308), pag. 116.
1711 SpA II/2, Nr. 20: Spitalrechnung 1552.

Quantifizierung, weswegen die folgenden Angaben nur als Näherungswerte zu verstehen sind: In Berücksichtigung der großen Bedeutung der Naturalien sind sie faktisch erheblich nach oben zu korrigieren. Daher wird sich das Verhältnis zwischen Ausgaben für karitative und administrative Zwecke gegenüber dem 16. Jahrhundert in Wirklichkeit nicht so wesentlich verändert haben, wie es die für die Jahre 1759/60 in Geld verrechneten Ausgaben für karitative Zwecke annehmen lassen könnten, die nur rund 10 Prozent der Gesamtausgaben ausmachten, während fast die Hälfte für Verwaltungs- und Betriebsspesen und der Rest für geistliche Funktionen (einschließlich der Haltung des Kaplans) verwendet wurde.[1712] In Zeiten, in denen größere Beträge für bauliche Veränderungen oder Neuanschaffungen ausgegeben wurden, blieben, wie die Bilanz der Rechnungsjahre 1771/72 zeigt, für die eigentliche Spitaltätigkeit nur mehr an die 5 Prozent der zur Verfügung stehenden Geldmittel übrig.[1713]

Konkretere Angaben über die Ausgabenposten vermitteln Instruktionen für den Spitalpfleger aus den Jahren 1783, 1784, 1787 und 1788, die zur Beschreibung der theoretisch bestehenden Zielvorstellungen gegenüber den Rechnungen den Vorzug haben, daß sich in ihnen nicht von Zufälligkeiten bestimmte Istwerte, sondern die vorgegebenen Sollwerte spiegeln. Diesen zufolge waren die *ordentlichen Ausgaben* für folgende Posten vorgesehen: Entschädigung des Pfarrverwalters, Besoldung des Spitalkaplans, Mitfinanzierung von Kreuzgängen, Prozessionen und Gebetsveranstaltungen der Pfarre, Beteiligung an der Besoldung des Schulmeisters[1714], des Mesners und anderer Bediensteter der Pfarre und an der Anschaffung von Kinderlehrmaterial.[1715] Die Spitalfunktion im engeren Sinn betrafen Ausgaben für das Almosen und für die Beerdigung von Spitalinsassen, außerdem zur Unterstützung des Spitalbaumannes, des Barbiers, der Bruderdirn, der Hebamme und des Bettelrichters; beim letzteren dürfte es sich um einen mit Kontrollfunktionen betrauten Bediensteten der Spitalverwaltung gehandelt haben.[1716]

Was die Gesamtbilanz der Spitalsgebarung anbelangt, so gilt bereits für das ansonsten als Phase des Wachstums zu betrachtende 16. Jahrhundert, daß die Einnahmen meist nur knapp zur Deckung aller Ausgaben reichten; in manchen Rechnungsjahren ergaben sich auch negative Bilanzen (1517, 1518, 1520, 1534, 1538, 1671/72, 1677/78, 1719/20, 1739/40). Im 17. und zumal im 18. Jahrhundert verbesserte sich die Lage zwar, doch wurden nur selten nennenswerte Überschüsse erwirtschaftet.

Die konkrete Aufrechterhaltung des Spitalbetriebes oblag im wesentlichen zwei Personen, nämlich dem Spitalmeister oder -verweser als dem für rechtlich-administrative Angelegenheiten Verantwortlichen, und dem Spitalpfleger, der im direkten Kontakt mit den zu betreuenden Personen stand bzw. die Arbeiten des untergeordneten Personals koordinierte.

Die Bestellung des Spitalmeisters erfolgte bis zum Ende des 16. Jahrhunderts durch Wahl aus dem Kreis geeigneter Personen aus der gesamten Pfarre Schlanders[1717], später, so ist den Rechnungen[1718] zu entnehmen, ging das Amt von Haus zu Haus, wobei jedoch die Möglichkeit bestand, einen von der Gemeinde beglaubigten Stellvertreter zu bestimmen.[1719]

Der Spitalmeister war dem Adel und der Gemeinde weisungspflichtig; vor allem bei der Vergabe des Urbarbesitzes zu Baurecht und bei Sanierungs- und Änderungsarbeiten am Gebäude war er nicht selbständig handlungsfähig. Während er anfänglich nur mündlich instruiert worden zu sein scheint, wurden ihm seit dem 16. Jahrhundert, als das Spital durch mehrere Stiftungen eine bereits bedeutende Vermögensmasse zu verwalten hatte, schriftliche Statuten zur Beachtung vorgelegt. Das erste bekannte stammt aus dem Jahr 1516.[1720] Vermutlich war es auch das älteste, denn mehrere spä-

---

1712 SpA II/4, Nr. 55: Spitalrechnung 1759/60.
1713 SpA II/5, Nr. 61: Spitalrechnung 1771/72.
1714 Zur diesbezüglichen Praxis vgl. DOZA, Et 7/1, fol. 67v–69r; Et 32/3: Anzeigung des zeitlichen Vermögens und Einkommens der Kirchen und des Spitals in der Pfarre Schlanders 1685 Mai 2; SpA II/2, Nr. 30 (Spitalrechnung 1699/1700); III/1.3, Heft 13/61 ddo. 1755 Februar 16; III/1.3, Heft 15/39 ddo. 1767 Dezember 12; 17/10 ddo. 1783 f.; 19/1 ddo. 1799 Dezember 2; 19/16 ddo. 1800.
1715 SpA III/1.3, Heft 17/21 ddo. 1783 Dezember 8; 17/22 ddo. 1784 Oktober 30; 19/11 ddo. 1799 Dezember 21; 19/19 ddo. 1800 Dezember 24.
1716 SpA III/2.2, Nrr. 6 f.
1717 KOFLER, Spital (wie Anm. 308), pag. 49 f.
1718 Vgl. Anm. 1079.
1719 KOFLER, Spital (wie Anm. 308), pag. 55.
1720 KOFLER, Spital (wie Anm. 308), pag. 29.

ter erlassene Instruktionen nahmen darauf Bezug. Die darin beschriebenen Aufgabenbereiche des Spitalmeisters waren zu einem guten Teil rein administrativer Natur, wie die jährliche Verrechnung der Zinse und sonstiger Einnahmen sowie der Ausgaben, der Verkauf des für die Spitalzwecke nicht gebrauchten Getreides, die ordnungsgemäße Lieferung des Zinsschmalzes und anderer Viktualien, die Richtigstellung bestehender Unregelmäßigkeiten, die regelmäßige Überprüfung der Schuldbriefe und der eingesetzten Pfänder, die Vergabe des Urbarbesitzes an Bauleute, die Einhebung der daraus anfallenden Auf- und Abzugsgebühren, die Ausstellung der entsprechenden Reverse unter genauer Beschreibung der Zinspflicht, die Aufsicht über den Zustand der Gebäude sowie die Besoldung des Pfarrverwalters und des Spitalkaplans. Der Bezug des Verwesers zur karitativ-sozialen Aufgabe der von ihm geleiteten Institution sollte durch die Pflicht gewahrt werden, drei- bis viermal wöchentlich die Armen zu besuchen und auf das Hauswesen zu achten. Seine persönliche Situation fand in einer Bestimmung über seine Entlohnung und durch das seiner Gemahlin zugesprochene Recht auf kostenlosen Bezug von vier Fudern Holz Berücksichtigung. Sein Lohn betrug zur Zeit des ersten Statuts 40 fl pro Jahr[1721], gut 100 Jahre später war er auf 50 fl angestiegen.[1722]

Dem Spitalverwalter untergeordnet war der Pfleger, auch als *Haushälter* bezeichnet; wie jener wurde auch er in den ersten Jahrzehnten nach der Gründung durch Wahl auf Pfarrebene bestellt.[1723] Mehrere Verträge aus der Zeit von 1516 bis 1689[1724] vermitteln konkretere Einsichten, die für eine Analyse der Situation unmittelbar vor Ort von Interesse sind.

Vor allem fällt eine betont untergeordnete Rolle der Pfleger auf. Aus allen erhaltenen Urkunden entsteht das Bild von Personen, die, meist schon fortgeschritteneren Alters, eher gnadenhalber aufgenommen worden waren und nur unter der Bedingung bleiben durften, daß sie zur vollen Zufriedenheit der Spitalverwaltung agieren würden; bei Nichteinhaltung der ihnen gestellten Bedingungen konnten sie ohne jegliche Ansprüche entlassen werden. Bedingung der Aufnahme war die Zahlung von 20 bis 50 fl, die dem Spital auch nach der Beendigung des Dienstverhältnisses durch freiwilligen Austritt oder Tod verblieben.

Zu ihren Pflichten gehörte die Verwaltung einiger ihnen zu Baurecht überlassener Güter und die Entrichtung der auf diesen liegenden Lasten, ein freundliches und bescheidenes Verhalten gegen die armen Leute und Pilger, die Bereitschaft zu deren Beherbergung, die Pflege und Reinigung der Kranken *Tag und Nacht*, die Unterstützung armer Leute beim Kochen durch Bereitstellung des dafür erforderlichen Holzes und Geschirrs, die Heizung der Stuben, die Durchführung der dem Spitalmeister obliegenden disziplinären Befugnisse (Vorgehen gegen potentielle Unruhestifter und Verhinderung übermäßigen Weingenusses), die Versehung des Mesnerdienstes in der Spitalskirche.

Für die tadellose Wahrnehmung all dieser Funktionen wurden den Pflegern ein zinsloses Wohnrecht auf Lebenszeit, Holzschlagrechte in den Wäldern von Schlanders und Göflan, die Pflege im Krankheitsfall und die Bestattung auf Kosten des Spitals zugesichert; ihr Hab und Gut sollte nach ihrem Tod jedoch dem Spital verbleiben. Überlebenden Ehepartnern stand ein Drittel, seit 1552 die Hälfte der während des Dienstes gemeinsam erworbenen Güter zu. Bei freiwilliger Quittierung des Dienstes verloren sie das Wohnrecht und mußten eine Abzugsgebühr entrichten. Bei Entlassung durch den Spitalmeister ohne erkennbare Ursache hatten sie Anspruch auf das gesamte von ihnen eingebrachte und vom Spital erkaufte Gut.

Eigene Kapläne des Spitals sind seit dem frühen 16. Jahrhundert aus den Rechnungen bekannt; seit 1595 liegen auch einzelne Namen vor. Allerdings war die Stelle bis zur Mitte des 17. Jahrhunderts wegen der durch die Pestwellen und durch kriegerische Ereignisse bedingten allgemeinen Mißstände nicht ständig besetzt; die gestifteten Gottesdienste wurden teilweise unterlassen, teilweise durch andere Priester gehalten. Eine regelmäßige geistliche Betreuung der Pilger und Bedürftigen setzte erst 1651 mit der Bestellung des Rudolf

---

1721 KOFLER, Spital (wie Anm. 308), pag. 50–54.
1722 SpA II/2, Nr. 21 (Spitalrechnung 1638/39).
1723 KOFLER, Spital (wie Anm. 308), pag. 49 f.
1724 SpA, Urk. 30 ddo. 1516 April 6; KOFLER, Spital (wie Anm. 308), pag. 19 f., 29–31, 31–37 (Urk. ddo. 1529 Juni 8), pag. 37 (Urk. ddo. 1544 Jänner 10), pag. 37–44 (Urk. ddo. 1552 Oktober 16), SpA III/2.3, Nr. 1 (Urk. ddo. 1561 Februar 26), Nr. 3 (Urk. ddo. 1689).

Grafinger ein.[1725] Folgende Namen ließen sich ermitteln:

Andreas Nagler 1595, aus der Diözese Freising, geb. 1567[1726]

Adam Rittler (Littler?), aus der Diözese Augsburg 1637–1638[1727]

Rudolf Grafinger 1651–[1728]

Johann Froschauer 1660–1703 [1729]

Sebastian Huber 1703–1729 [1730]

Thomas Lösch 1734–1753[1731]

Johann Paul Wallnöfer 1754–1781[1732]

Georg Mathias Pilser 1781–1797[1733]

Franz Lung 1797–1801[1734]

Josef Steiner 1802–1804[1735]

Johann Anton Schlotterpeck 1805[1736]

Gleich dem weltlichen Personal des Spitals wurde auch der Kaplan von der Gemeinde als der Patronatsherrschaft der Kirche unter maßgeblichem Einfluß des Adels bestellt.[1737] Diese beiden Gruppen mußte Rudolf Grafinger 1651 in seinem Bestallungsrevers ausdrücklich als seine Herren anerkennen[1738]. Aus dem 18. Jahrhundert sind mehrere Gesuche einzelner Priester, die die Besetzung dieser Pfründe anstrebten[1739], und Akten über die Mechanismen der Wahl erhalten. Nach einer 1796 in Zusammenhang mit einem Streitfall gegebenen Erläuterung gab jede Hausnummer im Rahmen einer vom Gemeindeausschuß geleiteten Versammlung eine Stimme ab, und es genügte die einfache Mehrheit.[1740] Soweit es sich nachweisen läßt, erfolgten die Wahlen in der Regel mit großer Stimmenmehrheit: Dies zeigte sich etwa 1703 im Fall des Sebastian Huber, der 47 von 62 Stimmen erhielt[1741], 1754 in jenem des Johann Paul Wallnöfer, der 54 Stimmen erhielt[1742], und 1781 bei der Entscheidung für Georg Mathias Pilser, der mit 46 Stimmen zum Provisor neben seinem erblindeten Vorgänger gewählt wurde.[1743] Derart eindeutige Ergebnisse dürften wesentlich dem maßgeblichen Einfluß bedeutender Persönlichkeiten zuzuschreiben sein, wie z. B. dem des Josef Grafen Hendl, der sich 1753 für Wallnöfer aussprach, weil dieser einen *aufgeraumbt und lustigen Humor* besitze.[1744] Dieselbe Präferenz teilte auch der gerade in Bozen weilende Christian Marckh dem Schlanderser Richter mit.[1745] 1797 beschwerte sich der Schlanderser Komtur Franz Heinrich Karl Graf von Reinach zu Foussemagne anläßlich der Neubestellung des Geistlichen Franz Lung über den seit jeher üblichen Ausschluß des Deutschen Ordens beim Wahlvorgang, zumal da dieser doch als Hausbesitzer in Schlanders eine wichtige Bedeutung habe.[1746] Der Gemeindeausschuß rechtfertigte aber die bisher geübte und von früheren Komturen auch gutgeheißene Praxis mit dem Argument, der Orden trage ja auch die Lasten des Spitals nicht mit.[1747]

Dem Geistlichen oblag die Haltung der Frühmesse an fünf Tagen pro Woche[1748], wobei die Termine so eingerichtet waren, daß sie auch den Besuch der Messe in der Pfarrkirche ermöglichten. Weitere Verpflichtungen des Spitalkaplans waren

1725 SpA III/2.1.2 – Nr. 1; KOFLER, Spital (wie Anm. 308), pag. 110–113.
1726 BAC, VP 1595, pag. 201.
1727 TB Schlanders; BAC, VP 1638 Oktober 9, pag. 42.
1728 SpA III/2.1.2 – Nr. 1; KOFLER, Spital (wie Anm. 308), pag. 110–113.
1729 SpA III/2.1.1 – Nr. 1; II/2, Nr. 30 (Spitalrechnung 1699/1700), III/1.6, Nr. 7, III/2.1.1 – Nr. 3.
1730 SpA III/2.1.4, Nr. 6; II/3, Nr. 38 (Spitalrechnung 1719/20); BAC, VP 1729.
1731 TB Schlanders; BAC, VP 1738, fol. 31r; VP 1748 September 19, pag. 194; SpA III/1.7, Nr. 74; III/1.6, Nr. 10.
1732 SpA III/2.1.1 – Nr. 8; III/1.5, Nr. 7; III/2.1.1 – Nr. 9.
1733 SpA III/1.3, Heft 17/4; 17/8; III/2.1.1 – Nr. 9 ddo. 1781 Mai 13.
1734 SpA III/2.1.1 – Nr. 16 ddo. 1797 Mai 27; III/1.3, Heft 19/10; 19/21; TB Schlanders.
1735 SpA III/2.1.3, Nr. 5; III/1.3, Heft 21/6.
1736 SpA III/1.3, Heft 21/8.
1737 BAC, VP 1767, pag. 90.
1738 SpA III/2.1.2 – Nr. 1; KOFLER, Spital (wie Anm. 308), pag. 110–113
1739 1703: Sebastian Huber (SpA III/2.1.1 – Nr. 2), 1753: Nikolaus Wöriz (SpA III/2.1.1 – Nr. 4), 1753: Josef Tumler (SpA III/2.1.1 – Nr. 5), 1797: Franz Lung (SpA III/2.1.1 – Nr. 14), 1797: Bartholomäus Thomann (SpA III/2.1.1 – Nr. 15).

1740 KOFLER, Spital (wie Anm. 308), pag. 113 f.
1741 SpA III/2.1.1 – Nr. 3 ddo. 1703 November 4. Seine Mitbewerber waren die Priester Kaserer (12 Stimmen) und Pamhackl (3 Stimmen).
1742 SpA III/2.1.1 – Nr. 8 ddo. 1754 Jänner 15. Seine Mitbewerber waren Nikolaus Wöriz und Josef Tumler.
1743 SpA III/2.1.1 – Nr. 9 ddo. 1781 Mai 13. Die Mitbewerber waren Franz Lung (6 Stimmen), Dominikus Maurer, Bartholomäus Thomann, Johann Nepomuk Steiner, Johann Nepomuk Höllrigl, die alle keine einzige Stimme erhielten.
1744 SpA III/2.1.1 – Nr. 6 ddo. 1753 Dezember 14
1745 SpA III/2.1.1 – Nr. 7 ddo. 1753 Dezember 27
1746 SpA III/2.1.1 – Nr. 17 ddo. 1797 Juni 3.
1747 SpA III/2.1.1 – Nr. 18 ddo. 1797 Juni 17; KOFLER, Spital (wie Anm. 308), pag. 113 f.
1748 BAC, VP 1638 Oktober 9, pag. 42; VP 1729; VP 1767, pag. 90; SpA III/2.1.3, Nr. 5 (Kirchenkalender 1802).

der regelmäßige Besuch und die Tröstung der kranken Spitalinsassen, die Beisetzung der Verstorbenen, die Kontrolle der Almosenvergabe und die Sorge für die Ornate der Spitalkirche. 1802 oblag es dem Kaplan auch, über die ins Spital aufgenommenen Kranken und über die Dauer ihrer Verpflegung durch den Spitalbaumann Buch zu führen.[1749] Die Verbundenheit mit der Pfarrkirche äußerte sich in der Assistenzpflicht bei Vespern sowie an Sonn- und Feiertagen, in der Unterstützung des Seelsorgeklerus bei Totenmessen, Siebten und Dreißigsten und an der Teilnahme an Kreuzgängen. Auch wenn die Herren vom Adel und von der Gemeinde besondere Gottesdienste oder Kirchfahrten bestellten, mußte er jederzeit zur Stelle sein.[1750]

Bis 1676 fand die Frühmesse im Sommer um 6.00 Uhr, im Winter um 7.00 Uhr statt.[1751] In diesem Jahr wurde sie infolge einer großzügigen Stiftung (Kapital von 265 fl) der Barbara Gräfin Trapp, geb. Künigl, für die Zeit von Georgi bis Allerheiligen auf 4 Uhr vorverlegt. Dies geschah mit Rücksicht auf Bauern und Dienstleute sowie auf durchreisende Handwerker.[1752]

Die frühesten Nennungen der Spitalkapläne erfolgten in Zusammenhang mit deren Besoldung, die anfänglich ausschließlich in Naturalien[1753], seit 1595 jedoch vorwiegend in Geld bestand. Damals bezog der Kaplan 65 fl, 8 Star Roggen und 2 Star Weizen[1754], ein Einkommen, das ihm kaum einen standesgemäßen Lebensstil ermöglicht haben dürfte, lag es doch etwas unter jenem, das zur selben Zeit auch ein Kooperator bezog.[1755] Im Laufe des 17. Jahrhunderts ist dann aber eine stetige Erhöhung der Bezüge zu beobachten, wodurch das Frühmeßbenefizium gegenüber einer Kooperatur nun doch aufgewertet wurde. Während für die Rechnungsjahre 1638/39 noch eine Jahresbesoldung von 100 fl verzeichnet ist[1756], pendelte sie sich zwischen 1651 und dem Ende des Beobachtungszeitraumes auf 200 fl ein.[1757] Im 17. Jahrhundert wurden jedoch rund drei Viertel davon in Naturalien und nur ein Viertel in Bargeld entrichtet[1758], später verkehrte sich dieses Verhältnis allmählich[1759] in sein Gegenteil.[1760]

Seit der Mitte des 17. Jahrhunderts, Hand in Hand mit der wachsenden Bedeutung der Vergabe zinsbringender Darlehen an kreditbedürftige Personen, sonderte die Spitalverwaltung bestimmte stabil bleibende Posten aus der Gesamtheit der verliehenen Kapitalanteile aus, die für die Besoldung des Kaplans zweckgebunden waren und deren Eintreibung seiner eigenen Zuständigkeit übertragen wurde.[1761]

Die Bezahlung erfolgte durch den Spitalmeister, und zwar in vier Raten, die sich an die Quatember anlehnten. Außer den Geld- und Naturalbezügen standen dem Kaplan die zinsfreie Nutzung einer Wohnung samt Bezugsrecht von 10 Fudern Holz und eines auch mit einigen Weinreben bepflanzten Gartens zu. Für die Bearbeitung der Reben und das Aufhacken des Brennholzes hatte er selbst zu sorgen.[1762]

Mit der allmählich enger werdenden Einbindung in die seelsorgliche Arbeit in der Pfarre kamen außer den eigentlichen Spitaleinnahmen noch weitere Posten dazu, die das Gesamteinkommen auf rund 230–250 fl erhöhten, wie sich zu 1685[1763] und 1767[1764] belegen läßt.

1749 SpA III/2.1.3, Nr. 5 (Kirchenkalender 1802).
1750 SpA III/2.1.2 – Nr. 1 ddo. 1651; KOFLER, Spital (wie Anm. 308), pag. 110–113.
1751 BAC, VP 1638 Oktober 9, pag. 42.
1752 Abschrift der Urkunde bei KOFLER, Spital (wie Anm. 308), pag. 172–174.
1753 KOFLER, Spital (wie Anm. 308), pag. 61.
1754 BAC, VP 1595, pag. 203.
1755 Ein solcher verdiente damals 78 fl; vgl. oben, S. 117.
1756 SpA II/2, Nr. 21 (Spitalrechnung 1638/39).
1757 SpA III/2.1.2 – Nr. 1 ddo. 1651; KOFLER, Spital (wie Anm. 308), pag. 110–113; DOZA, Et 7/1, fol. 67v–69r; Et 32/3: Anzeigung des zeitlichen Vermögens und Einkommens der Kirchen und des Spitals in der Pfarre Schlanders 1685 Mai 2; SpA II/3, Nr. 38 (Spitalrechnung 1719/20); II/5, Nr. 61 (Spitalrechnung 1771/72); BAC, VP 1729; VP 1738, fol. 31r; SpA III/1.3, Heft 17/4 ddo. 1785 Oktober 26; III/1.3, Heft 17/8 ddo. 1785 September 26; III/2.1.3, Nr. 5 (Kirchenkalender 1802).
1758 SpA III/2.1.2 – Nr. 1; KOFLER, Spital (wie Anm. 308), pag. 110–113
1759 SpA III/2.1.1 – Nr. 1 ddo. 1660 Dezember 29 und 1661 November 25.
1760 SpA II/2, Nr. 30 (Spitalrechnung 1699/1700); II/5, Nr. 61 (Spitalrechnung 1771/72); III/1.3, Heft 19/10 ddo. 1799; III/1.3, Heft 19/21 ddo. 1800.
1761 SpA III/2.1.4, Nr. 4 ddo. 1676 Jänner 2; Nr. 6 ddo. 1704; III/1.4, Nr. 9 (Urbar 1749/50).
1762 SpA III/2.1.2 – Nr. 1; KOFLER, Spital (wie Anm. 308), pag. 110–113; BAC, VP 1729; SpA III/2.1.3, Nr. 5 (Kirchenkalender 1802).
1763 DOZA, Et 7/1, fol. 83v–85v; Et 32/3: Extrakt des Johann Froschauer, Kaplans des Heiliggeistspitals zu Schlanders 1685 Mai 5.
1764 BAC, VP 1767, pag. 90.

Mitte des 18. Jahrhunderts war der Spitalkaplan finanziell bereits weitgehend gesichert, so daß er – nach der Bestreitung der ihm obliegenden Ausgaben (Eintreiben der Urbarzinse, Entlohnung der Häuserin, Ausgaben für Lebensmittel, Salz, Wein und Kleidung)[1765] – noch Beträge zu erübrigen vermochte, die er an kreditbedürftige Personen gegen Zins zu Darlehen vergeben[1766] oder zum Kauf von Liegenschaften verwenden konnte.[1767]

Der primäre Zweck der Gründung von 1461 war es gewesen, ein Hospiz für durchreisende Pilger zu schaffen, im Laufe der Zeit übernahm die Anstalt zusätzlich jedoch auch karitative Aufgaben, die der Linderung sozialer Not vor Ort dienten. Dazu gehörte die Vergabe von Almosen, die Versorgung alter und kranker Menschen und die Unterstützung jener, die in Not geraten waren. Dementsprechend gehörten Bestimmungen über die korrekte Einhaltung der diesbezüglichen Vorgaben zu den zentralen Teilen der Verträge mit den Spitalverwaltern: Von Beginn an wurde es als deren vorrangige Aufgabe betrachtet, dafür zu sorgen, daß es durchreisenden Personen nicht gestattet werde, mehr als eine Nacht im Spital zu verbringen, und daß die gestifteten Almosen und andere Bedürfnisse der Armen und Kranken (Essen, Trinken, ein Bett) erfüllt würden.[1768]

Die letzteren Funktionen waren umso dringlicher, je schlechter die allgemeinen wirtschaftlich-sozialen Rahmenbedingungen waren. Zumal im 17. Jahrhundert, als Pestwellen und kriegerische Ereignisse den Vinschgau auf harte Proben stellten, wurde die Einhaltung theoretischer Vorgaben zunehmend zu einem Problem. In den dreißiger Jahren, unter dem Eindruck durchziehender Landsknechte und spanischer Truppen, dachte die Spitalverwaltung, anstatt sich gemäß der Gründungsintention in Hospitalität zu üben, darüber nach, wie sie das andrängende Volk, darunter auch einfache Landstreicher, fernhalten könne: Sie fand eine Lösung in Gestalt der Abführung dieser Personen auf Spitalskosten in die entsprechenden Institutionen in Latsch, Glurns und Mals, was offensichtlich billiger kam als die Aufnahme im Haus.[1769]

Dieses hatte ja auch nur eine sehr begrenzte Kapazität, wie drei Inventare aus den Jahren 1552[1770], 1763[1771] und 1790[1772] zeigen, aus denen sich Raumsituation und Ausstattung annähernd rekonstruieren lassen. Aus all diesen Verzeichnissen gehen, so unterschiedlich die Beschreibungen jeweils auch sein mögen, lediglich zwei für die Beherbergung Fremder gedachte Schlafräume hervor, in denen sich insgesamt nicht mehr als sieben Betten befanden; einige weitere Gäste konnten allerdings mit Strohsäcken, Decken, Polstern, Leintüchern und Federbetten das Auslangen finden, denn hiervon sind, auf die genannten und andere Räume aufgeteilt, etwas zahlreichere Stücke verzeichnet. An den übrigen Ausstattungsstücken, wie Bänken, Kästen, Truhen, steinernen Krügen, kupfernen Gefäßen, Leuchtern, Laternen, Kesseln, Pfannenknechten, eisernen Kochplatten, Holzstücken, Nudelbrettern oder Brotgrammeln, kommt die Beschränkung auf das Allernotwendigste zum Ausdruck, wobei allerdings 1790 eine leichte Qualitätssteigerung erkennbar ist.

Die allgemeine Situation des 17. Jahrhunderts mit seinen konfessionell bedingten Unsicherheiten bildete einen geeigneten Rahmen für Phänomene des Wertverfalls und für diverse Formen religiösen und politischen Schwärmertums, die teilweise gewaltsame Ausmaße annahmen. Eine besonders unruhige Zone war der obere Vinschgau, doch auch die Umgebung von Schlanders war davon betroffen. Das Spital lief Gefahr, zu einer bloßen Fremdenherberge degradiert zu werden. Die Gemeinde, die sich als Sachwalterin seiner ursprünglichen Zwecke verstand, reagierte darauf durch den Erlaß gezielter Bestimmungen, die bei Vertragsabschlüssen mit neuen Verwesern Berücksichtigung fanden. In einer 1607 mit Philipp Gerst von Schlanders geschlossenen Abmachung wurde zwar am Prinzip der Barmherzigkeit gegen arme Leute und Pilger festgehalten, gegen durchlaufende Landstreicher und solche, die nicht krank seien, wurde jedoch Härte angeordnet. Die Notwendigkeit verstärkten ordnenden Eingriffs der Obrigkeit

---

1765 DOZA, Et 7/1, fol. 83v–85v; Et 32/3: Extrakt des Johann Froschauer, Kaplans des Heiliggeistspitals zu Schlanders 1685 Mai 5.
1766 SpA III/1.8, Nr. 46 ddo. 1752 Mai 19.
1767 SpA III/1.7, Nr. 74 ddo. 1752 September 25.
1768 KOFLER, Spital (wie Anm. 308), pag. 53.

1769 KOFLER, Spital (wie Anm. 308), pag. 73.
1770 SpA III/1.5, Nr. 2 ddo. 1552 Oktober 17.
1771 SpA III/1.5, Nr. 6 ddo. 1763 Jänner 8.
1772 SpA III/1.5, Nr. 9 ddo. 1790 Februar 6.

kommt auch in Bestimmungen gegen leichtfertiges Trinken, Fluchen, Gotteslästerung und anderes liederliches Tun zum Ausdruck. Deutlich erkennbar ist schließlich die Tendenz zu einer Bevorzugung Einheimischer.[1773]

Daß die Ressourcen des Spitals in zunehmendem Maß für die Versorgung der ständigen Insassen, aber vor allem der sogenannten *Hausarmen*, also der bedürftigen einheimischen Bevölkerung, gebraucht wurden, ist Ausdruck der Wirtschaftskrise der Zeit, die eine Ausweitung des karitativen Denkens im Sinn lokaler Substitution geboten erscheinen ließ. Eine 1638/39 angelegte Liste der Ärmsten, die ohne Unterstützung nicht überleben konnten, umfaßte 15 Namen.[1774] Für sie und andere Bedürftige bestand am Spital ein gestiftetes Almosen, das 1679 wie folgt quantifiziert wurde: 43 Star Roggen, 2 Star Weizen, 27 fl, 4 Zentner Fleisch.[1775] Bis zum Ende des 17. Jahrhunderts war die Versorgung der Ortsarmen faktisch zur vorrangigen Funktion des Spitals geworden, während die Betreuung Kranker in den Hintergrund getreten war. Zumal in den Quatemberzeiten wurde so viel Getreide verteilt, daß die Spitalverwaltung öfters sogar Kredite aufnehmen mußte.

1697 wurde die bestehende Ordnung neuerlich modifiziert: Während bei den administrativen Bestimmungen gegenüber der schon bestehenden keine Veränderungen festzustellen sind, wurden die disziplinären Verfügungen gegenüber 1607 weiter präzisiert und verschärft. In diesem Sinne war für fremde Pilger oder andere durchreisende Personen, die über Nacht die Gastfreundschaft des Spitals beansprucht und die gewöhnliche Versorgung erhalten hatten, keine Reisezehrung mehr vorgesehen; reise jemand aber nur durch, ohne sich aufzuhalten, sollte ihm der Spitalpfleger ein kleines Almosen geben. In grundsätzlichere Bereiche stieß die Verwaltung aber mit jenen Bestimmungen vor, die die Abschaffung des bisher mehreren Personen zugestandenen Rechtes auf Bewirtung auf Spitalskosten zu bestimmten Anlässen zum Inhalt hatten; auch diese sollten vermehrten Zuwendungen an die Armen Platz machen. Offensichtlich war auch den Zeitgenossen bewußt geworden, was die kritische Analyse der Spitalrechnungen klar erwiesen hat, nämlich daß die eigentlichen Aufgaben der karitativen Institution gegenüber den für administrative und repräsentativ-gesellige Zwecke vorgesehenen in bedrohlichem Maße zu kurz zu kommen begannen. Vielsagend ist die Bestimmung, der Verweser möge darauf achten, *daß die Bedürftigen das notwendige Essen bekommen*.[1776]

Zu Beginn des 18. Jahrhunderts nahm dann wiederum die Hospitalität gegenüber Pilgern und durchmarschierenden Soldaten zu, die sich in Geldspenden äußerte. Für die Jahre um 1725 ermittelte Ephraem Kofler auf der Grundlage der Spitalrechnungen einen jährlichen Durchschnittsbetrag von 32 bis 36 fl an Vorbeireisende und von 44 bis 46 Star Getreide für die Hausarmen.[1777] 1775 listete Spitalpfleger Nikolaus Peer seine Ausgaben getrennt nach Almosenkorn und Geld auf.[1778]

Als charakteristische Erscheinung des 18. Jahrhunderts ist die regelmäßige Nennung eines sogenannten *Bettelrichters* in den Rechnungen hervorzuheben, der gleich wie die übrigen Amts- und Funktionsträger des Spitals von dessen Verwaltung eine regelmäßige Besoldung erhielt.[1779] Rückschlüsse auf seine Funktion ergeben sich aus der Begründung der an ihn ergangenen Zahlungen in den Jahren 1759/60, als er für die *Abschaffung der Vaganten* verantwortlich war.[1780]

Dem hier aufgezeigten Wandel der Spitalfunktionen im Laufe der Zeit entspricht die bei der Analyse der Rechnungen gemachte Beobachtung, daß die Spitalverwaltung ungleich häufiger als die Kirchenverwaltungen im Raum Schlanders das eingenommene Getreide verkaufte und mit Geldäquivalenten verrechnete. Dies hängt damit zusammen, daß die Aufrechterhaltung des Spitalbetriebes eine erhöhte Liquidität erforderte, einerseits weil stets außerordentliche Ausgaben anfielen, andererseits weil gerade die durchreisenden Personen nicht einfach ein Speisealmosen erhielten, wie es auch andere geistliche Institutionen ver-

---

1773 KOFLER, Spital (wie Anm. 308), pag. 46–48.
1774 SpA II/2, Nr. 21 (Spitalrechnung 1638/39).
1775 SpA III/1.1, Nr. 15 ddo. 1679 September 9.
1776 SpA III/2.2, Nr. 1 ddo. 1697 Dezember 2; KOFLER, Spital (wie Anm. 308), pag. 106–110.
1777 KOFLER, Spital (wie Anm. 308), pag. 99 f.
1778 SpA III/2.4, Nr. 20 ddo. 1775 November 11.
1779 SpA III/1.3, Heft 11/5: 1717/28 betrug die Besoldung 5 Star Roggen.
1780 SpA II/4, Nr. 55 (Spitalrechnung 1759/60).

teilten, sondern mit Geld unterstützt wurden. Gemäß der dargelegten Entwicklung trifft dieses Faktum für das 16. Jahrhundert in höherem Grade zu als für das 17. und 18. Jahrhundert, als die Tätigkeit des Spitals mehr den Hausarmen galt, die mit Naturalgaben versorgt wurden.

Im Inventar der Räumlichkeiten des Spitals von 1790 spiegelt sich, anders als in den älteren, eine räumliche Trennung zwischen Pilgern und Kranken.[1781] Dies dürfte kein Zufall sein, denn bereits seit der Mitte des 18. Jahrhunderts liegen Hinweise auf die nunmehr verstärkte Wahrnehmung spezifischer Krankenhausfunktionen vor, so zu 1755, als der Physikus Jakob Ratschiller für die Betreuung der Kranken einen jährlichen Fixbetrag von 8 fl erhielt.[1782] Drei Jahrzehnte später fand der inzwischen wirksam gewordene allgemeine zivilisatorische Fortschritt durch die Beiziehung eines akademisch ausgebildeten Arztes auch im Schlanderser Spital Ausdruck: 1785 legte Dr. Kaspar Marx eine Aufstellung verabreichter Medikamente zur Verrechnung vor, die 67 Posten umfaßte und somit auf eine kontinuierliche Tätigkeit dieses Mediziners schließen läßt; die Spitalverwaltung gab dafür rund 36 fl aus.[1783] Weniger anspruchsvolle sanitäre Leistungen nahm aber noch zu Beginn des 19. Jahrhunderts ein einfacher Wundarzt vor, der dafür mit Getreide entschädigt wurde.[1784] Aus den Jahren 1799 bis 1804 liegen mehrere jeweils zahlreiche Posten umfassende Apothekerrechnungen vor, die erkennen lassen, daß auch die medikamentöse Betreuung Kranker auf Kosten des Spitals mittlerweile institutionellen Charakter angenommen hatte.[1785]

Die bereits mehrfach festgestellte Verwaltungsintensivierung im 18. Jahrhundert verlief parallel zu einer verstärkten Institutionalisierung der Spitalsfunktionen und äußerte sich unter anderem in deren präziserer Definition. Als wichtigste Beobachtung erschließt sich die Tatsache, daß man durch vielfältige Unterstützung der in Schlanders und Umgebung lebenden Bevölkerung eher dem Prinzip »Hilfe zur Selbsthilfe« huldigte, als daß man die Menschen im Spital selbst betreut hätte. Aus den überlieferten Urkunden lassen sich gleichsam »Gruppen« verschiedener karitativer Dienste herausarbeiten.

Ein erster Typus von Hilfeleistung bestand in der Zuweisung genau definierter Geldbeträge an Personen, die alters- oder krankheitsbedingt in ihrer Erwerbsfähigkeit eingeschränkt waren, in bestimmten zeitlichen Intervallen, die je nach Einzelsituation zwischen einer Woche und einem Quartal festgesetzt wurden.[1786] Die Herkunft aus Schlanders und die Bewährung im Dienst dieser Gemeinde in früherer Zeit waren fördernde Umstände.[1787]

Noch ungleich zahlreicher waren die Fälle, in denen einzelne Personen bei Vorliegen triftiger Gründe und, wenn möglich, unter der Zusicherung besonderen Einsatzes für die Gemeinde als einmalig gedachte Beihilfen bekamen, die aber auch wiederholt werden konnten.[1788] In manchen Fällen wurden konkrete Anlässe genannt, z. B. der notwendige Kauf eines Kleides[1789], die Bestreitung hoher Arztspesen nach einem Unfall[1790] oder im Krankheitsfall[1791], befristete Verdienstausfälle und Betreuung kranker Angehöriger[1792] oder der Unterhalt eines Mündels.[1793]

In einzelnen Fällen übernahm das Spital die Funktion eines Waisenhauses: Ein Beispiel hierfür liegt schon aus dem Jahr 1508 vor, als Hans Mastauner und seine Gemahlin an eine Seelgerätstiftung die Bedingung knüpften, daß das von ihnen angenommene Kind im Fall ihres vorzeitigen Ablebens bis zu seinem 15. Lebensjahr vom Spital erhalten werden und erst dann selbst arbeiten solle.[1794] Häu-

---

1781 SpA III/1.5, Nr. 9 ddo. 1790 Februar 6.
1782 SpA III/1.3, Heft 13/18 ddo. 1755 April 12.
1783 SpA III/1.3, Heft 17/39 ddo. 1785 Februar 9.
1784 SpA III/1.3, Heft 19/35 ddo. 1802.
1785 SpA III/1.3, Heft 19/38 ddo. 1799; 19/37 ddo. 1801; 21/23 ddo. 1803; 21/24 ddo. 1804.
1786 SpA III/2.4 – Nr. 3 ddo. 1753 Februar 26; Nr. 4 ddo. 1756 April 20.
1787 SpA III/2.4 – Nr. 5 ddo. 1756 August 14; Nr. 23 ddo. 1777 August 31.
1788 SpA III/2.4 – Nr. 12 ddo. 1767 Jänner 17; Nr. 15 ddo. 1768 März 6; Nr. 24 ddo. 1782 Juli 22; Nr. 25 ddo. 1783 November 16.
1789 SpA III/2.4 – Nr. 7 ddo. 1756 Dezember 7; Nr. 14 ddo. 1767 Februar 20; Nr. 27 ddo. 1784 Jänner 8; Nr. 17 ddo. 1768 November 19.
1790 SpA III/2.4 – Nr. 10 ddo. 1766 Dezember 15; Nr. 18 ddo. 1768 Dezember 31.
1791 SpA III/2.4 – Nr. 19 ddo. 1769 November 4; Nr. 30 (ca. 1785).
1792 SpA III/2.4 – Nr. 9 ddo. 1766 März 16; Nr. 22 ddo. 1777 Mai 31; Nr. 26 ddo. 1783 November 16; Nr. 28 ddo. 1784 September 19; Nr. 29 ddo. 1785 August 16.
1793 SpA III/2.4 – Nr. 13 ddo. 1767 Jänner 19.
1794 SpA, Urk. 17 ddo. 1508 März 5; KOFLER, Spital (wie Anm. 308), pag. 16.

figer kamen indes Verträge vor, die die teilweise oder volle Finanzierung der Ausbildung eines bedürftigen Jugendlichen zum Handwerker, auch im Ausland, zum Gegenstand hatten.[1795]

Ungleich seltener als die eben genannten Formen der Hilfe nach außen waren soziale Dienste, die im Hause selbst angeboten wurden. Immerhin liegen jedoch auch Hinweise auf Krankenhausfunktionen im engeren Sinn vor, d. h. auf zeitweilige Betreuung Kranker; dabei waren allerdings nicht in erster Linie therapeutische Überlegungen maßgebend, sondern sie hatten eher den Zweck der Entlastung der Angehörigen.[1796]

Schließlich bleibt noch die Funktion des Spitals als dauernder Aufenthaltsort für das Alter. Wer in den Genuß dieser Form der Versorgung gelangte (in den bekannten Fällen handelte es sich um hochbetagte Menschen mit nur mehr geringer Lebenserwartung), mußte mit der Spitalverwaltung einen Einpfründungsvertrag schließen. In der Regel wurde dem Spital das gesamte vorhandene Vermögen übertragen; dafür erhielt der Pfründner lebenslang Unterkunft und Verpflegung sowie die Zusicherung, im Krankheitsfall betreut und bei seinem Tod standesgemäß beigesetzt zu werden.[1797]

4.11 Die Pfarrschule

Ähnlich wie die Armenversorgung ist auch das Schulwesen räumlich und funktional aus der Pfarrorganisation hervorgegangen.[1798] Entsprechend reich sind auch im Fall von Schlanders die einschlägigen Notizen, die aus den Quellen zur Pfarrgeschichte hervorgehen.

Die früheste Erwähnung einer Pfarrschule in Schlanders liegt aus dem Jahr 1450 vor, als Schulmeister Jörg Winckler ein Urkundenregister für Mathias von Montani anfertigte.[1798a] 1507 beurkundeten Schulmeister Ulrich Egkhart und seine Gemahlin Barbara den Verkauf einer bisher von ihnen genossenen Weingülte in Vezzan.[1799] 1519 oblag der Schuldienst einem Lehrer namens Andreas Wedersl[1800], 1571–1590 ist Tiburtius Meissner erwähnt.[1801] Die hier zitierten Erstnennungen einer Schule sind im landesweiten Vergleich als sehr früh zu bezeichnen; eine größere Dichte setzte allgemein erst gegen die Mitte des 16. Jahrhunderts hin ein.[1802]

Die Schulen hatten sich aus den Erfordernissen des Gottesdienstes heraus entwickelt; der Unterricht oblag ursprünglich meist dem Pfarrer oder einem von ihm bestimmten Stellvertreter.[1803] Die katholische Reform stellte das niedere Schulwesen in den Dienst der Rechtgläubigkeit.[1804] Laut einer Verordnung des Tiroler Landesfürsten Erzherzog Ferdinand II. (1564–1595) von 1586 hing die Anstellung eines Lehramtskandidaten vom Ergebnis einer Prüfung vor dem Ortspfarrer und der lokalen weltlichen Obrigkeit ab.[1805]

Dem entsprach die Vereinigung des Schulunterrichts mit dem Organistendienst. Im Schlanderser Taufbuch scheinen vor 1621 wiederholt ein diese Funktionen ausübender Johann Hertenstein als Taufpate und Trauzeuge und seine Gemahlin als Taufpatin auf. 1613 verewigte sich dieser Schulmeister mit einer Inschrift am Triumphbogen im Chorgewölbe der Kirche St. Martin in Göflan.[1806] 1621 bis 1636 läßt sich aus den Pfarrmatriken Kaspar Kellermair ermitteln, 1636–1655 wieder Johann Hertenstein. Dieser hatte einen Sohn namens Johann Georg, der, seit 1645 in Schlanders belegt, um 1655 von hier wegzog. An ihn erinnert eine Rötelinschrift am Triumphbogen der Kirche St. Walburg zu Göflan, die ihn als Stifter eines Votivbildes ausweist.[1807]

1795 SpA III/1.3, Heft 13/21 ddo. 1754 September 15; III/2.4 – Nr. 6 ddo. 1756 Dezember 7; III/2.4 – Nr. 11 ddo. 1766 Dezember 15; III/2.4 – Nr. 16 ddo. 1768 November 10.
1796 SpA III/2.4 – Nr. 8 ddo. 1756 Dezember 3.
1797 SpA III/1.7, Nr. 80 ddo. 1761 Juli 12; III/1.9, Nr. 12 ddo. 1769 Mai 21; III/2.4 – Nr. 21 ddo. 1777 Februar 3.
1798 MITTERAUER (wie Anm. 1068), S. 125.
1798a Stolz, Ausbreitung (wie Anm. 736), S. 56.
1799 PfA Schlanders, Urk. 34 ddo. 1507 April 6.
1800 SpA, Urk. 37 ddo. 1519 Februar 12.
1801 TLA, Urbar 13/12, fol. 8v; GAMPER (wie Anm. 254), S. 109; KUSTATSCHER, Göflan (wie Anm. 66), Nr. 35.
1802 STOLL, Andreas: Geschichte der Volksschullehrerbildung in Tirol von den Anfängen bis 1876 (= Studien zur Erziehungswissenschaft Bd. 4). Weinheim–Berlin 1968, S. 25.
1803 HÖSLINGER, Robert: Rechtsgeschichte des katholischen Volksschulwesens in Österreich. Wien 1937, S. 46 f.
1804 HÖLZL, Sebastian: Das Pflichtschulwesen in Tirol ab der Theresianischen Schulordnung (1774) bis zur politischen Schulverfassung (1806). Masch. Diss. Univ. Innsbruck 1972, S. 23.
1805 STOLL (wie Anm. 1802), S. 319.
1806 WEINGARTNER, Kunstdenkmäler (wie Anm. 32), S. 826.
1807 OBEREGLSBACHER (wie Anm. 1554).

Während in Schlanders Kaspar Kellermair den Schul- und Organistendienst versah, erwarb Johann Hertenstein diesbezügliche Erfahrungen in Kaltern. Als er 1636 nach Schlanders zurückkehrte, schloß er mit Landkomtur Johann Gaudenz von Wolkenstein (1627–1638) als Vertreter der Pfarrkirche und der Kommende in Anwesenheit genannter Vertreter der Gemeinde einen Bestallungsvertrag, der an dieser Stelle deshalb von Interesse ist, weil er einen sehr präzisen Einblick in die mit diesem Amt verbundenen Pflichten vermittelt. Auffälligstes Charakteristikum ist die detaillierte Regelung aller mit den gottesdienstlichen Funktionen verbundenen Aspekte, während die Unterweisung der Kinder nur in einer sehr allgemeinen Form Erwähnung findet, doch nicht ohne die Mahnung, sie zur Gottesfurcht zu erziehen. Insgesamt genoß der Organistendienst einen klaren Vorrang vor dem Schuldienst, auch wenn bei Bedarf die Zuständigkeit des Lehrers für den Lateinunterricht einzelner begabter Schüler vorgesehen war. Aus diesem Grund oblag dem Lehrer die Haltung eines sogenannten *Jungmeisters* als Gehilfen für den Unterricht. Er mußte nicht nur in Schlanders, sondern auch in den Filialkirchen allen Gottesdiensten beiwohnen, an Kreuzgängen teilnehmen und zu bestimmten Anlässen beim Rosenkranz vorbeten.[1808] An dieser Schwerpunktverteilung änderte sich bis in die Zeit der Theresianischen Schulreform nichts, wie aus zwei weiteren Bestallungsverträgen von 1733[1809] und 1773 hervorgeht. Die letztere Urkunde enthält mit dem Hinweis, der Schulmeister müsse sich dem Landkomtur und dem Pfarrverwalter gegenüber gehorsam zeigen, sogar Präzisierungen, die die angedeutete Richtung noch unterstreichen; was seine Arbeit mit den Kindern anbelangt, so wurde ihm jetzt auch die Pflicht zu deren Vorbereitung auf die österliche Beichte auferlegt. Von den Unterrichtsgegenständen fand nur der Katechismus ausdrückliche Erwähnung. Wie schon im 17. Jahrhundert wurde weiterhin am ausdrücklichen Verbot des Trinkens und der Beherbergung fremder oder verdächtiger Personen festgehalten.[1810]

Aus den Bestallungsurkunden und anderen Quellen geht hervor, daß die Entlohnung des Schulmeisters im wesentlichen dem Deutschen Orden oblag.[1811] Das von diesem bezogene Einkommen wurde jedoch aus dem Vermögen der Pfarrkirche[1812] (mit gesonderter Verrechnung der Wartung der Orgel[1813]), der Filialkirchen[1814] und des Heiliggeistspitals[1815] nachhaltig aufgestockt. Im 18. Jahrhundert, der Zeit präziser Stolordnungen, wurden auch die Bezüge, die der Schulmeister für die Teilnahme an Beerdigungen erhielt, genau quantifiziert.[1816] Die Eltern der Kinder hatten ein Schulgeld zu entrichten[1817]; wollte ein Kind auch Latein oder Rechnen lernen, war, der Schulordnung von 1586 entsprechend[1818], eine Zulage vorgesehen.[1819] Im Winter mußten die Eltern entweder einen etwas höheren Betrag entrichten oder den Kindern bestimmte Mengen an Brennholz mitgeben. Ein höheres Schulgeld wurde auch von Engadiner und welschen Kindern gefordert, weil deren Unterweisung mehr Mühe erfordere.

1808 PfA Schlanders 2/32.
1809 PfA Schlanders 2/34.
1810 DOZA, Et 157/8.
1811 DOZA, Et 33/6, pag. 56–61. 1636 waren 18 Star Roggen und für nicht genossene Mahlzeiten 6 fl 30 kr vorgesehen; zur Aufbesserung genehmigte der Landkomtur »aus gutem Willen« weitere 3 Star Weizen, 4 Star Roggen, 2 Star Gerste und drei fl 30 kr. 1773 zahlte die Kommende Schlanders 14 fl, 3 Star Weizen, 30 Star Roggen, 2 Star Gerste.
1812 1636: 2 Star Roggen, 10 fl (PfA Schlanders 2/32). 1773: 2 Star Roggen, 42 fl 24 kr, 29 fl 5 kr von gestifteten Jahrtagen.
1813 1636: 40 fl (PfA Schlanders 2/32).
1814 1636: 3 fl (PfA Schlanders 2/32). Die Gemeinde Vezzan steuerte 48 kr bei (KA Vezzan, KR 1673/74, 1707/08, 1709/10, 1721/22, 1725/26, 1735/36, 1741/42, 1745/46). Aus den Erträgnissen der Göflaner Kirche bezog der Schulmeister und Organist bis ins beginnende 18. Jahrhundert jährlich 1 fl und ein Fuder Holz im Wert von 45 kr (KA Göflan, KR 1688/89, 1702/03), seit der Mitte des 18. Jahrhunderts erhielt er mit 5 fl 30 kr und einem halben Star Roggen deutlich erhöhte Bezüge (KA Göflan, KR 1750/51, 1756/57, 1758/59, 1760/61, 1764/65, 1768/69, 1770/71, 1788/89, 1794/95).
1815 17. Jahrhundert: 23 fl und 5 Star Roggen; 1773: 37 fl 30 kr, 5 Star Roggen (SpA II/2, Nr. 21 (Spitalrechnung 1638/39), II/2, Nr. 30 (Spitalrechnung 1699/1700), II/3, Nr. 38 (Spitalrechnung 1719/20), II/4, Nr. 55 (Spitalrechnung 1759/60); DOZA, Et 7/1, fol. 67v–69r; Et 32/3: Anzeigung des zeitlichen Vermögens und Einkommens der Kirchen und des Spitals in der Pfarre Schlanders 1685 Mai 2.
1816 1773: Für einen Kondukt erhält er – außer von den Armen – 12 kr, außerhalb des Dorfes 18 kr, für eine Vigil 12 kr, für ein Choralamt ohne Orgel 18 kr, für eine Prozession über das Grab 4 kr.
1817 1636 betrug dieses 30 kr pro Quatember (PfA Schlanders 2/32), 1773 nur mehr 24 kr.
1818 STOLL (wie Anm. 1802), S. 39.
1819 1636: 1 fl 12 kr (PfA Schlanders 2/32), 1773: 48 kr pro Quatember.

Der Beitrag der Gemeinde für die Schule bestand in der Bereitstellung eines Hauses mit einer Wohnung für den Lehrer, die dieser zins- und steuerfrei, aber gegen selbständige Besorgung des Brennholzes und Verpflichtung zur korrekten Wartung zur Verfügung gestellt bekam.

Insgesamt entsteht der Eindruck, daß die soziale Position der im 17. und 18. Jahrhundert in Schlanders wirkenden Schulmeister um einiges günstiger war als die ihrer zur selben Zeit in der entlegenen Deutschordenspfarre Sarnthein wirkenden Kollegen.[1820]

Auch das Einvernehmen mit der Geistlichkeit scheint meist gut gewesen zu sein.[1821] Bis ins 18. Jahrhundert wurde die Schule von dieser allerdings nicht visitiert, was bei Visitationen des Deutschen Ordens angemahnt wurde. 1701 mußte der Pfarrverwalter versprechen, dieser Pflicht künftig nachzukommen.[1822]

Die Filialgemeinden beteiligten sich übrigens nicht nur an der Finanzierung des Lehrers, sondern auch des für den Unterricht gebrauchten Materials. Die Gemeinde Göflan entrichtete hierfür zwischen 1726 und 1771 jährlich 2 fl[1823], seit den späten achtziger Jahren erhöhte sie den Betrag auf das Doppelte.[1824] Dasselbe gilt für Vezzan.[1825]

Aussagen über die Qualität des in Schlanders gebotenen Unterrichts sind kaum möglich. Bei einer 1685 vorgenommenen Ordensvisitation entstand ein zwiespältiges Bild: Manche der befragten Personen erklärten, der Schulmeister tue, was die Schulhaltung und den Organistendienst anbelange, soviel er könne, während ihn andere sowohl in der Kirche als auch in der Schule als ziemlich faul und liederlich bezeichneten; er gebe sich auch dem Trunk hin, sei oft abwesend und halte einen schlechten Jungmeister.[1826] Dem 1708 amtierenden Schulmeister wurde hingegen bescheinigt, daß er die Kinder zusammen mit einem Jungmeister *in guter Zucht* halte, den Organistendienst erfülle, und vom Pfarrverwalter überhaupt sehr gebraucht werde. Etwas bedauerlich sei nur, daß ihm in der Person des Spitalkaplans, der vielen Kindern Elementarunterricht erteile, eine gewisse Konkurrenz erwachsen sei, die seinem Ansehen schade.[1827] 1775 kam ein Schulinspektor nach Schlanders, der ein sehr positives Urteil abgab.[1828] Dem entsprechen die bei Ordensvisitationen 1776, 1780 und 1792 gemachten Beteuerungen der Geistlichen, die kaiserlichen Mandate über Christenlehre und Schule würden genau beachtet.[1829]

Seit Johann Georg Hertenstein 1655 Schlanders verlassen hatte, klafft eine etwas über zwei Jahrzehnte umfassende Lücke im Nachweis der personellen Besetzung der Schullehrer- und Organistenstelle dieser Pfarre. 1678–1685 ist jedoch Melchior Gotthard[1830] belegt. 1678 verkaufte er zusammen mit seiner Gemahlin Magdalena Ratschiller um 200 fl die Hälfte des Spitallehens samt einem Acker und einer Wiese.[1831] Von 1691[1832] bis 1722 versah den Schul- und Organistendienst Georg Riz[1833], 1733–1773 Peter Stainer[1834], seither dessen gleichnamiger Sohn, der bis nach 1800 belegt ist.[1835] Der bekannteste Schlanderser Schulmeister ist Mathias Purtscher, der im April 1809 mit einer Schützenkompanie als deren Hauptmann über den Brenner zog und später von Andreas Hofer zu seinem Adjutanten ausersehen wurde.[1836]

4.12 Bruderschaften

Bruderschaften sind Vereinigungen, in denen sich in der Welt lebende Menschen freiwillig, doch

---

1820 Vgl. KUSTATSCHER, Erika: Die Pfarrschule von Sarnthein (mit Ausblicken auf die Schulgeschichte des Sarntales), in: Der Schlern 70 (1996), S. 515–543, hier S. 518.
1821 DOZA, Et 33/1: VP 1685 August 25, Schlanders.
1822 DOZA, Et 33/3 = Et 34/1: VP 1701 Dezember 21.
1823 KA Göflan, KR 1726/28, 1750/51, 1756/57, 1758/59, 1760/61, 1764/65, 1768/69, 1770/71.
1824 KA Göflan, KR 1788/89, 1794/95.
1825 KA Vezzan, KR 1721/22, 1725/26, 1737/38, 1741/42, 1749/52, 1763/64, 1765/66, 1767/68, 1769/70.
1826 DOZA, Et 33/1: VP 1685 August 25, Schlanders.
1827 DOZA, Et 35/2, fol. 78v–106r: VP 1708.
1828 GAMPER (wie Anm. 254), S. 109 f..
1829 DOZA, V 2059; V 2065; Et 35/3: VP 1776 Oktober 5; Et 30/4: Personalexamen 1792 Juli 10.
1830 DOZA, Et 33/1: VP 1685 August 25, Schlanders.
1831 SpA III/1.7, Nr. 16 ddo. 1678 Juni 12.
1832 1708 war er seit 17 Jahren im Dienst (DOZA, Et 35/2, fol. 78v–106r: VP 1708).
1833 SpA II/2, Nr. 30 (Spitalrechnung 1699/1700), II/3, Nr. 38 (Spitalrechnung 1719/20); KA Vezzan, KR 1721/22; DOZA, Et 35/2, fol. 78v–106r: VP 1708.
1834 KA Vezzan, KR 1735/36, 1737/38, 1739/40, 1741/42, 1745/46, 1769/70; SpA III/1.3, Heft 15/39 ddo. 1767 Dezember 12.
1835 PfA Schlanders 2/34; SpA III/1.3, Heft 17/10 ddo. 1783 f.; 19/1 ddo. 1799 Dezember 2; 19/16 ddo. 1800.
1836 GAMPER (wie Anm. 254), S. 109.

ohne Gelübde zusammengeschlossen haben, um eine auf Dauer angelegte und von der Kirche anerkannte Struktur zu schaffen, die sich die Erreichung besonderer Zwecke und außerordentlicher guter Werke zum Ziel gesetzt hat.[1837] Die Aktivität vollzog sich in weitgehender Loslösung von klerikaler Leitung bzw. außerhalb des Rahmens der offiziellen Seelsorge, auch wenn Mitgliedschaften des Pfarrklerus nicht ausgeschlossen waren.[1838] Ein zentrales Anliegen war die Übernahme sozial-karitativer Aufgaben; dadurch wurden die Bruderschaften zu Umschlagplätzen religiös motivierter gesellschaftlicher Anliegen.[1839] Der Einsatz für diese entsprang nicht dem Prinzip der Philanthropie, sondern dem selbstverständlichen Gefühl der Nachbarschaft und Gefühlsnähe.[1840] Dessenungeachtet tragen Bruderschaften vielfach den Charakter des Partikulären, vielleicht auch Elitären.[1841] Gleich wie bei den Zünften lag die Gefahr eines übersteigerten Subjektivismus nahe, der sich sowohl in religiöser Hinsicht[1842] als auch in Gestalt gesellschaftlicher Privilegierung[1843] äußern konnte. Um eigene Kapellen oder Stiftungsaltäre gruppiert, neigten die Mitglieder in privaten Andachten oder Prozessionen zu Formen der Selbstdarstellung, in denen Repräsentationsmomente übermächtig werden konnten.[1844] Einen besonderen Stellenwert hatten die Begräbnisse der Mitglieder und die Jahrtage.[1845] Präzise Statuten, der Besitz eines gemeinsamen Vermögens[1846] und das Wissen um die eigenen Leistungen im sozialen Bereich[1847] waren der Selbsteinschätzung förderlich.

Der Höhepunkt des Bruderschaftswesens liegt in der Mitte des 18. Jahrhunderts.[1848] Damals hatte die Pflege ausschließlich partikulärer Frömmigkeit einer stärker gemeinschaftsbetonenden Haltung weichen müssen; von interner sozialer Differenzierung hatte man allmählich Abstand genommen.[1849] Dennoch stand die Aufklärung den Bruderschaften ablehnend gegenüber, weil sie dem urchristlichen Gedanken einer allgemeinen Verbrüderung der Christen widersprachen.[1850] Aus diesem Grund entwickelte Kaiser Joseph II. den Gedanken einer Bruderschaft der tätigen Nächstenliebe, in der alle bestehenden vereinigt werden sollten; wo dies nicht möglich war, erfolgte gemäß Hofdekret vom 24. November 1783 die Aufhebung.[1851] Die in Schlanders vom Mittelalter bis in diese Zeit bestehenden Bruderschaften werden im folgenden einzeln vorgestellt.

Aus der Zeit vor dem Tridentinum sind kaum Gründungsakte bzw. offizielle kanonische Genehmigungen von Bruderschaften bekannt; meist wurden bestehende Vereinigungen aufgrund stillschweigender Duldung als rechtsgültig anerkannt.[1852] Dies gilt auch für die in der Pfarre Schlanders am frühesten genannte Bruderschaft, die dem heiligen Gervasius geweiht war: Sie trat 1357 beim Kauf eines Ackers ins Licht der Urkunden.[1853] Zum Jahr 1438 wird sodann eine Unserfrauenbruderschaft als Stifterin eines Quatembergottesdienstes erwähnt, der mit einem Amt in der Pfarrkirche und anschließender Segnung der

---

1837 BORGOLTE, Die mittelalterliche Kirche (wie Anm. 1069), S. 115.
1838 REMLING, Ludwig: Bruderschaften in Franken. Kirchen- und sozialgeschichtliche Untersuchungen zum spätmittelalterlichen und frühneuzeitlichen Bruderschaftswesen (= Quellen und Forschungen zur Geschichte des Bistums und Hochstifts Würzburg Bd. 35). Würzburg 1986, S. 20.
1839 HÖRGER (wie Anm. 1111), S. 165.
1840 KLAMMER, Markus: Das religiöse Bruderschaftswesen in der Diözese Brixen vom Konzil von Trient bis zur Aufhebung (1783). Masch. Diss. Univ. Innsbruck 1983, S. 94.
1841 STUPPERICH, Robert: Bruderschaften, in: Theologische Realenzyklopädie, Bd. 7. Berlin–New York 1981, S. 195–206, hier S. 200.
1842 JUNGMANN (wie Anm. 1408), S. 106.
1843 KLAMMER (wie Anm. 1840), S. 32.
1844 KLAMMER (wie Anm. 1840), S. 147.
1845 ARIÈS, Philippe: Geschichte des Todes. München 1982, S. 238–240.
1846 WERMINGHOFF (wie Anm. 1067), S. 193.
1847 KLAMMER (wie Anm. 1840), S. 89.

1848 KLAMMER (wie Anm. 1840), S. 43.
1849 HABERMAS, Rebekka: Wallfahrt und Aufruhr. Zur Geschichte des Wunderglaubens in der frühen Neuzeit (= Historische Studien Bd. 5). Frankfurt/M.–New York 1991, S. 94–96.
1850 SCHREIBER, Chrysostomus: Aufklärung und Frömmigkeit. Die katholische Predigt im deutschen Aufklärungszeitalter und ihre Stellung zur Frömmigkeit und Liturgie. Mit Berücksichtigung von Johann Michael Sailer (= Abhandlungen der Bayerischen Benediktiner-Akademie Bd. 4). München 1940, S. 103–109.
1851 WÖRZ, Johann Georg: Bruderschaftswesen in der Provinz Tirol und Vorarlberg seit der Alleinherrschaft des Kaisers Joseph II. im Jahre 1780. Innsbruck 1848, S. 7.
1852 KLAMMER (wie Anm. 1840), S. 19.
1853 PfA Schlanders, Urk. 6 ddo. 1357 Juli 12; ARCHIV-BERICHTE (wie Anm. 135), Nr. 324; ATZ/SCHATZ (wie Anm. 5), S. 61; HOCHENEGG, Hans: Bruderschaften und ähnliche religiöse Vereinigungen in Deutschtirol bis zum Beginn des 20. Jahrhunderts (= Schlern-Schriften Bd. 272). Innsbruck 1984, S. 177.

Gräber der verstorbenen Mitglieder begangen werden sollte.[1854]

Die gerade in Schlanders schwierige Überlieferungssituation des 15. Jahrhunderts ermöglicht es nicht, diese Vereinigungen näher zu charakterisieren. Es scheint aber, daß es zu einer Zusammenlegung kam: 1504 wurden zwei Jahrtage in eine Bruderschaft gestiftet, die sich nun offiziell als »Unserfrauen, St. Gervasius und Protasius« bezeichnete.[1855] 1519 wurde deren Vermögensgrundlage durch eine weitere Jahrtagsstiftung aufgestockt.[1856] Zum selben Jahr läßt sich mit dem Hinweis auf ein auf Zins vergebenes Darlehen[1857] eine für geistliche Institutionen typische Form der Finanzgebarung nachweisen, die gerade bei Bruderschaften auch allgemein eine hervorragende Rolle spielte.

Seit dem Ende des 15. Jahrhunderts, als die Pfarre Schlanders von Hans Weiglmair verwaltet wurde, ist auch eine Sebastiansbruderschaft aktenkundig. Obwohl man das genaue Gründungsdatum nicht kennt, ist der Zeitraum der Erstnennung nicht überraschend, gilt doch König Maximilian allgemein als Föderer der Errichtung von Sebastiansbruderschaften.[1858] Deren Patron wurde häufig zur Pflege und Bestattung Pestkranker angerufen.[1859]

Die erste Erwähnung in der Pfarre Schlanders liegt in Gestalt einer Ordnung vor, die aufgrund zahlreicher Analogien zu den Satzungen anderer derartiger Vereinigungen auf einen bereits gut strukturierten Aufbau deutet. Einleitend wurde die Rolle des Brudermeisters definiert: Von den *gemeinen Brüdern* auf ein Jahr gewählt, auf daß er auf den Vorteil der Bruderschaft schaue, oblagen ihm die Eintreibung der Zinse und Gülten, die Sorge für die Erfüllung der Stiftungen und die jährliche Abrechnung anläßlich der Hauptversammlung am Sebastianstag (20. Jänner). An diesem Tag erfolgte gegen Entrichtung der Aufnahmegebühr von 3 kr auch die Aufnahme neuer Mitglieder.

Als charakteristische Einrichtung spezieller Seelsorge wird die Schlanderser Sebastiansbruderschaft durch die beim Tod der ihr angehörenden Personen geltenden Bestimmungen identifiziert: Alle Mitglieder waren bei drohender Bestrafung zur Teilnahme an der Beerdigung verpflichtet; an ihrer Spitze ging der Brudermeister mit vier Kerzen. Auswärts verstorbene Mitglieder sollten auf Kosten der Bruderschaft nach Schlanders überführt werden. Am Freitag nach dem Todestag war die Haltung einer Messe oder eines Amtes für jeden Verstorbenen vorgesehen. Das von den einzelnen Mitgliedern zu leistende Totengedenken sollte durch Abbeten von drei Vaterunsern mit Ave Maria und des Glaubensbekenntnisses erfolgen. Auch für Ehehalten (Dienstboten) eines Mitgliedes war die Beerdigung aus Bruderschaftsmitteln vorgesehen, doch nur mit zwei Kerzen und gegen Entschädigung der Bruderschaft nach freiem Ermessen. Bei Jahrtagen für verstorbene Mitglieder sollten acht Kerzen brennen.

Die spezifischen Ämter der Sebastiansbruderschaft fanden an folgenden Terminen statt: das erste Quatemberamt zu Mariä Verkündigung in der Fastenzeit, die anderen jeweils am Freitag nach den Quatembersonntagen; als weitere wichtige Termine wurden den Mitgliedern die seit alters her übliche Vigil am Sebastiansabend und ein Amt am darauffolgenden Fest des Patrons in Erinnerung gerufen; an allen Quatembern sollte auf der Kanzel der verstorbenen Brüder und Schwestern gedacht werden.

Die Rolle der Bruderschaft in der Pfarre kommt an der Zuständigkeit für die Erhaltung zweier Altäre, des Sebastiansaltars und des Altars der 14 Nothelfer (St. Katharina, Barbara, Margarethe und Dorothea), zum Ausdruck. Zur täglichen Frühmesse spendete sie eine Kerze, bei Ämtern zwei und bei Vigilien vier Kerzen; reiche Kerzenbeiträge waren auch an bestimmten Feiertagen und bei Vespern vorgesehen. Außerdem trug die Korporation zur Entschädigung des Mesners und der Kooperatoren bei.[1860]

Aus dem beginnenden 16. Jahrhundert sind einige Urkunden über Stiftungen von Messen und

---

1854 PfA Schlanders, Urk. 19 ddo. 1438 September 14; Archiv-Berichte (wie Anm. 135), Nr. 331 (irrt. Datum); Atz/Schatz (wie Anm. 5), S. 61; Hochenegg (wie Anm. 1853), S. 177.
1855 PfA Schlanders, Urk. 31 ddo. 1504 Februar 4; Urk. 30 ddo. 1504 August 10.
1856 PfA Schlanders, Urk. 35 ddo. 1519 Februar 11.
1857 SpA, Urk. 37 ddo. 1519 Februar 12.
1858 A. Dörrer (wie Anm. 1463), S. 45.
1859 Amore, Agostino: Art. Sebastian, in: LThK 9, hg. von Josef Höfer und Karl Rahner, Freiburg ²1964, Sp. 558.
1860 PfA Schlanders 4/1.

Ämtern erhalten, deren Ausrichtung und Verwaltung der Sebstiansbruderschaft anvertraut worden war.[1861] Im weiteren Umfeld der Reformation und unter dem Eindruck der bis in die späten sechziger Jahre wirksamen Täuferbewegung scheinen die Aktivitäten dieser Vereinigung dann weitgehend aufgehört zu haben, wie aus dem gänzlichen Fehlen einschlägiger Quellen zu schließen ist.

1582 kam es zu einer Neubegründung, die ihren Ausgang von einer schon bestehenden Vereinigung der Schlanderser Scharf- und Scheibenschützen nahm, einer Gruppe, die sich unter Erzherzog Ferdinand II. auch sonst in Tirol nachdrücklicher Förderung erfreute.[1862] Schützenbruderschaften als freiwillige Vereinigungen zur Wehrertüchtigung hatten sich seit der Zeit um 1300 vom nordeuropäischen Raum aus verbreitet. Einem Bedeutungsverlust im Umfeld der Reformation war im späteren 16. Jahrhundert ein neuer Höhepunkt gefolgt.[1863] Die 1582 in Schlanders erfolgte Gründung einer Sebastiansbruderschaft nahm eine Entwicklung der Schützenbruderschaften vorweg, die in größerem Ausmaß erst im 20. Jahrhundert einsetzte.[1864] In diesem Sinne konnten der Verbindung fortan außer den Schützen auch andere Personen beitreten, sofern sie dem katholischen Bekenntnis verpflichtet waren. Bei der Erstellung einer Satzung im Jahr 1585 wurden als Zwecke der Neubegründung die Erreichung eines *anständigen* Lebenswandels, die Abwehr der Pest, Hilfe für die Armen und das Anliegen, den Mitgliedern ein feierlicheres Begräbnis ausrichten zu können, angegeben. Hierfür sollte ein jährlicher Beitrag von 4 kr entrichtet werden.[1865]

Obwohl in der Folgezeit einzelne Stiftungen errichtet wurden[1866], geriet die Bruderschaft schon in den ersten Jahrzehnten ihres neuerlichen Bestehens wiederum in Verfall. 1630 erfuhren die Satzungen eine weitere Revision, die sich an das 1602 erlassene Statut der in Meran bestehenden Sebastiansbruderschaft anlehnte. Die Korporation fühlte sich jetzt den Heiligen Fabian, Sebastian und Rochus verbunden.[1867] 1685 scheint sie als Bruderschaft *St. Georg und Sebastian* auf; damals hatte sie ein Vermögen von 290 fl, dessen Ertrag zur Gänze für die gestifteten Gottesdienste aufging.[1868]

Die Vermögenslage blieb auch zu Beginn des 18. Jahrhunderts knapp; dennoch setzte damals – auch dank der Förderung von seiten des Pfarrverwalters Johann Jakob Glier OT – ein Aufschwung ein, der diese Bruderschaft binnen weniger Jahrzehnte zur führenden kirchlichen Vereinigung in der Pfarre Schlanders machte. Zunächst ist nur die Verfügungsgewalt über mehrere Meßgewänder aus dem Inventar der Pfarrkirche zu erwähnen, die aus einer Aufstellung von 1702 hervorgeht.[1869] 1709 gewährte sie einen Beitrag zum Kauf eines neuen Rauchmantels, 1710 und 1711 fiel der Kauf von Wachskerzen für das vierzigstündige Gebet zur Abwendung der drohenden Pest im Pfarrverband stark ins Gewicht.[1870]

Den entscheidenden Umschwung brachte eine 1727 vom damaligen Gerichtsschreiber, dem späteren Pflegverwalter Sebastian Steiner, erlassene neue Ordnung, der ein von Papst Benedikt XIII. erteilter und 1734 durch den Bischof von Chur bestätigter Ablaß folgte. Der Beitrag der Mitglieder wurde mit 3 kr niedriger angesetzt als 1585.[1871] Der damals einsetzende Aufschwung kommt an der durchschnittlichen Anzahl der Mitgliederneuaufnahmen pro Jahr sinnfällig zum Ausdruck.[1872]

1861 PfA Schlanders, Urk. 28 ddo. 1504 Jänner 20, Urk. 33 ddo. 1506 April 14; KA Göflan, Urk. 23 ddo. 1516 Jänner 20.
1862 Köfler (wie Anm. 1705), S. 304 f.
1863 SCHAUERTE, Heinrich: Art. Schützenbruderschaften, in: LThK 9, hg. von Josef Höfer und Karl Rahner, Freiburg ²1964, Sp. 522.
1864 ERPENBACH, Hans: Art. Schützenbruderschaften, in: LThK 9, hg. von Josef Höfer und Karl Rahner, Freiburg ²1964, Sp. 522.
1865 PfA Schlanders 4/21 (Bruderschaftsbuch 1728–1880); ATZ/SCHATZ (wie Anm. 5), S. 61; Hochenegg (wie Anm. 1853), S. 177.
1866 PfA Schlanders, Urk. 41 ddo. 1593 März 30.
1867 PfA Schlanders 4/21 (Bruderschaftsbuch 1728–1880); ATZ/SCHATZ (wie Anm. 5), S. 61; Hochenegg (wie Anm. 1853), S. 177.
1868 DOZA, Et 7/1, fol. 67v; Et 32/3: Anzeigung des zeitlichen Vermögens und Einkommens der Kirchen und des Spitals in der Pfarre Schlanders 1685 Mai 2.
1869 DOZA, Et 156/1: Inventar der Mobilien und Kirchenornate der Pfarrkirche Schlanders 1702 Jänner 2.
1870 PfA Schlanders, Fasz. 4 (ohne Signatur).
1871 PfA Schlanders 4/21 (Bruderschaftsbuch 1728–1880); ATZ/SCHATZ (wie Anm. 5), S. 61; Hochenegg (wie Anm. 1853), S. 177.
1872 PfA Schlanders 4/2; 4/21 (Bruderschaftsbuch 1728–1880).

	Aufnahmen/Jahr	Männer	Frauen
1708–1723	10	37 %	63 %
1728–1735	228	43 %	57 %
1736–1783	75	43 %	57 %
1794–1801	210	44 %	56 %
1802–1811	69	41 %	59 %
1708–1811	88	43 %	57 %

Zwischen 1784 und 1793 klafft in obiger Übersicht eine Lücke, weil die Bruderschaft in diesem Jahrzehnt nicht bestand: Im Zuge der josefinischen Kirchenpolitik war ihr Vermögen 1782 eingezogen und sie selbst 1783 aufgelöst worden. Auf den dringenden Wunsch der sieben Pfarrgemeinden hin wurde sie am 29. Jänner 1791 wieder eingeführt. Am 8. März 1793 erfolgte die Bestätigung von seiten der Landesstelle, doch mit der Bedingung, daß manche Gottesdienste zugunsten einer verstärkten Berücksichtigung der karitativen Tätigkeit ausfallen sollten.[1873]

Diese Entwicklung spiegelt sich im Mitgliederstand vor und nach der Aufhebung, der für bestimmte Jahre auch in absoluten Zahlen faßbar ist. 1735 gehörten der Bruderschaft 1694 Personen an, davon 40 Prozent Männer und 60 Prozent Frauen[1874], 1798 betrug die Zahl der Mitglieder nur mehr 708.[1875] Die rückläufige Entwicklung hatte allerdings schon in den späten dreißiger Jahren eingesetzt. Nach der Wiederherstellung setzten massive Zugänge ein, die sich jedoch erst nach 1800 auf die Gesamtzahlen in der Weise auswirkten, daß die Vergleichbarkeit mit dem Zustand vor der Aufhebung hergestellt werden konnte.

Was den relativen Anteil von Männern und Frauen anbelangte, so dominierten eindeutig die letzteren, auch wenn im Laufe der Zeit eine leichte Verschiebung zugunsten der Männer feststellbar ist: Von den zwischen 1732 und 1734 neu aufgenommenen Personen (insgesamt 492) waren 42 Prozent Männer, während deren Gesamtanteil 1735 nur bei 40 Prozent lag.[1876] Auch die Gesamtübersicht über die zwischen 1708 und 1811 erfolgten Neuaufnahmen bestätigt den leicht ansteigenden relativen Anteil der Männer.

Das Einzugsgebiet der Bruderschaft erstreckte sich auf Schlanders und seine Filialen, auf die umliegenden Gemeinden und zu einem geringen Teil auf andere Regionen Tirols. Zu 1735 läßt sich die Herkunft der auswärtigen Bruderschaftsmitglieder wie folgt beschreiben: Lana, Passeier, Kastelbell, Lichtenberg, Prad, Mals, Langtaufers, Inntal, Pfunds, Ischgl, Patznaun. Im Laufe der Zeit ist ein leichter Rückgang des Anteils der aus Schlanders selbst stammenden Personen zu verzeichnen, während aus den Vinschgauer Nachbargemeinden ein stärkerer Zuzug einsetzte, wie aus den folgenden Prozentangaben zu ersehen ist:

	neu 1732–1734	Mitgliederstand 1735	1798
Schlanders	20,66	28,81	25,99
Kortsch	22,45	22,43	24,15
Göflan	3,57	7,26	10,17
Sonnenberg/Allitz/Trög	18,37	17,53	13,42
Nördersberg	4,85	9,74	9,89
Vezzan und Goldrain	4,08	4,49	2,26
Latsch/Morter/Martell	2,55	1,77	2,68
Laas/Tschengls/Eyrs/Tanas	19,13	5,96	9,60
aus anderen Regionen	4,34	2,01	1,84
	100,00	100,00	100,00

Hinsichtlich der sozialen Herkunft der Mitglieder ist die Präsenz sowohl der bäuerlichen als auch der adeligen und geistlichen Führungsschicht, teilweise auch von Kapuzinerpatres zu vermerken. Inwieweit auch die Unterschichten vertreten waren, wäre noch zu untersuchen. Eine kursorische Durchsicht des mit 1728 einsetzenden Bruderschaftsbuches[1877] brachte eine Reihe von Namen zutage, die eine eindeutige soziale Zuordnung ermöglichen und wohl als paradigmatisch für die Zusammensetzung derartiger Korporationen gelten können. Der Adel war vertreten durch Josef Anton Dominikus Graf Hendl (1728), Maria Carolina Josefa Gräfin Hendl (1728), Zacharias Indermaur von Stachelburg (1730), Maria Elisabeth Freiin von Schlandersberg (1731), Johann Anton Graf

---

1873 PfA Schlanders 4/21 (Bruderschaftsbuch 1728–1880); Atz/Schatz (wie Anm. 5), S. 61; Hochenegg (wie Anm. 1853), S. 177.
1874 PfA Schlanders 4/4 (Urbar der Sebastiansbruderschaft).
1875 PfA Schlanders 4/11.
1876 PfA Schlanders 4/4 (Urbar der Sebastiansbruderschaft).
1877 PfA Schlanders 4/21 (Bruderschaftsbuch 1728–1880).

Stachelburg (1732) und Maria Anna Walburga Gräfin Hendl (1733); der lokalen Honoratiorenschicht gehörten Richter Martin Rainer und seine Gemahlin (1728), die Organisten und Schulhalter Georg Riz (1729) und Peter Stainer (1734) sowie Barbier Anton Jöchl (1729) an. Die Geistlichkeit war durch die Pfarrverwalter Michael Weitgruber OT (1728), Sylvester Moser OT (1731), Josef Verdross OT (1734), Johann Paul Stocker OT (1735), Franz Xaver Schlüssel OT (1736), Christoph Josef Ambros OT (1795) und Josef Mayr (1810), durch die Kooperatoren und Supernumerare Josef Pfitscher (1728), Pankraz Peteffi (1729), Josef Stocker (1754), Josef Matthäus Mair (1761), Benedikt Moser (1779) und Franz Kleinhans (1809), durch die Spitalkapläne Sebastian Hueber (1728), Thomas Lösch (1734), Paul Wallnöfer (1769) und Mathias Pilser (1794), die Schloßkapläne Josef Staffler (1794), Bartholomäus Thomann (1800) und Johann Vent (1810), die in Schlanders und auswärts wirkenden Priester Josef Steiner (1755), Josef Tumler (1756), Nikolaus Wöriz (1772), Michael Schuster (1777) und Kaspar Oberdorfer (1794) sowie durch die Schlanderser Kapuzinerpatres Maximilian Gummer (1728), Pirmin von Kartitsch (1729), Meinrad von Bruneck (1729), Ignaz (1733), Damian von Mühldorf (1737), Onophrius (1740) und Juvenal von Meran (1741) vertreten.

Durch den starken Zuwachs an Mitgliedern und andere Einnahmen (Stiftungen) konnte das Vermögen der Bruderschaft im Laufe des 18. Jahrhunderts erheblich aufgestockt werden. 1748 wurde es mit knapp 2000 fl beziffert[1878], 1779 mit etwas über 5000 fl[1879], 1783, unmittelbar vor der Aufhebung, mit weit über 5000 fl.[1880] Daher ist es nicht verwunderlich, daß sich der Kirchenausschuß 1757 bei der Erstellung des Finanzierungsplans für die Neuerrichtung der Pfarrkirche aus dieser Quelle reiche Zuwendungen erhoffte. In einem Projekt vom 19. April wurde die Sebastiansbruderschaft auf 700 fl festgelegt[1881], in einem weiteren vom 10. Juli sogar auf 1000 fl – *in Anbetracht ihrer erheblichen Mittel und der geringen ordentlichen Ausgaben*, wie es hieß.[1882]

1777 wurde auf Betreiben des Guberniums für Tirol und Vorarlberg auf der Basis der Sebastiansbruderschaft ein Schulbenefizium gestiftet, dessen Patronat die Gemeinde übernahm. Während der Deutsche Orden hierzu von vornherein seine Zustimmung gegeben hatte, waren die Gemeinden gegenüber diesem Vorhaben sichtlich auf Distanz gegangen – wenn auch nur einige *widerspenstige Mitglieder*, wie man in Innsbruck meinte. Von hier aus erging 1776 an die Gerichtsobrigkeit der Befehl, das Schulgebäude gemäß der Anleitung von Inspektor Tangl zweckmäßig zu renovieren. Zur Bestreitung der Kosten und zu unentgeltlichen Fuhren seien die betreffenden Gemeinden angehalten; auch Spitalgelder sollten verwendet werden.[1883] Diese Stiftung erfuhr am 22. Jänner 1778 die Bestätigung des Churer Bischofs und am 3. Juli 1781 die des Guberniums. Der Kaplan, der auch Schulinspektor war, bezog ein Jahresgehalt von 160 fl. Erster Inhaber dieser Stelle war Mathias Pilser.[1884]

Die Aufhebung im josefinischen Jahrzehnt hatte die materielle Basis erheblich reduziert. Im Jahr 1798 betrug das Kapital nur mehr 250 fl. Daher reichte sein Ertrag, vermehrt um die Einnahmen aus den Mitgliedsbeiträgen und aus Opfergeld, nur knapp zur Deckung der erforderlichen Ausgaben, unter denen jetzt gemäß den Bedingungen der Wiederherstellung auch karitative Dienste (*Almosen und Aushilfsgelder*) einen wichtigen Posten ausmachten.[1885] Im Laufe der folgenden sieben Jahre gelang eine Aufstockung des Kapitals auf 300 fl, die jedoch durch vermehrte Ausgaben wettgemacht wurde.[1886]

1680 wurde in der Pfarre Schlanders eine Bruderschaft des Karmelitischen Skapuliers errichtet,

---

1878 BAC, VP 1748 September 19, pag. 194.
1879 BAC, VP 1779, pag. 19 f.
1880 PfA Schlanders 4/8: Extract der Sebastiansbruderschaft 1783.
1881 KA Kortsch XII – 34 ddo. 1757 April 19.
1882 KA Göflan, Urk. ddo. 1757 Juli 10; Geschichte der Kuratie Göflan, pag. 192.
1883 KA Kortsch XVI (Fasz. VIII a aus dem GA), Nr. 23: 1776 März 29.
1884 PfA Schlanders 4/21 (Bruderschaftsbuch 1728–1880); Atz/Schatz (wie Anm. 5), S. 61; Hochenegg (wie Anm. 1853), S. 177.
1885 PfA Schlanders 4/11: Amtsrechnung des Brudermeisters der Sebastiansbruderschaft 1798.
1886 PfA Schlanders 4/12: Amtsrechnung des Brudermeisters der Sebastiansbruderschaft 1804/05.

nachdem sich Pfarrverwalter Nikolaus Schliernzauner seit 1668 durch Interventionen in Rom um die Einverleibung in die dort bestehende Erzbruderschaft bemüht hatte.[1887] 1701 wurde sie bei einer Visitation des Deutschen Ordens bereits als *in gutem Stand und ziemlich wohldotiert*[1888] bezeichnet. Nach einem Inventar der Pfarrkirche von 1702 hatte sie zum Kauf mehrerer für die Kirche erforderlicher Gegenstände wie Meßbücher, Ampeln, Fahnen (ca. 30!), Bilder und Statuen wesentlich beigetragen.[1889] Zentrum der religiösen Praxis dieser Korporation war die Michaelskapelle. Nach dieser wurde sie zuweilen auch benannt: 1708 erging von seiten des Deutschen Ordens die Mahnung, eine strenge Ordnung des Ziegenglöckleins für die Mitglieder der Michaelsbruderschaft zu erlassen, weil es derzeit alle begehrten.[1890]

Durch Legate[1891] und andere Einnahmen konnte bis 1748 ein Vermögen von knapp 3000 fl erwirtschaftet werden[1892], ein Betrag, der um rund ein Drittel höher liegt als der bei der bedeutenden Sebastiansbruderschaft festgestellte. In den folgenden drei Jahrzehnten verlief die Kurve aber ungleich flacher als bei dieser, denn bis 1779 konnte die Skapulierbruderschaft ihr Kapital nur auf knapp 4000 fl aufstocken.[1893]

Dennoch galt auch sie in den Augen des um 1757 besonders präzise rechnenden Kirchenausschusses als reich: Der in den Kostenvoranschlägen für den Kirchenneubau vom 19. April und vom 10. Juli für sie vorgeschlagene Anteil lag mit jeweils 500 fl höher als der der Pfarrkirche zugemutete.[1894]

In den achtziger Jahren wurde auch die Skapulierbruderschaft aufgehoben. Ein Dekret des Bischofs von Chur vom 14. April 1790, demzufolge die Skapulierbruderschaft in allen Ortschaften, wo sie vorher bestand, gestattet werde, wenn sie durch milde Beiträge erhalten werde, war für die Schlanderser Anlaß, dies in die Wege zu leiten. Schon 1794 wurde sie als *wieder bestehend* bezeichnet. In diesem Jahr veranstaltete die Vorstehung eine allgemeine Sammlung im gesamten Pfarrgebiet, die es ermöglichen sollte, das seit einiger Zeit entkleidete Skapulierunserfrauenbild wieder neu kleiden zu lassen. Thomas Bernhard aus Kortsch koordinierte die Aktion, die insgesamt 177 fl einbrachte.[1895] Mit diesem Betrag und weiteren Mitteln aus Opfergaben, insgesamt rund 250 fl, wurde er in Begleitung des Schneidermeisters Simon Tafratzer als Fachmann nach Bozen geschickt, um das Kleid zu kaufen. Darin und in einigen weiteren Anschaffungen für den Pfarrverwalter ging die Summe fast zur Gänze auf.[1896]

Von ihrem Kapital oder von sonstigen sicheren Einnahmen hätte die Bruderschaft in diesen Jahren nicht leben können. 1798 erwies sich bei einer kreisamtlichen Untersuchung, daß die bei ihr gestifteten 20 Quatember- und 24 Jahresmessen nicht gedeckt waren.[1897] Nach Ausweis einer Rechnung von 1803 stammten die Einnahmen ausschließlich aus dem Opferstock und dem Klingelbeutel; sie reichten nicht zur Bestreitung der erforderlichen Ausgaben.[1898]

Nur wenige Jahre nach der Errichtung der Skapulierbruderschaft führte der fromme Landkomtur Johann Jakob Graf Thun in der Kapelle St. Michael in Schlanders auch eine *Bruderschaft der doppelten Angst, so Christus am Ölberg und auf dem Berg Calvaria am Stamme des hl. Kreuzes gelitten* (auch *Liebesbündnis der Lebendigen mit denen Abgestorbenen*) ein, deren Regeln 1689 im Druck erschienen. Diesen ist ein von Graf Thun verfaßtes Gedicht beigefügt, das Stoßseufzer an den leidenden Heiland in seiner doppelten Todesangst im Ölgarten und am Kreuzesstamm zum Inhalt hat. Die Bruderschaft wurde am 10. September 1687 von Papst Innozenz XI. bestätigt und mit

---

1887 DOZA, Et 156/1: Inventar der Mobilien und Kirchenornate der Pfarrkirche Schlanders 1702 Jänner 2; Et 7/1, fol. 67v; Et 32/3: Anzeigung des zeitlichen Vermögens und Einkommens der Kirchen und des Spitals in der Pfarre Schlanders 1685 Mai 2; Et 33/2: VP 1697 Juli 7, Weggenstein.
1888 DOZA, Et 33/3 = Et 34/1: VP 1701 Dezember 21.
1889 DOZA, Et 156/1: Inventar der Mobilien und Kirchenornate der Pfarrkirche Schlanders 1702 Jänner 2.
1890 DOZA, Et 35/2, fol. 78v–106r: VP 1708.
1891 PfA Schlanders, Urk. 60 ddo. 1703 August 16.
1892 BAC, VP 1748 September 19, pag. 194.
1893 BAC, VP 1779, pag. 20.
1894 KA Kortsch XII – 34 ddo. 1757 April 19; KA Göflan, Urk. ddo. 1757 Juli 10; Geschichte der Kuratie Göflan, pag. 192

1895 Im Detail präsentierte sich das Ergebnis der Sammlung wie folgt: Gemeinde Schlanders: 55 fl 44 kr, Kortsch: 37 fl, Sonnenberg: 30 fl, Allitz/Trög: 16 fl, Göflan: 11 fl, Nördersberg: 21 fl 55 kr, Vezzan: 5 fl.
1896 SpA IV, Nr. 19 ddo. 1794 Februar 9.
1897 PfA Schlanders 2/16.
1898 SpA IV, Nr. 21.

einem Ablaß begabt.[1899] Gemäß einem Traktat des mittlerweile verstorbenen Mergentheimer Seminardirektors Kaspar Venator verlangte der Landkomtur die Einverleibung dieser Bruderschaft in die in Mergentheim bestehende, auf daß auch spätere Ordensgeistliche in Schlanders sie pflegten.[1900]

Mit dieser Gründung, die in der Sprache der Zeit korrekter als *Bruderschaft vom guten Tod* bezeichnet würde, sollte in Schlanders eine zumal vom Jesuitenorden geförderte stark eschatologisch geprägte Religiosität zu ihrem Recht kommen. Zweck dieser Bruderschaft, die ihren Ausgang von einer 1648 in der Kirche il Gesù in Rom eingeführten Korporation genommen hatte, war die Vorbereitung auf einen guten Tod durch die häufige Erinnerung an das Leiden Christi.[1901]

Ihre Einführung in Schlanders entsprang allerdings nicht einer lokalen Initiative, sondern einer Direktive des Deutschen Ordens. Noch 1767 wurde bei einer bischöflichen Visitation in Schlanders festgestellt, daß sich die Errichtungsdokumente nicht in der Hand des Pfarrverwalters, sondern in der Kommende befänden.[1902] Die Bruderschaft hatte denn auch von Anfang an große Schwierigkeiten gehabt, die für ein erfolgreiches Weiterbestehen erforderliche Dotierung zu erwerben. Dem Rechnung tragend, schlug Pfarrverwalter Nikolaus Schliernzauner, Initiator der Skapulierbruderschaft und Vorgesetzter des zur geistlichen Betreuung der Todesangst Christi-Bruderschaft ausersehenen Kooperators Johann Baptist Pamhackl, 1701 vor, das Vermögen der letzteren dem der Pfarrkirche zu inkorporieren; die Monatsprozessionen und Ämter sollten wegen zu geringer Beteiligung des Volkes aufgelassen werden.[1903] An eine völlige Aufhebung könne man *propter respectum ordinis* allerdings nicht denken.[1904] Eine Abrechnung von 1779 belegt die Probleme der Finanzgebarung deutlich: Das Vermögen erreichte mit rund 560 fl[1905] nur rund ein Zehntel von dem der Sebastiansbruderschaft.

Bruderschaften weisen hinsichtlich ihrer Ursprünge viele Analogien zu den Handwerkerzünften auf, denn auch deren Organisation vollzog sich innerhalb eines religiösen Rahmens.[1906] In diesem Sinn werden in den Quellen zur Schlanderser Pfarrgeschichte auch die Vereinigungen der Weber, Tischler, Bäcker und Müller, Schneider und Schuhmacher als Bruderschaften bezeichnet.

Am 10. Februar 1605 konstituierten sich in der Pfarrkirche Schlanders die im gleichnamigen Gericht und im Burgfrieden Montani ansässigen Weber als Bruderschaft. In einem Vertrag mit Pfarrverwalter Georg Faber, Kommendeamtmann Ulrich Niederhofer, Richter Oswald Pinggera und dem weltlichen Kirchenausschuß wurden die religiösen Aktivitäten und die dem Seelsorger dafür zustehenden Bezüge definiert. In den ersten hundert Jahren ihres Bestehens erwirtschafteten die Weber Vermögenswerte, die es ihnen erlaubten, sich durch Anschaffungen für die Kirche im sozialen Gefüge der Pfarre ein höheres Ansehen zu erwerben.[1907] 1750 lagen sie mit dem Pfarrverwalter jedoch in Streit, weil dieser Anspruch auf die vormals von der Bruderschaft bezogenen Opfergaben erhob. Sollte der bereits mehrfach erwähnte Projektentwurf für die Aufteilung der Baukosten von 1757 auf einer realistischen Schätzung der Vermögenheiten der einzelnen Rechtspersonen im Raum Schlanders beruhen, so müßte die Kapazität der Weberbruderschaft, für die 50 fl vorgesehen waren, auf rund ein Zehntel von jener der Skapulierbruderschaft eingeschätzt werden.[1908]

Die Bruderschaft der Tischler schnitten dann mit ihren 24 fl[1909] im Vergleich noch schlechter ab. Diese seit dem Beginn des 18. Jahrhunderts bestehende, dem Schutz Johannes des Täufers anvertraute Korporation wurde 1714 von Papst Clemens XI. mit einem vollkommenen Ablaß für den Tag des Eintritts und des Todes sowie für den Besuch der Kirche am Hauptbruderschaftsfest und mit befristeten Ablässen für den Besuch der Kirche an vier weiteren noch zu bestimmenden Tagen, für die Beherbergung Fremder, für die Aus-

---

1899 M. Bader (wie Anm. 1194), S. 92.
1900 DOZA, Et 33/2: VP 1697 Juli 7, Weggenstein.
1901 Schmid, Eugen: Art. Tod, Bruderschaft vom guten, in: LThK 10, hg. von Josef Höfer und Karl Rahner, Freiburg ²1965.
1902 BAC, VP 1767, pag. 82.
1903 DOZA, Et 33/3 = Et 34/1: VP 1701 Dezember 21.
1904 DOZA, Et 33/6, pag. 56–61.
1905 BAC, VP 1779, pag. 19.
1906 Sägmüller (wie Anm. 180), S. 852 f.
1907 DOZA, Et 156/1: Inventar der Mobilien und Kirchenornate der Pfarrkirche Schlanders 1702 Jänner 2.
1908 KA Göflan, Urk. ddo. 1757 Juli 10; Geschichte der Kuratie Göflan, pag. 192.
1909 KA Göflan, Urk. ddo. 1757 Juli 10; Geschichte der Kuratie Göflan, pag. 192.

übung frommer Werke und die Teilnahme an Begräbnissen oder Versehgängen begabt.[1910] Diese Gründung war jedoch unter ungünstigen Vorzeichen erfolgt. Der Bischof von Chur verweigerte zunächst die Approbation, weil in der Pfarre schon hinreichend Bruderschaften bestünden. Pfarrverwalter Glier intervenierte daher 1716 in Chur mit dem Hinweis, es handle sich um eine eher untypische Bruderschaft, die sich auf fünf Gottesdienste pro Jahr beschränken wolle. Sie wünsche nichts anderes als die Förderung der Ehre Gottes und seiner Heiligen durch gute Werke und Andacht. Die Sorge, daß der Pfarrkirche nach dem Tod der jetzigen Wohltäter eine Last erwachse, sei gegenstandslos, weil die Bruderschaft getrennt bestehe und *mehr nützlich als lästig* sei; auch der Landkomtur habe seinen Konsens erteilt. Aus dem Schreiben geht auch hervor, daß es in der Pfarre Schlanders Kreise gäbe, die nur die Skapulierbruderschaft und die vom Deutschen Orden gestiftete Bruderschaft der Todesangst Christi anerkennen wollten. Wohl wissend, daß zumal das Vermögen der letzteren zur Bestreitung aller Ausgaben nicht reiche, bezeichnete sie der Pfarrverwalter als *übel gesinnte Informanten*, weil sie behaupteten, anders als diese werde die Tischlerbruderschaft auch Dritte schädigen.[1911] In welchen Kreisen die hier kritisierten Personen zu suchen sind, entzieht sich mangels geeigneter Quellen einer Beurteilung. Die bereits erwähnte Existenz dieser Bruderschaft im Jahr 1757 spricht dafür, daß die Intervention des Schlanderser Pfarrverwalters in Chur erfolgreich war, auch wenn ein entsprechendes Dokument nicht vorliegt.

Die Bruderschaft der Bäcker und Müller sollte sich gemäß dem Projekt des Kirchenausschusses von 1757 mit 50 fl am Pfarrkirchenbau beteiligen.[1912] Sie lag somit an der unteren Grenze der etwas bemittelteren Zünfte, was auch daran zum Ausdruck kommt, daß im Inventar der Pfarrkirche von 1702 mehrere Objekte als ihre Stiftungen ausgewiesen sind.[1913]

Die Schneiderbruderschaft, als deren Patron der heilige Michael gilt, wurde 1757 auf 40 fl veranlagt[1914], ist also beinahe im Bedeutungsrang der Weber- und Bäckerzunft anzusiedeln. Seit wann es diese Zunft in Schlanders auch als religiöse Vereinigung gab, konnte nicht ermittelt werden. Bekannt ist aber eine erheiternde Episode aus dem Jahr 1747: Als sich die Meister satzungsgemäß zur Weihnachtsquatember einfanden, fiel ihnen auf, daß sie keine Fahne besaßen, mit der sie an Prozessionen teilnehmen konnten. Dem beschlossen sie durch die Anschaffung einer mit einem Wert von 200 fl besonders kostbaren Fahne Abhilfe zu schaffen. Diese war zwar sehr prächtig, aber so schwer, daß sich nicht leicht ein Mann fand, der sie zu tragen bereit war. Man einigte sich darauf, daß der jüngste Meister sie tragen solle; er könne sich jedoch einen Ersatzträger aussuchen, dem er 1 fl zahlen müsse. Zu dieser Option entschloß sich der Betroffene dann auch, aber er fand keinen Ersatzmann. Da traf es sich, daß ein wegen Pfuscherei angeklagter Meister um zumindest beschränkte Ausübung seines Handwerkes bat, und dies wurde ihm erlaubt unter der Bedingung, daß er die Fahne trage. Doch auch er wollte lieber 1 fl zahlen. So fand man den Ausweg, daß ein der Zunft nicht angehöriger Mann *in guter Absicht* die Fahne trage, und zwar auf Kosten des jüngsten Meisters; neben dem Träger müsse bei Prozessionen und feierlichen Aufmärschen allerdings ein Meister des Schneiderhandwerkes mitgehen. Dies alles sei zum Gespött der Schuljugend geworden.[1915]

Die Bruderschaft der Schuhmacher wurde 1757 auf 36 fl veranlagt.[1916] Eine weitere Nennung liegt zum Jahr 1758 vor, als eine Schuld bei der Pfarrkirche zu begleichen war.[1917]

1910 PfA Schlanders 2/25: 1714 Oktober 25, Castel Gandolfo (deutsche Übersetzung).
1911 PfA Schlanders 2/26: Pfarrverwalter zu Schlanders an Bischof von Chur ddo. 1716 März (Konzept).
1912 KA Göflan, Urk. ddo. 1757 Juli 10; Geschichte der Kuratie Göflan, pag. 192.
1913 DOZA, Et 156/1: Inventar der Mobilien und Kirchenornate der Pfarrkirche Schlanders 1702 Jänner 2.
1914 KA Göflan, Urk. ddo. 1757 Juli 10; Geschichte der Kuratie Göflan, pag. 192.
1915 GAMPER (wie Anm. 254), S. 110.
1916 KA Göflan, Urk. ddo. 1757 Juli 10; Geschichte der Kuratie Göflan, pag. 192.
1917 PfA Schlanders 2/6.

5 Seelsorge zwischen Anspruch und Wirklichkeit

Die bisherigen Ausführungen hatten die strukturellen Voraussetzungen der Pfarrgeschichte und gezielte Initiativen von seiten der sie tragenden Personen, sowohl der Obrigkeit als auch des seelsorglich betreuten Volkes, zum Inhalt. Im folgenden gilt das Interesse den Fakten, die es ermöglichen, die Einhaltung von Vorgaben und die Art ihrer Umsetzung zu bewerten. Als wichtigste Quellen hierfür dienen die Visitationsberichte der Bischöfe von Chur und des Deutschen Ordens. Zwecks angemessener relativer Beurteilung sind die Ergebnisse sodann in allgemeine Zusammenhänge einzubinden.

5.1 Das Mittelalter

Bis ins späte 13. Jahrhundert liegen kaum explizite Angaben über die Seelsorge in Schlanders vor; die Bestätigung der vom Bischof von Freising erteilten Ablässe durch Bischof Konrad von Chur im Jahr 1281[1918] stellt für lange Zeit das einzige direkte Zeugnis dar, das zumindest im weiteren Sinn einen spirituellen Aspekt berührt. Es ist daher wohl berechtigt anzunehmen, daß der Vorrang juridischer und administrativer Probleme, von denen an anderer Stelle bereits die Rede war, die pastoralen Aspekte in den Hintergrund drängte. Mehrere Naturkatastrophen des ausgehenden 13.[1919] und des 14. Jahrhunderts[1920] und die bekannte Pestepidemie von 1348, die zu erheblichen Bevölkerungsverlusten führte[1921], werden sich auf die geistige Situation der Menschen kaum anders ausgewirkt haben als überall sonst im Land, wo die existentielle Not eine tiefe Frömmigkeit zur Folge hatte, die teilweise im Gegensatz zu Mißständen innerhalb der Kirche als Institution und in den Reihen des Klerus stand.[1922] Meßstiftungen der Parochianen von Schlanders in den Jahren 1304 und 1333[1923] können als Belege dafür gleichermaßen angeführt werden wie ein verstärktes Engagement der Gemeinde in kirchlichen Angelegenheiten am Ende des 14. und am Beginn des 15. Jahrhunderts.[1924]

Damals fanden negative Alltagserlebnisse im Raum Schlanders auch in Gestalt kriegsbedingter Wirren eine Fortsetzung, weil die Herren von Schlandersberg zu den führenden Exponenten der Adelsopposition gegen Herzog Friedrich gehörten, der ihnen in ihrem Kerngebiet zu Leibe rückte. Als er Schlanders 1422 mit Waffengewalt nehmen ließ, gerieten Bauten der Kommende in Brand.[1925] Die im Kontext der spätmittelalterlichen Agrardepression zu sehende wirtschaftliche Krise des Deutschen Ordens und dessen Konflikte mit dem Bistum Chur[1926] dürften sich auch in seelsorglicher Hinsicht eher belastend ausgewirkt haben.

Einen direkteren Bezug zur religiösen Situation haben zwei kurze Notizen aus der ersten Hälfte des 15. Jahrhunderts: 1432 erhoben die Pfarrleute zu Schlanders zusammen mit jenen von St. Peter bei Tirol Klage in betreff einer noch nicht errichteten Stiftung[1927], und 1444 wurde der Schlanderser Pfarrverwalter Konrad Junge OT aufgrund seiner wohlwollenden Haltung gegenüber der Kartause Schnals vom Generalkapitel des Kartäuserordens in dessen Gebetsverband aufgenommen und für aller guten Werke desselben teilhaftig erklärt.[1928]

Das letzte Drittel des 15. und der Beginn des 16. Jahrhunderts kamen im Zuge der bisherigen Ausführungen zumal bei der Beschreibung der kirchlichen Bauten häufig zur Sprache. Daß allein die kleine Michaelskapelle im Jahr 1488 nicht weniger als vier Altäre besaß[1929], ist ein Faktum, das hier als einprägsames Paradigma für einen geradezu enormen finanziellen Aufwand erwähnt sei,

---

1918 BÜNDNER URKUNDENBUCH (wie Anm. 9), Bd. III, Nr. 1294.
1919 HAIDACHER, Christoph (Bearb.): Die älteren Tiroler Rechnungsbücher. Analyse und Edition (= Tiroler Geschichtsquellen Bd. 33). Innsbruck 1993, S. 348.
1920 GAMPER (wie Anm. 254), S. 43 f.; SCHWITZER, Basilius (Bearb.): Urbare der Stifte Marienberg und Münster (= Tirolische Geschichtsquellen Bd. 3). Innsbruck 1891, S. 36, 43 f.
1921 ROILO/SENONER (wie Anm. 9), S. 226.
1922 JUNGMANN (wie Anm. 1408), S. 89; BLICKLE, Die Reformation (wie Anm. 1564), S. 20–25; GELMI, Josef: Kirchengeschichte Tirols. Innsbruck/Wien/Bozen 1986, S. 62.
1923 ATZ/SCHATZ (wie Anm. 5), S. 52.
1924 Vgl. oben S. 183 f.
1925 GAMPER (wie Anm. 254), S. 44.
1926 Vgl. oben S. 123–126.
1927 PfA Schlanders, Urk. 17 ddo. 1432 Juli 15; ARCHIV-BERICHTE (wie Anm. 135), Nr. 334.
1928 PETTENEGG (wie Anm. 194), Nr. 1966; LADURNER (wie Anm. 133), S. 100 f.; RIEF (wie Anm. 398), Nr. 311; ATZ/SCHATZ (wie Anm. 5), S. 56.
1929 EGG, Gotik (wie Anm. 482), S. 49.

den die reiche Kirchenbautätigkeit dieser Zeit zur Voraussetzung hatte, der aber auch im sozialen Bereich positive Wirkungen zeigte (Almosenstiftung, Sebastiansbruderschaft).[1930] Weiterhin liegt die Vermutung nahe, daß Erlebnisse wie eine zu 1473 bekannte Mißernte mit anschließender Pest oder die 1477 eingetretene Heuschreckenplage[1931] die Gefühlswelt der Menschen in einer Weise erregten, daß die Bereitschaft zu erheblichen finanziellen Opfern stieg. Eine zunehmende Meßstiftungsaktivität im Vorfeld der Reformation ist hierfür nur ein Indikator von vielen.[1932] Bemerkenswert ist auch, in welcher Geschwindigkeit die Wiederaufbauarbeiten nach den im Gefolge der bekannten Schlacht an der Calven vom 22. Mai 1499 bis in den Raum Schlanders angerichteten schweren Zerstörungen vor sich gingen. Im Juni dieses Jahres war auch Schlanders mit seinen Sakralbauten ein Raub der Flammen geworden.[1933] In den Jahren nach der Schlacht mußten im Bereich zwischen Taufers und Schlanders mindestens 18 Kirchen neu erbaut oder renoviert werden[1934], darunter St. Walburg in Göflan (Weihe 1502), die Pfarrkirche von Schlanders (Weihe 1505), St. Ingenuin (Neubau 1507) und die Spitalkirche (1519).[1935]

Die Reformation faßte in Schlanders kaum Fuß. Der Bauernkrieg nahm einen betont unspektakulären Verlauf, und auch die Täuferbewegung erfuhr, anders als in vielen Regionen Tirols, erst in der zweiten Hälfte des 16. Jahrhunderts ihren Höhepunkt.[1936] Verglichen mit dem Rest der Diözese Chur war der Vinschgau lange Zeit ein ruhiges Gebiet; Bischof Paul Ziegler, der 1525 Chur verlassen mußte, nachdem die Kirche in Graubünden, durch die Ilanzer Artikel von 1524 ihrer wirtschaftlichen Substanz beraubt, in die Abhängigkeit der Gemeinden geraten war[1937], hielt die Fürstenburg für ein geeignetes Rückzugsgebiet; hier blieb er bis zu seinem Tod im Jahr 1541.[1938]

5.2 Die Krise des konfessionellen Zeitalters

Im schweren Stand des Churer Bischofs in seiner Diözese spiegelt sich ein wichtiger Grundzug der Geschichte dieses Bistums seit dem 16. Jahrhundert. Er sei im folgenden in knapper Form charakterisiert, weil sich daraus Konsequenzen ergaben, die indirekt auch den Vinschgau im allgemeinen und Schlanders im besonderen betrafen. Der Rückzug des Bischofs in dieses Gebiet leitete nämlich einen Prozeß des Auseinanderfallens von kirchlicher und politischer Einheit ein.[1939] In den fünfziger Jahren gab es Versuche, das Hochstift Chur gänzlich aufzuheben, weil die Mehrheit des Gotteshausbundes protestantisch war.[1940] Seither mußten Bischof und Domstift ihre Stütze verstärkt in den österreichischen Diözesananteilen suchen[1941]; auch spätere Churer Oberhirten zogen sich immer wieder für längere Zeit nach Tirol zurück, auf die Fürstenburg oder in die Meraner Gegend, um allen Anfeindungen zu entgehen.[1942]

Dies hatte zur Folge, daß auch die Ausbildung des priesterlichen Nachwuchses allmählich nicht mehr funktionierte; die aus der Diözese Chur stammenden Priesteramtskandidaten wurden im Ausland herangebildet.[1943] Die guten Geistlichen, die allmählich wegstarben, konnten nicht oder nur unzureichend ersetzt werden. Der noch katholische Bevölkerungsteil blieb vielfach ohne religiösen Unterricht und seelsorgliche Betreuung. So wuchs die Gefahr der religiösen Verwilderung, ein Zustand, der bis in die Zeit nach dem Konzil von Trient anhielt.[1944]

Zwar wird der Vinschgau von dieser Entwicklung der Diözese weniger betroffen gewesen sein

---

1930 Vgl. oben S. 233, 247 ff.
1931 GAMPER (wie Anm. 254), S. 45.
1932 Vgl. oben S. 221 f.
1933 KRAMER, Hans: Kriegsgeschichte des Vinschgaus vom späteren Mittelalter bis in die Neuzeit, in: Der obere Weg. Von Landeck über den Reschen nach Meran (= Jahrbuch des Südtiroler Kulturinstituts Bd. 5–7). Bozen 1965–1967, S. 153–193, S. 162, 169.
1934 BLAAS, Mercedes: Das Calvengeschehen aus tirolischer Sicht, in: Freiheit einst und heute. Gedenkschrift zum Calvengeschehen 1499–1999. Chur 1999, S. 173–216, hier S. 208.
1935 BLAAS, Calvenschlacht (wie Anm. 1934), Anm. 174.
1936 Vgl. oben S. 179–183.

1937 BLAAS, »Priesterverfolgung« (wie Anm. 97), S. 35.
1938 BOLDINI (wie Anm. 102), S. 47; BLAAS, »Priesterverfolgung« (wie Anm. 97), S. 34.
1939 VASELLA, Oskar: Krise und Rettung des Bistums im 16. Jahrhundert, in: 1500 Jahre Bistum Chur, hg. von Hermann Odermatt. Zürich 1950, S. 71–86, hier S. 72.
1940 VASELLA, Krise (wie Anm. 1939), S. 83.
1941 CLAVADETSCHER/KUNDERT (wie Anm. 26), S. 454.
1942 BOLDINI (wie Anm. 102), S. 48 f.
1943 BLAAS, »Priesterverfolgung« (wie Anm. 97), S. 36.
1944 SCHWEGLER (wie Anm. 105), S. 55.

als andere Teile, der allgemeine Rahmen, der auch für Schlanders gilt, ist durch den Hinweis darauf aber dennoch treffend umschrieben; mit gewissen Einflüssen aus dem reformierten Graubünden ist zu rechnen. Für diese Annahme spricht nicht zuletzt die Beobachtung, daß die durch die tiefe Frömmigkeit des Spätmittelalters erklärte reiche Kirchenbautätigkeit im Verlauf des 16. Jahrhunderts sichtlich abflaute[1945], daß die Stiftungsaktivität nachließ, insbesondere aber, daß die Geistlichkeit ihren Pflichten immer weniger nachkam, wie vor allem die mangelhafte Betreuung der Filialkirchen zeigt.[1946]

Als ein untrügliches Zeichen von Mißständen ist die zu 1583 aus der Pfarre Schlanders vorliegende Notiz zu werten, daß nicht alle Stiftungen persolviert würden.[1947] Daran änderte sich in der unmittelbaren Folgezeit nichts; die vom Churer Bischof Peter Rascher (1581–1601) durchgeführten Reformdekrete zeigten keine unmittelbare Wirkung. Als er 1595 den Vinschgau visitierte[1948], kamen in Schlanders gravierende seelsorgliche Mißstände ans Licht. Es erwies sich, daß der Pfarrverwalter nicht regelmäßig zelebrierte, keinen katechetischen Unterricht erteilte und die Absolutionsformel nur unzureichend beherrschte. Dies galt auch für Kooperator Georg Obermüller, der überdies kein Demissionsschreiben des Bischofs von Freising, aus dessen Diözese er stammte, vorweisen konnte; gleich dem Benefiziaten von Kortsch hatte er eine Konkubine. Den letzteren hielt von diesem unwürdigen Lebensstil auch seine im Vergleich zu anderen gediegenere Bildung nicht ab.[1949] Entsprechend gering war der Einfluß dieser Geistlichen auf das Volk, wenn es darum ging, die aus der Schweiz eindringenden religiösen Einflüsse abzuwehren: Daß 1596, in einem Jahr, in dem die Pfarre vakant gewesen sein dürfte, in Schlanders zwei Personen öffentlich die katholische Kirche verließen[1950], stehe als Beleg dafür, daß die Situation weitgehend außer Kontrolle geraten war. Dementsprechend stellte der Churer Bischof 1609 bei einer Visitation in seinem Tiroler Sprengel eine traurige pastorale Situation fest.[1951]

Für die Aufrechterhaltung elementarster zivilisatorischer Standards und des erforderlichen sozialen Friedens sorgten in dieser Zeit vor allem diverse von den Landesfürsten erlassene Mandate in Angelegenheiten der öffentlichen Ordnung.[1952] Vor allem seit der Zeit des Erzherzogs Ferdinand II. (1564–1595) begann die staatliche Macht, gleichsam als »Religionspolizei« fungierend, zunehmend zum Substitut in geistlichen Belangen zu werden[1953] und sich für die Durchführung der Dekrete des Reformkonzils von Trient verantwortlich zu fühlen.[1954] Maximilian der Deutschmeister (1602–1618) führte ein rigoroses, auf mangelndem Vertrauen zu den Untertanen beruhendes Überwachungssystem ein.[1955] Die Gesamtheit der hierzu erlassenen Maßnahmen findet im ursprünglich auf den protestantischen Bereich bezogenen Begriff der »Sozialdisziplinierung« eine adäquate Umschreibung.[1956] In Schlanders fand dieses Konzept einen ersten Niederschlag durch die Einführung des Taufbuches im Jahr 1603.[1957]

Erzherzog Leopold V. (1619–1632) und seine Gemahlin Claudia (1632–1646) waren bemüht, das Vordringen negativer Einflüsse aus Graubünden aufzuhalten, eine Politik, die sich aus der Rückschau als umso realistischer erweist, wenn man bedenkt, welch wichtige Rolle das Beispiel benachbarter Regionen bei den Bauernaufständen des 16. und 17. Jahrhunderts in Österreich spielte.[1958] 1621 ließ der Landesfürst einen großen Teil des Engadins mit italienischen Missionären besetzen und ihr Wirken mit Waffen beschützen. Im Zuge dieser Wirren begaben sich viele Bewohner des Engadins in den Vinschgau, wo sie sich zumindest formell dem Katholizismus zuwenden mußten[1959],

---

1945 Egg, Kunst im Vinschgau (wie Anm. 37), S. 90.
1946 Vgl. oben S. 198 ff.
1947 Gasser (wie Anm. 120), S. 240.
1948 Schwegler (wie Anm. 105), S. 56 f.
1949 BAC, VP 1595, pag. 201 f.
1950 Kofler, Spital (wie Anm. 308), pag. 72.
1951 Hohenegger-Zierler (wie Anm. 1451), Bd. I, S. 151, 153.
1952 Kofler, Göflan (wie Anm. 76), S. 8 f.
1953 F. Grass, Pfarrei (wie Anm. 833), S. 158; Mitterauer (wie Anm. 1068), S. 138.
1954 Bücking, Jürgen: Das Tridentinum und Tirol. in: Gegenreformation. Darmstadt 1973, S. 204–221.
1955 Bücking, Frühabsolutismus (wie Anm. 1064), S. 128.
1956 Van Dülmen, Volksfrömmigkeit (wie Anm. 1100), S. 23; Trossbach, Werner: Bauern 1648–1806 (= Enzyklopädie deutscher Geschichte Bd. 19). München 1993, S. 29.
1957 Atz/Schatz (wie Anm. 5), S. 56.
1958 Rainer (wie Anm. 1106), S. 74.
1959 Kofler, Spital (wie Anm. 308), pag. 72.

diesen aber in Wirklichkeit wohl eher aushöhlten, als daß sie aus Überzeugung nach seinen Grundsätzen gelebt hätten. Der Bischof von Chur besaß damals aufgrund andauernder politischer und konfessioneller Spannungen und Wirren in seiner Diözese nicht die nötigen finanziellen Mittel, um eine aktive Politik betreiben zu können; daher blieb im Churer Diözesananteil Tirols bei der Verbesserung religiöser Zustände die weltliche Behörde die treibende Kraft.[1960]

Auf Pfarrebene wiederholte sich dieses Muster, wie das Schlanderser Beispiel zeigt, in Gestalt verstärkter Initiativen der Gemeinde, in deren Augen sich insbesondere der durch den Jurisdiktionskonflikt mit Chur[1961] in seiner Handlungsfähigkeit sicherlich beeinträchtigte Deutsche Orden nicht bewährt hatte.[1962]

Im Raum Schlanders hatte die Bevölkerung in diesen Jahren durch Naturereignisse, Seuchen und Kriegshandlungen zusätzliche schwere Prüfungen zu bestehen. 1628 bewirkte extreme Kälte, im Jahr darauf ungewöhnliche Hitze einen Ernteausfall; 1630 trat, wohl als Folge davon, eine Seuche auf; besonders schwer wurde die Gemeinde jedoch von der Pestwelle der Jahre 1635/36 getroffen, die allein in der Pfarre Schlanders 1600 Opfer gekostet haben soll.[1963] Gleichzeitig waren erhebliche Durchmarschlasten zu tragen, so 1631, 1632, 1634, 1636 und 1640.[1964]

5.3 Umsetzung tridentinischer Bestimmungen

Von 1636 bis 1661 stand Johann VI. Flugi von Aspermont der Diözese Chur als Bischof vor. Dieser Oberhirte setzte eine Reihe von Maßnahmen im Dienst der Kirchenreform; er führte das römische Brevier und Meßbuch ein, zeigte großen Eifer bei der Visitation der Pfarren und sonstiger Kirchen und spendete regelmäßig das Sakrament der Firmung.[1965]

In Schlanders schlug sich dieser Geist 1638 nieder, als die Pfarrkirche und ihre Filialen einer bischöflichen Visitation unterzogen wurden. Hierbei erwies sich, daß das römische Meßbuch in Verwendung stand; außerdem wurde auch das Brixner Rituale benützt. Positiv wurde zur Kenntnis genommen, daß die Führung des Taufbuches zu den selbstverständlichen Gepflogenheiten gehörte und daß zwei Paten zugelassen waren, daß die Hebammen zur Spendung der Nottaufe in der Lage waren und daß die Segnung der Wöchnerinnen regelmäßig erfolge.

In vielen Punkten ergaben sich jedoch auch Beanstandungen; diese bezogen sich nicht so sehr auf die Infrastruktur (zumal in Göflan wurde in diese auch im 17. Jahrhundert viel investiert) als vielmehr auf eine gewisse Verwahrlosung der Gotteshäuser aufgrund mangelnder Reinlichkeit, auf die Modalitäten der Spendung der Taufe und auf die korrekte Verwendung liturgischer Gefäße. Bemerkenswert ist die Detailtreue, mit der einzelne Ausstattungsstücke und Paramente von den Visitatoren erfaßt wurden, um ihre Verwendbarkeit in der Liturgie zu ermitteln. Besondere Aufmerksamkeit galt zumal den Altären und den in ihnen geborgenen Reliquien. Im Fall der Michaelskapelle wurden auch Konsequenzen gezogen: Ihr Altar mußte einstweilen suspendiert werden. Die Aufforderung, junge Mütter davor zu warnen, Kinder von weniger als einem Jahr im eigenen Bett schlafen zu lassen[1966], liegt an sich zwar außerhalb seelsorglicher Zuständigkeit, wird hier aber deshalb erwähnt, weil sie zum Standard der von kirchlichen Stellen erteilten Weisungen an die Untertanen gehörte[1967] und als charakteristisches Beispiel der Zusammenarbeit von Kirche und Staat im Sinn der Sozialdisziplinierung gelten kann.

Trotz mancher positiver Befunde steht das Ergebnis dieser Visitation insgesamt für schwere seelsorgliche Mängel. Es lag im Zug der Zeit und war sicherlich auch berechtigt, daß man diese in erster Linie als Ausdruck des Versagens der im Rahmen der pfarrlichen Struktur organisierten ordentlichen Seelsorge interpretierte. In Schlanders herrschten um die Mitte des 17. Jahrhunderts so schwere Mängel, daß der damals als Pfarrver-

---

1960 KIRCHMAIR, Karl: Die religiöse Lage Tirols während der Regierungszeit Erzherzog Leopolds V. (1619–1632). Masch. Diss. Univ. Innsbruck 1950, S. 30.
1961 Vgl. oben S. 123–127.
1962 Vgl. oben Kap. 4.5.
1963 GAMPER (wie Anm. 254), S. 49.
1964 KOFLER, Göflan (wie Anm. 76), S. 5–7; KRAMER (wie Anm. 1933), S. 173.
1965 SCHWEGLER (wie Anm. 105), S. 59.

1966 BAC, VP 1638 Oktober 9, pag. 42 f.
1967 Vgl. TASIN (wie Anm. 1020), S. 98–100.

walter amtierende Deutschordenspriester Markus Preschg von den geistlichen Handlungen suspendiert werden mußte.[1968]

Umso verständlicher ist es, daß der Wunsch nach Formen außerordentlicher Seelsorge aufkam, der in Schlanders 1643 durch die Gründung eines Kapuzinerklosters Erfüllung fand.[1969]

In der zweiten Hälfte des 17. Jahrhunderts begannen die in Zusammenarbeit von geistlicher und weltlicher Obrigkeit gesetzten Maßnahmen zur Verbesserung der seelsorglichen Situation im ganzen Land, aber auch überregional allmählich zu greifen.[1970] Die wirtschaftlich-soziale Situation der Menschen hatte allerdings noch kaum nachhaltige Verbesserungen erfahren, wie am Erlaß landesfürstlicher Mandate über umherstreifendes Gesindel noch in den sechziger Jahren deutlich wird.[1971] Auch die wirtschaftliche und administrative Situation der Schlanderser Kirchen und des Heiliggeistspitals lag im Argen und bedurfte landesfürstlicher Intervention.[1972]

Die dennoch festgestellten Tendenzen zu einer allmählichen Verbesserung der seelsorglichen Lage waren im Bistum Chur auf einen besonders fruchtbaren Boden gestoßen. Die Bischöfe dieser Diözese hatten den in den Reichsbistümern amtierenden hinsichtlich ihrer Lebenshaltung und Amtsführung manches voraus. Im 17./18. Jahrhundert hatten alle die Bischofsweihe empfangen und übten die pontifikalen Funktionen persönlich aus; sie visitierten die Diözese selbst und präsidierten dem geistlichen Gericht öfters in eigener Person. Gemäß dem konservativen Charakter der alpinen Bevölkerung verhielten sie sich den im 18. Jahrhundert aufkeimenden aufklärerischen Strömungen gegenüber ablehnend.[1973]

Auch innerhalb des Deutschen Ordens ist ein Wandel des Selbstverständnisses hin zu einer verstärkten Betonung spiritueller Aspekte erkennbar. Seit der Zeit des Landkomturs Georg Nikolaus Vintler von Platsch (1641–1662) setzte sich in der Pfarre Schlanders die Praxis durch, im Advent Rorateämter abzuhalten.[1974] 1662 wurde anläßlich einer in diesem Jahr durchgeführten bischöflichen Visitation durch die Spendung des Sakraments der Firmung an rund 1120 Kinder und Jugendliche ein weiteres Zeichen der Verbesserung der seelsorglichen Lage gesetzt. Bei gleicher Gelegenheit wurde in der Kapelle der Schlandersburg ein Altar geweiht.[1975]

In die sechziger Jahre des 17. Jahrhunderts dürfte auch die Anlage eines Kirchenkalenders für die Pfarre Schlanders fallen[1976], die aufgrund mehrerer an ihm beobachteter Charakteristiken als eine auf die Initiative des Deutschen Ordens zurückgehende Maßnahme zu betrachten ist.[1977] 1673 trug dieser auch in der von ihm betreuten Pfarre Sarnthein in derselben Weise zur Regelung der Festtagspraxis bei.[1978] Betrachtet man die durch Rotschrift hervorgehobenen Feste als die für die Pfarre Schlanders charakteristischen Feiertage, so ergibt sich, abgesehen von den Sonntagen, die Zahl von 66; dazu kommt das Fest der heiligen Afra am 7. August, das in der Kirche St. Karpophorus in Tarsch begangen wurde.

Gemessen an der Tatsache, daß Papst Urban VIII. 1642 die Zahl der gebotenen Feiertage auf höchstens 35 vermindert hatte[1979] und daß in der Diözese Brixen nach einer Feiertagsordnung von 1603 neben den Sonntagen 38 Feste gefeiert wurden[1980], deutet die für Schlanders erhobene Bilanz auf ein überaus intensives religiöses Leben. Der Befund ist auch im Vergleich mit der Deutschordenspfarre Sarnthein, in der 1673 immerhin 51 Feiertage begangen wurden[1981], beeindruckend. Er wird allerdings relativiert, wenn man in Rechnung stellt, daß die Einhaltung von Feiertagen durch die damit einhergehende Arbeitsruhe auch eine sozialpolitische Dimension hatte.[1982]

1968 HOHENEGGER-ZIERLER (wie Anm. 1451), Bd. I, S. 345.
1969 Vgl. oben S. 211 ff.
1970 MAIR, Rosa: Brixner Visitationsberichte 1663–1685. Masch. Diss. Univ. Innsbruck 1978, S. 165; VAN DÜLMEN, Kultur (wie Anm. 1502), S. 135.
1971 KOFLER, Göflan (wie Anm. 76), S. 13.
1972 Vgl. oben S. 145 f., 231–236.
1973 CLAVADETSCHER/KUNDERT (wie Anm. 26), S. 454.
1974 DOZA, Et 35/2, fol. 78v–106r: VP 1708.
1975 BAC, VP 1662, pag. 55.
1976 PfA Schlanders 3/1. Als Terminus post quem der Erstellung erschließt sich aufgrund eines im Text enthaltenen Hinweises das Jahr 1637.
1977 Vgl. oben S. 171.
1978 KUSTATSCHER, Sarnthein (wie Anm. 3), S. 471.
1979 TRENKWALDER, Alois: Zur Geschichte der gebotenen Feiertage in der Diözese Brixen, in: Der Schlern 55 (1981), S. 115–140, hier S. 116.
1980 TRENKWALDER (wie Anm. 1979), S. 127.
1981 KUSTATSCHER, Sarnthein (wie Anm. 3), S. 471.
1982 TRENKWALDER (wie Anm. 1979), S. 126–131.

Bis auf die Feste des heiligen Josef, der 1772 zum Landespatron Tirols erklärt wurde[1983], und des heiligen Sylvester sowie den Montag und Dienstag nach Ostern und Pfingsten wurden in Schlanders alle in der Feiertagsordnung Urbans VIII. vorgesehenen Feste[1984] begangen; 39 weitere kommen dazu, darunter acht Vigilien (Lorenz, Mariä Himmelfahrt, Matthäus, Simon und Judas, Allerheiligen, Andreas, Thomas und Weihnachten) und zwei Oktaven (Johann Baptist und Allerheiligen). Die übrigen 29 über die allgemeinkirchliche Ordnung hinausgehenden, von denen elf auch in Sarnthein begangen wurden, waren die folgenden: Anton (17. Jänner), Sebastian (21. Jänner), Pauli Bekehrung (25. Jänner), Blasius (3. Februar), Agatha (5. Februar), Petri Stuhlfeier (22. Februar), Ambrosius (4. April), Georg (23. April), Markus (25. April), Translation der heiligen Elisabeth (2. Mai), Veit (14. [sic!] Juni), Johannes und Paul (26. Juni), Mariä Heimsuchung (2. Juli), Ulrich (4. Juli), Maria Magdalena (22. Juli), Petri Kettenfeier (1. August), Kreuzerhöhung (14. September), Translation des heiligen Lucius (9. Oktober), Gallus (16. Oktober), Allerseelen (2. November), Martin (11. November), Elisabeth (19. November), Mariä praesentatio (21. November), Zäzilia (22. November), Katharina (25. November), Lucius (3. Dezember), Barbara (4. Dezember), Nikolaus (6. Dezember), Mariä Empfängnis (8. Dezember). Von diesen kann nur der seit dem 6. Jahrhundert verehrte heilige Lucius als für die Diözese Chur typisch bezeichnet werden[1985], während die Verehrung des heiligen Ambrosius auf frühe Einflüsse der Diözese Mailand auf den Vinschgau deuten könnte.[1986] Das Fest Mariä Empfängnis wurde in der gesamten Kirche erst 1708 eingeführt.[1987]

Seit 1666 oblag die Leitung der Seelsorge in Schlanders dem Weltpriester Nikolaus Schliernzauner, der sich auch in den Reihen des Deutschen Ordens eines ausgezeichneten Rufes erfreute.[1988]

Aus seiner bis 1702 währenden Amtszeit liegen zu pastoralen Fragen ausschließlich positive Berichte vor: Alle ordentlichen und gestifteten Gottesdienste, auch die in den Filialkirchen abzuhaltenden, fänden regelmäßig statt, die Kirchengeräte erhielten die nötige Pflege, die Kinderlehre werde fleißig gehalten, überhaupt werde in der Seelsorge nichts verabsäumt.[1989]

Zu einer besonders gründlichen Erhebung der Situation, die das zuletzt genannte Fazit bestätigte, kam es im Jahr 1685 im Rahmen einer Visitation. Diese trug die Handschrift von Johann Jakob Glier, eines der wegen seiner Spiritualität und seines Bildungsstandes bedeutendsten Priester, die der Deutsche Orden in dieser Zeit hatte. Außer dem Pfarrverwalter hatten sich auch der Kooperator und der Schulmeister, die Mesner von Schlanders und Göflan, der Amtmann der Kommende und ein Baumann des Deutschen Ordens der nach einheitlichem Schema erfolgten Befragung zu stellen. Alle Befragten gaben zu Protokoll, daß Gottesdienste und gestiftete Jahrtage sowohl in der Pfarre als auch in den Filialen gemäß einem vom Pfarrverwalter verwahrten Kirchenkalender ordnungsgemäß gehalten würden; dies gelte auch für die Pfarren Laas und Martell. Im Advent, aber auch zu anderen Zeiten während des ganzen Jahres finde regelmäßig die Kinderlehre statt: Bisher habe der Deutsche Orden dafür gesorgt, neuerdings übernähmen sie die Kapuziner.

Außer im Bereich »Unterweisung« wurde das Niveau der Seelsorge auch aufgrund liturgischer und administrativer Aspekte bewertet. In diesem Sinne betonten alle Befragten, daß das Ewige Licht vor dem Allerheiligsten Tag und Nacht brenne, wofür der Mesner zu loben sei, und daß das Höchste Gut in Abständen von rund vier Wochen erneuert werde. Eine bereits vertiefte eucharistische Frömmigkeit der verantwortlichen Geistlichen kommt am Hinweis zum Ausdruck, daß das Allerheiligste, wenn es, etwa bei Versehgängen, außerhalb der Kirche gebraucht werde, stets mit der höchsten Ehrerbietung im Ziborium transportiert werde; nur im Winter werde gelegentlich eine Ausnahme gemacht, weil eine Büchse, die stabiler ist als ein Ziborium, einen besseren Schutz vor Witterungseinflüssen biete; auch dann jedoch sym-

---

[1983] TRENKWALDER (wie Anm. 1979), S. 119.
[1984] TRENKWALDER (wie Anm. 1979), S. 117.
[1985] HENGGELER, Rudolf: Die Heiligen des Bistums, in: 1500 Jahre Bistum Chur, hg. von Hermann Odermatt. Zürich 1950, S. 141–167, S. 145–148.
[1986] Vgl. oben S. 95.
[1987] GRASS, Nikolaus: Die Bauernfeiertage Tirols im Zeitalter des Spätjosefinismus, in: Tiroler Heimat 20 (1956), S. 28–54, S. 29.
[1988] GASSER (wie Anm. 120), S. 240–242.

[1989] DOZA, Et 31/2, fol. 376r–381r ; 384r–387v.

bolisiere eine eigene Bursa dessen besondere Würde. Was die Reinheit der Meßgewänder, Alben, Korporalien, Kelche und anderer Paramente anbelangte, so äußerte sich zumal der Pfarrverwalter sehr positiv, während der Kooperator bemerkte, diese würden zumal für Festtage regelmäßig gesäubert. Alle Befragten gaben an, daß das Tauf- und das Heiratsbuch regelmäßig geführt würden, während ein Sterbebuch nicht vorhanden sei; der Pfarrverwalter notiere die Todesfälle in seinem privaten Wochenkalender. Die Handhabung der Stolgebühren erfolge ordnungsgemäß.

Insgesamt fielen die Antworten zur Zufriedenheit Johann Jakob Gliers aus; Beanstandungen betrafen nur Marginalien. Am meisten Beachtung verdient die Aufforderung, die Kirche künftig zu bestimmten Zeiten zur Steigerung der Andacht länger offen zu halten.[1990] Ob freilich ein derart positiver Befund die Sachlage in jeder Hinsicht traf bzw. ob an der 1685 konstatierten Praxis auch in den späteren Jahren der Amtsführung Schliernzauners noch rigoros festgehalten wurde, erscheint fraglich, wenn man erfährt, daß sich noch 1709 ein auch vom Schlanderser Pfarrverwalter Johann Jakob Glier OT besuchtes Balleikapitel mit dem Gedanken beschäftigte zu prüfen, welche der seit Schliernzauners Tagen ausständigen Jahrtage noch gehalten werden könnten.[1991]

Damals war die religiöse Lage des Volkes aber dennoch bereits weitgehend stabilisiert. Der Aufschwung des Deutschen Ordens hatte auch in dessen bisher belastetem Verhältnis zu Chur eine Entwicklung zu seinen Gunsten zur Folge[1992], die allmähliche Aufstockung des geistlichen Personals[1993] brachte in dessen Beziehungen zur Gemeinde eine Entspannung[1994], und die zunehmend sicherer werdende wirtschaftliche Versorgung der Priester[1995] dürfte sich auf deren persönliche Situation und somit auf das Ansehen beim Volk und den Einfluß auf dieses positiv ausgewirkt haben.

Daher wurden Elementarereignisse und kriegerische Wirren, wie sie im Raum Schlanders im letzten Jahrzehnt des 17. Jahrhundert wiederum gehäuft auftraten[1996], nicht mehr in einer derart existentiellen Bedeutung wahrgenommen, daß sie dem Aufschwung der Frömmigkeit im Zeichen des Barock und dem steigenden Niveau der Religiosität des Volkes und der Seelsorge noch Einhalt gebieten konnten. Daß die Pfarrkirche von Schlanders in dieser Zeit als Marienwallfahrtsort galt[1997], wird auch die ansässige Bevölkerung beflügelt haben.

Nach ähnlichem Muster wie die Visitation von 1685 verliefen zwei weitere von 1701 bzw. 1708. Die über das Ewige Licht, die Kinderlehre und die Matrikenführung gegebenen Informationen wiederholten sich 1701 beinahe im Wortlaut, in anderen Bereichen sind hingegen gewisse Akzentverschiebungen wahrnehmbar. In diesem Sinne stand nicht mehr die Tatsache der regelmäßigen Haltung aller erforderlichen Messen an sich zur Diskussion (dies war mittlerweile eine Selbstverständlichkeit), sondern die Thematisierung der Applikationspflicht bzw., als für die Geistlichen attraktivere Alternative dazu, die Möglichkeit des Bezuges von Meßstipendien je nach Rechtsgrundlage. Auch bei den Kooperatoren dominierten wirtschaftlich-rechtliche Themen, wobei vormals in eher pauschaler Form beantwortete Fragen zunehmend differenzierter behandelt wurden. Als Beispiel sei der Hinweis genannt, daß die Hilfspriester fünf Messen pro Woche nach der Disposition des Pfarrverwalters zu halten hatten, während zwei zu ihrer freien Verfügung standen.[1998]

Die Ordensoberen reagierten auf das Ergebnis der Visitation von 1701 mit Mahnungen hinsichtlich der Führung des Sterbebuches, die künftig in korrekter Weise erfolgen möge, und mit der Aufforderung, bestimmte Paramente zu erneuern bzw. sorgfältiger zu pflegen und die Kirche, insbesondere Taufbecken und Altar, besser zu reinigen.[1999] Die hier erwähnte Instruktion als Zeichen nennenswerter Mängel zu lesen wäre aber sicherlich verfehlt, denn ein 1702 anläßlich der Bestallung eines neuen Mesners aufgenommenes Kircheninventar weist zahlreiche Neuerwerbungen

---

1990 DOZA, Et 33/1: VP 1685 August 25, Schlanders.
1991 DOKA II 40/1: BK Weggenstein 1709 April 16–24.
1992 Vgl. oben S. 129 f.
1993 Vgl. oben S. 167 f.
1994 Vgl. oben S. 186 f.
1995 Vgl. oben S. 117 f.
1996 KRAMER (wie Anm. 1933), S. 174; GAMPER (wie Anm. 254), S. 51; KOFLER, Spital (wie Anm. 308), pag. 96 f.
1997 EGG, Kunst im Vinschgau (wie Anm. 37), S. 118.
1998 DOZA, Et 33/3 = Et 34/1: VP 1701 Dezember 21.
1999 DOZA, Et 33/6, pag. 56–61.

des ausgehenden 17. Jahrhunderts auf, neben mehreren Ampeln und Leuchtern vor allem Gegenstände, die auf eine Neubelebung des Prozessionswesens deuten, wie Himmel und Fahnen (zum Erwerb einer solchen war sogar das Kirchenkapital angetastet worden), auf intensive Marienverehrung schließen lassen, wie eine Muttergottesstatue und mehrere für diese gebrauchte Accessoires, und auch für eine wiederum stärker kultivierte eucharistische Frömmigkeit stehen, wie Vorhänge und Schleier für die Heiltümer in verschiedener Farbe und Ausführung. Viele der in diesem Inventar genannten Stücke verdankte die Pfarrkirche dem frommen Sinn der lokalen Führungsschicht bzw. des in der Umgebung von Schlanders ansässigen Adels, der seine Freigebigkeit durch Anbringung der jeweiligen Familienwappen an den gespendeten Gegenständen auch für die Nachwelt dokumentierte. Dies gilt u. a. für die Familien Hendl, Heydorf, Montani, Stachelburg und Trapp als Vertreter des Vinschgauer Adels und für lokale Honoratiorenfamilien wie die Klauser, Grafinger, Hauser, Holzmann, Hueter, Kistler, Ladurner, Länser, Milsteter, Mitterhofer, Pehemb, Rech, Stainer, Tschin und Wellenzon. Aber auch namhafte Vertreter des Deutschen Ordens wie Ehzg. Maximilian der Deutschmeister, die Landkomture Johann Gaudenz Frhr. von Wolkenstein, Nikolaus Vintler von Platsch und Johann Jakob Graf Thun sowie der Schlanderser Komtur Franz Graf Hendl hinterließen auf Kirchengeräten und Paramenten heraldische Spuren. Einzelne Stücke hatten auch der vormalige Kirchpropst Hans Eberle und der 1653 bis 1656 in Schlanders als Kooperator tätige Christian Rauch hinterlassen.[2000] 1708 berichtete der Mesner zu Schlanders von einer Spende von 100 fl für das Ewige Licht in der Kapelle St. Michael von seiten der Mutter des Josef Mur, der seinerseits der Kirche eine silberne Ampel geschenkt hatte.

Dieser Hinweis wurde anläßlich einer Visitation gegeben, in deren Rahmen der Deutsche Orden, nur sieben Jahre nach jener von 1701, die Pfarre Schlanders einer neuerlichen Prüfung unterzog. Befragt wurden Pfarrverwalter Johann Jakob Glier OT, sein noch in Schlanders lebender Vorgänger Nikolaus Schliernzauner, Kooperator Simon Tröger, der Verwalter der Kommende, der Schulmeister und der Mesner. Das Interrogatorium weist Analogien zu jenem von 1701 auf, noch stärker erinnert es aber an das 1685 zur Anwendung gekommene. Dementsprechend war die Untersuchung detaillierter und bezog sich auf seelsorgliche und liturgische Aspekte in höherem Maße als auf wirtschaftliche Fragen. Das Ergebnis ist, was die Haltung der Jahrtage und Gottesdienste gemäß dem Kirchenkalender sowie der Kinderlehre, das Höchste Gut, das Ewige Licht und überhaupt die Qualität der Seelsorge anbelangt, mit jenem von 1685 und 1701 vergleichbar. Eine Besserung war hinsichtlich der Matrikenführung eingetreten, die jetzt auch für die Verstorbenen in korrekter Form erfolgte. Beeindruckend ist die Offenheit des Pfarrverwalters Glier, der keine Scheu zeigte, den gelegentlichen übermäßigen Alkoholkonsum seines Kooperators anzuprangern. Er selbst hatte, wiewohl für seine Dienste schlecht entlohnt, eine beträchtliche Summe für die Anschaffung neuer Paramente flüssig gemacht.[2001]

5.4 Die Grenzen tridentinischer Religiosität

Der religiöse Aufschwung des ausgehenden 17. Jahrhunderts bildete indes keine Garantie, daß nicht auch weiterhin einzelne Fälle menschlichen Versagens vorgekommen wären, die schwerer ins Gewicht fielen als gelegentliches Weintrinken und die ebenfalls auch vor der Geistlichkeit nicht Halt machten, was die Umsetzung seelsorglicher Zielvorstellungen sicherlich erschwerte. Dies gilt für den 1699–1701 in Schlanders wirkenden Kooperator Johann Baptist Wellenzon, von dem Pfarrverwalter Nikolaus Schliernzauner 1701 erklärte, er habe *ehemals Verdacht erregt*.[2002] Worauf sich dieser bezog, blieb offen, doch liegt die Annahme nahe, daß es sich um ähnliche Anschuldigungen handelte, wie sie gegen diesen Geistlichen auch in seinem späteren Wirkungsfeld Sarnthein vorgebracht wurden, nämlich daß er gegen das Gelübde der Keuschheit verstoßen habe.[2003]

2000 DOZA, Et 156/1: Inventar der Mobilien und Kirchenornate der Pfarrkirche Schlanders 1702 Jänner 2.
2001 DOZA, Et 35/2, fol. 78v–106r: VP 1708.
2002 DOZA, Et 33/3 = Et 34/1: VP 1701 Dezember 21.
2003 KUSTATSCHER, Sarnthein (wie Anm. 3), S. 474.

Dies wurde auch dem als Pfarrverwalter ansonsten vorbildlichen Schliernzauner selbst zur Last gelegt, der seinen Ruhestand in Schlanders neben seinem Nachfolger Johann Jakob Glier OT verbrachte. Wenn die Anschuldigungen zutreffen (was angesichts dessen, daß sie gegen einen mittlerweile Achtzigjährigen erhoben wurden, einen Zweifel rechtfertigt, der als Motiv anderweitige Zwistigkeiten unter der Geistlichkeit nahelegt), muß es 1706 oder 1707 gewesen sein, daß Schliernzauner der damals im Schlanderser Widum als Haushälterin tätigen Maria Prantl aus Meran zu nahe kam, für die man, wie er sich zu rechtfertigen versuchte, keinen anderen Schlafplatz gefunden habe als vor Schliernzauners Stube; zuweilen hätte sie ihm, der er mit einem *Leibschaden* behaftet gewesen sei, den Verband gewechselt. Bei einer 1708 vom Deutschen Orden durchgeführten Visitation gestand er ein, der Vater des Kindes zu sein, mit dem die Frau später schwanger ging; Kooperator Simon Tröger habe ihn bei einer unzüchtigen Begegnung mit ihr ertappt. Obwohl die Schwangerschaft der Bevölkerung von Schlanders nicht verborgen blieb und in deren Reihen, wie Schliernzauner selbst bemerkte, *Verachtung* hervorgerufen hatte, riet er ihr, den Ort zu verlassen; er versorgte sie mit Geld und ermöglichte es ihr auf diese Weise, sich nach Kaltenbrunn zurückzuziehen. Zur Erschwerung des Falles trägt der ebenfalls allgemein bekannt gewordene Versuch Maria Prantls bei, einen Abortus herbeizuführen, bei dem sie – wenn auch erfolglos – die Hilfe des Apothekers und des Barbiers in Anspruch genommen habe. Schliernzauner selbst bemühte sich zu unterstreichen, daß er dies nicht von ihr verlangt habe, eine Version, die sich mit der des ebenfalls befragten Kooperators Tröger nicht deckte.[2004]

Vorfälle wie der genannte zeigen, daß die Durchführung der vom Tridentinum verordneten Qualitätssteigerung der Seelsorge auch weiterhin schwierig war. Obwohl dieses bedeutende Reformkonzil eine Aufwertung der Pfarrsprengel vorgesehen hatte, setzte in den ersten Dezennien des 18. Jahrhunderts eine nunmehr dauerhaftere Verbesserung der seelsorglichen Lage dank des verstärkten Einsatzes außerpfarrlicher Kräfte, zumal der Reformorden, ein, die sich hervorragender pastoraler Methoden bedienten.[2005] Die größte Bedeutung erlangten die Jesuiten, die vor allem in der Predigt hervortraten und sich um eine individuelle Seelsorge bemühten.[2006] Beim Volk war dieser Orden, wiewohl im Ruf der Strenge und Unnahbarkeit stehend, sehr geachtet.[2007] Seit dem 18. Jahrhundert ergänzten sie die schon länger mit den obrigkeitlichen Mitteln der Kirche im Sinn der Sozialdisziplinierung gesetzten Initiativen; ihnen gelang es, die Bevölkerung zur Verinnerlichung und Vertiefung religiöser Praktiken zu veranlassen.[2008]

1718 schufen sich die Jesuiten hierfür durch die Gründung einer ständigen Mission in Tirol einen besonders wirkungsvollen institutionellen Rahmen.[2009] Die Missionäre gestalteten ihre Auftritte in verschiedenen Ortschaften meist als Volksexerzitien, traten aber auch als Bußprediger auf.[2010] Durch den Einsatz schauspielerischer Methoden sprachen sie in erster Linie das Gemüt ihrer Zuhörer an.[2011] Zur Verstärkung des Effektes veranstalteten sie feierliche Prozessionen in barockem Stil. Die verschiedenen Veranstaltungen sollten den Tag in fast ununterbrochener Folge ausfüllen.[2012]

2004 DOZA, Et 35/2, fol. 78v–106r: VP 1708.

2005 BLÖCHLINGER (wie Anm. 1250), S. 129; CROCE, W.: Die Geschichte der Pfarre, in: Die Pfarre, hg. von Hugo Rahner. Freiburg ²1956, S. 15–26, S. 26.

2006 LORTZ, Joseph: Geschichte der Kirche in ideengeschichtlicher Betrachtung. Eine geschichtliche Sinndeutung der christlichen Vergangenheit, Bd. 2. Münster ²²/²³1964, S. 156; KOTTJE, Raymund und Bernd MOELLER: Ökumenische Kirchengeschichte, 3 Bde., Mainz 41985–1989, hier Bd. 2. S. 419.

2007 BÜCKING, Jürgen: Kultur und Gesellschaft in Tirol um 1600. Des Hippolytus Guarinonius' »Grewel der Verwüstung des Menschlichen Geschlechts« (1610) als kulturgeschichtliche Quelle des frühen 17. Jahrhunderts (= Historische Studien Bd. 401). Lübeck/Hamburg 1968, S. 115.

2008 VAN DÜLMEN, Kultur (wie Anm. 1502), S. 57; DINGES, Martin: Frühneuzeitliche Armenfürsorge als Sozialdisziplinierung? Probleme mit einem Konzept, in: Geschichte und Gesellschaft 17 (1991), S. 5–29, S. 5–10.

2009 HATTLER, Franz: Missionsbilder aus Tirol. Geschichte der ständigen tirolischen Jesuitenmission von 1719–1784. Beitrag zur Geschichte der religiös-sittlichen Cultur des Landes und der socialen Wirksamkeit der Volksmissionen. Innsbruck 1899, S. 1; zur Geschichte der Volksmissionen vgl. auch SCHURR, Viktor: Art. Volksmission, in: LThK 10, hg. von Josef Höfer und Karl Rahner. Freiburg ²1965, Sp. 858.

2010 HATTLER (wie Anm. 2009), S. 8.

2011 VEIT, Ludwig Andreas und Ludwig LENHART, Kirche und Volksfrömmigkeit im Zeitalter des Barock. Freiburg 1956, S. 91 f.

2012 HUBENSTEINER, Benno: Vom Geist des Barock. Kultur und Frömmigkeit im alten Bayern. München 1967, S. 20 f.

Den Höhepunkt einer Mission bildete die feierliche Generalkommunion am Ende und die Aufstellung des Missionskreuzes.[2013] Die Pfarre Schlanders erlebte derartige Veranstaltungen in den Jahren 1719, 1745, 1757 und 1769[2014], wobei die Bevölkerung großen Eifer zeigte.[2015]

Die Jesuiten selbst pflegten den Erfolg ihrer Missionen in der Regel sehr hoch zu veranschlagen.[2016] Die kritische Forschung rezenteren Datums legt hierbei jedoch eine gewisse Skepsis an den Tag: Wenn auch mit manchen Vorwürfen im Recht, hätten die Patres die schon früher eingesetzten Bemühungen der örtlichen Seelsorger unterschätzt.[2017] Die festgestellten Zuwächse beim Empfang der Kommunion wurden als rein quantitative Größen gehandelt und unter Ausklammerung der sozialen Bedeutung der Opfermahlgemeinschaft in allzu stark individualistischem Sinn interpretiert. Insofern deuten die Zeichen nicht auf Überwindung der vom Streben nach ausschließlich persönlicher Vollkommenheit gekennzeichneten Frömmigkeit des Barock.[2018] Davon war man auch in der Pfarre Schlanders noch weit entfernt, wie die Einführung einer neuntägigen Andacht für die armen Seelen im Fegfeuer in der Pfarrkirche im Jahr 1727 zeigt.[2019] Auch die seit dem Beginn des 18. Jahrhunderts festgestellte Zunahme der Meßstiftungen[2020] bestätigt diese Einschätzung.

1729 wurde Schlanders von Abgesandten des Bischofs von Chur, 1738 vom Deutschen Orden visitiert. In beiden Fällen galt die Aufmerksamkeit in erster Linie den in der Pfarre wirkenden Priestern, während Fragen zur seelsorglichen Struktur, wie sie 1685, 1701 und 1708 gestellt worden waren, in den Hintergrund traten. Dies zeigt, daß die Führungsrolle der Geistlichen in der Gemeinde weiterhin unumstritten war. Die allmählich einsetzende zahlenmäßige Zunahme des geistlichen Standes in Tirol, die schon lange als dringendes Desiderat empfunden worden war[2021], hatte bei der Anstellung von Hilfsgeistlichen eine Art Wettbewerbssituation zur Folge, die strengere Auswahl- bzw. Beurteilungskriterien rechtfertigte als bisher. In diesem Sinn wurde Supernumerar Johann Baptist Miller 1729 wegen Zwistigkeiten mit der Widumshäuserin ermahnt. Dem ebenfalls in Schlanders lebenden vormaligen Supernumerar Anton Ratschiller warf Pfarrverwalter Michael Weitgruber OT vor, er zelebriere allzu häufig in der Privatkapelle der Familie von Mitterhofer, weswegen er in der Seelsorge ausfalle; als Kooperator habe er sich aus dieser zurückgezogen, weil er mit ihm in keinem guten Einvernehmen gestanden habe.[2022] Auch 1738 standen kritische Bemerkungen über einzelne Priester im Vordergrund, z. B. darüber, daß einige weiterhin das Wirtshaus besuchten, doch wurde es auch positiv vermerkt, wenn andere, z. B. Johann Tappeiner, in angemessener Weise (*decenter*) zelebrierten.[2023]

Der sittliche Zustand des Volkes kam knapper zur Sprache, denn in diesem Bereich ergaben sich, abgesehen vom 1738 kurz angedeuteten rohen Verhalten unverheirateter junger Männer, kaum Beanstandungen, jedenfalls nicht solche, die auf Versäumnisse deuten würden. 1729 war vielmehr die Beobachtung eines als übertrieben empfundenen Aufwandes im Bereich des religiösen Brauchtums und der damit verbundenen Geselligkeit Anlaß zu gewisser Sorge; zumal in Göflan[2024] habe diese ein extremes Ausmaß angenommen. Der damit verbundene Hinweis, dies habe den Kirchen sehr zum Schaden gereicht (*cum magno ecclesiarum detrimento*)[2025], muß sich nicht nur auf wirtschaftliche Aspekte bezogen haben, sondern könnte auch der Einsicht der geistlichen Obrigkeit in die Gefahren einer allzu stark auf Brauchtumselementen beruhenden Religiosität entsprungen sein.

In der Verehrung der Eucharistie deckten sich die Anliegen der Volksmissionäre des 18. Jahr-

---

2013 HATTLER (wie Anm. 2009), S. 47–52.
2014 HATTLER (wie Anm. 2009), S. 377; RIEDMANN (wie Anm. 5), S. 433.
2015 HATTLER (wie Anm. 2009), S. 140
2016 HATTLER (wie Anm. 2009), S. 217–221.
2017 A. SPARBER (wie Anm. 331), S. 131 f.
2018 SCHROTT (wie Anm. 1068), S. 63, 106; HÄRING, Bernhard: Macht und Ohnmacht der Religion. Religionssoziologie als Anruf. Salzburg ²1956, S. 66.
2019 *Seelen-Trost oder neuntägige Andacht Für die arme Seelen im Fegfeuer in der loeblichen Pfarr-Kirchen des hochen Teutschen Ordens zu Schlanders eingeführt. So jaehrlich am Abend vor aller Seelen-Tag angefangen und den 9. Novembris Abends beschlossen wird*, gedruckt bei Joseph Schuechegger, fürstl. bischöfl. Hofbuchdrucker 1727; TLMF, FB 63277.
2020 Vgl. oben S. 222.

2021 A. SPARBER (wie Anm. 331), S. 31.
2022 BAC, VP 1729.
2023 BAC, VP 1738, fol. 32r.
2024 Vgl. dazu auch oben S. 188 f.
2025 BAC, VP 1729.

hunderts mit jenen der Churer Bischöfe Johann Baptist Anton von Federspiel (1755–1777) und Dionysius von Rost (1777–1793), die beide die Anbetung des Heiligsten Sakramentes sehr pflegten.[2026] Außerdem wurde durch sie das pietätvolle Abschreiten und Betrachten des Leidensweges Christi in 14 Stationen nachhaltig gefördert; durch den Missionär Leopold von Porto Maurizio OFM (1676–1751) erlangte diese Praxis eine große Verbreitung.[2027] In Schlanders war sie schon 1738 durch die Errichtung eines franziskanischen Kreuzweges in der Pfarrkirche zum Tragen gekommen, zu der sich der Churer Bischof Josef Benedikt von Rost (1728–1754) auf Bitten der Pfarrgemeinde bereit gefunden hatte, allerdings unter der Bedingung, daß die ordentlichen geistlichen Funktionen nicht beeinträchtigt würden.[2028]

5.5 Die Aufklärung in der Pfarre Schlanders

Am letztgenannten Detail kommt zum Ausdruck, daß die Sorge über ein mögliches Überhandnehmen individualistischer Formen der Religiosität in der Tradition des Barock nicht nur dem Geist nachkonziliärer Kirchenhistoriker entspringt, sondern auch im Bewußtsein der Zeitgenossen Platz zu greifen begann. Dieser Gedanke steckt auch hinter der bei bischöflichen Visitationen in Schlanders in den Jahren 1738 und 1748 mit Entschiedenheit getroffenen Feststellung, es sei Pflicht des Pfarrverwalters, an Sonn- und Feiertagen für die Gemeinde zu applizieren[2029], d. h. für die Messe kein Stipendium zu verlangen. Daß dieses Thema auch von seiten der Gemeinde aufgegriffen wurde[2030], deutet darauf hin, daß die Applikation für die Seelsorger noch nicht jenen Grad an Selbstverständlichkeit gewonnen hatte, der eine Diskussion darüber entbehrlich gemacht hätte.

Hinter derartigen Initiativen der Gemeinde verbirgt sich aufklärerischer Geist, insofern nämlich, als es darum ging, Rechte und Pflichten aller am religiösen Leben Beteiligten genau abzustecken. Folgerichtig waren die Parochianen auch bei Stiftsmessen auf Genauigkeit bedacht, wie eine 1748 von Christian Oberdorfer zu Schlanders beim Bischof von Chur eingereichte Beschwerde gegen den Pfarrverwalter zeigt, der drei Stiftsmessen nicht an bestimmten Orten und Tagen und nach der von seinen Vorgängern geübten Praxis abhalte.[2031] Andererseits wurde von den seelsorglich Betreuten nunmehr verlangt, daß sie das Ihre beisteuerten, und zwar alle. Anders als noch 1733, als das Läuten der großen Glocke bei Begräbnissen nur einer schmalen Oberschicht kostenlos gewährt wurde[2032], mußten nach Laut der Visitationsakten von 1749 alle, die darauf Anspruch erhoben, einheitlich 30 kr bezahlen; auch das Wetterläuten sollte fortan nicht mehr auf Kosten der Kirche gehen.[2033]

Um die Mitte des 18. Jahrhunderts traten in den habsburgischen Ländern Anzeichen, die für eine positive Aufnahme aufklärerischen Gedankengutes sprachen, neben solchen auf, die diesem mit großer Skepsis begegneten.[2034] Dies hat sich am Beispiel der Deutschordenspfarre Sarnthein[2035] gleichermaßen bestätigt wie an der eben erfolgten Beleuchtung seelsorglich relevanter Aspekte in der Pfarre Schlanders. Hier dürften freilich gleichsam retardierende Momente insgesamt die wichtigere Rolle gespielt haben; z. B. trat der Churer Bischof Johann Anton von Federspiel selbst der vergleichsweise maßvollen Politik der Kaiserin Maria Theresia, die in Vorarlberg und im Vinschgau einzelne kirchliche Rechte beschränkte, mit Würde und Entschlossenheit entgegen.[2036]

Während seiner Amtszeit wurde die Pfarre Schlanders 1767 neuerlich visitiert. Wie schon bei den vorangegangenen Visitationen standen personelle Fragen im Vordergrund, und auch weiterhin entsprachen einzelne Geistliche hinsichtlich ihres

---

2026 SCHWEGLER (wie Anm. 105), S. 61.
2027 FORSTER, Wilhelm: Art. Kreuzweg, in: LThK 6, Freiburg–Basel–Rom–Wien ³1997, Sp. 627 f.; HAAS, Raimund: Art. Leonhard von Porto Maurizio, in: LThK 6, Freiburg–Basel–Rom–Wien ³1997, Sp. 836.
2028 PfA Schlanders, Urk. 63 ddo. 1738 April 16.
2029 BAC, VP 1738, fol. 30v; KA Göflan, Visitationsextrakt 1748.
2030 BAC, VP 1748 September 19, pag. 194.
2031 BAC, VP 1748 September 19, pag. 196.
2032 Vgl. oben S. 187.
2033 KA Göflan: Geschichte der Kuratie Göflan, pag. 191.
2034 PAMMER, Michael: Glaubensabfall und wahre Andacht. Barockreligiosität, Reformkatholizismus und Laizismus in Oberösterreich 1700–1820 (= Sozial- und wirtschaftshistorische Studien Bd. 21). Wien–München 1994, S. 29, 263, 277.
2035 KUSTATSCHER, Sarnthein (wie Anm. 3), S. 488.
2036 SCHWEGLER (wie Anm. 105), S. 62.

persönlichen Lebensstils den Erwartungen der vorgesetzten Stellen nicht in jeder Hinsicht.[2037] Andererseits gilt es zu bedenken, daß Visitationsberichte ihrer Natur nach eher auf negative Nachrichten angelegt sind bzw. daß die Hervorhebung solcher auch Ausdruck besonders hoher Ansprüche sein kann, und daher sind Angaben wie jene, daß in Vezzan ein neues Missalproprium geschaffen worden sei[2038] und daß man in Schlanders über eine Verlegung des Kirchweihfestes auf den Maria Namen-Sonntag (d. i. der Sonntag nach Mariä Geburt) nachdachte[2039], als Ausdruck grundsätzlicher theologischer und seelsorglicher Überlegungen insgesamt sicherlich höher zu veranschlagen. Der Neubau der Pfarrkirche in den fünfziger und sechziger Jahren und deren Weihe am 3. September 1767 durch den Bischof von Chur[2040] boten hierzu sehr passende Gelegenheiten und werden auch als stimulierende Faktoren für die Bevölkerung in Rechnung zu stellen sein.

Daß dem so war, bestätigt das Ergebnis einer 1769 vom Kreisamt Meran durchgeführten Erhebung der seelsorglichen Lage. Diese ergab nicht nur, daß die Christenlehre von den Kapuzinern mit großem Eifer gehalten wurde, sondern daß man sich auch darum bemühte, einer zahlenmäßig so kleinen Gruppe wie den Hirten die Teilnahme am Sonntagsgottesdienst durch für sie besonders geeignete Meßtermine zu ermöglichen.[2041] Verstorbene wurden mindestens 36 Stunden lang aufgebahrt.[2042]

Die zuletzt genannte Kreisamtsvisitation steht für jene Form der Förderung der Glaubenspraxis von seiten des Staates, die für die Zeit der Kaiserin Maria Theresia kennzeichnend ist und die auch disziplinierende Maßnahmen wiederum verstärkt in ihr Konzept eingebaut hatte.[2043] Daß man in Schlanders in dieser Zeit von einer sehr tiefen Beziehung der Menschen zum Glauben ausgehen kann, belegen nicht zuletzt die reiche Stiftungsintensität[2044] und der große Zuspruch, den die Bruderschaften damals fanden.[2045] Zumal in der zweiten Jahrhunderthälfte verdienen auch die verstärkt wahrnehmbaren Bemühungen der Filialen Göflan und Kortsch um seelsorgliche Selbständigkeit[2046] große Beachtung.

Joseph II. hatte für Äußerungen bloßer Frömmigkeit wenig übrig. Dieser Herrscher, in dessen Regierungszeit die Aufklärung politisch ihren Höhepunkt erreicht hatte, versuchte einer Form von Staatskirchentum den Weg zu bereiten[2047], welche die Pfarrseelsorge nach streng rationalistischen Überlegungen zu organisieren versuchte. Er vertrat die theologisch anfechtbare Ansicht, Religion diene der sittlichen Formung der Gesellschaft und ihr Ziel sei die auf Erlangung der irdischen Glückseligkeit ausgerichtete Bildung des Menschen, nicht des Christen.[2048]

Der Churer Bischof Dionysius von Rost hatte gegen die josefinischen Maßnahmen große Vorbehalte, die von Weitblick und Realismus zeugen.[2049] Als er sah, daß auch das Volk auf die Neuerungen Josephs II. mit großem Unmut reagierte, richtete er am 25. September 1785 ein Mahnschreiben an den Klerus des Vinschgaus, in dem er kluge seelsorgliche Belehrung empfahl.[2050]

Zu den bekanntesten kirchenpolitischen Maßnahmen dieser Zeit gehört die sogenannte Pfarregulierung, eine ausschließlich von Nützlichkeitsüberlegungen ausgehende stark theoretische Neuumschreibung kirchlicher Sprengel, die die Verwaltung rationalisieren und dem betreuten Volk die Kirchwege verkürzen sollte.[2051] Für Schlanders nur indirekt von Bedeutung ist der Wille des Kaisers, den gesamten Vinschgau von

---

2037 BAC, VP 1767, pag. 91 f.
2038 BAC, VP 1767, pag. 216.
2039 BAC, VP 1767, pag. 82.
2040 PfA Schlanders, Urk. 68 ddo. 1768 November 14.
2041 WOERZ (wie Anm. 718), pag. 509–512.
2042 WOERZ (wie Anm. 718), pag. 478.
2043 REITBÖCK (wie Anm. 372), S. 118–120; TURIN, Renate: Beiträge zur Geschichte der religiösen Lage in der Diözese Brixen unter Maria Theresia von 1740–1769. Masch. Diss. Univ. Innsbruck 1969, S. 118–122.
2044 Vgl. oben S. 222.
2045 Vgl. oben S. 248–253.
2046 Vgl. oben S. 200–207.
2047 KLINGENSTEIN, Grete: Staatsverwaltung und kirchliche Autorität im 18. Jahrhundert. Das Problem der Zensur und der theresianischen Reform. Wien 1970, S. 90; HOLLERWEGER, Hans: Tendenzen der liturgischen Reformen unter Maria Theresia und Joseph II., in: Katholische Aufklärung und Josefinismus, hg. von Elisabeth Kovacs. Wien 1979, S. 295–306, hier S. 304; LEISCHING, Peter: Die römisch-katholische Kirche in Cisleithanien, in: Die Habsburgermonarchie 1848–1918, hg. von Adam Wandruszka und Peter Urbanitsch, Bd. 4: Die Konfessionen. Wien 1985, S. 1–247, hier S. 5.
2048 SCHROTT (wie Anm. 1068), S. 117–122.
2049 SCHWEGLER (wie Anm. 105), S. 62.
2050 STAFFLER, Wibmer Sekte (wie Anm. 110), S. 204.
2051 F. DÖRRER, Pfarrregulierung (wie Anm. 96), passim.

der Diözese Chur zu lösen; dazu kam es aber nicht, auch deshalb, weil sich der Bischof nach Kräften widersetzte.[2052] Zumal den Plan Josephs II., exponierte Kapläne einzusetzen, mißbilligte er, weil eine zu große Lockerung von der Mutterpfarre die Folge sein würde und weil das geringere Einkommen dieser Kategorie von Priestern eine Art geistliche Unterschicht entstehen ließe, die eine Verschlechterung der Seelsorge mit sich bringen würde.[2053] Dies zu verhindern gelang ihm allerdings im Fall der Kirche von Göflan nicht: 1786 wurde die schon seit 1765 von einem eigenen Kaplan betreute Filiale der Pfarre Schlanders in eine Expositur umgewandelt.[2054] Zu weiteren Neuumschreibungen von Seelsorgesprengeln kam es in der Pfarre Schlanders jedoch nicht, obwohl entsprechende Pläne bestanden hatten.[2055] Allerdings wurden einige als für die Seelsorge überflüssig betrachtete Kirchen gesperrt und anschließend versteigert, nämlich St. Ingenuin in Schlanders, St. Walburg in Göflan, St. Lorenz, St. Ägidius und St. Georg in Kortsch.[2056]

Andere Reformen des Kaisers entsprangen dem Bestreben, Auswüchse barocker Frömmigkeit zu beseitigen, den Glauben nicht zu einer bloßen Gemütsangelegenheit werden zu lassen und zu verhindern, daß der Zwang des Gesellschaftlichen als frömmigkeitsbildender Faktor überhand nehme.[2057] In diesem Sinne wurden auch in Schlanders zahlreiche Andachtsübungen und insbesondere Prozessionen und Kreuzgänge abgeschafft, obwohl sie beim Volk aufgrund alter Gewohnheit viel Zuspruch gefunden hatten. Wie in anderen Pfarren waren die Reaktionen darauf jedoch derart ablehnend, daß sich Joseph noch am 13. Februar 1790, nur eine Woche vor seinem Tod, dazu bereit fand, die abgeschafften Andachten wieder zuzulassen, sofern die Bischöfe ihre Zustimmung geben würden.[2058]

Für den Churer Oberhirten Dionysius von Rost war dies eine Selbstverständlichkeit. Daher gestattete er bereits im April 1790 die Wiederaufnahme der abgeschafften Andachten; aus Rücksicht auf die staatliche Gewalt verzichtete er zwar auf eine Verkündung von der Kanzel aus, gab aber den angesehenen Personen im Ort entsprechende Weisungen.[2059] Im Juni desselben Jahres folgte die behördliche Erlaubnis zur neuerlichen Abhaltung der vielfältigen Prozessionen mit dem Venerabile und zur Abhaltung der sonntäglichen Umgänge mit Verlesung der Evangelien zwischen Fronleichnam und Bartholomäus. Durch die letztere Verfügung, die *aus billigen Gründen* getroffen worden sei, vollzog die Staatsgewalt die Wiederbelebung einer typischen Tiroler Tradition, die weder im Rituale Romanum noch im Bistumsritual begründet war. Im selben Zusammenhang wurde die Bevölkerung über die neuerliche Begehung abgeschaffter Feiertage aufgeklärt (das Läuten an den Vorabenden besaß allerdings keine Verbindlichkeit mehr). Die Bedeutung des Wetterläutens wurde durch teilweise Entkräftung seiner Wirksamkeit anhand von Beispielen relativiert, ebenso die der Wettersegen. Bitt- und Dankfeste in allen besonderen Anliegen waren wiederum gestattet, doch nur am ersten Sonntag im Mai und am letzten im Oktober. Was die Ablässe anbelange, würde den Gemeinden, sofern sie etwas Geduld aufbrächten, zu ihrem Recht verholfen werden. Die Kapitalien der aufgehobenen Bruderschaften sollten zur Unterstützung der deutschen Schulen verwendet werden; sie befänden sich noch in der Hand der politischen Behörden, weswegen vom Ordinariat bis auf weiteres nicht eingeschritten werden möge.[2060]

Kreuzgänge waren durch die eben genannte Verfügung nicht mehr bewilligt worden, weil sie der Andacht nicht dienten. Der Nachweis jedoch, daß mehrere Nahwallfahrten, die vormals zu den üblichen Gepflogenheiten der Schlanderser gehört hatten, noch am Ende des josefinischen Jahrzehnts wieder eingeführt worden waren[2061], steht für eine Form der Gebundenheit der Bevölkerung an die traditionellen religiösen Formen, die stärker war als die Maßnahmen des aufgeklärten Staates.

2052 BLAAS, »Priesterverfolgung« (wie Anm. 97), S. 40.
2053 F. DÖRRER, Pfarregulierung (wie Anm. 96), S. 124.
2054 Vgl. oben S. 201.
2055 Vgl. oben S. 201 f.
2056 F. DÖRRER, Pfarregulierung (wie Anm. 96), S. 181; BAUR, Johannes: Kirchensperrungen unter Kaiser Joseph II., in: Der Schlern 42 (1968), S. 200–204, S. 202; vgl. auch oben S. 136, 139, 143 f., 151, 201.
2057 SCHROTT (wie Anm. 1068), S. 119; VAN DÜLMEN, Kultur (wie Anm. 1502), S. 139.
2058 KA Kortsch XII – 29: Wenzel Graf Sauer an Pfarrwidum Schlanders 1790 Februar 13.
2059 KA Kortsch XII – 30 ddo. 1790 April 17.
2060 KA Kortsch XII – 31 ddo. 1790 Juni 16.
2061 Vgl. oben S. 217.

5.6 Die beiden letzten Jahrzehnte im Zeitalter der Herrschaftskirche

In den neunziger Jahren des 18. Jahrhunderts wirkten sich auf Tirol die Ereignisse des ersten Koalitionskrieges (1792–1797) aus. Seit Preußen nach dem Sonderfrieden von Basel aus der Koalition ausgeschieden war, fiel die Hauptlast des Krieges auf Österreich. 1796 nahm dieser eine Entwicklung, die Tirol vom Süden her bis ins Eisacktal stark in Mitleidenschaft zog.[2062] Der tirolische Anteil von Chur war von den Kriegsereignissen zunächst nicht direkt betroffen, die Bevölkerung litt aber unter Truppendurchmärschen und Einquartierungen. Schon am 24. Mai 1796, also mehrere Monate vor den im Spätherbst und Winter stattfindenden Kampfhandlungen, wies der Churer Bischof seine Diözesanen im Vinschgau, Burggrafenamt und Passeiertal zur Abhaltung von Kriegsandachten an. Im Juni verfügte er für Sonn- und Feiertage eine zehnstündige Anbetung und für die Werktage weitere Betstunden.[2063]

Seit dem Mai 1796 war auch die Landschaft intensiv mit dem Aufbau des Verteidigungswesens beschäftigt.[2064] Im April 1797 konstituierte sich in Schlanders unter Hauptmann Franz Frischmann eine Schützenkompanie, die sich bei Bozen hervorragend bewährte; sie wurde bei Jenesien aufgestellt und beteiligte sich mit Bravour am Ansturm am 3. April. Die in diesen Kämpfen erworbenen silbernen Tapferkeitsmedaillen opferten die Schlanderser Schützen dem Gnadenbild in ihrer Pfarrkirche.

Im Herbst 1798 bedrohten die Franzosen Tirol von der Schweiz her. In Schlanders wurden ein Waffen- und Munitionsdepot und eine Feldbäckerei errichtet. Dorthin verlegte am 22. März 1799, als der zweite Koalitionskrieg eben begonnen hatte[2065], der österreichische Feldmarschalleutnant Graf Bellegarde sein bisher in Bozen befindliches Hauptquartier. An der Grenze im Münstertal kam es zu großen Truppenkonzentrationen. Am 13. März begaben sich auch zwei Schlanderser Schützenkompanien unter den Hauptleuten Johann Spiller, Deutschhausmeier, und Franz Frischmann aus Kortsch dorthin.[2066] Am Bühel der Kirche St. Sisinnius waren Kanonen aufgefahren und Schanzen errichtet worden, zu deren Vollendung General Hadik am 23. März aus Schlanders 400 Mann heranzog.

Am 25. März 1799 griffen die Franzosen das befestigte Lager bei Taufers im Münstertal an. Trotz erbitterter Gegenwehr blieben sie siegreich. Als in der Folge zahlreiche Ortschaften des oberen Vinschgaus geplündert und gebrandschatzt wurden[2067], fühlten sich auch die Ortschaften des mittleren Vinschgaus gefährdet. In dieser Stunde gelobten die beiden Schlanderser Schützenkompanien, künftig in ihrer Gemeinde den Mariä-Namen-Sonntag für alle Zeiten zu einem feierlichen Dankfest zu gestalten und an diesem Tag das Gnadenbild in Festprozession durch den Ort zu tragen, wenn Maria die Gegend schütze. In den folgenden Tagen erlitten die österreichischen Truppen, unter ihnen auch Schlanderser Schützen, schwere Verluste. In der Nacht vom 30. zum 31. März trat dann aber eine unerwartete Wendung ein, als sich die Franzosen plötzlich aus dem Obervinschgau zurückzogen.[2068] Am 4. April gelang Bellegarde ein Angriff auf Taufers, und Ende April rückten die Österreicher in das Engadin ein. Westtirol war somit gesichert.[2069]

In Schlanders wurde dieser Verlauf der Kämpfe als Schutz des Himmels gedeutet, und das Gelöbnis der Schützen fand allgemeine Zustimmung. Daher wurde das Fest schon im September 1799 erstmalig begangen. Seither ist es in der Pfarre Schlanders ein kirchliches Hochfest. Bald nach dem Einbruch der Franzosen entstand auch ein eigenes Maria-Namen-Lied, das von Stefan Stocker, einem im 18. Jahrhundert in Schlanders geborenen Komponisten, vertont wurde.[2070]

Nach dem Abzug der Franzosen befahl das österreichische Armeekommando trotz der Geg-

---

2062 Mühlberger (wie Anm. 244), S. 466–483.
2063 Blaas, »Priesterverfolgung« (wie Anm. 97), S. 59.
2064 Mühlberger (wie Anm. 244), S. 468.
2065 Kramer (wie Anm. 1933), S. 174.
2066 Gamper (wie Anm. 254), S. 121.
2067 Kramer (wie Anm. 1933), S. 178 f.
2068 Triches, Humbert: Geschichtlicher Nachtrag zum Mariä Namen-Sonntag, in: Katholisches Sonntagsblatt Nr. 38 vom 22. September 1957, S. 12.
2069 Kramer (wie Anm. 1933), S. 181.
2070 Zum Ablauf der Ereignisse und der Feierlichkeiten und zur Nachwirkung des Ereignisses vgl. auch die Berichterstattung in der Tagespresse, vor allem Dolomiten, Nr. 204 vom 7. September 1949, S. 4, und Nr. 203 vom 14. September 1972, S. 9.

nerschaft des Gerichtsausschusses die Errichtung eines Feldspitals in der Kommende Schlanders. Damals wurden an der Südseite der Friedhofsmauer Massengräber aufgeworfen und ein Marmorgedenkstein angebracht mit der Inschrift *Anno 1799 sein wir arme Soldaten wegen Land Tirol gestorben und allda begraben worden.*[2071]

Die Kämpfe von 1799 hatten am Beginn des zweiten Koalitionskrieges gestanden. Im Jahr 1805 nahm dieser nach wechselvollem Verlauf einen für Österreich ungünstigen Ausgang; zu den von Napoleon im Frieden von Preßburg diktierten Bedingungen gehörte auch die Abtretung Tirols an Bayern, ein Zustand, der bis 1814 währte.[2072] In dieser Zeit erlitt die Maria-Namen-Feier eine Unterbrechung. Ein 1807 von den Gemeindevorstehern aus der gesamten Pfarre an die bayerischen Behörden gerichtetes Gesuch, diese Prozession abhalten zu dürfen, für das auch der bayerische Landrichter eintrat, wurde abschlägig behandelt.[2073]

Auch sonst hatte mit dem Jahr 1805 für Tirol eine Phase begonnen, die in kirchenpolitischer Hinsicht viele Analogien zur Zeit Josephs II. aufwies. Die staatliche Reformpolitik der Bayern sah die völlige Unterstellung der Kirche unter die Gesetzgebungsgewalt des Staates vor, ein Konzept, das beim Volk auf großen Widerstand stieß.[2074] Zumal im Tiroler Anteil der Diözese Chur eskalierte der Konflikt schon bald. Bischof Karl Rudolf von Buol-Schauenstein residierte seit der Gefährdung Graubündens durch Napoleon in Meran. Die Pfarren des Vinschgaus wußte er in dieser schweren Zeit ganz auf seiner Seite.[2075]

Ein besonders konfliktträchtiges Element der bayerischen Kirchenpolitik war der Entzug des Patronatsrechtes der Bischöfe bei der Besetzung von Priesterstellen. Bischof Buol-Schauenstein, dem noch am 13. August 1807 eine in Meran tagende Priesterkonferenz das Vertrauen ausgesprochen hatte[2076], mußte für seine Weigerung, diese Politik durchzuführen, am 10. Oktober 1807 die Ausweisung aus seiner Diözese in Kauf nehmen. In der Folge wurde von der bayerischen Regierung ein Kommunikationsverbot mit ihm erlassen. Die meisten Vinschgauer Geistlichen hielten sich an dieses allerdings nicht. Der für den Vinschgau zuständige Kreishauptmann von Imst Vinzenz von Anderlan wollte das entsprechende Dokument von der Priesterschaft unterschrieben wissen. Zum Zeichen dessen, daß die innere Zustimmung fehle, unterzeichneten die Geistlichen, darunter auch ein Vertreter des Pfarrers von Schlanders, mit dem Zusatz *legi*, *accepi*, *paesentatum* oder einer ähnlichen Formel.[2077] Der Pfarrer von Schlanders gehörte auch einer Gruppe von mehreren Vinschgauer Seelsorgern an, die am 7. Dezember 1807 in einem Schreiben an den Churer Bischof heftig gegen die Kompromißbereitschaft seines Provikars Johann Jakob Schuster von Schluderns protestierten.[2078] Wenig später, im Jänner/Februar 1808, schloß sich allerdings auch er jenen immer zahlreicher werdenden Geistlichen an, die nach der Vertreibung des Bischofs zum Aufgeben neigten, und dachte an Resignation. Ältere Angaben der Literatur, daß u. a. auch die Kapuziner von Schlanders in ihren Predigten heftig dagegen protestierten, sind nicht glaubwürdig, weil die meisten Patres nicht aus dem Vinschgau stammten.[2079]

Im August 1808 erlebte die Seelsorge in Schlanders durch die Aufhebung des Kapuzinerklosters einen weiteren schweren Schlag.[2080] Versuche der Gemeinde, sich bei den bayerischen Behörden gegen diese Maßnahme einzusetzen, blieben ebenso erfolglos wie die Abfassung einer Bittschrift an den König, mit der sie die Rückkehr jener Priester erreichen wollten, die von den Bayern vertrieben worden waren.[2081] In Schlanders trat am 16. März 1811 der aus Kessen in der Diözese Chiemsee stammende Priester Johann Baptist Peuger die Pfarrstelle an.[2082]

Die Bemühungen der Schlanderser um die Rückholung vertriebener Priester stehen für eine Initiative des seelsorglich betreuten Volkes, die

---

2071 GAMPER (wie Anm. 254), S. 122–126; WEINGARTNER, Kunstdenkmäler (wie Anm. 32), S. 812.
2072 MÜHLBERGER (wie Anm. 244), S. 485–493; RIEDMANN (wie Anm. 5), S. 438.
2073 RIEDMANN (wie Anm. 5), S. 435.
2074 MÜHLBERGER (wie Anm. 244), S. 509; STAFFLER, Wibmer Sekte (wie Anm. 110), S. 204.
2075 BOLDINI (wie Anm. 102), S. 50–53.
2076 MÜHLBERGER (wie Anm. 244), S. 509–511.
2077 BLAAS, »Priesterverfolgung« (wie Anm. 97), S. 154 f.
2078 BLAAS, »Priesterverfolgung« (wie Anm. 97), S. 203.
2079 BLAAS, »Priesterverfolgung« (wie Anm. 97), S. 156–158.
2080 Vgl. oben S. 215 f.
2081 RIEDMANN (wie Anm. 5), S. 435.
2082 SCHEIBER, Eduard: Zur Reihe der Pfarrer und Dekane in Schlanders, in: Der Schlern 72 (1998), S. 8–10, hier S. 8.

von dessen Verbundenheit mit den gewachsenen kirchlichen Strukturen zeugt. Einmal mehr bestätigt sich, daß deren Wertschätzung gerade in Zeiten äußerer Bedrohung zunimmt. Damit waren in der Pfarre Schlanders die Weichen gestellt für den Eintritt in jene Epoche der Kirchengeschichte, die, eingeleitet durch die Säkularisation der geistlichen Fürstentümer im Jahr 1803, im allgemeinen als eine neue und bessere betrachtet wird, weil die Kirche aufgehört habe, auch weltliche Herrschaftsrechte auszuüben und somit den Freiraum für eine verstärkte Konzentration auf geistliche Belange gewonnen habe.[2083]

Die Schlanderser Pfarrgeschichte erweist sich freilich als wenig geeignet, diese Zäsur auch auf der Ebene der konkreten Seelsorge nachvollziehbar zu machen, denn in den Jahrzehnten vor 1803 hatte sich an den Reaktionen des Volkes auf die Maßnahmen des aufgeklärten Staates gezeigt, daß sich die in einer Pfarre verwirklichten Formen religiösen Lebens eher in einer Welt der Gefühle und Konventionen abspielen als auf der Ebene kirchenpolitischer Grundsatzentscheidungen. 1803/05 sah es in Schlanders nicht so aus, als würde die Situation besser – im Gegenteil. Eine tiefere und wichtigere Zäsur dürfte für diese Pfarre der Abschied des Deutschen Ordens im Jahr 1811 bedeutet haben, zumal wenn man bedenkt, welch glänzende spirituelle Entwicklung diese Korporation im 19. und 20. Jahrhundert durchlaufen sollte.

2083 SCHROTT (wie Anm. 1068), S. 156; HÖRGER (wie Anm. 1111), S. 190.

Doppelseite aus einem Inventar der Pfarrkirche Schlanders vom 11. August 1667. Original im DOZA, Et 156/1.

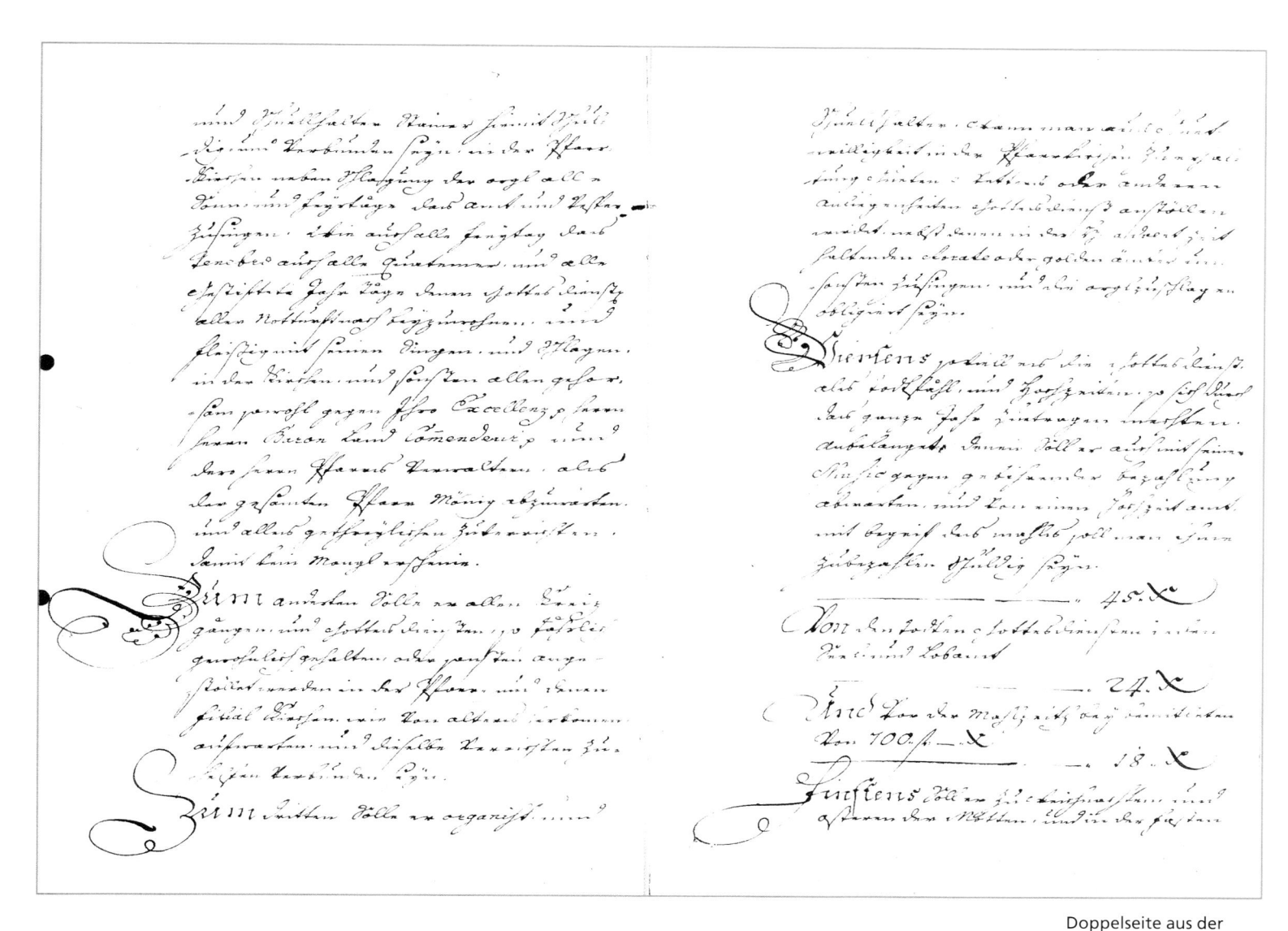

Doppelseite aus der Schlanderser Stolordnung von 1750. Original im DOZA, Et 157/8.

Eine Seite aus einem Extrakt der Einnahmen und Ausgaben der Kommende Schlanders vom 5. Mai 1685. Original im DOZA, Et 32/3.

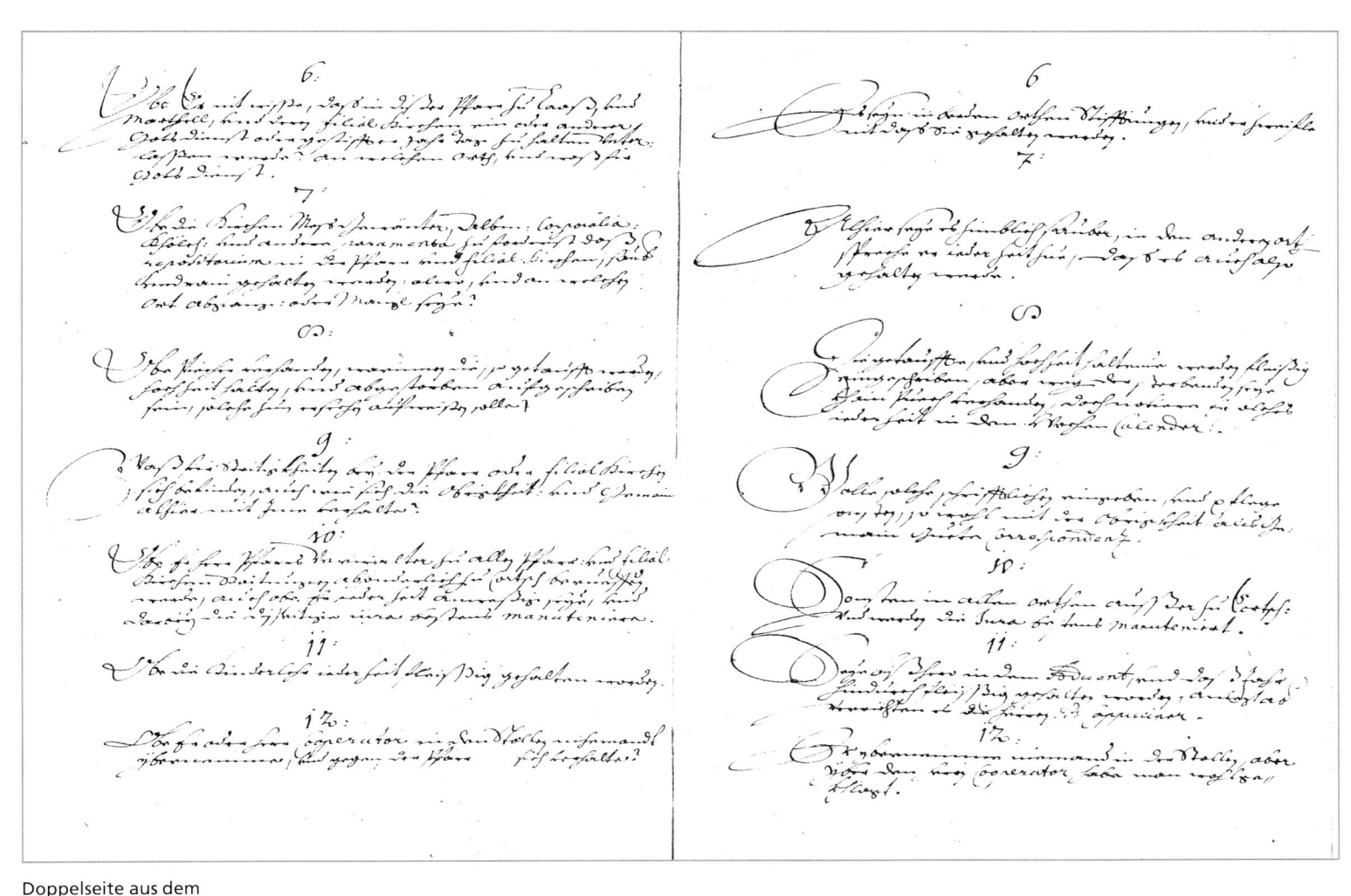

Doppelseite aus dem Visitationsbericht des Deutschen Ordens vom 28. August 1685. Original im DOZA, Et 33/1.

Doppelseite aus dem Visitationsbericht des Deutschen Ordens vom 21. Dezember 1701. Original im DOZA, Et 34/1.

Doppelseite aus dem Visitationsbericht des Deutschen Ordens vom 3. August 1708. Original im DOZA, Et 35/2.

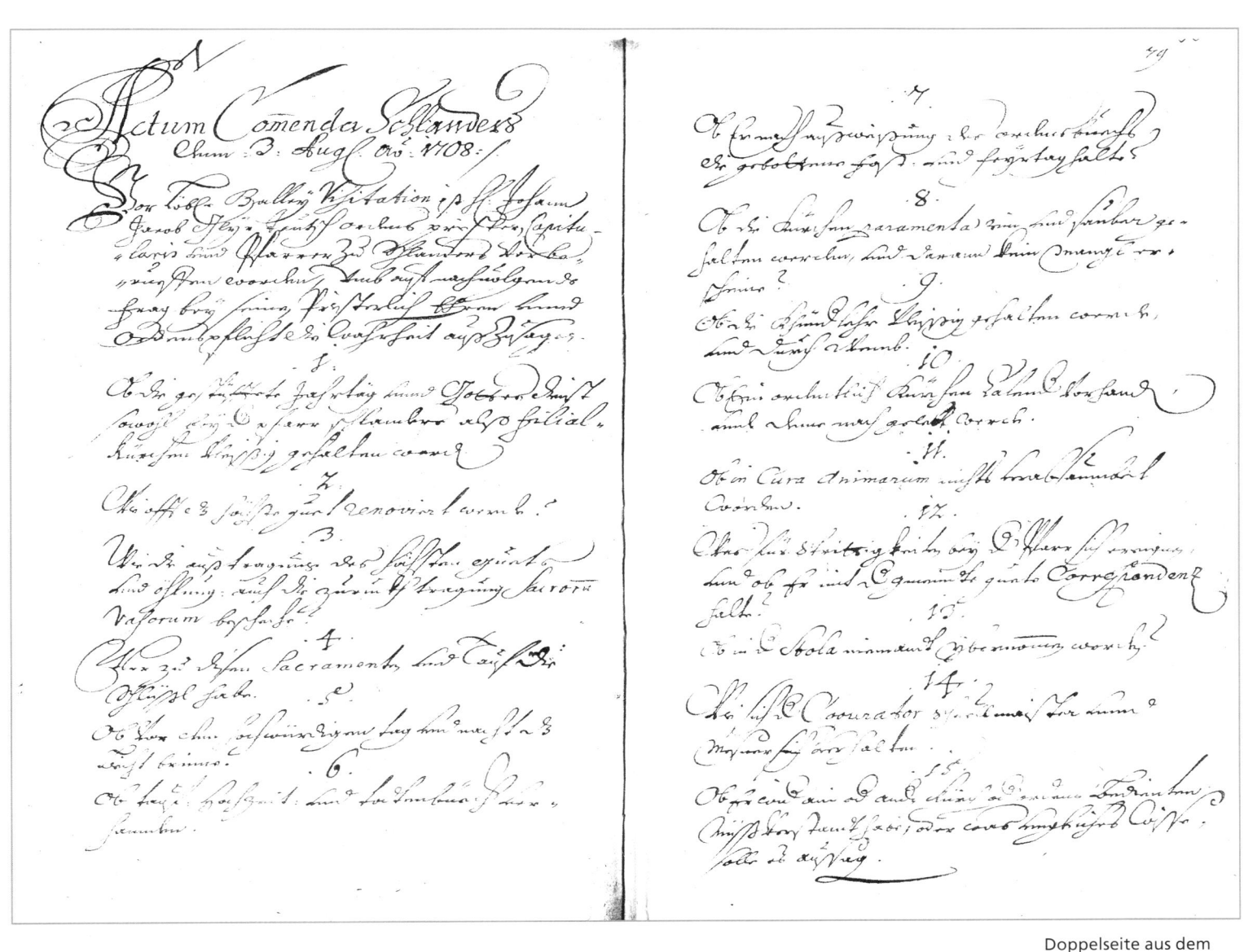

1380 Februar 29, Schlanders. Ludwig Waffler, Landkomtur der Ballei an der Etsch, sowie der Pfarrverwalter und die Brüder zu Schlanders beurkunden die Beilegung eines Streites mit der Pfarrgemeinde Schlanders durch fünf genannte Schiedsrichter. Siegel der Ballei zu Bozen und der Kommende Schlanders. Or. Perg. im Pfarrarchiv Schlanders, Urkunde 10.

Kirchenkalender der Pfarrkirche Schlanders aus dem 17. Jahrhundert (nach 1637), fol. 7v und 8r mit den Eintragungen vom 21. bis 28. Februar. Papierhandschrift im Format 32 × 20 cm, 49 Blatt, mit Pergamenteinband im Pfarrarchiv Schlanders, Akten Nr. 3.1.

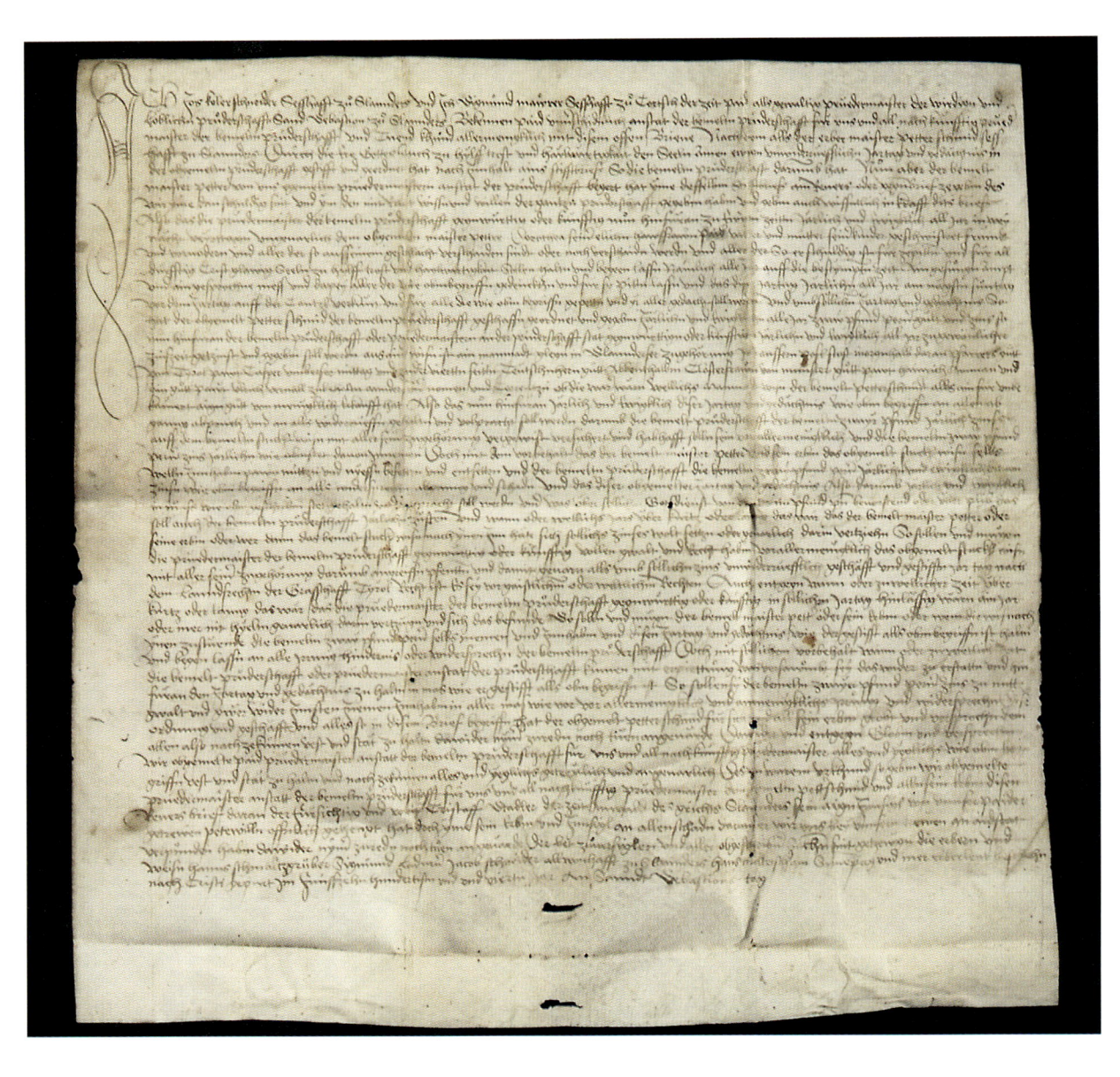

1504 Jänner 20.
Jos Koler, Schneider zu Schlanders, und Sigmund Maurer zu Kortsch, beide Brudermeister der Sebastiansbruderschaft zu Schlanders, bestätigen, daß Georg Schmied zu Schlanders und seine Gemahlin Dorothea eine Jahrtagsstiftung errichtet haben. Or. Perg. im Pfarrarchiv Schlanders, Urkunde 28.

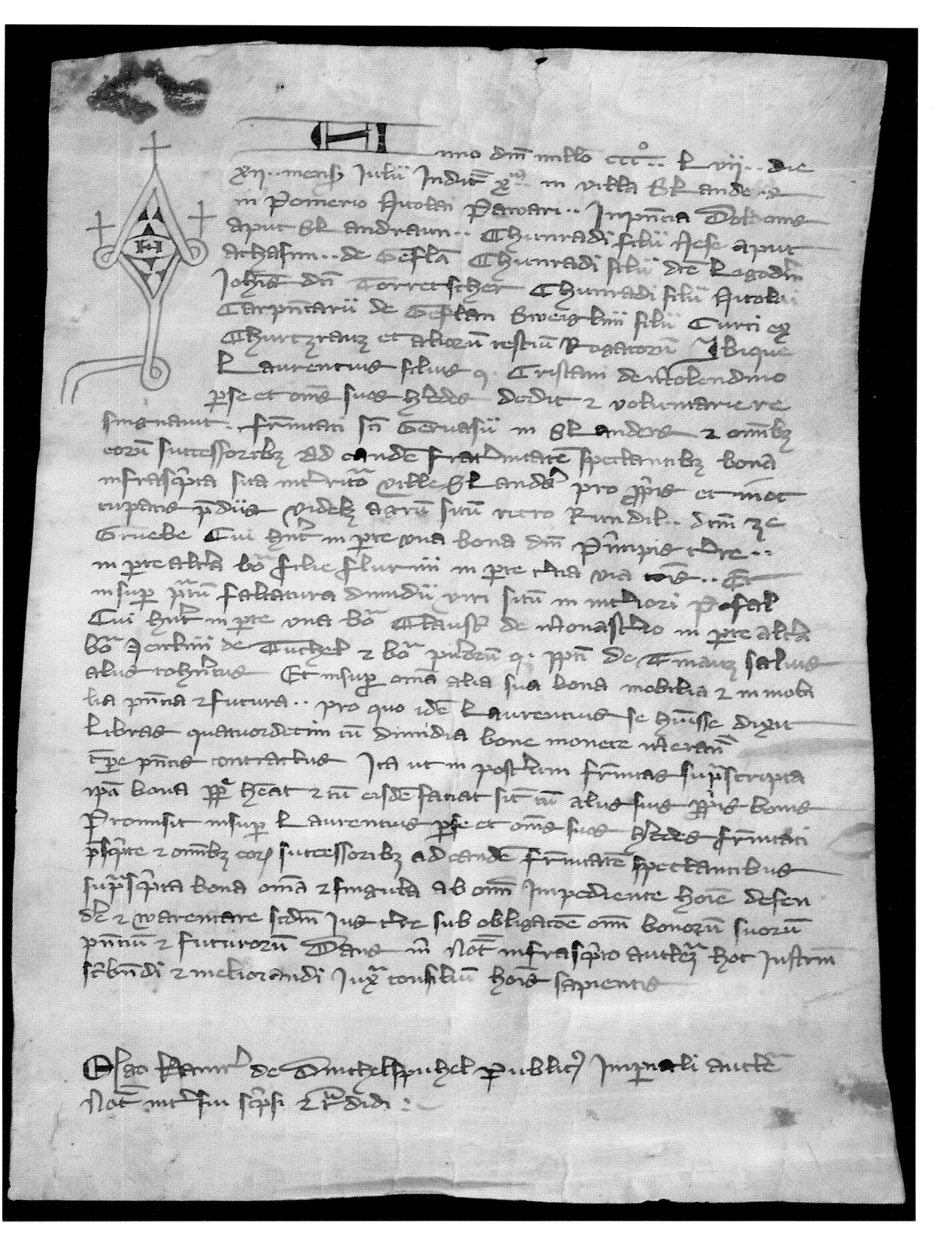

1357 Juli 12, Schlanders. Lorenz, Sohn des verstorbenen Christian von der Mühle, verkauft der Bruderschaft St. Gervasius zu Schlanders um 14,5 Pfund Berner Meraner einen Acker. Instrument des Notars Heinrich von Dinkelsbühl. Or. Perg. im Pfarrarchiv Schlanders, Urkunde 6.

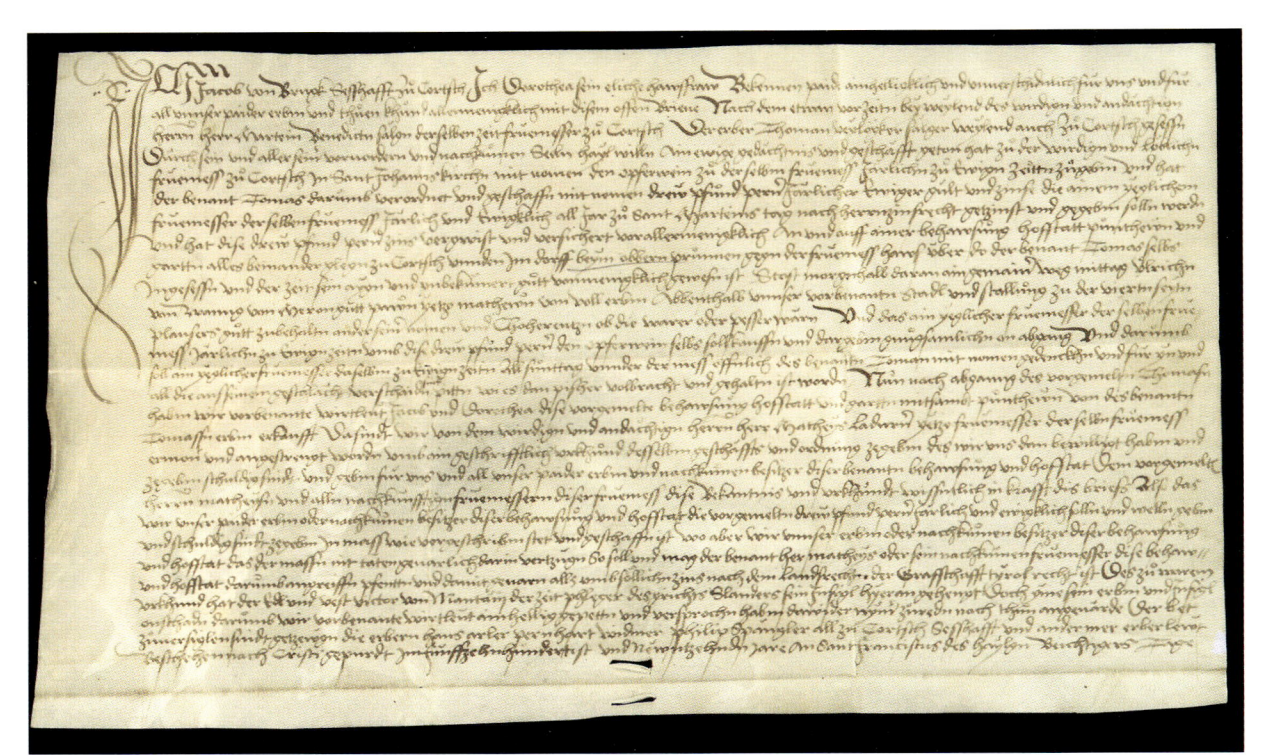

1519 Oktober 4. Jakob von Bruck zu Kortsch und seine Gemahlin Dorothea versprechen, auch weiterhin jährlich am Martinstag dem Frühmesser zu Kortsch für den Ankauf von Meßwein eine Gülte von 3 Pfund Berner aus einem ebendort »am oberen Brunnen« gelegenen Hof zu entrichten. Or. Perg. im Pfarrarchiv Schlanders, Urkunde 36.

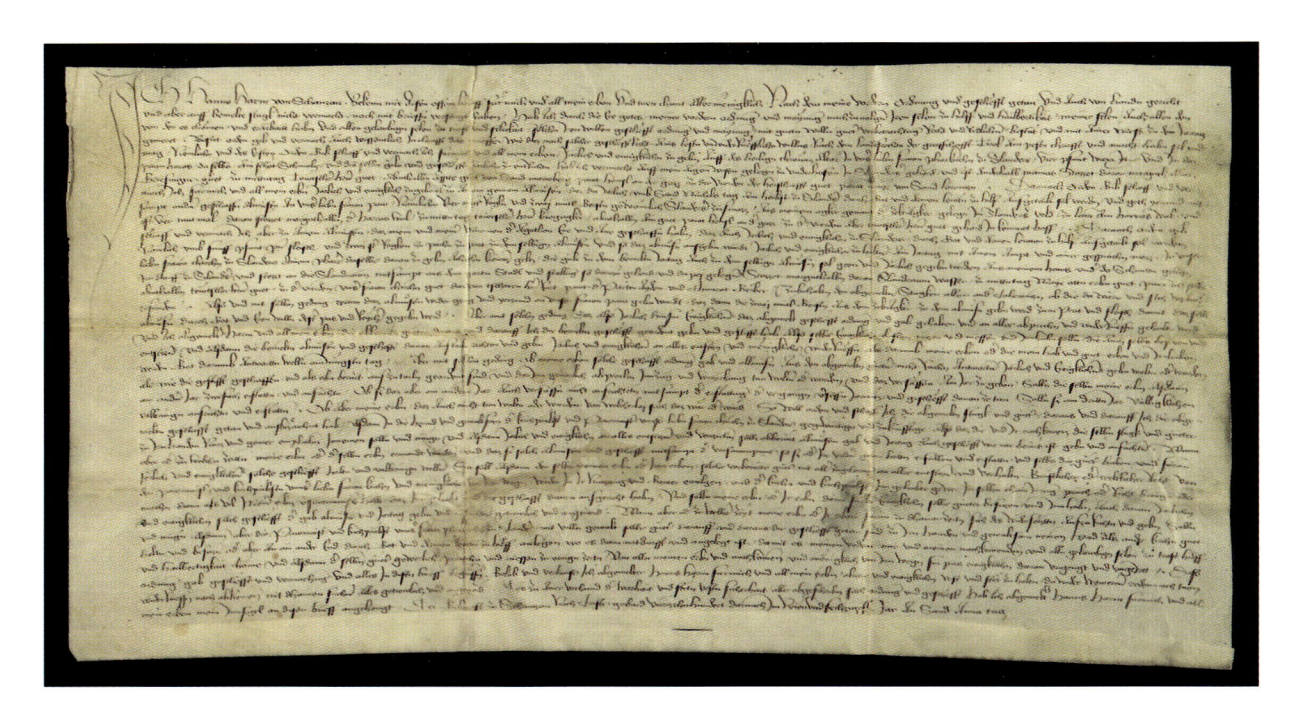

1496 Juli 26. Hans Harm von Schanzen stiftet einen ewigen Jahrtag mit Amt und Messe in der Pfarrkirche von Schlanders samt einem Almosen. Or. Perg. im Pfarrarchiv Schlanders, Urkunde 22.

1676 April 8, Schlanders. Barbara Trapp, geb. Künigl, stiftet mit Rat ihres Sohnes Karl Trapp eine im Zeitraum zwischen Georgi (25. April) und Allerheiligen zu haltende Frühmesse in der Spitalkirche zu Schlanders. Siegel des Karl Trapp und des Hans Kaspar Hendl von Goldrain.
Or. Perg. im Pfarrarchiv Schlanders, Urkunde 58.

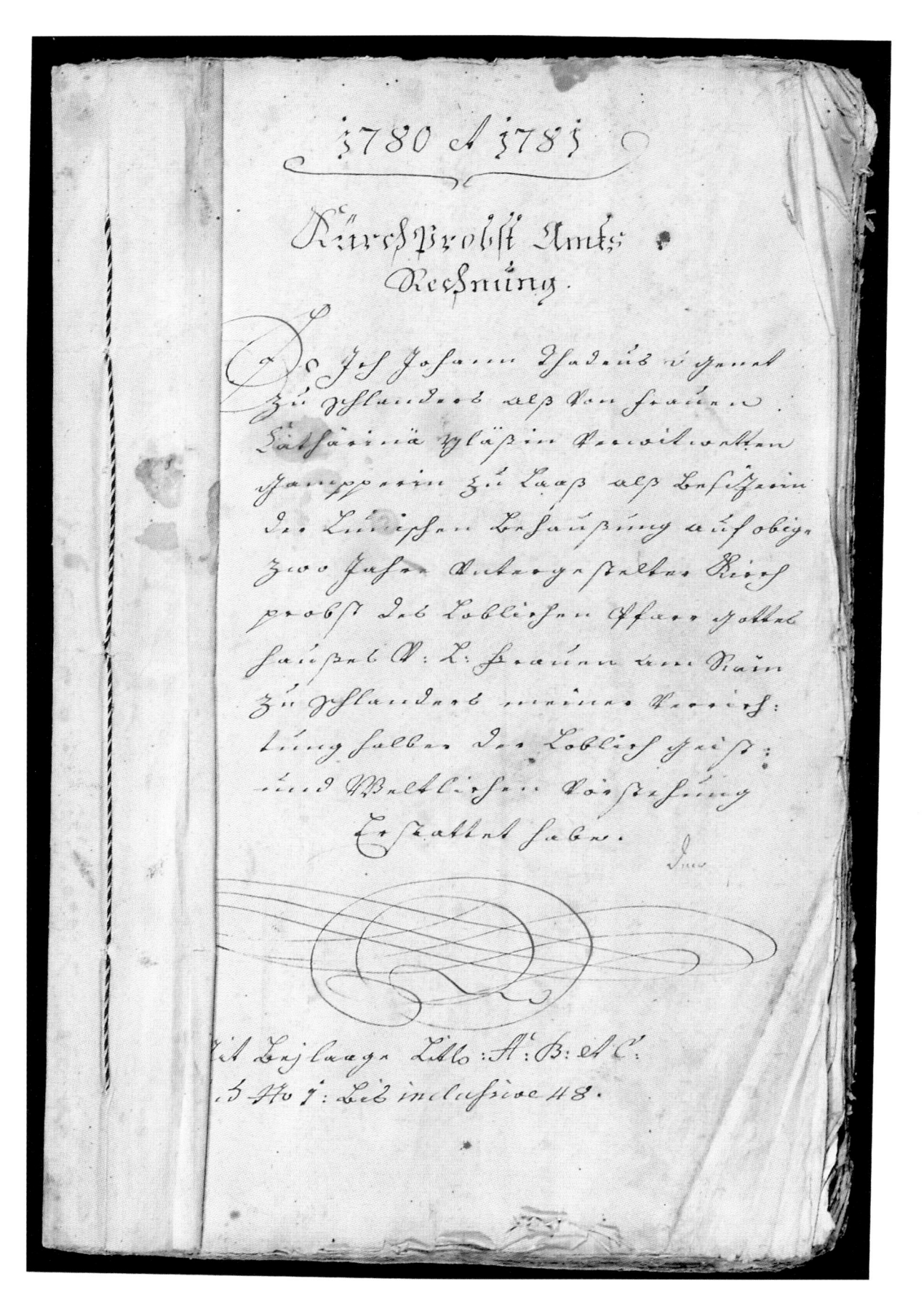

Erste Seite der Kirchpropstrechnung für die Pfarrkirche von Schlanders für die Jahre 1780/81 vom 5. Februar 1783. Rechnungsleger ist Johann Thaddäus von Geneth anstelle der Frau Katharina Blaas, Witwe Gamper, zu Laas als Besitzerin der Lunischen Behausung. Papierlibell im Format 34 × 22,5 cm, 45 Blatt, im Pfarrarchiv Schlanders, Akten Nr. 5.4.

1488 Oktober 18. Bruder Johannes aus dem Orden der minderen Brüder, Generalvikar des Bischofs Ortlieb von Chur, weiht die Friedhofskapelle zu Schlanders mit vier Altären, legt das Weihefest auf den Sonntag nach dem Fest der heiligen Magdalena fest und erteilt den Besuchern Ablaß. Or. Perg. im Pfarrarchiv Schlanders, Urkunde 26.

Der Ortskern von Schlanders, von Nordosten gesehen.

Heinz Noflatscher

Schlanders in der Vormoderne (1077–1815)

Recht – Gesellschaft – Kultur

Ein Gelände »von Grauweiden bewachsen«, erklären uns die Sprachwissenschaftler die vermutlich indogermanische Herkunft des Ortsnamens Schlanders.[1] Die Erfinder des Namens haben uns damit eine ziemlich gute Orientierung vermittelt, mit der wir uns, mit einiger Abstraktion, vielleicht noch heute im Zeitalter intensiver Besiedlung im unteren Vinschgau zurechtfinden könnten. Eine Gegend mit Grauweiden bedeutete zunächst – wollten wir sie aus der Perspektive des vorzeitlichen Menschen suchen –, daß sich der Platz nicht auf einer Kuppe, an den nördlichen Steilhängen im Norden wie in Talatsch,[2] an den weniger schroffen Hängen im Süden oder in einem Seitental, sondern im Tal in der Nähe eines großen Wasserlaufs befand; daß sie von einer Auenlandschaft umgeben war[3], die möglicherweise durch einen Seitenbach noch einmal verstärkt werden konnte. Damit kamen im unteren Vinschgau wohl nur die Beckenlandschaften um Staben und um Schanzen-Schlanders in Betracht.

Wir wissen heute durch die Vor- und Frühgeschichte, daß der Name nicht nur die Bezeichnung eines Geländes war, sondern die ersten Talsiedlungsplätze, die sich vor allem im Mündungsbereich von Seitentälern bildeten, älter als bisher vermutet sind.[4] So kann im benachbarten Kortsch eine Siedlungskontinuität seit der ausgehenden Bronzezeit nachgewiesen werden. Neben Schlanders wurden im nahen Goldrain, Laas und Eyrs spätneolithische bis frühbronzezeitliche Steingeräte gefunden,[5] die siedlungshistorisch allerdings nicht einzuordnen sind. Römerzeitliche Spuren kennen wir auch aus Schlanders, während der Prädienname Göflan auf ein römisches Landgut verweist.

In der römischen Kaiserzeit werden mit der Provinz Rätien, später durch die Herrschaft der Merowinger, Ostgoten, Bayern und Karolinger[6] erstmals auch politische Grundorientierungen fassbar, und seit der Spätantike legte sich ebenso eine religiös-christliche Verwaltungsstruktur mit den näheren Zentren in Mailand, Augsburg und Chur über den Vinschgau.

Wiederum durch die Archäologie und erstmals die rückschreibende Methode der Siedlungsgeschichte[7] wissen wir, daß die am Schlandraunbach zwischen den Etschauen und Sonnenberg gelegene Landschaft der »Grauweiden« bis in das 12. Jahrhundert vorwiegend extensiv genutzt wurde, erst von einzelnen dauernd bebauten Ackerstreifen durchsetzt war und die Egartenwirtschaft noch eine große Rolle spielte.[8]

---

1 Zuletzt Egon KÜHEBACHER, Die Ortsnamen Südtirols und ihre Geschichte, Bd. 1, Bozen 1991, S. 413 f.
2 Reimo LUNZ, Schlanders in urgeschichtlicher Zeit, in: Der Schlern 51 (1977), S. 407; DERS., Archäologie Südtirols, Teil 1, Bruneck 1981, S. 185–187.
3 Vgl. unten, S. 313.
4 Paul GLEIRSCHER, Zum frühen Siedlungsbild im oberen und mittleren Vinschgau mit Einschluß des Münstertales, in: Der Vinschgau und seine Nachbarräume, hg. von Rainer Loose, Bozen 1993, S. 37, 41.
5 LUNZ, Schlanders (wie Anm. 2), S. 405 f.; ders., Archäologie (wie Anm. 2), S. 81 f.; GLEIRSCHER, Siedlungsbild (wie Anm. 4), S. 35.
6 GLEIRSCHER, Siedlungsbild (wie Anm. 4), S. 41, 43.
7 Rainer LOOSE, Siedlungsgenese des oberen Vinschgaus. Schichten und Elemente des theresianischen Siedlungsgefüges einer Südtiroler Passregion, Trier 1976.
8 Rainer LOOSE, ... praedium quoddam nomine Slanderes ... (Zur hochmittelalterlichen Siedlungsstruktur des Schlanderser Etschtales), in: Der Schlern 51 (1977), S. 417; grundsätzlich Roger SABLONIER, Das Dorf im Übergang vom Hoch- zum Spätmittelalter. Untersuchungen zum Wandel ländlicher Gemeinschaftsformen im ostschweizerischen Raum, in: Institutionen, Kultur und Gesellschaft im Mittelalter, Festschrift Josef Fleckenstein, hg. von Lutz Fenske/Werner Rösener/Thomas Zotz, Sigmaringen 1984, S. 730 f.

1 Zwischen »Slanderes« und Schwabenkrieg (1077–1499)

Schlanders ist erstmals in einer Herrscherurkunde von 1077 genannt. Daß freilich die Siedlungen im Raum Schlanders viel weiter, wie soeben erwähnt, zurückreichen als uns schriftliche Zeugnisse zu belegen vermögen, zeigt uns die schriftliche Überlieferung selbst. So ist das benachbarte Kortsch bereits in der Vita S. Corbiniani glaubhaft genannt, wonach um 718 der bairische Herzog Grimoald das Gut Kortsch an Korbinian verkauft hat.[9] Morter ist im churrätischen Reichsguturbar von etwa 830 erwähnt.[10]

Damit war auch Schlanders an der Grenze zu Italien um 1000 in politische Großstrukturen des künftigen Hl. Römischen Reiches, der Kirche und der Grafschaftsverfassung des Alpenraums[11] eingebunden. Schlanders lag im ersten uns vorliegenden schriftlichen Zeugnis von 1077 *in comitatu Gervngi*, der Grafschaft des Gerung, der vermutlich ein schwäbischer Graf aus dem Bodenseegebiet und welfischer Klient war.[12]

Praedium Slanderes

Wenn daher am 13. Juni 1077 bei einer Versammlung der Großen des Reiches in der Pfalz Nürnberg das *praedium Slanderes* seinen Eigentümer wechselte,[13] so war die Landschaft an den Grauweiden offensichtlich ein Name, den zumindest der Empfänger, der Bischof von Brixen oder seine ersten Ratgeber kannten. Das *praedium*, Landgut, war für die Brixner Kirche, besser den geschäftstüchtigen Vermehrer ihrer Herrschaft, Altwin, nicht zuletzt wegen seines Umfangs mit Pertinenzen von dreißig Hufen, Leibeigenen und weiteren Gütern und Rechten willkommen;[14] dabei indizierte die große Hufenanzahl eher eine unbestimmte Größe und eine mögliche weitere Ausdehnung, jedenfalls das Prestige des Empfängers.[15]

Wir erinnern uns hier unmittelbar an eine andere große Landschenkung, die vor kürzerem auf Grund des Millenniums des Namens Österreich im Mittelpunkt stand, in der am 1. November 996 wiederum ein König, Otto III., einem Bischof Land, dreißig *regales hobas*, also besonders große Hufen (Königshufen) geschenkt hatte.[16] Der Umfang der Schenkung war beträchtlich, sollte sich doch von einer gewöhnlichen Hufe eine Familie ausreichend ernähren können. Dabei waren nicht nur die Zahl der dreißig Hufen (wenn auch keine Königshufen), sondern auch die Pertinenzen mit der Schenkung von Schlanders beinahe identisch. Dennoch handelte es sich nicht (nur) um die einfache Tradierung eines Formulars: Immerhin wurde 996 erwähnt, daß sich die Hufen in nächster Nähe, *proximo confinio*, befänden; genannt wurden zusätzlich *zidalweidun*, Bienenweiden – offensichtlich eine Besonderheit der Gegend von Neuhofen a. d. Ybbs –,[17] während beim *praedium Slanderes* ausdrücklich die zur Schenkung gehörigen Unfreien erwähnt waren.

Nicht nur das Zentrum der Schenkung, der Herren- oder Maierhof des *praediums*, sondern auch ein Teil seiner zugehörigen bäuerlichen Kleinstellen lagen innerhalb der Siedlungskerne von Schlanders. Wenn wir die Geschichte des Güterverbandes knapp hundert Jahre später verfolgen, können wir sogar die Topographie des hochmittelalterlichen Dorfes Schlanders ansatzweise bestimmen. Demnach bestand der Ort bereits damals aus mindestens zwei Siedlungskernen, einem *ymo*

---

9 Loose, praedium (wie Anm. 8), S. 412 f.
10 Ebd., S. 415.
11 Giuseppe Albertoni, Le terre del vescovo. Potere e società nel Tirolo medievale (secoli IX-XI), Torino 1996.
12 Hansmartin Schwarzmaier, Die Welfen und der schwäbische Adel im 11. und 12. Jahrhundert in ihren Beziehungen zum Vinschgau, in: Rainer Loose (Hg.), Der Vinschgau und seine Nachbarräume, Bozen 1993, S. 88.
13 Edition der Urkunde zuletzt in: Die Urkunden Heinrichs IV., bearb. von Dietrich von Gladiss, 2. T., Weimar 1959, Nr. 297. Auszug im Tiroler Urkundenbuch (TUB), Bd. 1, hg. von Franz Huter, Innsbruck 1937, Nr. 96. Für mehrfache Hinweise danke ich Herrn Univ.-Prof. Dr. Josef Riedmann.
14 *Cum omnibus appenditiis hoc est utriusque sexus mancipiis areis aedificiis pratis pascuis terris cultis et incultis viis et inviis silvis venationibus aquis aquarumque decursibus molis molendinis piscationibus exitibus et reditibus quaesitis et inquirendis ac cum omni utilitate, quae vel scribi vel nominari potest*; ebd.
15 Vgl. dazu die Interpretation der Ostarrichi-Urkunde, zuletzt in: 996–1996, ostarrîchi Österreich. Menschen, Mythen, Meilensteine, hg. von Ernst Bruckmüller/Peter Urbanitsch, Horn 1996, 42.
16 Z. B. Josef Riedmann, Der »Taufschein« Österreichs. Die Ostarrichi-Urkunde vom 1. November 996, in: Ostarrichi – Österreich. 1000 Jahre – 1000 Welten, hg. von Hermann J. W. Kuprian, Innsbruck 1997, S. 19–38.
17 In der Urkunde von 1077 zudem der wohl redundante Doppelbegriff *molis molendinis*.

Slanderes – eine Landschaft »von Grauweiden bewachsen«.

vico (1164) und einem *summo vico* (1163)[18] – eine Strukturierung, die uns in der Frühen Neuzeit als Unter- und Oberdorf entgegentritt.

Freilich war die Schenkung mit ihren *XXX mansi* (Hufen) und den dazugehörigen Unfreien nicht nur unter ökonomischen Aspekten willkommen, da sie Einnahmen der Brixner Kirche vermehrte. Vielmehr hatte sie einen strategisch-politischen Aspekt, der vielleicht das eigentliche Argument für die Schenkung gebildet hatte. *Slanderes* lag an einer Fernstraße von Italien nach Deutschland, die um so bedeutsamer war, als die Permeabilität der Region sehr begrenzt war, jedenfalls in der Wahrnehmung der Menschen von außerhalb. Als Bischof Altwin mit seinem Gönner Heinrich IV. drei Jahre später in Brixen ein Konzil abhielt, schrieb der Biograph eines Teilnehmers von der schauerlichen und rauhen Landschaft, die von den »höchsten Felsen« umschlossen sei.[19]

Durch die Zentralalpen, wollte man von den wenig komfortablen Saumwegen absehen, führten (nicht viel anders als heute) in der Zeit nur die zum Teil ausgebauten Straßen über den Septimer und Brenner und der Fernweg durch die Grafschaft des Vinschgau über den Reschen. An dieser *gemeinen Landstraße*[20], wie sie später genannt wurde, lag *Slanderes* an einer strategisch wichtigen Stelle, nicht nur in etwa der Mitte des *pagus Finsgow*[21], sondern auch an einem Brückenkopf, in Schanzen. In der Tat brachte die Brixner Kirche in den nächsten Jahrzehnten ihre Präsenz in Schlanders nicht nur durch einen örtlichen Verwalter, den wir nicht kennen, sondern auch durch eines ihrer spezifischen Herrschaftssymbole, eine Kapelle mit dem Namen ihres ersten Bischofs Ingenuin zum Ausdruck.

Die Schenkung hatte in den Wirren des Investiturstreites, der Opposition nicht nur des Papstes und der Reformkirche, sondern auch von weltlichen Fürsten gegen Heinrich IV. stattgefunden. Sie entsprach der neuen Reichspolitik der Salierkaiser, die nicht zuletzt Brixen und Trient mit Grafschaften versehen hatten – auf Kosten auch weltlicher Grafen und nicht zuletzt der Welfen, die ihrerseits mit einem Aufbau eines Herrschaftssystems nicht nur in Schwaben und Bayern, sondern auch in den strategisch wichtigen Alpen begonnen hatten. Entsprechend erkannte die Realpolitik der weltlichen Großen die Schenkungspolitik an die Kirche nicht an. Hiervon war auch das kleinere Schlanders betroffen: Die Schenkung an die Kirche Brixen hatte wenig Bestand, wie überhaupt ein größerer Teil der zahlreichen Donationen an Altwin im Laufe des 12. Jahrhunderts wiederum verlorenging.

Auch das *praedium* gelangte wiederum in den Besitz weltlicher Herrn, der Grafen von Bozen-Morit, die bereits in der zweiten Hälfte des 11. Jahrhunderts bis 1165 die Vogtei über die bischöfliche Kirche von Brixen ausgeübt hatten.[22] Arnold III. von Bozen-Morit vertauschte es um 1148/1149 seinem Halbbruder Ulrich III. von Tarasp,[23] der es 1164 mit seiner Frau Uta und ihrem Sohn Ulrich *in remissionem omnium peccatorum suorum*[24], zur Vergebung aller ihrer Sünden, – auch das ein Reflex der Opposition gegen die neue Reichspolitik – der Kirche zuwies, einer Kirche freilich, die ihm faktisch untergeordnet war, seinem Hauskloster Marienberg.

Leibeigene und Grundherren

Am *praedium* vermögen wir typische Strukturen eines zeitgenössischen Wirtschafts- und Sozialverbandes zu erkennen, in dessen Zentrum die *curtis*[25], ein großer Hof, lag, dem mehrere Kleinstellen zugeordnet waren. Diese hatten vor allem noch im 11. Jahrhundert nicht nur ihre jährlichen

---

18 Vgl. die Zusammenstellung der Nennungen bei LOOSE, praedium (wie Anm. 8), S. 418.

19 Vita Anselmi episcopi Lucensis auctore Bardone presbytero, in: Monumenta Germaniae Historica, Scriptores 12, edidit Rogerius WILMANS, Hannover 1856, S. 19.

20 1596; Richard STAFFLER, Die Hofnamen von Schlanders (Vinschgau), Innsbruck 1927, S. 146.

21 Wie Anm. 13.

22 Anselm SPARBER, Die Brixner Fürstbischöfe im Mittelalter. Ihr Leben und Wirken, Bozen 1968, S. 58, 67; Josef GELMI, Die Brixner Bischöfe in der Geschichte Tirols, Bozen 1984, S. 59; Iso MÜLLER, Die Herren von Tarasp, Disentis 1980, S. 23. – Zum Geschlecht vgl. Martin BITSCHNAU, Burg und Adel in Tirol zwischen 1050 und 1300. Grundlagen zu ihrer Erforschung, Wien 1983, Nr. 423.

23 TUB Nr. 233.

24 Ebd., Nr. 293; Bündner Urkundenbuch (BUB), Bd. 1, bearb. von Elisabeth MEYER-MARTHALER/Franz PERRET, Chur 1955, Nr. 354.

25 Zur Terminologie vgl. LOOSE, praedium (wie Anm. 8), S. 417.

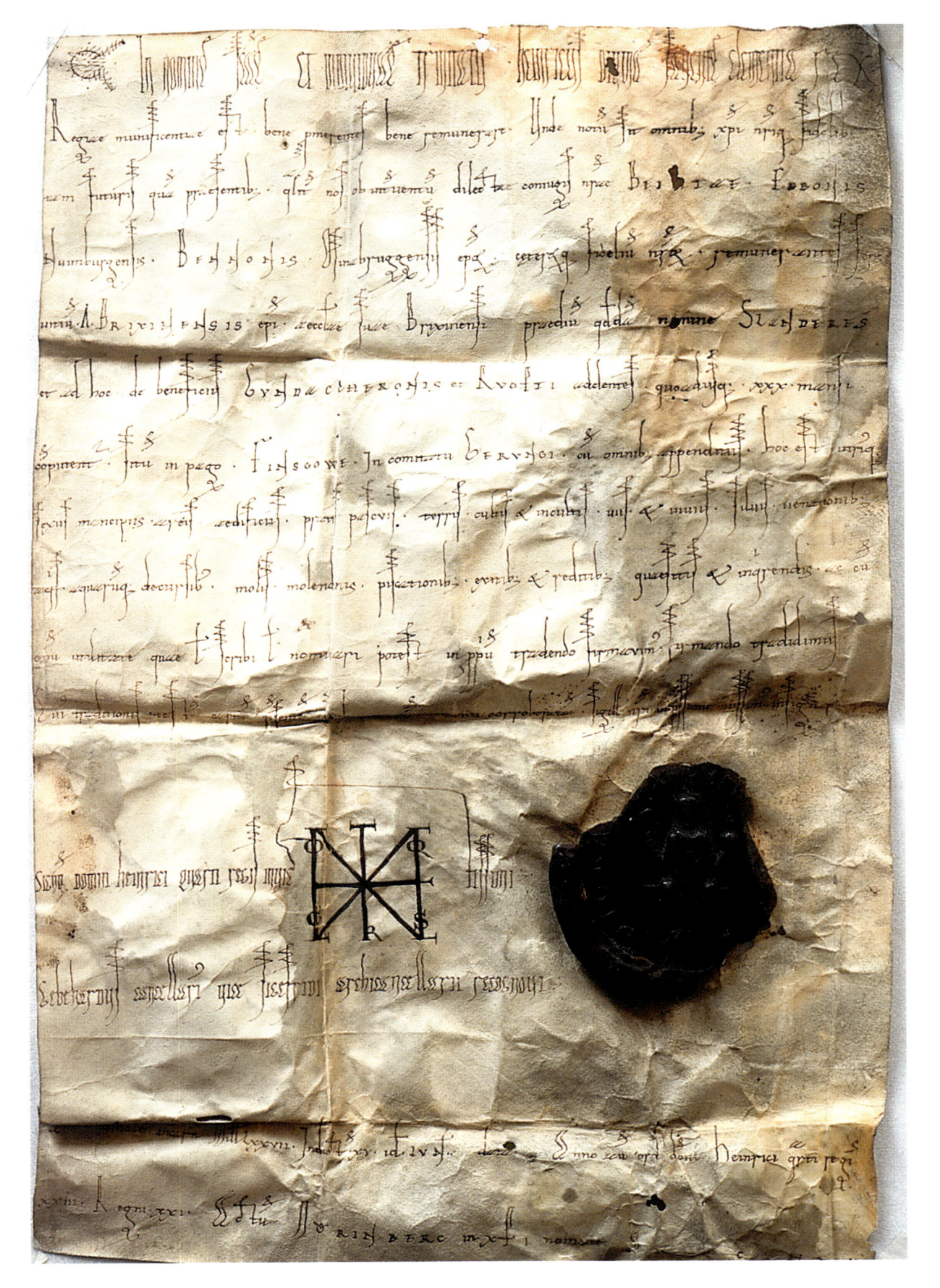

Kaiser Heinrich IV. schenkt der bischöflichen Kirche Brixen das Landgut *Slanderes*, 13. Juni 1077.

Abgaben dorthin zu liefern, sondern auch *servitia* im engeren Sinn, persönliche Leibdienste, Arbeitsleistungen zu erfüllen. Reste finden wir noch 1390 beziehungsweise 1779 zusätzlich zu den üblichen Naturalabgaben in besonderen Diensten des St.-Jenewein-Hofes, nunmehr auf Marienberg sozusagen als Herrenhof bezogen. So hatte der Baumann 1390 jährlich nicht nur ein Schwein und je zwei *modios nucum* und Korn abzuliefern, sondern auch dem Abt im Winter und Sommer je ein *servicium*, eine Robot, zu leisten. 1779 hatte er zu den übrigen Abgaben zusätzlich zwei Fuder Heu für die Klosterpferde und insbesondere den von Marienberg herabkommenden Klosterpferden genügend Stroh zu stellen. So hatte auch der Karleitenhof noch 1779, der für die Brücke in Schanzen einen Enzbaum zu stellen hatte und bis 1315 Sophia von Moosburg, einer geborenen Wanga,[26] grundzinsbar war, dem Kloster Marienberg jährlich eine Fuhre Wein unter der Töll aufzuladen und bis Marienberg zu führen.[27]

Hinter dem Maierhof mit den *XXX mansi* stand ein Personenverband von Leibeigenen, *utriusque sexus mancipia*, die nunmehr von den Welfen oder aus dem Dienst im salischen Königsgut unter die Herrschaft der *ecclesia Brixinensis* gewechselt waren. Diese Bindungen dürfen wir nicht unterschätzen, ihr Umkreis erstreckte sich über bestehende Siedlungskerne in Schlanders hinaus und wirkte unter diesem Aspekt nicht im Sinne einer künftigen dörflichen Identität. Dennoch lebte ein Teil in Schlanders selbst, wie wir auf Grund eines vielleicht dazugehörigen und später erwähnten *curticulum* am oberen Ende des Dorfes[28] vermuten können.

Dort lag übrigens mit der Kirche von Schlanders ein weiteres Zentrum eines Siedlungskerns, das zunächst nicht von alltäglicher Arbeit und Zuarbeit wie das brixnerische *praedium*, sondern durch Religiosität definiert war. Freilich war auch die Pfarrkirche von Schlanders Grundherr, hatte Eigenleute, deren Besitz zu den größeren Grundherrschaften im Siedlungsraum zählte. Zwischen diesen beiden uns jedenfalls bekannten Siedlungskernen, deren Verbindungsstück sozusagen ausbaufähig war, führte der Obere Weg von der Brücke in Schanzen nach Mals über den Reschen. Die erste schriftliche Quelle dieser nach Chur orientierten Hauptkirche begegnet uns im Jahr 1170. Allerdings bestanden in der Zeit des Brixner *praediums* jedenfalls in unmittelbarer Nachbarschaft Kirchen in Kortsch und in Göflan.

Im dem nach 1077 folgenden Jahrhundert tritt uns auch Schlanders urkundlich näher. Das hing

Reisekelch des Bischofs Altwin (1049–1097).

26 Rainer LOOSE, Eyrs und die freisingische Propstei, in: Der Schlern 71 (1997), S. 93 f.
27 STAFFLER, Hofnamen Schlanders (wie Anm. 20), S. 121/Nr. 34, S. 144 und S. 147/Nr. 101.
28 Vgl. unten S. 291.

wiederum mit der Verschriftung von Bodenmobilität zusammen. Die geographische Spannweite der Grund- und Leibherren von Brixen bis nach Rottenbuch, Oberschwaben, Tarasp, Müstair, Marienberg und Tscherms fällt auf,[29] die den Alltag der Siedlung Schlanders und der darin lebenden *mancipia*[30] bestimmten. Sie entsprach der fruchtbaren oder jedenfalls kultivierten Landschaft und ihrer verkehrsgeographischen Schlüssellage. Die unfreien Bewohner von *Slanderes* hatten somit ihre Agrarabgaben an verschiedene Grundherren zu liefern, waren grund- und leibrechtlich in mehrere Personenverbände aufgeteilt, deren sozialen Kontakte untereinander, nicht zuletzt die Heirat, auf vielfache Weise erschwert waren.

Mit der Schenkung des Kernstücks des einstigen Brixner *praediums* des hl. Ingenuin an das Stift Marienberg begann sich die grundherrschaftliche Identität der Siedlung erstmals zu stabilisieren. Der Besitzwechsel fiel in die Frühphase eines relativ nahen und aufstrebenden Benediktinerstiftes, das ein einflußreiches Adelsgeschlecht, die Herren von Tarasp, 1146–1150 von Schuls an den Burgeiser Berg verlegt hatten.[31] Die Adelsfamilie, die möglicherweise aus dem Gebiet von Como oder Mailand stammte,[32] wandte dem Stift neben zahlreichen anderen Gütern im Jahr 1161 ein *curticulum Slanders summo vico*[33] und 1164 die *curtis bona in ymo vico Slanders cum capella sancti Ingenuini*[34] zu.

Vicus – das Dorf

In der Schenkungsurkunde des Gebhard von Tarasp von 1161 wird Schlanders erstmals *vicus*,[35] Dorf, genannt. Damit war ein entscheidender Wandel in der Siedlungsstruktur, zumindest in der äußeren Optik, angedeutet. Hatte der Begriff des *praediums*, also Guts oder Landguts, die Ausmaße oder Qualität der Siedlung noch ziemlich offen gelassen, so war mit *vicus* – Dorf gerade von außen eine relativ geschlossene Einheit intendiert.[36]

Leider kennen wir – jedenfalls urkundlich – die sozialen Strukturen dieses *vicus* im 12. Jahrhundert nur sehr schemenhaft. Wir können annehmen, daß es eine bereits in welchem Sinn auch immer relativ differenzierte Gesellschaft war: nicht nur mit feldarbeitenden *mancipia* und vielleicht einigen bäuerlichen Freien, mit *officiales*, also Verwaltern der Maierhöfe und den Klerikern des Ortes, die die Hauptkirche und die Kapelle des hl. Ingenuin versorgten, vielleicht auch mit Kleinadel, falls sich die im späten 13. Jahrhundert erwähnten Dorftürme bis in die Zeit zurückverfolgen lassen,[37] sondern daß es gerade an der Landstraße auch erste Ansätze eines Landhandwerks gab.

Erstmals vermögen wir kommunales Handeln eines *vicus* – jenseits von leibherrlich bedingten Orientierungen seiner Einwohner – im Jahr 1209 im benachbarten Kortsch zu beobachten. Das in einem Schiedsspruch festgehaltene Ereignis, ein Konflikt mit dem Stift Marienberg,[38] bezeugt uns zugleich das demographische Wachstum und soziale Verschiebungen des Ortes; es wurde anscheinend erstmals eng im Dorf, jedenfalls, was die (gemeinsame) Beschaffung von Bau- und Brennholz betraf.

Wohl zu Recht pochte die Abtei auf ihre Rechte auf dem Matatscherberg, dem freilich der ökonomische und soziale Druck der am Bergfuß lebenden Bevölkerung, die am Matatscher Berg auch Neuraute anlegte, gegenüberstand; in der Tat vermochten die Mönche mit Erfolg die Papstkirche zu mobilisieren. Dabei wiederholte sich ein Muster, das wir später in kommunalen Verfassungs- und Sozialkonflikten vielfach antreffen können: Das Schiedsgericht unter Graf Albert von Tirol arrangierte sich zur Sicherung der bestehenden

---

29 Vgl. die Aufstellung bei LOOSE, praedium (wie Anm. 8), S. 418, und den Beitrag in diesem Band.
30 TUB Nr. 96.
31 Rainer LOOSE, Marienbergs Anfänge und frühe Zeit (bis ca. 1250), in: 900 Jahre Benediktinerabtei Marienberg 1096–1996, Festschrift zur 900 Jahrfeier des Klosters St. Maria (Schuls-Marienberg), red. von Rainer Loose, Lana 1996, S. 26–32.
32 Josef RIEDMANN, Der Chronist Goswin von Marienberg, in: Der Vinschgau und seine Nachbarräume, hg. von Rainer Loose, Bozen 1993, S. 155.
33 TUB Nr. 276; BUB, Bd. 1, Nr. 355.
34 TUB Nr. 293; BUB, Bd. 1, Nr. 354; MÜLLER, Herren von Tarasp (wie Anm. 22), S. 24, 165.
35 TUB Nr. 276.
36 Wegweisend für die Erforschung des vormodernen Dorfes wurden die Werke von Karl Siegfried BADER, Studien zur Rechtsgeschichte des mittelalterlichen Dorfes, Bd. 1–3, Weimar–Köln–Wien ²1973; Emmanuel LE ROY LADURIE, Montaillou, village occitan de 1294 à 1324, Paris 1975; Rainer BECK, Unterfinning. Ländliche Welt vor Anbruch der Moderne, München 1993.
37 Siehe unten, S. 308.
38 Vgl. LOOSE, Marienbergs Anfänge (wie Anm. 31), S. 44.

Herrschaftslage mit den *meliores*, den Notabeln des Dorfes – zum Preis der politischen Partizipation der dörflichen Allgemeinheit. Das Gericht verbot den Kortschern auf ewig die *montis seccionem*,[39] die Zerstückelung des Berges, auf welche Weise auch immer.

Vielleicht hat auch diese Entscheidung einen zunehmenden Wohlstand, vor allem den ökonomischen Fortschritt von Kortsch behindert. Jedenfalls begann sich im 13. Jahrhundert das benachbarte Schlanders rascher als das nicht nur vermutlich ältere, sondern bis dahin wohl auch bedeutendere Kortsch zu entwickeln. Bereits im Jahr 1170 hatte der Pfarrer von Schlanders, Thebald, den Walhof zu Vezzan dem Kloster Marienberg geschenkt[40] – er verfügte damit persönlich über Grundbesitz. Hier verwies bereits die Schenkung des großen Hofes auf das Ansehen der Pfarre, die keine arme und schlecht dotierte Kleinpfarre, sondern offensichtlich von einflußreichen Klerikern begehrt war.

Erstmals begegnen wir nun Ansätzen auch eines politisch-weltlichen Verwaltungsmittelpunktes in Schlanders – was wiederum seiner geographischen Lage in der Grafschaft Vinschgau (unabhängig von seiner politischen Orientierung nach Westen oder Osten) entsprach. Im Jahr 1170 unterschrieb ein *Albertus vice Hecil cancellarii*[41] und noch 1284 unterfertigte ein *Nicolaus vice H. cancellarii* in Schlanders eine Urkunde – namens des Kanzlers

Schlanders mit Schlandersberg. Kolorierter Stich von Johanna von Isser, erste Hälfte des 19. Jahrhunderts.

39 TUB Nr. 591; BUB, Bd. 2, Nr. 531.
40 TUB Nr. 323; BUB, Bd. 1, Nr. 372; Rainer LOOSE, Siedlungsgenetische Studien im Vinschgau. Die Beispiele Goldrain, Vezzan, Göflan und Reschen, in: Der Vinschgau und seine Nachbarräume, hg. von Rainer Loose, Bozen 1993, S. 230 f.
41 TUB Nr. 323; BUB, Bd. 1, Nr. 372.

Hezilo von Sent, der zwischen 1148 und 1181 als Kanzler im Unterengadin und Vinschgau bezeugt war.[42]

Welfen, Staufer, Kreuzzüge

Wenn wir von der Einbettung des Ortes in den großen Kontext des Reiches, der Churer Diözese und der Brixner Interessen absehen, stand Schlanders – jedenfalls noch in der ersten Hälfte des 12. Jahrhunderts – unter dem Einfluß der Welfen und deren adeligen und geistlichen Klientel.[43] Die Welfen hatten im 11. und 12. Jahrhundert im zentralen Alpenraum ein dichtes Netz von Besitzungen von Inzing über Nauders bis nach Lana, vor allem im Vinschgau und Burggrafenamt, erworben.[44] Insofern war auch der Raum Schlanders relativ stark nach Schwaben (Welfenresidenz in Ravensburg, Hauskloster in Weingarten) orientiert. Hier hatte auch der zweite Entmachtungsversuch[45] der Salierkaiser, wie er sich ebenso mit der Schenkung von 1077 angedeutet hatte, offensichtlich nicht zum gewünschten Erfolg geführt.

Seit dem Aufstieg der Staufer und dem Ende der Herren, zuletzt Markgrafen von Ronsberg (1212), die zur welfischen Klientel zählten, veränderten sich die politischen Koordinaten des unteren Vinschgaus; nun wurde der Deutsche Orden über die Staufer zu einem wichtigen Besitznachfolger der Welfen.[46] Deren Anfängen begegnen wir in Göflan, wo Albero und Bertold von Wanga 1212 dem Deutschen Orden die St.-Martins-Kirche schenkten[47] – die Wanga zählten wie die Grafen von Tirol zur Klientel der Staufer, die auch im Vinschgau staufische Positionen sicherten.[48] Albert III. von Tirol übergab 1219 dem Orden zwei Schwaighöfe zu Ratschill in St. Martin am Vorberg,[49] Kaiser Friedrich II. schenkte 1235 die Pfarrkirche von Schlanders.[50] Damit hatte sich der Orden, nachdem er sich bereits 1202 in Bozen, 1215 in Lana, 1219 im Passeier und 1234/1237 in Lengmoos niedergelassen hatte,[51] auch im Vinschgau etabliert.

Durch die Schenkungen war der untere Vinschgau eng in die Kreuzzugsbewegung der Zeit eingebunden. Erneut dokumentierte sich der Durchzugscharakter der Talschaft, an dem der Ritterorden strategische Interessen besaß. Er hatte sich nicht nur weiter im Osten, in Kärnten mit Friesach, den Übergang nach Venedig, sondern gerade auch im zentralen Alpenraum durch Schenkungen von Hospizen, Pfarreien und Grundbesitz die Verbindungen vom Binnenreich und später von Preußen zum Mittelmeer abgesichert.

Die Schenkung von Göflan vom 18. Mai 1212 war dabei auch reichspolitisch um so brisanter als der junge Friedrich II. den Vinschgau persönlich kennenlernte, da er im September desselben Jahres von Süditalien kommend über den Vinschgau und das Engadin *per asperrima loca alpium et invia et iuga montium eminentissima* nach Konstanz zog[52] und im Dezember in Frankfurt zum römischdeutschen König gekrönt wurde. Da ihm der kürzere Weg – *cum non posset directo itinere venire in Alamanniam* – über den Brenner aus politischen Gründen verwehrt blieb, hatte er in Begleitung des Bischofs von Trient vermutlich den Weg über den Vinschgau genommen.[53]

---

42 Otto P. Clavadetscher, Notariat und Notare im westlichen Vinschgau im 13. und 14. Jahrhundert, in: Der Vinschgau und seine Nachbarräume, hg. von Rainer Loose, Bozen 1993, S. 137, 140, 143; vgl. auch Riedmann, Chronist Goswin (wie Anm. 32), S. 152, 154.

43 Schwarzmaier, Welfen (wie Anm. 12), S. 92 f. und passim.

44 Ebd, S. 92 und Karte ebd., S. 91.

45 Vgl. ebd., S. 88. Zum Aufstand von 1027 ebd., S. 83 f.

46 Ebd., S. 93 f.

47 TUB Nr. 632; Justinian Ladurner, Urkundliche Beiträge zur Geschichte des Deutschen Ordens in Tirol, in: Zeitschrift des Ferdinandeums (künftig ZdF) III/10 (1861), S. 10; zuletzt Josef Nössing, Die Kommende Schlanders, in: Der Deutsche Orden in Tirol, hg. von Heinz Noflatscher, Bozen–Marburg 1991, S. 389. Zur Diskussion um die Schenkung von Tschars 1215 durch Kaiser Friedrich II. vgl. ebd.

48 Die Rolle wird neuerdings hervorgehoben bei Loose, Siedlungsgenetische Studien (wie Anm. 40), S. 232 f.

49 TUB Nr. 742 †; Klaus Militzer, Die Entstehung der Deutschordensballeien im Deutschen Reich, Marburg ²1981, S. 101; Josef Riedmann, Schlanders in Mittelalter und Neuzeit, in: Der Schlern 51 (1977), S. 422.

50 TUB Nr. 1036; Ladurner, Urkundliche Beiträge (wie Anm. 47), S. 18; Nössing, Kommende Schlanders (wie Anm. 47), S. 389.

51 Zuletzt Udo Arnold, Mittelalter, in: Der Deutsche Orden in Tirol, hg. von Heinz Noflatscher, Bozen–Marburg 1991, S. 130 f.

52 Karl Schadelbauer, Das Etschtal als deutscher Kaiserweg, in: Beiträge zur Geschichte Tirols, Red. Erich Egg/Meinrad Pizzinini, Innsbruck 1971, S. 102.

53 Regesta Imperii, hg. von J.[ohann] F.[riedrich] Böhmer, Bd. V/1, Innsbruck 1881, S. 174.

Wenn dann im Jahr 1235 Friedrich II. in Augsburg dem Deutschen Orden unter Hermann von Salza auch die Pfarre Schlanders übertrug, wiederholte sich der Vorgang von 1077 und die Argumente für die Schenkung eines Gutes an einer Fernstraße in etwa. Dabei war nicht nur dem Deutschen Orden, der sich im Land im Gebirge inzwischen bereits mehrfach etabliert hatte, sondern auch dem Schenkenden das Gut, jedenfalls die Landschaft bekannt, die er 1212 noch als König Siziliens durchzogen hatte.

Mit der Schenkung erhielt die Orientierung des Ortes, vor allem der Pfarrgemeinde, später der Kommende und ihrer Grundherrschaft, eine weitere Komponente – nach Palästina und Venedig, später nach Marienburg, Königsberg und Mergentheim, regional gesehen bereits in den 1230er Jahren nach Bozen. Auch die Sozialstruktur und das Außenbild des Dorfes veränderte sich durch den Sitz des Ordens, noch weniger im 13. als dann im 14. und 15. Jahrhundert, als mit einem Komtur oder jedenfalls Hauskomtur häufiger ein adeliger Repräsentant im Ort lebte und das dörfliche Geschehen maßgeblich mitbestimmte. Wenn hier Kaufmann Heinrich Umbraser bereits 1368 in seinem Rechnungsbuch von den *Teutschen herren* sprach, so deutet uns dies einen sozialen Wandel im Orden an, der bereits auch auf dem Land rezipiert worden war.[54]

Lokaler Adel. Die Schlandersberg

Die neuen Rechte des Ordens auf die Pfarre Schlanders und deren Grundherrschaft konnten nur zäh durchgesetzt werden. Hier traf die Entscheidungsgewalt des römisch-deutschen Königs offensichtlich auf ältere Interessen des lokalen Adels, der teils noch welfischen, also vorstaufischen Traditionen verbunden war, nicht zuletzt auf einen selbstbewußten Adelsklerus, die Herren von Montalban.[55] Obwohl der Senior der Familie,

Königsgestalt (Vorfahre Christi?), zweite Hälfte des 13. Jahrhunderts. Kortsch, St. Ägyd.

---

54   Emil von OTTENTHAL (Hg.), Die ältesten Rechnungsbücher der Herren von Schlandersberg, in: Mitteilungen des Instituts für österreichische Geschichtsforschung (künftig MIÖG) 2 (1881), S. 594.

55   Franz HUTER, Die Herren von Montalban, in: Zeitschrift für bayerische Landesgeschichte 11 (1938), S. 81 und passim. Zum Konflikt um die Pfarre Schlanders vgl. ebd., S. 71 f.; LADURNER, Urkundliche Beiträge (wie Anm. 47), S. 30 f.; hier den Beitrag von Erika Kustatscher.

Schwicker III. († 1266), mit Graf Albert von Tirol enge Beziehungen unterhalten und damit auf die Linie der Staufer[56] eingeschwenkt war, verfolgten sein Bruder Uto und sein Sohn Friedrich als Kleriker im lokalen Bereich zäh kirchliche und persönliche Interessen – zumal nach dem Tod des letzten Stauferkönigs Konrad und im Herrschaftsvakuum im Reich seit 1254.

Uto war Dompropst von Freising und Propst von Innichen. Friedrich folgte ihm 1258 als Pfarrer von Schlanders, der ebenso Domherrenstellen in Freising und Trient hatte, später Propst von Schliersee, Ardagger, Innichen, Freising und seit 1279 (1280) dort sogar Bischof wurde. Beide waren somit Kleriker mit Horizont auch im wörtlichen Sinn, die ihre Ansprüche auf die Pfarre energisch und mit Hilfe des Bischofs von Chur, Heinrich von Montfort, durchzusetzen versuchten. Erst nach 1261 wich Friedrich – als Freisinger Bischof stellte er der Pfarre einen Ablaßbrief aus[57] –, auch nach päpstlicher Intervention, dem Deutschen Orden.

Sicher hatten die Montalban primär familiale Interessen an der Dorfvogtei von Schlanders, die durch die Übernahme der Pfarre noch ausgebaut, jedenfalls durch einen inzwischen einflußreichen Ritterorden nicht gefährdet werden sollte. Deutlich wurden ihre Intentionen bald nach dem Verzicht auf die Pfarre, als sie vermutlich kurz vor 1260[58] oberhalb von Schlanders eine Burg errichteten. Die Familie übernahm mit Uto, einem jüngeren Bruder des Pfarrers Friedrich, vom Dorf beziehungsweise der neuen Burg den Namen Schlandersberg.[59] Obwohl die Burg als Wohnsitz des Geschlechts nie große Bedeutung erlangte, konnte sie bei Bedarf (wie 1366 in einer Fehde des Hans von Schlandersberg gegen die Herren von Reichenberg)[60] rasch mit einer Besatzung, Waffen und Verpflegung versehen werden und blieb den Dorfbewohnern unübersehbar – oder positiv formuliert, sie war reales Symbol von Schutz und Schirm im Rahmen einer zumindest beanspruchten Dorfvogtei.

Stifterfigur, zweite Hälfte des 13. Jahrhunderts. Kortsch, St. Ägyd.

56 Vgl. SCHWARZMAIER, Welfen (wie Anm. 12), S. 93.
57 RIEDMANN, Schlanders (wie Anm. 49), S. 422.
58 BITSCHNAU, Burg und Adel (wie Anm. 22), Nr. 523.
59 HUTER, Herren von Montalban (wie Anm. 55), S. 81.
60 OTTENTHAL, Rechnungsbücher (wie Anm. 54), S. 561, 585 f.

Historische Aufnahme von Schloß Schlandersberg aus den dreißiger Jahren.

Allerdings konnte die Schutzgewalt nie ausgebaut werden – zumal sich die Grafen von Tirol-Görz auch in Schlanders nicht zuletzt durch die neue Gerichtsverfassung und lokale Richter seit dem späten 13. Jahrhundert rasch etablierten. Vielmehr mußten bereits Johann, Konrad und Peter von Schlandersberg 1329 die Burg von den Tiroler Grafen mit Öffnungsrecht zu Lehen nehmen.[61]

Dennoch blieben Burg und Herren von Schlandersberg, die sich seither vorwiegend im Gericht Kastelbell, in Hochgalsaun und vor allem in Kasten, später auch in Rotund niederließen,[62] bis zu ihrem Aussterben im Jahr 1755 in männlicher Linie zusammen mit dem Deutschen Orden im politischen Alltag von Schlanders dominierend präsent, zumal die Schlandersberg auch im Dorf Hausbesitz hatten.[63] So begegnen wir Resten des örtlichen Schirmdenkens noch 1405, als die Gemeinde Schlanders (zwar mit Einverständnis des landesherrlichen Richters) Konrad von Schlandersberg einen *Sweingaum* (Schweineinfang) mit allen Bäumen gegen die Verpflichtung überließ, auf ewig den Wasserrunst der Schlandraun vor Wassergewalt und Lahnsgefahr zu versorgen.[64]

Autonomie der Gemeinde? Die ersten Dorfmeister

Inzwischen hatte sich auch in Schlanders die Kommune weiter zu entwickeln und politisch zu festigen vermocht. Bereits 1284 ist eine *platea*, ein Dorfplatz erwähnt;[65] ein *Chuentzlin im Dorf* kaufte 1357 als einer der Kirchpröpste eine Wiese zu Slandraun.[66] Vor allem begegnen wir erstmals 1303 der Institution von Dorfmeistern, als Otto *villicus*, Dorfmeister von Schlanders, und Johann von Vallasch im Namen der Dorfleute von Schlanders und Kortsch für die Michaelskapelle von Auto von Slandersperch den Obermareinhof erwarben.[67]

61 Emil von OTTENTHAL/Oswald REDLICH, Archiv-Berichte aus Tirol, Bd. 2, Wien–Leipzig 1896 (künftig AB II), Nr. 35 f.; Oswald TRAPP, Tiroler Burgenbuch, Bd. 1, Bozen–Innsbruck–Wien 1972, S. 145.
62 OTTENTHAL, Rechnungsbücher (wie Anm. 54), S. 552, 561 f.; vgl. auch AB II Nr. 25.
63 Vgl. unten, S. 307.
64 AB II Nr. 343.
65 STAFFLER, Hofnamen Schlanders (wie Anm. 20), S. 118/ Nr. 16; weitere Nennungen (*auf dem platz*) ebd.
66 AB II Nr. 323.
67 Aufgrund des Regests von 1303 Februar 28 (Meran) in

Vielleicht war Dorfmeister Otto mit dem namensgleichen *officialis de Laetsch* identisch, der von 1290 bis 1294 Richter von Laas/Schlanders gewesen war.[68] Sein Schwiegersohn Ottlin wird 1314 ebenso Dorfmeister von Schlanders genannt.[69] 1338 war Ottlin kurzfristig Richter von Schlanders, wobei im selben Jahr dessen Sohn Chunrad dem Chunrad Trautsun, Sohn des vorhin erwähnten Auto, Haus und Grundstücke in Schlanders verkaufte.[70] Falls auch Otto in den neunziger Jahren des 13. Jahrhunderts Richter von Schlanders war, wird eine enge Verflechtung zwischen den Ämtern des Dorfmeisters und landesfürstlichen Richters deutlich. Ob sie sich mehr zugunsten der Dorfbevölkerung oder des Landesherrn auswirkte, müssen wir offenlassen.

Was implizierte es, wenn eine Kommune das Recht und die Bürde[71] (als solche wurde sie in der vormodernen dörflichen Knappheitsgesellschaft häufig gesehen) eines *dorfmeisters*[72] oder *dorfmayrs*[73] besaß? Jedenfalls setzte das Amt eines Dorfmeiers voraus, daß das Dorf nicht nur bevölkerungsmäßig angewachsen, sondern auch der Prozeß der Vergesellschaftung, die sogenannte Verdorfung, die soziale und berufliche Differenzierung so weit fortgeschritten waren, daß ein für den Gemeinen Nutzen Verantwortlicher als nötig erachtet wurde. Da es im zeitgenössischen Europa nicht selbstverständlich war, daß ein Dorf ihre Vertreter selbst bestimmen konnte, sie also von der Obrigkeit vertreten wurden, war das Amt eines Dorfmeisters zudem eine soziale Errungenschaft.

Hier wirkte im Vinschgau zumindest des 15. Jahrhunderts sicherlich auch die Nähe zur Schweiz herein.[74]

Dieser Gemeine Nutzen eines Dorfes betraf vor allem 1. die Regelung gemeinsamer Interessen und Aufgaben, also des gemeinsamen Besitzes und gemeinsamer Rechte wie des Waldes, der Weide und des Wassers, der Allmende, 2. die Vorsorge und Abwehr von Gefahren wie Feuer, Seuchen und in Schlanders gerade der Vermurung, 3. die Vertretung der Dorfgemeinschaft nach außen im Krieg, gegenüber agressiven Grundherren oder in Fragen der Religion.

In der Tat bleibt die Nennung von 1303 nicht einmalig, wir begegnen im 14. und vor allem im 15. Jahrhundert in Schlanders vermehrt Dorfmeiern oder Dorfmeistern, Hinweisen, die eine weitere Verdorfung der Siedlung belegen. So erlaubten im Jahr 1389 die Dorfmeister einem Mitbürger am gemeinen Bach, der durch Schlanders rinnt, ein Rad und eine Stampfe zu errichten.[75] Daß dabei auch ein *Kuencz an der gazzen*[76] genannt war, unterstreicht den fortgeschrittenen Siedlungscharakter des Ortes noch. Dabei war mit *gazzen* die erstmals 1416 so genannte *Lupplat gass*, Gasse an der Lubenplatte,[77] gemeint – ein nichtkirchliches Zentrum des Dorfes, das sich vom östlichen Dorfeingang bis etwa zum Rosenwirt am Platz erstreckte.

Ein Enkel des Altrichters Egen verkaufte 1398 der Gemeinde sein Haus im Dorf *zu einem gemeinen Platz*,[78] um den Dorfplatz und gemeinen Weg zu regulieren. Johann und Sigmund von Annenberg verkauften 1429 Vertretern der Gemeinde

---

AB II Nr. 320; vgl. auch STAFFLER, Hofnamen Schlanders (wie Anm. 20), S. 124/Nr. 39. Das Original ist inzwischen leider verschollen.

68 Otto STOLZ, Politisch-Historische Landesbeschreibung von Südtirol, Innsbruck 1937 (ND Bozen 1975), S. 101; präzisierend Gerhard PLIEGER, Die Rechnungsleger in den älteren Tiroler Raitbüchern von 1288 bis 1295. Beiträge zu einer Verwaltungsgeschichte Tirols im ausgehenden 13. Jahrhundert, Phil. Diss. Innsbruck 1990, S. 150 f., 217, 301, 440, 572.

69 Quellen zur Steuer-, Bevölkerungs- und Sippengeschichte des Landes Tirol im 13., 14. und 15. Jahrhundert. Festschrift Oswald Redlich, Innsbruck 1939, S. 110, 113.

70 AB II Nr. 43.

71 Vgl. STAFFLER, Hofnamen Schlanders (wie Anm. 20), S. 130/Nr. 57 (1779: *Beschwerde*).

72 1389; ebd., S. 135/Nr. 66.

73 Ebd., S. 134/Nr. 65; vgl. auch 1492 November 6, Urkunde Nr. 14, Gemeindearchiv Schlanders (künftig GAS), Südtiroler Landesarchiv (künftig STLA).

74 Zur Entwicklung in der Ostschweiz vgl. SABLONIER, Dorf (wie Anm. 8), S. 726–745.

75 1389 Dezember 27, Urkunde Nr. 1, Spitalsarchiv Schlanders (Regest Hermann Theiner); STAFFLER, Hofnamen Schlanders (wie Anm. 20), S. 135/Nr. 66.

76 Vgl. auch STAFFLER, Hofnamen Schlanders (wie Anm. 20), S. 116/Nr. 7.

77 Basilius SCHWITZER (Hg.), Urbare der Stifte Marienberg und Münster, Peters von Liebenberg-Hohenwart und Hansens von Annenberg, der Pfarrkirchen von Meran und Sarnthein, Innsbruck 1891, S. 273; vgl. auch STAFFLER, Hofnamen Schlanders (wie Anm. 20), S. 140/Nr. 89 und unten S. 352. Auch *Lugplette* genannt; vgl. AB II Nr. 330 (1422). Die Lobenplatte selbst befand sich nördlich (also nicht beidseitig wie bei STAFFLER, Hofnamen Schlanders (wie Anm. 20), S. 140/Nr. 89) der *Gasse* bzw. Landstraße; vgl. Urkunden Nr. 25, 26, 38, 50, Spitalsarchiv Schlanders (1515, 1519, 1540, Regesten Theiner).

78 AB II Nr. 342; STAFFLER, Hofnamen Schlanders (wie Anm. 20), S. 116/Nr. 7.

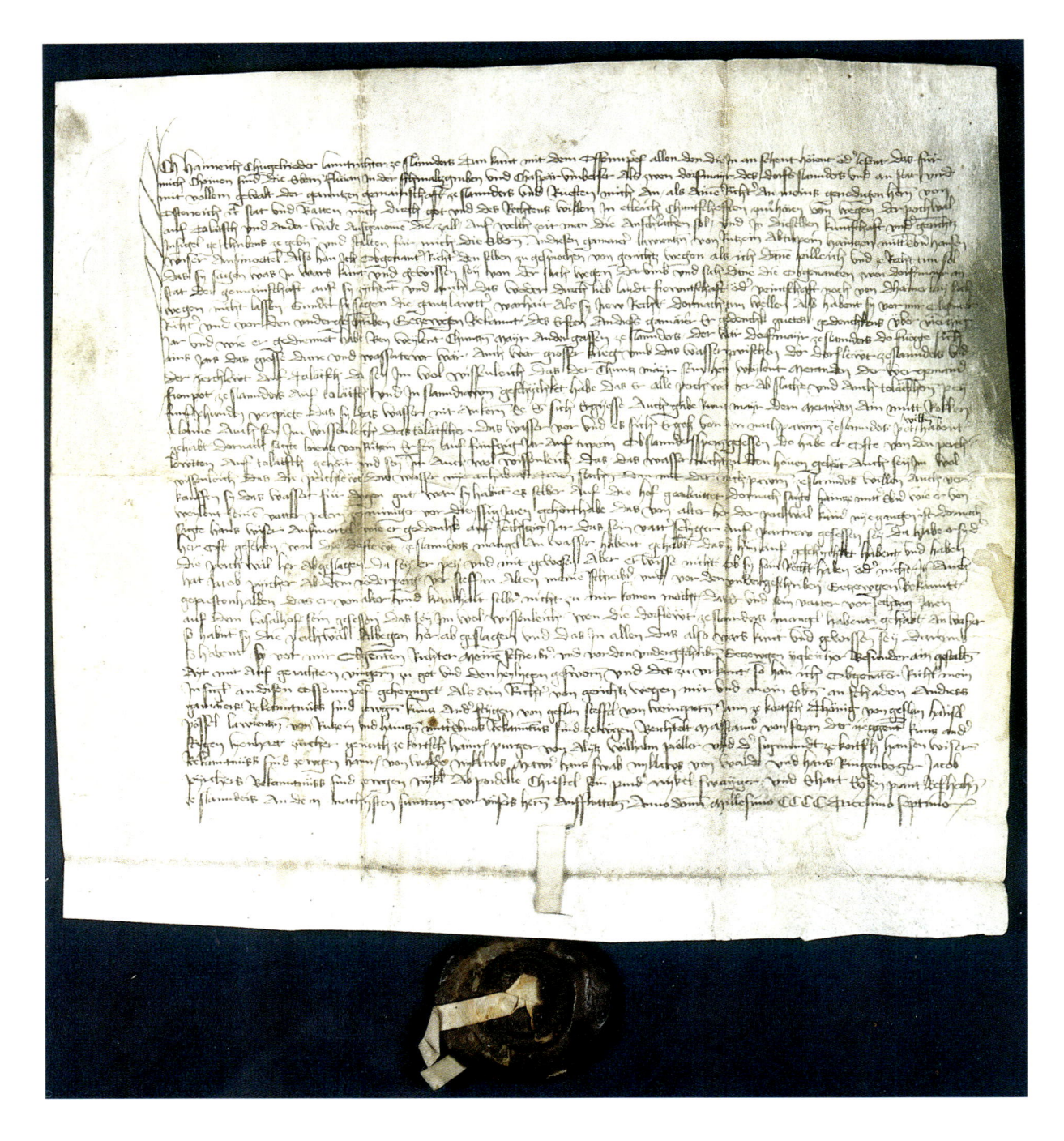

Zeugenbefragung zum Wasserrecht von Schlanders in Talatsch, veranlaßt durch die zwei *dorfmayr des dorfs*, also die Bürgermeister. 5. Mai 1437.

Schlanders den Leuthof zu Slandrawn.[79] 1437 initiierten zwei *dorfmayr* von Schlanders eine Zeugenbefragung zum Wasserrecht der Gemeinde in Talatsch, die sie vom Richter beurkunden ließen.[80] Hans von Schlandersberg bestätigte der *gemainschafft* zu Schlanders 1457 das Recht, den Sommer über ihr Vieh, ihre Kühe, Stiere, Galtrinder und Schweine, in dem nach Schloß Schlandersberg führenden Waal zu tränken.[81]

Auch zeitlich gesehen war das vermehrte urkundliche Auftreten von Dorfmeistern um 1300 wohl auch für Schlanders kein überlieferungsbedingter Zufall. Die Nennung entsprach der Ent-

79 AB II Nr. 332.
80 1437 Mai 5, Urkunde Nr. 3, GAS, STLA; AB II Nr. 344.
81 1457 Mai 15, Urkunde Nr. 6, GAS, STLA; AB II Nr. 347. In erweiterter Form bestätigt 1477 April 21, für die *Nachbaurschafft der gemain dez dorffs zu Schlanders*; Urkunde Nr. 11, ebd.

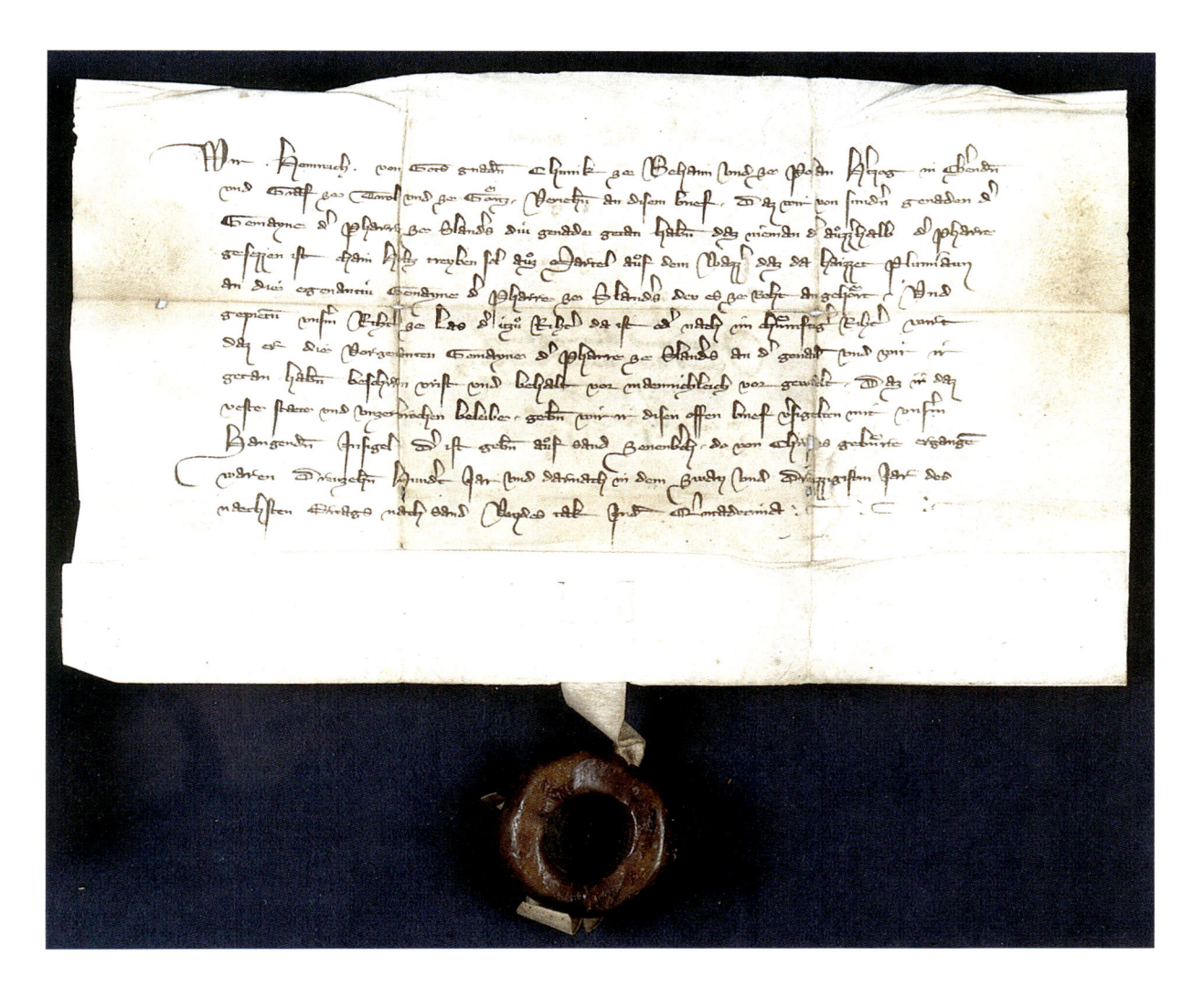

König Heinrich von Böhmen verleiht *der gemayne der pharr ze Slanders*, der Pfarrgemeinde, das alleinige Holztriftrecht auf der Plumian im Martelltal. 16. Juni 1332.

Der Landesherr und das Dorf

wicklung im zeitgenössischen Zentraleuropa,[82] wie auch der benachbarten Ostschweiz, wo sich dörfliche Selbstverwaltung ebenso um 1300 verfestigte, wofür vermehrt auftretende Konflikte zwischen einzelnen Herren und Dorfgemeinschaften symptomatisch waren.[83] Insofern können wir die zweite Hälfte des 13. Jahrhunderts als eine entscheidende Transformationsphase, sozusagen als dörfliche Sattelzeit der Gesellschaft in Schlanders einstufen.

Der Landesherr und das Dorf

Die Kosten der Verdorfung trugen weniger die großen Landesherren als mehr die kleineren Herrschaftsträger. Die aufstrebende politische Kraft in Tirol vor allem seit der zweiten Hälfte des 13. Jahrhunderts waren die Grafen von Tirol-Görz mit Meinhard II. Noch die Grafen von Tirol hatten in der ersten Hälfte des 13. Jahrhunderts in Schlanders erst wenig Güter und Rechte besessen,[84] Meinhard II. sie dann aber durch Kauf oder Tausch sukzessive erweitert, so daß ein eigenes Amt unter einem *officialis* mit Sitz teils in Latsch, Laas, zuletzt in Schlanders gebildet werden konnte.[85]

Unter Meinhard II. wurden nicht nur eigene Ämter zur Erfassung der grundherrschaftlichen Erträge geschaffen, sondern auch die Gerichtsverwaltung neu strukturiert. Hier erhielt Schlanders

---

82 Karl-Heinz SPIESS, Bäuerliche Gesellschaft und Dorfentwicklung im Hochmittelalter, in: Grundherrschaft und bäuerliche Gesellschaft im Hochmittelalter, hg. von Werner Rösener, Göttingen 1995, S. 384–412.
83 SABLONIER, Dorf (wie Anm. 8), S. 738 f., 743 f.
84 RIEDMANN, Schlanders (wie Anm. 49), S. 423.
85 STOLZ, Landesbeschreibung (wie Anm. 68), S. 99; RIEDMANN, Schlanders (wie Anm. 49), S. 423.

wiederum eine gewisse Mittelpunktsfunktion, die sie auch in der Außenperspektive innehatte – etwa wenn später Goswin im Urbar von 1390 vom *territorium Slanders*, in dem Vezzan, Tiss und Holzbruck eingeschlossen[86] waren. Jedenfalls wurden Latsch, Schlanders und Laas zu einem Gericht zusammengefaßt, dem seit 1467 die Propstei Eyrs angegliedert war.[87] Die Weistümer von 1400 und 1490 nennen als Gerichtsgrenzen im Westen die Spondiniger Etschbrücke, im Osten der Schlumsbach, die Kastelbeller Brücke und der Vermaisbach.[88]

Der Amtsitz des Richters für Schlanders wechselte zunächst – vermutlich durch persönliche Umstände bedingt – zwischen Laas und Schlanders. Bald nach 1330 wurde Schlanders endgültig Gerichtssitz. Hier spielte offenkundig die pfarrliche Mittelpunktsfunktion von Schlanders herein, da Laas bis um 1380 eine Pfarrfiliale von Schlanders war. Dagegen war die Hauptdingstätte weiterhin in Schanzen, wo sich die Gerichtsleute bis zur bayerischen Zeit jährlich am St.-Gertraudi-Tag Mitte März zur Regelung gemeinsamer Agenden trafen.[89] Dort wurde auch von der Gerichtsgemeinde dem neuen Landesherrn, wie 1449, gehuldigt.[90]

Die Nebendingstätten des Gerichts waren in Schlanders, Latsch (Schanzen) und Laas. Von der Dingstätte in Schlanders[91] ist uns bereits 1394 eine Gerichtssitzung des Richters Joachim von St. Afra zu einem Erbschaftsstreit, unter freiem Himmel, überliefert; *da ich zu gerichte sazz an der gewonlichen gedingstat ze Slanders*.[92] Da das Urteil nicht Güter und Parteien aus Schlanders, sondern aus Laas betraf, hatten offensichtlich bereits damals die zwei anderen Nebendingstätten an Einfluß verloren.[93]

Egno von Galsaun. Aufgaben eines Richters

Mit Egno von Galsaun begegnen wir bald nach Beginn der neuen Gerichtsverwaltung einer besonders markanten Richterfigur. Egno war ein *officialis*, ein beamteter Richter, der dem Landesherrn unmittelbar unterstand und ihm Rechnung legen mußte, somit nicht als Unterrichter von einem Pfandherrn eingesetzt war. Damit unterschied er sich von Richtern der zweiten Hälfte des 14. Jahrhunderts, als das Gericht bereits mehrmals verpfändet war. Von 1316 bis 1352 und noch einmal 1358 diente er bemerkenswert lange als Richter.

König Heinrich von Böhmen belehnte ihn 1326 mit einem Haus und Garten in Schlanders.[94] Als ihn der Landesherr im folgenden Jahr dort noch mit einem kleinen Turm mit Baumgarten (Eyrserturm) belehnte,[95] war der Weg für eine Verlegung des Amtssitzes von Laas nach Schlanders endgültig frei. In der Tat erscheint 1321 erstmals die Bezeichnung *richter ze Schlanders*[96], und Egno selbst wird seit 1332 als Richter zu Schlanders benannt. Bereits sein Vorgänger Nikolaus hatte nicht nur den kleinen Turm, sondern auch den später so genannten Behaimsturm besessen.[97] Der Sitz des frühen Gerichts befand sich wie üblich wohl im Haus

---

86 SCHWITZER, Urbare (wie Anm. 77), S. 37 bzw. 35–37 (Vezzan, Tiss und Holzbruck; Kortsch ist eigens angeführt, ebd. S. 38–42); Christine ROILO, Studien zum Marienberger Konvent im Mittelalter, in: 900 Jahre Benediktinerabtei Marienberg 1096–1996, Festschrift zur 900 Jahrfeier des Klosters St. Maria (Schuls-Marienberg), red. von Rainer Loose, Lana 1996, S. 100.
87 STOLZ, Landesbeschreibung (wie Anm. 68), S. 101, 109. Zu Eyrs im Hochmittelalter grundlegend: LOOSE, Eyrs (wie Anm. 26), S. 85–101.
88 STOLZ, Landesbeschreibung (wie Anm. 68), S. 103.
89 STAFFLER, Hofnamen Schlanders (wie Anm. 20), S. 46. – Zu Kastelbell vgl. unten, S. 302.
90 Albert JÄGER, Regesten und urkundliche Daten über das Verhältnis Tirols zu den Bischöfen von Chur und zum Bündnerlande von den frühesten Zeiten des Mittelalters bis zum Jahre 1665, in: Archiv für Kunde österreichischer Geschichtsquellen (künftig AÖG) 15 (1856), S. 360; STAFFLER, Hofnamen Schlanders (wie Anm. 20), S. 46.
91 Eine Identifizierung mit *Urtl*, der Umgebung der Urtlmühle, ist nicht belegbar, da *Urtl* wahrscheinlicher von »hortulus« als von »Urteil« abzuleiten ist; freundlicher Hinweis von Prof. Rainer Loose.
92 1394 Juli 1; Otto STOLZ, Die Ausbreitung des Deutschtums in Südtirol im Lichte der Urkunden, Bd. 4, München–Berlin 1934 (ND Bozen 1975), S. 92.
93 Vgl. dagegen ebd., um 1400 (Gerichtssitzung an der Dingstätte in Laas). Zur weiteren Geschichte: STOLZ, Landesbeschreibung (wie Anm. 68), S. 106 f. Nunmehr Hermann THEINER, Ein Schlanderser Gerichtsprotokoll von 1699, in: Tiroler Heimat 62 (1998), S. 114–122: (Gerichtssitzung in Schlanders zu niederen Strafsachen betreffend vor allem die Dingstätten Latsch und Laas).
94 STAFFLER, Hofnamen Schlanders (wie Anm. 20), S. 116 f./Nr. 7. – Zu ihm vgl. vor allem E. H. v. RIED, Über Vinschgauer Geschlechter des Namens von Galsaun. II.: Egno von Galsaun, seine Abstammung und Nachkommen, in: ZdF III/58 (1914), S. 351–405.
95 Ebd., S. 139/Nr. 84.
96 1321 Mai 6, Urkunde Nr. 1, Gemeindearchiv Göflan (künftig GAG), STLA.
97 STAFFLER, Hofnamen Schlanders (wie Anm. 20), S. 132/Nr. 60, und S. 139/Nr. 84.

des Richters selbst. Ein eigenes Gerichtshaus ist 1426 erstmals erwähnt.[98]

Egno etablierte sich in der Folge in Schlanders – wenn er auch weiterhin Besitzinteressen in der Nähe von Galsaun, wie in Tschirland und in der Latschander besaß. Jedenfalls vergab sein Sohn Swigher (Sweigker, Sweikel) in seinem Namen 1362 den Niederhof nach Zinsrecht; sein Enkel Paul verkaufte dann 1398 der Gemeinde sein Haus im Dorf.[99] Sogar die Ruhestandsphase können wir bei der Biographie Egnos verfolgen: Im Jahr 1362 wird er Altrichter genannt.

Egno, der einen eigenen Schneider hatte, zählte offensichtlich zu den guten Kunden des Dorfkaufmannes Umbraser. Im Jahr 1366 ließ er für sich und seinen Haushalt insgesamt bei dreizehn Ellen Tuch kaufen: drei Ellen grobes und grünes Tuch, drei Ellen günstigeres blaues Tuch, eine Elle rotes, aber auch eine Elle kostbares Tuch aus Mechen. Sein Sohn Sweikel kaufte 1368 sechs Ellen Tuch. Die Familie Egnos zählte zu den Notabeln des Dorfes und Gerichts, nicht nur wegen seiner langen Amtszeit. Immerhin wurde in ein Schiedsgericht zwischen dem Deutschen Orden und der Pfarrgemeinde Schlanders 1380 auch sein Sohn Sweigker berufen.[100]

Was waren die Aufgaben eines frühen Richters in Schlanders? Als landesherrlicher ›Beamter‹, der dem Landesfürsten unmittelbar unterstand, beglich er etwa Rechnungen wie 1317, als er dem Goldschmied Chunlin in Meran für seinen Herrn 20 Mark bezahlte. Neben seinen richterlichen Funktionen hatte er das landesfürstliche Urbar, das *Gelt von Laetsch* zu verwalten; ebenso die Kosten für Burghut und Verpflegung des landesherrlichen Schlosses Montani zu decken, worüber er bis 1330 die Befehlsgewalt hatte. Um 1320 mußte er aus seinem Amt umfangreiche Balken- und Dachtraufenlieferungen für den Umbau des Schlosses nach Tirol liefern. Als Richter sollte er die Gemeinde von Schlanders bei ihren Allmenderechten *schirmen*.[101] Dazu kam die Gastung des Königs. Als Kaiser Ludwig der Bayer im Februar 1330 mit Gefolge durch den Vinschgau zog, hatte er dessen Durchreise und Übernachtung in Schlanders zu organisieren.[102] Mit Vertretern der Pfarrgemeinde beteiligte er sich drei Jahre später an einer Stiftung zugunsten der St.-Michael-Kapelle in Schlanders.[103]

Offensichtlich hatte der Landesfürst sein Konto bei seinen Ausgaben, für die Egno wie zeitüblich persönlich haftete, überzogen: 1334 verlieh ihm König Heinrich das Gericht für vier Jahre lang, um sich gegenüber früheren Abrechnungen schadlos zu halten[104] – eine kurzfristige Verpfändung. Nach Ablauf der Frist erscheint in den Quellen mit Otlin ein neuer Richter (sollte er indirekt die Amtsführung Egnos überprüfen?), aber spätestens 1341 war wiederum Egno als Richter tätig, bis 1352 und erneut wieder 1358,[105] als er nochmals als beamteter Richter unmittelbar dem Landesherrn unterstand. Mit der Verschreibung des Gerichts 1350–1355 an Wilhelm von Enn beziehungsweise an seine Witwe begann eine erste Kette von zunächst kürzeren Verpfändungen des Gerichts, bis es Herzog Friedrich 1420 von den Starkenbergern mit Gewalt zurückforderte. Nun folgte bis 1498 wiederum eine Phase von beamteten Richtern, die dem Landesherren Rechnung legen mußten; seither war das Gericht bis ins 19. Jahrhundert verpfändet.[106]

Die Aufgaben eines spätmittelalterlichen Richters auch in Schlanders lagen nicht nur im strafrechtlichen Bereich – wenn auch die Blutgerichtsbarkeit sozusagen als zentrales Kriterium für die Landeshoheit galt. Sie bestanden ebenso im zivilrechtlichen und besonders – eine neue Entwicklung – im Bereich der verschrifteten Kontrolle des Immobilientransfers, des Grundbuchs, wie wir mit heutiger Terminologie sagen würden. Auch das war ein vortrefflicher Indikator für die Verdichtung der dörflichen Gesellschaft.

---

98 STOLZ, Landesbeschreibung (wie Anm. 68), S. 100.
99 AB II Nr. 342; STAFFLER, Hofnamen Schlanders (wie Anm. 20), S. 116/Nr. 7.
100 1380 Februar 29, Edition in: Franz GRASS, Studien zur Sakralkultur und Kirchlichen Rechtshistorie Österreichs, Innsbruck-München 1967, S. 248–251; AB II Nr. 328.
101 Vgl. auch 1321 Mai 6, Urkunde Nr. 1, GAG, STLA.
102 Josef RIEDMANN, Die Beziehungen der Grafen und Landesfürsten von Tirol zu Italien bis zum Jahre 1335, Wien 1977, S. 424 f.; ders., Schlanders (wie Anm. 49), S. 428.
103 1333 Jänner 22, AB II Nr. 322.
104 1334 Dezember 27, Urkunde Nr. 28, Archiv Kasten, STLA; AB II Nr. 39.
105 1358 Jänner 7, Michael MAYR-ADLWANG, Regesten zur tirolischen Kunstgeschichte. Von der ältesten Zeit bis zum Jahre 1364, in: ZdF III/42 (1898), Nr. 568.
106 STOLZ, Landesbeschreibung (wie Anm. 68), S. 101.

Notare in Schlanders

Hier kam es gerade im Vinschgau des späten Mittelalters zu bemerkenswerten Verschiebungen bei der Verschriftung des Besitzwechsels. War der erwähnte *cancellarius* Hezilo von Sent in der zweiten Hälfte des 12. Jahrhunderts noch ein Vertreter einer wohl spätrömischen, rätischen Beurkundungsform gewesen, so setzten sich im Folgenden vom Süden her verstärkt Notare und Notariatsurkunde durch.[107] Seit etwa 1200 kam, zunächst beim Klerus und Adel, auch die Siegelurkunde in Gebrauch, wobei die Notariatsurkunden im 14. Jahrhundert noch überwogen, bis sich die beiden Urkundentypen zwischen 1400 und 1440 in etwa die Waage hielten.[108]

Nun mochte es für einen Dorfbewohner zweitrangig sein, ob er sein Rechtsgeschäft in der Form einer Notariatsimbreviatur, Notariatsurkunde oder einer Siegelurkunde verewigte, entscheidend für ihn war, daß die (nichtkirchliche) Siegelurkunde – wenn er deutschsprechend war – nicht mehr lateinisch abgefaßt war, wie dies auch die Vinschgauer Notare in strenger Berufsdisziplin noch im 15. Jahrhundert pflegten,[109] und er gegebenenfalls später nicht mehr einen Kleriker, Schulmeister oder erneut einen Notar zum Rechtsinhalt befragen, sondern einen alphabetisierten Nachbarn sozusagen um Dechiffrierung bitten konnte.

Nun übernahmen gerade die Regelung zivilrechtlicher Fragen vermehrt die Gerichte, was (neben der Protokollierung von strafrechtlichen Beschlüssen) seit dem späten 15. Jahrhundert in die Verfachbücher mündete. In Schlanders ist bereits im Jahr 1446 ein *gerichtspuch* erwähnt – in das der Schupfer vom Schlandrauntal in einem Rechtsstreit mit der *paurschaft* am Sonnenberg ein Urteil der Dingstätte vormals hatte eintragen lassen (*ins gerichtspuch geschriben begerett*)[110]. Leider hat sich uns das Amtsbuch nicht mehr erhalten.

Bis dahin allerdings war das 14. und noch 15. Jahrhundert auch im Vinschgau eine Hochzeit der Notare, wobei Schlanders wiederum eine gewisse zentralörtliche Funktion besaß. Nehmen wir wiederum ein Beispiel heraus. So beurkundete der Notar Heinrich in den Jahren 1337–1375 im Raum Schlanders.[111] Mehr noch: Schlanders war nicht nur Zwischenstation einer (durchaus üblichen) mobilen Notarstätigkeit – etwa, daß er sporadisch von Meran aus anritt –, sondern Notar Heinrich wohnte in Schlanders, wo er mindestens seit 1348 bis etwa 1380 ein Haus mit Holzrechten im Tafratzwald besaß – das spätere Spital.[112]

Heinrich zählte zu jener Gruppe oberdeutscher Notare, die bereits unter Meinhard II. in Tirol und an dessen Hof tätig gewesen waren.[113] Er stammte aus der Reichsstadt Dinkelsbühl in Franken, einer ziemlich urbanisierten Bildungslandschaft. Die letzten Jahre zog er offensichtlich nach Meran. War er noch 1378 dort als Notar »Heinrich von Schlanders« als Zeuge in einem Rechtsgeschäft aufgetreten,[114] so hatte er zwei Jahre später sein Haus in Schlanders bereits verkauft. Dem neuen Besitzer Heinrich Ladurner vermittelte er bei Herzog Leopold III., nunmehr als Notar in Meran, das Holznutzungsrecht im Tafratzwald.[115]

Auch im 15. Jahrhundert wohnten noch Notare in Schlanders. So bezeugte Anfang Mai 1412 ebenso Johannes Kreuting, *Noder ze Slanders,* die entsprechende Urkunde, nachdem die Gerichtsgemeinde von Kastelbell auf der Dingstätte in Tschars dem Landesherrn gehuldigt hatte; Kreuting wohnte in der Nähe des Eyrserturms.[116] Das Untertanenverzeichnis von 1427 nennt einen Notar Burkchart mit Frau und Tochter Anna.[117] Stephan, der *alte Noder* zu Schlanders, empfing 1442 von Sigmund von Schlandersberg einen Zehnt zu Vezzan als rechtes Lehen; er vertrat 1453 das Gericht Schlanders auf dem Landtag.[118]

107 Zuletzt CLAVADETSCHER, Notariat (wie Anm. 42), S. 137–139, 143.
108 STOLZ, Ausbreitung (wie Anm. 92), S. 44 f., 52 f.
109 Vgl. ebd., S. 44 f.
110 1446 Jänner 12, Urkunde Nr. 5, GAS, STLA.
111 CLAVADETSCHER, Notariat (wie Anm. 42), S. 142.
112 AB II Nr. 325; vgl. auch 1365 Mai 4, Urkunde Nr. 5, GAG, STLA; STAFFLER, Hofnamen Schlanders (wie Anm. 20), S. 142/Nr. 97 (1380); CLAVADETSCHER, Notariat (wie Anm. 42), S. 142.
113 Vgl. Richard HEUBERGER, Das Urkunden- und Kanzleiwesen der Grafen von Tirol, Herzöge von Kärnten, aus dem Hause Görz, in: MIÖG, 9. Erg.bd., Innsbruck 1915, S. 129–131.
114 1378 November 17: Der Sammler 1909, S. 48.
115 1380 Juni 21, Urkunde Nr. 6, GAG, STLA; AB II Nr. 252.
116 Clemens von BRANDIS, Tirol unter Friedrich IV. von Österreich, Wien 1823, Nr. 72; vgl. auch 1433 Juni 3, Urkunde Nr. 177, Archiv Kasten, STLA.
117 Cod. 12, Tiroler Landesarchiv (künftig TLA), fol. 173'.
118 AB II Nr. 199; noch 1450 erwähnt: Richard STAFFLER,

Der Notar Johannes Resch aus Brixen, der damals in Schlanders wohnte, gehörte einem landesfürstlichen Schiedsgericht zwischen Marienberg und der Engadiner Gemeinde Sent von 1472 an.[119] Als das Spital 1491 ein Neuraut verlieh, erging die Siegelbitte an Jörg Mülhauser, der noch 1504 Notar in Schlanders war.[120]

Vom geistlichen zum weltlichen Recht

Auch in Schlanders entschied das Gericht nach dem lokalen Gewohnheits- und dem Landesrecht – wie es dem praktischen Rechtswissen der ländlichen Beisitzer entsprach. Die Rechtsgrundlagen veränderten sich allmählich, als seit dem 13. Jahrhundert ebenso in Tirol das gelehrte, das Kanonische und Römische Recht, vordrangen.[121] Den Rezeptionsprozeß im Raum Schlanders und Glurns vermögen wir an einem Illegitimitätsfall zu beobachten: Nach dem Tod der Betlina oder Bethel Martinutsch aus Laas[122] 1385, die im Gericht Glurns umfangreiche Güter besessen hatte, brach ein langjähriger Erbschaftsstreit aus. Vor allem war die Erbberechtigung ihrer Tochter Irmela oder Irmel, die mit ihrem Mann Heinrich Friund ebenso in Laas wohnte, umstritten.

Zunächst, 1394, entschieden die lokalen Gerichte von Schlanders und Glurns auf Grund von Zeugenaussagen, daß Irmela eine *kebstohter*[123], eine außereheliche Tochter, von Betlina gewesen sei. Damit aber war der Fall noch nicht entschieden. Denn Ende Jänner 1403 beschloß eine landesfürstliche Schiedsinstanz in Bozen,[124] daß die gegnerische Partei bis Pfingsten mit *geistlichen rechten* beweisen müsse, daß Irmela *nicht ain ee tochter sey*; dann würden ihr die Güter der Betlina zur Gänze verbleiben, was die völlige Enterbung einer illegitimen Tochter bedeutete. Könnte die andere Partei aber bis dahin nicht nachweisen, daß Irmela *nicht eleich kint* wäre, so sollte sie alleinige Erbin ihrer Mutter Betlina sein.

Leider kennen wir den Ausgang des Prozesses nicht, in dem beide Kontrahenten auch umfangreiche Zeugenaussagen hatten protokollieren lassen. Nun ist der Erbschaftsfall für uns nicht nur relevant, weil auch das Gericht von Schlanders Recht gesprochen oder weil es um eine Erbschaft in weiblicher Linie und um Geschlechterrollen ging – sondern vor allem auch, weil das landesherrliche Schiedsgericht, wie es betonte, auch *weise juristen* mit herangezogen hatte. Damit überließ es – zumal in Fragen von Illegitimität[125] – dem geistlichen Recht und den Kanonisten (also nicht mehr dem Sachverstand der lokalen bäuerlichen Gerichte) die Entscheidung. Freilich war diese Entwicklung nicht endgültig, im Gegenteil, das geistliche gelehrte Recht traf künftig auf Widerstand: Als 1446 in (ohnehin weltlichen) Jurisdiktionsfragen zwischen dem Tiroler Landesherrn und Bischof von Chur ein Schiedsgericht bestellt wurde, sollten dazu von beiden Seiten *weltlich und nicht gaistlich leut* ernannt werden.[126]

Der Richter war als ein »Beamter« des neuen landesfürstlichen Territoriums gerade in der Frühzeit auch für die Verwaltung der lokalen Einkünfte zuständig. Eine wichtige Funktion kam den neuen Richtern daher neben dem Ankauf von Gütern und Eigenleuten[127] für den Landesherrn auch bei der lokalen Organisation der Steuern zu – also von Abgaben, die die Dorfbewohner zu ihren Grundzinsen nun zusätzlich zu leisten hatten. Als Heinrich von Böhmen 1315 eine außerordentliche

---

Die Hofnamen im Landgericht Kastelbell (Vinschgau), Innsbruck 1924, S. 9. – Adelina WALLNÖFER, Die Bauern in der Tiroler »Landschaft« vor 1500. Politische Aktivität der Gerichte und deren Repräsentanten auf den Landtagen, Phil. Diss. Innsbruck 1984, Anhang, Nr. 58 und 128.

119 Rudolf THOMMEN (Hg.), Urkunden zur Schweizer Geschichte aus österreichischen Archiven, Bd. 1–5, Basel 1899–1935, hier Bd. 4, Nr. 431; Urkunden Nr. 4 und 5, Spitalsarchiv Schlanders (Regesten Theiner).
120 Urkunden Nr. 7A, 10, Spitalsarchiv Schlanders (Regesten Theiner).
121 Josef RIEDMANN, Das Mittelalter, in: Walter Leitner/Peter W. Haider/Josef Riedmann, Geschichte des Landes Tirol, Bd. 1, Bozen–Innsbruck–Wien 1985, S. 380 f.
122 SCHWITZER, Urbare (wie Anm. 77), S. 182. Zur Familie vgl. Rainer LOOSE, Die Martinuzii im Vintschgau. Boni viri, landesfürstliche Richter, Grundherren und Siedlungsgründer (13./14. Jh.), in: Der Schlern 71 (1997), S. 102–120, vor allem S. 108, 116.
123 1394 ca., Urkunde Nr. 97, STLA; AB II Nr. 111; teils ediert in den MIÖG 2 (1881), S. 113. – Zu Schlanders: 1394 Juli 1, STOLZ, Ausbreitung (wie Anm. 92), S. 92; 1394 Juli 2, AB II Nr. 110.
124 1403 Jänner 30, Urkunde Nr. 117, Archiv Kasten, STLA; AB II Nr. 133.
125 Zum Ausschluß von Illegitimen vom Erbe vgl. nunmehr Ludwig SCHMUGGE, Kirche, Kinder, Karrieren. Päpstliche Dispense von der unehelichen Geburt im Spätmittelalter, Zürich 1995, S. 69 f.
126 THOMMEN, Urkunden (wie Anm. 119), Bd. 4, Nr. 60.
127 Vgl. etwa das Beispiel in: Quellen zur Steuergeschichte (wie Anm. 69), S. 107.

Steuer wegen seiner Hochzeit festlegte, wurden die einzelnen Amtleute und Richter angeschrieben[128], die mit ihren Fronboten ja eine gewisse Exekutionsgewalt besaßen. So ist im Steuerbuch des Vinschgaus und Burggrafenamts von 1314 auch das *officium* Laas mit Kortsch-Schlanders im Detail veranlagt.[129] Gerade in diesem Steuerbuch begegnen wir mehrmals den *villici* oder *Dorfmaistern*,[130] die neben den geschworenen Vertrauensmännern anscheinend bald bei der Umlage der Steuerlast des Gerichts mit herangezogen wurden.[131]

Eine weitere Kompetenz hatte der Richter als Delegierter des Landesfürsten bei Huldigungen und im Lehenswesen – falls der Lehensempfänger wie bei großen Lehen dieses nicht persönlich am Hof des Landesherren zu empfangen hatte. So waren bei der allgemeinen Lehensberufung in Innsbruck im Jänner 1450 auch Vertreter von Göflan in der Residenzstadt, die dort vom jungen Herzog Sigmund den Tafratzwald wiederverliehen erhielten.[132] Nur ausnahmsweise konnte später Carl Sigmund Graf von Schlandersberg 1755 den Lehenseid für das gleichnamige Schloß in Innsbruck durch einen Vertreter vornehmen lassen.[133]

Dabei war die Lehensübergabe auch von kleineren, bäuerlichen Lehensgütern wie der Frei- oder Erblehen von gewissem symbolischem Zeremoniell (*das lehen zu rechter zeit besuechen*)[134] begleitet, wobei sich die Praxis der Grundherren voneinander nicht wesentlich unterschieden haben dürfte. Immerhin finden wir im Lehensbrief eines einfachen Bauernlehens, eines Baumgartens in Schlanders, 1426 durch Sigmund von Schlandersberg noch eine besondere Treueklausel (*vns auch getrew vnd gewer sein*)[135] vor.

Da der oberste regionale Lehensherr der Landesfürst war, hatte der Richter auch Lehensabgaben zu verwalten. So sollte die Bündner Familie Planta, denen Heinrich von Böhmen 1332 das Eisenbergwerk in Valdera verlieh, *unserm richter ze Schlanders* jährlich zu Michaeli (29. September) 100 Hufeisen und entsprechend viele Nägel zu liefern[136] – die er offensichtlich für den am selben Tag in Glurns gehaltenen Pferdemarkt benötigte.

Soziale und berufliche Differenzierung

Nachdem wir uns bislang mit politischen Orientierungen und Machtlagen, mit obrigkeitlichen Strukturen und dorfeigener Verwaltung und Autonomie, mit Verschriftung und Rechtsusanzen, mit Notaren und Richtern in Schlanders beschäftigt haben, wenden wir uns nunmehr endlich den Betroffenen, den Dorfbewohnern, selbst zu. Das führt uns zur sozialen Differenzierung. Gewiß entsprachen die sozialen und rechtlichen Strukturen von Schlanders dem zeitgenössischen Modell einer dreigeteilten Gesellschaft, auch wenn sie im Detail im 14. Jahrhundert bereits viel komplexer waren.

So beginnen wir mit der Frage nach individuellen Freiheitsgraden oder Abhängigkeiten. In der Tat war der weit überwiegende Anteil der Dorfbevölkerung nicht nur einem Richter und Steuerherrn, sondern auch einem Grundherrn unterworfen, war somit in das System der Grund- und Leibherrschaft abhängig eingebunden, hatte vom Boden, den er unter großen Mühen bebaute, Teile seiner Renditen weiterzugeben und Dienste zu leisten. Hier bildete neben dem von grundherrlichen Abgaben und weltlichen Steuern befreiten Adel und Klerus nur eine kleine Gruppe von soge-

---

128   Ebd., S. 96 f.
129   Ebd., S. 109–113.
130   Ebd., S. 110–113, 116 f.
131   Vgl. Ferdinand Kogler, Das landesfürstliche Steuerwesen in Tirol bis zum Ausgange des Mittelalters, in: Archiv für österreichische Geschichte (künftig AÖG) 90 (1901), S. 514 f.
132   AB II Nr. 256.
133   Vgl. Urkunde Nr. 67, Spitalsarchiv Schlanders (Regest Theiner).
134   1426 April 25, Urkunde Nr. 169, Archiv Kasten, STLA, betreffend die Verleihung eines Baumgartens; Regest in AB II Nr. 177.
135   Ebd. – Ein späterer Erblehensbrief von 1511 abgebildet bei Matthias Ladurner-Parthanes, Die Ladurner. Ein Beitrag zur bäuerlichen Geschichte der Geschlechter und Höfe im Vinschgau und Burggrafenamt, Innsbruck 1960, S. 33. 1426 April 25, Urkunde Nr. 169, Archiv Kasten, STLA.
136   Theodor von Mohr/Conradin von Moor, Codex diplomaticus. Sammlung der Urkunden zur Geschichte Chur-Rätiens und der Republik Graubünden, Bd. 1–5, Chur 1848–1883, hier Bd. 2, Nr. 238. Dies ist zugleich ein früher Hinweis auf den zweiten Glurnser Jahrmarkt; nicht erwähnt bei Franz Huter, Das ältere Glurns als Handelsplatz, in: MIÖG 68 (1960), S. 388–401, beziehungsweise bei Franz-Heinz Hye, Glurns. Handelsplatz, Festungsstadt, Ackerbürger, Glurns 1977. Vgl. aber Johann Jakob Staffler, Tirol und Vorarlberg statistisch und topographisch, mit geschichtlichen Bemerkungen, Teil 1–2, Innsbruck 1839–1846 (ND Bozen 1980), hier Teil 2, S. 161.

nannten Freien[137] eine Ausnahme, die ebensowenig Grundzinse zu leisten hatten, die Inhaber sogenannter luteigener oder unbelasteter Eigengüter.

Insofern waren gerade die nach außen im 14. Jahrhundert bereits einigermaßen kompakte Siedlung Schlanders und der darin lebende Personenverband grundherrschaftlich beträchtlich aufgespalten und hatte mehreren adeligen und geistlichen Grundherren, die wir hier nicht näher analysieren können, Abgaben zu leisten.[138] Dabei war ältere Grundherrschaft auch mit Leibherrschaft verbunden, und in der Tat begegnen wir auch in Schlanders einer weiteren Abhängigkeitsstruktur, die die Bewohner nicht nur sozusagen weiter aufteilte, sondern sich über die Grunduntertänigkeit noch gleichsam darüber legte. So haben wir im Schlanders des 15. Jahrhunderts noch immer Untertanen, die durch ihre leibliche Zugehörigkeit zu einzelnen Grundherren und Obrigkeiten definiert waren.

So war zwar bereits der weit überwiegende Teil dem Landesherrn untertan und zählte zu dessen Eigenleuten, aber es hatten im 15. Jahrhundert noch die Herren von Matsch – wenn auch sehr wenige – Eigenleute in Schlanders. Noch wichtiger waren die sogenannten Gotteshausleute (um 1460 in Schlanders zwischen 10- und 20 %), die nicht dem Landesherrn, sondern dem Bischof von Chur unterstanden.

Aber selbst unter den landesfürstlichen Eigenleuten gab es noch im 15. Jahrhundert Sondergruppen, die das alte Merkmal der grundherrschaftlich bedingten Leibeigenschaft an sich trugen, was auf früheren Besitz der Grundherren schließen läßt, nach denen sie benannt waren. Als 1314 ein Landsteuerbuch für den Vinschgau und das Burggrafenamt angelegt wurde, nahm es die *homines proprii* gesondert auf: die *homines sti. Vigilii*, die *homines Wangeriorum*, die *homines de Mutelban*, die Eigenleute der *de Paganelle*, die *homines ecclesie Augustensis*, die *homines Monasterii de Weingarten*, die *homines empti ab illo de Reichenberch*, die *homines, quos occupaverat dominus Sweikeruns de Muntelban* und die *homines Sweiklini de Chulsaun*.[139]

Wir begegnen diesen leibeigenen Sondergruppen oder Gnonschaftsleuten auch im Gericht Schlanders noch in der zweiten Hälfte des 15. Jahrhunderts – dabei nicht sozusagen als bedeutungslosem archaischem Relikt, sondern als Personenverband mit rechtlichem Sonderstatus, der handfeste Konflikte unter den Gerichts- und Dorfbewohnern verursachte. Die Gnonschaftsleute waren, wie wir im Steuerbuch von 1314 beobachten konnten, nach Hochstiften und Adeligen benannt, unter deren Grund- und Leibherrschaft sie ehemals gestanden hatten. So lebten die Bamberger-,[140] Hilpolder-,[141] Augsburger und St.-Vigilien-Leute[142] vor allem in den Gerichten Nauders, Glurns, nicht zuletzt im Gericht Schlanders. Waren diese hoheitlich dem (landesfürstlichen) Richter von Kastelbell zugeordnet,[143] so unterstanden die Moosburger Gnonschaftsleute[144] im Schlanderser Gericht der Propstei in Eyrs.

Spätestens um 1300 unterlagen sie der Jurisdiktion des Tiroler Landesherrn – im Steuerbuch von 1314 wurden sie (wenn auch getrennt) zu Steuerleistungen mit den landesfürstlichen Untertanen herangezogen.[145] Zu den wohl prominentesten Gnonschaftsleuten, den Vigilienleuten, in Schlanders gehörte *Johannes de Slanders*, der 1314 bereits verstorbene Vater des erwähnten schwerreichen Dorfmeisters Otto, während er selbst, Frau, Schwiegersohn Ottlin und dessen Verwandte Nesa nicht mehr dazu zählten.[146] Unter den bambergischen Eigenleuten werden 1307 der *Richenbergaerius in Schlanders*, der Grundholde der Herren von Reichenberg, und mehrere Männer und Frauen auf dem Sonnenberg genannt.[147]

137 Kogler, Steuerwesen (wie Anm. 131), S. 551; Stolz, Ausbreitung (wie Anm. 92), S. 79.
138 Vgl. hier den Beitrag von Rainer Loose.
139 Quellen zur Steuergeschichte (wie Anm. 69), S. 111–117; Kogler, Steuerwesen (wie Anm. 131), S. 519–521.
140 Loose, Eyrs (wie Anm. 26), S. 99–101.
141 Nach Hilpold II. von Montalban; vgl. Huter, Herren von Montalban (wie Anm. 55), S. 77.
142 Vgl. Kogler, Steuerwesen (wie Anm. 131), S. 490, 520; Stolz, Ausbreitung (wie Anm. 92), S. 15; Stolz, Landesbeschreibung (wie Anm. 68), S. 113 f.
143 Stolz, Landesbeschreibung (wie Anm. 68), S. 107.
144 Loose, Eyrs (wie Anm. 26), S. 93 f.
145 Quellen zur Steuergeschichte (wie Anm. 69), S. 111, 113–115, 117.
146 Ebd., S. 113, ferner 98, 110 und 111 (Verzeichnis der Vigilienleute); vgl. unten, S. 309.
147 Christoph Haidacher, Die älteren Tiroler Rechnungs-

Die Gnonschaftsleute waren einerseits Leibeigene, die jährlich Leibsteuer zahlten, andererseits aufgrund eines Privilegs von König Heinrich von Böhmen, das spätere Landesfürsten bestätigten, gewisse Sonderrechte besaßen. Die rechtliche Sonderlage führte vor allem wegen der Steuern und gemeinsamen Dienste, auch des Schuld- und Unzuchtrechts zu Konflikten mit den übrigen Untertanen beziehungsweise Amtleuten, so daß es 1472 zu einer umfassenden *Ordnung* kam.

Nach einem Spruchtag in Latsch,[148] auf dem auch die Gerichtsleute von Schlanders ihre Beschwerden vorgetragen hatten, erklärte sie Sigmund nach Erlegung der Freikaufsgelder und einer Ehrung von 50 Mark Berner am 23. April 1472 von der Leibeigenschaft und Leibsteuer befreit.[149] Da die Gnonschaften, die inzwischen zu einer einzigen zusammengefaßt worden waren, die Ehrung *armuet halben* nicht bezahlen konnten, kamen ihnen die Schlanderser offensichtlich *mit einer summe gelcz* entgegen. Noch ein gutes Jahr später wandten sich die Schlanderser Gerichtsleute – von Schlanders war Ulrich Vernall anwesend – im Einverständnis mit den Gnonschaftsleuten an den Abt von Marienberg mit der Bitte, ihnen (mit der Autorität seines Siegels) beglaubigte Abschriften der entsprechenden Freibriefe auszustellen.[150]

Sicher war damit ein modernisierender Schritt in Richtung Rechtsangleichung und frühmoderner Staatlichkeit getan, der zudem auch lokale Spannungen wie in Schlanders entschärft hatte. Leider vermögen wir keine genauen Daten über die Anzahl dieser Eigenleute anzugeben: Nach einem Amtsbericht von etwa 1460 wohnten 66 hausgesessene und 9 ledige wehrfähige Kastelbeller und 27 Moosburger Gnonschaftsleute im Gericht Schlanders.[151]

Der weit überwiegende Teil der Schlanderser Zeitgenossen fand sicher in der Landwirtschaft sein primäres Einkommen. Dennoch begegnen wir, wiederum in den Aufzeichnungen des Kaufmanns Umbraser während der Jahre 1366–1369, al-

Das Sachsalberhaus, ein »Steinernes Haus« aus dem 13. Jahrhundert (beim Trögerwirt).

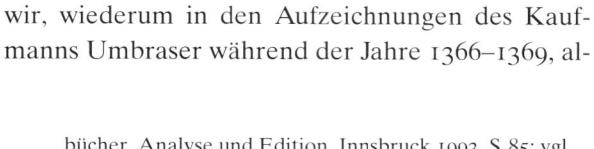

bücher. Analyse und Edition, Innsbruck 1993, S. 85; vgl. vor kurzem LOOSE, Eyrs (wie Anm. 26), S. 99–101.
148 1472 April 7, Urkunde Nr. 10, GAS, STLA; vgl. auch JÄGER, Regesten (wie Anm. 90), S. 363.
149 1472 April 23, ebd.; AB II Nr. 296.
150 1473 Juli 22, ebd.
151 STOLZ, Landesbeschreibung (wie Anm. 68), S. 107.

so wenige, knapp zwanzig Jahre nach der Großen Pest, einer bemerkenswerten Gruppe von Handwerkern: Zimmerleuten, Bindern und Fuhrleuten,[152] einem Sattler, dem Dorfschmied, einem Kaltschmied oder Kessler, einem Drechsler, jedenfalls einem Müller, einem Krämer, zwei Schustern, drei Schneidern und einem Kürschner.[153]

Mit dem bereits mehrmals erwähnten Heinrich Umbraser lebte im Schlanders des 14. Jahrhunderts sogar ein Kaufmann, der ein umfangreiches Tuchlager hatte, aber auch Pferde, Ochsen, Wein und Korn handelte. Der Handelsmann war sozusagen ein Wirtschaftsklient der von Schlandersberg, Weineck und auch des Vogtes von Matsch, den er seinen gnädigen Herrn nennt.[154] Die Umbraser waren eine sehr begüterte Familie, mit Besitz auch in Staben und Kortsch.[155] Heinrich, der zur Schlanderser Oberschicht zählte, trat in den Jahren 1357, 1362 und 1367 stets an der Spitze der nichtadeligen Zeugen auf.

Dorfadel und Klerus

Wie in anderen größeren Dörfern lebten auch im spätmittelalterlichen Schlanders vereinzelt niederer Adel oder Bauernritter, die teils von einem verarmten Geschlecht oder Seitenzweig abstammten. In Partschins vertrat 1361 Hans, ein Nachfahre des einst einflußreichen Geschlechts der Montalban, als Dorfmeister 1361 die Gemeinde auf dem Meraner Landtag – seine Tante Petrisa war mit dem Schlanderser Richter Egno von Galsaun verheiratet gewesen; 1379 besaß er dort einen Mairhof.[156]

Jedenfalls in den Jahren 1366–1369 lebte Junker Peter von Schlandersberg im Dorf Schlanders, meist nicht in seinem Haus, sondern im Haushalt Heinrich Umbrasers. Teils scheint auch dessen Vater Konrad Trautson, Pfandinhaber von Kastelbell, den Umbraser *meinen alten herren*[157] nennt, in Schlanders gehaust zu haben. Die Einkünfte des

Ein Ritterheer aus dem 15. Jahrhundert. Darstellung der Heiligen Drei Könige, Burgkapelle St. Stephan, Obermontani.

152 Die bei OTTENTHAL, Rechnungsbücher (wie Anm. 54), S. 594, genannten Zimmerleute, Binder und Fuhrleute wurden zur Weinernte beschäftigt und könnten teils auch von auswärts gekommen sein.
153 Ebd., S. 586–597.
154 Ebd., S. 559, 584–597.
155 STAFFLER, Hofnamen Schlanders (wie Anm. 20), S. 122/Nr. 34.
156 HUTER, Herren von Montalban (wie Anm. 55), S. 79–81.
157 OTTENTHAL, Rechnungsbücher (wie Anm. 54), S. 588 f.

Junkers Peter von Schlandersberg waren im Vergleich zum Hauptzweig in Galsaun bescheiden.[158] Auch die Griesingen, die im 15. Jahrhundert den Behaimsturm besaßen und 1487–1502 sogar mit Schlandersberg belehnt waren,[159] lebten bereits in den 1360er Jahren in Schlanders und sind im sozialen Umfeld der Schlandersberg[160] genannt.

Dieser ursprünglich wohl ministerialische Dorfadel hatte sich im Hochmittelalter zumal für den Fehdefall Wohntürme errichtet. Urkundliche Nachrichten über die Türme von Schlanders setzen um 1290 ein.[161] Der Behaimsturm ist erstmals 1323, der Eyrserturm 1327, der Mitterhof (Freienturm/Freudenturm) 1339 erwähnt.[162] Ihre spezifischen Namen reichen mit Ausnahme des Freienturms freilich nur in die Frühe Neuzeit zurück, so der Eyrserturm auf den Afterlehensträger Hans Eurser um 1539[163] und der Behaimsturm, der meist der große Turm genannt wurde,[164] auf den hendl'schen Pflegsverwalter Wilhelm Pehem[165] im früheren 17. Jahrhundert. Den Turm auf Juval (in der Nähe des Schlandraunbaches) übernahmen später die Herren von Stachelburg.[166]

Unter dem Dorfadel von Schlanders ist um 1164/1167 erstmals *Hainricus de Scladeres* als Ministeriale des Hochstiftes Chur genannt.[167] Leucarda, vermutlich seine Nachfahrin,[168] sowie ihr Vater und Großvater, beide namens Heinrich, und Karl von Schlanders begegnen uns 1237 als Ministerialen der Edelfreien von Wanga bei einem Ehevertrag. Der Sitz des Geschlechts in Schlanders ist leider unbekannt – allerdings ist im Laaser Steuerregister von 1277 eine in Kortsch reich begüterte Livkardis, im Steuerbuch von 1314 nunmehr im Amt Kortsch eine ebenso vermögende *Maria filia Leucardis*, vermutlich eine Tochter der Genannten, erwähnt.[169] Ein *Richardus de Venosto de loco, qui dicitur Silandre*, wurde 1171 in Donauwörth als bevollmächtigter Vertreter des Adelardinus von Lendinara von Kaiser Friedrich I. und Heinrich dem Löwen mit einem in der Grafschaft Garda gelegenen Gut belehnt.[170]

Auch die Schlandersberg hatten nicht nur befestigten Hausbesitz im Dorf, sondern im Chor der Pfarrkirche auch ihr Familienbegräbnis.[171] Rainer Loose vermutet, daß ihr ursprünglicher Sitz dort der Turm auf Juval war. Nach Mayrhofen hatten die Schlandersberg seit 1268 in Schlanders ein Steinhaus.[172] Im Haus des (Konrad) Trautsun von Schlandersberg verpachteten die Kirchpröpste 1368 mit Einverständnis von dessen Sohn Peter der Kirche gestiftete Güter.[173] Konrad Trautson, der bereits zwischen 1361 und 1363 verstorben war, hatte als Pfandherr in Schloß Kastelbell gewohnt.[174] Sein Sohn Peter zog 1366 nach Schlanders, wo er die Stammburg übernahm. Junker Peter hatte im Dorf zwar selber *sein haus*[175], wohnte aber als Junggeselle bis zu seiner Heirat 1369 meist[176] im Haushalt des Kaufmanns Umbraser – *ist in meiner Kost gewesen* –, der ihm kleinere Geldbeträge lieh und auch seine Einkünfte verwaltete.

Im Jahr 1433 verlieh Sigmund von Schlandersberg Kristan Spengler einen Turm zu Schlanders mit Äckern, Wiesen und Weingarten, den später so genannten Eyrserturm; er blieb im Obereigentum der Schlandersberg bis zu ihrem Ende, wobei der Lehensherr auch für seine Nachkommen sich

---

158   Ebd., S. 560 f.
159   Trapp, Tiroler Burgenbuch (wie Anm. 61), S. 145; vgl. unten, S. 309.
160   Auch der Vögte von Matsch; Ottenthal, Rechnungsbücher (wie Anm. 54), S. 593, 596.
161   Bitschnau, Burg und Adel (wie Anm. 22), Nr. 522.
162   Staffler, Hofnamen Schlanders (wie Anm. 20), S. 132/Nr. 60, S. 139/Nr. 84, S. 127 f./Nr. 50.
163   Ebd., S. 139/Nr. 84.
164   Ebd., S. 122/Nr. 34.
165   Vgl. Urkunde Nr. 63, Spitalsarchiv Schlanders (Regest Theiner); Staffler, Hofnamen Schlanders (wie Anm. 20), S. 132/Nr. 60.
166   Siehe unten, S. 356.
167   TUB Nr. 294.
168   Da ihr Großvater Heinrich 1237 beim Verlöbnisvertrag mit anwesend war, erscheint es als unwahrscheinlich, daß sie eine Enkelin des 1164/67 als Zeugen auftretenden Ministerialen Hainricus de Scladeres war; vgl. Bitschnau, Burg und Adel (wie Anm. 22), Nr. 522 und 587.
169   Leo Santifaller, Das Laaser Steuerregister vom Jahre 1277, in: Der Schlern 13 (1933), S. 11; Quellen zur Steuergeschichte (wie Anm. 69), S. 110. Im Steuerverzeichnis von 1311 ebenfalls in Kortsch eine *Liubardis vidua*; ebd., S. 98.
170   Heinrich Appelt (Bearb.), Die Urkunden Friedrichs I. 1181–1190, Hannover 1990, Nr. 1157; Riedmann, Schlanders (wie Anm. 49), S. 426.
171   Hans Wielander, Pfarrkirche Maria Himmelfahrt Schlanders. 175 Jahre Maria Namen Prozession, Schlanders 1974, [S. 4, 6, 9].
172   Vgl. den Beitrag von Rainer Loose in diesem Band.
173   AB II Nr. 327.
174   Ottenthal, Rechnungsbücher (wie Anm. 54), S. 558; Staffler, Hofnamen Schlanders (wie Anm. 20), S. 93.
175   Ottenthal, Rechnungsbücher (wie Anm. 54), S. 585.
176   Teils ebenso in Kastelbell; ebd., S. 558, 588.

ausdrücklich das Recht vorbehielt, gegebenfalls *selber in dem Turn siczen* zu können.¹⁷⁷ Herzog Sigmund bestätigte 1450 dem Hans Griesinger das Lehen des von Hans von Schlandersberg aufgesagten halben Turms, dessen andere Hälfte er bereits besaß.¹⁷⁸

Schließlich lebte in Schlanders auch ein kleiner geistlicher Konvent, der im Jahr 1428 aus drei Mitgliedern, dem Ordenspriester und Komtur Cunrad dem Jungen als Pfarrer, dem »Conventsbruder« Andre und dem Ritterbruder Eghard, bestand.¹⁷⁹

Einkommensverteilung

Soziale Differenzen bestanden in Schlanders nicht nur in personenrechtlicher Hinsicht, in der Zugehörigkeit zu Grund-, Leib- oder Landesherren, sondern auch im Vermögen und Einkommen. Hier gab es in der Tat auch in Schlanders beträchtliche Spannweiten, was uns um so eher verwundert, als wir sie vor allem in großen Städten vermuten. Das betraf zunächst nicht das Vermögen der großen adeligen Grundherren, die meist nicht persönlich im Dorf lebten, des Landesherren oder auch geistlicher Kollektivbesitzer.

So nennt das Verzeichnis einer außerordentlichen Steuer von 1311 des Amtes Laas von 1311 auch *Otto villicus in Slanders*, den erwähnten Dorfmeister, und dessen Schwiegersohn Ottlin. Neben dem Dorfmeister von Laas, Johannes, war Otto im Amt Laas am höchsten veranlagt. Otto wurde mit 100 Mark, Ottlin mit 50 Mark eingeschätzt – die gesamte Steuersumme des Amtes, das neben Laas auch Kortsch, Schlanders und Latsch umfaßte, betrug 458 Mark. Damit hatten Otto und Ottlin 32,8% des Steueraufkommens des Steuerbezirkes zu leisten. Die Summe wird bezogen auf Einkommensverteilung um so signifikanter, da auf insgesamt acht Personen des Amtes 308 Mark Steuer (67,2%) entfielen, während die große Mehrheit der Amtsinsassen mit pauschal 150 Mark veranschlagt war.

Dagegen verzeichnete das Steuerbuch von 1314 die ordentliche jährliche Steuer. Offensichtlich hatte sich bis dahin der neue Steuerbezirk verkleinert, der als Amt Kortsch nur mehr Kortsch, Schlanders und Göflan umfaßte. In diesem Steuerbezirk war Otto mit 13 Pfund nunmehr am höchsten veranlagt. Der Steueranteil Ottos, seines Schwiegersohns Ottlin (8 Pfund), der inzwischen ebenso Dorfmeister war, und dessen Verwandten Nesa (2 Pfund) betrug 22,3% der gesamten Steuereinnahmen des genannten Bezirks. Nun war der Steueranschlag von 1314 für Otto (als ehemaligen Richter?)¹⁸⁰ zwar fiktiv, da er wie andere Beamte und Meier davon befreit war, was für unsere Fragestellung jedoch nicht relevant wird.

Die Spanne reichte im Schlanders des 14. Jahrhunderts vom offensichtlich schwerreichen Öttlin bis zum faktischen Habenichts, *qui nihil habet*, dem einfachen Lohnarbeiter, wie saisonalen Schnitter, sonstigen Feld- oder Weinbergarbeiter,¹⁸¹ die Handelsmann Umbraser in seinem Rechnungsbuch nennt, bis zum jungen Dienstboten oder Gesellen. Ein benachbarter Zeitgenosse, Heinrich von Burgeis, der als Kleinadeliger in den Bettelorden der Dominikaner getreten war, schrieb in den 1270er Jahren den sozialkritischen Vers:

Davon mues maniger ain stab
Und weib und kind nehmen an die hant
*Und von armuet raumen das lant.*¹⁸²

Dabei war auch das Schlanderser Armutsproblem selbst in den Jahren nach der Großen Pest von 1347/1351 allenfalls nur vermindert, mit dem man trotz aller Spenden nicht fertig wurde; so spendete der junge Peter von Schlandersberg 1367 immerhin eine Kuh um 6 Pfund *zů eim almůsen*, dazu 6 Mutt Roggen, die vermahlen und verbaken wurden, 10 Pazeiden Wein und ein Pfund Pfeffer; im folgenden Jahr 6 Kälber um 7 Pfund, wiederum dieselbe Menge Roggen und Pfeffer und eine Yhre Wein.¹⁸³ Ein Vergleich von 1380 zwi-

---

177 1433 Juni 3, Urkunde Nr. 177, Archiv Kasten, STLA; AB II Nr. 183; STAFFLER, Hofnamen Schlanders, S. 139/ Nr. 84; vgl. auch Cod. 12, Tiroler Landesarchiv (künftig: TLA), fol. 174.
178 STAFFLER, Hofnamen Schlanders (wie Anm. 20), S. 132/ Nr. 60.
179 AB II Nr. 331. Vgl. auch [Ed]uard Gaston von PETTENEGG, Die Urkunden des Deutsch-Ordens-Centralarchives zu Wien, Prag–Leipzig 1887, Nr. 1447.
180 Vgl. oben, S. 296 f.
181 OTTENTHAL, Rechnungsbücher (wie Anm. 54), S. 594 f.
182 Der Seele Rat, Vers 5732–5734; zitiert bei Max SILLER, Der Tiroler Dichter Heinrich von Burgeis und die Politik seiner Zeit, in: Der Vinschgau und seine Nachbarräume, hg. von Rainer Loose, Bozen 1993, S. 176.
183 OTTENTHAL, Rechnungsbücher (wie Anm. 54), S. 590.

schen dem Orden und der Pfarrgemeinde Schlanders legte einerseits fest, daß der Mesner *armen und reichen* zur Verfügung stehen; andererseits daß der Pfarrer für das Begräbnis von Pilgern und *armen leiten* keine Gebühren verlangen solle.[184]

Differenz der Geschlechter? Frauen in Schlanders

Soziale Differenzen bestanden nicht zuletzt unter den Geschlechtern. Hier wurden in den letzten Jahren gerade zur Nähe oder Ferne des Mittelalters konträre Positionen vertreten. Die erste interpretierte das – insofern nahe – Mittelalter grundsätzlich zum einen als eine Zeit, in der sich gewissermaßen kleine Ritterheere im Umfeld entlegener Burgen bekriegten oder Herrscher im Zweikampf Kriege und Schlachten entschieden, während die Untertanen und breite Bevölkerung (zum Unterschied von der Entwicklung seit der Frühen Neuzeit) sozusagen ihre Ruhe hatten. Zum anderen mit Bezug auf die Frau,[185] daß es nicht nur besonders wissende, weise Frauen wie etwa in der Heilkunde gegeben habe, sondern auch, daß die Frau sich in in einer relativ günstigeren Lage mit vermehrten beruflichen Chancen, wie in den spätmittelalterlichen Städten, befunden habe.

Die zweite Position schätzte das – insofern besonders ferne – Mittelalter im allgemeinen als grausam und wenig zivilisiert ein, dem erst in der Frühen Neuzeit und endgültig seit der Aufklärung zivile(re) Gesellschaften gefolgt seien. Hier scheint sich allerdings, bezogen auf die ökonomische Frau, jedenfalls in den vermögensrechtlichen Texten und in den wenigen sonstigen Textsorten zum lokalen Fallbeispiel Schlanders und seiner nächsten Umgebung mehr die erste und positivere Sehweise des Mittelalters zu bestätigen.

Das betraf nicht nur die adelige Frau, etwa Diemut von Liebenberg, die 1366 mit *allem irem gesinde*[186] von (dem zwar nicht entlegenen) Galsaun zur Kirchweih nach Schlanders reiste – *item darnach zu der chirbey ze Slanders do chom fraw Dyemut* –, wo sie ihren Neffen Peter von Schlandersberg besuchte. So ritt auch die Frau[187] seines Cousins Hans zwei Jahre später nach einem gemeinsamen Besuch mit ihrem Mann am folgenden Tag gegen Abend allein mit dem Gesinde nach Kastelbell zurück – *do rait die frawe wider haim wol umb veyrzeit* –, während ihr Mann nach Pfunds weiterzog.[188]

Andererseits finden wir, wenn wir im Rechnungsbuch des Kaufmanns Umbraser lesen, keine einzige Frau, die ein Tuch in seinem Laden gekauft hätte. Dagegen war seine eigene Frau an der Führung seines Haushalts anscheinend gleichermaßen beteiligt. So mahlte sie für den Junggesellen Peter von Schlandersberg nicht nur Getreide und verbackte es zu Brot, sondern hatte offensichtlich auch den Schlüssel sozusagen zu seinem finanziellen Rückgrat, seinem Weinlager – wir wissen davon, da er ihr den Schlüssel abnahm (Umbraser: *nam meinem weibe den slůzzel*)[189], als er zwischendurch seinen Wein selbst verkaufte. Einmal lieh sie ihm, wie häufig ihr Mann, ein Pfund Berner (*hat im mein weip geben*)[190], hatte somit Zugang auch zum Bargeld ihres Mannes.

Gewiß können wir bei der Nennung von Frauen in Rechtsgeschäften nicht oder nur sehr bedingt von Gleichheit sprechen – dennoch treten Frauen in den uns überlieferten Urkunden zu einem Anteil auf, der uns für eine ländliche Gemeinde zunächst überraschen mag. Wir begegnen einem unerwartet hohen Anteil von Vermögensübertragungen, in denen Frauen maßgeblich mit beteiligt waren. Einige Beispiele seien genannt.

So schlossen Ulrich Pfab und dessen Frau Miniga – unter Einbezug ihrer Tochter Katerina – 1326 in Göflan einen gegenseitigen Beerbungs- beziehungsweise Leibrentenvertrag *de omnibus bonis*, über alle ihre Güter, die sie *laboraverunt sive aquiscerunt*, die sie (gemeinsam) erarbeitet oder erworben hatten;[191] einem ähnlichen gegenseitigen Beerbungsvertrag zwischen Andreas, Weber zu Göflan, und seiner Frau Steina, begegnen wir

---

184 1380 Februar 29, GRASS, Studien (wie Anm. 100), S. 249 f.
185 Claudia OPITZ, Evatöchter und Bräute Christi. Weiblicher Lebenszusammenhang und Frauenkultur im Mittelalter, Weinheim 1990.
186 Insgesamt saßen dreizehn Personen beim Mahl; OTTENTHAL, Rechnungsbücher (wie Anm. 54), S. 585.
187 Vermutlich Elisabeth von Freiberg; vgl. Stephan von MAYRHOFEN, Genealogien des tirolischen Adels, Handschrift im Tiroler Landesmuseum Ferdinandeum.
188 OTTENTHAL, Rechnungsbücher (wie Anm. 54), S. 590.
189 Ebd., S. 588.
190 Ebd., S. 587.
191 1326 Februar 24, Urkunde Nr. 3, GAG, STLA; AB II Nr. 249.

1363.¹⁹² Der Kirchpropst von Göflan verkaufte 1365 dem Nicolaus Müller und seiner Frau Peta einen Acker.¹⁹³ Dietmůt, die Frau des Christian von Holzprucke, kaufte 1339 im Gerichtssitz Schlanders von Alexander von Morter einen Acker ebendort.¹⁹⁴ Elspeth, »die alt Müllerin«, wiederum zu Göflan, übergab 1395 ihrem Sohn Jacob Völklein gegen Leibrente die sogenannte Martinswiese.¹⁹⁵ Der Schlanderser Schuster Eberhard verkaufte 1435 im Namen seiner beiden außerehelich geborenen (inzwischen legitimierten?) Töchter einen Weinberg in Schlanders.¹⁹⁶ Das adelige Frauenstift zu Müstair hatte umfangreichen Grundbesitz gerade in Schlanders, wie uns ein Blick in das Urbar von 1394 bestätigt.¹⁹⁷

Problematisch war angesichts geringer sozialer Absicherung (vor allem bei Kinderlosigkeit) das Alter, so daß hier eine entsprechende Vorsorge gerade bei Frauen um so wichtiger erschien. Allerdings waren auch solche Rechtshandlungen asymmetrisch, da Frauen auf Grund der Muntgewalt des Vaters, Ehemannes oder ältesten Familienmitglieds vor Gericht eines Anwalts (*Anweisers*) bedurften. Hier wirkte das Vorbild des landesfürstlichen Hofes sicher verstärkend – wenn auch offen ist, ob es für das rechtliche Geschlechterverhältnis in der ländlichen Kommune ausschlaggebend war. So trat Margarethe Maultasch sozusagen als Mentorin auf, wenn sie 1342 auf der Zenoburg beurkundete, daß sie Dietmut von Liebenberg mit ihrem Gut beraten und dem Peter von Slandersperg zur Frau gegeben habe.¹⁹⁸

Ein Ehevertrag

Auch die ersten Eheverträge begegnen uns in den mittelalterlichen Quellen von Schlanders, wenn auch anscheinend nur unter den vermögenderen Schichten – was uns darauf hinweist, daß vormoderne Eheverträge vor allem aus familialen und ökonomischen Gründen relevant waren. Ein solch überraschend frühes Beispiel¹⁹⁹ stellt der Ehe- oder besser Verlobungsvertrag eines Paares vermögender Ministerialen vom 21. September 1237 in Bozen dar.²⁰⁰ Darin wird die Rolle sowohl der Frau als auch des Mannes als Träger von familialem Vermögen deutlich, worin sich die Ministerialen offensichtlich Attitüden und Selbstverständnis des Adels anpaßten. Leucarda war die Tochter des Heinrich von Schlanders, ihr Verlobter Bertold, der Sohn des Ulrich Waberer, der in Bozen ein Haus besaß.

Die unter Zeugen geschlossene Übereinkunft war in zwei Notariatsurkunden festgehalten. Demnach bestimmte der erste Vertrag, daß Ulrich seine Verlobte Leucarda bis Martini 1238, also in einem guten Jahr, zur Frau nehmen solle, die von ihrer Familie 500 Pfund Denare Heiratsgut erhielt. Bei Vertragsbruch hatte jede Partei der anderen ebenso 500 Pfund zu bezahlen.

In der zweiten Urkunde wurden die genaueren Zahlungstermine vereinbart und für den Todesfall ein gegenseitiger Beerbungsvertrag geschlossen. So hatten Vater und Großvater der Braut den Waberern die 500 Pfund Denare in vier Jahresraten, beginnend mit dem Hochzeitstag, zu Martini 1238 zu entrichten. Sollten sie die genannten Zahlungstermine nicht einhalten, so schworen sie, zusammen mit den Zeugen fünfzehn Tage darauf in die Stadt Bozen zu kommen und sich nicht eher zu entfernen, bis besagte Schuld den Waberern abgegolten sei. Das Geld sollte mit Rat von vier Freunden, je zwei von den Vertragsparteien, auf ein Allod oder Pfandgüter angelegt werden. Sollte dabei die Gattin Leucarda ohne Erben vor ihrem Mann sterben, würde Bertold 200 Pfund Denare behalten und die übrigen 300 ihren Verwandten zurückzahlen. Sollte aber Bertold ohne Erben vor seiner Frau Leucarda sterben, so konnte sie ihr Witwengut zur Gänze behalten.

Leider erfahren wir nichts über das Alter des Paares. Sicher war es keine Kinderehe. Da der Hochzeitstermin in einem guten Jahr stattfinden sollte und bei der Braut sogar ein Großvater mit bestimmte, dürfte diese knapp vor der Volljährig-

---

192 AB II Nr. 235.
193 1365 Mai 4, Urkunde Nr. 5, GAG, STLA; AB II Nr. 251.
194 AB II Nr. 47.
195 AB II Nr. 237.
196 AB II Nr. 335. Im Untertanenverzeichnis von 1427 ist Eberhard nur mit seiner Frau genannt; Cod. 12, TLA, fol. 174'.
197 SCHWITZER, Urbare (wie Anm. 77), S. 205–208.
198 AB II Nr. 50.
199 Weitere Beispiele siehe vorhin.
200 Hans von VOLTELINI (Hg.), Die Südtiroler Notariats-Imbreviaturen des dreizehnten Jahrhunderts, Teil 1, Innsbruck 1899, Nr. 695. Vgl. auch BITSCHNAU, Burg und Adel (wie Anm. 22), Nr. 522.

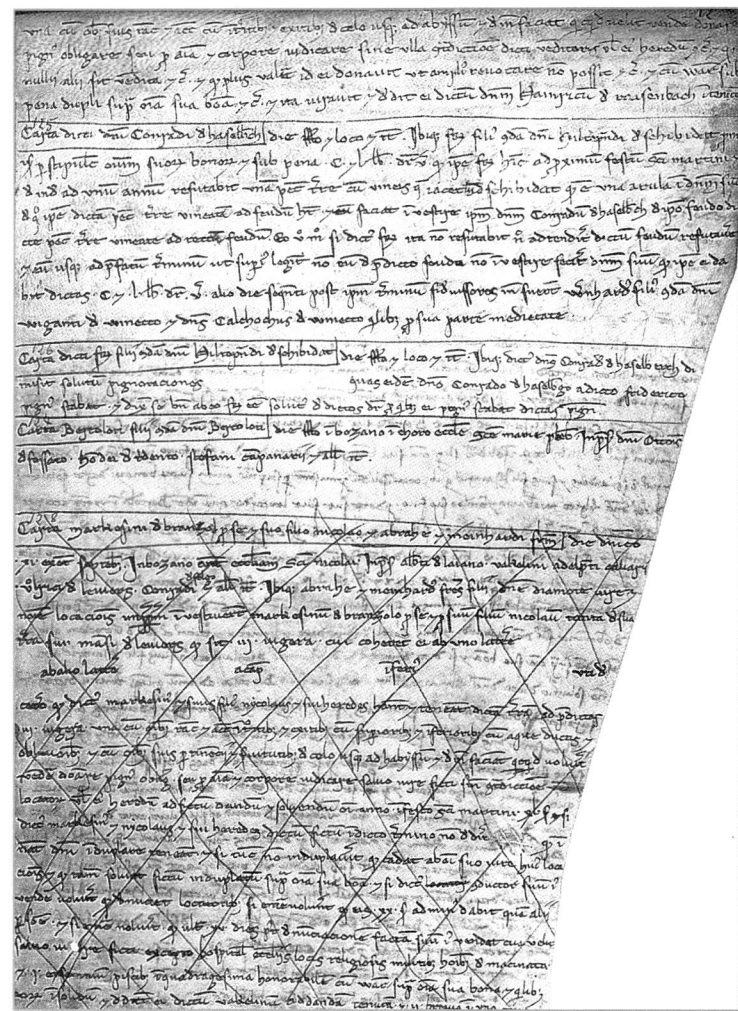

keit gestanden haben. Offensichtlich waren ein Teil der Verlobungsgesellschaft, die Familie der Leucarda und wohl auch ein Teil ihrer Bürgen, Karl von Schlanders, Hemedus von Göflan und sein Sohn Trentinus, zum Ereignis nach Bozen gereist, was uns zunächst verwundern mag, da es auch im Vinschgau in der Zeit Notare gab.

Wir finden die Erklärung in dem an erster Stelle genannten Zeugen, Friedrich von Wanga, und in der folgenden vom Notar ausgestellten Urkunde. Demnach war der Verlobungsvertrag mit einer Belehnung und weiteren finanziellen Absicherung der künftigen Ehefrau verbunden. Noch im Haus des Waberer und unter denselben Zeugen bestätigte Friedrich von Wanga, daß er und sein Bruder Beral von Wanga den Ulrich Waberer, seine Frau Alhaid und ihren Sohn, den Verlobten Bertold mit einem Grundstück am Niedertor in Bozen belehnt hätten, *tali vero modo*, unter folgender Bedingung:

Sollten die drei Genannten ohne Erben sterben, daß dann Leucarda das genannte Lehen erhalten solle.

Damit vollzog sich das Verlöbnis unter der Schirmherrschaft des Dienst- und Lehensherren. Heinrich und Karl von Schlanders und ein Teil der Zeugen betätigten sich am folgenden Tag als Zeugen beziehungsweise als Bürgen in einem Rechtsgeschäft für die Wanga,[201] was ihr Klientelat noch weiter bestätigt. Einer der Bürgen für die Familie der Braut, Trentinus, erscheint noch 1279 und 1290 im engsten sozialen Umfeld der Herren von Wanga. Von Göflan aus dürften er und sein Vater Hemedus den Wanger Besitz im Vinschgau verwaltet haben.[202]

Heirat vor dem Notar. Zur Verlobung Leucardas von Schlanders mit Bertold Waberer wurden zwei Verträge geschlossen; Bozen, 21. September 1237 (Ausschnitt, letzte Seite). Aus dem Notariatsbuch des Jakob Haas.

201 Hans von VOLTELINI, Notariats-Imbreviaturen (wie Anm. 200), Nr. 701.
202 LOOSE, Siedlungsgenetische Studien (wie Anm. 40), S. 235.

Nun hatten die Waberer zwar 1237 in Bozen ein Haus, was (wegen ihrer ministerialischen Tätigkeit für die von Wanga) noch nicht unmittelbar auf ihre dortige Herkunft schließen läßt – auch Leucarda sollte allenfalls Lehensbesitz von den Herren von Wanga in Bozen erhalten. Damit stammte jedenfalls ein Teil der befreundeten und künftig verschwägerten Familien aus dem unteren Vinschgau, aus Schlanders und Göflan – im Vinschgau hatten die Wanga vor allem im Raum Göflan umfangreichen Besitz und Eigenleute.[203] – vielleicht auch die Waberer, die 1286 in Schlanders und 1339 in Göflan erwähnt sind.[204]

Ein weiterer Zeuge des Verlobungsvertrags, Leonhard Mass, setzte noch am selben Tag den Deutschen Orden in den Besitz eines dem Orden geschenkten Hofes[205] – auch die Wanga hatten beste Kontakte zum Orden und diesem im Jahr 1212 die St.-Martins-Kirche in Göflan geschenkt, 1230 auch das dazu gehörige Patronat überlassen;[206] hier schließt sich der Kreis einer relativ geschlossenen Notabelngesellschaft im Schlanderser Vinschgau.

Bertold und Leucarda erscheinen als die Träger einer Familie, deren Besitz und Vererbung frühzeitig im verschrifteten Ehevertrag festzulegen waren. Die Übereinkunft legte Termin und Höhe der Beträge genau fest, die zu entrichten waren. Dabei erscheint das Heiratsgut als relativ hoch; auch überrascht der Stand der Monetarisierung der Gesellschaft, da das Gut zunächst in (hohen) Geldbeträgen und dann erst wiederum in immobilem Vermögen anzulegen war.

Der Ehevertrag Leucardas ist zugleich ein Hinweis auf die Jugendphase der ländlichen Zeitgenossen, über die wir im Mittelalter nur wenig wissen. Sicher bestanden gravierende sozialständische Unterschiede. So war in der ländlichen Gesellschaft Kinderarbeit, vor allem das Hüten von Vieh, verbreitet. Hier haben wir zumindest ein Zeugnis, eines späteren Bauern vom Nörderberg: Peter Drügk berichtete 1473 in einer Kundschaftsaussage, daß er als *knab* – vor etwa dreißig Jahren – *mit sambt andern knaben* das Vieh seines Vaters von Goldrain hinauf in die (Etsch)Au getrieben und dort gehütet habe.[207]

Das Dorf trifft sich

Die frühen Hinweise auf Kinderarbeit sind auch ein Indiz für das seit der großen Epidemie von 1347/1351 erneut einsetzende Bevölkerungswachstum. Auch in Schlanders dürfte die Bevölkerungszahl um 1500 wiederum den Stand der ersten Hälfte des 14. Jahrhunderts erreicht haben. Um 1427 hatte das Dorf Schlanders zwischen 300 und 400 Einwohner.

Nicht nur die fortschreitende Verrechtlichung der Zeit, sondern auch das Bevölkerungswachstum seit der Großen Pest ließen Dorfordnungen oder Weistümer entstehen, die das öffentliche Leben eines Dorfes auf der Grundlage bisheriger Praxis regelten und verschrifteten. Ein solches Weistum ist uns von Mals bereits aus dem Jahr 1538, ein Gerichtsstatut von Müstair sogar von 1427 erhalten – die Dorfordnung von Schlanders ist leider verlorengegangen.[208]

In der Tat wissen wir nicht nur von jährlichen Versammlungen des Gerichts Schlanders im Anger des churischen Maierhofs in Schanzen, an denen sich Bewohner auch des Dorfes Schlanders beteiligten, sondern auch von Versammlungen des Dorfes selbst. Sie wurden bezeichnenderweise mit *pawrschaften* benannt. Gemäß Almordnung von 1442 sollte der Almbrief *in der gemain pawrschaft des dorfs Schlanders* am Kässonntag vorgelesen werden.[209] Sicher reichen die Anfänge der Dorfversammlungen in Schlanders viel weiter zurück und hängen eng mit der Verdorfung der Siedlungskerne seit dem 13. Jahrhundert zusammen. So waren die Kortscher in ihrem Wald- und Besiedlungsstreit mit Marienberg, wie erwähnt, bereits 1209 nach außen als Kommunität aufgetreten, wie auch die 1303 erstmals in Schlanders erwähnten Dorfmeister vor allem durch die Dorfversammlung Funktion und Legitimität erhielten.

---

203 Ebd., S. 231–238, vor allem Abb. 5 (Karte).
204 Vgl. STOLZ, Ausbreitung (wie Anm. 92), S. 39 und 86f.
205 VOLTELINI, Notariats-Imbreviaturen (wie Anm. 200).
206 Zuletzt LOOSE, Siedlungsgenetische Studien (wie Anm. 40), S. 232.
207 1473 Mai 17, Urkunde Nr. 7, GAS, STLA, mit weiteren Hinweisen ebd.; vgl. auch unten, S. 335.
208 Vgl. AB II S. 63.
209 STAFFLER, Hofnamen Schlanders (wie Anm. 20), S. 115.

Soziale Fürsorge. Spital und Siechenhaus

An einem weiteren Bereich, dem Ausbau der sozialen Fürsorge, dem Spitalwesen, vermögen wir die neue Bevölkerungsverdichtung in den Dörfern zu beobachten. Dabei war die Spitalstiftung in Schlanders von 1461 auch ein Indikator dafür, daß die örtliche Gesellschaft nicht nur bereit war, ein Spital zu stiften (und zu erhalten), sondern es sich aufgrund des ökonomischen Aufschwungs auch leisten konnte.

In der Tat wurde das Spital in den folgenden Jahrzehnten durch Stiftungen und Zuwendungen relativ lebhaft gefördert. Daß der Kortscher Hans Pafurgkh das Spital in Schlanders initiierte,[210] spricht wiederum für die zentralörtliche Funktion des Ortes – es wurde ein Spital, in das nicht nur Schlanderser, sondern auch Kortscher, Göflaner, Allitzer oder Laaser,[211] also Mitglieder der Pfarrgemeinde stifteten und Aufnahme fanden. Die nächsten Spitäler befanden sich in Latsch und Glurns.[212]

Das Spital, das der Weber Pafurgkh zu einer Herberge für arme Menschen und Pilger gestiftet hatte, erwies sich sozusagen als multifunktional. Es war Refugium für durchreisende Pilger, für kranke und vor allem arme oder im Alter verarmte *Brüder und Schwestern*[213] der Pfarrgemeinde, ebenso Stätte, in denen vermögende Schlanderser im Alter ihre Kleidung, Essen und Holz beziehen konnten[214] oder religiöse Institution, in der für sich und die eigene Familie Jahrtage gestiftet wurden. Das Spital erfüllte somit Aufgaben als Alters-, Kranken-, Armen- und Pilgerheim und als Gebetsinstitution. Hier gab es traditionell auch ältere, städtische Vorbilder, die man adaptieren konnte. Die Intention Pafurgkhs führte 1505 ein weiterer Kortscher, Cristan Irtschner, fort, der nicht nur zwei Jahrtage für seine Verwandtschaft im Spital stiftete, sondern auch bestimmte, daß dort jederzeit ein gerichtetes Bett für arme Leute bereitzustehen habe.[215]

Das Schlanderser Spital wurde von einem Pflegerehepaar geleitet, die zudem als Bauleute die nahegelegenen Güter bewirtschafteten. Der Vertrag mit Stoffl und Katharina Pinter von 1516 bestimmte, daß sie als Pfleger ihr Leben lang *unver-*

Das alte Spital von Schlanders, 1461 vom Kortscher Weber Hans Pafurgkh gestiftet.

---

210 1461 Juli 25; Spitalsarchiv Schlanders (Regest Theiner); STAFFLER, Hofnamen Schlanders (wie Anm. 20), S. 141/ Nr. 97. Vgl. auch Cod. 12, TLA, fol. 185'.

211 Ephraem KOFLER, Das Spital zu Schlanders, seine Stiftung und seine Rechte von 1461 bis 1843, um 1845, Handschrift im Tiroler Landesmuseum Ferdinandeum, FB 2702, S. 10 ff.; Hermann THEINER, Historisches Archiv des Spitals zum hl. Geist in Schlanders 1389 – ca. 1800. Repertorium, Typoskript im Tiroler Landesmuseum Ferdinandeum, Schlanders 1996, passim.

212 Seit 1530 auch in Mals; Herbert RAFFEINER/Heinrich MORIGGL, Mals. Dorfgeschichte von den Anfängen bis 1918, Geschichte der Volksschule in Mals, Mals 1994, S. 39 f.

213 Stiftung des Anton Matthiz und seiner Frau, 1514; vgl. KOFLER, Spital (wie Anm. 211), S. 8 f.

214 Vgl. Urkunde Nr. 17, Spitalsarchiv Schlanders (1508, Regest Theiner).

215 Urkunde Nr. 12, Spitalsarchiv Schlanders (Regest Theiner). Die Stiftung wurde 1507 (nicht betreffend das Bett für die Armen) modifiziert; ebd., Nr. 16.

trieben seien; sie hatten für ihren Unterhalt selbst zu sorgen, auch das Bettgewand und alle Notdurft selbst bereit zu stellen, wobei sie im Spital – sozusagen als privaten Raum in der »öffentlichen« Institution Spital – ihr eigenes *versperrt Gemächlein*[216] haben sollten.

Als die Nachfolger der Pinter, Christan und Apollonia Treger aus Allitz, 1529 den Vertrag schlossen,[217] sind auch eine Hofstatt, ein Stadel und Stallung genannt. Das Bettgewand, das sie für die Armen übernahmen, sollten sie *wohl und sauber*[218] halten; sich überhaupt gegen die armen Leute und Pilger freundlich erweisen und kein stolzes oder üppiges Wort verlieren. Hatten diese etwas zum Kochen, sollten sie ihnen Holz geben und Geschirr leihen. Stifteten aber stolze oder trunkene *Lötter aufruhr* – wir bemerken den Nachhall des Bauernkrieges – und vermochten ihn die Pfleger nicht zu unterbinden, hatten sie dies dem Spitalmeister und den Nachbarn zu melden.

Im Vertrag ist auch ein eher bescheidenes Inventar genannt, das sie übernahmen, unter anderem einen Sommerwagen mit vier Rädern und einen Dungwagen. Angesichts eines Rechens, einer Heugabel, einer Mistgabel, einer Schaufel konnte die Feldwirtschaft jedoch nicht umfangreich sein und entsprach den Gütern, die sie persönlich bewirtschaften konnten. Auch das Kücheninventar war nicht besonders reichhaltig. Genannt wurden unter anderen neun kleine und große Pfannen, was uns zudem auf die Anzahl der Spitalsinsassen schließen läßt, auch eine *Kestnpfanne*[219] und eine Pfefferpfanne, einige Kessel, ein Rost und eine Eisenkelle.

Das Spital befand sich am östlichen Eingang des Dorfes in der Nähe des Schlandraunbaches, damit traditionell außerhalb der Gesellschaft im wörtlichen und übertragenen Sinn. Allerdings war die örtliche Absonderung des Spitals oder im Extremfall der Pestinfizierten im Siechenhaus auch Ausdruck medizinischer und sanitärer Hilflosigkeit der Zeit.

In der Nähe des Spitals bestand bereits vorher das Siechenhaus der Gemeinde, deren Ursprung wir nicht kennen, das man aber vermutlich seit der zweiten Hälfte des 14. Jahrhunderts im Umfeld der Pestwellen eingerichtet hatte. Das Siechenhaus mit dem Siechengarten wurde später mit dem Spital gemeinsam verwaltet und ebenso an ein Pflegerehepaar verpachtet. Der Pachtvertrag von 1543 erlegte dem Sondersiechen und Pfleger Marx Kholb aus Sterzing und seiner Frau Helena auf, das Haus in gutem Zustand zu erhalten, den Siechen Herberge zu geben, ihnen beizustehen und sie zu *behüllzen*.[220] Vor dem Haus stand ein Spendenstock, der dem Pfleger zustand; durch das Siechenhaus führte ein Steig und Waal hindurch.

Die Aufsicht und Vertretung des Spitals und Siechenhauses erfüllte ein Spitalmeister, der letztlich der Pfarrgemeinde verantwortlich und von dieser eingesetzt war.[221] Das angesehene Amt war in den dörflichen Ämterverband eng integriert.

Plurale örtliche Kultur. Rätoromanisch in Schlanders

Die Schlanderser Dorfbevölkerung lebte bis in das 18. Jahrhundert in einer kulturell-sprachlichen Übergangsregion. Leider können wir hier außerhalb der Sprache keine anderen Zeugnisse und Interdependenzen der pluralen örtlichen Kultur analysieren. Ebensowenig vermögen wir die lokalen Verästelungen der Assimilierung der rätoromanischen Kultur näher zu untersuchen. Handelte es sich dabei um offene Konfrontationen oder um mehr subkutane Mechanismen und Kanäle?

Und wenn letzteres der Fall war (es sind anscheinend keine offenen und gewalttätigen Konflikte bekannt), handelte es sich um subtile Pressionen der Obrigkeit und/oder der Mitbewohner oder um eine wenig reflektierte, sozusagen alltägliche, gewissermaßen natürliche (oder »primitive«) und freiwillige Assimilation, wie sie gerade für die Vormoderne typischer war oder um beides? Auch die Rolle der Grundherren, Orden, später des Landesherren und seiner Amtleute, also der Herrschaftseliten, können wir hier nicht näher erörtern.

---

216   1516 April 6, Urkunde Nr. 30, Spitalsarchiv Schlanders (Regest Theiner); KOFLER, Spital (wie Anm. 211), S. 29–31 (Abschrift).
217   1529 Juni 8; KOFLER, Spital (wie Anm. 211), S. 31–37 (Abschrift).
218   Ebd., S. 32.
219   Ebd., S. 35.

220   KOFLER, Spital (wie Anm. 211), S. 6 f.; STAFFLER, Hofnamen Schlanders (wie Anm. 20), S. 142/Nr. 97.
221   Vgl. Urkunde Nr. 53, Spitalsarchiv Schlanders (Regest Theiner).

Dennoch zeigen uns die Geschichte des Dorfes, des Lokalen, der Nachbarn, der kommunale Alltag, daß Sprache und Mentalität ungeachtet aller damit verbundenen Identität keine erste Priorität inne hatte, gegenüber gemeinsamem Arbeiten, Wirtschaften und sozialen Kontakten. Ebenso, daß Sprache und Mentalität kein (wenn überhaupt) Staatskriterium erster Ordnung waren. Dies war, gerade lokal gesehen, Ausdruck einer politischen Kultur, die wir um 1800 zu verlieren begonnen haben.

Wenn wir uns somit in diesem Fall »nur« auf die Sprache beschränken, vermittelt uns der Bündner Historiograph Ulrich Campell einen hervorragenden Querschnitt zu ihrer regionalen Verteilung im Vinschgau. So wurde um 1570 noch in Schluderns und Laas neben Deutsch auch Rätoromanisch gesprochen.[222] Schlanders war noch 1077 vordeutsch mit *Slanderes* geschrieben worden, was freilich auch mit dem in den Kanzleien fehlenden Sch-Zeichen zusammenhing.

Wir wissen heute, daß zu Zeugenfunktionen im Rechtsbereich zunächst vor allem Ortshonoratioren herangezogen wurden. Aber selbst wenn wir bei der Analyse von Zeugenreihen nur diese Gruppe berücksichtigen, so lebte im 12. und 13. Jahrhundert sogar unter ihr ein hoher Anteil von Rätoromanen auch im Raum Schlanders. In einer Urkunde von 1170 trugen in Kortsch von zwölf notablen Zeugen knapp die Hälfte romanische Namen.[223] Auch im Laaser Steuerregister von 1277, das Vermögende aufzählt, werden etwa für Kortsch/Schlanders mehrere Träger romanischer Namen wie Jannet, Juvianus oder zweimal Perro genannt.[224]

Bereits im Hochmittelalter setzte im Raum Schlanders und Glurns ein unterschiedliches Tempo, sozusagen ein Scherensyndrom mit fortschreitender Reduktion der rätoromanischen Kultur, in den sprachlichen Entwicklungen ein. So wurden auf der Dingsstätte Schlanders die Gerichtsverhandlungen im 14. Jahrhundert anscheinend bereits in Deutsch,[225] während sie im benachbarten Gericht Glurns und im Hofgericht Marienberg noch im 16. Jahrhundert auch auf Rätoromanisch gehalten wurden.[226]

Dennoch lebte auch in Schlanders noch im Spätmittelalter – wohl vor allem unter den Churer Gotteshausleuten – eine starke rätoromanische Minderheit, die eher der weniger vermögenden Schicht und in der Regel nicht den lokalen Notabeln angehörte. Dazu zählten vermutlich vor allem die Churer Gotteshausleute. Wir finden dazu unter anderem Hinweise in den Benennungen mit Walch. So saß im Jahr 1389 ein *iachel walich* auf dem Gseinhof, der vermutlich Bestands- oder Baumann des Kaufmannes Heinrich Umbraser war.[227] Bedauerlicherweise fehlen uns für die Frühe Neuzeit, nicht zuletzt für den Raum Schlanders, genauere Forschungen. Jedenfalls sprach ein großer Teil der Bevölkerung im oberen Vinschgau bis in das 17. Jahrhundert Rätoromanisch.[228] Aber auch in Schlanders war noch im 18. Jahrhundert die rätoromanische Sprache teils üblich.[229]

Auch zum gegenseitigen Sprachverständnis vermögen wir derzeit nur wenig zu sagen. Als 1394 in Glurns eine Gerichtsverhandlung in Rätoromanisch stattfand, ersuchte Krämer Christel aus Latsch (mit Erfolg) um einen *zůsprechen*, also Dolmetscher, da er *sich in wälscher sprach niht chunnd bereden*.[230] Offensichtlich verstand die adelige Oberschicht des Vinschgaus und teils des Burggrafenamts noch im 14. Jahrhundert Rätoromanisch. Als 1327 in Bozen Enneberger Bauern, die nicht Deutsch verstanden, befragt wurden, wurden zur Hofgerichtssitzung auch die Herren von Reichenberg und von Rubein geladen.[231]

Tatsächlich hat hier die Praxis der Gerichte in eine bestimmte Richtung gewirkt. So wurden in Glurns und der Hofmark Marienberg, wie erwähnt, die Gerichtsverhandlungen zwar noch im 16. Jahrhundert auch auf Rätoromanisch gehalten, die Gerichtsentscheide und Gerichtsbücher jedoch zunächst auf Latein und seit dem Ende des 14. Jahr-

---

222   STOLZ, Ausbreitung (wie Anm. 92), S. 59, 61.
223   Vgl. ebd., S. 35.
224   SANTIFALLER, Laaser Steuerregister (wie Anm. 170), S. 11.
225   STOLZ, Ausbreitung (wie Anm. 92), S. 47.
226   Vgl. STOLZ, Landesbeschreibung (wie Anm. 68), S. 60, 80.
227   STAFFLER, Hofnamen Schlanders (wie Anm. 20). S. 122/Nr. 34. Noch 1417: *des Walchs an cusein gut*; ebd. Vgl. auch OTTENTHAL, Rechnungsbücher (wie Anm. 54), S. 595. – Zur Verbreitung von *Walch* siehe STOLZ, Ausbreitung (wie Anm. 92), S. 25.
228   Ebd., S. 56, 58.
229   Unten, S. 317.
230   Vgl. oben, S. 303; STOLZ, Ausbreitung (wie Anm. 92), S. 60.
231   Ebd., S. 58

hunderts in nahtlosem Übergang strikt auf Deutsch geschrieben.[232] Dies hatte vermutlich nur bedingt mit fehlender Sprachfertigkeit der Richter oder Gerichtsschreiber zu tun. So wurden Protokolle des churischen Gerichts auf Schloß Fürstenburg das Münstertal betreffend 1663–1669 auf Rätoromanisch verfaßt.[233] Seit etwa 1600 unterbanden die Churer Diözese, der Tiroler Landesherr und Marienberg unter Abt Matthias Lang aus Konfessionalisierungsgründen die rätoromanische Sprache, um auch dadurch Kontakte zum reformierten Bünden zu unterbrechen.[234]

Aber welche Quellen stehen uns heute überhaupt zur Verfügung, wenn wir eine zumindest beschreibende Analyse der Sprachen und Kulturen im vormodernen Vinschgau versuchen? Neben dem vorzüglichen historiographischem Zeugnis des Campell geben uns vor allem die Relikte des Namensgutes, der Orts-, Hof- und Flurnamen, also der Makro- und Mikrotoponyme, die Personen- und Familiennamen der Dorfbewohner Hinweise zur lokalen sprachlichen Kommunikation. Wichtige Quellen sind weiter das öffentliche Schriftgut in den Gerichten, einerseits ihre sprachliche Praxis, andererseits darin enthaltene inhaltliche Informationen zu Verfahren und obrigkeitlichen Maßnahmen. Private Überlieferung ist für das Spätmittelalter noch ziemlich selten, und sie vermittelt uns vor allem Wissen aus der Perspektive oberer und alphabetisierter Schichten.

Befassen wir uns noch kurz mit der Wissenschaftsgeschichte und damit der weiteren Entwicklung bis in das 18. Jahrhundert. Hier hat die ältere Forschung vor allem eine nationalstaatlich bis nationalistisch, später völkisch motivierte Bestandsaufnahme und Sicherung des Kultur- und Sprachstandes,[235] wenn auch mit bemerkenswerter Offenheit, vorgenommen. Ein Problem scheint dabei – von den genannten Prämissen abgesehen – offen zu liegen: Vor allem die Untersuchungen auf urkundlich-statistischer Grundlage haben demographische und soziale Faktoren zu wenig berücksichtigt, daß in Urkunden mehr Ober- und allenfalls Mittelschichten genannt sind, während der große Anteil der Unterschichten nahezu sprachlos blieb.

Wir können dies bereits bei der genannten Studie der Vornamen zum Laaser Steuerregister von 1277 beobachten. Individuell als Steuerzahler genannt wurden meist nur Vermögende. Inwieweit daher die rätoromanische Sprache seit dem oder spätestens zu Beginn des 18. Jahrhundert im Vinschgau tatsächlich »ganz erloschen«[236] war, ist auch angesichts fehlender Detailforschungen offen.

Daß dabei wesentlich länger als bisher vermutet[237] auch in der Pfarre Schlanders Rätoromanisch gesprochen wurde, zeigt ein Beschluß der Pfarrgemeinde von 1773, der sich in erster Linie auf Kinder von Pfarrangehörigen bezog. Demnach sollte der Lehrer für die (deutschsprachigen) Schüler im Sommer 24 Kreuzer an Schulgeld, *aber von einen Engedeiner und Welschen so mehr mühe brauchen* 36 Kreuzer erhalten.[238] Dabei konnte es sich nicht um minimale Anteile oder sehr wenige Personen gehandelt haben, da die Bestimmung eigens in den Vertrag aufgenommen wurde, auch nicht um vagierende »Dienstboten«, die meist unverheiratet waren.

Tatsächlich werden hier anscheinend mehr die (widersprochenen)[239] Beobachtungen Joseph von Hormayrs und Beda Webers bestätigt: Demnach sei, so Hormayr, im oberen Vinschgau bis Schlanders noch bis zur Zeit Maria Theresias – sei es durch Immigranten wie Dienstboten, sei es durch traditionell Angesessene – das Romanisch in Übung gewesen.[240] Beda Weber schrieb 1837, daß im oberen Vinschgau die romanische Sprache *kaum als ausgestorben* betrachtet werden könne. Hier bestand anscheinend noch im 17. Jahrhundert

---

232 Vgl. 1394 ca., Urkunde Nr. 97, STLA; STOLZ, Ausbreitung (wie Anm. 92), S. 60 f.
233 Ebd., S. 66.
234 Ebd., S. 64 f.; Josef HIRN, Erzherzog Maximilian der Deutschmeister, Regent von Tirol, Bd. 1–2, Innsbruck 1915–1936 (ND Bozen 1981).
235 Michael WEDEKIND, »Völkische Grenzlandwissenschaft« in Tirol (1918–1945). Vom wissenschaftlichen »Abwehrkampf« zur Flankierung der NS-Expansionspolitik, in: Nationalismus und Geschichtsschreibung. Nazionalismo e storiografia, Wien–Bozen 1997, S. 227–231.

236 Vgl. STOLZ, Ausbreitung (wie Anm. 92), S. 65, ferner 34, 66 f., 71 f.
237 Zur Kontroverse vgl. ebd.
238 1773 August 20 (Transsumpt vom selben Tag), Et 157/8, DOZA.
239 STOLZ, Ausbreitung (wie Anm. 92), S. 71 f.
240 Ludwig STEUB, Drei Sommer in Tirol, Bd. 2, Stuttgart ²1871, S. 160 f.

eine kulturell-sprachlich plurale Lokalgesellschaft, die aus welchen Gründen auch immer im späteren 18. und 19. Jahrhundert unterging.

Alphabetisierung. Bildungschancen auf dem Land

Sicher besaß die relativ differenzierte Gesellschaft im spätmittelalterlichen Schlanders auch eine gewisse Schriftkultur. Hier förderten vor allem die nicht überwiegend agrarischen Berufe die Alphabetisierung oder anders gewendet: zeigten zumindest Interesse an einem Ausbau des Schulwesens. Sie benötigten jedenfalls rudimentäre Kenntnisse im Lesen, Schreiben und Rechnen, etwa nur, um Guthaben ihrer Kunden über geleistete Arbeit oder entgoltene Löhne (Naturalien oder Geld) ihrer Gesellen, Tagelöhner und Dienstboten – und sei es wie Umbraser in einfachen Sesterzheften – zu notieren.

Jedenfalls können wir auf Grund der bereits im 14. und vor allem im 15. Jahrhundert großen Anzahl verschrifteter Immobilienübertragungen feststellen: Zumindest in den vermögenden Haushalten von Schlanders waren Rechtstexte wie Lehen- und Kaufurkunden[241] vorhanden – die wir auch noch in Inventaren des 16. Jahrhunderts finden können; dabei legte offensichtlich die vogtbedürftige Kirche besonderen Wert auf den Schriftbeweis. Goswin notierte 1390 in sein Urbar, daß man die Eigenleute, *die prieve habent*,[242] bei ihren Rechten verbleiben lassen solle. Daß sich anderes Schriftgut (nicht nur Finanzagenden betreffend) nicht überliefert hat,[243] lag auch in seiner geringeren Rechtsrelevanz. Im Falle der Notariatsurkunden über Schuldverhältnisse und bewegliche Güter verordnete der Tiroler Landesherr 1328 sogar, daß sie unter Glurnsern oder zwischen Glurnsern und Leuten von Bormio nur zwei Jahre gültig bleiben sollten – um somit einen zügigen Geschäftsverkehr zu garantieren.[244]

Die Urkunden werden für die meisten Inhaber zumindest ansatzweise entzifferbar gewesen sein. Allgemein war in der zeitgenössischen Gesellschaft Zentraleuropas der Anteil der einigermaßen Alphabetisierten vor der Reformation mit 2–6 % noch sehr gering – wenn er auch etwas höher als bisher angenommen gewesen sein dürfte.[245] Dagegen befand sich vermutlich gerade im urkundenreichen Raum Schlanders ein größerer Teil der Bevölkerung in einer ausgeprägten Grauzone der Alphabetisierung, mit rudimentären Kenntnissen vor allem des Lesens.

Der erwähnte Kaufmann Umbraser hat uns jedenfalls durch sein Rechnungsbuch bewiesen, daß er gut schreiben, wenn auch etwas weniger gut rechnen konnte (Emil von Ottenthal wies ihm mehrfache Rechenfehler nach), mehr noch: ein gewisses literarisches Interesse besaß.[246] Ob sein Kostgast, Junker Peter von Schlandersberg, ebensolche Kenntnisse besaß, dürfen wir eher verneinen. Allerdings besaß auch er rudimentäre, vor allem praktisch-grundherrliche Kenntnisse wie der Maße oder des Geldes, da er die Verwaltung seiner Güter und Einkünfte teils selbst in die Hand nahm.[247]

Wir können uns somit noch einmal fragen: Wer konnte im Schlanders des 15. Jahrhunderts einigermaßen gut lesen, schreiben und rechnen? Zunächst sicher die Kleriker, also die Konventsmitglieder der Kommende (von den Konversen, also den Laienbrüdern, abgesehen), der Richter oder Anwalt, natürlich der Notar, Gerichtsschreiber und Schulmeister, dann wohl auch die Dorfmeister, der Spitalmeister und die Kirchpröpste. Zudem gab es vermutlich einen etwas größeren Kreis, der sich in einer Grauzone der Alphabetisierung befand: die Handwerker, Wirte und Krämer oder der Kaufmann, vielleicht auch vereinzelte Bauern im Dorf. Insgesamt dürfte – Tragik der vormodernen Schulbildung – auf Grund fehlender Praxis der Anteil sekundärer Analphabeten, die nach einem etwaigen Schulbesuch ihre Kenntnisse wiederum weitgehend vergaßen, groß gewesen sein.

---

241 Vgl. etwa Urkunde Nr. 16, Spitalsarchiv Schlanders (Regest Theiner).
242 SCHWITZER, Urbare (wie Anm. 77), S. 42.
243 Aus der Perspektive der Notariatsurkunde: CLAVADETSCHER, Notariat (wie Anm. 42), S. 143.
244 Ebd., S. 143 f.
245 Vgl. Heinz NOFLATSCHER, Bilanz einer Halbzeit. Bildung und Politik um 1500 in Österreich, in: Ostarrichi – Österreich. 1000 Jahre – 1000 Welten, hg. von Hermann J.W. Kuprian, Innsbruck 1997, S. 133 f., mit weiterer Literatur. Vor allem dazu: Reinhard JAKOB, Schulen in Franken und in der Kuroberpfalz 1250–1520. Verbreitung – Organisation – Gesellschaftliche Bedeutung, Wiesbaden 1994, S. 432.
246 OTTENTHAL, Rechnungsbücher (wie Anm. 54), S. 559 f.
247 Ebd., S. 588, 594.

Wer waren die Träger und Institutionen schulischer Bildung und Alphabetisierung auf dem spätmittelalterlichen Land? Sicher wie in der Stadt – wenn überhaupt – vor allem die Pfarrschule und seit dem 15. Jahrhundert die sogenannte *teutsche* Schule, die also kein oder kaum Latein vermittelte. Dabei kamen zunächst der Pfarre entscheidende Aufgaben und Jurisdiktion zu. In der Tat begegnen wir in Schlanders frühzeitig Schulinitiativen, aus Kostengründen anscheinend weniger des Ordens als gerade der Dorfbewohner und Pfarrgemeinde. Dabei verbanden die Untertanen zeittypisch Religion und Bildung, religiöse Feier und Alphabetisierung für den alltäglichen Erwerb.

So bestimmte 1380 ein Schiedsgericht nach vorangegangenem Konflikt zwischen dem Deutschen Orden und der Gemeinde, daß der Orden bei der Pfarre künftig einen *frumen schůler* oder einen Knecht als Mesner unterhalten solle.[248] Wir können dabei auf Grund des zeitgenössischen Sprachgebrauchs mit guten Argumenten vermuten, daß mit *schůler* wenn nicht ein Schulmeister, so jedenfalls ein erwachsener Schüler oder Kleriker mit niederen Weihen intendiert war, der eine Lateinschule bereits verlassen oder sogar kurz an einer Universität studiert hatte, der somit Latein beherrschte, in der Kirche als Messdiener und Sänger tätig war und sein schulisches Wissen allenfalls auch weitergab.[249] In der Tat hatte bereits Kaufmann Umbraser in sein Rechnungsbuch 1368 den *schůler* und Kellner vom Deutschen Haus eingetragen, die von ihm zwei Ellen Tuch erhalten hatten.[250] Ein *Schuolmeister* von Schlanders ist im Jahr 1450 erwähnt, Jörg Winckler, der zugleich Notar war und für Matheis von Montani ein Urkundenregister anfertigte.[251] Auch in benachbarten Dörfern finden wir Schulen bereits im 15. Jahrhundert, so in Schluderns und Mals.[252]

Eine gehobene Bildungsstätte bestand in der Abtei Marienberg, wo bereits um 1200 in einer Zeugenreihe ein *Udalricus scolaris* genannt ist. Da der zwischen 1288 und 1327 erwähnte Heinrich vom Turm zu Glurns ein *scolaris* des Stifts war, gab es dort jedenfalls im späten 13. Jahrhundert neben der *schola interior* auch eine *schola exterior* für auswärtige vermögende Laienschüler. Als Schulmeister wird erstmals Abt Wiso (†1362) genannt.[253] Wenn auch numerisch sehr beschränkt, erwies sich auch die Ausbildung des klösterlichen Ordensnachwuchses als ein gewisser Kanal sozialen Aufstiegs, wie wir vom einstigen *scolaris* (1348) Goswin selbst wissen, der von frühester Kindheit an (*ab utero matris*)[254] im Kloster erzogen worden war.

Eine weitere Frage stellt sich uns bezüglich der Herrschaftssprache des Latein. So wurde im Jahr 1482 in Kortsch vor der Dorfversammlung der Frühmesser investiert, dabei wurde der Verleihungsbrief zuerst auf Latein, dann in Deutsch vorgelesen.[255]

Wenn auch der Kreis der Lateinkenner noch wesentlich kleiner als jener der Alphabetisierten war, so dürften einige Dorfbewohner (wie vor allem Messdiener und Mesner) ein paar Begriffe oder kurze Sinneinheiten verstanden haben. Sie sollten jedenfalls in den Pfarrschulen zum Zwecke des Gottesdienstes vermittelt werden. Dabei hatten die rätoromanischen Mitbewohner sicher sprachliche Vorteile.[256] Der eigentliche Kreis der Lateinkenner beschränkte sich freilich auf die Kleriker, Richter und Notare. Das Kommendeninventar von 1579 nannte in der Bücherkammer 22 *allerley lateinische buecher*.[257]

Im Jahr 1490 begegnen wir auch erstmals einem Schlanderser Studenten an einer Universität, Cristannus Taüaser, der sich in Wien immatrikulierte.[258] Im Dezember 1504 schrieb sich Petrus

---

248 1380 Februar 29, GRASS, Studien (wie Anm. 100), S. 14 und 249 (Edition); AB II Nr. 328.
249 Vgl. die Belege bei: Jacob und Wilhelm GRIMM, Deutsches Wörterbuch, Bd. 9, Leipzig 1899, Sp. 1938 f.; Friedrich STAUB/Ludwig TOBLER, Schweizerisches Idiotikon. Wörterbuch der schweizerdeutschen Sprache, Bd. 8, Frauenfeld 1920, Sp. 627 f., 631 f.; Hermann FISCHER, Schwäbisches Wörterbuch, Bd. 5, Tübingen 1920, Sp. 1176.
250 OTTENTHAL, Rechnungsbücher (wie Anm. 54), S. 595.
251 STOLZ, Ausbreitung (wie Anm. 92), S. 56.
252 Ebd.; Andreas STOLL, Geschichte der Lehrerbildung in Tirol. Von den Anfängen bis 1876, Weinheim–Berlin 1968, S. 23; RAFFEINER/MORIGGL, Mals, S. 87.
253 ROILO, Studien (wie Anm. 86), S. 102 f.
254 Christine ROILO/Raimund SENONER (Bearb./Übers.), Das Registrum Goswins von Marienberg, Innsbruck 1996, S. 226 f.; ROILO, Studien (wie Anm. 86), S. 97, 103.
255 STAFFLER, Hofnamen Schlanders (wie Anm. 20), S. 70/Nr. 6.
256 Vgl. auch HEUBERGER, Urkunden- und Kanzleiwesen (wie Anm. 113), S. 129; STOLZ, Ausbreitung (wie Anm. 92), S. 50.
257 1579, Deutschordens-Zentralarchiv (künftig DOZA), Etsch (künftig Et) 155/1, S. 388.
258 Willy SZAIVERT/Franz GALL (Bearb.), Die Matrikel der

Stůffensteiner an der Universität Freiburg ein.²⁵⁹ Stůffensteiner erschien dort anscheinend nicht, wie häufiger üblich, in einer kleinen Gruppe mit Landsleuten, Verwandten oder als Präzeptor eines jüngeren, meist adeligen Kollegen, sondern allein. Ein Hans Stuoffenstein war 1505 Baumann eines Meraner Bürgers in Schlanders;²⁶⁰ Peter entstammte somit dem bäuerlichen Umkreis. Leider vermögen wir seinen Bildungsgang nicht zu rekonstruieren, vor allem zu klären, welche Personen oder Faktoren den offensichtlich Talentierten gefördert haben: War es der Pfarrer, Komtur, der Richter, Anwalt, die engere Familie beziehungsweise ein geistlicher Verwandter – oder einfach die Eigeninitiative eines vaganten Scholaren?

Jedenfalls indiziert der Besuch der Universität Freiburg durch einen Studenten aus Schlanders auch eine territoriale Einbindung des Ortes, seit das Haus Habsburg das Land im Gebirge 1363 übernommen hatte. Sie war im oberen Vinschgau zunächst anscheinend nur mit Zurückhaltung aufgenommen worden, wie wir bei Goswin beobachten können, der Rudolf IV. in seinem Register vorwarf, die *terra nostra* usurpiert (*usurpavit*) zu haben.²⁶¹

Mit der Übernahme Tirols wurden ältere politische durch die Welfen bedingte Beziehungen des Vinschgaus nach Schwaben, die von der Mitte des 13. Jahrhunderts bis 1363 eine gewisse Unterbrechung erfahren hatten, wiederum erneuert. Sicher waren durch die Herrschaft der Habsburger am Oberrhein und später in den Niederlanden auch Wirtschaftskontakte in die protoindustriellen Zentren Schwabens bis an den Niederrhein erleichtert und die politischen Rahmenbedingungen für spätere Arbeitswanderungen in den Südwesten geschaffen. Kaufmann Umbraser unterhielt um 1366/1369 in Schlanders ein bemerkenswertes Tuchlager mit Tuchen aus Mainz, Löwen und Mecheln.²⁶²

Allerdings brachte die Einbindung in den Länderverband der Habsburger auch eine schwere Hypothek mit sich – die Feindschaft der Dynastie und des schwäbischen Adels, teils auch der Städte mit den Eidgenossen. Hier setzte nach 1363 eine politische Distanzierung des Vinschgaus nicht nur von der Schweiz, sondern auch von Chur und von Bünden ein.

Landtag und Bedrohungen

Eine wichtige Etappe in der Territorialisierung Tirols war die Ausbildung eines Landtages um 1420. Dabei wurden in Tirol bekanntlich nicht nur Adel, Klerus und Städte (im Vinschgau Glurns), sondern auch Gerichte zu den Landtagsversammlungen geladen. Unter den im 15. Jahrhundert bekannten acht Landtagsvertretern aus dem Gericht Schlanders stammten drei aus Latsch, je zwei von Schlanders und Laas, einer von Tarsch²⁶³ – hier lief offensichtlich Latsch als ein weiterer zentraler Ort Schlanders gewissermaßen den Rang ab.

Die Gesandten waren vom Gerichtsausschuß gewählt und bevollmächtigt, wobei maximal alle drei Dingstätten des Gerichts einen Vertreter entsandten, wie 1453. Damals vertrat die Dingstätte Schlanders der Notar Stephan auf dem Innsbrucker Landtag.²⁶⁴ Auf den Landtagen von 1483 und 1491 war vom Gericht wiederum auch ein Schlanderser, der Maurer Peter Ennser, vertreten; hier zählte der Haller Landtag von 1483 zu den meistbesuchten vor 1500. Ennser war 1485 Anwalt des Richters von Schlanders, als welcher er eine Reihe von Zeugenaussagen zur Benützung des Etschwaals beurkundete.²⁶⁵

Der Aufbau territorialer Verteidigung war für den frühmodernen Staat des 15. Jahrhunderts, gerade seit der Entstehung von Landtagen, typisch. Auch in der Landesverteidigung wurde das Territorium wie einst die Justizverwaltung in kleinere Einheiten, sogenannte Viertel unter der Leitung von Hauptleuten gegliedert. Das Landgericht

---

Universität Wien, Bd. II/1, 1451–1518/I, Graz–Wien–Köln 1967, S. 213 ; RIEDMANN, Schlanders (wie Anm. 49), S. 433. – Es werden im Folgenden nur die frühen Nennungen (bis um 1500) angeführt. Zu den Stachelburg vgl. unten, S. 354, 356.
259 Hermann MAYER (Hg.), Die Matrikel der Universität Freiburg i. Br., Bd. 1, Freiburg i. Br. 1907, S. 161.
260 Urkunden Nr. 11, 12, Spitalsarchiv Schlanders (Regesten Theiner).
261 RIEDMANN, Chronist Goswin (wie Anm. 32), S. 158.
262 OTTENTHAL, Rechnungsbücher (wie Anm. 54), S. 590–597. Möglicherweise hatte er sie teils auf den Bozner Märkten eingekauft; vgl. ebd., S. 591.
263 WALLNÖFER, Bauern (wie Anm. 118), Anhang, Nr. 3, 14, 38, 54, 58, 60, 105, 125, 162.
264 Ebd., Nr. 58, 125. Zu ihm vgl. oben, S. 302.
265 Ebd., Nr. 60; Werner KÖFLER, Land, Landschaft, Landtag. Geschichte der Tiroler Landtage von den Anfängen bis 1808, Innsbruck 1985, S. 52.

Schlanders zählte zu dem erstmals 1416 genannten Viertel Vinschgau. Die wehrfähigen Mannschaften eines Gerichts wurden genau erfaßt. Um 1460 lebten im Gericht Schlanders bei 770 Wehrfähige, wobei auch die Gotteshausleute und Eigenleute der Matsch mit inbegriffen waren.[266]

Gotteshausleute versus Flächenstaat

An sich war es Aufgabe der Grund- und Leibherren gewesen, ihre Untertanen zu schirmen. Freilich wurden Zugehörigkeiten zu verschiedenen Eigenherren gerade bei Konflikten welcher Art auch immer virulent. Das betraf in Schlanders vor allem die churischen Gotteshausleute – eine Aufspaltung des Dorfes vor allem im Kriegsfall aufgrund unterschiedlicher Loyalitäten war evident. Solchen augenscheinlich verschiedenen Orientierungen begegnen wir etwa im Jahr 1359, als Kaiser Karl IV. allen Untertanen des Bistums Chur gebot, die Münzprägungen des Churer Bischofs zu akzeptieren;[267] die Gotteshausleute in Schlanders hatten somit im ungünstigen Fall die (anscheinend gering akzeptierte) Churer Münze einzustecken, die ihnen Schlanderser Mitbürger als Zahlungsmittel entgegenstreckten.[268]

Solch einem – vorerst bereinigten – Strukturkonflikt begegnen wir 1425, als Herzog Friedrich und der Bischof von Chur vereinbarten, daß die Gotteshausleute, auch jene im Vinschgau, die nächsten zehn Jahre bei ihren Freiheiten verbleiben sollten und sie unter anderem das Recht erhielten, durch Tirol sicher zu »wandeln, fahren und Kost, Salz und andere Nothdurft daraus [zu] führen«.[269]

Konfliktstoff boten nicht zuletzt das Defensionswesen und ausländischer Solddienst. Nachdem der mit Maximilian verbündete mailändische Herzog 1495 auch bei den Gotteshausleuten um Söldner geworben hatte und ihnen der Churer Bischof die Dienste verbot, suchte sie Maximilian durch seine Amtleute im Vinschgau dazu zu zwingen.[270] Hier sollte Chur aus der Sicht des Monarchen zumindest Neutralität üben: Auf dem Weg nach Italien forderte er den Bischof von Glurns aus am 12. August 1496 auf, die Solddienste seiner Eigenleute beim französischen König, der selbst Ambitionen auf Italien hatte, unbedingt zu verhindern.[271]

Die verschiedenen Orientierungen vermögen wir auch in der Biographie eines Richters der Gotteshausleute des Schanzener Sprengels, Hermann Tschank, zu beobachten. Dieser war seit 1497 Richter in Schanzen und floh im Schwabenkrieg 1499 mit Frau und Sohn Lorenz nach Bünden, der Überzeugung, *es sei not pösse.*[272] Nach dem Ende des Krieges kehrte er zu seinem Maierhof in Schanzen zurück, konnte aber sein Amt nicht wieder ausüben, da ihn die Gotteshausleute nunmehr als Richter ablehnten.[273]

Akut wurde die Lage im sogenannten Schwabenkrieg, der ältere Feindschaften tradierte und durch Beutezüge neu aufflammen ließ. In der Tat gerieten dann nicht zuletzt die Gotteshausleute unter die Räder des Konflikts. Sie mußten im Jänner 1499 in der Fürstenburg zuerst gegen tirolische Untertanen kämpfen und wurden infolgedessen verfolgt. Dann wurden sie im Februar vom Tiroler Regiment zur Erbhuldigung gezwungen – Widerspenstige wurden verhaftet oder deren Güter verwüstet – und hatten in der Calvenschlacht gegen die Bündner zu kämpfen.[274]

Der Schwabenkrieg

Die Bruchlinie gegen die Eidgenossen und Bündner verstärkte sich im grenznahen Schlanders noch einmal durch die inzwischen veränderte Sozialstruktur in der Deutschordenskommende. Noch im 15. Jahrhundert hatten auch Ordenspriester, damit mehr bürgerliche Personen, nicht nur als Pfar-

---

266 STOLZ, Landesbeschreibung (wie Anm. 68), S. 45, 107.
267 JÄGER, Regesten (wie Anm. 90), S. 350.
268 Zum Vertrag von 1533 in dieser Frage (Verkäufe unter Gotteshausleuten nur in Tiroler Münze) vgl. Jürgen BÜCKING, Frühabsolutismus und Kirchenreform in Tirol (1565–1665), Wiesbaden 1972, S. 244.
269 JÄGER, Regesten (wie Anm. 90), S. 358 (Regest). Zum 12. Jahrhundert vgl. Helmut RIZZOLLI, Münzgeschichte des alttirolischen Raumes im Mittelalter und Corpus nummorum Tirolensium mediaevalium, Bd. 1, Bozen 1991, S. 45, 59–61.

270 Ebd., S. 369 f.; Mercedes BLAAS, Die Calvenschlacht 1499. Im Spiegel der tirolischen und schweizerischen Geschichtsschreibung, in: Der Schlern 64 (1990), S. 544.
271 JÄGER, Regesten (wie Anm. 90), S. 370.
272 BLAAS, Calvenschlacht (wie Anm. 270), S. 550.
273 Vgl. zuletzt ebd.; Helmut STAMPFER, Der Mairhof zu Schanzen – Architektur und Geschichte, in: Der Vinschgau und seine Nachbarräume, hg. von Rainer Loose, Bozen 1993, S. 197.
274 BLAAS, Calvenschlacht (wie Anm. 270), S. 542, 544–546.

rer, sondern auch als Komture oder Hauskomture das Ordenshaus geleitet: etwa ein Hans Stetpeck[275], ein Heinrich Seinknecht[276], ein Johann Smollis[277] oder ein Konrad Jung[278]. Mit Hans Weiglmayer war 1481 sogar ein Mitglied einer ortsansässigen Familie Komtur und Pfarrer von Schlanders gewesen.[279]

Dagegen begannen sich seit dem 14. Jahrhundert auch in Schlanders wie allgemein im Orden vermehrt Adelskomture, eine Aristokratisierung durchzusetzen, wobei die Ballei und die Kommenden im Land auch an politischem Einfluß gewannen; so nahm 1437 immerhin Vogt Ulrich von Matsch im Ordenshaus von Bischof Johann von Chur eine umfangreiche Geldschuld in Empfang.[280] Mehr noch, mit Walter von Stadion leitete bereits 1495 ein schwäbischer Adeliger die Kommende[281] – der damit die Erbfeindschaft des adeligen Schwaben mit den Eidgenossen, den von ihnen propagandistisch genannten Kuhschweizern, in den Vinschgau und nach Schlanders übertrug. Der Stammsitz der Stadion, die ursprünglich aus dem Prätigau kamen, war in Oberstadion bei Ehingen; sie hatten Besitz im Hegau und am Bodensee.[282] In der Tat begegnen wir Stadion 1499 an vorderster Front: Am 2. Februar unterzeichnete er in Glurns als einer der drei Tiroler Feldhauptleute den Waffenstillstand, den der Konstanzer Bischof mit den Bündnern vermittelt hatte.[283]

Katastrophe und Wiederaufbau

Nach der Calvenschlacht[284] am 22. Mai verbrannten die Bündner Glurns und die Dörfer von Laatsch/Mals bis Eyrs/Tschengls. Maximilian, der sich noch im März in den Niederlanden aufgehalten hatte, war zum Zeitpunkt der Schlacht in Feldkirch und eilte nunmehr in den oberen Vinschgau. Am 31. März 1499 war er auch in Schlanders, wo er an einem Ausschußlandtag teilnahm. Nach einem Aufenthalt in Rotund war er gegen Mitte Juni in Meran, reiste somit erneut durch Schlanders, um dann in der zweiten Monatshälfte über den Reschen nach Schwaben zu ziehen.[285]

Als wenige Tage später, am 28. Juni, die Bündner und Eidgenossen ein zweites Mal in den Vinschgau bis vor Kastelbell vordrangen, lag Walter von Stadion mit einigen Knechten und Pferden in Schlanders und flüchtete gegen die Übermacht nach Meran. Auf dem Rückzug von Kastelbell steckten die Bündner am folgenden Tag Schlanders in Brand.[286] Damit wurde nicht nur der zentrale Ort Schlanders, sondern auch das Schlanders des Ordenskomturs Stadion zerstört.

2 Reformation, Bauernkrieg und Konfessionalisierung (1499–1648)

Vielmehr als die Erfindung des Buchdruckes und neuer Waffen, der Humanismus, die Expansion der Europäer in die Neue Welt oder die Reformation bedeutete für die Bevölkerung von Schlanders Plünderung, Brand und Zerstörung des Dorfes vom 29. Juni 1499 eine Zäsur. Der »Sacco von Schlanders« hatte vor allem wohl die entlang der Landstraße liegenden Häuser und Gehöfte, auch die Ingenuinskapelle, das Spital, das Gerichtshaus und die Pfarrkirche getroffen. Bei einer Zeugeneinvernahme im Jahr 1536 erinnerte sich Jenewein Ladurner vom einstigen Brixner Maierhof am östlichen Beginn des Dorfes, daß sogar der *kerstpam* im Innenhof seines Nachbarn Caspar Haug unterhalb der Landstraße verbrannt sei.[287] Auch die am

---

275 1422 Juli 15, AB II Nr. 329; 1428 Oktober 17; PETTENEGG, Urkunden (wie Anm. 179), Nr. 1847.
276 1433 April 23, 1437 Februar 14; ebd., Nr. 1884, 1918.
277 1432 April 9 (in: 1435 Mai 27); ebd., Nr. 1898.
278 1428 September 14; AB II Nr. 331. – 1442 Mai 7, AB II Nr. 345.
279 1481 Mai 6; PETTENEGG, Urkunden (wie Anm. 179), Nr. 2162. Vgl. unten, S. 323.
280 THOMMEN, Urkunden (wie Anm. 179), Bd. 3, Nr. 277; vgl. auch JÄGER, Regesten (wie Anm. 90), S. 366 (1482).
281 1495 November 12; PETTENEGG, Urkunden (wie Anm. 179), Nr. 2220.
282 Gerhard KÖBLER, Historisches Lexikon der deutschen Länder. Die deutschen Territorien vom Mittelalter bis zur Gegenwart, München 1988, hier nach ¹1988, S. 532.
283 LADURNER, Urkundliche Beiträge (wie Anm. 47), S. 121; BLAAS, Calvenschlacht (wie Anm. 270), S. 544 f.
284 Zuletzt vor allem Hermann WIESFLECKER, Kaiser Maximilian I. Das Reich, Österreich und Europa an der Wende zur Neuzeit, Bde. 2, München-Wien 1975, S. 340–343; BLAAS, Calvenschlacht (wie Anm. 270), S. 539–552.
285 Hermann WIESFLECKER (Bearb.), Ausgewählte Regesten des Kaiserreiches unter Maximilian I. 1493–1519, Bd. 3, Teil 1, Wien-Köln-Weimar 1996, S. 49–72.
286 LADURNER, Urkundliche Beiträge (wie Anm. 47), S. 121 f.; RIEDMANN, Schlanders (wie Anm. 49), S. 429.
287 LADURNER-PARTHANES, Ladurner (wie Anm. 135), S. 32 f. Haug war 1533 Spitalmeister; Urkunde Nr. 49, Spitalarchiv Schlanders (Regest Theiner).

westlichen Ende des Ortes gelegene Ordenskommende war *ferprant*.[288] Die Weiglmayr erhielten 1531 von Erzherzog Ferdinand einen neuen Wappenbrief, da der alte 1499 verbrannt war.[289] Dagegen war das eher abseits gelegene Göflan anscheinend verschont geblieben.

Wir begegnen nunmehr einer agrarischen Solidarität, die alle Querelen und sonstigen Streit (wie die Abhaltung der Gottesdienste in Göflan)[290] vergessen ließ. Nachdem im Krieg auch die Etschbrücke zwischen Schlanders und Göflan von den Flammen zerstört worden war, setzten die Göflaner auch den Schlanderser Anteil der Brücke instand – aus Freundschaft und wegen des großen Schadens, den die Gemeinde an ihren Häusern erlitten habe, wie die Dorfmeister von Schlanders ausdrücklich bestätigten.[291]

Hier trat der Verbund der Großgemeinde wiederum ins Spiel, den wir auch bei der gemeinsamen Nutzung der Allmende, wie von Wäldern und Almen auch sonst in der Frühen Neuzeit beobachten.[292] Selbst die Grundherren, vor allem der auf Steuern angewiesene Landesfürst, hatten gewisse Einsicht und kalkulierten die katastrophale Lage bei den Abgaben ein. Der Bozener Landtag von 1500 beschloß, daß die sogenannten Verbrannten im Vinschgau und in Nauders keine Steuer (außer Robotleistungen) zu entrichten hätten.[293]

Jedenfalls bestand im Dorf ein erhöhter Kreditbedarf, und so war es ein gewisser Glücksfall, wenn sich ebenso unter den Schlandersern Gläubiger des Landesfürsten für den vergangenen Krieg befanden. So hatten auch die Bauern des Gerichts Schlanders für den Krieg Feldproviant, also Getreide, Fleisch, Futter und Wein, liefern müssen.[294] An Getreide war vor allem Roggen, zur Fleischversorgung neben Ochsen und Klein- und Jungvieh waren sogar Kühe angeliefert worden. Zwar wurden hier die letzten Ausstände durch das Regiment in Innsbruck (das die Katastrophe mit verursacht hatte) beziehungsweise die lokalen Amtleute anscheinend erst im August 1501, also gut zwei Jahre später, jedoch insgesamt anscheinend ohne Widerrede und Abstriche entrichtet – was angesichts der chronischen Verschuldung der fürstlichen Rentkammer nicht selbstverständlich war.

So sind unter den Gläubigern, die aus praktisch allen Gemeinden und Weilern des Gerichts stammten, auch mehrere Schlanderser genannt: Neben Sigmund Ladurner, dem Mair bei der Kirchen, dem Schmalzgrueber, Heinrich Umbraser, Cristl zu Urtal und Lienhart im Winckl lieferte mit großem Abstand nicht nur in Schlanders, sondern im gesamten Gericht Stephan Snatzer am meisten Feldproviant.[295] Angesichts des Umfangs der Lieferungen profitierte er vom Konflikt anscheinend sogar: Insgesamt wurden ihm für Wein, Roggen, Hafer und Futter gut 130 Gulden bezahlt, während der nächste Schlanderser, Sigmund Ladurner, »nur« um gut 12 Gulden Roggen, Futter und eine Kuh angeliefert hatte.

Der Hof Stephan Schnatzers lag *zu obrist des dorfs*[296] an der alten Landstraße. In der Tat hinterließ Schnatzer bei seinem Tod (vor 1507) seinen drei Kindern Hans, Sophia (†) und Anton beziehungsweise deren Nachkommen umfangreichen Grundbesitz von Kortsch bis Martell, der auch ein Haus am Platz in Schlanders und eine Säge in Göflan umfaßte. Bei der Erbteilung diente der vorhin gleichfalls als Lieferant genannte Sigmund Ladurner als Vormund seines minderjährigen Sohnes Anton.[297]

Nun sind uns vom Hauptlieferanten Schnatzer nicht nur die Zahlungsanweisungen der Innsbrucker Kammer, sondern auch eine dazu gehörige Quittung des *lyfermaysters im veld zw glürns* erhalten geblieben. Demnach bestätigte Hans Prandisser von Leonburg am 31. März 1499, also noch vor der Calvenschlacht, von Steffan Schnatzer zu Schlanders Lieferungen von insgesamt 57 Star Roggen und 36¼ Star Hafer erhalten zu haben.[298]

---

288 1534, Et 31/2, DOZA, fol. 54'.
289 STAFFLER, Hofnamen Schlanders (wie Anm. 20), S. 144/ Nr. 100.
290 Ebd., S. 169. Vgl. nunmehr den Beitrag von Erika Kustatscher in diesem Band.
291 AB II Nr. 257.
292 Vgl. unten, S. 338.
293 JÄGER, Regesten (wie Anm. 90), S. 371 f.
294 Georg MUTSCHLECHNER, Lieferungen des Gerichtes Schlanders im Engadiner Krieg (1499), in: Der Schlern, 53 (1979) S. 312–317.

295 Cristan Waler (Göflan?) lieferte um gut 66 Gulden und Hans Kaufmann, Mair zu Vezzan, um 58 Gulden Proviant; ebd., S. 312 f.
296 STAFFLER, Hofnamen Schlanders (wie Anm. 20), S. 125/ Nr. 44.
297 1507 November 24, Urkunde Nr. 14, Spitalsarchiv Schlanders (Regest Theiner).
298 Maximiliana a I/41, TLA, fol. 345. Vgl. dazu die Zah-

Die Katastrophe von 1499 betraf vor allem auch die Gotteshausleute, die noch drei Jahre später ihre Obrigkeit, den Churer Bischof, um Nachsicht baten: Ihre Häuser seien im letzten Krieg niedergebrannt – *von Feindten und Freundten verbrendt* [299] –, die Äcker seien aus Mangel an Saatgut unbebaut geblieben, das Korn sei verdorben, so daß sie nunmehr in Not und Armut lebten und außer Stande seien, den Zins abzuliefern.[300]

Auch in Schlanders begann nach dem Schwabenkrieg eine intensive Phase des Wiederaufbaus. Wir können sie nur mehr schwer zu rekonstruieren. Die Ergebnisse, die wir vor allem anhand der Weihedaten der neu erbauten oder rekonziliierten Kirche und Kapellen festzustellen vermögen, waren erstaunlich: Im April 1500 schlossen die Vertreter der Pfarrgemeinde mit dem Glockengießer in Latsch, Meister Steffn, einen Vertrag über neue Kirchenglocken.[301] Der Kürschner Hans Hiltprant[302] erwirkte 1501 in Rom einen Ablaß für alle, die dazu beitragen würden, daß die Spitalkapelle wiederum hergestellt und mit Büchern und Kirchenornat ausgestattet werde.[303]

Bereits zu Mariae Geburt 1505 weihte der Churer Generalvikar die Pfarrkirche und Friedhof von Schlanders neu;[304] im Jahr 1507 wurde die verwüstete Ingenuinskapelle erneuert und das folgende Jahr durch den Churer Weihbischof eingeweiht,[305] 1509 auch die Spitalkapelle wiederum konsekriert.[306] Aus dem Jahr 1511 stammt ein Wandgemälde in St. Michael am Friedhof.[307] Der obere Teil des Turmes der Pfarrkirche wurde erneuert, 1513 bei Jörg Lederer ein großartiger Schnitzaltar bestellt. An die Nordseite des Turms wurde das Wappen Maximilians mit einer Wappentafel von über dreißig Wappen angebracht,[308] vermutlich im

Detail aus dem Schwabenkrieg. Liefermeister Hans Prandesser bestätigt Steffan Schnatzer zu Schlanders den Empfang von Roggen und Hafer. 31. März 1499.

lungsanweisung von 1500 November 17 bei MUTSCHLECHNER, Lieferungen (wie Anm. 294), S. 313.

299 Zitat bei BLAAS, Calvenschlacht (wie Anm. 270), S. 549 f.
300 JÄGER, Regesten (wie Anm. 90), S. 372.
301 AB II Nr. 338.
302 Zu ihm vgl. auch STAFFLER, Hofnamen Schlanders (wie Anm. 20), S. 144/Nr. 100.
303 Urkunden Nr. 7 A, 8, 9, Spitalsarchiv Schlanders (Regesten Theiner).
304 AB II Nr. 339; Josef WEINGARTNER, Die Kunstdenkmäler Südtirols, Bd. 1–2, Innsbruck–Wien–München ^{7}1985–1991, hier Bd. 1 ^{6}1977 und Bd. 2 ^{5}1973, Bd. 2, S. 420.
305 STAFFLER, Hofnamen Schlanders (wie Anm. 20), S. 147/Nr. 101; WEINGARTNER, Kunstdenkmäler (wie Anm. 304), Bd. 2, S. 423.
306 STAFFLER, Hofnamen Schlanders (wie Anm. 20), S. 142/Nr. 97.
307 WEINGARTNER, Kunstdenkmäler (wie Anm. 304), Bd. 2, S. 422.
308 WIELANDER, Pfarrkirche (wie Anm. 171), [S. 4, 6, 9]; Franz-Heinz HYE, Heraldische Denkmäler im und im Umkreis des Klosters Marienberg, in: 900 Jahre Bene-

Jahr 1516, als der Monarch zweimal durch den Vinschgau zog.[309]

Bartholomäus von Knöringen, 1511 als Hauskomtur erwähnt, baute das Ordenshaus wieder auf, *nachdem es, zufor er dahin komen, ferprant*.[310] Da Landkomtur Heinrich von Knöringen 1518 in der Ritterstube sein Wappen anbringen ließ,[311] war spätestens damals der Wiederaufbau abgeschlossen. Die Zeiten oft jahrelanger, unheimlicher Brandruinen und öder Stätten in einer Siedlung, wie wir ihnen anderwärts nach dem Dreißigjährigen Krieg häufig begegnen, blieben in Schlanders anscheinend begrenzt.

Die Reformation in Schlanders

Die wieder errichteten Kapellen, der Bau der Pfarrkirche, die Geschäftigkeit der Kirchpröpste dokumentieren eine große religiöse Sensibilität und zeittypische Frömmigkeit auch auf dem Land, wie uns ebenso zeitgenössische Stiftungen beweisen.[312] Dabei wurden nicht nur zahlreiche Messen gestiftet, Kirchen und Kapellen errichtet und dafür Ablässe erwirkt, sondern gerade auf dem Land auf gute Unterweisung und Predigt großer Wert gelegt. Es waren dies Initiativen nunmehr vor allem von Laien mit neuem Selbstbewußtsein – das sich auch bei den Kreditoren des Landesherrn gezeigt hatte, die in Innsbruck ihre Schulden einforderten. Wenn daher durch den Vinschgau und Schlanders 1516 gleich zweimal ein römisch-deutscher Kaiser auf dem Weg nach und von Italien zog, so reiste mit ihm ein Jahr vor dem Wittenberger Thesenanschlag eine untergehende Ordnung vorüber. Sie war bis dahin in der Tat auch durch das Regiment Maximilians, bei aller Kritik am päpstlichen Hof, garantiert worden.

Wir tun uns schwer, in einem alpinen Dorf konkrete Wirkungen der Reformation festzumachen. Sicher war die Reformation zunächst vorwiegend ein städtisches Phänomen gewesen. Auch in Tirol begegnen wir lutherischen Predigern in den frühen zwanziger Jahren vor allem in Hall, in Rattenberg, im Markt Schwaz, Kitzbühel und im nahen Meran, die anfangs vom städtischen Rat gefördert wurden.[313] Allerdings dürfen wir deren Wirkungen auf das Land, die Gespräche und Debatten auf den Dorfplätzen, in den Wirtshäusern und Stuben der Landhandwerker nicht unterschätzen, angesichts der erwähnten zahlreichen geistlichen Stiftungsaktivitäten – nicht zuletzt in Schlanders mit seinen zentralörtlichen Funktionen am Oberen Weg. Auch im Vinschgau schlug in der Folge mehr der sogenannte radikale Flügel der Reformation, das Täufertum Wurzeln. Wiederum war dort die Nähe zur Eidgenossenschaft maßgeblich. Nachdem der Zürcher Rat 1527 Felix Manz ertränken und Jörg Blaurock aus Chur hatte ausweisen lassen, zog dieser über Bünden in den Vinschgau und hielt sich 1529 auch in Schlanders auf. Noch im selben Jahr wurde er im unteren Eisacktal wegen seiner Predigt gefangen und hingerichtet.[314] Bezeichnenderweise aus der Hochzeit der Reformation stammt der Taufstein von 1529 in der Schlanderser Pfarrkirche.[315]

Der Vinschgau bildete anscheinend vor allem in der Spätzeit der Täufer in Tirol, in der zweiten Hälfte des 16. Jahrhunderts, eine Insel der reformatorischen Bewegung – was wiederum vermutlich durch die Nähe des teils reformierten Bünden mit bedingt war. In den 1550er Jahren bestand im Raum Kortsch-Eyrs eine Täufergemeinde. Zwei historisch zuverlässige huterische Lieder berichten uns über die Haft, Folter und schließliche Hinrichtung des Täufers Hans Pürchner in Schlanders,

---

diktinerabtei Marienberg 1096–1996, Festschrift zur 900 Jahrfeier des Klosters St. Maria (Schuls-Marienberg), red. von Rainer Loose, Lana 1996, S. 213.

309 Zum Itinerar vgl. Victor von KRAUS, Itinerarium Maximiliani I. 1508–1518, in: AÖG 87 (1899), S. 229–319.

310 1534, Et 31/2, DOZA, fol. 54'. – Knöringen, 1529 als Komtur genannt, war bis 1534 in Schlanders; ebd., fol. 40; 1511 März 15, Urkunde Nr. 20, Spitalsarchiv Schlanders (Regest Theiner); Paula GASSER, Zur Geschichte der Deutschordensballei an der Etsch und im Gebirge im 16. und 17. Jahrhundert. Eine Untersuchung anhand der Balleikapitelprotokolle und der Visitationsakten, Phil. Diss. Wien 1966, S. 320, 325.

311 Späterer Hinweis von Landkomtur Kageneck; 1713, Et 157/7, DOZA, S. 17. – Komtur Georg Mörl schrieb allerdings um 1590, daß das Haus durch den Engadiner- und Bauernkrieg zerstört und von den folgenden Komturen nur wenig repariert worden sei; GASSER, Geschichte (wie Anm. 310), S. 233.

312 Vgl. Heinz NOFLATSCHER, Gesellpriester und Kapläne in der Reformation, in: St. Elisabeth im Deutschhaus zu Sterzing, Innsbruck–Wien 1989, S. 111.

313 Ders., Martin Luther und die Reformation in Tirol, in: Österreich in Geschichte und Literatur 42 (1998), S. 144.

314 RIEDMANN, Schlanders (wie Anm. 49), S. 430; Heinz NOFLATSCHER, Häresie und Empörung. Die frühen Täufer in Tirol und Zürich, in: Der Schlern 63 (1989), S. 631 f.

315 WIELANDER, Pfarrkirche (wie Anm. 171), S. 7.

der 1555 in Kortsch gefangen genommen worden war; daß die herbeigeholten Kleriker auf Druck der Regierung Pürchner zum Tod durch Verbrennen verurteilten, die Schöffen jedoch das Urteil auf Enthauptung abänderten und sich zunächst geweigert hätten, das Todesurteil auszusprechen. Auf dem Richtplatz (in Schanzen) sei die große Menschenmenge, von der Unschuld des Gerichteten überzeugt, traurig nach Hause gegangen.

Die detaillierten Informationen zu Pürchners Hinrichtung stammten wahrscheinlich von einem Priester, der ihn im Schlanderser Gefängnis befragt hatte, dem damaligen Tschenglser Pfarrer Leonhard Dax, der zwei Jahre später zu den Huterern überwechselte und nach Mähren emigrierte.[316] Der Regierung wurde (im Hungerjahr) 1560 vermutlich übertrieben gemeldet, daß sich kürzlich bei 1000 Täufer im Gericht Schlanders versammelt hätten, um das Land zu verlassen[317] – eine bewußte Demonstration eigener Überzeugung, wobei die von der Obrigkeit stets gefürchtete Menschenansammlung Schutz bot?

Der Bauernkrieg

Auch in Schlanders war die Reformation mit dem Bauernkrieg eng verflochten gewesen. Die Angriffe oder Ziele der revoltierenden ländlichen Bevölkerung richteten sich 1525 ebenso im Vinschgau nicht nur auf Burgen mit ihren Waffendepots, sondern (zunächst überraschenderweise) gerade auch gegen vermögende Klöster, Pfarrhöfe und deren Grundherrschaft.

Ein maßgeblicher Grund der Erhebungen war zum einen die akute Diskrepanz zwischen den geistlichen Aufgaben, die die Dorfbevölkerung der Kirche durch ihre Stiftungen gestellt hatte, und dem zahlreichen Pfründenklerus, den sogenannten Cortisonen, denen die Vinschgauer und Schlanderser erst 1516 am durchreisenden Hof Maximilians begegnet waren. Auch der Hospitalsorden beteiligte sich an den Kosten für das neue Schlanderser Spital nicht.[318]

316 Werner PACKULL, Peter Riedemanns Brief an Hans Pürchner, in: Der Schlern 63 (1989), S. 662–670.
317 RIEDMANN, Schlanders (wie Anm. 49), S. 431.
318 KOFLER, Spital (wie Anm. 211), S. 114; GASSER, Geschichte (wie Anm. 310), S. 228 f.

> 34.
> Hans Pürchner ward hingeben
> Dem Henker in sein G'walt,
> Daß er ihn soll vom Leben
> Bringen zum Tod gar bald.
> Er richtet sich mit Freuden
> Sein Herz, G'müt und auch Sin
> Dahin den Tod zu leiden,
> Von dannen wollt er scheiden,
> Daß er bei Gott möcht sein.
>
> 35.
> Da er tät niederknieen,
> Fiel um zum andern mal,
> Ein Holz tät man herziehen,
> Darauf er sitzen soll,
> Wie ein Backscheit ganz dicke,
> Daran er lanet recht,
> Der Henker sein Schwert zucket,
> Wohl an das Haupt hin rucket
> Und hieb's ihm ab so schlecht.
>
> 36.
> Gott tät ein Zeichen geben
> An diesem frommen Christ,
> Sein Blut das sprang gar eben
> Zwischen des Henkers Füß.
> Das Blut bald auf tät springen
> Wie ein Quell über sich,
> Mit ganzer Macht hindringen,
> Wohl auf sein Kleid abrinnen
> Vons Henkers Angesicht.
>
> 37.
> Auf das Richten ich sorget,
> Sprach der Henker gar bald,
> Daß ich jetzt mit Gefährden
> Hab tun schrecklicher G'stalt.
> Ganz grimmig ward mit Schelten,
> Daß ihm besudelt ward,
> Sein grünes Kleid tät gelten
> Und konnt ihm niemand helfen
> Wohl zu derselben Fahrt.
>
> 38.
> Also tät man vollenden
> Den Handel zu der Frist,
> Das Volk tät sich umwenden,
> Heim zu gegangen ist
> Mit ganz traurigem Herzen,
> Auch Leid und Kummer groß,
> Daß man so großen Schmerzen
> Und Pein ohn' allen Scherzen
> Anlegt dem Gottesg'noß.

Der Täufer Hans Pürchner wurde 1556 in Schlanders hingerichtet. Aus dem Liederbuch der Hutterischen Brüder.

Zum andern erregte die gewinntreibende und -maximierende Marktpolitik ebenso der örtlichen Kommende, die die zeitgenössische Knappheitsgesellschaft (oder einzelne Mitglieder) in den Ruin treiben konnte, den Zorn der ländlichen Gesellschaft. So kamen in Schlanders 1583 über hundert Bettler um Almosen nur zur Kommende – eine Anzahl, die angesichts früher genannter Bevölkerungszahlen des Dorfes und seiner nächsten Umgebung erschreckend hoch war. Insofern verliefen die Anklagen gegen die zeitgenössischen Monopolgesellschaften vor allem im Bergbau mit denen gegen den rabiaten Marktwettbewerb großer kirchlicher Grundherrschaften konform – zumal der Orden um 1500 selbst *mitsampt andern angefangen zu buen*, mit anderen Gesellschaftern mit hohem Kapitalrisiko in den Tiroler Bergbau investierte.

So lauteten im Jahr 1534 bei einer Visitation der Deutschordensballei Etsch einige Fragen des adeligen Visitators auch an den Komtur von Schlanders, Bartholomäus von Knöringen: Nicht nur, ob er auf die Freiheiten der Ballei achte, das Ordenshaus in gutem Stand erhalte oder jährlich alle Gefälle einbringe,³¹⁹ ob er Rechnung führe und diese überprüft würden, sondern auch, ob er den Ertrag *zu rechter zyt zum nuczlichsten ferkofft*³²⁰ und wiederum *zum nuczlichsten verwent*³²¹ – somit, ob er die Ernte marktgerecht so lange in den Speichern einbehalte, bis der Gewinn optimiert sei.

Nun stammte das Fragenschema zwar aus der Kanzlei des Deutschmeisters im fränkischen Mergentheim, der Visitator Eberhard von Ehingen war Komtur in Heilbronn, einem Ordenshaus mit umfangreichem Weinhandel.³²² Insofern ist das Visitationsprotokoll zunächst mehr ein Spiegel zur Wirtschaftsweise am unteren Neckar – die jedoch der agrarischen Wirtschaftspraxis der Ballei an der Etsch und der großen Grundherrschaften in Tirol kongruent war. Denn wir vermögen auch in den Antworten der weltlichen und geistlichen Ordensmitglieder der Ballei Bozen an den Visitator weder Distanz noch Kritik an den Fragen zu erkennen. Auch der Schlanderser Komtur antwortete konform: Er achte dafür, daß *ein jeder wis es zu rechter zytt zu ferkoffen*.³²³ Das Haus Schlanders habe jährlich rund 500 oder 550 Gulden Einkommen – wenn das Getreide einen hohen Preis erziele (*wan das getreyd in zimlichen werd sy*).³²⁴

Nun wog die maximierende Antwort bei Bartholomäus von Knöringen um so schwerer, als er in der Ballei wegen seines wachen Verstands und seines guten Wirtschaftens in Schlanders einen guten Ruf hatte³²⁵ und Landkomtur wurde. Hier vermochte auch die erwähnte tägliche Almosenspende der Kommende³²⁶ – ohnehin eine traditionelle Aufgabe des Ordens – das lokale Armutsproblem in keiner Weise aufzufangen.

Nun war die vorhin genannte Frage nach Gewinnoptimierung zwar nicht auf die Kritik der Visitierten gestoßen; sie war damit freilich in der zeitgenössischen Gesellschaft keineswegs akzeptiert – insofern war auch der Tiroler Bauernkrieg keine spontane Revolte, sondern beruhte auf durchdachten Grundlagen, wie wir in den Artikeln und Beschwerden des Jahres 1525 beobachten können.

Von einer solchen Kritik an der Marktpolitik der großen Grundherren hören wir knapp vier Jahrzehnte später bei einem geplanten Aufstand des Balthasar Dosser aus dem Jahr 1561.³²⁷ Der gelernte Müller war lange Landsknecht gewesen und hatte bei der Vorbereitung des schließlich mißlungenen Umsturzes von erster Hand die Klagen der Untertanen erfahren: nicht nur über (naturkontingente) Mißernten, Teuerung und migrierende arbeitslose Söldner, sondern auch über überhöhte Steuern, neue Zölle und grundherrliche Abgaben. Ein enger Vertrauensmann Dossers, der bäuerliche Kleinhäusler Christl Wachtlechner, klagte im Dezember desselben Jahres in St. Lorenzen über die derzeitige Teuerung, daß niemand mehr, selbst um Bargeld, Getreide zu kaufen bekomme – und das, obwohl man wisse, daß Herr Künigl zu Ehrenburg noch reichlich Getreide, bei 200 oder mehr Star, beisammen habe, die heurige Ernte nicht einberechnet.³²⁸

Wiederum wurde 1525 auch die religiöse Frage relevant: der Vorwurf der dörflichen Gemeinschaft, daß sozusagen der grundlegende Gesellschaftsvertrag der Zeit³²⁹ nicht eingehalten wurde: Das *tu supplica* des Klerikers im Wechsel mit dem *tu labora* des arbeitenden Untertanen, der nicht nur Zehnten entrichtete, sondern zudem Stiftungen tätigte, die beide vom Klerus nicht oder sehr ungenügend in geistliche Arbeit umgemünzt würden. In der Tat fielen vor allem beim Deutschen Orden (der durch seine im Spätmittelalter eingetretene Aristokratisierung zusätzlich belastet war) die grundherrlichen Einnahmen, vorwiegend die

---

319 Die Edition des Protokolls von Marian BISKUP/Irena Janosz-BISKUPOWA erscheint demnächst in der Reihe »Quellen und Studien zur Geschichte des Deutschen Ordens«. – Die konkreten Fragen des Visitators wurde aus einem Vergleich der einzelnen Antworten erschlossen.
320 1534. Et 31/2, DOZA, fol. 45.
321 Ebd., fol. 53'.
322 Michael DIEFENBACHER, Agrarwirtschaftliche Zentren des Deutschen Ordens am unteren Neckar. Ein Beitrag zur Wirtschaftsgeschichte der Kommende Heilbronn im Spätmittelalter, in: Zur Wirtschaftsentwicklung des Deutschen Ordens im Mittelalter, hg. von Udo Arnold, Marburg 1989, S. 49–70.
323 1534. Et 31/2, DOZA, fol. 42'.
324 Ebd., fol. 43.
325 Vgl. ebd., passim.
326 Siehe unten, S. 330 f.
327 Helmut GRITSCH, Sozialrevolutionäre Unruhen im Vinschgau im 16. Jahrhundert, in: Der Vinschgau und seine Nachbarräume, hg. von Rainer Loose, Bozen 1993, S. 181–194.
328 Ebd., S. 184.
329 Georges DUBY, Les trois ordres ou l'imaginaire du féodalisme, Paris 1979.

Zehnten, bis weit in das 16. Jahrhundert drastisch zurück.³³⁰

Nachdem wir nunmehr einige Prämissen für das Geschehen von 1525 skizziert haben, wollen wir uns noch im Besonderen dem Bauernkrieg im Gebiet um Schlanders zuwenden. Dabei können wir speziell für Schlanders der These eines renommierten Bauernkriegsforschers³³¹ zustimmen, daß nicht zuletzt die Emanzipation der ländlichen Untertanen in einer Knappheitsgesellschaft Forderungen an die Obrigkeit entstehen und den Bauernkrieg ausbrechen ließ. So war in Tirol die Emanzipation der ländlichen Untertanen etwa durch die Vertretung der Gerichte auf dem Landtag seit den 1420er Jahren, durch die mit dem Bergbau verbundene soziale und regionale Mobilität, die Passlage des Landes (man lebte in den Haupttälern sozusagen am Nabel der Zeit), zuletzt durch die Reformation gefördert worden.

Eine selbstbewußte Gesellschaft bezeugen nicht nur die in Tirol rezipierten Memminger Artikel, die Meraner Artikel oder die Ordnung Gaismairs, sondern auch die zahlreichen Lokalbeschwerden. Wir haben sie auch für Schlanders überliefert.³³² Diese beziehen sich auf einen Bereich, der seit den enormen Steuerbelastungen unter Maximilian besonders sensibel war, die gerechte Verteilung des Fiskus. Das Gericht Schlanders suchte offensichtlich nach zusätzlichen Steuerressourcen, die die eigenen Abgaben entlasten konnten. Insofern waren die Beschwerden herrschaftsaffirmativ und für die übrigen Tiroler Beschwerden ziemlich untypisch; sie dürften vorwiegend von den begüterten Notabeln von Schlanders und des Gerichts gestammt haben.

Dabei bewegten sich die historischen Argumente (*ist etwo im gericht der brauch gewesen*) in zwei Richtungen: zum einen gegen Zuwanderer in das Gericht, die früher spezifische Steuern bezahlt hätten. Dies war ein typisches Symptom einer vormodernen Xenophobie, vermutlich auch einer gewissen agrarischen Überbevölkerung. Zum anderen gegen den Pfandgerichtsinhaber, die Herren von Montani, die eine dem Landesfürsten bei der Durchreise zustehende Abgabe teils für sich einnehmen würden. Dies war ein indirekter Protest gegen Verpfändung und mediate Herrschaft durch Dritte, gegen weitere Herrschaftsträger, der auch vom benachbarten Gericht Glurns mit getragen wurde.

Die in den Beschwerden durchscheinende beträchtliche Kooperationsbereitschaft (wer hat sie gesammelt und formuliert?) müssen wir allerdings durch die Realität der Ereignisse von 1525 überprüfen. Immerhin wurde in Schlanders Peter Passler im Jahr 1524 auf der Flucht nach Mailand gefangen; seine geplante Hinrichtung und Befreiung im Mai 1525 in Brixen löste den Tiroler Bauernkrieg aus. Auch in Schlanders erhoben sich die Untertanen; der landesfürstliche Pflegrichter Viktor von Montani sah sich genötigt, Vertreter der Aufständischen als Mitkommandanten zu akzeptieren.³³³

In Schlanders war vor allem die Kommende Ziel von Attacken und erlitt durch Plünderungen größeren Schaden³³⁴ – der Ritterorden zählte zu den großen Grundherren im Dorf. Dabei galten anscheinend die Mäntel der Ordensbrüder landesweit als beargwöhntes, wenn nicht verhaßtes Fanal ihrer Identität – die Bauern hätten ihnen im *uffstand* die Mäntel abgenommen oder zumindest zu tragen verboten, berichteten Ordensritter und -priester 1534 in der Visitation einstimmig; offensichtlich mit Erfolg. So wurden im selben Jahr zwar von allen Kreuze an den Röcken, jedoch keine Mäntel getragen, die sie seit dem Aufstand nicht mehr hätten anfertigen lassen.³³⁵

Auch in Schlanders verband sich der Angriff auf die Pfarrkirche mit einem Bildersturm. Noch in einem Inventar von 1579 wird in der Sakristei ein *schöns Römisch meßbuech mit außgestrichen figuren* erwähnt. Die acht Monstranzen waren teils

---

330 Zu Sterzing vgl. NOFLATSCHER, Gesellpriester (wie Anm. 312), S. 87.

331 Günther FRANZ, Der Deutsche Bauernkrieg, Darmstadt ¹¹1977, S. 291–293; vgl. dazu Otto BRUNNER, Sozialgeschichte Europas im Mittelalter, Göttingen 1978, S. 87 f.

332 Hermann WOPFNER (Hg.), Quellen zur Geschichte des Bauernkrieges in Deutschtirol 1525, Innsbruck 1908 (ND Aalen 1984), S. 134 f.

333 Auf dem Schloß Montani; Josef MACEK, Der Tiroler Bauernkrieg und Michael Gaismair, Berlin 1965, S. 133, 224; RIEDMANN, Schlanders (wie Anm. 49), S. 431.

334 MACEK, Tiroler Bauernkrieg (wie Anm. 333), S. 158; GASSER, Geschichte (wie Anm. 310), S. 229; RIEDMANN, Schlanders (wie Anm. 49), S. 431. Vgl. auch oben, S. 325.

335 1534, Et 31/2, DOZA, fol. 38', 44', 50, 52'. Zu 1525 vgl. LADURNER, Urkundliche Beiträge (wie Anm. 47), S. 134–141.

zerbrochen.[336] Jedenfalls war das schriftliche Gedächtnis der Ordensherrschaft, das Archiv (falls es nicht bereits 1499 zerstört worden war) anscheinend ein wesentliches Angriffsziel gewesen. 1713 hatte Kageneck *bey den actis* der Kommende vom Verkauf eines Brunnenwasserrechts aus dem Jahr 1444 nur ein Transsumpt zur Verfügung, das sich der Orden nach 1499/1525 vom Besitzer des Originals im Dorf anscheinend wiederum besorgt hatte.[337] Zwar erwähnt das Inventar von 1579 in der Schreibstube des Amtmanns *etlich alte Vrbar*[338], jedoch sind uns heute kaum mittelalterliche Urbare des Hauses überliefert.[339]

Sicher spielte in Schlanders wiederum die Nähe zu Bünden eine Rolle, was Hoffnungen, Argumente und den Verlauf des Aufstandes betraf. Die sozialen und administrativen Verflechtungen der churischen Eigenleute mit Bünden verstärkten den Transfer von Ideen einer Herrschaft ohne Adel und Pfründenklerus. Dem Argument Engadin begegnen wir ausdrücklich wenige Jahrzehnte später im erwähnten Aufstand des Balthasar Dosser. Damals erschien »Frei wie die Engadiner zu leben«[340] als ein Kernsatz und zentrale Motivation für den Aufstand. Der Vinschgau erschien Dosser als besonders umsturzbereit.

Wesentliche Verbindungsleute Dossers im Vinschgau waren am Sonnen- und Nörderberg ansässige Engadiner gewesen, die die Kontakte zu ihren Landsleuten herstellen sollten.[341] Aus Schlanders wurden, jedenfalls (in den späteren) Verhörprotokollen Dossers, anscheinend keine Namen genannt: Hier mahnte die Nähe der Obrigkeiten, des Richters und des Ordens, anscheinend zu besonderer Vorsicht. Nach Beginn des Aufstands sollte ein Einfall der Engadiner dessen weiteren Verlauf mit entscheiden – die Ereignisse von 1499 erscheinen somit (aus der Perspektive der Untertanen) unter einem gänzlich anderen Licht. In der Tat wurde die Lage von der lokalen Obrigkeit und in Innsbruck so eingeschätzt, wenn unter Anwendung der Folter nach den Namen aller auf dem Nörderberg zwischen Töll und Plaus und auf dem Sonnenberg lebenden Engadiner gefahndet wurde.

Sozialstruktur, Unterschichten und Arme

Die eklatanten Unterschiede zwischen den in Innsbruck vorgelegten Beschwerdeartikeln des Gerichts und dem Verlauf des Bauernkrieges in Schlanders deuten uns an, daß offensichtlich auch im zentralen Ort Schlanders Differenzen zwischen den sozialen Schichten in der Einstellung zum Bauernkrieg speziell und zur Obrigkeit allgemein bestanden.

Nun kennen wir die soziale Strukturierung von Schlanders um 1500 leider nur ungenügend, zumal es aus der Zeit beispielsweise keine Steuerregister wie in größeren Städten gibt. So vermitteln uns etwa die Urkunden und Stiftungen an das Spital nur selten Hinweise zu den dörflichen Unterschichten, da einerseits die Stifter und Stifterinnen aus einsichtigen Gründen meist zu den Vermögenden zählten, andererseits Inwohner oder Dienstboten als Zeugen bei Rechtsgeschäften und Kundschaften nur selten herangezogen wurden. Zwei solcher vergleichsweise seltene Fälle seien hier genannt: Bei einem Erbschaftsstreit nach dem kinderlosen Tod eines vermögenden Schlandersers 1482 wurde auch Marz Sigmund, *ingehauß zu Schlanders,* befragt.[342] Ein Knecht des Niederhofs hatte um 1495 in einem Weidekonflikt zwischen Innernörderberg und Göflan auszusagen.[343]

Wir vermögen Unterschichten am ehesten bei Grenzangaben in Immobilienverkäufen zu finden, als Besitzer von benachbarten Keuschen und einzelnen Grundstücken oder als Bestandsleute (Pächter) von Höfen. Allerdings ist dabei die Gruppe der Inwohner und Dienstboten unberücksichtigt. Etwas aufschlußreicher sind die Dorfordnungen (wie von Göflan oder Kortsch), vor allem, wenn es um die Nutzung der Allmende geht. Jedenfalls wuchs auch in Schlanders der Anteil der LohnarbeiterInnen bis zur katastrophalen Pest von 1635 weiter an. Der Gerichtsausschuß erließ

---

336   1579, Et 155/1, DOZA, S. 394.
337   1713, Et 157/7, DOZA, S. 34.
338   1579, Et 155/1, DOZA, S. 390.
339   Ein Urbar von 1334, vgl. LADURNER, Urkundliche Beiträge (wie Anm. 47), S. 60 f.; ein weiteres von 1451 (vgl. den Hinweis hier im Beitrag von Rainer Loose).
340   GRITSCH, Sozialrevolutionäre Unruhen (wie Anm. 327), S. 183.
341   Zur Rolle der Engadiner vgl. ebd., S. 183–187, 190.
342   1482 Oktober 22, Urkunde Nr. 12, GAS, STLA.
343   Siehe unten, S. 335; vgl. auch 1437 Mai 5, Urkunde Nr. 3; 1473 Mai 24, Urkunde Nr. 8, GAS, STLA.

1631 eine Ordnung für Hand-, Tagwerker und Knechte.³⁴⁴

Ein wesentlicher Faktor für das Anwachsen der Unterschichten war das geltende Erbrecht, die Realteilung, die einerseits vielen Hofstellen die agrarischen Überlebensressourcen entzog, andererseits dem künftigen Gleichheitsgrundrecht entgegenkam. So bestimmte der Göflaner Gemeindeausschuß 1568, daß *in keinem haus mehr, denn drei feuerstät* sein sollen.³⁴⁵ Für die neuen Kleinstellen bedeutete dies, sich verstärkt einer Mischökonomie, also alternativem Erwerb zuzuwenden, die allerdings eine Existenz zunächst mehr schlecht als recht zu sichern vermochten.

Wir begegnen der neuen sozialen Ausdifferenzierung nicht nur bei den verschiedenen Steuersätzen und -höhen, sondern auch in der Aufteilung der dörflichen Lasten, wie des Dorfmairamts, bei Gemeindearbeiten oder Nutzungsrechten der Allmende.³⁴⁶ So wurde in den Schlanderser Beschwerdartikeln von 1525 als Zähleinheit für Abgaben an den durchreisenden Landesfürsten ein ganzer und ein halber *ochsenpaw* genommen.³⁴⁷ Die Göflaner Dorfordnung von 1564 wiederum unterschied zwischen Dorfbewohnern, *welche nit häuser haben*, solchen, die ein *söllhaus* und solchen die ein *bauhaus* besitzen.³⁴⁸

Vor allem aus den Sozialgruppen der Kleinhäusler, Inwohner und alten Dienstboten rekrutierten sich jene Menschen, die selbst durch der eigenen Hände Arbeit – aus welchen Gründen auch immer – nicht mehr das Auslangen finden konnten und auf Betteln angewiesen waren. Sie wurden in zeitgenössischen Quellen pauschal als *Arme* bezeichnet.

Dem Visitator berichtete 1583 Komtur Roccabruna, daß täglich 100 und mehr Bettler zum Ordenshaus kämen und er niemand leer ausgehen lasse. Zum Seelenbrot, das er einmal jährlich reiche, würden über 500 Personen kommen.³⁴⁹ Die Anzahl der mindestens hundert täglichen Bettler erscheint angesichts der Größe von Schlanders mit vermutlich 600–800 Einwohnern als enorm – um so mehr, als auch das Spital Almosen spendete. Auch die Schlanderser Pfarrmitbürger engagierten sich weiterhin durch tatkräftige Hilfe, wie uns die Stiftungen und Spenden an das Spital beweisen. Bereits im Spätmittelalter hatte man dem Armutsproblem strukturell durch Almosenzinse zu begegnen versucht. So hatte etwa der Kropfacker zu Göflan 1547 unter anderem jährlich 1 Mutt Roggen der Kommende zu einem Almosen zu zinsen.³⁵⁰

In der Tat setzte im 16. Jahrhundert im Umfeld der Reformation eine vermehrte Solidarisierung (die auch durch das Bevölkerungswachstum bedingt war) ein. Anstelle von kirchlichen begegnen wir nun vermehrt Stiftungen für karitative Zwecke, vor allem an das Spital.³⁵¹ Die erhöhte Sensibilität auch Vermögenderer für Arme gründete wohl auch in persönlicher und allgemeiner Erfahrung von starken Konjunktur- und Preisschwankungen, die selbst einen begüterten Mitbürger bald an den Rand der Existenz bringen konnte.

So wird in der lokalen Überlieferung und in der Literatur mit Vorliebe das Beispiel des Jenewein Ladurner erwähnt, dessen Biographie zwar sicher nicht in Armut endete, dessen Bauvorhaben (seit 1598) eines repräsentativen ländlichen Ansitzes auf dem einstigen Brixner Maierhof jedoch in einer frühen Phase steckenblieb, nachdem er das Erdgeschoß mit dem Ansatz eines Renaissanceerkers, dem Kreuzgratgewölbe und den Wappenschilden versippter Familien noch hatte errichten können. Im Hausflur ließ der Bauherr einen bezeichnenden Spruch, wohl seine Devise, anbringen, die er freilich bereits früher als Gerichtsschreiber in Verfachbücher notiert hatte: *Armueth vertreibt Hochmueth 1598.*³⁵²

---

344 AB II S. 41 und 63.
345 Ignaz von ZINGERLE/Karl Theodor von INAMA-STERNEGG (Hgg.), Die Tirolischen Weisthümer, Teil 3, Wien 1880, S. 205/21 f.
346 Vgl. die Kortscher Dorfordnung von 1614 (erneuert 1672 und 1766); die Göflaner Dorfordnung von 1564 (mit Zusatz von 1568); ebd., S. 201–205.
347 WOPFNER, Quellen (wie Anm. 332), S. 135/6 f.
348 ZINGERLE/INAMA-STERNEGG, Weisthümer (wie Anm. 345), S. 204/11 f.
349 GASSER, Geschichte (wie Anm. 310), S. 229.
350 Urkunden Nr. 56, 57, Spitalsarchiv Schlanders (Regesten Theiner); vgl. auch ebd., Nr. 58.
351 Vgl. unten, S. 349.
352 STAFFLER, Hofnamen Schlanders (wie Anm. 20), S. 147/Nr. 101; LADURNER-PARTHANES, Ladurner (wie Anm. 135), S. 36 f. Vgl. auch Peter Paul GAMPER, Chronik von Schlanders, in: Bild & Chronik von Alt-Schlanders mit Kortsch – Göflan – Vetzan – Sonnen- & Nörder-

Die Steillage einzelner Berghöfe zwang zu temporärem Betteln. Feilegg am Sonnenberg.

Jedoch war trotz aller Spendenbereitschaft der Zeitgenossen das Armutsproblem in keiner Weise gelöst. Die Menschen, die in der Kommende täglich ein Almosen erhielten, kamen sicher aus Schlanders und der nächsten Umgebung, allenfalls aus der Pfarre –, zumal die weltliche Obrigkeit seit dem 16. Jahrhundert die Mobilität von Bettlern verstärkt kontrollierte.[353]

In der dörflichen Armutsfrage nicht vergessen dürfen wir jene soziale Gruppe, die sozusagen am Rand zur Bettelarmut standen, die Besitzer von kleinen oder extrem steil gelegenen und wasserarmen Hofstellen, die bei Missernte oder überhaupt regelmäßig zu temporärem Betteln gezwungen waren.[354] Dazu sind auch einzelne Höfe am Sonnenberg zu zählen, deren Erwerbsfähige wegen der Entfernung zur Talsiedlung als Tagelöhner zudem nur erschwert Zugang zum Arbeitsmarkt hatten. Jedenfalls berichten uns sogar die landesfürstlichen Steuerkommissare 1779, daß der Innere Feilegghof für die Äcker kein Wasser habe – wie auch Laggar und Zuckbichl –, und der kleine Hausbrunnen zeitweise *saumselig* sei, so daß sich die Inhaber zu Trockenzeiten mit dem Bettelbrot hätten bedienen müssen.[355]

Die *Hausgesessen*

Im Mittelpunkt des öffentlichen, also politisch-repräsentativen Lebens des Dorfes standen die *hausgesessen*,[356] die Hausbesitzenden, denen wir bereits in den Gerichtsordnungen von 1400 und 1490 begegnet sind. Sie legten die innerdörflichen Spielregeln fest, gestalteten die Dorfversammlungen, aus ihnen stammten die Dorfmeister und Mitglieder des Gemeindeausschusses. Sie war die Gruppe auch mit der größten beruflichen Differenzierung. Wir nennen zunächst die überwiegend Gewerbetreibenden. Sie stellten ein wesentliches innovatives Potential dar und indizierten den zivilisatorischen Fortschritt des Ortes.

Armuedt Vertreibt Hochmuet. Wahlspruch des Gerichtsschreibers Jenewein Ladurner im Verfachbuch Kastelbell (1580).

Dagegen verkörperten die bäuerlichen Hausgenossen (relative) Kontinuität. Deren Hofstellen, die sich mehr an den Randlagen des Dorfes befanden,[357] dominierten das äußere Erscheinungsbild des agrarischen Schlanders: vom Niederhof beziehungsweise der Urtlmühle am unteren Ende des Dorfes bis zum Schnatzhof *zu obrist des Dorfs* (1571).[358]

In der sozialen Gruppe der Hausgesessenen entwickelten sich spezifische Heiratskreise, von denen wir vor allem jene der Oberschicht zu erfassen vermögen und deren Mitglieder teils zusammen in neue Berufe aufstiegen: in die Urbarial- und Gerichtsverwaltung, in den militärischen Bereich, im Idealfall in den Adel. Sie machten zu einem guten Teil die Stiftungen an das Spital. Ein solcher Heiratskreis bestand gegen 1500 aus den Harm, Hendl, Perwanger und Weynmair oder etwas später aus den Ladurner, Schnatzer und Umbraser.[359]

---

berg, hg. von Hans Wielander, Schlanders 1984, S. 20 (Abb.).

353 Vgl. Wilfried BEIMROHR, Die öffentliche Armenfürsorge in Tirol vom 16. bis 19. Jahrhundert, in: Historische Blickpunkte. Festschrift Johann Rainer, unter Mitarbeit von Ulrike Kemmerling-Unterthurner/Hermann J. W. Kuprian hg. von Sabine Weiss, S. 13 f., 17–20.

354 Zu einer spezifischen Lebensform seit dem 17. Jahrhundert, den Karrnern (Begriff erstmals 1769) auf Zeit, gerade im Vinschgau vgl. Klaus FISCHER, Die Karrner – eine verschwundene soziale Randgruppe im Vinschgau, in: Der Vinschgau und seine Nachbarräume, hg. von Rainer Loose, Bozen 1993, S. 267 f.

355 STAFFLER, Hofnamen Schlanders (wie Anm. 20), S. 81/ Nr. 6. Zu Laggar und Zuckbüchl vgl. ebd., S. 90/Nr. 28 und 91/Nr. 29.

356 ZINGERLE/INAMA-STERNEGG, Weisthümer (wie Anm. 345), S. 162/26, 167/27; zu Kortsch vgl. ebd., S. 186/ 26, 191/30 f.

357 Vgl. hier den Beitrag von Rainer Loose.

358 STAFFLER, Hofnamen Schlanders (wie Anm. 20), S. 125/ Nr. 44.

359 Vgl. 1507 November 24, Urkunde Nr. 14, Spitalsarchiv Schlanders (Regesten Theiner).

Heiratskreise und dörfliche Kontakte. Anna Harm

An einer Person vermögen wir um 1500 einigermaßen gut die Binnenkontakte und soziale Verflechtung der dörflichen Oberschicht zu erfassen. Im Haus ihres Baumanns Bastl Payr, der Bauer und Schuster in Schlanders war, verstarb um 1512 Anna Harm.[360] Ihr Großvater Hans[361] war Knecht und Diener Herzog Friedrichs gewesen. In dessen Auftrag wies ihm der Schlanderser Richter Kugelrieder 1438 ein Grundstück in *nyderhalb der pruggen* zu, worauf er eine Stallung bauen sollte. Der tüchtige Hans hatte bereits damals in Schanzen *an der prugg* gewohnt und erbaute nunmehr ein *newes haws*[362] – das spätere Wirtshaus am Platz. Als er 1475 verstarb, waren seine Kinder in die lokale Oberschicht verheiratet: Ein Schwiegersohn, Jeronimus Perwanger[363] aus Günzlhofen war mit Anna verheiratet und 1472–1474 Pfleger und Richter in Schlanders gewesen. Eine weitere Tochter, Kathrein, war mit dem reichen Obermaiser Georg Zegkolf verehelicht. Sein bereits verstorbener Sohn Hans d. J. hatte in die Eyrser Notabelnfamilie der Weynmair geheiratet; die Vormundschaft für dessen minderjährigen Sohn Wolfgang übernahm sein Onkel Hans Hendl von Goldrain,[364] der später ebenso Richter von Schlanders wurde.

Hans hatte nicht nur das Anwesen in Schanzen, sondern auch mehrere Güter in Schlanders zu vererben – die Harm sind dort bereits 1388 erwähnt[365]: das schlandersbergische Zehenthaus, zwei nebeneinander liegende Häuser am Mühlbach und den Schnatzhof. Der einzige überlebende Sohn Achacy[366] übernahm das Haus in Schanzen, das er später veräußerte. Neben Schanzen besaß er 1480 noch ein Haus mit Badstube in Schlanders sowie das ummauerte Anwesen am Mühlbach, das er anscheinend von seiner Schwester in Mais erworben hatte.

Dessen vermutlich ledig gebliebene Erbtochter übernahm das Haus mit der (oberen) Badstube[367] und das Anwesen am Mühlbach. Anna wohnte zumindest in den letzten Lebensjahren im Dorf, in dem genannten Anwesen, das zwischen dem Mühlbach und Gasswaal lag und aus zwei Häusern mit Laden, Garten, Stadl und Stallung bestand.[368] In ihren alten und kranken Tagen versorgte sie ihr Zinsmann Bastl Payr (oder dessen Familie), da sie an der Franzosenkrankheit, Syphilis, litt.[369] Hier hatten anscheinend die Nähe der Familie zum Hof Maximilians oder das Bad ihren Preis gefordert.

Rechtlich, *mit Leib und Gut*,[370] unterstand Anna – als alleinstehende Frau – ihrem Cousin Wolfgang Harm[371] in Eyrs, auch er ein Notabler, der bereits 1491 das Dorf Eyrs vertreten hatte. Anna stiftete 1512 in das Spital einen Jahrtag,[372] ihre anderen Cousins, die Brüder Perwanger 1518 auch aus ihrem Erbe einen Quatembergottesdienst, wobei sie Hans Hendl und *aller der Hendlein Seelen*[373] in das Gebet einbezogen. Damit bestätigte sich der familiale Kreis, wie er sich uns 1475 bei der Erbteilung ihres Großvaters Hans dargestellt hatte.

Adel und Neuadel

Wenn wir in der (Lokal-)Epoche von 1499 bis 1648 die sozialen Strukturen von Schlanders analysieren, dürfen wir einen zusätzlichen Aspekt nicht vergessen. Weniger im Dorfkern als mehr am Rand entstanden weitläufige Baulichkeiten, deren primärer Zweck nicht in der Landwirtschaft oder im Gewerbe, sondern in der Repräsentation lag. Sie stammten von nieder- oder neuadeligen

---

360 Urkunden Nr. 22, 35, 36, 41, Spitalsarchiv Schlanders (Regest Theiner); Kofler, Spital (wie Anm. 211), S. 9–11; Köfler, Land (wie Anm. 265), S. 590.
361 AB II Nr. 337; Staffler, Hofnamen Schlanders (wie Anm. 20), S. 50, S. 121/Nr. 30, S. 126/Nr. 44, S. 137/Nr. 76.
362 Staffler, Hofnamen Schlanders (wie Anm. 20), S. 50 (Zitate).
363 Urkunde Nr. 4, Spitalsarchiv Schlanders (Regest Theiner); Stolz, Landesbeschreibung (wie Anm. 68), S. 101.
364 Vgl. demnächst Klaus Brandstätter, Die Hendl vom Mittelalter bis ins 18. Jahrhundert, in einem von Marjan Cescutti hg. Sammelband zum Geschlecht der Hendl.
365 Staffler, Hofnamen Schlanders (wie Anm. 20), S. 118/Nr. 16.
366 Ebd., S. 50, S. 136/Nr. 75, und die Angaben oben Anm. 360.
367 Die Badstube war 1517 im Besitz ihres Cousins und Erben Wolfgang; Staffler, Hofnamen Schlanders (wie Anm. 20), S. 136/Nr. 75.
368 1520 Februar 16, Urkunde Nr. 41, Spitalsarchiv Schlanders (Regest Theiner).
369 Kofler, Spital (wie Anm. 211), S. 9–11.
370 1520 Februar 16, Urkunde Nr. 41, Spitalsarchiv Schlanders (Regest Theiner).
371 Staffler, Hofnamen Schlanders (wie Anm. 20), S. 50, S. 136/Nr. 75 und S. 214.
372 1512 Juli 6, Urkunde Nr. 22, Spitalsarchiv Schlanders (Regest Theiner).
373 1518 Dezember 20, Urkunde Nr. 36, ebd.

Geschlechtern, den Hendl, Heydorf oder Heudorf, Mitterhofer und Stachelburg.[374]

Damit erwies sich das Dorf Schlanders auch im 16. und 17. Jahrhundert für den niederen Adel attraktiv – was wiederum die zentralörtliche Funktion des Ortes unterstrich, der erstmals im 18. Jahrhundert als Markt bezeichnet wurde.[375] Die Attraktivität war sicher mit bedingt durch die Schlanderser Gerichtskompetenzen, wie ebenso durch die Ordenskommende, die sozusagen den Kristallisationskern für eine gewisse Aristokratisierung des Ortes bildeten.

Neben den traditionell präsenten Schlandersberg erschienen als neue Familie endgültig im 16. Jahrhundert die Hendl,[376] die bereits um 1550 einen Ansitz in Schlanders, das spätere Schlanderegg, besaßen.[377] Der Sage nach soll sich der flüchtige Herzog Friedrich mit der leeren Tasche lange Zeit auch in der Mühle des beim Hendlmüller in Meran aufgehalten haben. Nachdem er dort von Feinden ausgespäht worden war, versteckte ihn der treue Müller unter einer Mistfuhr und brachte ihn aus dem Haus. Als später Friedrich zu Macht und Ansehen gelangte, erhob er ihn in den Adelsstand und gab ihm ein Mühlrad in sein Wappen.[378] Auch wenn in Wirklichkeit die Hendl anscheinend aus der Schweiz über das Oberinntal in den Vinschgau migriert waren, verweist uns die Sage dennoch eindrucksvoll auf vormodernes Wissen um Wege und Chancen familialen Aufstiegs.

Erstmals waren 1460–1466 mit Sigmund und 1489–1496[379] mit Hendl Familienmitglieder der Hendl beamtete Richter von Schlanders. Die Hendl[380] etablierten sich seit etwa 1475 in Goldrain; Sigmund und Reinprecht ließen sich von Karl V. zu Rittern schlagen. Das Gericht Kastelbell übernahmen sie pfandweise 1531, das sie mit einer Unterbrechung in bayerischer Zeit bis 1825 besaßen.[381] Ihre familiale Blüte setzte in der Mitte des 16. Jahrhunderts ein, als sie sich in einer Doppelhochzeit mit den alteingesessenen Herren von Schlandersberg verbanden, die Burgen Rotund und Reichenberg erwarben und ihren Sitz in Goldrain in historisierender Manier mit Stilelementen aus der Hochphase des Feudalismus umbauten.

Zugleich übernahmen sie seit 1562 als Pfandherren langfristig auch das Gericht Schlanders, das sie mit einer Unterbrechung (1629 bis spätestens 1647) bis 1786 innehatten.[382] Damit besetzten sie auch in Schlanders eine örtliche Einflußposition. 1615 stiegen sie in den Freiherrenstand, 1697 durch den um 1550 erbauten Ansitz Schlanderegg in den Grafenstand auf.[383]

Die Frau in der agrarischen Gesellschaft

Im verschrifteten Schlanders der Frühen Neuzeit tritt uns auch das Geschlechterverhältnis differenzierter gegenüber. So werden wir weder von einer offenen, verbalen Frauenfeindlichkeit, noch von einer alltäglichen physischen Gewalt weder in Schlanders noch vermutlich allgemein im Dorf der Frühen Neuzeit sprechen können. Hier wirkten sowohl die schwere agrarische Arbeit, der Schutz durch die Verwandten als auch die Verbote und Verbotszeiten der Kirche auch gegen alltägliche sexuelle Gewalt. Die Szene in den Fazetien Heinrich Bebels, in der eine Edelfrau einen starken, sonst aber – wie es heißt – groben und ungeschickten Bauern zu sich lud, dieser aber nach harter Tagesarbeit »mehr schlafdurstig als begierig« die Nacht verschlief,[384] dürfte für den Alltag der länd-

---

374 Zu den Heydorf vgl. STAFFLER, Hofnamen Schlanders (wie Anm. 20), S. 122/Nr. 34, 129–130/Nr. 53–55, und zuletzt Erika KUSTATSCHER, Das 18. Jahrhundert, in: Der Deutsche Orden in Tirol, hg. von Heinz Noflatscher, Bozen-Marburg 1991, S. 201 f. – Zu den Mitterhofer vgl. MAYRHOFEN, Genealogien (wie Anm. 187); STAFFLER, Hofnamen Schlanders (wie Anm. 20), S. 127/Nr. 50; Karl WOLFSGRUBER, Das Brixner Domkapitel in seiner persönlichen Zusammensetzung in der Neuzeit 1500–1803, Innsbruck 1951, S. 180 f.; KÖFLER, Land (wie Anm. 265), S. 600. – Zu den Stachelburg vgl. unten, S. 354, 356.
375 GAMPER, Chronik von Schlanders (wie Anm. 352), S. 153.
376 Zur Familie vgl. demnächst die Studie von Klaus Brandstätter (wie Anm. 364).
377 STAFFLER, Hofnamen Schlanders (wie Anm. 20), S. 129/Nr. 54 und S. 134/Nr. 65.
378 Ignaz Vinzenz ZINGERLE, Sagen aus Tirol, ausgewählt und mit Erläuterungen versehen von Leander Petzoldt, Graz 1976, S. 218 f.
379 Spitalarchiv Schlanders, Urkunde Nr. 7 A (Regest Theiner); STOLZ, Landesbeschreibung (wie Anm. 68), S. 101.
380 STAFFLER, Hofnamen Schlanders (wie Anm. 20), S. 58–60; TRAPP, Tiroler Burgenbuch (wie Anm. 61), S. 65; KÖFLER, Land (wie Anm. 265), S. 591.
381 STOLZ, Landesbeschreibung (wie Anm. 68), S. 115.
382 BRANDSTÄTTER, Hendl (wie Anm. 364).
383 Ebd.
384 Karl AMRAIN (Hg.), Heinrich Bebels Facetien und Graf Froben von Zimmern, Leipzig 1907, S. 45 f.

Vormoderne Mischökonomie. Frauen beim Flachsbrechen in Schlanders.

lichen Gesellschaft paradigmatischer als andere (mehr bürgerliche) Einschätzungen sein. Hier bestehen im Wissenschaftsdiskurs anscheinend Parallelen mit der Dämonisierung vormoderner Kindererziehung.[385]

Frauen als Ehepartnerinnen (nicht nur als Mütter) sicherten den Haushalt und dessen Fortbestand gerade in ländlichen Knappheitsgesellschaften. Noch weniger waren sie in Unterschichten entbehrlich, wo sie außerhalb des Haushalts nicht nur ein willkommenes, sondern das für alle unabdingbare Zubrot einbringen mußten. Die Abhängigkeit der Geschlechter war insofern im materiellen (nicht rechtlichen) Alltag interdependent.

Aus dem Kastelbeller Gefängnis wurden 1532 vier Frauen gegen eine Kaution entlassen, nachdem sie gegen obrigkeitliches Gebot *muetwillig* Kastanien gesammelt hatten.[386] Ein Knecht am Niederhof, Nuel Kartschut, sagte bei einer Zeugenbefragung um 1495 vor dem Schlanderser Gerichtsanwalt aus, daß er vor gut dreißig Jahren am heimatlichen Tafratzhof rund sieben bis acht Jahre lang *seins vaters und seiner schwester vich* gehütet habe[387] – was bedeutete, daß der jüngere Bruder nicht nur für die ältere Schwester gearbeitet, sondern diese (sie wurde später Bäuerin im nahen Holzbrugghof)[388] damals, wohl im Stall des Vaters, ihr eigenes Vieh besessen hatte.

385 Vgl. Opitz, Evatöchter (wie Anm. 185), S. 55; auch – davon unabhängig – Heinz Noflatscher, Politische Führungsgruppen in den österreichischen Ländern (1480–1530), Geisteswiss. Habilitationsschrift Innsbruck 1993, S. 12.

386 Siegfried W. De Rachewiltz, Kastanien im südlichen Tirol, Schlanders 1992, S. 39 f.
387 Um 1490 (besser: 1495), Urkunde Nr. 17, GAG, STLA.
388 Vgl. Staffler, Hofnamen Schlanders (wie Anm. 20), S. 97/Nr. 1.

Auch in den frühneuzeitlichen Urkunden begegnen wir in Schlanders Frauen, die erbten, kauften, verkauften, stifteten, also über Vermögen verfügten. Dennoch waren Frauen vor Gericht und im Fall offener Gewalt benachteiligt, da hinreichende Rechtsgrundsätze und -maßnahmen und eine schützende Exekutive (wie auch sonst gegen zeitgenössische alltägliche Gewaltanwendung) fehlten – eine Tatsache, die personalisiert und substitutiv dem Ehemann oder ihrem Vertreter im Rahmen der Hausgewalt eine quasivogteiliche Rolle übertrug.

Insofern bestanden vor allem strukturelle Formen von Gewalt und von Ungleichheit der Geschlechter. Wir begegnen ihnen auch in Schlanders zunächst in der Rechtswirklichkeit: Zwar konnten Frauen bei Rechtsgeschäften persönlich anwesend sein, also vor dem Gerichtsschreiber erscheinen, um dort ein Geschäft unter Zeugen abzuwickeln und in das Verfachbuch eintragen zu lassen. Katreina Rutt von Morter, die vom Sonnenberg gebürtig war, verkaufte am Neujahrstag 1506 in Gegenwart ihres Mannes und ihres Vormunds (*Gerhaben*) einen Jahreszins von zwei Star Roggen auf Taletsch, den sie von ihrem Vater geerbt hatte.[389] Als Jakob Walder 1533 ein Almosen für das Spital stiftete, geschah dies »in Beisein seiner ehelichen Hausfrau«, Afra.[390]

Aber die Fälle scheinen doch eher eine Minderheit gebildet zu haben. Vor allem hatte entweder der Ehemann selbst oder ein sogenannter Anweiser als Vertreter der Frau zu fungieren, wenn auch die faktische Entscheidung vorher die Frau selbst getroffen haben mochte. Wir können eine solche familiale Vor-Entscheidung in einem Vormundschaftsfall nachvollziehen. So erschien im Jahr 1504 in der Schlanderser Gerichtsstube Margareta, die Frau des Christan im Turen ab Vallan, und bestimmte ihren Mann zum Vormund der kleinen Waisen Cristina Nüsslein zu Laas.[391]

Im gesamten oblag die rechtliche und allgemein die öffentliche Vertretung der Frau dem Mann. Das galt auch bei gemeinsam erwirtschaftetem Vermögen, wenn auch der Leistungsanteil der Frau rechtlich anerkannt war. Ob sich in solchen Fällen die Stellung der Frau in der Frühen Neuzeit gegenüber dem Spätmittelalter veränderte und sogar verschlechterte, wäre zu überprüfen. Hatten den erwähnten Erbschaftsvertrag von 1326 noch beide Seiten geschlossen,[392] so stiftete Hans Mastauner 1508 dem Spital allein, wenn auch »mit Rat Elsbeten seiner Hausfrau«.

In der Stiftung Mastauners waren auch die Altersversorgung seiner Frau und der Unterhalt ihres Adoptivkindes Agnes nach seinem Tod geregelt. So sollte die Frau in seinem Haus in Schlanders lebenslang ein Wohnrecht mit Kammer und Raum in Küche und Stube besitzen. Aus dem Spital sollte sie Kleidung, Essen, Trinken und Holz, auch ein ziemendes *Pfar und Padgelt* beziehen. Das Adoptivkind Agnes sollte vom Spital erzogen werden, bis es fünfzehn Jahre alt war und zur Vogtbarkeit vom Spital sechs Mark Berner und ein Bett erhalten.[393]

Noch wenig geklärt ist die Stellung der Frau auf Dorfversammlungen. Woher sollte eine alleinstehende, aber vermögende und haushäbige Frau – von den Nachbarn abgesehen – ihre Informationen zu wichtigen Dorfbeschlüssen beziehen? Erschien Anna Harm,[394] nachdem sie den Hausbesitz in Schlanders geerbt hatte, neben den bewaffneten Männern auch auf der Versammlung der Schlanderser Dorfgemeinde am Kässonntag? Leider finden wir in den Dorfordnungen von Kortsch und Göflan (jene von Schlanders ist nicht erhalten) keine Spur einer Präsenz von Frauen an einer Dorfversammlung. Sicher konnte sie indirekt durch ihren Anwalt präsent sein, aber die Informationsweitergabe durch ihn erschien doch als relativ umständlich, zumal, wenn er selbst wie Wolfgang Harm im Falle Annas nicht im Dorf, sondern in Eyrs wohnte.

Erschien sie daher auch persönlich? Sie mußte als Hausherrin jedenfalls über die Entscheidungen der Dorfversammlung informiert sein. Wir können annehmen, daß Dorfversammlungen auch aus vereinzelten Frauen bestanden (wie auch auf Reichstagen Äbtissinnen oder deren Gesandte präsent

---

389 Urkunde Nr. 13, Spitalsarchiv Schlanders (Regest Theiner).
390 Ebd., Nr. 49.
391 Ebd., Nr. 10.
392 Vgl. oben, S. 310.
393 Urkunde Nr. 17, Spitalsarchiv Schlanders (Regest Theiner); vgl. auch ebd., Nr. 24.
394 Vgl. oben, S. 333.

waren),³⁹⁵ auch wenn sie dort zeitgenössischer Mentalität gemäß wohl im Hintergrund geblieben waren.

Man ißt sich satt. Feste und Feiern

Sicher waren gerade die existentiellen Lebensbereiche, also Brauchtum, Fest oder Feier bei einer Geburt, die Hochzeit, der Todesfall oder allgemein Gesundheit und Ernährung von Frauen dominiert oder entscheidend mit gestaltet. *Jekel der drechsel* kaufte 1366 um acht Pfund Tuch (wohl vier Ellen) für *seine meide*, seine Verlobte, die das Tuch vermutlich für die Hochzeit vernähte.³⁹⁶

Ein großes Dorffest war die jährliche Kirchweihe zu Maria Heimsuchung am 2. Juli (die freilich für manchen auch Zahltag bedeutete, wie wir aus den Fristen für gekauftes Tuch im Rechnungsbuch Umbrasers ersehen können³⁹⁷), später zu Maria Himmelfahrt am 15. August.³⁹⁸ Wir erwähnten schon den Besuch einer Verwandten Peters von Schlandersberg im Jahr 1366, die er eben zur Kirchweih mit ihrer Dienerschaft nach Schlanders eingeladen hatte, wo sie dann *ze male sazen*.³⁹⁹ Wenn die etwa fünfzehn Zins- und Gültbauern des Deutschen Ordens aus Martell die *Baustifftung* brachten, erhielten sie in der Kommende, jedenfalls in der Frühen Neuzeit, ein Mahl *mit 5 speißen* und Wein. Die übrigen 50–60 Zinsleute bekamen gleichfalls einmal im Jahr ein kleineres Essen, das neben Käse und einer halben Maß Wein aus *3 speißen* bestand.⁴⁰⁰

Dienstboten erhielten am Weihnachts- oder Neujahrstag vom Dienstherren ein sogenanntes Opfergeld. Auch Junker Peter von Schlandersberg gab (wohl seinem Diener) zu Weihnachten 1366 drei Pfund Opferpfennig.⁴⁰¹ Noch zu Weihnachten hob er das Kind seines Mairs in Schlandraun aus der Taufe.⁴⁰² Zum folgenden Lichtmeßfest fertigte er mit seinem Bruder persönlich Kerzen an, wie er ebenso für die Pfarrkirche jährlich eine *grozz chertz* stiftete.⁴⁰³ In der darauf folgenden Fasnacht hatte der Junker, der im Dorf wohnte, einen Pfeifer eingeladen, der als *gedingter pfeiffer* als Lohn ein Pfund Geld und dazu vier Ellen gestreiftes Tuch bekam.⁴⁰⁴

Sicher haben auch in Schlanders die Obrigkeiten der Frühen Neuzeit Brauchtum stark reglementiert, wenn nicht unterdrückt, vor allem, wenn es mit sogenannten verdächtigen Menschenansammlungen verbunden war. Bis in das 20. Jahrhundert erhalten konnte sich der Brauch des Scheibenschlagens am Kässonntag zu Beginn der Fastenzeit.⁴⁰⁵

Auffällt uns eine hohe Sensibilität der Menschen für den Tod. Die Brüder Perwanger stifteten 1518 in der Spitalskirche ein Glasfenster mit *sant Cristoffs pildnus*,⁴⁰⁶ dem Patron der Pilger, gegen Pest, Unwetter, vor allem aber gegen einen unversehenen Tod.⁴⁰⁷ Das Leben sollte ruhig und vorbereitet enden, während ein plötzlicher Tod zumal bei einem Dorfnotablen beargwöhnt wurde: Im Jahr 1617 starb (der in seinem Leben nicht unumstrittene)⁴⁰⁸ Jenewein Ladurner *gar gehling*, schrieb ein zeitgenössischer Chronist.⁴⁰⁹

Hexen und Knappheitsgesellschaft

Tief in die Psyche und den Alltag eines vormodernen Dorfes lassen uns Hexenverfolgungen blicken – in die Sorgen und Ängste, aber auch Wünsche, Visionen und das Selbstverständnis einer lokalen Agrargesellschaft, von denen wir ansonsten nur allzuwenig Bescheid wissen. Seit im Jahr 1485 Do-

---

395 Siehe auch Werner Trossbach, Bauern 1648–1806, München 1993, S. 22.
396 Ottenthal, Rechnungsbücher (wie Anm. 54), S. 597.
397 1366–1368; weitere Fristen waren zu Maria Lichtmeß, Mitfasten, Pfingsten (häufig), am Bartholomäus-, Michaels- und Martinstag; ebd., S. 595–597.
398 1702, DOZA, Et 33/3, fol. 360.
399 Ottenthal, Rechnungsbücher (wie Anm. 54), S. 585; oben, S. 310.
400 Visitationsbericht 1702, DOZA, Et 33/3, fol. 362, und Et 157/3; vgl. auch Gasser, Geschichte (wie Anm. 310), S. 228. Vgl. zu einer ähnlichen Praxis in Marienberg: Schwitzer, Urbare (wie Anm. 77), S. 19.
401 Ottenthal, Rechnungsbücher (wie Anm. 54), S. 587.
402 Ebd., S. 587; vgl. auch Staffler, Hofnamen Schlanders (wie Anm. 20), S. 88/Nr. 23.
403 Ottenthal, Rechnungsbücher (wie Anm. 54), S. 589.
404 Ebd., S. 592.
405 Adalbert Pöll, Scheibenschlagen in Schlanders vor 70 Jahren, in: Tiroler Heimatblätter 3 (1925), Heft 6, S. 13 f.; Gamper, Chronik von Schlanders (wie Anm. 352), S. 111 f.
406 Urkunde Nr. 36, Spitalsarchiv Schlanders (Regest Theiner).
407 Engelbert Kirschbaum (Hg.), Lexikon der christlichen Ikonographie, Bd. 5, Freiburg i. Br. 1973, Sp. 496–508.
408 Vgl. unten, S. 339.
409 Kleinhannsische Chronik, zitiert bei Ladurner-Parthanes, Ladurner (wie Anm. 135), S. 39.

minikaner im päpstlichen Auftrag in Brixen und Innsbruck mit einer Hexeninquisition begonnen hatten, waren öffentliche Verfolgung von Hexenwesen und Zauberei auch in Tirol entfacht. Zwar blieben Hexenprozesse in Tirol im Folgenden relativ eingeschränkt – aber es gab ebenso hier Inquisition, Folterungen und sogar Hinrichtungen.

Auch im Landgericht Schlanders treffen wir auf Hexenverfolgung.[410] Als in Meran 1680 dreizehn Hexenmänner, teils Jugendliche im Alter von vierzehn bis fünfzehn Jahren, hingerichtet wurden, befand sich ein Johann aus Göflan darunter, den man verbrannte.[411] Hexenwesen war im vorwiegend agrarischen Schlanders eng mit materieller Daseinsbewältigung, dem Ringen mit der Natur um ausreichende Nahrung verknüpft. So ist für den Raum Schlanders die Sage von der Laaser Bäuerin überliefert, die mit einer Hexensalbe den Besen beschmierte und durch die Lüfte flog. Als sie über einer Kapelle dahinfuhr, verlor der Zauber seine Kraft, sie stürzte ab[412] – die Sage entsprach auch einem Wunsch nach Beherrschung der in der Vormoderne allzu oft bedrohlichen Naturgewalten.

Dazu gehört auch die Sage des alten Tappeiner vom Sonnenberg,[413] der einerseits im Bund mit dem Teufel Bauholz zu beschaffen und für gepflasterte Wege zu sorgen wußte, andererseits sich selbst aus dem Moor zog, indem er sogar die bösen Geister und Seiten der Natur beherrschte – frühneuzeitliche Quadratur des Kreises; auch das waren Projektionen geplagter Zeitgenossen gerade am Sonnenberg. Da es sich hier um einen Hexenmeister handelte, werden wir die Sage nicht nur in die Frühe Neuzeit, sondern vermutlich in das 17. Jahrhundert ansetzen können, in dem vor allem männliche Hexenzauberer denunziert und verurteilt wurden.

Gemeindeversammlungen, Ämter, Weistümer

Mit der weiteren Bevölkerungszunahme von Schlanders nach 1499 entwickelten sich auch die Verfassung und Ämterstruktur fort. Im 16. und 17. Jahrhundert begegnen wir in Schlanders vier Typen von öffentlichen Versammlungen.

So waren, erstens, die Aufgaben der Pfarrgemeindeversammlung oder deren Vertreter, der Kirchpröpste,[414] vor allem konsensualer Natur, etwa wenn es um die Zustimmung zum Kauf, Verkauf oder Tausch von Kirchengütern ging, oder um Stiftungen, deren finanzielle Grundlagen zu überprüfen waren. Zweitens bestand nach wie vor die Gerichtsgemeinde und die Gerichtsversammlung zu Gertraudi in Schanzen, deren Ordnung und Verfahren im 15. Jahrhundert verschriftet worden waren. Noch 1680 wurde eine Kopie der Landsprache von 1490 angefertigt.[415] Drittens traf sich vor allem die Versammlung der Ortsgemeinde am Kässonntag. Und viertens treffen wir, erstmals im 15. Jahrhundert, die sogenannte *großgmain*[416] an, auf der sich mehrere Gemeinden oder Nachbarschaften versammelten – wobei es primär um die Allmende ging. Auf den Versammlungen wurden nicht nur die leitenden und nachgeordnete Ämter bestimmt, sondern vor allem gemeinsame Interessen definiert.

Wir wollen im Folgenden, um mit der Großgemeinde zu beginnen, einige Beispiele solch gemeinsam artikulierter Wirtschaftsinteressen bringen. So legte König Heinrich von Böhmen als Landesherr 1332 zwischen den Pfarrgemeinden Schlanders und Latsch durch eine Grenzziehung einen Waldstreit zu Talair bei.[417] Noch im selben Jahr verlieh er der Gemeinde der Pfarre Schlanders das ausschließliche Holztriftrecht auf der Plumian im Martelltal.[418] Aus den Jahren 1442, 1587 und 1602 stammen gemeinsame Waldordnungen der Gemeinden Kortsch, Schlanders und Göflan.[419] Als 1485 angeblich durch Verschulden von zwei Laasern der Etschdamm brach und erhebliche

---

410 GAMPER, Chronik von Schlanders (wie Anm. 352), S. 45 f.
411 Pinuccia DI GESARO, Streghe. L'ossessione del diavolo. Il repertorio di malefizî. La repressione, Bolzano 1988, S. 641.
412 Ignaz V. ZINGERLE, Sagen aus Tirol, Graz 1969, S. 405. Vgl. ferner Josef SCHGÖR, Sagen aus dem mittleren Vinschgau, in: Der Schlern 23 (1949), S. 267 f.
413 ZINGERLE, Sagen (wie Anm. 412), S. 474–476.
414 Vgl. unten, S. 357; vor allem den Beitrag von Erika Kustatscher in diesem Band.
415 AB II, S. 41.
416 STAFFLER, Hofnamen Schlanders (wie Anm. 20), S. 96.
417 AB II Nr. 341; vgl. auch AB II, S. 49.
418 1332 Juni 16, Urkunde Nr. 1, GAS, STLA; AB II Nr. 340.
419 AB II S. 37, 43, 59, 63.

Schäden anrichtete, prozessierten die Gemeinden Kortsch, Schlanders und Göflan gegen Laas gemeinsam; 1489 unterfertigten sie mit zwei Wegmachern (einer aus dem Montafon) einen Vertrag, wonach der Damm für die beträchtliche Summe von 400 Gulden wieder hergestellt werden sollte.[420]

Einen besonders markanten Fall, in den eine Gemeinde und Großgemeinde involviert waren, bildete ein Konflikt um Holzbezugsrechte im späten 16. Jahrhundert. Hier konkurrierten mit den gemeinschaftlichen offensichtlich auch individuelle, frühkapitalistische Interessen, Wald und Holz zu kapitalisieren, wie des Jenewein Ladurner, der seine angeblichen Holznutzungsrechte im Nörderberger Tafratzwald in den 1590er Jahren extensiv interpretierte[421] – eine typisch frühneuzeitliche Vorgangsweise vor allem des Adels gegen kommunale Allmenderechte. In der Tat zählte der Viertelshauptmann des oberen Inntals und einstige Sekretär und Hauptmann des Markgrafen Karl von Burgau zum neuen Adel, dessen Familie 1588 nobilitiert worden war.

Nachdem er bereits 1587 aus dem Tafratzwald fünfzehn Stämme für die Reparatur seines Garbhauses und seiner Scheune hatte schlagen können, verlieh ihm Erzherzog Ferdinand 1591 ein generelles Holznutzungsrecht für den persönlichen Bedarf. Nachdem er 1593 von seinem Bruder Felix, der nach Lana zog, den Mairhof zu St. Jenewein gekauft hatte, begann er im Tafratzwald zusammen mit dem Spital (wo sein Schwager Georg Kolber Spitalmeister war) jährlich 20 bis 30 Fuhren Holz zu schlagen. Dies war ein Quantum, das weit über dem Einzelbedarf an Brenn- und Bauholz lag.

Nun hatte das Spital im Tafratzwald tatsächlich ein Holznutzungsrecht, wenn auch nur für den individuellen Bedarf zu *pauen und zu prennen*. Dagegen berief sich Ladurner auf Urkunden seiner Vorfahren von 1380, 1396 und 1411, wonach diese damals im (späteren) Spital gesessen seien und und das entsprechende Holzbezugsrecht verliehen erhalten hätten. Aber abgesehen davon, daß dieses Recht auf das Haus radiziert war und insofern nur dem Spital zustand, lag die Menge des geschlagenen Holzes weit über dem Bedarf auch des Spitals. Die in Holznutzungsfragen besonders sensible Gemeinde Göflan vermochte die Ansprüche erfolgreich zurückzudrängen. Nach einer Klage der Gemeinde entschied 1607 ein Rechtsspruch, daß den beiden Beklagten nur das Holzbezugsrecht wie anderen Haussassen, also je 7–8 Fuhren zustünden. Die Prätention Ladurners wurde schließlich überhaupt abgewiesen.

Als der Holzsaltner 1587 Ladurner erlaubt hatte, im Tafratzwald der Gemeinde Göflan Holz zu schlagen, hatte dieser die Bewilligung *den drei Gemeinden*, die sich am Himmelfahrtstag *bei dem hohen Alber* trafen, vorzubringen und vor ihnen zu verantworten.[422] Auch diese Großgemeindetreffen von Schlanders, Kortsch und Göflan unter einer Pappel (wie in Glurns) gingen sicher auf das Spätmittelalter zurück; inwieweit sie sogar Relikte einer älteren Markgenossenschaft[423] waren beziehungsweise in der Pfarrgemeinde gründeten, soll hier nicht näher untersucht werden. Als jedenfalls 1492 die Marteller die verbrieften Holznutzrechte der Schlanderser und Kortscher in ihrem Tal bestritten, wies die *Gemain Slannders und Kortsch* nicht nur auf ihre alten Urkunden, sondern auch darauf hin, daß diese ihre *mit pfarrleut sind und vor ainer zeit zu dieser pharr Slannders komen sind*.[424] Auch der Richter appellierte an die Solidarität und Identität der Parteien, die sich fast alle *in ainer pharr und gericht* befänden.[425]

Bei Gerichtstagen der Einzeldingstatt Schlanders traten neben dem Richter und den Beisitzern vor allem die sogenannten zwei Eidschwörer der Dingstätte (*aidschwer zu Slanders der selben gedingstat*)[426] als vornehmste Schöffen in Erscheinung. Dazu hatte das Gericht traditionell noch

---

420 AB II Nr. 265, 266, 276.
421 Vgl. dazu die Urkunden Nr. 6, 8, 9 im GAG, STLA; KOFLER, Spital (wie Anm. 211), S. 86 f.; STAFFLER, Hofnamen Schlanders (wie Anm. 20), S. 141 f./Nr. 97; LADURNER-PARTHANES, Ladurner (wie Anm. 135), S. 34–38.
422 Ebd., S. 36; zum Versammlungsort vgl. auch STAFFLER, Hofnamen Schlanders (wie Anm. 20), S. 96; zu Glurns STOLZ, Landesbeschreibung (wie Anm. 68), S. 80 f.
423 Zur Kritik an der Markgenossenschaftstheorie vgl. SPIESS, Bäuerliche Gesellschaft (wie Anm. 82), S. 384 f.
424 (1492), Urkunde Nr. 13, GAS, STLA.
425 1496 Jänner 23, Urkunde Nr. 16, GAS, STLA.
426 1477 April 21, Urkunde Nr. 11; vgl. auch etwa 1446 Jänner 12, Urkunde Nr. 5 (Eidschwörer); 1495 Juni 2, Urkunde Nr. 15 (Beisitzer), GAS, STLA; LADURNER-PARTHANES, Ladurner (wie Anm. 135), S. 33. In Naturns hießen anscheinend die Mitglieder des Gemeindeausschusses Eidschwörer; vgl. bei KOGLER, Steuerwesen (wie Anm. 131), S. 570.

exekutive Beamte wie den Fronboten und den Gerichtsschreiber, der seit der Landesordnung von 1525 verpflichtend war. Den Täufer Hans Pürchner, der mehr als ein halbes Jahr inhaftiert war, folterte der Pfleger 1555 persönlich,[427] was für einen Adeligen nicht standesgemäß war. Vor allem für gütliche, also außerstreitige Verfahren, kam ebenso in Schlanders im späteren 15. Jahrhundert das Amt des Gerichtsanwalts auf.[428]

Leider hat sich uns auch aus der Frühen Neuzeit keine Dorfordnung von Schlanders erhalten, auf Grund der wir die öffentlichen Strukturen und Dorfämter näher analysieren könnten. So bestand im 16. Jahrhundert sicher auch in Schlanders wie bereits 1568 in Göflan ein Gemeindeausschuß;[429] im späteren 18. Jahrhundert umfaßte der Schlanderser Ausschuß sechs Mitglieder.[430]

Allerdings haben wir die Dorfordnungen zweier benachbarter Gemeinden, von Göflan und Kortsch, aus den Jahren 1564 beziehungsweise 1614 überliefert,[431] die uns ein ziemlich detailliertes Bild nicht nur zu rechtlichen und sozialen Ausdifferenzierungen, sondern auch zum dörflichen Alltag vermitteln.

Der Kässonntag war ebenso in den Schlanderser Nachbargemeinden der alljährliche Versammlungstag schlechthin[432] – auch das Ausdruck von kommunalem Autonomiewillen, um so die Präsenz von Obrigkeiten zu teilen und zu verteilen oder eines wirtschaftlichen Pragmatismus? Zur Dorfversammlung waren, wie erwähnt, alle Hausgesessenen, je Haus ein Mann, geladen. Insofern war es eine strikte Versammlung der Hausbesitzer. Dabei sollten gemäß Kortscher Dorfordnung keine *knechte*,[433] also Landsknechte, *buben oder anderes gesindel* geduldet werden; das Gebot lag vorwiegend im obrigkeitlichen Interesse, um Revolten vorzubeugen.

Im genuinen Interesse der Dorfbevölkerung war allerdings ein intern guter Verlauf der Versammlung. So durfte niemand mit einem Beil, einer Hacke oder anderen *ungewöhnlichen währen* erscheinen, da dies gegenüber den Dorfnachbarn *grob und unfreundlich* sei, *sein gewähr an der seiten* ausgenommen – außer es komme jemand vom Feld. Auch verbal sollte die Versammlung sozusagen zivilisiert verlaufen und keiner mit dem andern *mit unziemlichen worten kriegen*, sondern ein jeder solle – ein vormoderner Appell zur Konstruktivität – der Versammlung *von anfang bis zu ende helfen*.[434]

Die Pappel als Wahrzeichen. Wie in Glurns trafen sich auch die Gemeinden von Schlanders, Kortsch und Göflan am Himmelfahrtstag (1587) unter einer Pappel.

---

427 PACKULL, Riedemann (wie Anm. 316), S. 663.
428 1478 November 15, Urkunde Nr. 6, Spitalsarchiv Schlanders (Regest Theiner); AB II Nr. 263; um 1490, Urkunde Nr. 17, GAG, STLA. Vgl. auch STOLZ, Landesbeschreibung (wie Anm. 68), S. 107.
429 *Ausschuß zu Geflan;* ZINGERLE/INAMA-STERNEGG, Weisthümer (wie Anm. 345), S. 204/26. Zum Schlanderser Gemeindeausschuß von 1773 vgl. Et 157/8, DOZA.
430 1773, Et 157/8, DOZA.
431 Vgl. oben, Anm. 346.
432 STAFFLER, Hofnamen Schlanders (wie Anm. 20), und DERS., Hofnamen Kastelbell (wie Anm. 118), passim.
433 ZINGERLE/INAMA-STERNEGG, Weisthümer (wie Anm. 345), S. 187.
434 Ebd.. S. 189.

Auf der Gemeindeversammlung, auf der zu erscheinen obligatorisch war, wurden vor allem die nachgeordneten Ämter bestellt. Hier nennen die Dorfordnungen von Kortsch und Göflan die verschiedenen Saltner, Hirten, Waaler, Almmeister, Senner, die Feuerbeschauer, den Schmied und Mesner.[435] In Schlanders ist im 15. Jahrhundert ein Gemeindefronbote erwähnt,[436] aber auch der *dorfsmit* wird schon 1367 und 1368 genannt.[437] Bereits 1437 ist zudem ein Schweinehirte der Gemeinde erwähnt, und erneut 1473 der sogenannte *plint haincz*, der seine Herde auf der alten Landstraße bis über die Schanzener Brücke weidete.[438]

Das Amt des Waalers, der für das hochentwickelte Bewässerungssystem zuständig war, wurde anscheinend an die (abkömmlichere) dörfliche Unterschicht vergeben. Wer unter den Bewerbern durch die Gemeindeversammlung als geeignet erklärt wurde, hatte einen Eid zu leisten, womit das Amt weiter aufgewertet wurde. Es war insofern ein Kanal für sozialen Aufstieg, was wir auch aus allfälligen drastischen Sanktionen zu schließen vermögen: Wer sich in dieser Hut fahrlässig verhalte, so die Kortscher Dorfordnung, solle beurlaubt und *aus dem dorf geschaffen* werden.

Die Waaler, Saltner und zwei Kuhhirten hatten am Kässonntag dem Gemeindeausschuß einen Umtrunk zu bezahlen[439] – das Treffen der Dorfhierarchen durch eine Trinkspende quasi mitzufinanzieren, was uns heute auf Grund ihrer sozioökonomischen Stellung ziemlich befremdet. Es scheint sich offensichtlich um eine verdeckte Form von frühneuzeitlichem lokalem Ämterkauf gehandelt zu haben.

---

435 Ebd., S. 186–205.
436 1437 Mai 5, Urkunde Nr. 3, GAS, STLA; vgl. auch 1506 Jänner 1, Urkunde Nr. 13, Spitalsarchiv Schlanders (Regest Theiner). Auch Kortsch hatte 1427 einen Fronboten; Cod. 12, TLA, fol. 186.
437 OTTENTHAL, Rechnungsbücher (wie Anm. 54), S. 586, 597. Zum Jahr 1776 vgl. STAFFLER, Hofnamen (wie Anm. 20), S. 114.
438 1437 Mai 17, Urkunde Nr. 7, GAS, STLA; 1473 Mai 17, Urkunde Nr. 7, GAS, STLA; STAFFLER, Hofnamen Schlanders (wie Anm. 20), S. 119/Nr. 20.
439 ZINGERLE/INAMA-STERNEGG, Weisthümer (wie Anm. 345), S. 195 (Kortsch).

Verschriftung von Recht. Die Hendl

Nachdem wir nunmehr zunächst die inneren, vor allem sozialen und öffentlichen Strukturen, letztlich Fragen der Autonomie des Dorfes skizziert haben, wollen wir uns noch den äußeren, den Herrschaftsbeziehungen, der Dorfbewohner zuwenden. Wir erwähnten bereits, daß diese personalen Herrschaftsrelationen im Hochmittelalter durch die Leibherrschaft noch besonders ausgeprägt gewesen waren. Allerdings waren sie selbst in der Frühen Neuzeit vor allem durch die Grundherrschaft noch immer präsent, wenn sie auch von einem zunehmend einflußreicheren Faktor überlagert wurden, der fürstlichen Landesherrschaft.

Sicher war der Ausbau der landesherrlichen Souveränität für das 16. und 17. Jahrhundert besonders typisch. Sie brachte den Gemeinen Mann unseren Grundrechten näher, mehr Freiheit und Gleichheit, Fortschritte, die jedoch auch mit nivellierenden Eingriffen in die dörfliche Autonomie, das kommunale Eigenleben (gerade in kulturelle und religiöse Bereiche) verbunden waren, so daß wir auch von einer gewissen Dekommunalisierung sprechen können.

Frühmoderne Staatlichkeit machte sich somit besonders im Lokalen, im einzelnen Dorf, in den Familien und Haushalten bemerkbar. Sie äußerte sich vorwiegend in vier Bereichen: der Justiz, dem Defensionswesen, der Polizei im älteren Sinn (also der Regelung des öffentlichen Lebens) und im Fiskus. Für jedermann symbolisch sichtbar wurde Landeshoheit in der Huldigung an den Landesherrn oder die Landesherrin beim Herrschaftswechsel. Sie erfolgte nicht nur durch die repräsentierenden Stände in der Landeshauptstadt, sondern auch im Lokalen, auf dem Land, wo die Gerichtsversammlungen den landesfürstlichen Kommissaren zu huldigen hatten.

Landeshoheit war vor allem mit richterlicher Gewalt verbunden. Die Verschriftung des Gerichts wuchs seit etwa 1500 exponentiell an, zumal nun neben den traditionellen hohen und niederen Strafsachen auch vermehrt Zivilklagen (vor allem im Immobilienmarkt) entschieden und allgemein Besitzveränderungen in sogenannten Verfachbüchern ziemlich penibel erfaßt wurden. Diese Grundbücher setzen in Schlanders mit dem Jahr 1509 ein. Gegenüber den Imbreviaturen eines Notars hatten sie den Vorteil, daß sie öffentlicher und auch nach dem Tod eines Notars langfristig aufbewahrt wurden.[440] In der Tat haben sich die Verfachbücher bis heute erhalten, während wir kein einziges Archiv eines Schlanderser Notars besitzen; ebenso fehlten von 95 Notariatsinstrumenten der Schlandersberg aus der Zeit von 1235–1449 bereits im späten 19. Jahrhundert gut die Hälfte.[441]

Insofern wurde auch in Schlanders im 16. Jahrhundert die Gerichtskanzlei erweitert. Mit Konrad Rüeger, der in den Jahren 1530–1544 mehrmals als Zeuge auftrat, begegnen wir erstmals einem Gerichtsschreiber namentlich.[442] Auch ein Diener des Gerichtsschreibers Hans Porg genannt Kobl, Niklaus Marckh, sprang 1582 bei einem Güterverkauf als Zeuge ein.[443] Der Gerichtsschreiber war im Dorf ein angesehener Mann.

In der unmittelbaren Präsenz des Landesherrn im Gericht trat in Schlanders im 16. Jahrhundert ein grundlegender Wandel ein. Bereits für das 14. Jahrhundert erwähnten wir, daß das Richteramt teils verpfändet war. In der Frühen Neuzeit hatten seit 1498 das Gericht nur mehr adelige Gerichts- oder Pflegherren inne, die das tatsächliche Richteramt an Unterrichter weiter vergaben.

Mit der faktischen Vererbbarkeit der Gerichtsherrschaft waren Ansätze einer Mediatisierung verbunden. So avancierten die Hendl von Goldrain in der zweiten Hälfte des 16. Jahrhunderts quasi zu Dorfherren. Sie besaßen von 1562 bis 1786 mit einer kürzeren Unterbrechung die Gerichtsherrschaft pfandweise und waren dem Landesfürsten nicht zur Rechnungslegung verpflichtet. Sie hatten damit im Ort eine Prestigeposition inne, wie sie im Mittelalter etwa die Herren von Schlandersberg besessen hatten – mit bedenklich gewichtigen Einflußchancen auch auf kommunale Entscheidungen, die Dorfversammlung oder die Dorfvorsteher. Dagegen war die Loyalität der Gerichtsinhaber gegenüber dem Landesherrn (neben dem Rücklösungsrecht der Pfandherrschaft) vor allem durch anderweitige Herrschaftsbeziehungen, wie die Lehenshoheit oder landesfürstliche Dienste, gewährleistet. Die lokale Machtkonzentration der Hendl in Schlanders war nur in den Jahren 1629 bis spätestens 1647 unterbrochen, als das Gericht Rudolf von Liechtenstein[444] pfandweise übernahm.

Die Hendl waren im Dorf nicht nur durch richterliche Funktionen oder Epitaphien von Familienmitgliedern an den Kirchenmauern, sondern im 17. Jahrhundert auch durch zwei repräsentative Ansitze präsent.[445] Neben Schlanderegg ist bereits im 16. Jahrhundert (1571) der Ansitz Schlandersburg Reinprecht Hendls erwähnt, den Maximilian gegen 1610 umbauen ließ. Für den Ansitz konnte Maximilian Hendl um 1600 von der Rohrleitung der Ordenskommende Trinkwasser abzweigen und in den Innenhof führen – somit auch den Komfort eines eigenen Brunnens genießen.[446] Hier äußerte sich die zeittypische Verflechtung der Dorfnotablen, auch das Sozialprestige einer Familie gerade in Fragen des ökonomischen Alltags.

Gegenüber dem Spätmittelalter wurden nunmehr auch die Gerichtssitzungen formalisierter. Auch im Lokalen drang das Römische Recht weiter vor, nicht unbedingt im Sinne der Untertanen und örtlichen Gerichtsautonomie, indem der (vor allem gegenreformatorische) Landesherr über Mandate die Gerichtsurteile der Schöffen zu beeinflussen suchte. Die Gerichtssitzungen auch der beiden anderen Dingstätten fanden – mit Ausnahme der jährlichen Landsprache und der Hochgerichtssachen in Schanzen – anscheinend bereits um 1400 teils in Schlanders statt.[447] Den Dingstätten Latsch und Laas mit eigenem Fronboten, Schreiber und Anwalt verblieben weniger bedeutende, außerstreitige Zivilfälle und das Polizeiwesen. Im Jahr 1784 wurden die zwei Dingstätten zugunsten von Schlanders aufgelöst.[448] Der Galgen

---

440 Zur fallweisen Ermächtigung von Notaren, nach Imbreviaturen von Vorgängern zu beurkunden, vgl. CLAVADETSCHER, Notariat (wie Anm. 42), S. 145.
441 AB II, S. 6.
442 Urkunden Nr. 46, 47, 49, 55, Spitalarchiv Schlanders (Regesten Theiner).
443 Ebd., Nr. 61.
444 STOLZ, Landesbeschreibung (wie Anm. 68), S. 101 f.; berichtigend nunmehr BRANDSTÄTTER, Hendl (wie Anm. 364).
445 STAFFLER, Hofnamen Schlanders (wie Anm. 20), S. 128 f./ Nr. 52 und 54; WEINGARTNER, Kunstdenkmäler (wie Anm. 304), Bd. 2, S. 424.
446 *Beschreybung* von 1713, Et 157/7, DOZA, S. 34; STAFFLER, Hofnamen Schlanders (wie Anm. 20), S. 125/Nr. 44 und S. 129/Nr. 54; vgl. auch GASSER, Geschichte (wie Anm. 310), S. 232.
447 Vgl. oben, S. 300.
448 ZINGERLE/INAMA-STERNEGG, Weisthümer (wie Anm. 345), Teil 3, S. 167; STAFFLER, Tirol und Vorarlberg

und die übliche Richtstätte des Schlanderser Gerichts waren auch in der Frühen Neuzeit in Schanzen. Zur Vollstreckung von Todesurteilen kam der Scharfrichter aus Meran. Hinrichtungen fanden im 16. Jahrhundert nachweislich um 1530 (Täufer), 1553, 1556 (Täufer), 1557 und 1580 statt.[449]

Auch in Schlanders begegnen uns Richtszenen aller Varianten eines grausam-abschreckenden Schauspiels. So fällte das Gericht 1553 gegen einen des Mordes Angeklagten das Urteil, daß der Scharfrichter den Verurteilten nach Schanzen zur Richtstätte bringen und dort *mit dem Rad vom Leben zum Tod richten und nach vollbrachter Brüche den Cörpl in das Rad flechten*, also einzelne Körperteile durch das Rad zerstoßen sollte. Nach dem Tod wurde der Körper des Gerichteten auf das Rad geflochten und zur Schau gestellt.[450]

Einen verurteilten Dieb sollte der Henker 1557 in Schanzen in der Höhe des Hochgerichts richten, *dass die Winde des Himmels oben und unten durchwehen mögen*.[451] Die ebenso wegen Diebstahls angeklagte Ursula Moser wurde 1580 vom Henker an die Etsch geführt und ertränkt.[452]

Die neue Staatlichkeit im Dorf wurde noch mehr in den detaillierten Regelungen des alltäglichen Lebens sichtbar. Nunmehr wurden am Gericht Mandate angeschlagen, an Sonntagen oder sonst bei der Gemeindeversammlung öffentlich verlesen und seit dem früheren 16. Jahrhundert vermehrt gedruckt. Ihre Zahl war im 15. Jahrhundert noch sehr beschränkt gewesen.

Von der Regierung kamen vor allem inhibitive Mandate, Verbote von außergewöhnlichen Versammlungen, aus denen Aufruhr, Unruhen und sonstige Weiterungen entstehen konnten. Im 16. Jahrhundert betrafen sie vor allem Religionsfragen, in Tirol im besonderen die Kontrolle der Reformation und der verbreiteten Sympathien mit den Täufern. Geregelt wurden nicht zuletzt kulturelle Bereiche, insbesondere wiederum solche, die mit Öffentlichkeit und Versammlung zu tun hatten, wie das Dorffest, Brauchtum von sozialen Gruppen, die Fasnacht.

Adressat der Mandate war der Richter, der nicht nur für ihre Bekanntgabe, sondern auch ihre Exekution zu sorgen hatte. Allerdings bestanden – angesichts der beschränkten Exekutionsmöglichkeiten des Gerichts – gewisse Chancen für jene Dörfer und Siedlungen, die vom Gerichtssitz relativ entlegen waren, was beim Dorf Schlanders, nicht bei den Bergsiedlungen am Nörder- und Sonnenberg, aber unwesentlich war. Insofern lag Schlanders in der Tat am Puls der Zeit, bekam als Gerichtssitz im Positiven wie im Negativen besonders deutlich die neue Territorialisierung zu spüren.

Schutz und Schirm. Die Landesdefension

Die Regelung des öffentlichen Lebens umfaßte auch die äußere Sicherheit – eine Aufgabe, die nun tatsächlich von einer obrigkeitlichen Instanz, dem Landesfürsten, wahrgenommen wurde. Das territoriale Defensionswesen des 15. Jahrhunderts wurde im Landlibell von 1511 und die Zuzugsordnung von 1605 entscheidend verbessert. Der Landesherr förderte das lokale Schützenwesen durch Schießgaben, auch das Gericht Schlanders, das um 1600 wie Meran einen Beitrag von zwölf Gulden erhielt. Im Jahr 1677/1678 gab es in Schlanders 82 Scheibenschützen, gegenüber dem Stadt- und Landgericht Meran (71) relativ viele, was wie bei Glurns und Mals (74) sicher mit der Grenzlage des Ortes zusammenhing.[453]

Ordnungen und Verfahren, wie sie die Defensionsverfassung des römisch-deutschen Reiches bereits seit den Hussitenkriegen kannte, übernahmen nunmehr auch die Territorien. Je nach Dringlichkeit wurden auch in Tirol mehrere Aufgebote, wie 1605 von 10 000, 15 000 und 20 000 Mann unterschieden. Für sie hatten die einzelnen Gerichte ihrer Mannschaftsstärke entsprechend Wehrfähige zu stellen beziehungsweise Steuern zu entrichten. So umfaßte das Aufgebot des Gerichts Schlan-

---

(wie Anm. 136), Teil 2, S. 562; STAFFLER, Hofnamen Schlanders (wie Anm. 20), S. 2.

449 Heinz MOSER, Die Scharfrichter von Tirol. Ein Beitrag zur Geschichte des Strafvollzuges in Tirol von 1497–1787, Innsbruck 1982, S. 22, 96, 98, 123, 134, 185. Zu Pürchner vgl. oben, S. 325 f.

450 MOSER, Scharfrichter (wie Anm. 449), S. 98. – Vgl. die drastisch geschilderte Vierteilung bei Michel FOUCAULT, Überwachen und Strafen, Die Geburt des Gefängnisses, Ausgabe Frankfurt/M. 1994, S. 9–12.

451 MOSER, Scharfrichter (wie Anm. 449), S. 134.

452 Ebd., S. 96.

453 Otto STOLZ/Franz HUTER, Wehrverfassung und Schützenwesen in Tirol von den Anfängen bis 1918, Innsbruck–Wien–München 1960, S. 161, 165.

ders-Eyrs im Jahr 1605 je nach Alarmstufe 173½, 260¼ oder 347 Mann oder Steuereinheiten.[454] Auch die Logistik, die Verteilung der Waffen, wurden bis in lokale Verästelungen geregelt. Für das Viertel Vinschgau waren 1607 landesfürstliche Waffen auch in der Ordenskommende gelagert.[455]

Eine spezifische Verteidigungsfunktion sollten, jedenfalls noch im 16. Jahrhundert, neben der Festungsstadt Glurns auch einzelne Burgen im Gebiet von Schlanders als Grenzregion gegen Bünden erfüllen – angesichts der Katastrophe von 1499, wobei auch der Bauernkrieg hereinspielte. In der ersten Hälfte des 16. Jahrhunderts wurden vor allem die bündennahen Burgen Rotund, Naudersberg, Lichtenberg und die Churburg mit Geschützen versehen und mit Wehrbauten modernisiert,[456] während Montani und Tarantsberg, aber auch Schlandersberg 1526 nicht mehr als *vest*[457] galten, um verteidigt zu werden.

Der neue Steuerstaat

Neue Funktionen erforderten neue Finanzeinnahmen, so daß wir gerade im Dorf, und dort nicht nur bei einzelnen begüterten Bauern oder Handwerkern, sondern sogar bei den Dienstboten und Tagelöhnern in einem weiteren Bereich den frühmodernen Staat beobachten können, im Steuerwesen. Allerdings diente die vermehrte Abschöpfung von (Steuer-)Abgaben noch kaum der Finanzierung von sozialen und wirtschaftlichen Maßnahmen – also der Hebung des allgemeinen Lebensstandards, sondern vorwiegend der Finanzierung von Kriegen und des Ausbaus der zentralen Behörden, nicht zuletzt des Hofes mit der landesfürstlichen Residenz.

Nachdem sich die Steuerbelastung in Tirol im 15. Jahrhundert noch in Grenzen gehalten hatte, stieg sie unter Maximilian und Ferdinand dramatisch an. In den 1570er Jahren dienten Steuerbewilligungen der Landtage vor allem der Sanierung der landesfürstlichen Schulden. Sozusagen als Konzession gegen erhöhte Abgaben überließ der Landesfürst seit 1573 den Ständen die Steuerverwaltung.[458] Steuern wurden demnach in Schlanders nicht unmittelbar von landesfürstlichen Steuereinbringern, sondern auch von den Ständen, also den Gerichtsvertretern, eingezogen.

Nach einer gewissen steuerlichen Entlastung um 1600 drehte sich die Steuerspirale seit 1619 im Umfeld der Bündner Kriege erneut nach oben. Hatte bereits das 14. Jahrhundert von den ordentlichen die außerordentlichen Steuern unterschieden, kamen in den östlichen Erbländern im 16. Jahrhundert verstärkt Konsumsteuern, also indirekte Steuern, auf. So führte Leopold V. 1626 erstmals auch in Tirol – gegen den heftigen Widerstand der Stände – eine Getränkesteuer ein. Je Bozner Yhre (77,81 l) waren eineinhalb Gulden zu zahlen.

In der Tat trafen besonders diese neuen Steuern den Alltag des Gemeinen Mannes in Schlanders genauso wie in Meran. Wenn sich in Schlanders nach oder beim sonntäglichen Kirchgang Bauern, Handwerker oder Knechte im Wirtshaus trafen, hatten sie künftig je nach Weinpreis eine Konsumsteuer von 7 bis 14% zu zahlen.[459] Gerade hier wurden wiederum die sozialen Grenzen des frühmodernen Staates evident: Da die Steuer keine Prozentual-, sondern eine Fixsteuer war, war der einfache Untertan, der sich mit billigerem Wein begnügen mußte, noch weiter belastet.

Parallel zum Ausbau des landesherrlichen Steuerwesens sollte 1626 erstmals landesweit ein Kataster angelegt werden. Da man nunmehr flächendeckend Einblick vor allem in das immobile Vermögen gewann, war dies gegenüber den teils mächtigen Grundherren ein entscheidender Fortschritt. Auch für Schlanders mit der Propstei Eyrs hat sich uns der Steuerkataster aus demselben Jahr erhalten.[460] Mit der Erstellung des Steuerkatasters wurden die Gerichte, also der Richter mit dem Gerichtsschreiber und der Gerichtsausschuß, betraut.[461] Den Dorfvorstehern kam bei der gerechten Verteilung der Lasten unter den Dorfbewohnern vorbereitend eine wichtige Rolle zu.

---

454 Hirn, Maximilian (wie Anm. 234), hier Bd. 2, S. 154; Stolz/Huter, Wehrverfassung (wie Anm. 453), S. 93, 226.
455 Hirn, Maximilian (wie Anm. 234), Bd. 2, S. 174; vgl. auch das Inventar von 1579, DOZA, Et 155/1, S. 390.
456 Zuletzt Oswald Trapp, Tiroler Burgen im Bauernkrieg 1525/26, in: Kunst und Kirche in Tirol, Festschrift Karl Wolfsgruber, hg. von Josef Nössing/Helmut Stampfer, Bozen 1987, S. 67f.
457 Ebd., S. 61.

458 Köfler, Land (wie Anm. 265), S. 175–190.
459 Ebd., S. 206.
460 TLA; Köfler, Land (wie Anm. 265), S. 203.
461 Ebd., S. 201.

Assimilation einer Minderheit

Noch im 16. Jahrhundert lebten in Schlanders rechtlich exemte Sondergruppen, die der neuen Souveränität des Landesherrn nur bedingt unterstanden. Wir denken weniger an den ansässigen Adel oder Klerus, die (teils zu Lasten der Schlanderser) Gerichts- und Steuerprivilegien genossen. Es handelt sich vielmehr um den Personenverband der Gotteshausleute, der sich in einer Zwitterstellung zwischen Chur und Innsbruck befand. Daß die Frage offen war, können wir aus der Reihe von Verträgen ersehen, die vom 16. Jahrhundert bis 1657/1665 (häufig in Mals) zwischen beiden Parteien geschlossen wurden.[462] Die ungelösten Bereiche waren umfangreich und betrafen vor allem die Justiz, das Lehensrecht und das Defensionswesen, aber auch die Münze, Steuern, Zölle, regionale Mobilität, den Korn- und Viehhandel, genauso wie Pfändungen, Jagd und Fischerei, das Erbrecht, Ehefragen und Illegitimität.

Nun bezogen sich die Verträge vorwiegend auf die Gotteshausleute der oberen Gerichte Glurns und Nauders, aber auch im Raum Schlanders lebten noch churische Eigenleute. Der Vergleich von 1540 legte fest, daß die Gotteshausleute in Schlanders und Nauders wie die übrigen Stände steuern sollten, da ihre Güter – zum Unterschied teils jener der Gotteshausleute von Glurns – tirolischer Herkunft seien. Auch im Vertrag von 1592 ist das Gericht Schlanders ausdrücklich genannt.[463] Dabei zählte jener Hans Hiltprand, der, wie erwähnt, 1501 in Rom einen Ablaß für die Spitalkapelle erwirkte, sicher zu den prominenten churischen Eigenleuten in Schlanders; im Jahr 1509 war er Richter der Gotteshausleute in Schanzen.[464]

Auch die Schlanderser Gotteshausleute hatten noch bis 1590 ihren eigenen Richter am Maierhof in Schanzen. Ein wesentlicher Grund für das faktische Ende (rechtlich ab 1665) des Gerichtsstabes – *gleich gar vergessen* – war die rückläufige Anzahl der Churer Eigenleute, die nunmehr vor allem aus finanziellen Gründen keinen eigenen Richter in Schanzen mehr bestellen konnten.[465]

Anscheinend beschleunigte sich im 16. Jahrhundert der Assimilations- oder Eingliederungsprozeß, dessen Mechanismen wir hier nicht analysieren können. Hier leitete das Meraner Mandat König Ferdinands von 1532 eine Wende ein; demnach wurde allen Gotteshausleuten die Heirats mit tirolischen Frauen, ebenso wurden Besitzveränderungen tirolischer Güter unter Gotteshausleuten verboten.[466] Das Mandat wurde in folgenden Verhandlungen wiederum teils zurückgenommen.

Jedenfalls geschah die Territorialisierung nicht ohne Druck der landesherrlichen Lokalbeamten: So heißt es im Malser Vertrag von 1592, daß kein Pfleger ermächtigt sei, den bundesverwandten Gotteshausleuten in den Gerichten Glurns, Nauders und Schlanders zu verbieten, Ausschüsse außer Land zu senden.[467] Mit großem Interesse nahm das Innsbrucker Regiment 1608 zur Kenntnis, daß sich die Gotteshausleute in Glurns und Mals *eigens Anerbietens* der Souveränität des Landesfürsten unterstellten.[468] Mit dem Vertrag von 1657/1665 verzichtete Chur gegen Anerkennung seiner grundherrschaftlichen Rechte auf alle weltliche Jurisdiktion über die Gotteshausleute in den Gerichten Nauders, Glurns und Schlanders.[469]

Weitere Insel im Dorf: der Deutsche Orden

Als eine Insel (neben dem Ortsadel) in der Schlanderser Dorfgemeinde erscheint der Deutsche Orden. Der relativ abgesonderte Status war bereits äußerlich mit bedingt: durch die Mauer, die nicht nur die Kommende südlich, sondern auch den Großen Anger nördlich der Landstraße umfing. Der Status war aber noch mehr rechtlich begründet, durch die zeittypische Privilegierung der Insti-

---

462 Vgl. JÄGER, Regesten (wie Anm. 90), S. 372 (1519), 373 (1533), 374 (1561), 375 (1592), 387 (1657/1665); STOLZ, Landesbeschreibung (wie Anm. 68), S. 86–88; BÜCKING, Frühabsolutismus (wie Anm. 268), S. 241–249.

463 JÄGER, Regesten (wie Anm. 90), S. 375; BÜCKING, Frühabsolutismus (wie Anm. 268), S. 245. Vgl. auch STOLZ, Ausbreitung (wie Anm. 92), S. 60.

464 1509 August 16, Urkunde Nr. 25, GAG, STLA; STAFFLER, Hofnamen Schlanders (wie Anm. 20), S. 46/Nr. 2.

465 STAFFLER, Hofnamen Schlanders (wie Anm. 20), S. 44–46; LOOSE, Siedlungsgenetische Studien (wie Anm. 40), S. 224. Vgl. auch HIRN, Maximilian (wie Anm. 234), Bd. 2, S. 236 (Zitat).

466 BÜCKING, Frühabsolutismus (wie Anm. 268), S. 243.

467 JÄGER, Regesten (wie Anm. 90), S. 375.

468 HIRN, Maximilian (wie Anm. 234), Bd. 2, S. 236.

469 JÄGER, Regesten (wie Anm. 90), S. 387; STOLZ, Landesbeschreibung (wie Anm. 68), S. 87 f.; BÜCKING, Frühabsolutismus (wie Anm. 268), S. 249.

tution, die Exemtion vor lokalen landesherrlichen Gerichten (1296)[470], die Steuer-, die Weggeld- und Zollfreiheit (1308)[471], auch durch das landesfürstliche Waffendepot, das sich innerhalb seiner Mauern befand.[472]

Auch sozioökonomisch gesehen bildete die Kommende weitgehend einen Sonderfall. Das Ordenshaus hatte nicht nur eine umfangreiche Grundherrschaft, sondern betrieb bis 1610 auch eine große Eigenwirtschaft. Die Komture entstammten in der Frühen Neuzeit ausschließlich dem meist niederen Tiroler Adel, während bis dahin auch nichtadelige Priesterkomture die Kommende geleitet hatten. So hatten sich auch sozial die Distanzen zum Dorf vergrößert, wobei neben dem Verwalter und Gesinde faktisch nur der Pfarrer und seine Hilfspriester (im 16. Jahrhundert eher schlecht als recht) die Verbindung zur Dorfgemeinde aufrechterhielten.

Zudem waren in der Frühen Neuzeit die Komture häufiger abwesend, falls die Kommende nicht ohnehin mit Bozen uniiert war und als Sommerfrische für den Landkomtur diente – zumal *auch dießer ohrt Schlanders Einer Von denen gesundisten Sommerfrischungen ist*.[473] Anders waren natürlich die Beziehungen der Kommende innerhalb des Ordens gestaltet. Zur gewissen dörflichen Isolation waren die Beziehungen nach außen reziprok. Vor allem nach 1627 stand die Kommende in relativ enger Verbindung mit dem Landkomtur in Bozen,[474] damit indirekt auch mit den anderen Balleihäusern und dem Deutschmeister in Mergentheim.

Die Bautätigkeit im Kommendengebäude, vor allem nach 1499 und 1525, und das Selbstverständnis des Ordens dokumentieren sich uns gerade an den Wappen und Wappensteinen, die die Komture an den Gemäuern, *stainern seullen* und Stiegen anbringen ließen. Bevor Landkomtur Johann Heinrich von Kageneck in den Jahren 1710–1714 drei Flügel des Hauses (Nord-, Süd- und Westflügel) *fast ausser den fundamenten von newen bauen* ließ und den Ostflügel umbauen ließ, betrieb er sozu-

sagen materielle Historiographie und nahm die Wappen des *alten gebewß*[475] auf.

Alle Wappen stammten aus dem 16. und 17. Jahrhundert – offensichtlich fand er keines mehr aus der Zeit vor 1499 vor. So notierte er in der *so genandten bayrn Stuben* das Wappen Ulrich Streins von Schwarzenau von *156..*[476], auf einer steinernen Säule jenes des (Thomas von) Montani, weiter die Wappen Ludwig von Mollarts und des Landkomturs Johann Jakob Graf Thun. Ebenso fand er an einem eingemauerten, alten, zerbrochenen Brunnenstein die Wappen des Landkomturs Engelhart von Rust, Thomas von Montanis und eines Schrofenstein vor, dieses ohne Ordenskreuz.[477]

In dem *noch stehenden* Teil des alten Gebäudes erwähnte er in der *so genandten ritter Stuben* das Wappen der Landkomture Heinrich von Knöringen von 1518 und Georg Mörls, am Erker gegen die Landstraße jenes des *abgefallenen* Hoch- und Deutschmeisters Albrecht von Brandenburg ohne Jahrzahl; im Gang unter der Ritterstube das Wappen des Landkomturs Niklas Vintler. Als besonders bemerkenswert – *das remarquabliste* – am nicht umgebauten Teil des Altbaus fand er ein Fresko, die an der Mauer an der Straße *abgemahlte grosse Aichen, worauf Eine vestung gebaut*, von der die Ordenshistorien, vor allem Venator,[478] berichten würden.[479] Den Auftraggeber vermutete er in Knöringen.[480] Die Szene bezog sich auf die Baumburg des Deutschen Ordens gegen die Prußen (1231).

Die Kapuziner

Die Kapuziner bildeten seit dem früheren 17. Jahrhundert ein neues Element in der Dorfgesellschaft von Schlanders. Nachdem die Einschränkung auf

---

470 PETTENEGG, Urkunden (wie Anm. 179), Nr. 737.
471 Vgl. ebd. Nr. 881. Die Exemtion vom Weggeld war 1702 nicht mehr gegeben; DOZA, Et 33/3, fol. 362.
472 Siehe oben, S. 344.
473 1701 (Johann Kheull), DOZA, Et 155/1, fol. 443'.
474 GASSER, Geschichte (wie Anm. 310), S. 234 und 320.

475 *Beschreybung* von 1713; Et 157/7, DOZA, S. 13.
476 Einserziffer nicht genannt; Strein war 1562 bereits nicht mehr Komtur; GASSER, Geschichte (wie Anm. 310) S. 320.
477 *Beschreybung* von 1713, Et 157/7, DOZA, S. 13 f.
478 Johann Caspar Venator, Historischer Bericht vom Marianisch Teutschen Ritter-Orden, Nürnberg 1680.
479 *Beschreybung* von 1713, Et 157/7, DOZA, S. 17. – Das Fresko ist nicht mehr erhalten oder noch nicht völlig aufgedeckt; vgl. dazu Abb. 77 in: Heinz NOFLATSCHER (Hg.), Der Deutsche Orden in Tirol, Die Ballei an der Etsch und im Gebirge, Bozen–Marburg 1991, mit Abb. 1 in: ders., Glaube, Reich und Dynastie. Maximilian der Deutschmeister (1558–1618), Marburg 1987.
480 Hier ließ der Autor eine Lücke für den Vornamen frei

Italien 1574 aufgehoben worden war, verbreitete sich der Mendikantenorden in Europa im Umfeld der katholischen Konfessionalisierung rasch. Anders als bei den Jesuiten war der Wirkungskreis der Kapuziner frühzeitig auf dem Land, wobei auch sie beste Beziehungen zum Adel unterhielten. Ihr Armutsideal und Schwerpunkt in Predigt und Katechese fanden nicht nur bei der ländlichen Bevölkerung Respekt, sondern sie wurden auch vom Landesfürsten gefördert, der sie in den Bündnerkriegen der 1620er Jahre freilich vereinnahmte.

Als Leopold V. im Interesse seiner Dynastie 1621 das Engadin und den Prätigau besetzte, folgten den Truppen Kapuzinermissionäre, die in Bünden aus evidenten Gründen wenig beliebt waren. Insofern war ihre Niederlassung seit 1617 in Meran[481] und und endgültig seit 1648 in Schlanders auch ein Vorposten der Missionstätigkeit in Bünden.

Die Kapuziner erschienen erstmals 1626 in Schlanders, wobei sie als Prediger in der Fastenzeit und an Hochfesten wirkten. Die Patres engagierten sich in den katastrophalen Pestjahren von 1635/36 auch in Schlanders, was ihre Anerkennung im Dorf weiter erhöhte. Im Jahr 1638 erhielten sie als Hospiz ein Haus bei der Kapelle St. Ingenuin, die ihnen zunächst als Gotteshaus diente. Mit dem Kloster- und Kirchenbau etablierte sich der Orden in Schlanders – wiederum – in der Nähe der landesfürstlichen Herrschaft, des Gerichtssitzes. Der Grundstein des Klosters wurde 1644 gelegt, vier Jahre später wurde es eingeweiht.[482] In der Tat lag Schlanders damit sozusagen im landesweiten Trend, da die Mendikanten besonders auf dem Land eine große Verbreitung gefunden hatten. Auch durch die Kapuziner erfuhr Schlanders eine weitere Aufwertung seiner zentralörtlichen Funktion.

Der Dreißigjährige Krieg in Schlanders

Den Bedeutungsrückgang des Vinschgaus als Transitlandschaft relativ zur Brennerroute vermögen wir in der Frühen Neuzeit auch anderweitig zu beobachten. Nach Maximilian I., der 1516 durch den Vinschgau zog, reiste kein römisch-deutscher König mehr durch die Talschaft. Der Vinschgau und Schlanders gerieten seither auch politisch in eine relative Randzone. Das politische Zentrum des Reiches verlagerte sich nunmehr von Schwaben nach Wien und Prag, aber auch die Italienreisen der Monarchen oder ihrer Familienmitglieder verringerten sich drastisch; im Zuge der Verrechtlichung von Konflikten und des Ausbaus der Diplomatie konnten auch die Spannungen mit Venedig abgebaut werden, was nunmehr Reisen auch durch venezianisches Gebiet ermöglichte (noch Maximilian war 1496 über Glurns und Müstair nach Italien gezogen).

Andererseits wurde Schlanders gerade auf Grund seiner territorialen Randlage nicht nur von Truppendurchzügen geplagt, sondern war auch die Häuserkapazität des Ortes für Einquartierungen attraktiv – das war sozusagen die Schattenseite seiner Verkehrslage und zentralörtlichen Funktion am Oberen Weg.[483] Hatte der Schwabenkrieg von 1499 noch mehr aus einer Kette lokaler Konflikte vom Oberrhein bis in den Vinschgau bestanden, so war Schlanders besonders in den folgenden Jahrhunderten nahezu ein Seismograph militärischer Konflikte am Rhein, in Bünden, der Lombardei und der venezianischen Terraferma.

Seit mit dem Frieden von Cateau Cambrésis (1559) Spanien in Italien endgültig zur Vormacht aufgerückt war, begannen sich in Europa Kriege zu »globalisieren«. Für die spanische Kriegslogistik zählte neben den wichtigen Bündnerpässen auch der Vinschgau als Nachschubweg an den Oberrhein, nach Burgund und in die Niederlande. Schlanders geriet damit in die spanische Interessensphäre und lag bis zum Pyrenäenfrieden 1659

(Bartholomäus oder Heinrich). Zu den hier genannten Personen vgl. GASSER, Geschichte (wie Anm. 310), S. 318–320.

481 Agapit HOHENEGGER, Das Kapuziner-Kloster zu Meran. Ein Denkmal habsburgischer Frömmigkeit, Innsbruck 1898, S. 23–26. Zur Tätigkeit in Bünden vgl. Friedrich PIETH, Bündnergeschichte, Chur 1982, passim (Register); BÜCKING, Frühabsolutismus (wie Anm. 268), S. 185.

482 STAFFLER, Hofnamen Schlanders (wie Anm. 20), S. 121/Nr. 31; GAMPER, Chronik von Schlanders (wie Anm. 352), S. 49 f.; Rudolf GURSCHLER, Streifzüge durch den Vinschgau, Schlanders 1994, S. 132–134; Peter WALDNER, Musik und Musikpflege des 17. Jahrhunderts im Benediktinerkloster Marienberg, in: 900 Jahre Benediktinerabtei Marienberg 1096–1996, Festschrift zur 900 Jahrfeier des Klosters St. Maria (Schuls-Marienberg), red. von Rainer Loose, Lana 1996, S. 358.

483 Vgl. GASSER, Geschichte (wie Anm. 310), S. 235.

im nächsten Umfeld einer europäischen Bruchzone, die sich von Nordwestitalien über die Ostschweiz, den Rhein bis in die Niederlande erstreckte. Dabei wurde Schlanders im unmittelbaren Hinterland bereits zu Beginn des Dreißigjährigen Krieges in einen regionalen und zugleich europäischen Konflikt gezogen.

Bald nach dem Aufstand der sogenannten böhmischen Rebellen und der Wahl Friedrichs V. von der Pfalz zum Gegenkönig Kaiser Ferdinands 1619 wurde auch Graubünden zum Konfliktherd. Die Bündner Pässe waren für den Nachschub von Truppen und Kriegsmaterial aus Spanien und der Lombardei nach Nordwesteuropa zentral. Zudem übernahm mit Erzherzog Leopold V., einem Bruder Ferdinands, 1619 ein Regent Tirol und die Vorlande, der in seiner ersten Regierungszeit weniger die Interessen des Landes als mehr seines Hauses im Auge hatte. Gegen den Willen der Tiroler Stände intervenierte er – noch als Bischof von Straßburg – 1620 in Bünden. Somit war auch im oberen Vinschgau eine Front eröffnet, für deren Verteidigung auf Grund der Landesdefension die Gerichte aufgeboten wurden. In Nauders und Mals richtete man Proviantämter ein.

Natürlich war auch das angrenzende Gericht Schlanders von den Kriegswirren vielfach tangiert. Die Landesdefension war noch 1619 aktiviert worden. Im Sommer 1620 postierte man an grenznahen Punkten des Vinschgaus Wachen, die die benachbarten Dörfer zu stellen hatten. Auch zum Bau einer Schanze in Santa Maria im Müstairtal wurde die ländliche Bevölkerung des Vinschgaus herangezogen, trotz der anstehenden Feldarbeiten und obwohl sie sich außerhalb der Landesgrenzen befand.[484] Zur Reparierung der Schanze hatten die Untertanen von Schlanders 1623 dreißig Fuder Holz zu stellen. Aber nicht nur, daß sich Gericht und Dorf an den Feldzügen Leopolds in Bünden in den 1620er Jahren zu beteiligen hatten; der an der Landstraße gelegene Ort war nun vielfach von Truppendurchzügen geplagt: Die Kommende beklagte sich 1639 über die Schäden, die durch die im Vinschgau stationierten Truppen entstanden waren. Sie hatten sicher auch Schlanders betroffen.[485] Ebenso wurden die Zugtiere für Transporte herangezogen, was wiederum die Landwirtschaft schwächte. Abgesehen von erhöhten Steuern, waren zudem Proviant, vor allem Getreide und Fleisch, zu liefern.

Die Lage in Bünden[486] stabilisierte sich 1624 mit dem Abzug der österreichischen Truppen und zwei Jahre später mit dem Frieden von Monzón zwischen Spanien und Frankreich. Als jedoch 1629 der Mantuanische Erbfolgekrieg ausbrach und kaiserliche Truppen kurzerhand die Bündner Pässe besetzten, geriet Schlanders erneut in einen unmittelbaren Gefahrenbereich. Durch den Feldkircher Vertrag von 1641 beruhigten sich zumindest die Beziehungen Tirols zu Graubünden.

Weiterhin Anlaß zu territorialen Differenzen gaben jedoch die Tiroler Herrschaftsrechte in Bünden. Als Ferdinand Karl 1649/1652 den Großteil dieser tirolischen Vorposten, die Acht Gerichte und das Unterengadin, aus finanziellen Gründen – aber auch im Sinne territorialer Arrondierung – an Bünden verkaufte, war nicht nur ein steter Konfliktherd aus der Zeit Erzherzog Sigmunds beseitigt, sondern wurden auch die Beziehungen der beiden Staatswesen auf Dauer gefestigt. Damit war endlich ebenso von obrigkeitlicher Seite der Weg für eine rasche Normalisierung der Beziehungen auch der Bevölkerung Bündens und des Vinschgaus (die im Grunde nie schlecht waren) frei.

Hospitalität in der Frühen Neuzeit

Das Dorfspital erfuhr die besondere Fürsorge der Schlanderser und war in der Frühen Neuzeit vermutlich die am meisten von ihnen (noch) bestiftete Institution. Nach einem anscheinend zögerlichen Beginn im späteren 15. Jahrhundert erlebte vor allem das Spital in Schlanders nach 1499 einen neuen Aufschwung. Die Kapelle wurde 1509 wieder konsekriert und in den folgenden Jahren weiter ausgestattet, der Turm 1534 vollendet.[487] Wir begegnen

---

484 Gottfried REITINGER, Die Organisation der Feldzüge Erzherzog Leopolds V. gegen Graubünden 1620–1623, Phil. Diss. Innsbruck 1954, Bd. 2, S. 169. Heinz NOFLATSCHER, Krieg und Frieden. Tirol von Leopold V. bis Sigismund Franz (1619–1665). Erscheint demnächst in: Handbuch zur Neueren Geschichte Tirols, Bd. 1, hg. von Helmut Reinalter.

485 GASSER, Geschichte (wie Anm. 310), S. 235; vgl. auch Hans PEGGER, Aus der Chronik von Latsch und seinen Pfarrgemeinden, Meran 1907, S. 78.
486 Vgl. NOFLATSCHER, Krieg und Frieden (wie Anm. 484).
487 WEINGARTNER, Kunstdenkmäler (wie Anm. 304), Bd. 2,

in den beiden ersten Jahrzehnten des 16. Jahrhunderts zudem einer Reihe von Stiftungen, wobei wir am Spital gewissermaßen den Paradigmenwechsel, die große Nervosität der Zeit im Umfeld der Reformation und des Bauernkrieges beobachten können.

Hier suchten die umsichtigen Spitalmeister Achazi Weiglmayr und Jenewein Ladurner zum einen früher gegebene Stiftungsversprechen in der kritischen Zeit nach 1520 zu verschriften;[488] andererseits entsprach die Änderung im Stiftungsverhalten der Bevölkerung von Schlanders und Umgebung genau nach 1520 auch dem Sozialkurs der Reformation: daß Kirchengüter vornehmlich Spitälern und Schulen zugute kommen oder dahin umgewidmet werden sollten.

Hatte es in Schlanders vor der Reformation, im besonderen bis 1522, noch zahlreiche religiöse Stiftungen, wie von Gebetszeiten, Gottesdiensten, also Jahrtagen, einfachen Messen oder feierlichen Ämtern, eines Heiligenglasfensters, an das Spital gegeben, so gingen sie nunmehr drastisch zurück. Stattdessen lenkten die Bürger und Bürgerinnen ihre Intentionen – falls sie überhaupt noch stifteten – auf allgemeinere sozialkaritative Bereiche, wie zugunsten der Armen:

Stoffl Blas aus Laas überließ 1532 dem Spital *allen armen, kranken Menschen zu besserer Hilf ihrer leiblichen Nahrung* jährlich 1 Mutt Breigerste aus all seiner Habe.[489] Auch Jakob Walder aus Allitz stiftete – zusätzlich zu einem bereits seit längerem bestehenden Jahrtag – 1533 ein Almosen. Er vermachte dem Spital jährlich ein Rind und drei Star Roggen, wobei das gekochte Fleisch und verbackene Brot nur im Spital an die Armen verteilt werden und das Unschlitt des Rindes zu Kerzen für die kranken Spitalsinsassen verwendet werden solle.[490] Eine wesentliche Änderung des Stiftungsverhaltens wiederum zugunsten der Alten Kirche trat vermutlich erst nach 1600 ein.

Das Spital wurde von einem Spitalmeister geleitet, der das Vermögen verwaltete, also Rechnungen führte, die Zinse der Grundherrschaft einnahm und das Spital nach außen vertrat. Er zählte zu den Honoratioren des Dorfes. Der Spitalmeister war der Pfarrgemeinde verantwortlich, die seine Wirtschaftsführung kontrollierte. In der Tat haben sich uns vom Spital nicht nur Urkunden, sondern auch zahlreiche Rechnungen neben Urbaren und Inventaren erhalten.[491]

Pflege und täglichen Dienst an den Insassen übte ein Bauleuteehepaar aus, das überdies kleinere Güter für den Eigenbedarf vom Spital zu Lehen besaß. Stoffl und seine Frau Katharina Pinter stifteten im Jahr 1516 einen Jahrtag *im gemeinen Schnitt*, also während der Getreideernte, mit einem Seel- und Lobamt, wofür sie dem Spitalmeister 20 Gulden an Bargeld übergaben. Zugleich wurde das Ehepaar zu Spitalpflegern ernannt, wobei sie (aus dem Grundbesitz des Spitals) noch zwei Äcker und einen Anger gegen einen jährlichen Zins bebauen konnten[492] – die Vorgehensweise erinnert an zeitübliche Praktiken versteckten Ämterkaufs in Zentraleuropa. Jedenfalls war es ein typisches Arrangement der Zeit: Das Spital war durch eine weitere Stiftung aufgewertet und hatte Ersparnisse des Ehepaares erhalten, das wiederum mit dem begehrten Amt des Spitalspflegers versehen war.

Schule und Universität

Wie standen die Bildungschancen im frühneuzeitlichen Schlanders? Wir wollen uns bei der Beantwortung der Frage auf das Schulwesen beschränken, obwohl Bildung und Professionalisierung auch im zeitgenössischen Verständnis viel weitere Bereiche, wie die körperliche Erziehung des Adels in Tanzen, Fechten, Reiten, höfischem Zeremoniell, oder die Ausbildung der Lehrlinge und Gesellen, aber auch Wissen und Kompetenz der Inhaber der Dorfämter, ja selbst der einfachen Bauern umfaßte.

Wir haben bereits zum Spätmittelalter den in Schlanders schon 1450 genannten Schulmeister erwähnt. Sicher hat im Ort auch die folgenden Jahrzehnte eine Schule bestanden, zumal das Elementarschulwesen sich um 1500 auch auf dem Land allgemein verdichtete. Das Interesse der Bauern

---

S. 422; STAFFLER, Hofnamen Schlanders (wie Anm. 20), S. 142/Nr. 97.

488 Vgl. 1522 März 25, 1522 Dezember 21, 1524 Oktober 30, Urkunden Nr. 42, 43, 45, Spitalsarchiv Schlanders (Regesten Theiner).
489 Ebd., Nr. 47.
490 Ebd., Nr. 49.

491 Vgl. das Archivrepertorium von Theiner (wie Anm. 211).
492 1516 April 6, Urkunde Nr. 30, Spitalsarchiv Schlanders (Regest Theiner).

und ländlichen Handwerker an elementarer Schulbildung wuchs durch die Reformation noch erheblich an, und wenn nur, um die nunmehr zahlreich erscheinenden Kleinschriften zumindest ansatzweise lesen zu können. Dabei engagierte sich Martin Luther selbst (mit Erfolg) für eine Förderung des Schulwesens, wenn auch vorwiegend in den Städten.

Als nächster Schulmeister von Schlanders begegnet uns Andre Wedersl, der 1519 als Zeuge in einem Kreditgeschäft diente.[493] Auch 1524 ist ein Schulmeister genannt, der bei einem Jahrtag im Spital mitwirkte.[494] 1571 war Tiburtius Meyssner Schullehrer, dessen Namensgebung (antiker Märtyrername) vermutlich humanistisch beeinflußt war. Meyssner wohnte in der Hungergasse.[495] Für die Besoldung des Schulmeisters leistete der Deutsche Orden einen Beitrag.[496] Auch der Landesherr förderte 1586 durch eine Schulordnung das Schulwesen auf dem Land, das nun vor allem der katholischen Konfessionalisierung und – damit eng verbunden – der sozialen Disziplinierung der Untertanen zu dienen hatte.

Vermutlich hat die Schlanderser Pfarrschule neben rudimentären Kenntnissen im Lesen, Schreiben und Rechnen auf Wunsch bereits im 16. Jahrhundert auch einige Grundkenntnisse in Latein vermittelt.[497] In erster Linie war die Schule in Schlanders jedoch eine Elementarschule, die natürlich nicht die Ansprüche einer städtischen Lateinschule erreichte und auch nicht erreichen wollte. Dafür boten sich begabten Schülern nach wie vor »nur« die Stadtschulen in Meran (seit 1724 von Marienberg geleitet) und Bozen oder die Klosterschule in Marienberg an: dort als künftiges Ordensmitglied oder als externer Kostschüler.

Allerdings befand sich der Marienberger Konvent seit der Reformation bis in das frühe 17. Jahrhundert in einer schweren, geistlichen und wirtschaftlichen, auch personellen Krise. Zwar begründete Abt Abart 1556 die Klosterschule wieder, doch dürften hier erst die Reformen Matthias Langs (1614–1640) nachhaltig gewirkt haben.[498] So begegnen wir unter den Kostschülern des Klosters 1640 bis 1653 auch Schülern aus der adeligen Oberschicht von Schlanders, so aus den Familien Hendl und Heydorf.[499]

Auch die Universität blieb weiterhin im Blickfeld der Gemeinde. So immatrikulierte sich – um hier eine kleinere Universität herauszugreifen – in Freiburg nach Peter Stüffensteiner im August 1614 mit Sebastian von Stachelburg wiederum ein *Schlanderensis*[500], zusammen mit einem weiteren Tiroler, Maximilian Utz aus Hall, denen im selben Monat noch zwei Tiroler aus Innsbruck beziehungsweise Rotholz folgten. Bereits im Jänner des nächsten Jahres kam ein Bruder des Sebastian, Georg Friedrich, nach Freiburg.[501]

Ein Studium im Ausland war aber kostspielig, das in der Epoche der Konfessionalisierung von den Obrigkeiten zudem mißtrauisch beobachtet wurde. In der Tat schien sich für Schlanders zunächst relativ nahe die Chance einer Hohen Schule zu eröffnen. Auch nach einer Initiative von Dillinger Jesuiten im Jahr 1638 diskutierten der Tiroler Landtag von 1646 und der Ausschußtag von 1653 die Gründung einer Akademie in Meran.[502] Erst nach dem Ende des Dreißigjährigen Krieges wurde dann 1669 die Landesuniversität in Innsbruck realisiert.

Bauen und Wohnen. Vormoderne Schriftkultur

Das Schlanders in der Frühen Neuzeit erscheint zumindest unter der dörflichen Oberschicht als ein Ort sozialen Aufstiegs. Die Hendl erlangten hier seit den 1560er Jahren die faktische Dorfherrschaft, die Heydorf[503], die Indermaur[504] und Re-

493 Ebd., Nr. 37.
494 Kofler, Spital (wie Anm. 211), S. 14.
495 Staffler, Hofnamen Schlanders (wie Anm. 20), S. 139/Nr. 83. – Ein Schulmeister ist dann wiederum 1692 genannt; vgl. Urkunde Nr. 66, Spitalsarchiv Schlanders (Regest Theiner).
496 Gasser, Geschichte (wie Anm. 310), S. 228.
497 Vgl. unten, S. 354.
498 Hirn, Maximilian (wie Anm. 234), Bd. 1, S. 282 f., 319; Bücking, Frühabsolutismus (wie Anm. 268), S. 98 f., 185 f.
499 Waldner, Musik (wie Anm. 482), S. 355 f.
500 Mayer, Matrikel (wie Anm. 259), S. 779, Nr. 32.
501 Ebd., S. 782, Nr. 54. – Zum Universitätsbesuch der Hendl vgl. Brandstätter, Hendl (wie Anm. 364).
502 Jäger, Regesten (wie Anm. 90), S. 385; Noflatscher, Krieg und Frieden (wie Anm. 484).
503 Vgl. demnächst Brandstätter, Hendl (wie Anm. 364).
504 Zur Familie vgl. 1773, Et 157/8, DOZA; Staffler, Hofnamen Schlanders (wie Anm. 20), S. 125/Nr. 43; Hirn, Maximilian (wie Anm. 234), Bd. 2, S. 315; Georg von Grabmayr, Stammtafeln alter Tiroler Familien, Innsbruck 1940, S. 54; Köfler, Land (wie Anm. 265), S. 593.

ding,⁵⁰⁵ Nieder- und Neuadelige, etablierten sich seit dem 16. Jahrhundert mit Grundbesitz und Ansitzen. Die bereits im 15. Jahrhundert in Schlanders ansässigen Mitterhofer wurden 1511 landständisch,⁵⁰⁶ die Hendl erhielten 1697 durch den Ansitz Schlanderegg den Grafenstand.

So äußerten sich nicht nur der Aufstieg, sondern auch eine gewisse Prosperität des Ortes und seiner Elitenfamilien in einer erhöhten Repräsentation. Mit den Ansitzen, der Pfarrkirche, den Kapellen und der Kommende, auch durch den Werkstoff Marmor entstand seit dem 16. Jahrhundert ein ziemlich neues Ortsbild, in dem die überlieferten alten Türme, der Behaims-, der Eyrser- oder Freudenturm, nur mehr die Relikte einer vergangenen Zeit bildeten. Dabei war auch die Familie Hendl ein wesentlicher Träger materieller Kultur. Wie die Churburg der älteren Trapp erhielt die Schlandersburg einen Loggienhof, nachdem die Hendl bereits beim Umbau von Schloß Goldrain und Maretsch historisierend vergangenen Adelsattitüden gehuldigt hatten. 1779 hatte der mit Mauern umgebene Ansitz noch einen Fischweiher.⁵⁰⁷

Dagegen schienen der Durchschnitt der bäuerlichen Anwesen, auch Wirts- und Gewerbehäuser oder gar Söllhäuser nur wenig bieten zu können. Freilich äußerten sich bäuerliche und handwerkliche materielle Kultur und die Kunst des Gemeinen Mannes mehr in kleineren Einheiten oder in den Details, oft den zahlreichen alltäglichen Dingen und Zeichen: an der Gestaltung des Eingangs oder Aufgangs, der Fassade, des Söllers, der Stube, der Gestaltung und Verzierung von Mobiliar, des Werkzeugs und Geschirrs, der Armbrust oder sonstigen Waffen, den fast unscheinbaren Details am Kleid; angesichts knapper Ressourcen und geringer Abkömmlichkeit weniger in der luxuriösen Ausstattung als vielmehr in der Anordnung der Dinge.

Offen bleibt die Frage nach der Schriftkultur in einer Epoche, in der der Markt an Büchern und vor allem Flugschriften ungeheuer rasch expandierte. So ist unser Wissen zum Buchbesitz auf dem Land auf Grund fehlender Forschungen besonders schlecht, wie gerade zum Vinschgau als Anteil der Churer Diözese. Sicher waren im 16. und 17. Jahrhundert in Schlanders in den Haushalten der Handwerker und einzelner Bauern Bücher und Kleinschriften vor allem religiös-erbaulichen Inhalts (zunächst zur Reformation) vorhanden, wie wir auf Grund der Visitationsberichte zu ländlichen Gebieten in der Diözese Brixen seit dem späteren 16. Jahrhundert vermuten können. Jedenfalls bargen die Gewölbe des Gerichtsgebäudes bereits im 16. Jahrhundert meterweise schriftliche Quellen, neben den Akten und Urkunden vorwiegend die neuen seriellen Quellen, die Verfachbücher, ein nunmehr detailliertes und langfristiges dörfliches Gedächtnis – nachdem das Schriftgut in Schlanders 1499 wohl großenteils zugrunde gegangen war.

Aber jenseits aller materiellen dürfen wir gerade die Produkte immaterieller Kultur (wenn wir hier Kultur so schematisch trennen wollen) nicht vergessen, die soziale Ordnung und einen Modus vivendi der dörflichen Gesellschaft – wie er sich in den Weistümern niederschlug – mit ihrem hohen Maß an politischer Kultur und dörflicher Identität.

Sie äußerte sich auch im frühneuzeitlichen Schlanders in der offensichtlichen Kunst der Symbiose pluraler Kulturen, die nicht nur schichtenspezifisch sondern auch mentalitär und sprachlich

Agrarischer Wohlstand. Bauernhof mit repräsentativer Fassade in Kortsch.

---

505 1773, Et 157/8, DOZA; STAFFLER, Hofnamen Schlanders (wie Anm. 20), S. 127/Nr. 50.
506 Vgl. oben, S. 334.
507 STAFFLER, Hofnamen Schlanders (wie Anm. 20), S. 129/Nr. 54.

definiert waren – jedenfalls hören wir nichts von langfristigen oder heftigen Konflikten zwischen den Untertanen: Nach wie vor lebten nicht nur im Gericht Glurns, sondern auch im entfernteren Schlanders rätoromanische Dorfinsassen, neben den aus Bünden neu Immigrierten[508] wohl vor allem unter den Gotteshausleuten. Deren Zahl ging vorwiegend seit dem früheren 16. Jahrhundert freilich zurück,[509] wobei ihre mehr schleichende Assimilierung nicht nur, wie erwähnt, im staatsrechtlichen Bereich stattgefunden haben dürfte.

3 Vom Westfälischen Frieden zum Wiener Kongreß (1648–1815)

Die Epoche vom Dreißigjährigen Krieg bis zu den Napoleonischen Kriegen brachte dem Dorf und der Bevölkerung von Schlanders im gesamten relativ prosperierende Zeiten, jedenfalls, was die äußeren politischen Rahmenbedingungen betraf. Es brach keine größere Epidemie aus, auch von Brandschatzungen und großen Kriegsereignissen blieb der Ort verschont. Allerdings waren Wirtschaft und Gesellschaft von Schlanders gerade im 17. und 18. Jahrhundert vermehrt von Vermurungen bedroht.[510] Die Vezzaner Dorfordnung von 1751 sprach sogar vom *faulen gebirg*.[511]

Mit den territorialen Arrondierungen zwischen Tirol und Graubünden von 1649/1652, auch durch den Vertrag mit dem Hochstift Chur wegen der Gotteshausleute von 1657/1665 entspannte sich die Konfliktzone im östlichen Graubünden und westlichen Tirol auf Dauer. Auch die europäischen Interessen an der Passregion Ostschweiz gingen durch den allmählichen Ausstieg Spaniens aus dem zeitgenössischen Mächteeuropa zurück, so daß sich hier eine alte Konfliktregion einigermaßen zu stabilisieren vermochte.

Kommunale Lastenverteilung

Nach 1648 erhielt das Dorfzentrum durch die enger verbauten Häuser, auch den Hauptplatz mit dem Brunnen, einerseits einen gewissen städtischen Charakter; nun haben wir bereits in der Skizze der dörflichen Kultur im 16. und 17. Jahrhundert die Spannbreite der sozialen Strukturen des Ortes, mit den Ansitzen, der Kommende, den Häusern an der Lubenplatte, aber auch den zahlreichen *hüttenartigen*[512] Häusern, die dem ehemaligen Landrichter Johann Jakob Staffler in Schlanders und in Göflan um 1845 auffielen, angedeutet. Andererseits war Schlanders um 1800 gerade auch ein Dorf der kleinen Handwerker (wie in Göflan) und Taglöhner, die in den im Vinschgau so genannten Keuschen wohnten. Von den sieben Personen vom Dorf Schlanders, die im Gefecht bei Meran Mitte November 1809 fielen und deren Namen wir kennen, waren drei Tagelöhner, ein Müller, ein Weber und ein Bauer.[513]

Die Sozialstrukturen nach 1648 vermögen wir auch bei der dorfinternen Lastenverteilung ansatzweise zu eruieren. So waren die Häuser in die relativ vermögenderen Bauhäuser (der Vollerwerbsbauern) und die Söllhäuser geteilt. Die Kosten für die Verbauung des Schlandraunbaches wurden 1732 anteilsmäßig zu vier Gulden auf ein *Pauhaus* und zu zwei Gulden auf ein *Söllhaus* verteilt.[514] Nun wurde die Gliederung den viel differenzierteren sozialen und ökonomischen Unterschieden im Dorf sicher nicht gerecht, aber sie vermittelt jedenfalls ein innerdörfliches Bewusstsein sozialer Bandbreiten.

Neben den Kleinstellenbesitzern lebten noch die Inwohner, die eingemieteten Taglöhner und Dienstboten, im Dorf. Als im Jahr 1751 die Nachbarschaft von Vezzan für Zuwanderer das *einkaufgelt* und das *jargelt*, eine jährliche Dorfsteuer, festlegte und für die Gesamtheit die Gemeindearbeiten verteilte, bildete sie drei soziale Kategorien und Steuerklassen. Sie unterschied bei den Aufnahmegebühren zwischen denen, die *haus und*

---

508 Vgl. STOLZ, Landesbeschreibung (wie Anm. 68), S. 86.
509 BÜCKING, Frühabsolutismus (wie Anm. 268), S. 247; oben, S. 345.
510 Vgl. hier den Beitrag von Rainer Loose.
511 ZINGERLE/INAMA-STERNEGG, Weisthümer (wie Anm. 345), S. 206/41.
512 STAFFLER, Tirol und Vorarlberg (wie Anm. 136), Teil 2, S. 572.
513 Hans KRAMER, Die Gefallenen Tirols 1796–1813, Innsbruck 1940, Nr. 1909–1914 und 1926.
514 STAFFLER, Hofnamen Schlanders (wie Anm. 20), S. 114.

hof[515] besitzen, und den verheirateten und ledigen *inwohnern*.[516]

Demnach hatten die Hausgesessenen ein anscheinend einmaliges Einkaufsgeld zu entrichten, während sowohl die verheirateten als auch die ledigen Inwohner jährlich 30 Kreuzer zu bezahlen hatten. Innerhalb der ersten Gruppe wurde noch weiter je nach Hofgröße individuell differenziert, wobei die einmalige Abgabe zwischen 25 und 12 Gulden schwankte. Bemerkenswert für soziale Sensibilität im Dorf ist, daß die länger Angesessenen sozusagen historisch argumentierten, sich selbst als einstige Zuwanderer betrachteten und ebenso Einkaufsgeld bezahlten.[517] Andererseits wurde bei den Inwohnern nicht zwischen Ledigen und Verheirateten (also Familien) differenziert, was uns wiederum Grenzen von sozialer Fairneß, aber auch von Verwaltungsleistung der vormodernen Gesellschaft andeutet.

Dagegen bildete die Dorfordnung bei den *gemainarbeiten*[518] unter den Hausbesitzenden zwei Kategorien. Hatten sich alle Inwohner und Häusler gleichermaßen »nur« mit ihrer Hände Arbeit an den Gemeindearbeiten zu beteiligen, so wurde zwischen den vermögenderen Besitzern differenziert: So hatten jene, die drei Jauch Acker bebauten, mit einem paar Ochsen Fuhrdienste zu leisten, während jene, die *etwas minders, iedoch einen zimblichen pau fiehren*[519] und mehr Vieh besaßen, zu ihrer Arbeit noch einen weiteren nicht näher definierten Beitrag entrichten sollten.

Einkommensbezogene Sozialstrukturen beobachten wir nicht nur im Steuerbereich, sondern auch im Religiösen, bei den kirchlichen Stolgebühren. Bereits die Pfarrgemeinde hatte 1380 zunächst auf einer sozialen und ökonomischen Grundsicherung beharrt: Daß der Mesner mit seinen kirchlichen Dienstleistungen *armen und reichen* gleichermaßen zur Verfügung stehe; ebenso, daß der Pfarrer auch die Aussätzigen und zudem nicht nur die Sterbenden im Dorf, sondern auch *an den pergen*[520] oder auf dem Land mit dem hl. Öl besuche.

515 ZINGERLE/INAMA-STERNEGG, Weisthümer (wie Anm. 345), S. 207/21.
516 Also in diesem Fall die *tagwercher*; ebd., S. 207/3 f. Dienstboten bezahlten vermutlich kein Einkaufsgeld.
517 Vgl. ebd., S. 207/21.
518 Ebd., S. 208/1.
519 Ebd., S. 208/7 f.
520 GRASS, Studien (wie Anm. 100), S. 249.

Detail eines verzierten Dachgiebels in Kortsch.

Bei Begräbnissen von Pilgern und armen Leuten durfte er, wie erwähnt, keine Stolgebühren verlangen.

In der Bestellung des Lehrers legte die Pfarrgemeinde 1773 fest, daß zum Unterschied von den *bemitleten* die *armen Leith* ihm für seine Mitwirkung an einem Begräbnis nichts entgelten müßten. In der Dorfschule hatte er von Schlanders und Kortsch je zwei, von den übrigen je ein *Mittel looses Kind* kostenlos zu unterrichten. Sollten darüber hinaus noch weitere Plätze vorhanden sein, sollte er auch sie entsprechend dem genannten Schlüssel *umsonst lehren*. Dagegen bestimmte die Gemeinde für die übrigen Kinder spezifische Schulgeldsätze, was uns einen gewissen Einblick in ihre sozioökonomischen Binnenstrukturen vermittelt. Bei den Gebühren wurde die monetarische Liquidität der Eltern berücksichtigt, wie ebenso die Ansässigkeit als Kriterium herangezogen.

So hatten die in der Pfarre gebürtigen Kinder im Sommer 24 Kreuzer, im Winter (mit dem Holz inbegriffen) 36 Kreuzer zu bezahlen. Dabei stand es den Eltern nicht nur frei, statt der zusätzlichen 12 Kreuzer das Holz zu liefern, sondern auch das gesamte Schulgeld *mit werthschaft* zu bezahlen. Die nicht in der Pfarre gebürtigen Kinder hatten im Sommer 30 Kreuzer und im Winter (ebenso) 36 Kreuzer zu entrichten. Dagegen mußte das Kind eines *Engedeiners und Welschen*, die *mehr mühe brauchen,* im Sommer 36 Kreuzer und im Winter 48 Kreuzer, also im Sommer die Hälfte beziehungsweise im Winter ein Drittel mehr bezahlen. Das Kind *in der Pfarr*, das aber in Latein oder im Rechnen unterrichtet wurde, hatte 48 Kreuzer zu bezahlen – hier waren Kinder von außerhalb der Pfarre offensichtlich nicht zugelassen.[521]

Waren dies alles erste frühneuzeitliche Versuche einer gerechten Lastenverteilung, die bei Armen sogar eine gewisse Grundsicherung erkennen lassen, so finden wir andererseits noch immer – wiederum zeittypisch – Ansätze von Klassendenken (die in der zentral- und westeuropäischen Gesellschaft allerdings nicht so ausgeprägt wie im Gebiet der Zweiten Leibeigenschaft waren): So beschloß die Pfarrgemeindeversammlung 1733, daß die ziemlich ausgeschlagene große Glocke künftig nur mehr bei Todesfällen sehr vermögender Personen zu läuten sei.[522]

Ungelöst war noch immer die Armenfrage des Dorfes, wenn sie sich inzwischen zumindest nicht gravierend verschärft haben dürfte. So hatte 1779 der Besitzer der Urtlmühle als Zinsleistung nach wie vor wöchentlich ein Star und am Allerseelentag fünf Star Getreide zu Brot zu verbacken, das bei der Kommende den Armen verteilt wurde. Unter den Dorfämtern bestand 1776 das Amt des Bettelrichters.[523]

Sozialbeziehungen

Nun ist unser Wissen um Sozialstrukturen der Frühen Neuzeit häufig »nur« durch ökonomische Kriterien, wie soeben skizziert, bestimmt. Leider vermögen wir hier für Schlanders kein subtileres Bild der dörflichen Gesellschaft zu rekonstruieren: etwa der Sozial- oder Geschlechterbeziehungen im Dorf, des Konnubiums oder der sozialen Mobilität. Sicher gab es in Schlanders mehr oder weniger feste Heiratskreise, die sich vor allem nach Vermögen, sozialem Status und beruflich definierten. Sie waren, wie traditionell bei den Zünften, unter den Handwerkern des Gerichts[524] besonders ausgeprägt.

Wir können solche Beziehungen im 17. und 18. Jahrhundert wiederum am besten für Oberschichten, vor allem den Adel, analysieren oder zumindest Hinweise finden. Bei ihnen war mit der Heirat der Wechsel von bedeutendem Vermögen verbunden, der durch das familiale Instrument des Fideikommisses zunehmend geregelt wurde.[525]

Deren sozial enge Verbindungen zeigen sich uns nicht zuletzt an der Geschichte der repräsentativen Häuser. So besaß, beispielsweise, Franz Joseph Graf Hendl 1779 den Ansitz Freudenturm (das spätere Plawennhaus), den er kurz vorher im Tausch mit Schlanderegg vom Gerichtsschreiber Johann Sebastian Steiner erworben, der ihn wiederum erst 1775 von den Freiherren von Reding erstanden hatte.[526]

Im Jahr 1755 starb in männlicher Linie eine Familie aus, die besonders eng und lange mit dem Ort verbunden gewesen war, die Schlandersberg. Sie wurden von den Hendl beerbt, die nunmehr auch im Eyrser Turm und oben auf der gleichnamigen Burg in die Fußstapfen des Geschlechts traten.[527] Die Gerichtsherrschaft Schlanders übernahmen 1786 die mit den Hendl verschwägerten Grafen Trapp.

Punktuell bringen wir abschließend noch einen kleinen Hinweis zu den binnenadeligen Kontakten im Dorf, den der landfremde Landkomtur Kageneck um 1713 in seiner *Beschreybung* der Ordenskommende selbst gab. Für seine Studien zur Gründung des Ordenshauses in Schlanders zog er auch eine Handschrift des Matthias Burglechner heran, den Aquila Tyrolensis, den ihm Joseph Anton Graf zu Stachelburg, *in Schlanders begüttert* im Jahr 1712 *zu lesen geben* habe.

Die Stachelburg[528] besaßen jenseits des Schlandraunbaches einen Ansitz, der 1731 völlig vermurt

---

521 1773 August 20 (Transsumpt vom selben Tag), Et 157/8, DOZA.
522 GAMPER, Chronik von Schlanders (wie Anm. 352), S. 108.
523 STAFFLER, Hofnamen Schlanders (wie Anm. 20), S. 115.
524 Vgl. Peter GAMPER, Von der alten Schlanderser Schneiderzunft, in: Südtiroler Haus-Kalender 114 (1983), S. 40–46.
525 Zur Familie der Hendl vgl. nunmehr: BRANDSTÄTTER, Hendl (wie Anm. 364).
526 STAFFLER, Hofnamen Schlanders (wie Anm. 20), S. 127/Nr. 50 und S. 128/Nr. 52.
527 MAYRHOFEN, Genealogien (wie Anm. 187); STAFFLER, Hofnamen Schlanders (wie Anm. 20), S. 139/Nr. 84; Erich EGG, Die Freiherren von Schlandersberg in Vorarlberg, in: Der Schlern 34 (1960), S. 28; Franz-Heinz HYE, Das Grafenstandsdiplom der Herren von Schlandersberg, in: Der Schlern 51 (1977), S. 451–453; TRAPP, Tiroler Burgenbuch (wie Anm. 61), S. 145.
528 MAYRHOFEN, Genealogien (wie Anm. 187); KOFLER, Spital (wie Anm. 211), S. 13; STAFFLER, Hofnamen

Der frühmoderne Staat kartographiert seine Untertanen. Ausschnitt aus der Karte des Matthias Burglechner von 1629.

wurde und seither Ruine blieb. Die Stachelburg waren ein neuadeliges Geschlecht, deren Stammvater Georg Stachel, Pfleger auf Forst, 1540 den Turm von Partschins (seit 1576 Stachelburg) erworben hatte und geadelt wurde. Bereits Leopold von Stachelburg war 1562 Richter in Schlanders, 1578 wurde er vom Landesherrn zum Ökonom des Stiftes Marienberg bestellt.

Der ziemlich rasche soziale Aufstieg der Stachelburg erfolgte zunächst vorwiegend über landesfürstliche Dienste und Studium – den Studienaufenthalt der beiden Brüder Sebastian und Georg Friedrich aus Schlanders an der Universität Freiburg bald nach 1600 erwähnten wir bereits. Im 17. Jahrhundert gelang der Familie das Konnubium mit den Annenberg, während eine Einheirat in das indigene Geschlecht der Schlandersberg erst in der ersten Hälfte des 18. Jahrhunderts zustande kam. Bereits im 17. Jahrhundert besaßen die Stachelburg in Tirol eine Reihe von Burgen und Ansitzen, und wurden 1650 in den Freiherren-, 1698 in den Grafenstand erhoben – womit sie die älteren Schlandersberg und Hendl unter dem Aspekt des Titels sozusagen eingeholt hatten.[529]

Dekommunalisierung oder Ausbau der Kompetenzen?

Die Normen für das kommunale Leben legten vor allem die lange *Angesessenen*[530] oder sogenannten Haushäbigen fest, die auch zu den Gemeindeversammlungen geladen waren. Auch im sogenannten Absolutismus und nach Einführung der Kreisämter spielte in Schlanders die Dorfversammlung eine wichtige Rolle für die öffentliche Entscheidungsfindung und die Ausübung lokal-autonomer Rechte. Sie fand in Schlanders nach wie vor am Kässonntag statt. Bei wichtigen Anlässen konnten auch außerordentliche Versammlungen einberufen werden, wie Ende November 1809, als Josef Danay eine Gemeindeversammlung veranlaßte, um für den Vinschgau einen Waffenstillstand mit den Franzosen vorzubereiten.[531] Die Gemeindeversammlung von Schlanders war seit dem 17. Jahrhundert ständisch gegliedert und artikulierte sich in Beschlüssen als *Adl und Gemain*.[532] Bei der Wahl des neuen Spitalskaplans hatte 1796 jede Hausnummer eine eigene Stimme.[533]

Da die Gemeinde der Gerichtsobrigkeit unterstand, konnten bereits seit dem frühen 16. Jahrhundert an den Versammlungen auch Gesetze und Mandate des Landesfürsten vorgelesen werden; sogar bei den Huldigungen der Gotteshausleute an den Churer Bischof bedingten sich die tirolischen Pfleger 1592 ihre Anwesenheit aus. In der Tat ist es hier – deutlich auch durch die potentielle Präsenz des Landes- und Gerichtsherren – zunehmend zu einer Dekommunalisierung gekommen. Im Vormärz berief die Gerichtsobrigkeit die Gemeindeversammlungen ein.[534]

Die leitenden Dorfämter waren in Schlanders quasikollegial eingerichtet, anscheinend bereits am Ausgang des Mittelalters. Als 1495 im Konflikt der Gemeinden Schlanders und Kortsch mit Martell wegen Holzrechte eine gütliche Gerichtssitzung stattfand, war Schlanders durch *drey dorffmair* vertreten, wovon einer die Geschäfte leitete.[535]

Können wir für Schlanders im Spätmittelalter noch keine Ämterrotation feststellen, so ging im 18. Jahrhundert das Dorfbürgenamt alle vier Jahre zwischen dem Haslhof, Maierhof auf Juval, Schup-

---

Schlanders (wie Anm. 20), S. 140/Nr. 94 f. und S. 142, 145; KÖFLER, Land (wie Anm. 265), S. 608 f.; Erika KUSTATSCHER, Die Vogtei des Klosters Marienberg. Kontinuität und Wandel im Übergang von der mittelalterlichen »advocatia« zu Jurisdiktion und Schirmvogtei in der Neuzeit, in: 900 Jahre Benediktinerabtei Marienberg 1096–1996, Festschrift zur 900 Jahrfeier des Klosters St. Maria (Schuls-Marienberg), red. von Rainer Loose, Lana 1996, S. 157. – Vgl. auch STAFFLER, Tirol und Vorarlberg (wie Anm. 136), Teil 2, S. 670 f.

529 Bemerkenswert ist die rasche Folge der Grafenstandserhebungen der drei Vinschgauer Familie: 1696 Schlandersberg, 1697 Hendl, 1698 Stachelburg.
530 ZINGERLE/INAMA-STERNEGG, Weistümer (wie Anm. 345), S. 206/26, 207/2 (Vezzan).
531 STAFFLER, Tirol und Vorarlberg (wie Anm. 136), Teil 2, S. 578 f.; Mercedes BLAAS, Die »Priesterverfolgung« der bayerischen Behörden in Tirol 1806–1809. Der Churer Bischof Karl Rudolf von Buol-Schauenstein und sein Klerus im Vinschgau, Passeier und Burggrafenamt im Kampf mit den staatlichen Organen, Innsbruck 1986, S. 301 f.
532 STAFFLER, Hofnamen Schlanders (wie Anm. 20), S. 114; GAMPER, Chronik von Schlanders (wie Anm. 352), S. 51.
533 KOFLER, Spital (wie Anm. 211), S. 114.
534 STAFFLER, Tirol und Vorarlberg (wie Anm. 136), Teil 1, S. 462, 678; BÜCKING, Frühabsolutismus (wie Anm. 268), S. 246; NOFLATSCHER, Täufer (wie Anm. 314), S. 619.
535 Hannß Schmalzgruber, Hainrich Umbreser, Vilg Hasler; 1495 Juni 2, Urkunde Nr. 15, GAS, STLA.

ferwirt und Schlandersbergischen Maierhof reihum. Damit war das Amt, das sogenannte Dorfmairlehen, inzwischen an fixierten Besitz gebunden und erblich geworden, insofern auch der besonders vermögenden und lange eingesessenen Schicht im Dorf vorbehalten. Allerdings bestand durch den vierjährigen Wechsel eine gewisse Gewaltenteilung. Am Kässonntag 1753 schlugen Adel und Gemeinde neben dem Dorfmair auch einen für die Finanzen zuständigen *Verraiter* vor.[536] Der Gemeinde war der Dorfmair zur Rechnungslegung verpflichtet.

Gewiß erweiterten, jedenfalls differenzierten sich mit der Bevölkerungszunahme des Dorfes auch die Aufgaben der leitenden Dorfämter wie bei der Steuerrepartition. Erstmals ist 1695 eine Schlacht- oder Metzgbank erwähnt.[537] Die Differenzierung der Kompetenzen vermögen wir auch im Schriftgut der Gemeinde zu erkennen. Die Gemeinde Schlanders hatte nach 1648 eine ziemlich umfangreiche schriftliche Verwaltung mit eigenem Archiv. So wurde bereits 1676 ein Archivinventar angelegt, das uns auf einen umfangreicheren Akten- und Urkundenbestand schließen läßt. Wichtige kommunale Rechtstitel (Wald, Wasser, Alm, Immobilien) wurden in der Gemeinde mindestens seit dem frühen 14. Jahrhundert aufbewahrt, während die erhaltenen Steuerregister mit dem Jahr 1721, die Gemeinderechnungen 1733 einsetzen.[538]

Die Tatsache, daß im Schlanderser Gemeindearchiv sich Urkunden mindestens aus der Zeit um 1300 trotz der Katastrophe von 1499 und nachfolgender Kriegswirren erhalten habe, ist um so bemerkenswerter, als das Dorf zunächst üblicherweise kein eigenes Rathaus besaß, sondern das Archiv oder die entsprechende Truhe wohl mehrfach den Aufenthaltsort zwischen den Dorfmeistern gewechselt haben. Auch dies war Ausdruck dörflicher Identität.

Die Gemeindeversammlung, damit nicht nur die überkommunale Pfarrgemeinde, konnte auch im Religiösen Initiative ergreifen. So gelobte Schlanders 1690 einen Bannfeierabend, ein vorzeitiges Arbeitsende am Vorabend der Sonn- und Festtage, gegen Vermurungen, nachdem Kortsch einen solchen 1635 gegen künftige Pest (1676 erneuert) feierlich versprochen hatte.[539]

Pfarrgemeinde und dörfliche Identität

Neben der Dorfgemeinde differenzierte sich im Zuge der Konfessionalisierung auch die Pfarrgemeinde.[540] Deren Vertretung erscheint nunmehr nahezu als eine lokale Ständeversammlung. So verhandelten und unterzeichneten die Bestellung des Schlanderser Schullehrers 1773 der Deutsche Orden, der Adel, die Gerichtsherrschaft, der Ausschuß des Dorfes Schlanders und die Vertreter der *aussern Gemainschaften* der Pfarre, von Kortsch, Göflan, Sonnenberg, Allitz und Trög, Nördersberg und Vezzan. Da unter den nichtadeligen Gemeindevertretern nur ein Mitglied ein Siegel besaß, übernahm der Richter zudem eine notarielle Funktion, indem diese den Vertrag vor ihm beschworen.[541]

Die Verwaltung des pfarrlichen Kirchenvermögens stand den erstmals im Jahr 1357[542] erwähnten Kirchpröpsten zu, die als Laien auch Geld verliehen. Nicht nur im 14., sondern auch im 18. Jahrhundert begegnet uns in Schlanders eine selbstbewußte Kirchengemeinde, die ihre Rechte gegen den Komtur und Pfarrer energisch wahrnehmen konnte.[543]

Einen Beitrag für die Identität des Dorfes leistete auch die Pfarrkirche, vor allem der beeindruckend hohe Turm aus der Zeit des Wiederaufbaus nach 1499. Er stellte das Dorf und die Pfarre in einen Mittelpunkt öffentlicher Rede der Tiroler, deren Dörfer und Städte wie andere vormoderne Lokalgesellschaften wesentlich durch Kirchtürme und Glockengeläute identifiziert waren.

So war in Schlanders (und außerhalb) spätestens im 17. Jahrhundert jener einprägsame und selbstbewußte Spruch vom höchsten Turm im ganzen

---

536 Staffler, Hofnamen Schlanders (wie Anm. 20), S. 114.
537 Ebd., S. 119/Nr. 23.
538 Vgl. AB II S. 62.
539 Staffler, Hofnamen Schlanders (wie Anm. 20), S. 150; Gamper, Chronik von Schlanders (wie Anm. 352), S. 51.
540 Vgl. auch Trossbach, Bauern (wie Anm. 395), S. 29–31.
541 1773, Et 157/8, DOZA. Vgl. auch die 1733 bei Gamper, Chronik von Schlanders (wie Anm. 352), S. 108, genannte Zusammensetzung der Vertreter.
542 AB II Nr. 323. »Procuratoren der Leute in der Pfarre Slanders« in geistlicher Angelegenheit sind bereits 1304 genannt; ebd. Nr. 321. Vgl. auch ebd., Nr. 329.
543 Vgl. Gamper, Chronik von Schlanders (wie Anm. 352), S. 108; oben S. 309 f. und 319.

Land verbreitet. Jedenfalls teilten ihn die Schlanderser 1701 auch einem Ordenshistoriker aus Franken während einer Visitation der Kommende mit, Johann Kheull, der ihn notierte: *Der Thurn ist auch Einer Von den schonsten und starksten im Land*. Er sei erbaut *Pur von gueten und großen Stainen*. Und weiter der Ordensarchivar: Wie dann auch *nachricht vorhanden, daß Er von Kayser oder Konig Fridericus 2° solle gebaut sein*.[544] Auch vom Glockengeläut war Kheull beeindruckt – *das geleut alda ist trefflich* –, die große Glocke könne wohl mit einer der größten Glocken in Würzburg verglichen werden.[545]

Justiz, Kreisverfassung und Steuern

Wir erwähnten bereits, daß in Vezzan die Dorfgemeinde die Höhe der jährlichen Einkaufsgelder für Zuwanderer und die Beteiligung an den Gemeindearbeiten festlegte. Mehr noch: sie bestimmte auch allfällige Sanktionen und verfügte insofern über gewisse judizielle Gewalt. Auch dabei können wir wiederum dörfliche oder nachbarschaftliche Selbstorganisation und Nachbarschaftsdenken beobachten.

So sollte, bezüglich der Einkaufsgebühren, der Dorfmair zunächst befugt sein, durch den *hofherrn* des Inwohners die jährliche Steuer einzuheben, ansonsten war eine Strafe von einem Gulden (das Doppelte) zu entrichten. Verweigerte der Inwohner sowohl Steuer als auch Strafgeld und hielt statt dessen nur böse Reden, so solle sich der eine oder andere Nachbar mit dem Dorfmaier und dem Gemeindediener einfinden und ihn gegebenenfalls pfänden oder ihm den Zugang zur Allmende sperren. Wer sich von den Dorfbewohnern aber von den gemeinsamen Arbeiten im Dorf *davon schrauffen* wollte und nicht die volle Zeit mitarbeitete, sollte 30 Kreuzer entrichten.[546] Ähnlichen intrakommunalen Sanktionsmechanismen mit quasirichterlicher Kompetenz begegnen wir auch in der Dorfordnung von Kortsch.[547] Allerdings waren dies (aus der Perspektive des Landesherrn gesehen) nur mehr oder weniger Bagatellfälle, da die Kontrolle über weitere weltliche Justizagenden beim landesherrlichen Gericht verblieb.

Von Sebastian Sennauer und seiner Frau Dorothea kaufte König Maximilian 1496 eine Behausung als künftiges Gerichtshaus. Das Haus mit der Inschrift *Hendl 1620* – gegenüber etablierten sich später die Kapuziner – wurde auch nach dem Brand von 1499 wiederum dort errichtet. Im Jahr 1779 diente es nicht nur als Wohnung für den Gerichtsdiener und als Gefängnis, sondern auch als Archiv, in dem die Akten und Verfachbücher untergebracht waren.[548] Die Bayerische Regierung verlegte den Sitz des Landgerichts 1811 in die Kommende des Deutschen Ordens.[549] Aus dem Jahr 1699 ist uns ein kürzlich ediertes Protokoll einer Gerichtssitzung zu niederen Strafsachen erhalten; sie fand im Privathaus der Gerichtsherren in der Schlandersburg statt.[550]

Durch die langfristige Verpfändung des Gerichts gewann auch in Schlanders lokaler Adel landesfürstliche Souveränität faktisch teils zurück. So unterstand der amtierende Richter (oder besser Unterrichter) jeweils auch den Hendl als Gerichtspfandherren und wurde von ihnen eingesetzt. Die Richter entstammten meist der lokalen Oberschicht und waren häufig mit den örtlichen Notabeln verschwägert.

Wir kennen ansatzweise die beruflichen Funktionen in der Biographie eines Schlanderser Richters im 18. Jahrhundert. So war Johann Anton Steinberger[551] von 1747 bis 1766 Richter in Schlanders und als solcher ratifizierte er 1751 auch die Dorfordnung von Vezzan. Bereits als Richter hatte er 1747 den Sandhof in Schlanders, ein großes teils mit Mauern umgebenes Anwesen im Unterdorf, erworben. Im Ruhestand war er im Gemeindeausschuß von Schlanders tätig, wie 1773, als er den erwähnten Dienstvertrag mit dem Schullehrer mit unterschrieb.

544   1701, Et 155/1, DOZA, fol. 444'. – Die Aussage des hervorragenden Kenners der Ordensgeschichte ist bemerkenswert.
545   Ebd., fol. 444–444'.
546   ZINGERLE/INAMA-STERNEGG, Weisthümer (wie Anm. 345), S. 207 f.
547   Ebd., S. 189.
548   STAFFLER, Hofnamen Schlanders (wie Anm. 20), S. 121/Nr. 32; Georg MUTSCHLECHNER, Der Kaufbrief für das »Alte Gerichtshaus« in Schlanders (1496), in: Der Schlern 51 (1977), S. 447–450.
549   STAFFLER, Hofnamen Schlanders (wie Anm. 20), S. 123/Nr. 37.
550   THEINER, Gerichtsprotokoll (wie Anm. 93), S. 114.
551   STAFFLER, Hofnamen Schlanders (wie Anm. 20), S. 118/Nr. 20; ZINGERLE/INAMA-STERNEGG, Weisthümer (wie Anm. 345), S. 208 f.

Mit der Errichtung der Kreise und Kreisämter durch Maria Theresia 1754 setzte auch für die Bevölkerung von Schlanders eine wichtige administrative Neuerung ein. Der Vinschgau und das Gericht Schlanders wurden damit einer neuen, staatsbeamteten Mittelinstanz, dem Kreis Burggrafenamt und Vinschgau mit Sitz in Meran unterstellt. Unter Joseph II. wurde der Vinschgau geteilt. Die Landgerichte Schlanders und Kastelbell kamen zum Kreisamt Bozen, während man das Gericht Glurns dem Kreisamt Imst unterstellte.[552]

Eine wesentliche Aufgabe der Kreise sollte nicht zuletzt ein verbesserter Schutz der Untertanen gegenüber den Grund- und Gerichtsherren zumal der verpfändeten Gerichte sein. Bereits der Rebell Balthasar Dosser hatte sich um 1560 dafür ausgesprochen, daß Richter und Schreiber nur noch ihren nötigen Unterhalt erhielten[553] – sozusagen verbeamtet und dem Landesherren (wie in den Anfängen) immediat unterstellt würden. Leider fehlen uns nähere Forschungen, inwieweit die Kreisverfassung die Gemeindeautonomie in Schlanders berührte. Letztlich im Interesse der ländlichen Bevölkerung war seither der frühmoderne Staat im Lokalen, nicht zuletzt in der Justiz und Grundherrschaft, stärker präsent.

Mit der Annexion Tirols durch Bayern Ende 1805 veränderte sich auch die Gerichtsverfassung von Schlanders. Das Patrimonialgericht Schlanders der Grafen Trapp kam im folgenden Jahr an das neu gebildete Landgericht Fürstenburg, 1809 zum Landgericht Glurns. 1810 wurde wiederum ein eigenes Landgericht Schlanders gebildet, das die Trapp nach dem Wiener Kongreß 1817 als Patrimonialgericht zurückerhielten. 1825 übergaben sie es dem österreichischen Staat.[554]

Die spezifische Hoheitszugehörigkeit der Vinschgauer Gotteshausleute war durch den Vertrag von 1657/1665 geklärt. Mit der staatsrechtlichen Integration der Gotteshausleute war der frühmoderne Staat in Tirol weiter nivelliert. Dies äußerte sich vor allem im Steuerbereich, wo ein genauerer Überblick der Vermögensverteilung (vor allem des Bodens) als wesentlich erschien. Nach dem ersten großen Versuch von 1626, einen landesweiten Kataster zu erstellen, wurde seit 1675 mit einer erneuten Katastrierung begonnen. Die öffentlichen Kataster sollten nach erfolgter Selbsteinschätzung angelegt werden. Vom Gericht Schlanders haben wir in dem Zusammenhang Steuerbereitungen aus den 1690er Jahren erhalten.[555]

Nachhaltige Boden- und Steuerreformen erfolgten erst unter Maria Theresia und Joseph II. Die Steuerprivilegien von Adel und Kirche wurden aufgehoben. Aufbauend auf älteren Steuerbereitungen wurde in detaillierten Katastern das Immobiliarvermögen nach Lage, Erträgen, Servituten und damit Kaufwert durch Selbsteinschätzung und Kommissionen erfaßt. Die seit 1771 wieder aufgenommene Veranlagung war 1784 abgeschlossen.[556] Für Schlanders ist vor allem der sogenannte Theresianische Kataster von 1779 relevant.[557] Gerade für Katastererhebungen wurde die Kompetenz der Dorf- oder Steuergemeinden, nicht zuletzt ihrer Ausschüsse, wiederum herangezogen.

Unabhängig vom Obereigentum der Grundherren über die von Schlandersern bewirtschafteten Güter besaß die Gemeinde auch selbst weiterhin umfangreiches Allmendegut an Wald, Weiden, Almen, Wasserrechten, aber auch an Immobilien und sonstigen Sachgütern. Daß in der dörflichen Allmende – anders als etwa in Ostmitteleuropa – ein grundherrliches Obereigentum nicht hatte vordringen können, spricht wiederum für das relativ günstige Besitzrecht ebenso in der Schlanderser Agrarverfassung.

Die Berggemeinden

In der Mitte des 17. Jahrhunderts stellen wir eine stärkere Emanzipation einzelner Gemeinden, also Auflösungserscheinungen der früheren Großgemeinde, fest.[558] Gemeinsame Interessen bei der

---

552 Georg MÜHLBERGER, Absolutismus und Freiheitskämpfe (1665–1814), in: Rudolf Palme/Georg Mühlberger/Josef Fontana, Geschichte des Landes Tirol, Bd. 2, Bozen–Innsbruck–Wien 1986, S. 376–379.
553 GRITSCH, Sozialrevolutionäre Unruhen (wie Anm. 327), S. 183.
554 STAFFLER, Tirol und Vorarlberg (wie Anm. 136), Teil 2, S. 561 f.; STOLZ, Landesbeschreibung (wie Anm. 68), S. 101 f.
555 Im TLA und Stadtarchiv Meran (vgl. auch STAFFLER, Hofnamen Schlanders, wie Anm. 20, S. VI); KÖFLER, Land (wie Anm. 265), S. 223.
556 KÖFLER, Land (wie Anm. 265), S. 240–242; MÜHLBERGER, Absolutismus (wie Anm. 552), S. 329 f.
557 Im STLA.
558 Vgl. STAFFLER, Hofnamen Schlanders (wie Anm. 20), S. 96.

Nutzung von Wald, Waldweide, Almen und Bewässerung ließen auch die Weiler und Einzelhöfe am Berg zusammenrücken – und sich damit abgrenzen. So entwickelten sich nicht nur wie vormals in den größeren und reicheren Gemeinden im Tal, sondern auch in den Bergsiedlungen kommunale Ordnungen. Hier bestanden inzwischen auch am Schlanderser Sonnen- und am Nörderberg selbst- und rechtsbewußte Kommunitäten mit alternierenden Gemeindevorstehern, Steuertreibern und *gemeinen ömbtern*.[559]

Bereits aus dem Jahr 1446 haben wir eine *paurschaft*, wie *von alter* her gehalten, also eine Gemeindeversammlung der Sonnenberger, überliefert; in einem Rechtsstreit mit dem Schupferhof hatten sie damals bis an den Innsbrucker Hof appelliert.[560] Im Jahr 1606 ließen sie sich in einem anderen Rechtsstreit durch einen Schlanderser Goldschmied vertreten, der wenige Jahre später zum Gerichtsadvokaten von Schlanders avancierte.[561]

Im 19. Jahrhundert prallten dann staatliche Perspektiven und indigene Praxis aufeinander: So schuf angeblich ein Richter die alternierende, *road*-mäßige Besetzung des Vorsteheramtes auf dem Nörderberg mit dem Argument oder besser der Metapher ab, daß es nicht zulässig sei, daß das Amt in der Gemeinde wie der Gemeindestier herumgehe.[562]

Jedenfalls fanden Archivare und Historiker um 1900 auch in den beiden Berggemeinden eine ziemlich reichhaltige archivalische Überlieferung an Urkunden, Ordnungen, Kundschaften, Rechnungen und Steuerbüchern aus der Vormoderne vor. Sie widerlegt besagte Geringschätzung und bezeugt eine ausgeprägte, lokale politische Kultur.[563]

Funktionsverlust des Spitals?

Die Sorge für Alte, Kranke und Arme oblag weiterhin dem Spital. Im gesamten hatte das Spital für die Schlanderser Einwohner gerade im bevölkerungsstarken 18. Jahrhundert jedoch nur mehr eine symbolische Bedeutung und spiegelte insofern das Dilemma sozialer Absicherung gerade in der beginnenden Industrialisierungsphase wider. Die Bevölkerungsstatistik von 1774 nennt für das Gericht Schlanders zwei männliche und drei weibliche Spitalsinsassen.[564]

Allerdings führte die Gemeinde das Spital anscheinend in guter Verwaltung und mit eigenem Kaplan fort, der von der Gemeinde gewählt wurde; die Rechnungen des Spitals sind uns bis 1796 erhalten. Das Spitalmeisteramt war nunmehr ein Dorfamt und jedenfalls 1699 mit dem Besitz des Eyrserturmes, 1729 mit dem Wirtshaus an der Gloggen verbunden.[565] 1683 bestimmten der Schlanderser Handelsmann Hans Lannser und seine Frau Maria Rauter, daß nicht nur für jeden Ehepartner eine Jahrmesse gelesen, sondern auch den armen Leuten zwanzig Star Roggen zu Almosen verbacken und verteilt werden solle.[566]

Demokratisierung von Religion. Laieninitiativen

Vor allem in der überwiegend agrarischen Welt der Vormoderne kam der Religion gegen die Kontingenzen der Natur eine wichtige Rolle zu. Zudem war seit der (vor allem täuferischen) Reformation die katholische Konfessionalisierung, die von Landesherr und Kirche gemeinsam durchgeführt wurde, auch in Tirol erfolgreich gewesen.

Nach der Kirchenkritik und Distanzierung zur Alten Kirche im 16. setzten im 17. Jahrhundert – wenn auch unter ganz anderen Voraussetzungen als um 1500 – wiederum vermehrt religiöse Initiativen von Laien und der Gemeinde ein. Wie in Bozen, Obermais, Meran, Latsch oder Mals ließen auch in Schlanders um 1700 mehrere Bürger ihre Häuser mit Marienreliefs des Latscher Künstlers Gregor Schwenzengast schmücken.[567]

Wir konnten Laieninitiativen schon in den 1630er Jahren beobachten, als die Gemeinde sich

---

559 Ebd., S. 79 f., 94 f.
560 1446 Jänner 12, Urkunde Nr. 5; GAS, STLA; AB II Nr. 346.
561 STAFFLER, Hofnamen Schlanders (wie Anm. 20), S. 138/ Nr. 78.
562 Ebd., S. 94; GAMPER, Chronik von Schlanders (wie Anm. 352), S. 34.
563 AB II S. 58 f., 68; STAFFLER, Hofnamen Schlanders (wie Anm. 20), S. 79, 94–96.

564 Vgl. die Tabelle bei KÖFLER, Land (wie Anm. 265), S. 634 f.
565 STAFFLER, Hofnamen Schlanders (wie Anm. 20), S. 138/ Nr. 79 und 84.
566 Urkunde Nr. 65, Spitalsarchiv Schlanders (Regest Theiner).
567 WEINGARTNER, Kunstdenkmäler (wie Anm. 304), Bd. 2, S. 80, 274, 279, 391, 425; GURSCHLER, Streifzüge (wie Anm. 482), S. 141 (Abb.).

für die Niederlassung der Kapuziner einsetzte, nachdem der Churer Bischof bereits den Franziskanern eine entsprechende Erlaubnis erteilt hatte.[568] Zumal für die Mittel- und Unterschicht war das Kloster, das durch die Kinderlehre zudem auch Bildung vermittelte und Almosen spendete, als religiöses Zentrum eine echte Alternative zum Deutschen Ritterorden und dem (regelgemäß) relativ weltentrückten und zudem entfernten Marienberg. So lebten im Kapuzinerkonvent im 18. Jahrhundert durchschnittlich 15–20 Ordenspersonen.[569]

Allerdings engagierte sich in der zweiten Hälfte des 17. Jahrhunderts und im früheren 18. Jahrhundert in Schlanders auch der Deutsche Orden als Patronatsherr mehr für die Pfarrgemeinde.[570] Hier waren besonders die Pfarrer Nikolaus Schliernzaun, seit 1703 der Ordenspriester Dr. Johann Jakob Glier und nicht zuletzt Landkomtur Johann Jakob von Thun, der häufiger in Schlanders residierte, maßgeblich.[571] Thun, ein besonderer Förderer des hl. Antonius von Padua, galt als ein frommer Mann, dessen Kommende nach seinem Tod 1701 voll von religiösen Motiven war.[572]

Ungeachtet der guten Phase unter Thun war jedoch das Strukturproblem des Ordens ebenso im 18. Jahrhundert nicht gelöst, der als Versorgungsinstitut des Adels den größeren Teil der Kommende- (und Pfarr-)Erträge zugunsten der Ritter abschöpfte. Seit der Pfarrer wie teils im Spätmittelalter nicht mehr selbst Komtur war, verfügte er anders als etwa sein Kollege in Laas über *keinen zehend und besitzet auch keine gutter,*[573] sondern wurde wie beispielsweise in Sterzing vom Komtur, der dem Ordenshaus vorstand, besoldet. So betrug der von der Kommende entgoltene Jahreslohn des Pfarrers und seines Kooperators im späteren 18. Jahrhundert zusammen bei gut 400 Gulden, während der Komtur bereits um 1700 über ein Nettoeinkommen von 1100 Gulden verfügte.[574] Dabei bestimmte der Komtur nicht nur die Höhe des Lohns, sondern auch die Anzahl und Auswahl der Kleriker.

Als einziges selbständiges Teileinkommen verblieben dem (finanziell vom Orden oft knapp gehaltenen) Pfarrer und seinen »Gesellen« die Gebühren für geistliche Verrichtungen – weswegen es dann mit der Gemeinde häufiger Konflikte gab. Den um ihr Seelenheil besorgten Zeitgenossen war klar, daß durch die Finanzierungsstruktur und damit verbundene Mittelverteilung die Dienstleistung der großen Pfarre (etwa durch eine erhöhte Anzahl von geistlichem Personal) beträchtlich beschnitten war.

Die latente Spannung wurde mittelfristig auch nicht durch die Tatsache gelöst, daß die Kommende und ihre Eigenwirtschaft (bis 1610)[575] einen gewissen Beschäftigungsfaktor für Dienstboten, Tagelöhner und Handwerker bildeten beziehungsweise die Einnahmen teils wiederum durch Einrichtung und Bautätigkeit, wie 1710–1714, vor allem in die lokale Wirtschaft reinvestiert wurden.

Sicher stellte die Kommende einen kulturellen und repräsentativen Wert dar, der auch von den Zeitgenossen anerkannt war. Die Prospekte von 1740 zeigen uns von Süden und Norden eine ansehnliche Kleinresidenz, die die Identität des Ortes (zumindest in der Außenperspektive für den Reisenden) prägte, ja in der agrarischen Baulandschaft geradezu dominierte.

Inwieweit die genannten Bereiche, Beschäftigung, Wirtschaftsaufträge und Kultur gegenüber dem Faktum der Abgaben an einen großen geistlich-adeligen Grundherrn und seiner Getreidemarktpolitik, gegenüber der Versorgung eines Adelsinstituts statt Hospitalität und der (jedenfalls finanziellen) Vernachlässigung der Pfarre bei der Mehrheit der Bevölkerung letztlich doch Akzeptanz fanden oder nicht – die Bilanz der dörflichen Beziehungen zur Kommende somit positiv war, wäre einer näheren Untersuchung, auch im Sinne eines besseren Verständnisses frühneuzeitlicher Feudalgesellschaften, wert.

Jedenfalls 1525 und allgemein im 16. Jahrhundert war dies nicht der Fall gewesen, und es schien

---

568 GURSCHLER, Streifzüge (wie Anm. 482), S. 133.
569 1701, Et 155/1, DOZA, fol. 444; RIEDMANN, Schlanders (wie Anm. 49), S. 433. Die Bevölkerungsstatistik von 1774 nennt 18 Personen; vgl. die Tabelle bei KÖFLER, Land (wie Anm. 265), S. 634.
570 GASSER, Geschichte (wie Anm. 310), S. 240.
571 Zu Thun und der Pfarre Schlanders: GASSER, Geschichte (wie Anm. 310), S. 145–177, 236–242; zu Glier: KUSTATSCHER, 18. Jahrhundert (wie Anm. 374), S. 225 f. und passim im selben Band.
572 Inventar von 1702 Jänner 7, Et 155/1, DOZA; NÖSSING, Kommende Schlanders (wie Anm. 47), S. 408.
573 Et 37/1, DOZA (nicht foliiert).
574 Et 33/3, DOZA, fol. 362'–363.
575 GASSER, Geschichte (wie Anm. 310), S. 226, 233.

dies wiederum seit den 1730er Jahren nicht der Fall zu sein. Gerade im katholischen Tiroler 18. Jahrhundert begegnen wir in Schlanders häufiger Konflikten der Pfarrgemeinde mit dem Orden wegen der geistlichen Gebühren (Stol) und allgemein der finanziellen Lastenverteilung, nicht zuletzt beim Kirchenbau.[576] Bezeichnenderweise ließ Martin Teimer, Sohn eines Häuslers in Schlanders, bereits beim ersten Auszug der Schützen im April 1809 die Getreidevorräte der Kommende in Beschlag nehmen und das vorhandene Bargeld (wenn auch vom bayerischen Administrator) gegen die bissigen Bemerkungen des Verwalters abfordern, den er gefangensetzte.[577]

Die Konflikte mit dem örtlichen Kirchenherrn dürfen uns allerdings nicht über die Religionsnähe der Bevölkerung hinwegtäuschen. Sie begegnete uns nicht nur im großartigen Schnitzaltar von Jörg Lederer, der noch 1702 (wie in Lana) die Kunsteingriffe des Tridentinums überdauert hatte[578] oder in der mündlichen Überlieferung zur Marienstatue Unsere Liebe Frau am Rain – den Namen kannte bereits Kageneck um 1713 –,[579] sondern gerade auch im Erweiterungsbau der Pfarrkirche seit 1758 – einem großen Gemeinschaftswerk seit den Tagen des Wiederaufbaus nach 1499.

Dabei sahen die Auftraggeber über die Landesgrenzen hinaus. Mit dem kaiserlich-königlichen Hofkammermaler Joseph Adam Mölk wurde ein Mitglied der vom Trentiner Peter Strudel gegründeten Akademie der Bildenden Künste in Wien beauftragt. Mit Mölk waren die Schlanderser kein zu großes Risiko eingegangen, der inzwischen durch zahlreiche Fresken und Kirchenumbauten im Unterinn- und Wipptal, im Bozner Unterland und Pustertal, zuletzt in Martell (1757) landauf landab bekannt war.[580]

Hier würde in der Tat die Rolle der Ortsbevölkerung, zumindest der Pfarrvertretung interessieren. Gab es bei der Planung des Freskenprogramms eine gewisse örtliche Diskussion oder ließ man dem Künstler wie Paul Troger im Brixner Dom (völlig) freie Hand? Experten beobachten in den Fresken nicht nur die Aura der Akademie, sondern vor allem die Inspiration des absolutistischen Fürstenhofes, die in den Tiroler Bergen die *Monarchia Austriaca*, Maria Theresia und die österreichisch-preußische Tagespolitik 1759 auf die Decke projizierte.[581] Erschien das Kunstwerk den dörflichen Zeitgenossen insofern als eine fremde und befremdliche (unverstandene?) Insel inmitten des agrarisch-handwerklichen Getriebes des Ortes oder mehr als eine bessere, schöne Gegenwelt, ein Ort utopischer Vision? Jedenfalls im Deckengemälde Mölks der Spitalkirche erscheinen die Sorgen und Erwartungen des Dorfes durch den hl. Nepomuk und das Wohlstand bringende Füllhorn unmittelbar mit einbezogen.

Zumindest dokumentierte die Dorf- und Kirchengemeinde durch das Freskenprogramm der Pfarrkirche erneut ihren Platz als zentraler Ort, daß sie sozusagen nicht nur über Verkehr und Handel, sondern auch über Kultur und Kunst am Puls der Zeit und auch der intellektuellen Welt lebte, mit der sie gerade durch einen Teil ihrer Jugend verbunden war.

Lokales Gedächtnis

Seit der Gründung der Universität Innsbruck 1669 stieg die Frequenz der Universitätsbesucher aus Schlanders stark an.[582] Dabei wurde das Studium zunächst sicher durch örtliche Lehrer, den Klerus oder die intellektuellen Eliten des Dorfes gefördert, aber die beträchtliche Anzahl konnte nur auf einem breiteren Konsens in der Bevölkerung grün-

---

576 GAMPER, Chronik von Schlanders (wie Anm. 352), S. 108.
577 STAFFLER, Tirol und Vorarlberg (wie Anm. 136), Teil 2, S. 574; Josef HIRN, Tirols Erhebung im Jahre 1809, Innsbruck ²1909 (ND Innsbruck 1983), S. 296 f.; Peter GAMPER, Rochus Martin Teimer, Freiherr von Wiltau. Ein Lebensbild aus Tirols Heldenzeit, Innsbruck 1909, S. 38; ders., Chronik von Schlanders (wie Anm. 352), S. 128 f.
578 Kheull (s. oben S. 358) erwähnt im Visitationsbericht *einen von alter arbeit zimlich kunstlich und saubern altar;* 1701, DOZA, Et 155/1, fol. 444. – Zur parallelen Problematik in der Diözese Brixen: NOFLATSCHER, Gehorsame Untertanen? Politik und Religion im Hochstift Brixen im 17. Jahrhundert, demnächst in einem von Helmut Flachenecker und Hans Heiss hg. Sammelband.
579 1713, Et 157/7, DOZA, S. 1.
580 Vgl. WEINGARTNER, Kunstdenkmäler (wie Anm. 304), Bd. 1–2, und Reclams Kunstführer Österreich, hg. von Karl Oettinger, Bd. 2, Stuttgart hier ⁴1974 (jeweils ad indicem).
581 WIELANDER, Pfarrkirche (wie Anm. 171), S. [10–12].
582 Vgl. die Editionen zur älteren Innsbrucker Universitätsmatrikel (1671–1810): Die Matrikel der Universität Innsbruck, hg. von Franz HUTER/Gerhard OBERKOFLER, Abt. 1–3, Innsbruck 1952–1992 (Register).

den. Nunmehr ging in Schlanders der soziale Einzugsbereich der Studenten weit über den niederen Adel hinaus.

Hatten sich daher neben dem allgemeinen Anstieg der Verschriftung auch die Buch- und Lesekultur des Ortes nachhaltig gewandelt? Bedauerlicherweise wissen wir auf Grund fehlender Forschungen beinahe nichts über zeitgenössische regionale Lesegewohnheiten und -stoffe, wie überhaupt über ländliche Einstellungen zu Schule und Bildung im engeren Sinn. Wir können allerdings vermuten, daß auch das private schriftliche Gedächtnis des Ortes relativ entwickelt, also die Gesamtheit schriftlicher – gedruckter oder handschriftlicher – Texte, im zeitgenössischen Schlanders ziemlich umfangreich war.

Sicher lebten die orale Erinnerung – und damit verbunden auch die Identifikationen mit dem Ort – vorerst traditionell ohnehin weiter. Dies bezeugt uns auch die eigenhändig verfaßte *Beschreybung* der Kommende durch einen Landkomtur, der in Schlanders zeitweise gelebt hatte, Johann Heinrich von Kageneck: Als er die ihn interessierenden Baulichkeiten historisch verortete, bediente er sich auch der öffentlichen Meinung im Dorf. Gemäß der *vox populi* sei zuvor die jetzige Kommende (oder an deren Stelle) das *ambthauß* des Landesfürsten, der Widum aber die Kommende und das Schulhaus der Widum gewesen – *so entlich wohl sein Kann –*, wenn er auch dazu kein *fundament*, also keine Urkunde, habe vorfinden können.[583] Tatsächlich hatte das mündliche Gedächtnis des Dorfes jedenfalls teilweise recht und sich seit mindestens 320 Jahren einen historischen Sachverhalt eingeprägt. Bereits 1389 ist ein *alter widem* erwähnt.[584]

So wußte man »der Sage nach« im Dorf ebenso über den Verlauf der alten Landstraße »in uralter Zeit« weiterhin gut Bescheid[585] (die *allte landstras*, als solche bereits 1473 genannt,[586] war vermutlich die Römerstraße gewesen und wurde 1596 unter die Anrainer aufgeteilt, nachdem sie viele Jahre her *der Gemein Ed gewest*)[587]. Auch die mündliche Überlieferung zu Unserer Lieben Frau am Rain in der Pfarrkirche spielt hier herein. Das gemeinsame historische Wissen verweist uns einerseits wiederum auf das Interesse der Bevölkerung an den Geschicken und der Geschichte des Ortes – die Benennung seines Trägers mit *vox populi* durch den Komtur andererseits auf traditionell alteuropäische soziale Distanzen zwischen Adel und ländlicher Gesellschaft.

Wir würden heute den agrarischen Zeitgenossen großes Unrecht antun, ihnen künstlerische und überhaupt kulturelle Sensibilität (soweit allerdings im Getriebe des mühsamen Alltags möglich) abzusprechen. In der Spitalkirche ließen, wie erwähnt, die Spitalsobrigkeit oder ein Stifter vermutlich von Joseph Adam Mölk eine Ansicht des Dorfes verewigen. Empfindsamkeit für nicht unmittelbar Zweckhaftes äußerte sich ebenso in der Gestaltung einzelner Häuser durch den Künstler Schwenzengast. Gegen obrigkeitliche Maßnahmen des Konfessionellen Zeitalters und über die Aufklärung hinweg vermochte sich das Scheibenschlagen am Kässonntag als kulturelles Ritual zu erhalten. Noch Ende des 16. Jahrhunderts bestand in Schlanders eine Tanzgasse.[588] Für Unterhaltung sorgte das *offene Scholderhaus*, in dem laut Zunftordnung von 1704 allerdings ehrbare Schneidermeister nicht spielen durften.[589]

Schulische Grundbildung

Sicher wurden Disponibilität für Kultur im engeren Sinn oder jedenfalls bestimmte Sektoren davon ebenso durch die traditionelle Pfarrschule gefördert. Wenn auch in der Pfarre Schlanders einerseits die Schulbesuchsfrequenz bis in die 1780er Jahre auf Grund mangelnder Abkömmlichkeit, also der ausgeprägten Kinderarbeit und der Entfernungen, stark reduziert gewesen sein dürfte,

---

583 1713, Et 157/7, DOZA, S. 2.
584 STAFFLER, Hofnamen Schlanders (wie Anm. 20), S. 135/Nr. 66; Urkunde Nr. 1, Spitalsarchiv Schlanders (Regest Theiner).
585 STAFFLER, Hofnamen Schlanders (wie Anm. 20), S. 123 f./Nr. 39.
586 1473 Mai 17, Urkunde Nr. 7, GAS, STLA; STAFFLER, Hofnamen Schlanders (wie Anm. 20), S. 119/Nr. 20. – Vgl. auch Urkunde Nr. 41, Spitalsarchiv Schlanders (Regest Theiner).

587 Sie war noch 1731 nicht – wenigstens nicht zur Gänze – aufgelassen; STAFFLER, Hofnamen Schlanders (wie Anm. 20), S. 146. Zum römischen Straßenfund 1975 vgl. LUNZ, Schlanders (wie 2), S. 408.
588 STAFFLER, Hofnamen Schlanders (wie Anm. 20), S. 117/Nr. 9.
589 GAMPER, Schlanderser Schneiderzunft (wie Anm. 524), S. 44.

Schuell Geld.

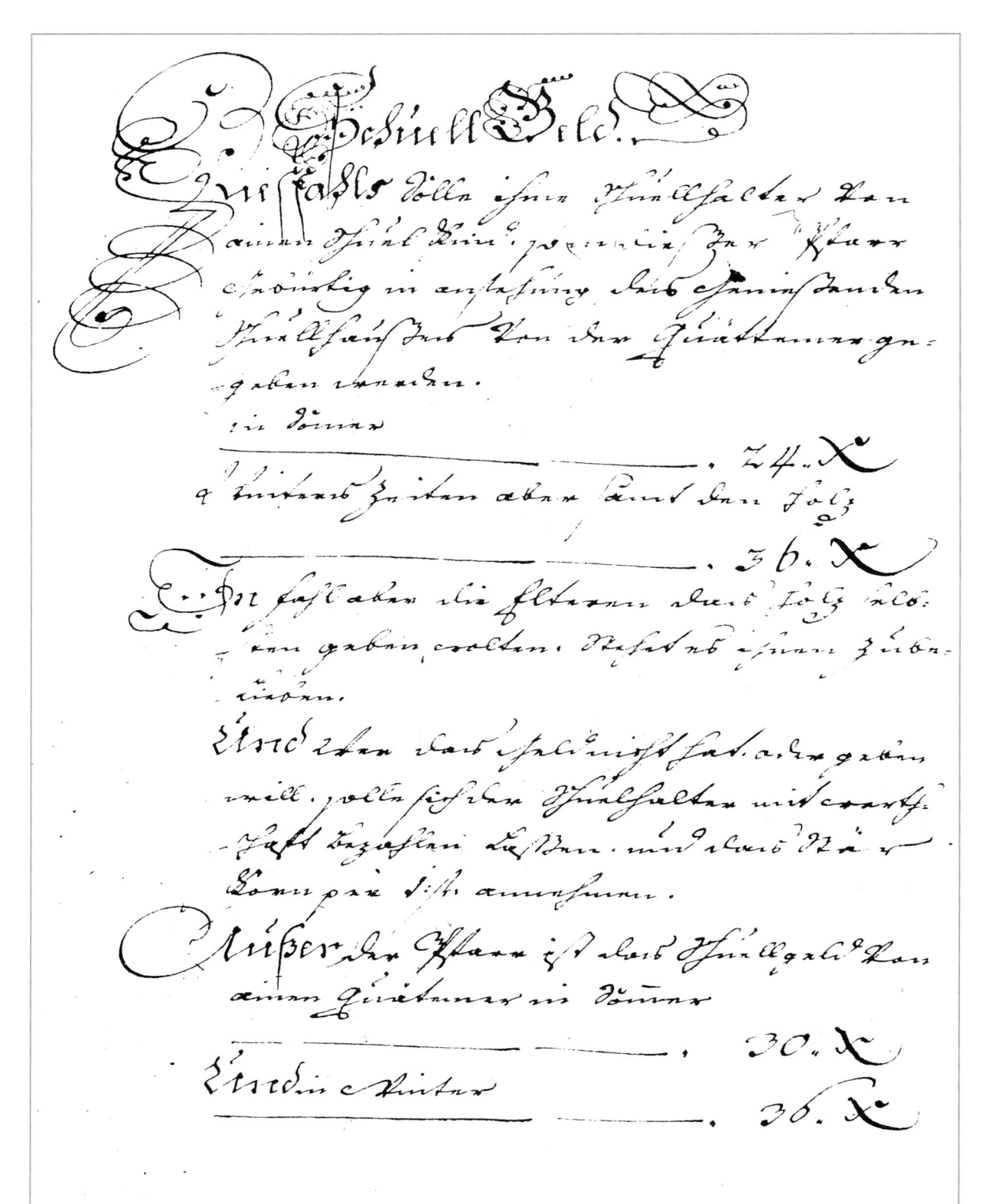

Erstlich zahlt jedes ihren Schulhalter von
seinem Schuel kind, so weit es zur Pfarr
gehörig, in ansehung des gemeinden
Schuelhaus, das von der Güettennern gegeben werden.

im Sommer
_____ . 24. x

9 Winterd Zeiten aber sambt den Holz
_____ . 36. x

Jn fahl aber die eltern das Holz nicht
selben geben wollen. Behalt es ihnen zu-
 thun.

Und Wan das schl nicht hat oder geben
will, solle sich der Schulhalter mit erlaub-
nuß begehren, die Pam und das Hin-
Kompir sich annehmen.

Außer der Pfarr ist das Schuelgeld von
einem Guettner im Sommer
_____ . 30. x

Winters Zeiten
_____ . 36. x

Silber Von einer Hozedienung und Holz hermachen nichts brauchen im Sommer
— " 30 X

Anderer Winter samt den Holz
— " 48 X

Allesohnd Kind aber Lateinisch oder Deutsch Lehrnt in der Pfarr
— " 48 X

Gegen den Unterricht bezeigen oder Kost heforen der Schulmann nit bey den alten Verbleiben

Billen annemung der mittel Loch der kinderzeit Füllgr.s zubezahlen haben, Von Hieshalten von den gemein Pfarr und Zuweinmt Von der Gemeind 2 oßfl auch Zweig. Von denen übrigen gemeinden aber auch ihr anmb.

Kann aber über diese noch mehrere Plaz haben einnemen, auch gelehrt nach obiger proportion in sonsten den Zulehrer obliegend.

so zeigt uns andererseits eine Vereinbarung mit dem Schullehrer von 1773 (ein Jahr vor der Maria-Theresianischen-Schulordnung) die prinzipielle Offenheit der Gemeinde für elementare Bildung.

Der aus Schlanders gebürtige Joseph Stainer übernahm 1773 die Grundschule, die nach dem Tod seiner Eltern Peter Stainer und Maria Reiner vakant geworden sei[590] – damit erkannte die Gemeinde offensichtlich auch die vormalige Rolle seiner Mutter im Schuldienst an. Stainer hatte üblicherweise zwei Aufgabenbereiche sowohl in der Schule als Lehrer als auch im Religiösen als Organist, Kirchensänger und teils als Vorbeter des Rosenkranzes zu erfüllen.[591] Dazu erhielt er eine detaillierte Beschreibung seiner Dienstpflichten, aber auch des ihm zustehenden Entgelts. Ebenso detailliert waren die Bestimmungen zur Elementarschule.[592] Seine Unterkunft bezog er in dem 1615 von der Gemeinde erbauten Schulhaus nahe der Kommende, das ein *gärtl* und ein Holzbezugsrecht aus der Allmende besaß.[593] Die Neubestellung des jungen Lehrers und das Engagement der Gemeinde kamen offensichtlich zur rechten Zeit. Der vom Gubernium zwei Jahre später entsandte Schulinspektor lobte nachhaltig den Eifer für die Schule, den er in Schlanders vorgefunden habe.[594]

Da den Vertrag der Pfarrgemeinde auch Vertreter von Kortsch, Göflan, Sonnenberg, Allitz, Nörderberg und Vezzan unterfertigten und mitfinanzierten, besaßen diese Gemeinden damals offenkundig noch keine eigene Elementarschule – deren Schüler und Schülerinnen hatten (falls überhaupt) insofern einen besonders langen Schulweg zurückzulegen. Eine wesentliche Verdichtung der Schulstandorte trat auch in Tirol erst im späten 18. Jahrhundert ein. 1803 bestand ebenso in Göflan eine Schule, wobei uns die Biographie Matthias Sagmeisters die noch geringe materielle Absicherung des Lehrers andeutet, der zusätzlich auf ein Mischeinkommen und Saisonarbeit angewiesen war: Außer der Schulzeit war Sagmeister im Sommer als Hirte und sechzehn Wochen im Jahr als Schneider tätig.[595]

Aufklärung und Gleichheitsprinzip

Nicht zuletzt im zeitgenössischen Schulwesen und Erziehungsideal erleben wir die Erregtheit der Aufklärung und allgemeinen Veränderungen der Zeit. Hier vertraten die Philanthropen eine Richtung, die weniger Wert auf mechanistisches Memorieren als mehr auf gesprächsweisen Unterricht legte. In Tirol war Philipp Tangl früh als fortschrittlicher Schultheoretiker und -praktiker tätig gewesen.

Nun können wir die ideellen und praktischen Veränderungen der Zeit in Schlanders nicht näher analysieren. Die Aufführung etwa von »Sedecias«[596], dem von Nebukadnezar geblendeten König von Juda, im Jahr 1768 wie von »Hirlanda« im benachbarten Laas[597] verweisen uns noch auf eine traditionelle und besonders sinnenfreudige katholische Barockkultur. Von den Dechristianisierungstendenzen in Europa bemerken wir im zeitgenössischen Schlanders nichts; gegenüber den üblichen Schauspielen zu Heiligenviten galten »Hirlanda« oder »Sedecias« freilich als willkommene Neuheit.[598]

In Schlanders vermengten sich offensichtlich in einem anderen Bereich Ideen der Aufklärung, von Gleichheit und Freiheit, der Französischen Revolution mit überlieferter Kultur: im traditionellen Widerstand vor allem der Jugend gegen längerfristige militärische Zwangsrekrutierung durch eine entfernte Obrigkeit.

Nun hatte die Schützenkompanie von Schlanders, die 1796 – natürlich auch zur Verteidigung des Dorfes und Gerichtes – zur Grenzsicherung in das Schlinigtal und 1799 in das Müstairtal ausrückte,[599] anscheinend keine Schwierigkeiten ge-

---

590 1773 August 20 (Transsumpt vom selben Tag), Et 157/8, DOZA. – AB II S. 59 erwähnt zudem eine Schulmeister- und Organistenbestellung von 1733.
591 Vgl. auch Urkunde Nr. 66, Spitalsarchiv Schlanders (1692, Regest Theiner).
592 Siehe oben, S. 535 f.
593 STAFFLER, Hofnamen Schlanders (wie Anm. 20), S. 126/Nr. 48. Vgl. dazu 1779: *Schuellergassl*; ebd., 129/Nr. 53.
594 GAMPER, Chronik von Schlanders (wie Anm. 352), S. 109 f.
595 GAMPER, Schlanderer Schneiderzunft (wie Anm. 524), S. 44.
596 Adalbert SIKORA, Geschichte der Volksschauspiele in Tirol, in: ZdF III/50 (1906), S. 371.
597 Anton BERNHART (Hg.), Hirlanda. Durch falschheit zu feir verdamt unschuld. Edition eines Legendenspiels nach der Laaser Handschrift von 1791, niedergeschrieben von Uldalricus von Federspill, Wien–Bozen 1999.
598 SIKORA, Geschichte (wie Anm. 596), S. 343 f.
599 Zuletzt RIEDMANN, Schlanders (wie Anm. 49), S. 433.

habt, sich zu rekrutieren, zumal es im grenznahen Schlanders ein gut ausgebildetes Schützenwesen gab, was sich uns auch an der Beliebtheit des Scheibenschießens zeigt. Erst 1788 hatte man die *Schießhittn* bei der Urtlmühle aufgelassen und am sogenannten Pulverturm einen neuen Schießstand errichtet.[600]

Als dagegen nach dem Friedensschluß von Lunéville sich die Tiroler Landesdefension in den Jahren 1802–1805 in der Landmiliz reorganisierte, stieß die Konskription der wehrfähigen Mannschaft auch in Schlanders auf erheblichen Widerstand. Der Gerichtsausschuß erklärte, daß eine solche auch unter Beiziehung der Obrigkeit kaum möglich sein werde. Zwangsmittel könnten die Gemeindevorsteher nicht anwenden, ohne erfahrungsgemäß beschimpft zu werden. In der Tat notierte später der damalige Oberbefehlshaber in Tirol, Erzherzog Johann, die Landmiliz sei wegen ihres militärischen Zwanges und der langen Gewehre geradezu verhaßt gewesen.[601]

Die Argumente gegen die neue Landmiliz bezogen sich in der vorwiegend agrarischen Bevölkerung vor allem auf die Dienstzeit von acht Jahren, die jährlichen 30 Exerzierübungen an Sonn- und Feiertagen, zumal nach harter Feldarbeit, die Unterstellung nicht unter Schützen-, sondern unter fremde Offiziere, auch darauf, daß im Kriegsfall die Dienstpflicht im Feld von bisher einem Monat auf drei Monate verlängert wurde.[602]

Insbesondere wurde in Schlanders gegen die Privilegierung des Adels protestiert. Dieser sollte zu gleicher Dienstpflicht wie der Bürger- und Bauernstand herangezogen werden. Die stellungspflichtige Mannschaft war nicht eher bereit, Dienste zu leisten, bevor nicht der grundbesitzende Adel seine konstitutionsmäßige Schuldigkeit – im Sinne der Gleichheit der Wehrpflicht »für alle, die im Lande Tirol sich aufhalten und seinen Schutz genießen«[603] – bei der Stellung der Mannschaft erfüllt habe.

Auszug einer Vinschgauer (Schlanderser?) Schützenkompanie, 1809.

---

600 STAFFLER, Hofnamen Schlanders (wie Anm. 20), S. 115/ Nr. 2; GAMPER, Chronik von Schlanders (wie Anm. 352), S. 22.
601 STOLZ/HUTER, Wehrverfassung (wie Anm. 453), S. 128.
602 Ebd., S. 125.
603 Miliz- und Landsturmpatent von 1802; zitiert bei STOLZ/ HUTER, Wehrverfassung (wie Anm. 453), S. 126. Dort wird die Gleichheitsfrage allerdings nur in Bezug auf Hausgesessene und Dienstboten beziehungsweise Inwohner, nicht mit Bezug auf Adel/Nichtadel erörtert.

Die Aufstellung einer Milizkompanie gelang erst im Sommer 1805, unter der ausdrücklichen Bedingung, gemäß alter Landesverfassung zu dienen, unter dem Kommando der Schützenoffiziere zu verbleiben und vor allem nicht zum Dienst außerhalb der Landesgrenzen verpflichtet zu sein.[604] Damit war auch der öffentlichen Dorfmeinung das traditionelle Argument der Beschränkung auf die Landesgrenzen geläufig. Bereits in den Bündnerkriegen der 1620er Jahre hatten nicht zuletzt die Vinschgauer gegen die Feldzüge in Bünden protestiert.

In der Tat bestand um 1800 in der Landesdefension Ungleichheit auf zwei Ebenen. Erstens in ständischer Hinsicht durch die Befreiung des Adels im Milizdienst, was vor allem die stellungspflichtige Mannschaft von Schlanders monierte. Zweitens aber auch in ökonomischer Hinsicht, wobei bereits die Zuzugsordnung von 1499 die Möglichkeit vorgesehen hatte, einen guten tapferen Gesellen mit guter Wehr für sich zu stellen oder das entsprechende Geld zu geben.[605]

Die Wehrverfassung von 1815 führte »die allgemeine Bürgerpflicht der Militärdienstleistung«[606] ein. Allerdings brachte auch sie nur teilweise, im ersten Fall, eine Rechtsgleichheit, indem in Tirol der Adel keine Befreiung genoß.[607] Dagegen sollte die kaufweise Stellung eines Ersatzmannes weiterhin denen erlaubt sein, die ein entsprechendes Vermögen besaßen – eine Privilegierung der vermögenden Schichten.[608] Damit war die ständische Privilegiengesellschaft vor der Französischen Revolution im Defensionswesen zwar überwunden, die vormoderne Ungleichheit auf ökonomischer Grundlage blieb jedoch weiterhin erhalten.

Napoleonische Kriege und bayerische Ära

Seit den Grenzkonflikten der 1620er Jahre war Schlanders von ortsnahen Kriegen, wenn auch nicht von Truppendurchzügen und Einquartierungen, verschont geblieben. Mit dem Ausgleich mit Bünden im Feldkircher Vertrag von 1641 und den folgenden territorialen Arrondierungen hatten der Vinschgau seinen Charakter als Grenzregion und besonders die Stadt Glurns ihre Funktion als Grenzfestung[609] verloren. Indirekt brach dann der Spanische Erbfolgekrieg durch Truppendurchzüge in das Dorf herein. Als 1703 bayerische Truppen nach Tirol eindrangen, beteiligten sich auch Schlanderser Schützen am Landesaufgebot.[610]

Die Lage veränderte sich wiederum, schließlich dramatisch, als Napoleon Bonaparte 1796 nach dem erfolgreichen Italienfeldzug die südlichen Grenzen Tirols bedrohte.[611] Mitte September 1796 zog eine Kompanie von Schlanderser Schützen unter Hauptmann Franz Frischmann in das Trentino, konnte aber bereits Ende Oktober zurückkehren. Auch im folgenden April kämpfte eine Kompanie Schützen aus dem Schlanderser Gericht bei Bozen gegen die vorgerückten Franzosen mit, wobei die ersten Toten zu beklagen waren.

Als im Herbst 1798 französische Truppen vom Westen her nach Graubünden vordrangen, wurde die Lage für den Vinschgau brisant. Österreichische Truppen errichteten bei Taufers in Müstair Verschanzungen, an deren Verteidigung sich auch drei Kompanien von Schlanderser Schützen beteiligten. Den vorrückenden Franzosen gelang es allerdings am 25. März 1799 die Schanzen zu überrennen, worauf sich im oberen Vinschgau die Katastrophe von 1499 wiederholte; diesmal blieb zumindest Schlanders verschont. Im Gericht Schlanders wurde der Landsturm aufgeboten. In der Nacht vom 30. zum 31. März zogen die Franzosen – vermutlich auch auf Grund der Niederlage

---

604 GAMPER, Chronik von Schlanders (wie Anm. 352), S. 127.
605 STOLZ/HUTER, Wehrverfassung (wie Anm. 453), S. 62.
606 STAFFLER, Tirol und Vorarlberg (wie Anm. 136), S. 681.
607 Ebd., S. 680; Josef FONTANA, Von der Restauration bis zur Revolution (1814–1848), in: Rudolf Palme/Georg Mühlberger/Josef Fontana, Geschichte des Landes Tirol, Bd. 2, Bozen–Innsbruck–Wien 1986, S. 606.
608 Vgl. auch STOLZ/HUTER, Wehrverfassung (wie Anm. 453), S. 177.
609 HYE, Glurns (wie Anm. 136), S. 18.
610 AB II S. 6; RIEDMANN, Schlanders (wie Anm. 49), S. 430.
611 Zum Folgenden vgl. vor allem GAMPER, Chronik von Schlanders (wie Anm. 352), S. 121 f.; Franz KOLB, Das Tiroler Volk in seinem Freiheitskampf 1796–1797, Innsbruck–Wien–München 1957, 335, 361, 364, 711; RIEDMANN, Schlanders (wie Anm. 49), S. 433 f.; zum regionalen Hintergrund: Meinrad PIZZININI, Tirol in den Franzosenkriegen 1796–1814, in: Die Tirolische Nation 1790–1820, Ausstellungskatalog, Innsbruck 1984, S. 191–200; MÜHLBERGER, Absolutismus (wie Anm. 552), S. 467–486; nunmehr Helmut RIZZOLLI, Ich schrieb nur, was ich weiß … Bozens Franzosenzeit 1796/97. Nach dem Tagebuch von Johann Mayrhauser, Bozen 1997; Josef FONTANA, Das Südtiroler Unterland in der Franzosenzeit (1796–1814). Voraussetzungen – Verlauf – Folgen, Innsbruck 1998, S. 202–213.

bei Stockach – überraschend über den Reschen ab. Im Folgenden mußten die eher schlecht bewaffneten Schützen noch mehrmals aufgeboten werden; im Jänner 1801 besetzten die Franzosen vorübergehend den Vinschgau. Der Friede von Lunéville am 9. Februar beruhigte die politische und militärische Lage auch im Vinschgau vorderhand.

Als mit dem Frieden von Preßburg 1805 Tirol dem Königreich Bayern angegliedert wurde, änderte sich nicht nur die politische Orientierung von Schlanders grundlegend. Nun hatte es zwischen Tirol und Bayern (nicht nur zwischen der Bevölkerung, auch zwischen den Obrigkeiten) in der Frühen Neuzeit durchaus freundschaftliche Beziehungen gegeben, zumal in der Epoche der katholischen Konfessionalisierung.

Freilich war das Bayern des Ministers Maximilian Graf Montgelas, jedenfalls das Bayern der politischen Eliten nach 1805, nicht mehr jenes des 16. und 17. Jahrhunderts. Hier setzten in den folgenden Jahren Konflikte ein, die ihren Ursprung offensichtlich in der veränderten Politik aufgeklärter Eliten hatten, die nunmehr gegen ein Tirol prallte, das auch bei maßgeblichen Führungsschichten traditionell geblieben war. Erst 1796 hatten die Tiroler Landstände mit dem Gelöbnis zum Herzen Jesu einen konfessionell geprägten politischen Sonderweg im zentralen Europa eingeschlagen.[612] Die Konfliktlage nach 1805 war insofern eine typische Frage der Integration durch teils landfremde Beamte, die einer für Tirol inzwischen mentalitätsfremden Machtelite und deren Weltbild verpflichtet waren.

Zentralistische Tendenzen ließen anscheinend auch im Lokalen kaum Handlungsspielräume zu. Die Schlanderser Schützen hatten 1799 angesichts der Niederlage bei Müstair in großer Not für alle kommenden Zeiten eine Prozession am Fest Maria Namen gelobt.[613] Ähnliche Gelöbnisse finden wir im 17. Jahrhundert auch in Bayern vor: Die 1638 errichtete Mariensäule vor dem Münchner Rathaus war 1630 zu ewigem Gedächtnis gegen die drohende Invasion durch die Schweden gelobt worden.

Jedenfalls hatte der lokale bayerische Landrichter von Schlanders anscheinend durchaus Verständnis, als im August 1807 alle Gemeindevorsteher der Pfarrei an ihn herantraten, die Maria-Namen-Prozession zu gestatten – zumal das Fest auf einen Sonntag falle (ein typisches Argument der Aufklärung, das bereits die Josephiner in Österreich verwendet hatten). Der Landrichter hatte die Anfrage dem bayerischen Gubernium in Innsbruck vorzulegen, das kurzerhand ablehnte.[614]

Insofern verlief im bayerischen Schlanders die Verteidigung vitaler Interessen der Dorfbevölkerung mit den Positionen des örtlichen Klerus und der regionalen Kirchenspitze konform. Ein solcher Effekt war bemerkenswerterweise rund zwanzig Jahre früher noch nicht eingetreten. Als Joseph II. auch in Tirol unter dem Protest der Kirchenführung zahlreiche Klöster aufhob und ihren Grundbesitz einzog, hatte das eine traditionell frühneuzeitliche Mentalität bäuerlichen Widerstands gegen große geistliche Grundherren im gesamten anscheinend toleriert.

1809 und danach. Lokaler Widerstand

Wir können uns hier – wie bisher bei den Koalitionskriegen – gestatten, Einzelheiten der Aufstände von 1809, die gut erforscht und mehrfach dargestellt sind,[615] etwas weniger ausführlich zu behandeln. Nach dem gemeinsamen Aufruf Hofers und Martin Teimers[616] am 9. April 1809 zum Aufstand kam dieser nach Schlanders, wo Schul-

---

612 Heinz NOFLATSCHER, Heilig wie lang? Religion und Politik im vormodernen Tirol, in: Der Schlern 72 (1998), S. 358–375.
613 Peter GAMPER, Vor hundert Jahren! Zur Hundertjahrfeier der Mariä Namenfest-Procession in Schlanders, Schlanders 1899, S. 24 f.; ders., Chronik von Schlanders (wie Anm. 352), S. 121 f.; WIELANDER, Pfarrkirche (wie Anm. 171), [S. 5 f.]; RIEDMANN, Schlanders (wie Anm. 49), S. 434.
614 GAMPER, Chronik von Schlanders (wie Anm. 352), S. 124, 126.
615 Ders., Teimer (wie Anm. 577); ders., Chronik von Schlanders (wie Anm. 352), S. 114–120, 129–131; RIEDMANN, Schlanders (wie Anm. 49), S. 434–438. Noch immer grundlegend: Josef HIRN, Tirols Erhebung (wie Anm. 577); Hans von VOLTELINI, Forschungen und Beiträge zur Geschichte des Tiroler Aufstandes im Jahre 1809, Gotha 1909; Ferdinand HIRN, Geschichte Tirols von 1809–1814. Mit einem Ausblick auf die Organisation des Landes und den großen Verfassungskampf, Innsbruck 1913. Zuletzt vgl. etwa Dietmar STUTZER, Andreas Hofer und Bayern in Tirol, Rosenheim 1983; MÜHLBERGER, Absolutismus (wie Anm. 552), S. 513–536.
616 STAFFLER, Tirol und Vorarlberg (wie Anm. 136), Teil 2, S. 574–576; GAMPER, Teimer (wie Anm. 577); STAFFLER, Hofnamen Schlanders (wie Anm. 20), S. 117/Nr. 11;

meister Matthias Purtscher, der spätere Adjutant Hofers, zum Hauptmann des Landsturms gewählt wurde, während Frischmann mit einer Kompanie Schützen zum Nonsberg zog. Teimer traf kurz nach der ersten Bergiselschlacht mit dem Oberinntaler Aufgebot in Innsbruck ein; am folgenden Abend, dem 13. April, kapitulierte vor ihm der französische General Bisson.

Da Napoleon neue Truppen nach Tirol entsandte und die bäuerliche Bevölkerung zunächst wenig Neigung zu einem weiteren Ausrücken zeigte, bildete Teimer im »allzeit getreuen Schlanders« eine Schützenkompanie, die sogenannte »weizene Kompanie«.[617] An der zweiten Bergiselschlacht Ende Mai beteiligten sich sechs Kompanien aus dem Gericht Schlanders. Nach der Schlacht unternahm Teimer gegen den Willen Hofers Streifzüge nach Bayern und in das Allgäu, auch um Lebensmittel und Munition zu requirieren – hier spielte anscheinend noch eine ältere Mentalität aus den Zeiten der Bündner Konflikte herein. Auch an der dritten Bergiselschlacht am 13. August wirkte eine Schlanderser Kompanie im Zentrum der Kämpfe mit, nachdem Schützenhauptmann Johann Alber vom Sonnenberg die Gefechte an der Pontlatzer Brücke entschieden hatte. Wie Teimer im April, so engagierte sich im August 1809 nach der letzten Schlacht der Landsmann und Priester Joseph Daney[618] gegen ein Ausarten des Erfolgs am Bergisel zu Plünderungen in der Stadt Innsbruck. Ein Aufgebot aus Schlanders folgte sogar noch dem letzten Aufruf Hofers und beteiligte sich am Gefecht am 16. November bei Meran – das mit besonders hohen Verlusten, angeblich mit 60 Toten und Schwerverwundeten, endete.

Gut vermögen wir im Aufstandsjahr von 1809 auch vormoderne politische Legitimationen im Lokalen zu beobachten – damit kehren wir in den Alltag der Dorfgeschichte von Schlanders zurück. Als am Abend nach der Kapitulation Bissons der Erfolg der Tiroler durch drohende Plünderungen in Innsbruck sich in allgemeinen Aufruhr zu wenden schien, der dort unbekannte Teimer von einer drohenden Menschenmenge umstellt war und der herbei geeilte und ebenso unbekannte Daney ihn befreien wollte, mußte zwar auch er sich zuvor legitimieren, um zur Person seines Landsmanns Teimer Auskunft geben zu können. Daney kam auf den Gedanken, daß der eine oder andere der anwesenden Oberinntaler seinen Vater, *den Seiler Danej*, kenne, der oft auf dem Oberen Weg nach Hall um Salz gefahren war – mit Erfolg: *Da sella kenn i guat, i hon ihm bei seine Fuarwerch oft für g'sötzt.*[619] Hier war sogar in einer extremen Krisensituation die mündliche und anscheinend lebensrettende Aussage eines einzigen Zeugen genügend. Die Szene könnte uns auch auf einer Dorf- oder Gerichtsversammlung in Schlanders begegnet sein.

Mit Respekt begegnen wir heute der Haltung der Dorfbewohner im letzten Jahr der Okkupation.[620] Dazu sind die Stimmungsberichte des bayerischen Landrichters Schguanin aufschlußreich. Als dieser im Gericht Rekruten konskribieren sollte, warnte er vor der sicheren Flucht derselben oder sogar allgemeinen Tumulten. Auf einen Aufruf nach Freiwilligen meldete sich niemand, die Steuern und Abgaben wurden verweigert. Im Raum Schlanders war die öffentliche Meinung überzeugt, daß die bayerische Herrschaft nur vorübergehend sei und wie im südlichen Landesteil die baldige Übernahme durch Österreich erfolgen werde. Als Bayern im Dezember 1813 den Gegenbeweis antrat und einige hundert Mann, immerhin reguläre Truppen, in Schlanders eintrafen, wurden sie von den Bauern unter Hauptmann Frischmann gefangengenommen und entwaffnet. Der Vertrag vom 3. Juni 1814 in Paris zwischen Österreich und Bayern ein halbes Jahr später und endgültig der Wiener Kongreß brachten auch Schlanders die bisherige politische Orientierung zurück.

RIEDMANN, Schlanders (wie Anm. 49), S. 436 f.; GAMPER, Chronik von Schlanders (wie Anm. 352), S. 112–118.
617 GAMPER, Chronik von Schlanders (wie Anm. 352), S. 116.
618 STAFFLER, Tirol und Vorarlberg (wie Anm. 136), Teil 2, S. 576–580; STAFFLER, Hofnamen Schlanders (wie Anm. 20), S. 119 f./Nr. 23; RIEDMANN, Schlanders (wie Anm. 49), S. 437 f.; GAMPER, Chronik von Schlanders (wie Anm. 352), S. 118–121; BLAAS, »Priesterverfolgung« (wie Anm. 531), S. 160 und passim.
619 GAMPER, Teimer (wie Anm. 577), S. 51; ders., Chronik von Schlanders (wie Anm. 352), S. 115.
620 Ebd., S. 131 f.; grundsätzlich MÜHLBERGER, Absolutismus (wie Anm. 552), S. 541–543.

Erich Egg

Kunst in Schlanders, Göflan, Vezzan und Kortsch

Kunst ist nicht nur etwas für Gebildete oder Fachleute. Die Kunst früherer Epochen zeigt uns mehr als alte Chroniken, was die Menschen bewegt hat, welche Ideen sie beherrscht haben. Da Tirol ein Land mit vielen Freiheiten für seine Menschen war, kann man mehr als anderswo die Welt unserer Vorfahren kennenlernen, weil auch das gemeine Volk mitzureden hatte. Nachdem bis etwa 1400 der Adel in frühen Kirchen, Burgen und beweglichen Kunstwerken sich präsentierte, haben seit dem blühenden Bergbau und dem Transitverkehr die Menschen in Stadt und Land Kirchen und Häuser gebaut und vor allem Kunst selber angeschafft und bezahlt. Die Kirchen mit ihren Ausstattungen waren das Anliegen des Volkes, die gewählten Kirchpröpste und nicht die Geistlichkeit haben die Bauten und Altäre im Auftrag der Dorfgemeinschaft organisiert. Der Adel zog sich nach 1500 auf seine Burgen und Ansitze zurück, wo er dem Luxus der Fürsten nacheiferte und bei den Kirchen nur mehr mit Altären und Stiftungen für das eigene Seelenheil hervortrat. Die späte Gotik bis 1530 und der späte Barock von 1650 bis hinein ins 19. Jahrhundert sind die Zeiten der Kunst des Volkes, auch des Wettstreites der Gemeinden, die infolge der Glaubenseinheit in den Kirchen ihre Weltsicht aber auch ihr Kunstverständnis für uns heute noch sichtbar machen. So muß man auch die Kunst von Schlanders sehen. Die drei Zentren Mals, Schlanders und Latsch vertreten die Kunst des ganzen Vinschgaues (mit Ausnahme des Stiftes Marienberg), wobei Schlanders das politische und wirtschaftliche Zentrum war.

Über die frühe Zeit des Christentums wird ein eigener Beitrag berichten. Immerhin erinnert ein in Göflan bei der Kirche gefundenes Relief mit drei Sonnensymbolen und die aus weißem Göflaner Marmor gemeißelten Reliefs mit antiken Palmettenmustern und germanischen Flechtbändern die jetzt am modernen Tabernakel der Johanneskirche in Kortsch eingemauert sind, an die Zeit um 750/800. Wenn Schlanders mit uralten Kirchen wie St. Benedikt in Mals und St. Prokulus in Naturns nicht aufwarten kann, so liegt das eben an der wirtschaftlichen Potenz, die immer wieder an den neuen Stilrichtungen mehr teilnehmen konnte als andere kleinere Orte.

An die romanische Zeit von 1100 bis 1300 erinnern noch die kleinen Kirchen St. Laurentius, St. Ägidius und als Ruine St. Georg in Kortsch. Sie sind im klassischen Stil aus dem Süden errichtet: ein innen flach gedecktes Langhaus und eine halbrunde Apsis für Priester und Altar. Nur in St. Ägidius wurde die Apsis später durch einen achteckigen Chor ersetzt. Auch die Türme der Kirchen in Göflan und Vezzan mit ihren festen Quadermauern und den typischen Doppelbogenfenstern und Steinhelmen zeugen von der Romanik. Man muß sich aber klar sein, daß die heute großen Kirchen von Schlanders, Göflan und Kortsch auch

Ruine der St.-Georgs-Kirche über Kortsch.

Die Pfarrkirche Vezzan mit dem romanischen Turm.

schon bestanden haben, aber immer wieder überbaut und vergrößert wurden. Schon die zufälligen ersten Nennungen von Unserer Lieben Frau in Schlanders 1235, St. Martin in Göflan 1215, St. Johann in Kortsch, St. Walpurg in Göflan 1233 und St. Jenewein in Schlanders 1160 würden bei Grabungen die Grundrisse romanischer Vorgänger freigeben. In dieser romanischen Epoche bestimmte der Adel und die Klöster, die von den Herrschenden errichtet wurden, den Kirchenbau, während das Volk noch ohne Stimme war. In Schlanders trat neben den ansässigen Adel der deutsche Ritterorden, dem die Kaiser für die Errichtung eines Stützpunktes und Hospizes entsprechenden Besitz verliehen und 1235 auch die Pfarre übergeben haben. Der Orden war aber später weniger an den Hospizen für die Pilger als an die Versorgung der weichenden Adelssöhne interessiert. Die Priester, meist Nichtadelige, spielten nur eine untergeordnete Rolle. Ähnlich wie in Sterzing gab es immer wieder Streitigkeiten mit den Gemeinden wegen des Pfarrgeschehens. In der Früh- und Hochgotik (1300–1420) gab der Adel nicht mehr allein den Ton an. Von der Michaelskapelle bei der Pfarrkirche in Schlanders wissen wir, daß sie 1304 vollendet war, weil der Amtmann von Laas und andere Leute, die am Bau der Kapelle (finanziell oder durch Robotschichten) beteiligt waren, eine Wochenmesse stifteten. 1333 gaben die Vertreter der Pfarrgemeinde in Schlanders und Kortsch den hohen Betrag von 70 Mark für eine ewige Wochenmesse[1]. Die beiden Urkunden im Pfarrarchiv in Schlanders bezeugen, daß erstmals die »Leute« und nicht mehr der Adel die Kirchenbauten finanzierten. Allerdings haben die Herren von Schlandersberg als führendes Geschlecht wenig für Kunst ausgegeben. Ihre erhaltenen Rechnungsbücher (1366–1402) nennen neben Turnieren und anderen Belustigungen nur Ausgaben für den Goldschmied Alblin für einen Ehering (1400), Wappen vom Goldschmied Konrad in Latsch (1369), einen Maler für Pferdedecken zum Turnier (1399 und 1402), den Schildmacher in Meran für

1   REDLICH/V. OTTENTHAL, Archivberichte aus Tirol, Bd. 2, S. 60, Nr. 321–322.

Pavesen (Kampfschilde, überzogen mit Kuhhäuten 1398) und den Maurer Ulrich für Büchsenkugeln aus Stein (1399)². Erhalten blieb aus dieser Zeit wenig. Damals erhielt St. Ägidius einen achteckigen Chor ohne Wölbung. Bei den Werken der Bildhauerkunst zeigen die Vesperbilder (Pietà) in Göflan und Kortsch (um 1400/20) eine gute Qualität im stillen nach innen gerichteten Schmerz der Mutter un ihren Sohn. Auch eine Kreuzigungsgruppe in St. Martin in Göflan ist ein seltener Zeuge aus der Zeit um 1350. Mehr Volkstümlichkeit vertreten die Wandfresken in der Kirche St. Ägidius mit einem hl. Christoforus im gebänderten Gewand (um 1330) und einer Szene der Marter des hl. Sebastian in einer breiten, aus gotischem Maßwerk gebildeten Bordüre (um 1420). Der darunter kniende Mann, als Stifter aus bäuerlichen Kreisen wird mit 1220 sicher um 100 Jahre zu früh datiert. Man hat den Eindruck, daß die Fresken erstmals aus den Kreisen des Volkes gestiftet wurden. Die Maler waren auf Wanderschaft oder höchstens in Meran ansässig, das als Landeshauptstadt den Künstlern durch die Landesfürsten Aufträge geben konnte. In Schlanders war sicher noch kein Maler wohnhaft.

Auf diese bescheidene Epoche folgte die breite Kunstentwicklung der Spätgotik, die von allen Kreisen gefördert wurde und die oft wundersüchtige Gläubigkeit von 1450 bis 1520 als Antrieb hatte. Den politischen Hintergrund bildet die von Herzog Friedrich mit der leeren Tasche um 1420 endgültig festgeschriebene Teilnahme der Bürger und Bauern an den Tiroler Landtagen mit der Mitbestimmung an Gesetzen, Geldbewilligungen und Volksbewaffnung. Die Spätgotik brachte eine Welle von Kirchenbauten in fast allen Dörfern des Vinschgaues. Der Durchzugsverkehr über den Reschen und die Lebensmittelversorgung der Bergarbeiterschaft in den Zentren des Kupfer- und Silberbergbaues brachten eine Zunahme der Bevölkerung, die die alten kleinen Kirchen nicht mehr fassen konnten, und einen breiten bisher nicht gekannten Wohlstand der mittleren und unteren Schichten. Zum Unterschied vom übrigen Tirol erlitt der Vinschgau aber 1499 eine Zäsur durch den Engadinerkrieg als die Bündner siegreich, plündernd und mordend bis über Schlanders hinaus fast alle Kirchen anzündeten. Es ist bewundernswert, wie schnell die Vinschgauer in den folgenden zwei Jahrzehnten nicht nur ihre Häuser sondern auch die Kirchen wieder erneuert oder neu gebaut haben.

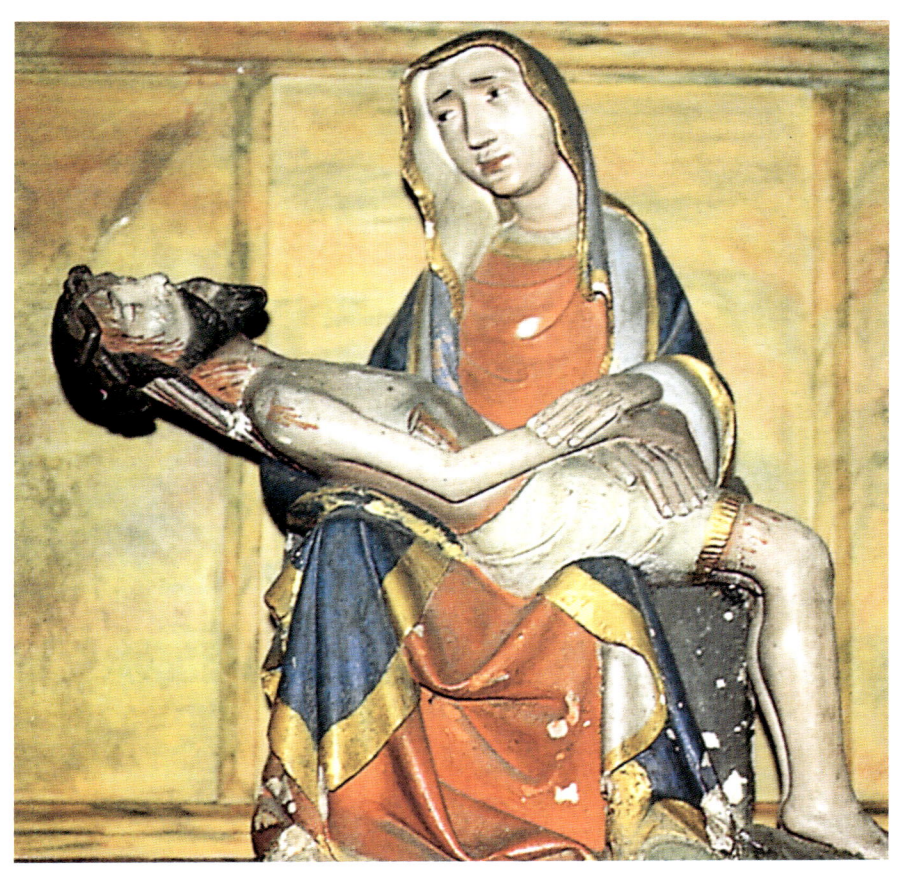

Im Hintergrund stand die Organisierung der Steinmetzen und Maurer in einer Bruderschaft, die viele Privilegien genoß, vor allem die Freizügigkeit zur Wanderschaft im Heiligen Römischen Reich deutscher Nation. 1460 wurde die Bruderschaft für das Inntal gegründet und 1496 zur gesamttirolischen Organisation erweitert³. Die ihr zugeordneten Bauhütten hatten ihre Zentren meist in den Städten, wo die jetzt zufolge der vielen Aufträge seßhaft gewordenen Meister wohnten. Das Oberinntal und der Vinschgau machten

Pietà in der Pfarrkirche von Kortsch.

2 E. v. OTTENTHAL, Die ältesten Rechnungsbücher der Herren von Schlandersberg, Mitteilungen des Institutes f. österreichische Geschichte, II, Innsbruck 1881, S. 551.

3 E. EGG, Die Bruderschaft der Steinmetzen und Maurer in Tirol, Festschrift Franz Huter, Tiroler Wirtschaftsstudien 26, Innsbruck 1969 S. 69–84; F. HUTER, Die Tagsatzung der Steinmetzen in Sterzing 1496, in: Der Schlern 1947, S. 12 ff.

Die Göflaner Kirchen St. Martin und St. Walpurg.

eine Ausnahme. Die Hütte im Oberinntal war im Dorf Grins und die des Vinschgaus in Latsch (Glurns war mehr Festung als Wirtschaftszentrum) festgelegt. Dabei zählte der obere Vinschgau zur Hütte Grins. Die Hütte in Latsch zeichnete sich nicht durch große Kirchenbauten aus, sondern vor allem durch die kostbare Steinmetzarbeit mit dem weißen Göflaner Marmor aus. Vom Vinschgauer Vertreter beim Hüttentag 1496, Meister *Christian Schabinger*, wissen wir nichts Näheres. Er könnte aber schon länger in Latsch anwesend gewesen sein. Jedenfalls wurde der Chor der Pfarrkirche in Schlanders 1450/54 neu erbaut, denn die Urkunde von 1454 nennt einen »aedificator« einen von der Gemeinde bestellten finanziellen Bauleiter, den Notar Stefan Alt in Schlanders[4]. Die zwei Gemälde der Kommende Schlanders von 1740 zeigen einen Chor mit Strebepfeilern, wie er für Kirchenbauten um 1450 in Tirol üblich ist[5]. Davon ist heute nichts mehr erhalten.

Den einfachen spätgotischen Stil der Hütte Latsch vertritt die gut erhaltene Kirche St. Martin in Göflan (Weihe 1465, Vollendung laut Jahrzahl an einem Fenster 1472). Außen sind die Eckquadern aus weißem Marmor die einzige Gliederung. Innen bietet die Kirche einen Einheitsraum ohne Trennung von Chor und Langhaus. Die Sternrippengewölbe sitzen auf Konsolen mit Wappenschildchen auf, die vier Schlußsteine zeigen Rosetten und den Schild des Deutschen Ordens. Die zahlreichen Steinmetzzeichen an Portal und Marmorquadern verkünden die neue Zeit, in der jeder Geselle ein ihm verliehenes Zeichen führte. Die Martinskirche hat im Engadinerkrieg 1499 kaum gelitten.

Auch die Johanneskirche von Kortsch stammt aus der ersten Zeit der Spätgotik (Chor 1432, am Portal 1483). Im Barock wurden innen aber die marmornen halbrunden Wandpfeiler und Rippen entfernt. Stücke dieser Wandpfeiler fristen heute als Weihwassersteine im Friedhof ein armseliges Leben. Der Umbau von 1979 drehte die Kirche um, so daß die Leute heute mit dem Rücken zum Hochaltar sitzen. Der Engadinerkrieg von 1499 brachte über die anderen Kirchen in Schlanders und Umgebung eine weitgehende Zerstörung.

4 Notariatsurkunde 1454 November 3, Tiroler Landesmuseum Innsbruck.
5 Prospect gegen Mittag und Mitternacht der Commenda Schlanders 1740, im Pfarrhof Lana; F.-H. HYE, Auf den Spuren des Deutschen Ordens in Tirol, Bozen 1994, S. 288–305.

Durch die Opferfreudigkeit der Bevölkerung und den Zuzug neuer Meister entstanden in den Jahren 1500 bis 1535 neue und größere Kirchen. Merkwürdig erscheint es, daß die drei Meister der Bauhütte in Latsch zum Teil in nebeneinander erbauten Häusern wohnten. Dieser räumlichen Nachbarschaft verdanken wir unser Wissen über die drei Meister, als es in einem Streit um Dachschindeln nach einem Brand 1515 ging[6]. Diesen drei Meistern wurden unter Zuhilfnahme der Steinmetzzeichen eine Reihe von Kirchenbauten zugeschrieben[7]. Meister *Caspar Reuter* hat seit 1500 die Spitalkirche in Schlanders neu gebaut. Er zeichnete den Plan, schloß den Vertrag und meißelte 1519/20 einen Opferstock für die Kirche, der sich seit 1904 in der landesfürstlichen Burg in Meran befindet[8]. Sein dortiges Steinmetzzeichen tragen auch die Pfarrkirche in Tschengels und die Taufbecken in den Pfarrkirchen Schluderns, Tschengls und Nauders.

Die Spitalkirche Schlanders wurde 1519 geweiht und zeigt an einem Fenster die Jahreszahl 1514. Sie hat das typische Vinschgauer Portal aus Marmor mit überkreuzten Stäben, keine Außengliederung, einen Turm und innen noch die Konsolen als Rippenfänger mit Wappenschilden. Die Kirche wurde um 1750 erhöht und erhielt Fresken von Josef Adam Mölk mit einem neuen Gewölbe. Außen sieht man am Verputz die Erhöhung der Mauern.

Dem zweiten Meister in Latsch, *Wolfgang Taschner*, wird der Neubau der Pfarrkirche in Schlanders, das heißt seines vermutlich dreischiffigen Langhauses zugeschrieben[9].

Von dieser wohl größten Pfarrkirche des Vinschgaues sind eigentlich nur die drei Portale und der berühmte, über 90 m hohe Spitzturm erhalten. Alles andere stammt von einem barocken Umbau, der einem Neubau gleichkommt. Der gotische Bau der Pfarrkirche wurde in den Jahren 1527 bis 1534 durchgeführt. Eine Weihe 1505 bezeichnet sicher nur eine notdürftige Wiederherstellung nach Plünderung und Brand von 1499. Daß diese neue Kirche prachtvoll war, beweist die Visitation von 1638, die vom templum elegantissimum formicatum und vom turris altissime spricht[10]. Die Portale aus weißem Marmor sind unterschiedlich. Das Nordportal mit der Jahrzahl 1531 und das Südportal mit 1533 haben im Giebel gekreuzte Stäbe, beim Südportal kommen diese Stäbe aus zwei Löwenköpfen, eine Besonderheit, die auch die gleichzeitigen Kirchenportale in Tschars 1518 und an der Pfarrkirche in Latsch 1524 zeigen. Das Steinmetzzeichen weist wohl auf den Meister *Wolfgang Taschner*. Das dritte Portal im Norden weicht völlig von dem Typ der Vinschgauer Hütte ab. Es ist rechteckig und hat oben die Inschrift »1527 jar«, den österreichischen Bindenschild und das Andreaskreuz des Ordens vom Goldenen Vlies. Es ist keineswegs das Wappen des Churer Bischofs Brandis. Im ganzen Vinschgau ist das Andreaskreuz besonders an Bauernhäusern als Zeichen der Treue zum Haus Österreich angebracht worden, gegen Ansprüche der Churer Bischöfe aus dem »Feindesland« Graubünden[11].

Völlig erhalten ist neben der Pfarrkirche die Michaelskapelle. Von ihr kennen wir die Weihe am 18. Oktober 1488. Sie ist außen wie fast alle Vinschgauer Kirchen ohne Gliederung, hat einen etwas schmäleren Chor und ist im Langhaus mit der Sakristei zusammengebaut, die noch die alten eisernen Fensterläden und ein Portal hat. Die Kapelle ist zweigeschossig, die Krypta hat ein von zwei Rundpfeilern getragenes Gewölbe, die Oberkirche besitzt ein Netzrippengewölbe, das im Chor ohne Konsolen aus der Wand kommt, während es im Langhaus auf Konsolen aufsetzt, deren eine den Kopf eines jungen Mannes zeigt. Gut erhalten sind innen die kleine Sakramentsnische und außen ein Lichthäuschen für den Friedhof in dem früher anstelle einer eigenen Friedhofsäule ein ewiges Licht für die Toten brannte. Sakramentshäuschen und Lichtnische sind aus weißem Marmor.

Schließlich steht nahe der Spitalkirche die zum Ladurnerhof gehörige Jeneweinskapelle, die dem Brixner Diözesanpatron Ingenuin (= Jenewein)

---

6   B. Mahlknecht, Ein Streit um Flecken, Tiroler Volkskultur, Heft 2, 1989.
7   H. Theiner, St. Lucius in Tiss – Goldrain 1991, S. 85–91; ders.: Vinschgauer Tauf- und Weihwassersteine, Dorf Tirol 1991, S. 64–75.
8   H. Theiner, Caspar Reuter, Der Schlern 1994, S. 38; H. Theiner, Repertorium des histor. Archivs des Hl. Geistspitals in Schlanders, Urkunde 1517 März 28, Nr. 33.
9   N. Rasmo, Kunstschätze Südtirols, S. 38.
10 K. Atz/A. Schatz, Der deutsche Anteil des Bistums Trient, Band V, 1910, S. 63.
11 F.-H. Hye, Das Andreaskreuz im Vinschgau, in: Der Schlern 1977, S. 459 ff.

Oben: St. Jenewein in Schlanders, Außenansicht.

Links: Michaelskapelle Schlanders, Inneres.

geweiht ist. Das Äußere ist schmucklos, nur das vieleckige Portal mit überschneidenden Graten weist auf die Entstehung oder Vollendung mit der Weihe 1508 hin. Das Gewölbe dürfte erst um 1600 erbaut worden sein. Anstelle eines Turmes befindet sich an der Fassade eine Glockenmauer.

Den Ruhm, eine der schönsten gotischen Kirchen zu sein, hat das Walpurgiskirchlein neben der Martinskirche in Göflan.[12] An sich ist die Kirche sehr alt (Weihe 1233), in ihrer heutigen Gestalt ist sie aber nach 1500 neu gebaut worden. Nach der Zerstörung 1499 wurde sie 1502 provisorisch hergestellt, aber dann ein 1516 vollendeter Neubau aufgeführt. Wie immer ist die äußere Form mit Ausnahme des Portals und des weißen Eckquadern schmucklos, während das Innere ein reiches Netzgewölbe aus Spitzkonsolen hat, von denen eine den Kopf eines Königs zeigt, während die anderen die Wappen des Kaisers, Österreichs, Tirols, Sachsens, des Deutschen Ordens, des Komturs Knöringen und der Adeligen Lichtenstein und Montani aufweisen. Die zahlreichen Schlußsteine haben ebenfalls Wappen, aber auch das Haupt Christi, die Madonna und die hl. Walpurga aufgemalt, wie überhaupt die gesamte überreiche gotische Malerei erhalten ist. Im Chorschluß hat der Meister sein Steinmetzzeichen anmalen lassen. An der Südseite steigt außen ein kleines Glockentürmchen empor.

Die Bautätigkeit umfaßte aber nur eine Sparte der Steinmetzmeister. Der Nördersberg bei Göflan war seit alter Zeit der Lieferant des begehrten weißen Vinschgauer oder Schlanderser Marmors. Seit der Zeit um 1450 wurde er für Grabsteine des Adels verwendet. Vor allem aber im 16. Jahrhundert schufen die Steinmetzen der Hütte von Latsch viele noch erhaltene Grabsteine. An der Pfarrkirche in Schlanders befinden sich außen die Grabsteine der Elisabeth von Wolkenstein 1518 und des Sigmund von Hendl (um 1500). In der Pfarrkirche steht der umfangreiche Stein der Felizitas Botsch († 1545) und der Lucia von Schlandersberg († 1541), Gattinnen des Ruprecht Hendl von Wanga mit den großen Wappen Hendl, Botsch

12 Die gotische St. Walpurgkirche zu Göflan, Mitteilungen der Zentralkommission für Denkmalpflege, Wien 1888, S. 270; J. Deininger, Reisenotizen im Vinschgau, Mitteilungen der Zentralkommission 1897, S. 208–215.

Inneres der Walpurgiskapelle in Göflan.

und Schlandersberg. Er ist eine Mischung gotischer Elemente wie Blattwerk und Frakturschrift, mit solchen der Renaissance, wie Pilastern. In der ersten Hälfte des 16. Jahrhunderts entstanden viele Grabsteine in diesem Mischstil in den Göflaner Werkstätten. Nicht weniger häufig sind Tauf- und Weihwassersteine, die von Prutz im Oberinntal bis Schenna und Dorf Tirol zu finden sind[13]. Zu ihnen gehört auch der vom dritten Latscher Meister *Oswald Furter* 1529 gemeißelte Taufstein in der Pfarrkirche Latsch mit den für Furter typischen flachen Maßwerkelementen. Er war schon 1500 als Geselle der Tiroler Bruderschaft beigetreten[14]. Natürlich

13 H. Theiner, Vinschger Tauf- und Wasserweihe, Dorf Tirol 1991; E. Egg, Die Vinschgauer Steinmetzen, Jahrbuch des Südtiroler Kulturinstitutes Band V–VII, Bozen 1967, S. 325 ff.; ders.: Kunst im Vinschgau, Lana 1992, S. 332–338.

14 Bruderschaftsbuch der Tiroler Steinmetzen und Mau-

Grabstein in der Pfarrkirche Schlanders, 1540.

bestellte auch der Adel für seine Burgen viele Steinmetzarbeiten, wie der Arkadengang in der Churburg bei Schluderns bezeugt. Auch das Kanzelportal in St. Martin in Göflan ist ein solches Werk (1523), das aus der Burg Montani stammt.

Die vielen Kirchenbauten um Schlanders erforderten auch eine Ausstattung mit Flügelaltären und Einzelstatuen. Daß davon verhältnismäßig viel erhalten ist, beweist den einstigen Reichtum. In der Gotik war das Zunftwesen bereits stark entwickelt, obwohl der Kaiser Maximilian I. 1500 die Zünfte verboten und nur religiöse Bruderschaften erlaubt hatte. Das Handwerk war auf die Städte konzentriert, weil dort die besten Auftragsmöglichkeiten auch für das Umland waren. Die für den Vinschgau nächstgelegene Stadt war Meran und dort gab es seit ungefähr 1450 Maler, Bildschnitzer und Altartischler, die für die Errichtung der Flügelaltäre zusammenarbeiten mußten. Dort arbeitete seit 1473 der Maler *Hans Weiss*, der 1477 in einen Streit mit dem Tischler Hans Hafelder verwickelt war, dem er für die Arbeit eines Schreines zu einem Flügelaltar der Liebfrauenbruderschaft in Meran 36 Gulden schuldete, weil der Schrein angeblich nicht nach der »Visier« (dem

rer, Österr. Nationalbibliothek Wien, Inv. Nr. 14.898; H. THEINER, S. Lucius in Tiss – Goldrain 1991, S. 85–91; DERS.: Vinschger Tauf- und Weihwassersteine, S. 64–75.

Entwurf) des Malers ausgeführt war[15]. Weiss schuldete auch dem Tischler Ulrich noch 25 Gulden und starb 1483. Erstmals tritt hier der typische Meisterbetrieb der Spätgotik auf, mit dem Schrein, den der Tischler aufbaute, dem Bildschnitzer, der die Statuen des Schreines und der Innenflügel schnitzte, und dem Maler, der die Außenflügel malte und den ganzen Altar in Silber, Gold und Farben faßte. Es ist zu vermuten, daß die Altäre und die von ihnen übrig gebliebenen Einzelstatuen der Zeit von 1473 bis 1483 im Raum Schlanders von Weiss stammen. Es ist dies der Martinsaltar in der Martinskirche Göflan, der heute auf zwei Altäre aufgeteilt ist. Die Schreinstatue des reitenden hl. Martin befindet sich im barocken Hochaltar, die Flügel innen mit Szenen aus dem Leben des Heiligen in Relief und außen gemalt, am Schrein eines Seitenaltars. Dieser Schrein mit den Heiligen Wolfgang, Johannes der Täufer und einer weiblichen Heiligen stammt aus der gleichen Werkstatt um 1479/80, ebenso das an der Wand hängende Relief der Geburt Christi. Aus der Werkstatt Weiss sind wahrscheinlich auch die Statuen der Heiligen Michael und Georg aus der Kapelle in Allitz (jetzt im Tiroler Landesmuseum) und die Heiligen Stefanus und Laurentius im Langhaus der Pfarrkirche

15   E. EGG, Gotik in Tirol, Innsbruck 1985, S. 295–301.

Schlanders. Alle diese Statuen haben eine betonte Standfestigkeit, tiefe Kleiderfalten und kindliche Gesichter, denen die Eleganz schwäbischer Figuren fehlt.

Auch die Malerei an den Flügeln, die immer mit 2 bis 3 Figuren für jede Szene auskommt, zeigt Handlung ohne große Gesten. Im Giebel der Seitenaltäre in der Kirche von Vezzan sind zwei Heiligenbüsten und an der Wand zwei Vollfiguren der Heiligen Nikolaus und Blasius (?) als Reste des dortigen Flügelaltares erhalten. Auch der hl. Blasius in Kortsch gehört in die Zeit um 1500.

Nach dem Unglück von 1499 ging es vor allem um die baldige Herstellung der in den meisten Kirchen verbrannten Flügelaltäre. In Schlanders berief man einen bekannten Bildschnitzer aus Kaufbeuren, *Jörg Lederer*, der eine leistungsfähige Werkstatt und bereits für Reutte, Imst, Stuben bei Pfund und andere Tiroler Orte Altäre geliefert hatte[16]. Mit ihm hielt das Beste, das die schwäbische Spätgotik vor ihrem gewaltsamen Ende in der Reformation bieten konnte, Einzug im Vinschgau. Vom Hochaltar in der Pfarrkirche Schlanders haben sich Verträge Jörg Lederers mit dem Tischler Leonhard Widmann für den Schrein und die Flügel und dem Malergesellen Peter Zach für die Fassung des Altares erhalten. Der Tischler hat den »Rohaltar« zu bauen samt dem »geschnitten ding« nach den Maßen, die ihm Lederer vorschrieb und zum Preis von 32 Gulden bis Michaeli 1513 zu liefern. Der Malergeselle sollte die Fassung, ausgenommen »das Flachgemel und das nacket« (Bildszenen auf den Flügeln) um 44 Gulden liefern. Von diesem Hochaltar hat sich in der Pfarrkirche Schlanders die als Wallfahrtsbild verehrte Statue der knienden Madonna von einer Krönung Mariens durch die Dreifaltigkeit im heutigen Hochaltar erhalten. Die jetzigen Gestalten von Gottvater, Sohn und Hl. Geist stammen wohl nicht von Lederer, denn bei der Errichtung des nicht erhaltenen neuromanischen Hochaltares 1857 wurde der Imster Bildhauer *Franz Xaver Renn* für diese Statuen bezahlt[17]. Die Figur der Anna Selbdritt im Langhaus der Pfarrkirche ist der Rest eines von Lederer gelieferten Seitenaltares aus den Jahren um 1520. Auch das große Kruzifix am Eingang von Schlanders könnte aus dieser Werkstatt sein.

Fast unversehrt erhalten ist ein weiterer Flügelaltar Lederers in der Martinskirche Göflan. Er stellt im Schrein die hl. Maria mit Kind und zwei weibliche Heilige dar, wobei die betende Nonne die hl. Walpurga ist, denn der Altar stand ursprünglich in der Walpurgiskirche (um 1515). Die Flügel zeigen in Relief vier Szenen des Marienlebens: Verkündigung, Geburt Christi, Anbetung der Könige und Tod Mariens. Die vier gemalten Rückseiten der Flügel bringen Szenen des Leidens Christi. Sie sind leider übermalt, dürften aber vom

St. Martin in Göflan, gotischer Altar.

---

16 H. Dussler/T. Müller/A. Schädler, Jörg Lederer, Kempten 1963, S. 67 ff.; K. Gruber, Kunsthistorische Neufunde in Südtirol, in: Der Schlern 1974, S. 270; A. Miller, Nachträge zum Werk Jörg Lederers, in: Der Schlern 1975, S. 270; G. Scheffler, Spätgotische Schnitzaltäre im Vinschgau, Jahrbuch des Südtiroler Kulturinstitutes, V–VII, Bozen 1967, S. 300–324.

17 Pfarrarchiv Kortsch, Abrechnung des neuen Hochaltares der Pfarrkirche Schlanders, Akten I/1 1857.

Maler *Jörg Mack* in Kaufbeuren stammen, der ein selbständiger Meister und Mitarbeiter Lederers war. In den Figuren Lederers, besonders in der Madonna wird der Einfluß der Holzschnitte Albrecht Dürers deutlich und beweist, daß Lederer zu den bedeutenden Künstlern der letzten Gotik gehörte.

Ein Kruzifix aus den Jahren um 1520 hängt in der Michaelskapelle neben der Pfarrkirche. Die Preise der Ledererwerkstatt konnte nicht jede Kirche bezahlen und so ging der kleine Altar der Ägidiuskirche (jetzt in der Pfarrkirche) in Kortsch wieder an eine Meraner Werkstatt (um 1510/20), vermutlich an den Bildschnitzer *Bernhard Härpfer* und den Maler *Thomas Sumer*, die nach dem Tod des in Meran dominierenden Meisters Hans Schnatterpeck die Meraner Gotik vertraten[18]. Im Schrein stehen die Statuen der Madonna und der hl. Ägidius und Dorothea, die gemalten Flügelbilder zeigen innen die Heiligen Jakobus und Joachim (?) und außen die Verkündigung an Maria, in der Predella Sebastian, Rochus und Georg. Aus der gleichen Werkstatt stammt der Altar in Tabland. An die Meisterschaft Lederers reichen diese Altäre nicht heran, in den kleinen Kirchen mußte man mit weniger Geld auskommen.

Als ein Zentrum des Vinschgaus erweist sich Schlanders auch in der Malerei von Wandbildern. Die Walpurgiskirche in Göflan bietet ein unversehrt erhaltenes Bild einer völlig mit Fresken geschmückten Kirche, die alle von einem Meister im Jahr 1516 stammen. Neben den Pflanzenranken und den mit Wappen und Heiligen bemalten Schlußsteinen treten zahlreiche Engel und Heilige im Gewölbe auf. Am Chorbogen ist das Weltgericht und am Chorschluß ahmt die Gruppe Marias

Oben: Altar von Jörg Lederer in Göflan.

Links oben: Krönung Mariens, Hochaltar der Pfarrkirche Schlanders. Die Marienstatue ist ein Werk von Jörg Lederer, Gottvater und Christus stammen von Franz Xaver Renn aus dem Jahr 1857.

18 E. EGG, Gotik in Tirol, S. 295 ff.

und zweier weiblicher Heiligen in Malerei einen Flügelaltar nach. Vermutlich diente das Gemälde als Altarersatz bis der Altar Jörg Lederers vollendet war. Zwei ähnlich gemalte Flügelaltäre befinden sich in der Pfarrkirche Burgeis. Der Maler mit den betont zeichnerischen Figuren und dem für 1516 recht späten strengen Faltenwurf, ist nicht bekannt, dürfte aber aus Meran stammen.

Auch der Meister *Andre*, der im gleichen Jahr 1516 in der Spitalkirche von Schlanders tätig war, stammte vermutlich nicht aus dem Vinschgau, sondern aus Schwaben und vertrat einen gegenüber St. Walpurg in Göflan moderneren Stil, wie das gut erhaltene Wandbild der Marter des hl. Sebastian zeigt[19]. Die Szene ist voll in die Landschaft integriert, die Figuren, vor allem die Pfeilschützen, betonen nicht sosehr die Gläubigkeit als vielmehr die Grausamkeit und Buntheit des Landsknechtlebens, irgendwie an den Innsbrucker Hofmaler Jörg Kölderer erinnernd. Die übrigen Bilder der Krönung Mariens und der hl. Andreas, Bartholomäus und Katharina sind nur mehr in Resten erhalten. Dafür darf man das Bild des hl. Rochus in der Michaelskapelle in Schlanders vom Jahre 1511 dem Meister Andre zuweisen.

Von großem Interesse ist die Urkunde des Spitalarchivs in Schlanders vom 20. Dezember 1518 nach der die Brüder Perwanger ein Glasgemälde mit ihrem Wappen und dem Bild des hl. Christof in ein Fenster stiften, wie das Meister *Wolfgang* Maler »fleissig und zierlich mit Wappen und Varben geschmeltzt hat«. Wo der Meister Wolfgang, der auch Glasmaler war, seine Werkstatt hatte, wissen wir leider nicht[20].

Daß auch die Goldschmiedekunst in Schlanders daheim war, wissen wir aus den Aktivitäten des Meisters *Jacob* Goltschmid von Schlanders, der 1478 sogar an den Hof des Landesfürsten Erzherzog Sigmund nach Innsbruck gerufen wurde, wo er für seine »Arbeit gen Hof meiner gnedigen frauen zu vergulten« 16 Dukaten und 6 Gulden und 3 Pfund Reisespesen erhielt[21].

19 M. Pescoller, Die Maltechnik des Meisters Andre Maler in der Spitalkirche von Schlanders, in: Der Schlern 1996, S. 67 ff.
20 H. Theiner, Repertorium des Historischen Archivs der Spitalkirche zu Schlanders Ms. 1996, Urkunde Nr. 36.
21 Jahrbuch der Kunstsammlungen des Kaiserhauses in Wien, Band XXI, Regesten 18.387, 18.412.

Flügelaltar in der Pfarrkirche Kortsch.

Das Ende der Gotik kam ziemlich plötzlich und mit großer Dramatik, nicht sosehr durch die Kunst der Renaissance, sondern durch die Reformation Martin Luthers und dem damit verbundenen Bauernaufstand 1525: Das Ergebnis war eine religiöse Orientierungslosigkeit, Sektenanfälligkeit und schließlich Gleichgültigkeit in Glaubenssachen. Die alte Kirche besaß keine Widerstandsfähigkeit, in Rom erkannte man zu spät, daß es sich nicht um eine Sekte, sondern um die Erschütterung ihrer Grundfesten handelte. Das Bürgertum und die Gebildeten fanden in der Hervorhebung und Entdeckung des Menschen als Maß aller Dinge und in den Ideen der südlichen Renaissance ein neues Idol, das Landvolk suchte mehr Rechte ge-

Christus, Petrus und Paulus. Fresko am Triumphbogen in der St.-Walpurg-Kirche in Göflan.

Fresko von der Hand des Meisters Andre mit der Marter Sebastians, Spitalkirche.

genüber Adel und Geistlichkeit im offenen Aufruhr. Die Kunst fand nur noch im Mäzenatentum gehobener Kreise und außerhalb der Kirche statt, das Volk hatte daran keinen Anteil. Die vielen Künstler der Spätgotik versanken ohne Aufträge in Armut. Der Adel begann wieder in seinen Burgen Kunst zu zeigen, die aber mehr der neuen Welt, dem Porträt und antiken Sagen gewidmet war, wie gerade die Churburg bezeugt.

In der zweiten Hälfte des 16. Jahrhunderts zieht der Adel aus seinen Burgen weg und erbaut sich im Tal neue, wohnliche Ansitze, angeregt durch das Schloß Ambras bei Innsbruck, das der neue Landesfürst Erzherzog Ferdinand II. seiner Gemahlin Philippine erbaut hatte. Der größte dieser Ansitze im Vinschgau ist Schloß Goldrain, erbaut von der Adelsfamilie Hendl. In Schlanders folgte ihm die Schlandersburg um 1600 nach, ebenfalls erbaut von der Familie Hendl. Das neue Selbstbewußtsein des Adels dokumentiert sich in den Wappen der Hendl und ihrer Verwandtschaft Trapp, Boimont, Botsch, Schlandersberg und Wolkenstein, die außen an der Schlandersburger Sonnenuhr 1616 angebracht sind. Das Schloß ist um einen großen Innenhof gebaut, mit zwei Geschossen, die an drei Seiten von den typischen Arkadengängen der Renaissance belebt werden. Während die Außenfront mit Zinnenmauern und Türmen gotische Erinnerungen weckt, sind die Arkaden mit ihren schlanken Säulen echte Fürstenrenaissance. Der Bau wurde sicher von einem aus den Süden zugewanderten Meister vom Comer See oder der Valcamonica errichtet, die nach der Auflösung der Bauhütten über das Trentino nach Südtirol zu den Adelssitzen im Überetsch, und gerufen von den Fürstbischöfen, auch in den Brixner Raum gekommen waren und in einigen Fällen, wie die Delai in Bozen oder de Gallo in Kaltern sich seßhaft machten. So sind *Jakob* und *Jann* (Johann), Maurer von Bergell, Zeugen in einer Urkunde vom 10. Feber 1520 im Pfarrarchiv Schlanders. 1551 wohnten die Maurermeister *Sebastian* und *Konrad Gemet* in Kortsch, ebenso *Michael* und *Sebastian Andriell* (Andrioli) von Bormio (1541). Sie waren die ersten Vertreter der Renaissance im Vinschgau[22].

Hof der Schlandersburg.

Die Jahrzahl 1606 am Arkadengang der Schlandersburg bedeutet die Vollendung des Baues, der jetzt nach Restaurierung im neuen Glanz erstrahlt. Von besonderem Reiz sind die in Sgraffitotechnik verzierten Kamine, direkte Abkömmlinge der Vorbilder im Hochschloß Ambras.

Was der hohe Adel sich leisten konnte, ist dem niederen Beamtenadel nicht immer ganz gelungen. Den neuen 1588 verliehenen Adel wollte Jenewein (Ingenuin) Ladurner mit einem neuen Ansitz neben der Ingenuinskirche in Schlanders sichtbar machen. Das Erdgeschoß, begonnen 1598, ist echte Adelsrenaissance mit Fenster- und Türgewänden aus weißem Marmor, mit Wappen und Jahrzahl und einem Runderker, in dessen Fuß er sein und seiner Gattin Brustbild meißeln ließ. Für ein oberes Stockwerk in gleicher Pracht hat es nicht mehr gereicht. Jenewein Ladurner hatte als Fähnrich und »gueter Soldat« gegen die Türken gekämpft und nannte sich Hauptmann und Pfleger im Landgericht Schlanders. Schließlich ließ er am Portal resigniert den Spruch »Armuett vertreibt Hochmueth« einmeißeln[23].

Im Verein mit dem Abt von Marienberg ließ er um 1600 die gotische Ingenuinskirche mit einem

22 H. THEINER, Repertorium des Archivs der Spitalkirche zu Schlanders S. 28; Repertorium des Pfarrarchivs Schlanders, Urkunde 1520, Feber 10

23 M. LADURNER-PARTHANES, Die Ladurner, Schlern-Schriften 210, Innsbruck 1960, S. 35–37; N. RASMO, Dizionario degli artisti atesini 1980, S. 113; N. RASMO, Kunstschätze Südtirols, S. 57.

Gewölbe aus Stuckgraten versehen und mit Rankenwerk und den Wappen Ladurner und Abt Leonhard Andri versehen. Auch die alte Ägidiuskirche ober Kortsch erhielt um 1600 ein gleiches Gewölbe mit Rankenmalerei, vermutlich vom Malser Maler *Michael Praun*, der zu dieser Zeit fast der einzige Maler im Vinschgau war.

Schließlich bekam die Pfarrkirche in Kortsch 1588 das nördliche Seitenschiff mit einem gotisierenden Rippennetz. Außerdem hat »Anno 1597 dem Almächtigen zu Lob und dem Heiligen Johannes dem Täufer zu Ehren ain ersam Gmain allhie, reich und arm, diesen Turn um 11 clafft erhecht und den 9. Tag October 1597 vollent.« So erhielt der Turm der Pfarrkirche Kortsch seine heutige Gestalt. Außerdem stiftete Florian Mair einen marmoren Weihwasserstein[24].

Nach 1600 wurde die Kunsttätigkeit etwas reger, weil die Reformen des Konzils von Trient sich langsam durch eine Erneuerung der Kirche auszuwirken begannen und die Not und die Seuchenwellen des 30jährigen Krieges von 1611 bis 1635 die Leute wieder beten lehrten. So wurde 1632 die Martinskirche in Göflan verlängert und innen mit einer auf zwei Säulen gestützten Empore für die Kirchenmusik versehen. Schließlich holte man in Schlanders wie in Mals und vielen anderen Tiroler Orten die Kapuziner als volkstümliche Prediger. Sie errichteten 1644 bis 1648 die Kapuzinerkirche im Einheitsstil des Ordens mit quadratischem Chor, rechteckigem Langhaus und zwei Seitenkapellen mit einfachem Tonnengewölbe ohne jeden Schmuck, und einem Glockentürmchen. Die Landesfürstin Claudia Medici und die Familie Hendl haben wesentlich zum Bau von Kirche und Kloster beigetragen. Auch die Spitalkirche bewilligte 500 Gulden[25].

Die Bildhauerkunst beschränkte sich auf die Anfertigung von tabernakelähnlichen Marmorbildstöcken an Privathäusern. Der Bildstock am Irscherhof in Kortsch zeigt an der Vorderseite den Gekreuzigten und an den Seitenflächen die alte Darstellung der Dreifaltigkeit mit drei Köpfen und das Haupt Christi (um 1560). Weitere gleichartige Bildstöcke befinden sich im Museum in Latsch

Bildstock in Kortsch

(1558) und beim Gsteirhof in Schlanders (Göflaner Straße 1). Der letztere ist ein Nachzügler, denn er entstand erst 1648. Alle Bildstöcke sind stark gotisierend und von geringer Qualität, aber erste Zeugen der langsam wieder erstarkenden Gläubigkeit im Volk.

Nicht erhalten ist leider der neue Hochaltar der Pfarrkirche Schlanders, für den am 30. Dezember 1597 der Accord mit *Michael Pürtaller* (Pirtaler), Bürger zu Schwaz, abgeschlossen wurde. Pirtaler war in den Jahren 1590 bis 1625 einer der wenigen Bildschnitzer und Tischler, der weitum zu Aufträgen geholt wurde: Hochaltar der Rattenberger Pfarrkirche 1588, Barbaraaltar der Pfarrkirche Schwaz 1595, Hochaltar der Pfarrkirche Eben am Achensee 1629, Chorgestühl der Franziskanerkirche Schwaz 1617 und Orgelgehäuse der Pfarrkirche Bruneck 1608.[26] Erhalten haben sich nur einige

24 Inschrift am Turm der Pfarrkirche Kortsch.
25 H. Theiner, Repertorium der Spitalkirche zu Schlanders, S. 73.
26 Verlorene Urkunden des Pfarrarchivs Schlanders nach einem Repertorium des 18. Jahrhunderts im neuen Repertorium von H. Theiner, das dem Verfasser wegen seiner Vielfalt eine große Hilfe war. E. Egg, Kunst in Schwaz 1974, S. 72–73; K. Fischnaler, Pfarrkirche Rat-

Statuen in Rattenberg und in der Michaelskapelle in Schwaz. Er war wohl mit dem aus Schwaz stammenden Bildschnitzer *Georg Pirtaler* in Meran verwandt. 1644 bestätigte der Tischlermeister *Elias Hendl* in Meran, für einen in die Pfarrkirche Kortsch gelieferten Altar (1635) im Wert von 105 Gulden, mit Getreide, Schmalz und Geld voll bezahlt worden zu sein. Zahlung in Naturalien war in den Notjahren des Dreißigjährigen Krieges allgemein üblich[27].

Den Anschluß an den Frühbarock stellt die Statue der Schmerzensmutter im Langhaus der Pfarrkirche in Kortsch her. Sie ist ein Werk des bedeutenden Oberinntaler Bildhauers *Hans Patsch* (um 1630), der 1638 nach Meran übersiedelte und dort schon 1648 starb. Die Figur ist fast identisch mit der Schmerzensmutter von Patsch in der Wallfahrtskirche Riffian bei Meran[28].

Auch die Malerei stand am Anfang noch ganz im Zeichen der religiösen Gleichgültigkeit. Ältestes Werk ist das beschädigte Fresko am alten Pfarrhof in Schlanders, das nur noch in der Vorzeichnung erhalten ist und eine Reiterschlacht der Zeit Kaiser Maximilians I. um 1515/20 mit in Harnische gehüllten Adeligen darstellt. In der Folgezeit sind einige Fresken des Leidens Christi in der Ägidiuskirche (um 1600) und die ornamentalen Malereien in der Schlandersburg mit dem für die Jahre um 1600 typischen Rollwerk und Büsten antiker Könige erhalten. Dort befindet sich an der Außenmauer auch ein Fresko mit Maria, Florian und Rochus von 1616. Rochus war mit Sebastian der viel verehrte Pestpatron des 17. Jahrhunderts. Die zwischen 1611 und 1635 wütenden Seuchenwellen nannte man Pest, obwohl sie mit der Beulenpest nichts zu tun hatten. Der schon erwähnte Maler *Michael Praun* von Mals schuf den kleinen Säulenaltar in der Kapelle am Ortseingang von Göflan (früher in der Stachelburg in Schlanders), den 1620 Leopold von Stachelburg und seine Gattin Maria Fieger von Neumelans gestiftet haben[29]. Er ist ein typischer Altar der Spätrenaissance mit dem Relief der Gottesmutter und den gemalten vier Kirchenvätern. Ein sehr bäuerlicher Maler hat im Irscherhof in Kortsch im Erker innen die Szenen der Kreuzigung und die Heiligen Florian und Jakobus gemalt und stolz signiert:

»1626 *HANS FUX* MALER op 1626«. Ob er mit dem 1619 als Laienbruder in das Stift Stams eingetretenen Maler gleichen Names identisch ist, der schon 1616 vom Landesfürsten Erzherzog Maximilian III. für »seine gehorsamist willigen Dienste« ein Wappen erhalten hatte und dabei als in Latsch wohnhaft bezeichnet wurde, bleibt fraglich, denn der Stamser Hans Fuchs († 1647) malte um

Schmerzhafte Mutter in der Kirche in Kortsch.

tenberg, Salzburger Museumsblätter 1931, Heft 2/3; F. K. ZANI, in: Der Schlern 1980, S. 237.
27 Altar in Kortsch, Repertorium des Pfarrarchivs Schlanders von H. THEINER (1597).
28 E. EGG, Kunst im Burggrafenamt, Lana 1994, S. 104–107.
29 L. ANDERGASSEN, Renaissancealtäre in Südtirol, Diss. Wien 1988, K18.

1630 die Miniaturen der Klostergründung von Stams und den Rosenkranzaltar in der Burschlkirche in Landeck (1629), die von guter Qualität sind[30].

Bei der Errichtung eines neuen Turmdaches der Spitalkirche Schlanders war auch der Maler *Adrian Mayr* von Latsch mit nicht genannten Malerarbeiten beteiligt[31]. Mair werden die Wandgemälde der Spitalkirche in Latsch (Weltgericht und sieben Werke der Barmherzigkeit 1604) zugeschrieben. Außerdem malte er 1584 Wandbilder in der Michaelskapelle im Wallfahrtskloster S. Romedio bei Sanzeno, die von den Freiherrn von Thun gestiftet worden ist. Er muß ein über den Vinschgau hinaus bekannter Maler gewesen sein. In die Jahre um 1630/50 gehört noch der prachtvolle Taufsteindeckel der Pfarrkirche Schlanders mit reicher Ornamentik und den Bildchen der Taufe Christi und der sieben Kardinaltugenden.

In den ersten Jahrzehnten des 17. Jahrhunderts taucht der erste in Schlanders seßhafte Künstler, der Maler *Hans Hartwig*, auf. Die Zunftstreitigkeiten in den Städten haben die Tiroler Landesfürsten bewogen, Malern und Bildhauern, deren Können ihnen aufgefallen war, die meist von auswärts kamen und die zeitgenössische Kunst als Wandergesellen kennengelernt hatten, den Titel »der freien Kunst Maler oder Bildhauer« zu verleihen[32]. Sie waren von den Zünften unabhängig und konnten sich niederlassen wo sie wollten. Hans Hartwig hatte diesen Titel, wie 1544 seine Quittung für den Hochaltar der Pfarrkirche in Tschars über 1000 Gulden (wohl eher 100 Gulden) für die Fassung und Vergoldung beweist. Sie nennt ihn Meister der freien Künste in Schlanders. 1639 haben sich die Bewohner des Langtauferer Tales über ihn beschwert, daß er 1633 den Auftrag der Malung eines Fahnenbildes um 25 Gulden erhalten hatte. Er habe das Bild geliefert, aber später wieder abgeholt und dem Pfarrer von Graun verkauft. Die Gerichtsverhandlung endete mit einem Vergleich. Leider kennen wir von Hartwig kein Werk[33].

Um 1650 änderte sich die Lage der Künste grundlegend. Das Volk wurde nach dem 1648 beendeten Dreißigjährigen Krieg von einer Welle der Gläubigkeit erfaßt. Dazu kamen die Türkensiege und der Aufstieg Österreich zu einer Großmacht. Neue Wallfahrten entstanden, alte wurden wiederbelebt und der Wohlstand kehrte in die Kornkammer Tirols, den Vinschgau, ein. Die Künstler, die den Barock jetzt bei ihren Wanderungen nach Oberitalien kennengelernt hatten,

Taufstein in der Pfarrkirche Schlanders.

Rechte Seite: Die Pfarrkirche von Schlanders.

30 N. Grass, Hans Fuchs, Maler und Konvers in Stams, Schlern-Schriften 146, Innsbruck 1959, S. 231; E. Egg, Kunst im Vinschgau, Lana 1992, S. 108.
31 E. Kofler, Über die Spitalskirche in Schlanders, Ms. 1844 FB 2702, f. 61, Tiroler Landesmuseum Innsbruck; S. Weber, Artisti Trentini, Trient 1933, S. 220; N. Rasmo, Trentino-Südtirol, 1979, S. 413.
32 N. Rasmo, Urkunde Pfarrarchiv Tschars; Redlich/ v. Ottenthal, Archivberichte aus Tirol, Band V, Wien 1896, Nr. 392.
33 B. Mahlknecht, Wie die Langtauferer doch noch zu einem Fahnenblatt kamen, Der Schlern 1991, S. 363.

wurden mit Aufträgen gut versorgt und siedelten sich auch außerhalb der Städte an, wo die Zünfte ihre Freizügigkeit nicht beengen konnten.

So wurde Schlanders neben Latsch ein Zentrum barocker Kunst im Vinschgau. Diese vom Volk getragene Welle des volkstümlichen Barock wurde erst durch Kaiser Josef II. nach 1780 bekämpft, dann in den napoleonischen Kriegen ausgesetzt, von staatlicher Bevormundung und beamtlicher Aufklärung, die bald in eine Diktatur überging, gebremst, endete aber in den letzten Ausklängen erst mit der Revolution von 1848.

Die Architektur wurde im Gegensatz zu den nördlichen Talgebieten (Inntal, Pustertal und oberes Eisacktal) wenig bemüht. Die Kirchen waren nach 1500 fast alle neu gebaut worden, so daß die Gläubigen genug Platz hatten. Der größte Bau war der der Pfarrkirche in Schlanders. Wenn auch keine Baurechnungen erhalten sind, so gibt es doch genug Belege in den Pfarrarchiven, das es sich um einen Neubau und nicht um eine Barockisierung des Inneren der alten Kirche handelte. Im Pfarrarchiv Schlanders lagen eine Reihe von Akten (Mappe 3): Eine Zahlungsaufforderung vom 20. März 1758 an die Schusterbruderschaft, 36 Gulden als Beitrag zum Kirchenbau zu zahlen. Vom 7. Mai 1758 eine Kopie des dem Grundstein beigelegten Schreibens. Ein Protokoll mit seinen Beilagen, in welche Unkosten man sich wegen der neuen Pfarrkirche eingelassen habe und eine Abschrift des Accordes, dem die Quittung der Bezahlung beigehängt ist (die beiden letzten ohne Datum, aber sicher um 1758). Weiters ein Protokoll der verschiedenen Vorgänge, den Bau der Pfarrkirche betreffend, die Rechnungen des Baukassiers Anton Ebner und des Wirtes zum Löwen Valtein Sämer, zwei Schuldobligationen über ein Darlehen vom Nonnenkloster Müstair über 2600 Gulden[34]. Alle diese Belege sind leider nicht mehr im Original, sondern nur in einem Urkundenverzeichnis des 18. Jahrhunderts erhalten.

Im Kirchenarchiv Göflan wird bestätigt, dem Baukassier in Schlanders 20 Gulden bezahlt zu haben. In einer Urkunde vom 14. November 1768 bestätigt der Fürstbischof von Chur, daß er am 3. September 1767 die neu erbaute Pfarrkirche mit fünf Altären geweiht habe (Pfarrarchiv Schlan-

34 Wie Anm. 26.

ders). Eine letzte Notiz in den Kirchenrechnungen von Göflan 1760/61 bedeutet, daß der Kirchpropst 9 Mutt Kalk um 102 Kreuzer von Herrn Mölk gekauft habe. Damit ist auch der Erbauer der neuen Kirche. Der kaiserliche Kammermaler *Josef Adam Mölk* genannt. Der Deutsche Ritterorden als Inhaber der Pfarre hatte nur einer Vergrößerung der Kirche zugestimmt. Nachdem die Gemeinde aber den ganzen Altbau abgerissen hatte, kam es zum Streit, der damit endete, daß der Orden 3100 Gulden zu den Kosten beisteuerte[35]. Daß Mölk nicht nur die Pfarrkirche mit Fresken geschmückt, sondern auch den Bau übernommen hat, beweist seine Eingabe vom 30. Oktober 1758, wo er schreibt, daß er das Pfarrgotteshaus im Bau und Malerei zu besorgen habe[36]. 1759 machte Mölk eine Reise nach Venedig, war ab Februar wieder in Schlanders und erhielt 1700 Gulden zur fertigen Ausmalung der Kirche. Ende des Jahres war er bereits in Sillian, wo er um 5800 Gulden eine Kirchenreparation (nicht nur eine Ausmalung) übernommen hatte. Er versprach die Arbeit in Schlanders bis Jahresschluß zu vollenden.

Im Vertrag mit der Pfarre Sillian 1759 verpflichtete er sich, in eigener Regie die Kirche als »bestölter Gewaltträger« um 31 Werkschuh zu verlängern, einen Dachstuhl aufzusetzen, eine Empore zu errichten, die Fresken zu malen und die Altäre zu entwerfen. Er versprach »Das Gotteshaus herzurichten, dass solches Werkh kheiner Khirchen in Landt Tyrol an Herrlichkeit weichen soll«.[37]

Josef Adam Mölk (1714–1794) war ein viel in Tirol lebender Wiener Maler, der wegen der Schnelligkeit seiner Freskoarbeit in ganz Österreich immer wieder Aufträge erhielt, aber auch Bauarbeiten an den von ihm auszumalenden Kirchen wie in Sillian, Matrei am Brenner, Maria Trens und Hall übernahm, weil er scheinbar über Maurer und Stukkateure (nur für die Kapitelle) verfügte.

So ist die Pfarrkirche in Schlanders wirklich sein Werk, das einzige, bei dem er sich nicht mit einer

35 J. Nössing, Die Kommende Schlanders, S. 397, in: J. Noflatscher, Der Deutsche Orden in Tirol, Bozen 1991.
36 J. Kraft, Zur Lebensgeschichte des Malers Josef Adam Mölk, Zeitschrift des Ferdinandeums, Innsbruck 1915, S. 287–290.
37 M. Pizzinini, Sillian/Osttirol, Christliche Kunststätten Österreichs, Nr. 98, Salzburg 1974.

Deckenfresko von Josef Adam Mölk in der Pfarrkirche Schlanders.

Barockisierung eines Altbaues begnügte, sondern einen Neubau schuf. Die Kirche hat ein weitgespanntes Langhaus mit zwei halbrunden Ausbuchtungen für Seitenaltäre und einen schmäleren Chor, die beide durch einfache Strebepfeiler außen dem weitgespannten Gewölbe Halt geben sollten. Die Stichkappentonne mit kräftigen Wandpfeilern und Stuckkapitellen läßt in der Gewölbemitte großen Platz für die Fresken. Insgesamt entspricht seine Bauweise den allgemeinen Tendenzen um 1750, dem Maler möglichst viel Platz für die Fresken einzuräumen. Diese stellen in Schlanders die Verkündigung an Maria, die Verehrung Mariens durch die vier Erdteile, Esther mit König Ahasver als Vorläuferin Marias und Maria als Fürbitterin der Menschen auf Wolken thronend dar. In den

Gewölbezwickeln sind die Apostel, Evangelisten, die Kirchenväter, die göttlichen Tugenden, Judith und Rahel gemalt. Die Signatur verkündet: »Joseph Mölck kais. königl. Kammermahler pinxit 1758«.

Ohne Zweifel ist das große Bild im Langhaus, Esther und Ahasver, eine seiner bedeutendsten Leistungen, mit mächtiger Scheinarchitektur, der großen Stiege und den Figurengruppen, eine echt barocke Theaterszene[38]. Er malte auch die beiden Seitenaltarbilder des hl. Sebastian und der Übergabe des Skapuliers durch Maria, die in der Szene des hl. Sebastian die hell beleuchtete Gestalt aus dem Dunkel hervortreten läßt.

Mölk hat wahrscheinlich auch das gotische Gewölbe der Spitalkirche abgetragen, die Mauern erhöht und ein neues Gewölbe eingesetzt, um sein großes Fresko des hl. Johannes Nepomuk als Fürbitter und den Ort überhaupt unterzubringen. Dieses um 1758/60 gemalte Bild bringt eine ausgezeichnete Landschaftsdarstellung mit dem Ortsbild, das Schlanders zu seiner Zeit geboten hat.

Sonst wurde im Bereich von Schlanders nur noch 1756 das Innere der Pfarrkirche in Kortsch barockisiert, nachdem schon 1699 eine nördliche Seitenkapelle angebaut worden war[39]. Die »Gemeinschaft Cortsch« gab wegen Reparierung und Neuerbauung des Gotteshauses St. Johannes in Kortsch 1754 eine Beihilfe von 400 Gulden, berichtet die Kirchpropstrechnung von 1769. 1756 war der Umbau vollendet, trotz eines Protestes des Deutschen Ordens[40]. Die Barockisierung fiel bescheiden aus, die Rippen wurden entfernt, aber die Fälze der Rippenfiguren blieben im Gewölbe sichtbar, nur die Konsolen wurden mit barocken Kapitellen verkleidet.

In einem Ort wie Schlanders mit dem Gerichtssitz, den Herren des Deutschen Ritterordens und der heimatlichen Nobilität spielte der Adel eine große Rolle und tat sich nicht nur als Stifter im kirchlichen Raum hervor, sondern baute Ansitze und Palais zur Repräsentation und für den gesteigerten Wohnluxus. So entstand der heutige Pfarrhof in Schlanders mit seinen vier Flügeln um einen Innenhof und zweigeschossigen Arkaden unter dem Komtur Heinrich von Kageneck als Residenz der Kommende in den Jahren 1710 bis 1714[41]. Dazu kam eine klar gegliederte mächtige Fassade mit einem Portal und den wappengeschmückten Holztüren (Wolkenstein und Deutscher Orden 1776). Das Inventar von 1776 erinnert noch an die einst kostbare Ausstattung wie in einem Adelspalais, von der heute nur noch einige Räume mit Stukkaturen zeugen.

Das Haus der Priesterschaft gegenüber (heute Gerichtssitz) war viel bescheidener. Es wurde 1595 als Pfarrhof eingerichtet und tritt nur mit dem Marmorportal und einer Gedenktafel hervor. Sie besagt in Latein und deutsch, daß 1595 seit dreihundert Jahren das deutsche Haus hier war, von Jakob Glier Ordenspriester renoviert und in solche Gestalt gebracht wurde 1705. Innen blieb der Saal mit den Wappen der Landkomture der Ballei an der Etsch und im Gebirge erhalten.

Als Palais des Adels ist der Ansitz Freienturn der Freiherren und Grafen von Hendl das Gegenstück zur Ordenskommende. Ein mächtiger Baublock mit Turm und einem prachtvollen Portal mit Rustikaquaderung, dem Wappen Hendl und dem Madonnenrelief von Gregor Schwenzengast. Im Inneren, heute Rathaus, sind zwei Geschosse mit Stukkaturen ausgestattet, ebenso ein großer Saal und die Kapelle erhalten. Erbaut wurde der Ansitz um 1720/30.

Der Ansitz Schlanderegg 1697 für die Grafen von Hendl gefreit, ist ein mächtiger, außen mit Fresken von *Hieronymus Peteffi* um 1750 geschmückter und innen noch mit Stukkaturen und Kassettendecken versehener Bau. Der alte Ansitz Heydorf (Laretzhof) mit großem Hoftor und Wappen entstand um 1652/90.

Wesentlich mehr wurde im Barock für die Ausstattung der Kirchen getan. Das älteste Werk ist der Altar der Walpurgiskapelle in Göflan mit den schwarz-goldenen Altarteilen, dem gesprengten Giebel mit dem Pelikan als Symbol Christi, der Akanthusblattornamentik, dem rechteckigen Altarbild der hl. Walpurgis und einer Inschrift, die

---

38 H. WIELANDER, Sakrale Kunst in Schlanders, Bozen 1991, S. 83–85; DERS.: Pfarrkirche Maria Himmelfahrt in Schlanders, 175 Jahre Maria Namen Prozession 1970.
39 Kirchpropstrechnung 1769, Pfarrarchiv Kortsch.
40 J. NÖSSING, Die Kommende Schlanders, wie Anmerkung 35, S. 197.
41 H. KOFLER, Schlanders, Herz des Vinschgaues, Jahrbuch des Südtiroler Kulturinstitutes, Band V–VII, 1967, S. 332–338; J. NÖSSING, wie Anm. 35.

Hof des Pfarrwidums.

das Walpurgisöl an ihrem Grab in Eichstätt preist. Der Altar wurde 1718 aufgestellt. Man könnte als Schöpfer an den Bildhauer *Paul Gamper* denken, der 1706/07 zur Besserung des Fahnenkreuzes der Kirche St. Martin in Göflan 10 Gulden erhielt[42]. Von ihm gibt es als gesichertes Werk die Statue des hl. Sebastian im Kirchendepot in Latsch[43]. Als nächster Auftrag folgte der Altar in der nördlichen Seitenkapelle der Pfarrkirche von Kortsch 1699, der dem berühmten Latscher Bildhauer *Gregor Schwenzengast* (1646–1723) zugeschrieben wird, vor allem die vier Engel im Oberbau des Altares und die gedrehten Säulen mit den Weinlaubranken passen in sein Werk[44]. Eine Inschrift meldet: »Disse Cappell wie auch der Altar hat der firnnemb Hanss Strimer zu Cortsch machen lassen Ano 1699«. Die beiden Seitenstatuen stammen aus späterer Zeit (um 1750). Von Schwenzengast, dem typischen Meister des bewegten Hochbarock, stammen auch der Schutzengel und die sitzende Mutter Anna mit Maria und dem Jesukind in Kortsch. Aus dem Ansitz Schlandersburg kamen ein hl. Michael und die Marmorreliefs der Kaiser Leopold I. und Karl VI., die die Kenntnis der Habsburgerreliefs von Paul Strudel in Wien voraussetzen, jetzt ins Tiroler Landesmuseum. Besonders kennzeichnend für Schwenzengast sind die von Blütenkränzen eingefaßten Büsten Marias als Mutter der schönen Liebe, des Gnadenbildes des Klosters Wessobrunn in Bayern, am Rathaus und der Maria mit dem Kinde am Gasthaus Widder in Schlanders. Das ähnliche Relief am Luzienhof in Schlanders ist eine einfachere Nachahmung seiner Bildnisse in der Göflaner Steinmetzwerkstätten.

Noch in das 17. Jahrhundert um 1670 geht der Hochaltar in St. Martin in Göflan zurück. Anstelle eines Altarblattes befindet sich der gotische Schrein mit dem hl. Martin zu Pferd von ehemaligen Hauptaltar. Die Säulen mit den Weinlaubranken, der offene Giebel und die Statuen der Heiligen Florinus und Luzius und zuoberst der hl. Martin mit der Gans sind bedeutende Kunstwerke

42 Kirchenpropstrechnung 1706/07, Kirchenarchiv Göflan.
43 H. Theiner, Kunstdepot Latsch (Heimatpflegeverein Latsch), 1990.
44 H. Laner, Der Bildhauer Gregor Schwenzengast, in: Der Schlern 1957, S. 404; H. Theiner, Gregor Schwenzengast, Bildhauer in Latsch 1996.

Rathaus, Außenansicht.

Marienrelief von Gregor Schwenzengast am Rathaus.

des frühen Barock. Auch die Statue der Madonna im Strahlenkranz auf einem Seitenaltar gehört in diesen Kreis.

Mit den Spätbarock um 1750 treten uns auch Bildhauer entgegen, die ihre Werkstatt in Schlanders hatten. Der bedeutendste ist *Johann Perger* (nicht zu verwechseln mit Johann Perger in Brixen). Er arbeitete vor allem für die Kirche in Kortsch kleine und größere Aufträge und wird immer als Bildhauer in Schlanders bezeichnet. 1758/59 schuf er zusammen mit dem Maler *Martin Tafrazer* einen Rahmen für das Gnadenbild Maria vom guten Rat[45]. 1757 und 1772/73 wird *Thomas von Foll* (Voll), Bildhauer zu Schlanders, in den Kirchenpropstrechnungen von Kortsch genannt

Links oben: Statue der Anna Selbdritt von Gregor Schwenzengast in der Kirche von Kortsch.

Oben: Hochaltar der Martinskirche in Göflan.

---

45 Kirchenpropstrechnungen 1758/59, 1754/55, 1764/65, 1769, Pfarrarchiv Kortsch.

und 1780/81 schnitzte *Simon Thaler*, Bildhauer in Schlanders, neue Buschenkrüge auf den Hochaltar in Göflan, die der Maler Hieronymus Peteffi faßte[46]. Es gibt im Umkreis von Schlanders Statuen, die von diesen Bildhauern stammen könnten, aber nicht erkannt sind. So etwa die Seitenaltarstatuen der Heiligen Joachim und Anna und Franziskus und Dominikus in der Pfarrkirche Schlanders. Auch die mit Ornamenten geschmückte Kanzel in der Pfarrkirche Schlanders könnte mit den genannten Bildhauern zu tun haben.

Der Hochaltar der Pfarrkirche in Kortsch ist das Werk des Imster Bildhauers *Josef Jakob Witwer* und des Fassmalers *Christian Miller* in Imst. Die Abrechnung ist im Pfarrarchiv Kortsch erhalten (1757)[47]. Obwohl der mit Beiden geschlossene Kontrakt nicht gefunden werden konnte, rechneten 1757 die Kirchpröpste mit ihnen ab. Beide erhielten zusammen für den Altar 260 Gulden und für den Tabernakel 80 Gulden und 30 Kreuzer. Der erhaltene Altar ist ein typisches Werk von Witwer, der wie Andreas Kölle, Balthasar Horer und andere Oberinntaler Bildhauer im Vinschgau bis hinab nach Meran viele Werke geschaffen hat. Der einfache Aufbau mit vier Säulen, der elegante Oberbau mit Ornamenten, Engeln und der Taufe Christi und die in römischer Panzerung mit ausgeschwungenen Fahnen in theaterhafter Pose dastehenden Heiligen Florian und Georg, aber auch der elegante Tabernakel künden heute noch von der barocken Pracht, die das Volk besonders liebte. Das Altarbild mit Maria und Johannes dem Täufer stammt von einem älteren Altar mit den Figuren der Heiligen Maria, Josef, Vinzenz und Antonius aus dem 18. Jahrhundert. Das gleiche gilt von den drei Altären in Vezzan, die aber ohne barocke Statuen sind.

Nicht zu vergessen ist, daß man während des ganzen 18. und bis ins 19. Jahrhundert unter Vinschgauer Marmor nur denjenigen von Göflan verstand. Der Betrieb dort lieferte nicht nur Gregor Schwenzengast und anderen Steinmetzen Marmorstücke für die umliegenden Kirchen. Große Marmorblöcke gingen nach Oberösterreich und Wien. Die Brüder *Paul* und *Peter Strudel* aus dem Nonsberg waren Hofkünstler in Wien, besichtigten 1694 die Marmorbrüche in Göflan und erhielten die Erlaubnis des Kaisers, einen Bruch für ihre großen Aufträge in Wien (Pestsäule, Habsburgerbildnisse) zu nutzen, wobei besonders von 1710 bis 1714 viele Blöcke ab Hall mit dem Schiff nach Wien transportiert wurden[48]. Als erfahrene Steinbrecher wurden Italiener berufen. 1717 lieferte *Pietro Antonio Maggi*, Steinmetz in Schlanders, Marmor für zwei Statuen zum Hochaltar der Stiftskirche Lambach (Oberösterreich), jeden Schuh nach Hall ans Wasser geliefert um 4 Gulden 30

Statue vom Seitenaltar der Pfarrkirche Schlanders

---

46   H. Theiner, Repertorium Pfarrarchiv Schlanders, S. 81; Kirchpropstrechnung 1754/55, Kirchenarchiv St. Martin, Kortsch; Kirchenpropstrechnung 1780/81 Kirchenrechnung St. Martin, Göflan.

47   E. Egg, Kunst im Vinschgau, Bozen 1992, S. 135–136; E. Egg/G. Ammann, Katalog Barock im Oberland, Innsbruck 1973, S. 53 ff.; Altarrechnung 1757, Pfarrarchiv Kortsch.

48   M. Koller, Die Brüder Strudel, Innsbruck 1996, S. 23, 82, 89.

Kortsch, Hochaltar.

Kreuzer, 1716 wurden noch 4 Kapitelle und 4 Schaftgesimse um 385 Gulden nachgeliefert[49]. Die Statuen am Hochaltar, ausgeführt von den Bildhauern Paolo de Allio und Diego Carlone, sind erhalten geblieben.

1777 wurden dem Steinmetz *Johann Schmidinger* vom Bergrichter von Imst die Steinbrüche in Göflan verliehen[50]. Er starb 1801 und bezeichnet sich an seinem Grabstein als Liebhaber geistlicher und weltlicher Bücher und als Steinhauer und k. k. Holzmeister im Gericht Schlanders[51]. In den Kirchenpropstrechnungen von Göflan, Kortsch und Schlanders kommen die Steinmetzen, Marmor- und Steinarbeiter *Niklas Frischmann* 1681, *Jakob Waldner* 1757 und *Johann Schnidinger*, alle in Göflan, vor. Sie schufen auch zahlreiche Grabsteine mit barocken Mustern bis 1850 mit trauernden Frauen, abgebrochenen Kerzen und Totenköpfen, aber auch ganze Marmorkreuze für die Bauern. In Schlanders und Göflan erinnern noch viele solche Grabdenkmale an die volkstümliche Art dieser Steinmetzen. In den Kirchen erhielt der Adel Wappengrabsteine mit vergoldeter Schrift als Zeichen seines Standes.

Auch die Maler erlebten im Barock ihre große Zeit, wenn auch nur einer von ihnen zu den wichtigen Künstlern dieser Epoche in Tirol zählt. *Thomas Mayr*, der freien Kunst Maler, schließt 1650 mit der Gemeinde Schlanders einen Kontrakt über die Fassung des Hochaltares der Pfarrkirche, erhält 1672 für die Fassung einer Altartafel der Maria Immaculata in der Peterskirche von Tannas 46 Gulden 30 Kreuzer. 1688/89 werden seinen Erben 50 Gulden für eine Arbeit ausbezahlt[52]. *Michael Madein*, Maler in Schlanders, bekommt 1702/03 für die Malung des Heiltums (einer Reliquientafel) 5 Gulden und für Tafeln auf den Altar 1 Gulden 24 Kreuzer, 1706/07 nach einer Arbeit einen Trunk um 2 Gulden 10 Kreuzer und 1709 für das Blatt einer Fahne 39 Gulden 30 Kreuzer, alles für die Martinskirche in Göflan. Erhalten ist in der Marienkapelle der Pfarrkirche Tschengls der 1696 von ihm gefaßte Altar und andere Malereien, die 100 Gulden kosteten. Wahrscheinlich handelt es sich bei den anderen Malereien um die Wandbilder des Marienlebens. K. Atz berichtet, daß an der Mauer hinter dem Altar eine Inschrift meldet: Mich. Madein Maler zu Schlanders gewester Meister dieses Werks vollendet den 18. Juli 1696[53].

Jakob Luggin, Maler in Schlanders, faßt 1716 das Totenkreuz in der Pfarrkirche Kaltern um 3 Gulden 30 Kreuzer[54]. Aus dem Hochbarock 1690 stammt die Geschichte des hl. Johannes des Täufers in der Seitenkapelle der Pfarrkirche Kortsch, die vor allem in der bewegungs- und gestenreichen Szene mit dem Henker einen guten Maler verrät (renoviert 1820). Sie ist die Stiftung zweier Kortscher Michael Radamp und Thomas Schleiffer.

Grabstein mit trauernder Frau, Schlanders.

49 E. v. OTTENTHAL, Zur Geschichte des Laaser Marmors, in: Der Schlern 1922, S. 371; Österreichische Kunsttopographie, Band XXXIV (Lambach), S. 106.
50 E. KOFLER, Das Dorf Göflan, Ms. FB 2703, Tiroler Landesmuseum Innsbruck.
51 L. KÖLL, Laaser Marmor, Tiroler Wirtschaftsstudien 19, S. 27; FB 1657, Nr. 94, Tiroler Landesmuseum Innsbruck
52 Repertorium Pfarrarchiv Schlanders v. H. THEINER, S. 154, 172; Kirchpropstrechnung 1688/89, Kirchenarchiv Göflan; L. ANDERGASSEN, Kunst in der Propstei Eyrs, in: Der Schlern 1997, S. 55 ff.
53 K. ATZ/A. SCHATZ, Der deutsche Anteil des Bistums Trient, Band V, S. 85, 310; H. THEINER, Repertorium Pfarrarchiv Schlanders, S. 53.
54 L. ANDERGASSEN, Kirche in Kaltern, Kaltern 1992, S. 100.

Michael Madein, Fresko in der Marienkapelle der Tschenglser Pfarrkirche.

Martin Tafrazer Maler, *Johann Perger* Bildhauer und *Dominikus Khiemb* Tischler, alle in Schlanders, erhalten 1758/59 für das Aufrichten des Reliquiariums und für einen Rahmen des Gnadenbildes Maria vom guten Rat in der Kirche Göflan 5 Gulden 4 Kreuzer. Tafrazer faßt mit H. Lännser einen Seitenaltar in der Spitalkirche. Auch in der Pfarrkirche Schlanders werden 1760/61 Arbeiten dieses Malers erwähnt[55]. *Christian Trafojer* Maler in Schlanders schuf ein neues Fahnenblatt für die Peterskirche in Tanas 1716[56]. *Franz Lännser* bessert 1764/65 die Wandelstangen für die Prozessionen in der Pfarrkirche Schlanders[57]. Er war Maler der freien Kunst und wird 1737 als verstorben erwähnt. Als weitere Maler treten in den Rechnungen des Spitals in Schlanders 1696 *Franz Siebenförcher*, Maler zu Kortsch, 1697 der »kunstreich der freien Kunst Maler« *Johannes Mayr* in Schlanders und 1669 *Andre Froschauer* auf[58].

Sie alle übertraf *Hieronymus Peteffi* als bedeutender Maler in Schlanders. Er wurde am 23. August 1714 als Sohn des Pankraz Peteffi in Schlanders geboren und starb am 28. November 1805 im Alter von 92 Jahren in Schlanders. Er war 1738–1740 an der Wiener Akademie unter Paul Troger und Michelangelo Unterperger inskribiert und stellte 1744 das Ansuchen, in Meran als Bürger aufgenommen zu werden, weil er sich mit der Jungfrau Anna Maria Hellin in Meran in ein Eheversprechen eingelassen habe, die ihr ganzes Vermögen in der Stadt habe. Er sei mit 1300 Gulden an Geld versehen, habe zwölf Jahre in Augsburg,

---

55   H. Theiner, Repertorium Pfarrarchiv Schlanders, S. 83: Kirchpropstrechnung 1758/59, Kirchenarchiv Göflan; Kirchpropstrechnung 1760/61, Pfarrarchiv Schlanders.
56   L. Andergassen, Sakrale Kunst in der Propstei Eyrs. Der Schlern 1997, S. 55 ff.
57   Kirchpropstrechnung 1764/65, Pfarrarchiv Schlanders; H. Theiner, Repertorium Pfarrarchiv Schlanders, S. 56.
58   H. Theiner, Repertorium Pfarrarchiv Schlanders, S. 188, 157.

Wien und zuletzt in Bozen beim Maler Matthias Twinger in Arbeit gestanden[59]. Tatsächlich erhielt er das Inwohnerrecht, weil er im Steuerbuch 1751 genannt wird, ohne in Meran zu wohnen. 1765 erklärte er, daß er trotz Abwesenheit nicht auf das Inwohnerrecht verzichten möchte, weil er seit 13 Jahren die Steuer bezahlt habe. Da in Meran keine »sufficienten« Aufträge zu erwarten seien, habe er die Stelle des Mesners an der Pfarrkirche Schlanders angenommen. Sicher war ihm sein Bruder Andreas Peteffi, der bis 1773 Pfarrer in Tschars war, bei manchen Aufträgen von Nutzen.

In der Pfarrkirche Tschars ist der Rosenkranzaltar mit Maria, Dominikus und Katherina von Siena eines seiner besten Werke, beeinflußt von seinen Lehrern an der Wiener Akademie, Troger und Unterperger. Er ist mit »H. Peteffi pinxit 1770« signiert. Dort befindet sich auch ein Votivbild Maria vom guten Rat mit der Inschrift »ex voto pinxit Peteffi«. Weitere Altarbilder befinden sich in Schluderns (Marter der hl. Katherina, ehemals Hochaltarbild, jetzt in der dortigen Michaelskapelle), der Friedhofskapelle Morter (Martin mit dem hl. Dionysius, ehemals Hochaltarbild der Pfarrkirche, signiert »H. P. 1769«) und in der Pfarrkirche von Dorf Tirol (Himmelfahrt Mariens). Schließlich könnten auch die Fresken aus dem Leben des hl. Martin und die Erscheinung Christi in der Pfarrkirche Tschars von Peteffi stammen. Im dortigen Pfarrarchiv befindet sich eine Notiz, daß Peteffi, Maler aus Meran, für die Madonnen bezahlt wurde. 1762 erhält er als Ratenzahlung für die Fassung des Hochaltares der Pfarrkirche Schlanders 50 Gulden. Als er erneut zum Pfarrmesner in Schlanders bestellt wurde, goß er bis 1798/99 die Kerzen für die Kirche.

Die Fresken am Ansitz Schlanderegg, die erst kürzlich renoviert wurden, gelten als Werk Peteffis. Schließlich ist in der Abrechnung für den Hochaltar in Kortsch neben dem Hochaltar von Josef Jakob Witwer 1757 vom »Herrn Maler zu Schlanders« die Rede, der für den kleinen Altar

Rosenkranz-Altar in der Pfarrkirche Tschars, das Altarbild ist ein Werk von Hieronymus Peteffi.

59 H. Ringler, Hieronymus Peteffi, in: Der Schlern 1970, S. 500; ders.: Barocke Tafelmalerei in Tirol. Tiroler Wirtschaftsstudien 29, Innsbruck 1973, S. 195; B. Passamani, Paul Troger, Mezzocorona 1997, S. 176–181; E. Egg, Kunst im Vinschgau, S. 146; H. Theiner, Repertorium Pfarrarchiv Schlanders, S. 165.

Schlanderegg, Freskodetail.

und für die Malerei der Kanzel 86 Gulden erhielt. Die Altäre selbst kamen aus Imst[60].

Wegen der Anwesenheit mehrerer Maler in Schlanders wurden selten auswärtige Maler herangezogen. Die Kirchpropstrechnungen in Göflan nennen 1709/10 *Jakob Kolb*, Maler in Meran, und 1788/89 *Alois Egger* Maler in Algund[61]. Interessant ist der Maler *Anton Niernberger* (Nürnberger), der 1795 mit Erfolg um die Aufenthaltsgenehmigung der Inwohneraufnahme in Meran ansuchte. Er betätigte sich vor allem als Porträtmaler[62]. Dieser Zweig der Malerei mußte seit der Aufklärung das Nachlassen kirchlicher Aufträge ersetzen. In Schlanderegg befindet sich ein Porträt des Sebastian Steiner, das mit »A. Niernberger pinx.« signiert ist. Weiters gab es ein Porträt der Katherina von Wolkenstein, signiert »Anton Niernperger de Dinersperg pinxit 1789«, in der Trostburg und des Johann Nepomuk von Kripp Propst zu Innichen, signiert »F. A. der Niernberger pinxit 1787«, im Besitz der Familie v. Kripp.

Mit der Regierung Kaiser Josef II. (1780–1790) und den von 1791 bis 1813 dauernden Kriegen Österreichs gegen Frankreich endet offiziell die Epoche des Barock, denn jetzt werden stille Größe und edle Einfalt, der Rückfall in die antiken Vorbilder, die Vernunft an die Stelle des Gemütes, die Verurteilung des kirchlichen Aberglaubens im Volk und die Nützlichkeit des Individuums für den Staat als Soldat oder Steuerzahler die großen Ziele. Es kam aber nicht die große Freiheit, sondern die Diktatur des Beamtenstaates, geleitet von einer Gruppe intellektueller Freimaurer. All das und das Versagen Österreichs in den Kriegen gegen die französischen Armeen Napoleons, wobei die Tiroler 1796, 1797 und 1809 eine rühmliche Ausnahme machten, hatte zur Folge, daß in Tirol im Grunde an der barocken Kunst unter Hinweglassung der barocken Ekstase festhielt, und das bis

60 Akten 1757, Pfarrarchiv Kortsch.
61 Kirchenpropstrechnungen 1709/10, 1788/89 Pfarrarchiv Göflan.
62 Ratsprotokolle 1795 Juni 25, Stadtarchiv Meran; N. Rasmo, Cultura Atesina 1947, S. 168; in: Der Schlern 1969, S. 540; R. Marsoner, Bozner Bürgerbuch, Schlern-Schriften 153, Innsbruck 1956, S. 267.

1848. Der offizielle Stil des Klassizismus brachte in der Breitenwirkung keine große Leistung hervor. Die Architektur behielt das barocke Raumschema bei, reduzierte oder verzichtete auf die Stukkatur. Der einzige Bau aus dieser Stilepoche im Raum von Schlanders ist die Pfarrkirche in Vezzan, die nach einer Vermurung 1844–1845 neu erbaut werden mußte. Sie wurde wohl vom Maurermeister *Josef Lenz* errichtet, der auch die Pfarrkirchen in Eyrs (1852/53) und Laas (1849/54) in diesem als Ingenieurstil bezeichneten letzten Nachklang des Barock errichtete[63]. Die Baubeamten der Kreisämter, in diesem Fall Meran, haben oft die Pläne solcher Kirchen entworfen, da die Erlaubnis zum Kirchenbau mit vorgelegten Plänen und Voranschläge von ihnen genau geprüft wurde. Die Kirche hat außen am Langhaus und dem schmäleren Chor Halbkreisfenster und innen ein Stichkappengewölbe mit Wandpfeilern und einem durchlaufenden Gesims, alles Kennzeichen des Barock. Die Altarausstattung stammt noch aus früherer Zeit[64].

Das sonst bescheidene Kunstleben der ersten Hälfte des 19. Jahrhunderts vertritt in eigener Weise der Innsbrucker Maler *Leopold Strickner*, der im Saal der Schlandersburg Schabkunst- und Kupferstichblätter des Franzosen Antoine Watteau so exakt mit umgebogenen Ecken und Nägeln an die Wände gemalt hat, daß sie echte Drucke vortäuschen. Auch die grau-schwarze Farbe wirkt fast echt. Es handelt sich um Szenen des Landlebens aus der Sicht des Adels, wie sie das französische Rokoko liebte[65].

Interessanterweise herrschte aber eine rege Nachfrage nach Meßgeräten. Der Goldarbeiter *Johann Steinberger* von Innsbruck lieferte 1830/31, einen Kelch, Opferkännchen eine Monstranz und ein Rauchfaß (mit Genehmigung des Guberniums in Innsbruck) um 200 Gulden, der Galanteriewarenhändler *Johann Primavesi* von Trient 1727/28 eine Patene um 56 Gulden, *Anton Wechselberger*, Goldschmied in Innsbruck, erhielt 1821/23 7 Gulden, der Silberarbeiter *Johann Locherer* in Bozen renovierte 1824/25 ein Rauchfaß um 6 Gulden, *Anton Faller*, Gürtler in Meran, eine Rauchmantelschließe um 3 Gulden 45 Kreuzer, alles für die Pfarrkirche Schlanders. In Kortsch bestellte man 1828/29 bei *Josef Prantl* in Innsbruck eine Schüssel und ein Rauchfaß um 75 Gulden. Der Gürtler *Anton de Porta* in Schleis, einem Bergdorf bei Glurns, schuf 1832/33 einen neuen Kelch um 56 Gulden, ein Ziborium um 52 Gulden und vergoldete eine Kelchkuppa um 9 Gulden für Schlanders[66]. Die Gürtler durften nur Waren aus Kupfer, vergoldet oder versilbert herstellen und hatten wegen des billigen Materials im durch Kriege verarmten Land großen Absatz. Die da Porta in Schleis waren eine Ausnahmeerscheinung, da Gürtler und Goldschmiede sonst mehr in den Städten saßen.

Als Maler war in dieser Epoche *Alois Bivelli* in Schlanders von 1820 bis 1860 ein viel beschäftigter Meister mit Kleinaufträgen und Renovierungen in den Kirchen von Schlanders, Göflan und Kortsch.

Leopold Strickner, gemalter Kupferstich in der Schlandersburg.

63 L. ANDERGASSEN, Kunst in der Propstei Eyrs, in: Der Schlern 1997, S. 55 ff.
64 K. GRUBER, Kunst in Schlanders, in: Der Schlern 1977, S. 444.
65 J. RINGLER, Barocke Tafelmalerei in Tirol, S. 222; Konrad FISCHNALER, Innsbrucker Chronik, Band V. S. 230.
66 Kirchenpropstrechnungen Schlanders, Kortsch und Göflan.

Es ging um das Anstreichen von Fahnenstangen, Renovierung der Christusfigur, die am Himmelfahrtstag in das Gewölbe aufgezogen wurde, Vergolden von Uhrblättern, Fassen von Kanontafeln und Tabernakelengel und Ausbessern einer Violon der Kirchenmusik. *Franz Sebastian Peteffi*, der Sohn des Hieronymus Peteffi, starb am 2. März 1825 im Alter von 77 Jahren als Maler und lediger Pfarrmesner[67]. Er tritt öfters seit 1790 in den Kirchenrechnungen als selbständiger Maler von Schlanders auf. 1800/01 kopiert er das Blatt der Pfarrfahne, versilbert Stangen, faßt Reliquiare und vergoldet zwei Hängeleuchter beim Tabernakel um 40 Gulden, malt 1802/03 zwei Kreuze auf die Totenfahne und faßt die Figur Christi zur Himmelfahrt neu. Franz Tafrazer läßt sich 1791 in Schlanders als Maler nieder, nachdem er 1786/88 die Akademie in München besucht hatte. Von ihm stammt das Altarbild der Glorie des hl. Laurentius in der Pfarrkirche Schluderns[68].

Für ein neues »Fähnl« zahlt man dem Meraner Maler *Johann Rissbacher* 1840/41 16 Gulden 5 Kreuzer für die Pfarrkirche in Kortsch[69].

Von der Welle der Neuromanik und Neugotik in der Epoche von 1840 bis 1900 wurde der Raum Schlanders nur wenig berührt. Der größte Auftrag war der neue Hochaltar der Pfarrkirche Schlanders im Stil der Neuromanik (abgebildet in Hans Wielander, Bild und Chronik von Altschlanders, Schlanders 1984, S. 123). Davon hat sich merkwürdigerweise die Abrechnung von 1857 im Pfarrarchiv Kortsch erhalten[70]. Für die Figuren Gottvater, Sohn und Hl. Geist, der Apostel Petrus und Paulus und zwei und mehr Engel erhielt der Imster Bildhauer *Franz Xaver Renn* (1784–1875) 520 Gulden. Die Statuen sind im heutigen Hochaltar erhalten. Für das Altarblatt der Himmelfahrt Mariens (erhalten in der Michaelskapelle bei der Pfarrkirche) erhielt der Maler *Johann Siess* 500 Gulden. Der

67 Kirchenpropstrechnungen 1800/01, 1802/03, Pfarrarchiv Schlanders; Totenbuch III, 126, Pfarre Schlanders. Für die Erhebung der Geburts- und Sterbedaten von Hieronymus und Franz Sebastian Peteffi bin ich der Pfarrsekretärin Frau Tschenett zu Dank verpflichtet.
68 J. Ringler, Barocke Tafelmalerei, S. 195.
69 Kirchenpropstrechnungen Pfarrarchiv Kortsch 1840/41.
70 Reparaturrechnung 1857 Pfarrarchiv Kortsch für den Hochaltar der Pfarrkirche Schlanders; K. Kugler, Die Künstlerfamilie Renn, Schlern-Schriften 110, Innsbruck 1954, S. 285 ff.

Kindergarten und Schule in Göflan, Architekten Dietl-Spitaler.

Tischlermeister Alois Zangerle bekam für das Modell des Altares 30 Gulden, die Ausführung besorgten er und Meister *Brunner*. Für die Verzierung der neuromanischen vorderer Seitenaltäre gab es 60 Gulden. Der Vergolder *Josef Frischmann* in Kortsch erhielt für die Fassung des Hochaltares 140 Gulden. Dieser Hochaltar war mit seinen sechs Säulen und der eckigen Gestaltung keine besondere Leistung und verbannte das Gnadenbild mit der Dreifaltigkeit in den oberen Auszug. Nur die Statuen von Renn sind in ihrer Strenge bedeutende Arbeiten des Historienstiles.

Daß die Schlanderser mit diesem Altar im barocken Ambiente nicht zufrieden waren, beweist die Tatsache, daß man schon 1908 einen Hochaltar im Stil des Neubarock anschaffte. Ihn lieferte der Altartischler und Ornamentschnitzer *Clemens Raffeiner* aus Schwaz (1848–1925), der eine große Werkstatt für Neuromanik, Neugotik und Neubarock betrieb. Er stammte aus dem Schnalstal. Im

Stil des Neubarock, der nur kurz von 1900 bis 1914 herrschte, paßt sich der Hochaltar gut dem barocken Kirchenraum an. Die Statuen von Franz Xaver Renn wurden im neuen Altar wieder verwendet. Die neuen Seitenaltäre in den Ausbuchtungen des Langhauses sind noch mehr dem Barock angepaßt und haben echte barocke Statuen und Altarbilder. Interessant sind die Kirchenstühle mit den Motiven der Tulpen an den Docken, die damals als in Tirol seltene Arbeiten des Jugendstils entstanden sind. Zu erwähnen wären die Glasgemälde in der Pfarrkirche Kortsch von der Anstalt *Stobl und Jäger* in Brixen und zwei weitere Glasgemälde in St. Martin in Göflan (um 1880).

Die Marmorwerkstätten in Göflan und neuerdings in Laas entwickelten sich zu Großbetrieben, wobei Laas immer mehr in den Vordergrund trat. Die Denkmälerwelle in Österreich und Deutschland brachte großen Aufschwung, und die Vinschgaubahn sorgte für einen besseren Abtransport der Blöcke.

Der Hofbildhauer *Leopold Kissling* in Wien (1770–1927) bestellte um 1820 große Mengen an weißem Marmor, und der in München tätige Skulpteur *Schweizer* bestellte Blöcke von bis zu 300 Zentnern Gewicht und beschäftigte um 1840 74 Arbeiter aus Göflan[71]. Am Anfang dominierten noch die einheimischen Steinmetzen wie Nikolaus Fleischmann in Göflan, der 1833/34 um 50 Gulden Marmorkonsolen und 1841/42 Stiegenstufen um 20 Gulden für die Pfarrkirche Schlanders lieferte[72]. Die zahlreichen Grabsteine, die auf den Friedhöfen aus dem späten 19. Jahrhundert erhalten sind, nehmen an künstlerischer Qualität immer mehr ab, da der Betrieb industrielle Formen annahm und der Export der Rohblöcke im Vordergrund stand.

Die Kunst hielt erst nach 1945 wieder Einzug in Schlanders. Die Architektur ist mit zwei kirchlichen Beispielen vertreten. Die Pfarrkirche Kortsch erhielt im Westen einen Erweiterungsbau mit Holzdecke vom Innsbrucker Architekten *Karl Rappold* (1978/79). Der zweite Bau ist die Kapelle im Bürgerheim Schlanders, die vom Architekten *Willi Gutweniger* errichtet wurde (1978/79). Die Schlanderser Architekten *Walter Dietl* und *Karl Spitaler* schufen eine Reihe von modernen Wohn- und Geschäftshäusern in Schlandes: Kindergarten und Grundschule 1984–1987, Haus Franziskusstraße Nr. 28 1987/88, Wohnanlagen Nr. 21–23 (1981), Hauptstraße 33 (1981–1983), ebenso *Josef Gapp* Haus Staatsstraße Nr. 29 (1990) und *Werner Tscholl* von Morter Wohnhaus Kortsch (1983)[73].

Unter den Bildhauern hat der Kortscher *Karl Grasser* einen Namen in ganz Südtirol in seinen strengen, von Expressionismus getragenen Gestalten[74]. In Schlanders schuf er den Franziskusbrunnen, auf den Kortscher Wiesen die Tonreliefs des

Karl Grasser, Kapelle auf den Kortscher Wiesen, Relief.

71   E. KOFLER, Das Dorf Göflan, 1844, FB 2703, Tiroler Landesmuseum Innsbruck, f. 5.
72   Kirchenpropstrechnungen 1833/34, 1841/42, Pfarrarchiv Schlanders; Bote für Tirol u. V. 1818, S. 387 und 1821 S. 396: H. WIELANDER, Bild und Chronik von Altschlanders, Schlanders 1984; L. KÖLL, Laaser Marmor, a. a. O.; S. 27 ff.
73   Festschrift Volksschule und Kindergarten Göflan 1988.
74   K. GRUBER, Drei Bildhauer, in: Der Schlern 1975, S. 575–577; Tiroler Bildhauer in Nord-, Süd- und Osttirol, Innsbruck o. J., S. 72–73.

Rosenkranzes und in der Pfarrkirche Kortsch die Gestaltung des neuen Altares mit Sakramentenhaus, Ambo und einen großen Kruzifix. Von *Alfred Gutweniger* stammt der eigenwillige Johannes Nepomuk am Friedhof in Vezzan. Im Schülerheim Dr. Karl Tinzl formt *Martin Rainer* in Brixen seine unverkennbaren Reliefs (1973). *Heinrich Lechtaler* schnitzte einen lebensgroßen Kruzifixus an einem Privathaus, angeregt von der romanischen Kunst.

Das Kapuzinerkloster wurde 1991 durch die Berufung mehrerer Künstler ein interessantes Beispiel moderner Kunst[75]. Der Architekt *Albert Torggler* lieferte den Volksaltar. Zum Thema des Sonnengesanges des hl. Franziskus schuf der Bildhauer *Walter Kuenz* von Martell die Büste des hl. Franziskus und die Symbole von Wasser, Feuer und Erde, *Ursula Huber-Peer* aus Tramin komponierte aus Glas und Metall die Gestirne, Wind und Wolken. Die Kapelle des Bürgerheims St. Nikolaus von der Flüe vom Architekten *Willi Gutweniger* (1979/82) enthält Glasgemälde von *Monika Mahlknecht* und Wandgemälde des Lebens des hl. Nikolaus von Maler *Robert Scherer* aus Kortsch (1991)[76]. Scherer gehört zu den großen Malern Südtirols, der mit dem Studium der Bildhauerkunst (F. Santifaller), der Malerei (P. Gütersloh und H. Böckl) und Architektur an der Wiener Akademie und einer Ausbildung in einer Glashütte in Venedig eine Gesamtausbildung in der Bildenden Kunst unternahm. Er ist seit 1974 in Eppan ansässig. Neben der Malerei ist er der Schöpfer großer Glasgemälde, beispielsweise in der Pfarrkirche Kortsch (1978 und 1996).

Auch der bedeutendste Südtiroler Maler der zweiten Hälfte des 20. Jahrhunderts in Tirol *Karl Plattner*, hat mit der Obstpflückerin ein am Obstmagazin 1950/51 ein wichtiges Werk in Schlanders geschaffen[77]. Von *Peter Fellin* stammt der Freskenfries der Vinschgauer Heiligen an einem Haus in der Hauptstraße von Schlanders (1972), von *Herbert Schönweger* aus Partschins das Fresko mit symbolischen Motiven am Realgymnasium.

Die Gemeinde Schlanders, die Organisationen und Privaten haben weit über ihre Grenze hinaus ein Beispiel für Kunstförderung in unserer Zeit gegeben.

Robert Scherer, Glasgemälde in der Pfarrkirche Kortsch.

---

75 H. WIELANDER, Sakralkunst in Schlanders S. 92–95.
76 Malerei und Skulptur im Südtiroler Künstlerbund 1997, Robert SCHERER 1998, Der unendliche Traum.
77 K. PLATTNER, die öffentlichen Arbeiten, Bozen 1996.

Franz-Heinz von Hye

Schlandersberg – Schlanders

Die Geschichte des Gemeindewappens
und ausgewählte heraldische Denkmäler in Schlanders

Die Gemeinde Schlanders hat eine bemerkenswerte Vielfalt von heraldischen Denkmälern, d. h. von Bauten und anderen Denkmälern, die mit Wappen geziert sind, aufzuweisen. Um eine gewisse Übersicht zu bieten, seien diese in den folgenden Ausführungen in mehrere Kapitel gegliedert.

1 Vom Wappen der Herren von Schlandersberg zum Gemeindewappen von Schlanders

Die Gemeinde Schlanders führt seit dem Jahre 1928 den Wappenschild der im Jahre 1755 ausgestorbenen Herren bzw. seit 1696 Grafen von Schlandersberg als ihr Gemeindewappen.[1] Es erscheint daher höchst angebracht, an den Beginn einer Darstellung ausgewählter heraldischer Denkmale in Schlanders einen Abriß der Geschichte des Wappens dieser einst bedeutenden Adelsfamilie des Vinschgaus zu stellen.

Die Schlandersberger waren ursprünglich ein Zweig des Tiroler Ministerialengeschlechts der Herren von Montalban, der sich seit dem 13. Jahrhundert nach der vermutlich damals erbauten Burg nördlich oberhalb von Schlanders benannt hat.[2] Abgesehen von Siegelabdrücken, begegnet das Wappen der Schlandersberger in Farbdarstellung erst in der 2. Hälfte des 14. Jahrhunderts, so in einem Fresko-Wappenzyklus aus dem ehemaligen Thalguterhaus in Meran (Abb. 1)[3] sowie um 1386/1400 im Rahmen eines damals gemalten Memorialfreskos im ehemaligen Archiv- und Schatzgewölbe des Klosters Königfelden bei Brugg im Aargau in der Schweiz, welches dort zum Gedenken an die im Gefolge Herzog Leopolds III. von Österreich in der Schlacht bei Sempach (1386) gefallenen und in der Klosterkirche von Königsfelden beigesetzten Ritter angebracht worden ist. Einer von diesen war »Peter von Schlandersberg«, der dort ebenso wie seine Gefährten mit Angabe seines Namens in kniender Haltung dargestellt erscheint, wobei der nach unten spitz zulaufende Wappenschild bei seinem rechten Knie, der zugehörige Helm mit der Helmzier hingegen über seinem Kopfe situiert erscheint. Die dabei verwendete Helmform ist die einer Mischform zwischen Topf- und Stechhelm, was ebenso wie die erwähnte Schildform – ebenso wie beim Fresko in Meran – auf eine Entstehungszeit am Ende des 14. Jahrhunderts hinweist (Abb. 2). Allerdings wurde der ursprüngliche Zustand dieser Fresken durch eine

Abb. 1: Wappenschild der Schlandersberger als Fresko aus dem ehemaligen Thalguter-Haus in Meran.

1   Hans PRÜNSTER, Die Wappen der Gemeinden Südtirols. Bozen 1972, S. 186.
2   Oswald Graf TRAPP, Tiroler Burgenbuch Bd. 1, Bozen 1972, S. 145–149; Ludwig Freiherr v. Hohenbühel, Beiträge zur Geschichte des Tiroler Adels. Hg. von der k. k heraldischen Gesellschaft »Adler«, Wien 1891, S. 87 f.
3   Vgl. die Farbabbildung im Katalog der Ausstellung »Eines Fürsten Traum – Meinrad II.«, Innsbruck 1995, S. 208 f. zu Kat. n. 602. Die betreffende Darstellung zeigt jedoch nur den Wappenschild.

im Jahr 1534 durch den Schaffhauser Maler Maximilian Wischack vorgenommene, wohlgemeinte »Restaurierung« etwas verändert.⁴ Alle dort dargestellten Ritter tragen den von Herzog Albrecht III. von Österreich († 1395) gestifteten sogenannten Zopforden, was ein gewisses Naheverhältnis derselben zur herzoglichen Familie erkennen läßt – und dies gilt ebenso auch für Peter von Schlandersberg.⁵ Sein dort dargestelltes Wappen bzw. das Wappen seiner Familie zeigt – im Gegensatz zur Meraner Darstellung – in silbern-weißem Schild zweieinhalb aus dem heraldisch-linken Schildrand wachsende, blaue, nach heraldisch-rechts gerichtete Spitzen. Es wäre allerdings auch denkbar, daß hier dieselbe Wappengestaltung wie in Meran, nämlich zweieinhalb silberne Spitzen in blauem Feld, vorliege, daß aber hier die weiß-silbernen Spitzen in dieselbe Richtung wie der kniende Ritter gerichtet erscheinen. Die aus den Helmdecken aufragende Helmzier besteht aus zwei aufrecht stehenden Hirschstangen.

Um 1500 wurden die Wappen der 1386 gefallenen Ritter auch an die Wände der Gedenkkapelle in Sempach gemalt. Der Wappenschild Peters von Schlandersberg zeigt dort dreieinhalb nach heraldisch-rechts gerichtete silberne Spitzen in blauem Schild.⁶

Die zeitlich nächste Darstellung jedoch nur des Schlandersberger Wappenschildes befindet sich an der wappengeschmückten Predella des aus Anlaß der Geburt Herzog Sigmund des Münzreichen (1427) von einigen Adeligen in die Kirche von St. Sigmund im Pustertal gestifteten, prächtigen Flügelaltares. Der Schlandersberger Wappenschild erscheint dort eng an den Wappenschild angefügt, der der Mutter Sigmunds, der Herzogin Anna von Braunschweig († 1432), gewidmet ist. Ebenso wie die Löwen auf dem Schild der Herzogin hier nicht – wie sonst üblich – nach heraldisch-rechts, sondern nach heraldisch-links blicken, sind im Schlandersberger Schild die blauen Spitzen nicht rückwärts in den Ostchor der Kirche, sondern nach vorn in den Kirchenraum orientiert (Abb. 3)⁷. Offen bleibt im Zusammenhang mit dieser Darstellung die Frage, weshalb hier der Schlandersberger Wappenschild dem der Landesfürstin so nahe gerückt wurde.

Rund sechzig Jahre später datiert eine Freskodarstellung im damals eingebauten spätgotischen Gewölbe der Stiftskirche zu Müstair/Münster, wo

Abb. 2 (links): Memorialfresko für Peter von Schlandersberg, gefallen in Sempach 1386 – im Kloster Königsfelden (CH).

Abb. 3 (oben): Schlandersberger Wappenschild am Altar von St. Sigmund im Pustertal, um 1427/32.

4   Marcel BECK und Peter FELDER etc., Königsfelden. Olten 1970, S. 28 u. 47 f.
5   Franz-Heinz HYE, Das Österreichische Staatswappen und seine Geschichte. Innsbruck 1995, S. 111.
6   Siehe dazu die Abb. bei Werner MEYER, Die Schweiz in der Geschichte 700–1700. Bd. 1, Zürich 1995, S. 71.
7   F.-H. HYE, Der Altar von St. Sigmund im Pustertal – ein Denkmal zur Erinnerung an die Geburt Herzog Sigmund des Münzreichen. In: Der Schlern, Jg. 46, Bozen 1972, S. 120–124.

Abb. 4 (linkes Bild): Vollwappen des Diepold von Schlandersberg im Gewölbefresko von 1492 in der Klosterkirche von Müstair/Münster.

Abb. 5 (rechtes Bild): Wappen der Schlandersberger im bairischen Wappenbuch des Jörg Rügenn von ca. 1495/98 in der Innsbrucker Universitätsbibliothek.

das Schlandersberger Vollwappen (Schild, Helm, Helmzier, Helmdecken), verbunden mit der Nennung des »Diepolt von Schlanderspergkh zu Rodund« und der Jahreszahl 1492, im silbernen Schild wiederum drei aus dem heraldisch-linken Schildrand wachsende, nach heraldisch-rechts gerichtete blaue Spitzen und als Helmzier des hier und fortan stets offenen (adeligen) Spangenhelms zwei aufrechte Hirschstangen zeigt. Hier treten uns auch die blauen, weiß gefütterten Helmdecken deutlich entgegen (Abb. 4)

Dieselbe Darstellung des Wappens derer »von Schlanderspergkh« wie in Müstair findet sich auch in dem um 1495/98 angelegten baierischen Wappenbuch des Jörg Rügenn in der Universitätsbibliothek in Innsbruck (Abb. 5).[8]

Auch die nächste Darstellung des Schlandersberger Vollwappens findet sich in einem baierischen Wappenbuch, welches ein namentlich nicht genannter Herold (vielleicht Philipp Apian?) dem Pfalzgrafen Albrechts bei Rhein, Herzog in Ober- und Niederbaiern (1528–1579), dediziert hat.[9] Die Helmdecken wurden dort jedoch irrig rot mit weißem Futter tingiert.

Das folgende Belegstück führt uns nun sogar nach Schlanders, wo sich in der Pfarrkirche der Wappengrabstein für die zwei Ehefrauen des Reinprecht Hendl, nämlich der Lucia von Schlandersperg († 1541) und der Felicitas Botsch († 1545) befindet, worauf das nun bereits mehrfach beschriebene bzw. blasonierte ursprüngliche Vollwappen der Herren von Schlandersberg dargestellt erscheint.[10] Dies festzustellen ist um so wichtiger, als Jakob Gaudenz von Schlandersberg († 1550) eben in diesen Jahren damit begonnen hat, einen viergeteilten Wappenschild zu führen, welcher in den Feldern 1 und 4 das althergebrachte Schlandersberger Wappenbild, in den Feldern 2 und 3 hingegen in rotem Feld den silbernen, aufrechten Löwen der Herren von Castelbarco zeigt. Nach den von Stephan von Mayrhofen verfaßten, leider

---

8 Cod. 545, fol. 172r–179v = die Gruppe der Adelswappen »von der Ezsch«. Vgl. dazu F.-H. HYE, Ausgewählte heraldische Quellen in der Innsbrucker Universitätsbibliothek. In: biblos – Beiträge zu Buch, Bibliothek und Schrift, hg. von der Österreichischen Nationalbibliotek Jg. 46*2, Wien 1997, S. 243–302, bes. 298 f.

9 Universitätsbibliothek Innsbruck, Cod. 95, fol. 158. Siehe dazu wie in Anm. 8, S. 300.

10 Zu diesem Grabstein vgl. unten auch die Ausführung über die Wappen-Grabsteine.

nur handschriftlich vorliegenden »Genealogien des tirolischen Adels« (Bd. VII, Nr. 20) beruhe diese Wappenannahme auf einer freundschaftlichen Gewährung seitens Friedrichs von Castelbarco aus dem Jahre 1334, doch hätten die Schlandersberger »erst in späteren Zeiten von dieser Verwilligung Gebrauch zu machen angefangen«. Tatsächlich zitiert Konrad Fischnaler in seinem berühmten »Wappenschlüssel« erstmals zum Jahre 1540 den Abdruck eines in dieser Weise gestatteten Schlandersberger Wappensiegels, namentlich ein Siegel des vorgenannten Jakob Gaudenz von Schlandersberg.[11] Von eben diesem Jakob Gaudenz hat sich auch der heute in Schloß Neumelans bei Sand in Taufers aufbewahrte Totenschild erhalten. Besonders bemerkenswert an diesem prächtigen Totenschild des »edl und vesst Jacob Gaudentz von Schlandersperg« – so seine wörtliche Titulierung auf demselben – ist nicht nur das Faktum des bereits oben beschriebenen viergeteilten Schildes, sondern der Umstand, daß auf demselben nicht nur – wie zu erwarten wäre – zwei, sondern drei adelig-offene Spangenhelme aufsitzen. Der erste Helm trägt die bekannte Hirschstangen-Helmzier des althergebrachten Schlandersberger Wappens, nunmehr situiert in den Schildfeldern 1 und 4. Auf dem dritten Helm sitzt ein wachsender Löwe und stellt den Bezug zum weißen, doppelt geschwänzten Löwen von Castelbarco in den Schildfeldern 2 und 3 her. In der Mitte zwischen diesen beiden Helmen sitzt ein dritter, dessen Helmzier von einem geschlossenen Adlerflug gebildet wird, jedoch keinen sichtbaren Bezug zum Wappenschild erkennen läßt.[12] Die Herkunft dieses Helmes und seiner Helmzier bildet ein Rätsel und muß jedoch bis auf weiteres eine unbeantwortete Frage bleiben. Wie das um 1540/58 verfaßte sogenannte »Solbach'sche Wappenbuch« in der Bibliothek der Tiroler Matrikelstiftung (vormals: Tiroler Adelsmatrikel) in Innsbruck erkennen läßt, wurde das viergeteilte bzw. »gebesserte« Wappen der Schlandersberger fortan jedoch nicht immer mit drei, sondern auch nur mit zwei aufsitzenden Helmen dargestellt. So treffen wir im zitierten Wappenbuch auf fol. 208 auf eine Darstellung mit drei und auf fol. 218 auf eine Darstellung nur mit zwei Helmen, die die Alt-Schlandersbergischen Hirschstangen sowie die Helmzier von Castelbarco tragen. Die dortige Darstellung auf fol. 208 ist insoferne von Wichtigkeit, als hier – im Gegensatz zum stark angewitterten Totenschild von 1550 – die heraldische Gestaltung des geschlossenen Fluges am mittleren Helm in aller Klarheit erkennbar ist: Dieser Flug ist mit der alt-schlandersbergischen Schildfigur, den drei blauen Seitenspitzen in weißem Feld geziert und bildet somit eine zweite bzw. eine neue

Abb. 7 (oben): Holz-Epitaph für Hanns Ulrich v. Schlandersberg († 1564) und seinen jüngeren Sohn Arbogast, gestiftet von seiner Witwe Katharina geb. v. Annenberg, heute im Vorarlberger Landesmuseum in Bregenz. Auf dem viergeteilten Schlandersberger Wappenschild ruhen hier nur zwei Helme.

Abb. 6 (links): Das gebesserte Schlandersberger Wappen mit viergeteiltem Schild und drei Helmen im sogenannten Solbachschen Wappenbuch von etwa 1540/58 des Tiroler Adelsmatrikel in Innsbruck.

---

11 Konrad FISCHNALER, Ausgewählte Schriften (inklusiv Wappenschlüssel), Bd. 6, Innsbruck 1941, S. 113.

12 Erich EGG und Oswald (Graf) TRAPP, Totenschilde in Tirol. In: Veröffentlichungen des (Tiroler Landes-) Museum Ferdinandeum Bd. 52, Innsbruck 1972, S. 98 f.

schlandersbergische Helmzier (Abb. 6). Der Darstellung auf fol. 218 entspricht ein gemaltes Holz-Epitaph der zweiten Hälfte des 16. Jahrhunderts, heute im Vorarlberger Landesmuseum in Bregenz (ursprünglich aus der Kirche in Schlins, Bezirk Feldkirch stammend), welches für Hanns Ulrich v. Schlandersberg († 1564) und seinen Sohn Arbogast von seiner Witwe Katharina * v. Annenberg gestiftet worden ist und alle genannten Personen sowie auch den älteren Sohn Hans Ulrich II. zeigt (Abb. 7).[13]

Seine nächste und zugleich letzte Veränderung erfuhr das Schlandersberger Wappen im Jahre 1696, als Karl Sigmund von Schlandersberg von Kaiser Leopold I. in den erblichen Grafenstand erhoben worden ist. In der betreffenden, im Original erhaltenen Urkunde, einem mehrseitigen Libell, wird übrigens – soweit bisher erkennbar – erstmals ein angeblicher, freiherrlicher Ursprung der Schlandersberger angegeben, welche »Angabe« vermutlich deshalb nötig war, um den im allgemeinen nicht üblichen Sprung vom einfachen Adel in den Grafenstand zu kaschieren.[14] Wörtlich wird diesbezüglich im genannten Grafenstandsdiplom angegeben, daß die Schlandersberger laut eigener Familientradition »bereits vor etlich hundert Jahrn bey denen Pundsgenossen auf der Herrschafft Ratzins ihre Wohnung gehabt und sich neben dem Namen von Schlandersperg Freyherrn von Ratzins geschrieben« hätten (mit Ratzins ist hier Rhätzüns im Kanton Graubünden/Schweiz gemeint). Für unsere Thematik hier ist die Frage nach diesem dubiosen angeblich jahrhundertelang in aller – unüblicher – Bescheidenheit verschwiegenen Freiherrenstand weniger relevant, als die 1696 gelegentlich der Grafenstandserhebung vorgenommene Titel- und Wappenbesserung. Diese bestand einerseits in der Verleihung des Titels »Grafen und Gräfinnen von und zu Schlandersperg, auch Freyherrn von Annaberg, Hochgaltzaun und Casten« und andererseits in der Belegung des viergeteilten Schlandersberger Wappenschildes mit einem bekrönten und gespaltenen Mittelschild, welcher vorne nochmals den Löwen von Castel-

Abb. 8: Wappen der Grafen von Schlandersberg im Original-Grafenstandsdiplom von 1696 im Besitz von Dr. Paul Knoll, Bozen.

barco und hinten das Wappen der Annenberger zeigt (Abb. 8). Geringfügig geändert wurde im Diplom der Grafenstandserhebung die Anordnung der Helme, die nun dem Helm mit den alt-schlandersbergischen Hirschstangen den zentralen Platz zwischen jenem mit dem geschlossenen Flug und dem Löwen von Castelbarco zuwies. – Besondere Erwähnung verdient in diesem Zusammenhang der Umstand, daß – was bisher übersehen wurde – das alt-schlandersbergische Wappenbild im Grafenstandsdiplom von 1696 dahingehend geändert worden ist, daß fortan die aus dem heraldisch-linken Schildrand wachsenden Seitenspitzen nicht mehr blau in weiß, sondern silbern-weiß in blau tingiert sind, – ebenso wie an der eingangs erwähnten Fresko-Darstellung des Wappenschildes in Meran. Dieser Darstellung des Wappenschildes folgt auch das gültige Gemeindewappen von Schlanders.[15]

13 Erich Egg, Die Freiherren von Schlandersberg in Vorarlberg. In: Der Schlern Jg. 34, Bozen 1960, S. 25 – 28.
14 Dieses Libell befindet sich im Besitz des Bozner Rechtsanwaltes Dr. Paul Knoll und gelangte an ihn als zur Liegenschaft des Ansitzes gehörend.
15 Hans Prünster, a. a. O.

2 Freskodarstellung der Wappen des nachmaligen Kaisers Maximilian I. am Turm der Pfarrkirche

Leider nur noch stark verblaßt präsentiert sich ein ursprünglich strahlend-buntes Wappenfresko, welches vermutlich anläßlich der neuerlichen Weihe der im Bündner-Krieg des Jahres 1499 erheblich beschädigten Schlanderser Pfarrkirche im Jahre 1505 an die Nordwand des Kirchturms gemalt worden ist (Abb. 9 und 10). Es zeigt die Wappen des nachmaligen Kaisers Maximilian I. noch als römisch-deutschen Königs (bis 1508). In der Mitte oben – heute flankiert von zwei nunmehr leeren Inschriftflächen – ist noch der einköpfige Königsadler zu erkennen, dessen Wappenschild von der Kollane des Ordens vom Goldenen Vlies umgeben erscheint. Rund um dieses zentrale Wappen sind 33 kleine Wappenschildchen, je 12 links und rechts, 9 unterhalb des Königsadlers angeordnet, welche einen Teil der Wappen der Erbländer Maximilians verkörpern. Zum Vergleich dazu sei auf die einstige maximilianische Wappenzier von 1499 am ehemaligen »Wappenturm« in Innsbruck hingewiesen, wo sich – abgesehen von anderen Zutaten – 57 erbländische Wappenschilde befunden haben.

Dessenungeachtet zählte das Wappenfresko am Schlanderser Kirchturm zweifellos zu den repräsentativsten und buntesten Zeugnissen der heraldischen Kultur Maximilians I., wobei zum Vergleich im gegenteiligen Sinne an die relativ bescheidenen maximilianischen Wappenfresken in Eyrs von 1497 und an der Burgruine von Lichtenberg von ca. 1513/18 erinnert sei.

Um es zu ermöglichen, daß zumindest einzelne der Wappenschildchen am Kirchturm doch noch restauriert werden, habe ich alle kleinen Schildchen (ohne der Königsadler) von oben links bis unten rechts fortlaufend durchnummeriert und lege hiermit folgende Identifikationen vor (bei der Durchführung der betreffenden Restaurierungsarbeiten bin ich gerne bereit, dem ausführenden Restaurator hilfreich zur Seite zu stehen):
1. Alt-Österreich – heute Niederösterreich, 2. Österreich, 3. Burgund, 4. Habsburg, 5. Kärnten, 6. Steiermark, 7. Lothringen, 8. aufrechter Löwe, 9. Tiroler Adlerwappen, 11. Alt-Ungarn, 12. Böhmen, 15. Cilli, 16. aufrechter Löwe, 20. grüner Dreiberg (wie bei Kufstein, Rattenberg, Tryberg etc.), 26. Seeland (hier ist nur noch der untere Teil des Wappens mit den Wasserwellen erkennbar), 30. Nellenburg, 32. Ramschwag, 33. Feldkirch.

Einige Meter höher befindet sich an der Ostseite des Pfarrkirchturms eine im Tiroler Gedenkjahr 1809–1984 von den Schlanderser Schützen restaurierte Kirchturmuhr, deren im Jahre 1744 gemaltes Rahmenfresko in den vier Ecken die Wappen von Österreich, Tirol, Hendl und Montani sowie in der Mitte darüber den kaiserlichen Doppeladlerschild, umgeben von der Kollane des Ordens vom Goldenen Vlies, zeigt.

Abb. 9: Freskodarstellung der Wappen des nachmaligen Kaisers Maximilian I. von etwa 1505 bzw. vor 1508 am Kirchturm der Pfarrkirche in Schlanders.

Abb. 10: Zentraler Ausschnitt der Freskodarstellung der Wappen Maximilians I. am Pfarrkirchturm zu Schlanders (vgl. Abb. 8).

Abb. 11: Das mit Wappen geschmückte Gewölbe des St.-Walpurg-Kirchleins in Göflan. Repro aus: Erich Egg, Die Freiherren von Schlandersberg ..., vgl. oben Anm. 13.

3 Gewölbeschlußsteine mit maximilianischen Wappen in der Walpurgiskirche in Göflan

Ebenso zierlich, ja filigran wie das Walpurgikirchlein mit seinem schlanken Glockentürmchen von außen wirkt, ebenso faszinierend ist der Blick auf dessen Kirchengewölbe im Inneren. Dieses ist mit einem üppig-dichten Kreuzrippennetz geziert, wobei eine Reihe von Kreuzungspunkten systematisch mit Brustbildern von Heiligen bzw. mit Wappenschildchen geziert ist. Letztere sind – in der Mitte des Gesamtprogrammes – der kaiserliche Doppeladler Kaiser Maximilian I. mit dem für ihn charakteristischen österreichisch-burgundischen Brustschild sowie der rot-weiß-rote Bindenschild Österreichs, weiters die Wappenschildchen von Burgund und Tirol bzw. der einfache Deutschordenskreuzschild und der Schild des v. Knöringenschen Familienwappens (Abb. 11). Aus diesem Wappenprogramm ergibt sich eine Datierung des Gewölbeschmuckes in die Zeit nach der Annahme des Kaisertitels durch Maximilian I. im Jahre 1508 bzw. vor seinem Tode im Jahre 1519. Dem entspricht auch das erwähnte Knöringer Wappen, welches sich auf Bartlme von Knöringen bezieht, der spätestens seit Pfingsten 1518 als Hauskomtur in Schlanders nachweisbar ist. – Der einem älteren bereits 1233 geweihten Altbau nachfolgende Neubau dieses kleinen Kirchleins erhielt jedoch bereits im Jahre 1502 seine Weihe. Das Marmorportal des Kirchleins trägt allerdings die Jahreszahl 1516, korrespondiert somit mit dem oben beschriebenen Gewölbeschmuck und legt daher die Vermutung nahe, daß es sich bei der Weihe von 1502 vielleicht nur um eine Grundsteinweihe gehandelt habe.[16]

4 Österreichischer Bindenschild und Andreaskreuz am Sakristeiportal von 1527

Ein Heraldikum besonderer Art, ebenso bescheiden als aussagekräftig, bietet der Türsturz über der nordseitigen Sakristeitüre der Schlanderser Pfarrkirche. Auf dem Türsturz selbst befindet sich die folgendermaßen angeschriebene Jahreszahl: »M.CCCCC.vnd.XXVII.iar«. Die marmornen Kragsteine in den oberen Ecken des Portals hingegen tragen links eine Reliefdarstellung des Österreichischen Bindenschildes und rechts eine ebensolche Darstellung des Andreaskreuzes, wobei in den stumpfen Winkeln beiderseits des Kreuzes je ein sogenanntes Schurfeisen situiert erscheint (Abb. 12).[17]

Wie der Österreichische Wappenschild schon beim ersten Hinsehen erkennen läßt, handelt es sich bei dieser heraldischen Zierde um eine Huldigung an das Haus Österreich bzw. an die Landesfürsten von Tirol aus dem Hause Österreich-Habsburg. Konkret gemeint waren damit im Jahre 1527 der tatsächliche Landesfürst von Tirol, Erzherzog, Ferdinand I., König von Ungarn und Böhmen etc., sowie sein älterer Bruder Kaiser Karl V.[18]

Das Andreaskreuz wiederum symbolisiert hier gemeinsam mit den erwähnten Schurfeisen den Habsburgischen Hausorden vom Goldenen Vlies, der im Jahre 1430 von Herzog Philipp dem Guten von Burgund gegründet und über dessen Enkelin Maria von Burgund († 1482), die erste Gemahlin Kaiser Maximilian I., an das Haus Habsburg gelangt ist. Der hl. Apostel Andreas war und ist nämlich der Schutzpatron dieses Ritterordens, dessen Kollane oder Halskette aus einer Abfolge von Schurf- oder Feuereisen und Funken sprühenden Feuersteinen gebildet wird.

Das im oberen Vinschgau relativ häufige Symbol des Andreaskreuzes, welches in der älteren Literatur geradezu als Zeichen der Churischen Gotteshausleute im Gegensatz zu den Untertanen der Tiroler Landesfürsten interpretiert worden ist, obwohl es meist kombiniert mit dem Österreichischen Bindenschild auftritt, manifestiert somit in keiner Weise ein besonderes Verhältnis zum Fürstbischof von Chur, sondern stellt – im Gegenteil – ein eindruckvolles Treuebekenntnis zum Hause Österreich-Habsburg dar.[19] In Schlanders finden sich derartige Darstellungen des Andreaskreuzes – abgesehen vom erwähnten Kirchenportal – auch an der Südwand der Burg Schlandersberg, am oberen Schnatzhof (stark erneuert) sowie am Haselwanterhof in Kortsch mit der dort gleichzeitig angebrachten Jahreszahl »1581«.

Abb. 12: Türsturz der nördlichen Sakristeitüre der Schlanderser Pfarrkirche von 1527 mit dem Österreichischen Bindenschild und dem Andreaskreuz.

---

16 F.-H. v. Hye, Auf den Spuren des Deutschen Ordens in Tirol. Eine Bild- und Textdokumentation. Bozen 1991, S. 303 f.

17 Josef Weingartner, Die Kunstdenkmäler des Etschlandes Bd. IV, Wien 1930, S. 297 hat diese beiden Schurfeisen irrtümlich als Buchstaben »i e« gelesen, ein kleines Versehen, das bei der übergroßen Fülle der von Weingartner in stets dankenswerter Weise geleisteten topographischen Arbeit leicht passieren konnte.

18 Vgl. dazu Ders., Ferdinand I. (1503–1564) im Spiegel seiner heraldischen Denkmäler. In: Haller Münzblätter Bd. V, Hall i. T. 1989, S. 89–134.

19 Ders., Das Andreaskreuz im Vinschgau – sein Auftreten und seine Bedeutung. In: Der Schlern, Jg. 51, Bozen 1977, S. 459–464.

5 Heraldika des Deutschen Ordens in Schlanders

Die Pfarre Schlanders wurde im Jahre 1235 durch Kaiser Friedrich II. dem Deutschen Orden inkorporiert und wurde von den Priestern dieses Ordens bis zu seiner Aufhebung in den Ländern des deutschen Rheinbundes – einschließlich des Königreiches Bayern und dem damals zugehörigen Tirol – durch Kaiser Napoleon I. im Jahre 1809 ohne Unterbrechung betreut.

An diese Langzeit-Epoche der Kirchengeschichte von Schlanders erinnern in Schlanders noch heute drei Gebäude. Es ist dies einerseits das heutige Amts- und Gerichtsgebäude in der nördlichen Nachbarschaft der Pfarrkirche, weiters dessen östliches Nebengebäude sowie westlich anschließend an den Pfarrfriedhof das ehemalige (zweite) Kommende-Gebäude, das heutige Pfarrwidum. Um dessen malerischen Arkadenhof zu betreten, muß man jedoch noch heute zwei mächtige, in Holz gearbeitete Türflügel mit der Jahreszahl »17–65« öffnen, welche in geschlossenem Zustand an ihrer Außenseite ein großes Deutschordenskreuz präsentieren, in dessen oberen Ecken links ein einfacher Deutschordensschild mit demselben Kreuz und rechts das Wappen des damaligen Hauskomturs der Deutschordenskommende Schlanders, eines Grafen Wolkenstein-Trostburg eingefügt erscheinen. Letzteres Wappen zeigt das dem Deutschordenskreuz aufgelegte Wolkensteinische Familienwappen (Abb. 13).

Im Hinblick auf seinen heraldischen Dekor mehr zu bieten hat das heutige Amts- und Gerichtsgebäude (Abb. 14). Nach Inhalt einer zweisprachigen, deutsch- und lateinischen Inschrift über dem Westportal des Hauses, verfaßt im Jahre 1705 vom damaligen Deutschordenspfarrer und apostolischen Protonotar Johann Jakob Glier,[20] dessen Wappen sich ebenfalls auf dieser Marmortafel befindet, fungierte dieses Gebäude bis 1595 als erstes Kommendegebäude der Deutschordensritter, die damals in den vorgenannten Renaissance-Neubau schräg vis-à-vis übersiedelt waren. Nach der obgenannten Aufhebung des Deutschen Ordens im Jahre 1809 gelangte das Gebäude in die Öffentliche Hand und wurde Amtsgebäude.

Das erste Heraldikum an diesem Hause führt uns nun zum oben bereits kurz erwähnten Wappen

Abb. 14: Das ehemalige Deutschordens-Priesterhaus bzw. heutige Gerichtsgebäude.

Abb. 13: Portal der ehemaligen Deutschordens-Kommende bzw. des heutigen Pfarrhauses.

---

20   DERS., Monumenta bilinguistica. Ein Beitrag zur Geschichte der Zweisprachigkeit. In: Innsbrucker Beiträge zur Kulturwissenschaft, Germanistische Reihe Bd. 57 = Festschrift f. Anton Schwob, Innsbruck 1997, S. 229–237.

Abb. 15: Marmorne Inschrift- und Wappentafel des Deutschordenspfarrers J. J. Glier von 1705.

Abb. 16: Fresko mit den Wappen des Stadthalters der Deutschordensballei an der Etsch und im Gebirge, des Grafen G. F. v. Spaur.

des Pfarrers Glier und zu dem darüber bzw. über dem Fenster des ersten Stockes befindlichen Wappenfresko. Beim Wappen des Pfarrers ist lediglich darauf hinzuweisen, daß der Schild seines Familienwappens dem Deutschordenskreuz aufgelegt ist zum Zeichen seiner Mitgliedschaft zum Orden. Über der Helmzier seines Familienwappens schwebt hingegen ein breiter (schwarzer) Priesterhut mit beiderseits je sechs abhängigen (schwarzen) Quasten bzw. Fiocchien, das Kennzeichen seiner Würde als »apostolischer Protonotar«. Über diesem Hut schwebt das Brustkreuz des Deutschen Ordens (Abb. 15).

Das darüber als Fresko aufgemalte Wappenpaar zeigt heraldisch-rechts das Vollwappen eines Deutschordensritters, wobei die Helmzier einen geschlossenen Flug zeigt, welcher mit dem Ordenskreuz belegt ist. Das Vollwappen daneben ist jenes der Grafen Spaur. Die vorliegende Kombination beider Wappen bezieht sich auf Georg Friedrich Grafen von Spaur und Valör, der 1702 bis 1709 das Amt eines Statthalters der Deutschordensballei an der Etsch und im Gebirge bekleidet hat (Abb. 16).[21]

21 Ebenda, S. 121 ff.

Abb. 17: Freskozyklus vom Ende des 18. Jahrhunderts im heutigen Gerichtsgebäude – Beginn der Reihe der Wappen der Landkomture der Ballei an der Etsch und im Gebirge (an zweiter Stelle der Welsbergische Wappenschild).

Im Inneren des Hauses befindet sich in einem Raume des Stockes ein al fresco gemalter Wappenzyklus, welcher am Ende des 18. Jahrhunderts (spätestens im Jahre 1792, vgl. unten) entstanden ist. Die betreffenden Wappenschilde sind unmittelbar unterhalb des Sockelbrettes der dortigen Kassettendecke auf allen vier Seiten des Raumes umlaufend angeordnet und lassen sich in zwei Abschnitte gliedern:

Der erste Abschnitt ist den Landkomturen der Ballei an der Etsch und im Gebirge gewidmet und beginnt mit den Wappen des

»Herr(n) Dieterich vin Wibelchofen (Landkomtur) 1269, regiert 8« sowie des »Herr(n) Hainrich von Welsenberg (Landkomtur) ... 1252« = Welsberg, 1263« (Abb. 17). Nach einigen derzeit noch nicht identifizierten Wappen folgen – z. T. mit Unterbrechungen, z. T. mit Beschriftungen – jene von

»Herr Godefridus von Niderhauß ware Landtcomenthur 1437, regiert 10 Jahre« (Anm. 1421–1442),

»Herr Johannes von Mosau war (Landt-)Comenthur 1451, regiert 7 Jahre (Anm. 1453/56–1458),

Heinrich v. Freiberg Landkomtur 1463–1484,

Ludwig v. Hürnheim, Landkomtur 1487–1494,

Bartlme v. Knöringen (um 1518/32), Landkomtur 1534/1541,

Engelhard v. Rust (um 1539/41), Landkomtur 1541–1560,

Andre Joseph Freiherr v. Spaur, Landkomtur 1573–1598 (hier fehlt bereits der rechte Schildrand),

Georg v. Mörl, Hauskomtur zu Schlanders 1594–1598, Landkomtur 1598–1612,

Landkomtur Anton Ingenuin Graf v. Recordin (invest., LK. 1744, † 1762),

Landkomtur Johann Baptist Freiherr v. Ulm (invest. 1750, LK. 1762, † 1792). (Abb. 18)

Der zweite Abschnitt des Zyklus war höchstwahrscheinlich den Hauskomturen des Ordens der Kommende in Schlanders gewidmet, doch konnten in dieser Reihe bis dato nur einige wenige Wappen mit einiger Wahrscheinlichkeit identifiziert werden. Im einzelnen sind dies die Wappenschilde von Johann Jakob Graf Thun († 1701),

Hans Gaudenz Freiherr zu Wolkenstein-Rodenegg, Hauskomtur in Schlanders 1623–1627, Knöringen, Trapp(?), Halbsleben, Helfenstein, Ramschwag, Leiter, Montfort(?), Ivano, Laubenberg, Fuchs und Liechtenstein.

Der heraldische Schmuck des östlichen Neben- bzw. heutigen Nachbarhauses besteht in einer mar-

Abb. 18: Freskozyklus im heutigen Gerichtsgebäude – Ende der Wappenreihe der Landkomture mit dem Wappenschild des Landkomturs Joh. Bapt. Freiherr v. Ulm († 1792), links, rechts der Ecke Wappen von Schlanderser Hauskomturen (Thun, Wolkenstein-Rodenegg).

mornen Wappenplatte aus dem Jahre »1615« an der Ostseite bzw. bei der Südost-Ecke des Hauses und zeigt drei familiäre Wappenschilde (Abb. 19). Der erste von diesen beinhaltet das Wappen des damaligen Hauskomturs zu Schlanders, Ludwig von Melart zu Reinegg, wobei dem viergeteilten Schild des Familienwappens ein kleines Mittelschildchen mit dem Ordenskreuz aufgelegt erscheint. Über dem Schild befinden sich die Initialbuchstaben »L.V.M.F.H.« (= Ludwig Von Melart Frei Herr).[22] Der zweite gilt dem damaligen Landkomtur der Ballei an der Etsch und im Gebirge Ulrich Freiherren zu Wolkenstein und Rodenegg mit den überschriebenen Initialbuchstaben »V.V. W.FH.L.C.« (= Ulrich Von Wolkenstein Freiherr Land Comtur). Als Landkomtur trägt sein viergeteilter Wappenschild in den Feldern 1 und 4 das Deutschordenskreuz. Der dritte Schild bezieht sich auf einen Freiherrn von Hendl und ist mit den Initialbuchstaben »M.H.F.H.« überschrieben: M(ichael?) Hendl Frei Herr. Letzterer war – jedenfalls nach Auskunft seines Wappens – kein Deutschordens-Ritter, vermutlich aber der damalige Pfar-

Abb. 19: Wappenstein von 1615 am östlichen Nachbarhaus des Gerichtsgebäudes.

rer von Schlanders. Wie es scheint, sind alle drei Herren auf dem rechts neben der Wappenplatte befindlichen Fresko, und zwar unter dem Schutzmantel Mariens dargestellt. Sicherlich haben auch die beiden (Heiligen?) Figuren beiderseits des Schutzmantels einen Bezug auf die Genannten (Abb. 20). Wie die Beschädigung der Unterkante des Freskos erkennen läßt, sind die dortigen Fenster erst nach 1615 ausgebrochen worden.

Wenn gleich heute nicht mehr in der Pfarrkirche von Schlanders befindlich, sondern im Ansitz Plawenn oberhalb von Mals, so sei hier doch auch auf den prächtig gearbeiteten Totenschild vom Grab

22 DERS., Auf den Spuren des Deutschen Ordens, a. a. O., S. 294.

Abb. 20: Mariae-Schutzmantel-Freskodarstellung neben dem Wappenstein von 1615.

des am 26. August 1624 in Schlanders verstorbenen hiesigen Hauskomturs Franz Freiherr von Hendl hingewiesen.[23] Wahrscheinlich wurde dieser Totenschild nach der vorübergehenden, napoleonischen Aufhebung des Ordens aus der Schlanderser Pfarrkirche entfernt, da diese seither nicht mehr von Deutschordenspriestern versehen wird.

Zur Gruppe der Deutschordens-Monumente gehört auch ein wappengezierter »Weichbrunn« von 1547 an der rechten Innenwand der Schlanderser Pfarrkirche (siehe unten bei den dortigen Grabsteinen).

6 Kirchliche Wappen in Schlanders

Neben der relativ großen Zahl von Heraldika des Deutschen Ordens nimmt sich jenes einzige Denkmal sehr bescheiden aus, welches einer anderen kirchlichen Institution zugehört, nämlich dem Benediktinerkloster Marienberg bei Mals/Burgeis. Es handelt sich dabei um das Wappenfresko am Gewölbe der kleinen, längst profanierten St. Jenewein- bzw. Ingenuin-Kirche (Abb. 21) in der östlichen Nachbarschaft der alten Spitalkirche. Von den in den Zwickeln des dortigen spätgotischen Netzrippengewölbes befindlichen Wappendarstellungen sind derzeit – infolge von Verschmutzung – nur drei Wappenschilde mit großer Sicherheit identifizierbar, es sind dies das Wappen des Abtes Leonhard Andri von Marienberg 1586–1606 (Abb. 22),[24] das Wappen der Grafen von Helfenstein(?) sowie das Familienwappen des Hauptmannes Jenewein Ladurner zum Thurn, zu dessen südlich gegenüber liegendem Hofe (genannt »Trögerhaus«) diese kleine Kirche gehört.

Alle dortigen Wappenschilde sind derzeit nur schlecht bzw. in ihren Umrissen erkennbar. Vielleicht könnten diese Zeilen eine Restaurierung dieses Juwels der Spätgotik anregen. Schlanders würde dadurch eine echte Kostbarkeit wiedergewinnen.

Wie das Patrozinium dieses Kirchleins erkennen läßt, gehörten Hof und Kirche ursprünglich zum

---

23 Ebenda, S. 296.

24 Siehe das Wappen dieses Abtes auf seinem Grabstein in der Klosterkirche von Marienberg, sowie den Band »Kloster Marienberg«, Bozen 1990, S. 143. F.-H. Hye, Heraldische Denkmäler im und im Umkreis des Klosters Marienberg. In: 900 Jahre Benediktinerabtei Marienberg 1096–1996. Lana 1996, S. 207–222.

Abb. 21: St.-Jenewein- bzw. -Ingenuin-Kirchlein beim Trögerhof.

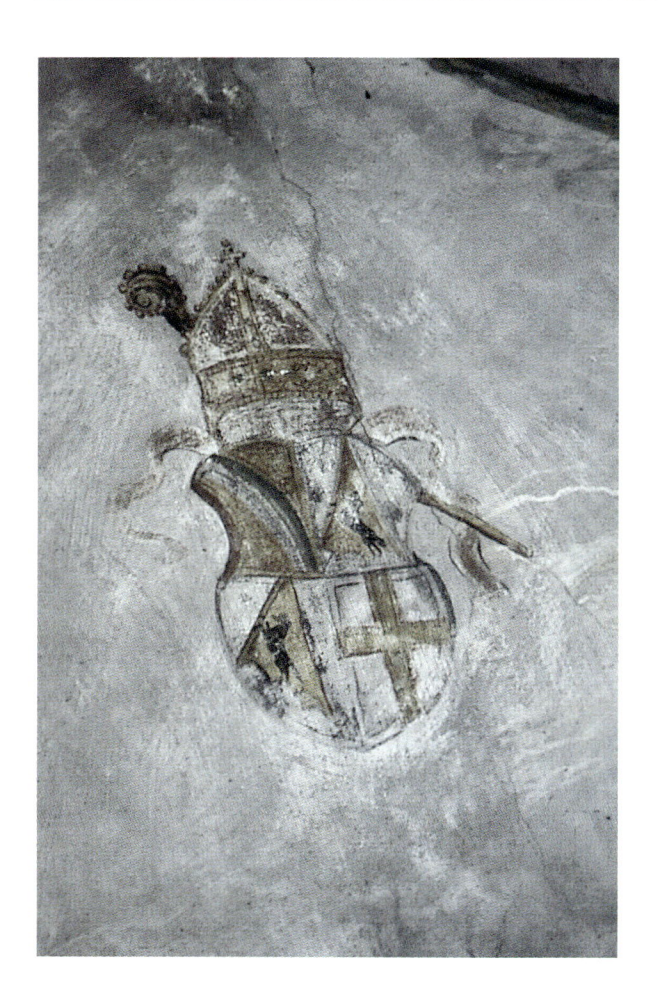

Abb. 22: Freskodarstellung des Wappens des Abtes L. Andri von Marienberg (1584–1606) im stark verschmutzten Gewölbe des St.-Jenewein-Kirchleins.

Abb. 23: Wappen des Hauptmannes Jenewein Ladurner von 1598 über dem Portal des Trögerhauses.

Besitz des Hochstiftes Brixen, wohin das Gut durch eine Schenkung Kaiser Heinrichs IV. im Jahre 1077 gelangt ist.[25] In der Folge geriet die Liegenschaft an den Grafen Arnold von Morit und von diesem um das Jahr 1148/49 im Tausch in die Hand der Herren von Tarasp, die sie schenkungsweise 1164 an das von ihnen gegründete Kloster Marienberg weitergaben. Letzteres Faktum erklärt die hier erwähnte Präsenz des Wappens eines Abtes von Marienberg.

Der Wappenschild des Hauptmannes Ladurner prangt in weiß-marmornem Relief sowohl von der Supraporte seines Hauptportals bzw. des Trögerhauses, als auch von den marmornen Fensterstöcken (Abb. 23). Überdies ließ er sich und seine Gattin im Jahre 1598 am marmornen, runden Erkersockel seines Hauses als Kleinportraits darstellen.

7 Wappen-Grabsteine

In der Pfarrkirche:

Gemeinschaftsgrabstein (a) für Reinprecht Hendl, der bereits zu seinen Lebzeiten den Auftrag für die Anfertigung dieses Grabsteins gegeben hat, (b) für Lucia, seine erste Gemahlin * v. Schlandersperg († 1541) und (c) für Felicitas, Reinprechts zweite Gemahlin * v. Wotsch (= Botsch), † 1545. Über den zugehörigen drei Vollwappen der Hendl, Botsch und Schlandersberg in stilistischen Arkadenbögen befinden sich jeweils über den begrenzenden bzw. trennenden Bogensäulen die Wappenschilde der verwandten Familie Hendl, »Wangen«- Botsch, Welsberg und Firmian (Abb. 24). Höchstwahrscheinlich bildete dieser Epitaph die Vorderseite eines Hochgrabes, dessen erhaltene Vorderplatte möglicherweise auf den zwei mit denselben Wappenschilden gezierten, durch je ein rundes Loch gegliederten Marmorplatten aufgelegt ist, welche bei der Demontage der ursprünglichen Gestalt dieses Grabes aus der Kirche entfernt wurden und sich heute bzw. seit langem am Friedhof nördlich der Kirche befinden. Es könnte aber auch sein, daß diese beiden kleineren Marmorplatten die

25 Josef RIEDMANN, Schlanders in Mittelalter und Neuzeit. In: Der Schlern Jg. 51, Bozen 1977, S. 421; Josef WEINGARTNER, a. a. O., S. 30 f.

Abb. 24: Dreifacher Grabstein – Vorderfront eines ursprünglichen Hochgrabes – für Reinprecht Hendl und seine zwei Frauen von 1545 in der Schlanderser Pfarrkirche.

Abb. 25: Marmorplatte mit dem Wappen der Lucia Hendl geb. v. Schlandersberg von 1543/45 am Schlanderser Friedhof – ursprünglich Teil des vorgenannten Hendlschen Grabdenkmals in der Pfarrkirche (Abb. 24).

Abb. 26: Marmorplatte mit den Wappen der Felizitas v. Hendl geb. von Botsch von 1545 am Schlanderser Friedhof – ursprünglich Teil des vorgenannten Hendlschen Grabdenkmals in der Pfarrkirche (Abb. 24).

Abb. 27 (ganz links): Grabstein der Barbara Trapp-Colonna geb. v. Künigl († 1681) in der Schlanderser Pfarrkirche.

Abb. 28 (links): Grabstein des Sigmund Hendl vom Ende des 16. Jahrhunderts in der Schlanderser Pfarrkirche.

Schmalseite bzw. die Kopf- und Fußseite dieses Hochgrabes geziert haben (Abb. 25 u. 26). Die beiden runden Löcher könnten in diesem Falle ursprünglich zur Anbringung von Bronze-Applikaturen gedient haben. Ob so oder so, in jedem Falle würde die Rekonstruktion dieses Hochgrabes zweifellos eine zusätzliche Attraktion für Schlanders darstellen und sei daher an dieser Stelle angeregt. Standort: links Mitte.

Barbara Trapp zu Pisein, Churburg und Schwamburg (!, statt Schwanburg), Gräfin zu Matsh (= Matsch), * Künigl Gräfin zu Ehrenburg und Wart († 1681). Der Trappsche Wappenschild zeigt hier eine gewisse Besonderheit, ist viergeteilt und zeigt in Feld 1 die drei Matscher Flüge, in Feld 2 die Trappe, in Feld 4 den zweimal gebrochenen Mittelbalken, während Feld 4 geschacht erscheint. Dem quadrierten Schild ist als Mittelschildchen die Säule der Matsch-Colonna aufgelegt. Standort: links im Chor (Abb. 27).

Sigmund Hendl von Goldrain, Pfleger zu Schlanders (die Jahreszahl in der obersten Zeile der Epitaphs wurde leider später durch eine Barockstukkatur verdeckt. Stilistisch ist der Stein jedoch frühestens in die zweite Hälfte des 16. Jahrhunderts bzw. um 1600 zu datieren. Insbesondere gilt dies von der Gestaltung des Spangenhelms). Das Hendlsche Wappen besteht hier nur aus einem ungeteilten Schild mit dem bekannten Mühlrad als Schildfigur, die auch – über einem Polster – als Helmzier fungiert. Standort: rechts im Chor (Abb. 28).

Abb. 29 (ganz links): Maria Barbara v. Hendl geb. Hendl († 1681), Gattin des Hans Caspar Graf Hendl, in der Schlanderser Pfarrkirche.

Abb. 30 (links): Grabstein des Johann Joseph Graf Hendl († 1718) in der Schlanderser Pfarrkirche.

Maria Barbara (Gräfin) v. Hendl Freiin zu Goldrain, Jufal und Maretsch, geb. Freiin v. Hendl († 1681) und ihr Gatte, Hans Caspar Graf Hendl († 1707). Der Hendlsche Wappenschild zeigt hier bereits die bekannte Vierteilung mit einem aufrecht schreitenden Löwen in den Feldern 1 und 4, während die Felder 2 und 3 schräg rechts geteilt und im Feld rechts unten schräg geschacht sind. Diesem quadrierten Schild ist der alte Hendlsche Wappenschild mit dem Mühlrad als Mittelschildchen aufgelegt. Standort: links hinten (Abb. 29).

Johann Josef Reichsgraf Hendl, Freiherr zu Goldrain, Jufal und Maretsch, Herr zu Ober- und Niederreichenburg (= Reichenberg), Lebenbrunn (Meran), Hendlsberg (= Hendlsburg/Glurns) und Schlandersburg, gewesener Gerichtsherr der Herrschaft Schlanders und der Propstei Eyrs († 1718). Die Gestaltung des Wappens entspricht dem des vorgenannten Steines der Maria Barbara Hendl. Standort: links Mitte (Abb. 30).

Gedenkstein für Georg Friedrich Grafen von und zu Stachelburg († 1704), gestiftet von seinem Sohne Johann Anton Grafen Stachelburg. Standort rechts Mitte (Abb. 31).

Johann v. Vincenz zu Friedberg († 1742). Standort: rechts hinten (Abb. 32).

An dieser Stelle sei auch ein unweit neben letzterem Grabstein befindlicher marmorner »Weichbrunn« aus dem Jahre »1547« erwähnt, der mit einem viergeteilten Wappenschild mit Deutschordenskreuz (1) und den Familienwappen Montani (2), Mörl oder Schrofenstein (3) sowie Fuchs? (4) geziert ist.

Abb. 31 (ganz links): Gedenkstein für Friedrich Grafen Stachelburg von 1704 in der Schlanderser Pfarrkirche.

Abb. 32 (links): Grabstein des Johann de Vincenz zu Friedberg († 1742) in der Schlanderser Pfarrkirche.

Am Friedhof:

Elisabeth geb. Wolkenstein, Gattin des Leonhart Friderich († 1518): Dieser weiß-marmorne Wappengrabstein verdient besondere Aufmerksamkeit, zumal hier auch heraldisch zum Ausdruck gebracht wird, daß die Verstorbene *adeliger* Herkunft war, weshalb auf ihrem Wappenschild ein *bekrönter, offener Spangenhelm* ruht, während der Wappenschild ihres Gatten nur durch einen geschlossenen Stechhelm mit aufliegenden Bausch überhöht wird (Abb. 33).

Ein bisher nicht ganz gelöstes Rätsel bilden zwei ebenfalls in weißem Laaser Marmor gearbeitete Wappensteine aus dem Jahre 1545, welche beide in der Mitte ein rundes, verziertes Loch aufweisen, wobei der eine Stein mit den Wappenschilden der Hendl und Schlandersberg, der andere mit den Wappenschilden der Hendl und Botsch geziert ist. Wie bei der vorliegenden Untersuchung festgestellt werden konnte, handelt es sich bei diesen beiden Steinen (Höhe 40 bzw. 36 cm) höchstwahrscheinlich entweder um die Sockelsteine des oben beschriebenen Gemeinschaftsgrabes des Reinprecht Hendl und seiner zwei Frauen, Lucia v. Schlandersberg († 1541) und Felicitas Botsch († 1545), das vermutlich ursprünglich als ein Hochgrab gestaltet war oder um Zierden der Seitenteile (vgl. oben Abb. 25 und 26).

Weiters finden sich am Schlanderser Pfarrfriedhof noch folgende historische Wappengrabsteine: Veit Reiner, Richter in Schlanders, † 1709 (Abb. 34),

Sebastian Stainer J.U.L., »URBARII ET DYNASTIAE PRAEFECTUS«, † 1771 (Abb. 35),

Bartholomaeus Thomann, Schloßkaplan zu Schlanders († 1803),

Johann Kaserer, † 1825 (Abb. 36),

Maria Anna Helena Walnöfer (* 1804 in Tschengels, † 1826),

Wilhelm v. Ottenthal (* u. † 1827),

Carl Johann Aigner, Cadett-Feldwebel bei der k. k. Infanterie-Regiment Baron Wimpffen, Sohn des Schlanderser Richters Johann Aigner († 1837),

Spechtenhauser, 1822 (Abb. 37),

Anna Maria Gräfin v. Hendl, k. k. Haller Stiftsdame, * 1766, † 1843

Kreszenz Gräfin v. Hendl, * 1770, † 1845,

Aloisia Gräfin v. Hendl, * 1773, † 1868,

Mathias Lechthaler (* 1786, † 1836),

Abb. 34 (oben): Grabstein des Veit Reiner († 1709) am Schlanderser Pfarrfriedhof.

Abb. 33 (ganz links) Grabstein der Elisabeth Friderich geb. v. Wolkenstein († 1518) am Schlanderser Pfarrfriedhof.

Abb. 35 (links): Grabstein des Sebastian Stainer († 1771) am Schlanderser Pfarrfriedhof.

Anton Pegger, Handelsmann in Schlanders († 1884),[26]
Grabstätte der Familie Plawenn, als Letzter hier beigesetzt Oswald v. Plawenn († 1886),
Dr. med. Anton Innerhofer (* 1891 in Lana, † 1965),[27]
Wendelin Pfitscher, Schwarz Adler Wirt (* 1921 St. Leonhard i. P., † 1891).[28]

8 Ansitz Schlandersburg – Sonnenuhr und Uhrzifferblatt

Eine wahrhaft malerische Ergänzung erfährt das Ortsbild von Schlanders auch durch die beiden Uhrenfresken an der Südwand des Ansitzes Schlandersburg herunten im Ort, wo das im Jahre »1616« gemalte Zifferblatt der Uhr in seinen Ecken die Wappenschilde von Österreich, Tirol, Hendl und Trautson aufweist, während die etwas ältere Sonnenuhr darunter auf der Sockelleiste mit den Wappenschilden von Hendl, Schlandersberg, Botsch und Boimont geziert und sicherlich in die Mitte des 16. Jahrhunderts zu datieren ist (Abb. 38 – vgl. dazu das Hochgrab Reinprecht Hendls).

9 Kortsch – Kirchturm

Kurz zu erwähnen ist hier auch der im Jahe 1597 »von der Gemein allhie reich und arm« erhöhte Glockenturm, der zur Erinnerung an diese Bauausführung mit einer entsprechenden Fresko-Inschrift unterhalb der dortigen Turmuhr versehen worden ist. Die vier Ecken des Zifferblattes dieser Uhr sind mit den Wappenschilden von Österreich, Tirol, Hendl und Montani ausgeschmückt. Oberhalb der Uhr, beiderseits der Schallfenster der Glockenstube befinden sich große Freskodarstellungen des kaiserlichen Doppeladlers und des Österreichischen Bindenschildes, beide umgeben von dekorativen Lorbeerkränzen. Diese beiden Wappendarstellungen sind entweder erst jüngeren Datums (vielleicht 1897) oder wurden zumindest 1900 im Stil der damaligen Heraldik erneuert (Abb. 39).

Abb. 36: Grabstein des Johann Kaserer († 1825) am Schlanderser Pfarrfriedhof.

Abb. 37: Grabstein Spechtenhauser von 1822 am Schlanderser Pfarrfriedhof.

26 K. Fischnaler, a. a. O., Bd. 3, Innsbruck 1938, S. 148.
27 Ebenda, S. 312 (landesfürstl. Verleihung von 1593).
28 Ebenda Bd. 7, Innsbruck 1951, S. 141 (landesfürstl. Verleihung von 1567).

Abb. 38: Wappengeschmückte Sonnenuhr am Ansitz Schlandersburg in Schlanders.

Abb. 39: Wappenschmuck am Kirchturm in Kortsch.

Franz-Heinz von Hye

Das Gnadenbild zu Unserer Lieben Frau am Rain in der Schlanderser Pfarrkirche

und das Prozessionsgelöbnis der Schlanderser Schützen im Jahre 1799

Die Gedenkfeiern des Landes Tirol im heurigen Jahre gemahnen uns, unsere Blicke nicht nur 200 Jahre, sondern auch 500 Jahre zurück zu wenden. Insbesondere gilt dies für den Vinschgau.

Dieser ebenso schöne als geschichtsreiche Teil unseres Landes wurde nämlich im Laufe der Geschichte gleich mehrfach von der Furie des Krieges überrollt.

Erstmals vollzog sich dies im blutigen Engadiner Krieg des Jahres 1499, – ein zweites Mal dreihundert Jahre später im Jahre 1799.

Zwischen beiden Ereignissen besteht eine enge Verbindung, die leicht übersehen wird:

Im Jahre 1799 war Schlanders ernsthaft bedroht, ebenso wie Glurns, Mals und Nauders im Zuge des sogenannten zweiten Koalitionskrieges von der Soldateska der napoleonischen Truppen heimgesucht zu werden. In dieser Not suchten die Schlanderser Schützen ihre Zuflucht beim Mariae-Gnadenbild in der Schlanderser Pfarrkirche. Diesem Prozessionsgelöbnis ist die heutige Gedenkfeier gewidmet.

Allerdings haben wir in diesem Zusammenhang auch nach Alter und Herkunft dieses Gnadenbildes zu fragen. Und die Antwort darauf führt uns direkt in die nach dem Engadiner Krieg von 1499 wiederaufgebaute Pfarrkirche von Schlanders, deren Hochaltar damals als besondere Zierde jene Holzplastik mit Darstellung der Krönung Mariae erhielt, die von manchen Kunsthistorikern dem berühmten Allgäuer Bildhauer Jörg Lederer zugeschrieben wird.[1]

Diese wunderschöne Altarplastik bildet somit eine eindrucksvolle Verbindung zwischen den beiden Kriegsjahren 1499 und 1799.

Zum Unterschied vom Jahre 1799, als dem Orte die Kriegsgefahr drohte, bekam Schlanders im Jahre 1499 in fürchterlicher Weise die Furie des Krieges zu spüren, als die Engadiner nach ihrem Sieg an der Calven im Mai – bei einem zweiten Rachefeldzug am St.-Peter-und-Pauls-Tag bis unter Schlanders herab gezogen sind und bei ihrem Rückzug den Ort in Brand gesteckt haben.[2]

Ihr besonderer Zorn galt dabei dem Komtur des Deutschen Ordens in Schlanders, Walter von Stadion, der den Feinden mit etlichen berittenen Knechten Widerstand zu leisten versuchte. Ihrer Übermacht gegenüber aber fühlte er sich doch zu schwach und ergriff daher die Flucht in Richtung Meran.[3]

Da die Engadiner bei ihrem Feldzug von Münster und Taufers über Glurns herab bis Göflan die an ihrem Wege stehenden Kirchen unbehelligt gelassen haben, ist wohl anzunehmen, daß das eigentliche Ziel ihrer Zerstörungswut in Schlanders nicht die Pfarrkirche, sonders die alte Deutschordens-Kommende an der Stelle des späteren Deutschordens-Priesterhauses bzw. heutigen Gerichtsgebäudes war.[4] Von hier hat der Brand wohl über die Straße auf die gegenüberliegende Kirche

---

*   Dieser Beitrag wurde ursprünglich vom Autor als Vortrag gehalten zum 200-Jahr-Gedenken in Schlanders, veranstaltet von der Schützenkompanie Schlanders am 5. März 1999.

1   Josef WEINGARTNER, Die Kunstdenkmäler Südtirols. Bd. 2, 3. Aufl. Innsbruck 1957, S. 303, schreibt dazu allerdings nur: »Krönung Maria, um 1500, doch stark umgeschnitzt.«

2   Mercedes BLAAS, Das Calvengeschehen aus Tirolischer Sicht. In: Freiheit einst und heute. Gedenkschrift zum Calvengeschehen 1499–1999. Chur 1999, S. 173–216. Bezüglich des zweiten Einfalles der vereinigten Bündner und Eidgenossen am 28./29. Juni 1499 nach dem unseligen Rachefeldzug Maximilians in das Engadin nach der Calvenschlacht s. noch immer Albert JÄGER, Der Engedeiner Krieg im Jahre 1499. In: Neue Zeitschrift des Ferdinandeums Bd. 4, Innsbruck 1838, S. 137–140.

3   Ebenda.

4   F.-H. v. HYE, Auf den Spuren des Deutschen Ordens in Tirol – Eine Bild- und Textdokumentation. Bozen 1991, S. 287–305.

übergegriffen. Auch das landesfürstliche Amts- und Gerichtsgebäude in Schlanders wurde damals ein Raub der Flammen.

Rasch ging die seit 1235 unter der Obhut des Deutschen Ordens stehende Pfarrgemeinde nach dem Brand an den Wiederaufbau der Kirche und die Behebung der übrigen Kriegsschäden, so daß die Pfarrkirche und die St.-Michaels-Kirche am Friedhof bereits im Jahre 1505 wieder geweiht werden konnten. Die Weihe der wiederhergestellten Spitalskirche folgte im Jahre 1509.[5]

In diese Phase des Wiederaufbaus und der neuerlichen Einrichtung der Pfarrkirche fällt auch die Bestellung und Anfertigung des Gnadenbildes »Mariae Krönung« für den Hochaltar, wobei zu betonen ist, daß die bauliche Instandhaltung ebenso wie die künstlerische Ausstattung der Pfarrkirche sicherlich auch in Schlanders – so wie dies allgemein üblich war – von der Gemeinde besorgt und finanziert worden ist.[6] Die Gemeinden Tirols haben auf diese Weise einen großartigen Beitrag zur Förderung der Künste geleistet. Vergleichsweise sei hier etwa an die berühmten Flügelaltäre von Hans Multscher[7], Michael Pacher[8] oder Hans Schnatterpeck[9] in Sterzing, Gries und Niederlana erinnert, welche Liste sich noch erheblich verlängern ließe. Abgesehen vom Gnadenbild »Mariae Krönung« erinnern noch heute das leider nur noch in bescheidenen Spuren erhaltene Wappenfresko Kaiser Maximilians I. an der Nordwand des Pfarrkirchturms sowie das Sakristeiportal von 1527 mit dem Österreichischen Wappenschild und dem Andreaskreuz des Ritterordens vom Goldenen Vlies an den damaligen Wiederaufbau der Pfarrkirche. Vom alten Kirchengebäude (vor 1499) hat sich das nordseitige Hauptportal von 1481 erhalten, welches jedoch erst im Zuge der Umbauten von 1758 an seinen heutigen Standort versetzt worden ist.

Nun sollten 300 Jahre relativ glücklicher Friedenszeit folgen, in denen sich der Ort zu neuer Blüte erhob. Sichtbares Zeugnis dieser schönen Zeit ist wiederum die Pfarrkirche, welche die Gemeinde Schlanders nicht nur im Jahre 1758 westwärts verlängern, sondern – modebewußt wie andere Gemeinden auch – unmittelbar nach Vollendung der Bauarbeiten im Inneren barockisieren und 1759 mit einem großen Deckenfresko zieren ließ, das man beim kaiserlichen Hofmaler Josef Adam Mölk in Auftrag gegeben hat.[10] Als Zeichen der treuen Gesinnung zum Hause Österreich und zum Kaiser des Heiligen Römischen Reiches wurde auf diesem großen Fresko auch der Gemahl Maria Theresias, Kaiser Franz I. Stephan von Lothringen dargestellt, wie er kniend sein Gebet zur Königin des Himmels richtet, die als Maria immaculata auf der Erdkugel thront. An der linken Seite des Kaisers ist bei dieser Darstellung auch der halbe schwarze, kaiserliche Doppeladler zu erkennen.

Wie eine fürchterliche Bombe platzte in diese Zeit des Friedens und der Zufriedenheit der Ausbruch der Napoleonischen Kriege.

Für Tirol selbst begann die Einbeziehung in die Kriegsereignisse im Herbst 1796, als ein Heer des erst 29jährigen Generals von Süden her gegen Tirols Grenzen stürmte.[11] Dem ersten erfolglosen Ansturm folgte nach der Niederlage des Österreichischen Militärs bei Rivoli Ende Jänner 1797[12] jener Vorstoß bis Brixen, den die Tiroler Landesverteidiger unter dem Kommando des Innsbrucker Advokaten Dr. Philipp von Wörndle[13] in wahrhaft fürchterlichen, beinahe zwölf Stunden dauernden Kämpfen in Spinges gestoppt haben.[14]

---

5 Josef RIEDMANN, Schlanders im Mittelalter und Neuzeit. In: Der Schlern Jg. 51, Bozen 1977, S. 429.
6 Vgl. dazu F.-H. HYE, das Historische Verhältnis zwischen Stadt und Pfarre in Tirol mit besonderer Berücksichtigung der Dom-Pfarrkirche zu St. Jakob in Innsbruck. In: Stadt und Kirche (= Beiträge zur Geschichte der Städte Mitteleuropas Bd. 13), Linz 1995, S. 137–148; sowie Erich EGG, Stadt und kirchliche Kunst in Tirol. Ebd. S. 313–325.
7 Nicolò RASMO, Der Multscher Altar in Sterzing. Bozen 1963, S. 13 u. 65 ff.
8 Helmut STAMPFER und Hubert WALDER, Michael Pacher in Bozen-Gries. Bozen 1980, S. 17.
9 Oswald KOFLER, Der Schnatterpeck-Altar zu Lana bei Meran. Bozen 1977, mit Abb. des Vertrages, aber leider ohne Seitenzahlen.
10 Vgl. dazu E. EGG, Kunst in Tirol. Malerei und Kunsthandwerk. Innsbruck 1972, S. 218, sowie von demselben, Kunst im Vinschgau. Bozen.
11 S. dazu das umfassende Standardwerk von Franz KOLB, das Tiroler Volk in seinem Freiheitskampf 1796/97. Innsbruck 1957.
12 F.-H. HYE, Rivoli e Tirolo: due mondi a confronto. In: Rivoli 1797: Scenari e riflessi di una battaglia. Atti del Convegno Internazionale 17–18–19 gennaio 1997. Comune di Ricoli Veronese – Comitato Rivoli '97 1998, p. 143–148.
13 Heinrich v. WÖRNDLE, Dr. Philipp von Wörndle zu Adelsfried und Weierburg, Tiroler Schützenmajor und Landsturmhauptmann. Brixen 1894.
14 DERS., Napoleon und Tirol. In: L'Ideologia e le Armi. Kongreß in Verona 1998 (in Druck).

Die große Politik und die weitere Entwicklung am Hauptkriegsschauplatz freilich gingen an Spinges vorbei.

Auf dem Hauptkriegsschauplatz hatte Napoleon keine Skrupel von Rivoli und Mantua weiter durch das Territorium der bis dahin souveränen Republik Venedig, über Krain und Kärnten bis in die Steiermark voranzustürmen. Am 18. April kam es dort auch zum Abschluß des Vorfriedens von Leoben, welchem am 17. Oktober der eigentliche Friedensvertrag von Campo Formio folgte. Wie bekannt, war dieser Frieden jedoch nur von kurzer Dauer.

1798 folgte die Unterwerfung bzw. aus der Sicht Napoleons die »Befreiung« der Schweizerischen Eidgenossenschaft, verbunden mit der Errichtung der Helvetischen Republik, und bereits im März 1799 kam es neuerlich zum Ausbruch von Kämpfen gegen Österreich und Rußland – der zweite Koalitionskrieg hatte begonnen.

Tirol wurde dabei weder von Norden noch von Süden her, sondern diesmal von Westen und Südwesten her angegriffen.

Vom Westen her war es der französische General Le Courbe, der mit drei Halbbrigaden von dem ebenfalls unterworfenen Graubünden her durch das Engadin gegen Tirol vorrückte. Mit strategischem Geschick verstand er es dabei dem österreichischen Militär und den Tiroler Schützenkompanien bzw. Landesverteidigern in mehrtägigen Kämpfen in Martinsbruck und Nauders im März 1799 einen schweren Schlag zu versetzen. Ermöglicht wurde ihm dieser Erfolg nicht zuletzt dadurch, daß auf der Seite des österreichischen Militärs in diesen kritischen Tagen der bewehrte und ortskundige General Alcaini durch den unfähigen General Graf De Briey abgelöst worden ist. Le Courbe hat diesen Vorstoß jedoch angesichts des sich formierenden österreichischen Widerstandes und um seinen Nachschub nicht zu gefährden, bereits am 30. März wieder hinter die Tiroler Westgrenze bei Martinsbruck zurückgenommen.

Selbstverständlich bedeuteten diese Kämpfe und die Besetzung des Dorfes Nauders für die dortige Bevölkerung schreckliche Tage und Stunden, doch hielten sich die dortigen Repressalien der Besatzer in Grenzen.[15]

In dem rund 25 Kilometer weiter südlich gelegenen Städtchen Glurns sowie in den benachbarten Gemeinden Mals und Schluderns hingegen wütete eine andere französische Einheit, welche vom Veltlin her über das Wormser Joch gegen Norden vorgestoßen war. Diese Einheit vollführte unter dem Befehl des Generals Desolles, zur gleichen Zeit, in den Tagen vom 25. bis 31. März in Glurns, Mals und Schluderns wahre Greueltaten, die heute uneingeschränkt als Kriegsverbrechen eingestuft werden würden. Mit Mord und Totschlag, Raub und Vergewaltigung wurde die gesamte Bevölkerung von Glurns, ob alt oder jung, Männer und Frauen tagelang regelrecht tyrannisiert und überdies alle Häuser der Stadt in Brand gesteckt.

Das Klosterarchiv von Marienberg verwahrt diesbezüglich einen detaillierten Bericht eines Augenzeugen dieser Greueltaten. Es widerstrebt mir, diesen grauenvollen Bericht an dieser Stelle zu veröffentlichen. Wer sich dafür interessiert, den darf ich auf meine im Jahre 1992 erschienene Geschichte der Stadt Glurns verweisen, wo ich dieses Dokument der Unmenschlichkeit wortwörtlich abgedruckt habe.[16]

Ähnlich wütete die französische Soldateska des Generals Desolles auch in Mals, wo allein 14 Tote verzeichnet wurden. – In den frühen Morgenstunden des 31. März zog sich diese entmenschte Horde dann ebenso plötzlich wieder zurück, wie sie am 25. März gekommen war. Auch für sie war die Sorge um den Nachschub, sicherlich aber auch die Kenntnis des nur noch wenige Kilometer entfernt liegende österreichischen Militärs das Motiv zum Rückzug. – Tatsächlich erschien endlich am Morgen des 31. März – kurze Zeit nach dem Abzug Desolles – das österreichische Militär vor der Stadt und wurde von der Bevölkerung als Retter begrüßt.

Dazu ist allerdings mit großen Einschränkungen festzustellen, daß diese vermeintlichen Retter während der schrecklichen Tage der Not nur wenige Kilometer talabwärts in Laas gelegen sind und mit ihrem Eingreifen gewartet haben, bis General Desolles und seine Soldateska sich von selbst zurück gezogen haben. Wie Cölestin Stampfer, ein absolut verläßlicher Tiroler Historiker, bereits im

---

15 Alois MORIGGL, Einfall der Franzosen in Tirol bei Martinsbruck und Nauders im Jahre 1799. Innsbruck ²1900.

16 F.-H. HYE, Geschichte der Stadt Glurns. Glurns 1992, S. 100–103.

Jahre 1893 geschrieben hat, »ist der österreichische General Heinrich von Bellegarde während dieser Schreckenstage mit seinen Truppen bis zum 31. Mai in Laas untätig gelegen.«[17]

Ebenso wie FML. Kerpen im Zusammenhang mit den Kämpfen von Spinges im Frühjahr 1797, zeigt auch das Verhalten von Bellegarde – die Reihe dieser Beispiele ließe sich noch ergänzen –, daß es unter den damaligen österreichischen Berufsoffizieren auch solche gegeben hat, die es nicht geschätzt haben, im engen Gebirgsland Tirol und zudem Seite an Seite mit den dortigen bäuerlichen Schützen eingesetzt zu werden. Solchen Einsätzen stand jedoch nicht militärisch – strategisches Talent, sondern lediglich ein ausgeprägter Standesdünkel im Wege. Standesdünkel aber ist selten mit Mut und Intelligenz gepaart. – Durch das Beispiel von FML. Bellegarde wurde dies einmal mehr bestätigt.

Wie bereits in der von Peter Gamper verfaßten Gedenkschrift »Zur Hundertjahrfeier der Maria-Namenfest-Procession in Schlanders« 1799–1899 festgestellt wurde, hatte sich Bellegarde über den Vorstoß unter Desolles am 24. März nach Taufers an Ort und Stelle vollständig informiert. Seine Reaktion darauf bestand allerdings lediglich darin, daß er die eigentlichen Verteidigungsmaßnahmen dem Corps General Laudons überließ und sich selbst »noch am gleichen Tage« – wie Gamper schreibt – »zu seinen Reservetruppen zurück (nach Schlanders) begab.«[18]

Am folgenden Tage kam es dann bei Taufers – unweit vom Schlachtfeld von 1499 an der Calven – zum Kampfe und zum Sieg Desolles über das Corps Laudons – sowie zur oben dargelegten Einnahme von Glurns und Mals etc. Die Reservetruppen Bellegardes, die bei diesen Kämpfen hilfreich hätten eingesetzt werden können, – lagen währenddessen mit ihrem unrühmlichen Kommandanten ruhig und sicher bei Laas. Hier verweilten sie auch, bis ihnen sichere Nachricht über den Abzug Desolles aus Glurns in den frühen Morgenstunden des 31. März zu kam.

Den bei den Kämpfen am 25. März als Flankenschutz auf den Talhängen von Taufers sowie gegen das Arunda- und Schlinigtal hin postierten Tiroler Landesverteidigern, namentlich den Schützen von Schlanders, war es kaum möglich, in die Kämpfe einzugreifen.

Angesichts der damaligen Not und Gefahr jedoch nahmen die Schützen von Schlanders Zuflucht zum Gebet und gelobten – in der Hoffnung, daß Schlanders von der Kriegsfurie verschont bleibe –, fortan alljährlich zum Feste von Mariae Namen das Marienbild der Pfarrkirche von Schlanders in feierlicher Prozession durch den Ort zu tragen.

Glücklicherweise wurde Schlanders damals sowohl, als auch in der Folgezeit von der Furie des Krieges verschont.

Die Schützen der angesehenen Großgemeinde Schlanders haben dies nicht vergessen und erfüllen daher noch heute das fromme Gelöbnis ihrer Vorfahren.

---

17 Cölestin STAMPFER, Geschichte der Kriegsereignisse im Vinschgau in den Jahren 1499, 1796, 1801. Innsbruck 1893, S. 99–114.

18 (Peter GAMPER) Vor hundert Jahren! Zur Hundertjahrfeier der Maria Namenfest-Procession in Schlanders 1799–1899. Schlanders 1899.

Hans Wielander

Ansitze, Burgen, Schlösser

Auf einer felsigen Hügelkuppe am Ausgang des Schlandrauntales thront weitum sichtbar das Schloß Schlandersberg. Bei Nacht, wenn es mit orangefarbenem Scheinwerferlicht angestrahlt wird, gleicht es einem Raumschiff aus dem Weltall, das hier auf dem Sonnenberg Halt gemacht hat, um auf die Menschen im Talgrund hinab zu schauen. Erbaut wurde es bereits im 12. Jahrhundert von den Rittern, Herren, Freiherren, Grafen von Schlandersberg – diese Titel kennzeichnen den allmählichen Aufstieg dieses von den Montalbanern abzweigenden Ministerialengeschlechts. Es ist eine »feste Burg«, möglicherweise entstanden aus einer Fluchtburg, die hinter spitzen, in die Erde gerammten Holzpfählen verteidigt werden konnte. Diese spitzen Pfähle, blau auf silbrigem oder weißen Grund, bilden das Wappen der Schlandersberger.

Überall finden wir dieses einfache Wappen, über dem Portal des Rathauses ebenso wie auf den Grabsteinen der weit verzweigten Familie, dann meist als Allianzwappen, aus dem ersichtlich wird,

Das Schlandersberger Wappen als Marmorrelief am Eingangsportal des Ansitzes Kasten in Galsaun. In seiner ursprünglichen Form zeigt das Schlandersberger Wappen drei silberne, vom linken Rand abstehende Querspitzen im blauen Feld (laut Peter Gamper).

Schloß Schlandersberg auf einer Fotografie aus dem Jahre 1970, damals noch bäuerliches Wohnhaus; inzwischen wurde es umgestaltet (Architekt Werner Tscholl) und bietet Raum für mehr Wohnungen. Der aus dem 13. Jahrhundert stammende Wohnturm wurde allmählich umbaut, erhielt im 15. Jahrhundert die Schwalbenschwanzzinnen.

Schlandersberg nach dem Umbau, abgeschlossen 1999. Die Garten- und Schwimmbadmauern folgen älteren Anlagen; durch die Erneuerung des Anstriches wurden die maximilianischen Zeichen, der österreichische Bindenschild, das Andreaskreuz und die Sonnenuhr, alle um 1500, wieder deutlich sichtbar.

wer sich mit wem verheiratet hat. 1906 wird es, anläßlich der Markterhebung, zum Gemeindewappen von Schlanders.

1755 ist der letzte Schlandersberger, Karl Siegmund, gestorben. Dem Rang der Familie entsprechend, wurden die Toten im Kirchenboden bestattet. Beim Bau der Zentralheizung wurde sogar eine getäfelte Gruft entdeckt. Die Kissen und Gewänder der beiden Toten – eine Frau und ein Kind – waren noch deutlich erkennbar; das Gesicht der Frau war mit einem schwarzen Schal bedeckt.

Im Kirchenboden befinden sich noch zahlreiche andere Begräbnisstätten. Sie wurden nach Beendigung der Arbeiten wieder vermauert. Schlandersberg diente seit dem letzten Jahrhundert bäuerlichen Familien als Wohnhaus, wurde aber vor einigen Jahren an Unternehmer verkauft, die es für Wohnzwecke umbauen ließen. Der Architekt Werner Tscholl versuchte, unter Aufsicht von Archäologen, im Gartenbereich vor dem Schloß zu graben. Gefunden aber hat man nichts außer einer alten Mauerführung, der nun das neu errichtete Schwimmbad folgt. Jetzt können also wieder Reiche und Mächtige auf das Treiben des Volkes hinunterschauen, geschützt durch einen mächtigen Mauerwall, ganz wie in alten Zeiten.

Die Kommende

Der Deutsche Orden entstand während des 3. Kreuzzuges (1189 bis 1192) im Heiligen Land und erhielt den Namen »Hospital Mariens der Deutschen zu Jerusalem«; dieses später zum Ritterorden erhobene Hospital mußte anders organisiert werden als andere Orden, da die Bruderschaft im Kriegsgebiet stets bereit sein mußte, bei Bedarf da oder dorthin verlegt zu werden. Daher gab es bei den Ritterorden keinen Abt, sondern den Generalobern, Hoch- oder Großmeister genannt; die »Landmeister« wurden »Landkomtur« oder auch »Komtur« genannt, was für Schlanders zutrifft.

1235 schenkte Kaiser Friedrich II. die Pfarre Schlanders dem Deutschen Ritterorden, der sich – seit 1202 in Bozen ansässig – um wichtige Stützpunkte entlang der großen Verkehrswege bemühte. Zu den Aufgaben dieses Ordens zur Stützung der Kreuzzüge gehörte auch die Krankenpflege und die Speisung der Armen. Die Ausstattung und der Bildschmuck der Spitalkirche von Schlanders weist auf die segensreiche Tätigkeit dieses mächtigen Ordens, dem vor allem Adelige angehörten und der im Laufe der Zeit den Spitznamen »dez armen Adelß dütscher Nation Spitale und Uffenthalt« erhielt. Arm war dieser Orden nicht, fromm waren diese Ritter auch nicht übermäßig. Nach einer Verordnung von 1671 mußte der Aufnahmewillige 16 adelige Vorfahren aufweisen. Militärische Aufgaben erfüllten diese Ritter nach dem Scheitern der Kreuzzüge in den östlichen Grenzgebieten des Deutschen Reiches, im Kampf gegen die Heiden und Türken. Eine erhaltene Gemäldeskizze an der Nordseite der Kommende zeigt kämpfende Ritter, das geschlossene Eingangstor ein mächtiges Deutschordenskreuz, dazu kommt das Wappen des gerade regierenden Komturs Wolkenstein mit der Jahreszahl 1765.

Dem herrschaftlichen Lebensstil entsprechen die Erneuerungen, über die wir genau unterrichtet sind. Die Kommende wurde von 1710 bis 1714 umgebaut und zwar im herrschenden Zeitstil. 1579 schlief auch der Komtur noch auf Stroh. Nun gab es Decken, Überbetten, Leintücher und vor allem Kissen. Das schlichte, aus rohen Bänken und Truhen bestehende Mobiliar wurde durch Kästen mit viele Schubladen und zartbeinigen Stühlen ersetzt, die Repräsentationsräume mit teuren Damast- und Brokatstoffen in blau, rot, gelbgrün und rotgelb austapeziert, die Leisten vergoldet. Nun hängen zahlreiche Bilder und Spiegel an den Wänden, und in Glasschränken steht kostbares Geschirr aus Messing, Kupfer und Silber. Die Anlage eines Ziergartens, den der Komptur Johann Heinrich von Kageneck errichten ließ, gehört ebenfalls zum neuen Lebensstil.

Nach der Auflösung des Deutschen Ordens und der Kommende Schlanders in der napoleonischen Zeit ist die Herrlichkeit vorbei. Die reichen Besitzungen wurden unter der bayrischen Herrschaft verkauft; damit war der Wiedererrichtung dieser Kommende die wirtschaftliche Grundlage entzogen. Seitdem dient das ehemalige Schloß der Gemeinde als Pfarrwidum; hier war lange Zeit die Volksschule untergebracht. Vereine haben hier Lokale, ein Gesamtkonzept muß aber erst erstellt werden. Gesichert wurde jedenfalls die Bausubstanz.

Ein Fachmann für altes Mauerwerk ist bei der Untersuchung des ältesten Kommendegebäudes – erkenntlich vor allem am spitz zulaufenden Dach – fast in Wut geraten, weil es sich hier um den ältesten Baubestand einer Deutschordenskommende in unserem Lande handelt und weil – das der Grund seines Zornes – sorglos abgerissen oder dazugebaut wurde und eine genaue Bestandsaufnahme noch immer ausständig ist.

Der Innenhof der Kommende mit den Arkadengängen wurde durch die Adaptierung und Erneuerung zwar verändert, hat aber dadurch eine neue Qualität bekommen. Verschiedene Abteilungen

Riesiges »Eisernes Kreuz« auf dem geschlossenen Tor der Deutschordenskommende mit der Jahreszahl 1765 und dem Wappen des Anton Albuin Graf Wolkenstein-Trostburg.

Reiterschlacht an der Straßenseite der Kommende (Ausschnitt), Freskovorzeichnung, um 1520; neben dem geistlichen hatten die Deutschordner vor allem auch einen militärischen Auftrag. Sie waren also Ritter. Die Kommende ist ein Schloß, in dem der Komtur mit seinem Gefolge residierte und herrschte wie ein Fürst.

mit sozialen Aufgaben nehmen die alte Spitalsfunktion in sinnvoller Weise wieder auf. Die Schenkung Kaiser Friedrichs geschah nämlich »zur Förderung der Pilgerschaft in das Heilige Land und zur Unterstützung der Armen.«

Die Kommende breitet sich über drei Gebäude aus. Der jetzige »Widen« ist eigentlich ein Schloß. Von hier aus »kommandierte« der Deutsche Orden, verwaltete seine vielen Besitzungen, ernannte den Pfarrer und führte das Leben von adeligen Herren. Den ältesten Bestand der Anlage finden wir im Nordosttrakt, der bis zur Straße reicht und durch einen unterirdischen Gang mit dem gegenüberliegenden »Priesterhaus« – heute Gerichtssitz – verbunden war. Eine Gedenktafel an diesem Priesterhaus erinnert daran, daß sich hier bis 1595 die Deutschordenskommende befand. Danach übersiedelten die Ritter in den vierkantigen Renaissancebau und die alte Kommende wurde nach einem barocken Umbau zum Priesterhaus. Das Wappenfries im oberen Hausgang erzählt von den adeligen Kompturen und ihrem Lebensstil.

Wir verlassen nun den Gebäudekomplex der Kommende und bewegen uns in Richtung Rathaus. Auf halbem Wege steht ein schmales Haus, das nur wenige Meter von der Friedhofsmauer entfernt ist und an dessen Ostwand ein großes Fresko mit einer Schutzmantelmadonna aufgedeckt wurde. Darauf können wir trotz Beschädigung unter dem Mantel kniende Deutschordner erkennen, Menschen mit Halskrausen, also vornehme Bürger, einen Bischof, den Komptur. In diesem Haus befand sich in Maria-Theresianischer Zeit die erste Volksschule und hier wurden die Steine für den Kirchenbau gehämmert, weshalb früher der Name »Hammerlehaus« üblich war. Einst waren im Umkreis der Kommende, also in den Kellern und Gewölben verschiedene Werkstätten untergebracht,

Die Deutschordenskommende in Schlanders, auch Deutschhaus genannt, ist seit dem vorigen Jahrhundert Pfarrhaus. Heute ist sie auch Sitz des Dekanats und beherbergt zusätzlich soziale Einrichtungen.

Ein erweiternder Umbau der Kommende erfolgte im 18. Jahrhundert, dem Gebäudeviereck steht der mittelalterliche Nordosttrakt »im Weg«, das heißt, sein Abbruch war geplant, wie aus einer barocken Idealdarstellung (vgl. Seite 50) zu ersehen ist.

Ansicht der Deutschordenskommende und Pfarrkirche um 1740 gegen Süden.

Ganz links: Das Sachsalberhaus, 1595 Pfarrhof, heute Gericht, war seit dem 13. Jahrhundert Sitz des Deutschen Ordens, der allerdings später ins erweiterte Haus daneben eingezogen ist. Der Marmorstein über der Tür erzählt die Geschichte des Hauses.

Links: Die schöngebauchten Fenstergitter mußten von der Straßenseite aus Sicherheitsgründen zum Innenplatz hin verlegt werden.

unter anderem auch eine große Waschküche, was auf die Beschäftigung vieler Menschen hinweist. Eine Bauhütte dürfte hier bestanden haben, vor allem beim Wiederaufbau der Pfarrkirche nach dem Engadinerkrieg von 1499 und bei der großen Kirchenerneuerung und Vergrößerung um 1759. Damals wurde die dreischiffige gotische Kirche durch den barocken Neubau mit dem weiten Tonnengewölbe ersetzt.

Ehemaliges Sachsalberhaus, heute Gerichtssitz: Aufgang mit gedrehten Pilastern im oberen Hausgang. Darüber ein umlaufender Fries mit Wappen der Landkomture des Deutschen Ordens.

Freienturm

Es handelt sich hier um einen ehemaligen Wohnturm, der zu einem Ansitz ausgebaut wurde, wahrscheinlich von Gregor Schwenzengast, dem aus Martell stammenden Bildhauer und Architekt. Von ihm stammt auch das schöne Marienmedaillon über dem Hauptportal und noch mehrere ähnliche Arbeiten in Schlanders und Kortsch. Hier befand sich ein Zentrum für Marmorbearbeitung, schon lange bevor dieser weiße Stein vorwiegend mit Laas in Verbindung gebracht wurde. Ganz wichtig ist hier natürlich Göflan, wo sich die größten Fundlager befinden; dort sind es vor allem die beiden Kirchen, Schenkungen und Gründungen des Deutschen Ordens, in denen der Marmorreichtum aus den Mauern leuchtet. Hier aber, im Plawennhaus, jetzt Rathaus, fällt dem Besucher der ausgetretene, altehrwürdige Marmorfußboden auf. Auch die Treppenstufen sind aus diesem weichen Material, dessen Rundungen das Auf- und Absteigen vieler Generationen ahnen lassen. Eine Besonderheit dieses Ansitzes ist die Kapelle in der Hausmitte mit einem kleinen Turm, der auch als Lichthaube dient. Diese Kapelle spiegelt den Lebensstil eines Adelshauses wieder. Vom Volk abgetrennt nehmen die Herrschaften auf einer Empore am Gottesdienst teil. Gott und Maria – hier gibt es eine schwarze Madonna mit schwarzem Kind, eine barocke Modeerscheinung –, also Gott und Maria sind allen gemeinsam, sonst aber liebt man die Distanz und will mit dem Volke, der Dienerschaft, nichts zu tun haben.

Entstanden ist dieser Wohnturm noch im romanischen Mittelalter. Im vorigen Jahrhundert kam dieser Ansitz durch Heirat einer Gräfin Hendl in den Besitz der Freisassen von Plawenn, nach denen der Ansitz auch heute noch genannt wird. Was ist ein Freisasse? Es ist dies eine nur für Tirol bezeugte Adelsform. Es handelt sich jedenfalls um uralten Adel, dessen Stammsitz am Ausgang des Plawenntales liegt und dessen Seitenlinie Plawenn-Salvini in Schlanders lebte.

Der Freienturm wurde also in einen barocken Adelssitz umgestaltet, in dem ein großer Saal nicht

Der Freienturm, heute Rathaus, bekannter als Plawennhaus, besitzt eine Reihe von kostbaren Details, so etwa die Holztür mit dem Diamantquadermuster. Der heutige Bau entstand in Form und Ausstattung um 1720/30. Über dem Rundbogenportal befindet sich ein Hendl-Schlandersbergersches Wappen und ein Marmorrelief der Unbefleckten von Gregor Schwenzengast.

434

fehlen durfte. Er dient heute als Versammlungssaal für den Gemeinderat. Anläßlich der Restaurierung wurde die ursprüngliche Bemalung freigelegt, was demnächst auch für den Außenanstrich geschehen wird. Ziemlich vollständig ist das Inventar der Hauskapelle erhalten, deren Ausstattung einen guten Einblick in Geschmack und Lebensstil dieser in Schlanders verschwundenen Gesellschaftsschicht bietet.

Schlandersburg

Die wichtigste, größte, schönste und lebendigste Burg lehnt sich an die Flanke des Sonnenberges. Es ist die Schlandersburg, auch Schloß Schlandersburg genannt. In diesem Gebäude, das in den vergangen Jahren sehr aufwendig restauriert wurde, befinden sich heute Landesämter und eine hochmoderne Bibliothek, die Schlanders und den ganzen Bezirk versorgt. Die Ausstattung des Bibliotheksteiles, der sich über vier Stockwerke ausdehnt, erforderte Zubauten. Der Teil mit den Landesämtern wurde ohne bauliche Eingriffe nach außen erneuert.

Nun steht es also da, strahlend neu, mit liebevoll restaurierten Details. Die mit Sgraffitomalereien bedeckten Kamine wurden herausgeputzt, die übermalten Grisaillemalereien im Arkadenhof wieder sichtbar; sie lassen unter dem Gesims Herrschergestalten erkennen, biblische Könige oder andere, vielleicht aus der höfischen Dichtung bekannte Gestalten. Die Kapelle des Schlosses, die völlig leer ist und der Bibliothek als Ausstellungsraum dient, enthielt einst kostbare Marmorbüsten der Habsburger Herrscher Leopold I. und Josef I., die sich heute im Depot des Innsbrucker Museums Ferdinandeum befinden. Sie wurden dort von Dr. Hermann Theiner »entdeckt« und nun wird versucht, sie – zumindest als Leihgabe – nach Schlanders zu bekommen. Treue zum Kaiserhaus war für die adeligen Besitzer eine Selbstverständlichkeit, zumal immer auch eine Adelsverbesserung angestrebt wurde. Den Kern des Schlosses bildet auch hier ein Wohnturm, der ins 12. Jahrhundert zurückreicht und durch die Wiedergewinnung für den Bibliotheksteil in den zentralen Eingangsbereich rückte. In dem quadratischen Turmgemäuer sind noch die einstigen Fensterschlitze auszumachen, die Licht aus dem Süden hereinließen, nun aber schon seit Jahrhunderten vermauert sind. Das Portal mit der Löwenfratze trägt das Hendlwappen mit der Jahreszahl 1610. Wo heute eine

Der Löwe mit Schlangengriff am Eingang betont den Anspruch des Adels auf Kraft und Klugheit und ist natürlich auch ein Anreiz für die Gemeindeväter.

Der Bibliotheksteil mit einigen neuen Zubauten, Architekt Werner Tscholl.

Schlandersburg – Sgraffitoverzierung eines Kamins mit Zickzackmuster.

Die Schlandersburg hat sich allmählich von einem Wohnturm aus dem 13. Jahrhundert durch Zubauten, vor allem der Grafen Hendl, zum ausladenden Adelssitz entwickelt. Ab 1859 ist sie Sitz des Gerichtes Schlanders. Seit der Übernahme durch das Land und den 1999 abgeschlossenen Umbauten und Sanierungsarbeiten ist dem Schloß etwas vom alten Glanz wiedergegeben worden. Landesämter und vor allem die Bibliothek sorgen für Leben. Die Architekten Kurt Stecher und Werner Tscholl bewältigten die gewaltige Herausforderung, zwischen Funktionalität und Denkmalschutz den richtigen Weg zu finden.

Der Innenhof der Schlandersburg: über zwei Geschosse reichen die eleganten Arkadengänge, Jahreszahl 1606. Der Schloßhof war einst wie jetzt mit Katzenkopfpflasterung versehen; die Einfügung des weißen Rasters ist neu.

Wandmalerei von Josef Leopold Strickner um 1800 nach Schabblattvorlagen Watteaus im Richterzimmer, jetzt modern ausgestatteter Konferenzraum. Die reiche Bilderfolge zeigt Ausschnitte aus dem Alltag, vor allem aber die Rokokoschwärmerei für das ländliche Leben, das sich die adelige Gesellschaft als unaufhörlichen Tanz vorstellte.

Tiefgarage mit daraufgesetztem Garten eingebaut wurde, befand sich einst ein Fischweiher. Das Schloß kam durch Heirat einer Gräfin Hendl an die Trapp, wurde aber bereits um 1600 von den Hendl in die heutige Form gebracht. Der Lebensstil und der Geschmack der damaligen Herrschaften hat sich am besten im sogenannten Richterzimmer erhalten, das mit bemalten Stoffbahnen ausgestattet ist. Es sind Arbeiten des Künstlers Josef Leopold Strickner nach Schabblattvorlagen des französischen Rokokomalers Watteau. Bei der Restaurierung ist zudem die originale Wandbemalung vollständig herausgekommen; allerdings verschwanden dabei zwei kleine Genrebilder, die einfach herausgeschnitten wurden.

Das »Richterzimmer« wurde mit einer kühnen Beleuchtung bestückt und dient heute als Versammlungs- und Konferenzsaal des Landwirtschaftsinspektorates. Auch die Kindergartendirektion ist hier untergebracht und zwar im Westflügel neben der Bibliothek. Dort sind ebenfalls bisher unbekannte Malereien mit mythologischen Gestalten entdeckt worden, die bei einem früheren Umbau großteils zerstört wurden.

Ein Schloß voller Überraschung und voller Schätze – fast wie im Märchen. Der Schloßhof mit seinem zweistöckigen Arkadengang ist durch die Neuregelung der Besitzverhältnisse eine stille Insel geworden, ein idealer Platz für Schloßkonzerte oder für Ausstellungen von Bildhauerarbeiten, für die es im Vinschgau sonst keinen geeigneten Platz gibt. Es kann sich also langsam zu dem entwickeln, was es einmal war, zu einem Ort kultureller Konzentration.

Schlanders war schon sehr früh Gerichtssitz und ist es mit einer kleinen Unterbrechung geblieben bis auf den heutigen Tag. Ein Gericht war früher eine einträgliche Sache, ähnlich einer Vogtei, mit der die Schlandersberger seit 1170 betraut waren. Die Richter waren nicht unbedingt Adelige, sie strebten aber vielfach zur Nobilitierung, wollten also in den Adelsstand erhoben werden mit all den damit verbundenen Privilegien. Das ist auch oft gelungen, in Tirol besonders häufig, aber es war keineswegs selbstverständlich. Es mußte durchaus »verdient« werden, vor allem durch lange und treue Dienste, später wohl auch durch entsprechende Unterstützung des immer geldbedürftigen Landesherren.

Sgraffitoverzierung der Kamine mit geometrischen Formen.

Das »Richterzimmer« mit den auf Stoff gemalten Bildern, die an der Wand zu hängen scheinen. Es ist eine gemalte Bildergalerie, eine Spielerei für sorglose Menschen.

Der älteste Teil der Burg, der heute zum zentralen Eingangsbereich der Bibliothek gehört, dient zusammen mit der ehemaligen Kapelle für Ausstellungen.

Dieser Ansitz wurde gelegentlich der Verleihung des Grafenstandes an Johann Kaspar und seine Vettern Franz Maximilian und Johann Reimprecht von Hendl 1697 in einen »frei adelichen Ansitz« mit dem Namen Schlanderegg erhoben. 1719 ist Sebastian Stainer aus Absam Verwalter des Urbars und Gerichtsschreiber, ebenfalls sein Sohn Dr. Sebastian Anton, der 1775 den Ansitz Freidenturn (Rathaus) erwirbt und ihn kurz danach mit dem Ansitz Schlanderegg tauscht.

Schlanderegg

Dieser Ansitz, der einst den Grafen Hendl gehörte, wurde im 18. Jahrhundert von Anton Sebastian Stainer mit einem reichen Bildprogramm ausgestattet. Bei Restaurierungsarbeiten am Fassadenschmuck des Ansitzes Schlanderegg, bekannt unter dem Namen Stainerhaus, hat der Pustertaler Josef Leiter im Sommer 1998 die Signatur des Künstlers Hieronymus Peteffi entdeckt. Damit wird auch ein hier seßhafter Künstler greifbar und zugleich der Lebensstil einer Rokokogesellschaft. Er wurde, wie Theresia Tschenett aus dem Schlanderser Matrikelbuch herausgefunden hat, hier im Jahre 1714 geboren und ist 1805 im Alter von 92 Jahren an »Schwachheit« gestorben.

Text des lateinischen Schriftbandes: Die Baulichkeiten von Schlanderegg werden instand gesetzt von Sebastian Stainer, Doktor beider Rechte. Eine den Bau der gewaltigen Steinterrassen betreffende Inschrift lautet: ANNO 1788 HUCUSQUE CONTINUAVIT S.A.ST.J.U.D. zu deutsch: Bis hierher hat (den Bau) fortgesetzt Sebastian Anton Stainer Juris Utriusque Doktor.

Ganz links: Selbstbildnis des Malers Hieronymus Peteffi (1714–1805) an der Ostseite des Stainerhauses.

Links: Kopf an der Westseite des Ansitzes; er stellt die untergehende Sonne und den Schlaf dar.

Ganz links: Südseitig die Büste eines vornehmen Herren aus dem habsburgischen Vielvölkerstaat, vielleicht ein pfeiferauchender Türke.

Links: Sechs Fratzengesichter bewachen die ebenerdige Fensterfront zur Straße hin – möglicherweise stellen sie die verschiedenen Temperamente dar.

In den Eintragungen im Pfarrbuch wird der Maler als »Dominus« bezeichnet, und Adelige werden als Zeugen bei der Taufe seines Sohnes Franciscus Sebastianus genannt. Dies bedeutet, daß er in vornehmen Kreisen verkehrte. Peteffi wurde in Wien ausgebildet und war Schüler von Paul Troger. Erhalten haben sich einige Altarblätter im Vinschgau und im Burggrafenamt. Dieser kaum bekannte Künstler ist im Zusammenhang mit der Brixner Troger-Ausstellung als Schöpfer eines teuer angekauften Blattes genannt worden, das bisher seinem Lehrmeister zugeschrieben wurde. Peteffi oder Troger? Der Expertenstreit weist immerhin auf die hohe Qualität des Vinschgauer Künstlers. Dessen Ideenreichtum kann nun am Stainerhaus bewundert werden.

Es handelt sich bei Schlanderegg um einen weitgehend ursprünglich erhaltenen Barockbau mit über 70 Fenster- und Türumrahmungen, ausgeführt in ausgezeichneter Freskotechnik. Das Haus wurde bereits zweimal restauriert; die früher verwendete Dispersionsfarbe mußte entfernt werden. Etwa drei Monate haben die Restauratoren für die fachgerechte Erneuerung gebraucht, an der neben den Handwerkern auch Kunsthistoriker mitgewirkt haben, zum Beispiel Veronika Steiner aus dem Pustertal.

Das Haus, in dessen Südostseite das Café »Stainer« mit einer Terrasse eingefügt wurde, lädt geradezu ein zum Schauen: Fensterfratzen, die alle möglichen Grimassen schneiden, darüber Büsten mit adeligen Herren aus den entferntesten Gegenden Europas sind darauf zu sehen. Am reichsten ist die Ostseite bemalt. Hier befindet sich auch das Schriftband, in dem Josef Leiter sowohl die Signatur des Künstlers als auch das Entstehungsjahr entdeckt hat: Die rot geschriebenen Buchstaben werden als römische Ziffern zusammengezählt und ergeben die Jahreszahl 1780.

Das Hoftor mit der gemalten Säulenarchitektur ist stark verwittert. Unter dem Bildnis der Maria mit dem Christkind befindet sich das Allianzwappen der Stainer Achmüller.

1719 kommt Sebastian Stainer aus Absam nach Schlanders; er ist Verwalter des Urbars und Gerichtsschreiber. Sein Sohn, Sebastian Anton Stainer, ist »Doktor beider Rechte« und erwarb 1775 den Ansitz Freienturn, den heutigen Sitz der Gemeinde. Er tauschte ihn kurz darauf mit dem Ansitz Schlanderegg und heiratete die Meraner Apothekerstochter Achmüller. Das große Haus wird in die heutige Form gebracht. Der Fassadenschmuck auf der Hofseite dehnt sich über vier Stockwerke.

Beim Eingang zum Café »Stainer« schauen aus einem Bildfenster zwei Damen; es sind angeblich die unverheirateten Schwestern des Grafen Hendl, des ehemaligen Besitzers von Schlanderegg.

Darüber erkennt man Darstellungen der Jahreszeiten, verschiedener Berufe; auch ein Maler mit mehreren Pinseln ist dargestellt. Eine Frauenbüste (mit den Zügen der Maria Theresia?) trägt einen Halbmond als Diademschmuck im Haar, Symbol der Wissenschaft und Fruchtbarkeit. Die oberste Reihe besteht aus Büsten von Gerichtsherren aus dem Geschlecht der Stainer, deren Nachkommen auch heute noch dieses Haus bewohnen.

Die Westseite stammt aus etwas späterer Zeit und zeigt männliche und weibliche Köpfe mit geschlossenen Augen, eingebettet in Muscheln. Schlafen sie? Symbolisieren sie die Nacht, weil im Westen die Sonne untergeht? Darunter stehen vier Urnen. Handelt es sich um verstorbene Familienmitglieder?

Die Muschel ist ein Zeichen für Pilger zum Heiligen Grab, vor allem aber ein Auferstehungssymbol. Auferstanden ist mit dieser gelungenen Restaurierung auch Hieronymus Peteffi, ein Vinschgauer Meister aus der Barockzeit.

Ansitze und Türme

1899 kaufte Dr. Franz Tappeiner den Ansitz Heydorf vom Vorbesitzer Johann Bernhard; so entstand der Laretzhof IV, worauf eine Marmortafel hinweist. Der kinderlos gebliebene, sehr wohlhabende Arzt erwarb für seine fünf Neffen große, schöne Höfe, die alle nach dem Laaser Stammsitz der Familie »Laretzhöfe« genannt wurden. Der jetzige Besitzer, wiederum ein Franz Tappeiner, ist direkter Nachkomme des berühmten Arztes.

Die Heydorf aber kamen um 1550 aus Schwaben und werden 1621 hier als Besitzer genannt. Am Keilstein des Mauerportals sind Wappen und Initialen des Franz Fortunat von Heydorf sichtbar. Dieses Portal gehört zu den vielen schönen Marmorarbeiten des Ortes, Ausdruck des gehobenen Lebensstils adeliger Familien.

Heydorf-Laretzhof IV. Der Ansitz mit den schönsten Proportionen, wie viele meinen, obwohl auch dieser Bau aus Vorgängerbauten herausgewachsen ist. Die Rundfenster im obersten Stock werden von den Kunsthistorikern als Okulifenster bezeichnet.

Der Ansitz entstand aus zwei leicht gegeneinander versetzten Baukörpern, die nun ein langgestrecktes, harmonisch proportioniertes Rechteck bildet. Betreten wird das Haus durch eine Freitreppe mit Säulenloggia.

Was ist ein Ansitz oder Edelsitz? Franz-Heinz Hye hat nach Auswertung mehrerer Spezialuntersuchungen zusammenfassend festgestellt, was unter einem adeligen Wohnsitz zu verstehen ist: daß er nach Funktion, Aussehen und Ausstattung zwischen der befestigten Burg und dem prunkvoll-repräsentativen Schloß steht. Die am häufigsten anzutreffenden äußeren Merkmale dieser vor allem seit dem 16. Jahrhundert in Tirol beinahe allerorts vorkommenden Bauten sind Türmchen, Erker, Parkanlagen und ähnlicher Elemente, die neben dem Anschein einer gewissen Wehrhaftigkeit vor allem Wohnlichkeit und Bequemlichkeit gewährleisten sollten.

Indes liegen die eigentlichen Wesensmerkmale des Ansitzes nicht primär im Bereich der Kunst- bzw. Kulturgeschichte: Das entscheidende Charakteristikum ist nicht das äußere Aussehen, sondern eine besondere Rechtsqualität, die ihrerseits

Marmorgefaßtes Tor des Heydorf-Laretzhofes mit dem Wappen und den Initialen des Franz Fortunat von Heydorf von 1652 am Keilstein.

Kortsch: Matatschhof, auch Schlipfhof genannt, ein Gebäude mit reicher Fassadenmalerei von 1683.

Eyrser Turm, ein alter Wohnturm, besteht aus unregelmäßigen Steinlagen. Teilweise vermauerte alte Fenster mit Steinsitzen, stark verändert und kaum mehr als alter Bau kenntlich. Das Lichtbild entstand etwa um 1900. Erbaut um 1300, gehörte er 1327 dem Jaenlein, dem Sohn des Richters von Laas, 1539 dem Hans Eurscher, von dem der Turm wohl den späteren Namen erhielt.

Die Wappen über dem Eingang des Matatschhofes gehören dem Chrisostomos Pellenzohn und Maria Telfser, auf der alten Aufnahme noch erkenntlich ein Mann im Erkerfenster. Die Malereien und das ganze Haus bedürfen dringendst einer Renovierung.

Detail eines Fensters oder vielmehr »Lichtschlitzes« des Eyrser Turmes.

mit dem sozialen Rang der Besitzer zusammenhing. Ansitze wurden vorzugsweise von Angehörigen des niederen Adels errichtet; in den wenigen Einzelfällen, in denen ein Nichtadeliger als Bauherr auftrat, kann man in der Regel feststellen, daß dieser um seine Nobilitierung und um die Privilegierung seines Neubaus ansuchte. Mit der Nobilitierung war unter anderem das Recht verbunden, sich nach dem Ansitz zu benennen, dessen Privilegierung bedeutete den Genuß von Rechten, unter denen anfänglich die Steuerfreiheit am meisten ins Gewicht fiel. Somit erschließt sich als der wohl wesentlichste Unterschied zwischen Ansitz und Burg der Umstand, daß dieser seinen rechtlichen Charakter und seinen Namen durch einen fürstlichen Gnadenakt erhielt, wogegen Burgen die Bauten des alten Adels waren. Der Ansitz kann also als typische Behausung des frühneuzeitlichen Briefadels gelten.

Wohntürme waren einst die auffälligsten Bauten im Ortsbild. Die Erbauer dieser Türme standen im Dienste geistlicher oder weltlicher Herren, Amtmänner erlangten allmählich ihre Freiheit und wurden geadelt. Dieser ehrgeizige und oft sehr be-

Der Ansitz Ladurn, »ban Tröger«, wurde vom jetzigen Besitzer Konrad Verdroß um einen Stock erhöht und liebevoll saniert; dahinter die Jeneweinkirche, die zum Hof gehört, und das Krankenhaus. Ein Gruß aus unserer Zeit.

Der 1265 erstmals erwähnte Behaimturm, Wohnturm mit mächtigen Mauern, benannt nach dem Nürnberger Gewerkengeschlecht, das möglicherweise mit dem Bergbau ins Land kam. 1611 ist Wilhelm Behaim Richter in Schlanders; er wurde wahrscheinlich mit diesem Turm belehnt. Bis ins 18. Jahrhundert ist der Bau vielfach wechselnder adeliger Besitz; 1664 gehört er dem Grafen Mohr. 1875 erwarb ihn Johann Insam, es folgen die Matscher und Müller, die für eine gründliche Sanierung sorgten.

güterte Dienstadel wollte nun auch nach außen hin standesgemäß leben, begann allmählich mit der Vergrößerung und Ausschmückung der ursprünglichen sehr kargen Turmbehausung. Den Kern der alten Ansitze bildet meistens ein solcher Turm. Einige dieser Türme haben sich erhalten. Da sie massiv gemauert waren, haben sie als einzige die zahlreichen Brände überstanden.

Der Eyrserturm in der Danaystraße – früher Hungergasse genannt – gehörte zu den das Ortsbild bestimmenden Wohntürmen, in die sich bei Gefahr ganze Familien zurückziehen und wohl auch verteidigen konnten. Heute ist der Eyrser Turm stark verbaut und kaum noch als solcher erkenntlich. Dies gilt nicht für den Behaimturm in der Ortsmitte. Die mächtigen Schwalbenschwanzzinnen und das dottergelb gestrichene Mauerwerk sind weitum sichtbar. Hier haben wir es mit einem Bau zu tun, der vielleicht als Gerichtssitz oder Gefängnis diente.

Der Tröghof, auch Ladurnhof genannt, ist wahrscheinlich jener Großhof, den König Heinrich IV. dem Bischof Altwin von Brixen für treue Dienste im Jahre 1077 schenkte. Dabei scheint erstmals in einer Urkunde der Name »Slanderes« auf. Beim Aufbau des Obergeschosses – so erzählt der Besitzer Konrad Verdroß – ergaben die Maueruntersuchungen, daß auch hier über älteren Fundamenten aufgebaut wurde.
Besonders beeindruckt am Ladurnhof der Erker mit Muschelgratgewölbe, den zwei Halbfiguren stützen, und zwar die sich kämmende (oder im Spiegel betrachtende?) Frau, auf dieser Seite, und der etwas beleibte, seinen Bauch stützende – adelige – Hausherr (folgende Seite).

Ein Ansitz, der auf den Ursprung von Schlanders zurückweist, muß hier noch genannt werden, obwohl das jetzige Erscheinungsbild sein hohes Alter nicht vermuten läßt. Es ist der ehemalige Maierhof von Marienberg, der vom Hauptmann Jenewein Ladurner zum Turm als Edelsitz ausgebaut, aber nicht vollendet wurde. Über dem Eingang des schön proportionierten Hauses sehen wir das Wappen der geadelten Ladurner, in weißem Marmor, mit einem Gebet und dem Namen des Erbauers. Da dem Hauptmann aber das Geld ausgegangen ist, ließ er ebenfalls in Marmor über der steingerahmten Viereektür im großen Hausgang (und als Einlegearbeit in der getäfelten Stube) die späte Erkenntnis schreiben:

ARMUET VERTREIBT HOCHMUET, 1598

Historische Ansicht des Ladurnhofes. Zu diesem Anwesen gehörten übrigens auch Wald- und »Marmorrechte« am Göflaner Nördersberg. Fenster- und Türstürze sind vielfach aus diesem kostbaren Stein.